1. Überlege, was genau du wissen möchtest!

1.1 Prinzipiell sucht man nach dem alphabetisch erstgereihten Wort der Wortfamilie.

achteckig	→ unter →	**acht**
Haftbefehl	→ unter →	**Haft**
häuslich	→ unter →	**Haus**
Adoptiveltern	→ unter →	**adoptieren**

1.2 Die Erklärung einer Redewendung findet man unter dem sinntragenden Stichwort

sich auf die Hinterbeine stellen → unter → **hinter** (Erklärung: sich anstrengen)

1.3 Wenn man z.B. beim Wort „*Einkaufspassage*" – „*...passage*" nicht sicher schreiben kann, ist es am besten, gleich den gesuchten Wortteil „*Passage*" zu suchen.

2. Beim Aufschlagen des Wörterbuches benutze die Suchhilfe an Seitenrand!

3. Beachte zuerst die Grenzwörter!

Das erste und letzte Wort der Seite ist oben in der Kopfzeile angegeben. Stelle zuerst fest, ob sich das Wort, das du suchst, überhaupt auf der Seite befinden kann.

4. Dann suche gezielt das Hauptstichwort!

Das Hauptstichwort ist etwas herausgerückt, fett und das erste Wort eines Absatzes.
Die Reihung der Wörter erfolgt grundsätzlich nach dem Alphabet.
Der Buchstabe ß wird wie ss gereiht und die Umlaute ä, ö, ü werden wie a, o, u gereiht.

5. Mehr Information findest du im Absatz zum Hauptstichwort.

Weitere Stichwörter (fett), Erklärungen zur Bedeutung (in Klammer), Aussprachehilfen (in eckiger Klammer) und Redewendungen (kursiv) findest du im Absatz.
Regime [reschim] das, Regimes (undemokratische Herrschaftsform); das **Regiment** (Herrschaft, Truppeneinheit), *ein strenges Regiment führen* (als Vorgesetzter sehr streng sein)

6. Wenn du die gesuchte Information nicht findest, dann überlege:

Hast du möglicherweise eine völlig falsche Vorstellung über die Schreibung des Wortes?
  Du suchst z.B.
         Vase unter **W**
         Paradeiser unter **B**

Kannst du die gesuchte Information unter einem anderen Stichwort finden?

Druckmaschine	→ unter →	Maschine
Abwehrspieler	→ unter →	Abwehr oder unter Spieler
Amateurfußballer	→ unter →	Amateur od'

Pramper · Jungreithmayr · Nömair · Schacherreiter · Tröbinger

SchulWörterBuch

Gemeinsam besser lernen

INHALTSVERZEICHNIS

Einleitung 5

Hinweise zum Nachschlagen 6

Zeichenerklärung 8

Wie man Wörter schneller im Wörterbuch findet 9

Wörterverzeichnis 11

Anhang   siehe detailliertes Inhaltsverzeichnis, Seite 427

    Die Wortarten 429

    Unregelmäßige Verben 436

    Wortfamilien 442

    Wortfelder 446

    Die deutsche Rechtschreibung 452

    Tipps für das richtige Schreiben 464

    Unterschiede innerhalb des Deutschen 468

    Grundwortschatz für Schülerinnen/Schüler mit nicht deutscher Muttersprache 471

http://schulwoerterbuch.veritas.at

Die Empfehlungen bei Doppelschreibungen folgen den aktuellen Duden-Empfehlungen.

Liebe Schülerin, lieber Schüler!

Vor dir liegt dein neues **SchulWörterBuch**. Das Ziel der AutorInnen ist, dir ein Wörterbuch zur Verfügung zu stellen, das dem Wortschatz, den du (ge)brauchst, entspricht. Daher enthält diese überarbeitete Neuausgabe auch etwa 300 neue Stichwörter. Du sollst dich während des Unterrichts und auch zu Hause in deinem Wörterbuch möglichst **leicht orientieren** können, die gesuchten Wörter **rasch finden** und die einfach gehaltenen **Worterklärungen verstehen**.

Dazu gibt es mehrere **Orientierungshilfen**:
- Das **Alphabet** am Seitenrand hilft dir, dich grob zu orientieren.
- Die **Grenzwörter** am oberen Rand zeigen dir, ob das gesuchte Wort auf der Doppelseite ist. Nutze sie, dann bist du schneller!
- Die **Hauptstichwörter** sind fett hervorgehoben und herausgerückt. Im folgenden Absatz findest du Zusammensetzungen mit dem Hauptstichwort.

| Orientierungshilfen |

Das *SchulWörterBuch* verzichtet auf sehr selten verwendete Fachbegriffe, damit du das Wort, das du suchst, schneller findest. Es wurden auch nicht alle möglichen Zusammensetzungen mit einem Grundwort aufgenommen, weil auch das die Wortmenge unnötig aufbläht.

| schülerfreundlicher Umfang |

Wenn du nicht sicher bist, schlag immer beim **Grundwort** nach! Wenn du z.B. nicht weißt, ob man „Spezialinteressen" mit „rr" schreibt, findest du die Antwort unter „Interesse". Wenn du wissen willst, ob man „Partykeller" mit „y" schreibt, schlag bei „Party" nach.

| Nachschlagetipp |

Der **Wortbestand** ist grundsätzlich **alphabetisch gereiht**. Unter einem Hauptstichwort werden allerdings alle Zusammensetzungen angeführt, wodurch manchmal die strenge alphabetische Ordnung unterbrochen werden kann. Umlaute behandle wie Selbstlaute, also „ö" wie „o". Das „ß" wird wie „ss" gereiht.

| alphabetische Reihung |

Zu den meisten Stichwörtern findest du eine **Erklärung**, oft auch **Verwendungsbeispiele**. Außerdem wird darauf hingewiesen, wenn das Wort einer bestimmten Stilschicht angehört, z.B. picken „ugs." (umgangssprachlich) für kleben. Somit ist das Wörterbuch auch ein Helfer in Sachen Stil und Ausdruck.

| Ausdruck und Stil |

Wie ein Wort abzuteilen ist, ist nicht extra angegeben, da die Regeln in diesem Bereich um vieles einfacher als früher sind.
Trenne grundsätzlich nach Sprechsilben bzw. bei Zusammensetzungen in der Wortfuge, z.B. Schul-haus, ab-tei-len.

| Abteilen |

Im Anhang sind wesentliche **Zusatzinformationen** zusammengefasst, die du beim Verfassen von Texten gebrauchen kannst, z.B. wichtige Wortfamilien und Wortfelder oder Tipps für das richtige Schreiben (siehe Inhaltsverzeichnis, S. 427).

| Anhang |

Weitere Hinweise zur Verwendung des *SchulWörterBuchs* findest du auf der nächsten Seite.

Viel Erfolg bei der Arbeit mit dem Wörterbuch!

Die Autorinnen und Autoren

- Das **Hauptstichwort** ist links herausgerückt, damit man es leichter findet.
- Der **Artikel** gibt das Geschlecht, eines Nomens (Hauptwortes) an: **Block** der (männlich). Manchmal gelten auch zwei Geschlechter. Der zuerst genannte Artikel ist der häufiger verwendete, z.b. **Halfter** das/der
- Hier steht die **Mehrzahlform** des Nomens: **Block** der, Blöcke/Blocks. In diesem Fall gibt es zwei mögliche Mehrzahlbildungen, die erste ist die üblichere.
  Wenn die Mehrzahl gleich der Einzahl ist, wird das so angegeben: **Ruder** das, -:
  Wenn es keine Mehrzahl gibt, so:
  Aberwitz der, *Ez.*
  Wenn das Wort nur als Mehrzahlwort vorkommt, ist das so gekennzeichnet: **Alimente** die, *Mz.*
- Oft befinden sich weitere **Stichwörter** im Absatz, sie gehören zur Wortfamilie.

Block der, Blöcke/Blocks: Blöcke von Marmor; die **Blockade** (Sperre, Absperrung); der **Blockbuchstabe**; **blocken** (abfangen), Stunden blocken (Unterrichtsstunden zusammenlegen); die **Blockflöte**; **blockfrei** (keinem politischen Block angehörend); das **Blockhaus** (Holzhaus); **blockieren** den Verkehr blockieren (behindern); die **Blockierung**; die **Blockschrift** (Großbuchstabenschrift)

- Ob **betonte Vokale** (Selbstlaute) kurz oder lang gesprochen werden, gibt der Strich (lang) oder Punkt (kurz) unter einem Vokal an.
- In **eckigen Klammern** wird die Aussprache von Fremdwörtern angeben.

blubbern (glucksen, sprudeln)
Bluejean [bludschin] die, Bluejeans (blaue, feste Baumwollhose)

- Abkürzungen stehen in **spitzer Klammer**.
- In **runden Klammern** wird die Bedeutung eines Stichwortes oder einer Redewendung erklärt.
- **Redewendungen** und **Sprichwörter** werden in Kursivschrift angegeben.

Blei das, *Ez.* <Pb> (chemischer Grundstoff), *wie Blei im Magen liegen* (schwer verdaulich sein); **bleiern** ein bleierner (schwerer) Schlaf; **bleifrei**; das **Bleikristall**; die **Bleikugel**; **bleischwer**; der **Bleistift**

- **Regelmäßige Verben** bilden das Präteritum auf -te und das Partizip II auf -t. Diese Formen sind im Wörterbuch nicht extra angegeben.

blühen der Baum blüht, das Geschäft blüht (geht gut), *mir blüht etwas* (steht etwas bevor); **blühend** blühend (frisch) aussehen, blühender Unsinn

- Bei den **unregelmäßigen Verben** findest du die Stammformen im Wörterverzeichnis (und in der Übersichtsliste auf S. 436 ff.)

denken sie denkt an ihn, er dachte, sie hat gedacht, *etwas gibt jmdm. zu denken*

- Bei **Zusammensetzungen** mit unregelmäßigen Verben wird auf das Stammwort verwiesen.

abbeißen (← beißen) vom Apfel abbeißen

blass blasser/blässer, am blassesten/blässesten, eine blasse Gesichtsfarbe, blass werden, *keinen blassen Schimmer haben* (nichts wissen), eine blasse (schwache) Erinnerung haben

- Bei **Adjektiven** (Eigenschaftswörtern) findest du Angaben zur Steigerung, wenn Schwierigkeiten enthalten sind. Manchmal gibt es auch mehrere Möglichkeiten.

ab *Adv.:* der Knopf ist ab (nicht mehr dran), auf und ab, ab und zu, *ab durch die Mitte!* (schnell fort mit dir); **ab** *Präp.+Dat.:* ab Graz, ab Fabrik liefern; *Präp.+Dat./Akk.:* ab erstem/ersten Jänner, ab Juli, ab sofort (gleich)

- Bei den unveränderlichen Wörtern wird die **Wortart** angegeben:
  ab *Adv.* – d.h., dass es sich hier um ein Adverb handelt
- Bei Präpositionen (Vorwörtern) wird angegeben, welche Fallergänzung folgt:
  ab *Präp.+Dat.* ab Fabrik – d.h., dass „ab" mit dem Dativ (Fabrik) verbunden wird

deutsch die deutsche Sprache ABER → der Deutsche Schäferhund

die **deutsche** Sprache	ABER	der **Deutsche** Schäferhund
deutsch (in deutscher Sprache) unterrichten	ABER	(das Fach) **Deutsch** unterrichten
deutsch sprechen (in deutscher Sprache)	auch	**Deutsch** sprechen (die Sprache beherrschen)

- Stichwörter, zu denen es **Info-Kästen** gibt, sind **blau hervorgehoben**. In diesen Info-Kästen findest du wichtige „Rechtschreibfallen" gegenübergestellt.

blau blauer, am blau(e)sten, das blaue Kleid, etwas blau anmalen, der blaue Brief *auch* Blaue Brief (Kündigungsschreiben; Mitteilung an die Eltern über gefährdeten Schulerfolg), der blaue Montag ABER → der **Blaue** Planet (die Erde), sie trägt ein blau gestreiftes *auch* blaugestreiftes Kleid, etwas blau machen (färben) ABER → blaumachen (nicht arbeiten), blau in blau, *sein blaues Wunder erleben* (sehr überrascht sein), *mit einem blauen Auge* (glimpflich) *davonkommen*, *blau* (betrunken) *sein* ABER → das **Blau** ein leuchtendes Blau, die Farbe Blau, ins Blaue reden, eine Fahrt ins Blaue, ein Stoff in Blau, *das Blaue vom Himmel* (maßlos) *lügen*; **blauäugig** (mit blauen Augen; naiv); die **Blaubeere**; **blaublütig** (adelig); die **Bläue**

- Bei einigen Wörtern gelten zwei Schreibungen als richtig. Man spricht von **Doppelschreibungen**. Diese Wörter sind mit auch hervorgehoben: der blaue Brief auch Blaue Brief. In vielen Fällen empfiehlt dir dein *SchulWörterBuch* eine „Vorzugsvariante" (blau hinterlegt). ABER → verweist auf ähnliche Wörter, bei denen man besonders auf die Unterschiede in der Schreibung achten muss.

Zeichen	
=	ist Abkürzung oder Symbol für: **ÖBB** = **Ö**sterreichische **B**undes**b**ahnen
<...>	Abkürzungen, Symbole: **Ankunft** <Ank.>, Euro <€>
(▶ ...)	dort findet man mehr Information: **ausbeißen** (▶ beißen)
[...]	Aussprachehilfe bei Fremdwörtern: **Etage** [etasch(e)]
a, e	Betonungshilfe: **rasant** (a kurz gesprochen), **Käfer** (ä lang gesprochen)
θ	Zeichen für das englische „th", z.B. in Thriller
/-in	männliche und weibliche Form: der/die **König/-in**
¹**Bank**	hochgestellte Zahl bei Wörtern, die gleich geschrieben werden, aber unterschiedliche Bedeutungen haben: ¹**Bank** (Geldinstitut), ²**Bank** (Sitzgelegenheit)
(e)	das Wort kann mit und ohne e geschrieben werden: **Strapaz(e)**, **neb(e)lig**
Abkürzungen	
u.	und
z.B.	zum Beispiel
Ez.	Einzahl, Wort kommt nur in der Einzahl vor: **Handel** der, *Ez.*
Mz.	Mehrzahl, Wort kommt nur in der Mehrzahl vor: die **Röntgenstrahlen** *Mz.*
jmd.	jemand
jmds.	jemandes
jmdm.	jemandem
jmdn.	jemanden
Adv.	Adverb, Umstandswort: **also** *Adv.*
Konj.	Konjunktion, Bindewort, **außerdem** *Konj.*
Part.	Partikel: **denn** *Part.* was kann ich denn eigentlich dafür
Pron.	Pronomen, Fürwort, **die** *Pron.* jene Maus, die ...
Präp.	Präposition, Vorwort: **hinters** *Präp.* (hinter das);
Präp.+Gen.	Präposition mit Genitiv: **halber** *Präp.+Gen.:* der Ordnung halber (wegen)
Präp.+Dat.	Präposition mit Dativ: **mit** *Präp.+Dat.:* er tanzt mit mir
Präp.+Akk.	Präposition mit Akkusativ: **ohne** *Präp.+Akk.:* ohne ihn geht das nicht
Zusätze	
abwertend	abwertender Ausdruck: **Schani** (*abwertend für* Kellner, Diener)
bundesdt.	Ausdruck, wie er in Dtld. gebräuchlich ist: **Abitur** *bundesdt. für österr.:* Matura
derb	grober, roher Ausdruck: **abknallen** (*derb für* erschießen)
geh.	gehobener Ausdruck: **Arglist** die, *Ez.* (*geh. für* Hinterlist, Böswilligkeit)
kurz	Kurzwort: der **Dampfer** (*kurz für* Dampfschiff)
mundartl.	mundartlicher Ausdruck: **Gfrast** auch Gfrasst das, Gfraster (*mundartl. für* schlimmes Kind)
österr.	österreichisch: **Paradeiser** der, -: (*österr. für bundesdt.* Tomate)
ugs.	umgangssprachlich: **kapieren** (*ugs. für* verstehen)
veraltet	veraltet: **Abbitte leisten** (*veraltet für* um Verzeihung bitten)

1. Überlege, was genau du wissen möchtest!

1.1 Prinzipiell sucht man nach dem alphabetisch erstgereihten Wort der Wortfamilie. Daher sucht man

achteckig	→ unter →	**acht**
anhänglich	→ unter →	**Anhang**
adressieren	→ unter →	**Adressat**
Haftbefehl	→ unter →	**Haft**
häuslich	→ unter →	**Haus**
Adoptiveltern	→ unter →	**adoptieren**

1.2 Die Erklärung einer Redewendung findet man unter dem sinntragenden Stichwort

sich auf die Hinterbeine stellen	→ unter →	**hinter** (sich anstrengen)
alles auf eine Karte setzten	→ unter →	**Karte** (viel riskieren)
sich etwas hinter die Ohren schreiben	→ unter →	**Ohr** (sich etwas gut merken)
jmdm. den Kopf waschen	→ unter →	**Kopf** (mit jmdm. schimpfen)

1.3 Wenn man z.B. beim Wort „*Einkaufspassage*" – „*...passage*" nicht sicher schreiben kann, könnte man unter „*Einkauf*" suchen, besser wäre es aber, gleich den gesuchten Wortteil „*Passage*" zu suchen.

2. Beim Aufschlagen des Wörterbuches benutze die Suchhilfe an Seitenrand!

Um möglichst gezielt den gesuchten Buchstaben aufzuschlagen, solltest du das Aufschlagen üben und dabei die unterschiedliche Häufigkeit der Anfangsbuchstaben beachten und nutzen!

3. Beachte zuerst die Grenzwörter!

Das erste und letzte Wort der Seite ist oben in der Kopfzeile angegeben. Stelle zuerst fest, ob sich das Wort, das du suchst, überhaupt auf der Seite befinden kann.

4. Dann suche gezielt das Hauptstichwort!

Das Hauptstichwort ist etwas herausgerückt, fett und das erste Wort eines Absatzes.
Die Reihung der Wörter erfolgt grundsätzlich nach dem Alphabet. Neben den 26 Buchstaben des Alphabets gibt es auch noch das ß (wird wie ss gereiht) und die Umlaute ä, ö, ü (sie werden wie a, o, u gereiht).

5. Mehr Information findest du im Absatz zum Hauptstichwort.

Weitere Stichwörter (fett), Erklärungen zur Bedeutung (in Klammer), Aussprachehilfen (in eckiger Klammer) und Redewendungen (kursiv) findest du im Absatz.
Regime [reschim] das, Regimes (undemokratische Herrschaftsform); das **Regiment** (Herrschaft, Truppeneinheit), *ein strenges Regiment führen* (als Vorgesetzte/-r sehr streng sein)

6. Wenn du die gesuchte Information nicht findest, dann überlege:

Hast du möglicherweise eine völlig falsche Vorstellung über die Schreibung des Wortes? Wenn man den Anfangsbuchstaben eines Wortes nicht sicher weiß, muss man beim Nachschlagen im Wörterbuch mehrere Möglichkeiten in Betracht ziehen.

Diese Anfangsbuchstaben werden oft vertauscht:
Du suchst z.B.
Vase unter **W**
Paradeiser unter **B**
Bonbon unter **P**
Container unter **K**
Kollege unter **C**

Bei Verben ist es wichtig, immer unter der Stammform zu suchen:

stand	→ unter →	stehen
ließ	→ unter →	lassen
wächst	→ unter →	wachsen
schnitt	→ unter →	schneiden
geworfen	→ unter →	werfen
gerissen	→ unter →	reißen

Kannst du die gesuchte Information unter einem anderen Stichwort finden?

Druck**maschine**	→ unter →	**Maschine**
Abwehrs**pieler**	→ unter →	**Abwehr** oder unter **Spieler**
Am**ateur**fuß**ball**er	→ unter →	Am**ateur** oder unter **Ball** oder unter **Fuß**

Manche Wörter haben mehrere Bedeutungen, man nennt sie **Homonyme**. Die vorangestellte Hochzahl macht dich darauf aufmerksam. Beachte in diesen Fällen beide Stichwörter, um sicherzugehen. Zum Beispiel:
[1]Schloss (Palast)
[2]Schloss (Verschlussvorrichtung)
[1]Heft (Schreibheft, Zeitschrift)
[2]Heft (Griff eines Messers, einer Stichwaffe)

Wie lange man für das Suchen eines Wortes brauchen soll

Natürlich sollte man ein Wort so schnell wie möglich finden. Im Durchschnitt wäre es wünschenswert, wenn du nicht länger als 20 Sekunden dazu brauchst.

Je schneller man bei der Wörtersuche ist, desto öfter greift man bei Unsicherheiten nach dem Buch. Das Nachschlagen verbessert die Rechtschreibleistung bei Schularbeiten enorm. Daher ist es wichtig, das Nachschlagetempo so zu trainieren, dass die Suche zügig vor sich geht! Ähnlich wie im Sport steigert man seine Leistung durch regelmäßiges Trainieren.

(hergeben), den Ball zum Mitspieler abgeben (ihm zuspielen), der Ofen gibt Wärme ab (strahlt aus), die Stimme bei der Wahl abgeben (wählen), sich mit kleinen Kindern abgeben (beschäftigen)

abgebrannt *total abgebrannt* (*ugs. für* verarmt) *sein*

abgebrüht (gefühllos, hart, ohne Skrupel); die **Abgebrühtheit**

abgedroschen eine abgedroschene Redensart (so oft gebraucht, dass sie bedeutungslos geworden ist)

abgefeimt (durchtrieben); die **Abgefeimtheit**

abgehen (▶ gehen) deine Aufgabe geht ab (fehlt), von der Schule abgehen (sie für immer verlassen), von der Forderung abgehen (abweichen), wir haben uns nichts abgehen lassen (haben es uns gut gehen lassen), die Katze geht mir ab (ich vermisse sie)

abgekartet ein abgekartetes Spiel (eine im Vorhinein abgesprochene Sache)

abgeklärt (erfahren, reif); die **Abgeklärtheit**

abgelaufen abgelaufene Lebensmittel (das Datum der Frischhaltegarantie ist überschritten), der Pass ist abgelaufen

abgelegen ein abgelegenes Haus

abgeneigt einem Vorschlag nicht abgeneigt sein (wohlwollend gegenüberstehen); die **Abgeneigtheit**

Abgeordnete der/die, Abgeordneten <Abg.>, ein Abgeordneter zum Nationalrat/ zum Landtag; das **Abgeordnetenhaus** (Gesamtheit der Abgeordneten, Parlament)

abgesandt auch **abgesendet**; die/der **Abgesandte** (Beauftragte/-r), die Abgesandten

abgeschieden (abseits gelegen); die **Abgeschiedenheit**

abgeschlagen weit abgeschlagen (zurück, besiegt) sein

abgeschlossen eine abgeschlossene Tür, eine abgeschlossene Ausbildung

abgesehen abgesehen von ... (wenn man außer Acht lässt), es auf jmdn./ etwas abgesehen haben (jmdm./etwas Schwierigkeiten machen; jmdn./etwas erobern wollen)

abgesendet auch abgesandt

abgespannt (müde, erschöpft)

abgestanden abgestandene (verbrauchte) Luft

abgetragen ein abgetragenes Kleid

abgewinnen einer Sache nichts abgewinnen können (keinen Gefallen daran finden)

abgewirtschaftet eine abgewirtschaftete (heruntergekommene) Firma

abgewöhnen jmdm. eine Unart abgewöhnen

Abgott der, Abgötter (vergöttertes Wesen); **abgöttisch** jmdn. abgöttisch (sehr, über alles) lieben

abgrenzen ein genau abgegrenztes (klar beschriebenes) Aufgabengebiet, Rechte und Pflichten genau abgrenzen; die **Abgrenzung**

Abgrund der, Abgründe (tiefe Schlucht), *Abgründe tun sich auf* (Ungeahntes, Gefahrvolles zeigt sich); **abgründig** (geheimnisvoll); **abgrundtief** (sehr tief)

abhacken (mit einer Hacke abtrennen)

abhaken Namen in einer Liste abhaken

abhalten (▶ halten) jmdn. von der Arbeit abhalten (hindern, stören), eine Konferenz abhalten (durchführen)

abhandeln ein Thema abhandeln (erörtern); die **Abhandlung** (wissenschaftliche Darstellung)

abhandenkommen das ist ihm abhandengekommen (verloren gegangen)

Abhang der, Abhänge (abschüssiges Gelände)

abhängen einen Waggon abhängen (von einer Befestigung lösen), ein Auto abhängen (hinter sich lassen), vom Wetter abhängen (bestimmt werden); **abhängig** das Baby ist von der Mutter abhängig; die **Abhängigkeit**

abhärten seinen Körper durch bestimmte Maßnahmen abhärten (widerstandsfähig machen), sich abhärten; die **Abhärtung**

abhauen von zu Hause abhauen (*ugs. für* ausreißen), den Ast abhauen (abschlagen)

abheben (▶ heben) den Telefonhörer abheben, Geld vom Konto abheben, beim Kartenspiel abheben, sich von jmdm. abheben (unterscheiden), das Flugzeug hebt vom Boden ab

abhetzen sich (sich sehr beeilen)

Abhilfe die, *Ez.*: Abhilfe schaffen (ein Problem beseitigen)

Ab-Hof-Verkauf der, *Ez.*

abholzen (Bäume fällen)

Abitur das, Abiture (*bundesdt. für* Matura, Reifeprüfung); der/die **Abiturient/-in**

Abk. = **Abk**ürzung

abkanzeln (heftig zurechtweisen)

abkapseln sich (sich von anderen Menschen zurückziehen)

abkehren das Fensterbrett abkehren, sich vom Bösen abkehren (abwenden); die **Abkehr** die Abkehr vom Glauben

abklären offene Fragen abklären, den Verdacht auf Krebs durch weitere Untersuchungen abklären
Abklatsch der, Abklatsche (schlechte Nachahmung)
abklingen (▶ klingen) (schwächer werden)
abknallen (*derb für* erschießen)
abknöpfen (*ugs. für* mit List wegnehmen)
Abkomme der, Abkommen (Nachfahre); das **Abkommen** ein Abkommen (eine Übereinkunft) treffen; **abkommen** (▶ kommen) vom Weg, Kurs oder Thema abkommen (sich verirren, entfernen), vom Vorhaben abkommen (aufgeben); **abkömmlich** abkömmlich (entbehrlich) sein; der **Abkömmling** (Nachkomme)
abkühlen in der Nacht kühlt es ab, sich im kalten Wasser abkühlen; die **Abkühlung**
Abkunft die, *Ez.*: von adeliger Abkunft (Herkunft) sein
abkürzen den Weg/ein Wort abkürzen; die **Abkürzung** <Abk.>; das **Abkürzungsverzeichnis**
abladen (▶ laden) den Bauschutt abladen
Ablage die, Ablagen (Fläche zum Ablegen)
ablagern Fett wird im Körper abgelagert, der Fluss lagert Schlamm ab, Holz ablagern; die **Ablagerung**
Ablass der, Ablässe (Lossprechung von den Sünden); **ablassen** (▶ lassen) von etwas ablassen (aufhören, nicht weiterverfolgen), einen Teich ablassen
Ablauf der, Abläufe: der Ablauf des Geschehens, nach Ablauf der Frist; **ablaufen** (▶ laufen) das Haltbarkeitsdatum läuft ab, das Wasser läuft (rinnt) ab, die Prüfung lief gut ab, jmdm. den Rang ablaufen (jmdn. übertreffen)
Ablaut der, Ablaute (Vokalwechsel in der Stammsilbe, z.B. „sehen – sah")
ablecken die Briefmarke ablecken
ablegen den Mantel ablegen (ausziehen), eine Prüfung ablegen (machen), Gewohnheiten ablegen (aufgeben), Rechenschaft ablegen, ein Gelübde ablegen, das Schiff hat abgelegt; der **Ableger** (Pflanzentrieb)
ablehnen einen Vorschlag ablehnen (nicht annehmen); die **Ablehnung**
ableiten den Strom ableiten, ein Wort ableiten (auf ein anderes zurückführen)
ablenken ein Geschoß ablenken (vom Kurs abbringen), jmdn. ablenken (in der Konzentration stören), vom Thema ablenken; die **Ablenkung**; das **Ablenkungsmanöver**
ablesen (▶ lesen) einen Text vom Blatt ablesen, eine Zahl ablesen
ablichten (fotokopieren; *ugs. für* fotografieren); die **Ablichtung**
abliefern Waren abliefern; die **Ablieferung**
ablösen jmdn. bei der Arbeit ablösen, eine Briefmarke ablösen; die **Ablöse** (bei der Wohnungsübernahme zu zahlende Summe für die verbleibenden Möbel); die **Ablösesumme**
abluchsen jmdm. Geld abluchsen (*ugs. für* mit List abnehmen)
abmachen Salat abmachen (marinieren), etwas abmachen (vereinbaren), ein Pickerl abmachen (entfernen); die **Abmachung**
abmagern (Körpergewicht verlieren); die **Abmagerung**; die **Abmagerungskur**
abmahnen der Polizist mahnte den Fahrer ab
Abmarsch der, *Ez.*; **abmarschieren**
abmontieren die Räder abmontieren (herunternehmen)
Abnahme die, Abnahmen: die Abnahme (der Kauf) einer Großpackung, die Abnahme (Funktionsbestätigung) einer Maschine
abnehmen (▶ nehmen) jmdm. die Tasche abnehmen (tragen), jmdm. eine Arbeit abnehmen (jmdn. entlasten), er hat fünf Kilo abgenommen, den Hörer abnehmen, jmdm. ein Versprechen abnehmen, *jmdm. etwas nicht abnehmen* (*ugs. für* nicht glauben); der/die **Abnehmer/-in** (Käufer/-in)
Abneigung die, Abneigungen (Widerwille)
abnorm (vom Üblichen abweichend); **abnormal** (ungewöhnlich)
abnützen *auch* **abnutzen** etwas durch ständigen Gebrauch abnutzen; die **Abnützung** *auch* Abnutzung; die **Abnützungserscheinung** *auch* Abnutzungserscheinung
Abo das, Abos (*kurz für* Abonnement)
Abonnement [abonmã] das, Abonnements (regelmäßiger Bezug einer Sache, z.B. einer Zeitung); der/die **Abonnent/-in**; **abonnieren**
abordnen jmdn. zu einer Tagung abordnen (schicken); die **Abordnung** (Gruppe von Personen)
¹**Abort** der, Aborte (Toilette)
²**Abort** der, Aborte (Fehlgeburt)
abpfeifen (▶ pfeifen); der **Abpfiff** (Schlusspfiff eines Schiedsrichters)
abpflücken die verblühten Blüten abpflücken
abplagen sich (sich sehr anstrengen)

abprallen der Ball prallte von der Torstange ab, die Vorwürfe prallten an ihm ab (er wies sie zurück); der **Abpraller** (beim Fußball)
abputzen (reinigen)
Abrakadabra das, *Ez.* (Zauberformel)
abräumen er räumt den Tisch ab, sie hat ordentlich abgeräumt (*ugs. für* viel gewonnen)
abreagieren sich: sich beim Sport abreagieren (den Ärger loswerden)
abrebeln Trauben/Ribiseln abrebeln (einzeln abpflücken)
abrechnen die Kosten abrechnen, mit dem Feind abrechnen (sich rächen); die **Abrechnung**
Abrede die, *Ez.*: etwas in Abrede stellen (abstreiten)
abregen reg dich ab! (beruhige dich)
abreiben (▶ reiben); die **Abreibung** jmdm. eine Abreibung verpassen (heftig rügen)
Abreise die, Abreisen; **abreisen** er reiste ab, sie sind bereits abgereist; der **Abreisetag**
abreißen (▶ reißen) ein Gebäude abreißen, ein Kalenderblatt abreißen, der Knopf ist abgerissen, die Arbeit reißt nicht ab (hört nicht auf), unser Kontakt riss ab; der **Abreißblock**; der **Abreißkalender**

von zu Hause abreisen	ABER	einen Faden abreißen

abrichten einen Hund abrichten (dressieren)
abrücken vom Sitznachbarn abrücken, von seiner Meinung abrücken (sie ändern)
abrufen (▶ rufen) die Daten im Programm abrufen; **abrufbereit**
abrunden ein Werkstück an den Kanten abrunden, den Geschmack einer Speise mit Gewürzen abrunden; die **Abrundung**
abrupt (jäh, plötzlich)
abrüsten (Waffen verringern; aus dem Militärdienst ausscheiden); die **Abrüstung**; die **Abrüstungskonferenz**
ABS = **A**nti**b**lockier**s**ystem (Bremsanlage)
Abs. = **Abs**ender eines Briefes; **Abs**atz, z.B. in einem Text
absacken das Flugzeug sackt plötzlich ab (bewegt sich nach unten), in der Schule absacken (nachlassen)
Absage die, Absagen: jmdm. nach dem Bewerbungsgespräch eine Absage erteilen; **absagen** einen Termin absagen
absägen einen Ast absägen

Absatz der, Absätze: der Absatz eines Schuhs, ein neuer Absatz in einem Text, der Absatz (Verkauf) einer Ware; das **Absatzgebiet**; **absatzweise** *Adv.*: den Text absatzweise (Absatz für Absatz) vorlesen
abschaffen (▶ schaffen) ein Gesetz abschaffen; die **Abschaffung**
abschalten den Strom abschalten, die Schüler schalteten ab (waren nicht mehr bei der Sache)
abschätzen den Wert abschätzen; **abschätzig** von jmdm. abschätzig (abwertend) gemustert werden
abschauen sich von jmdm. etwas abschauen (es übernehmen, nachahmen), beim Banknachbarn abschauen (abschreiben)
Abschaum der, *Ez.* (moralisch minderwertige Menschen), der Abschaum der Gesellschaft
Abscheu der/die, *Ez.* (Abneigung, starker Widerwille), jmdm. Abscheu einflößen, Abscheu erregend auch abscheuerregend; **abscheulich** ein abscheulicher (widerwärtiger) Verbrecher
abschieben (▶ schieben) die Verantwortung abschieben, jmdn. ins Ausland abschieben (einen Asylwerber in sein Heimatland zurückschicken); die **Abschiebung** (Ausweisung aus einem Staat)
Abschied der, Abschiede: von den Schulfreundinnen Abschied nehmen; die **Abschiedsfeier**
abschießen (▶ schießen) die Rakete abschießen (abfeuern)
abschirmen vor einem Auftritt wird der Star vom Publikum abgeschirmt
abschlachten (grausam töten)
Abschlag der, Abschläge: der Abschlag des Tormannes, einen Abschlag (Teilbetrag) bekommen
abschlagen (▶ schlagen) einen Ast abschlagen, eine Bitte abschlagen (verweigern); **abschlägig** ein Ansuchen abschlägig (ablehnend) beantworten; die **Abschlagszahlung**
abschleifen (▶ schleifen) den Boden abschleifen
abschleppen ein falsch geparktes Auto abschleppen, sich mit einer schweren Last abschleppen (*ugs. für* abmühen); das **Abschleppseil**; der **Abschleppwagen**
abschließen (▶ schließen) er schloss die Tür ab, ein Vertrag wurde abgeschlossen (vereinbart), eine Wette abschließen,

15

eine Ausbildung abschließen (beenden); **abschließend**; der **Abschluss**; die **Abschlussfeier**; die **Abschlussprüfung**; das **Abschlusszeugnis**

abschminken *sich etwas abschminken können* (ugs. für auf etwas verzichten müssen)

abschneiden (▶ schneiden) eine Scheibe Brot abschneiden, den Weg abschneiden (abkürzen), bei einer Prüfung gut abschneiden, *jmdm. das Wort abschneiden* (jmdn. nicht ausreden lassen); der **Abschnitt**; **abschnitt(s)weise**

abschrecken die hohe Strafe soll mögliche Täter abschrecken, Eier kalt abschrecken; **abschreckend** ein abschreckendes Beispiel; die **Abschreckung**

abschreiben (▶ schreiben) vom Nachbarn abschreiben, Ausgaben abschreiben (steuerlich absetzen), etwas Verlorenes abschreiben (nicht mehr damit rechnen, es zu finden); die **Abschreibmöglichkeit** (Möglichkeit, etwas von der Steuer abzusetzen); die **Abschreibung**; die **Abschrift**

Abschuss der, Abschüsse: zum Abschuss freigeben; **abschüssig** eine abschüssige Straße; die **Abschussliste** *er steht auf der Abschussliste* (ugs. für soll von seiner Position entfernt werden); die **Abschussrampe** (Raketenstartplatz)

abschütteln den Staub abschütteln, einen Verfolger abschütteln (loswerden)

abschwächen die Kritik abschwächen (mildern), der Hochdruckeinfluss schwächt sich langsam ab

absehen (▶ sehen) das Ende absehen (erkennen), von etwas absehen (darauf verzichten), abgesehen davon, *es auf jmdn. abgesehen haben* (jmdm. Schwierigkeiten machen); jmdn. erobern wollen); **absehbar** das Ende ist absehbar (im Voraus bekannt), in absehbarer Zeit (bald)

abseilen jmdn./etwas abseilen (an einem Seil herunterlassen), *sich abseilen* (ugs. für sich entfernen, sich drücken)

abseits *Präp.+Gen.:* abseits der lauten Hauptstraße; *Adv.:* das Geschäft liegt abseits; das **Abseits** beim Fußballspiel im Abseits stehen; die **Abseitsregel**; das **Abseitstor**; **abseitsverdächtig**

absenden (▶ senden) er sandte (sendete) den Brief ab, wir haben das Paket rechtzeitig abgesandt (abgesendet); der/die **Absender/-in** <Abs.>

Absenz die, Absenzen (Abwesenheit)

absetzen die Tasche absetzen (abstellen), den Präsidenten absetzen (ablösen), einen Mitfahrer an der Ecke absetzen (aussteigen lassen), eine Ware absetzen (verkaufen), beim Vorlesen absetzen (eine Pause machen), ein Medikament absetzen (nicht länger nehmen), Ausgaben von der Steuer absetzen, sich absetzen (entfernen); die **Absetzung**

Absicht die, Absichten: war das Absicht?, etwas ohne böse Absicht machen, *ernste Absichten haben* (heiraten wollen); **absichtlich**

absolut (völlig, uneingeschränkt), absolute (vollständige) Ruhe, absolut nicht (ganz und gar nicht), mit absoluter Mehrheit (mehr als 50% der Stimmen) gewinnen

Absolution [...tsion] die, Absolutionen (Lossprechung von Sünden)

Absolutismus der, *Ez.* (Alleinherrschaft, Zeitabschnitt im 17. und 18. Jahrhundert); **absolutistisch**

Absolvent der, Absolventen (jmd., der eine Schule/ein Studium erfolgreich abgeschlossen hat); die **Absolventin**; **absolvieren** die Ausbildung absolvieren (bis zum Abschluss durchlaufen), einen Besuch absolvieren (hinter sich bringen)

absonderlich (stark vom Gewöhnlichen abweichend); die **Absonderlichkeit**; **absondern** sich von der Gruppe absondern (entfernen), Schleim absondern (ausscheiden)

absorbieren (in sich aufnehmen), das Licht wird absorbiert

abspalten (herauslösen, trennen), eine kleine Gruppe spaltet sich von der Gemeinschaft ab; die **Abspaltung**

abspeichern Daten auf der Festplatte abspeichern; die **Abspeicherung**

abspeisen jmdn. mit leeren Versprechungen abspeisen; die **Abspeisung**

abspenstig jmdm. etwas abspenstig machen (wegnehmen)

absperren die Tür absperren (abschließen), die Straße ist abgesperrt (unpassierbar); die **Absperrkette**; die **Absperrung**

abspielen den Ball abspielen (zuspielen), eine Schallplatte abspielen

Absprache die, Absprachen (mündliche Übereinkunft, Vereinbarung); **absprechen** (▶ sprechen) einen Termin absprechen (vereinbaren), jmdm. ein Recht absprechen (aberkennen)

abspringen (▶ springen) vom fahrenden Wagen abspringen, von einem Vorhaben abspringen (sich im letzten Moment zurückziehen); der **Absprung**

abspritzen Pflanzen abspritzen (mit dem Wasserschlauch gießen)

abspülen die Gläser abspülen (reinigen)

abstammen von einer berühmten Familie abstammen; die **Abstammung**

Abstand der, Abstände: einen zeitlichen oder räumlichen Abstand halten, den Abstand zum Vordermann einhalten, das war mit Abstand (bei Weitem) das Beste, von etwas Abstand nehmen (auf etwas verzichten); die **Abstandszahlung** (Zahlung, damit jmd. auf bestimmte Rechte verzichtet)

abstatten jmdm. einen Besuch abstatten

abstauben Möbel abstauben (abwischen), etwas abstauben (*ugs. für* unkorrekt erwerben, stehlen), ein Fußballtor abstauben (leicht erzielen)

abstechen (▶ stechen) ein Schwein abstechen (schlachten)

Abstecher der, -: (kleiner Ausflug)

abstehen (▶ stehen) abstehende Ohren

absteigen (▶ steigen) vom Rad absteigen (heruntersteigen), im Hotel absteigen (übernachten), die Mannschaft stieg ab (in die niedrigere Spielklasse); der/die **Absteiger/-in**

abstellen die Tasche abstellen (hinstellen), den Fernseher abstellen (ausschalten), sein Auto abstellen (parken), eine schlechte Angewohnheit abstellen (beenden); die **Abstellfläche**; das **Abstellgleis** *jmdn. auf das Abstellgleis schieben* (ihn nicht weiter beachten); die **Abstellkammer**; der **Abstellraum**

Abstieg der, Abstiege: der Abstieg ins Tal; **abstiegsgefährdet** eine abstiegsgefährdete Fußballmannschaft

abstimmen über ein Gesetz abstimmen, die Farben aufeinander abstimmen, die beiden haben sich abgestimmt (abgesprochen); die **Abstimmung** (Wahl, Entscheidung); das **Abstimmungsergebnis**

abstinent (enthaltsam, bes. in Bezug auf Alkohol); die **Abstinenz**; der/die **Abstinenzler/-in**

Abstoß der, Abstöße: der Abstoß des Torwartes; **abstoßen** (▶ stoßen) sich vom Beckenrand abstoßen, Aktien billig abstoßen (verkaufen), die Ecken abstoßen (beschädigen), *sich die Hörner abstoßen* (durch Erfahrungen besonnener werden); **abstoßend** ein abstoßendes (ekelhaftes) Verhalten

abstrakt (nicht anschaulich), ein abstrakter (nicht leicht verstehbarer) Text, die abstrakte (gegenstandslose) Kunst; die **Abstraktheit**

abstreiten (▶ streiten) jegliche Mitschuld abstreiten

abstrus abstruse (verworrene) Vorstellungen von etwas haben

abstufen eine Schülerin abstufen (in eine niedrigere Leistungsgruppe versetzen), die Gehälter abstufen (unterschiedlich hoch gestalten)

abstumpfen (unempfindlich, gleichgültig werden)

Absturz der, Abstürze: er kam beim Absturz ums Leben; **abstürzen**

absurd (völlig unvernünftig, sinnlos); die **Absurdität**

Abszess der/das, Abszesse (eitrige Geschwulst)

Abt der, Äbte (Vorsteher eines Klosters); die **Abtei**; die **Äbtissin**

Abt. = Abteilung

abtauen einen Kühlschrank abtauen (das Eis entfernen)

Abteil das, Abteile: abgegrenzter Sitzbereich in einem Eisenbahnwagen; **abteilen**; die **Abteilung** <Abt.> (einzelner Bereich); der/die **Abteilungsleiter/-in**

abtragen (▶ tragen) der Wind trug die Erde ab (entfernte sie), die Schulden wurden abgetragen (bezahlt), die Kleidungsstücke wirken abgetragen (abgenützt); **abträglich** etwas/jmdn. abträglich (schädlich) sein; die **Abträglichkeit**

abtreiben (▶ treiben) der Wind treibt den Ballon ab (lässt ihn vom Kurs abkommen), ein Kind abtreiben (eine Schwangerschaft abbrechen); die **Abtreibung** (Schwangerschaftsabbruch);

abtrennen (ablösen, abteilen); **abtrennbar**; die **Abtrennung**

abtreten (▶ treten) seinen Gewinn an jmdn. abtreten (ihn ihm überlassen), von der Bühne/ einer Position abtreten, abgetretene Schuhe

Abtrieb der, Abtriebe (Viehabtrieb von der Alm im Herbst; Rührteig)

abtrünnig abtrünnig (untreu) werden; der/die

Abtrünnige
abtun (▶ tun) mit einer Handbewegung etwas abtun (als unwichtig hinstellen)
Abverkauf der, Abverkäufe (verbilligter Restverkauf); **abverkaufen**
abwägen (▶ wägen) er wog das Für und Wider kritisch ab (prüfte die Vor- und Nachteile genau), die Kartoffeln abwägen (*veraltet für* abwiegen)
abwählen (▶ wählen) (jmdn. durch eine Wahl aus seinem Amt entfernen)
abwälzen Unangenehmes auf andere abwälzen (abschieben)
abwandeln (abändern, variieren)
abwandern (eine Region verlassen)
Abwärme die, *Ez.* (nicht genutzte Wärmeenergie)
abwärts *Adv.* (hinunter, bergab) *mit jmdm. geht es abwärts* (jmdm. geht es immer schlechter); **abwärtsgehen** (▶ gehen); **abwärtsführen**; der **Abwärtstrend** (Entwicklung zum Schlechteren hin)
Abwasch die, Abwaschen (Abwaschbecken); **abwaschen** (▶ waschen) (Geschirr spülen)
Abwasser das, Abwässer (gebrauchtes Wasser); die **Abwasserentsorgung**; die **Abwassergebühr**
abwechseln Regen und Sonnenschein wechseln sich ab; **abwechselnd**; **abwechslungsreich**
abwegig ein abwegiger (vom Normalen abweichender) Gedanke; die **Abwegigkeit**
Abwehr die, Abwehren: auf Abwehr (Widerstand) stoßen, die Abwehr (Verteidigung) beim Fußball; **abwehren** seine Feinde abwehren, der **Abwehrkampf**; die **Abwehrreaktion**; der/die **Abwehrspieler/-in**; der **Abwehrstoff** (Mittel zur Bekämpfung einer Krankheit)
abweichen (▶ weichen) vom Weg abweichen (sich davon entfernen); die **Abweichung**
abweisen (▶ weisen) eine Klage abweisen; **abweisend**
abwenden (▶ wenden) den Blick abwenden, sie wendete (wandte) sich voller Grausen ab
abwerfen (▶ werfen) vom Pferd abgeworfen werden, die Aktie wirft keinen Gewinn ab
abwerten Geld abwerten (im Wert herabsetzen), eine abwertende (herabsetzende) Geste machen; die **Abwertung**
abwesend (nicht da), geistesabwesend; der/die **Abwesende**; die **Abwesenheit** in seiner Abwesenheit, *durch Abwesenheit glänzen* (auffallen)
abwickeln ein Kabel abwickeln (abrollen), ein Geschäft abwickeln (erledigen); die **Abwicklung**
abwiegeln (beschwichtigen)
abwiegen (▶ wiegen) Äpfel abwiegen, sich abwiegen
abwimmeln jmdn. abwimmeln (mit Ausflüchten abweisen)
abzahlen (seine Schulden in Raten zahlen)
abzählen einen Betrag oder Personen abzählen, *sich etwas an den Fingern abzählen* (ausrechnen) *können*; der **Abzählreim** (Spruch zum Auslosen bei Kinderspielen); der **Abzählvers** (Abzählreim)
Abzeichen das, -: ein Abzeichen auf der Uniform tragen; **abzeichnen** ein Bild abzeichnen, eine Entwicklung zeichnet sich ab (wird erkennbar)
Abziehbild das, Abziehbilder (Klebebild)
abziehen (▶ ziehen) den Bettbezug abziehen, die Soldaten zogen ab (zogen sich zurück), ein bestimmter Prozentsatz wurde abgezogen (weggerechnet)
Abzug der, Abzüge (Kopie; Auslöser bei Schusswaffen; Truppenabzug); **abzüglich** *Präp.+Gen.*: abzüglich des Eigenanteils; **abzugsfähig**
abzweigen von einer Straße abzweigen (abbiegen), vom Gehalt etwas für den Urlaub abzweigen (weglegen), Geld abzweigen (*ugs. für* unterschlagen); die **Abzweigung**
Accessoire [aksesoa] das, Accessoires (modisches Zubehör)
ach! ach so! ABER → *mit Ach und Krach* (gerade noch)
Achat der, Achate (Halbedelstein)
Ache die, *Ez.* (Bestandteil von Flussnamen, z.B. Salzburger Ache) ABER → Arche
Achilles (griechischer Held beim Kampf um Troja) auch **Achill**; die **Achillesferse** (verwundbare Stelle)
Achse die, Achsen: der LKW hat vier Achsen, die x-Achse in der Geometrie, *auf Achse* (*ugs. für* unterwegs) *sein*
Achsel die, Achseln (Achselhöhle, Schultern), *jmdn. über die Achsel* (geringschätzig) *ansehen*; das **Achselzucken**; **achselzuckend**
acht acht Personen, um acht Uhr, zu acht sein, es ist Punkt acht, bis acht zählen, acht mal vier, über acht (über acht Jahre alt) sein, gegen acht, drei viertel acht ABER → ein Viertel vor acht; die Zahl **Acht**, der/die/das

Achte, als Achter drankommen, Heinrich der Achte; das **Achteck**; **achteckig**; **achteinhalb**

acht Personen	ABER	die Ziffer **Acht**
zu **acht** sein	ABER	als **Achter** drankommen
der **8-Uhr-Zug**	auch	der **Achtuhrzug**

¹**Acht** die, *Ez.*: jmdn. mit der Acht belegen (aus der Gemeinschaft ausschließen); **ächten** geächtet (ausgestoßen) sein; die **Ächtung**
²**Acht** die, *Ez.* (Aufmerksamkeit, Fürsorge), im Straßenverkehr Acht geben auch achtgeben, außer Acht lassen ABER → das Außer-Acht-Lassen der Gefahr, sich in Acht nehmen; **achtbar** eine achtbare Person; **achten** auf den Verkehr achten, jmdn. achten (schätzen); **achtlos**; **achtsam**; die **Achtsamkeit**; die **Achtung**
achtel ein achtel Kilo, drei achtel Liter ABER → das **Achtel** ein Achtel Zucker, zwei Achtel vom Ganzen; das **Achtelfinale**; der **Achtelliter** auch ein achtel Liter; **achtens** *Adv.*
Achter der, -: mit dem/der Achter (Bus/ Straßenbahn mit der Nummer 8) fahren, einen Achter (die Ziffer Acht) schreiben, einen Achter (verbogenes Rad) haben; die **Achterbahn**
achtfach auch **8-fach** auch 8fach, der **achtfache** (**8-fache**, 8fache) Preis: das **Achtfache** auch **8-Fache** auch 8fache, um das **Achtfache** (**8fache**, **8-Fache**) teurer
achtgeben auch Acht geben
achtjährig auch **8-jährig**; der/die **Achtjährige** auch der/die **8-Jährige**
achtmal auch **8-mal**; **achtprozentig** auch 8-prozentig auch 8%ig; **achtseitig** auch 8-seitig; **achtstellig** auch **8-stellig**; **achtstündig** auch 8-stündig; **achttägig** (acht Tage dauernd) auch **8-tägig**

der **achtfache** (8fache, **8-fache**) Preis	ABER	um das **Achtfache** (8fache, **8-Fache**) teurer
der **achtjährige** (**8-jährige**) Sohn	ABER	der **Achtjährige** (**8-Jährige**)
achtmal (**8-mal**)	auch	acht Mal(e) (8 Mal(e))
8-köpfig	auch	**achtköpfig**

achttausend; der **Achttausender**; **achtzehn** ABER → die Zahl Achtzehn

Achtung die *Ez.*: Achtung (Respekt) vor jmdm. haben, Achtung gebietend auch achtunggebietend
achtzig in den achtziger Jahren, Mitte der achtzig, mit achtzig, eine Person über achtzig ABER → die Zahl **Achtzig**, in den Achtzigern (über achtzig Jahre alt) sein; der **Achtziger**; die Achtzigerjahre auch 80er-Jahre auch achtziger Jahre auch 80er Jahre; **achtzigjährig** auch 80-jährig; der/die **Achtzigjährige** auch 80-Jährige; **achtzigstel** in einer achtzigstel Sekunde; das **Achtzigstel**

achtzig Jahre alt	ABER	den **Achtziger** feiern
die **80er-Jahre** (80er Jahre)	auch	die **Achtzigerjahre** (achtziger Jahre)

ächzen (stöhnen, seufzen)
Acker der, Äcker (landwirtschaftlich genutzter Boden); der **Ackerbau**; der **Ackerboden**; **ackern**
Acryl auch Akryl [akrül] das, *Ez.* (Kunststoff)
Action [äkschn] die, *Ez.* (spannende Handlung)

ein Film voller **Action** (Spannung)	ABER	eine gute **Aktion** (Tat)

a.d. = an der
a.D. = außer Dienst
A.D. = Anno Domini (im Jahr des Herrn, nach Christi Geburt)
Adabei der, Adabeis (jmd., der sich überall wichtig fühlt)
adagio [adadscho] *Adv.* (langsam); das **Adagio** (langsames Musikstück)
Adapter der, -: (Verbindungsstück); **adaptieren** (anpassen) ein Haus adaptieren (herrichten); die **Adaption** (Anpassung)
adäquat (entsprechend, angemessen)
adden [ädn] (zu den eigenen Kontakten in einem sozialen Netzwerk hinzufügen); ich habe dich geaddet
addieren (zusammenzählen); die **Addition**
ade! ade (leb wohl) sagen; das **Ade** (Abschiedsgruß)
¹**Adel** der, *Ez.* (vornehme Gesellschaftsklasse); **ad(e)lig** auch der/die **Ad(e)lige** (z.B. Herzog); **adeln** (in den Adelsstand erheben)
²**Adel** der, *Ez.* (Mistjauche); **adeln** (Jauche auf das Feld bringen)

Ader → ahnen

Ader die, Adern (Blutgefäß); das **Äderchen**; der **Aderlass**
Adhäsion die, Adhäsionen (Aneinanderhaften)
adieu! [adjö] adieu (leb wohl) auch Adieu sagen; ein **Adieu** sagen
Adjektiv das, Adjektive (Eigenschaftswort); **adjektivisch**
adjustieren (genau einstellen); die **Adjustierung** (genaue Einstellung; Uniform)
Adjutant der, Adjutanten (dem Kommandanten zugeteilter Offizier); die **Adjutantin**
Adler der, -: (Greifvogel); das **Adlerauge** (scharfes Auge); die **Adlernase** (große, gebogene Nase)
Administration [...tsion] die, Administrationen (Verwaltung, Behörde)
Admiral der, Admiräle (Seeoffizier; Schmetterlingsart); die **Admiralität**
Adoleszenz die, Ez. (Abschnitt der Jugend)
adoptieren ein Kind adoptieren (als eigenes annehmen); die **Adoption**; die **Adoptiveltern**; das **Adoptivkind**
Adrenalin das, Ez. (Stresshormon); der **Adrenalinspiegel**
Adressat der, Adressaten (Empfänger/-in); die **Adressatin**; das **Adressbuch**; **adressieren**
Adresse die, Adressen ‹Adr.› (Anschrift), *bei jmdm. an die falsche Adresse geraten* (*ugs. für* sich an die falsche Person wenden, abgewiesen werden)
adrett (sauber, ordentlich)
Adria die, Ez. (Adriatisches Meer)
A-Dur die, Ez. (eine Tonart); die **A-Dur-Tonleiter**
Advent [adwent] der, Advente (Zeit vor Weihnachten); der **Adventkalender**; der **Adventkranz**; der **Adventsonntag**; die **Adventzeit**
Adverb das, Adverbien (Umstandswort, z.B. „dort", „bald"); **adverbial**; der **Adverbialsatz** (Umstandssatz)
Advokat [adwokat] der, Advokaten (Rechtsanwalt)
Aerobic [erobik] das/die, Ez. (Bewegungstraining mit Musik)
Affäre die, Affären (unangenehme Angelegenheit), eine Affäre (Liebschaft) haben, *sich aus der Affäre ziehen* (herauswinden)
Affe der, Affen (Säugetier, *ugs. für* dumme Person), *einen Affen haben* (*derb für* betrunken sein); die **Affenhitze** (sehr große Hitze); die **Affenliebe** (übertriebene Liebe); das **Affentempo** (*ugs. für* sehr hohes Tempo); das **Affentheater** (*ugs. für* großes Durcheinander); der **Affenzahn** (*ugs. für* hohe Geschwindigkeit)
Affekt der, Affekte: im Affekt (in heftiger Erregung) handeln; die **Affekthandlung**
Afrika *Ez.* (Erdteil); der/die **Afrikaner/-in**; **afrikanisch**
After der, -: (Darmausgang)
Aftershave [aftaschef] das, Aftershaves (Rasierwasser)
AG = **A**ktien**g**esellschaft; **A**rbeits**g**emeinschaft
Agenden die, *Mz.* (Aufgabenbereich), er hat ihre Agenden übernommen, polizeiliche Agenden wahrnehmen
Agent der, Agenten (Spion; Vermittler); die **Agentin**; die **Agentur** (Geschäftsstelle; Nachrichtenagentur)
Aggregat das, Aggregate (Einheit von mehreren Maschinen); der **Aggregat(s)-zustand** (Erscheinungsform eines Stoffes: fest, flüssig oder gasförmig)
Aggression die, Aggressionen (Feindseligkeit); **aggressiv** (angriffslustig), ein aggressiver (rücksichtsloser) Fahrstil; die **Aggressivität**; der **Aggressor** (Angreifer); die **Aggressorin**
agieren (handeln, tätig sein)
agil (wendig, rege)
Agitation [...tsion] die, Agitationen (politische Hetze, Werbung); der/die **Agitator/-in**
Agonie die, Agonien (Todeskampf)
Agrarier der, -: (Landwirt); die **Agrarierin**; die **Agrarbevölkerung**; der/die **Agraringenieur/-in**; die **Agrarreform**
Agreement [ägriment] das, Agreements (Übereinkommen)
Agronom der, Agronomen (Landwirt); die **Agronomin**
Ägypten (Land in Afrika); der/die **Ägypter/-in**; **ägyptisch**; der **Ägyptologe** (Wissenschaftler, der die altägyptische Sprache, Schrift und Kultur erforscht); die **Ägyptologin**
ah! (Ausruf der Überraschung); das **Ah**
aha! (Ausruf des Verstehens) ABER → das **Aha-Erlebnis** (überraschende Entdeckung)
Ahle die, Ahlen (Werkzeug des Schusters zum Stechen von Löchern)
Ahn auch **Ahne** der, Ahnen (Vorfahr); die **Ahne**; das **Ahnenbild**; der **Ahnenkult**; die **Ahnenreihe**; die **Ahnfrau**
ahnden ein Vergehen ahnden (bestrafen)
ahnen (vermuten, vorhersehen), er ahnte Schlimmes; die **Ahnung**; **ahnungslos**; die **Ahnungslosigkeit**

ähnlich sie sieht ihrer Mutter ähnlich, *das sieht dir ähnlich!* (das ist typisch für dich) **ABER** → und **Ähnliches** <u.Ä.>, oder Ähnliches <o.Ä.>, nichts Ähnliches (Gleichartiges); **ähneln** sie ähnelt ihm; die **Ähnlichkeit**
ahoi! (Seemannsgruß), Schiff ahoi!
Ahorn der, Ahorne (Laubbaum)
Ähre die, Ähren (oberster Teil des Getreidehalms, an dem die Körner sitzen); das **Ährenfeld**

die reifen **Ähren** am Feld	ABER	zu großen **Ehren** kommen

AHS = allgemein bildende höhere Schule
Aids [eds] das, *Ez.* (engl.: **a**cquired **i**mmune **d**eficiency **s**yndrome, eine gefährliche Immunschwächekrankheit); **aidskrank**; der **Aidstest**
Airbag [eabäg] der, Airbags (Luftkissen im Auto)
Airbus [eabus] der, Airbusse (Großraumflugzeug)
Aircondition [eakondischn] die, *Ez.* (Klimaanlage)
Airport [eapoart] der, Airports (Flughafen)
AK = **A**rbeiter**k**ammer
Akademie die, Akademien (Hochschule; gelehrte Gesellschaft); der/die **Akademiker/-in**; **akademisch**
Akazie [akatsie] die, Akazien (Baumart)
Akelei die, Akeleien (Zierpflanze)
akklimatisieren sich (sich an veränderte Bedingungen anpassen)
Akkord der, Akkorde (Zusammenklang von Tönen), im Akkord arbeiten (nach Menge des Geleisteten bezahlt werden); der/die **Akkordarbeiter/-in**
Akkordeon das, Akkordeons (Ziehharmonika)
Akku der, Akkus (Kurzwort für Akkumulator, Stromspeicher)
akkurat (sorgfältig, ordentlich)
Akkusativ der, Akkusative (4. Fall, Wenfall, z.B. „den Tisch"); das **Akkusativobjekt**
Akne die, Aknen (Hautkrankheit)
Akonto das, Akontos/Akonten: ein Akonto (eine Anzahlung) leisten; die **Akontozahlung**
Akribie die, *Ez.* (Sorgfalt); **akribisch** (sehr genau)
Akrobat der, Akrobaten (Zirkuskünstler); die **Akrobatik**; die **Akrobatin**; **akrobatisch**
Akryl [akrül] auch **Acryl** das, *Ez.* (Kunststoff)
¹**Akt** der, Akte: ein feierlicher Akt (Vorgang), ein Akt (eine Tat) der Verzweiflung, ein ... 1. Akt (Abschnitt in einem Schauspiel), einen Akt (nackten Körper) malen
²**Akt** der, Akten auch die **Akte** (wichtiges Schriftstück), *etwas zu den Akten legen* (etwas als erledigt betrachten); **aktenkundig** (bekannt); die **Aktennotiz**; der **Aktenordner**; die **Aktentasche**
Aktie [aktsie] die, Aktien (Wertpapier), *na, wie stehen die Aktien?* (wie geht's); die **Aktiengesellschaft** <AG>; das **Aktienkapital**; der/die **Aktionär/-in** (Besitzer/-in von Aktien)
Aktion [...tsion] die, Aktionen (Tat, Handlung; Sonderangebot); der **Aktionismus** (Bestreben, durch provozierende künstlerische Handlungen die Gesellschaft zu verändern); der **Aktionsradius** (Reichweite)

eine gelungene **Aktion** (Handlung)	ABER	**Action** (Spannung) im Film

aktiv (tätig, eifrig) sich aktiv an etwas beteiligen; das **Aktiv** (Tätigkeitsform des Verbs, z.B. „ich schreibe"); der/die **Aktive** (jmd., der noch nicht im Ruhestand ist); **aktivieren** jmdn. zur Mitarbeit aktivieren (anregen); der/die **Aktivist/-in** (jem., der sich für eine Sache besonders einsetzt); die **Aktivität** (Tätigkeit)
aktualisieren; die **Aktualität** (Zeitnähe)
aktuell (zeitgemäß, zeitnah)
akupunktieren; die **Akupunktur** (traditionelle chinesische Heilmethode mit Nadeln)
Akustik die, *Ez.* (Lehre vom Schall), der Konzertsaal hat eine gute Akustik; **akustisch** (den Schall betreffend)
akut (plötzlich, heftig), ein akutes Problem, eine akute Erkrankung
AKW = **A**tom**k**raft**w**erk
Akzent der, Akzente (Tonfall, Betonung), mit fremdem Akzent sprechen; **akzentfrei**; **akzentuieren** (betonen, hervorheben)
akzeptabel; die **Akzeptanz** (Bereitschaft, etwas anzunehmen); **akzeptierbar** (annehmbar); **akzeptieren** den Vorschlag akzeptieren (annehmen)
Alabaster der, *Ez.* (Gipsart)
Alarm der, Alarme (Warnung), Alarm schlagen, *blinder Alarm* (grundlose Aufregung); die **Alarmanlage**; **alarmbereit**; die **Alarmglocke**; **alarmieren**; die **Alarmierung**; das **Alarmsignal**

Alb der, Alben (Elfe, gespenstisches Wesen); der **Albdruck**; der **Albtraum** auch Alptraum
Albanien (europäischer Staat)
Albatros der, Albatrosse (Meeresvogel)
albern (kindisch, dumm); die **Albernheit**
Albino der, Albinos (Lebewesen mit fehlender Farbstoffbildung)
Albtraum der, Albträume auch **Alptraum** (schlechter Traum)
Album das, Alben (Sammelbuch)
Alchemie [alkemi] die, Ez. (mittelalterliche Goldmacherkunst); der/die **Alchemist/-in**; **alchemistisch**
Alge die, Algen (Wasserpflanze); die **Algenpest**
Algebra die, Ez. (Lehre von den mathematischen Gleichungen)
alias Adv.: Josef alias (auch genannt) Pepi
Alibi das, Alibis: ein Alibi haben (Nachweis, dass man zur Tatzeit nicht am Tatort war)
Alimente die, Mz. (Unterhaltszahlungen)
alkalisch (laugenartig, basisch)
Alkohol der, Alkohole: Alkohol trinken; **alkoholfrei**; **alkoholhältig** auch alkoholhaltig; die **Alkoholika**; der/die **Alkoholiker/-in** (Alkoholkranke/-r); **alkoholisieren**; der **Alkoholismus** (Alkoholsucht); der **Alkoholspiegel** (Menge des Alkohols im Blut); **alkoholsüchtig**; der **Alkoholtest** (Ermittelung des Alkoholspiegels); der **Alkomat** (Gerät für den Alkoholtest)
all all das Gute
All das, Ez. (Weltall, Weltraum)
Allah [ala] der, Ez. (Name Gottes im Islam)
alle(s) alles Gute, alle auf einmal, alle beide, alle Anwesenden, ist das alles?, alles Mögliche, alles in allem, alles Übrige, da hört sich doch alles auf!, alles andere, *es ist nicht alles Gold, was glänzt (der äußere Schein trügt manchmal)* ABER → mein Ein und **Alles**;
allemal Adv.: das kannst du dir allemal (in jedem Fall) merken ABER → ein für alle Mal;
allenfalls Adv.; der/die/das **Allerbeste**; am **allerbesten**; **allerdings** Adv.; das **Allerheiligste**

das ist **alles**	ABER	unser Ein und **Alles**
alles wird **gut**	ABER	**alles Gute**
alles ist **möglich**	ABER	**alles Mögliche**

Allee die, Alleen (von Bäumen gesäumte Straße)

Allegorie die, Allegorien (Sinnbild)
allegro Adv. (schnell, lebhaft); das **Allegro** (Musikstück in schnellem Tempo)
allein Adv.: schon allein stehen können ABER → ein alleinstehender (lediger) Mann, allein sein, allein erziehend auch **alleinerziehend**, der/die allein Erziehende auch der/die **Alleinerziehende**, allein selig machend auch alleinseligmachend, von allein (von selbst), *der Mensch lebt nicht vom Brot allein, ein Unglück kommt selten allein;* der **Alleinerbe**; der **Alleingang**; der **Alleinherrscher**; **alleinlassen** (▸ lassen) jmdn. alleinlassen (im Stich lassen); das **Alleinsein**; der/die **Alleinstehende** (Single); der/die **Alleinunterhalter/-in**; der/die **Alleinverdiener/-in**; der **Alleinverdienerabsetzbetrag**

| allein sein | ABER | das **Alleinsein** |
| schon **allein** stehen können | auch | **alleinstehend** (ledig) sein |

Allergie die, Allergien (Überempfindlichkeit gegenüber bestimmten Stoffen); der/die **Allergiker/-in**; **allergisch** (überempfindlich)
allerhand *das ist ja allerhand!* (ugs. für ziemlich überraschend, erstaunlich)
Allerheiligen das, Ez. (katholisches Fest zu Ehren aller Heiligen am 1. November), zu Allerheiligen; **Allerseelen** (Gedenktag für alle Verstorbenen am 2. November)
allerlei allerlei (Verschiedenes) einkaufen; das **Allerlei** (bunte Vielfalt); der/die/das **Allerletzte**; **allerliebst**; am **allermeisten** Adv.; **allermindestens** Adv.; **allerorten** Adv.; **allerorts** Adv.; **all(er)seits** Adv.; **allerspätestens** Adv.; am **allerwenigsten**; **allesamt**; der **Alleskleber**; der **Alleskönner**; **all(e)zeit** Adv.
allfällig allfällige (eventuell anfallende) Kosten; das **Allfällige** (letzter Punkt einer Tagesordnung); **Allfälliges**
allgemein die allgemeine Meinung, die allgemein bildende höhere Schule <AHS>, wie allgemein bekannt, allgemein verständlich ABER → das **Allgemeine**, im Allgemeinen; die **Allgemeinbildung**; das **Allgemeingut**; die **Allgemeinheit**; der **Allgemeinplatz** (nichtssagende Redensart); das **Allgemeinwohl**
Allianz die, Allianzen (Bündnis); sich **alliieren** (verbünden); der/die **Alliierte**; die **Alliierten**

Alligator der, Alligatoren (Reptil)
Alliteration [...tsion] die, Alliterationen (Anlautreim, Stabreim, z.B. „Spiel und Spaß")
alljährlich der alljährliche Weihnachtstrubel
Allmacht die, *Ez.:* die Allmacht Gottes; **allmächtig** der allmächtige Herrscher; der **Allmächtige** (Gott)
allmählich allmählich (nach und nach) verstehe ich es, eine allmähliche (langsam erfolgende) Verschlechterung
Alltag der, Alltage: der graue Alltag; **alltäglich** die alltägliche Arbeit ABER → nichts **Alltägliches**; die **Alltagsbeschäftigung**; die **Alltagssorgen**
allumfassend (alles einschließend)
Allüre die, Allüren (eigenwilliges, auffälliges Verhalten)
allwissend niemand ist allwissend
allzu *Adv.:* allzu oft, allzu beschäftigt, allzu sehr, allzu selten, das ist allzu menschlich
Alm die, Almen (Bergweide); die **Almhütte**; der **Almrausch** (Alpenrose); die **Almwirtschaft**
Almanach der, Almanache (Kalender, Jahrbuch)
Almosen das, -: (milde Gabe an Bedürftige); der/die **Almosenempfänger/-in**
Alp auch **Alpe** die, Alpen (Alm, Hochweide)
Alpen die, *Mz.* (europäischer Gebirgszug); das **Alpenglühen** (Abendrot im Gebirge); die **Alpenrepublik**; der **Alpenverein**; das **Alpenvorland**; das **Alphorn** (Blasinstrument)
Alphabet das, Alphabete (Abc, Reihenfolge der Buchstaben); **alphabetisch** (nach dem Anfangsbuchstaben) ordnen
alpin ein alpines Klima, alpine Wettkämpfe; der **Alpinismus** (Bergsteigen); der/die **Alpinist/-in**; der/die **Älpler/-in** (Bewohner der Alpen)
Alptraum auch **Albtraum** der, Alpträume (Angsttraum)
als *Konj.:* als ich ein Kind war, sie ist größer als er, ich empfinde es als höflich; **alsbald** *Adv.* (*geh. für* bald); **alsbaldig** (ehestens); **alsdann** *Konj.* (also dann); **also** *Konj.:* ich bin krank, also bleibe ich zu Hause, *Adv.:* ist das also dein Dank?, na also!; **alsogleich** *Adv.* (*veraltet für* sofort)
alt ein alter Baum, sie ist älter als er, am ältesten, *man ist so alt, wie man sich fühlt* ABER → das **Alte** Testament, die Alte Welt (Afrika, Asien, Europa), Alt und Jung (jedermann), er ist wieder ganz der Alte, alles beim Alten lassen, Alte und Junge, Altes und Neues, ihr Ältester

Alt der, *Ez.* (tiefe Frauenstimme); die **Altistin**

alt werden	ABER	der Alte
die alten Sachen	ABER	das Alte lassen
Alte und Junge	auch	Alt und Jung

Altar der, Altäre (Opfertisch), *jmdn. zum Altar führen* (heiraten)
Altbau der, Altbauten; **altbacken** (nicht mehr frisch; altmodisch); **altbewährt**; der/die/das **Alte**; **alteingesessen**; das **Alteisen**; die **Alten**; das **Altenheim** auch Altersheim; der/das **Altenteil** (Besitz der Bauern nach der Hofübergabe); das **Alter** *Alter schützt vor Torheit nicht*; **altern**; **alterprobt** (seit langer Zeit bewährt)
alternativ (wahlweise); die **Alternative** (eine von zwei oder mehr Möglichkeiten); der/die **Alternative** (jmd., der einer Gegenbewegung angehört); das **Alternativprogramm**
alters *Adv.:* seit alters, von alters her; die **Altersgrenze**; **altersmäßig**; **altersschwach**; die **Altersschwäche**; das **Altertum** (Antike); die **Altertümer** (Antiquitäten); **altertümlich**; **altgedient**; **althergebracht**; **altklug** (frühreif); **altmodisch**; das **Altpapier**; die **Altstadt**; der **Altweibersommer** (sonnige, warme Nachsommertage)
Aluminium das, *Ez.* (Leichtmetall); das **Alu** (*kurz für* Aluminium); die **Alufolie**
am (*kurz für* an dem), am nächsten Tag, am Anfang, so wird es am besten sein, das ist am schönsten, am Verzweifeln sein, am Überlegen sein
AMA die, *Ez.* (**A**grarmarkt **A**ustria); das **AMA-Gütesiegel** (Qualitätszeichen für Lebensmittel)
Amalgam das, Amalgame (Metalllegierung mit Quecksilber für Zahnfüllungen)
Amateur [amatöa] der, Amateure (Nichtfachmann); der/die **Amateurfotograf/-in**; **amateurhaft**; der/die **Amateursportler/-in**
Ambiente das, *Ez.* (Umwelt, Umgebung)
Ambition [...tsion] die, Ambitionen (Ehrgeiz); **ambitioniert** (ehrgeizig)
ambivalent (zwiespältig, doppeldeutig); die **Ambivalenz**
Amboss der, Ambosse (Unterlage beim Hämmern; Gehörknochen)
ambulant eine Patientin ambulant behandeln (ohne Übernachtung im Krankenhaus); die **Ambulanz** (Krankenwagen; Behandlungsstation)

Ameise → Anblick

Ameise die, Ameisen (Insekt); der **Ameisenhaufen**; die **Ameisensäure**

Amen das, *Ez.:* zu allem Ja und Amen sagen (mit allem einverstanden sein), *das ist so sicher wie das Amen im Gebet* (ganz gewiss)

Amerika (Erdteil); der/die **Amerikaner/-in**; **amerikanisch**

Amethyst der, Amethyste (Halbedelstein)

Aminosäure die, ...säuren (Bestandteil der Eiweiße)

Amme die, Ammen (Frau, die ein fremdes Kind stillt); das **Ammenmärchen** (eine erfundene Geschichte für Leichtgläubige)

Ammoniak das, Ammoniaks (gasförmige Verbindung von Stickstoff und Wasserstoff)

Amnestie die, Amnestien (Straferlass, Begnadigung); **amnestieren**

Amöbe die, Amöben (Einzeller)

Amok der, *Ez.:* Amok laufen (in krankhafter Verwirrung blindwütig töten); die **Amokfahrt**; der/die **Amokläufer/-in**; der **Amokschütze**, die **Amokschützin**

a-Moll das, *Ez.* (Tonart), die **a-Moll-Tonleiter**

amortisieren sich (die Kosten wieder einbringen); die **Amortisation** auch **Amortisierung**

Ampel die, Ampeln (Verkehrssignal; Hängegefäß für Pflanzen); die **Ampelkreuzung**

Ampere [ampeǝ] das, -: <A> (Maßeinheit der elektrischen Stromstärke)

Amphibie [amfibie] die, Amphibien (Tier, das im Wasser und auf dem Land leben kann); das **Amphibienfahrzeug**

Amphitheater [amfi...] das, -: (antikes Freilufttheater)

Amplitude die, Amplituden (größter Ausschlag)

Ampulle die, Ampullen (Glasröhrchen für Flüssigkeiten)

amputieren ein Körperglied amputieren (operativ entfernen); die **Amputation**

Amsel die, Amseln (Singvogel)

Amt das, Ämter: ein Amt (eine offizielle Stellung) ausüben, ein Amt (eine Behörde) aufsuchen, in Amt und Würden (in einer gesicherten Position), von Amts wegen, das öffentliche Amt; **amtieren**; **amtlich**; **amtlicherseits** *Adv.*; die **Amtsanmaßung** (unbefugtes Ausüben eines Amtes); **amtsbekannt**; das **Amtsblatt**; das **Amtsgebäude**; das **Amtsgeheimnis**; die **Amtshandlung**; **amtsmüde**; die **Amtsperson**; der **Amtsrat** (höherer Beamter); die **Amtsrätin**; der **Amtsschimmel** (übertriebene Einhaltung amtlicher Vorschriften)

Amulett das, Amulette (Gegenstand, der vor Unglück schützen soll)

Amüsement [amüsmã] das, Amüsements (Vergnügung)

amüsieren sich köstlich amüsieren (vergnügen), das Theater amüsiert ihn; **amüsant** das ist amüsant

an *Präp.+Dat.:* das Bild hängt an der Wand, an einer Krankheit sterben, an einem Samstag abreisen, es liegt an euch, arm an Geld; *Präp.+Akk.:* an die Wand lehnen, an die Arbeit gehen (anfangen), an und für sich; *Adv.:* an die (ungefähr) 100 Euro, von heute an

Anabolikum das, Anabolika (muskelbildendes Präparat)

Anachronismus der, Anachronismen (falsche zeitliche Einordnung, veraltete Sache)

anaerob [anerob] (ohne Sauerstoff)

analog (entsprechend, ähnlich), keine digitale, sondern eine analoge Kamera; die **Analogie** (Entsprechung)

Analphabet der, Analphabeten (jmd., der weder schreiben noch lesen kann); das **Analphabetentum**; die **Analphabetin**; **analphabetisch**; der **Analphabetismus**

Analyse [analüse] die, Analysen (Untersuchung durch Zerlegung); **analysieren** (genau untersuchen, prüfen)

Anämie die, Anämien (Blutarmut); **anämisch**

Ananas die, -/Ananasse (tropische Frucht)

Anarchie die, Anarchien (Unordnung, Gesetzlosigkeit); **anarchisch** (ohne gesetzliche Ordnung); der/die **Anarchist/-in**; **anarchistisch**

Anästhesie die, Anästhesien (Narkose); der/die **Anästhesist/-in**

Anatomie die, Anatomien (Lehre vom Körperbau); **anatomisch**

anbandeln einen Streit anbandeln (anfangen), mit jmdm. anbandeln (flirten)

¹**Anbau** der, Anbauten: ein Gebäudeanbau

²**Anbau** der, *Ez.:* Gemüseanbau; **anbauen** ich habe meinen Schlüssel angebaut (*ugs. für* verloren)

anbeißen (▶ beißen) ein Fisch beißt an

Anbetracht in Anbetracht (angesichts) dessen

anbiedern sich: er biedert sich ihm an (will sich beliebt machen); die **Anbiederung**

anbieten (▶ bieten) eine Ware anbieten

Anblick der, Anblicke: beim Anblick der schönen Landschaft; **anblicken**

Anbot das, Anbote (Angebot, Kostenvoranschlag); die **Anbotslegung**
anbrechen (▶ brechen) eine frische Packung anbrechen, der Tag bricht an
Andacht die, Andachten (kurzer Gottesdienst), etwas mit Andacht (Ehrfurcht) tun; **andächtig**
andante Adv. (langsam); das **Andante** (Musikstück in ruhigem Tempo)
Andenken das, -: (die ehrenvolle Erinnerung an jmdn.), ein Andenken (Geschenk zur Erinnerung) mitbringen
andere auch **andre** der/die/das andere auch Andere, alles andere auch Andere, keinen anderen auch Anderen lieben, mit jmd. anderem auch Anderem weggehen, eine andere Meinung haben, unter anderem <u.a.>, ein anderes Mal, etwas anderes ABER → das ist etwas ganz **Anderes** (völlig Neues), ein Wort gab das andere, andere Länder, andere Sitten, eine Hand wäscht die andere (man hilft einander), wer anderen eine Grube gräbt, fällt selbst hinein

| der andere | auch | der Andere |

ander(e)nfalls Adv.; **ander(e)norts** Adv.; **ander(e)ntags** Adv.; **ander(er)seits** Adv.; **andermal** Adv. ein andermal ABER → ein anderes Mal
ändern seine Meinung ändern; die **Änderung**; der **Änderungsvorschlag**
anders Adv.: anders sein, anders aussehen, anders geartet auch **andersgeartet**, anders denkend auch **andersdenkend**; der/die **anders Denkende** auch **Andersdenkende**; anders lautend auch **anderslautend**; **andersartig**; **andersfärbig**; **andersgläubig**; **anderswoher** Adv.; **anderswohin** Adv.; **anderwärtig** (anderswo); **anderweitig**
anderthalb auch **eineinhalb** in anderthalb Stunden; **anderthalbfach**; das **Anderthalbfache**
andeuten (erwähnen); die **Andeutung**; **andeutungsweise**
Andrang der, Ez. (Gedränge); **andrängen**
andre auch **andere**
androhen eine Strafe androhen; die **Androhung**
Android(e) der, Androiden (künstlicher Mensch); **Android** (Betriebssystem für z. B. Smartphones)
aneignen sich (unrechtmäßig etwas nehmen), sich Kenntnisse aneignen (etwas lernen)

aneinander Adv.: wir denken aneinander, aneinander vorbeireden; **aneinanderfügen**; **aneinandergeraten** (▶ geraten) (streiten); **aneinandergrenzen**; **aneinanderlegen**; **aneinanderstoßen** (▶ stoßen)
Anekdote die, Anekdoten (kurze, eine Person kennzeichnende Geschichte); **anekdotenhaft**
Anemone die, Anemonen (Windröschen)
anerkannt eine anerkannte (angesehene) Expertin
anerkennen (▶ kennen) die Leistung anerkennen (würdigen); **anerkennenswert**; die **Anerkennung**
anessen sich (▶ essen) (sich satt essen)
anfachen das Feuer anfachen (entzünden)
anfahren (▶ fahren) der LKW fuhr an (setzte sich in Bewegung), einen Fußgänger anfahren, jmdn. heftig anfahren (grob anreden); die **Anfahrt**; der **Anfahrtsweg**; die **Anfahrtszeit**
Anfall der, Anfälle: einen Anfall von Eifersucht bekommen; **anfallartig**; **anfallen** (▶ fallen) die anfallenden (sich ergebenden) Kosten; **anfällig** für Erkältungen anfällig (empfänglich) sein
Anfang der, Anfänge: der Anfang des Weges, von Anfang an, Anfang Jänner, aller Anfang ist schwer; **anfangen** (▶ fangen) mit der Arbeit anfangen (beginnen), was sollen wir damit anfangen (machen)?, sich etwas anfangen (ugs. für sich auf etwas einlassen), mit jmdm. etwas anfangen (ugs. für eine Liebesbeziehung eingehen); der/die **Anfänger/-in**; **anfänglich**; **anfangs** Adv.
anfechten (bestreiten, bekämpfen), das Testament anfechten; **anfechtbar**; die **Anfechtung**
anfertigen (erstellen, produzieren); die **Anfertigung** (Produktion)
anfeuern die Spieler durch Zurufe anfeuern (ermuntern)
anfordern (einholen, erbitten); die **Anforderung** (geforderte Leistung)
Anfrage die, Anfragen: eine Anfrage (Frage) an jmdn. richten; **anfragen**
anfreunden sich: er freundete sich mit ihr an, sich mit einer Arbeit anfreunden
anfühlen deine Haut fühlt sich heiß an
anführen eine Gruppe anführen (leiten), einen weiteren Gedanken anführen (erwähnen); der/die **Anführer/-in**; das **Anführungszeichen**

anfüttern → Anhang

anfüttern (ködern; zu bestechen versuchen); das **Anfütterungsverbot**

Angabe die, Angaben: keine nähere Angabe (Aussage) machen, die Mannschaft A hat die Angabe (beginnt)

angeben (▶ geben) mit seinem Besitz angeben (prahlen), seinen Namen angeben (nennen), *den Ton angeben* (bestimmen); der/die **Angeber/-in**; die **Angeberei**; **angeberisch**

angeblich das hat er angeblich (Gerüchten zufolge) gesagt

Angebot das, Angebote: ein gutes Angebot machen, ein bestimmtes Angebot, Angebot und Nachfrage bestimmen den Preis

angegriffen angegriffene (geschwächte) Nerven

angehen (▶ gehen) das geht dich nichts an!, ein Problem angehen (anpacken), jmdn. um Geld angehen (*ugs. für* bitten), es kann nicht angehen (ist nicht erlaubt); **angehend** eine angehende (künftige) Lehrerin

angehören einem Verein angehören; der/die **Angehörige** (Mitglied von z.B. einer Familie)

Angeklagte der/die, Angeklagten (jmd., gegen den eine gerichtliche Anklage besteht)

¹**Angel** die, Angeln (Scharnier für Tür oder Fenster), *die Welt aus den Angeln heben* (grundlegend verändern), zwischen Tür und Angel (eilig, flüchtig)

²**Angel** die, Angeln (Gerät zum Fischen); der **Angelhaken**; **angeln**; die **Angelrute**; der/die **Angler/-in**

Angelegenheit die, Angelegenheiten: eine peinliche Angelegenheit (Vorfall)

angeloben (feierlich vereidigen); die **Angelobung** die Angelobung der Regierung

Angelsachse der, ...sachsen (Angehöriger eines angelsächsischen Volkes, z.B. Engländer; die **Angelsächsin**; **angelsächsisch**

angemessen eine angemessene Entlohnung, in angemessener (passender) Weise

angenehm ein angenehmer Mitbewohner, eine angenehme Reise wünschen ABER → nur **Angenehmes** erleben, etwas Angenehmes erfahren

angenommen angenommen (vorausgesetzt), du kannst mir helfen

angeregt sich angeregt (lebhaft) unterhalten

angeschlagen (erschöpft)

angesehen eine angesehene (geachtete) Persönlichkeit

Angesicht das, *Ez.:* im Angesicht (Anblick) des Todes; **angesichts** *Präp.+Gen.:* angesichts der Tatsache

angestellt in einer Firma angestellt (fix beschäftigt) sein; der/die **Angestellte**

angewiesen auf etwas/jmdn. angewiesen sein (von etwas/jmdm. abhängig sein)

angewöhnen sich: sich das regelmäßige Duschen angewöhnen; die **Angewohnheit**

Angina die, *Ez.* (Mandelentzündung); die **Angina Pectoris** (Erkrankung des Herzens)

angleichen (▶ gleichen) etwas dem Muster angleichen (anpassen)

Angler der, -: (Fischer); die **Anglerin**

angreifbar (kritisierbar); **angreifen** (▶ greifen) den Gegner angreifen, nichts angreifen (berühren) dürfen, die Säure greift den Stoff an; der/die **Angreifer/-in**; der **Angriff** *etwas in Angriff nehmen* (anfangen); **angriffslustig**

angrenzen Österreich grenzt an Deutschland, das angrenzende Grundstück

Angst die, Ängste: vor jmdm./etwas Angst haben, in Angst sein, Angst einflößend, jmdm. Angst machen (in Angst versetzen) ABER → **angst** mir ist angst, mir wird angst und bang(e); **angsterfüllt**; der **Angsthase**; die **Angsthäsin**; sich **ängstigen**; **ängstlich**; die **Ängstlichkeit**; der **Angstschweiß**

| mir ist **angst** und bang(e) | ABER | ich habe **Angst** |

anhaben (▶ haben) ein tolles Kleid anhaben, jmdm. nichts anhaben können (gegen jmdn. nicht ankommen)

anhalten (▶ halten) die Uhr anhalten (zum Stillstand bringen), der Fahrer hielt an, das schöne Wetter hält an (dauert) an, jmdn. zur Arbeit anhalten (ermahnen), um jmds. Hand anhalten (um Zustimmung zur Heirat bitten); **anhaltend** eine anhaltende (andauernde) Regenzeit; der/die **Anhalter/-in** (Autostopper/-in); der **Anhaltspunkt**

anhand *Präp.+Gen.:* anhand des Fahrplans

Anhang der, Anhänge <Anh.>, der Anhang (Nachtrag) zu einem Schriftstück, keinen Anhang (keine Familie) haben; ¹**anhängen** (▶ ¹hängen) (mit etwas verbunden sein), sie hing einer anderen Ansicht an; ²**anhängen** er hängte die Schnur am Haken an, *jmdm. etwas anhängen* (jmdn. beschuldigen); der/die **Anhänger/-in**; die **Anhängerschaft**; **anhängig** ein anhängiges (zur Entscheidung anstehendes) Verfahren; **anhänglich** ein

anhängliches Kind; die **Anhänglichkeit**; das **Anhängsel**
anhauen sich anhauen (anstoßen), *jmdn. um Geld anhauen* (*ugs. für* bitten)
anheimfallen (*geh. für* zufallen); **anheimstellen** (freistellen)
anheuern auf einem Schiff anheuern (eingestellt werden)
Anhieb es klappte auf Anhieb (sofort)
anhören Musik anhören, einen Zeugen anhören, das hört sich schrecklich an; die **Anhörung**
Anilin das, *Ez.* (Basis für Farbstoffe und Arzneimittel); die **Anilinfarbe**
animalisch (tierisch)
Animateur [animatöa] der, Animateure (Person, die Freizeitaktivitäten anregt); die **Animateurin**; die **Animation**; **animieren** jmdn. zu etwas animieren (ermuntern)
Anis der, Anise (Heil- und Gewürzpflanze)
Ank. = Ankunft
Anker der, -: den Anker lichten, *vor Anker liegen*, den Anker werfen; **ankern**
Anklage die, Anklagen: Anklage erheben; die **Anklagebank**; **anklagen** (▶ klagen) jmdn. wegen Fahrerflucht anklagen (gerichtlich belangen); der/die **Ankläger/-in**
Anklang der, *Ez.:* bei jmdm. Anklang (Zustimmung) finden; **anklingen** (▶ klingen)
anklicken (mit der Maus einen Befehl auswählen)
anknüpfen (eine Verbindung durch einen Knoten herstellen), an frühere Erfolge anknüpfen; der **Anknüpfungspunkt**
ankommen (▶ kommen) in Wien ankommen (eintreffen), die Bahn kommt um vier Uhr an, es kommt ganz darauf an (hängt davon ab), *es auf etwas ankommen lassen* (etwas riskieren), *mit etwas gut ankommen* (großen Erfolg haben)
ankreiden *jmdm. etwas ankreiden* (übel nehmen)
ankünden; **ankündigen** den Baubeginn ankündigen; die **Ankündigung** (Bekanntmachung)
Ankunft die, *Ez.:* <Ank.>, die Ankunft des Zuges; die **Ankunftszeit**
Anlage die, Anlagen: die Anlage zur Müllsortierung, die Anlagen im Park, das Kind hat gute Anlagen (ist begabt), die Anlage des Geldes; der/die **Anlageberater/-in** (Wirtschaftsfachmann/-frau)
Anlass der, Anlässe: dazu besteht kein Anlass, beim geringsten Anlass; **anlässlich** *Präp.+Gen.:* anlässlich seines Geburtstages
anlassen (▶ lassen) den Motor anlassen (starten), das lässt sich gut an (beginnt gut); der **Anlasser** (Starter)
Anlauf der, Anläufe: einen langen Anlauf nehmen, beim ersten Anlauf (Versuch); **anlaufen** (▶ laufen) die Werbeaktion läuft an, der Spiegel läuft im Dunst an, einen Hafen anlaufen (ansteuern), ein neuer Film ist angelaufen; die **Anlaufstelle**
anlegen ein Schiff legt im Hafen an (ankert), ein Lineal anlegen, einen Verband anlegen, einen strengen Maßstab anlegen, Hand anlegen (mitarbeiten), sein Geld anlegen, das Gewehr anlegen (zielen), *sich mit jmdm. anlegen* (Streit suchen); der/die **Anleger/-in**; die **Anlegestelle**
anlehnen sich mit dem Rücken an der Wand anlehnen; **anlehnungsbedürftig** (Zärtlichkeit suchend)
Anleihe die, Anleihen (geliehenes Geld)
anleiten (unterweisen); die **Anleitung**
Anliegen das, -: (Bitte, Wunsch)
Anm. = Anmerkung
anmachen das Radio anmachen (einschalten), ein Feuer anmachen (entfachen), Salat anmachen (marinieren), *jmdn. anmachen* (*derb für* sich in eindeutiger Absicht nähern), *sich anmachen* (*derb für* in die Hose machen; Angst haben)
anmaßen sich: sich ein Urteil anmaßen; **anmaßend** ein anmaßender (überheblicher) Mensch; die **Anmaßung** (Überheblichkeit)
anmelden (registrieren), sich in einer neuen Schule anmelden, sein Kommen anmelden (ankündigen), Bedenken anmelden (vorbringen); das **Anmeldeformular**; die **Anmeldung**
anmerken etwas anmerken (ergänzend sagen), sich seine Enttäuschung nicht anmerken lassen; die **Anmerkung** <Anm.> eine Anmerkung (Bemerkung) machen
Anmut die, *Ez.* (Liebreiz, Schönheit); **anmutig**
annähern sich: sich einem Standpunkt annähern; **annähernd** annähernd (fast) so gut wie das Original; die **Annäherung**
Annahme die, Annahmen: die Annahme (Entgegennahme) verweigern, in der Annahme (im Glauben), dass ...; die **Annahmestelle**
Annalen die, *Mz.* (Jahrbücher), *das wird in die Annalen eingehen* (wird unvergessen bleiben)

annehmen → anschwellen

annehmen (▶ nehmen) ein Paket annehmen, ich nehme an (vermute), dass …, sich um etwas annehmen (kümmern); **annehmbar** (vertretbar)

Annehmlichkeit die, Annehmlichkeiten: die Annehmlichkeiten des Lebens genießen

annektieren (ein Land gewaltsam in Besitz nehmen); die **Annexion**

anno (im Jahre) anno dazumal, Anno Domini <A. D.> (im Jahr des Herrn = nach Christi Geburt)

Annonce [anõse] die, Annoncen (Zeitungsanzeige, Inserat); **annoncieren**

annullieren ein Gesetz annullieren (für ungültig erklären); die **Annullierung**

Anode die, Anoden (Pluspol, Gegensatz zur Kathode)

anomal (abweichend, regelwidrig); die **Anomalie** (Abweichung von der Norm); **anormal** (regelwidrig)

anonym (ohne Namensangabe), ein anonymer Brief; die **Anonymität**

Anorak der, Anoraks (sportliche Jacke)

anordnen (befehlen, veranlassen), Gegenstände anordnen (gruppieren); die **Anordnung**

anorganisch (unbelebt)

anpacken (fest anfassen)

anpassen sich der Umgebung anpassen (angleichen); die **Anpassung**; **anpassungsfähig**; die **Anpassungsfähigkeit**

anpfeifen (▶ pfeifen) ein Spiel anpfeifen; der **Anpfiff**

anpflanzen Sträucher anpflanzen; die **Anpflanzung**

anpicken (ugs. für ankleben)

Anprobe die, Anproben: zur Anprobe kommen; **anprobieren**

Anrainer der, -: (Grundstücksnachbar); die **Anrainerin**; der **Anrainerverkehr**

anraten (▶ raten) (empfehlen)

Anrecht das, Anrechte: auf etwas Anrecht (Anspruch) haben

Anrede die, Anreden: eine höfliche Anrede; **anreden**

anregen (veranlassen, ermuntern); **anregend**; die **Anregung**

Anrichte die, Anrichten (Geschirrschrank); **anrichten** das Essen anrichten (servieren), etwas anrichten (anstellen), Schaden anrichten

anrüchig ein anrüchiges Lokal (mit einem schlechten Ruf)

Anruf der, Anrufe (Telefonanruf); der **Anrufbeantworter** (Gerät zur Aufzeichnung von Anrufen); **anrufen** (▶ rufen); der/die **Anrufer/-in**

ans Präp. (kurz für an das), ans Telefon gehen

Ansage die, Ansagen: die Ansage des Programms, die Ansage (das Diktat) in der Schule; **ansagen** (ankündigen); der/die **Ansager/-in**

ansässig (wohnhaft); die **Ansässigkeit**

Ansatz der, Ansätze: ein Ansatz (Beginn) zur Besserung, ein Ansatz bei einer mathematischen Aufgabe, der Haaransatz; der **Ansatzpunkt**

anschaffen (kaufen), jmdm. Arbeit anschaffen (befehlen); die **Anschaffung**

anschauen sich etwas genau anschauen, jmdn. von oben herab (herablassend) anschauen, *du wirst dich noch anschauen* (ugs. für wundern); **anschaulich** (verständlich, bildlich); die **Anschaulichkeit**; die **Anschauung**

Anschein der, Ez. (äußerer Eindruck); **anscheinend** Adv. (offensichtlich)

| anscheinend (offensichtlich) | ABER | scheinbar (es scheint nur so) |

Anschlag der, Anschläge (verbrecherischer Überfall), der Anschlag (Aushang) am Schwarzen Brett, der Anschlag der Tastatur; das **Anschlagbrett**; **anschlagen** (öffentlich aushängen), sich den Kopf anschlagen (anstoßen), das Essen schlägt an (macht dick), die Hunde schlagen an (bellen), ein Fass anschlagen (anzapfen)

anschließen (▶ schließen) den Fernseher anschließen, sich einer Gruppe anschließen, sich einer fremden Meinung anschließen; **anschließend**; der **Anschluss**; der **Anschlusstreffer** (im Sport, z.B. von 0:2 auf 1:2)

anschneiden (▶ schneiden) eine Torte anschneiden

anschreiben (▶ schreiben) ein Amt anschreiben (einen Brief schicken), anschreiben lassen (Schulden machen), gut angeschrieben sein (Wohlwollen genießen); die **Anschrift**

anschreien (▶ schreien) er schrie mich an

anschuldigen (jmdn. anklagen); die **Anschuldigung**

anschwellen (▶ schwellen), der Fluss

schwoll (stieg) an, der Lärm schwillt an; die **Anschwellung**

ansehen (▶ sehen) (betrachten, einschätzen), ein Bild ansehen, jmdm. sein Alter nicht ansehen, etwas als seine Pflicht ansehen; das **Ansehen**; **ansehnlich** ein ansehnliches (großes) Vermögen erben; die **Ansicht**; die **Ansichtskarte**; die **Ansichtssache**

ansetzen zum Sprung ansetzen, einen Termin ansetzen, einen Detektiv auf den Fall ansetzen

ansiedeln; der/die **Ansiedler/-in**; die **Ansiedlung** (Dorf)

Ansinnen das, -: ein unverschämtes Ansinnen (eine Zumutung)

ansonst auch **ansonsten** Adv. (im Übrigen, andernfalls)

anspannen spann die Pferde an!, die Muskeln anspannen, eine angespannte (schwierige) Situation; die **Anspannung**

anspielen den Stürmer anspielen, auf etwas anspielen (versteckt hinweisen); das **Anspiel**; **anspielbar**; die **Anspielung** (versteckter Hinweis)

Ansporn der, Ez. (Ermutigung, Motivation); **anspornen**

Ansprache die, Ansprachen (öffentliche Rede), er hat keine Ansprache (niemand redet mit ihm); **ansprechbar**; **ansprechen** (▶ sprechen) (etwas zur Sprache bringen), auf ein Medikament ansprechen (reagieren); **ansprechend** ein ansprechendes (angenehmes) Äußeres haben; der/die **Ansprechpartner/-in**

Anspruch der, Ansprüche (Anrecht, Forderung), etwas in Anspruch nehmen (benützen, gebrauchen); **anspruchslos**; **anspruchsvoll**

Anstalt die, Anstalten: eine Anstalt (eine Heilstätte) für Alkoholiker/-innen, keine Anstalten (Vorbereitungen) machen

Anstand der, Anstände: mein Anstand (gutes Benehmen) verbietet es mir; **anständig**; die **Anständigkeit**; **anstandshalber** Adv.; **anstandslos** (ohne Weiteres, widerspruchslos)

anstatt Präp.+Gen.: Rosen anstatt der Tulpen kaufen; Konj.: du solltest arbeiten, anstatt zu faulenzen

anstechen (▶ stechen) ein Fass Bier anstechen (öffnen)

anstecken er steckt (zündet) sich eine Zigarette an, jmdn. mit Grippeviren anstecken, ein ansteckender Hautausschlag; die **Ansteckung**; die **Ansteckungsgefahr**

anstehen (▶ stehen) an der Kassa anstehen, bei einem Problem anstehen (nicht weiterwissen), Arbeit anstehen lassen (sie nicht erledigen)

ansteigen (▶ steigen) die Temperatur steigt an, die Preise steigen weiter an

anstelle auch **an Stelle** Präp.+Gen.: anstelle der Mutter unterschrieb der Vater

anstellen sich der Reihe nach anstellen, eine neue Verkäuferin anstellen (einstellen), eine große Dummheit anstellen, stell dich nicht so an! (sei nicht so empfindlich); die **Anstellung**

Anstich der, Anstiche: der Anstich des Fasses

Anstieg der, Anstiege: ein steiler Anstieg zum Gipfel

anstiften zu einem Verbrechen anstiften (verleiten)

Anstoß der, Anstöße: den Anstoß (Anregung) geben, Anstoß (Abneigung) erregen, den Anstoß (beim Fußball) ausführen; **anstoßen** (▶ stoßen) jmdn. anstoßen (anrempeln), auf gute Zusammenarbeit anstoßen (mit einem Getränk zuprosten); **anstößig** sich anstößig (Ärgernis erregend) benehmen

anstreichen (▶ streichen), die Wand anstreichen, einen Fehler anstreichen; der/die **Anstreicher/-in** (Maler/-in); der **Anstrich**

anstrengen (sich sehr viel Mühe geben), einen Prozess anstrengen (veranlassen); **anstrengend**; die **Anstrengung**

ansuchen (um etwas förmlich bitten); das **Ansuchen** (Gesuch)

Antarktis die, Ez. (Gebiet um den Südpol); **antarktisch**

antauchen (ugs.) fest antauchen (schieben), ab sofort in der Schule mehr antauchen (ugs. für sich bemühen)

Anteil der, Anteile: seinen Anteil bekommen, Anteil nehmen (Mitgefühl haben)

Antenne die, Antennen; der **Antennenmast**

Anthologie die, Anthologien (Sammlung literarischer Texte)

Anthrazit der, Anthrazite (Steinkohle); **anthrazitfarben**

Anthropologie die, Ez. (Wissenschaft vom Menschen und seiner Entwicklung)

anti- (gegen), antidemokratisch (nicht demokratisch); der/die **Antialkoholiker/-in** (jmd., der keinen Alkohol trinkt); die **Antibabypille**; das **Antibiotikum** (Wirkstoff gegen Krankheitserreger); der **Antichrist** (Teufel, Gegner des Christentums); der

Antifaschismus (Bewegung gegen Faschismus und Nationalsozialismus); **antiklerikal** (kirchenfeindlich); die **Antikörper** (Abwehrstoffe im Blut); die **Antipathie** (Abneigung); der/die **Antisemit/-in** (judenfeindlich eingestellte Person)

antik (altertümlich); die **Antike** (das klassische Altertum)

Antilope die, Antilopen (Huftier)

Antiquariat das, Antiquariate (Buchhandlung für gebrauchte Bücher); **antiquarisch** (gebraucht, alt); **antiquiert** (altmodisch); die **Antiquität** (wertvoller alter Gegenstand); der/die **Antiquitätenhändler/-in**

Antlitz das, Antlitze (Angesicht, Gesicht)

Antonym das, Antonyme (Gegenwort, z.B. „gut/böse")

Antrag der, Anträge: einen Antrag stellen, einer Frau einen Antrag (Heiratsantrag) machen; **antragen** (▶ tragen) jmdm. das Du antragen (anbieten); der/die **Antragsteller/-in**

antreiben (▶ treiben) jmdn. zur Arbeit antreiben (bewegen), die Mühle wird vom Wind angetrieben; der **Antrieb**; die **Antriebskraft**

antreten (▶ treten), den Dienst antreten, den Beweis antreten, der Größe nach antreten; der **Antritt**

antrinken sich (▶ trinken): sich einen Rausch antrinken, angetrunkene (betrunkene) Gäste

antun (▶ tun) (Schaden zufügen), sich etwas antun (Selbstmord begehen), sich in Zukunft mehr antun (mehr bemühen)

Antwort die, Antworten (Erwiderung auf eine Frage), jmdm. Rede und Antwort stehen (sich rechtfertigen müssen); **antworten**; das **Antwortschreiben**

Anwalt der, Anwälte (Rechtsanwalt, Fürsprecher); die **Anwältin**; das **Anwaltsbüro**

Anwandlung die, Anwandlungen: eine Anwandlung (ein plötzlich auftretendes Gefühl) haben

Anwärter der, -: (Kandidat); die **Anwärterin**

anweisen (▶ weisen) (beauftragen, anleiten), Geld anweisen (überweisen); die **Anweisung**

anwenden (▶ wenden) Gewalt anwenden; **anwendbar**; die **Anwendung**

Anwesen das, -: (bebautes größeres Grundstück)

anwesend er ist anwesend; der/die **Anwesende**; die **Anwesenheit**

anwidern sein Benehmen widert (ekelt) mich an, sich angewidert fühlen

Anzahl die, Ez. <Anz.> (Menge, Zahl)

anzahlen (einen Teilbetrag bezahlen); die **Anzahlung**

Anzeichen das, -: die ersten Anzeichen (Vorzeichen)

Anzeige die, Anzeigen: Anzeige erstatten, die Anzeige (Annonce) in der Zeitung; **anzeigen**; die **Anzeigetafel**

anzetteln eine Schlägerei anzetteln

anziehen (▶ ziehen) die alten Schuhe anziehen, die Schraube fest anziehen, die Ausstellung zieht (lockt) viele an, ein Seil anziehen (straffen), die Preise ziehen an (steigen), *Gegensätze ziehen sich an*; **anziehend**; die **Anziehung**

Anzug der, Anzüge

anzüglich eine anzügliche (zweideutige, anstößige) Bemerkung; die **Anzüglichkeit**

anzwidern jmdn. anzwidern (*mundartl.* für mürrisch sein)

ao. = **a**ußer**o**rdentlich

Aorta die, Aorten (Hauptschlagader)

APA = **A**ustria **P**resse **A**gentur

Apache [apatsche] der, Apachen (Angehöriger eines indianischen Volkes in Nordamerika); die **Apachin**

apart (geschmackvoll), ein apartes Kleid

Apartheid die, *Ez.* (Rassentrennung in Südafrika)

Apartment [apatment] das, Apartments (Kleinwohnung); das **Apartmenthaus**

Apathie die, Apathien (Teilnahmslosigkeit); **apathisch** (teilnahmslos, abgestumpft)

Apennin der, *Ez.* (Gebirge in Italien); die **Apenninenhalbinsel**

aper (schneefrei), apere Wiesen; **apern** (tauen)

Aperitif der, Aperitifs/-e (Getränk vor dem Essen)

Apfel der, Äpfel: *in den sauren Apfel beißen* (etwas Unangenehmes auf sich nehmen), *der Apfel fällt nicht weit vom Stamm* (ein Kind ist den Eltern sehr ähnlich); der **Apfelbaum**; der **Apfelkren**; das **Apfelmus**; der **Apfelschimmel** (weißes Pferd mit farbigen Fellteilen); der **Apfelstrudel**

Apfelsine die, Apfelsinen (*bundesdt.* für Orange)

Aphorismus der, Aphorismen (Sinnspruch)

Apokalypse die, *Ez.* (Offenbarung über das Weltende, grauenhafte Katastrophe); **apokalyptisch**

Apostel der, - (erster Nachfolger Christi)

Apostroph der, Apostrophe (Auslassungszeichen)

Apotheke die, Apotheken (Geschäft, in dem Medikamente verkauft werden); **apothekenpflichtig** (Ware, die nur in Apotheken erhältlich ist); der/die **Apotheker/-in**
App [äp] die, Apps (Anwendungsprogramm für Mobiltelefone)
Apparat der, Apparate (technisches Gerät); die **Apparatur**
Appartement [apartmã] das, Appartements (komfortable Wohnung)
Appell der, Appelle (Aufruf, Aufforderung; das Antreten beim Militär); **appellieren** an die Vernunft appellieren
Appetit der, Appetite: *der Appetit kommt mit dem Essen*; **appetitanregend**; **appetitlich**; **appetitlos**; die **Appetitlosigkeit**
applaudieren (Beifall spenden); der **Applaus**
Applikation [...tsion] die, Applikationen (zur Zierde aufgenähter Stoff)
apportieren (herbeibringen), der Hund apportiert (bringt) den Fasan; der **Apportierhund**; das **Apportl** (*ugs.*) dem Hund ein Apportl (z.B. ein Stück Holz) werfen
Apposition [...tsion] die, Appositionen (nähere Bestimmung eines Nomens, Beisatz)
Approbation [...tsion] die, Approbationen (Zulassung); **approbieren**
Aprikose die, Aprikosen (*bundesdt. für* Marille)
April der, Aprile <Apr.> (4. Monat); *jmdn. in den April schicken* (am 1. April zum Narren halten); der **Aprilscherz**
apropos [apropo] *Adv.* (übrigens, nebenbei bemerkt), apropos Arzt, ich muss morgen zur Zahnärztin
Aquädukt der, Aquädukte (antike Wasserleitungsbrücke)
Aquaplaning das, *Ez.* (Rutschen der Autoreifen auf nasser Fahrbahn)
Aquarell das, Aquarelle (mit Wasserfarben gemaltes Bild); die **Aquarellfarbe**
Aquarium das, Aquarien (Behälter für Wassertiere und -pflanzen)
Äquator der, *Ez.* (größter Breitengrad, der die Erde in Nord- und Südhalbkugel teilt)
äquivalent (gleichwertig); das **Äquivalent** (Gegenwert); die **Äquivalenz** (Gleichwertigkeit)
Ar das/der, Are <a>, (Flächenmaß: 1 a = 100 m²)
Ära die, Ären (bestimmter Zeitabschnitt), die Ära Caesars
¹**Araber** der, -: (Bewohner von Arabien); die **Araberin**; **Arabien**; **arabisch**
²**Araber** der, -: (Pferderasse)

Arabeske die, Arabesken (Rankenornament; heiteres Musikstück)
Aranzini die, *Mz.* (überzuckerte konservierte Orangenschalen)
Arbeit die, Arbeiten: jmdm. viel Arbeit machen, zur Arbeit gehen, in der Arbeit sein, gute Arbeit machen, Arbeit suchende auch arbeits(s)uchende Menschen
arbeiten fleißig arbeiten, an einem Thema arbeiten, sich nach vorne arbeiten (durchkämpfen), an sich arbeiten (versuchen, sich zu verbessern); der/die **Arbeiter/-in**; die **Arbeiterschaft**; das **Arbeiterviertel**; der/die **Arbeitgeber/-in**; der/die **Arbeitnehmer/-in**; **arbeitsam**; **arbeitsfähig**; die **Arbeitsgemeinschaft** <ARGE>; das **Arbeitsklima**; der **Arbeitslohn**; **arbeitslos**; der/die **Arbeitslose**; die **Arbeitslosigkeit**; der **Arbeitsplatz**; der **Arbeitsspeicher** (Teil des Computers); der/die **Arbeit(s)suchende** auch Arbeit Suchende; **arbeitsunfähig**; **arbeitswillig**; das **Arbeitszimmer**
ARBÖ = Auto-, Motor- und Radfahrerbund Österreichs
archaisch (aus sehr alter Zeit stammend)
Archäologe der, Archäologen (Altertumsforscher); die **Archäologie**; die **Archäologin**; **archäologisch**
Arche die, *Ez.* (kastenförmiges Schiff), die Arche Noah (aus der biblischen Erzählung von der Sintflut) ABER → Ache
Archipel der, Archipele (größere Inselgruppe)
Architekt der, Architekten (Baumeister); die **Architektin**; **architektonisch** (baulich); die **Architektur** (Baustil, Baukunst)
Archiv das, Archive (Sammlung von Dokumenten, Urkunden); der/die **Archivar/-in** (Betreuer/-in eines Archivs); **archivieren** (geordnet aufbewahren)
Areal das, Areale (Fläche, Bezirk, Gebiet)
Arena die, Arenen (Stadion für sportliche Wettkämpfe)
arg das ist arg (sehr) teuer, ärger, mein ärgster Feind, diese Enttäuschung war am ärgsten, jmdm. arg mitspielen ABER → sich nichts **Arges** denken, das Ärgste befürchten, vor dem Ärgsten bewahren, *im Argen liegen* (in Unordnung sein)

das war **arg** von dir	ABER	nichts **Arges** vorhaben
ein arger Fehler	ABER	das **Ärgste** befürchten

31

Argentinien → artikulieren

Argentinien (Staat in Südamerika); der/die **Argentinier/-in**; **argentinisch**

Ärger der, *Ez.* (Zorn), seinem Ärger Luft machen (ihn zum Ausdruck bringen); **ärgerlich**; **ärgern** sie ärgert ihn, er ärgert sich, das ärgert mich; das **Ärgernis** die Ärgernisse

Arglist die, *Ez.* (*geh. für* Hinterlist, Böswilligkeit); **arglistig**; **arglos**; die **Arglosigkeit**; der **Argwohn** (Misstrauen); **argwöhnisch**

Argument das, Argumente (Rechtfertigungsgrund); die **Argumentation**; **argumentieren** (Begründungen anführen)

Argusaugen die, *Mz.* (wachsame Augen, denen nichts entgeht)

Arie [arie] die, Arien (Gesangsstück für eine Stimme mit Instrumentalbegleitung), Opernarie

Arier der, -: (Angehöriger eines der Völker mit indoeuropäischer Sprache, im Nationalsozialismus Bezeichnung für Nichtjuden); die **Arierin**; der **Ariernachweis**; **arisch**; **arisieren** (zur Zeit des Nationalsozialismus für: jüdisches Vermögen enteignen und in nichtjüdischen Besitz übertragen)

Aristokrat der, Aristokraten (adelige Oberschicht); die **Aristokratie** (der Adelsstand); die **Aristokratin**; **aristokratisch**

Arithmetik die, *Ez.* (Lehre vom Rechnen); **arithmetisch** das arithmetische Mittel (Durchschnittswert)

Arkade die, Arkaden (Bogengang, Laubengewölbe)

Arktis die, *Ez.* (Nordpolgebiet); **arktisch**

arm ein armer Mensch, um eine Chance ärmer, Menschen im Krieg sind am ärmsten dran ABER → der **Arme** und der Reiche, Arm und Reich (jedermann), Arme und Reiche, der **Ärmste**; **ärmlich**; die **Ärmlichkeit**; **armselig**; die **Armut** (Mittellosigkeit); das **Armutschkerl** (*ugs. für* bedauernswertes Wesen); das **Armutszeugnis** *sich selbst ein Armutszeugnis ausstellen* (den Beweis für die eigene Untauglichkeit liefern)

das **arme** Kind	ABER	die **Arme** weint
die **armen** Menschen	ABER	**Arm(e)** und Reich(e)

Arm der, Arme: sich den Arm brechen, der Arm eines Krans, der lange Arm des Gesetzes, *jmdn. auf den Arm nehmen* (zum Narren halten), *jmdm. unter die Arme greifen* (jmdn. unterstützen); das **Armband**; die **Armbrust** (Bogenschleuder); die **Armlehne**; der **Armleuchter**

Armatur die, Armaturen (Kontroll- und Bedienungsteil von technischen Anlagen); das **Armaturenbrett**

Armee die, Armeen (Heer), eine Armee (eine große Menge) von Reportern; das **Armeefahrzeug** (Militärfahrzeug); das **Armeekorps** [...koa] (ein Heeresverband)

Ärmel der, -: *etwas aus dem Ärmel schütteln* (ohne Anstrengung schaffen); **ärmellos**

Arnika die, Arnikas (Heilpflanze)

Aroma das, Aromas/Aromen/Aromata (würziger Duft, Wohlgeruch); **aromatisch**

Arrangement [aräschmã] das, Arrangements (Anordnung, Zusammenstellung, Übereinkommen); **arrangieren** [aräschiren] (organisieren, veranstalten, eine Lösung finden), etwas geschickt arrangieren, sich mit den Nachbarn arrangieren

Arrest der, Arreste (Freiheitsstrafe); der/die **Arrestant/-in**; die **Arrestzelle**; **arretieren** (festnehmen)

arrogant (anmaßend, überheblich); die **Arroganz**

Arsch der, Ärsche (*derb für* Gesäß), *leck mich am Arsch!* (*derb für* lass mich in Ruhe!); das **Arschloch** (*derb für* schlechter Mensch)

ärschlings *Adv.* (*ugs. für* rückwärts)

Arsen das, *Ez.* (chemisches Element, Gift)

Arsenal das, Arsenale (Geräte- und Waffenlager)

Art die, Arten: eine bestimmte Art und Weise zu sprechen, seine Art gefällt mir, *das ist keine Art!* (so macht man das nicht), *aus der Art schlagen* (anders geraten sein); die **Artenvielfalt**

Arterie die, Arterien (Schlagader); die **Arterienverkalkung**

artesisch ein artesischer Brunnen (Brunnen, bei dem das Wasser durch natürlichen Druck aufsteigt)

artfremd; der **Artgenosse**; die **Artgenossin**; **artgleich**

Arthritis die, Arthritiden (Gelenksentzündung)

artig (brav, gesittet); die **Artigkeit**

Artikel der, -: <Art.>, (Begleit-, Geschlechtswort), einen Artikel (Beitrag) für die Schülerzeitung schreiben, viele Artikel (Waren) im Geschäft lagern

artikulieren (aussprechen, zum Ausdruck bringen); die **Artikulation** (Aussprache)

Artillerie die, *Ez.* (Geschütztruppe); der **Artillerist**
Artischocke die, Artischocken (Gemüsepflanze)
Artist der, Artisten (Zirkuskünstler); die **Artistik**; die **Artistin**; **artistisch**
artverwandt (von der gleichen Art stammend)
Arznei die, Arzneien (Heilmittel, Medikament); das **Arzneimittel**
Arzt der, Ärzte; die **Ärztin**; **ärztlich**; die **Arztpraxis** die Arztpraxen
Asbest der, Asbeste (hitzebeständiges Material); der **Asbestanzug**
Aschanti die, -: (Erdnuss)
Asche die, Aschen (Verbrennungsrückstand), *sich Asche aufs Haupt streuen* (demütig bereuen), Bomber legten die Stadt in Schutt und Asche; **aschblond**; der **Aschenbecher**; das **Aschenbrödel** auch **Aschenputtel** (Märchenfigur); der **Aschermittwoch**; **aschfahl** (blass); **aschgrau** (von bleichem Grau)
äsen (grasen); die **Äsung**
aseptisch (keimfrei)
Asien (Erdteil); der/die **Asiat/-in**; **asiatisch**
Askese die, *Ez.* (enthaltsame Lebensweise); der/die **Asket/-in**; **asketisch** (enthaltsam, entsagend)
asozial (außerhalb der Gesellschaft stehend, verwahrlost)
Aspekt der, Aspekte (Gesichtspunkt, Betrachtungsweise), etwas unter einem anderen Aspekt anschauen
Asphalt der, Asphalte (Straßenbelag); **asphaltieren**
Aspik das/der, Aspike (gallertartige Masse)
Aspirant der, Aspiranten (Anwärter); die **Aspirantin**
Ass das, Asse (höchste Spielkarte), *ein Ass* (außergewöhnlich gut) *sein*

| ein **Ass** im Spiel | ABER | das verwesende **Aas** |

Assel die, Asseln (Krebstier)
Assimilation [...tsion] die, Assimilationen (Angleichung); **assimilieren** (sich der Umgebung anpassen); die **Assimilierung**
Assistent der, Assistenten (Mitarbeiter zur Unterstützung); die **Assistentin**; **assistieren** (unterstützen)
Assonanz die, Assonanzen (Gleichklang der Vokale am Zeilenende eines Gedichts)
Assoziation [...tsion] die, Assoziationen (Zusammenschlüsse, Vorstellungen); **assoziieren** (gedankliche Verbindungen herstellen)
Ast der, Äste (stärkerer Zweig), *sich auf dem absteigenden Ast befinden* (nachlassen), *den Ast absägen, auf dem man sitzt* (sich selbst sehr schaden)
Aster die, Astern (Zierpflanze)
Ästhet der, Ästheten (feinsinniger Mensch mit Bewusstsein für das Schöne); die **Ästhetik** (Lehre von der Schönheit); die **Ästhetin**; **ästhetisch** (schön, geschmackvoll)
Asthma das, *Ez.* (Atemnot, Kurzatmigkeit); der/die **Asthmatiker/-in**; **asthmatisch**
Astigmatismus der, Astigmatismen (Sehfehler); **astigmatisch**
Astrologe der, Astrologen (Sterndeuter); die **Astrologie**; die **Astrologin**; **astrologisch**
Astronaut der, Astronauten (Weltraumfahrer); die **Astronautin**; der/die **Astronom/-in** (Stern-, Himmelsforscher/-in); die **Astronomie**; **astronomisch** eine astronomische (sehr hohe) Summe
ASVG = **A**llgemeines **S**ozial**v**ersicherungs**g**esetz
Asyl das, Asyle (Zufluchtsstätte), in einem fremden Land um Asyl bitten (Schutz vor politischer Verfolgung suchen); der/die **Asylant/-in**; der **Asylantrag**; der/die **Asyl(be)werber/-in**; das **Asylrecht**
A.T. = **A**ltes **T**estament
Atelier [atelje] das, Ateliers (Werkstatt eines Künstlers/einer Künstlerin)
Atem der, *Ez.*: Atem holen, außer Atem geraten, *jmdn. in Atem halten* (nicht zur Ruhe kommen lassen), *einen langen Atem haben* (ausdauernd sein); **atemberaubend**; das **Atemholen**; **atemlos**; die **Atemnot**
Atheist der, Atheisten (jmd., der nicht an Gott glaubt); die **Atheistin**; **atheistisch**
Äther der, -: (Betäubungsmittel); **ätherisch** ätherische (wohlriechende) Öle
Athlet der, Athleten (Wettkämpfer); die **Athletin**; **athletisch**
Atlantik der, *Ez.* (Ozean); **atlantisch** die atlantischen Gewässer ABER → der **Atlantische Ozean**
Atlas der, Atlanten/Atlasse (Kartenwerk)
atmen (Luft holen)
Atmosphäre die, Atmosphären (Gashülle der Erde), eine angenehme Atmosphäre (Stimmung); **atmosphärisch**
Atmung die, *Ez.*: die Atmung spüren

Atoll das, Atolle (ringförmige Koralleninsel)
Atom das, Atome (kleinstes Urstoffteilchen); **atomar**; die **Atombombe**; die **Atomexplosion**; der **Atomkern**; das **Atomkraftwerk** <AKW>; der **Atommüll**; der **Atomreaktor**; die **Atomwaffe**
Attaché [atasche] der, Attachés (Sonderbeauftragter im diplomatischen Dienst)
Attachment [ätätschment] das, -ments (Anhang einer E-Mail)
Attacke die, Attacken (Angriff, Kritik), *gegen jmdn. eine Attacke reiten* (hart vorgehen); **attackieren**
Attentat das, Attentate (Mordanschlag); der/die **Attentäter/-in**
Attest das, Atteste (Zeugnis, Gutachten), ein ärztliches Attest; **attestieren** (bescheinigen)
Attraktion [...tsion] die, Attraktionen (Sehenswürdigkeit); **attraktiv** (anziehend); die **Attraktivität** (Anziehungskraft)
Attrappe die, Attrappen (täuschend echte Nachbildung)
Attribut das, Attribute (Eigenschaft, Beifügung); **attributiv**; der **Attributsatz**
ätzen (mit Säure behandeln); **ätzend** (verletzend), *der Typ ist ätzend* (ugs. für fürchterlich)
au! (Ausruf des Schmerzes), au, das tut weh!, au ja!; **auweh!**
Au die, Auen (Wiesengrund, feuchte Niederung); die **Auenlandschaft**
AUA = **Au**strian **A**irlines (Fluglinie)
Aubergine [obeaschine] die, Auberginen (Melanzani, Gemüse)
auch *Adv.*: er ist auch (ebenfalls) da, wir kommen auch (sogar), wenn es regnet, sie ist auch (außerdem) zu spät gekommen, stimmt das auch (tatsächlich)?
Audienz die, Audienzen (feierlicher Empfang bei einer hochgestellten Persönlichkeit)
audiovisuell (hör- und sichtbar), audiovisuelle Medien
Auditorium das, Auditorien (Hörsaal; Zuhörerschaft)
Auerhahn der, Auerhähne (großes Waldhuhn)
auf *Adv.*: (offen) die Türe ist auf, auf und davon, von klein auf, auf und ab (hin und her) gehen ABER → das **Auf** und Ab, das Auf und Nieder; *Präp.+Dat.*: auf dem Bahnhof warten, auf dem Stuhl sitzen, auf der Stelle (sofort) kommen; **auf Grund** auch **aufgrund** auf Grund der Wettervorhersage; **auf Seiten** auch **aufseiten** auf Seiten des Angeklagten; *Präp+Akk.*: auf das Land fahren, auf den Tisch stellen, sich auf den Boden setzen, auf Raten kaufen, *auf Regen folgt Sonnenschein*, auf einmal, auf das (aufs) **Äußerste** auch äußerste, aufs Neue (noch einmal), auf das (aufs) **Beste** auch beste, auf das (aufs) **Genaueste** auch genaueste, auf Wiedersehen

auf und ab gehen	ABER	das ständige **Auf** und Ab
aufgrund des Vorfalls	auch	**auf Grund** des Vorfalls
aufseiten der Schüler	auch	**auf Seiten** der Schüler
aufs **äußerste** anstrengen	auch	aufs **Äußerste** anstrengen

aufarbeiten (erledigen, völlig verarbeiten)
aufatmen vor Erleichterung aufatmen
aufbahren einen Toten aufbahren; die **Aufbahrung**
aufbauen ein Zelt aufbauen, sich eine Existenz aufbauen (schaffen), sich vor jmdm. aufbauen (drohend hinstellen)
aufbäumen sich: das Pferd bäumte sich auf, sich gegen sein Schicksal aufbäumen (auflehnen)
aufbauschen die Segel bauschen sich im Wind auf, etwas aufbauschen (übertrieben darstellen)
aufbereiten (in eine bestimmte Form bringen); die **Aufbereitung**
aufbessern das Gehalt aufbessern
aufbetten (die Betten machen)
aufbewahren (aufheben); die **Aufbewahrung**
aufbieten (▶ bieten) er bot all seine Kräfte auf; die **Aufbietung**
aufbinden (▶ binden) die Schuhe aufbinden, *jmdm. einen Bären aufbinden* (jmdn. anlügen)
aufblühen (in die Blüte kommen, sich positiv entwickeln)
aufbrechen (▶ brechen) ein Schloss aufbrechen, zeitig in der Früh aufbrechen (fortgehen)
aufbringen (▶ bringen) er brachte kein Verständnis mehr dafür auf, eine Geldsumme aufbringen (beschaffen), ein Gerücht aufbringen (erfinden), sie ist aufgebracht (zornig)
aufbrummen (*ugs. für* auferlegen) jmdm. eine Strafe aufbrummen
aufbürden jmdm. eine Last aufbürden

aufdrängen sie drängte mir ihre Hilfe auf, ich will mich nicht aufdrängen (nicht zur Last fallen), der Gedanke drängt sich auf

aufdrehen das Licht aufdrehen (einschalten), sie dreht auf (*ugs. für* begehrt auf)

aufdringlich (lästig)

aufeinander *Adv.:* aufeinander angewiesen sein, aufeinander einschlagen; die **Aufeinanderfolge; aufeinanderfolgen; aufeinanderlegen; aufeinanderstoßen** (▶ stoßen); **aufeinandertreffen** (▶ treffen)

Aufenthalt der, Aufenthalte: der einjährige Aufenthalt, der Zug hat einen kurzen Aufenthalt; die **Aufenthaltserlaubnis**

auferlegen eine Strafe auferlegen, sich selbst mehr Fleiß auferlegen

auferstehen (▶ stehen) von den Toten auferstehen; die **Auferstehung**

auffahren (▶ fahren) auf ein parkendes Auto auffahren, aus dem Schlaf auffahren (hochschrecken), *ein schweres Geschütz auffahren* (heftige Vorwürfe machen); die **Auffahrt**; der **Auffahrunfall**

auffallen (▶ fallen) er fiel durch sein Verhalten auf; **auffallend** ein auffallend starker Mann

auffassen (verstehen); die **Auffassung**; die **Auffassungsgabe**; die **Auffassungssache**

auffliegen (▶ fliegen) die Tür flog auf, der Schmugglerring ist aufgeflogen (wurde entdeckt)

auffordern (mit Nachdruck bitten); die **Aufforderung**

aufforsten (Bäume pflanzen); die **Aufforstung**

auffrischen die Erinnerung auffrischen, der Wind frischt auf (wird stärker)

aufführen ein Theaterstück aufführen, sich ordentlich aufführen (benehmen); die **Aufführung**

Aufgabe die, Aufgaben (Verpflichtung, Auftrag)

Aufgang der, Aufgänge: den richtigen Aufgang nehmen

aufgeben (▶ geben) den Traum von der Weltreise aufgeben (darauf verzichten), ein Rätsel aufgeben (stellen), das Paket aufgeben, jede Hoffnung aufgeben, das Rauchen aufgeben, *den Geist aufgeben* (*ugs. für* kaputtgehen)

aufgeblasen (überheblich)

Aufgebot das, Aufgebote: das Aufgebot bestellen (offiziell die beabsichtigte Eheschließung bekanntgeben)

aufgedonnert (*abwertend für* übertrieben hergerichtet)

aufgedunsen ein aufgedunsenes (geschwollenes) Gesicht

aufgehen (▶ gehen) die Tür geht auf, die Saat ist aufgegangen, ihr geht ein Licht auf (sie begreift etwas), die Rechnung geht auf (erweist sich als richtig)

aufgekratzt (gut gelaunt)

aufgeschlossen (zugänglich); die **Aufgeschlossenheit**

aufgetakelt (auffallend und geschmacklos gekleidet)

aufgeweckt ein aufgeweckter (kluger) Junge; die **Aufgewecktheit**

aufgießen (▶ gießen) (mit heißer Flüssigkeit übergießen)

aufgliedern (einteilen); die **Aufgliederung**

aufgrund auch auf Grund *Präp.+Gen.:* aufgrund der Krankheit, aufgrund von Beschwerden

Aufguss der, Aufgüsse (Begießen mit kochendem Wasser)

aufhaben (▶ haben) viele Hausaufgaben aufhaben, einen Hut aufhaben

aufhalten (▶ halten) er hielt ihr die Tür auf, der Verkehr hat mich aufgehalten, sich an einem Ort aufhalten

aufhängen das Bild aufhängen

Aufhänger der, -: (die Schlaufe am Kleidungsstück), etwas als Aufhänger (Anknüpfungspunkt) benutzen

aufheben (▶ heben) sie hob den Stein auf, das Urteil wurde aufgehoben (rückgängig gemacht), die Versammlung aufheben (beenden), sich etwas für später aufheben (zurücklegen); das **Aufheben** *von etwas viel Aufhebens machen* (etwas sehr wichtig nehmen)

aufhören der Weg hört hier auf, plötzlich hörte der Sturm auf, mit der Arbeit aufhören

aufhussen (*ugs. für* aufhetzen)

aufklaren das Wetter klart auf

aufklären (Sachverhalte klären), jmdn. aufklären (belehren), über Sexualität aufklären; die **Aufklärung**; der **Aufklärungsfilm**

aufklauben (aufheben, aufsammeln)

aufkleben eine Marke aufkleben; der **Aufkleber** (Pickerl)

aufkochen (etwas zum Kochen bringen), zum Geburtstag groß aufkochen

aufkommen (▶ kommen) für die Schäden selbst aufkommen (bezahlen), ein schwacher Wind kommt auf, nach dem Sprung weich aufkommen, keine Zweifel aufkommen (entstehen) lassen

Auflage die, Auflagen <Aufl.> (Anzahl der gedruckten Exemplare; Bedingung), eine Auflage (Bedingung) vorschreiben

auflassen (▶ lassen) ein Geschäft auflassen (schließen, auflösen), den Hut auflassen (ihn aufbehalten)

Auflauf der, Aufläufe (Menschenansammlung; überbackene Speise); **auflaufen** (▶ laufen) das Schiff ist aufgelaufen (auf Grund gelaufen), erhebliche Schulden sind aufgelaufen

auflegen die Hand auflegen, ein neues Buch auflegen (veröffentlichen), den Telefonhörer auflegen

auflehnen sich (sich energisch zur Wehr setzen); die **Auflehnung**

auflösen eine Tablette in Wasser auflösen, ein Konto auflösen; **auflösbar** das Rätsel ist nicht auflösbar; die **Auflösung**; der **Auflösungsprozess**

aufmachen die Tür aufmachen, ein Geschäft aufmachen (eröffnen), sich zeitig in der Früh aufmachen (aufbrechen); der **Aufmacher** (Hauptschlagzeile in der Zeitung, Headline); die **Aufmachung** (Gestaltung z.B. eines Buches)

aufmascherln (ugs. für herausputzen)

aufmerken gut aufmerken (geh. für aufpassen); **aufmerksam**; die **Aufmerksamkeit** (Konzentration; kleines Geschenk)

aufmucken (ugs. für aufbegehren, sich widersetzen)

aufmuntern (aufheitern); die **Aufmunterung**

Aufnahme die, Aufnahmen: die Aufnahme von Verhandlungen, die Aufnahme ins Krankenhaus; **aufnahmebereit**; **aufnahmefähig** auch aufnahmsfähig; die **Aufnahmefähigkeit** auch Aufnahmsfähigkeit; die **Aufnahmeprüfung** auch Aufnahmsprüfung; **aufnehmen** (▶ nehmen) ein Video aufnehmen, jmdn. aufnehmen (anstellen)

aufopfern (sich sehr einsetzen, sein Leben hingeben)

aufpassen im Unterricht aufpassen (aufmerksam sein), er passt auf seine kleine Schwester auf; der/die **Aufpasser/-in**

aufplustern sich: der Vogel plustert sich auf, sich aufplustern (ugs. für sich hervortun)

Aufprall der, Aufpralle; **aufprallen** auf dem Erdboden aufprallen

aufpudeln sich (ugs. für sich entrüsten)

aufraffen sich: sich zum Lernen aufraffen (überwinden)

aufräumen (Ordnung schaffen), mit etwas aufräumen (Schluss machen); die **Aufräumungsarbeiten**

aufrecht (gerade, senkrecht), aufrecht stehen, eine aufrechte (ehrliche) Gesinnung haben, sich nur schwer aufrecht halten können
ABER → **aufrechterhalten** eine Behauptung aufrechterhalten (bestehen lassen)

aufregen jmdn. aufregen (ärgern), sich über etwas furchtbar aufregen (empören); **aufregend** ein aufregender Tag; die **Aufregung**

aufreißen (▶ reißen) sie riss den Brief auf, die Fenster wurden aufgerissen, *einen Job aufreißen* (derb für sich verschaffen), *ein Mädchen aufreißen* (derb für mit eindeutiger Absicht ansprechen); der **Aufreißertyp**

aufreizend (erregend)

aufrichten (in eine aufrechte Stellung bringen), jmdn. wieder aufrichten (trösten)

aufrichtig (ehrlich, offen); die **Aufrichtigkeit**

Aufriss der, Aufrisse (Vorder- oder Seitenansicht eines Gegenstandes; ugs. für Eroberung, eroberte Person)

Aufruf der, Aufrufe (Appell, Aufforderung); **aufrufen** (▶ rufen) einen Namen laut aufrufen, ein Programm im Computer aufrufen

Aufruhr der, Aufruhre (Aufstand), in Aufruhr (Empörung) versetzen; **aufrühren**; der/die **Aufrührer/-in**; **aufrührerisch** eine aufrührerische Rede halten

aufrunden eine Zahl aufrunden

aufrüsten eine Armee aufrüsten, einen PC aufrüsten

aufs Präp.+Akk. (kurz für auf das), aufs Land fahren, aufs Äußerste auch äußerste (sehr) erstaunt sein, aufs Beste auch aufs beste (sehr gut) vorbereitet sein

aufs **äußerste** erstaunt	auch	aufs **Äußerste** erstaunt
aufs **beste** vorbereitet	auch	aufs **Beste** vorbereitet

aufsagen ein Gedicht aufsagen, den Dienst aufsagen (kündigen)

aufsässig (trotzig, widerspenstig)

Aufsatz der, Aufsätze: das **Aufsatzthema**; die **Aufsatzverbesserung**

aufschauen (aufblicken), vom Buch aufschauen

aufscheinen (▶ scheinen) der Name scheint hier nicht auf

aufschichten die Steine aufschichten (stapeln)

aufschieben (▶ schieben) einen Termin aufschieben (verschieben), das Tor aufschieben (öffnen), *aufgeschoben ist nicht aufgehoben*; der **Aufschub**

Aufschlag der, Aufschläge: das Aufschlagen beim Fallen, der Aufschlag auf den Preis, der Aufschlag im Sport; **aufschlagen** (▶ schlagen) auf dem Boden aufschlagen, die Augen aufschlagen, ein Buch aufschlagen, einen Prozentsatz auf den Preis aufschlagen, ein Zelt aufschlagen; der/die **Aufschläger/-in**

aufschlichten Steine aufschlichten (stapeln)

aufschließen (▶ schließen) die Tür aufschließen (aufsperren), ein Erdölfeld aufschließen (nutzbar machen)

Aufschluss der, Aufschlüsse: Aufschluss (Auskunft) geben; **aufschlüsseln** (nach einem System einteilen); **aufschlussreich** (viel Information vermittelnd)

aufschneiden (▶ schneiden) die Verpackung mit der Schere aufschneiden, den Braten aufschneiden, gewaltig aufschneiden (*ugs. für* angeben); der/die **Aufschneider/-in** (Angeber/-in)

Aufschnitt der, Aufschnitte (in Scheiben geschnittene Wurst)

aufschrecken ein Tier aufschrecken, aus dem Schlaf aufschrecken

aufschreiben (▶ schreiben) (notieren)

Aufschrei der, Aufschreie; **aufschreien** (▶ schreien) vor Schmerz aufschreien, sie schrie laut auf

Aufschrift die, Aufschriften: die Aufschrift auf der Verpackung

Aufschub der, Aufschübe (Verlängerung der Frist)

aufschütten Erde aufschütten

aufschwatzen (aufdrängen)

aufschwemmen ein aufgeschwemmtes (schwammiges) Gesicht

aufschwingen sich (▶ schwingen); der **Aufschwung** (Verbesserung der wirtschaftlichen Lage, Aufstieg, positive Entwicklung)

Aufsehen das, *Ez.* (öffentliche Beachtung), großes Aufsehen erregen, die Rede war **Aufsehen erregend** auch aufsehenerregend; **aufsehen** (▶ sehen) (nach oben blicken, bewundern); der/die **Aufseher/-in**

aufseiten auch **auf Seiten** *Präp.+Gen.*: aufseiten der Schwachen stehen

Aufsicht die, Aufsichten; die **Aufsichtspflicht**

aufsitzen (▶ sitzen) (auf das Pferd steigen), *jmdm. aufsitzen* (*ugs. für* jmdn. belästigen, bedrängen), *jmdn. aufsitzen lassen* (hereinlegen); der **Aufsitzer** (*ugs. für* Reinfall)

aufspannen ein Tuch aufspannen

aufsperren die Tür aufsperren, *sperr deine Ohren auf!* (*ugs. für* hör genau zu)

aufspielen sich als Chef aufspielen, zum Tanz aufspielen (musizieren)

aufspießen (durchbohren)

aufsplitten [...spliten] (aufteilen)

aufstacheln (aufhetzen)

Aufstand der, Aufstände (Aufruhr)

aufstauen einen Fluss aufstauen, viel Ärger hat sich aufgestaut

aufstehen (▶ stehen) vom Bett aufstehen, gegen jmdn. aufstehen (sich erheben)

aufsteigen (▶ steigen) aufs Rad aufsteigen, Nebel steigt auf, zum Direktor aufsteigen (befördert werden), die Mannschaft steigt auf (in eine höhere Spielklasse), in die zweite Klasse aufsteigen; der/die **Aufsteiger/-in**

aufstellen ein Zelt aufstellen, einen Kandidaten aufstellen (vorschlagen), eine Behauptung aufstellen; die **Aufstellung**

Aufstieg der, Aufstiege: der Aufstieg auf den Gipfel, der berufliche Aufstieg; die **Aufstiegsmöglichkeit**

aufstöbern (zufällig finden)

auftakeln ein Schiff auftakeln (Segel setzen), sich auftakeln (auffallend kleiden); **aufgetakelt** (auffallend und geschmacklos gekleidet)

Auftakt der, Auftakte (erster Takt, Eröffnung)

Auftrag der, Aufträge (Weisung, Bestellung)

auftragen (▶ tragen) den Kindern auftragen, brav zu grüßen, das Essen auftragen, Farbe auftragen, das Kleid trägt auf (macht dick), *dick auftragen* (*ugs. für* angeben); der/die **Auftraggeber/-in**; **auftragsgemäß**

auftreten (▶ treten) mit dem Fuß auftreten, energischer auftreten müssen, eine Krankheit tritt auf, im Theater auftreten; das **Auftreten**; der **Auftritt**

Aufwand der, *Ez.*: großen Aufwand treiben (viel Geld ausgeben); **aufwändig** auch aufwendig (kostspielig); die **Aufwandsentschädigung** (Ersatz für besondere Ausgaben)

aufwarten (bewirten), mit Neuigkeiten aufwarten; die **Aufwartefrau** (Bedienerin); die **Aufwartung** jmdm. seine Aufwartung machen (einen Höflichkeitsbesuch abstatten)

aufwärts *Adv.*: (nach oben), auf- und abwärts,

Aufwasch → Ausbund

es geht wieder aufwärts (besser); **aufwärtsfahren** (▶ fahren) mit dem Lift aufwärtsfahren; der **Aufwärtstrend** (Entwicklung zum Besseren)
Aufwasch der *Ez.* auch das Aufwaschen, *etwas in einem Aufwasch(en)* (gleichzeitig) *erledigen*; **aufwaschen** (▶ waschen), den Fußboden aufwaschen
aufwenden viel Mühe aufwenden (aufbieten); **aufwendig** auch aufwändig; die **Aufwendungen** *Mz.* (Kosten)

aufwendig	auch	aufwändig

aufwerten (den Wert erhöhen); die **Aufwertung**
aufwiegeln (zum Widerstand bewegen, aufhetzen)
aufzahlen (dazuzahlen); die **Aufzahlung** (Aufpreis)
aufzählen alle Torschützen aufzählen (nacheinander nennen); die **Aufzählung**
aufzeichnen einen Plan aufzeichnen, einen Film auf Video aufzeichnen; die **Aufzeichnung**
aufziehen (▶ ziehen) eine Fahne aufziehen, den Wecker aufziehen, jmdn. wegen seiner abstehenden Ohren aufziehen (*ugs. für* hänseln), ein Sturm zieht auf (nähert sich), ein Kind aufziehen (großziehen); der **Aufzug** (Lift; äußere Aufmachung einer Person)
Augapfel der, Augäpfel: etwas wie seinen Augapfel hüten (*geh. für* sehr sorgsam damit umgehen)
Auge das, Augen: schöne blaue Augen, mit bloßem Auge erkennen, so weit das Auge reicht, *ein Auge zudrücken* (etwas nachsichtig beurteilen), *jmdm. die Augen öffnen* (jmdn. aufklären), *mit einem blauen Auge davonkommen* (nur geringfügigen Schaden erleiden), *ein Auge auf jmdn./ etwas werfen* (an jmdm./etwas Gefallen finden), *wie die Faust aufs Auge passen* (nicht zueinanderpassen; ganz genau passen); der/die **Augenarzt/-ärztin**; der **Augenblick**; **augenblicklich**; die **Augenbraue**; **augenfällig** (offensichtlich); das **Augenlicht**; das **Augenlid**; das **Augenmaß**; das **Augenmerk**; der **Augenschein**; **augenscheinlich** (offenbar); die **Augenweide** (schöner Anblick); der **Augenzeuge**; die **Augenzeugin**; ...**äugig** blauäugig, einäugig; das **Äuglein**

August der, Auguste <Aug.> (8. Monat)
Auktion [...tsion] die, Auktionen (Versteigerung); der/die **Auktionator/-in** (Versteigerer)
Aula die, Aulen (Festsaal)
Aura die, Auren (besondere Ausstrahlung)
aus *Adv.*: der Film ist aus, *weder aus noch ein wissen* (ratlos sein), *von mir aus!* (meinetwegen), er geht bei uns ein und aus (ist oft bei uns), von Bregenz aus; *Präp.+Dat.:* aus dem Haus gehen, aus dem Urlaub schreiben, aus Kärnten stammen, aus dem Fenster schauen ABER → der Ball war im **Aus** (Raum außerhalb des Spielfeldes), bei der achten Quizfrage kam das Aus für sie
ausarbeiten einen Vortrag ausarbeiten, Fotos ausarbeiten lassen
ausbaden etwas ausbaden (*ugs. für* die Folgen tragen)
ausbaggern (eine Baugrube mit einem Bagger ausheben)
Ausbau der, Ausbauten (ausgebauter Gebäudeteil); **ausbauen** das Getriebe ausbauen (herausnehmen), eine Beziehung ausbauen (vertiefen); **ausbaufähig** (erweiterbar)
ausbedingen sich (zur Bedingung machen), ich habe mir das ausbedungen
ausbeißen (▶ beißen) *sich die Zähne an etwas ausbeißen* (etwas vergeblich versuchen)
ausbessern einen Schaden ausbessern (reparieren), einen Fehler ausbessern; die **Ausbesserung**; **ausbesserungsbedürftig**
Ausbeute die, Ausbeuten (Ertrag); **ausbeuten** jmdn. ausbeuten (ausnützen); die **Ausbeutung**
ausbilden der Lehrling wird ausgebildet; der/die **Ausbildner/-in**; die **Ausbildung**; die **Ausbildungsstätte**
Ausblick der, Ausblicke
ausborgen (ausleihen)
ausbooten einen Mitbewerber ausbooten (verdrängen)
ausbrechen (▶ brechen) aus dem Gefängnis ausbrechen (fliehen), die Grippe brach aus, lauter Jubel ist ausgebrochen (entstanden), der/die **Ausbrecher/-in**; der **Ausbruch**
ausbreiten der Nebel breitet sich aus, eine Decke ausbreiten, die Ebene breitete sich vor uns aus; die **Ausbreitung**
ausbrüten Eier durch Körperwärme ausbrüten, Pläne ausbrüten, eine Krankheit ausbrüten
Ausbund der, *Ez.: du bist ein Ausbund (geh. für* Inbegriff) *von/an Schlampigkeit*

ausbürgern → ausgenommen

ausbürgern (die Staatsangehörigkeit entziehen); die **Ausbürgerung**
auschecken [austscheken] (am Flughafen nach der Ankunft Passagiere und Gepäck abfertigen; das Hotelzimmer räumen)
Ausdauer die, *Ez.* (Beharrlichkeit, Zähigkeit); **ausdauernd** (beharrlich); das **Ausdauertraining**
ausdehnen (etwas länger, umfangreicher machen); **ausdehnbar**; die **Ausdehnung**
ausdeutschen (*ugs. für* erklären, verdeutlichen)
¹**Ausdruck** der, Ausdrücke: ein treffender Ausdruck (Begriff), ordinäre Ausdrücke verwenden, ein fröhlicher Ausdruck im Gesicht
²**Ausdruck** der, Ausdrucke: von einer Computerdatei einen Ausdruck machen; **ausdrucken** (einen Ausdruck herstellen)
ausdrücken einen Schwamm ausdrücken, seinen Dank ausdrücken, sich höflich ausdrücken; **ausdrücklich** (deutlich, klar)
ausdruckslos; **ausdrucksstark**; **ausdrucksvoll**; die **Ausdrucksweise**
auseinander *Adv.*: ihre Augen stehen weit auseinander; **auseinanderhalten** die Zwillinge nicht auseinanderhalten (unterscheiden) können; **auseinanderreißen**; **auseinanderschreiben**; **auseinandersetzen** die Schüler auseinandersetzen, sich mit etwas auseinandersetzen (beschäftigen); die **Auseinandersetzung** mit jmdm. eine Auseinandersetzung (einen Streit) haben, die Auseinandersetzung (Beschäftigung) mit einem Thema
auserkoren (*geh. für* auserwählt)
auserlesen (von besonderer Qualität)
ausersehen jmd. wurde zum Nachfolger ausersehen (ausgewählt)
ausfahren (▶ fahren) mit dem Rad ausfahren, den Kranarm ausfahren, eine Kurve ausfahren (nicht schneiden); **ausfahrbar**; die **Ausfahrt**; das **Ausfahrtsschild**
Ausfall der, Ausfälle; **ausfallen** (▶ fallen) er fällt für eine Weile aus, die Haare sind ausgefallen, das Zeugnis ist gut ausgefallen; **ausfällig** (verletzend); die **Ausfallstraße** (aus einem Ort hinausführende Straße)
ausfertigen einen Vertrag ausfertigen (ausstellen); die **Ausfertigung**
ausfindig ein Versteck ausfindig machen (finden)
ausflippen (*ugs. für* die Beherrschung verlieren)
Ausflucht die, Ausflüchte (Ausreden)
Ausflug der, Ausflüge; der/die **Ausflügler/-in**; der **Ausflugsverkehr**; das **Ausflugsziel**
Ausfluss der, Ausflüsse: der Ausfluss des Waschbeckens ist verstopft, eitriger Ausfluss
ausfolgen das Schriftstück wurde ausgefolgt (übergeben)
ausforschen (ausfindig machen); die **Ausforschung**
ausfratscheln auch **ausfratschen** (*ugs. für* zudringlich ausfragen)
Ausfuhr die, Ausfuhren (Export, Warenverkauf ins Ausland); **ausführen** Waren ausführen, den Hund ausführen, seine Gedanken ausführen (darstellen), eine Reparatur ausführen (erledigen); die **Ausführung**
ausführlich etwas ausführlich (eingehend, genau) erklären; die **Ausführlichkeit**
Ausgabe die, Ausgaben: die Ausgabe der Zeugnisse, monatlich hohe Ausgaben haben, die dritte Ausgabe (Auflage) eines Buches; **ausgeben** (▶ geben) Geld ausgeben
Ausgang der, Ausgänge: der Ausgang (das Ergebnis) des Spieles, hier geht es zum Ausgang, keinen Ausgang (keine Erlaubnis zum Ausgehen) bekommen
ausgangs *Präp.+ Gen.*: ausgangs (*geh. für* am Ende) der Gerade, ausgangs der Neunzigerjahre; der **Ausgangspunkt**; die **Ausgangsstellung**
Ausgeburt die, Ausgeburten (*veraltet für* Hervorbringung), eine Ausgeburt der Hölle
Ausgedinge das, -: (Altenteil), ins Ausgedinge gehen
ausgefallen (merkwürdig, selten) ABER → etwas Ausgefallenes kaufen
ausgeglichen ein ausgeglichenes Klima; die **Ausgeglichenheit**
ausgehen (▶ gehen) am Abend ausgehen, die Haare gehen aus, das Licht geht aus, die Vorräte gehen aus, die Geschichte geht gut aus, bei jmdm. ein und aus gehen, etwas geht sich aus (*ugs. für* passt, genügt)
ausgekocht ein ausgekochter (trickreicher, durchtriebener) Kerl
ausgelassen (übermütig, lebhaft); die **Ausgelassenheit**
ausgemacht eine ausgemachte (vereinbarte) Sache, ein ausgemachter (sehr großer) Dummkopf
ausgenommen (außer, bis auf), alle sind eingeladen, ausgenommen Irene

ausgepowert [ausgepauat] (völlig erschöpft)
ausgeprägt ein ausgeprägtes (sehr großes) Interesse
ausgerechnet *Adv.:* ausgerechnet (gerade) jetzt muss mir das passieren
ausgeschlossen das ist völlig ausgeschlossen! (das kommt nicht infrage)
ausgestorben die Dinosaurier sind ausgestorben (ihre Art lebt nicht mehr), die Stadt ist völlig ausgestorben (menschenleer)
ausgesucht ausgesuchte (besondere) Köstlichkeiten
ausgezeichnet (hervorragend)
ausgiebig ein ausgiebiges (reichliches) Frühstück

ausgiebig frühstücken	ABER	gib mir Geld

ausgießen (▶ gießen)
Ausgleich der, Ausgleiche (Herstellung eines Gleichgewichts), im Spiel den Ausgleich (Gleichstand) erzielen, eine Firma geht in Ausgleich (schließt mit den Gläubigern einen Vergleich); **ausgleichen**; der **Ausgleichssport**
ausgraben (▶ graben) einen Schatz ausgraben; die **Ausgrabung**; die **Ausgrabungsstätte**
ausgrenzen (aus der Gemeinschaft ausschließen)
Ausguss der, Ausgüsse (Ablauf einer Abwasch)
aushalten (▶ halten) den Lärm nicht aushalten (ertragen) ABER → es ist nicht zum Aushalten, jmdn. aushalten (seinen Lebensunterhalt finanzieren)
aushändigen eine Urkunde aushändigen (übergeben); die **Aushändigung**
Aushang der, Aushänge (öffentliche Bekanntmachung); **aushängen**; das **Aushängeschild**
ausharren (*geh. für* durchhalten)
ausheben (▶ heben) eine Grube ausheben, einen Schmugglerring ausheben (festnehmen), die Briefkästen werden ausgehoben (entleert); die **Aushebung**
ausheilen (völlig heilen)
aushelfen (▶ helfen), in einer Notlage aushelfen; die **Aushilfe** (Vertretung); **aushilfsweise**
ausklammern (nicht behandeln); die **Ausklammerung**

Ausklang der, Ausklänge: der Ausklang (Abschluss) des Abends; **ausklingen** (▶ klingen)
ausklügeln ein ausgeklügelter (schlauer) Plan
auskommen (▶ kommen) gut miteinander auskommen, mit dem Lohn auskommen; das **Auskommen** ein gutes Auskommen haben
Auskunft die, Auskünfte (Information); die **Auskunftei** (Firma, die Auskünfte einholt); die **Auskunftsstelle**
Auslage die, Auslagen: die Auslagen (Kosten) für das tägliche Leben steigen, die Auslage (das Schaufenster) neu gestalten
Ausland das, *Ez.:* ins Ausland fahren; der/die **Ausländer/-in**; **ausländerfeindlich**; die **Ausländerfeindlichkeit**; **ausländisch**; der/die **Auslandskorrespondent/-in**; die **Auslandsreise**
auslangen das Geld wird nicht auslangen (ausreichen); das **Auslangen** das Auslangen finden
auslassen (▶ lassen), versehentlich einen Buchstaben auslassen, die Wut an jmdm. auslassen, Fett auslassen, den Saum eines Kleides auslassen (auftrennen und herunterlassen), ein Tier auslassen (freilassen), *sich über jmdn. auslassen* (sich negativ über jmdn. äußern); der **Auslass**; die **Auslassung** (Weglassung); die **Auslassungspunkte** (…); das **Auslassungszeichen** (Apostroph, z.B. in „gib's her!")
Auslauf der, *Ez.:* der Hund hat nicht genügend Auslauf
auslaufen (▶ laufen) der Vertrag läuft aus (gilt nicht mehr), das Schiff lief aus (fuhr aus dem Hafen), die Milch ist ausgelaufen, die Farben laufen beim Waschen aus; der **Ausläufer** Ausläufer des Gebirges, Ausläufer des Hochdruckgebietes
ausleben seine Launen ausleben
auslecken die Schüssel mit der Zunge auslecken
auslegen den Boden mit einem Teppich auslegen (bedecken), Geld für eine Ware auslegen (ausgeben, vorstrecken), Worte falsch auslegen (deuten); die **Auslegung** (Deutung)
ausleihen (▶ leihen) ein Buch ausleihen; die **Ausleihe** (Leihstelle)
Auslese die, Auslesen (das Auswählen); **auslesen** (▶ lesen) ein Buch auslesen, faules Gemüse auslesen (aussortieren)
ausliefern Pakete ausliefern, einen Gefan-

genen ausliefern, dem Hunger ausgeliefert sein; die **Auslieferung**

auslöschen das Feuer auslöschen

auslosen (durch Losen bestimmen); die **Auslosung**

auslösen Erbsen auslösen, einen Alarm auslösen (in Gang setzen), die Geiseln auslösen (freikaufen), Beifall auslösen (hervorrufen); die **Auslösung**

ausmachen das Licht ausmachen, einen Termin ausmachen, wie viel macht das aus? (kostet das), das macht mir nichts aus

Ausmaß das, Ausmaße (Fläche, Umfang; Grad der Katastrophe); **ausmessen** (▶ messen)

ausmerzen einen Fehler ausmerzen (beseitigen), Ungeziefer ausmerzen (ausrotten); die **Ausmerzung**

Ausnahme die, Ausnahmen: ohne jede Ausnahme, *die Ausnahme bestätigt die Regel;* der **Ausnahmefall** auch Ausnahmsfall; der **Ausnahmezustand** auch Ausnahmszustand; **ausnahmslos**; **ausnahmsweise** *Adv.*

ausnehmen (▶ nehmen) ein Huhn ausnehmen (die Eingeweide entfernen), jmdn. von der Pflicht ausnehmen, jmdn. ausnehmen (*ugs. für* ihm Geld abnehmen), etwas nur undeutlich ausnehmen (erkennen) können; **ausnehmend** es gefiel ihm ausnehmend (überaus) gut

ausnüchtern jmdn. ausnüchtern (den Alkoholgehalt im Blut abbauen lassen)

auspacken ein Geschenk auspacken, *nun pack schon aus!* (rede endlich)

ausposaunen (*ugs. für* überall weitererzählen)

Auspuff der, Auspuffe (Rohr, aus dem die Abgase entweichen); das **Auspuffrohr**

ausquartieren (woanders unterbringen)

ausradieren einen Fehler ausradieren

ausrangieren [ausranschieren], Altes ausrangieren (*ugs. für* weggeben)

ausrasten das Zahnrad ist ausgerastet (greift nicht mehr), wegen jeder Kleinigkeit ausrasten (*ugs. für* wütend werden)

ausrauchen der Kaffee raucht aus (verliert Geruch und Geschmack); **ausräuchern** (mit Hilfe von Rauch Ungeziefer vernichten)

Ausrede die, Ausreden: eine faule Ausrede (unglaubwürdige Entschuldigung); **ausreden** jmdn. ausreden (zu Ende reden) lassen, jmdm. eine Idee ausreden (ihn davon abbringen), sich mit jmdm. ausreden (bereden), sich auf andere ausreden (anderen die Schuld zuschieben)

ausreichen die Vorräte reichen nicht aus (genügen nicht); **ausreichend** ausreichend Geld haben

Ausreise die, Ausreisen (Reise ins Ausland, Grenzübertritt); **ausreisen**

ausreißen (▶ reißen) jmdm. die Haare ausreißen, von zu Hause ausreißen (fortlaufen); der/die **Ausreißer/-in**; der **Ausreißversuch**

ausrichten jmdn. etwas ausrichten (übermitteln), eine Veranstaltung ausrichten (organisieren), nichts ausrichten (erreichen) können, jmdn. ausrichten (*ugs. für* über jmdn. schlecht reden)

ausrinnen (▶ rinnen) Wasser rinnt aus, das Fass rinnt aus (wird leer)

ausrotten eine Tierart ausrotten (vernichten); die **Ausrottung**

Ausruf der, Ausrufe (Ruf, Schrei); **ausrufen** (▶ rufen); der **Ausrufesatz**; das **Ausrufzeichen** (Rufzeichen) auch Ausrufezeichen

ausrüsten ein Unternehmen gut ausrüsten (ausstatten); die **Ausrüstung**

ausrutschen (ausgleiten); der **Ausrutscher** (Fehler, Versehen)

Aussaat die, Aussaaten (Saat); **aussäen** Getreide aussäen

Aussage die, Aussagen: vor Gericht eine Aussage machen; **aussagen**; **aussagekräftig**; der **Aussagesatz**; die **Aussageweise** (Modus)

Aussatz der, *Ez.* (Lepra); **aussätzig**

Ausschau die, *Ez.:* Ausschau halten; **ausschauen** (umschauen), *das schaut gut aus!*

ausscheiden (▶ scheiden) im Wettkampf ausscheiden (nicht mehr aktiv teilnehmen), Schweiß ausscheiden (absondern), diese Möglichkeit scheidet aus (entfällt); die **Ausscheidung**; der **Ausscheidungskampf**

ausschenken Getränke ausschenken; der **Ausschank** (*bundesdt. für* Getränkeverkauf); die **Ausschank** (Schanktisch)

ausscheren seitlich ausscheren

ausschildern die Straße zum Rathaus ist gut ausgeschildert

ausschimpfen (heftig schimpfen)

ausschlachten (die Eingeweide aus einem Tier entnehmen), ein altes Auto ausschlachten (noch Brauchbares entnehmen)

Ausschlag der, Ausschläge (Hautkrankheit), der Ausschlag des Pendels, den Ausschlag geben (entscheidend sein) ABER →

ausschlaggebend; das **Ausschlaggebende**; **ausschlagen** (▶ schlagen) jmdm. einen Zahn ausschlagen, die Bäume schlagen aus (treiben Knospen), ein Angebot ausschlagen (ablehnen)

ausschließen (▶ schließen) (aussperren, ausnehmen); **ausschließlich**; der **Ausschluss**

ausschnapsen sich: sich mit jmdm. etwas ausschnapsen (ausmachen)

ausschneiden (▶ schneiden) Figuren aus Papier ausschneiden; der **Ausschnitt** ein Ausschnitt aus einem Film, der Ausschnitt eines Pullovers; **ausschnittweise**

ausschreiben (▶ schreiben) den Namen ausschreiben (zur Gänze schreiben), eine freie Stelle (zur Bewerbung) ausschreiben; die **Ausschreibung**

Ausschreitung die, Ausschreitungen (gewalttätige Handlung einer Menge)

¹**Ausschuss** der, Ausschüsse (Arbeitsgruppe); das **Ausschussmitglied**; die **Ausschusssitzung**

²**Ausschuss** der, *Ez.* (fehlerhafte Ware); die **Ausschussware**

ausschütten einen Sack ausschütten (ausleeren), den Gewinn ausschütten (verteilen), *jmdm. sein Herz ausschütten* (ihm seinen Kummer klagen); die **Ausschüttung**

ausschweifend ein ausschweifendes (zügelloses) Leben führen; die **Ausschweifung**

ausschwenken der Kranarm schwenkt seitlich aus

Aussehen das, *Ez.* (das äußere Erscheinungsbild)

aussehen (▶ sehen) wie sieht es denn hier aus!, gesund aussehen, mit dem Plan sieht es schlecht aus (daraus wird nichts)

aussenden (▶ ²senden) ein(e) Rundmail aussenden; die **Aussendung** (Pressemitteilung)

außen *Adv.:* nach außen gehen, sich nach außen hin nichts anmerken lassen, innen und außen; der **Außenbezirk**; der **Außendienst**; der/die **Außenminister/-in**; die **Außenpolitik**; der/die **Außenseiter/-in**; die **Außenstände** *Mz.* (bestehende Geldforderungen); der/die **Außenstehende** auch außen Stehende

außer *Präp.+Dat.:* außer ihm ist niemand gekommen, außer Haus sein, außer Dienst <a. D.>, außer Betrieb, außer Zweifel stehen, etwas außer Acht lassen, außer Rand und Band sein, außer Stande auch außerstande sein, *außer sich vor Freude sein* (sich unbändig freuen); *Präp.+Akk.:* außer Atem kommen, außer Kraft setzen; *Präp.+Gen.:* außer Landes gehen; *Konj.:* ich gehe fort, außer es regnet

außerdem *Adv.:* wir brauchen außerdem noch Milch

äußere die äußere Wand ABER → das **Äußere** auf sein Äußeres achten

äußerlich das Medikament nur äußerlich anwenden; die **Äußerlichkeit**

außergewöhnlich (sehr, besonders)

außerhalb *Adv.:* außerhalb wohnen; *Präp.+Gen.:* außerhalb des Zaunes

äußerln *(ugs.)* den Hund äußerln führen

äußern seine Meinung frei äußern; die **Äußerung**

außerordentlich (sehr); **außerplanmäßig**; **außerstand(e)** *Adv.:* er war außerstande auch außer Stande (nicht fähig) klar zu denken; **außertourlich** (zusätzlich)

äußerst *Adv.:* äußerst beliebt sein, ich bin äußerst beunruhigt, aufs äußerste auch aufs **Äußerste** (sehr) erschrocken sein; das **Äußerste** (das Schlimmste) befürchten, bis zum Äußersten gehen; **äußerstenfalls** *Adv.*

äußerst beliebt sein	ABER	das **Äußerste** befürchten
aufs **äußerste** gespannt	auch	aufs **Äußerste** gespannt

aussetzen eine Runde aussetzen (pausieren), hier gibt es nichts auszusetzen (zu bemängeln), eine Belohnung aussetzen (in Aussicht stellen), sich einer Gefahr aussetzen, Wildtiere aussetzen

Aussicht die, Aussichten (Blick, Hoffnung auf etwas); **aussichtslos**; die **Aussichtslosigkeit**

aussiedeln; die **Aussied(e)lung**; der/die **Aussiedler/-in** (jmd., der ein Land für immer verlässt)

aussöhnen (versöhnen); die **Aussöhnung**

aussondern alte Bücher aussondern (aussortieren); die **Aussonderung**

aussperren (den Eintritt verwehren); die **Aussperrung** die Aussperrung der Streikenden vom Arbeitsplatz

ausspotten (verspotten)

Aussprache die, Aussprachen: die Aussprache eines Fremdwortes, eine deutliche Aussprache haben, um eine Aussprache (ernsthaftes Gespräch) bitten; **aussprech-**

bar; **aussprechen** (▶ sprechen); der **Ausspruch**
ausstaffieren (ausstatten, herausputzen); die **Ausstaffierung**
Ausstand der, Ausstände: in den Ausstand (Streik) treten; **ausständig** (fehlend)
ausstatten ein Büro neu ausstatten (einrichten); die **Ausstattung**
ausstehen (▶ stehen) seine Antwort steht noch aus (fehlt noch), jmdn. nicht ausstehen (leiden) können
aussteigen (▶ steigen) aus dem Fahrzeug aussteigen, aus einem Geschäft aussteigen (nicht mehr mitmachen); der/die **Aussteiger/-in**; der **Ausstieg**
ausstellen Bilder öffentlich ausstellen, eine Rechnung ausstellen; der/die **Aussteller/-in**; die **Ausstellung**
Aussteuer die, *Ez.* (Heiratsgut)
Ausstoß der, Ausstöße: der Ausstoß (Gesamtproduktion) einer Fabrik, der Ausstoß von Schadstoffen; **ausstoßen** (▶ stoßen)
ausstrahlen ein Programm ausstrahlen, Optimismus ausstrahlen; die **Ausstrahlung** die Ausstrahlung (Übertragung) einer Sendung im Fernsehen, auf andere eine tolle Ausstrahlung (Wirkung) haben
austarieren (das Gleichgewicht auf der Waage herstellen)
Austausch der *Ez.*; die **Austauschbarkeit**; **austauschen** eine Batterie austauschen (ersetzen), Gedanken austauschen (mitteilen), sich austauschen (unterhalten); der/die **Austauschschüler/-in**
Auster die, Austern (Meeresmuschel)
austragen (▶ tragen) er trägt die Zeitung aus, sie trugen einen Wettkampf aus, ein Streit wurde ausgetragen, ein Kind austragen (im Mutterleib); die **Austragung**; der **Austragungsort**
Australien (Erdteil); der/die **Australier/-in**; **australisch**
austreiben (▶ treiben) die Bäume treiben aus (knospen), den Teufel austreiben (verbannen), jmdm. seine Unzuverlässigkeit austreiben (abgewöhnen)
austreten (▶ treten) sie tritt aus einem Verein aus, Gas ist ausgetreten, ausgetretene (abgenützte) Schuhe; der **Austritt**
Austria <A> (Österreich); der **Austriazismus** (österreichische Spracheigentümlichkeit); der **Austrofaschismus**; der **Austropop**
austricksen (*ugs. für* den Gegner überlisten)

ausüben einen Beruf ausüben, auf jmdn. Druck ausüben; die **Ausübung**
Ausverkauf der, Ausverkäufe: im Ausverkauf einiges günstig kaufen; **ausverkaufen** die Veranstaltung ist ausverkauft
Auswahl die *Ez.*; **auswählen** (eine Wahl treffen); die **Auswahlmöglichkeit**; das **Auswahlverfahren**
Auswanderer der, -: (jmd., der sein Heimatland für immer verlässt); die **Auswanderin**; **auswandern**; die **Auswanderung**
auswärtig (nicht ortsansässig); der/die **Auswärtige**; **auswärts** *Adv.*: von auswärts kommen; das **Auswärtsspiel**
Ausweg der, Auswege: einen Ausweg (eine Lösung) finden; **ausweglos**; die **Ausweglosigkeit**
ausweiden ein Tier ausweiden (die Eingeweide herausnehmen)
ausweinen sich: sich bei jmdm. ausweinen (Trost bei jmdm. suchen)
Ausweis der, Ausweise (Dokument, das die Identität nachweist); **ausweisen** (▶ weisen) jmdn. ausweisen (des Landes verweisen), sich ausweisen (den Ausweis herzeigen); die **Ausweispapiere** *Mz.*
auswendig *Adv.*: ein Gedicht auswendig (aus dem Gedächtnis) aufsagen können, etwas auswendig lernen, auswendig gelernt auch auswendiggelernt ABER → das **Auswendiglernen**
auswirken sich: das wirkt sich auf die Gesundheit aus (hat Folgen); die **Auswirkung**
auszahlen den Lohn auszahlen, etwas zahlt sich nicht aus (*ugs. für* lohnt sich nicht); die **Auszahlung**
auszählen Wählerstimmen auszählen (durch Zählen genau feststellen); die **Auszählung**
auszehren (entkräften); die **Auszehrung** (der Kräfteverfall)
auszeichnen Waren mit einem Preis auszeichnen (versehen), sich durch Zuverlässigkeit auszeichnen (hervortun), jmdn. wegen seiner Tapferkeit auszeichnen (ehren); die **Auszeichnung** eine Prüfung mit Auszeichnung bestehen
ausziehen (▶ ziehen) einen Tisch ausziehen (verlängern), seine Schuhe ausziehen, aus der Wohnung ausziehen, den Teig ausziehen, auf Abenteuer ausziehen; **ausziehbar** (verlängerbar)
Auszubildende <Azubi> der/die, Auszu-

Auszug → Azur

bildende (*bundesdt. für* Lehrling)

Auszug der, Auszüge (Auswanderung; Teil des Ganzen); der/die **Auszügler/-in** (im Altenteil lebende/-r Bauer/Bäuerin); das **Auszugsmehl** (feines Weizenmehl); **auszugsweise** ein Buch auszugsweise vorstellen

autark (unabhängig); die **Autarkie**

authentisch (zuverlässig, glaubwürdig); die **Authentizität** (Echtheit)

Autismus der, *Ez.* (Kontaktunfähigkeit); der/die **Autist/-in**; **autistisch**

Auto das, Autos (*kurz für* Automobil); die **Autobahn** <A>; das **Autofahren**, ich kann Auto fahren ABER → er verträgt das Autofahren nicht

| ich kann **Auto fahren** | ABER | das **Autofahren** |

Autobiografie auch **Autobiographie** die, Autobiografien (Beschreibung des eigenen Lebens); **autobiografisch** auch autobiographisch

Autobus der, Autobusse: mit dem Autobus in die Stadt fahren

Autodidakt der, Autodidakten (Person, die sich ihr Wissen im Selbststudium beigebracht hat); die **Autodidaktin**; **autodidaktisch**

Autodrom das, Autodrome: auf dem Jahrmarkt Autodrom fahren

Autofahrer der, -; die **Autofahrerin**

autogen autogenes Training (Entspannungstechnik)

Autogramm das, Autogramme (eigenhändige Unterschrift einer/s Prominenten); der/die **Autogrammjäger/-in**

Automat der, Automaten (selbsttätiger Apparat); die **Automatik**; die **Automation** (automatischer Produktionsablauf); **automatisch**

Automobil das, Automobile (Auto)

autonom (unabhängig, selbstständig), ein autonomes Land; die **Autonomie**

Autonummer die, ...nummern (Kennzeichen); das **Autoradio**; das **Autorennen**; die **Autoreparatur,** der/die **Autospengler/-in** (Autoschlosser/-in); die **Autospenglerei**

Autopsie die, Autopsien (medizinische Feststellung der Todesursache)

Autor der, Autoren (Verfasser); die **Autorin**; **autorisieren** (bevollmächtigen); **autorisiert** (berechtigt)

autoritär eine autoritäre (unbedingten Gehorsam fordernde) Erziehung, ein autoritärer Staat; die **Autorität** Autorität (Ansehen) haben, eine Autorität (fachlich anerkannt) sein; **autoritätsgläubig**

autsch! (Ausruf des Schmerzes)

auweh! (Ausruf des Schmerzes/der Enttäuschung)

Avantgarde [awãgad] die, *Ez.* (Vorkämpfer einer geistigen Entwicklung), zur Avantgarde gehören; **avantgardistisch**

Aversion [awersion] die, Aversionen (Abneigung, Widerwille)

Aviso [awiso] das, Avisos (Nachricht, Ankündigung); **avisieren** (ankündigen)

Avocado [awokado] die, Avocados (birnenförmige Frucht)

Axiom das, Axiome (gültige Wahrheit, nicht zu beweisender Grundsatz)

Axt die, Äxte: *wie die Axt im Walde* (unhöflich sein), *die Axt im Haus erspart den Zimmermann*; der **Axthieb**

a.Z. = auf Zeit

Azteke der, Azteken (Angehöriger eines indianischen Volkes in Mexiko); die **Aztekin**

Azur der, *Ez.* (Himmelsbläue); **azurblau**; **azuren** (*geh. für* himmelblau)

B

B = Bundesstraße (z.B. B 125)
Baby [bebi] das, Babys (Säugling); der **Babyboom** [bebibum] (plötzliche hohe Geburtenrate); die **Babynahrung**; die **Babypause** (Berufspause nach der Geburt eines Kindes); **babysitten** (Kinder beaufsichtigen); der/die **Babysitter/-in**; die **Babyzelle** (kleine Batterie)
Babylon *Ez.* (antike Stadt)
Baccalaureat auch **Bakkalaureat** das, -e (akademischer Grad)
Bach der, Bäche (kleiner Fluss); das **Bachbett**; das **Bacherl**; **bacherlwarm** (angenehm warm); das **Bächlein**; die **Bachstelze** (Vogel)
Bache die, Bachen (weibliches Wildschwein)
Bachelor [bätschela] der, Bachelors (akademischer Grad); das **Bachelorstudium**
Backbord das, Backborde (linke Schiffsseite)
Backe die, Backen (Wange); der **Backenknochen**
backen du bäckst einen Kuchen, sie backte, er hat gebacken; der/die **Bäcker/-in**; die **Backerbse** (Suppeneinlage); die **Bäckerei**; das **Backhendl**; das **Backobst** (Dörrobst); der **Backofen**; das **Backpulver**; das **Backrohr**; der **Backstein** (Ziegelstein)
Background [bäkgraund] der, *Ez.* (Voraussetzungen; Hintergrund)
backstage [bäkstedsch] (im Bühnenhintergrund); der **Backstagebereich**
Bad das, Bäder: ein heißes Bad nehmen, *das Kind mit dem Bad ausschütten* (sowohl das Schlechte als auch das Gute beseitigen); die **Badeanstalt**; der **Badeanzug**; der/die **Bademeister/-in** (Aufseher); **baden** baden gehen, *mit etwas baden gehen* (scheitern); die **Badesachen**; der **Badewaschel** (ugs. für Bademeister)
Badminton [bädmintn] das, *Ez.* (Federballspiel)
baff baff (sprachlos, verblüfft) sein
Bagage [bagasch(e)] die, Bagagen (ugs. für Gesindel)
Bagatelle [bagatel(e)] die, Bagatellen (unbedeutende Kleinigkeit); **bagatellisieren** (als geringfügig hinstellen)
Bagger der, -: (Maschine zum Bewegen von Erdreich); **baggern**; der **Baggersee**
Baguette [baget] das, Baguettes (Weißbrot)
Bahamas die, *Mz.* (Inselstaat)

Bahn die, Bahnen: Bahn fahren, *freie Bahn haben* (ungehindert sein), *aus der Bahn geworfen werden* (im Leben scheitern), *auf die schiefe Bahn* (auf Abwege) *geraten*; **bahnbrechend** eine bahnbrechende (umwälzende) Erfindung; der **Bahndamm**; **bahnen** sich einen Weg bahnen; der **Bahnhof** *nur Bahnhof verstehen* (ugs. für nichts verstehen); der **Bahnsteig**; der **Bahnübergang**
Bahre die, Bahren (Traggestell); das **Bahrtuch**
Baier der, Baiern (Sprecher der bairischen Mundart); die **Baierin**; **bairisch**
Baiser [bese] das, Baisers (Windbäckerei)
Bajonett das, Bajonette (Stichwaffe)
Bakkalaureat auch **Baccalaureat** das, -e (erster akademischer Grad); die **Bakkalaurea** <Bakk.> (Trägerin dieses akademischen Grades); der **Bakkalaureus**
Bakterie die, Bakterien (Kleinstlebewesen); **bakteriell**; der **Bakteriologe**; die **Bakteriologin**
Balance [baláš] die, Balancen (Gleichgewicht, Schwebe); der **Balanceakt**; **balancieren** (das Gleichgewicht halten), auf dem Seil balancieren
bald *Adv.*: bis bald!; bald hier, bald dort; allzu bald, so bald wie (als) möglich ABER → in **Bälde**; **baldig** ein baldiges Wiedersehen
Baldachin der, Baldachine (prunkvoller Traghimmel)
Baldrian der, Baldriane (Heilpflanze); die **Baldriantropfen**
¹**Balg** der, Bälge (Fell, Tierhaut)
²**Balg** der/das, Bälger (unartiges Kind); sich **balgen** (spielerisch raufen); die **Balgerei** (scherzhafte Rauferei)
Balkan der (Gebirge in Südosteuropa); die **Balkanhalbinsel**
Balken der, -: die Balken (Fensterläden) sind geschlossen, in dicken Balken (Buchstaben) geschrieben; das **Balkendiagramm**; die **Balkenwaage** (Hebelwaage)
Balkon der, Balkone; die **Balkonblumen**
Ball der, Bälle: mit dem Ball spielen ABER → das Ballspielen, *am Ball bleiben* (etwas mit Eifer verfolgen), auf einen Ball (eine Tanzveranstaltung) gehen; das **Ballkleid**; das **Ballspiel**
Ballade die, Balladen (Erzählgedicht)
Ballast der, Ballaste (schwere Last, Belastung), Ballast abwerfen; die **Ballaststoffe** (unverdauliche Nahrungsbestandteile)
Ballen der, -: der Ballen der Hand, drei Ballen

Stoff; **ballen** die Faust ballen, eine geballte Ladung; die **Ballung**; der **Ballungsraum** (dicht besiedeltes Gebiet)

Ballerina die, Ballerinen (Spitzentänzerin); das **Ballett** Ballett tanzen, sie tanzt in einem Ballett (Tanzgruppe); die **Balletteuse** [baletöse]; der/die **Balletttänzer/-in** auch Ballett-Tänzer/-in; die **Balletttruppe** auch Ballett-Truppe

ballern in die Luft ballern (*ugs. für* schießen)

Ballistik die, *Ez.* (Lehre von der Flugbahn eines Geschoßes)

Ballon der, Ballons/Ballone (Spielzeug; Fluggerät); der/die **Ballonfahrer/-in**

Balsam der, Balsame (Öl- und Harzgemisch), diese Worte sind Balsam (Linderung, Wohltat) für meine Seele; **balsamieren** (einsalben); die **Balsamierung**

Baltikum das (Gebiet von Estland, Lettland und Litauen); der **Balte**; die **Baltin**

Balustrade die, Balustraden (Geländer)

Balz die, Balzen (Paarungszeit und -spiel von Vögeln); **balzen**; der **Balzruf**; die **Balzzeit**

Bambus der, Bambusse (tropisches Riesengras); das **Bambusrohr**

Bammel der, *Ez.:* Bammel (Furcht) vor etwas haben (*ugs.*)

Bamperletsch der, Bamperletschen (*mundartl. für* kleines Kind)

banal (nichtssagend); **banalisieren** (etwas als banal darstellen); die **Banalität**

Banane die, Bananen; der **Bananensplit** (Eisspeise)

Banat das (Gebiet in Südosteuropa)

Banause der, Banausen (Mensch ohne Verständnis für künstlerische Dinge); das **Banausentum**; die **Banausin**

¹**Band** das, Bänder: Bänder aus Stoff, auf Band (Tonband) sprechen, *am laufenden Band* (in einem fort); die **Bandbreite** eine große Bandbreite (Auswahl); der **Bänderriss** (Verletzung); die **Bandsäge**; die **Bandscheibe** (Knorpel der Wirbelsäule); der **Bandwurm** (Parasit)

²**Band** das, Bande (Fessel, Bindung), das Band der Ehe, außer Rand und Band (ungezügelt), *in Banden liegen* (gefangen sein), *zarte Bande knüpfen* (eine Liebesbeziehung beginnen)

³**Band** der, Bände <Bd., Bde.> (einzelnes Buch aus einer Reihe), *etwas spricht Bände* (sagt sehr viel aus); **...bändig** einbändig, ein 20-bändiges Lexikon

⁴**Band** [bänd] die, Bands (Musikgruppe); der/die **Bandleader/-in** [bändlida/rin] (Leiter/-in einer Band)

Bandage [bandasch(e)] die, Bandagen (Stütz- oder Schutzverband), harte Bandagen (Kämpfe, Vorwürfe); **bandagieren** den Arm bandagieren; der/die **Bandagist/-in** (Erzeuger/-in von Bandagen und Prothesen)

¹**Bande** die, Banden (Schar; organisierte Gruppe von Verbrechern); der/die **Bandenführer/-in**

²**Bande** die, Banden: über die Bande (Einfassung einer Spielfläche) springen; die **Bandenwerbung**

Banderole die, Banderolen (Klebeband, Spruchband)

bändigen wilde Tiere bändigen (zähmen), seinen Zorn bändigen (bezwingen); der/die **Bändiger/-in**; die **Bändigung**

Bandit der, Banditen (Verbrecher); die **Banditin**

bang banger/bänger, am bangsten/am bängsten (voll Furcht), bange Minuten, ihm ist angst und bang ABER → die **Bange** jmdm. (Angst und) Bange machen, nur keine Bange!; **bangen** um sein Leben bangen (fürchten)

| jmdm. ist **angst und bang(e)** | ABER | jmdm. **Angst und Bange** machen |

Banjo [bändscho] das, Banjos (Instrument)

¹**Bank** die, Bänke (Sitzgelegenheit), *durch die Bank* (ohne Ausnahme), *etwas auf die lange Bank schieben* (hinausschieben); der/die **Banknachbar/-in**

²**Bank** die, Banken (Geldinstitut); der **Bankbeamte**; die **Bankbeamtin**; der/die **Banker/-in** [bänka/-rin] (Bankfachmann/-frau); der **Bankier** [bankje]; das **Bankkonto**; die **Bankleitzahl** <BLZ>; die **Banknote**

Bänkellied das, ...lieder (früher auf Jahrmärkten vorgetragenes Lied über ein schauriges Ereignis, Moritat); der/die **Bänkelsänger/-in**

Bankert der, Bankerte (*abwertend für* uneheliches Kind)

¹**Bankett** das, Banketts/Bankette (Festmahl)

²**Bankett** das, Bankette (Randstreifen einer Straße)

Bankrott der, Bankrotte (Zahlungsunfähigkeit), der Geschäftsmann machte Bankrott; **bankrott** bankrott sein; **bankrottgehen** (▶ gehen)

Bann der, *Ez.:* in Acht und Bann (aus einer Gemeinschaft ausgeschlossen) sein, jmdn. in seinen Bann ziehen (stark beeindrucken);

bannen eine Gefahr bannen (abwenden), jmdn. wie gebannt anstarren, die Zuschauer bannen (begeistern); der **Bannfluch**; der **Bannkreis** (Einflussbereich); der **Bannwald** (Schutzwald gegen Lawinen)
Banner das, -: (Fahne)
Baptist der, Baptisten (Anhänger einer Glaubensgemeinschaft); die **Baptistin**
bar bar (mit Bargeld) bezahlen, bar jeglicher Vernunft (ohne Vernunft), *etwas für bare Münze nehmen* (glauben); die **Baranweisung**; das **Bargeld** (Münzen und Scheine); **bargeldlos** bargeldlose Zahlungen; die **Barzahlung**
¹**Bar** die, Bars (kleines Lokal; Schanktisch); die **Bardame**; der **Barhocker**; der/die **Barkeeper/-in** [bakipa/rin]
²**Bar** das, -: <bar> (Maßeinheit für Druck); das **Barometer**
Bär der, Bären: das Fell des Bären, der Große Bär (Sternbild), *jmdm. einen Bären aufbinden* (ihn anschwindeln); **bärbeißig** (unfreundlich); der **Bärendienst** *jmdm. einen Bärendienst* (schlechten Dienst) *erweisen*; der **Bärendreck** (Lakritze, Süßigkeit); der **Bärenhunger** (großer Hunger); **bärenstark**; **bärig** (*ugs. für* großartig); die **Bärin**
Baracke die, Baracken (ebenerdiger, dürftiger Bau aus Holz oder Wellblech)
Barbar der, Barbaren (ungesitteter Mensch); die **Barbarei**; die **Barbarin**; **barbarisch** (roh)
Barbier der, Barbiere (*veraltet für* Herrenfriseur)
Barde der, Barden (*geh.,* Sänger und Dichter)
Barett das, Barette/Baretts (flache Mütze)
barfuß *Adv.:* barfuß gehen; **barfüßig**
Bariton der, Baritone (Männerstimme in mittlerer Lage)
Barium das, *Ez.* (Leichtmetall)
Barkasse die, Barkassen (Motorboot, Beiboot)
Barke die, Barken (kleines Boot)
barmherzig barmherzige Menschen ABER → die Barmherzigen Brüder (geistlicher Orden); die **Barmherzigkeit**
Barock das/der, *Ez.* (Kunststil); **barock** (aus der Barockzeit; prunkvoll, überladen), ein barocker Bau; die **Barockkirche**
Barometer das, -: (Luftdruckmesser), das Barometer fällt/steigt
Baron der, Barone (Freiherr); die **Baronesse**; die **Baronin**
Barren der, -: am Barren (Turngerät) turnen, zwei Barren (Stangen) Gold, Futter in den Barren (Futtertrog) geben
Barriere die, Barrieren (Sperre)

Barrikade die, Barrikaden (Straßensperre), *auf die Barrikaden steigen* (sich gegen etwas auflehnen, rebellieren)
barsch eine barsche (unfreundliche) Mitteilung; die **Barschheit**
Barsch der, Barsche (Süßwasserfisch)
Bart der, Bärte: *etwas in seinen Bart murmeln* (unverständlich vor sich hin sagen), *jmdm. um den Bart gehen* (ihn umschmeicheln); das **Barterl** (*ugs. für* Lätzchen); **bärtig**; **bartlos**; die **Bartstoppeln**; der **Bartwisch** (*österr. für* Handbesen)
Basalt der, Basalte (Vulkangestein)
Basar der, Basare (Markt im Orient, Flohmarkt)
Base die, Basen (chemische Verbindung, Lauge; *veraltet für* Kusine); **basisch** (laugenartig)
Baseball [besbol] der, *Ez.* (Schlagballspiel)
basieren auf etwas basieren (beruhen)
Basilika die, Basiliken (Kirche mit erhöhtem Mittelschiff)
Basilikum das, *Ez.* (Gewürzkraut)
Basis die, Basen (Ausgangspunkt; Sockel); das **Basiswissen**
Basketball der, Basketbälle (Korbball)
bass *Adv.:* bass (äußerst) erstaunt sein
Bass der, Bässe (Musikinstrument; tiefe Männerstimme); die **Bassgeige**; der/die **Bassist/-in**; der **Bassschlüssel** auch Bass-Schlüssel; die **Bassstimme** auch Bass-Stimme
Bassena die, Bassenas (*österr. für* gemeinsames Wasserbecken auf dem Gang alter Wohnhäuser)
Bassin [basẽ] das, Bassins (künstlich angelegtes Wasserbecken)
Bast der, Baste (Pflanzenfaser)
basta! (Schluss jetzt)
Bastard der, Bastarde (Pflanze oder Tier als Ergebnis von Kreuzungen; Schimpfwort)
Bastei die, Basteien (Teil einer Festung)
basteln ich bastle; die **Bastelei**; der/die **Bastler/-in**
Bastion die, Bastionen (Bastei, Befestigung)
Bataillon [batajõ, bataljon] das, Bataillone (Truppenabteilung beim Militär)
Batik die, Batiken (Technik zum Stofffärben); **batiken**
Batist der, Batiste (feines Gewebe)
Batterie die, Batterien; **batteriebetrieben**
Batzen der, - (Haufen, Klumpen) einen Batzen (sehr viel) Geld verdienen
¹**Bau** der, Baue (Tierhöhle)
²**Bau** der, Bauten (Bauwerk; Baustelle); der/die

Bauch → bedeuten

Bauarbeiter/-in; **bauen** eine Straße bauen, auf jmdn. bauen (jmdm. vertrauen), *einen Unfall bauen* (ugs. für verursachen); **baufällig**; der **Bauklotz**; das **Bauland**; **baulich** bauliche Veränderungen; der/die **Baumeister/-in**; **bausparen**; der **Baustil**; die **Bauweise**

Ba**uch** der, Bäuche: *Wut im Bauch haben* (sehr zornig sein), *ein voller Bauch studiert nicht gern* (nach dem Essen ist man träge); die **Bauchdecke** (Muskelschicht); das **Bauchfell** (Haut in der Bauchhöhle); der **Bauchfleck** (Landung auf dem Bauch beim Sprung ins Wasser); **bauchig**; die **Bauchlandung** (Flugzeuglandung ohne Räder); **bäuchlings** *Adv.* (auf dem Bauch); **bauchpinseln** *sich gebauchpinselt* (geschmeichelt) *fühlen*; **bauchreden**; die **Bauchspeicheldrüse**; der **Bauchtanz**

¹**B**a**uer** der, Bauern (Landwirt), die Arbeit des Bauern/des Bauers; das **Bäuerchen** *ein Bäuerchen machen* (ugs. für aufstoßen); die **Bäu(e)rin**; **bäu(e)risch**; **bäuerlich**

²**B**a**uer** das/der, -: (Vogelkäfig)

Ba**um** der, Bäume: auf einen Baum steigen; die **Baumgrenze** (im Gebirge); die **Baumkrone**; die **Baumschule** (Gärtnerei); der **Baumstamm**; der **Baumstumpf**; die **Baumwolle** (Pflanze, Textilfaser)

baumeln mit den Füßen baumeln

bäumen sich: das Pferd bäumt sich

Ba**usch** der, Bausche/Bäusche: ein Bausch Watte, *in Bausch und Bogen* (vollständig); der **Bauschen** (Wattebauschen); **bauschen** der Wind bauscht die Segel; **bauschig**

Bauxit der, Bauxite (Mineral zur Gewinnung von Aluminium)

Bayern (Bundesland in Deutschland); der/die **Bayer/-in**; **bay(e)risch** ABER → der Bayerische Wald

Bazillus der, Bazillen (Krankheitserreger)

BB = Bundesbus

Bd. = Band; **Bde.** = Bände

beabsichtigen (planen, im Sinn haben)

beachten die Vorschriften genau beachten (befolgen); **beachtenswert**; **beachtlich**; die **Beachtung**

beamen [bimen]; der **Beamer** (Projektor für Computerbildschirm-Darstellungen)

Beamte der, Beamten: die Aufgabe des Beamten; **beamtet**; die **Beamtin**

beängstigen das beängstigt ihn; **beängstigend**

beanspruchen Hilfe beanspruchen (verlangen), das Auto stark beanspruchen (viel benützen); die **Beanspruchung**

beanstanden Waren beanstanden (auf Mängel hinweisen); die **Beanstandung**

beantragen einen Urlaub beantragen

beantworten eine Frage beantworten

bearbeiten ein Problem bearbeiten, Holz bearbeiten; der/die **Bearbeiter/-in**; die **Bearbeitung**

Beat [bit] der, *Ez.* (Musikrichtung; Grundrhythmus)

beatmen einen Verletzten (künstlich) beatmen

beaufsichtigen die Kinder beaufsichtigen; die **Beaufsichtigung**

beauftragen jmdn. mit einer Arbeit beauftragen; der/die **Beauftragte**

beben die Erde bebt (zittert), vor Wut beben; das **Beben** (Erdbeben)

Becher der, Becher (Trinkgefäß), *zu tief in den Becher geschaut haben* (betrunken sein); **bechern** (viel trinken)

becircen auch **bezirzen** jmdn. bezirzen (betören, umgarnen)

Becken das, -: (rundes, flaches Gefäß), das Becken (Schlaginstrument) spielen, sich das Becken (Skelettteil) brechen, die Stadt liegt in einem Becken (Mulde); **beckenförmig**

Becquerel [bekerel] das, -: <Bq> (Maßeinheit für ionisierende Strahlung)

bedacht *Adv.*: bedacht (besonnen) vorgehen, auf etwas bedacht sein (besonderen Wert darauf legen); der **Bedacht** auf etwas Bedacht nehmen; **bedächtig**; **bedachtsam**

bedanken sich bei jmdm. für etwas bedanken

Bedarf der, *Ez.:* bei Bedarf (wenn nötig)

bedauern ich bedauere (es tut mir leid); **bedauerlich**; **bedauerlicherweise** *Adv.;* das **Bedauern**; **bedauernswert**

bedecken der Himmel ist bedeckt (bewölkt), sich bedeckt halten (sich nicht festlegen)

bedenken (▶ denken) etwas bedenken (überlegen), er hat die Kosten bedacht (berücksichtigt); das **Bedenken** Bedenken (Einwände) gegen etwas haben, ohne Bedenken; **bedenkenlos**; **bedenkenswert**; **bedenklich**; die **Bedenkzeit**

bedeuten sie bedeutet (signalisiert) ihm zu schweigen, das bedeutet mir nichts (ist für mich nicht wichtig); **bedeutend** sich bedeutend (merklich) verschlechtern, eine bedeutende (berühmte) Frau ABER → etwas **Bedeutendes** vollbringen; **bedeutsam**; die **Bedeutung**; **bedeutungslos**

bedienen die Gäste bedienen, eine Maschine bedienen, sich eines Werkzeugs bedienen, *bedient sein (ugs. für* in einer schwierigen Situation sein); die **Bedienerin** (Putzfrau); der/die **Bedienstete**

bedingen das eine bedingt (verursacht, hat ... zur Folge) das andere; **bedingt** nur bedingt (eingeschränkt) tauglich sein

Bedingung die, Bedingungen: etwas zur Bedingung (Voraussetzung) machen, die Bedingungen (Gegebenheiten) anerkennen; **bedingungslos**; der **Bedingungssatz** (Konditionalsatz, z.B. „falls er kommt")

bedrängen jmdn. bedrängen (unter Druck setzen); die **Bedrängnis**

bedrohen jmdn. mit einer Waffe bedrohen; **bedrohlich**; die **Bedrohung**

bedrücken es bedrückt mich (macht mich traurig); **bedrückt** bedrückt (traurig) sein

Beduine der, Beduinen (Wüstenbewohner); die **Beduinin**

bedürfen (▶ dürfen) der Ruhe bedürfen (Ruhe brauchen)

Bedürfnis das, Bedürfnisse; die **Bedürfnisanstalt** (öffentliche Toilette); **bedürfnislos**; **bedürftig** (Not leidend); die **Bedürftigkeit**

Beefsteak [bifstek] das, Beefsteaks (Stück Lungenbraten vom Rind)

beeiden eine Aussage vor Gericht beeiden (beschwören), ein gerichtlich beeideter Sachverständiger

beeilen sich: sich beeilen etwas zu tun (etwas rasch erledigen); die **Beeilung**

beeindrucken das beeindruckt mich sehr

beeinflussen jmdn. beeinflussen (ihn lenken); **beeinflussbar**; die **Beeinflussung**

beeinträchtigen es beeinträchtigt (mindert) den Wert; die **Beeinträchtigung**

Beelzebub der, *Ez.* (der oberste Teufel), *den Teufel durch den/mit dem Beelzebub austreiben* (ein Übel durch ein größeres beseitigen wollen)

beenden (zu Ende bringen); **beendigen**; die **Beendigung**

beengen sehr beengt wohnen; die **Beengtheit**

beerdigen (begraben, bestatten); die **Beerdigung**

Beere die, Beeren; das **Beerenobst**

Beet das, Beete: das Beet umgraben

befähigen (in die Lage versetzen); die **Befähigung**

befallen (▶ fallen) von Panik befallen werden, ein von Ungeziefer befallener Baum

befangen (schüchtern, gehemmt), als Zeuge befangen (voreingenommen) sein; die **Befangenheit**

befassen er hat sich damit befasst (beschäftigt)

Befehl der, Befehle: zu Befehl, *dein Wunsch ist mir Befehl* (ich tue gerne, was du willst); die **Befehlsform** (Imperativ)

befehlen er befiehlt, sie befahl, er hat befohlen; **befehligen** eine Truppe befehligen (die Befehlsgewalt über sie haben)

befestigen das Gepäck auf dem Autodach befestigen, einen Damm befestigen (sicher machen); die **Befestigung**

befinden (▶ finden) sich im Urlaub befinden, etwas für richtig befinden (halten); das **Befinden** (Gesundheitszustand), nach meinem Befinden (Urteil); **befindlich**; die **Befindlichkeit** (seelischer Zustand)

beflegeln (respektlos beschimpfen)

befleißigen sich: sich eines höflichen Tons befleißigen (sich darum bemühen)

beflissen (eifrig bemüht); die **Beflissenheit**

befolgen einen Befehl befolgen

befördern einen Brief befördern, sie wird zur Abteilungsleiterin befördert, jmdn. aus dem Raum befördern (hinauswerfen); die **Beförderung**

befragen den Zeugen befragen ABER → auf **Befragen** des Richters; die **Befragung**

befreien einen Gefangenen befreien; der/die **Befreier/-in**; die **Befreiung**

befremden sein Benehmen befremdet mich (berührt mich unangenehm); das **Befremden**; **befremdlich** eine befremdliche Äußerung

befreunden sich: sich mit jmdm. befreunden (Freundschaft schließen), mit jmdm. befreundet sein

befrieden ein Land befrieden (seinen Frieden herbeiführen); die **Befriedung**

befriedigen (zufriedenstellen), er befriedigte seine Gläubiger; **befriedigend** eine befriedigende Leistung ABER → die Note „Befriedigend", ein Befriedigend auf die Prüfung bekommen; die **Befriedigung**

befristen ein befristetes (für bestimmte Zeit gültiges) Abkommen; die **Befristung**

befruchten Blüten befruchten, befruchtende (anregende) Ideen; die **Befruchtung**

Befugnis die, Befugnisse (Berechtigung, Erlaubnis); **befugt** er ist dazu befugt (berechtigt)

Befund der, Befunde: der Befund des Arztes steht noch aus

befürchten → beheben

befürchten das Schlimmste befürchten; die **Befürchtung**

befürworten ich befürworte (unterstütze) deinen Plan; der/die **Befürworter/-in**; die **Befürwortung**

begabt ein begabter Schüler; der/die **Begabte**; die **Begabung** eine Begabung für Sprachen haben

begeben (▶ geben) er begibt sich auf eine Reise, es begab sich (trug sich zu), sie hat sich an die Arbeit begeben; die **Begebenheit** eine seltsame Begebenheit (Ereignis)

begegnen jmdm. auf der Straße begegnen; die **Begegnung**

begehen (▶ gehen) eine Brücke begehen, den Geburtstag begehen (feiern); **begehbar**; die **Begehung**

begehren (wünschen, wollen), *was das Herz begehrt*, Einlass begehren (erbitten); das **Begehren**; **begehrenswert**; **begehrlich** ein begehrlicher (verlangender) Blick

begeistern sich/jmdn. für etwas begeistern; die **Begeisterung**; **begeisterungsfähig**

Begier die, Ez. (*geh. für* leidenschaftliches Verlangen); die **Begierde**; **begierig**

beginnen der Film beginnt, sie begann zu laufen, es hat begonnen; der **Beginn** zu Beginn; das **Beginnen** ein hoffnungsloses Beginnen (Vorhaben)

beglaubigen (als echt bestätigen) der Beamte beglaubigt die Urkunde; die **Beglaubigung**

begleichen (▶ gleichen) seine Schulden begleichen (bezahlen); die **Begleichung**

begleiten jmdn. nach Hause begleiten; der/die **Begleiter/-in**; die **Begleiterscheinung**; die **Begleitperson**; das **Begleitschreiben**; die **Begleitung**

beglücken beglückt (glücklich) aussehen, jmdn. mit einer zusätzlichen Aufgabe beglücken (*ironisch für* ihm noch etwas aufbürden); die **Beglückung**; **beglückwünschen**

begnadet eine begnadete (hochbegabte) Künstlerin

begnadigen der Verbrecher wird begnadigt (die Strafe wird ihm erlassen); die **Begnadigung**

begnügen sich mit einem geringen Verdienst begnügen

begraben (▶ graben) einen Toten begraben, seine Hoffnungen begraben (aufgeben), *sich begraben lassen können* (keine Chance mehr haben); das **Begräbnis**

begradigen den Fluss begradigen; die **Begradigung**

begreifen (▶ greifen) die Aufgabe begreifen (verstehen); **begreiflich**; **begreiflicherweise** *Adv.*

begrenzen einen begrenzten Horizont haben; die **Begrenztheit** (Beschränkung); die **Begrenzung**

Begriff der, Begriffe: ein dehnbarer Begriff, sich keinen Begriff machen können (keine Vorstellung haben), im Begriff sein etwas zu tun (gerade damit anfangen), *schwer von Begriff sein* (ugs. für nur langsam etwas begreifen); **begriffen** im Aussterben begriffen sein; **begrifflich**; die **Begriffsbestimmung**; **begriffsstützig** auch begriffsstutzig (langsam im Begreifen)

begründen sein Vorgehen begründen; die **Begründung**; der **Begründungssatz** (Kausalsatz, z.B. „weil er es wollte")

begrünen (Grünflächen anlegen)

begrüßen seine Gäste begrüßen; **begrüßenswert**; die **Begrüßung**

begünstigen eine Mannschaft begünstigen (bevorzugen), das Wetter begünstigt (fördert) unseren Plan; die **Begünstigung**

begutachten (fachmännisch beurteilen); der/die **Begutachter/-in**

begütert (wohlhabend)

behäbig ein behäbiges (schwerfälliges) Wesen haben; die **Behäbigkeit**

behagen dein Benehmen behagt (gefällt) mir nicht; das **Behagen** er isst mit großem Behagen; **behaglich** (gemütlich, bequem); die **Behaglichkeit**

behalten (▶ halten) sie behielt das Kätzchen, etwas für sich behalten (nicht weitererzählen), ich habe das nicht behalten (mir nicht gemerkt); der **Behälter**

behände auch behänd (schnell, flink, gewandt)

behandeln jmdn. schlecht behandeln, einen Patienten behandeln, ein Thema behandeln (bearbeiten); die **Behandlung**

beharren auf seiner Meinung beharren (bestehen); **beharrlich**; die **Beharrlichkeit** Beharrlichkeit führt zum Ziel

behaupten das Gegenteil behaupten, sie behauptet sich (setzt sich durch); die **Behauptung**

Behausung die, Behausungen (notdürftige Wohnstätte)

beheben (▶ heben) einen Schaden beheben,

Geld vom Bankkonto beheben; die **Behebung**

Behelf der, Behelfe (Notlösung, Hilfsmittel); sich **behelfen** (▶ helfen) sich in einer Notlage behelfen; **behelfsmäßig**; **behelfsweise**

behelligen jmdn. behelligen (belästigen, stören)

beherbergen einen Fremden beherbergen (ihm ein Nachtlager geben); die **Beherbergung**

beherrschen sich gut beherrschen (zurückhalten) können, ein Land beherrschen, sein Handwerk beherrschen (gut können); die **Beherrschtheit** (Zurückhaltung); die **Beherrschung** die Beherrschung verlieren (zornig werden)

beherzigen einen guten Ratschlag beherzigen (befolgen); **beherzt** (mutig, unerschrocken); die **Beherztheit**

behilflich Adv.: jmdm. behilflich sein

behindern jmdn. bei der Arbeit behindern; **behindert** ein behindertes Kind; der/die **Behinderte**; **behindertengerecht**; die **Behinderung**

Behörde die, Behörden (amtliche Stelle); **behördlich** (amtlich)

behüten (schützen, bewachen), *Gott behüte!* (auf keinen Fall); **behutsam** (vorsichtig); die **Behutsamkeit**

bei Präp.+Dat.: jmdn. bei der Hand nehmen, bei Tag und Nacht, bei guter Gesundheit sein, bei weitem auch Weitem, nicht bei sich sein (geistig abwesend sein)

beibehalten (▶ halten) eine Gewohnheit beibehalten

beibringen (▶ bringen) jmdm. etwas beibringen (lehren), Unterlagen beibringen (vorlegen)

beichten die Sünden beichten; die **Beichte**; das **Beichtgeheimnis**; das **Beichtkind** (Person, die beichtet); der **Beichtstuhl**; der **Beichtvater** (Geistlicher, bei dem gebeichtet wird)

beide wir beide, alle beide, einer von beiden, die beiden, alles beides, ihr beide(n), beide Mal(e); **beiderlei** Menschen beiderlei Geschlechts; **beiderseitig** in beiderseitigem Einverständnis; **beiderseits** Präp.+Gen.: beiderseits der Straße; **beidhändig**

beieinander Adv.: beieinander (beisammen) sein, *gut beieinander sein* (gesund sein), *sie nicht alle beieinander haben* (verrückt sein); **beieinanderstehen** (▶ stehen)

Beifahrer der, -: (neben dem Fahrer sitzende Person); die **Beifahrerin**

Beifall der, *Ez.*: Beifall klatschen; **beifällig** beifällig (zustimmend) nicken

beifügen der Suppe Salz beifügen; die **Beifügung** (Attribut, z.B. „das Haus der Großmutter")

beige [besch] ein beige(s) (sandfarbenes) Kleid; das **Beige**

beigeben (▶ geben) klein beigeben (sich letztlich fügen)

Beihilfe die, Beihilfen (Unterstützung), Beihilfe zu einem Verbrechen leisten

Beil das, Beile (Werkzeug)

Beilage die, Beilagen: die Beilage einer Zeitung, Nudeln als Beilage zum Fleisch; **beilegen** einen Streit beilegen (beenden), einen Brief beilegen

beiläufig (nebenbei), eine beiläufige (nebensächliche) Bemerkung, etwas beiläufig (ungefähr) schätzen; die **Beiläufigkeit** (Nebensächlichkeit, Ungerührtheit)

beileibe Adv.: beileibe (bestimmt) nicht

Beileid das, *Ez.*: sein Beileid (Mitgefühl) aussprechen; das **Beileidsschreiben**

beim (bei dem) Präp.+Dat.: alles beim Alten lassen

Bein das, Beine: etwas auf die Beine stellen (etwas aufbauen), *mit einem Bein im Grabe stehen* (todkrank sein), *jmdm. Beine machen* (jmdn. antreiben), *wieder auf den Beinen* (gesund) sein, auf eigenen Beinen stehen (selbstständig sein), *sich kein Bein ausreißen* (ugs. für sich nicht besonders anstrengen); der **Beinbruch**; **beinern** (aus Knochen); das **Beinfleisch** (Rindfleischsorte); **beinhart** (sehr hart); **...beinig** br**ei**tbeinig, **o**-beinig

beinah auch **beinahe** Adv. (fast, nahezu); der **Beinahezusammenstoß**

beinhalten (enthalten)

Beiried das/die, *Ez.* (Rindfleischsorte)

beirren sich nicht beirren (unsicher machen) lassen

beisammen Adv.: fröhlich beisammen sein, *gut beisammen (in guter Verfassung) sein*; **beisammenbleiben** (▶ bleiben); **beisammenhaben** (▶ haben)

Beisatz der, Beisätze (Attributsatz, z.B. „Hunde, die bellen, beißen nicht")

Beischlaf der, *Ez.* (Geschlechtsverkehr)

Beisein das, *Ez.*: in seinem Beisein (in seiner Anwesenheit)

beiseite Adv.: Spaß beiseite! (im Ernst);

beiseitelassen (▶ lassen) etwas beiseitelassen (unerwähnt lassen); **beiseitelegen** etwas beiseitelegen (sparen); **beiseiteschaffen** jmdn./etwas beiseiteschaffen (ermorden; verstecken)
Beisel das, Beiseln (Kneipe, Gasthaus)
beisetzen jmdn. beisetzen (beerdigen); die **Beisetzung**
Beispiel das, Beispiele: zum Beispiel <z.B.>, ein schlechtes Beispiel geben, anhand eines Beispiels; ein gutes Beispiel gebend ABER → **beispielgebend**; **beispiellos**; **beispielsweise** Adv.
beißen du beißt die Zähne aufeinander, er biss, sie hat gebissen, beiß mich nicht!, *nichts zu beißen haben* (Hunger leiden), *ins Gras beißen* (*ugs. für* sterben), *in den sauren Apfel beißen* (etwas nur ungern tun), *auf Granit beißen* (auf unüberwindlichen Widerstand stoßen); der **Beißkorb**
Beistand der, Ez.: jmdm. Beistand leisten (ihm helfen); **beistehen** (▶ stehen) jmdm. beistehen (helfen), sich gegenseitig/einander beistehen
beistellen die Arbeitskleidung beistellen (zur Verfügung stellen)
beisteuern (beitragen)
Beistrich der, Beistriche (Komma); die **Beistrichsetzung**
Beitrag der, Beiträge: seinen Beitrag zahlen, einen Beitrag leisten (sich beteiligen), einen Beitrag (Artikel) für eine Zeitung schreiben; **beitragen** (▶ tragen); **beitragspflichtig**; die **Beitragszahlung**
beizeiten Adv.: beizeiten (rechtzeitig) sparen
Beize die, Beizen (Holzfarbe; Marinade für Fleisch; Jagd mit abgerichteten Raubvögeln); **beizen** Holz beizen (färben); der **Beizvogel** (abgerichteter Greifvogel)
beiziehen (▶ ziehen) einen Sachverständigen beiziehen (sich von ihm beraten lassen)
bejahen eine Frage bejahen; die **Bejahung**
bejammern (beklagen, tief bedauern); **bejammernswert**
bekämpfen den Feind bekämpfen, eine Krankheit bekämpfen; die **Bekämpfung**
bekannt eine bekannte Persönlichkeit, für etwas bekannt sein, mit jmdm. bekannt sein, sich mit etwas bekannt (vertraut) machen auch bekanntmachen, etwas bekannt geben auch bekanntgeben; der/die **Bekannte**; der **Bekanntenkreis**; **bekanntermaßen** Adv. (wie man weiß); **bekanntweise** Adv.; **bekanntlich**; die **Bekanntmachung**; die **Bekanntschaft** mit etwas Bekanntschaft machen (damit in Berührung kommen)
bekehren jmdn. zu etwas bekehren, sich bekehren lassen; der/die **Bekehrte**; die **Bekehrung**
bekennen (▶ kennen) seine Sünden bekennen (eingestehen), sich zu seiner Meinung bekennen; der/die **Bekenner/-in**; der **Bekennerbrief**; das **Bekenntnis**; **bekenntnislos**
beklagen sich über die Zustände beklagen; **beklagenswert**
bekleiden leicht bekleidet sein, ein wichtiges Amt bekleiden (innehaben); die **Bekleidung**
beklemmend ein beklemmender (bedrückender) Gedanke; die **Beklemmung**
beklommen (ängstlich); die **Beklommenheit**
bekommen (▶ kommen) er bekam ein Geschenk, das Essen ist ihm nicht bekommen (er hat es nicht vertragen); **bekömmlich** ein bekömmliches Mahl
bekräftigen er bekräftigte (bestätigte) seine Aussagen; die **Bekräftigung**
bekreuzigen sich
bekritteln (nörgeln) ich bekrittle; die **Bekrittelung**
bekümmern etwas bekümmert mich, ein bekümmertes Gesicht machen; die **Bekümmertheit**
bekunden Interesse bekunden (zeigen); die **Bekundung**
Belag der, Beläge: der Belag auf der Zunge, den Belag der Bremsen erneuern
belagern eine Festung belagern, Reporter belagern das Hotel; die **Belagerung**; der **Belagerungszustand**
belämmert belämmert (verdutzt) schauen
Belang der, Belange: nicht von Belang (nicht wichtig) sein, die Belange (Interessen) eines anderen vertreten; **belangen** jmdn. wegen Raubes belangen (zur Rechenschaft ziehen); **belanglos** (unwichtig); die **Belanglosigkeit**; die **Belangsendung** (Rundfunksendung einer Interessengemeinschaft)
belassen (▶ lassen) alles so belassen (nichts verändern)
belasten die Brücke belasten, den Angeklagten belasten (beschuldigen), das Haus mit Hypotheken belasten (Schulden darauf machen); **belastbar**; die **Belastbarkeit**; die **Belastung**; die **Belastungsprobe**
belästigen (lästig fallen); die **Belästigung**
beleben (anregen, Schwung in etwas bringen);

belebt belebte (verkehrsreiche) Straßen
Beleg der, Belege (Beweisstück; Kassazettel); **belegen** ein Brot mit Käse belegen, etwas mit Dokumenten belegen (beweisen); die **Belegschaft** (alle Beschäftigten eines Betriebes); **belegt** eine belegte Stimme
belehren jmdn. eines Bess(e)ren belehren; **belehrbar**; die **Belehrung**
beleibt (dick)
beleidigen leicht beleidigt sein; die **Beleidigung**
beleuchten den Raum beleuchten, ein Problem von allen Seiten beleuchten (betrachten); die **Beleuchtung**
beleumdet auch beleumundet gut beleumdet sein (einen guten Ruf haben)
Belgien (Staat in Europa); der/die **Belgier/-in**; **belgisch**
belichten einen Film belichten
belieben er beliebt zu scherzen; das **Belieben** ganz nach Belieben; **beliebig** x-beliebig ABER → jeder **Beliebige**; **beliebt**; die **Beliebtheit**
bellen der Hund bellt ihn an
belobigen (loben, auszeichnen); die **Belobigung**
belohnen jmdn. für seine Treue belohnen; die **Belohnung**
belügen jmdn. belügen
belustigen die Zuschauer belustigen (erheitern), sich belustigen (vergnügen); **belustigt**; die **Belustigung** (Vergnügen)
bemächtigen sich einer Sache bemächtigen; die **Bemächtigung**
bemängeln ich bemängle (beanstande, kritisiere) etwas; die **Bemängelung**
bemannt eine bemannte Raumfähre
bemänteln (vertuschen), ich bemäntle
bemerken nebenbei bemerkt (gesagt), nichts bemerken (erkennen); **bemerkbar** sich bemerkbar machen; **bemerkenswert**; die **Bemerkung**
bemitleiden jmdn. bemitleiden (mit ihm Mitleid haben)
bemühen er bemühte sich um eine gute Note (strengte sich dafür an), bitte bemühen Sie sich nicht! (machen Sie sich keine Umstände), jmdn. bemühen (in Anspruch nehmen); das **Bemühen**; **bemüht**; die **Bemühung**
bemüßigt sich bemüßigt (veranlasst) fühlen etwas zu tun
bemuttern jmdn. bemuttern (sich übermäßig um ihn kümmern)

benachrichtigen (in Kenntnis setzen); die **Benachrichtigung**
benachteiligen jmdn. benachteiligen (schlechter behandeln), sich benachteiligt (zurückgesetzt) fühlen; der/die **Benachteiligte**; die **Benachteiligung**
Benediktiner der, -: (Angehöriger eines Mönchsordens); die **Benediktinerin**; der **Benediktinerorden**
benehmen (▶ nehmen) sich ordentlich benehmen (betragen), benimm dich!; das **Benehmen** ein tadelloses Benehmen haben
beneiden jmdn. um etwas beneiden; **beneidenswert**
Beneluxstaaten die, Mz. (kurz für Belgien, die Niederlande und Luxemburg)
benennen (▶ nennen) die Straße nach ihm benennen
Bengel der, -: (frecher Kerl)
benommen von einem Schlag benommen (betäubt) sein; die **Benommenheit**
benötigen jmdn./etwas benötigen (dringend brauchen)
benutzen auch benützen den hinteren Eingang benutzen, er benutzt dich nur; **benutzerfreundlich** auch benützerfreundlich; das **Benutzerhandbuch**
benzen (mundartl. für beharrlich bitten)
Benzin das, Ez. (Treibstoff); der **Benzinkanister**; die **Benzinuhr** (Messgerät); das **Benzol** (flüssiger Kohlenwasserstoff)
beobachten nichts Besonderes beobachten (feststellen); der/die **Beobachter/-in**; die **Beobachtung**; die **Beobachtungsgabe**
bequem ein bequemes Leben führen, zum Arbeiten zu bequem (faul) sein, er schaffte es bequem (ohne Mühe); sich **bequemen** (sich widerwillig zu etwas entschließen); **bequemlich**; die **Bequemlichkeit**
beraten (▶ raten) jmdn. beraten, sich beraten (gemeinsam überlegen), *schlecht beraten sein* (falsch handeln); der/die **Berater/-in**; **beratschlagen** der Plan wurde beratschlagt; die **Beratung**
berauschen sich an den Farben berauschen; **berauschend**
berechnen die Kosten berechnen; **berechenbar**; die **Berechenbarkeit**; **berechnend** eine berechnende (nur auf den eigenen Vorteil bedachte) Person; die **Berechnung**
berechtigen zu etwas berechtigt sein; **berechtigt** berechtigte (begründete) Zweifel; der/die **Berechtigte**; **berechtigterweise**

bereden → beschaffen

Adv.; die **Berechtigung** (Recht, Befugnis)
bereden etwas bereden, sich mit jmdm. bereden (beraten); **beredsam**; die **Beredsamkeit**; **beredt** (redegewandt), ein beredtes (vielsagendes) Schweigen; die **Beredtheit**
Bereich der, Bereiche (Umgebung, Gebiet)
bereichern sich schamlos bereichern; die **Bereicherung**
bereifen ein Auto neu bereifen; die **Bereifung**
bereinigen eine Angelegenheit bereinigen (in Ordnung bringen); die **Bereinigung**
bereit bereit (fertig, gerüstet) sein, sich bereit erklären *auch* bereiterklären, sich bereit machen *auch* bereitmachen; **bereiten** jmdm. eine Freude bereiten; sich **bereitfinden** (▶ finden) (bereit sein) sich bereitfinden etwas zu tun; **bereithalten** (▶ halten) das Geld abgezählt bereithalten; **bereitlegen**; **bereitliegen** (▶ liegen) die Wäsche liegt bereit; die **Bereitschaft**; der **Bereitschaftsdienst**; **bereitstehen** (▶ stehen); **bereitstellen**; die **Bereitung** (Herstellung); **bereitwillig**

für etwas **bereit sein**	ABER	etwas **bereithalten**

bereits *Adv.:* es ist bereits (schon) zwölf Uhr
bereuen eine Tat bereuen
Berg der, Berge: *über alle Berge* (geflohen) *sein, mit etwas hinter dem Berg halten* (es verheimlichen), *über den Berg sein* (eine Krise überstanden haben); *bergab* Adv.; **bergabwärts** *Adv.*; **bergan** *Adv.*; der **Bergarbeiter**; **bergauf** *Adv.*; der **Bergbau**; **bergeweise** *Adv.* (in großen Mengen); der **Bergfried** *auch* Burgfried (Hauptturm einer Burg); der/die **Bergführer/-in**; der **Berggipfel**; **bergig**; die **Bergleute** (Arbeiter im Bergbau); der **Bergmann**; die **Bergpredigt** (eine Predigt Christi); **bergsteigen**; der/die **Bergsteiger/-in**; die **Berg-und-Tal-Fahrt**; **bergwärts** *Adv.*; das **Bergwerk**
bergen das Meer birgt viele Schätze, er barg den Verletzten (brachte ihn in Sicherheit), sie wurde geborgen, sich geborgen fühlen; die **Bergung**
Bericht der, Berichte; **berichten** über eine Reise berichten; der/die **Berichterstatter/-in**; die **Berichterstattung**
berichtigen einen Fehler berichtigen, jmdn. berichtigen (richtigstellen, was er sagt)
Berlin (Hauptstadt von Deutschland), der Berliner Bär (Wappen); der/die **Berliner/-in**; **berlinerisch**
Bernstein der, Bernsteine (Stein); **bernsteinfarben**
Berserker der, -: (kampflustiger Mensch), wie ein Berserker toben
bersten das Eis birst (bricht), der Balken barst unter der Belastung, es ist geborsten, *zum Bersten voll* (übervoll)
berüchtigt ein berüchtigtes (verrufenes) Lokal
berücksichtigen seine Wünsche wurden berücksichtigt; die **Berücksichtigung**
Beruf der, Berufe: einen Beruf ergreifen
¹**berufen** (▶ rufen) jmdn. in ein Amt berufen (einsetzen), sich auf jmdn. berufen (als Zeugen nennen), gegen ein Urteil berufen (Einspruch erheben); die **Berufung** Berufung (Einspruch) gegen ein Urteil einlegen
²**berufen** sich berufen (befähigt) fühlen, aus berufenem Munde (aus sicherer Quelle)
beruflich; die **Berufsaussichten**; **berufsbildend** die berufsbildende mittlere Schule; das **Berufsgeheimnis**; das **Berufsleben**; die **Berufsschule**; der/die **Berufssportler/-in**; **berufstätig**; der/die **Berufstätige**; **berufsunfähig**
beruhen auf einem Irrtum beruhen, *etwas auf sich beruhen lassen* (nicht weiterverfolgen)
beruhigen beruhige dich!; die **Beruhigung**; das **Beruhigungsmittel**
berühmt eine berühmte Künstlerin; die **Berühmtheit** zu Berühmtheit gelangen, eine Berühmtheit (bekannte Persönlichkeit) sein
berühren etwas vorsichtig berühren (angreifen), die Nachricht berührte ihn tief, viele Fragen berühren (erwähnen); die **Berührung**; der **Berührungspunkt** (Anknüpfungspunkt)
bes. = besonders
besagen das besagt (bedeutet) nichts, seine Miene besagt (verrät) alles; **besagt** besagte (erwähnte) Frau Müller; der/die **Besagte** (Genannte)
besänftigen (beschwichtigen); die **Besänftigung**
Besatz der, Besätze (Verzierung an einem Kleidungsstück)
Besatzer die, *Mz.* (Besatzungstruppen); die **Besatzung** (Mannschaft eines Schiffes; Truppen in einem fremden Land); die **Besatzungsmacht**; die **Besatzungszone**
beschädigen fremdes Eigentum beschädigen; die **Beschädigung**
beschaffen sich Arbeit beschaffen (besorgen);

beschaffen so beschaffen (geartet, veranlagt) sein; die **Beschaffenheit**

beschäftigen sich mit etwas beschäftigen, viel Personal beschäftigen (angestellt haben); der/die **Beschäftigte**; die **Beschäftigung**

beschämen jmdn. beschämen (demütigen, in Verlegenheit bringen), ein beschämendes (demütigendes) Gefühl; die **Beschämung**

beschatten einen Dieb beschatten (überwachen); der/die **Beschatter/-in**; die **Beschattung**

Beschau die, *Ez.* (amtliche Kontrolle); **beschauen** (ruhig betrachten); **beschaulich**; die **Beschaulichkeit**

Bescheid der, Bescheide: Bescheid wissen, jmdm. Bescheid sagen, einen Bescheid (eine amtliche Entscheidung) ausstellen

¹**bescheiden** (▶ scheiden) sich mit etwas bescheiden (zufriedengeben), ein Gesuch wurde abschlägig beschieden (abgelehnt)

²**bescheiden** bescheiden (anspruchslos) sein, bescheidene (geringe) Leistungen; die **Bescheidenheit**

bescheinigen (bestätigen); die **Bescheinigung**

bescheißen (▶ scheißen) (*derb für* jmdn. betrügen)

beschenken jmdn. beschenken

bescheren jmdn. bescheren (beschenken), beschert werden, das Schicksal hat uns viel Gutes beschert; die **Bescherung** die Bescherung zu Weihnachten, *eine schöne Bescherung* (*ironisch für* unangenehme Überraschung)

bescheuert (*ugs. für* verrückt, dumm)

beschichten (mit einer Schicht überziehen)

beschießen (▶ schießen) eine Stadt beschießen; der **Beschuss**

beschimpfen jmdn. mit groben Worten beschimpfen; die **Beschimpfung**

Beschlag der, Beschläge: die Beschläge (Griff und Angeln) der Fenster, jmdn. in Beschlag nehmen (für sich beanspruchen)

¹**beschlagen** (▶ schlagen) ein Pferd beschlagen

²**beschlagen** beschlagen sein (gute Kenntnisse haben); die **Beschlagenheit**

Beschlagnahme die, ...nahmen: eine Beschlagnahme (behördliche Wegnahme) anordnen; **beschlagnahmen**

beschleunigen das Tempo beschleunigen (erhöhen), etwas beschleunigt (sehr rasch) erledigen; die **Beschleunigung**

beschließen (▶ schließen) das Fest beschließen (beenden), ein neues Gesetz beschließen

Beschluss der, Beschlüsse; **beschlussfähig**

beschneien (mit Kunstschnee bedecken)

beschönigen etwas beschönigen (besser darstellen, als es ist)

beschränken sich auf das Wesentliche beschränken, die Freiheit eines anderen beschränken (einengen); **beschrankt** ein beschrankter (mit Schranken geschützter) Bahnübergang; **beschränkt** die Möglichkeiten sind beschränkt (knapp), beschränkt (dumm, einfältig) sein; die **Beschränktheit**; die **Beschränkung**

beschreiben (▶ schreiben) den Zettel beschreiben, einen Vorgang beschreiben (erklären); **beschreibbar**; die **Beschreibung**

beschriften Bilder beschriften; die **Beschriftung**

beschuldigen jmdn. eines Verbrechens beschuldigen; der/die **Beschuldigte**; die **Beschuldigung**

Beschuss der, *Ez.*

beschützen jmdn. beschützen

Beschwerde die, Beschwerden: eine Beschwerde einreichen, körperliche Beschwerden (gesundheitliche Probleme); **beschwerdefrei**; die **Beschwerdefrist**; **beschweren** sich beim Vorgesetzten beschweren (Klage führen), einen Brief beschweren (etwas Schweres daraufstellen); **beschwerlich** (mühsam); die **Beschwerlichkeit**; die **Beschwernis** (Mühsal)

beschwichtigen (besänftigen); die **Beschwichtigung**

beschwingen die Musik beschwingt (macht heiter); **beschwingt** (voll Schwung)

beschwipst leicht beschwipst (betrunken) sein

beschwören (▶ schwören) etwas vor Gericht beschwören (durch Schwur bestätigen), jmdn. beschwören (anflehen), Geister beschwören (herbeirufen); der/die **Beschwörer/-in**; die **Beschwörung**

beseitigen Abfall beseitigen (wegräumen), *jmdn. beseitigen* (*ugs. für* ermorden); die **Beseitigung**

Besen der, -: *neue Besen kehren gut* (wer neu im Amt ist, nimmt es besonders genau); der/die **Besenbinder/-in**; **besenrein** eine Wohnung besenrein übergeben; der **Beserlpark** (kleiner Park)

besessen von einer Idee besessen (ganz erfüllt) sein, ein besessener (leidenschaftlicher)

besetzen → Besteck

Spieler, wie **besessen** (wahnsinnig) toben; der/die **Besessene**; die **Besessenheit**

besetzen eine Stadt besetzen, einen Posten besetzen (vergeben); **besetzt** der Platz ist besetzt (nicht mehr frei), ein mit Pelz besetzter Mantel; das **Besetztzeichen**; die **Besetzung** (alle Schauspieler eines Stückes)

besichtigen eine Stadt besichtigen; die **Besichtigung**

besiedeln ein Gebiet besiedeln, dünn besiedelt; die **Besied(e)lung**

besiegeln den Bund besiegeln (bekräftigen), sein Schicksal ist besiegelt (steht fest); die **Besieg(e)lung**

besiegen einen Gegner besiegen, seine Wut besiegen (überwinden); der/die **Besieger/-in**; der/die **Besiegte**

besinnen sich: sie besinnt sich auf etwas (erinnert sich an etwas), er besann sich eines Bess(e)ren (änderte seine Meinung), sie hat sich besonnen; **besinnlich** (beschaulich); die **Besinnlichkeit**; die **Besinnung** bei Besinnung (klarem Verstand) sein, jmdn. zur Besinnung bringen; **besinnungslos**; die **Besinnungslosigkeit**

Besitz der, *Ez.;* **besitzanzeigend**; **besitzen** (▶ sitzen); der/die **Besitzer/-in**; **besitzergreifend**; die **Besitzverhältnisse**

besoffen (*derb für* betrunken)

besolden (Lohn geben); die **Besoldung** (Gehalt für Beamte und Soldaten)

besondere eine besondere Freude machen, nur in besonderen (außergewöhnlichen) Fällen ABER → das **Besond(e)re**, im Besonder(e)n, nichts Besond(e)res; die **Besonderheit**; **besonders** *Adv.:* <bes.> das Spiel ist nicht besonders (nicht gut), darauf muss man besonders (nachdrücklich) achten

besonnen ein besonnener (ruhiger, überlegt handelnder) Mensch; die **Besonnenheit**

besorgen Lebensmittel besorgen (beschaffen), ein Geschäft besorgen (erledigen); die **Besorgnis** (Befürchtung); **besorgniserregend** auch Besorgnis erregend ABER → äußerst besorgniserregend, besorgniserregender; **besorgt**; die **Besorgung** (Einkauf, Erledigung)

besorgniserregend	auch	Besorgnis erregend
äußerst **besorgniserregend**	ABER	große **Besorgnis erregend**

bespitzeln (heimlich beobachten)

besprechen (▶ sprechen) ein Problem besprechen, ein Buch besprechen (öffentlich beurteilen), sich mit jmdm. besprechen (beraten); die **Besprechung**

besser es könnte mir besser gehen, etwas besser wissen, besser sein, besser (treffender) gesagt, *besser spät als nie*, *Vorbeugen ist besser als Heilen*, *die bessere Hälfte* (Ehepartner/-in) ABER → jmdn. eines Besser(e)n auch Bessren belehren, er hat nichts Bess(e)res zu tun, eine Wendung zum Bess(e)ren, die besser Gestellten auch Bessergestellten, *sich eines Bess(e)ren besinnen* (seinen Entschluss ändern); **bessern** sich künftig bessern, das Wetter bessert sich; die **Besserung**; die **Besserungsanstalt** (Erziehungsanstalt); der/die **Besserwisser/-in**; **besserwisserisch**

Bestand der, Bestände: die Freundschaft hat Bestand (ist von Dauer), einen großen Bestand (Vorrat) an Waren haben; **beständig**; die **Bestandsaufnahme**; der **Bestandteil**

bestärken jmdn. in seinem Vorhaben bestärken

bestätigen die Nachricht bestätigen, jmdn. in seiner Stellung bestätigen; die **Bestätigung**

bestatten einen Toten bestatten (beerdigen); die **Bestattung**; das **Bestattungsinstitut**; die **Bestattungskosten**

bestäuben mit Mehl bestäuben, die Blüten bestäuben (befruchten); die **Bestäubung**

bestaunen ein Kunstwerk bestaunen

beste am besten sein, das beste Stück, aufs beste auch aufs Beste; der/die/das **Beste**, das erste Beste, zu deinem Besten, sein Bestes tun, jmdn. zum Besten halten (sich über ihn lustig machen), etwas zum Besten geben (etwas zur Unterhaltung beitragen); **bestenfalls** *Adv.*; **bestens** *Adv.*

es ist am besten	ABER	es ist das Beste
sein bestes Stück	ABER	sein Bestes tun, etwas zum Besten geben

bestechen (▶ stechen) jmdn. mit Geld bestechen, sein Charme besticht; **bestechend** einen bestechenden (hervorragenden) Eindruck machen; **bestechlich**; die **Bestechlichkeit**; die **Bestechung**; der **Bestechungsskandal**

Besteck das, Bestecke; der **Besteckkasten**

bestehen (▶ stehen) bestehen bleiben, etwas bestehen lassen, auf etwas nachdrücklich bestehen (beharren), eine Prüfung bestehen (erfolgreich ablegen), die Firma besteht (existiert) schon lange, aus Eisen bestehen (sein); das **Bestehen** seit Bestehen der Firma

bestellen eine Ware bestellen, den Acker bestellen (bearbeiten), jmdn. zu sich bestellen, Grüße bestellen, *nicht viel zu bestellen haben* (eine untergeordnete Rolle spielen); der/die **Besteller/-in**; die **Bestellkarte**; die **Bestellliste** auch Bestell-Liste; die **Bestellung**

Bestie die, Bestien (wildes Tier; grausamer Mensch); **bestialisch** (unmenschlich)

bestimmen einen Zeitpunkt bestimmen (festlegen), Pflanzen bestimmen, die Ware ist für mich bestimmt, etwas so bestimmen (anordnen); **bestimmbar**; **bestimmt** ein bestimmter Zweck, etwas bestimmt (nachdrücklich) ablehnen, ganz bestimmt (gewiss) kommen, der bestimmte Artikel; die **Bestimmtheit** etwas mit Bestimmtheit (Gewissheit) erkennen; die **Bestimmung** eine Bestimmung (Verordnung) erlassen, seine Bestimmung (seinen Zweck) erkennen; **bestimmungsgemäß** *Adv.*; der **Bestimmungsort** (Zielort)

bestrafen einen Verbrecher bestrafen; die **Bestrafung**

bestrahlen (mit Strahlen behandeln); die **Bestrahlung**; die **Bestrahlungslampe**

Bestreben das, *Ez.*; **bestrebt** bestrebt (bemüht) sein

bestreiten (▶ streiten) eine Schuld bestreiten (leugnen), die Kosten bestreiten (übernehmen)

bestricken jmdn. bestricken (bezaubern); **bestrickend** ein bestrickendes (gewinnendes) Wesen haben

Bestseller der, -: (besonders erfolgreiches Buch); der/die **Bestsellerautor/-in**; die **Bestsellerliste**

bestsituiert (sehr wohlhabend)

bestürzend ein bestürzendes (erschreckendes) Ereignis; **bestürzt** bestürzt (fassungslos) sein; die **Bestürzung**

Besuch der, Besuche: zu Besuch, auf Besuch sein; **besuchen**; der/die **Besucher/-in**; der **Besucherstrom**; der **Besuchstag**; die **Besuchszeit**

besudeln seine Kleidung besudeln (verunreinigen), die Ehre besudeln (beflecken); die **Besudelung**

betagt eine betagte (sehr alte) Frau; die **Betagtheit** (das Alter)

betakeln er hat sie betakelt (*mundartl. für* betrogen, beschwindelt)

betätigen die Bremse betätigen, sich als Koch betätigen; die **Betätigung**; das **Betätigungsfeld**

betäuben (bewusstlos oder schmerzunempfindlich machen); die **Betäubung**; das **Betäubungsmittel**

beteiligen sich am Gespräch beteiligen, er beteiligt sich an den Kosten (übernimmt einen Teil der Kosten); der/die **Beteiligte**; die **Beteiligung**

beten zu Gott beten; die **Betbank** (Kirchenbank); der **Betbruder** (jmd., der auffallend oft in die Kirche geht); das **Bethaus**; die **Betschwester**

beteuern seine Unschuld beteuern (nachdrücklich versichern); die **Beteuerung**

Beton der, Betone/Betons (Baustoff aus Zement, Sand und Wasser); der **Betonbau**; der **Betonblock**; die **Betondecke**; **betonieren**

betonen ein Wort betonen, seine Überlegenheit betonen (herausstellen); **betont** sich betont (bewusst) einfach kleiden; *...betont* leistungsbetont, lustbetont; die **Betonung**

betören jmdn. betören (bezaubern), ein betörender Blick; die **Betörung**

betr. = betreffend; **betreffs**; **Betr.** = Betreff

Betracht in Betracht (in Frage) kommen, etwas in Betracht ziehen (berücksichtigen), jmdn. außer Betracht (unbeachtet) lassen; **betrachten** sich im Spiegel betrachten, jmdn. als seinen Freund betrachten (für seinen Freund halten); der/die **Betrachter/-in**; **beträchtlich** der Schaden ist beträchtlich (ziemlich groß) ABER → um ein Beträchtliches größer; die **Betrachtung**; die **Betrachtungsweise**

Betrag der, Beträge (Summe, Geldsumme); **betragen** (▶ tragen) sich gut betragen, der Gewinn beträgt tausend Euro; das **Betragen** (Verhalten); die **Betragensnote**

betrauen jmdn. mit einer Aufgabe betrauen (beauftragen)

betreffen (▶ treffen) was mich betrifft (angeht); der **Betreff** <Betr.>; der/die/das **Betreffende**; **betreffs** <betr.> *Präp.+Gen.:* betreffs der Steuerermäßigung

betreiben (▶ treiben) Ackerbau betreiben, eine Sache betreiben (voranbringen); das **Betreiben** auf mein Betreiben (meine Veranlassung); der/die **Betreiber/-in**; die **Betreibung**

¹betreten (▶ treten) das Haus betreten
²betreten betretenes (verlegenes) Schweigen; die **Betretenheit** (peinliche Verlegenheit)
betreuen seine Gäste betreuen (sich um sie kümmern); der/die **Betreuer/-in**; der/die **Betreute**; die **Betreuung**
Betrieb der, Betriebe: einen Betrieb (eine Firma) leiten, eine Maschine in Betrieb (in Gang) setzen, außer Betrieb, im Supermarkt herrscht reger Betrieb (lebhaftes Treiben); **betriebsam** (geschäftig, rührig); die **Betriebsamkeit**; der/die **Betriebsangehörige**; der **Betriebsausflug**; **betriebsblind** (durch Gewohnheit für Fehler oder Mängel blind geworden); **betriebsintern**; das **Betriebsklima**; **betriebssicher**; der **Betriebsunfall**; der **Betriebsurlaub**
betrinken sich (▶ trinken): sich mit Bier betrinken
betroffen die ganze Familie war vom Unglück betroffen, ein betroffenes (bestürztes) Gesicht machen; die **Betroffenheit**
betrüben betrübt (still, traurig) sein, jmdn. betrüben; **betrüblich**; **betrüblicherweise** Adv.; die **Betrübnis**; **betrübt**; die **Betrübtheit**
betrügen er betrügt sie, sie betrog ihn, ihr habt uns um viel Geld betrogen; der **Betrug**; der/die **Betrüger/-in**; die **Betrügerei**; **betrügerisch**
Bett das, Betten: zu Bett gehen, *das Bett hüten* (krank sein), das Bett des Flusses, *sich ins gemachte Bett legen* (ohne eigene Anstrengung eine Existenz gründen); die **Bettbank** (Bettcouch); die **Bettdecke**; **betten** *sich weich betten* (sich ein angenehmes Leben verschaffen), *wie man sich bettet, so liegt man*; **bettläg(e)rig** (zur Bettruhe gezwungen); das **Bettnässen**; die **Bettstatt** (Schlafstelle); die **Bettwäsche**; das **Bettzeug**
bettelarm; die **Bettelei**; der **Bettelmann**; der **Bettelmönch**; **betteln** ich bettle um Almosen; der **Bettelstab** *jmdn. an den Bettelstab bringen* (ihn um all sein Geld bringen); der/die **Bettler/-in**
betucht ein betuchter (reicher) Kaufmann
betulich eine betuliche (freundlich-besorgte) Art; die **Betulichkeit**
beugen den Arm beugen, das Recht beugen (willkürlich auslegen), er beugt (unterwirft) sich der Gewalt, ein Wort beugen (konjugieren); die **Beuge**; das **Beugel** (Mehlspeise); **beugsam**; die **Beugung**
Beule die, Beulen: eine Beule an der Stirn haben
beunruhigen diese Nachricht beunruhigt mich (macht mir Sorgen); die **Beunruhigung**
beurlauben jmdn. beurlauben (ihm Urlaub geben); die **Beurlaubung**
beurteilen das ist schwer zu beurteilen (zu bewerten); die **Beurteilung**
Beuschel das, -: (Gericht aus Tierinnereien)
Beute die, Ez.: jmdm. die Beute abnehmen, auf Beute ausgehen, leichte Beute machen; **beutegierig**; der **Beutezug**
Beutel der, -: mit leerem Beutel (ohne Geld), *tief in den Beutel greifen müssen* (viel Geld zahlen); **beuteln** jmdn. beuteln (schütteln), er wird vom Schicksal gebeutelt (erleidet viele Schicksalsschläge); das **Beuteltier**
bevölkern ein dicht bevölkertes Land, Urlauber bevölkern den Ort; die **Bevölkerung** (alle Bewohner eines Gebietes); die **Bevölkerungsdichte**; die **Bevölkerungsexplosion**; die **Bevölkerungsschicht**
bevollmächtigen jmdn. bevollmächtigen (jmdm. eine Vollmacht geben); der/die **Bevollmächtigte**; die **Bevollmächtigung**
bevor Konj.: bevor (ehe) ich abreise; **bevormunden** jmdn. bevormunden (für jmdn. Entscheidungen treffen); die **Bevormundung**; **bevorstehen** (▶ stehen); **bevorzugen**
bewachen einen Gefangenen bewachen, die Grenze bewachen; der/die **Bewacher/-in**; die **Bewachung**
bewaffnen schwer bewaffnete Soldaten; der/die **Bewaffnete**; die **Bewaffnung**
bewahren jmdn. vor Gefahren bewahren (behüten), etwas im Herzen bewahren, Stillschweigen bewahren, den Toten ein ehrendes Andenken bewahren, Gott bewahre!; der/die **Bewahrer/-in**
bewähren sich in der Gefahr bewähren, das Mittel bewährt sich (erweist sich als geeignet); **bewährt** ein bewährter (tüchtiger) Mitarbeiter; die **Bewährung** eine Strafe auf Bewährung (Probe) bekommen; die **Bewährungsfrist**; der/die **Bewährungshelfer/-in**; die **Bewährungsprobe**
bewahrheiten der Verdacht bewahrheitet sich
bewältigen eine Aufgabe bewältigen (gut ausführen, meistern); die **Bewältigung**
bewandert in Deutsch sehr bewandert sein
Bewandtnis die, Bewandtnisse: damit hat es folgende Bewandtnis (es verhält sich so)
bewässern ein trockenes Feld bewässern; die **Bewässerung**; das **Bewässerungssystem**

bewegen → Bezug

¹**bewegen** (die Lage verändern), er bewegt den Arm, der Preis bewegte sich zwischen 50 und 100 Euro, sein Tod hat sie tief bewegt (gerührt)
²**bewegen** (veranlassen), er bewegt sie zum Aufgeben, was bewog sie zu dieser Tat?, sie hat ihn dazu bewogen; der **Beweggrund**
beweglich; die **Beweglichkeit**; **bewegt** ein bewegtes (ereignisreiches) Leben führen; die **Bewegung** eine politische Bewegung, sich in Bewegung setzen; der **Bewegungsapparat** (Wirbelsäule, Gliedmaßen); die **Bewegungsfreiheit**; **bewegungslos**; **bewegungsunfähig**
Beweis der, Beweise: den Beweis antreten; die **Beweisaufnahme**; **beweisbar**; die **Beweisbarkeit**; **beweisen** (▶ weisen) seine Unschuld beweisen; die **Beweisführung**; **beweiskräftig**; das **Beweismaterial**
Bewenden das, *Ez.*: es hat damit sein Bewenden (*geh. für* es bleibt dabei); **bewenden** es dabei bewenden (auf sich beruhen) lassen
bewerben (▶ werben) sich um eine freie Stelle bewerben; der **Bewerb** (Wettbewerb); der/die **Bewerber/-in**; die **Bewerbung**; das **Bewerbungsgespräch**; das **Bewerbungsschreiben**; die **Bewerbungsunterlagen**
bewerkstelligen (zustande bringen); die **Bewerkstelligung**
bewerten eine Arbeit bewerten (beurteilen); die **Bewertung**; der **Bewertungsmaßstab**
bewilligen einen Urlaub bewilligen (gewähren); die **Bewilligung**
bewirten einen Gast bewirten; **bewirtschaften** eine Gaststätte bewirtschaften (führen); die **Bewirtschaftung**; die **Bewirtung**
bewohnen eine bewohnte Insel; **bewohnbar**; der/die **Bewohner/-in**
bewölken der Himmel bewölkt sich, ihre Stirn bewölkte sich (ihre Miene verfinsterte sich); die **Bewölkung**
bewundern ein Gemälde bewundern; der/die **Bewund(e)rer/-in**; **bewundernswert**; die **Bewunderung**; **bewunderungswürdig**
bewusst er lügt bewusst (absichtlich), eine bewusste (absichtliche) Lüge, an dem bewussten (bekannten) Tag, sich einer Sache bewusst sein (sich über etwas im Klaren sein), bewusst machen *auch* bewusstmachen (klarmachen), bewusst werden *auch* bewusstwerden; die **Bewusstheit**; **bewusstlos**; die **Bewusstlosigkeit**; das **Bewusstsein**; die **Bewusstseinserweiterung**; die **Bewusstseinstrübung**

bez. = bezahlt; bezüglich
Bez. = Bezeichnung; Bezirk
bezahlen mit Geld bezahlen, *für etwas bezahlen müssen* (die Folgen tragen); **bezahlbar** das ist für mich nicht bezahlbar; **bezahlt** die Mühe macht sich bezahlt (lohnt sich), die Arbeit ist schlecht bezahlt; die **Bezahlung**
bezähmen seinen Zorn bezähmen (zügeln); **bezähmbar**; die **Bezähmung**
bezaubern ein bezauberndes Kleid
bezeichnen jmdn. als Lügner bezeichnen, bezeichnete (gekennzeichnete) Wege; **bezeichnend** das ist bezeichnend (kennzeichnend) für dich; **bezeichnenderweise** *Adv.*; die **Bezeichnung**
bezeugen eine Aussage bezeugen (bestätigen); die **Bezeugung**
bezichtigen jmdn. eines Verbrechens bezichtigen (beschuldigen); die **Bezichtigung**
beziehen (▶ ziehen) den Stuhl mit Stoff beziehen (bespannen), eine Zeitung beziehen (abonniert haben), eine Rente beziehen (bekommen), ich beziehe mich auf unser letztes Gespräch, eine Wohnung beziehen; **beziehbar**; der/die **Bezieher/-in**; die **Beziehung** etwas in Beziehung setzen, eine neue Beziehung (Liebesverhältnis) eingehen, gute Beziehungen (Verbindung zu einflussreichen Personen) haben, alle Beziehungen abbrechen, in dieser Beziehung (Hinsicht) kannst du beruhigt sein; die **Beziehungskiste** (*ugs. für* komplizierte Liebesbeziehung); **beziehungslos**; **beziehungsweise** <bzw.> *Konj.*
Bezirk der, Bezirke (Gegend, abgegrenztes Gebiet, Verwaltungseinheit); das **Bezirksgericht**; die **Bezirksgrenze**; die **Bezirkshauptfrau**; der **Bezirkshauptmann**; die **Bezirkshauptmannschaft**; die **Bezirksliga**; der/die **Bezirksrichter/-in**; der/die **Bezirksvorsteher/-in** (in Wien)
bezirzen *auch* becircen jmdn. bezirzen (bezaubern)
Bezug der, Bezüge: ein neuer Bezug (Überzug), hohe Bezüge (ein hohes Gehalt) bekommen, auf etwas Bezug nehmen (sich darauf beziehen), Bezug nehmend *auch* bezugnehmend, mit Bezug auf, in Bezug auf; **bezüglich** *Adj.*: das bezügliche Fürwort (Relativpronomen, z.B. „das Pferd, das ..."), *Präp.+Gen.*: bezüglich der Tatsachen; die **Bezugnahme** unter Bezugnahme auf etwas; **bezugsfertig** eine bezugsfertige Wohnung; die **Bezugs-**

bezwecken → Bimbam

quelle; der **Bezugsschein** (Schein, der zum Kauf bestimmter Waren berechtigt)
bezwecken was bezweckst du damit?
Bf., Bhf. = **B**ahn**h**o**f**
BG = **B**undes**g**ymnasium
BGBl. = **B**undes**g**esetz**bl**att
Bgld. = **B**ur**g**en**l**an**d**
BH = **B**ezirks**h**auptmannschaft; **B**undes**h**eer; **B**üstenhalter
Bhf., Bf. = **B**a**h**n**h**o**f**
BHS = **b**erufsbildende **h**öhere **S**chule
Biathlon der, Biathlons (wintersportliche Disziplin aus Skilanglauf und Schießen)
bibbern vor Kälte bibbern (zittern)
Bibel die, Bibeln (Heilige Schrift); **bibelfest** (mit dem Bibeltext vertraut); **biblisch** ein biblisches (sehr hohes) Alter, biblische Geschichten
Biber der, -: (Nagetier); das **Biberfell**; der **Biberpelz**; der **Biberschwanz** (Schwanz; flacher Dachziegel)
Bibliografie auch **Bibliographie** die, Bibliografien/Bibliographien (Literaturverzeichnis); **bibliografieren** auch bibliographieren (systematische Angaben über Bücher machen); **bibliografisch** auch bibliographisch
Bibliothek die, Bibliotheken (Bücherei, Büchersammlung); der/die **Bibliothekar/-in**
BIC der, BICs (Identifizierungscode für Banken)
bieder (einfach, brav); die **Biederkeit**; der **Biedermann**; das **Biedermeier** (Kunstrichtung); **biedermeierlich**; der **Biedermeierstil**
biegen du biegst um die Ecke, er bog einen Stab, sie hat den Draht gebogen ABER → *auf Biegen und Brechen* (unter allen Umständen); **biegsam**; die **Biegsamkeit**; die **Biegung**
Biene die, Bienen; der **Bienenfleiß**; die **Bienenkönigin**; der **Bienenschwarm**; der **Bienenstich** (Mehlspeise); der **Bienenstock**; das **Bienenvolk**; die **Bienenwabe**; der/die **Bienenzüchter/-in**
Bier das, Biere; der **Bierbrauer**; die **Bierkiste**; das **Bierkrügel**; das **Bierzelt**
Biest das, Biester (*abwertend für* Tier), ein durchtriebenes Biest (Schimpfwort für hinterhältige weibliche Person)
bieten er bietet dem Feind die Stirn (widersetzt sich ihm), er bot viel Geld, sie hat bei einer Versteigerung geboten (ein Angebot gemacht); der/die **Bieter/-in**

Bigamie die, *Ez.* (Doppelehe); der/die **Bigamist/-in**
Bigband [bigbänd] auch **Big Band** die, Bigbands/Big Bands (Tanzorchester)
bigott (scheinheilig)
Bikini der, Bikinis (zweiteiliger Badeanzug)
Bilanz die, Bilanzen: Bilanz machen (Ein- und Ausgabenrechnung einer Firma aufstellen), Bilanz ziehen (das Ergebnis von etwas feststellen); der/die **Bilanzbuchhalter/-in**; **bilanzieren**; die **Bilanzierung**
bilateral bilaterale (zwei Seiten betreffende) Verträge, in Umweltfragen bilateral zusammenarbeiten
Bild das, Bilder: ein Bild malen, ein Bild knipsen (fotografieren), ein Bild des Jammers (ein trauriger Anblick), jmdn. über etwas ins Bild setzen (in Kenntnis setzen), im Bilde sein (von etwas unterrichtet sein), sich ein Bild von etwas machen (sich eine Meinung bilden)
bilden sich ein Urteil bilden, einen Satz bilden, sich bilden (sein Wissen vergrößern), der Fluss bildet die Grenze, es bildet sich (entsteht) Wasser, die bildenden Künste (Malerei, Bildhauerei); die **Bildung**; die **Bildungsanstalt**; **bildungshungrig**; der **Bildungsstandard**, die Bildungsstandards (festgelegte Leistungsziele für die Schule); die **Bildungsstätte**
Bilderbuch das, ...bücher; die **Bild(er)geschichte**; der **Bilderhaken**; das **Bilderrätsel**; die **Bildersprache**; die **Bildfläche**; **bildhaft**; der/die **Bildhauer/-in**; **bildhübsch**; **bildlich** (anschaulich); das **Bildnis**; der **Bildschirm**; **bildschön**; der **Bildstock** (Marterl); die **Bildstörung**; der **Bildtext**
Billard [biljard, bija] das, *Ez.* (Kugelspiel); die **Billardkugel**; der/die **Billardspieler/-in**; der **Billardtisch**
Billett [bi(l)je, bile] das, Billetts (Eintrittskarte; Briefkarte); der **Billeteur** [bijetöa] (Platzanweiser); die **Billeteuse** [bijetös(e)]
Billiarde die, Billiarden (tausend Billionen)
billig billige Waren, eine billige (einfallslose) Ausrede, *das ist nur recht und billig* (angebracht); **billigen** (gutheißen); die **Billigkeit**; die **Billigung**; die **Billigware**
Billion die, Billionen (eine Million Millionen); das **Billionstel**
bim (Klanggeräusch); die **Bim** (*ugs. für* Straßenbahn); die **Bimmelbahn** (Kleinbahn); die **Bimmelei**; **bimmeln** die Glocke bimmelt
Bimbam der, *Ez.*: heiliger Bimbam! (*ugs. für* herrje)

Bimsstein der, Bimssteine (vulkanisches Gestein), die Haut mit Bimsstein abreiben
binär (aus zwei Einheiten bestehend); die **Binärzahl**
Binde die, Binden; **binden** er band das Buch ein, sie hat einen Blumenstrauß gebunden, eine bindende (verpflichtende) Zusage geben, Hände und Füße binden (fesseln); das **Bindegewebe**; das **Bindeglied**; die **Bindehaut** (Haut über dem Auge); der/die **Binder/-in** (Fassbinder/-in); die **Binderei**; der **Bindestrich** <->; das **Bindewort** (Konjunktion, z.B. „und", „aber", „weil"); die **Bindung**
Bingo das, *Ez.* (englisches Glücksspiel)
Binkel der, Binkeln: sein Binkel (*ugs. für* Bündel) auf dem Rücken tragen
binnen *Präp.+Dat./Gen.* (innerhalb), binnen kurzem auch Kurzem, binnen einem Monat auch eines Monats; das **Binnengewässer** (See); die **Binnengroßschreibung** (z.B. in „SchülerInnen"); der **Binnenhafen**; der **Binnenhandel** (Handel zwischen bestimmten Staaten); das **Binnenland**; das **Binnenmeer**; die **Binnenschifffahrt**
Binse die, Binsen (Sumpfpflanze), *in die Binsen gehen* (*ugs. für* schiefgehen); die **Binsenweisheit** (allgemein bekannte Tatsache)
Biobauer der, ...bauern; das **Biogemüse**; der **Bioladen**; die **Bionahrung**
Biochemie die, *Ez.* (Lehre von den chemischen Vorgängen im Organismus); der/die **Biochemiker/-in**; **biochemisch**
biodynamisch (organisch gedüngt)
Biografie auch **Biographie** die, Biografien/Biographien (Lebensbeschreibung); der/die **Biograf/-in** auch Biograph/-in; **biografisch** auch biographisch
Biologie die, *Ez.* (Wissenschaft von den Lebewesen); der **Biologe**; der **Biologieunterricht**; die **Biologin**; **biologisch**
Biotop der/das, Biotope (Lebensraum einer Tier- oder Pflanzenart)
BIP = **B**ruttoinlandsprodukt
Birke die, Birken (Laubbaum); das **Birkenholz**
Birne die, Birnen; der **Birnbaum**; **birn(en)förmig**
bis *Adv.*: vier bis fünf Meter lang, zwei- bis dreimal; *Präp.+Akk.*: bis hierher, bis heute, bis nächsten Mittwoch, bis Wien, alle bis auf eine, bis auf weiteres auch Weiteres; *Konj.*: bis du kommst; **bisher** *Adv.*; **bisherig** er ändert sein bisheriges Leben ABER → das **Bisherige**, im Bisherigen; **bislang** *Adv.*; **bis-**

weilen *Adv.*

| vier- bis fünfmal | auch | 4- bis 5-mal |

Bisam der, Bisame/Bisams (Pelz der Bisamratte)
Bischof der, Bischöfe (hoher geistlicher Würdenträger); **bischöflich**; die **Bischofskonferenz**; die **Bischofsmütze**; der **Bischofssitz**; der **Bischofsstab**
bisexuell (zweigeschlechtlich, beiden Geschlechtern zugewandt)
Biskotte die, Biskotten (Biskuitbäckerei)
Biskuit [biskwit] das/der, Biskuits/Biskuite (leichtes, süßes Gebäck); der **Biskuitteig**
Bison der, Bisons (Büffelart); die **Bisonherde**
Biss der, Bisse: der Biss einer Schlange; der **Bissen**; die **Bissgurn** (*mundartl. für* zänkische Person); **bissig** ein bissiger Hund, eine bissige (verletzende) Bemerkung; die **Bissigkeit**; die **Bisswunde**
bisschen ein bisschen (ein wenig), das bisschen (das wenige), mit ein bisschen Verständnis, ach du liebes bisschen!, ein klein bisschen, dieses kleine bisschen; **bisserl** ein bisserl
Bistro das, Bistros (kleine, einfache Gaststätte)
Bistum das, Bistümer (Amtsbereich eines katholischen Bischofs)
Bit das, Bits (EDV: kleinste Informationseinheit)
Bittbrief der, ...briefe; die **Bitte**; **bitte** bitte läuten, bitte sehr!, wie bitte?, na bitte!
bitten er bittet mich, er bat um Hilfe, sie hat gebeten; das **Bitteschön**; der **Bittgang**; das **Bittschreiben**; der/die **Bittsteller/-in**
bitter die Medizin schmeckt bitter, die bittere (unumgängliche) Wahrheit, bittere Not leiden, **bitterböse**; **bitterernst** ABER → mein bitterer Ernst; **bitterkalt** ein bitterkalter Winter; die **Bitterkeit**; **bitterlich** bitterlich (tief, schmerzlich) weinen; **bittersüß**
Bitumen das, -/Bitumina (Erdharz, Erdpech)
bitzeln (*mundartl. für* zornig sein)
Biwak das, Biwake/Biwaks (behelfsmäßiges Nachtlager im Freien); **biwakieren**
bizarr bizarre (seltsame) Formen
Bizeps der, Bizepse (Oberarmmuskel)
BKA = **B**undeskanzleramt
Blackbox [bläkbox] auch **Black Box** die, ... boxes (schwarzer Kasten des Zauberers; Behälter mit dem Flugschreiber)
Blackout [bläkaut] auch **Black-out** das/der, ...outs (Aussetzen des Bewusstseins)

Black Power [bläkpaua] die, *Ez.* (Bewegung der Schwarzen Nordamerikas)
blad ein blader (*mundartl. für* dicker) Mensch
blähen der Wind bläht die Segel; die **Blähung** (Darmwinde)
blamabel eine blamable (peinliche) Niederlage; die **Blamage** [blamasch(e)] (Schande, Bloßstellung); **blamieren** sich bis auf die Knochen blamieren (lächerlich machen)
blanchieren [bläschirn] Gemüse blanchieren (kurz mit heißem Wasser überbrühen)
blank etwas blank polieren *auch* blankpolieren, ein blank polierter Tisch, *auch* blankpolierter Tisch, blanken (reinen) Unsinn reden, *blank sein* (*ugs. für* kein Geld mehr haben)
blanko *Adv.* (nicht ausgefüllt, leer); der **Blankoscheck**; die **Blankovollmacht** (unbeschränkte Vollmacht)
Blasbalg der, ...bälge
Blase die, Blasen (Organ)
blasen er bläst die Trompete, der Wind blies kräftig, *sie hat ihm den Marsch geblasen* (hat ihn zurechtgewiesen), blas kräftiger!; der/die **Bläser/-in**; das **Blasinstrument**; die **Blaskapelle**; die **Blasmusik**; das **Blasrohr**
blasiert ein blasierter (hochnäsiger, überheblicher) Mensch; die **Blasiertheit**
Blasphemie die, Blasphemien (Gotteslästerung); **blasphemisch**
blass blasser/blässer, am blassesten/blässesten, eine blasse Gesichtsfarbe, blass werden, *keinen blassen Schimmer haben* (nichts wissen), eine blasse (schwache) Erinnerung haben; die **Blässe**; die **Blassheit**; **blässlich** (ein wenig blass); **blassrosa**

die **Blässe** (blasse Haut)	ABER	die **Blesse** (weißer Stirnfleck)

Blatt das, Blätter: ein welkes Blatt, das Blatt Papier, *das Blatt hat sich gewendet* (die Lage ist verändert), *kein Blatt vor den Mund nehmen* (sich ohne Scheu äußern), *auf einem anderen Blatt stehen* (nicht hierher gehören); das **Blättchen**; **blätt(e)rig**; der **Blättermagen** (Teil des Wiederkäuermagens); **blättern**; der **Blätterteig**; der **Blätterwald** (Vielzahl von Zeitungen); das **Blätterwerk** (Laubwerk); das **Blattgold**; das **Blattgrün**; die **Blattlaus**; **blattlos**; das **Blattwerk** (Laubwerk)
Blatter die, Blattern (Pocken, ausgerottete Krankheit); die **Blatternarbe**; **blatternarbig**
blau blauer, am blau(e)sten, das blaue Kleid, etwas blau anmalen, *der* blaue Brief *auch* Blaue Brief (Kündigungsschreiben; Mitteilung an die Eltern über gefährdeten Schulerfolg) ABER → der **Blaue** *auch* blaue Planet (die Erde), sie trägt ein blau gestreiftes *auch* blaugestreiftes Kleid, etwas blau machen (färben) ABER → blaumachen (nicht arbeiten), blau in blau, *sein blaues Wunder erleben* (sehr überrascht sein), *mit einem blauen Auge* (glimpflich) *davonkommen*, *blau* (betrunken) *sein* ABER → das **Blau** ein leuchtendes Blau, die Farbe Blau, ins Blaue reden, eine Fahrt ins Blaue, ein Stoff in Blau, *das Blaue vom Himmel* (maßlos) *lügen*; **blauäugig** (mit blauen Augen; naiv); die **Blaubeere**; **blaublütig** (adelig); der/die **Blaue** Anhänger der FPÖ; die **Bläue**

etwas **blau machen**	ABER	**blaumachen** (nicht arbeiten)
ein **blau gestreiftes**	auch	**blaugestreiftes** Kleid

blaugrau; **blaugrün**; der **Blauhelm** (UNO-Soldat); das **Blaukraut** (Rotkraut); **bläulich** bläulich grün; das **Blaulicht**; **blaumachen** (nicht arbeiten) ABER → etwas blau machen (färben); die **Blaumeise**; die **Blausäure**; der **Blauwal**
Blazer [blesa] der, -: (sportlich geschnittenes Jackett)
Blech das, Bleche; die **Blechbüchse**; die **Blechdose**; **blechen** (*ugs. für* bezahlen); **blechern** (aus Blech); das **Blechinstrument**; die **Blechlawine** (lange Autoschlange); die **Blechmusik**; der **Blechschaden**
blecken die Zähne blecken (zeigen) ABER → ein zähnebleckendes Raubtier
bledern *auch* **pledern** (*mundartl. für* sich schnell fortbewegen)
Blei das, *Ez.* <Pb> (chemischer Grundstoff), *wie Blei im Magen liegen* (schwer verdaulich sein); **bleiern** ein bleierner (schwerer) Schlaf; **bleifrei**; das **Bleikristall**; die **Bleikugel**; **bleischwer**; der **Bleistift**
Bleibe die, Bleiben (Unterkunft); **bleiben** er bleibt in der Schule sitzen, er blieb sein Freund, sie ist bis nach Mitternacht geblieben, die Uhr ist stehen geblieben *auch* stehengeblieben, etwas bleiben lassen *auch* bleibenlassen (nicht mehr tun), ein bleibender (dauernder) Schmerz, übrig bleiben *auch*

übrigbleiben
bleich bleich wie der Tod, ein bleiches (fahles) Gesicht haben; **bleichen** die Wäsche bleichen; das **Bleichgesicht**; **bleichgesichtig**; die **Bleichsucht** (Blutarmut); **bleichsüchtig**

Blende die, Blenden (beim Fotoapparat); **blenden** das Licht blendet mich, einen Menschen blenden (blind machen), er blendet (täuscht) alle; **blendend** eine blendende (ausgezeichnete) Idee, blendend aussehen, das Kleid ist blendend (strahlend) weiß; der/die **Blender/-in** (Person, die andere täuscht); der **Blendschutz**; die **Blendung**; das **Blendwerk** (Täuschung, Schein)

Blesse die, Blessen (weißer Stirnfleck)

die **Blesse** (Stirnfleck)	ABER	die **Blässe** (blasse Haut)

blessiert (geh. für verwundet, verletzt); die **Blessur** (Wunde)

Blick der, Blicke: einen Blick hinter die Kulissen werfen (die Hintergründe einer Sache kennenlernen); **blicken** sich nicht blicken lassen, etwas lässt tief blicken (verrät vieles); der **Blickfang** (etwas, das den Blick auf sich zieht); das **Blickfeld** (Gesichtsfeld); der **Blickpunkt**; der **Blickwinkel**

blind eine blinde Frau, blind sein, blind machen, blind (ohne Sicht) fliegen, Schach blind (ohne auf das Spielbrett zu schauen) spielen, blind schreiben (auf der Computertastatur), blinder Alarm (Fehlalarm), ein blinder (versteckter) Passagier, blindes (angelaufenes) Glas, blinder (maßloser) Hass; der **Blinddarm**; der/die **Blinde**; **Blindekuh** Blindekuh spielen; der **Blindflug**; der **Blindgänger** (nicht explodiertes Geschoß; untauglicher Mensch); die **Blindheit** mit Blindheit geschlagen sein (Wichtiges nicht erkennen); **blindlings** Adv. (unbesonnen); die **Blindschleiche** (Kriechtier); **blindwütig** blindwütiger Hass

blinken mit der Lampe blinken, der Boden blinkt (funkelt) vor Sauberkeit; der **Blinker**; das **Blinklicht**

blinzeln ich blinzle in die Sonne, er blinzelte mir zu

Blitz der, Blitze: schnell wie der Blitz (sehr schnell), wie vom Blitz getroffen sein (völlig überrascht sein), wie ein Blitz aus heiterem Himmel (völlig unerwartet); der **Blitzableiter**; **blitzartig**; **blitzblank**; **blitzen**; die **Blitzesschnelle**; **blitzgescheit**; das **Blitzgespräch**; die **Blitzkarriere**; der **Blitzkrieg**; das **Blitzlicht**; **blitzsauber**; der **Blitzschlag**; **blitzschnell**

Blizzard [blisad, blitsad] der, Blizzards (Schneesturm in Nordamerika)

Bloch der/das, Bloche/Blöcher (entrindeter Baumstamm)

Block der, Blöcke/Blocks: Blöcke von Marmor; die **Blockade** (Sperre, Absperrung); der **Blockbuchstabe**; **blocken** (abfangen), Stunden blocken (Unterrichtsstunden zusammenlegen); die **Blockflöte**; **blockfrei** (keinem politischen Block angehörend); das **Blockhaus** (Holzhaus); **blockieren** den Verkehr blockieren (behindern); die **Blockierung**; die **Blockschrift** (Großbuchstabenschrift)

blöd auch **blöde** ein blöder (törichter) Kerl; die **Blödelei**; **blödeln** (Unsinn reden); die **Blödheit**; der **Blödian**; der **Blödmann** (Dummkopf); der **Blödsinn**; **blödsinnig**; die **Blödsinnigkeit**

Blog der/das, Blogs (kurz für Weblog) (tagebuchartige Webseite)

blöken das Schaf blökt

blond blond sein, blond gelockte auch blondgelockte Haare; der/die **Blonde**; **blondhaarig**; **blondieren** sein Haar blondieren (blond färben); die **Blondine** (blonde Frau); der **Blondschopf** (blonder Mensch)

bloß schrei bloß (nur) nicht!, mit bloßem (unbedecktem) Kopf, mit bloßem Auge (ohne Vergrößerungsglas), auf der bloßen (nackten) Erde schlafen; die **Blöße** sich keine Blöße geben (keine Schwäche zeigen); **bloßfüßig** (barfüßig); **bloßlegen** das Skelett des Dinosauriers bloßlegen; **bloßliegen** (▶ liegen) (unbedeckt liegen) ABER → bloß (nur) liegen; **bloßstellen** jmdn. bloßstellen (etwas Peinliches über ihn sagen)

Blouson [blusõ] das/der, Blousons (Jacke)

blubbern (glucksen, sprudeln)

Bluejean [bludschin] die, Bluejeans (Hose)

Blues [blus] der, Ez. (Musikstil)

Bluetooth [blutuθ] der/das, Ez. (Kurzstrecken-Funksystem für elektronische Geräte)

Bluff [blöf, blaf] der, Bluffs (Täuschung, Verblüffung); **bluffen**

blühen der Baum blüht, das Geschäft blüht (geht gut), mir blüht etwas (steht etwas bevor); **blühend** blühend (frisch) aussehen, blühender Unsinn

Blume die, Blumen: etwas durch die Blume (nur

andeutungsweise) *sagen*; das **Blumenbeet**; der **Blumenkohl** (*bundesdt. für* Karfiol); der **Blumenstock**; der **Blumenstrauß**; der **Blumentopf**; **blumig** eine blumige (ausschmückende) Sprache

Blunze auch **Blunzen** die, Blunzen (Blutwurst), *das ist mir Blunzen* (*derb für* egal)

Blu-Ray [blure] der/das, ...-Rays (optisches Speichermedium); die **Blu-Ray-Disk**

Bluse die, Blusen (Kleidungsstück)

Blut das, *Ez.*: Blut lecken (Gefallen an etwas finden), *böses Blut machen* (Ärger erregen), *Blut und Wasser schwitzen* (Angst haben), *ruhig Blut* (Ruhe) *bewahren*; das **Blutbad** (blutige Auseinandersetzung); **blutbefleckt** ABER → mit Blut befleckt; der **Blutegel**; **bluten**; der/die **Bluter/-in** (jmd., der an der Bluterkrankheit leidet); der **Bluterguss**; **blutig**; **...blütig** heißblütig, blaublütig (adelig); **blutjung**; **blutrünstig** (mordgierig); **blutsaugend** blutsaugende auch Blut saugende Insekten; der **Blutsbruder**; der/die **Blutspender/-in**; **blutsverwandt**; die **Blutung**; das **Blutvergießen**; die **Blutvergiftung**

Blüte die, Blüten: die Blüte der Tulpe, in der Blüte der Jahre, Blüten (falsche Geldscheine) drucken; der **Blütenhonig**; der **Blütenkelch**; die **Blütenlese**; der **Blütenstand**; der **Blütenstaub**; **blütenweiß**; die **Blütezeit**

BLZ = **B**ank**l**eit**z**ahl

B-Matura = **B**eamtenaufstiegsprüfung

BMS = **b**erufsbildende **m**ittlere **S**chule

BMX-Rad das, BMX-Räder (Geländefahrrad)

Bö auch **Böe** die, Böen (heftiger Windstoß); **böig**

Boa die, Boas (Riesenschlange; Federschal)

Bob der, Bobs (steuerbarer Sportschlitten); die **Bobbahn**; der/die **Bobfahrer/-in**

Boccia [botscha] das/die, Boccias (italienisches Kugelspiel)

Bock der, Böcke (männliche/-s Ziege, Reh), auf dem Bock (Kutschbock) sitzen, über den Bock springen (Turngerät) ABER → das Bockspringen, *einen Bock schießen* (Fehler machen), *keinen Bock* (*ugs. für* keine Lust) *auf etwas haben*; **bockbeinig**; das **Bockbier** (Starkbier); das **Böckchen**; **bocken** (störrisch sein); das **Bockerl** (Föhrenzapfen); **bockig** (störrisch, steif); der **Bockmist** (Fehler, Blödsinn); das **Bockshorn** *jmdn. ins Bockshorn jagen* (erschrecken, einschüchtern); das **Bockshörndl** (Frucht des Johannisbrotbaums); der **Bocksprung**; **bocksteif** bocksteif dastehen

Boden der, Böden: den Boden umgraben, Gerümpel auf den Boden (Dachboden) tragen, auf dem Boden der Tatsachen bleiben, *festen Boden unter den Füßen haben* (wirtschaftlich sicher dastehen), *am Boden zerstört sein* (sehr niedergeschlagen sein); der **Bodenbelag**; **bodenlos** eine bodenlose (unglaubliche) Frechheit; die **Bodenreform**; der **Bodensatz**; die **Bodenschätze** (Rohstoffe); **bodenständig** (lange ansässig); das **Bodenturnen**

Bodybuilding [bodibilding] das, *Ez.* (Muskeltraining)

Bodyguard [bodigard] der, Bodyguards (Leibwächter)

Bogen der, Bögen: ein Bogen Papier, mit Pfeil und Bogen, *in Bausch und Bogen* (ganz und gar), *den Bogen überspannen* (zu weit gehen); **bogenförmig**; **bogig** (gekrümmt)

Boheme [boem, bohem] die, *Ez.* (Künstlermilieu mit ungebundener Lebensweise)

Bohle die, Bohlen (starkes Brett)

die **Bohle**	ABER	die **Bowle** (Getränk)

Böhmen (Teil der Tschechischen Republik); **böhmisch**

Bohne die, Bohnen: *eine blaue Bohne* (Gewehrkugel), *das interessiert mich nicht die Bohne* (überhaupt nicht); der **Bohnenkaffee**

bohren nach Öl bohren, ein bohrender Blick, ein bohrender Schmerz; der **Bohrer**; die **Bohrinsel**; die **Bohrmaschine**; der **Bohrturm**; die **Bohrung**

Boiler der, -: (Warmwasserbereiter und -speicher)

Boje die, Bojen (verankertes Seezeichen)

Bolide der, Boliden (Rennwagen)

Bolivien (Staat in Südamerika); der/die **Bolivianer/-in**; **bolivianisch**

Böller der, -: (Feuerwerkskörper); **böllern**

Bollwerk das, Bollwerke (Festung, Schutzwehr)

Bolschewismus der, *Ez.* (Form des Kommunismus); der/die **Bolschewist/-in**; **bolschewistisch**

Bolzen der, -: (Metallstift)

bombardieren eine Stadt bombardieren, jmdn. mit Fragen bombardieren; das **Bombardement** [bombardmã]; **bombastisch** etwas bombastisch (prahlerisch) ankündigen; die **Bombe** eine Bombe schlägt ein; der

Bombenanschlag; der **Bombenerfolg** (großer Erfolg); **bombenfest** etwas bombenfest behaupten; das **Bombengeschäft** (sehr gutes Geschäft); **bombensicher** etwas bombensicher wissen; die **Bombenstimmung** (ausgelassene Stimmung); der **Bombentrichter** (Einschlagloch einer Bombe); der **Bomber** (Kampfflugzeug)
Bo**n** [bõ] der, Bons (Gutschein, Kassabeleg); **bonieren** (einen Kassazettel ausstellen)
Bonbo**n** das, Bonbons; die **Bonbonniere** [bõbõnjea] auch Bonboniere
Bo**nsai** der, Bonsais (Zwergbäumchen)
Bo**nus** der, Bonus/Bonusse (Gutschrift, Pluspunkt); das **Bonus-Malus-System**
Bo**nze** der, Bonzen (buddhistischer Priester; *abwertend für* einflussreicher Funktionär); das **Bonzentum**
Boo**m** [bum] der, Booms (Aufschwung); **boomen**
Boo**t** das, Boote: Boot fahren, *im gleichen Boot sitzen* (gemeinsam in derselben schwierigen Lage sein); der **Bootsbau**; die **Bootsfahrt**; die **Bootsleute**; der **Bootssteg**
Boo**ts** [buts] die, *Mz.* (Stiefel)
Bo**r** das, *Ez.* (Halbmetall)
¹**B**o**rd** das, Borde (Regal)
²**B**o**rd** das, Borde (Schiffsrand, Schiffsdeck), an Bord gehen, Mann über Bord!, *etwas über Bord werfen* (endgültig aufgeben); das/der **Bordcase** [boadkes] (kleiner Handkoffer); der **Bordcomputer**
Borde**ll** das, Bordelle (Haus für Prostituierte)
Bordü**re** die, Bordüren (Einfassung, Besatz)
BORG = **B**undes**o**berstufen**r**eal**g**ymnasium
bo**rgen** jmdm./sich Geld borgen
Bo**rke** die, Borken (Baumrinde); der **Borkenkäfer**; **borkig** eine borkige (rissige) Fläche
bornie**rt** (eingebildet und dumm); die **Borniertheit**
Bö**rse** die, Börsen: seine Börse (Geldbeutel) verlieren, an der Börse (Handelsort für Wertpapiere) Aktien kaufen; der/die **Börsenmakler/-in**; der **Börsensturz**
Bo**rste** die, Borsten (steifes, kurzes Haar); das **Borstentier**; das **Borstenvieh**; **borstig** (struppig)
Bo**rte** die, Borten (Einrahmung)
bös auch **böse** ein böser Mensch, eine böse (schlimme) Zeit, auf jmdn. böse (ärgerlich) sein, jenseits von gut und böse ABER → etwas **Böses** tun, das Gute und das Böse, sich zum Bösen wenden, sich im Bösen trennen, im Bösen wie im Guten; **bösartig**; die **Bösartigkeit**; der **Böse** (Teufel); der **Bösewicht**; **boshaft** (bösartig, spöttisch); die **Boshaftigkeit**; die **Bosheit**; der **Bosnig(e)l** (boshafter Mensch); **böswillig**; die **Böswilligkeit**

| jenseits von **gut** und **böse** | ABER | das **Gute** vom **Bösen** unterscheiden |
| eine **böse** Tat | ABER | im **Guten** wie im **Bösen** |

Bö**schung** die, Böschungen (steiler Abhang)
Bo**sna** auch **Bosner** die, Bosnas/Bosner (Weckerl mit Bratwurst)
Bo**snien** (Staat in Südosteuropa); der/die **Bosnier/-in**, **bosnisch**
Bo**ss** der, Bosse (Chef)
Bota**nik** die, *Ez.* (Pflanzenkunde); der/die **Botaniker/-in**; **botanisch** botanische Bücher ABER → der **Botanische** Garten in Linz
Bo**te** der, Boten: einen Boten schicken; der **Botendienst**; der **Botenlohn**; die **Botin**; die **Botschaft** eine Botschaft überbringen, in die Botschaft (diplomatische Vertretung eines Landes) kommen, die Frohe Botschaft (das Evangelium); der/die **Botschafter/-in**
Bo**ttich** der, Bottiche (großes Gefäß aus Holz)
Bouillo**n** [bujõ] die, Bouillons (klare Fleischsuppe)
Bouleva**rd** [bulva] der, Boulevards (Prachtstraße); die **Boulevardpresse** (Sensationspresse)
Bouque**t** [buke] auch **Bukett** das, Bouquets/Buketts/Bukette (Blumenstrauß; Aroma von Wein)
Bourgeo**is** [buaschoa] der, -; die **Bourgeoise** [buaschoas]; die **Bourgeoisie** [buaschoasi] (wohlhabendes Bürgertum)
Bouti**que** [butik] die, Boutiquen (kleines Modegeschäft)
Bovi**st** [bowist, bofist] der, Boviste (Pilz)
Bo**wle** [bole] die, Bowlen (alkoholisches Getränk)

| die **Bowle** (Getränk) | ABER | die **Bohle** (Brett) |

Bo**wling** [boling] das, *Ez.* (Kegelspiel); die **Bowlingbahn**
Bo**x** die, Boxen (kastenförmiger Behälter; Pferdestand)

boxen jmdm./jmdn. in den Magen boxen; der **Boxer** (Hunderasse; Faustschlag); der **Boxkampf**

Boy [boi] der, Boys (Laufjunge, Hoteldiener); der **Boyfriend** [boifrend] (Freund eines Mädchens); die **Boygroup** [boigrup] (Popmusikgruppe)

Boykott der, Boykotts (Sperre, Ächtung), über jmdn. einen Boykott verhängen; **boykottieren**; die **Boykottierung**; die **Boykottmaßnahme**

BR = **B**undes**r**at

brabbeln (undeutlich vor sich hin reden)

brach (unbebaut); die **Brache** (unbestelltes Land); das **Brachfeld**; **brachlegen** einen Acker brachlegen; **brachliegen** (▶ liegen) ihre Fähigkeiten liegen brach (werden nicht genützt)

brachial (mit roher Körpergewalt); die **Brachialgewalt**

brackig (schwach salzig, nicht trinkbar); das **Brackwasser** (Mischung von Fluss- und Salzwasser)

Brainstorming [brenstoaming] das, Ez. (spontanes Sammeln von Einfällen)

Branche [bräsch] die, Branchen (Geschäftszweig, Abteilung); **branchenfremd**; **branchenüblich**; das **Branchenverzeichnis**

Brand der, Brände: den Brand löschen, in Brand stecken (anzünden), *einen Brand haben* (nach Alkoholgenuss durstig sein); **brandaktuell**; die **Brandblase**; **brandeilig** (sehr eilig); das **Brandeisen**; **brandeln** (nach Verbranntem riechen); **brandgefährlich** (sehr gefährlich); der **Brandherd**; die **Brand-legung**; das **Brandmal** (Brandzeichen); **brandmarken** jmdn. brandmarken (öffentlich bloßstellen); **brandneu**; **brandschatzen** (geh. für durch Raub und Plünderung schädigen); die **Brandstätte**; der/die **Brandstifter/-in**; die **Brandwunde**

branden die Wellen branden an die Küste (brechen sich); die **Brandung**

Brandy [brendi] der, Brandys (Weinbrand); der **Branntwein**

Brasilien (Staat in Südamerika); der/die **Brasilianer/-in**; **brasilianisch**

braten er brät das Fleisch, sie briet (bräunte sich) in der Sonne, die Wurst wurde am Spieß gebraten; der **Bratapfel**; der **Braten** *den Braten riechen* (etwas rechtzeitig spüren); die **Bratensoß(e)**; das **Brathähnchen**; das **Brathendl**; die **Bratkartoffeln**; das **Bratl** (ugs. für Schweinsbraten); die **Bratpfanne**; der **Bratspieß**; die **Bratwurst**

Bratsche die, Bratschen (Streichinstrument); der/die **Bratschist/-in**

Bräu das, Bräue (Biersorte; Brauhaus); **brauen** Bier brauen, es braut sich etwas zusammen (kündigt sich an); der/die **Brauer/-in**; die **Brauerei**; das **Brauhaus**

Brauch der, Bräuche: nach altem Brauch (alter Sitte); **brauchbar**; die **Brauchbarkeit**; **brauchen** ich brauche dich, sie braucht nicht (zu) kommen; das **Brauchtum**

Braue die, Brauen (Augenbrauen)

braun (▶ blau) braune Farbe, ein braun gebranntes auch braungebranntes Gesicht; das **Braun** ein helles Braun; **braunäugig**; der **Braune** (braunes Pferd; Kaffee mit Milch); die **Bräune**; **bräunen**; die **Braunkohle**; **bräunlich**; die **Bräunung**; das **Bräunungsstudio** (Solarium)

Braus *in Saus und Braus leben* (sein Geld verprassen); die **Brause** (Dusche); das **Brausebad**; die **Brausetablette**; **brausen** sich brausen (duschen), der Sturm braust

Braut die, Bräute; der **Bräutigam**; die **Brautleute**; das **Brautpaar**; die **Brautschau**

brav ein braves Kind; die **Bravheit**; **bravo!**; das **Bravo** laut Bravo auch bravo rufen

Bravour [bravua] die, Ez. (Tapferkeit); **bravourös** (meisterhaft); das **Bravourstück** (gewagte Tat, Meisterleistung)

BRD = **B**undes**r**epublik **D**eutschland

brechen sie bricht sich den Arm, das Eis brach, sie hat einen Vertrag gebrochen (nicht eingehalten), brich dir nichts!, den Widerstand brechen, *jmdm. das Herz brechen* (ihn sehr kränken), *das Schweigen brechen* (beenden) ABER → *auf Biegen und Brechen* (unter allen Umständen); die **Brechbohne** (Gemüse); das **Brecheisen**; der **Brecher** (sich überstürzende Welle); der **Brechreiz**; die **Brechstange**; die **Brechung**

Bredouille [bredujе] die, Ez.: in die Bredouille (in Bedrängnis) geraten, in der Bredouille sein

Brei der, Breie: *um den heißen Brei herumreden* (eine Sache nicht klar aussprechen); **breiig** eine breiige Masse

breit eine breite Straße, drei Meter breit, weit und breit, etwas lang und breit (umständlich) erklären, die breite (große) Masse, breit gefächert auch breitgefächert (vielseitig) ABER → *des Langen und Breiten* (umständlich); **breitbeinig**; die **Breite** in die Breite gehen (ugs. für dick werden); **breiten** eine Decke über den Tisch breiten, die Wälder breiten sich aus; der **Breitengrad**; sich **breitmachen** (viel Platz beanspruchen); **breitrandig**; **breitschlagen** (▶ schlagen) sich zu etwas breitschlagen (überreden) lassen; **breitschultrig**; die **Breitseite**; die **Breitspur**; **breitspurig**; **breittreten** (▶ treten) etwas breittreten (allzu ausgiebig erörtern)

weit und **breit**	ABER	des Langen und **Breiten** (umständlich) erklären
ein **breit gefächertes**	auch	**breitgefächertes** Angebot

Bremsbelag der, ...beläge; die **Bremse**; **bremsen** scharf bremsen; der **Bremsklotz**; das **Bremslicht**; die **Bremsspur**; der **Bremsweg**

bremseln es bremselt (ugs. für kribbelt) mich

brennen das Holz brennt, die Füße brannten vom langen Wandern, die Sonne hat vom Himmel gebrannt, sie brennt vor Neugier, auf Rache brennen, eine CD brennen, eine brennende (wichtige) Frage haben, brennend gern, etwas brennt mir auf der Seele (ist mir ein dringendes Anliegen); **brennbar**; der **Brenner** (CD-Brenner); die **Brennerei**; das **Brennglas**; **brennheiß** (sehr heiß); das **Brennholz**; das **Brennmaterial**; die **Brennnessel** auch Brenn-Nessel; der **Brennpunkt** im Brennpunkt des Interesses; der **Brennstoff**; die **Brennweite** (Maß in der Optik)

brenzlig auch **brenzlich** eine brenzlige (gefährliche) Sache

Bresche die, Breschen: eine Bresche (Lücke) schlagen, für jmdn. in die Bresche springen (für ihn eintreten)

Brett das, Bretter: das schwarze Brett auch Schwarze Brett (Anschlagtafel), ein Brett vor dem Kopf haben (nichts begreifen); die **Brett(e)ln** (Skier); die **Bretterbude**; die **Bretterwand**; die **Brettljause** (Jause auf bäuerliche Art); das **Brettspiel**

Brevier [brevia] das, Breviere (Gebetbuch)

Brezel die/das, Brezeln (Gebäck); die **Brezen** (Kleingebäck)

BRG = **B**undes**r**eal**g**ymnasium

Bridge [bridsch] das, Ez. (Kartenspiel); die **Bridgepartie**

Brief der, Briefe; der **Briefbogen**; der/die **Brieffreund/-in**; das **Briefgeheimnis**; der **Briefkasten**; der **Briefkopf**; **brieflich**; die **Briefmarke**; der **Brieföffner**; der/die **Briefpartner/-in**; die **Brieftasche**; die **Brieftaube**; der/die **Briefträger/-in**; der **Briefumschlag**; die **Briefwaage**; der **Briefwechsel**

Brigade die, Brigaden (Heeresabteilung; Arbeitstrupp); der/die **Brigadier/-in** [brigadje/rin]

Brikett das, Briketts (Presskohle)

brillant [briljant] (glänzend, großartig); der **Brillant** (geschliffener Diamant); die **Brillanz** (hohe Qualität); **brillieren** (glänzen)

Brille die, Brillen; das **Brillenetui**; die **Brillenschlange** (abwertend für Brillenträgerin); der/die **Brillenträger/-in**

Brimborium das, Ez. (geheimnisvolles Getue), ein großes Brimborium um etwas machen

Brimsen der, -: (Schafkäse)

bringen er bringt die Post, sie brachte jmdn. nach Hause, das Geschäft hat viel Geld gebracht, etwas zur Sprache bringen, das Schwerste hinter sich bringen, es im Leben zu etwas bringen, es nicht über sich bringen, etwas zu tun (nicht dazu fähig sein)

Brioche [briosch] das/der, Brioches (Gebäck); das **Briochekipferl**

brisant (höchst aktuell, hochexplosiv); die **Brisanz** (Sprengkraft)

Brise die, Brisen (sanfter Wind)

Britannien (England)

Brite der, Briten; die **Britin**; **britisch** die britische Bevölkerung ABER → die Britischen Inseln

Broccoli [brokoli] auch **Brokkoli** der, Mz. (Gemüseart)

brocken Beeren brocken (pflücken), Brot in die Suppe brocken; das **Brockobst**

Brocken der, -: ein Brocken Brot, ein paar Brocken Englisch; **bröck(e)lig**; **brockenweise**

brodeln das Wasser brodelt (siedet), in der Bevölkerung brodelt es (breitet sich Unruhe aus), du brodelst (ugs. für trödelst); der/die **Brodler/-in** (ugs. für langsamer Mensch)

Brokat der, Brokate (schwerer Seidenstoff)

Brom das, Ez.
 (chemischer Grundstoff); **bromhältig**

Brombeere die, Brombeeren (Frucht)

Bronchie die, Bronchien (Teil der Lunge); **bronchial**; der **Bronchialkatarrh**; die **Bronchitis**

Bronze [brōs(e)] die, Ez. (Metalllegierung); **bronzefarben**; die **Bronzemedaille**; **bronzen**

(aus Bronze); die **Bronzezeit**; **bronzieren** (mit Bronze überziehen)
Brosche die, Broschen (Anstecknadel)
broschieren; **broschiert** (geheftet); die **Broschüre** (Buch mit weichem Umschlag; Flugschrift)
Brösel das, Brösel(n); **brös(e)lig**; **bröseln**
Brot das, Brote: Brot backen; der/die **Brötchengeber/-in** (ugs. für Arbeitgeber/-in); der **Brotkorb**; die **Brotkrume**; die **Brotkruste**; der **Brotlaib**; **brotlos** eine brotlose (wenig einträgliche) Kunst
Browser [brausə] der, -: (Internet-Suchprogramm)
Bruch der, Brüche: der Bruch des Knochens, gleichnamige Brüche (Bruchzahlen), sich einen Bruch heben (eine Eingeweideverletzung bekommen), in die Brüche gehen (zerbrechen); die **Bruchbude** (baufälliges Haus); **bruchfest**; **brüchig** eine brüchige (nicht mehr feste) Freundschaft; die **Brüchigkeit**; **bruchlanden**; die **Bruchlandung**; **bruchrechnen**; die **Bruchrechnung**; der **Bruchstrich**; **bruchstückhaft**; der **Bruchteil** (sehr kleiner Teil); die **Bruchzahl**
Brücke die, Brücken: über die Brücke fahren, auf der Brücke (Kommandozentrale) des Schiffes, eine Brücke (Zahnersatz) bekommen, eine Brücke (Turnübung) machen, eine Brücke (kleinen Teppich) auf den Boden legen, *jmdm. eine goldene Brücke bauen* (ihm bereitwillig entgegenkommen), *alle Brücken hinter sich abbrechen* (alle Bindungen auflösen); der **Brückenbau**; der **Brückenkopf**
Bruder der, Brüder; das **Brüderchen**; das **Bruderherz**; der **Bruderkrieg** (Krieg zwischen eng verwandten Völkern); **brüderlich**; die **Brüderlichkeit**; die **Bruderschaft** mit jmdm. Bruderschaft trinken (per Du werden); der **Bruderzwist**
Brühe die, Brühen: eine schmutzige Brühe (schmutziges Wasser); **brühen** (blanchieren); **brühwarm** etwas brühwarm weitererzählen
brüllen vor Wut brüllen
brummen ärgerlich brummen, mir brummt der Kopf, *brummen müssen* (ugs. für eine Haftstrafe absitzen); der **Brummbär** (mürrischer Mensch); der **Brummbass**; der **Brummer** (ugs. für großes Insekt; Lastwagen; schlechter Sänger); **brummig** (mürrisch); der **Brummschädel** (ugs. für Kopfschmerzen)
Brunch [bransch] der, Brunches/Brunchs (ausgedehntes Frühstück gegen Mittag); **brunchen**
brünett (braunhaarig); der/die **Brünette**
Brunft die, Brünfte auch **Brunst** (Paarungszeit bei Säugetieren); **brunftig**; der **Brunftschrei**; die **Brunftzeit**
Brunnen der, -: Wasser vom Brunnen holen; **brunnenfrisch**
Brunst auch **Brunft** die, Brünste; die **Brunstzeit** (Paarungszeit bei Säugetieren); **brünstig**
brüsk jmdn. brüsk (schroff) behandeln; **brüskieren** (kränken); die **Brüskierung**
Brust die, Brüste: *sich in die Brust werfen* (prahlen), *schwach auf der Brust sein* (wenig Geld/geringe Kenntnisse haben); das **Brustbein**; das **Brustbild** (Porträt); sich **brüsten** (prahlen); die **Brusthöhe**; der **Brustkasten**; der **Brustkorb**; **brustschwimmen**; das **Brustschwimmen**; die **Bruststimme**; **brusttief**; die **Brüstung** (Geländer); die **Brustwarze**
Brut die, Ez.; **brüten** die Henne brütet, über einer Sache brüten (grübeln), es ist brütend heiß; der **Brüter** (Kernreaktor); die **Bruthitze**; der **Brutkasten**; die **Brutstätte**
brutal (rücksichtslos); die **Brutalität**
brutto Adv. (mit Verpackung; ohne Abzüge); das **Bruttoeinkommen**; das **Bruttogewicht**; das **Bruttoinlandsprodukt**; der **Bruttolohn**; das **Bruttosozialprodukt** (wirtschaftliche Gesamtleistung eines Landes); der **Bruttoverdienst**
brutzeln (in zischendem Fett braten)
Buam die, Mz. (mundartl. für Buben, auch in Namen von Musikgruppen)
Bub der, Buben (Knabe); der **Bube** (Spielkarte; gemeiner Mensch); der **Bubenstreich**
Buch das, Bücher: Buch führen (Aufzeichnungen machen), *wie ein Buch reden* (ohne Unterbrechung), *zu Buche schlagen* (ins Gewicht fallen); der/die **Buchbinder/-in**; der/die **Buchdrucker/-in**; die **Bücherei**; die **Buchführung**; der/die **Buchhalter/-in**; der/die **Buchhändler/-in**; die **Buchhandlung**
[1]**buchen** eine Reise buchen
[2]**buchen** (aus Buchenholz); die **Buche** (Laubbaum); die **Buchecker** (Frucht der Buche); das **Buchenscheit**; der **Buchfink**; der **Buchweizen** (Getreideart)
Buchsbaum der, Ez. (Zierstrauch)
Buchse die, Buchsen (kleine Steckdose)
Büchse die, Büchsen (Dose; Gewehr); der **Büchsenöffner**
Buchstabe der, Buchstaben: *nach dem Buch-*

staben des Gesetzes (genau nach den gesetzlichen Bestimmungen), *sich auf seine vier Buchstaben setzen* (sich hinsetzen); **buchstabieren**; **buchstäblich** (regelrecht)

Bucht die, Buchten (Meeresbucht); **buchtig**

Buchtel auch **Wuchtel** die, Buchteln (Mehlspeise)

Buckel der, -: (Höcker, Rücken), *er kann mir den Buckel runterrutschen* (ugs. für seine Meinung ist mir egal); *den Buckel für etwas hinhalten* (Verantwortung dafür tragen), *viel auf dem Buckel* (viel Arbeit) *haben, einen breiten Buckel haben* (viel aushalten); **buck(e)lig**; der/die **Buck(e)lige**; die **Buckelkraxe** (Rückentragegestell); **buckeln** (einen Buckel machen; sich unterwürfig verhalten); sich **bücken**; das **Buckerl** (Verbeugung)

buddeln ich buddle (grabe) im Sand; die **Buddelei** (*ugs. für* harte Arbeit)

Buddha der, Buddhas (der Erleuchtete, indischer Religionsstifter); der **Buddhismus**; der/die **Buddhist/-in**; **buddhistisch**

Bude die, Buden (Marktstand, heruntergekommenes Haus), *die Bude auf den Kopf stellen* (Unordnung machen); die **Budel** (*ugs. für* Ladentisch, Theke)

Budget [büdsche] das, Budgets (zur Verfügung stehende Geldmittel)

Büffel der, -: (wild lebendes Rind); das **Büffelleder**; **büffeln** (angestrengt lernen)

Buffet [büfe] auch **Büfett** das, Buffets/Büfetts/Büfette (Anrichte, Geschirrschrank), das kalte Buffet (kalt angerichtete Speisen)

das **Buffet**	auch	das **Büfett**

Bug der, Büge (Kante; vorderer Teil des Schiffes); **bugsieren** einen Dampfer bugsieren (ins Schlepptau nehmen), jmdn. unsanft zu seinem Platz bugsieren, jmdn. hinausbugsieren (mühsam hinausdrängen); die **Bugwelle**

Bügel der, -: das Hemd auf den Bügel hängen; das **Bügelbrett**; das **Bügeleisen**; die **Bügelfalte**; **bügelfrei**; der **Bügelladen** (Bügelbrett); **bügeln** ich bügle

Buggy [bagi] der, Buggys (zusammenklappbarer Kinderwagen)

buh! (Ausruf des Missfallens); **buhen** (sein Missfallen äußern); der **Buhmann** (Sündenbock); der **Buhruf**

buhlen um jmds. Freundschaft buhlen (sich bemühen); der/die **Buhler/-in**

Bühne die, Bühnen: zur Bühne (zum Theater) gehen, *von der Bühne abtreten* (sich aus der Öffentlichkeit zurückziehen), *etwas über die Bühne bringen* (erfolgreich durchführen); der/die **Bühnenarbeiter/-in**; das **Bühnenbild**; der/die **Bühnenbildner/-in**; **bühnenreif**; das **Bühnenstück**

Bukett [buke] auch **Bouquet** das, Buketts/Bukette (Blumenstrauß; Duft des Weines)

Bulgarien (Staat in Osteuropa), der **Bulgare**; die **Bulgarin**; **bulgarisch**

Bulimie die, *Ez.* (Ess-Brech-Sucht)

Bullauge das, Bullaugen (rundes Schiffsfenster)

Bulldogge die, Bulldoggen (Hunderasse); der **Bulldozer** [buldosa] (Planierraupe)

¹**Bulle** der, Bullen (Stier; männliches Tier, z.B. Elefant; *ugs. für* Polizist); **bullig** (stark, massig)

²**Bulle** die, Bullen (Urkunde, Kirchenerlass)

Bulletin [büjete] das, Bulletins (amtliche Kundmachung)

Bumerang der, Bumerangs (gekrümmtes Wurfholz)

bummeln (schlendern, spazieren gehen); der **Bummel** (kleiner Spaziergang); **bumm(e)lig** (langsam, träge); das **Bummelleben**; der **Bummelstreik**; der **Bummelzug**; das **Bummerl** (Verlustpunkt beim Kartenspiel); der/die **Bummler/-in**

bummfest (sehr fest, unverrückbar); **bummvoll**

bumsen (krachen; *derb für* Geschlechtsverkehr haben)

¹**Bund** das/der, Bunde (Gebinde), viele Bund(e) Stroh, ein Bund Rosen; das **Bündel** *sein Bündel schnüren* (sich zur Abreise fertig machen); **bündeln**; **bündelweise**; **bündig** kurz und bündig, ein bündiger (überzeugender) Beweis

²**Bund** der, Bünde (Vereinigung), der Bund fürs Leben (Ehe), *mit jmdm. im Bunde* (verbündet) *sein*; die **Bundesbahnen** die Österreichischen Bundesbahnen; **bundesdeutsch** (zur Bundesrepublik Deutschland gehörend); die **Bundeshauptstadt**; das **Bundesheer**; die **Bundeshymne**; der/die **Bundeskanzler/-in**; das **Bundesland**; die **Bundesliga**; das **Bundesministerium**; der/die **Bundespräsident/-in**; der **Bundesrat**; die **Bundesregierung**; die **Bundesrepublik**; der **Bundesstaat**; die **Bundesstraße**; **bundesweit**; das **Bündnis**; der/die **Bündnispartner/-in**

Bungalow [bungalo] der, Bungalows (einstöckiges Wohnhaus)

Bunker der, -: (Schutzunterkunft; sehr großer Behälter); **bunkern** Getreide bunkern (einlagern)

bunt ein buntes Tuch; bunt bemalen auch buntbemalen, bunt gestreift auch buntgestreift, bunt gefiedert auch buntgefiedert, ein bunt kariertes auch buntkariertes Hemd, bunt (wirr) durcheinanderliegen, *bekannt sein wie ein bunter Hund* (sehr bekannt sein), *es zu bunt treiben* (zu weit gehen); die **Buntheit**; der **Buntspecht**; der **Buntstift**

Bürde die, Bürden (Last, Sorge)

Burenwurst die, …würste (Wurstart)

Burg die, Burgen: eine Burg bauen, an der Burg (am Wiener Burgtheater); der/die **Bürger/-in**; die **Bürgerinitiative**; der **Bürgerkrieg** (Krieg innerhalb eines Staates); **bürgerlich** das bürgerliche Leben ABER → das **Bürgerliche** Gesetzbuch; der/die **Bürgermeister/-in**; **bürgernah**; das **Bürgerrecht**; die **Bürgerschaft** (Gesamtheit der Bürger); das **Bürgertum**; der **Burgfried** (Hauptturm einer Burg); der **Burgfrieden** (Friedensvereinbarung zwischen zwei Parteien); der **Burggraben**; die **Burgruine**; das **Burgverlies** (Kerker)

Bürge der, Bürgen: Bürge sein (für etwas einstehen); **bürgen** für jmdn. bürgen (einstehen); die **Bürgin**; die **Bürgschaft** Bürgschaft für jmdn. übernehmen

Burgenland das, *Ez.* <Bgld.>; der/die **Burgenländer/-in**; **burgenländisch** die Burgenländische Landesregierung

Burger [böaga] der, -: (Brot mit Fleischlaibchen)

Burka die, Burkas (Ganzkörperumhang)

Burli der/das, Burlis (*ugs. für* kleiner Bub)

Burn-out [böanaut] auch **Burnout** der, Burn-outs/Burnouts (Gefühl des Ausgebranntseins); das **Burn-out-Syndrom** auch Burnout-Syndrom

Büro das, Büros; das **Bürohaus**; der/die **Bürokrat/-in**; die **Bürokratie**; **bürokratisch** (genau nach Vorschrift); der **Bürokratismus** (pedantisches, engstirniges Denken und Handeln); der **Büroschluss**

burren die Kreissäge burrt (*mundartl. für* surrt dumpf)

Bursch auch **Bursche** der, Burschen (junger Mann); das **Bürschchen**; **burschikos** (burschenhaft)

Bürste die, Bürsten; die Schuhe mit einer Bürste säubern; **bürsten**; der/die **Bürstenbinder/-in**

Bürzel der, -: (Schwanzwurzel von Vögeln)

Bus der, Busse (*kurz für* Autobus, Omnibus); der **Busbahnhof**; der/die **Busfahrer/-in**; die **Bushaltestelle**; die **Buslinie**

Busch der, Büsche: *auf den Busch klopfen* (etwas vorsichtig erkunden); das **Büschel**; **büschelweise**; der **Buschen** ein Buschen (Bündel, Strauß) Kirschzweige; der/die **Buschenschank** (Lokal mit heurigem Wein) auch die Buschenschänke auch die Buschenschenke; **buschig**; das **Buschland**; der **Buschmann** (Angehöriger eines südwestafrikanischen Volkes); die **Buschmannfrau**; das **Buschmesser**; das **Buschwerk**; das **Buschwindröschen**

Busen der, -: (weibliche Brust); der/die **Busenfreund/-in** (enge/-r Freund/-in)

Business [bisnes] das, *Ez.* (Geschäft, Geschäftsleben)

Bussard der, Bussarde (Greifvogel)

büßen für seinen Leichtsinn büßen; die **Buße**; der/die **Büßer/-in**; das **Büßerhemd**; **bußfertig** (zur Reue bereit); das **Bußgebet**; die **Bußpredigt**; das **Bußsakrament**

Busse(r)l das, Busse(r)l/Busse(r)ln (*ugs. für* kleiner Kuss); **busseln** (küssen); das **Bussi**

Büste die, Büsten (Brustbild; Oberkörper); der **Büstenhalter**

Butler [batla] der, -: (ranghöchster Diener)

Butte die, Butten (großes Gefäß aus Holz); das **Büttenpapier** (handgeschöpftes Papier)

Butter die, *Ez.*: *es ist alles in Butter* (in Ordnung); die **Butterblume**; das **Butterbrot**; die **Butterdose**; das **Butterfass**; die **Buttermilch**; **buttern** (Butter herstellen); **butterweich**

Button [batn] der, Buttons (Schaltfläche)

Butz auch **Butzen** der, Butzen (Kerngehäuse des Apfels; Verdickung im Glas), *mit Butz und Stingel* (*ugs. für* alles, ganz und gar); die **Butzenscheibe** (kleine, runde Glasscheibe)

Butzerl auch **Putzerl** das, Butzerln (*ugs. für* Baby)

b. w. = **b**itte **w**enden

BWL = **B**etriebs**w**irtschafts**l**ehre

Bypass [baipas] der, Bypässe (Blutgefäßersatz); die **Bypassoperation**

Byte [bait] das, Bytes (EDV: Informationseinheit von 8 Bits)

BZÖ (**B**ündnis **Z**ukunft **Ö**sterreich); der/die **BZÖler/-in**

bzw. = **b**eziehungs**w**eise

C

C = Celsius; römisches Zeichen für die Zahl 100
ca. = circa auch zirka (ungefähr)
Cabaret [kabare] auch **Kabarett** das, Cabarets (Kleinkunstbühne)
Cabrio [k...] das, Cabrios (Pkw mit aufklappbarem Verdeck); das **Cabriolet** [kabriole]
CAD [kad, si e di] das, *Ez.* (computerunterstütztes Konstruieren)
Cadmium [k...] auch **Kadmium** das, *Ez.* (Metall)
Café [k...] das, Cafés (Kaffeehaus); die **Cafeteria**

das **Café**	ABER	der **Kaffee**

Calcium [kaltsium] auch **Kalzium** das, *Ez.* <Ca>
Callboy [kolboi] der, ...boys (männlicher Prostituierter); das **Callgirl** [kolgöal]
Camcorder [kämkoada] der, -: (Kamerarekorder)
Camp [kämp] das, Camps (Lager); **campen** wir haben am Meer gecampt; der/die **Camper/-in**; **campieren** [kampiren] auch kampieren; das **Camping** (Aufenthalt in Zelt oder Wohnwagen); der **Campingplatz**
Canaille [kanaij, kanailje] auch **Kanaille** die, Canaillen (niederträchtige Person, Schuft)
Canasta [k...] das, *Ez.* (Kartenspiel)
canceln [känsln] du cancelst, er hat gecancelt (abgesagt)
Cape [kep] das, Capes (ärmelloser Umhang)
Cappuccino [kaputschino] der, Cappuccino(s) (Kaffee mit aufgeschäumter Milch)
Capriccio [kapritscho] das, Capriccios (scherzhaftes Musikstück)
Caprice [kapris] auch **Kaprize** die, Capricen (Laune, Anwandlung)
Caravan [karawan, kärawän] der, Caravans (Wohnwagen)
Caritas [k...] die, *Ez.* (Hilfsorganisation) ABER → **Karitas** (Nächstenliebe)
Cartoon [katun] der/das, Cartoons (Karikatur); der/die **Cartoonist/-in** (Witzzeichner/-in)
Cash [käsch] das, *Ez.* (Bargeld, Barzahlung); der **Cashflow** (Reingewinn eines Unternehmens)
Casino auch Kasino das, Casinos (Offiziersraum, Spielbank)
Cäsium [ts...] das, *Ez.* <Cs> (Metall)
Casting [k...] das, Castings (Vorsprechen bei Theater oder Film)

Catering [ketaring] das, *Ez.* (Versorgung mit Essen)
CD [tsede] die, CDs (**C**ompact **D**isk); der **CD-Player** (CD-Spieler); die **CD-ROM** (Datenträger für Computer)
Cello [tschelo] das, Cellos/Celli (Violoncello); der/die **Cellist/-in**
Cellophan auch **Zellophan** das, *Ez.* (durchsichtige Folie)
Cellulite auch **Cellulitis** auch **Zellulitis** die, Celluliten/Cellulitiden (Bindegewebsschwäche, Orangenhaut)
Celluloid auch **Zelluloid** das, *Ez.* (durchsichtiger Kunststoff)
Cellulose auch **Zellulose** die, *Ez.* (Zellstoff)
Celsius [ts...] <C>: 8 Grad Celsius <8° C>
Cembalo [tschembalo] das, Cembalos/Cembali (Tasteninstrument)
Cent [sent, tsent] der, Cent(s) <c, ct> (Währungseinheit)
Center [senta] das, -: (Einkaufszentrum)
Chamäleon [k...] das, Chamäleons (Echsenart)
Champagner [schampanja] der, *Ez.* (französischer Schaumwein)
Champignon [schampinjõ] der, Champignons (Edelpilz)
Champion [tschämpjen] der, Champions (Meister in einer Sportart)
Chance [schãs] die, Chancen (Gelegenheit), bei jmdm. Chancen haben; **chancenlos**
Chanson [schãsõ] das, Chansons (Lied); die **Chansonnette** [schãsõnet] auch Chansonette; der **Chansonnier** [schãsõnje] auch Chansonier
Chaos [k...] das, *Ez.* (völliges Durcheinander); der/die **Chaot/-in**; **chaotisch**
Charakter [k...] der, Charaktere: der Charakter (Wesensart) eines Menschen; **charakterisieren** (kennzeichnen, beschreiben); die **Charakteristik** (Gesamtheit von Eigenschaften; Beschreibung); **charakteristisch**; **charakterlich**; **charakterlos**
Charge [scharsch(e)] die, Chargen (Amt, Rang, Dienstgrad)
Charisma [k...] das, Charismen/Charismata (besondere Ausstrahlung); **charismatisch**
charmant [scharmant] charmant (liebenswürdig) lächeln; der **Charme**; der/die **Charmeur/-in** [scharmöa(rin)]
Charta [k...] die, Chartas (Urkunde; Verfassungsgesetz)
Charterflug [tsch...] der, ...flüge (Flug mit

Charts → Club

gemietetem Flugzeug); **chartern**
Charts [tschats] die, *Mz.* (Hitliste)
Chassis [schasi] das, -: (Fahrgestell des Autos)
Chat [tschät] der, Chats (Echtzeit-Kommunikation im Internet); **chatten**; die **Chatiquette** [tschätiket] (Verhaltensregeln beim Chatten)
Chauffeur [schoföa] der, Chauffeure (Autolenker); die **Chauffeurin**; **chauffieren**
Chauvi [schowi] der, Chauvis (*kurz für* Chauvinist); der **Chauvinismus** (übersteigertes nationales Selbstwertgefühl; *abwertend für* Machogehabe); der/die **Chauvinist/-in**; **chauvinistisch**
¹**Check** [schek] *auch* **Scheck** der, Checks (bargeldloses Zahlungsmittel)
²**Check** [tschek] der, Checks (Kontrolle); **checken** (kontrollieren, *ugs. für* begreifen); die **Checkliste**; der **Checkpoint** (Kontrollpunkt)
Chef [schef] der, Chefs (Vorgesetzter, Leiter); der/die **Chefarzt/-ärztin**; die **Chefin**; der/die **Chefsekretär/-in**
Chemie [k...] die, *Ez.* (Wissenschaft von den Elementen und ihren Verbindungen); die **Chemikalie**; der/die **Chemiker/-in**; **chemisch**; die **Chemotherapie** (Behandlung bei Krebs)
chic [schik] *auch* **schick** der Hut ist chic ABER → ein schicker Hut; der **Chic** dieses Kleid hat Chic
Chicorée [schikore] der, Chicorées (Salat)
Chiffon [schifõ] der, Chiffone/Chiffons (feines Seidengewebe)
Chiffre [schifre, schifa] die, Chiffren (Kennziffer, Zeichen einer Geheimschrift); **chiffrieren** eine chiffrierte (verschlüsselte) Botschaft
Chile [tsch...] (Staat in Südamerika); der **Chilene**; die **Chilenin**; **chilenisch**
Chili [tsch...] der, Chilis (scharfer Paprika)
Chimäre [sch...] *auch* **Schimäre** die, Chimären (Trugbild)
China [k...] (Land in Ostasien); der **Chinakohl** (Salat); der **Chinese**; die **Chinesin**; **chinesisch** die chinesische Sprache ABER → die Chinesische Mauer
Chinin [k...] das, *Ez.* (Mittel gegen Fieber)
Chip [tschip] der, Chips (Spielmarke; Computerteilchen; Kartoffelchip); die **Chipkarte**
Chirurg [k...] der, Chirurgen (Facharzt für Operationen); die **Chirurgie**; die **Chirurgin**; **chirurgisch** ein chirurgischer Eingriff (Operation)
Chlor [k...] das, *Ez.* (chemischer Grundstoff); **chloren** gechlortes Wasser; das **Chlorid** (Verbindung mit Chlor); das **Chlorit** (Mineral); das **Chloroform** (Betäubungsmittel); **chlo**-

roformieren; das **Chlorophyll** (Blattgrün)
Cholera [k...] die, *Ez.* (Infektionskrankheit); die **Choleraepidemie**
Choleriker [k...] der, -: (aufbrausender Mensch); **cholerisch**
Cholesterin [k...] das, *Ez.* (Blutfett)
Chor [koa] der, Chöre (Sängerschar; mehrstimmiger Gesang; Kirchenraum mit Altar), im Chor singen; der **Choral** (Kirchenlied); der **Chorgesang**; die **Chormusik**
Choreografie [k...] *auch* **Choreographie** die, Choreografien (Tanzgestaltung)
Christ [k...] der, Christen; die **Christenheit**; das **Christentum**; **christianisieren**; das **Christkind** *auch* das Christkindl; **christlich**; der **Christstollen** (Mehlspeise); **Christus** (der Erlöser), vor Christi Geburt <v. Chr.>, nach Christi Geburt <n. Chr.>
Chrom [k...] das, *Ez.* (Metall)
Chromosom [k...] das, Chromosomen (Träger der Erbanlagen)
Chronik [k...] die, Chroniken (Aufzeichnung geschichtlicher Ereignisse); **chronisch** ein chronisches (bleibendes) Leiden, chronischer (ständiger) Geldmangel; der/die **Chronist/-in** (Verfasser/-in einer Chronik); die **Chronologie** (zeitliche Abfolge); **chronologisch** etwas chronologisch (zeitlich) ordnen
Chrysantheme [krüsanteme] die, Chrysanthemen (Herbstblume)
ciao! [tschau] *auch* **tschau**
circa [tsirka] *auch* **zirka** *Adv.* <ca.> (ungefähr)
Circus [ts...] *auch* **Zirkus** der, Circusse
City [siti] die, Citys (Stadtzentrum)
Clan [klän, klan] *auch* **Klan** der, Clane (Familiensippe; Anhängerschaft)
clean [klin] (nicht mehr drogensüchtig)
clever [klewa] ein cleverer (schlauer, gerissener) Mann; die **Cleverness** (Gewitztheit)
Clinch [klinsch] der, Clinch(e)s (Umklammerung des Gegners beim Boxen), *mit jmdm. im Clinch liegen* (streiten)
Clip [klip] *auch* **Clips** *auch* **Klipp** *auch* **Klips** der, Clips (Ohrschmuck, *kurz für* Videoclip)
Clique [klik] die, Cliquen (Bande; Freundeskreis)
Clou [klu] der, Clous (Glanzpunkt, Gag)
Cloud [klaud] die, Clouds (Netzwerk mehrerer örtlich verteilter Computer); das **Cloud-Computing** *auch* **Cloudcomputing** (Nutzen von Informationstechnologie in einer Cloud)
Clown [klaun] der, Clowns (Spaßmacher); **clownesk**
Club [k...] *auch* **Klub** der, Clubs (Verein); das

Clubbing [klą…] (Tanzveranstaltung)
Cluster [klạsta] der, -: (aus Einzelteilen bestehendes Gesamtsystem)
cm = Zentimeter
CO_2 [tseozwai̯] das, *Ez.* = Kohlendioxid
Coach [kou̯tsch] der, Coaches (Trainer/-in); **coachen** einen Sportler coachen
Cockpit [k…] das, Cockpits (Pilotenkabine)
Cocktail [kọkte̱l] der, Cocktails (alkoholisches Getränk); das **Cocktailkleid** (elegantes Kleid)
Code [ko̱d] auch **Kode** der, Codes (Zeichensystem, Geheimzeichen); **codieren** auch kodieren
Codex [k…] auch **Kodex** der, Codices/Kodexe (Buch mit alten Handschriften; Gesetzessammlung)
Coffein [k…] auch **Koffein** das, *Ez.* (anregende Substanz in Tee und Kaffee)
Cognac [kọnjak] auch **Kognak** der, Cognaks (französischer Weinbrand)
Coiffeur [koafö̱a] der, Coiffeure (Friseur); die **Coiffeuse** [koafö̱s(e)]
Collage [kolạsch(e)] die, Collagen (geklebtes Bild aus verschiedenen Bestandteilen)
College [kọlitsch] das, Colleges (Fachhochschule)
Collie [kọli] der, Collies (Hunderasse)
Collier [kolje̱] das, Colliers (Halsschmuck)
Colt [k…] der, Colts (Revolver)
Comeback [kạmbäk] auch **Come-back** das, Comebacks (erfolgreiche Wiederkehr z.B. eines Musikers)
Comic [kọmik] der, Comics (*kurz für* Comicstrip); das **Comicheft**; der **Comicstrip** (Bildgeschichte mit Sprechblasen)
Compact Disc [kọmpäkt…] auch **Compact Disk** die, …discs <CD> (Speichermedium)
Computer [kompju̱ta] der, -; das **Computerspiel**
Conférencier [konferäsje̱] der, Conferenciers (Ansager bei Unterhaltungsveranstaltung); die **Conférencieuse** […siö̱se]
Consulting [konsạlting] das, Consultings (Beratung)
Container [konte̱na] der, -: (Großbehälter); das **Containerschiff**
contra [kọntra] auch **kontra** (gegen)
cool [ku̱l] (überlegen, ruhig, *ugs. für* lässig)
Copyright [kọpirai̯t] das, …rights (Urheberrecht)
Cord [k…] auch **Kord** der, Corde/Cords (Stoff)
Corner [kọana] der, -: (Ecke/Eckball im Fußball)
Corps [koa̱] auch **Korps** das, -: (militärischer Truppenverband), das diplomatische Corps (alle Diplomaten, die ein Land vertreten)
Cosinus auch **Kosinus** der, Cosinusse <cos> (Winkelfunktion)
Couch [kau̯tsch] die, Couchen (Liege, Sofa)
Countdown [kau̯ntdau̯n] auch **Count-down** der, …downs (Zeitzählung bis zum Start)
Countrymusic [kạntrimju̱sik] die, *Ez.* (amerikanische Volksmusik)
Coup [ku̱] der, Coups (kühnes Unternehmen, Streich), *einen Coup landen* (etwas erfolgreich ausführen)
Coupé [kupe̱] das, Coupés (sportliches Auto; *veraltet für* Zugabteil)
Couplet [kuple̱] das, Couplets (satirisches Lied)
Coupon [kupõ̱] auch **Kupon** der, Coupons (Abschnitt, Schein)
Courage [kurạsch(e)] die, *Ez.* (Unerschrockenheit); **couragiert** (beherzt)
Cousin [kuse̱] der, Cousins (Sohn der Tante oder des Onkels); die **Cousine** [kusi̱ne] auch Kusine
Cover [kạwa] das, -/Covers (Titelseite); das **Covergirl** [kạwagöal] (Mädchen auf der Titelseite)
Cowboy [kau̯boi̯] der, …boys (reitender Rinderhirt); das **Cowgirl**
Crash [kräsch] der, Crashs (heftiger Zusammenstoß); der **Crashtest**
crawlen [krọlen] auch **kraulen**
Credo auch **Kredo** das, Credos ((christliches) Glaubensbekenntnis)
Creme [kre̱m(e)] auch **Crème** die, Cremen/Cremes (Salbe; Süßspeise), die Creme der Gesellschaft (oberste Gesellschaftsschicht) ABER → das **Creme** (Farbe); **creme** (mattgelb); **cremefarben**; **cremen** die Schuhe cremen; **cremig**
Crew [kru̱] die, Crews: eine gute Crew (Besatzung, Mannschaft) an Bord haben
Crux [k…] auch **Krux** die, *Ez.* (Schwierigkeit), die Krux bei der Sache ist …
Cup [kạp] der, Cups (Pokal; Wettbewerb)
Curry [kö̱ri/kạri] der, Currys (Gewürz; Speise)
Cursor [kö̱asa] der, -: (Positionszeichen auf dem Bildschirm)
cutten [kạten] (schneiden); der/die **Cutter/-in** (Schnittmeister/-in beim Film)
Cyberspace [sai̯baspes] der/das, …spaces (von Computern erzeugte virtuelle Welt); die **Cyberkriminalität** (Straftaten mittels PC oder Internet); **Cybermobbing** (Schickanieren von Personen über das Internet)

D

da *Adv.:* da ist mein Haus, da sein ABER → das Dasein, hie(r) und da, von da an, da gehe ich lieber; *Konj.:* da (weil) ich krank bin; **dabehalten** (▶ halten); **dableiben** (▶ bleiben) (nicht fortgehen) ABER → da (an diesem Ort) bleiben; **dalassen** (▶ lassen) (hier behalten); **dasitzen** (▶ sitzen) (untätig herumsitzen) ABER → da (hier) sitzen; **dastehen** (▶ stehen) vor jmdm. schlecht dastehen (einen schlechten Eindruck machen)

du musst **da** (an diesem Ort) **bleiben**	ABER	er kann nicht **dableiben**
er kann den Koffer nicht **da** (an dieser Stelle) **lassen**	ABER	willst du es mir **dalassen**?
er bleibt **da** (an diesem Ort) **sitzen**	ABER	sie kann nur **dasitzen**
bleib **da** (an diesem Ort) **stehen**	ABER	wie wird er vor ihnen **dastehen**

d.Ä. = der Ältere
dabei *Adv.:* dabei sein ABER → das **Dabeisein**, es ist nichts dabei; **dabeibleiben** (▶ bleiben) (bei etwas verweilen)

der Zeuge wird **dabei** (bei seiner Meinung) **bleiben**	ABER	**dabeibleiben** (bei etwas verweilen)
sie möchte **dabei** (bei der Arbeit) **sitzen**	ABER	**dabeisitzen** (sitzend dabei sein)
dabei (bei der Arbeit) **stehen**	ABER	**dabeistehen** (stehend dabei sein)

da capo [da kapo] (noch einmal von Anfang an); das **Dacapo** (Wiederholung)
Dach das, Dächer: *eine aufs Dach bekommen* (*ugs. für* getadelt werden), *unter Dach und Fach sein* (erledigt sein), *kein Dach über dem Kopf haben* (ohne Unterkunft sein); der/die **Dachdecker/-in**; die **Dachgleiche** (Richtfest); die **Dachorganisation** (übergeordnete Organisation); die **Dachrinne**; der **Dachschaden** *einen Dachschaden haben* (*ugs. abwertend für* schwachsinnig sein)
Dachs der, Dachse (Marder)
Dachtel *auch* Tachtel die, Dachteln (*ugs. für* Ohrfeige)

Dackel der, -: (Hunderasse)
Dadaismus der, *Ez.* (Stilrichtung der Kunst)
dadurch *Adv.:* nur dadurch konnte das passieren ABER → ich muss da durch; *Konj.:* dadurch, dass …
dafür *Adv.:* dafür sein (zustimmen), sich dafür einsetzen; *Konj.:* er ist klein, dafür aber schnell; das **Dafürhalten** nach meinem Dafürhalten (Ansicht); **dafürkönnen** (▶ können) nichts dafürkönnen ABER → dafür können wir nichts; **dafürstehen** (▶ stehen) es steht nicht dafür (lohnt sich nicht)
dag = Dekagramm
dagegen *Adv.:* dagegen sein, etwas dagegen haben, sie dagegen (aber) fuhr mit der Bahn; **dagegenhalten** (▶ halten) (etwas einwenden) ABER → etwas dagegen (gegen das Licht) halten; **dagegensetzen** etwas dagegensetzen (eine andere Meinung vorbringen); sich **dagegenstellen**; **dagegenwirken**
daheim *Adv.:* von daheim, daheim sein; das **Daheim**; **daheimbleiben** (▶ bleiben); der/die **Daheimgebliebene**
daher *Adv.:* von daher ist er gekommen; *Konj.:* daher (deshalb) kann ich nicht bleiben; **daherkommen** (▶ kommen) wie du wieder daherkommst (*ugs. für* aussiehst) ABER → daher (deswegen) kommen wir nicht; **daherreden** (*ugs. für* unüberlegt äußern)
dahin *Adv.:* bis dahin, er raste dahin, da- und dorthin, dahin sein (*geh. für* verloren sein); **dahinab** *Adv.;* **dahinauf** *Adv.;* **dahinaus** *Adv.;* **dahinein** *Adv.;* **dahinfliegen** (▶ fliegen) die Zeit fliegt dahin (vergeht schnell) ABER→ dahin (dorthin) fliegen; **dahingehen** (▶ gehen) (vergehen, sterben), er äußerte sich dahin gehend *auch* dahingehend, dass …; **dahingestellt** es sei dahingestellt (ist fraglich), ob ich komme ABER → er hat sich dahin (an diesen Platz) gestellt; **dahinraffen** die Seuche hat viele dahingerafft (getötet); **dahinsagen** (beiläufig sagen); sich **dahinschleppen**; **dahinsiechen**; **dahinunter** *Adv.;* **dahinwursteln** (*ugs. für* unergiebig, ziellos arbeiten)
dahinten *Adv.:* dahinten musst du nachsehen
dahinter *Adv.:* das Dorf liegt dahinter, es ist nichts weiter dahinter; sich **dahinterklemmen** (um etwas bemühen); **dahinterkommen** (erfahren)
Dalmatien [dalmatsien] (Küstenregion im Mittelmeerraum)

damalig sein damaliger Lehrer; **damals** Adv. (zu jener Zeit, einst)

| der Mann, der **dahinter** (hinter dem Auto) **steht** | ABER | der Mann, der **dahintersteht** (der etwas veranlasst hat) |

Damast der, Damaste (feiner Stoff mit gewebtem Muster); **damasten** (aus Damast)

Dame die, Damen (vornehme Frau; höfliche Anrede); **damenhaft**; die **Damenmannschaft**; das **Damespiel** (Brettspiel)

Damhirsch der, Damhirsche (Hirschart); das **Damwild**

damisch (ugs. für verrückt), ich bin ganz damisch (benommen)

damit Adv.: damit (mit dieser Sache) habe ich nichts zu tun, damit (deshalb) fällt die Wanderung aus; Konj.: ich bleibe, damit du nicht allein bist

dämlich dämliche (dumme) Fragen

Damm der, Dämme: einen Damm (Deich) bauen, *nicht auf dem Damm* (nicht gesund) *sein*

dämmen (isolieren); das **Dämmmaterial** auch Dämm-Material; die **Dämmung**

dämm(e)rig; das **Dämmerlicht**; **dämmern** der Morgen dämmert, es dämmert mir (ich fange an zu begreifen), er dämmert vor sich hin (ist nicht richtig bei Bewusstsein); der **Dämmerschlaf** (Halbschlaf); die **Dämmerung** (Halbdunkel zwischen Tag und Nacht)

Damoklesschwert das, Ez.: wie ein Damoklesschwert über jmdm. hängen (eine ständige Gefahr sein)

Dämon der, Dämonen: von einem Dämon (bösen Geist) besessen sein; **dämonisch** (unheimlich, teuflisch)

Dampf der, Dämpfe: *Dampf ablassen* (ugs. für seinen Ärger abreagieren), *jmdm. Dampf machen* (ugs. für ihn antreiben); **dampfen** dampfend heiß sein; der **Dampfer** (kurz für Dampfschiff), *auf dem falschen Dampfer sein* (Unrecht haben); das **Dampfl** (Vorteig mit Hefe); die **Dampfschifffahrt**

dämpfen Gemüse dämpfen, seine Stimme dämpfen; der **Dämpfer** *einen Dämpfer bekommen* (zurechtgewiesen werden)

danach auch **darnach** Adv.: sich danach sehnen, bald danach, es sieht gar nicht danach aus; das **Danach**

Danaergeschenk das, ...geschenke (unheilvolles Geschenk)

Dandy [dändi] der, Dandys (betont modischer Mann); **dandyhaft**

daneben Adv.: daneben stehen Stühle; sich **danebenbenehmen** (▸ nehmen) (ugs. für sich unpassend benehmen); **danebengehen** (▸ gehen) (ugs. für misslingen) ABER → sie ist daneben (neben etwas) gegangen; **danebengreifen** (▸ greifen) (sich vertun); **danebenliegen** (▸ liegen) (sich irren) ABER → daneben (neben etwas) liegen; **danebenstehen** (ugs. für nicht begreifen)

Dänemark (Staat in Nordeuropa); der **Däne**; die **Dänin**; **dänisch**

daniederliegen auch **darniederliegen** (▸ liegen) die Wirtschaft des Landes liegt danieder (ist in schlechtem Zustand)

dank Präp.+Gen./Dat.: dank seines Fleißes/ dank seinem Fleiß; der **Dank** tausend Dank!, Gott sei Dank!; **dankbar** dankbare Menschen, eine dankbare (lohnende) Aufgabe; die **Dankbarkeit**; **danke** nein danke!, danke schön auch Danke schön; **danken**; **dankenswert**; **dankenswerterweise** Adv.; das **Dankeschön**; die **Dankesworte**; **danksagen** auch Dank sagen

dann Adv.: bis dann, dann und wann (manchmal); Konj.: wenn du das tust, dann …; **dannen** Adv.: von dannen gehen (geh. für weggehen)

daran Adv.: daran teilnehmen, daran wird sich nichts mehr ändern, ich war nahe daran zu weinen, gut daran tun; **darangehen** auch drangehen (ugs.) (▸ gehen) (mit etwas beginnen); sich **daranmachen** auch dranmachen (ugs.) (beginnen) ABER → etwas daran (an einer Sache) machen; **daransetzen** auch dransetzen (ugs.) er will alles daransetzen (sich für etwas einsetzen); **dran** Adv. (ugs.)

darauf Adv.: am Tag darauf, darauf drängen, am darauf folgenden auch darauffolgenden Tag, es kommt darauf an ABER → genau darauf kommt es an; **daraufhin** Adv.: daraufhin (danach) versuchte er es wieder, etwas genau daraufhin testen; **drauf** Adv. (ugs.)

daraus Adv.: daraus folgt, daraus lernen, sich nichts daraus machen; **draus** Adv. (ugs.)

darben (Mangel haben, Not leiden)

darbieten (▸ bieten) (vorführen); die **Darbietung** eine musikalische Darbietung

darbringen (▸ bringen) ein Opfer darbringen

darein *Adv.* (*geh., veraltet*): sich darein ergeben; sich **dareinfinden** (▶ finden); **dareinreden**; **dareinsetzen** seinen Ehrgeiz dareinsetzen ABER → sich darein (in den Sessel) setzen; **drein** *Adv.* (*ugs.*); sich **dreinmischen**

darin *Adv.*: was ist darin?, darin (in diesem Punkt) hat er recht; **darinnen** *Adv.* (*geh.*) auch **drinnen**; **drin** *Adv.* (*ugs.*)

darlegen seine Meinung darlegen

Darlehen das, -: ein Darlehen aufnehmen/gewähren (sich Geld ausleihen/Geld herborgen)

Darm der, Därme (Körperorgan); die **Darmflora** (Bakterien im Darm)

darnach *Adv.* (danach)

darneben *Adv.* (daneben)

darniederliegen auch daniederliegen (▶ liegen) krank da(r)niederliegen

darstellen ein Erlebnis darstellen (schildern), sie stellt etwas dar (ist beeindruckend), die darstellende Kunst (Schauspielerei, Tanzkunst); der/die **Darsteller/-in**; die **Darstellung**

Dart der, Darts (Wurfpfeil); das **Darts** (englisches Wurfspiel)

dartun (▶ tun) seine Gründe dartun (erklären)

darüber auch **drüber** *Adv.* (*ugs.*) ein Bild hängt darüber, darüber hinaus, darüber reden, darüber hinwegsehen, darüber (dabei) einschlafen; **darüberfahren** (▶ fahren) mit der Hand darüberfahren; sich **darübermachen** (beginnen); **darüberstehen** (erhaben sein) auch **drüberstehen**

darum *Adv.*: darum (um dieses) bitten, darum herumreden, sie ist darum (deswegen) gekommen; *Konj.*: darum (deshalb) bleibe ich; **drum** *Adv.* (*ugs.*)

darunter *Adv.*: darunter (unter etwas) liegen, darunter (hierunter) leiden, sich nichts darunter vorstellen können; **darunterfallen** (dazugehören) ABER → darunter (unter das Bett) fallen; **drunter** *Adv. ugs.*

das *Art.*: das Bett; *Pron.*: das heißt <d.h.>, das ist <d.i.> (das bedeutet), ein Kind, das (welches) nicht folgt; **dasjenige** er nimmt dasjenige Auto, das ihm gefällt; **dasselbe** ein und dasselbe

das Bett	ABER	ich glaube, **dass**

dasitzen (▶ sitzen) wir können nur dasitzen (herumsitzen) ABER → wir können da (auf diesem Platz) sitzen

dass ich hoffe, dass ..., dass du nur bald kommst!, so dass auch **sodass**, auf dass, ohne dass; der **Dasssatz** auch **dass-Satz**

Date [det] das, Dates (Verabredung)

Datei die, Dateien (Datensammlung)

Daten die, *Mz.* (Einzelheiten, Angaben), Daten verarbeitende auch datenverarbeitende Maschinen (Computer); der **Datenschutz**; die **Datenautobahn** (Internet)

datieren (mit einer Zeitangabe versehen)

Dativ der, Dative (Wemfall, 3. Fall, z.B. „dem Vater"); das **Dativobjekt** (Objekt im 3. Fall, z.B. „das Buch gehört der Schule")

Datscha die, Datschas/Datschen (Landhaus)

Dätschen auch **Tätschen** auch **Detschen** auch **Tetschen** die, -: (*mundartl. für* Ohrfeige)

Dattel die, Datteln (süße Frucht)

Datum das, Daten (Zeitpunkt, Tagesangabe)

Daube die, Dauben (Seitenbrett bei einem Fass; Holzwürfel beim Eisschießen)

Dauer die, *Ez.*: auf die Dauer (für längere Zeit); der **Dauerauftrag** (regelmäßige Abbuchung vom Konto); der **Dauerbrenner** (Film o.Ä. mit lang anhaltendem Erfolg); **dauerhaft** (beständig); der **Dauerlauf**

¹**dauern** es dauert lange; **dauernd** eine dauernde (ständige) Gefahr; die **Dauerwelle** (künstliche Locken); der **Dauerzustand**

²**dauern** die Frau dauerte mich (*geh. für* tat mir leid)

Daumen der, -: etwas über den Daumen peilen (ungefähr schätzen), jmdm. den Daumen halten (Erfolg wünschen); **daumendick** ABER → zwei Daumen dick; die **Daumenschraube** (Folterinstrument) jmdm. Daumenschrauben anlegen (ihn unter Druck setzen); der **Däumling** (Märchenfigur)

Daune die, Daunen (Flaumfeder); die **Daunenjacke**

davon *Adv.*: auf und davon, nicht weit davon (entfernt), nichts davon haben, davon abhängen; **davoneilen**; **davongehen** (▶ gehen); **davonkommen** (▶ kommen) (entrinnen, Glück haben) ABER → davon kommt alles Übel; **davonlaufen** (▶ laufen) sie will davonlaufen ABER → zum Davonlaufen sein (unerträglich sein); sich **davonmachen** ABER → davon macht sie ein Foto; **davontragen** (▶ tragen) Verletzte davontragen, den Sieg davontragen

davor *Adv.*: lange davor (vorher), davor bewahren, davor fürchte ich mich, schweigend davor (vor dem Grab) stehen

DaZ = Deutsch als Zweitsprache
dazu *Adv.:* dazu (hierzu) etwas sagen, dazu gehören zwei; **dazubekommen** (▶ kommen) (hinzubekommen); **dazugeben** (▶ geben); **dazugehören** er möchte auch dazugehören ABER → dazu gehört viel Mut; **dazugehörig**; **dazukommen** (▶ kommen) er will später dazukommen, ich bin nicht dazugekommen (habe dafür keine Zeit gehabt) ABER → wie konnte es nur dazu kommen?; **dazulernen**; **dazumal** *Adv.* (damals); **dazuschauen** (*ugs. für* sich bemühen); **dazutun** (▶ tun) (ergänzen); das **Dazutun** ohne sein Dazutun (ohne seine Unterstützung); **dazuverdienen**
dazwischen *Adv.:* dazwischen liegt das Meer; **dazwischenfahren** (▶ fahren) (einschreiten) ABER → dazwischen fahren Autos; **dazwischenkommen** (▶ kommen) es ist etwas dazwischengekommen ABER → dazwischen kommen andere Beispiele; **dazwischenreden**; **dazwischenrufen** (▶ rufen) du sollst nicht dazwischenrufen ABER → dazwischen rufen immer wieder Kurden an; **dazwischentreten** (▶ treten) (sich einmischen)
dB = Dezibel
DDR die = (frühere) **D**eutsche **D**emokratische **R**epublik; der/die **DDR-Bürger/-in**
DDr. auch **Dr. Dr.** (zweifache/-r Doktor/-in)
D-Dur <D> (Tonart), in D-Dur; die **D-Dur-Tonleiter**
Deadline [dɛdlain] die, ...lines (Endtermin)
Deal [di:l] der, Deals (*ugs. für* Handel, Geschäft), *einen guten Deal machen*; **dealen** (mit Drogen handeln); der/die **Dealer/-in** (Drogenhändler/-in)
Debakel das, -: (blamable Niederlage)
Debatte die, Debatten (Streitgespräch, Erörterung), *etwas zur Debatte stellen* (vorschlagen); **debattieren**
debil (schwachsinnig); die **Debilität**
Debüt [debyː] das, Debüts (erster Auftritt); der/die **Debütant/-in**
Dechant der, Dechanten (höherer katholischer Geistlicher)
dechiffrieren [deʃifriːrən] (entschlüsseln)
Deck das, Decks/Decke (Stockwerk auf einem Schiff), *alle Mann an Deck!*
Decke die, Decken: die Decke (Zimmerdecke) weißen, *an die Decke gehen* (*ugs. für* wütend werden), *sich nach der Decke strecken* (*ugs. für* sich bescheidenen Verhältnissen anpassen), sich in eine warme Decke wickeln, *mit jmdm. unter einer Decke stecken* (*ugs. für* gemeinsame Sache machen); der **Deckel** (Verschluss; Bucheinband), *eine auf den Deckel bekommen* (*ugs. für* gerügt werden)
decken den Tisch decken, den Stürmer decken (bewachen), den Bedarf an Lebensmitteln decken, seine Meinung deckt sich mit ihrer, Dreiecke decken (gleichen) sich, ein nicht gedeckter Scheck; der **Deckmantel** (Vorwand); der **Deckname** (falscher Name); die **Deckung** in Deckung gehen; **deckungsgleich**
decodieren auch **dekodieren** (entschlüsseln)
de facto [de fakto] (tatsächlich)
Defekt der, Defekte (Schaden, Panne); **defekt** eine defekte Leitung
Defensive die, *Ez.* (Abwehr, Verteidigung); **defensiv** defensiv (rücksichtsvoll) fahren
definieren einen Begriff definieren (bestimmen); die **Definition** [...tsion] (Begriffsbestimmung); **definitiv** (endgültig)
Defizit das, Defizite (Fehlbetrag, Mangel); **defizitär**
Deflation [...tsion] die, Deflationen (Sinken des Preisniveaus bei schlechter Wirtschaftslage)
Deformation [...tsion] die, Deformationen (Verformung, Missbildung); **deformieren**
deftig (kräftig, derb)
Degen der, -: (Hieb- und Stichwaffe); das **Degenfechten**
Degeneration [...tsion] die, *Ez.* (Entartung, Verfall); **degeneriert**
degradieren (herabsetzen)
dehnen die Muskeln nach dem Sport dehnen, das Gespräch dehnte sich; **dehnbar** ein dehnbarer (vieldeutiger) Begriff; die **Dehnung**

etwas **dehnen**	ABER	**denen** werde ich es zeigen

Deich der, Deiche (Schutzdamm gegen Überschwemmungen)
Deichsel die, Deichseln (Wagenstange zum Anspannen von Zugtieren); **deichseln** *er wird es schon deichseln* (*ugs. für* schaffen)
dein dein Geld, viele Grüße dein auch Dein Peter (in Briefen), das deine auch das Deine leisten, die deinen (deine Angehörigen) auch die Deinen ABER → *Dein und Mein nicht unterscheiden können* (stehlen); **deinerseits** *Adv.;* **deinesgleichen**; **deinetwegen** *Adv.;* **deinetwillen** *Adv.:* um deinetwillen; das

Deinige rette das Deinige (deine Habe) auch das deinige

Dekade die, Dekaden (Zeitraum von zehn Tagen, Jahren etc.); das **Deka** (*kurz für* Dekagramm); das **Dekagramm** <dag> (10 Gramm)

dekadent eine dekadente (im Verfall begriffene) Gesellschaft; die **Dekadenz**

Dekan der, Dekane (geistlicher Würdenträger; Vorsteher einer Universitätsfakultät); das **Dekanat** (Amt des Dekans; katholischer Kirchenbezirk); die **Dekanin**

Deklamation [...tsion] die, ...tionen (Vortrag); **deklamieren** ein Gedicht deklamieren (feierlich aufsagen)

Deklaration [...tsion] die, ...tionen (Erklärung, Wert- oder Inhaltsangabe); **deklarieren** Waren (beim Zoll) deklarieren

deklassieren (herabsetzen)

Deklination [...tsion] die, Deklinationen (Beugung von Wörtern, z.B. „der Vater – des Vaters"); **deklinierbar**; **deklinieren**

dekodieren auch **decodieren** (entschlüsseln)

Dekolletee [dekolte] auch **Dekolleté** das, Dekolletees (Kleidausschnitt); dekolletiert

Dekor der/das, Dekors (Verzierung, Muster); der/die **Dekorateur/-in** [...törin] (Ausstatter/-in von Räumen oder Auslagen); die **Dekoration** [...tsion]; **dekorativ**; **dekorieren** den Tisch dekorieren, einen Helden dekorieren (ihm einen Orden verleihen)

Dekret das, Dekrete; ein Dekret (Verordnung) erlassen

Delegation [...tsion] die, Delegationen (Abordnung); **delegieren** jmdn. in einen Ausschuss delegieren (entsenden), an jmdn. eine Aufgabe delegieren (übertragen); der/die **Delegierte**

Delfin auch **Delphin** der, Delfine (Meeressäugetier); das **Delfinschwimmen** auch Delphinschwimmen (Schwimmstil); **delfinschwimmen** auch Delfin schwimmen auch delphinschwimmen auch Delphin schwimmen

delikat ein delikates (köstliches) Essen, eine delikate (mit Feingefühl zu behandelnde) Frage; die **Delikatesse** (Leckerbissen)

Delikt das, Delikte (Vergehen, Straftat); der/die **Delinquent/-in** (Verbrecher/-in)

Delirium das, Delirien (Fieber-, Rauschzustand)

Delle die, Dellen (leichte Einbeulung, Vertiefung)

delogieren [deloschiren] jmdn. delogieren (zum Ausziehen zwingen); die **Delogierung**

Delphin auch **Delfin** der, Delphine (Meeressäugetier); das **Delphinschwimmen** auch Delfinschwimmen (Schwimmstil)

Delta das, Deltas (verzweigte Mündung eines Flusses); **deltaförmig**; das **Deltoid** (geometrische Figur)

dem *Art.:* mit dem Bruder; *Pron.:* dem hat sie es gezeigt; **dementsprechend**; **demgegenüber** *Adv.* (im Vergleich); **demgemäß** *Adv.*; **demnach** *Adv.*; **demnächst** *Adv.*; **demzufolge** *Adv.*

Demagoge der, ...gogen (Volksaufwiegler); die **Demagogie** (Verführung des Volkes, politische Hetze); die **Demagogin**; **demagogisch**

demaskieren (entlarven)

Dementi das, Dementis (Berichtigung, Widerruf); **dementieren** eine Meldung dementieren

Demo die, Demos (*kurz für* Demonstration); der/die **Demonstrant/-in**; die **Demonstration** [...tsion] (Protestkundgebung, Beweisführung); **demonstrativ** (betont auffällig); das **Demonstrativpronomen** (hinweisendes Fürwort, z.B. „dieser, jene"); **demonstrieren**

Demokratie die, Demokratien (Staatsform der Volksherrschaft); der/die **Demokrat/-in**; **demokratisch**; **demokratisieren**

demolieren die Wohnung demolieren (beschädigen), ein Gebäude demolieren (abreißen); die **Demolierung**

Demontage [demontasch(e)] die, Demontagen (Abbruch, Abbau); **demontieren**

demoralisieren (entmutigen)

Demoskopie die, *Ez.* (Meinungsforschung); **demoskopisch**

Demut die, *Ez.* (Opferbereitschaft, Bescheidenheit); **demütig**; **demütigen** (erniedrigen); die **Demütigung**; **demutsvoll**

den *Art.:* er fand den Schatz; *Pron.:* der Hund, den (welchen) er sieht, den (diesen) meine ich

denen einer von denen

> einer von **denen**   ABER   das Band **dehnen**

dengeln ich dengle (schärfe) die Sense

denken sie denkt an ihn, er dachte, sie hat gedacht, etwas gibt jmdm. zu denken; **denkbar** denkbar (sehr) ungünstig, ein denkbares (mögliches) Ergebnis; der/die **Denker/-in**

(Philosoph/-in); **denkfaul**; der **Denkfehler**; das **Denkmal** jmdm. ein Denkmal setzen; die **Denkpause**; **denkwürdig** ein denkwürdiges (bedeutendes) Ereignis; der **Denkzettel** jmdm. einen Denkzettel verpassen (ihn strafen)

denn Konj.: ich gehe, denn es ist spät; Part.: was kann ich denn (eigentlich) dafür, es sei denn, mehr denn je

dennoch Adv. (trotzdem)

Dentist der, Dentisten (Zahnbehandler); die **Dentistin**

Denunziant der, Denunzianten (Verräter); die **Denunziantin**; **denunzieren** (anzeigen, verraten, anschwärzen)

Deo das, Deos (kurz für Deodorant)

Deodorant [deodorā] auch **Desodorant** das, Deodorants (Mittel gegen Körpergeruch); der **Deoroller**; der **Deospray**

Departement [departemā] das, ...ments (Abteilung; Verwaltungsbezirk in Frankreich)

deplatziert eine deplatzierte (unpassende) Bemerkung

Deponie die, Deponien (Müllablagerplatz); **deponieren** (zur Aufbewahrung geben, hinterlegen); das **Depot** [depo] (Lager)

Deportation [...tsion] die, Deportationen (Verschleppung); **deportieren** (verschleppen, verbannen); der/die **Deportierte**

Depp auch **Tepp** der, Deppen (ugs. für Dummkopf); **deppert** auch **teppert** (ugs. für einfältig)

Depression die, Depressionen (Niedergeschlagenheit); **depressiv**; **deprimieren** ein deprimierendes (entmutigendes) Ereignis; **deprimiert** (niedergeschlagen, entmutigt)

der Art.: der Vater; Pron.: ausgerechnet der (dieser) Mann, der (welcher) lacht; **derart** Adv.; **derartig** derartige Dinge mache ich nicht ABER → etwas Derartiges; **dereinst** Adv. (später, einst); **derentwegen** Adv.; **derentwillen** Adv.; **dergestalt** Adv. (so, derart); **dergleichen** dergleichen Dinge geschehen; **derjenige**; **dermaßen** Adv. (so sehr, derart); **derselbe** derselbe Mann, ein und derselbe; **derweil(en)** Adv. (einstweilen, während); **derzeit** Adv. (augenblicklich, gegenwärtig, zurzeit); **derzeitig** (aktuell)

derb derbes (grobes) Leder, ein derber (unfeiner) Witz

Derby [dabi, döabi] das, Derbys (Pferderennen)

deren alle Frauen und deren Kinder

Derivat [deriwat] das, Derivate (abgeleitete chemische Verbindung)

Derwisch der, Derwische (islamischer Mönch)

des Art.: der Vater des Kindes; **desgleichen** Adv. (geh. für ebenso, ebenfalls); **deshalb** Adv.; **deswegen** Adv.

Desaster das, -: (großes Unglück)

Deserteur [desertöa] der, Deserteure (Fahnenflüchtiger, Überläufer); **desertieren**

Design [disain] das, Designs (Produktgestaltung); der/die **Designer/-in**; die **Designerdroge** (synthetisches Rauschgift)

designiert (geh. für vorgesehen)

Desinfektion [...tsion] die, Desinfektionen (Abtöten von Krankheitserregern); **desinfizieren** eine Wunde desinfizieren

Desinteresse das, Ez. (Gleichgültigkeit); **desinteressiert**

Desktoppublishing [...pablisching] auch **Desktop-Publishing** das, Ez. <DTP> (Layout-Erstellen am Computer)

Desodorant [desodorā] auch **Deodorant** das, Desodorants (Mittel gegen Körpergeruch)

desolat desolate (heruntergekommen, trostlose) Häuser

desorientiert (orientierungslos)

desperat (verzweifelt)

Despot der, Despoten (herrischer Mensch, Gewaltherrscher); die **Despotin**; **despotisch**

dessen mein Freund und dessen Vater, dessen ungeachtet (trotzdem); **dessentwegen** Adv.; **dessentwillen** Adv.

Dessert [desea] das, Desserts (Nachspeise)

Dessin [desē] das, Dessins (Muster)

Dessous [desu] das, - [desus] (elegante Unterwäsche)

destillieren (flüssige Stoffe durch Verdampfen trennen), destilliertes Wasser

Destination [...tsion] die, ...tionen (Bestimmungsort, Endzweck)

desto Konj.: je mehr, desto besser; desto mehr, desto weniger ABER → nichtsdestoweniger

destruktiv (zerstörend, zersetzend)

Detail das, Details (Einzelheit); **detailliert** etwas detailliert erzählen

Detektiv der, Detektive (Ermittler); die **Detektei** (Ermittlungsbüro); die **Detektivin**; **detektivisch**

determinieren Bedingungen determinieren (festlegen)

Detonation [...tsion] die, ...tionen (Explosion, Knall); **detonieren**

Detschen auch **Tetschen** auch **Dätschen** auch

Tätschen die, -: (*mundartl. für* Ohrfeige)
d**e**tto *Adv.* (ebenfalls, dasselbe) **auch** dito
Deut der, *Ez.: sich keinen Deut* (überhaupt nicht) *um etwas kümmern*
deuten mit dem Finger auf etwas deuten, Träume deuten; **deuteln** daran gibt es nichts zu deuteln (es ist eindeutig) der **Deuter** (Wink); **…deutig** m**e**hrdeutig, zw**ei**deutig; die **Deutung**; **deutlich** deutlich sprechen, etwas deutlich machen
deutsch die deutsche Sprache ABER → der Deutsche Schäferhund, deutsch (in deutscher Sprache) unterrichten ABER → Deutsch (das Fach Deutsch) unterrichten, gut deutsch sprechen **auch** Deutsch sprechen, *auf gut Deutsch* (klar gesagt), *deutsch mit jmdm. reden* (ihm die Meinung sagen); das **Deutsch** sie lernt Deutsch, kein Wort Deutsch können, sie spricht ein akzentfreies Deutsch, ins Deutsche übersetzen, auf Deutsch, in Deutsch, im Deutschen; der/die **Deutsche**; **Deutschland** die Bundesrepublik Deutschland <BRD>; **deutschsprachig**

die **deutsche** Sprache	ABER	der **Deutsche** Schäferhund
deutsch (in deutscher Sprache) unterrichten	ABER	(das Fach) **Deutsch** unterrichten
deutsch sprechen (in deutscher Sprache)	auch	**Deutsch** sprechen (die Sprache beherrschen)

Devise [dew**i**se] die, **Devisen** (Wahlspruch); die Devisen (Zahlungsmittel in ausländischer Währung)
devot [dew**o**t] (unterwürfig, ergeben); die **Devotion**al**ien** [dewotsion**a**ljen] (Gegenstände für die religiöse Andacht)
Dezember der, -: <Dez.> (Monat)
dezent dezent (unaufdringlich) auf etwas hinweisen
dezentral (vom Mittelpunkt entfernt); **dezentralisieren**
Dezibel das, -: <dB> (Maßeinheit für Lautstärke)
dezidiert etwas dezidiert (bestimmt) erklären
dezimal (auf der Zahl 10 beruhend); der Dezimalpunkt; das **Dezimalsystem**; die **Dezimalzahl**; der **Dezimeter** <dm>
dezimieren (stark vermindern)
dgl. = dergleichen
d.Gr. = der/die Große
d.h. = das heißt

d.i. = das ist
DI auch Dipl.-Ing. = Diplomingenieur/-in **auch** Diplom-Ingenieur/-in
Dia das, Dias (*kurz für* Diapositiv); das **Diapositiv** (durchsichtiges Lichtbild); der **Diaprojektor**
Diabetes der, *Ez.* (Zuckerkrankheit); der/die **Diabetiker/-in**; **diabetisch**
diabolisch (teuflisch)
Diadem das, Diademe (kostbarer Stirnreif)
Diagnose die, Diagnosen (Bestimmung einer Krankheit); die **Diagnostik**; **diagnostizieren**
diagonal (schräg laufend); die **Diagonale** (schräge Linie)
Diagramm das, Diagramme (Schaubild)
Diakon der, Diakone(n) (Anwärter auf das Priesteramt); die **Diakonie** (Pflegedienst); die **Diakonin**; **diakonisch**; die **Diakonisse** **auch** Diakonissin (evangelische Krankenschwester)
Dialekt der, Dialekte (Mundart)
Dialektik die, *Ez.* (Kunst der Gesprächsführung; Gegensätzlichkeit); **dialektisch**
Dialog der, Dialoge (Zwiegespräch)
Dialyse die, Dialysen (Blutwäsche)
Diamant der, Diamanten (Edelstein); **diamanten** (aus Diamant)
Diaspora die, *Ez.* (verstreute Kirchengemeinde), in der Diaspora leben
Diät die, Diäten (Schonkost), Diät halten, jmdn. auf Diät setzen; die **Diätkost**
Diäten die, *Mz.* (Taggelder, Aufwandsentschädigung)
dich ohne dich, ich rufe dich an
dicht dichter Nebel, dichte (undurchlässige) Kleidung, ein dicht bevölkertes Land, *nicht ganz dicht sein* (*ugs. für* verrückt sein); die **Dichte**
¹**dich**ten (undurchlässig machen); **dichthalten** (▶ halten) (*ugs. für* nichts verraten) ABER → etwas dicht (undurchlässig) halten; **dichtmachen** den Laden dichtmachen (*ugs. für* schließen) ABER → eine Wasserleitung dicht machen; die **Dichtung** (Abdichtung)
²**dich**ten (ein sprachliches Kunstwerk verfassen); der/die **Dichter/-in**; die **Dichtkunst**; die **Dichtung** (Sprachkunstwerk)
dick dick sein, *ein dickes Fell haben* (nicht leicht gekränkt sein), dicke (enge) Freunde, es herrscht dicke Luft (es droht Streit), *mit jmdm. durch dick und dünn gehen* (ihm jederzeit beistehen), dick auftragen (übertreiben); die **Dicke**; der **Dickhäuter**

(z.B. Elefant); das **Dickicht**; der **Dickkopf**; **dickköpfig** (eigensinnig); **dicklich**; der **Dickschädel**; der **Dickwanst** (*abwertend für* fetter Kerl)
Didaktik die, *Ez.* (Lehre von den Unterrichtsmethoden); **didaktisch**
die *Art.:* die Maus; *Pron.:* die (diese) ist es, jene Maus, die (welche) ...; **diejenige**; **dieselbe** ein und dieselbe
Dieb der, Diebe; die **Diebesbande**; die **Diebin**; **diebisch** diebisches Gesindel, ein diebisches Vergnügen, *sich diebisch* (sehr) *freuen*; der **Diebstahl**
Diele die, Dielen (Fußbodenbrett, Vorraum)
dienen bei reichen Leuten dienen, einem guten Zweck dienen, das Schloss dient als Museum; der/die **Diener/-in**; **dienern** (*abwertend für* sich kriecherisch verhalten); **dienlich** als Vorwand dienlich sein; der **Dienst** außer Dienst <a.D.>, der Dienst habende *auch* **diensthabende** Beamte, jmdm. zu Diensten sein; **dienstbeflissen** (eifrig); der/die **Dienstgeber/-in**; **dienstlich** (beruflich); das **Dienstmädchen**; der **Dienstschluss** (Ende der Arbeitszeit); **diensttauglich**
Dienstag der, ...tage <Di.> (Wochentag), am Dienstag, eines Dienstags; der **Dienstagabend** am Dienstagabend; **dienstagabends** *Adv. auch* dienstags abends; **dienstägig** (am Dienstag stattfindend); **dienstäglich** (jeden Dienstag stattfindend); **dienstags** *Adv.* (jeden Dienstag)

am **Dienstag abends**	ABER	am **Dienstagabend**
dienstags abends	auch	**dienstagabends**

dies dies und das; **diese/dieser/dieses**; **diesbezüglich**; **diesjährig**; **diesmal** *Adv.* ABER → dieses (eine) Mal; **diesseitig** das diesseitige Ufer; **diesseits** *Adv.:* diesseits legen ABER → das **Diesseits** (die irdische Welt); **diesseits** *Präp.+Gen.:* diesseits des Flusses
Diesel der, -: Diesel tanken; der **Dieselmotor**; das **Dieselöl**
dieselbe sie ist dieselbe geblieben
diesig diesiges (dunstiges, nebliges) Wetter
Dietrich der, Dietriche (Werkzeug zum Öffnen von Schlössern)
diffamieren (verleumden)
Differenz die, Differenzen (Unterschied, Meinungsverschiedenheit, Fehlbetrag); das **Differenzialgetriebe** *auch* Differential...; **differenzieren** (genau unterscheiden); **differieren** (verschieden sein)
diffizil (mühsam, schwierig)
diffus diffuses (gestreutes) Licht, diffuse (unklare) Gedanken
Digicam [dídschikäm] die, Digicams (Digitalkamera)
digital (mittels Ziffern); **digitalisieren** (Information in Zahlenreihen umrechnen); die **Digitaluhr** (Uhr mit Zifferanzeige)
Diktafon *auch* Diktaphon das, ...fone (Aufnahmegerät)
Diktat das, Diktate: ein Diktat schreiben, das Diktat (der Zwang) der Mode; der/die **Diktator/-in** (Gewaltherrscher/-in); **diktatorisch**; die **Diktatur**; **diktieren** einen Brief diktieren, jmdm. seinen Willen diktieren (aufzwingen); das **Diktiergerät**
Dilemma das, Dilemmas/Dilemmata (Zwangslage)
Dilettant der, Dilettanten (Nichtfachmann, Stümper); die **Dilettantin**; **dilettantisch** dilettantische (unsachgemäße) Arbeit
Dill der, Dille (Gewürzkraut) *auch* die **Dille**; das **Dill(en)kraut**
Dimension die, Dimensionen (Ausdehnung, Bereich)
Dimmer der, -: (Helligkeitsregler einer Lampe)
DIN = **D**eutsche **I**ndustrie**n**orm(en), DIN A4, ein DIN-A4-Blatt
Diner [dine] das, Diners (Festessen); **dinieren**
Ding das, Dinge: der Lauf der Dinge, guter Dinge (gut gelaunt) sein, *nicht mit rechten Dingen zugehen* (unheimlich sein), *ein Ding drehen* (etwas Unrechtes tun), ein Ding der Unmöglichkeit; **dingen** einen Mörder dingen (beauftragen), ein gedungener Knecht; **dingfest** einen Verbrecher dingfest machen (verhaften); der/die/das **Dings** (*ugs. für* Person/Sache, die nicht benannt werden kann)
Dinkel der, *Ez.* (Weizenart)
Dinner das, Dinner(s) (Abendessen)
Dinosaurier der, -: (ausgestorbene Riesenechse)
Diözese die, Diözesen (Amtsbezirk eines Bischofs)
Diphtherie die, Diphterien (Infektionskrankheit)
Diphthong der, Diphthonge (Zwielaut, z.B. „ei", „au")
Dipl.-Dolm. = **Dipl**om**dolm**etscher/-in *auch*

Diplom-Dolmetscher/-in
Dipl.-Ing. auch **DI** = **Dipl**om**ing**enieur
Diplom das, Diplome (amtliche Urkunde, akademischer Grad); der/die **Diplomand/-in**; die **Diplomarbeit**; der/die **Diplomat/-in** (Beamte/-r des auswärtigen Dienstes); die **Diplomatie** (Vertretung eines Staates im Ausland); **diplomatisch** eine diplomatische (taktisch geschickte) Antwort; der/die **Diplomingenieur/-in** <Dipl.-Ing., DI>; der **Diplomkaufmann** <Dkfm.>; die **Diplomkauffrau** <Dipl.-Kffr.>; das **Diplomstudium**
Dippel auch **Tippel** der, -: (ugs. für Beule)
dir ich bringe dir ein Geschenk
Dir. = **Dir**ektor
direkt ein direkter Freistoß, die direkte (wörtliche) Rede; die **Direktheit**; die **Direttissima** (direkter Aufstieg)
Direktion [...tsion] die, Direktionen; der **Direktor** (Leiter, Vorstand); das **Direktorat**; die **Direktorin**; die **Direktrice** [direktris] (Leiterin eines Modegeschäfts)
Dirigent der, Dirigenten (Leiter eines Orchesters); die **Dirigentin**; **dirigieren**; der **Dirigismus** (staatliche Lenkung der Wirtschaft)
Dirn die, Dirnen (Magd); das **Dirndl** (Mädchen; Trachtenkleid); das **Dirndlkleid**; die **Dirne** (veraltet für Prostituierte)
Discjockey [diskdschoki] auch **Diskjockey** der, ...jockeys <DJ> (jemand, der Musiktitel präsentiert); die **DJane** [didschen] (weiblicher DJ)
Disco auch **Disko** die, Discos (kurz für Discothek); die **Discothek** auch Diskothek
Discounter [diskaunta] auch **Diskonter** der, -: (Geschäft mit billigen Waren)
Disharmonie die, ...nien (Unstimmigkeit)
Diskant der, Diskante (hohe Stimmlage)
Diskette die, Disketten (Datenspeicher)
Diskont der, Diskonte (Zinsabzug); der **Diskonter** auch Discounter (Geschäft mit billigen Waren)
Diskothek auch **Discothek** die, Diskotheken (Tanzlokal); die **Disko** auch Disco
Diskrepanz die, Diskrepanzen (Missverhältnis)
diskret (vertraulich, rücksichtsvoll); die **Diskretion** [...tsion] (Verschwiegenheit)
diskriminieren (durch Benachteiligung herabsetzen); die **Diskriminierung**
Diskurs der, Diskurse (Abhandlung, Erörterung)
Diskus der, Diskusse/Disken (Wurfscheibe)
Diskussion die, Diskussionen

(Meinungsaustausch); **diskutieren**
Dispens die, Dispensen (Befreiung von einer Verpflichtung); **dispensieren**
Display [disple] das, Displays (Anzeigefeld)
disponieren (planen, einteilen), über sein Geld disponieren (verfügen), gut disponiert (in Form) sein, für Erkältungen besonders disponiert (anfällig) sein; die **Disposition** [...tsion] (Verfügbarkeit; Veranlagung)
Disput der, Dispute (Streitgespräch)
Disqualifikation [...tsion] die, ...tsionen; **disqualifizieren** (von einem Wettkampf ausschließen)
Dissertation [...tsion] die, Dissertationen (Doktorarbeit)
Dissident der, Dissidenten (Regimekritiker); die **Dissidentin**
Dissonanz die, Dissonanzen (Unstimmigkeit, Missklang)
Distanz die, Distanzen (Abstand, Entfernung); **distanzieren** sich von jmdm./etwas distanzieren (abrücken), jmdn. beim Rennen distanzieren (hinter sich lassen); **distanziert** (zurückhaltend)
Distel die, Disteln (stachelige Pflanze); der **Distelfink** (Singvogel)
distinguiert ein distinguierter (vornehmer) Herr
Distribution [...tsion] die, ...tionen (Verteilung)
Distrikt der, Distrikte (Verwaltungsbereich)
Disziplin die, Disziplinen: für Disziplin (Ordnung) sorgen, eine Disziplin (Teilbereich) im Sport; **disziplinär** auch disziplinarisch: disziplinäre Maßnahmen; das **Disziplinarverfahren**; **disziplinieren** diszipliniert (an Ordnung gewöhnt) sein; **disziplinlos**
dito Adv.: (ebenfalls, dasselbe) auch detto
Diva [diwa] die, Divas/Diven (gefeierte Sängerin oder Schauspielerin)
divergieren [diwergiren] (in entgegengesetzte Richtungen verlaufen); **divergent**; die **Divergenz** (Meinungsverschiedenheit); **divers** diverse (verschiedene) Gegenstände; die **Diversität** (Vielfalt) kulturelle Diversität (in einer Gesellschaft)
Dividend [diwidend] der, Dividenden (die zu teilende Zahl); die **Dividende** (Gewinnanteil einer Aktie); **dividieren** (eine Zahl durch eine andere teilen); die **Division** (Teilungsrechnung; Teil eines Heeres; Spielklasse im Sport; der **Divisor** (die teilende Zahl)
Diwan der, Diwans/Diwane (Liegesofa)
DJ [didsche] = **D**isc**j**ockey; **DJane** [didschen]

d.J. → Dose

(weiblicher Discjockey)
d.J. = **d**er **J**üngere; **d**ieses **J**ahres
Dkfm. = **D**iplom-**K**auf**m**ann/-frau
DM = **D**eutsche **M**ark
d.M. = **d**ieses **M**onats
DNA = **D**esoxyribo**n**ucleic **A**cid (**D**esoxyribonukleinsäure, *früher* **DNS**)
Dobermann der, …männer (Hunderasse)
doch *Adv.*: jetzt bin ich doch (trotzdem) gekommen; *Konj.*: wir sind arm, doch (aber) wir hungern nicht; *Part.*: das kann doch nicht wahr sein!
Docht der, Dochte (Faden einer Kerze)
Dock das, Docks (Anlage zum Bauen und Reparieren von Schiffen)
Dogge die, Doggen (Hunderasse)
Dogma das, Dogmen (Kirchenlehre, Glaubenssatz); der/die **Dogmatiker/-in**; **dogmatisch** (starr an einer Meinung festhaltend)
Dohle die, Dohlen (Rabenvogel)
Doktor der, Doktoren <Dr.> (Arzt; akademischer Titel), sehr geehrter Herr Doktor ABER → sehr geehrter Herr Dr. Meier; die **Doktorin** <Dr.ⁱⁿ>
Doktrin die, Doktrinen (Lehrmeinung, Grundsatz); **doktrinär** doktrinäre (starre) Ansichten
Dokument das, Dokumente (Urkunde; Beweisstück); der **Dokumentarfilm**; **dokumentarisch**; die **Dokumentation** […tsion]; **dokumentieren** (belegen) eine Reise mit Fotos dokumentieren, dadurch dokumentiert (offenbart) sich seine Einstellung
Dolby Surround [dolbi söraund] das, *Ez.* (Tonaufnahmeverfahren, mit dem im Kino Raumwirkung erzeugt wird)
Dolch der, Dolche (kurze Stichwaffe); der **Dolchstoß** *einer Sache den Dolchstoß versetzen* (sie endgültig zu Fall bringen)
Dolde die, Dolden (Blütenstand); **doldenförmig**
Dollar der, Dollar(s) (amerikanische Währungseinheit), 100 Dollar
Dolmetsch auch **Dolmetscher** der, Dolmetsche/-: (Übersetzer mündlicher Äußerungen); **dolmetschen**; die **Dolmetscherin**
Dolomit der, Dolomite (Mineral); die **Dolomiten** (Teil der Alpen)
Dom der, Dome (große Kirche); der **Dompfaff** (Singvogel)
Domain [domein] die, Domains (Internetadresse)

Domäne die, Domänen (besonderes Arbeitsgebiet), seine Domäne ist die Rosenzucht
domestizieren (wilde Tiere zähmen)
dominant eine dominante (beherrschende) Rolle spielen; die **Dominanz**; **dominieren** (vorherrschen)
Dominikaner der, -: (Angehöriger eines geistlichen Ordens; Einwohner der Dominikanischen Republik)
Domino das, Dominos (Spiel)
Domizil das, Domizile (Wohnsitz)
Dompteur [domtöa] der, Dompteure (Tierbändiger); die **Dompteuse** [domtöse]
Donau die (Fluss); die **Donaumonarchie** (österreichisch-ungarische Monarchie)
Döner der, -: (*kurz für* Dönerkebab); der/das **Dönerkebab** (türkisches Fleischgericht)
Donner der, -: *wie vom Donner gerührt sein* (vor Schreck völlig regungslos); **donnern** es donnert und blitzt, der Zug donnert über die Brücke; der **Donnerschlag**; das **Donnerwetter** (Gewitter; heftige Vorwürfe, Auseinandersetzung)
Donnerstag der, …tage <Do.> (▶ Dienstag)
doof (*bundesdt. ugs. für* dumm, einfältig)
dopen (beim Sport verbotene leistungssteigernde Mittel verwenden), gedopt sein; das **Doping**
Doppel das, -: ein Doppel spielen (im Tennis); der **Doppeldecker** (Flugzeugtyp); **doppeldeutig**; der/die **Doppelgänger/-in** (ähnliche Person); **doppeln** Schuhe doppeln (neu besohlen); **doppelseitig**; **doppelsinnig** (zweideutig); **doppelt** doppelt so groß ABER → das Doppelte; **doppelzüngig** (unaufrichtig); der **Doppler** (*ugs. für* Zweiliterflasche)
Dorf das, Dörfer: *das sind für mich böhmische Dörfer* (ich verstehe nichts davon); der/die **Dörfler/-in** (Dorfbewohner/-in); **dörflich**
Dorn der, Dornen: *jmdm. ein Dorn im Auge sein* (ein Ärgernis); der **Dornbusch**; die **Dornenkrone**; **dornenvoll** (mühevoll); **dornig**; das **Dornröschen** (Märchengestalt)
dörren (dürr machen, trocknen); das **Dörrobst**
Dorsch der, Dorsche (Fisch)
dort *Adv.*: dort drüben, da und dort, du kannst dort (an diesem Ort) bleiben; **dorther** *Adv.*; **dorthin** *Adv.*: da- und dorthin; **dorthinauf** *Adv.*; **dorthinein** *Adv.*; **dorthinüber** *Adv.*; **dorthinunter** *Adv.*; **dortig** die dortige Schule; **dortzulande** *Adv.* auch dort zu Lande
Dose die, Dosen (Büchse); **dosenfertig**

dösen → drehen

dösen (halb schlafen)
dosieren (genau abmessen, einteilen); **dosierbar** (abmessbar); die **Dosierung**; die **Dosis** mehrere Dosen (abgemessene Mengen) des Medikaments nehmen
Dossier [dosje] das, Dossiers (Sammlung von Schriftstücken zu einem Thema)
dotieren (mit Geldmitteln versehen) ein gut dotierter Job, einen Preis mit 1.000 Euro dotieren
Dotter der, - (Eigelb); die **Dotterblume**; **dottergelb**
Double [dubl] das, Doubles (Ersatzperson für einen Filmschauspieler); die **Doublette** auch Dublette (doppeltes Stück, z.B. in einer Sammlung); **doubeln** in gefährlichen Szenen ließ der Star sich doubeln
down [daun] down (niedergeschlagen) sein
downloaden [daunloden] sie hat sich ein neues Computerprogramm aus dem Internet downgeloadet
Downsyndrom [daunsündrom] das, Ez. (eine Erbkrankheit)
Dozent der, Dozenten (Hochschullehrer); die **Dozentin**; **dozieren** (vortragen, lehren)
Dr. = **Doktor** (akademischer Grad); **Dr.in** = **Doktorin**
Drache der, Drachen (Märchen- bzw. Sagentier); der **Drachen** (Spielzeug, Fluggerät)
Dragee [drasche] auch **Dragée** das, Dragees (Süßigkeit; Medikament)
Draht der, Drähte: einen Draht spannen, *auf Draht sein* (*ugs. für* flink und rege sein), *keinen guten Draht zu jmdm. haben* (*ugs. für* keine gute Beziehung zu ihm haben); der **Drahtesel** (*ugs. für* Fahrrad); **drahtig** (schlank und trainiert); **drahtlos** (durch Funk); der/die **Drahtzieher/-in** (Anstifter/-in)
Drainage [dränasch(e)] auch **Dränage** die, Drainagen (Entwässerung des Bodens); **drainieren** auch dränieren
Drall der, Dralle (Drehung, bes. eines Geschoßes); **drall** (derb, stramm)
Drama das, Dramen (Schauspiel; trauriger Vorfall); die **Dramatik**; der/die **Dramatiker/-in** (Verfasser/-in von Dramen); **dramatisch** (erregend, spannend); **dramatisieren** einen Vorfall dramatisieren (als besonders aufregend darstellen, aufbauschen), einen Roman dramatisieren (als Bühnenwerk produzieren); die **Dramaturgie**
dran *Adv.* (*ugs. für* daran), dran (*ugs. für* an der Reihe) sein, drauf und dran ABER → das Drum und Dran, *dran glauben müssen* (leiden, sterben); **dranbleiben** (▶ bleiben) (*ugs. für* weiter ein Ziel verfolgen); **drankommen** (▶ kommen) (an der Reihe sein)
Dränage [dränasch(e)] auch **Drainage** die, Dränagen (Entwässerung des Bodens); **dränieren** auch drainieren
Drang der, *Ez.* (Bedürfnis); die **Drängelei**; **drängeln**; **drängen** zum Ausgang drängen, jmdn. zu einer Tat drängen, die Zeit drängt; die **Drangsal** (große Not); **drangsalieren** jmdn. drangsalieren (quälen)
drapieren (kunstvoll in Falten legen); die **Draperie**
drastisch eine drastische (deutliche) Preiserhöhung
drauf *Adv.* (*ugs. für* darauf), drauf und dran sein etwas zu tun, *gut drauf sein* (*ugs. für* gut gelaunt); die **Draufgabe** (Zugabe); der/die **Draufgänger/-in** (unerschrockener Mensch); **draufgängerisch**; **draufgehen** (▶ gehen) (verbraucht werden, *derb für* sterben); **draufhaben** (▶ haben) etwas draufhaben (*ugs. für* können); **drauflegen** (dazubezahlen); **drauflos** *Adv.* er fährt einfach drauflos; **drauflosreden**; **drauflosschießen** (▶ schießen); **draufschlagen** (▶ schlagen) (den Preis erhöhen); **draufzahlen** (einen Nachteil haben)
draus *Adv.* (*ugs. für* daraus); **drausbringen** (▶ bringen) (verwirren); **drauskommen** (▶ kommen)
draußen *Adv.*
drechseln ich drechsle eine Schale aus Nussholz; der/die **Drechsler/-in**
Dreck der, *Ez.*: *etwas in den Dreck ziehen* (verächtlich machen), *sich um jeden Dreck* (*ugs. für* jede Kleinigkeit) *kümmern, jmdn. wie den letzten Dreck* (*ugs. für* entwürdigend) *behandeln*; **dreckig** ein dreckiges Hemd, es geht ihm dreckig (sehr schlecht), ein dreckiges (freches) Lachen; die **Dreck(s)-arbeit**
Drehbuch das, ...bücher (Textbuch für einen Film)
drehen sich im Kreis drehen, alles dreht sich darum (handelt davon), einen Film drehen, *wie man es auch dreht und wendet* (aus welchem Blickwinkel man es auch betrachtet), *ein Ding drehen* (*ugs. für* ein Verbrechen begehen); die **Drehorgel**; die **Drehscheibe**; der **Drehstrom** (Art des

drei → Druck

elektrischen Stroms); die **Drehung**
drei wir drei, alle drei, niemand von uns dreien, um drei viertel acht (Uhr), *nicht bis drei zählen können* (sehr dumm sein), *aller guten Dinge sind drei* ABER → die Note Drei, die Zahl Drei; in drei viertel Stunden ABER → in einer Dreiviertelstunde, ein drei viertel Liter Milch ABER → er trank drei Viertel; **dreiblätt(e)rig**; das **Dreieck**; **dreieckig**; **dreieinhalb**; der **Dreier** (die Ziffer Drei), einen Dreier würfeln, auf die Schularbeit einen Dreier bekommen; **dreierlei**
dreifach auch 3fach auch 3-fach; das **Dreifache** auch 3fache auch 3-Fache; die **Dreifaltigkeit**; **dreifärbig** auch 3-färbig; **dreihundert**; **dreijährig** auch 3-jährig; der **Dreikäsehoch** (kleines Kind); **dreimal** *Adv.* auch 3-mal ABER → die ersten drei Male; **dreimalig**; der **Dreiradler**; **dreißig**; **dreißigjährig** auch 30-jährig eine dreißigjährige Frau ABER → der Dreißigjährige Krieg; **dreistellig**; **dreistündig**; **dreitausend**; **dreiteilig**; die **Dreiviertelstunde** ABER → in drei viertel Stunden; der **Dreivierteltakt**; **dreizehn**

dreimal	ABER	die ersten **drei Male**
ein **drei viertel Liter** Milch	ABER	er trank **drei Viertel**
um **drei viertel acht** (Uhr)	ABER	die **Dreiviertelstunde**
in **drei viertel Stunden**	auch	in **drei Viertelstunden**

drein *Adv.* (*ugs. für* darein); **dreinblicken** finster dreinblicken; **dreinfahren** (▶ fahren) (dazwischenfahren); sich **dreinschicken** (sich unterwerfen); **dreinschlagen** (▶ schlagen) (drauflosschlagen)
dreist (frech, anmaßend); die **Dreistigkeit**
dreschen er drischt Korn, sie drosch Phrasen, sie hat gedroschen; der **Dreschflegel**
Dress der/die, Dressen (Sportkleidung); der **Dressman** [drḗsmän] (männliches Fotomodell)
dressieren (abrichten, zähmen); die **Dressur**
Dressing das, Dressings (Salatsauce)
dribbeln (mit dem Ball laufen)

er **dribbelt** am Gegner vorbei	ABER	sie **trippelt** auf Zehenspitzen

Drift die, Driften (durch den Wind erzeugte Wasserströmung); **driften** (treiben)
Drill der, *Ez.*; der **Drillbohrer** (Handbohrer); **drillen** (einüben, hart trainieren)
drin *Adv.* (*ugs. für* darin), *das ist nicht drin* (geht sich nicht aus, ist unmöglich); **drinnen** auch **darinnen** *Adv.*: drinnen und draußen
dringen sie drang auf Pünktlichkeit (bestand hartnäckig darauf), es ist an die Öffentlichkeit gedrungen (gelangt), mit Fragen in jmdn. dringen; **dringend** ein dringendes Bedürfnis, aufs dringendste auch aufs Dringendste; **dringlich**; die **Dringlichkeit**
Drink der, Drinks (alkoholisches Getränk)
dritt zu dritt sein, jede dritte Seite, zum dritten Mal ABER → der/die/das **Dritte**, der Dritte im Bunde, jeder Dritte, *wenn sich zwei streiten, freut sich der Dritte, der lachende Dritte*; **drittel**; das **Drittel**; **dritteln**; **drittens** *Adv.*; **drittrangig**

jede **dritte** Seite	ABER	jeder **Dritte**
ein **drittel** Kilo	ABER	das **Drittel**

droben *Adv.* (da oben) droben auf dem Berg
Droge die, Drogen (Rauschgift; Medikament); **drogenabhängig**; **drogensüchtig**; die **Drogerie**; der/die **Drogist/-in**
drohen mit Gewaltanwendung drohen, drohende Gefahren; der **Drohbrief**; die **Drohung**
Drohne die, Drohnen (männliche Biene; Schmarotzer)
dröhnen dröhnender Lärm, *jmdm. dröhnt der Kopf* (er hat starke Kopfschmerzen)
drollig (spaßig, lustig)
Dromedar das, Dromedare (Kamel mit einem Höcker)
Drops das, -: (säuerliches Bonbon)
Droschke die, Droschken (Kutsche)
Drossel die, Drosseln (Singvogel)
drosseln den Motor drosseln (seine Leistung verringern), die Einfuhr drosseln (vermindern); die **Dross(e)lung**
drüben *Adv.*: dort drüben, hüben und drüben
drüber *Adv.* (*ugs. für* darüber), *es geht drunter und drüber* (Unordnung herrscht) ABER → das Drunter und Drüber; **drüberfahren** (▶ fahren) jmdm. drüberfahren (*ugs. für* ihn zurechtweisen)
¹**Druck** der, Drücke: Druck auf jmdn. ausüben, unter Druck (in Bedrängnis) geraten; der/die

Druck → durch

Drückeberger/-in (Person, die sich ihren Pflichten entzieht); **druckempfindlich**; **drücken** jmdm. die Hand drücken, die Sorgen drücken, sich vor der Arbeit drücken, den Rekord um eine Zehntelsekunde drücken (unterbieten); **drückend** drückend heißes Wetter; der **Drücker** *am Drücker sitzen* (die Entscheidungsgewalt haben), *auf den letzten Drücker* (fast zu spät)
²**Druck** der, Drucke: etwas in Druck geben (drucken lassen), ein kleiner Druck (mit kleinen Schriftzeichen); der **Druckbuchstabe**; **drucken** Bücher drucken; der/die **Drucker/-in**; die **Druckerei**; **druckreif** (für den Druck geeignet); die **Druckschrift**; die **Drucksorte** (Formular)
Druide der, Druiden (keltischer Priester)
drum *Adv.* (*ugs. für* darum), sei's drum ABER → mit allem **Drum** und Dran; **drumherum** *Adv.* ABER → das **Drumherum**
Drums [drʌms] die, *Mz.* (Schlagzeug); der/die **Drummer/-in**
drunten *Adv.* (da unten); **drunter** *Adv.* (*ugs. für* darunter), *es geht drunter und drüber* ABER → das **Drunter und Drüber**; **drunterfallen**; **drunterstellen** einen Kübel drunterstellen
Drüse die, Drüsen (Körperorgan)
Dschungel der, -: (Urwald)
dt. = deutsch
DTP [detepe] = **D**esk**t**op**p**ublishing
Dtzd. = **D**u**tz**en**d**
du Leute wie du und ich, du auch Du zueinander sagen; das **Du** jmdm. das Du anbieten, *mit etwas auf Du und Du sein* (damit sehr vertraut sein)
dual (aus zwei Elementen bestehend)
Dübel der, -: (Hülse zur Befestigung einer Schraube in der Wand); **dübeln** ich düble
dubios dubiose (zweifelhafte) Geschäfte machen
Dublette *auch* **Doublette** die, Dubletten: eine Dublette (doppeltes Stück) in einer Sammlung
ducken sich ducken (klein machen); der/die **Duckmäuser/-in** (unterwürfiger, feiger Mensch); **duckmäuserisch**
dudeln ich dudle (singe) immer dasselbe Lied; der **Dudelsack** (Musikinstrument)
Duell das, Duelle (Zweikampf); sich **duellieren**
Duett das, Duette (Musikstück für zwei Stimmen)
Duft der, Düfte; **duften**; **duftig** (hauchzart)
Dukaten der, -: (Goldmünze)

dulden keinen Widerspruch dulden; der/die **Dulder/-in**; **duldsam**; die **Duldsamkeit**
dumm dümmer, am dümmsten, dummes Zeug reden, *sich nicht für dumm verkaufen lassen* (nicht täuschen lassen), *jmdm. wird etwas zu dumm* (er verliert die Geduld); der/die/das **Dumme** wir sind die Dummen, so etwas Dummes!; **dummerweise** *Adv.*; die **Dummheit**; der **Dummian**; der **Dummkopf**; **dümmlich**
Dummy [dami] der, Dummys (Puppe für Unfalltests)
dumpf dumpfes Donnerrollen, ein dumpfes Gefühl, dumpfe (abgestandene) Luft; **dumpfig** (feucht)
Dumping [damping] das, *Ez.* (Unterbieten der Preise); der **Dumpinglohn**
Düne die, Dünen (Sandhügel)
Dung der, *Ez.* (als Dünger verwendeter Tierkot); **düngen** den Boden düngen; der **Dünger**
dunkel dunkler, am dunkelsten, eine dunkle Nacht, dunkle (zweifelhafte) Geschäfte machen, dunkel gefärbt ABER → das **Dunkel** im Dunkel der Nacht, *im Dunkeln tappen, jmdn. im Dunkeln* (Ungewissen) *lassen*; **dunkelblau**; die **Dunkelheit**; **dunkeln** (Nacht werden); die **Dunkelziffer** (öffentlich nicht bekannte Anzahl)
Dünkel der, *Ez.* (Einbildung, Hochmut); **dünkelhaft** (eingebildet); **dünken** (*geh.*) mich/mir dünkt (scheint), er dünkt sich (hält sich für) besser als die anderen
dünn dünn sein, sich dünn machen (wenig Platz brauchen) ABER → sich dünnmachen (verschwinden, weglaufen), dünn besiedelt *auch* dünnbesiedelt, durch dick und dünn; der **Dünndarm** (Organ); **dünnflüssig**; der **Dünnpfiff** (*ugs. für* Durchfall)
Dunst der, Dünste: *keinen blassen Dunst* (*ugs. für* keine Ahnung) *haben, blauer Dunst* (Zigarettenrauch); **dunsten** (Dunst verbreiten), *jmdn. dunsten lassen* (*ugs. für* warten lassen); **dünsten** (in wenig Wasser garen); **dunstig**; der **Dunstkreis** (Wirkungsbereich)
Dünung die, *Ez.* (durch Wind erzeugter Seegang)
Duo das, Duos (zwei Personen; Musikstück für zwei Instrumente)
Duplikat das, Duplikate (Zweitschrift, Kopie)
Dur das, *Ez.* (Durtonart)
durch *Adv.*: der Zug ist schon durch (vorbei), *durch und durch* (völlig), *bei jmdm. unten durch sein* (seine Anerkennung verloren

haben); *Präp.+Akk.:* durch ihn, durch die Wiese laufen; **durchatmen**; **durchaus** *Adv.* (wahrscheinlich, bestimmt)

durchblicken ich blicke nicht durch (*ugs. für* verstehe nicht), etwas durchblicken lassen (andeuten); der **Durchblick**

durchbluten gut durchblutetes Gewebe die **Durchblutung**

¹**durchbohren** er bohrt das Brett durch, die Würmer haben sich nach oben durchgebohrt

²**durchbohren** die Kugel durchbohrt die Tür, der Nagel hat das Brett durchbohrt, jmdn. mit Blicken durchbohren (durchdringend ansehen)

¹**durchbrechen** (▶ brechen) die Eisschicht bricht durch, das Brett brach durch, es ist durchgebrochen

²**durchbrechen** (▶ brechen) er durchbricht eine Barriere, sie durchbrach alle Regeln, das Flugzeug hat die Schallmauer durchbrochen; der **Durchbruch** den Durchbruch schaffen (Erfolg haben)

durchbrennen (▶ brennen) mit 17 ist sie durchgebrannt (*ugs. für* hat sich davongemacht), die Sicherung ist durchgebrannt

durchbringen (▶ bringen) einen Patienten durchbringen (heilen), seine Familie durchbringen (ernähren), seinen Besitz durchbringen (verschwenden)

durchdenken (▶ denken) eine Sache gut durchdenken

durchdrehen Fleisch durchdrehen (faschieren), vor der Prüfung durchdrehen (*ugs. für* kopflos werden)

¹**durchdringen** (▶ dringen) die Feuchtigkeit dringt durch, sie drang mit ihrer Meinung nicht durch, das Gerücht ist durchgedrungen; **durchdringend** jmdn. durchdringend (scharf) ansehen, durchdringende Kälte

²**durchdringen** (▶ dringen) Freude durchdringt uns; die **Durchdringung** die geistige Durchdringung (Erfassung) eines Problems

durchdrücken (durchpressen; durchsetzen)

durcheinander *Adv.:* durcheinander sein; **durcheinanderbringen** (▶ bringen); **durcheinandergeraten** (▶ geraten); **durcheinanderreden**; das **Durcheinander**

¹**durchfahren** (▶ fahren) die ganze Nacht durchfahren; die **Durchfahrt**

²**durchfahren** (▶ fahren) ein Schrecken durchfährt ihn

durchfallen (▶ fallen) mit Pauken und Trompeten durchfallen (völlig versagen); der **Durchfall**

durchforsten einen Wald durchforsten (auslichten), die Bestände durchforsten (prüfen, aussortieren)

durchfretten sich (sich mühsam durchbringen)

durchführen eine Aufgabe durchführen (ausführen); **durchführbar**; die **Durchführung**

Durchgang der, Durchgänge: Durchgang verboten!, sie führt nach dem ersten Durchgang; **durchgängig**; **durchgehen** (▶ gehen) einen Plan Punkt für Punkt durchgehen (besprechen), Pferde gehen durch (scheuen), ein Antrag geht durch (wird angenommen); **durchgehend** die Geschäfte sind durchgehend auch durchgehends (ohne Mittagspause) geöffnet

¹**durchglühen** der Draht ist durchgeglüht

²**durchglühen** Begeisterung durchglüht ihn

durchhalten (▶ halten) (aushalten); das **Durchhaltevermögen**

durchhängen (▶ ¹hängen) das Bett hing durch; der **Durchhänger** (*ugs. für* seelisches Tief)

Durchhaus das, …häuser (Haus mit Durchgang zur nächsten Straße)

¹**durchkämmen** das Haar durchkämmen

²**durchkämmen** ein Gebiet nach jmdm. durchkämmen (genau absuchen)

durchkauen Probleme durchkauen (ausgiebig und wiederholt erörtern)

durchkommen (▶ kommen) endlich bin ich durchgekommen! (habe ich eine Telefonverbindung bekommen), mit dem Geld durchkommen (auskommen), bei einer Prüfung durchkommen (sie bestehen)

¹**durchkreuzen** (mit kreuzweisen Strichen durchstreichen)

²**durchkreuzen** Pläne durchkreuzen (vereiteln)

Durchlass der, Durchlässe; **durchlassen** (▶ lassen) der Schuh lässt kein Wasser durch; **durchlässig**; die **Durchlässigkeit**

Durchlaucht die, Durchlauchten (Anrede für einen Fürsten)

Durchlauf der, …läufe: ein Rennen mit zwei Durchläufen

¹**durchlaufen** (▶ laufen) (ununterbrochen laufen) sie ist die ganze Strecke durchgelaufen; der **Durchlauferhitzer**

²**durchlaufen** (▶ laufen) (laufend durchqueren), er durchlief das Feld, hat es durchlaufen

durchleuchten → duzen

durchleuchten einen Kranken durchleuchten (röntgen), die Akten durchleuchten (überprüfen)

durchmachen schlimme Zeiten durchmachen, eine Nacht durchmachen (ohne Schlaf verbringen)

durchmessen (▶ messen) einen Raum mit großen Schritten durchmessen (durchschreiten); der **Durchmesser** (eines Kreises)

durchmüssen (▶ müssen) wir müssen da durch (*ugs. für* etwas durchstehen, aushalten)

durchnehmen (▶ nehmen) etwas im Unterricht durchnehmen (behandeln)

durchqueren das Land durchqueren

Durchreiche die, Durchreichen (Wandöffnung)

Durchreise die, ...reisen: auf Durchreise sein; **durchreisen** wir sind nur durchgereist

durchrosten durchgerostetes Eisen

durchs *Präp.+Akk.* (durch das)

Durchsage die, ...sagen; **durchsagen** über Rundfunk durchsagen

¹**durchschauen** sie schaut die Hefte durch
²**durchschauen** sie durchschaut (begreift) alles

durchscheinen (▶ scheinen) die Sonne scheint durch; **durchscheinend** (durchsichtig)

Durchschlag der, ...schläge (Durchschrift, Kopie)

¹**durchschlagen** (▶ schlagen) das mütterliche Erbe schlägt durch (zeigt sich), er schlug den Nagel durch, sie hat sich in die Heimat durchgeschlagen (sie mit Mühe erreicht); **durchschlagend** ein durchschlagender Erfolg

²**durchschlagen** (▶ schlagen) die Kugel durchschlug das Brett, sie hat das Dach durchschlagen

Durchschnitt der, Durchschnitte: im Durchschnitt; **durchschnittlich** durchschnittliche Qualität

¹**durchsetzen** sich durchsetzen (behaupten) können

²**durchsetzen** der Aufsatz ist mit Fehlern durchsetzt

Durchsicht die, *Ez.:* nach Durchsicht aller Unterlagen; **durchsichtig** durchsichtiges Papier, ein durchsichtiger (durchschaubarer) Plan

durchstylen (einheitlich gestalten), eine durchgestylte Wohnung

durchsuchen das Haus durchsuchen; die Durchsuchung

durchtrieben ein durchtriebener (hinterhältiger) Bursche

durchwachsen durchwachsener (mit Fett durchzogener) Speck

Durchwahl die, *Ez.;* **durchwählen** direkt in das Büro durchwählen

durchwegs *Adv.* (ohne Ausnahme)

durchwursteln sich (*ugs. für* mühsam zurechtkommen)

¹**durchziehen** (▶ ziehen) die Luft zieht durch, der Heuschreckenschwarm zog durch; der **Durchzug** (starker Luftzug)

²**durchziehen** (▶ ziehen) Fett durchzieht das Fleisch, die Ebene ist von Flüssen durchzogen

dürfen du darfst, er durfte, sie hat gedurft, wir haben länger bleiben dürfen, *das darf doch nicht wahr sein!*

dürftig (ärmlich); die **Dürftigkeit**

dürr dürres (trockenes) Holz, ein dürrer (magerer) Mensch; die **Dürre** (Trockenheit; Wurstsorte)

Durst der, *Ez.:* seinen Durst löschen, Durst nach Freiheit haben, *über den Durst trinken* (zu viel Alkohol trinken); **dursten** jmdn. dursten lassen; **dürsten** (*geh.*): mich dürstet; **durstig**; **durststillend** ABER → den Durst stillend; die **Durststrecke** (Zeit voller Entbehrungen)

Dusche die, Duschen; **duschen**

Düse die, Düsen (Austrittsöffnung); **düsen** er düst (saust) nach Hause

Dusel der, *Ez.* (leichter Rausch); **duseln** (*ugs. für* dösen)

düster (finster); die **Düsternis**

Duty-free-Shop [djutifrischop] der, ...shops (Geschäft mit zollfreien Waren)

Dutzend das, Dutzende <Dtzd.> (12 Stück), drei Dutzend Eier, Dutzende auch dutzende Male, Dutzende auch dutzende von Menschen, zu Dutzenden auch dutzenden; **dutzendfach**; **dutzendmal** (sehr oft); **dutzendweise**

dutzende von Menschen	auch	Dutzende von Menschen
einige dutzende Male	auch	einige Dutzende Male
	ABER	dutzendmal

duzen jmdn. duzen (mit Du anreden); der/die **Duzfreund/-in**

DVD [defaude] die, DVDs (CD-ähnlicher Datenträger mit mehr Speicherplatz); der **DVD-Player**; die **DVD-R** (nur einmal bespielbare DVD); der **DVD-Rekorder**
DW auch **Dw.** = Durchwahl
Dynamik die, *Ez.* (Lehre von der Bewegung der Körper; Schwung); **dynamisch** eine dynamische Persönlichkeit
Dynamit das, *Ez.* (Sprengstoff)
Dynamo der, Dynamos (Stromerzeuger)
Dynastie die, Dynastien (Herrschergeschlecht, Fürstenhaus)
dzt. = derzeit
D-Zug der, D-Züge (**D**urchgangs**zug**, Schnellzug)

Spinn ich oder hab ich weiße Mäuse gesehen?

Weißt du eigentlich, was es heißt, *weiße Mäuse zu sehen*? Das *SchulWörterBuch* erklärt dir übertragene Bedeutungen. Such doch unter „**Maus**"!

▶ Mehr von Maus und Katze auf Seite 107!

E

Ebbe die, Ebben (niedriger Wasserstand am Meer); **ebben** das Meer ebbt (sinkt bei Ebbe ab)
ebd. = ebenda
eben das Land ist eben (flach), zu ebener Erde; *Adv.:* es läutet eben (soeben, in diesem Augenblick), sie ist eben (leider, einfach) langweilig, eben (genau) das möchte ich nicht
Ebenbild das, Ebenbilder: der Sohn ist ein Ebenbild des Vaters (gleicht ihm sehr)
ebenbürtig ein ebenbürtiger (gleichwertiger) Gegner
ebenda <ebd.> *Adv.* (gerade dort)
Ebene die, Ebenen: *auf die schiefe Ebene* (in schlechte Gesellschaft) *geraten*
ebenerdig (zu ebener Erde)
ebenfalls *Adv.* (auch)
Ebenholz das, Ebenhölzer (sehr dunkles Holz)
Ebenmaß das, *Ez.;* **ebenmäßig** (harmonisch, gleichmäßig)
ebenso *Adv.:* ich hätte ebenso (auch) zu Hause bleiben können, er kennt das ebenso (genauso) gut wie ich, ebenso viel verdienen, ebenso oft, ebenso lange
Eber der, -: (männliches Schwein)
Eberesche die, Ebereschen (Laubbaum)
E-Bike [ibaik] das, E-Bikes (Elektrofahrrad)
ebnen einen Weg ebnen (eben machen, vorbereiten)
E-Book [ibuk] das, E-Books (digitales Buch)
EC = Eurocity-Zug
E-Card [icad] auch e-card die, E-Cards (Chipkarte mit Krankenversicherungsdaten)
Echo das, Echos (Nachhall), seine Idee fand kein Echo (keinen Anklang); das **Echolot** (Gerät zur Entfernungs- und Tiefenmessung)
Echse die, Echsen (Kriechtier, z.B. Krokodil)
echt echte Diamanten, ein echter (typischer) Tiroler, das ist echt gut!
Eck das, *Ez.:* ein Eck ausschlagen, ums Eck schauen, das deutsche Eck (Straßenverbindung zwischen Salzburg und Tirol); der **Eckball**; die **Ecke** um die Ecke schauen; *es fehlt an allen Ecken und Enden* (ugs. für überall), *jmdn. um die Ecke bringen* (derb für töten, aus dem Weg räumen); das **Eckhaus**; **eckig**; der **Eckzahn**
edel eine edle (vornehme) Tat, ein edler (reinrassiger) Hund, diese Gesinnung war am edelsten; die **Edelfrau** (Adelige); der **Edel**-mann; das **Edelmetall**; der **Edelmut**; der **Edelstein**; das **Edelweiß** (Gebirgspflanze)
Edikt das, Edikte (Verordnung, Erlass)
EDL ergänzende differenzierende Leistungsbeschreibung (schriftliche Beurteilung zusätzlich zum Jahreszeugnis in der Neuen Mittelschule)
EDV = **e**lektronische **D**aten**v**erarbeitung; die **EDV-Branche** [...bräsch]
Efeu der, Efeus (Kletterpflanze)
Effeff etwas aus dem Effeff (sehr gut, sicher) können/beherrschen
Effekt der, Effekte: ein überraschender Effekt (Wirkung, Ergebnis); die **Effekten** *Mz.* (Wertpapiere); die **Effekthascherei**; **effektiv** (wirkungsvoll, wirklich); **effektvoll** (wirkungsvoll)
Effet [efe] der/das, Effets: einen Ball mit Effet (Drall) schießen
Effizienz die, *Ez.* (Wirksamkeit, Wirtschaftlichkeit)
egal es ist egal (gleichgültig, einerlei); **egalisieren** (gleichmachen, ausgleichen)
Egel der, -: (Blut saugender Wurm)
Egge die, Eggen (Gerät zum Auflockern des Bodens)
Egoismus der, Egoismen (Eigenliebe, Selbstsucht); der/die **Egoist/-in** (selbstsüchtiger Mensch); **egoistisch**
eh seit eh und je; je eher, umso besser; das weiß ich eh (ohnehin), eh klar; **ehe** *Konj.* (bevor); **ehedem** *Adv.* (einstmals); **ehemalig**; **ehemals** *Adv.* (damals); **ehestens** (baldigst)
Ehe die, Ehen: eine gute Ehe führen; die Ehe brechen; der **Ehebruch**; die **Ehefrau**; **ehelich**; **ehelichen** (heiraten); der **Ehemann**; das **Ehepaar**; der **Ehering**; der **Ehestand**
ehern eine eherne (geh. für aus Erz bestehende) Glocke, sein eherner (eiserner) Wille
Ehre die, Ehren: ihm zu Ehren, die letzte Ehre erweisen (am Begräbnis teilnehmen), auf Ehre und Gewissen, *jmdm. die Ehre abschneiden* (ihn verleumden), *keine Ehre im Leib haben* (kein Ehrgefühl besitzen)

| eine große **Ehre** | ABER | die reife **Ähre** im Feld |

ehren das ehrt mich (bringt mir Anerkennung), *wer den Cent nicht ehrt, ist den Euro nicht wert* (wer mit kleinen Beträgen achtlos umgeht, wird es nicht zu finanziellem Wohlstand bringen); **ehrenamtlich**; der/die

Ehrfurcht → Einband

Ehrenbürger/-in einer Stadt; **ehrenhaft** das **Ehrenmal** (Denkmal); der **Ehrenmann**; **ehrenvoll**; **ehrenwert**; das **Ehrenwort**

Ehrfurcht die, *Ez.:* Ehrfurcht (Achtung) gebietend auch ehrfurchtgebietend; **ehrfürchtig**; **ehrfurchtsvoll**

Ehrgeiz der, *Ez.* (Erfolgsstreben); **ehrgeizig**

ehrlich ehrlich währt am längsten (die Ehrlichkeit setzt sich durch); **ehrlos**; **ehrsam**; die **Ehrung**; **ehrwürdig**

Ei das, Eier: *wie aus dem Ei gepellt* (besonders fein angezogen), *das ist das Ei des Kolumbus!* (die einfachste Lösung in einem schwierigen Fall), *jmdn. wie ein rohes Ei* (sehr vorsichtig) *behandeln*; der **Eidotter**; der **Eierbecher**; das **Eierpecken** (Brauch zur Osterzeit); das **Eierschwammerl**; die **Eierspeis(e)**; der **Eierstock** (weibliche Geschlechtsdrüse); das **Eigelb** (Dotter); das **Eiklar** (Eiweiß); das **Eiweiß**; **eiweißarm** eiweißarme Nahrung; die **Eizelle** (Keimzelle)

Eibe die, Eiben (Nadelbaum)

Eibisch der, Eibische (Heilpflanze); der **Eibischtee**

Eiche die, Eichen (Laubbaum); die **Eichel** (Frucht der Eiche; vorderster Teil des männlichen Gliedes); das **Eichenlaub**; das **Eichhörnchen**; das **Eichkätzchen**

eichen (Maße und Gewichte amtlich festlegen), eine Waage eichen (ihre Maßanzeige festlegen); das **Eichamt**; die **Eichung**

Eid der, Eide: einen Eid (Schwur) bei Gericht leisten, eine Aussage unter Eid leisten; der **Eidbruch**; **eidbrüchig**; **eidesstattlich** eine eidesstattliche Versicherung abgeben ABER → an Eides statt versichern

Eidechse die, Eidechsen (Kriechtier)

Eifer der, *Ez.:* sein Eifer (Fleiß) lässt nach, *im Eifer des Gefechts* (in der Aufregung, Eile); der/die **Eiferer/Eiferin** (Fanatiker/-in); die **Eifersucht** (die Angst, die Liebe eines Menschen zu verlieren); **eifersüchtig**; **eifrig**

eigen mein eigenes Heft, mein eigen Fleisch und Blut (Kind), etwas in eigener Sache unternehmen, sich sehr eigen (sonderbar) verhalten, *eigener Herd ist Goldes wert,* sich eine Idee zu eigen machen (übernehmen) ABER → etwas sein Eigen nennen (besitzen)

Eigenart die, Eigenarten (besonderes Merkmal von jmdm.); **eigenartig**; der/die **Eigenbrötler/-in** (*abwertend für* Sonderling); **eigenhändig** etwas eigenhändig (selbst) reparieren; das **Eigenheim**; das **Eigenlob** (Selbstlob), *Eigenlob stinkt*; **eigenmächtig**; die **Eigenmächtigkeit**; der **Eigenname**; der **Eigennutz**; **eigennützig**

eigens *Adv.:* sie ist eigens (extra) dafür früher gekommen; die **Eigenschaft**; das **Eigenschaftswort**; **eigensinnig**; **eigenständig** (selbstständig)

eigentlich der eigentliche (wirkliche) Grund, eigentlich (in Wirklichkeit) bin ich älter, was machst du eigentlich (überhaupt) hier?

Eigentor das, …tore: *sich ein Eigentor schießen* (etwas zum eigenen Nachteil wandeln); das **Eigentum**; der/die **Eigentümer/-in** (Besitzer/-in); **eigentümlich** (seltsam); die **Eigentümlichkeit**; **eigenwillig**

eignen sich: sich für etwas eignen, sich für einen Beruf eignen; die **Eignungsprüfung**

Eiland das, Eilande (*geh. für* kleine Insel)

Eilbote der, Eilboten (schneller Postzusteller)

Eile die, *Ez.:* in höchster Eile; **eilen**; **eilends** *Adv.;* der **Eilbrief**; es eilig haben ABER → nichts Eiliges (Dringendes) zu tun haben; der **Eilzug**; das **Eilzugstempo**

Eimer der, -: (Kübel), *alles ist im Eimer* (kaputt, verloren)

ein ein Euro, einer nach dem anderen, *etwas ein für alle Mal* (endgültig) *sagen, in einem fort* (ständig) ABER → *sie ist mein Ein und Alles* (das Wichtigste), die einen auch Einen fahren Ski, die anderen auch Anderen Snowboard, *das ist mir alles eins* (egal), *nicht mehr ein und/noch aus wissen* (keinen Rat wissen)

ein Euro	ABER	mein **Ein** und Alles (mein Liebling)
der/die/das **eine**	auch	der/die/das **Eine**

einander *Adv.:* sie begrüßten einander

einarbeiten (anlernen), sich einarbeiten (sich mit der Arbeit vertraut machen); die **Einarbeitungszeit**

einarmig eine einarmige Person

einäschern den Leichnam einäschern (verbrennen); die **Einäscherung**

einatmen Giftgase einatmen, er atmete tief ein

Einbahn die, Einbahnen (kurz für Einbahnstraße); die **Einbahnstraße** (Straße, die nur in einer Richtung befahren werden darf)

einbalsamieren den Leichnam einbalsamieren (durch Balsam vor der Verwesung bewahren)

Einband der, Einbände (Buchdeckel); **einbändig** eine einbändige Ausgabe

Einbau → einfältig

Einbau der, Einbauten: die Einbauküche; **einbauen** eine Küche einbauen

Einbaum der, Einbäume (Boot aus einem ausgehöhlten Baumstamm)

einberufen (▶ rufen) eine Versammlung einberufen; die **Einberufung** (Einberufung zum Militärdienst)

einbetten (einfügen)

einbilden sich: sich eine Krankheit einbilden (fälschlich glauben krank zu sein), eingebildet sein (überheblich sein); die **Einbildung**; die **Einbildungskraft** (Fantasie)

einbinden (▶ binden) sie bindet ein Buch ein (in einen Umschlag), der Direktor band die Mitarbeiter in die Entscheidung ein (ließ sie teilhaben)

einbläuen jmdm. etwas einbläuen (einschärfen, mühsam beibringen)

einblenden Werbung in einem Film einblenden; die **Einblendung**

Einblick der, Einblicke: Einblick (prüfende Einsicht) in die Unterlagen gewähren, keinen Einblick (keine Kenntnisse) haben

einbrechen (▶ brechen) in ein Haus einbrechen (sich gewaltsam Zutritt verschaffen), sie brach im Eis ein; der/die **Einbrecher/-in**

einbrennen (▶ brennen) etwas in Holz einbrennen, etwas hat sich im Gedächtnis eingebrannt; die **Einbrenn** (in Butter gebräuntes Mehl); die **Einbrennsuppe**

einbringen (▶ bringen) das Getreide einbringen (ernten), die Arbeit brachte Geld ein, Ideen in die Diskussion einbringen

einbrocken *(ugs.)* sich Unannehmlichkeiten einbrocken (schaffen), Brot in die Suppe einbrocken

¹**Einbruch** der, *Ez.*: bei Einbruch der Dunkelheit

²**Einbruch** der, Einbrüche (gewaltsames Eindringen); **einbruch(s)sicher**

einbuchten jmdn. einbuchten *(ugs. für* einsperren)

einbürgern jmdn. einbürgern (jmdm. die Staatsangehörigkeit verleihen), diese Umgangsform hat sich eingebürgert (ist zur Gewohnheit geworden)

einbüßen sie büßte einen Zahn ein, er hat sein Augenlicht eingebüßt (verloren)

einchecken [eintscheken] (sich am Flughafen/im Hotel abfertigen lassen)

eincremen er cremt sich mit Sonnenmilch ein

eindämmen ein Feuer eindämmen (unter Kontrolle bringen)

eindecken er deckte das Dach ein, sie hat sich mit Vorräten eingedeckt (versorgt)

eindeutig eine eindeutige (klare) Auskunft

eindringen (▶ dringen) Dämpfe dringen ein, Einbrecher drangen ein, in ein Geheimnis eindringen (es erforschen); **eindringlich** (nachdrücklich) ermahnen ABER → aufs (auf das) Eindringlichste auch aufs eindringlichste

Eindruck der, Eindrücke (die Wirkung auf jmdn.), einen hervorragenden Eindruck hinterlassen, *bei jmdm. Eindruck schinden (ugs. für* jmdn. beeindrucken wollen); **eindrucksvoll**

eineiig eineiige Zwillinge

eineinhalb auch **anderthalb**, wir sehen uns in eineinhalb Wochen; **eineinhalbmal**

einengen die Sicht war eingeengt

Einer der, -: (einsitziges Ruderboot; *kurz für* Einerstelle), in einem Einer fahren; die **Einerstelle**

einerlei das ist mir einerlei (gleichgültig, egal); das **Einerlei**

einerseits *Adv.:* einerseits bin ich froh, andererseits …

einfach die Aufgabe war einfach (nicht schwierig), mit einfachen (leicht verständlichen) Worten etwas sagen, eine einfache Fahrkarte (ohne Rückfahrt) ABER → etwas **Einfaches**; die **Einfachheit** der Einfachheit halber

das ist **einfach** zu lösen	ABER	das ist das **Einfachste**

einfädeln eine Nadel einfädeln, er hat die Sache geschickt eingefädelt (in die Wege geleitet), sich in den Verkehr einfädeln (einordnen), beim Slalom einfädeln

einfahren (▶ fahren) der Zug fährt ein, das Flugzeug fuhr das Fahrwerk ein, das Heu wurde eingefahren (in die Scheune gebracht), *mit etwas einfahren* (sich bei einer Sache verschätzen)

Einfall der, Einfälle: einen kindischen Einfall (Gedanken) haben, der Einfall (das Eindringen) der Feinde; **einfallen** (▶ fallen) die Hütte fiel (stürzte) ein, sich etwas einfallen lassen (eine Lösung finden), das ist mir nicht eingefallen; **einfallsreich**; der **Einfallsreichtum**

einfältig (naiv, dumm, beschränkt); die **Einfältigkeit**; der **Einfaltspinsel**

einfärbig auch **einfarbig** (nur in einer Farbe)
einfaschen (österr. für bandagieren, mit einer Fasche verbinden), der Fuß wurde eingefascht
einfassen; die **Einfassung** (Umgrenzung)
einfetten eine Kuchenform einfetten
einflößen jmdm. eine Medizin einflößen, jmdm. Angst einflößen (einjagen)
Einfluss der, Einflüsse: einen schlechten Einfluss ausüben, Einfluss (Geltung) besitzen; der **Einflussbereich**; die **Einflussnahme**; **einflussreich** sie hat einflussreiche Freunde
einförmig (eintönig)
einfrieden (einzäunen), ein Gebäude einfrieden (mit einer Mauer, Hecke umgeben); die **Einfriedung**
einfrieren (▶ frieren) er friert das Gemüse ein, die Rohre sind eingefroren
einfügen ein Wort einfügen (ergänzen), sich in die Klasse gut einfügen
einfühlen sich: sich in die Lage des anderen einfühlen (seine Situation verstehen); **einfühlsam**; das **Einfühlungsvermögen**
einführen japanische Autos einführen (importieren), sie führt dem Baby ein Zäpfchen ein, neue Bestimmungen einführen, sie führte mich in ihren Bekanntenkreis ein; die **Einfuhr**; die **Einfuhrbestimmung**; der **Einfuhrzoll**
Eingabe die, Eingaben (ein Gesuch); die **Eingabetaste** (Taste der Computer-Tastatur)
Eingang der, Eingänge (Tür zum Betreten eines Hauses), der Eingang (das Eintreffen) der Bestellung; **eingangs** Adv.: wie bereits eingangs (am Anfang) erwähnt
eingeben (▶ geben) etwas in den Computer eingeben
eingebildet (überheblich)
Eingeborene der/die, Eingeborenen (Ureinwohner)
eingefleischt eingefleischte (unveränderbare) Vorurteile, ein eingefleischter (überzeugter) Junggeselle
eingehen (▶ gehen) der Hamster geht ein (verendet), sie ging die Ehe mit ihm ein, du bist auf den Vorschlag eingegangen (hast ihn angenommen), auf eine Frage eingehen (dazu Stellung nehmen), die Bluse geht beim Waschen ein (wird kleiner); **eingehend** sie informierte sich eingehend (ausführlich)
Eingemachte das, Ez. (Eingekochte), ans Eingemachte (an die Substanz) gehen
eingeschnappt (ugs. für beleidigt)

eingeschoßig auch eingeschossig (einstöckig)
Eingeständnis das, Eingeständnisse; **eingestehen** (▶ stehen) eine Tat eingestehen, er hat seine Mitschuld eingestanden
Eingeweide die, Mz. (innere Organe)
Eingeweihte der/die, Eingeweihten: nur die Eingeweihten wussten davon
eingipsen das Bein eingipsen
eingraben (▶ graben) das Eichhörnchen gräbt die Nüsse ein
eingravieren den Namen auf einer Metallplatte eingravieren
eingreifen (▶ greifen) er greift in den Streit ein (mischt sich ein); der **Eingriff** der Arzt nimmt den Eingriff (die Operation) vor
Einhalt der, Ez.: jmdm./einer Sache Einhalt gebieten (geh. für energisch entgegentreten); **einhalten** (▶ halten) die Spielregeln einhalten (befolgen), einen Termin einhalten
einhandeln sich Probleme einhandeln (bekommen)
einheben (▶ heben) Steuern einheben (kassieren)
einheimisch einheimische Tiere; der/die **Einheimische**
einheimsen Lob einheimsen (erhalten)
Einheit die, Einheiten; **einheitlich** (für alle gleich), die einheitliche (in sich geschlossene) Gestaltung der Räume; die **Einheitsgebühr**; der **Einheitspreis**
einheizen wegen der Kälte einheizen, jmdm. ordentlich einheizen (ugs. für heftige Vorwürfe machen)
einhellig die einhellige (übereinstimmende) Meinung war ...
einhergehen (▶ gehen) die Krankheit geht mit Fieber einher
einholen die Flagge einholen (herunterholen), jmdn. einholen (erreichen), bei jmdm. Rat einholen (um Rat bitten)
Einhorn das, Einhörner (Fabeltier)
einhüllen das Baby in die Decke einhüllen
einig (einer Meinung), in allen Punkten einig sein; sich **einigen**; die **Einigkeit**; die **Einigung**
einige einige (mehrere) Straßen weiter, einige wenige, einige Mal(e); **einigermaßen** Adv.: die Fahrt war einigermaßen (ziemlich) anstrengend; **einiges** einiges (manches) davon kennen
einjagen einen Schrecken einjagen

einkassieren → einrichten

einkassieren das Geld für den Wandertag einkassieren

einkasteln *(ugs.)* etwas im Heft einkasteln (einrahmen), *jmdn.* einkasteln (einsperren)

Einkauf der, Einkäufe; **einkaufen** Waren im Geschäft einkaufen; der/die **Einkäufer/-in**; die **Einkaufspassage** [...pas<u>a</u>sch(e)]; der **Einkaufswagen**; das **Einkaufszentrum**

Einkehr die, *Ez.:* die innere Einkehr *(geh. für* Besinnung); **einkehren** im/ins Gasthaus einkehren

einklammern ein Wort einklammern

Einklang der, *Ez.:* beides miteinander in Einklang bringen (aufeinander abstimmen)

einkochen Erdbeeren einkochen (Marmelade machen), *eine Person einkochen (ugs. für* sich bei jmdm. einschmeicheln, um ihn auszunutzen)

Einkommen das, -: (Gehalt); die **Einkommen(s)steuer**

Einkünfte die, *Mz.* (Einnahmen)

einladen (▶ laden) er lädt (ladet) zum Fest ein, niemand lud mich ein; **einladend** (verlockend); die **Einladung**

Einlage die, Einlagen: eine Einlage im Schuh, die musikalische Einlage

einlangen (eintreffen), der Brief ist noch nicht eingelangt

Einlass der, Einlässe; **einlassen** (▶ lassen) die Besucher einlassen, sie ließ die Badewanne ein, das Holz wurde mit Wachs eingelassen, sich mit jmdm. einlassen (Umgang haben, verkehren)

einlaufen (▶ laufen) im Stadion einlaufen, das Schiff lief in den Hafen ein, die Hose ist durch das Waschen eingelaufen; der **Einlauf**

einleben sich in der neuen Stadt einleben

einleiten; die **Einleitung**

einlenken (versöhnen, nachgeben)

einleuchten dieses Argument leuchtet ein (überzeugt)

Einmach die, -: (Einbrenn); **einmachen** (einkochen)

einmal auch **1-mal** *Adv.:* auf einmal (plötzlich) tauchte er auf, sie kamen alle auf einmal (zugleich), sie soll es noch einmal (ein letztes Mal) wiederholen, ich habe ihn erst einmal auch ein Mal gesehen (ein einziges Mal), darf ich auch einmal fahren?

Einmaleins das, *Ez.:* das kleine Einmaleins

einmalig eine einmalige (einzigartige) Gelegenheit

einmal auch 1-mal	ABER	das eine **Mal**

Einmannzelt das, ...zelte

Einmarsch der, Einmärsche; **einmarschieren**

einmengen (hinzufügen; sich einmischen)

einmischen sich: sich in fremde Angelegenheiten einmischen (eingreifen); die **Einmischung**

einmünden die Straße mündet in einen Kreisverkehr ein; die **Einmündung**

einmütig (einstimmig); die **Einmütigkeit**

Einnahme die, Einnahmen; **einnahmenseitig**; die **Einnahmequelle**

einnehmen (▶ nehmen) er nimmt Geld ein, sie nahm das Mittagessen ein, die Armee hat die Stadt eingenommen, die Medizin einnehmen, einen bestimmten Standpunkt einnehmen, *jmdn. für eine Sache/sich einnehmen* (überzeugen, begeistern), *von sich eingenommen* (eingebildet) sein; **einnehmend**

Einöde die, Einöden (verlassene Gegend); der **Einödhof**

einpacken ein Geschenk einpacken, *einpacken können (ugs. für* aufgeben müssen)

einparken das Auto vorsichtig einparken

einpendeln täglich vom Land in die Stadt (ein)pendeln (zur Arbeit fahren), die Temperatur hat sich auf 25 Grad eingependelt

einpferchen (auf engem Raum zusammendrängen)

einprägen sich ein Datum einprägen (merken), Buchstaben in Leder einprägen; **einprägsam**

einquartieren jmdn. einquartieren (unterbringen)

einräumen den Kasten einräumen, jmdm. ein Recht einräumen (zugestehen)

Einreise die, Einreisen; die **Einreiseerlaubnis**; **einreisen** nach England einreisen

einreißen (▶ reißen) die Ruine einreißen, die Buchseite ist eingerissen, *etwas reißt ein (ugs. für* wird zur Gewohnheit)

ins Land einreisen	ABER	Papier **einreißen**

einrenken den Arm wieder einrenken, *das wird sich schon wieder einrenken* (kommt wieder in Ordnung)

einrichten ein Zimmer neu einrichten, ein

einringeln → Einstand

Konto bei der Bank einrichten, sich auf Schwierigkeiten einrichten (einstellen); die **Einrichtung**
einringeln (einkreisen)
eins *Num.:* es ist schon eins (ein Uhr), halb eins, zirka Viertel vor eins, es steht eins zu null; *Adj.:* ihm ist alles eins (gleichgültig), mit ihm eins (einig) sein, das ist eins a (beste Qualität); *Pron.:* ihr eins auswischen ABER → die Zahl **Eins**, die Note Eins, einen Einser bekommen, einen Einser an die Tafel schreiben

es ist **eins** (Uhrzeit)	ABER	einen **Einser** (Note) bekommen

einsacken er sackte im Schnee ein, *Geld einsacken* (ugs. für kassieren)
einsagen (bei einer Prüfung heimlich zuflüstern)
einsam (alleine, abgelegen, leer), eine einsame Insel; die **Einsamkeit**
einsargen (einen Toten in den Sarg legen)
Einsatz der, Einsätze: der Einsatz der Feuerwehr rettete dem Verletzten das Leben, der Einsatz bei der Wette, Einsatz für die Flasche bezahlen, der Musiker wartet auf den Einsatz; **einsatzbereit**; das **Einsatzkommando**
einschalten; die **Einschaltquote**
einschärfen jmdm. etwas einschärfen (nachdrücklich sagen)
einschätzen die Gefahr richtig einschätzen
einschauen beim Versteckenspiel einschauen
einschenken ein Getränk einschenken
Einschicht die, *Ez.* (Einöde); **einschichtig** einschichtig (abseits) gelegen sein
einschlafen (▶ schlafen)
einschläfern (Kinder zum Einschlafen bringen; Tiere durch Injektion töten); **einschläfernd** (ermüdend)
Einschlag der, Einschläge; **einschlagen** (▶ schlagen) er schlägt den Nagel ein, sie schlug die Scheibe ein, wir haben diesen Weg eingeschlagen, auf ihn einschlagen, der Blitz schlug ein, das Futter des Kleides einschlagen (kürzen); **einschlägig** einschlägige (entsprechende) Erfahrungen haben, einschlägig (wegen eines ähnlichen Vergehens) vorbestraft sein
einschleppen eine Seuche in ein Land einschleppen
einschließen (▶ schließen) in den Kasten einschließen; **einschließlich** *Präp.+Gen.:* einschließlich (mitsamt) der Mehrwertsteuer

einschnappen die Tür schnappt ein (fällt ins Schloss), *eingeschnappt* (beleidigt) *sein*
einschneiden (▶ schneiden) der Gürtel schneidet ein; **einschneidend** einschneidende (folgenschwere) Maßnahmen treffen; der **Einschnitt** (Bruch, Unterbrechung, Wendepunkt)
einschränken die Freizeit einschränken (reduzieren), die Ausgaben einschränken (verringern); die **Einschränkung** etwas mit Einschränkung (Vorbehalt) empfehlen
einschreiben (▶ schreiben) ein Kind in der Schule einschreiben (anmelden); das **Einschreiben** per Einschreiben schicken; der **Einschreib(e)brief**
einschreiten (▶ schreiten) (vorgehen, Maßnahmen setzen)
einschüchtern (Angst machen, entmutigen); die **Einschüchterung**
einschulen das Kind wird eingeschult (kommt in die 1. Klasse), die neue Mitarbeiterin wird eingeschult (angelernt); die **Einschulung**
einsehen (▶ sehen) seine Fehler einsehen (erkennen), Dokumente einsehen (darin lesen); das **Einsehen** kein Einsehen (Verständnis) haben; die **Einsicht**; **einsichtig**; die **Einsichtigkeit**
einseitig; die **Einseitigkeit**
einsenden (▶ senden); der/die **Einsender/-in**; der **Einsendeschluss**; die **Einsendung**
einsetzen viel Kraft einsetzen, sich für jmdn. einsetzen, als Pfand einsetzen
einsieden Marillen einsieden (einkochen); das **Einsied(e)glas**
Einsiedler der, Einsiedler (einsam lebender Mensch); die **Einsiedelei**; die **Einsiedlerin**; der **Einsiedlerkrebs**
einsilbig (aus nur einer Silbe bestehend), ein einsilbiger (wortkarger) Mensch
Einsitzer der, -: (Fahrzeug mit nur einem Sitz); **einsitzig**
einspannen (vor einen Wagen spannen; zur Arbeit heranziehen); der **Einspänner** (Kutsche; schwarzer Kaffee mit Schlagobers; ein Würstel)
Einspruch der, Einsprüche (Widerspruch)
einst *Adv.* (vor langer Zeit), einst und jetzt
ABER → das **Einst** (die Vergangenheit) und Jetzt; **einstmals**; **einstweilen**; **einstweilig** eine einstweilige (vorläufig geltende) Verfügung
Einstand der, Einstände: eine kleine Feier zum Einstand (Dienstantritt), Tor zum 1:1

einstehen → Eisen

Einstand (Gleichstand); der **Einstandspreis** (Einkaufspreis)
einstehen (▶ stehen) er muss für den Schaden einstehen (ihn ersetzen)
einstellen die Arbeit einstellen (beenden), das Rauchen einstellen, neue Arbeiter einstellen (aufnehmen), sich auf Wartezeiten einstellen (darauf gefasst sein); **einstellig** ein einstelliger Euro-Betrag; die **Einstellung**
einstimmig ein einstimmiges Ergebnis (ohne Gegenstimme); die **Einstimmigkeit**
einstudieren; die **Einstudierung**
Einsturz der, Einstürze; **einstürzen**; die **Einsturzgefahr**
einteilen sich die Kräfte einteilen; **einteilig**; die **Einteilung**
eintönig (gleichförmig)
Eintopf der, Eintöpfe (Speise)
Eintracht die, *Ez.* (Einigkeit); **einträchtig**
eintragen (▶ tragen) die Teilnehmer mussten sich in die Liste eintragen; der **Eintrag** die Einträge; **einträglich** ein einträgliches (gewinnbringendes) Geschäft
eintreten (▶ treten) in ein Zimmer eintreten, sie trat in den Verein ein, er tritt für die Sache ein (setzt sich dafür ein), das Unglaubliche ist eingetreten (geschehen); der **Eintritt**; die **Eintrittskarte**
eintrichtern (mit Zwang etwas beibringen)
eintropfen; die **Eintropfsuppe**
Einvernahme die, Einvernahmen (polizeiliches Verhör); das **Einvernehmen** im Einvernehmen mit ihr (mit ihrer Zustimmung), mit jmdm. im besten Einvernehmen stehen (sich sehr gut verstehen); **einvernehmlich** (einmütig)
einverstanden; das **Einverständnis** (Zustimmung)
Einwand der, Einwände (Widerspruch); **einwandfrei** (eindeutig, ohne Beanstandung)
Einwanderer der, -; die **Einwanderin**; **einwandern**; die **Einwanderung**
einwärts *Adv.:* etwas einwärts (nach innen) biegen
Einwegflasche die, …flaschen (Flasche, die nach dem Gebrauch entsorgt wird)
einweihen das neue Opernhaus einweihen, jmdn. in ein Geheimnis einweihen; die **Einweihung**
einweisen jmdn. in ein Krankenhaus einweisen (einliefern lassen); die **Einweisung**
einwenden (▶ wenden) (einen Einwand vorbringen)

einwerfen (▶ werfen) einen Brief einwerfen; der **Einwurf** die Einwürfe
einwilligen (zustimmen); die **Einwilligung**
Einwohner der, -; die **Einwohnerin**; das **Einwohnermeldeamt**; die **Einwohnerzahl**
Einzahl die, *Ez.* (Singular, Gegenteil von Mehrzahl)
einzahlen Geld einzahlen; die **Einzahlung**
Einzel das, -: (Spiel zwischen zwei einzelnen Gegnern); die **Einzelarbeit**
Einzelgänger der, -: (jmd., der den Kontakt zu anderen meidet); die **Einzelgängerin**; die **Einzelhaft**; der **Einzelhandel**; das **Einzelkind**
Einzeller der, -: (einzelliges Lebewesen)
einzeln (für sich allein), jeder musste einzeln eintreten, ein einzeln stehender Baum ABER → der/die **Einzelne** muss eintreten, als **Einzelne(r)**, jede(r) **Einzelne**, bis ins **Einzelne**, im **Einzelnen**; das **Einzelzimmer**
einziehen (▶ ziehen) den Kopf einziehen, in die Wohnung einziehen, eine Zwischenwand einziehen, jmdn. zum Wehrdienst einziehen (einberufen), das Pflegemittel muss ins Leder einziehen, Erkundigungen einziehen
einzig seine einzige Tochter, das war das einzig Richtige ABER → der/die/das **Einzige**, als Einziges, unser Einziges (unser einziges Kind), kein Einziger; **einzigartig** ABER → etwas **Einzigartiges**
Einzug der, Einzüge
Eis das, *Ez.*: das Eis bricht, zwei Eis mit Himbeeren bestellen, *etwas auf Eis legen* (vorläufig ruhen lassen); die **Eisbahn**; der **Eisbär**; das **Eisbein** (*bundesdt. für* Stelze)
Eiscreme die, Eiscremen; **eisfrei**; **eisgekühlt**; **eisglatt**; die **Eisheiligen** (Tage mit Frostgefahr: 12. bis 15. Mai); das **Eishockey**; **eisig**; **eiskalt** ABER → eisig kalt; der **Eiskasten**; das **Eisklettern**; der **Eiskunstlauf**
eislaufen (▶ laufen) sie sind eisgelaufen; das Eislaufen; das **Eismeer**; der **Eisschnelllauf** auch Eis-Schnelllauf; der **Eisschrank**; der **Eiszapfen**; die **Eiszeit**

ich gehe eislaufen	ABER	zum **Eislaufen**

Eisen das, -: (chemisches Element), *zum alten Eisen gehören* (alt und unbrauchbar sein), *ein heißes Eisen* (eine heikle Sache) *anpacken;* die **Eisenbahn** *es ist höchste Eisenbahn* (sehr eilig); **eisenhältig**; **eisern** das eiserne

Gitter (aus Eisen gefertigt), eisern (intens v) trainieren, das Eiserne Tor (Durchbruch der Donau bei Hainburg)

eitel eitler, am eitelsten; die **Eitelkeit**

Eiter das/der, *Ez.;* die **Eiterbeule**; **eit(e)rig**; **eitern**

Eiweiß das, Eiweiße; **eiweißarm** eiweißarme Nahrung

Eizelle die, Eizellen (Keimzelle)

Ekel der, -: (starker Abscheu), ein Ekel (abscheulicher Mensch); **ekelerregend** das ist ekelerregend auch Ekel erregend; **ekelhaft** (abscheulich); **ek(e)lig**; sich **ekeln** sich vor dem Essen ekeln

EKG = Elektrokardiogramm (medizinische Aufzeichnung der Herzmuskelströme)

Eklat [ekla] der, Eklats (Skandal); **eklatant** (aufsehenerregend, offenkundig)

Ekstase die, Ekstasen (Verzückung, Begeisterung); **ekstatisch**

Ekzem das, Ekzeme (Hautausschlag, Entzündung)

Elan der, *Ez.* (Begeisterung, Schwung)

elastisch (dehnbar, biegsam); die **Elastizität**

Elch der, Elche (nordische Hirschart)

Eldorado das, Eldorados (Paradies)

Elefant der, Elefanten: *sich wie ein Elefant im Porzellanladen* (ungeschickt) *benehmen*

elegant (vornehm, von erlesenem Geschmack); die **Eleganz**

Elegie die, Elegien (wehmütiges Klagelied); **elegisch**

Elektriker der, -; die **Elektrikerin**; **elektrisch**; **elektrisieren**; die **Elektrizität** das Kraftwerk versorgt die Haushalte mit Elektrizität; **elektrifizieren** (auf elektrischen Betrieb umstellen); **elektrisch**; **elektrisieren**; das **Elektrizitätswerk** <E-Werk>; das **Elektroauto**; die **Elektrode**; das **Elektrofahrrad**; die **Elektrogitarre** <E-Gitarre>; der **Elektroherd**; der/die **Elektroingenieur/-in**; die **Elektrolyse** (elektrische Zersetzung chemischer Verbindungen); der **Elektromagnet**; der **Elektromotor**; die **Elektronik**; **elektronisch**; die **Elektrotechnik**

Element das, Elemente (Bestandteil; Merkmal; Grundstoff; Naturgewalt) *in seinem Element sein* (sich wohlfühlen, auskennen); **elementar** (grundlegend); die **Elementargewalt** (Naturgewalt); das **Elementarteilchen** (kleinster Baustein)

Elend das, *Ez.:* ein Häufchen Elend (sehr unglücklich); **elend** (krank, übel, armselig);

mir ist elend zumute, eine elende Wohnung; **elendig**; **elendiglich**; das **Elendsviertel**

Eleve der, Eleven (Schüler einer Schauspiel- oder Ballettschule); die **Elevin**

elf (▶ acht) es ist elf Uhr, elf Spieler ABER → die **Elf** (Fußballmannschaft); der **Elfer** (Elfmeter im Fußball); **elffach** auch 11fach auch 11-fach; **elfmal** auch 11-mal; das **Elfmeterschießen**; **elftens**

Elfe die, Elfen (weibliches Wesen in Märchen und Sagen)

Elfenbein das, *Ez.* (Material der Stoßzähne eines Elefanten); der **Elfenbeinturm** *im Elfenbeinturm sitzen* (weltfremd leben)

eliminieren (beseitigen, ausschalten); die **Eliminierung**

Elite die, Eliten (Gruppe der Besten); **elitär**

Elixier das, Elixiere (Zauber-, Heiltrank)

Ellbogen auch **Ellenbogen** der, -: seine Ellbogen gebrauchen (rücksichtslos sein); die **Elle** (altes Längenmaß)

Ellipse die, Ellipsen (Kegelschnitt); **elliptisch**

eloquent sie schilderte eloquent (wortreich, ausdrucksstark) den Vorfall; die **Eloquenz**

Elster die, Elstern (Rabenvogel)

Eltern die, *Mz.;* das **Elternhaus**; **elternlos**; der **Elternteil**; die **Elternversammlung**

E-Mail [imel] die/das, E-Mails (elektronisch übermittelter Brief); **emailen** auch **e-mailen** ich habe geemailt

Email [email] das, Emails (farbiger Überzug aus geschmolzenem Glas); **emaillieren**

Emanzipation [...tsion] die, *Ez.* (Befreiung aus Abhängigkeit); sich **emanzipieren**; **emanzipiert** eine emanzipierte (selbstständige) Frau

Embargo das, Embargos (staatliches Ausfuhrverbot, Handelsverbot aus politischen Gründen)

Emblem das, Embleme (Symbol, Abzeichen)

Embolie die, Embolien (Verstopfung eines Blutgefäßes)

Embryo der/das, Embryos/Embryonen (Ungeborenes im Mutterleib)

Emigrant der, Emigranten (Auswanderer); die **Emigrantin**; die **Emigration**; **emigrieren**

eminent (herausragend, sehr wichtig); die **Eminenz** (Titel für Kardinäle), die graue auch Graue Eminenz (Person, die im Hintergrund bestimmt)

Emission die, Emissionen (Ausgabe von Briefmarken; Ausstoß verunreinigter Luft); **emittieren**

Emotion → enteisen

Emoti̯on [...tsi̯on] die, Emotionen (Gemütsbewegung); **emotional** (gefühlsmäßig)

Empfang der, Empfänge: der Empfang der Lieferung, der Empfang des Senders; **empfangen** du empfängst Gäste, er empfing die Botschaft, die Antenne hat Signale empfangen; **empfänglich** für Lob empfänglich sein; die **Empfängnis**; die **Empfängnisverhütung**

empfe̱hlen er empfiehlt etwas, der Kellner empfahl das Menü, das wurde uns empfohlen, empfiehl nichts!, es empfiehlt sich (ist ratsam); **empfehlenswert**; die **Empfehlung**

empfi̱nden (▶ finden) er empfand es als Befreiung, sie hat nichts empfunden; **empfindlich** (leicht reizbar, wehleidig); die **Empfindlichkeit**; **empfindsam** (feinfühlig); die **Empfindsamkeit**; die **Empfindung**

Empiri̱e die, Ez. (Erfahrung, Erfahrungswissen); **empirisch**

empo̱r Adv.: die Treppe empor (hinauf); die **Empore** (Galerie in der Kirche); **emporkommen** (▶ kommen); der **Emporkömmling** (Aufsteiger); **emporragen**

empö̱ren er empörte sich (war zornig), das empört (ärgert) mich; **empört**; die **Empörung**

e̱msig (eifrig); die **Emsigkeit**

Emulsi̱on die, Emulsionen (Gemenge zweier Flüssigkeiten)

E̱nde das, Enden: am Ende sein, ein Mann Ende achtzig, letzten Endes (schließlich), zu Ende gehen, Ende gut, alles gut; der **Endeffekt**; **endeln** (Stoffränder einnähen); **enden**; das **Endergebnis**; **endgültig** (unumstößlich); **endlich** Adv.; **endlos**; die **Endrunde**; der **Endspurt** [...spöat]; die **Endung**

Endivi̱e die, Endivien (Salat); der **Endiviensalat**

Energi̱e die, Energien (körperliche und geistige Kraft), etwas mit großer Energie (Ausdauer) durchführen; der **Energiebedarf**; **energielos**; die **Energiequelle**; die **Energiereserve**; energiesparend auch Energie sparend, ein energiesparendes Gerät; die **Energiewende** (Veränderung der Energieversorgung zugunsten von erneuerbaren Energien); **energisch** (tatkräftig)

E̱nergydrink [änadschi…] der, …drinks (leistungssteigerndes alkoholfreies Getränk)

e̱ng ein enges Tal, diese Hose ist enger, die Pflanzen stehen hier am engsten, das Kleid ist eng anliegend auch enganliegend ABER
→ auf das/aufs Engste auch aufs engste

mit jmdm. befreundet sein; die **Enge** jmdn. in die Enge (in eine ausweglose Situation) treiben; **engherzig** (kleinlich); der **Engpass** ein Engpass in der Trinkwasserversorgung; **engstirnig** (ohne Weitblick)

Engagement [ãgaschmã] das, Engagements (energischer Einsatz; Anstellung eines Künstlers); **engagieren** sich für etwas engagieren (einsetzen), jmdn. engagieren (anstellen)

E̱ngel der, -: (überirdisches Wesen), du bist ein Engel (verhältst dich mustergültig); **engelhaft**

E̱ngerling der, Engerlinge (Maikäferlarve)

E̱ngland (Staat in Nordwesteuropa); der/die **Engländer/-in**

e̱nglisch (▶ deutsch) die englische Sprache, sie spricht englisch (in englischer Sprache) ABER → das **Englische**, etwas auf Englisch sagen, ins Englische übersetzen, im Englischen sagt man …, sie spricht Englisch

en gros [ã gro] en gros (im Großen) einkaufen

E̱nkel der, -: (Kind des Sohnes oder der Tochter); die **Enkelin**; das **Enkelkind**; das **Enkerl**

Enkla̱ve die, Enklaven (fremdes Gebiet innerhalb des eigenen Staatsgebietes)

en ma̱sse [ã mas] (massenhaft)

eno̱rm ein enorm (sehr) teures Parfum

en passant [ã pasã] (im Vorübergehen, beiläufig)

Enque̱te [ãket] die, Enqueten (Tagung)

Ensemble [ãsãbel] das, Ensembles (Künstlergruppe; zusammengehörige Kleidungstücke)

en suite [ã swit] (ununterbrochen)

entbe̱hren (ohne etwas/jmdn. auskommen), das entbehrt jeder Grundlage; **entbehrlich**; die **Entbehrung**

entbi̱nden (▶ binden) eine Frau wird von einem Kind entbunden (bringt ein Kind zur Welt); die **Entbindung**

entblö̱ßen seinen Körper entblößen; die **Entblößung**

entde̱cken; der/die **Entdecker/-in**; die **Entdeckung**

E̱nte die, Enten: die Enten im Teich, die Zeitungsente (Falschmeldung); der **Enterich** (männliche Ente, Erpel)

ente̱hren sein Name wurde durch den Zeitungsbericht entehrt; die **Entehrung**

ente̱ignen (Eigentum für öffentliche Zwecke wegnehmen); die **Enteignung**

ente̱isen (vom Eis befreien), die Tragfläche des

Flugzeuges wird enteist
Entente [ātāt] die, Ententen (Staatenbündnis)
enterben (vom Erbe ausschließen); die **Enterbung**
Enter (kurz für Entertaste (Eingabetaste))
entern ein Schiff entern (erobern)
Entertainer [entatäner] der, -: (Alleinunterhalter); die **Entertainerin**
entfachen (geh. für in Brand stecken), einen Streit entfachen (beginnen)
entfalten (auseinanderfalten), Eifer entfalten (entwickeln)
entfernen er entfernte sich (ging weg), sich vom Thema entfernen (abweichen), einen Fleck entfernen (beseitigen); **entfernt** entfernte (nicht direkte) Verwandte ABER → nicht im **Entferntesten** (ganz und gar nicht) daran denken; die **Entfernung** (Distanz)
entfliehen (▶ fliehen) der Verbrecher entfloh, dem Lärm entfliehen
entfremden sich (einander fremd werden); die **Entfremdung**
entführen er hat das Kind entführt (in seine Gewalt gebracht); der/die **Entführer/-in**; die **Entführung**
entgegen Präp.+Dat.: das ist entgegen (nicht im Sinn) unserer Abmachung, ihrem Vorsatz entgegen; **entgegenbringen** (▶ bringen); **entgegeneilen**; **entgegenfiebern**; **entgegengehen** (▶ gehen); **entgegengesetzt**; **entgegenhalten** (▶ halten); **entgegenkommen** (▶ kommen); das **Entgegenkommen**; **entgegennehmen** (▶ nehmen); **entgegensehen** (▶ sehen); **entgegensetzen** die entgegengesetzte Richtung; **entgegenstehen** (▶ stehen) dieser Behauptung steht die bisherige Erfahrung entgegen; **entgegenstellen**; **entgegentreten** (▶ treten)
entgegnen (erwidern); die **Entgegnung**
entgehen (▶ gehen) einer Gefahr entgehen (entrinnen), das ist mir entgangen (blieb unbemerkt)
entgeistert (völlig verstört, entsetzt)
Entgelt das, Entgelte (Lohn); **entgelten** (▶ gelten) (belohnen, vergüten), du entgiltst, er entgalt, sie hat entgolten; **entgeltlich**
entgleisen der Zug entgleiste; die **Entgleisung** die Entgleisung des Zugs, das war eine Entgleisung! (unpassendes Benehmen)
enthalten (▶ halten) die Flasche enthält Wein, das Angebot enthält viele Vorteile, sich der Stimme enthalten (sie nicht abgeben),

die Steuer ist im Preis enthalten (bereits eingerechnet); **enthaltsam** enthaltsam leben (auf vieles verzichten); die **Enthaltsamkeit**
enthaupten (den Kopf abschlagen); die **Enthauptung**
entheben (▶ heben) jmdn. seines Amtes entheben (aus einem Amt entlassen); die **Enthebung**
enthüllen ein Bild enthüllen, seine Pläne enthüllen (verraten); die **Enthüllung**
Enthusiasmus der, Ez. (Begeisterung); der/die **Enthusiast/-in**; **enthusiastisch**
entlang Präp.+Akk.: er geht den Weg entlang; Präp.+Gen./Dat.: sich entlang der Strecke aufstellen, entlang des Flusses/dem Fluss; Adv.: am Ufer entlang; **entlangfahren** (▶ fahren); **entlangführen**; **entlanggehen** (▶ gehen)
entlarven einen Spion entlarven (aufdecken); die **Entlarvung**
entlassen (▶ lassen) der Direktor entlässt den Angestellten, sie entließ den Vogel in die Freiheit, Angestellte wurden entlassen, entlass mich nicht!; die **Entlassung**
entlaufen (▶ laufen) (davonlaufen), die Katze ist entlaufen
entledigen sich: sich seiner Feinde entledigen (geh. für sich von ihnen befreien)
entlegen das Haus ist sehr entlegen (weit abseits)
entlehnen ein Buch entlehnen (ausleihen); die **Entlehnstelle**; die **Entlehnzeiten** Mz.
entmündigen (für unzurechnungsfähig erklären); die **Entmündigung**
entmutigen; die **Entmutigung**
entpuppen sich: sich als Verbrecher entpuppen (erweisen)
entrichten den Eintrittspreis entrichten (bezahlen)
entrinnen einer Gefahr entrinnen (entgehen)
entrisch auch enterisch (mundartl. für nicht geheuer, unheimlich)
entrüsten sich über sein Verhalten entrüsten (aufregen), die Entscheidung entrüstet sie; die **Entrüstung**
entsagen allen Freuden entsagen (geh. für freiwillig darauf verzichten); die **Entsagung**
entschädigen der Erfolg entschädigte ihn für die Anstrengung (war der Ausgleich); die **Entschädigung**
entschärfen die Bombe wurde entschärft; die **Entschärfung**
entscheiden (▶ scheiden) sich für etwas

entschieden → epigonal

entscheiden, sie hat entschieden, ich kann mich schwer entscheiden (festlegen), entscheide dich!; der **Entscheid** der Entscheid des Obersten Gerichtshofs; **entscheidend**; die **Entscheidung**; das **Entscheidungsspiel**

entschieden die Forderung entschieden ablehnen, auf das/aufs **Entschiedenste** (sehr bestimmt) auch aufs **entschiedenste**; die **Entschiedenheit**

entschließen sich (▶ schließen) sie entschließt sich schwer, er entschloss sich schnell, wir haben uns entschlossen, entschließ dich endlich!, zu allem entschlossen (bereit) sein; die **Entschließung**; die **Entschlossenheit**; der **Entschluss**; **entschlussfreudig**

entschlüsseln der Funkspruch wurde entschlüsselt

entschuldigen er soll sich entschuldigen, der Fehler wird entschuldigt (verziehen); die **Entschuldigung**

Entsetzen das, *Ez.*: das Entsetzen (Grauen) steht ihm im Gesicht; sich **entsetzen**; **entsetzenerregend** auch Entsetzen erregend; **entsetzlich** ein entsetzliches (sehr großes) Verbrechen, entsetzlich (sehr) fleißig; die **Entsetzlichkeit**; **entsetzt**

entsinnen sich: ich entsinne (erinnere) mich

entsorgen den Müll entsorgen (wegbringen); die **Entsorgung**

entspannen den Körper und die Seele entspannen (lockern, beruhigen), sich im Urlaub entspannen (erholen), die Lage entspannte (beruhigte) sich; die **Entspannung**; die **Entspannungsübung**

entsprechen (▶ sprechen) die Ergebnisse entsprechen den Vorstellungen, einer Bitte entsprechen (sie erfüllen); **entsprechend** sie war entsprechend angezogen; die **Entsprechung**

entspringen (▶ springen) der Fluss entspringt (hat seine Quelle) hier, der Verurteilte ist aus der Haft entsprungen (entflohen)

entstehen (▶ stehen) es entstehen keine Kosten; die **Entstehung**

entstellen ihr Gesicht wurde beim Unfall entstellt (verunstaltet); die **Entstellung**

enttäuschen; die **Enttäuschung**

entwarnen; die **Entwarnung**

entwässern das Moor wurde entwässert (trockengelegt); die **Entwässerung**

entweder *Konj.*: entweder er oder ich;

das **Entweder-oder**

entweichen (▶ weichen) (entfliehen), Gase entweichen (entströmen)

entweihen ein Gotteshaus entweihen

entwenden (stehlen); die **Entwendung** (Diebstahl)

entwerfen (▶ werfen) ein Kleid entwerfen

entwerten einen Fahrschein entwerten (für weiteren Gebrauch ungültig machen); die **Entwertung**

entwickeln die Raupe entwickelt sich zum Schmetterling (reift heran), einen Film entwickeln (ausarbeiten), sie entwickelt viel Fantasie; die **Entwicklung**; **entwicklungsfähig**; die **Entwicklungshilfe**; das **Entwicklungsland**; das **Entwicklungsstadium**

entwischen der Dieb konnte entwischen (entkommen)

entwöhnen einen Säugling von der Muttermilch entwöhnen; die **Entwöhnung**

Entwurf der, Entwürfe (Grundlage für die Ausarbeitung)

entziehen (▶ ziehen) die Polizei entzieht dem Betrunkenen den Führerschein (nimmt ihn ihm weg), jmdm. das Wort entziehen (ihn nicht weiterreden lassen), sich der Verantwortung entziehen (davor drücken), das entzieht sich meiner Kenntnis (weiß ich nicht); die **Entziehung**; die **Entziehungskur** (Kur zur Befreiung von Alkohol- oder Drogensucht); der **Entzug**

entziffern Buchstaben nicht entziffern (lesen) können; **entzifferbar**

entzücken (begeistern); das **Entzücken**; **entzückend** (hübsch, reizend)

entzünden das Holz entzündet sich (fängt Feuer), die Wunde ist entzündet/entzunden, eine Diskussion entzündet sich (entsteht); **entzündbar**; **entzündlich** leicht entzündliche Gase; die **Entzündung**

entzwei (auseinander); **entzweibrechen** (▶ brechen); sich **entzweien**

Enzian der, Enziane (Gebirgsblume); **enzianblau**; der **Enzianschnaps**

Enzyklika die, Enzykliken (päpstliches Rundschreiben)

Enzyklopädie die, Enzyklopädien (großes Nachschlagewerk)

Enzym das, Enzyme (biochemische Verbindung)

Epidemie die, Epidemien (Seuche); **epidemisch** (als Seuche auftretend)

epigonal (nachahmend, ohne eigenes

schöpferisches Zutun); der **Epigone** (Nachahmer); die **Epigonin**

Epik die, *Ez.* (erzählende Dichtung); der/die **Epiker/-in**; **episch**

Epilepsie die, Epilepsien (mit Krampfanfällen verbundene Krankheit); der/die **Epileptiker/-in**; **epileptisch** epileptische Anfälle

Epilog der, Epiloge (Schlussrede, Nachwort)

Episkop das, Episkope (Projektor für undurchsichtige Vorlagen)

Episkopat das, Episkopate (Bischofsamt)

Episode die, Episoden (nebensächliches Geschehen); **episodenhaft**

Epoche die, Epochen (geschichtliches Zeitalter); **epochal** ein epochales (äußerst bedeutendes) Ereignis

Epos das, Epen (längere erzählende Versdichtung)

Eprouvette [epruwęte] die, Eprouvetten (Proberöhrchen, Reagenzglas)

er hier ist er ABER → es ist ein **Er** (Mensch oder Tier männlichen Geschlechts), ein Er und eine Sie

erbarmen ich erbarme mich deiner (nehme mich deiner an, kümmere mich um dich), sie erbarmt mir/mich (sie tut mir leid); das **Erbarmen**; **erbärmlich** in erbärmlichem (armseligem) Zustand; **erbarmungslos** (grausam, hart)

erbauen eine Kirche erbauen (errichten), sich an dem Kunstwerk erbauen (erfreuen), *von etwas erbaut* (begeistert, entzückt) *sein;* der/die **Erbauer/-in**; **erbaulich**; die **Erbauung**

¹**Erbe** das, *Ez.* (kulturelles Erbe)

²**Erbe** der, Erben (jmd., der ein Erbe erhält); die **Erbin**; der **Erblasser**; **erblich**; das **Erbrecht**; die **Erbschaft**; die **Erbsünde**; das **Erbteil**

erben einen Besitz erben

erbitten (▶ bitten) *(geh.)* Gnade erbitten

erbittert ein erbitterter (hartnäckiger, zorniger) Gegner; die **Erbitterung**

erblassen vor Neid erblassen (bleich werden)

erblinden (das Augenlicht verlieren); die **Erblindung**

erbosen er ist erbost (wütend, zornig)

Erbse die, Erbsen (Hülsenfrucht); **erbsengroß**; die **Erbsensuppe**

Erde die, Erden: die Erde bebt; *auf der Erde bleiben* (sich keine Illusionen machen); die **Erdachse**; der **Erdapfel** (Kartoffel) die Erdäpfel kochen; das **Erdäpfelgulasch**; die **Erdatmosphäre**; das **Erdbeben**; die **Erdbeere**; die **Erddrehung**; **erden**

(Stromleitung mit der Erde verbinden); der/die **Erdenbürger/-in**; das **Erdgas**; das **Erdgeschoß** auch Erdgeschoss; die **Erdnuss**; das **Erdöl** Erdöl fördernde auch erdölfördernde Länder; der **Erdrutsch**; der **Erdrutschsieg** (sehr hoher Wahlsieg); der **Erdteil** (Kontinent)

erdenklich sich jede erdenkliche (größtmögliche) Mühe geben ABER → alles **Erdenkliche** tun

erdreisten sich: er erdreistet sich (*geh. für* er ist so frech, unverfroren, etwas zu tun

erdrosseln jmdn. mit bloßen Händen erdrosseln (erwürgen)

erdrücken (zu Tode drücken), die Arbeit erdrückt mich (belastet mich übermäßig); **erdrückend** die Polizei hat erdrückende (schwer belastende) Beweise

ereifern sich: sich über etwas/jmdn. ereifern (erregen)

ereignen sich: ein Unglück ereignete sich (geschah); das **Ereignis**; **ereignisreich**

Eremit der, Eremiten (Einsiedler); die **Eremitin**

erfahren (▶ fahren) etwas erfahren; die **Erfahrung**; **erfahrungsgemäß**

erfassen er erfasste (verstand) die Situation sofort, das Auto erfasste den Radfahrer (riss ihn mit sich), etwas in einer Liste erfassen (in eine Liste aufnehmen); die **Erfassung**

erfinden (▶ finden) er erfand eine Ausrede; Ressel hat die Schiffsschraube erfunden; der/die **Erfinder/-in**; **erfinderisch** *Not macht erfinderisch* (in einer schwierigen Situation findet man eine gute Lösung); die **Erfindung**

Erfolg der, Erfolge: viel Erfolg haben, ein Erfolg versprechendes auch erfolgversprechendes Vorhaben; **erfolgen**; **erfolglos**; die **Erfolglosigkeit**; **erfolgreich**; das **Erfolgsrezept**; die **Erfolgsstory**

erfordern (nötig machen), die Tätigkeit erfordert (kostet, verlangt) viel Geduld; **erforderlich**; **erforderlichenfalls** *Adv.;* das **Erfordernis** (Notwendigkeit)

erforschen (wissenschaftlich untersuchen), sein Gewissen erforschen (prüfen); die **Erforschung**

erfreuen jmdn. mit einer Überraschung erfreuen, sich großer Beliebtheit erfreuen; **erfreulich** ABER → viel **Erfreuliches**; **erfreulicherweise** *Adv.*

erfrieren (▶ frieren) die Blumen erfroren, die Bergsteiger sind erfroren; die **Erfrierung**

erfrischen → erlesen

erfrischen ein erfrischendes Bad; die **Erfrischung**; das **Erfrischungsgetränk**
erfüllen er konnte die Erwartungen erfüllen (ihnen entsprechen), das neue Hobby erfüllt (beschäftigt) ihn ganz, der Raum ist von Blumenduft erfüllt; **erfüllbar**; die **Erfüllung**
ergänzen (eine Sache hinzufügen); die **Ergänzung**
ergattern (mit List oder Glück bekommen), einen Sitzplatz ergattern (erwischen)
ergeben (▶ geben) sich dem Feind ergeben (unterwerfen), die Untersuchung ergab, das ergibt (bringt) nicht viel, daraus ergibt sich (folgt), Ihr ergebener (gehorsamer) Diener; die **Ergebenheit**; das **Ergebnis**; **ergebnislos**; die **Ergebnislosigkeit**
ergehen (▶ gehen) das Urteil ergeht in wenigen Tagen (wird erteilt), ihm ist es nicht schlecht ergangen, *etwas über sich ergehen lassen* (geduldig ertragen), *Gnade für/vor Recht ergehen lassen* (nachsichtig sein)
ergiebig; die **Ergiebigkeit**
ergo *Adv.* (*geh. für* also, folglich)
Ergonomie die, *Ez.* (Lehre von den bestmöglichen Arbeitsbedingungen); **ergonomisch** ein ergonomischer Arbeitsplatz
ergötzen (*geh. für* erfreuen)
ergrauen (grauhaarig werden)
ergreifen (▶ greifen) den Hammer ergreifen, einen Beruf ergreifen, die Flucht ergreifen (fliehen), das Wort ergreifen (zu sprechen beginnen), den Täter ergreifen (fassen, fangen), die Initiative ergreifen (aktiv werden); **ergreifend** (gefühlsmäßig berührend); die **Ergreifung**; **ergriffen** (bewegt); die **Ergriffenheit**
erhaben die Verzierung ist erhaben (tritt plastisch hervor), er ist über alles erhaben (fühlt sich überlegen); die **Erhabenheit**
erhalten (▶ halten) ein Geschenk erhalten, jmdn. am Leben erhalten, einen Auftrag erhalten, das Gebäude ist gut erhalten; der **Erhalt** nach Erhalt (Empfang) der Ware; **erhaltenswert**; **erhältlich**; die **Erhaltung**
erhärten der Verdacht erhärtet (bestätigt) sich
erheben (▶ heben) Anklage erheben, den Blick erheben, den Markt zur Stadt erheben, den Tathergang erheben (feststellen), sich gegen die Mächtigen erheben (rebellieren, auflehnen); **erhebend** ein erhebender (feierlicher) Moment; **erheblich** der Verlust war erheblich (beträchtlich); die **Erhebung**
erholen sich: sich gut erholen; **erholsam**; die **Erholung**
erhören das Gebet wurde erhört (erfüllt)
Erika die, Erikas (Heidekraut)
erinnern sich an die Jugend erinnern, jmdn. an etwas erinnern; die **Erinnerung**
erkälten sich: er hat sich erkältet (verkühlt); die **Erkältung**; die **Erkältungsgefahr**
erkennen (▶ kennen) nichts erkennen (wahrnehmen); **erkennbar**; **erkenntlich** *sich erkenntlich* (dankbar) *zeigen;* das **Erkenntnis** (Gerichtsurteil; amtlicher Bescheid); die **Erkenntnis** (Einsicht); das **Erkennungszeichen**
Erker der, -: (Gebäudevorbau); das **Erkerfenster**
erklären ein Spiel erklären (erläutern), sich bereit erklären *auch* bereiterklären, einem Staat den Krieg erklären, sich einverstanden erklären; **erklärt** ein erklärter Gegner der Atomkraft; die **Erklärung**
erklecklich eine erkleckliche (beachtliche) Summe
erkoren er wurde zum Direktor erkoren (*geh. für* gewählt)
erkunden das Gelände erkunden
erkundigen sich: sich nach dem Fahrplan erkundigen (fragen); die **Erkundigung** (Nachfrage); die **Erkundung** (Erforschung)
Erlag der, Erlage (Einzahlung); der **Erlagschein**
erlahmen die Kräfte erlahmen (lassen nach)
erlangen (erreichen)
erlassen (▶ lassen) er erließ eine Verordnung, die Strafe wurde ihm erlassen (aufgehoben); der **Erlass** die Erlässe
erlauben das Parken ist hier nicht erlaubt, sich keinen weiteren Fehler erlauben (leisten) dürfen; die **Erlaubnis**
erlaucht erlauchte (vornehme) Herrschaften
erläutern die Vorschrift erläutern (erklären); die **Erläuterung**
Erle die, Erlen (Laubbaum)
erleben eine Überraschung erleben; das **Erlebnis**; die **Erlebniserzählung**
erledigen (ausführen), jmdn. erledigen (vernichten); die **Erledigung**
erlegen ein Tier erlegen (töten), den Betrag erlegen (zahlen)
erleichtern jmdm. die Entscheidung erleichtern, das Gewissen erleichtern (sich von einer seelischen Last befreien), jmdn. um seine Barschaft erleichtern (bestehlen); **erleichtert**; die **Erleichterung**
erlesen die Speisen sind erlesen (besonders

erleuchten → erschöpfen

gut); die **Erlesenheit**
erleuchten (erhellen); die **Erleuchtung** (Erkenntnis)
erliegen (▶ liegen) er erlag der Krankheit (starb), der Versuchung erliegen (nachgeben), zum Erliegen (Stillstand) kommen
Erlös der, Erlöse; **erlösen** jmdn. von seinen Schmerzen erlösen (befreien); **erlösend** er sagte das erlösende Wort; der **Erlöser** (Messias); die **Erlösung**
erlöschen das Feuer erlischt (geht aus)
ermächtigen (eine Vollmacht erteilen); die **Ermächtigung**
ermahnen; die **Ermahnung**
ermangeln (geh.) jeglicher Logik ermangeln; die **Ermang(e)lung** in Ermangelung (mangels) einer Idee
ermäßigen der ermäßigte Fahrpreis; die **Ermäßigung**
ermessen (▶ messen) die Bedeutung von etwas ermessen (einschätzen) können; das **Ermessen** nach menschlichem Ermessen
ermitteln die Täter ermitteln (herausfinden); die **Ermittlung**
ermöglichen möglich machen
ermorden auf offener Straße ermorden; der/die **Ermordete**; die **Ermordung**
ermüden; die **Ermüdung**
ermuntern (ermutigen); die **Ermunterung**
ermutigen (bestärken); die **Ermutigung**
ernähren; der/die **Ernährer/-in**; die **Ernährung**
erneuerbar erneuerbare Energien (z. B. Wind-, Sonnenenergie, Wasserkraft); **erneuern;** die **Erneuerung; erneut** beim erneuten (wiederholten) Versuch
ernst mit ernster Miene, ein ernstes Anliegen, etwas ernst meinen, ein ernst gemeinter auch ernstgemeinter Rat; etwas ernst nehmen, ernst zu nehmend auch ernstzunehmend ABER → der **Ernst** der Ernst der Lage, im Ernst, allen Ernstes, *mit einer Sache Ernst machen* (tun, was man angekündigt hat), *das kann doch nicht dein Ernst sein!* (meinst du das wirklich?); der **Ernstfall; ernsthaft; ernstlich**

| ich meine es ernst | ABER | das ist mein **Ernst** |
| etwas **ernst** sagen | ABER | etwas **im Ernst** sagen |

Ernte die, Ernten: der Bauer bringt die Ernte ein; das **Erntedankfest; ernten** den Weizen ernten, *nichts als Undank ernten*
ernüchtern ein ernüchterndes (enttäuschendes) Ergebnis; die **Ernüchterung**
erobern ein Gebiet erobern (einnehmen), jmds. Herz erobern (gewinnen); der **Eroberer**; die **Eroberin**; die **Eroberung**
eröffnen die Ausstellung eröffnen (offiziell zugänglich erklären), ein Geschäft eröffnen (aufmachen), den Ball eröffnen (feierlich beginnen), jmdm. etwas eröffnen (mitteilen); die **Eröffnung**
erörtern das Für und Wider erörtern (diskutieren); die **Erörterung**
Erosion die, Erosionen (Abtragung der Erdoberfläche)
Erotik die, *Ez.* (Sinnlichkeit, Liebesleben); **erotisch**
Erpel der, -: (männliche Ente)
erpicht auf etwas erpicht (versessen) sein
erpressen (durch Drohung etwas erzwingen); **erpressbar**; der/die **Erpresser/-in**; **erpresserisch**; die **Erpressung**
erproben (gründlich prüfen); die **Erprobung**
erquicken (erfrischen); **erquicklich**; die **Erquickung**
erregen Anstoß erregen, böses Blut erregen (Ärger hervorrufen), sich wegen einer Kleinigkeit erregen; **erregbar**; der **Erreger**; die **Erregtheit**; die **Erregung**; der **Erregungszustand**
erreichen (verwirklichen) ABER → das bisher **Erreichte; erreichbar;** die **Erreichbarkeit**
errichten (bauen, gründen), ein Testament errichten; die **Errichtung**
erringen (▶ ringen) (erkämpfen); die **Errungenschaft**
erröten (rot werden)
Ersatz der, *Ez.:* für den Spieler einen vollwertigen Ersatz finden; **ersatzlos**; der **Ersatzmann**; der/die **Ersatzspieler/-in**; das **Ersatzteil**
erschaffen (▶ schaffen) die Welt erschaffen; die **Erschaffung**
erscheinen (▶ scheinen) ein Buch erscheint (wird veröffentlicht), vor Gericht erscheinen (kommen) müssen, er erscheint (wirkt) arrogant; die **Erscheinung**
erschießen (▶ schießen); die **Erschießung**
erschließen (▶ schließen) neue Gebiete für den Fremdenverkehr erschließen (zugänglich machen), die Bedeutung eines Textes erschließen (erfassen)
erschöpfen (müde machen), ich bin erschöpft

erschrecken → erzählen

(kraftlos), die Vorräte sind erschöpft (zu Ende); die **Erschöpfung**
erschrecken¹ ich erschrecke, du erschrickst, wir erschraken darüber, sie ist erschrocken, erschrick nicht!
erschrecken² jmdn. erschrecken, du erschrecktest ihn, das hat sie erschreckt, erschreckt mich nicht so!; das **Erschrecken**; die **Erschrockenheit**
erschüttern der Krieg erschüttert das Land, eine Explosion erschüttert das Haus (lässt es erzittern); **erschütternd** eine erschütternde (sehr traurige) Nachricht; die **Erschütterung**
erschweren der Regen erschwert die Bergungsarbeiten; die **Erschwernis**; die **Erschwerung**
erschwinglich ein erschwinglicher (nicht zu hoher) Preis
ersetzen den Schaden ersetzen; **ersetzbar**
erspähen das Wild erspähen (erblicken)
ersparen sich Geld ersparen (zurücklegen), wir wollten dir den Anblick ersparen, mir bleibt auch nichts erspart!; die/das **Ersparnis**
erst *Adv.:* erst (zuerst) regnete es, der Zug fährt erst in zehn Minuten (nicht früher), da war er erst recht beleidigt (noch mehr)
erstatten die Fahrtkosten erstatten (bezahlen, ersetzen); die **Erstattung**
erstaunen die Menschen sind erstaunt (verwundert); das **Erstaunen** jmdn. in Erstaunen versetzen; **erstaunlich**
erste das erste Mal, die erste Geige spielen, die erste Hilfe auch Erste Hilfe, *der erste Schritt ist der schwerste* ABER → der/die **Erste** etwas fürs Erste so lassen, als Erste/-r drankommen, am Ersten (des Monats); zum Ersten, zum Zweiten, zum Dritten (Versteigerung), der Erste Weltkrieg, *die Ersten werden die Letzten sein*; die **Erstaufführung**; die **Erstausgabe**; der/die/das **Erstbeste**; **erstens** *Adv.;* der/die **Erstgeborene**; **erstklassig** (hervorragend); der/die **Erstklassler/-in**; die **Erstkommunion**; **erstmalig**; **erstmals**; der/die **Erstplatzierte**

die **erste** Reihe	ABER	als **Erste** drankommen
das **erste** Mal	ABER	der **Erste** des Monats
die **erste** Hilfe	auch	die **Erste** Hilfe

erstehen (▶ stehen) (kaufen, erwerben)
ersteigen (▶ steigen) den Gipfel ersteigen

erstens *Adv.* erstens habe ich kein Geld und zweitens keine Zeit
Erstgeborene der/die, ...geborenen
ersticken eine Gefahr im Keim ersticken (von Beginn an unterdrücken); die **Erstickung**
erstreben (anstreben); **erstrebenswert**
ersuchen (bitten, auffordern); das **Ersuchen**
ertappen jmdn. beim Diebstahl ertappen (erwischen)
erteilen einen Auftrag erteilen (geben), jmdm. eine Abfuhr erteilen (ihn abweisen)
Ertrag der, Erträge (Einnahmen, Gewinn); **ertragen** (▶ tragen) (aushalten); **erträglich** erträgliche Schmerzen; **ertragreich**
ertränken das Tier wurde ertränkt
ertrinken (▶ trinken) er ist beim Baden ertrunken; der/die **Ertrinkende**; der/die **Ertrunkene**
ertüchtigen (leistungsfähig machen); die **Ertüchtigung**
eruieren den Absender eruieren (ausfindig machen)
Eruption [...tsion] die, Eruptionen (Ausbruch, z.B. eines Vulkans)
erwachsen ein erwachsener Mensch; der/die **Erwachsene**
erwägen (▶ wägen) ich erwäge eine Reise (überlege sorgfältig), sie erwog die Kündigung, die Vor- und Nachteile wurden von allen erwogen; **erwägenswert**; die **Erwägung**
erwähnen etwas nebenbei erwähnen (sagen), er wurde lobend erwähnt (genannt); **erwähnenswert**
erwarten ich erwarte Post, sie erwartet ein Kind; die **Erwartung**; **erwartungsgemäß**; **erwartungsvoll**
erweisen (▶ weisen) das muss sich erst als richtig erweisen (zeigen, herausstellen), jmdm. einen Gefallen erweisen (tun)
erweitern den Betrieb erweitern (vergrößern, ausbauen); die **Erweiterung**
erwerben (▶ werben) du erwirbst (kaufst) ein Haus, er erwarb viel Wissen (eignete es sich an); der **Erwerb**; **erwerbslos**; **erwerbstätig**; der/die **Erwerbstätige**; die **Erwerbung**
erwidern (antworten); die **Erwiderung**
erwiesenermaßen *Adv.*
erwischen (fangen, ertappen)
Erz das, Erze (metallhältiges Gestein); der **Erzabbau**; die **Erzader**; **erzhältig** auch **erzhaltig**
erzählen eine Geschichte erzählen,

dem werde ich etwas erzählen! (die Meinung sagen); der/die **Erzähler/-in**; die **Erzählperspektive** (Standpunkt des Erzählers); die **Erzählung**

Erzbischof der, Erzbischöfe; das **Erzbistum**; der **Erzengel**; der/die **Erzfeind/-in**; der **Erzherzog**; **erzkonservativ** (abwertend für sehr auf Traditionen beharrend)

erzeugen Waren erzeugen (herstellen), knisternde Spannung erzeugen; der/die **Erzeuger/-in**; das **Erzeugnis**; die **Erzeugung**

erziehen (▶ ziehen) die Kinder zur Höflichkeit erziehen (anleiten); **erziehbar**; der/die **Erzieher/-in**; **erzieherisch**; die **Erziehung**; der/die **Erziehungsberechtigte**

erzielen der Film erzielte einen großen Erfolg

erzürnen jmdn. erzürnen (geh. für zornig machen)

es daran liegt es, es regnet, nimm es!

Esche die, Eschen (Laubbaum)

Esel der, -: wenn es dem Esel zu gut geht, geht er aufs Eis (wenn es jmdm. zu gut geht, wird er übermütig); die **Eselei** (Dummheit); die **Eselsbrücke** (Gedächtnisstütze); das **Eselsohr** (geknicktes Eck einer Buchseite)

eskalieren die Gewalt eskaliert (nimmt zu); die **Eskalation**

Eskapade die, Eskapaden (mutwilliger Streich)

Eskimo der, Eskimos (Fremdbezeichnung für Bewohner der Arktis ▶ Inuk/Inuit)

Eskorte die, Eskorten (militärisches Geleit); **eskortieren**

Esoterik die, Ez. (Geheimlehre); der/die **Esoteriker/-in**; **esoterisch** esoterisches (geheimes) Wissen

Espe die, Espen (Laubbaum); das **Espenlaub** wie Espenlaub (sehr) zittern

Esperanto das, Ez. (künstliche Weltsprache)

Espresso der, Espressos/Espressi (sehr starker Kaffee)

Esprit [espri] der, Ez. (Geist, Witz)

Essay [esei] der/das, Essays (kürzere schriftliche Abhandlung)

essen er isst genussvoll, sie aß hastig, er hat kalt gegessen, gut essen gehen; das **Essen** ein Essen geben, beim Essen sitzen; **essbar**; das **Essbare**; das **Essbesteck**; die **Essenszeit**; das **Essgeschirr**; die **Essgewohnheit**; der **Esslöffel**; das **Esszimmer**

Essenz die, Essenzen (Extrakt), die Essenz (das Wesentliche) einer Lehre; **essenziell** auch essentiell (wichtig, wesentlich)

Essig der, Essige: Wurst in Essig und Öl bestellen; die **Essigessenz**; die **Essiggurke**; das **Essiggurkerl**; **essigsauer**

Establishment [istäblischment] das, Ez. (die herrschende Gesellschaftsschicht)

Estland (Staat in Osteuropa); der/die **Estländer/-in**; **estländisch**

Estrich der, Estriche (Zementfußboden)

etablieren sich als Geschäftsmann etablieren (niederlassen), eine etablierte (einflussreiche) Person

Etage [etasche] die, Etagen (Stockwerk); die **Etagenwohnung**

Etappe die, Etappen (Abschnitt z.B. eines Rennens); **etappenweise**

Etat [eta] der, Etats (Staatshaushaltsplan, Budget)

etc. = et cetera (und so weiter)

Ethik die, Ethiken (Sittenlehre, Moral); **ethisch** (sittlich, moralisch)

ethnisch eine ethnische Gruppe (Volksgruppe)

Ethos das, Ez. (sittliche Gesinnung, Sittlichkeit)

Etikett das, Etikette(n) (Schildchen auf Waren oder Flaschen) auch die ¹**Etikette**; der **Etikettenschwindel** (Betrug durch falsche Bezeichnung von Waren); **etikettieren**; die **Etikettierung**

²**Etikette** die, Etiketten (strenge Vorschriften für das Verhalten)

etliche etliche (einige) Tage, etliche Mal(e) ABER → er weiß **Etliches** zu erzählen

Etüde die, Etüden (Musik: Übungs- und Konzertstück)

Etui das, Etuis (kleiner Behälter, Futteral)

etwa Adv.: was kostet das etwa (ungefähr)?

etwas ich weiß etwas, etwas gelten, etwas trinken ABER → etwas Gutes, etwas Neues, etwas ganz anderes; das **Etwas** sie hat das gewisse Etwas (eine besondere Ausstrahlung)

etwas essen (Verb)	ABER	etwas Gutes (Adjektiv)
ich weiß **etwas**	ABER	das gewisse **Etwas**

Etymologie [etümologi] die, Ez. (Wissenschaft von der Herkunft und der Bedeutung der Wörter)

EU = Europäische Union; der/die **EU-Abgeordnete**; der/die **EU-Bürger/-in**

euch kennt ihr euch schon länger?

Eucharistie die, Ez. (Altarsakrament der

euer euer Auto steht hier, grüß mir die euren auch die **Euren**, die eurigen auch die **Eurigen**, das eure auch das **Eure**; **eurerseits** *Adv.*; **euresgleichen**; **eurethalben** *Adv.* (*geh. für* euretwegen); **euretwegen** *Adv.*; **euretwillen** *Adv.*

Eukalyptus der, Eukalypten (australischer Laubbaum); das **Eukalyptusöl**

Eule die, Eulen (Nachtvogel); Till **Eulenspiegel** (Schalkfigur)

Euphorie die, *Ez.* (Zustand des höchsten Wohlbefindens); **euphorisch**

EURATOM = **Eur**opäische **Atom**gemeinschaft

Euro der, Euros <€> (europäische Währungseinheit); die **Eurozone** (EU-Staaten mit Euro als Währung)

Europa das (Erdteil); der **Eurocheque**; der **Eurocity-Zug** <EC>; der/die **Europäer/-in**; **europäisch** europäische Völker ABER → die Europäische Union <EU>; der **Europarat**; die **Eurovision** (Zusammenschluss europäischer Rundfunk- und Fernsehanstalten)

Euter das, -: (Milch gebendes Organ bei Säugetieren)

Euthanasie die, *Ez.* (Sterbehilfe)

ev. = **ev**angelisch

evakuieren [evakuiren] die Bevölkerung evakuieren (in Sicherheit bringen), ein Gebiet evakuieren (räumen); die **Evakuierung**

Evaluation [...tion] die, *Ez.* (Bewertung); **evaluieren**; die **Evaluierung**

evangelisch <ev.> die evangelische Kirche; der **Evangelist**; das **Evangelium** (christliche Heilsbotschaft)

Event [ivänt] der/das, Events (Veranstaltung, Ereignis)

eventuell <evtl.> (vielleicht, möglicherweise); die **Eventualität**

Evergreen [evagrin] der, Evergreens (Schlager, der lange Zeit beliebt bleibt)

evident (offenbar, einleuchtend); die **Evidenz** etwas in Evidenz halten (vormerken, verwalten)

Evolution [...tsion] die, Evolutionen (allmähliche Entwicklung)

evtl. = **ev**en**t**uel**l**

E-Werk (*kurz für* Elektrizitätswerk)

ewig das ewige (unbegrenzte) Leben, der ewige (ständig sich wiederholende) Wechsel zwischen Ebbe und Flut ABER → die **Ewige** Stadt (Rom), das Ewige (Unvergängliche); die **Ewigkeit**

Ex. auch **Expl.** = Exemplar

exakt (genau); die **Exaktheit**

exaltieren sich (sich künstlich aufregen); **exaltiert** (aufgeregt, übersteigert)

Examen das, -/Examina (Prüfung); **examinieren** (prüfen)

Exegese die, Exegesen (Auslegung der Bibel); der/die **Exeget/-in** (Bibelausleger/-in)

exekutieren (die Todesstrafe vollstrecken; pfänden); die **Exekution**; die **Exekutive** (Polizei); das **Exekutivorgan** (Beamter der Polizei); der **Exekutor** (Gerichtsvollzieher)

Exempel das, -: (Beispiel), *ein Exempel statuieren* (ein warnendes Beispiel geben), *die Probe aufs Exempel machen* (die Richtigkeit einer These überprüfen)

Exemplar das, Exemplare <Ex.>, <Expl.> (einzelnes Stück aus einer Menge), drei Exemplare (Stück) einer CD; **exemplarisch** (beispielhaft)

exerzieren (den Marschschritt üben); der **Exerzierplatz**

exhumieren eine Leiche exhumieren (ausgraben); die **Exhumierung**

Exil das, Exile (Verbannung)

existent (vorhanden); **existieren** (bestehen, da sein)

Existenz die, Existenzen (das Dasein), eine verkrachte Existenz (gescheiterte Person), sich eine Existenz (gesicherte Lebensgrundlage) aufbauen; die **Existenzgrundlage**; der **Existenzialismus** (philosophische Richtung); **existenziell** (lebenswichtig) auch existentiell; das **Existenzminimum** (zum Leben unbedingt nötiges Mindesteinkommen)

Exklave die, Exklaven (von fremden Staaten umschlossenes Staatsgebiet)

exklusiv (beschränkt, abgehoben, nicht allen zugänglich); **exklusive** *Präp.+Gen.:* exklusive (ausgenommen) Mehrwertsteuer, exklusive aller Getränke

exkommunizieren (aus der kirchlichen Gemeinschaft ausschließen); die **Exkommunizierung**

Exkrement das, Exkremente (Kot, Ausscheidung)

Exkurs der, Exkurse (Abschweifung); **Exkursion** die, Exkursionen (Lehrausflug)

Exlibris das, -: („aus den Büchern von", Namenszettel oder Stempel des Besitzers/der Besitzerin in Büchern)

exorbitant (außergewöhnlich, enorm), ein exorbitanter Preis
Exorzismus der, Exorzismen (Austreibung von Geistern und Teufeln)
Exot der, Exoten (fremdländischer, fremdartiger Mensch); die **Exotik**; die **Exotin**; **exotisch**
Expander der, Expander (Trainingsgerät); **expandieren** (ausweiten); die **Expansion** (Ausdehnung)
Expedit das, Expedite (Versandabteilung)
Expedition [...tsion] die, Expeditionen (Forschungsreise)
Experiment das, Experimente (wissenschaftlicher Versuch); **experimentieren**; **experimentierfreudig**
Experte der, Experten (Sachverständiger, Fachmann); die **Expertin**
explizieren (erläutern, erklären); **explizit** (ausdrücklich)
explodieren eine Mine explodiert (platzt), vor Wut explodieren, die Kosten explodieren (übersteigen den geplanten Rahmen); die **Explosion**; die **Explosionsgefahr**; **explosiv**
Exponat das, Exponate (Ausstellungsstück); **exponieren** (einer Gefahr aussetzen)
Exponent der, Exponenten (Hochzahl, z.B. x²; Vertreter eines Faches)
Export der, Exporte (Waren- und Güterausfuhr); der/die **Exporteur/-in**; **exportieren**
Exposee auch **Exposé** das, Exposees (Übersicht, Plan), das Exposee zu einem Film
Expositur die, Expositionen (auswärtige Geschäftsstelle, auswärtiger Teil einer Schule)

Express der, Expresse (Schnellzug); **express** *Adv.:* ein Paket express (mit Eilpost) schicken
Expressionismus der, *Ez.* (Kunstrichtung des 20. Jahrhunderts); der/die **Expressionist/-in**; **expressionistisch**
exquisit exquisite (auserlesene, ausgesuchte) Speisen
extensiv (ausgedehnt, umfassend)
extern ein externes (außen befindliches) Gerät, ein externer (nicht das Internat besuchender) Schüler; der/die **Externe**; der/die **Externist/-in**
extra *Adv.:* ein extra (gesonderter) Auftrag, ein extra (besonders) schönes Stück, extra (eigens) für ihn; das **Extra** die vielen Extras beim Auto; das **Extrablatt**; **extrafein**; **extravagant** (ausgefallen, übertrieben); die **Extrawurst** *eine Extrawurst (ugs. für Ausnahme) haben wollen*
extrahieren einen Zahn extrahieren (reißen); der/das **Extrakt** (Auszug, z.B. eines pflanzlichen Wirkstoffes)
extrem extreme (äußerste) Belastungen; das **Extrem**; der **Extremismus**; der/die **Extremist/-in**; die **Extremitäten** (Gliedmaßen)
exzellent (ausgezeichnet, hervorragend); die **Exzellenz** (Anrede, Titel)
exzentrisch (überspannt); der/die **Exzentriker/-in** (überspannter, extravaganter Mensch)
exzerpieren einen Text exzerpieren (das Wichtigste herausschreiben); das **Exzerpt** (schriftlicher Auszug)
Exzess der, Exzesse (Unmäßigkeit, Ausschreitung); **exzessiv** (maßlos)
Ezzes die, *Mz.:* jmdm. Ezzes (Ratschläge) geben

Wer hat wohl recht von den beiden? Heißt es „**zweitägig**" oder „**2-tägig**"? Schau doch im *SchulWörterBuch* nach, wer recht hat!

▶ Mehr von Maus und Katze auf Seite 141!

F

f = forte
f. = folgende (Seite)
Fa. = Firma
Fabel die, Fabeln (lehrhafte Geschichte); **fabelhaft** eine fabelhafte (wunderbare) Reise, fabelhafter (großer) Reichtum; das **Fabelwesen** (erfundenes Lebewesen); **fabulieren** (fantasievoll erzählen)
Fabrik die, Fabriken; der/die **Fabrikant/-in**; das **Fabrikat** (Erzeugnis); die **Fabrikation** [...tsion]; **fabriksneu**; **fabrizieren** (erzeugen, anfertigen)
Facebook [feisbuk] (soziales Netzwerk im Internet)
Facette [fasete] die, Facetten: die Facetten (geschliffenen Flächen) eines Edelsteines, alle Facetten seiner Persönlichkeit; das **Facettenauge** (aus vielen Einzelaugen zusammengesetztes Auge der Insekten); **facettenreich**
Fach das, Fächer: ein Fach im Schrank, das Fach Musik, vom Fach (ein Fachmann) sein; ...**fach** zehnfach auch 10fach auch 10-fach ABER → das Vierfache auch das 4fache auch das 4-Fache; der/die **Facharbeiter/-in**; der/die **Facharzt/-ärztin**; die **Fachfrau**; das **Fachgebiet**; **fachgerecht**; die **Fachhochschule**; **fachkundig**; die **Fachleute**; **fachlich**; der **Fachmann**; **fachmännisch** (sachverständig); **fachsimpeln** (Fachgespräche führen)
fächeln; der **Fächer** (Luftwedel); **fächerförmig**
fächerübergreifend fächerübergreifender Unterricht
Fackel die, Fackeln: mit einer Fackel leuchten; **fackeln** nicht lange fackeln (ugs. für zögern)
fad auch **fade** (langweilig), ein fades Essen, eine fade Rede; die **Fadesse** [fades]; die **Fadheit**; der **Fadian** (ugs. für langweiliger Mensch); **fadisieren**
Faden der, Fäden: ein dünner Faden, keinen trockenen Faden am Körper haben (durchnässt sein), den Faden verlieren (nicht mehr weiterwissen), alle Fäden fest in der Hand halten (alles lenken), an einem seidenen Faden hängen (sehr gefährdet sein), der rote Faden (Leitgedanke); das **Fadenkreuz** (Markierung in optischen Linsen); **fadenscheinig** (zerschlissen), eine fadenscheinige (nicht sehr glaubwürdige) Ausrede
Fagott das, Fagotte (Holzblasinstrument); der/die **Fagottist/-in**

fähig zu allem fähig sein, ein fähiger Arbeiter; ...**fähig** strapazfähig, vernehmungsfähig; die **Fähigkeit**
fahl ein fahles (bleiches) Gesicht; die **Fahlheit**
fahnden nach dem Täter fahnden (polizeilich suchen); die **Fahndung**
Fahne die, Fahnen: die Fahne einholen, eine Fahne haben (ugs. für stark nach Alkohol riechen), seine Fahne nach dem Wind drehen (je nach Bedarf seine Ansicht ändern); der **Fahneneid** (soldatischer Eid); der **Fähnrich** (Offiziersanwärter)
Fähre die, Fähren (Wasserfahrzeug); der **Fährmann**; das **Fährschiff**
fahren er fährt Auto, sie fuhr Rad, sie ist gefahren, fahren lernen, alle Hoffnungen fahren lassen (aufgeben), der Schreck fährt ihm in die Glieder, in die Höhe fahren (wütend werden), aus der Haut fahren (wütend sein), mit etwas schlecht gefahren sein (schlechte Erfahrungen gemacht haben); der/die **Fahrer/-in**; **fahrig** (zerstreut, unausgeglichen); **fahrlässig** (unvorsichtig); die **Fahrlässigkeit**; das **Fahrrad**; die **Fahrt** in Fahrt kommen (loslegen); die **Fährte** (Spur); das **Fahrzeug**
Faible [febl] das, Faibles: ein Faible (Vorliebe) für alte Dinge haben
fair [fea] jmdn. fair (gerecht) behandeln; die **Fairness**; das **Fairplay** [feaple] auch Fair Play
Fäkalien die, Mz. (Ausscheidungen)
Fakir der, Fakire (indischer Asket, Zauberkünstler)
Faksimile das, Faksimiles (genaue Nachbildung); **faksimilieren** eine alte Handschrift faksimilieren (reproduzieren)
faktisch (wirklich, tatsächlich); der **Faktor** (Bestandteil, Grund, Vervielfältigungszahl); das **Faktum** (Tatsache)
Faktura die, Fakturen (Rechnung über gelieferte Ware); **fakturieren** (Rechnungen ausstellen)
Fakultät die, Fakultäten (Fachgruppe einer Hochschule); **fakultativ** (freigestellt, nicht zwangsweise)
Falke der, Falken (Greifvogel); der/die **Falkner/-in** (Jäger/-in mit Greifvögeln)
Fall der, Fälle: auf jeden Fall, von Fall zu Fall, für alle Fälle, im Falle, dass ..., ein schwieriger Fall, der Fall (Niedergang) einer Familie, jmdn. zu Fall bringen (scheitern lassen); die **Falle**
fallen er fällt auf den Boden, die Temperatur fiel (sank), er ist in der Schlacht gefallen (gestorben), fall mir nicht ins Wort! (unterbrich

mich nicht), eine Andeutung fallen lassen auch fallenlassen, seine Absicht fallen lassen auch fallenlassen (nicht mehr verfolgen), aus der Rolle fallen (sich schlecht benehmen), die Preise fallen, die Stadt fällt (wird erobert), böse Worte fallen (werden gesagt), die Entscheidung ist gefallen (getroffen), in Ohnmacht fallen, *vom Fleisch fallen* (stark abnehmen), durch die Prüfung fallen (nicht bestehen), *mit der Tür ins Haus fallen* (sofort auf ein Thema zu sprechen kommen); **fällen** einen Baum fällen, eine Entscheidung fällen (treffen); die **Fallergänzung** (Objekt, z.B. „er isst einen Apfel"); der **Fallschirm**; **fallweise** (gelegentlich)

fällig eine fällige (zu bezahlende) Rechnung, ein fälliger (notwendiger) Termin; die **Fälligkeit**

Fallout [folaut] auch **Fall-out** das, Fallouts (radioaktiver Niederschlag)

falls falls (wenn) es regnet; **...falls** *Adv.*: ander(e)nfalls, bestenfalls, jedenfalls, keinesfalls, schlimmstenfalls

Falott der, Falotten (*ugs. für* Gauner)

falsch falsch schwören, ein falscher (hinterlistiger) Mensch, falscher (unechter) Schmuck, etwas falsch machen, *falsch liegen* (sich irren), ich bin hier falsch (am falschen Platz), falsch spielen (z.B. auf der Geige) ABER → falschspielen (betrügen); **Falsch** *ohne Falsch* (ehrlich, offen) *sein*; **fälschen**; der/die **Fälscher/-in**; die **Falschheit**; **fälschlich** (irrtümlich); **fälschlicherweise** *Adv.*; die **Fälschung**; **fälschungssicher**

Falsifikat das, Falsifikate (Fälschung); **falsifizieren** (widerlegen)

Falte die, Falten; **falten** die Hände falten; **faltenlos**; **faltig** ein faltiges Gesicht; **...fältig** einfältig (naiv, dumm), vielfältig

Falter der, -: (Schmetterling)

Falz der, Falze (Faltstelle); **falzen** gefalztes Blech

Fam. = Familie

familiär eine familiäre Angelegenheit, familiär (vertraulich) miteinander umgehen; die **Familie** <Fam.> eine dreiköpfige Familie, die Heilige Familie, etwas liegt in der Familie (ist vererbt); der/die **Familienangehörige**; der **Familienbesitz**

famos ein famoser (großartiger) Kerl

Fan [fän] der, Fans (begeisterter Anhänger); der **Fanklub**

Fanatiker der, -; die **Fanatikerin**; **fanatisch** (leidenschaftlich, besessen); der **Fanatismus**

Fanfare die, Fanfaren (Trompete; festliches Musikstück)

Fang der, Fänge: seinen Fang (die gefangenen Tiere) zeigen, der Fang (Gebiss) eines Tigers, *einen guten Fang machen* (erfolgreich sein); das **Fangeisen**; **fangen** er fängt den Ball, das Haus fing Feuer, sie hat sich gefangen (erholt) ABER → **Fangen** spielen; der/die **Fänger/-in**; das **Fangerlspiel**; die **Fangschaltung** (Einrichtung zum Ausfindigmachen von TelefonanruferInnen)

Fantasie auch **Phantasie** die, Fantasien: viel Fantasie haben, der Fantasie freien Lauf lassen, eine Fantasie (Musikstück) auf dem Klavier spielen; **fantasieren** auch phantasieren (Unsinn reden); **fantasievoll** auch phantasievoll; der/die **Fantast/-in** auch Phantast/-in (Träumer/-in); **fantastisch** auch phantastisch; die **Fantasy** [fäntäsi] (fantastische Literatur/Filme)

FAQ [ef a ku] = frequently asked questions (häufig gestellte Fragen)

Farbe die, Farben: die Farbe des Stoffes, in Farbe (bunt, färbig), *Farbe bekennen* (seine Einstellung offen zeigen); **farbecht**; **färben**; **...farben** goldfarben; **farbenblind**; **farbenfroh** (sehr bunt); **farbenprächtig**; die **Färberei**; **farbig** farbig (lebendig) erzählen; **färbig** eine färbige (bunte) Zeichnung; **...färbig** auch ...farbig: einfärbig, mehrfärbig; der/die **Farbige** (*unkorrekt für*: Nichtweiße/-r); **farblich**; **farblos**; der **Farbstift**; die **Färbung**

Farce [fars] die, Farcen: das ist ja eine Farce! (eine Verhöhnung des Geschehens)

Farm die, Farmen (landwirtschaftlicher Betrieb); der/die **Farmer/-in**

Farn der, Farne; das **Farnkraut**

Fasan der, Fasane(n) (Hühnervogel)

Fasche die, Faschen: den Arm mit einer Fasche umwickeln; **faschen** den Fuß faschen

faschieren das Fleisch faschieren, faschierte Laibchen; das **Faschierte**

Fasching der, Faschinge; das **Faschingskostüm**; der **Faschingskrapfen**

Faschismus der, *Ez.* (undemokratische, rassistische und nationalistische Ideologie bzw. Staatsform); der/die **Faschist/-in**; **faschistisch**

faseln er faselt (redet dumm)

Faser die, Fasern: die Fasern der Pflanze, ein Stoff aus synthetischen Fasern; **fas(e)rig**; **fasern**

Fashion [fäschn] die, *Ez.* (Mode); **fashionable** [fäschnäbl] (modisch)

Fass → Fehde

Fass das, Fässer: ein Fass Bier, *das schlägt dem Fass den Boden aus!* (das ist die Höhe), ein Fass ohne Boden (Sache, in die man vergeblich viel Geld/Arbeit steckt); der/die **Fassbinder/-in**; die **Fassbinderei**; **fassweise**

Fassade die, Fassaden (Vorderseite, Äußeres)

fassen der Kübel fasst zehn Liter, er fasste mich bei der Hand, sie fasste einen Entschluss, der Täter wurde gefasst (festgenommen), es ist nicht zu fassen (einzusehen), sich fassen (zusammennehmen), der Brillant ist in Gold gefasst, sich kurz fassen (eine Sache mit wenigen Worten zum Ausdruck bringen); **fasslich** leicht fasslich (verständlich); die **Fassung** eine Glühbirne in die Fassung schrauben, die Fassung der Brille, *die Fassung verlieren* (außer sich geraten); **fassungslos**

Fasson [fasō, fason] auch Façon die, Fassonen: der Hut hat keine Fasson mehr (hat sich verformt), sie gerät aus der Fasson (wird dicker), *jeder soll nach seiner Fasson selig werden* (soll so leben, wie er es für richtig hält)

fast *Adv.:* fast (beinahe) am Ziel sein

fasten (wenig oder nichts essen); das **Fasten**

Fastfood [fastfud] auch Fast Food das, Fastfood(s): sich von Fastfood ernähren

Faszination [...tsion] die, ...tionen (fesselnde Wirkung); **faszinieren** fasziniert sein, ein faszinierender Plan

fatal eine fatale (verhängnisvolle) Lage

Fata Morgana die, ..Morganas/Morganen (durch Luftspiegelung verursachte Täuschung, Fantasiebild)

fauchen ein fauchender Tiger

faul ein fauler Arbeiter, faules Obst, faule (unglaubwürdige) Ausreden, *ein fauler Zauber* (Schwindel), *auf der faulen Haut liegen* (faulenzen), *am Abend wird der Faule fleißig;* die **Fäule**; **faulen** (verderben); **faulenzen**; der/die **Faulenzer/-in** (Faulpelz); die **Faulheit**; **faulig** fauliges Wasser; die **Fäulnis**; das **Faultier** (Säugetierart)

faul sein	ABER	das **Foul** (beim Fußball)

Faun der, Faune (römischer Waldgott); die **Fauna** (Tierwelt)

Faust die, Fäuste: *auf eigene Faust* (selbstständig), *mit eiserner Faust* (gewaltsam), *wie die Faust aufs Auge passen* (überhaupt nicht passen/ganz genau passen); das **Fäustchen** *sich ins Fäustchen lachen* (schadenfroh sein); **faustdick** *es faustdick hinter den Ohren haben* (listig sein); der/das **Fäustel** (schwerer Hammer); **fausten** den Ball über das Tor fausten; die **Faustfeuerwaffe** (Pistole); der **Fäustling** (Fausthandschuh); die **Faustregel** (einfache, ungefähre Regel)

Fauteuil [fotö] der/das, Fauteuils (Polstersessel mit Armlehnen)

Fauxpas [fopa] der, -: (Verstoß gegen gute Umgangsformen)

favorisieren (vorziehen, begünstigen); der/die **Favorit/-in**

Fax das, Fax(e) (*kurz für* Telefax); **faxen** eine Seite faxen (als Fax senden)

Faxen die, *Mz.* (Dummheiten, Späße)

Fazit das, Fazits (Schlussfolgerung), *das Fazit aus etwas ziehen*

FCKW = **F**luor**c**hlor**k**ohlen**w**asserstoff; **FCKW-frei**

Fe = **Fe**rrum (chemisches Zeichen für Eisen)

Feature [fitscha] das, Features (Dokumentarbericht)

Feber der, w <Feb.> (Februar, 2. Monat); der **Februar**

fechten du fichst mit dem Degen, er focht um etwas (*ugs. für* betteln), sie hat gefochten; der/die **Fechter/-in**

Feder die, Federn: mit der Feder schreiben, ein mit Federn gefülltes Kissen, *Federn lassen* (Schaden erleiden, Nachteile hinnehmen), *Federn haben* (*ugs. für* Angst haben); *sich mit fremden Federn schmücken* (fremden Erfolg für den eigenen ausgeben); der **Federball** (Ball; Spiel, Badminton); **federführend** (verantwortlich, maßgeblich); das **Federkleid** (Gefieder); **federleicht**; das **Federlesen** *nicht viel Federlesens* (keine Umstände) *machen*; **federn** (bei Druck nachgeben); das **Federpennal** (Etui); das **Federvieh**; das **Federweiß** (Pulver)

Fee die, Feen (weibliche Märchenfigur); **feenhaft**

Feedback [fidbäk] auch Feed-back das, Feedbacks (Rückmeldung)

Feeling [filing] das, Feelings (Gefühl)

Fegefeuer das, *Ez.* (Ort der Läuterung im katholischen Glauben)

fegen etwas vom Tisch fegen, der Wind fegt durch die Straßen

Fehde die, Fehden (ständiger Unfriede);

fehl → ferne

der **Fehdehandschuh** *jmdm. den Fehdehandschuh hinwerfen* (ihm den Kampf ansagen)

fehl fehl am Platz(e) sein (unangebracht) ABER → *ohne* **Fehl** (makellos); die **Fehlanzeige** (Mitteilung, dass etwas nicht zutrifft); der **Fehlbetrag**; **fehlen** was fehlt dir?, in der Schule fehlen (abwesend sein), weit gefehlt!; der **Fehler**; **fehlerfrei**; **fehlerhaft**; **fehlerlos**; die **Fehlgeburt**; **fehlgehen** (▶ gehen); der **Fehlgriff** (falsche Entscheidung); **fehlschlagen** (▶ schlagen) (scheitern); der **Fehlschluss**; der **Fehlstart**; der **Fehltritt** ((sittliches) Vergehen, Verfehlung); die **Fehlzündung**

Feier die, Feiern; der **Feierabend** (Zeit nach Dienstschluss); **feierlich** (festlich, würdevoll); die **Feierlichkeit** (Fest); **feiern** ein Fest feiern, jmdn. als Helden feiern; der **Feiertag**; **feiertags** *Adv.* (an Feiertagen)

feig (mutlos, ängstlich); die **Feigheit**; der **Feigling**

Feige die, Feigen (Frucht)

feilbieten (▶ bieten) (zum Verkauf anbieten)

Feile die, Feilen (Werkzeug); **feilen** die Nägel feilen

feilschen (hartnäckig handeln)

fein ein feiner Faden, ein feiner (vornehmer) Mensch, ein feines (empfindliches) Gehör, eine feine (erfreuliche) Sache, etwas fein mahlen auch feinmahlen, fein gemahlenes auch feingemahlenes Mehl, du sollst dich fein machen auch feinmachen (schön herrichten), ein Gerät fein (exakt) einstellen, *fein heraus sein* (in einer glücklichen Lage sein); **feinfühlig** (taktvoll); das **Feingefühl**; **feingliedrig**; **feinkörnig**; die **Feinkost** (Delikatessen); **feinsäuberlich** (sehr ordentlich); der/die **Feinschmecker/-in**; **feinsinnig** (empfindsam)

Feind der, Feinde: viele Feinde haben, jmdm. Feind sein; die **Feindeshand** in Feindeshand geraten; die **Feindin**; **feindlich**; **...feindlich** fremdenfeindlich, verbraucherfeindlich; die **Feindschaft**; **feindselig**; die **Feindseligkeit**

feist (abwertend für dick)

Feitel der, -: (einfaches Taschenmesser)

feixen (schadenfroh lachen)

Feld das, Felder: das Feld ackern, auf dem Feld der Wissenschaft, im Feld (an der Front) sein, *etwas ins Feld führen* (Gründe für etwas angeben), *das Feld räumen* (sich zurückziehen), *gegen jmdn. zu Felde ziehen* (kämpfen), *das Feld behaupten* (sich durchsetzen); die **Feldfrucht** (z.B. Erdapfel); der **Feldherr** (Heerführer); der **Feldspat** (Mineral); der **Feldstecher** (Fernglas); der **Feldwebel** (Unteroffizier); der **Feldzug** (Kriegszug)

Felgaufschwung der, ...schwünge (Sportübung); die **Felge** einen Reifen auf die Felge montieren; die **Felgenbremse**

Fell das, Felle: *ein dickes Fell haben* (unempfindlich sein), *jmdm. das Fell über die Ohren ziehen* (ihn betrügen)

¹**Fels** der, *Ez.* (Gestein), im nackten Fels

²**Fels** auch **Felsen** der, Felsen: ein Fels(en) ragt aus dem Wasser; **felsenfest** (unerschütterlich); **felsig** felsiges Gelände; die **Felsschlucht**

feminin (weiblich); der **Feminismus** (Frauenbewegung); der/die **Feminist/-in** (Frauenrechtler/-in); **feministisch**

Fenchel der, -: (Gemüsepflanze)

Fenster das, -: Fenster putzen, *weg vom Fenster sein* (ugs. für nicht mehr gefragt sein); das **Fensterbrett**; der **Fensterladen** (Holzladen vor dem Fenster); **fensterln** (*ugs. für* zur Geliebten durch das Fenster kommen); die **Fensterstunde** (Freistunde)

Ferialjob der, ...jobs; der/die **Ferialpraktikant/-in**; die **Ferien**; das **Ferienlager**; die **Ferienzeit**

Ferkel das, -: (Jungschwein); die **Ferkelei** (Unanständigkeit); **ferkeln** (*ugs. für* sich unanständig benehmen)

Ferment das, Fermente (Gärstoff); **fermentieren** Tee fermentieren (sein Aroma durch Zusatz von Gärstoffen veredeln)

fern(e) ferne Länder, aus fernen Tagen, in ferner Zukunft, fern sein, von fern und nah, eine fern liegende Stadt ABER → der Ferne Osten (Ostasien), **fern** *Präp.+Dat.:* fern der Heimat; **fernab** *Adv.*; **fernbleiben** (▶ bleiben); die **Ferne** aus der Ferne; **ferner** *Adv.* (außerdem), *unter „ferner liefen" sein* (unbedeutend sein); **fernerhin** *Adv.*; der/die **Fernfahrer/-in**; das **Ferngespräch** (Telefonat über große Distanzen); **ferngesteuert**; **fernhalten** (▶ halten); **fernliegen** (▶ liegen) *das liegt mir fern* (kommt für mich nicht in Frage); **Fernost** nach Fernost; **fernöstlich**; das **Fernrohr**; **fernsehen** (▶ sehen) sie sieht fern, ich habe ferngesehen auch ferngeschaut; der **Fernseher**; die **Fernsicht** (Sicht über große Entfernungen); **fernstehen** (▶ stehen); die **Fernwärme** (Heiztechnik); das **Fernweh** (Sehnsucht nach fernen Ländern)

Ferner → Feuilleton

Ferner der, -: (ein Gletscher)
Ferse die, Fersen: *jmdm. auf den Fersen sein* (ihn verfolgen), *jmdn. auf den Fersen haben* (verfolgt werden); **Fersengeld** *Fersengeld geben* (flüchten)
fertig eine fertige Arbeit, zur Abreise fertig sein, etwas fertig kaufen, fertig sein, mit etwas fertig werden auch fertigwerden, *fix und fertig sein* (ugs. für erschöpft), *mit jmdm. fertig sein* (mit ihm nichts mehr zu tun haben wollen); **...fertig** essfertig, reisefertig; **fertigbringen** auch fertig bringen (schaffen); **fertigen** (herstellen); das **Fertiggericht**; die **Fertigkeit** (Geschicklichkeit); **fertigmachen** jmdn. fertigmachen (zermürben) ABER → sich zum Ausgehen fertig machen auch fertigmachen; **fertigstellen** auch fertig stellen den Bau fertig stellen
fesch fesche (schicke) Kleidung; der **Feschak** (*ugs. für* attraktiver, selbstgefälliger Mann)
Fessel die, Fesseln: jmdm. Fesseln anlegen, ein Pferd mit weißen Fesseln (Fußgelenken); **fesseln** ich fessle seine Hände, die Zuhörer fesseln (begeistern), ein fesselnder Film, *ans Bett gefesselt sein* (bettlägerig sein)
Fest das, Feste: ein Fest geben; die **Festivität** (Fest); **festlich**; die **Festlichkeit**; das **Festspiel** die Salzburger Festspiele; der **Festtag**; die **Festwoche** die Wiener Festwochen
fest ein festes Material, feste Kleidung, eine feste Freundschaft, fest an etwas glauben, etwas fest halten, fest ziehen, ein festes (regelmäßiges) Einkommen, feste (nicht flüssige) Nahrung, eine feste (geregelte) Arbeitszeit, in festen Händen (verlobt oder verheiratet) sein, fest angestellt; **...fest** prinzipienfest, reißfest

die Tasse ganz **fest** halten	ABER	an seinem Glauben **festhalten**
die Masche ganz **fest** binden	ABER	das Boot **festbinden**

festbeißen (▶ beißen) sich an einer Sache festbeißen (intensiv damit beschäftigen); **festbinden** (▶ binden) (anbinden) ABER → etwas (ganz) fest binden; die **Feste** (Festung); **festhalten** (▶ halten) etwas im Notizbuch festhalten (notieren), (sich) an etwas festhalten ABER → den Stock (ganz) fest halten; **festigen**; die **Festigkeit**; **festklammern**; **festkleben**; das **Festland**; **festlegen** sich nicht festlegen wollen; **festmachen** Termine festmachen (vereinbaren), den Kahn festmachen (anbinden); **festnageln**; die **Festnahme** (Gefangennahme); **festnehmen** (▶ nehmen) (verhaften); das **Festnetz** (Telefonleitung); die **Festplatte** (Teil des Computers); **festsetzen** (anordnen); **festsitzen** (▶ sitzen) (nicht mehr weiterkommen); **feststehen** (▶ stehen) es muss feststehen (sicher sein), dass …; **feststellen** (bemerken, erkennen); die **Feststellung**; die **Festung**
Festival [fęstiwäl] das, Festivals (mehrtägige kulturelle Veranstaltung)
Fete die, Feten (*ugs. für* kleineres Fest)
Fetisch der, Fetische (Gegenstand mit magischer Kraft); der/die **Fetischist/-in**
fett fett kochen, fett gedruckte auch fettgedruckte Überschriften; das **Fett**; **fettarm**; **fetten** (fett machen); **fetthältig** auch fetthaltig; **fettig**; die **Fettleibigkeit**; das **Fettnäpfchen** *ins Fettnäpfchen treten* (einen peinlichen Fehler machen)
Fetus auch **Fötus** der, Fetusse/Feten (Leibesfrucht ab dem 3. Schwangerschaftsmonat, Embryo)
Fetzen der, -: (abgerissenes Stück; Putzfetzen); **fetzen** (*ugs. für* schleudern; rasen) die Tasche ins Eck fetzen; der **Fetzenschädel** (*derb für* dummer Mensch); **fetzig** eine fetzige (*ugs. für* tolle) Musik
feucht feuchte Luft; die **Feuchtigkeit**; **feuchtkalt**; **feuchtwarm**
feudal (prunkvoll, vornehm); die **Feudalherrschaft** (Vorherrschaft des Adels); der **Feudalismus**; **feudalistisch**; der **Feudalstaat**
Feuer das, -: Feuer im Herd, das Feuer (Funkeln) in den Augen, das Feuer eröffnen (zu schießen beginnen), ein Feuer speiender auch feuerspeiender Berg, Feuer fangen, *Feuer und Flamme sein* (begeistert sein), *für jmdn. die Hand ins Feuer legen* (für ihn einstehen), *mit dem Feuer spielen* (unvorsichtig sein); der **Feueralarm**; **feuerbeständig**; die **Feuerbestattung** (Bestattung durch Verbrennen); der **Feuereifer**; **feuerfest**; **feuergefährlich**; der **Feuerlöscher**; **feuern** (schießen); **feuerrot**; die **Feuersbrunst**; **feuersicher**; die **Feuerstätte**; die **Feuertaufe** (erste Bewährungsprobe); der **Feuerteufel** (Brandstifter); die **Feuerung**; die **Feuerwehr**; das **Feuerwerk**; das **Feuerzeug**; **feurig** feurige Diamanten, feurige (leidenschaftliche) Blicke
Feuilleton [föjetō] das, Feuilletons (kultureller Teil einer Zeitung)

Fex der, Fexe(n) (*kurz für* Bergfex)
ff = fortissimo
ff. = folgende (Seiten)
FH = Fachhochschule
Fiaker der, -: (Pferdekutsche)
Fiasko das, Fiaskos (Misserfolg)
Fibel die, Fibeln (Kinderlesebuch; urgeschichtliche Metallspange)
Fiber die, Fibern (Glasfaser)

die **Fiber** aus Glas	ABER	das hohe **Fieber**

Fichte die, Fichten; **fichten** (aus Fichtenholz)
ficken (*derb für* Geschlechtsverkehr haben)
fidel eine fidele (vergnügte) Gesellschaft
Fieber das, -: (erhöhte Körpertemperatur); **fieberfrei; fieberhaft** (hastig, erregt); **fiebern** (Fieber haben), nach etwas fiebern (etwas heiß verlangen); das **Fieberthermometer; fiebrig** eine fiebrige Erkältung
Fiedel die, Fiedeln (mittelalterliches Streichinstrument; Geige); die **Fiedelei; fiedeln** auf der Geige fiedeln (nicht sehr kunstvoll spielen)
fiepen vor Angst fiepende Mäuse
fies (*ugs. für* gemein, schlecht), ein fieser Kerl; der **Fiesling**
Fiesta die, Fiestas (spanisches Volksfest)
fifty-fifty [fifti...] *Adv.*: fifty-fifty machen (den Gewinn teilen), etwas geht fifty-fifty aus (bleibt unentschieden)
Fight [fait] der, Fights (Kampf); **fighten** (verbissen kämpfen)
Figur die, Figuren: eine schlanke Figur, *eine gute Figur* (einen guten Eindruck) *machen;* **figürlich** (bildlich, anschaulich)
Fiktion [...tsion] die, Fiktionen (Erdachtes, Einbildung, Irreales); **fiktional; fiktiv** (erdichtet, angenommen)
File [fail] das, Files (Computerdatei)
Filet [file] das, Filets (zartes Stück Fleisch)
Filiale die, Filialen (Zweigstelle); der/die **Filialleiter/-in**
filigran (zart, zerbrechlich); die **Filigranarbeit**
Filipina die, Filipinas (Bewohnerin der Philippinen) *auch* die Philippinin, Philipininnen; der **Filipino** *auch* Philippine
Film der, Filme: sich einen Film ansehen, ein feiner Film aus Öl überzieht die Straße; **filmen; filmisch;** die **Filmkamera;** der **Filmstar** (berühmte/-r Filmschauspieler/-in)
Filou [filu] der, Filous (Gauner, Spitzbub)
Filter der/das, -; der **Filterkaffee; filtern;** die **Filterung;** die **Filterzigarette; filtrieren** (filtern)
Filz der, Filze (gepresster Stoff aus Fasern oder Haaren); die **Filzdecke; filzen** (Filz herstellen; *ugs. für* durchsuchen); der **Filzhut;** der **Filzpantoffel;** der **Filzstift**
Fimmel der, -: (*ugs. für* seltsame Vorliebe)
final (abschließend); das **Finale** (Schlussteil, Schlusssatz, Schlussrunde); der/die **Finalist/-in** (Teilnehmer/-in am Endkampf)
Finanz die, Finanzen (Geldwesen, Geldgeschäft); das **Finanzamt; finanziell; finanzieren** (Geld zur Verfügung stellen); die **Finanzierung;** das **Finanzwesen;** die **Finanzwirtschaft**
finden er findet den richtigen Weg, er fand, sie hat gefunden, ich finde (meine), dass …, das wird sich finden (herausstellen); das **Findelkind** (weggelegtes und von Fremden angenommenes Kind); der/die **Finder/-in;** der **Finderlohn; findig** ein findiger (kluger) Kopf; der **Findling** (Findelkind, Gesteinsblock)
Finesse die, Finessen (Feinheiten): eine mit allen Finessen (Feinheiten) ausgestattete Küche
Finger der, -: alle zehn Finger, *keinen Finger rühren* (nicht helfen), *sich etwas an den Fingern abzählen* (leicht voraussehen) *können*, *die Finger von etwas lassen* (*ugs. für* sich nicht damit abgeben), *jmdn. um den Finger wickeln* (*ugs. für* ihn lenken, beeinflussen), *sich die Finger verbrennen* (Schaden erleiden), *jmdm. auf die Finger sehen* (ihn besonders beobachten), *durch die Finger schauen* (leer ausgehen), *sich etwas aus den Fingern saugen* (*ugs. für* etwas erfinden); der **Fingerabdruck**
fingerbreit ein fingerbreiter Rand ABER → das ist einen Finger breit; der **Fingerbreit** keinen Fingerbreit nachgeben ABER → fünf Finger breit; **fingerdick** ABER → zwei Finger dick; **fingerfertig** (geschickt); der **Fingerhut** (Nähzubehör; Heilpflanze); **fingern** an etwas fingern (herumtasten); der **Fingernagel;** der **Fingerring;** das **Fingerspitzengefühl** (Feingefühl); der **Fingerzeig** (nützlicher Hinweis)
fingieren eine fingierte (frei erfundene) Botschaft
Finish [finisch] das, Finishs (Endphase, Vollendung)
Fink der, Finken (Singvogel); der **Finkenschlag** (das Zwitschern des Finken)
Finnland (Staat in Nordeuropa); der **Finne;** die

finster → Flasche

Finnin; finnisch
fi̱nster eine finst(e)re Nacht, finster schauen, ein finsterer (unheimlicher) Mensch, finstere (böse) Gedanken hegen ABER → im Finst(e)ren gehen, *im Finstern tappen* (im Ungewissen sein); die **Finsternis**
Fi̱nte die, Finten (Täuschung, List)
Fi̱rlefanz der, *Ez.* (überflüssiges, wertloses Zeug)
fi̱rm (sicher), firm in Mathematik sein
Fi̱rma die, Firmen <Fa.> (Geschäft, Betrieb); der/die **Firmenchef/-in**
Firma̱ment das, Firmamente (Himmelsgewölbe)
fi̱rmen (das Sakrament der Firmung spenden); der **Firmling**; der **Firmpate**; die **Firmpatin**; die **Firmung**
Fi̱rn der, Firne (Altschnee, Gletscher); der **Firnschnee**
Fi̱rnis der, Firnisse (öliger Schutzanstrich); **firnissen** (mit Firnis bestreichen)
Fi̱rst der, Firste (oberste Kante des Daches); der **Firstbalken**; die **Firstfeier** (Richtfest)
Fi̱sch der, die Fische: Fische fangen, *das sind kleine Fische* (Kleinigkeiten); **fischeln** (*ugs. für* nach Fisch riechen); **fischen** *im Trüben fischen* (undurchsichtige Geschäfte machen); der/die **Fischer/-in**; das **Fischerboot**; die **Fischerei**; der **Fischfang**; der **Fischkalter** (Fischbehälter); der **Fischkutter** (Schiff); der **Fischlaich** (abgelegte Fischeier); der **Fischotter**; die **Fischreuse** (Netz für den Fischfang)
Fi̱s-Dur (Tonart)
fiska̱lisch; der **Fi̱skus** (Staatskasse)
Fiso̱le die, Fisolen (Gemüse, grüne Bohnen)
Fi̱stel die, Fisteln (Geschwür); die **Fistelstimme** (hohe, feine Stimme)
fi̱t fitter, am fittesten (trainiert, gesund); die **Fitness**; das **Fitnesscenter**; das **Fitnessstudio** auch Fitness-Studio; das **Fitnesstraining**
Fi̱ttich der, Fittiche (Flügel eines Vogels), *jmdn. unter seine Fittiche nehmen* (ihn betreuen, ihm helfen)
fi̱x ein fixer (gewandter) Bursche, fixe Kosten, eine fixe Idee (Gedanke, von dem man nicht loskommt), *fix und fertig* (ugs. für ganz fertig, völlig erschöpft), fix (fest) angestellt sein; **fixie̱ren** (befestigen); die **Fixkosten**; der **Fixstern**; das **Fixum** (Grundgehalt)
fi̱xen (sich Drogen spritzen); der/die **Fixer/-in**
Fjo̱rd der, Fjorde (schmale Meeresbucht)
FKK = **F**rei**k**örper**k**ultur (Nacktbaden)

fla̱ch ein flaches Gelände, ein flacher (oberflächlicher) Gedanke, etwas flach drücken auch flachdrücken; der **Flachbildschirm**; das **Flachdach**; die **Fläche**; **flächendeckend**; der **Flächeninhalt**; das **Flächenmaß**; **flachfallen** (▶ fallen) (*ugs. für* nicht stattfinden); **flächig**; die **Flachküste**; das **Flachland**; der **Flachmann** (kleine Schnapsflasche)
Fla̱chs der, *Ez.* (Faserpflanze); **flachsblond**
Fla̱chse die, Flachsen (Sehne); **flachsig**
fla̱ckern ein flackerndes (zuckendes) Feuer; **flack(e)rig**
Fla̱den der, -: (flacher Kuchen, flache kreisrunde Masse); das **Fladenbrot**
fla̱dern (*ugs. für* stehlen); die **Fladerei̱**
Fla̱gge die, Flaggen (Fahne als Erkennungszeichen), *Flagge zeigen* (sich öffentlich zu etwas bekennen); **flaggen** (eine Fahne aufziehen); der **Flaggenmast**; das **Flaggschiff** (Leitschiff einer Flotte)
Fla̱ir [fleə] das, *Ez.* (persönliche Note, Atmosphäre)
Fla̱k die, Flak(s) (*kurz für* **F**lugzeug**a**bwehr**k**anone); der **Flakturm**
flambie̱ren (eine Speise mit Alkohol übergießen und anzünden)
Flame̱nco der, Flamencos (spanischer Tanz)
Flami̱ngo der, Flamingos (Wasservogel)
Fla̱mme die, Flammen: *in Flammen stehen* (brennen), etwas den Flammen übergeben (einäschern); **flammen**; **flammend** eine flammende Ansprache halten; das **Flammenmeer**
Flane̱ll der, Flanelle (weicher Wollstoff); das **Flanellhemd**
flanie̱ren (umherschlendern)
Fla̱nke die, Flanken (Seite eines Tieres), eine Flanke (seitlicher Sprung) über den Barren, eine Flanke schlagen (den Ball quer über das Spielfeld spielen); **flanken** den Ball flanken; der **Flankenangriff**; der **Flankenwechsel**; **flankie̱ren** jmdn. flankieren (links und rechts von ihm gehen), flankierende (unterstützende) Maßnahmen
Fla̱nkerl das, Flankerl(n) (*ugs. für* Staubflocke)
Fla̱nsch der, Flansche (Verbreiterung am Ende eines Rohres) auch die **Flansche**, Flanschen
fla̱psig eine flapsige (*ugs. für* vorlaute, freche) Bemerkung machen
Fla̱sche die, Flaschen: eine Flasche Wein, *eine Flasche* (*derb für* Versager) *sein*, *zur Flasche greifen* (viel Alkohol trinken), *eine Flasche*

Flashmob → Flipchart

(ugs. für Ohrfeige) *kriegen*; das **Flaschenbier**; der **Flaschenöffner**; die **Flaschenpost**; der **Flaschenzug** (Hebevorrichtung)
Flashmob [fläschmob] der, *Ez.:* im Internet anonym verabredete kurze öffentliche Aktion
flatterhaft (wankelmütig, unzuverlässig); **flatt(e)rig** (aufgeregt); **flattern** mit den Flügeln flattern, die Fahnen flattern im Wind
flau flauer, am flau(e)sten, ihm wird flau (übel) vor Hunger, der Wind wird flauer (schwächer), die Geschäfte gehen flau (schlecht); die **Flaute** (Windstille, Erfolglosigkeit)
Flaum der, *Ez.* (zarter Haar-/Federwuchs); die **Flaumfeder**; **flaumig** (weich, zart); **flaumweich**
Flausch der, Flausche (dicker, wolliger Stoff); **flauschig** ein flauschiges (weiches) Tuch
Flause die, Flausen: nur Flausen (Unsinn) im Kopf haben, jmdm. die Flausen austreiben
Flechte die, Flechten (moosähnliche Pflanze; Hautausschlag)
flechten du flichtst (flechtest) das Haar zu Zöpfen, sie flicht, er flocht, sie hat geflochten; das **Flechtwerk** (Geflecht, Ornament)
Fleck der, Flecke(n): ein Fleck auf dem Kleid, einen Fleck (*ugs. für* die Note „Nicht genügend") bekommen, ein weißer Fleck auf der Landkarte (ein noch unerforschtes Gebiet), *vom Fleck weg* (sofort, auf der Stelle), *einen Fleck auf seiner weißen Weste haben* (etwas Unrechtes getan haben), *nicht vom Fleck kommen*, *ein blauer Fleck* (Bluterguss); der **Fleck(en)entferner**; **fleckenlos**; das **Fleckenwasser** (Putzmittel); das **Fleckerl** (Nudelart; kleines Stück Stoff); die **Fleckerlspeise**; der **Fleckerlteppich**; **fleckig**
Fledermaus die, ...mäuse (Säugetier)
Flegel der, -: (ungezogener Mensch); die **Flegelei**; **flegelhaft**; die **Flegelhaftigkeit**; die **Flegeljahre** (Entwicklungsjahre)
flehen zu Gott flehen; **flehentlich** (eindringlich)
Fleisch das, *Ez.: vom Fleisch fallen* (*ugs. für* abmagern), *sein eigenes Fleisch und Blut* (*geh. für* die eigenen Kinder), *das Frühaufstehen ist ihr in Fleisch und Blut übergegangen* (für sie selbstverständlich geworden), *sich ins eigene Fleisch schneiden* (sich selbst schaden); **fleischfarben**; der **Fleischfresser**; **fleischfressend** ein fleischfressendes auch Fleisch fressendes Insekt; der **Fleischhauer**; die **Fleischhauerei**; **fleischig**; das **Fleischlaibchen** auch Fleischlaiberl; **fleischlich**; **fleischlos**; der **Fleischwolf** (Gerät zum Zerkleinern von Fleisch)
Fleiß der, *Ez.:* Fleiß (Eifer) zeigen, etwas mit Fleiß (Absicht) machen, jmdm. etwas zu Fleiß tun, *ohne Fleiß kein Preis;* die **Fleißaufgabe** (freiwillige Zusatzarbeit); **fleißig** der fleißige Schüler ABER → das Fleißige Lieschen (Blume), *abends wird der Faule fleißig*
flektieren ein Wort flektieren (beugen, z.B. „gehen, ging, gegangen"/„der Vater, des Vaters"); **flektierbar**
flennen (*mundartl. für* weinen); die **Flennerei**
Flesserl das, Flesserln (*österr. für* geflochtenes Kleingebäck)
fletschen die Zähne fletschen (zeigen)
flexibel (biegsam, anpassungsfähig); die **Flexibilität**
Flexion die, Flexionen (Beugung eines Wortes)
flicken Wäsche flicken; der **Flicken** (Stück Stoff); die **Flickerei**; das **Flickwerk** (zusammengestückelte, stümperhafte Arbeit); das **Flickzeug**
Flieder der, -: (Zierstrauch); der **Fliederbusch**; **fliederfarben**; der **Fliederstrauch**
Fliege die, Fliegen: *keiner Fliege etwas zuleide tun* (gutmütig sein); das **Fliegengewicht** (leichter Mensch; Gewichtsklasse im Sport); der **Fliegenpilz**
fliegen er fliegt durch die Luft, sie flog (*ugs. für* fiel) auf den Boden, *sie ist von der Schule geflogen* (wurde hinausgeworfen), *bei einer Prüfung fliegen* (sie nicht bestehen), *auf jmdn./etwas fliegen* (von jmdn/etwas angezogen werden); der/die **Flieger/-in**; die **Fliegerei**
fliehen er flieht ins Haus, er floh zu ihr, sie ist geflohen, flieh schnell!; die **Fliehkraft**
Fliese die, Fliesen (Kachel); **fliesen** ein gefliester Boden; der/die **Fliesenleger/-in**
Fließband das, ...bänder: am Fließband arbeiten; **fließen** der Bach fließt langsam, er floss, es ist geflossen; **fließend** eine Sprache fließend sprechen, fließende (weich fallende) Seide; die **Fließgewässer**; der **Fließverkehr**; das **Fließwasser** Zimmer mit Fließwasser
flimmern die Luft flimmert (zittert) vor Hitze; die **Flimmerkiste** (*ugs. für* Fernsehapparat)
flink flinker, am flinksten, mit flinken Fingern, ein flinkes Mundwerk haben; die **Flinkheit**
Flinserl das, Flinserln (Flitter; kleiner Ohrring)
Flinte die, Flinten (Jagdgewehr), *die Flinte ins Korn werfen* (aufgeben, den Mut verlieren)
Flipchart [fliptschart] auch **Flip-Chart** das, ...charts (auf einem Gestell befestigter

flippen → flüstern

Papierblock)
flippen (*ugs. für* sich ängstigen)
Flipper der, -: (Spielautomat); **flippern**
Flirt [flöat] der, Flirts (Liebelei); **flirten** mit jmdm. flirten
Flittchen das, -: (*abwertend für* leichtes Mädchen) **auch** das **Flitscherl**, die Flitscherln
Flitter der, -: (glänzender Schmuck, unechter Glanz); die **Flitterwochen** (die ersten Wochen nach der Hochzeit)
flitzen (sehr schnell bewegen); der **Flitzer** (kleines, schnelles Fahrzeug)
Flocke die, Flocken: der Schnee fällt in dicken Flocken; **flockig**
Floh der, Flöhe (Insekt), *jmdm. einen Floh ins Ohr setzen* (ihn auf Ideen bringen); der **Flohbiss**; der **Flohmarkt** (Markt mit Altwaren); der **Flohzirkus**
Flop der, Flops (Fehlschlag, Misserfolg, Reinfall)
¹**Flor** der, Flore (dünnes Gewebe, Fasern eines Teppichs)
²**Flor** der, Flore (Blumenfülle); die **Flora** (Pflanzenwelt); **florieren** das Geschäft floriert (gedeiht); der/die **Florist/-in** (Blumenbinder/-in)
Florett das, Florette (Fechtwaffe)
Floskel die, Floskeln (leere Redensart); **floskelhaft**
Floß das, Flöße (einfaches Wasserfahrzeug); **flößen**; der/die **Flößer/-in**; die **Flößerei**; die **Floßfahrt**

das Wasser **floss**	ABER	das **Floß** schaukelt auf den Wellen

Flosse die, Flossen: die Flossen des Fisches, mit Flossen tauchen
Flöte die, Flöten (Blasinstrument), Flöte spielen; **flöten** sie flötete ihm etwas ins Ohr, *flöten gehen* (verloren gehen); das **Flötenspiel**; der/die **Flötist/-in**
flott flott (rasch) arbeiten, ein flotter (schicker) Mann; **flottbekommen** (▶ kommen) (in Gang bekommen); **flottmachen** ein Schiff flottmachen (fahrtüchtig machen) ABER → etwas flott (rasch) machen
Flotte die, Flotten (Schiffsverband, Seemacht)
Flower-Power [flauapaua] **auch Flowerpower** die, *Ez.* (Schlagwort der Hippie-Bewegung)
Flöz das, Flöze (Kohleablagerung, abbaubare Schicht)

Fluch der, Flüche (Verwünschung, Kraftausdruck); **fluchbeladen** (unter einem Fluch stehend); **fluchen** (Flüche gebrauchen), auf jmdn. fluchen (schimpfen)
Flucht die, Fluchten: die Flucht vor dem Feind, eine Flucht (Reihe) von Häusern, *die Flucht ergreifen* (fliehen); **fluchtartig**; **flüchten** (fliehen); die **Fluchtgefahr**; **flüchtig** ein flüchtiges (vergängliches) Glück, ein flüchtiger (entflohener) Dieb, flüchtig (nachlässig) kontrollierte Waren; die **Flüchtigkeit**; der **Flüchtigkeitsfehler**; der **Flüchtling**; **fluchtverdächtig**; der **Fluchtversuch**
Flug der, Flüge: auf dem Flug nach Paris, die Zeit vergeht wie im Flug (sehr schnell); der/die **Flugbegleiter/-in** (Steward/-esse); das **Flugblatt** (Informationszettel); der **Fluggast**; die **Fluggesellschaft**; der **Flughafen**; der **Flugkapitän**; der **Flugplatz**; **flugs** *Adv.* (schnell, sofort); die **Flugstrecke**; der **Flugverkehr**; der **Flugzettel** (Flugblatt); das **Flugzeug**
Flügel der, -: mit den Flügeln schlagen, auf dem Flügel (Klavier) spielen, der rechte Flügel (Trakt) des Hauses, *die Flügel hängen lassen* (mutlos sein); **flügellahm**; der **Flügelschlag**; die **Flügeltür**
flügge (flugfähig; im heiratsfähigen Alter)
Fluidum das, Fluida: das Fluidum (die Stimmung, Atmosphäre) von Florenz
fluktuieren fluktuierende (schwankende) Preise
Flunder die, Flundern (Fisch)
flunkern (schwindeln); die **Flunkerei**
Fluor das, *Ez.* (chemisches Element); **fluoreszieren**
¹**Flur** der, Flure (Vorraum eines Hauses, Diele)
²**Flur** die, Fluren (Wiesen, Felder), in Wald und Flur; die **Flurbereinigung** (Zusammenlegung kleiner Grundstücke); der **Flurschaden**
Fluss der, Flüsse: den Fluss abwärtsfahren, der Fluss (Lauf) der Rede, eine Sache in Fluss (Bewegung) bringen; **flussab(wärts)** *Adv.;* **flussauf(wärts)** *Adv.;* das **Flussbett**; das **Flussdiagramm** (grafische Darstellung von Abläufen); das **Flusspferd** (Nilpferd)
flüssig flüssige Nahrung, Gelder flüssig (verfügbar) haben, flüssig (fließend) lesen, flüssiges (geschmolzenes) Eisen; die **Flüssigkeit**
flüstern ins Ohr flüstern (leise sagen), *jmdm. etwas flüstern* (die Meinung sagen); der **Flüsterasphalt** (Straßenbelag); **Flüsterton** etwas im Flüsterton (sehr leise) sagen

Flut → fortbringen

Flut die, Fluten (Ansteigen des Meeresspiegels durch die Gezeiten), die Fluten der Donau, eine Flut (große Menge) von Briefen; **fluten** das Wasser flutet über die Dämme; die **Flutkatastrophe**; das **Flutlicht**; die **Flutwelle**

Flyer [flaia] der, -: (Flugzettel für Veranstaltungen)

Flysch der, Flysche (Gesteinsart)

Fock die, Focken (Segel am Vormast); der **Fockmast**; das **Focksegel**

Föderalismus der, *Ez.* (Grundsatz weitgehender Selbstständigkeit der Glieder eines Bundesstaates); **föderal**; **föderalistisch**; die **Föderation** [...tsion] (Staatenbund)

Fohlen das, -: (junges Pferd)

Föhn der, Föhne (warmer Fallwind; elektrischer Haartrockner); **föhnen** das Haar föhnen; **föhnig** ein föhniges Wetter; die **Föhnlage**

Föhre die, Föhren (Nadelbaum)

Fokus der, Fokusse (Brennpunkt); **fokussieren** (scharf stellen)

Folge die, Folgen: die Folgen von etwas tragen, einem Befehl Folge leisten, die nächste Folge einer Sendung; **...folge** *Adv.*: infolge von ..., infolgedessen, demzufolge, zufolge; die **Folgeerscheinung**; die **Folgekosten** *Mz.*; **folgen** (nachfolgen), den Eltern folgen (gehorchen), kannst du mir folgen? (mich verstehen), jmdm. heimlich folgen, daraus folgt (ergibt sich); **folgend** die folgende Seite ABER → das **Folgende** (das später Geschehende), Folgendes, im Folgenden, durch Folgendes; **folgendermaßen** *Adv.* (so, auf folgende Art); **folgenschwer**; **folgerichtig**; **folgern** (einen Schluss ziehen); die **Folgerung**; **folglich** *Adv.* (also); **folgsam** (gehorsam); die **Folgsamkeit**

Folie die, Folien (dünne Metall-/Plastikhaut); **folienverpackt**

Folk [fok] der, *Ez.* (Musikrichtung); die **Folklore** (volkstümliches Brauchtum); **folkloristisch**

Folter die, Foltern (Peinigung, Misshandlung), *jmdn. auf die Folter spannen* (hinhalten, im Unklaren lassen); die **Folterkammer**; **foltern**; die **Folterung**

Fon auch **Phon** das, Fon(s) (Maßeinheit für Lautstärke)

Fond [fō] der, Fonds (Hintergrund; Autorücksitz)

Fonds [fō] der, -: (Geldmittel)

Fondue [fōdü] das, Fondues (Speise)

Fontäne die, Fontänen (Springbrunnen)

foppen (zum Narren halten, necken); die **Fopperei**

forcieren [forsiren] eine Entwicklung forcieren (mit Nachdruck betreiben), die Produktion forcieren (steigern)

fordern jmdn. zum Kampf fordern, Gehorsam fordern; die **Forderung**

Förderband das, ...bänder; der **Förderer**; die **Förderin**; der **Förderkurs** (zusätzlicher Unterricht); **förderlich** (nützlich); **fördern** Bodenschätze fördern (abbauen), eine Künstlerin fördern (unterstützen), etwas zutage fördern (ans Licht bringen); die **Förderung**

Forelle die, Forellen (Fisch); die **Forellenzucht**

Form die, Formen: die Form eines Gegenstands, die Form (Anstand) wahren, in guter Form (Verfassung) sein; **formbar**; **formbeständig**; **formen** (gestalten, anfertigen); **formenreich**; **formieren** (in bestimmter Ordnung aufstellen); **...förmig** kugelförmig; **förmlich** (formell, unpersönlich); die **Förmlichkeit**; **formlos**; die **Formsache** *das ist reine Formsache*; **formschön**; **formulieren** einen Satz formulieren; die **Formulierung**; **formvollendet**

formal (die äußeren Formen betreffend); die **Formalität** (Formsache, Äußerlichkeit); das **Format** das Format DIN A4, ein Mann von Format (Ansehen, Niveau); **formatieren** Datenträger formatieren (beschreibbar machen)

Formel die, Formeln: eine mathematische Formel; das **Formel-1-Rennen**; **formelhaft**; **formell** (höflich, rein äußerlich); **förmlich**

Formular das, Formulare (Vordruck)

forsch eine forsche (entschlossene, mutige) Frage; die **Forschheit**

forschen nach dem Täter forschen; der/die **Forscher/-in**; die **Forschung**; das **Forschungslabor**

Forst der, Forste (Wald); der/die **Förster/-in**; **forstlich**; das **Forstrevier**; die **Forstverwaltung**; die **Forstwirtschaft**

Forsythie [forsitsiä] die, Forsythien (Strauch)

Fort [foa] das, Forts (Festung)

fort *Adv.*: fort (weg, abwesend) sein, schnell fort!, in einem fort (immerzu), und so fort; **fortan** *Adv.*; **forthin** *Adv.*; **fortwährend** (unaufhörlich)

fortbewegen (vorwärtsbewegen); die **Fortbewegung**

fortbilden sich in einem Kurs fortbilden; die **Fortbildung**

fortbringen (▶ bringen) eine Ware fortbringen, sich mühsam fortbringen (ernähren)

fortdauern → Fratz

fortdauern (weiterhin bestehen, andauern)
forte Adv. <f> (laut, stark)
fortentwickeln eine Erfindung fortentwickeln (weiterentwickeln)
fortfahren (▶ fahren) mit dem Auto fortfahren, in der Arbeit fortfahren (weitermachen)
fortführen einen Gefangenen fortführen, er führte das Geschäft seines Vaters fort
fortgehen (▶ gehen) (weggehen, andauern)
Fortgeschrittene der/die, Fortgeschrittenen
fortissimo Adv. <ff> (sehr laut)
fortkommen (▶ kommen) in seinem Beruf fortkommen (Erfolg haben); das **Fortkommen** sein Fortkommen finden (seinen Lebensunterhalt verdienen)
fortlaufen (▶ laufen) von zu Hause fortlaufen; **fortlaufend** die Seiten sind fortlaufend (aufeinanderfolgend) nummeriert
fortpflanzen sich fortpflanzen (Nachkommen hervorbringen); die **Fortpflanzung**
fortschreiten (▶ schreiten); der/die **Fortgeschrittene**; der **Fortschritt** gute Fortschritte machen; **fortschrittlich**
fortsetzen die Arbeit fortsetzen (weiterführen); **fortgesetzt** (unaufhörlich); die **Fortsetzung**; der **Fortsetzungsroman**
fortstehlen (▶ stehlen), er stahl sich leise fort (schlich heimlich davon)
Forum das, Foren (Zuhörerschaft; öffentliche Diskussion)
Fossil das, Fossilien (versteinerter Rest von Pflanzen oder Tieren); **fossil** fossile Überreste finden
Foto auch Photo das, Fotos: ein Foto von jmdm. machen; das **Fotoalbum**; der **Fotoapparat**; das **Fotoatelier** [...atelje]; **fotogen** (bildwirksam); der/die **Fotograf/-in**; die **Fotografie**; **fotografieren**; **fotografisch**; die **Fotokopie**; **fotokopieren**; das **Fotomodell**; die **Fotomontage** [...montasch(e)]; die **Fotosynthese** auch Photosynthese (Aufbau organischer Substanz durch die grünen Pflanzen)
Fötus auch Fetus der, Fötusse/Föten (Leibesfrucht ab dem 3. Schwangerschaftsmonat, Embryo)
Fotze die, Fotzen (*derb für* Ohrfeige)
Foul [faul] das, Fouls (unfaires Verhalten im Sport); **foul** foul (regelwidrig) spielen; **foulen**
Foyer [foaje] das, Foyers (Vorraum eines Theaters)
FPÖ = **F**reiheitliche **P**artei **Ö**sterreichs; die **FPÖ-Fraktion**; der/die **FPÖler/-in**

Fracht die, Frachten (Ladung, zu befördernde Ware); der **Frachtenbahnhof**; der **Frachter** (Frachtschiff); der/die **Frächter/-in** (Transportunternehmer/-in); das **Frachtgut** (zu transportierende Waren); das **Frachtschiff**
Frack der, Fracks (festlicher Herrenanzug)
fragen den Lehrer fragen, nach jmdm. fragen, eine gefragte (begehrte) Ware ABER → *Fragen kostet nichts;* die **Frage** eine Frage stellen, *in* Frage auch infrage kommen (in Betracht gezogen werden), *außer Frage* (ganz gewiss); das **Fragefürwort** (Interrogativpronomen, z.B. „warum"); die **Fragerei**; der **Fragesatz**; das **Frage-und-Antwort-Spiel**; das **Fragewort**; das **Fragezeichen**; **fraglich** (ungewiss, zweifelhaft); **fraglos** (ohne Frage, zweifellos); **fragwürdig** (zweifelhaft, verdächtig); die **Fragwürdigkeit**

| infrage kommen | auch | in Frage kommen |
| etwas infrage stellen | auch | etwas in Frage stellen |

fragil (zart, zerbrechlich)
Fragment das, Fragmente (Bruchstück, Unvollendetes); **fragmentarisch** (nicht vollständig)
Fraktion [...tsion] die, Fraktionen (Abgeordnete einer Partei); das **Fraktionsmitglied**
Fraktur die, Frakturen (alte Druckschrift; Knochenbruch)
Franchising [fräntschaising] das, *Ez.* (Verkauf über Lizenzpartner)
frank frank und frei (offen, ungebunden) seine Meinung sagen
Franken der, -: <Fr.> (Einheit der Schweizer Währung)
frankieren einen Brief frankieren
Frankreich (Staat in Westeuropa); der **Franzose**; die **Französin**; **französisch** (▶ deutsch) der französische Wein ABER → die Französische Revolution
Franse die, Fransen (Fadenbündel); **fransen**; **fransig** *sich den Mund fransig reden* (viel, doch vergeblich reden)
frappant (überraschend), eine frappante Ähnlichkeit; **frappieren** (verblüffen)
Fräse die, Fräsen (Werkzeug); **fräsen** Gewinde fräsen
Fraß der, *Ez.* (Futter für Tiere, *abwertend für* schlechtes Essen)
Fratz der, Fratzen (*ugs. für* ungezogenes Kind); die **Fratze** (verzerrtes Gesicht); **fratzenhaft**

Frau → fremd

Frau die, Frauen: seine Frau (Ehefrau), Frau <Fr.> Müller; das **Frauchen** (Hundebesitzerin); die **Frauenbewegung** (Bewegung zur Gleichberechtigung der Frauen); das **Frauenhaus** (Zufluchtsort für Frauen in Not); die **Frauenklinik** (Klinik für Geburten und Frauenheilkunde); das **Fräulein** <Frl.> *(veraltet für junge, unverheiratete Frau)*; **fraulich**

Freak [frik] der, Freaks (fanatisch Begeisterter)

frech frech (unverschämt) sein, ein frecher (herausfordernder) Blick; der **Frechdachs**; die **Frechheit**

Fregatte die, Fregatten (Kriegsschiff)

frei freier, am frei(e)sten, frei sein, frei bleiben, frei (ohne Hilfe) laufen, frei laufende auch freilaufende Hühner, frei von Schuld, eine Ware frei Haus liefern (ohne Kosten) ABER → ins **Freie** gehen, im Freien; **...frei** portofrei, schulfrei; das **Freibad**; **freibekommen** auch frei bekommen (▶ kommen) (Urlaub bekommen); **freiberuflich**; der **Freibrief** einen Freibrief haben (Erlaubnis für eigentlich Unerlaubtes haben); das **Freie**

frei laufende Hühner	auch	freilaufende Hühner
ein paar Tage frei bekommen	auch	ein paar Tage freibekommen
jmdm. **frei geben**	auch	jmdm. **freigeben**
frei haben	auch	**freihaben**
die Ausfahrt **frei halten**	auch	die Ausfahrt **freihalten**
	ABER	jmdn. **frei halten** (für ihn bezahlen)
den Oberkörper **frei machen**	auch	den Oberkörper **freimachen**
	ABER	den Brief **freimachen** (frankieren)
frei (ohne Vorlage) **sprechen**	ABER	jmdn. **freisprechen**
frei (ohne Stütze) **stehen**	ABER	jmdn. **freistehen** (erlaubt sein)

freien (geh. für heiraten wollen, werben); der/die **Freier/-in** (um jemanden Werbende/-r; Kunde einer/einer Prostituierten) auf Freiersfüßen gehen

freigeben auch frei geben (▶ geben) jmdm. freigeben (Urlaub geben), etwas freigeben (allgemein zur Verfügung stellen); **freigebig** auch freigiebig (großzügig); die **Freigebigkeit** auch Freigiebigkeit

freihaben auch frei haben (▶ haben) ein paar Tage frei haben

freihalten (▶ halten) jmdn. freihalten (für ihn bezahlen) ABER → den Termin freihalten auch frei halten

freihändig freihändig (ohne die Lenkstange festzuhalten) Rad fahren

Freiheit die, Freiheiten (Unabhängigkeit, Grundrechte); **freiheitlich**; die **Freiheitlichen** (Partei); **freiheitsliebend**

freiheraus Adv. (offen); **freilich** Adv.; **freiweg** Adv.: freiweg (unbekümmert) drauflosreden

freikommen (▶ kommen) (loskommen)

Freikörperkultur die, Ez. <FKK> (Nacktbaden)

freilassen auch frei lassen (▶ lassen) (entlassen, freigeben)

Freilichtmuseum das, ...museen (Freiluftmuseum); das **Freilichttheater**

freimachen einen Brief freimachen (frankieren) ABER → den Oberkörper freimachen auch frei machen (entblößen)

Freimaurer der, -: (Mitglied einer internationalen Geheimorganisation); die **Freimaurerin**

Freimut der, Ez. (Offenheit); **freimütig**

freischaffend (selbstständig, ohne feste Anstellung)

freispielen sich: der Stürmer hat sich freigespielt, sich von Verpflichtungen freispielen

freisprechen (▶ sprechen) (für nicht schuldig erklären) ABER → den Text frei (ohne Vorlage) sprechen; der **Freispruch**

freistehen (▶ stehen) etwas steht jmdm. frei (ist ihm erlaubt) ABER → frei (ohne Stütze) stehen

freistellen (erlauben)

Freistil der, Ez. (sportliche Disziplin)

Freistoß der, ...stöße (Strafe beim Fußball)

Freitag der, Freitage (Wochentag); der **Freitagabend**; **freitagabends** Adv.; **freitags** (▶ Dienstag)

Freitod der, Freitode (geh. für Selbstmord)

freiwillig; der/die **Freiwillige**

Freizeit die, Ez.; die **Freizeitbeschäftigung**

freizügig; die **Freizügigkeit**

fremd ein fremder Mann, fremdes (jmds. anderen) Eigentum; der/die **Fremdarbeiter/-in**; **fremdartig**; der/die **Fremde**; die **Fremde** in der Fremde (im Ausland); **fremdeln** (Angst vor Unbekannten haben); die **Fremdenlegion** (Söldnertruppe beim französischen Heer); der **Fremdenverkehr**; **fremdgehen** (▶ gehen) (untreu sein); die **Fremdherrschaft**; der **Fremdkörper**; **fremdländisch**; der **Fremdling**; die **Fremdsprache**; **fremdsprachig**;

frenetisch → frotzeln

fremdsprachlich; das **Fremdwort**
frenetisch frenetischer (stürmischer) Beifall
frequentieren (häufig besuchen); die **Frequenz** (Schwingungszahl, Häufigkeit)
Fresko das, Fresken (Wandmalerei)
Fressalien die, -: (*ugs. für* Lebensmittel); die **Fresse** (*derb für* Mund)
fressen das Auto frisst viel Benzin, der Hund fraß, *an jmdm. einen Narren gefressen haben* (ihn sehr gern haben), friss nicht!, *jmdn. zum Fressen gern* (sehr gern) *haben*, *etwas ausgefressen* (angestellt) *haben*, *etwas in sich hineinfressen* (Ärger schweigend hinnehmen); das **Fressen**; die **Fresserei**; der **Fresssack** auch Fress-Sack (*abwertend für* gefräßiger Mensch)
fretten sich fretten (*ugs. für* abmühen)
Freude die, Freuden: das macht mir viel Freude, Freud und Leid; das **Freudenmädchen** (*veraltet für* Prostituierte); der **Freudensprung**; **freudestrahlend** ABER → vor Freude strahlen; **freudig**; **freudlos**; **freuen** sich freuen, das freut ihn
Freund der, Freunde: ein guter Freund, ein Freund der Wahrheit, *mit jmdm. gut Freund sein* (gut mit ihm auskommen); die **Freunderlwirtschaft** (*ugs. abwertend für* gegenseitiges Verschaffen von Vorteilen); der **Freundeskreis**; die **Freundin**; **freundlich**; **freundlicherweise** *Adv.*; die **Freundlichkeit**; die **Freundschaft**; **freundschaftlich**
Frevel der, -: (Sünde, Verbrechen); **frevelhaft**; die **Frevelhaftigkeit**; **freveln**; die **Freveltat**; der/die **Frevler/-in**; **frevlerisch**
Friede auch Frieden der, *Ez.:* mit jmdm. in Frieden (Einigkeit) leben, *dem Frieden nicht trauen* (vorsichtig sein); die **Friedensbewegung**; der **Friedensnobelpreis**; die **Friedenspfeife**; der **Friedensschluss**; die **Friedenstaube**; der **Friedensvertrag**; **friedfertig**; der **Friedhof**; **friedlich**; **friedliebend**; **friedlos**; **friedvoll**
frieren er friert an den Füßen, er fror, sie hat gefroren, es friert mich
Fries der, Friese (Gesimsverzierung)
frigid (sexuell nicht erregbar), eine frigide Frau
Frisbee [frisbi] das, Frisbees (Spiel mit Wurfscheibe)
frisch eine frische Spur, es ist frisch (kühl), sich frisch machen, Gemüse frisch halten, frisch gebackenes auch frischgebackenes Brot, *ein frisch gebackenes* auch *frischgebackenes Ehepaar*, *jmdn. auf frischer Tat ertappen*;

die **Frische**; das **Frischfleisch**; **frisch-fröhlich**; der **Frischling** (junges Wildschwein; Anfänger); die **Frischluft**; das **Frischobst**
Friseur [frisöa] auch Frisör der, Friseure; die **Friseurin** auch Frisörin; die **Friseuse** [frisöse]; **frisieren**
Frist die, Fristen: eine Frist von zwei Jahren, die Frist läuft ab; **fristen** sein Dasein fristen (mühsam verbringen); **fristgemäß**; **fristgerecht**; **fristlos** (mit sofortiger Wirkung) fristlos kündigen

die **Frist** läuft ab	ABER	der Hund **frisst**

Frisur die, Frisuren (Haartracht)
Frittate die, Frittaten (Suppeneinlage); die **Frittatensuppe**; die **Fritteuse** [fritöse] (Haushaltsgerät zum Braten); **frittieren**
frivol [friwol] (leichtfertig, frech, zweideutig); die **Frivolität**
froh froher, am froh(e)sten, ein frohes Fest wünschen, die frohe Botschaft, froh gelaunt, er ist froh um jeden Cent (dankbar dafür); die **Frohbotschaft** (Evangelium); **frohgemut**; **fröhlich**; die **Fröhlichkeit**; **frohlocken** (*geh. für* jubeln); der **Frohsinn**
fromm frömmer/frommer, am frömmsten/frommsten (gläubig, gottesfürchtig); die **Frömmelei**; **frömmeln** (fromm tun); die **Frömmigkeit**
Fron die, Fronen (Plage; Dienst für einen Herrn); die **Fronarbeit**; der **Frondienst**; **frönen** einem Laster frönen (sich ihm hingeben); **Fronleichnam** (katholischer Feiertag)
Front die, Fronten: die Front (Vorderseite des Hauses), die Front (geschlossene Einheit) der Streikenden, an die Front (in das Kampfgebiet) kommen, *die Fronten wechseln* (zur Gegenpartei übergehen), *gegen etwas Front machen* (sich dagegen wehren); **frontal** (von vorn); der **Frontalangriff**; der **Frontalunterricht** (Unterrichtsform); der **Frontantrieb**
Frosch der, Frösche: *sei kein Frosch!* (*ugs. für* sei nicht feig); der **Froschlaich** (abgelegte Froscheier); der **Froschmann** (Taucher)
Frost der, Fröste; **frostbeständig**; die **Frostbeule**; **frösteln** (leicht frieren); **frostig** frostiges (kaltes) Wetter, eine frostige (unfreundliche) Begrüßung; das **Frostschutzmittel**
Frottee der/das, Frottees (Stoff mit gekräuselter Oberfläche); **frottieren** (mit Tüchern abreiben); das **Frottierhandtuch**
frotzeln ich lasse mich von ihm nicht frotzeln

Frucht → fünf

(ugs. für necken); die **Frotzelei**
Frucht die, Früchte: eine unreife Frucht, die Frucht (Folge) seiner Erziehung; **fruchtbar**; die **Fruchtbarkeit**; das **Früchtebrot**; **fruchten** es fruchtet (hilft, nützt) nichts; das **Früchterl** (ugs. für Schlingel); das **Fruchtfleisch**; **fruchtig**; **fruchtlos** (nutzlos); der **Fruchtsaft**
frugal ein frugales (bescheidenes) Essen
früh früher, am früh(e)sten, ein früher Sommer, ein früh vollendetes Werk, früh (in jungen Jahren) sterben, früh verstorben auch frühverstorben, von früh an, von früh bis spät ABER → heute Früh auch heute früh, früh (bald) am Morgen; die **Früh** in aller Früh, morgen Früh auch morgen früh ABER → um vier Uhr früh; der/die **Frühaufsteher/-in**; **früher** (einst, ehemals); **frühestens** Adv.; **frühestmöglich** der frühestmögliche Zeitpunkt; die **Frühgeburt**; das **Frühjahr**; der **Frühling**; **frühmorgens** Adv.; der/die **Frühpensionist/-in**; **frühreif**; der **Frühschoppen** (Vormittagsveranstaltung); das **Frühstück**; **frühstücken**; **frühzeitig**

morgens früh aufstehen	ABER	frühmorgens
morgen Früh/ früh (in der Früh)	ABER	früh (zeitig) am Morgen
um acht Uhr früh	ABER	um acht Uhr in der Früh

Frust der, Ez. (Enttäuschung); die **Frustration** [...tsion]; **frustrieren** jmdn. frustrieren (seine Erwartungen enttäuschen); **frustriert**
FSME die, Ez. (durch Zecken übertragene Krankheit)
Fuchs der, Füchse: er ist ein schlauer Fuchs (listiger Mensch); **fuchsen** jmdn. fuchsen (ugs. für ärgern), etwas fuchst ihn (bereitet ihm Schwierigkeiten); **fuchsig** (ugs. für zornig); die **Füchsin**; der **Fuchsschwanz** (Holzsäge); **fuchsteufelswild**
Fuchsie [fuksie] die, Fuchsien (Zierpflanze)
Fuchtel die, Fuchteln: unter jmds. Fuchtel stehen (ugs. für unter strenger Aufsicht), er hat eine Fuchtel (abwertend für zänkische, herrschsüchtige Frau) geheiratet; **fuchteln** mit den Armen fuchteln; **fuchtig** (ärgerlich, zornig)
¹**Fuge** die, Fugen (kunstvolles Musikstück)
²**Fuge** die, Fugen (Spalte, Verbindungsstelle), mit Fug und Recht (geh. für mit vollem Recht),

aus den Fugen geraten (in Unordnung geraten); **fugen** Fliesen fugen (verfugen); **fugenlos**; das **Fugen-s** (z.B. in „Verkehrszeichen")
fügen Stein auf Stein fügen, das Schicksal hat es so gefügt, sich fügen (etwas hinnehmen); **fügsam** (gehorsam); die **Fügsamkeit**; die **Fügung** eine Fügung des Schicksals
fühlen sich krank fühlen, Schmerz fühlen, jmdm. den Puls fühlen, sich wie ein Fisch im Wasser (sehr wohl) fühlen, jmdm. auf den Zahn fühlen (etwas herauszubekommen versuchen); **fühlbar**; der **Fühler** seine Fühler ausstrecken (sich vorsichtig erkundigen)
Fuhre die, Fuhren: eine Fuhre (Wagenladung) Holz; die **Fuhrleute**; der **Fuhrlohn**; der **Fuhrmann**; der **Fuhrpark** (Gesamtheit der Fahrzeuge, z.B. einer Firma); das **Fuhrwerk** (von Pferden gezogener Wagen); **fuhrwerken** (ugs. für ungestüm hantieren)
führen jmdn. über die Straße führen, einen Betrieb führen (leiten), in einem Wettkampf führen (Erste/-r sein), die Straße führt nach Graz, es führt zu nichts (bringt nichts), er führt (beträgt) sich gut, Krieg führen, jmdn. hinters Licht führen (täuschen); der/die **Führer/-in**; **führerlos**; der **Führerschein**; die **Führung**
Fülle die, Füllen: eine Fülle von Ideen, Mohn als Fülle für eine Mehlspeise, in Hülle und Fülle (reichlich); **füllen** ein Glas füllen, der Saal füllt sich; die **Füllfeder**; **füllig** (dicklich); das **Füllsel** (unwichtige Einfügung); die **Füllung**
Füllen das, -: (junges Pferd, Fohlen)
Fulltime-Job auch **Fulltimejob** [fultaimdschob] der, ...jobs (Ganztagsarbeit)
Fund der, Funde: ein kostbarer Fund; das **Fundamt**; die **Fundgrube**; **fündig** fündig werden (etwas Gesuchtes finden); der **Fundort**
Fundament das, Fundamente: das Fundament eines Hauses, ein gutes Fundament (Grundlage) für den Beruf; **fundamental** fundamentale (grundlegende) Erkenntnisse; **fundiert** ein fundiertes Wissen
fünf (▶ acht) bis fünf zählen, zu fünft, wir fünf ABER → die Note **Fünf**; **fünfarmig**; das **Fünfeck**; der **Fünfer** einen Fünfer (ein Nicht genügend) in Englisch bekommen, einen Fünfer würfeln; **fünferlei**; **fünffach** auch 5fach auch 5-fach; **fünfhundert**; **fünfjährig** auch 5-jährig; der/die **Fünfjährige** auch 5-Jährige; **fünfmal** auch 5-mal; der **5-Euro-Schein**; **fünfstellig**; **fünfstimmig**; die **Fünftagewoche**; **fünftausend**; das **Fünftel**; **fünftens** Adv.; **fünfzehn**; **fünfzig**; der **Fünfziger**

fungieren → fuzeln

fungieren (tätig sein, ein Amt verrichten), als Schriftführerin fungieren

fünfmal	auch	5-mal
fünffach	auch	5-fach/5fach

¹Funk [fank] der, *Ez.* (Musikrichtung)
²Funk der, *Ez.* (drahtlose Übertragung); **funken** SOS funken; der/die **Funker/-in**; das **Funkgerät**; die **Funkstreife** (der Polizei); die **Funkverbindung**
funkeln (glitzern, strahlen); **funkelnagelneu**; das **Fünkchen**; der **Funken** auch Funke Funken schlagen, Funken sprühend auch funkensprühend, er hat keinen Funken (kein bisschen) Verstand; der **Funkenflug**
Funktion [...tsion] die, Funktionen: die Funktion (Tätigkeit) des Herzens, eine Funktion (ein Amt) ausüben, in Funktion (in Betrieb) sein; der/die **Funktionär/-in** (Beauftragte/-r einer Organisation); **funktionieren**; **funktionstüchtig**
Funzel die, Funzeln (*mundartl. für* schlecht brennende Lichtquelle)
für *Präp.+Akk.:* für seine Kinder sorgen, für zwei Monate verreisen, Tag für Tag, ein für alle Mal, fürs Erste ABER → das **Für** und Wider abwägen; **füreinander** *Adv.:* füreinander da sein
Fürbitte die, Fürbitten: bei jmdm. Fürbitte für jmdn. einlegen
Furche die, Furchen: eine Furche auf dem Feld ziehen, Furchen (Falten) im Gesicht; **furchig**
Furcht die, *Ez.:* die Furcht vor dem Tode, Furcht einflößend auch furchteinflößend; **furchtbar**; **fürchten**; **fürchterlich**; **furchterregend** auch Furcht erregend; **furchtlos**; die **Furchtlosigkeit**; **furchtsam**

ein **furchterregender** Anblick	auch	ein **Furcht erregender** Anblick

Furie [furie] die, Furien (Rachegöttin, *abwertend für* böse Frau); **furios** (wütend, hitzig, leidenschaftlich)
Furnier die/das, Furniere (dünne Holzschicht als Oberfläche von Möbeln); **furnieren** einen Tisch mit Mahagoni furnieren
Furore die, *Ez.:* mit etwas Furore machen (Aufsehen erregen, erfolgreich sein)
Fürsorge die, *Ez.:* eine liebevolle Fürsorge (Betreuung), Fürsorge (vom Staat) bekommen; der/die **Fürsorger/-in**; **fürsorglich** (liebevoll)

Fürsprache die, Fürsprachen: bei jmdm. für jmdn. Fürsprache einlegen; der/die **Fürsprecher/-in**
Fürst der, Fürsten (hoher Adeliger); das **Fürstentum**; der **Fürsterzbischof**; die **Fürstin**; **fürstlich** ein fürstliches (sehr hohes) Gehalt
Furt die, Furten (seichte Stelle eines Flusses)
Furunkel das, -: (eitriges Geschwür)
Fürwort das, ...wörter (Pronomen, z.B. „ich, dieser"), das besitzanzeigende Fürwort (Possessivpronomen, z.B. „dein")
Furz der, Furze (*derb für* Blähung; unwichtige Kleinigkeit); **furzen** du furzt, furz nicht!
Fusel der, -: (minderwertiger Schnaps)
Fusion die, Fusionen (Verschmelzung, Vereinigung); **fusionieren** zwei Unternehmen fusionieren (zusammenschließen)
Fuß der, Füße: zu Fuß gehen, zu Fuß kommen, sich den Fuß brechen, *stehenden Fußes* (sofort), *jmdn. auf freien Fuß setzen* (freilassen), *auf eigenen Füßen stehen* (selbstständig sein), *jmds. Gefühle mit Füßen treten* (missachten), *kalte Füße kriegen* (Bedenken haben), *auf großem Fuß* (aufwändig) *leben, auf freiem Fuße* (frei) *sein*
Fußball der, ...bälle; der **Fußboden**; **fußbreit** ein fußbreiter Streifen ABER → keinen Fußbreit weichen; **fußeln** auch füßeln (*ugs. für* heimlich mit den Füßen Kontakt suchen); **fußen** auf etwas fußen (zur Grundlage haben); der/die **Fußgänger/-in**; **fußhoch**; **...füßig** dreifüßig, leichtfüßig; die **Fußnote** (Anmerkung am Seitenende); die **Fußsohle**; der **Fußstapfen**; **fußtief**; der **Fußtritt**
Fussel die, Fusseln (Faserstückchen); **fusselig** sich den Mund fusselig reden; **fusseln** der Stoff fusselt
futsch *Adv.* (*ugs. für* weg)
¹Futter das, *Ez.:* Tieren Futter geben; die **Futterkrippe**; **futtern** (*ugs. für* viel essen); **füttern** Tiere füttern; die **Fütterung**
²Futter das, -: das Futter des Mantels (Stoff auf der Innenseite); **füttern** gefütterte Kuverts
Futteral das, Futterale (Schutzhülle)
Futur das, *Ez.* (Zukunftsform des Verbs, z.B. „ich werde gehen"); der **Futurismus** (Kunstrichtung des 20. Jahrhunderts); das **Futurum exaktum** (2. Futur, Vorzukunft, z.B. „ich werde gegangen sein")
fuzeln der Stoff fuzelt (lässt Fasern), er fuzelt (*mundartl. für* schreibt sehr klein); das **Fuzerl** (Faserstückchen, kleines Stück) auch die **Fuzel**

G

g = Gramm
Gabe die, Gaben: eine milde Gabe (Spende), große Gaben (Begabungen)
Gabel die, Gabeln; **gabeln** der Weg gabelt sich; die **Gabelung**; **gaberln** (*ugs. für* einen Fußball wiederholt mit dem Fuß in die Höhe schlagen)
gacken auch **kacken** (*derb für* Kot ausscheiden)
gackern gackernde Hühner
gaffen (neugierig starren); der/die **Gaffer/-in**
Gag [gäg] der, Gags (witziger Einfall)
Gage [gasch(e)] die, Gagen (Künstlerhonorar)
gähnen müde gähnen, gähnende (völlige) Leere
Gala die, Galas (Festveranstaltung), *sich in Gala werfen* (festlich anziehen)
galant galant (höflich) sein; die **Galanterie**
galaktisch; die **Galaxie** (großes Sternsystem); die **Galaxis** (Milchstraße)
Galeere die, Galeeren (altertümliches Ruderschiff)
Galerie die, Galerien (Stockwerk im Theater; Kunsthandlung; Lawinenschutz); der/die **Galerist/-in** (Kunsthändler/-in)
Galgen der, -: am Galgen hängen; die **Galgenfrist** jmdm. eine Galgenfrist gewähren (noch etwas Zeit lassen); der **Galgenhumor** (Humor in misslicher Lage)
Galionsfigur die, ...figuren (Bugfigur auf einem Schiff, sie ist die Galionsfigur (das Aushängeschild) der Partei
Galle die, Gallen (Gallenblase; Absonderung der Leber); der **Gallapfel** (kugelförmiger Auswuchs an Blättern); die **Gallenblase**; **gallig** (scharf, bitter)
Gallert das, Gallerte (sulzartige Masse) auch die **Gallerte**, Gallerten; **gallertartig**; **gallertig**
Galopp der, Galoppe/Galopps: im Galopp davonreiten; **galoppieren**
galvanisieren [galwanisiren] (mit Metall überziehen); die **Galvanisation** [...tsion]; **galvanisch**
Gamasche die, Gamaschen (Beinbekleidung)
Gambe die, Gamben (Kniegeige); der/die **Gambist/-in**
Gameboy [gemboi] der, ...boys (elektronisches Spielzeug)
Gammastrahlen die, *Mz.* (radioaktive Strahlen)
gammeln er gammelt (tut nichts, trödelt), gammelnde (verderbende) Nahrungsmittel; der/die **Gammler/-in**
Gams auch **Gämse** die, Gamsen/Gämsen (Bergtier); der **Gamsbock**
¹**Gang** der, Gänge: einen Gang (Spaziergang) machen, etwas in Gang (Bewegung) bringen, der Gang (Verlauf, Ablauf) der Geschichte, das Essen hat mehrere Gänge, auf dem Gang (Flur), den dritten Gang (des Motors) einlegen, im Gang(e) sein, in Gang setzen ABER → *es ist gang und gäbe* (allgemein üblich); die **Gangart**; **gangbar**; **gängig** eine gängige (gebräuchliche) Redensart, gängige (gefragte) Waren
²**Gang** [gäng] die, Gangs (Verbrecherbande); der **Gangster** [gängsta] (Krimineller)
gängeln jmdn. gängeln (dauernd bevormunden); das **Gängelband** *jmdn. am Gängelband haben* (bevormunden)
Gangway [gängwe] die, Gangways (bewegliche Brücke von Flugzeugen/Schiffen)
Ganove [ganowe, ganofe] der, Ganoven (Gauner)
Gans die, Gänse (Schwimmvogel); das **Gänseblümchen**; die **Gänsehaut** *eine Gänsehaut bekommen;* der **Gänsemarsch** *im Gänsemarsch* (hintereinander) *gehen*; der **Gänserich** (männliche Gans) auch der **Ganser**; das **Gansl**
ganz die ganze Familie, ganz und gar, ganz ruhig, voll und ganz, ganz (unversehrt) bleiben ABER → im Ganzen, im Großen und Ganzen; das **Ganze** als Ganzes, *aufs Ganze gehen* (entschlossen handeln), *es geht ums Ganze* (um Sieg oder Niederlage); **Gänze** *zur Gänze* (vollständig); die **Ganzheit**; **ganzheitlich**; **gänzlich** (völlig); **ganztägig**
¹**gar** *Adv.:* ganz und gar (sehr), gar nichts, gar kein Interesse, er nimmt es gar zu leicht
²**gar** gar gekochtes Fleisch, die Vorräte sind gar (*mundartl. für* zu Ende); **garen** (dünsten)
Garage [garasch(e)] die, Garagen (Unterstellraum für Fahrzeuge)
Garantie die, Garantien (Gewissheit); der/die **Garant/-in** (Bürge/Bürgin); **garantieren**
Garaus *jmdm. den Garaus machen* (ihn umbringen)
Garbe die, Garben (Bündel)
Garçonnière [garsonjea] die, Garçonnièren (Einzimmerwohnung)
Garde die, Garden (Leibwache)

Garderobe → Gebrauch

Garderobe die, Garderoben (Kleidung; Kleiderablage; Umkleideraum)
Gardine die, Gardinen (Vorhang), *hinter schwedischen Gardinen sitzen* (im Gefängnis sein)
gären die Wut gärt in ihm, der Most gärte (gor), hat gegärt (ist gegoren)
Garn das, Garne (Faden), *jmdm. ins Garn* (in die Falle) *gehen*
Garnele die, Garnelen (Krebstier)
garnieren (verzieren); die **Garnierung**; die **Garnitur** (Ausstattung; zusammengehörende Teile)
Garnison die, Garnisonen (Standort für Truppen)
garstig (hässlich, böse)
Garten der, Gärten: im Garten arbeiten, der Garten Eden (Paradies); der/die **Gärtner/-in**; die **Gärtnerei**; **gärtnern** (im Garten arbeiten)
Gas das, Gase: Gas geben, mit Gas heizen; **gasförmig**; der **Gashahn**; die **Gasheizung**; das **Gaspedal**
Gasse die, Gassen (schmale Straße); das **Gässchen**; der **Gassenverkauf** (Verkauf über die Gasse); **Gassi** mit dem Hund Gassi gehen
Gast der, Gäste; der/die **Gastarbeiter/-in**; **gastfreundlich**; die **Gastfreundschaft**; der/die **Gastgeber/-in**; das **Gastgewerbe**; der **Gasthof**; **gastieren** ein Ensemble aus Berlin gastiert (gibt eine Vorstellung) in Wien; **gastlich** (gemütlich); die **Gastlichkeit**; das **Gastspiel**; die **Gaststätte**; der/die **Gastwirt/-in**; die **Gastwirtschaft**
Gastritis die, Gastritiden (Magenentzündung)
Gastronom der, Gastronomen (Gastwirt); die **Gastronomie** (Kochkunst); die **Gastronomin**; **gastronomisch**
Gatsch der, *Ez.* (*mundartl. für* Breiiges, Schlamm, Schneematsch); **gatschig**
Gatte der, Gatten (Ehemann); die **Gattin**
Gatter das, -: (Zaun, Gitter)
Gattung die, Gattungen (Gruppe, Art)
GAU der, GAU(s) (*kurz für* **g**rößter **a**nzunehmender **U**nfall in einem Atomkraftwerk)
Gaudi die, *Ez.* (Spaß)
Gaukelei die, Gaukeleien (Schwindel, Täuschung); **gaukeln** durch die Luft gaukeln (flattern); der/die **Gaukler/-in** (Zauberkünstler/-in)
Gaul der, Gäule (altes Pferd), *einem geschenkten Gaul schaut man nicht ins Maul*
Gaumen der, -: Teil der Mundhöhle; die **Gaumenfreude** (gute Speise)
Gauner der, -: (Schwindler, Betrüger); die **Gaunerei**; **gaunerhaft**; die **Gaunerin**; **gaunern**
Gaze [gase] die, Gazen (netzartiges Gewebe, Verband)
Gazelle die, Gazellen (Antilopenart)
Gazette die, Gazetten (Zeitung, Zeitschrift)
geb. = **geb**oren(e)
Gebäck das, *Ez.* (Backware)
Gebälk das, *Ez.* (Balkenwerk des Dachstuhls)
Gebärde die, Gebärden (Bewegung, die etwas ausdrückt); sich **gebärden** (benehmen)
gebären sie gebärt ein Kind, sie gebar, sie hat geboren; die **Gebärmutter**
gebauchpinselt sich gebauchpinselt (geschmeichelt) fühlen
Gebäude das, -: (großer Bau, Bauwerk); der **Gebäudekomplex**; **gebaut** *gut gebaut sein* (eine gute Figur haben)
Gebein das, Gebeine (Knochen), die Gebeine (das Skelett) des Toten
Gebell das, *Ez.* (ständiges Bellen)
geben sie gibt ihm die Hand, er gab sich Mühe, sie hat sich erfreut gegeben (benommen), gib!, ein Fest geben (veranstalten), es gibt keinen Strom; der/die **Geber/-in**
Gebet das, Gebete: ein Gebet sprechen, *jmdn. ins Gebet nehmen* (ihm ins Gewissen reden)
Gebiet das, Gebiete (Bereich)
gebieten das gebietet der Anstand, er gebot, sie hat geboten; gebiete!; der/die **Gebieter/-in** (Herrscher/-in); **gebieterisch**
Gebilde das, -: ein Gebilde (Erzeugnis) von Menschenhand
gebildet eine gebildete (belesene) Frau; der/die **Gebildete**
Gebinde das, -: (Fass)
Gebirge das, -: ins Gebirge fahren; **gebirgig**; das **Gebirgsmassiv**; der **Gebirgszug**
Gebiss das, Gebisse: das Gebiss des Krokodils, ein künstliches Gebiss
geblümt *auch* geblümt (mit Blumenmuster)
geboren <geb.> sie ist eine geborene Köchin (hat ein natürliches Talent dazu), Frau Maier geb. Müller
geborgen sie fühlt sich geborgen (beschützt); die **Geborgenheit**
Gebot das, Gebote: ein Gebot befolgen, zu Gebote stehen, die Zehn Gebote (Gottes); das **Gebotsschild**
gebrandmarkt (gezeichnet)
Gebräu das, *Ez.* (*abwertend für* Getränk)
Gebrauch der, Gebräuche: der Gebrauch des Wörterbuchs, die Gebräuche (Sitten) der Römer; **gebrauchen** (benützen); **gebräuch-**

lich; die **Gebrauchsanweisung**; **gebrauchsfertig**; **gebraucht**
Gebrechen das, -: (Leiden, Schaden); **gebrechen** es gebricht (fehlt) ihm an Ausdauer; **gebrechlich**; die **Gebrechlichkeit**
gebrochen gebrochenes (stockendes) Englisch sprechen, gebrochene (gemischte) Farben, völlig gebrochen (ohne Lebensmut) sein
Gebrüder die, *Mz.* <Gebr.> (Brüder)
Gebühr die, Gebühren: Gebühren (Abgaben) entrichten, über Gebühr (zu sehr), nach Gebühr (angemessen); **gebühren** ihm gebührt Anerkennung; **gebührend** jmdm. die gebührende Achtung entgegenbringen; **gebührenfrei**; **gebührenpflichtig**
Geburt die, Geburten; **gebürtig** ein gebürtiger Österreicher; der **Geburtstag**
Gebüsch das, Gebüsche (Buschwerk)
Geck der, Gecken (eitler Mensch); **geckenhaft**
Gedächtnis das, Gedächtnisse: ein schlechtes Gedächtnis haben, zum Gedächtnis (Andenken); die **Gedächtnisstütze**
Gedanke der, Gedanken: ein guter Gedanke (Einfall), *(jmds.) Gedanken lesen können* (sie erraten); **gedankenlos**; die **Gedankenlosigkeit**; der **Gedankenstrich** <–>; **gedankenverloren** (geistesabwesend); **gedanklich**
Gedeck das, Gedecke (Tischgedeck); **gedeckt**
gedeihen (sich entfalten), er gedeiht, er gedieh, sie ist gediehen; **Gedeih** *auf Gedeih und Verderb* (völlig) *ausgeliefert sein*; **gedeihlich** (nützlich)
gedenken der Toten gedenken (sich ihrer erinnern), ich gedenke (beabsichtige) zu verreisen; das **Gedenken**; die **Gedenkfeier**; die **Gedenkstätte**
Gedicht das, Gedichte: ein Gedicht aufsagen, *die Torte ist ein Gedicht* (hervorragend)
gediegen gediegene (solide, verlässliche) Kenntnisse, gediegenes (reines) Gold
Gedränge das, *Ez.* (dichte Menschenmenge), *ins Gedränge kommen* (zeitliche Schwierigkeiten bekommen); **gedrängt** (knapp, kurz)
gedrungen von gedrungener (untersetzter) Gestalt
Geduld die, *Ez.*: *sich in Geduld fassen* (abwarten); sich **gedulden**; **geduldig**; der **Geduldsfaden** *jmdm. reißt der Geduldsfaden*; die **Geduld(s)probe**; das **Geduld(s)spiel**
gedungen ein gedungener (bezahlter) Mörder

gedunsen ein gedunsenes (aufgequollenes, schwammiges) Gesicht
geeignet ein geeigneter (passender) Zeitpunkt
Gefahr die, Gefahren: eine Gefahr droht, sich in Gefahr begeben, *Gefahr laufen* (in Gefahr kommen), Gefahr bringend auch gefahrbringend; **gefährden** er ist gefährdet; die **Gefährdung**; die **Gefahrenquelle**; **gefährlich**; **gefahrlos**; **gefahrvoll**
Gefährt das, Gefährte (Fahrzeug); der **Gefährte** (Begleiter, Kamerad); die **Gefährtin**
Gefälle das, -: (Neigung, Steigung)
¹**gefallen** (▶ fallen) du gefällst mir, er lässt sich nichts gefallen (wehrt sich gegen Unrecht)
²**gefallen** der Soldat ist gefallen (im Krieg gestorben); der/die **Gefallene**
Gefallen der, -: Gefallen an etwas finden, jmdm. einen Gefallen erweisen; **gefällig** (hilfsbereit), ein gefälliges (hübsches) Äußeres; die **Gefälligkeit**; die **Gefallsucht**
gefangen jmdn. gefangen halten; der/die **Gefangene**; das **Gefangenenhaus** (Gefängnis); die **Gefangennahme**; die **Gefangenschaft**; das **Gefängnis**; die **Gefängnisstrafe**
Gefäß das, Gefäße (Behälter)
gefasst (äußerlich ruhig), *sich auf etwas gefasst machen* (vorbereitet sein)
Gefecht das, Gefechte: im Eifer des Gefechts, *jmdn. außer Gefecht setzen* (kampfunfähig machen); die **Gefechtspause**
gefeit *gegen etwas gefeit sein* (davor geschützt sein)
Gefieder das, -: (Federkleid eines Vogels); **gefiedert**
Gefilde das, -: (*geh. für* Landschaft, Gegend), in den heimatlichen Gefilden
gefinkelt (raffiniert)
Geflecht das, Geflechte (Flechtwerk)
geflissentlich jmdn. geflissentlich (absichtlich) übersehen
Geflügel das, *Ez.* (Ente, Gans, Huhn); **geflügelt** *eine geflügelte* (oft gebrauchte) *Redensart*
Gefolge das, -: (Begleitung); die **Gefolgschaft**
gefräßig ein gefräßiger Mensch; die **Gefräßigkeit**
Gefreite der, Gefreiten (Soldat)
Gefrett auch **Gfrett** das, *Ez.* (*mundartl. für* Mühe, Schwierigkeit)
gefrieren (▶ frieren); die **Gefriertruhe**
Gefrieß auch **Gfrieß** das, Gefrießer (*mundartl. abwertend für* Gesicht; unangenehme Person)
Gefüge das, -: (Aufbau, Anordnung); **gefügig**

Gefühl → Geige

jmdn. gefügig (willig, nachgiebig) machen; die **Gefügigkeit**

Gefühl das, Gefühle: kein Gefühl (keine Empfindung) in den Füßen haben, das Gefühl der Trauer, *das höchste der Gefühle* (das Äußerstmögliche), *mit gemischten Gefühlen* (mit Freude und Unbehagen zugleich); **gefühllos**; die **Gefühllosigkeit**; **gefühlsarm**; die **Gefühlsduselei** (übertriebene Sentimentalität); das **Gefühlsleben** (alle Gefühle eines Menschen); **gefühlsmäßig**; **Gefühlssache** das ist reine Gefühlssache; **gefühlvoll**

gegeben das ist gegeben (vorhanden, bestehend) ABER → es ist das Gegebene (Richtige); die **Gegebenheit** (Tatsache); **gegebenenfalls** <ggf.> *Adv.*

gegen *Präp.+Akk.:* gegen einen Feind kämpfen, gegen den Vorschlag stimmen, gegen Mittag; **gegeneinander** gegeneinander kämpfen; das **Gegengift** (Medikament); die **Gegenleistung** als Gegenleistung für etwas; der **Gegensatz**; **gegensätzlich**; **gegenseitig** sich gegenseitig unterstützen; der/die **Gegenspieler/-in** (Widersacher/-in); das **Gegenteil**; **gegenteilig**; **gegenüber** *Präp.+Dat.:* gegenüber dem Haus ABER → das **Gegenüber**; **gegenüberliegen** (▶ liegen); **gegenüberstehen** (▶ stehen); **gegenüberstellen** zwei Beispiele gegenüberstellen ABER → gegenüber stellen sie ein Haus auf; der **Gegenverkehr** (entgegenkommende Fahrzeuge); der **Gegenwind**

Gegend die, Gegenden (Landschaft, Gebiet)

Gegenstand der, ...stände (Ding, Sache; Schulfach); **gegenständlich** (konkret, anschaulich); **gegenstandslos** eine gegenstandslose (überflüssige) Frage, die gegenstandslose (abstrakte) Kunst

Gegenwart die, *Ez.:* in der Gegenwart (Jetztzeit) leben, seine Gegenwart (Anwesenheit) ist unerwünscht; **gegenwärtig**

Gegner der, -: (Feind); die **Gegnerin**; **gegnerisch**; die **Gegnerschaft**

¹**Gehalt** der/das, Gehälter (Lohn)

²**Gehalt** der, Gehalte: der Gehalt (gedankliche Inhalt) der Rede; **gehaltlos**

Gehaltsempfänger der, -: (Lohnempfänger); die **Gehaltsempfängerin**; das **Gehaltskonto**

gehandicapt [gehändikäpt] *auch* gehandikapt (behindert, benachteiligt)

gehässig (hasserfüllt); die **Gehässigkeit**

gehäuft ein gehäufter Teelöffel Zucker, es kommt gehäuft zu Zwischenfällen

Gehäuse das, -: das Gehäuse der Schnecke

Gehege das, -: (Revier, großer Käfig), *jmdm. ins Gehege kommen* (seine Absichten stören)

geheim geheim bleiben, etwas geheim halten, geheime (magische) Kräfte ABER → im Geheimen (heimlich); der **Geheimdienst**; das **Geheimnis**; die **Geheimniskrämerei**; **geheimnisvoll**; der **Geheimtipp**

Geheiß etwas auf Geheiß des Vorgesetzten tun (seinem Befehl gehorchen)

gehen die Uhr geht vor, er ging zur Arbeit, das Telefon ist nicht gegangen (hat nicht funktioniert), spazieren gehen, das geht nicht (ist nicht möglich), das Produkt geht gut (wird oft verkauft), sich gehen lassen (unbeherrscht benehmen), nach Amerika gehen (auswandern), wie geht es dir?, *aber geh!*, *in die Luft gehen* (wütend werden), *mit jmdm. durch dick und dünn gehen* (in jeder Situation zu ihm stehen), *in sich gehen* (nachdenken), *gegangen werden* (entlassen werden); der **Gehsteig**; der **Gehweg**

geheuer nicht (ganz) geheuer sein (unheimlich, verdächtig sein)

Gehilfe der, Gehilfen (Helfer); die **Gehilfin**

Gehirn das, Gehirne: sein Gehirn anstrengen; die **Gehirnerschütterung**; die **Gehirnwäsche** (Versuch, gewaltsam jmds. Einstellung zu verändern)

gehoben eine gehobene (bessere) Stellung, in gehobener (guter) Stimmung sein

Gehöft das, Gehöfte (bäuerliches Anwesen)

Gehölz das, Gehölze (kleiner Wald, Bäume und Sträucher)

Gehör das, *Ez.:* ein schlechtes Gehör, *kein Gehör finden* (keine Beachtung finden); **gehörlos**; der/die **Gehörlose**; der **Gehörsinn**

gehorchen den Eltern gehorchen (folgen); **gehorsam**; der **Gehorsam**; die **Gehorsamkeit**

gehören das Auto gehört ihm, das gehört sich nicht, der Zaun gehört gestrichen; **gehörig** eine gehörige (nicht zu knappe) Portion

gehörnt ein gehörnter (betrogener) Ehemann

Gehsteig der, ...steige; der **Gehweg**

Gehtnichtmehr bis zum Gehtnichtmehr

Geier der, -: (Greifvogel)

Geifer der, *Ez.* (aus dem Mund fließender Speichel); **geifern** (speien, keifen)

Geige die, Geigen (Instrument), *die erste Geige spielen* (die führende Rolle haben); **geigen**; der/die **Geigenbauer/-in**; der/die **Geiger/-in**

geil eine geile (fette) Creme, auf etwas geil (versessen) sein; **...geil** karrieregeil, sensationsgeil
Geisel die, Geiseln (Gefangene/-r); die **Geiselnahme**

die **Geisel** (Gefangene/-r)	ABER	die **Geißel** (Plage)

Geisha [gescha] die, Geishas (japanische Gesellschafterin)
Geiß die, Geißen (Ziege); der **Geißbock**; das **Geißlein**
Geißel die, Geißeln: mit der Geißel (Peitsche) bestrafen, eine Geißel (Plage) der Menschheit; **geißeln**; die **Geißelung**
Geist der, Geister: sein Geist (Verstand) ist verwirrt, der Geist (Idee) der Nächstenliebe, der Geist eines Toten (Gespenst), ein unruhiger Geist (Mensch), im Geiste (in Gedanken), der Heilige Geist, *den Geist aufgeben* (sterben; *ugs. für* kaputtgehen), *von allen guten Geistern verlassen sein* (etwas völlig Unvernünftiges tun); die **Geisterbahn**; der/die **Geisterfahrer/-in** (Falschfahrer/-in auf der Autobahn); **geisterhaft**; **Geisterhand** wie von Geisterhand (von selbst); **geistern** (spuken); **geistesabwesend**; der **Geistesblitz** (Idee); **geistesgegenwärtig**; **geistesgestört**; **geisteskrank**; die **Geisteswissenschaft**; der **Geisteszustand**; **geistig** geistige (gedankliche) Arbeit, ein geistiges (alkoholisches) Getränk; **geistlich** (religiös); der/die **Geistliche** (Pfarrer/-in, Seelsorger/-in); **geistlos** (dumm); **geistreich**; **geisttötend** (sehr langweilig); **geistvoll**
Geiz der, *Ez.* (übertriebene Sparsamkeit); **geizen**; der **Geizhals** (geiziger Mensch); **geizig**; der **Geizkragen**
Gejammer das, *Ez.* (ständiges Jammern)
Gekicher das, *Ez.* (Kichern)
Geklatsche das, *Ez.* (ständiges Klatschen)
Geklimper das, *Ez.* (*abwertend für* Klavier-, Gitarrenspiel)
gekonnt eine gekonnte (fachmännische) Arbeit
Gekritzel das, *Ez.* (*abwertend für* Geschriebenes)
gekünstelt (nicht echt)
Gel das, Gele/Gels (zähflüssige Masse)
Gelächter das, -: in lautes Gelächter ausbrechen
Gelage das, -: (Fest mit viel Essen und Trinken)
gelähmt an beiden Beinen gelähmt sein; der/die **Gelähmte**
Gelände das, -: (Gegend, Landschaft), das Gelände (Grundstück) um den Bahnhof; der **Geländewagen**
Geländer das, -: (Treppengeländer)
gelangen ans Ziel gelangen, zum Einsatz gelangen (eingesetzt werden), zu Geld und Ehre gelangen
gelassen gelassen (ruhig, beherrscht) sein; die **Gelassenheit**
Gelatine [schelatin(e)] die, *Ez.* (Knochenleim)
geläufig eine geläufige (bekannte) Redensart
gelb (▶ blau) gelbe Farbe, die gelbe auch Gelbe Karte (im Fußball); das **Gelb** (die Farbe Gelb), *das Gelbe vom Ei* (das Beste einer Sache); **gelbgrün**; **gelblich** gelblich grün; die **Gelbsucht** (Krankheit)
Geld das, Gelder: viel Geld kosten, *im/in Geld schwimmen* (sehr viel Geld haben), *Geld wie Heu haben* (sehr reich sein), *sein Geld zum Fenster hinauswerfen* (verprassen), *etwas zu Geld machen* (es verkaufen), *zu Geld kommen* (reich werden); die **Geldbörse**; **geldgierig**; **geldig** (*ugs. für* reich); die **Geldstrafe**; die **Geldwäsche** (Weiterleiten illegaler Gelder)
Gelee [schele] das, Gelees (eingedickter Frucht- oder Fleischsaft); **gelieren**
Gelege das, -: (abgelegte Eier)
gelegen das kommt sehr gelegen (ist günstig), am Wald gelegen; die **Gelegenheit** eine günstige Gelegenheit (Möglichkeit), *die Gelegenheit beim Schopf packen* (sie nutzen); der **Gelegenheitskauf**; der **Gelegenheitsjob**; **gelegentlich** (manchmal)
gelehrig ein gelehriger Schüler; **gelehrsam**; die **Gelehrsamkeit**; **gelehrt** eine gelehrte (gebildete) Frau; der/die **Gelehrte**; die **Gelehrtheit**
Geleise auch **Gleis** das, Geleise (Schienen, z.B. bei der Bahn)
Geleit das, *Ez.*: *jmdm. das letzte Geleit geben* (*geh. für* an seinem Begräbnis teilnehmen); **geleiten** jmdn. geleiten (begleiten, führen); der **Geleitschutz**
Gelenk das, Gelenke (bewegliche Verbindung); **gelenkig** (beweglich); die **Gelenkigkeit**
Geliebte der/die, Geliebten (geliebter Mensch, Liebhaber/-in)
gelieren [scheliren] (durch Zucker eindicken); der **Gelierzucker**
gelind auch **gelinde** (sanft, mild, weich), *gelinde gesagt* (vorsichtig ausgedrückt)

gelingen → genießbar

gelingen das gelingt ihm gut, es gelang, es ist gelungen; das **Gelingen**

gellen (laut tönen), ein Schrei gellte durch die Nacht, gellendes Gelächter

geloben etwas geloben (feierlich versprechen) ABER → das **Gelobte** Land (Israel); das **Gelöbnis**

Gelse die, Gelsen (Stechmücke); der **Gelsendippel** auch Gelsentippel (*ugs. für* Gelsenstich)

gelten er gilt als mutig, er galt, sie hat gegolten, etwas nicht gelten lassen, *Ansprüche geltend machen* (darauf hinweisen und sie durchsetzen); **gelt?** (nicht wahr); die **Geltung**

Gelübde das, -: ein Gelübde (feierliches Versprechen) ablegen

gelungen eine gelungene Veranstaltung

gelüsten es gelüstet mich nach etwas (ich habe Lust darauf); das **Gelüst** seltsame Gelüste haben

Gemach das, Gemächer (*geh. für* Zimmer, Raum)

gemächlich (bedächtig, ohne Eile); die **Gemächlichkeit**

Gemahl der, Gemahle (Ehemann); die **Gemahlin**

Gemälde das, -: (Bild); die **Gemäldegalerie**

gemäß *Präp.+Dat.:* den Vorschriften gemäß (entsprechend); *...gemäß* zeitgemäß; **gemäßigt** gemäßigte (maßvolle) Preise

Gemäuer das, -: (altes Bauwerk)

gemein das gemeine (allgemeine) Volk, der gemeine (niederträchtige) Verbrecher ABER → die **Gemeine** Stubenfliege, etwas mit jmdm. gemein (gemeinsam) haben; die **Gemeinde**; der **Gemeindebau** (Wohnhaus); der **Gemeindebezirk** (Bezirk innerhalb Wiens); die **Gemeinheit**; **gemeinnützig**; die **Gemeinnützigkeit**; **gemeinsam** der gemeinsame Besitz; die **Gemeinschaft**; **gemeinschaftlich**; das **Gemeinwohl** (Wohl aller)

gemessen gemessenen Schrittes (*geh. für* würdevoll)

Gemetzel das, -: (grausamer Kampf)

Gemisch das, Gemische (Mischung); **gemischt** gemischtes Eis, gemischte Gefühle

Gemme die, Gemmen (Schmuckstein)

gemustert (mit einem Muster)

Gemüse das, -: Gemüse anbauen; die **Gemüsesuppe**

Gemüt das, Gemüter: viel Gemüt (Gefühl) haben, *sich etwas zu Gemüte führen* (genussvoll essen; etwas durchdenken, beherzigen), etwas bewegt die Gemüter (regt viele auf); **gemütlich**; die **Gemütlichkeit**; **gemütskrank** (depressiv); die **Gemütsruhe**

gen. = **gen**annt

Gen das, Gene (Erbanlage); die **Genetik** (Vererbungslehre); die **Genmanipulation**; die **Gentechnik**

genau ein genauer Leser, genau (pünktlich) um zwölf Uhr ankommen, sie nimmt es nicht so genau, genau genommen, auf das (aufs) genaueste auch aufs Genaueste, nichts Genaues; die **Genauigkeit**; **genauso** *Adv.* (ebenso) genauso gut, genauso lange, genauso viel

gendern [dschendan] der Text wurde gegendert (geschlechtsneutral formuliert)

Gendarm [schandarm] der, Gendarmen (Polizist); die **Gendarmerie**

genehm jmdm. genehm sein (ihm willkommen sein); **genehmigen**; die **Genehmigung**; **genehmigungspflichtig**

geneigt er ist geneigt (gewillt) zu kommen, das Gelände ist geneigt (abschüssig)

General der, Generäle (Offizier); der/die **Generaldirektor/-in**; **generalisieren** (verallgemeinern); die **Generalprobe**; **generalüberholen** das Flugzeug wird generalüberholt

Generation [...tsion] die, Generationen: die neue Generation (die jüngeren Menschen); der **Generationskonflikt**

Generator der, Generatoren (Stromerzeuger)

generell (allgemein)

generös (großmütig, freigebig)

genesen du genest, er genas, sie ist genesen, genes(e)!, von der Krankheit genesen; der/die **Genesende**; die **Genesung**

Genmanipulation die, *Ez.* (Verändern des genetischen Materials zu bestimmten Zwecken); **genmanipuliert**; die **Gentechnik** (Wissenschaft von der künstlichen Veränderung von Genen); **gentechnisch**

genial (hochbegabt, schöpferisch); die **Genialität**; das **Genie** [scheni]

Genick das, Genicke (Nacken), *jmdm. das Genick brechen* (zum Scheitern bringen)

genieren [scheniren] (sich schämen, sich zieren); der **Genierer** *etwas ohne einen Genierer tun* (*ugs. für* ohne Scham)

genießbar genießbare Pilze, *er ist heute nicht genießbar* (nicht gut gelaunt); die **Genießbarkeit**; **genießen** er genießt (hat) mein Vertrauen, er genoss, sie hat genossen; der/die

Genitalien → Gericht

Genießer/-in; **genießerisch** (genussfreudig)
Genitalien die, *Mz.* (Geschlechtsorgane)
Genitiv der, Genitive (2. Fall, Wesfall, z.B. „des Vaters"); das **Genitivobjekt** (Ergänzung im 2. Fall, z.B. „wir gedenken der Toten")
Genosse der, Genossen (Gefährte); die **Genossenschaft**; **genossenschaftlich**; die **Genossin**
Genre [schāre] das, Genres (Gattung), das Buch gehört ins Krimi-Genre
Gentleman [dschentlmän] der, Gentlemen [dschentlmen] (vornehmer Mann)
genug *Adv.*: genug Geld, genug des Guten, genug von etwas haben, er ist alt genug dafür; **Genüge** zur Genüge (so viel wie nötig), *einer Sache Genüge tun* (sie genug berücksichtigen); **genügen** (ausreichen); **genügend** genügend Geld ABER → die Note **Genügend**, ein Genügend (die Note Vier); **genügsam** (bescheiden); die **Genügsamkeit**; die **Genugtuung** (Wiedergutmachung)
Genus das, Genera (Gattung, Geschlecht); das **Genus Verbi** (Aktiv und Passiv)
Genuss der, Genüsse: der Genuss (Verzehr) von Fleisch, etwas mit Genuss (Behagen) tun, *in den Genuss von etwas kommen* (etwas Gewünschtes erhalten); **genüsslich**; **genussvoll**
Geografie auch Geographie die, *Ez.* (Erdkunde); der/die **Geograf/-in** auch Geograph/-in; **geografisch** auch geographisch
Geologe der, Geologen (Wissenschaftler für Geologie); die **Geologie** (Erdgeschichte); die **Geologin**; **geologisch**
Geometrie die, *Ez.* (Raumlehre); **geometrisch**
Gepäck das, *Ez.*: das Gepäck aufgeben; das **Gepäck(s)stück**; der **Gepäck(s)träger**
Gepard der, Geparde (Raubtier); die **Gepardin**
gepfeffert gepfefferte (sehr hohe) Preise
gepflegt das Auto wirkt sehr gepflegt, gepflegt (niveauvoll) sprechen
Gepflogenheit die, ...heiten (*geh. für* Gewohnheit)
Geplänkel das, -: (harmloser Streit)
Geplapper das, *Ez.* (*abwertend für* nichtssagendes Sprechen)
Geplärr auch **Geplärre** das, *Ez.* (Schreien; *abwertend für* Weinen)
Gequietsche das, *Ez.* (Quietschen)
gerade auch **gerad** auch **grade** eine gerade Wand, ein gerader (aufrichtiger) Mensch, eine gerade Zahl (durch 2 teilbar), gerade (aufrecht) stehen, den Draht (ganz) gerade biegen, etwas gerade stellen; *Adv.*: gerade (soeben) in diesem Augenblick, *Part.*: gerade noch (ganz knapp), sie blieb gerade so lange, bis ..., gerade darum; die **Gerade** (gerade Linie, Boxschlag); **geradeaus** *Adv.*: geradeaus gehen; **geradebiegen** (▶ biegen) eine Sache geradebiegen (wieder in Ordnung bringen); **geradeheraus** *Adv.* (offen); **geradeso** *Adv.* (ebenso) ABER → er kommt gerade so spät, dass ...; **geradestehen** (▶ stehen) für jmdn. geradestehen (einstehen) ABER → gerade (aufrecht) stehen; **geradewegs** *Adv.* (unmittelbar, direkt); **geradezu** *Adv.*: das ist geradezu dumm!; **geradlinig** (ehrlich, aufrecht); die **Geradlinigkeit**

		eine Sache
den Draht gerade biegen	ABER	**geradebiegen** (wieder in Ordnung bringen)
gerade (aufrecht) **stehen**	ABER	für etwas **geradestehen** (es verantworten)
sie geht **gerade** (soeben) **aus**	ABER	**geradeaus** gehen

Gerangel das, *Ez.* (harmlose Rauferei)
Geranie die, Geranien (Zierpflanze)
Gerät das, Geräte: Geräte bedienen, an einem Gerät turnen; das **Geräteturnen**
¹**geraten** sie gerät vor Freude außer sich, er geriet in Gefahr, *sie ist nach der Mutter geraten* (ihr ähnlich); **Geratewohl** *etwas aufs Geratewohl* (auf gut Glück) *beginnen*
²**geraten** *etwas für geraten* (angebracht) *halten*
geraum nach geraumer (längerer) Zeit
geräumig ein geräumiges (großes) Haus
Geräusch das, Geräusche (Laut, Klang); **geräuscharm**; die **Geräuschkulisse** (Hintergrundgeräusche); **geräuschlos**; der **Geräuschpegel**; **geräuschvoll** (laut)
gerben (Leder erzeugen); der/die **Gerber/-in**; die **Gerberei**
gerecht etwas gerecht verteilen, ein gerechtes Urteil, einer Sache gerecht werden (sie angemessen einschätzen); der/die **Gerechte**; die **Gerechtigkeit**
¹**Gericht** das, Gerichte: ein Gericht (Essen) servieren
²**Gericht** das, Gerichte: vor Gericht klagen, das Jüngste Gericht (Gericht Gottes), *mit jmdm. hart ins Gericht gehen* (ihn streng

gering → Geschick

zurechtweisen); **gerichtlich**; der **Gerichtssaal**; die **Gerichtsverhandlung**
gering jmdn. gering achten, etwas gering schätzen auch **geringschätzen** (verachten) ABER → **geringschätzig**; ein geringer (niedriger) Verdienst ABER → kein **Geringerer** als ..., nichts Geringeres als ..., um ein Geringes weniger, nicht im Geringsten (gar nicht), nicht das Geringste (gar nichts); **geringfügig** (unbedeutend); **geringschätzig**; die **Geringschätzung**

etwas **gering schätzen**	auch	**geringschätzen**
ein **geringerer** Verdienst	ABER	nicht im **Geringsten**

gerinnen (▶ rinnen) (dickflüssig werden); das **Gerinnsel**; die **Gerinnung**
Gerippe das, -: (Skelett)
gerippt (mit Rippenmuster)
Geriss auch **Griss** *(mundartl.)* das, *Ez.*: um etwas ist ein Geriss (*ugs. für* es ist sehr begehrt); **gerissen** ein gerissener (durchtriebener) Bursche
geritzt *die Sache ist geritzt* (*ugs. für* geht in Ordnung)
Germ die/der, *Ez.* (Hefe); der **Germteig**
Germane der, Germanen (Angehöriger einer Völkergruppe); die **Germanin**; **germanisch**; der/die **Germanist/-in**; die **Germanistik** (deutsche Sprach- und Literaturwissenschaft)
gerne auch **gern** *Adv.*: lieber, am liebsten, etwas gern mögen, gerne helfen, ein gern gesehener auch gerngesehener Gast, *der kann mich gern haben* (ich will mit ihm nichts mehr zu tun haben); **gernhaben** (▶ haben) jmdn. gernhaben (mögen) ABER → die Hose gern(e) haben wollen
Geröll das, *Ez.* (Gesteinsbruchstücke)
Gerste die, *Ez.* (Getreide); das **Gerstenkorn** (Getreide; Entzündung am Augenlid); der **Gerstensaft** (*scherzhaft für* Bier)
Gerstel das, Gersteln (Rollgerste); die **Gerstelsuppe**
Gerte die, Gerten (Stock, Rute); **gertenschlank**
Geruch der, Gerüche: ein scharfer Geruch, *im Geruch stehen* (den Ruf haben); **geruchlos**; **geruch(s)frei**; das **Geruchsorgan**; der **Geruchssinn**
Gerücht das, Gerüchte: ein Gerücht (nicht belegte Nachricht) verbreiten; die **Gerüchteküche** (Ort, an dem Gerüchte entstehen)
geruhen (*geh. ironisch für* beabsichtigen), er geruht zu kommen; **geruhsam** (gemütlich); die **Geruhsamkeit**
Gerümpel das, *Ez.* (Kram, Unbrauchbares)
Gerüst das, Gerüste (Baugestell)
gesamt die gesamte (ganze) Bevölkerung ABER → das **Gesamte**, im Gesamten (insgesamt); der **Gesamteindruck**; die **Gesamtheit** (alle); das **Gesamtklassement** [...klasmā] (Rangliste im Sport); die **Gesamtschule**
Gesandte der/die, Gesandten: ein Gesandter (Vertreter eines Staates); die **Gesandtschaft**
Gesang der, Gesänge; **gesanglich**; der **Gesangsverein**
Gesäß das, Gesäße (Hinterteil)
Geschädigte der/die, Geschädigten: ein durch Hochwasser Geschädigter
Geschäft das, Geschäfte: ein Geschäft eröffnen, in einem Geschäft einkaufen, ein gutes Geschäft (einen guten Handel) machen, er hat viele Geschäfte (Aufgaben) zu erledigen, *sein Geschäft verrichten* (Darm oder Blase entleeren); **geschäftig** (fleißig); **geschäftlich** (dienstlich); die **Geschäftsfrau**; die **Geschäftsführung**; der **Geschäftsmann**; der/die **Geschäftspartner/-in**; **geschäftsschädigend**; der **Geschäftsschluss** nach Geschäftsschluss; die **Geschäftsstelle** (Zweigstelle); **geschäftstüchtig**; die **Geschäftszeit** (Öffnungszeit)
geschehen es geschieht, geschah, ist geschehen, es ist nichts geschehen (nichts passiert), es muss etwas geschehen (man muss etwas unternehmen), ihr geschieht (widerfährt) Unrecht; das **Geschehen**; das **Geschehnis**
gescheit (klug), *aus einer Sache nicht gescheit werden* (sie nicht verstehen)
Geschenk das, Geschenke (Gaben); das **Geschenkspapier**
geschert auch **gschert** (*ugs. für* grob, dumm)
Geschichte die, Geschichten: das Fach Geschichte, die Geschichte (Vergangenheit) eines Landes, eine Geschichte erzählen, in eine dumme Geschichte verwickelt sein; das **Geschichtenbuch** (Buch mit Geschichten); **geschichtlich**; das **Geschichtsbuch** (Lehrbuch für das Schulfach Geschichte); **geschichtsträchtig**; der **Geschichtsunterricht**
¹**Geschick** das, Geschicke: sein Geschick (Schicksal) hinnehmen
²**Geschick** das, *Ez.*: Geschick (Eignung) für

geschieden → Gesindel

etwas haben; die **Geschicklichkeit** (Gewandtheit); **geschickt**
geschieden sie ist von ihrem Mann geschieden; der/die **Geschiedene**
Geschirr das, Geschirre: das Geschirr abwaschen, dem Pferd das Geschirr (Zaumzeug) anlegen, *sich ins Geschirr legen* (sehr anstrengen); der **Geschirrspüler** (Geschirrspülmaschine); das **Geschirrtuch**
Geschlecht das, Geschlechter: das weibliche Geschlecht, ein adeliges Geschlecht, *das schöne Geschlecht* (die Frauen), *das starke Geschlecht* (die Männer); **geschlechtlich** die geschlechtliche Fortpflanzung; der **Geschlechtsname** (Familienname von Unverheirateten); das **Geschlechtsorgan**; **geschlechtsreif**; der **Geschlechtsverkehr**
Geschmack der, Geschmäcke/Geschmäcker: der Geschmack der Suppe, einen guten Geschmack haben (sich gefällig kleiden), *auf den Geschmack kommen* (etwas angenehm finden), *Geschmäcker sind verschieden*; **g(e)schmackig** (*ugs. für* schmackhaft) **geschmacklich**; **geschmacklos** das Essen ist geschmacklos (ohne Würze), ein geschmackloser (taktloser) Witz; die **Geschmacklosigkeit**; die **Geschmack(s)sache**; der **Geschmackssinn**; **geschmackvoll** (gefällig)
Geschmeide das, -: (kostbarer Schmuck); **geschmeidig** (biegsam, anpassungsfähig)
Geschmeiß das, *Ez.* (Insektengewimmel; *abwertend für* Gesindel)
geschniegelt geschniegelt und gestriegelt (übertrieben herausgeputzt)
Geschöpf das, Geschöpfe (Lebewesen), ein Geschöpf Gottes
¹**Geschoß** auch **Geschoss** das, Geschoße: ein tödliches Geschoß traf ihn
²**Geschoß** auch **Geschoss** das, Geschoße: im vierten Geschoß (Stockwerk) wohnen; **...geschoßig** auch **...geschoss**ig dreigeschoßig
geschraubt (unnatürlich, geziert), geschraubt reden
Geschrei das, *Ez.*: ein unnötiges Geschrei machen
Geschütz das, Geschütze (Feuerwaffe), *ein schweres Geschütz auffahren* (etwas scharf kritisieren)
Geschwader das, -: (Verband von Schiffen oder Flugzeugen)
Geschwafel das, *Ez.* (*ugs. für* leeres Gerede)
Geschwätz das, *Ez.* (Gerede, Klatsch); **geschwätzig**; die **Geschwätzigkeit**
geschweige *Konj.*: (noch weniger), er mag nichts trinken, geschweige denn etwas essen
geschwind geschwind (schnell) weglaufen; die **Geschwindigkeit**; die **Geschwindigkeitsbeschränkung**
Geschwister die, *Mz.*; **geschwisterlich**
geschwollen ein geschwollener Fuß, sich geschwollen (gekünstelt) ausdrücken
Geschworene der/die, Geschworenen (Laienrichter)
Geschwulst die, Geschwülste (Wucherung)
Geschwür das, Geschwüre (eitrige Entzündung)
geselcht (geräuchert); das **Geselchte** (Selchfleisch)
Geselle auch **Gesell** der, Gesellen (Gehilfe, Gefährte); sich **gesellen** sich zu jmdm. gesellen (sich ihm anschließen); **gesellig** ein geselliger (umgänglicher) Mensch, ein geselliger (unterhaltsamer) Abend; die **Geselligkeit**; die **Gesellin**
Gesellschaft die, ...schaften: die moderne Gesellschaft, in schlechte Gesellschaft geraten (schlechten Umgang haben), eine festliche Gesellschaft (Runde), zur Gesellschaft (oberen Schicht) gehören; **gesellschaftlich**; **gesellschaftsfähig** (anerkannt); die **Gesellschaftsschicht**; das **Gesellschaftsspiel**
Gesetz das, Gesetze: gegen das Gesetz verstoßen, die Gesetze (Prinzipien) der Mathematik; der/die **Gesetzesbrecher/-in**; der **Gesetzestext**; **gesetz(es)widrig**; **gesetzgebend** die gesetzgebende Gewalt; der **Gesetzgeber** (z.B. Parlament); **gesetzlich**; **gesetzlos**; **gesetzmäßig** (rechtmäßig; regelmäßig ablaufend); die **Gesetzmäßigkeit**
¹**gesetzt** er ist gesetzt (reif, besonnen) geworden
²**gesetzt** gesetzt den Fall, dass ...
Gesicht das, Gesichter: ein freundliches Gesicht haben, Gesichter (Grimassen) schneiden, *ein langes Gesicht machen* (enttäuscht sein), *das Gesicht wahren* (sein Ansehen wahren), *jmdm. etwas ins Gesicht sagen* (deutlich seine Meinung sagen); der **Gesichtsausdruck**; der **Gesichtspunkt** (Blickwinkel); der **Gesichtsverlust** einen Gesichtsverlust erleiden (sich blamieren); der **Gesichtszug** edle Gesichtszüge haben
Gesims das, Gesimse (Mauervorsprung)
Gesindel das, *Ez.* (*abwertend für* heruntergekommene Menschen)

gesinnt → getreu

gesinnt er ist mir gut gesinnt
Gesinnung die, Gesinnungen: die politische Gesinnung (Denkart); **gesinnungslos**; der **Gesinnungswandel**
gesittet (wohlerzogen)
Ges.m.b.H. auch **GmbH, Ges. mbH, GesmbH** = **Ges**ellschaft **m**it **b**eschränkter **H**aftung
Gesöff das, Gesöffe (*abwertend für* schlechtes Getränk)
gesondert etwas gesondert verpacken
gesonnen ich bin nicht gesonnen (gewillt) zu schweigen
Gespann das, Gespanne (Zugtiere, Fuhrwerk); **gespannt** gespannt zusehen, die gespannte Lage im Krisengebiet
Gespenst das, Gespenster (Geist), *Gespenster sehen* (grundlos Angst haben); **gespenstisch** (geisterhaft, unheimlich)
Gespinst das, Gespinste (Gewebe)
Gespött das, *Ez.: jmdn. zum Gespött machen* (dafür sorgen, dass er verspottet wird)
Gespräch das, Gespräche; **gesprächig** (geschwätzig, mitteilsam); der/die **Gesprächspartner/-in**
gespreizt (geziert, unnatürlich), sich gespreizt ausdrücken
gesprenkelt ein gesprenkeltes Fell
Gespritzte auch **Gspritzte** (*ugs.*) der, Gespritzten (*ugs. für* verdünnter Wein)
Gespür das, *Ez.* ein Gespür (Gefühl) für etwas haben
Gestade das, -: (*geh. für* Ufer)
Gestalt die, Gestalten: von wuchtiger Gestalt, eine große Gestalt (Persönlichkeit) der Geschichte, *Gestalt annehmen* (wirklich werden); **gestalten; gestalterisch; gestaltlos**; die **Gestaltung**
geständig geständig sein (gestehen); das **Geständnis** ein Geständnis ablegen
Gestank der, *Ez.* (übler Geruch)
Gestapo die, *Ez.* (*kurz für* **Ge**heime **Sta**ats**po**lizei zur Zeit des Nationalsozialismus)
gestatten das ist nicht gestattet (erlaubt)
Geste die, Gesten: lebhafte Gesten (Handbewegungen), eine Geste (Ausdruck) der Höflichkeit
Gesteck das, Gestecke: ein Gesteck aus Trockenblumen
gestehen (▶ stehen) seine Schuld gestehen (bekennen)
Gestein das, Gesteine: vulkanisches Gestein
Gestell das, Gestelle (Regal, Konstruktion);
gestellt ein gestellt wirkendes Foto
gestern *Adv.:* gestern Abend, *nicht von gestern sein* (aufgeweckt sein); das **Gestern** (die Vergangenheit); **gestrig** (von gestern)
Gestik die, *Ez.* (Gesamtheit der Gesten); die **Gestikulation; gestikulieren; gestisch**
Gestirn das, Gestirne (Himmelskörper)
Gestöber das, *Ez.:* das Gestöber der Schneeflocken
gestopft gestopft sein (*ugs. für* reich sein)
gestört ein gestörtes Verhältnis zu etwas haben
Gestotter das, *Ez.* (Stottern)
Gesträuch das, Gesträuche (Strauchwerk)
Gestrauchelte der/die, Gestrauchelten (jmd., der gefallen/auf die schiefe Bahn geraten ist)
gestreckt gestreckter (verdünnter) Wein
gestreift ein rot gestreiftes auch rotgestreiftes Kleid
gestrig sein gestriger Anruf
Gestrüpp das, Gestrüppe: durch dichtes Gestrüpp kriechen
Gestüt das, Gestüte (Pferdezuchtbetrieb)
gestylt ein gut gestylter (gestalteter) Raum
Gesuch das, Gesuche: ein Gesuch (eine Bittschrift) einreichen; **gesucht** eine gesuchte (unnatürliche, entlegene) Wortwahl
gesund gesünder, am gesündesten, die gesunde Luft, gesund sein, gesund bleiben, jmdn. gesund pflegen auch gesundpflegen; der/die **Gesunde; gesunden** (gesund werden); die **Gesundheit; gesundheitlich; gesundheitsschädlich**; der **Gesundheitszustand; gesundschreiben** einen Patienten gesundschreiben; **gesundschrumpfen** (die Produktion eines Betriebes einschränken); sich **gesundstoßen** (*ugs. für* sich bereichern)
Getier das, *Ez.* (Tiere)
getigert ein getigertes Fell
Getöse das, *Ez.* (großer Lärm)
Getränk das, Getränke
Getratsche das, *Ez.* (*abwertend für* Tratschen)
getrauen sich: er getraut sich nicht (hat nicht den Mut) zu springen, sich nichts getrauen (nichts wagen)
Getreide das, -; die **Getreideernte**; der **Getreidesilo**
getrennt ein getrennt lebendes auch getrenntlebendes Paar, etwas getrennt schreiben auch getrenntschreiben; die **Getrenntschreibung**
getreu *Adj.:* eine getreue (zuverlässige)

Wiedergabe des Vorgangs; *Präp.+Dat.:* seinen Grundsätzen getreu (entsprechend), getreu ihrem Vorsatz; der/die **Getreue**; **getreulich**

Getriebe das, -: das Getriebe (Trubel) der Großstadt, das Getriebe des Motors

getrost das kannst du getrost (unbesorgt) versuchen

Getto auch **Ghetto** das, Gettos (Stadtbezirk, in dem ein bestimmter Bevölkerungsteil leben muss, z.B. Juden im Nationalsozialismus)

Getue das, *Ez.:* ein vornehmes Getue (unechtes Verhalten)

Getümmel das, *Ez.* (Menschenmenge)

Getuschel das, *Ez.* (heimliches Reden)

Gewächs das, Gewächse (Pflanze; Tumor)

gewachsen jmdm. gewachsen sein (ihm standhalten)

gewählt er drückt sich gewählt (überlegt, elegant) aus

gewahr einer Sache gewahr werden (sie bemerken); **gewahren** jmdn. gewahren (*geh. für* bemerken); der **Gewahrsam** jmdn. in Gewahrsam nehmen (verhaften)

Gewähr die, *Ez.* (Bürgschaft), Angaben ohne Gewähr; **gewähren** jmdm. Zutritt gewähren (gestatten), jmdn. gewähren lassen (ihn nicht hindern); **gewährleisten** wir haben Ihnen Sicherheit gewährleistet ABER → für die Sicherheit Gewähr leisten; die **Gewährleistung** (Garantie)

ohne **Gewähr** (Garantie)	ABER	das **Gewehr** laden
etwas **gewährleisten**	ABER	für etwas **Gewähr leisten**
ich **gewährleiste**	auch	ich **leiste Gewähr**

Gewalt die, Gewalten: die Tür mit Gewalt öffnen, höhere Gewalt (das Schicksal), die staatliche Gewalt (Macht), *sich in der Gewalt haben* (sich beherrschen); der **Gewaltakt**; **gewaltfrei**; die **Gewaltherrschaft**; **gewaltig** sich gewaltig (enorm) anstrengen, einen gewaltigen (großen) Hunger haben; **gewaltlos**; der **Gewaltmarsch** (anstrengender Marsch); die **Gewaltmaßnahme** (rücksichtslose Maßnahme); **gewaltsam**; **gewalttätig** (handgreiflich)

Gewand das, Gewänder (Kleidungsstück, Kleidung)

gewandt ein gewandter (geschickter) Spieler, sich gewandt (sicher) benehmen

gewärtig einer Sache gewärtig sein (*geh. für* damit rechnen); **gewärtigen** etwas zu gewärtigen (erwarten) haben

Gewäsch das, *Ez.* (leeres Gerede)

Gewässer das, -: (Fluss, Teich)

Gewebe das, -: (Stoff; Gespinst), ein feines Gewebe

Gewehr das, Gewehre: das Gewehr laden, *Gewehr bei Fuß stehen* (zum Einsatz bereit sein); der **Gewehrlauf**

Geweih das, Geweihe (z.B. eines Hirschen)

Gewerbe das, -: ein Gewerbe (selbstständige Erwerbstätigkeit) ausüben; der **Gewerbeschein** (Konzession für ein Gewerbe); **gewerbetreibend**; der/die **Gewerbetreibende**; **gewerblich**; **gewerbsmäßig**

Gewerkschaft die, ...schaften (Organisation für Arbeitnehmer/-innen); der/die **Gewerkschafter/-in**; **gewerkschaftlich**; der **Gewerkschaftsbund**

Gewicht das, Gewichte: das Gewicht (Schwere) des Körpers, die Gewichte der Waage, *das fällt nicht ins Gewicht* (hat keine Bedeutung); **gewichten**; der/die **Gewichtheber/-in** (im Sport); **gewichtig**; die **Gewichtung**

gewieft ein gewiefter (gerissener) Bursche

gewiegt ein gewiegter (erfahrener) Geschäftsmann

Gewieher das, *Ez.* (Wiehern)

gewillt gewillt sein etwas zu tun

Gewimmel das, *Ez.:* das Gewimmel der Ameisen

Gewinde das, -: (Rille einer Schraube)

Gewinn der, Gewinne: der Gewinn beträgt 1000 Euro; **gewinnbringend** ein gewinnbringendes auch Gewinn bringendes Unternehmen, sehr gewinnbringend ABER → großen Gewinn bringend; **gewinnen** er gewinnt im Kampf, er gewann an Ansehen, sie hat ihn für ihre Idee gewonnen, *wie gewonnen, so zerronnen*; **gewinnend** (liebenswürdig); der/die **Gewinner/-in**; **gewinnträchtig**

Gewinsel das, *Ez.* (leises Winseln, Klagen)

Gewirkst auch **Gwirkst, Gwirks, Gewirks** das, *Ez.* (*mundartl. für* Mühsames, Verworrenes)

Gewirr das, *Ez.* (undurchdringliches Durcheinander)

gewiss gewisser, am gewissesten: er ist sich seines Sieges gewiss (sicher), sie wird ge-

Gewissen → Gitarre

wiss (sicherlich) bald anrufen, ganz gewiss!, eine gewisse Frau Weber, bei gewissen (nicht näher genannten) Personen ABER → nichts **Gewisses**; **gewissermaßen** *Adv.* (sozusagen); die **Gewissheit**

Gewissen das, -: ein schlechtes Gewissen haben, *jmdm. ins Gewissen reden* (ihm Vorhaltungen machen), *jmdn. auf dem Gewissen haben* (für seinen Tod verantwortlich sein), *ein gutes Gewissen ist ein sanftes Ruhekissen*; **gewissenhaft** (gründlich, sorgfältig); die **Gewissenhaftigkeit**; **gewissenlos**; die **Gewissensbisse**; die **Gewissheit**

Gewitter das, -: (Unwetter); **gewittern** es gewittert; **gewittrig**

gewitzt (schlau); die **Gewitztheit**

gewogen sie ist mir gewogen (freundlich gesinnt)

gewöhnen jmdn. an etwas gewöhnen, sich an die schlechte Luft gewöhnen; die **Gewohnheit**; **gewohnheitsgemäß**; **gewohnheitsmäßig**; der **Gewohnheitstrinker** (jmd., der regelmäßig Alkohol trinkt); **gewöhnlich** (alltäglich, meist); **gewohnt** eine gewohnte (vertraute) Umgebung, das bin ich so gewohnt; **gewöhnt** an eine Arbeit gewöhnt sein; die **Gewöhnung**

Gewölbe das, -: das Gewölbe (gekrümmte Steindecke) einer Kirche; **gewölbt**

Gewühl das, *Ez.* (dauerndes Herumwühlen; Durcheinander vieler Menschen)

Gewürz das, Gewürze: ein scharfes Gewürz; **gewürzt**

Geysir [gaisir] der, Geysire (heiße Quelle mit Fontäne)

gez. = gezeichnet (unterschrieben)

Gezeiten die, *Mz.* (Wechsel von Ebbe und Flut); der **Gezeitenwechsel**

Gezeter das, *Ez.* (dauerndes Schimpfen/ Jammern)

geziemen es geziemt (gehört) sich nicht; **geziemend**

geziert (unnatürlich, gekünstelt)

Gezwitscher das, *Ez.* (Zwitschern)

gezwungen; **gezwungenermaßen** er musste gezwungenermaßen abreisen

Gfrast auch **Gfrasst** das, Gfraster (*mundartl. für* schlimmes Kind)

Gfrett auch **Gefrett** das, *Ez.* (*mundartl. für* Plage, Ärger)

Gfrieß auch **Gefrieß** das, Gfrießer (*mundartl. abwertend für* Gesicht; unangenehme Person)

ggf. = gegebenenfalls

ggT (g.g.T.) = größter gemeinsamer Teiler

Ghetto auch **Getto** das, Ghettos (Stadtbezirk, in dem ein bestimmter Bevölkerungsteil leben muss, z.B. Juden im Nationalsozialismus)

Gicht die, *Ez.* (Krankheit); **gichtig**

gicksen seine Stimme gickste (klang zu hoch); der **Gickser**

Giebel der, -: ein spitzer Giebel (spitze Hauswand zwischen den Dachseiten)

Gier die, *Ez.*: blinde Gier; **gieren** nach etwas gieren (es heftig begehren); **gierig** (unersättlich)

gießen sie gießt Tee in die Tasse, er goss die Blumen, sie hat Kerzen gegossen, es gießt (regnet) in Strömen; die **Gießerei**; die **Gießkanne**; das **Gießkannenprinzip** (gleichmäßige Verteilung von Geldern ohne Rücksicht auf Einkommensverhältnisse)

Gift das, Gifte: ein schnell wirkendes Gift, das ist Gift für dich, *sein Gift verspritzen* (sich boshaft äußern), *darauf kannst du Gift nehmen* (das ist ganz sicher so); **giften** das giftet ihn (*ugs. für* ärgert ihn sehr); **giftig** giftige Pilze, ein giftiger (hasserfüllter) Blick, ein giftiges (grelles) Grün; der/die **Giftler/-in** (*ugs. für* Süchtige/-r); die **Giftschlange**; der **Giftzahn**

Gigabyte [gigabait] das, …bytes <GB> (Messeinheit für Speichergröße in der EDV)

Gigant der, Giganten (Riese); **gigantisch**; die **Gigantomanie** (Größenwahn)

Gilde die, Gilden (Berufsvereinigung)

Gilet [schile] das, Gilets (ärmellose Jacke)

Gimpel der, -: (Singvogel)

Gin [dschin] der, Gins (Wacholderschnaps)

Ginseng der, Ginsengs (Pflanze)

Ginster der, -: (Strauch)

Gipfel der, -: der Gipfel des Berges, das ist doch der Gipfel! (Unverschämtheit), auf dem Gipfel des Ruhms; **gipfeln**; der **Gipfelpunkt** (Höhepunkt); das **Gipfeltreffen** (Treffen von Staatsoberhäuptern)

Gips der, Gipse (Kalk; Verband); der **Gipsabdruck**; **gipsen**; der **Gipsverband**

Giraffe [schirafe] die, Giraffen (Säugetier)

Girl [göal] das, Girls (Mädchen)

Girlande die, Girlanden (Blumengewinde)

Giro [schiro] das, Giros/Giri (bargeldloser Zahlungsverkehr); das **Girokonto**

Gischt die/der, Gischte (Wellenschaum)

Gitarre die, Gitarren (Instrument); der/die **Gitarrist/-in**

Gitter → Gletscher

Gitter das, -: ein schmiedeeisernes Gitter, *hinter Gitter(n)* (im Gefängnis); das **Gitterbett** (Kinderbett)
Gladiator der, ...toren (römischer Schaukämpfer)
Gladiole die, Gladiolen (Gartenblume)
Glamour [gläma] der/das, *Ez.* (prunkvolle Aufmachung); **glamourös** [glamurös]
Glanz der, *Ez.;* **glänzen** der Boden glänzt, durch seine Leistungen glänzen (auffallen); **glänzend** er spielt glänzend (hervorragend); die **Glanzleistung**; **glanzvoll**
Glas das, Gläser; der/die **Glasbläser/-in**; der/die **Glaser/-in**; die **Glaserei**; **gläsern** (aus Glas, durchsichtig); **glasieren** (mit Glasur versehen); **glasig** (starr, ausdruckslos); die **Glasur** (glänzender Überzug)
glatt glatter, am glattesten, eine glatte Fläche, die Straße ist glatt (rutschig), glattes Mehl, eine glatte (eindeutige) Lüge, das habe ich glatt vergessen, etwas glatt streichen *auch* glattstreichen; die **Glätte**; das **Glatteis** *jmdn. aufs Glatteis führen* (hereinlegen); **glätten** die Falten im Rock glätten; **glattgehen** (▶ gehen) (klappen); **glattweg** *Adv.* (einfach, kurzerhand)
Glatze die, Glatzen (kahler Kopf); **glatzköpfig**
Glaube *auch* **Glauben** der, *Ez.:* den Glauben verlieren, jmdm. Glauben schenken (ihm glauben); **glauben** er glaubte sich zu erinnern, sich allein glauben, ich glaube dir alles, an Gott glauben, *dran glauben müssen* (von etwas Unangenehmem betroffen sein; sterben); **glaubhaft** etwas glaubhaft versichern; **gläubig**; der/die **Gläubige**; der/die **Gläubiger/-in** (zu einer Schuldforderung Berechtigte/-r); die **Gläubigkeit**; **glaubwürdig**; die **Glaubwürdigkeit**
gleich das gleiche Kleid, gleich viel, gleich sein, gleich (unverändert) bleiben, gleich (sofort), ihm ist alles gleich (egal), gleich (unmittelbar) hinter dem Haus, gleich gesinnt *auch* gleichgesinnt; **gleichbehandeln** alle Schüler gleichbehandeln ABER → den Patienten gleich (sofort) behandeln; **gleichbleibend** *auch* gleich bleibend; **gleichlautend** *auch* gleich lautend; **gleichalt(e)rig**; **gleichartig**; **gleichbedeutend** gleichbedeutende Wörter; **gleichberechtigt**; die **Gleichberechtigung**; der/die/das **Gleiche** aufs Gleiche hinauslaufen, *Gleiches mit Gleichem vergelten, Gleich und Gleich gesellt sich gern*
gleichen die Zwillinge gleichen einander, sie

die **gleichen** Sachen	ABER	**Gleich und Gleich** gesellt sich gern
gleich (sofort) **machen**	ABER	etwas **gleichmachen** (Unterschiede beseitigen)
gleich (sofort) **sehen**	ABER	jemandem **gleichsehen** (ähneln)
gleich bleibend	auch	**gleichbleibend**
gleich gesinnt	auch	**gleichgesinnt**
der/die **gleich Gesinnte**	auch	der/die **Gleichgesinnte**
gleich lautend	auch	**gleichlautend**

glich ihrer Mutter (ähnelte ihr), ihre Meinung hat der seinen geglichen; die **Gleichenfeier** (Richtfest beim Hausbau); **gleichermaßen** *Adv.* (ebenso); **gleicherweise** *Adv.;* **gleichfalls** *Adv.;* **gleichförmig** (eintönig); der/die **Gleichgesinnte** auch gleich Gesinnte; das **Gleichgewicht**; **gleichgültig** (teilnahmslos, ungerührt); die **Gleichgültigkeit**; das **Gleichheitszeichen** <=>
gleichkommen (▶ kommen) (entsprechen) ABER → gleich (sofort) kommen; **gleichmachen** (angleichen) ABER → ich werde das gleich (sofort) machen; die **Gleichmacherei**; das **Gleichmaß**; **gleichmäßig**; der **Gleichmut** (Gelassenheit); **gleichmütig**; **gleichnamig**; das **Gleichnis** (Sinnbild); **gleichsam** *Adv.* (gewissermaßen); **gleichschenk(e)lig**; der **Gleichschritt**; **gleichsehen** (▶ sehen) (gleich aussehen) ABER → das wirst du gleich sehen; **gleichsetzen** (als gleich ansehen); **gleichstellen** (auf die gleiche Stufe stellen); der **Gleichstrom**
gleichtun (▶ tun) es jmdm. gleichtun (nacheifern) wollen ABER → das musst du gleich tun; die **Gleichung**; **gleichviel** *Adv.* (einerlei) ABER → alle bekommen gleich viel; **gleichwertig**; die **Gleichwertigkeit**; **gleichwie** *Adv.;* **gleichwink(e)lig**; **gleichwohl** *Adv.* (dennoch); **gleichzeitig**; **gleichziehen** (aufholen)
Gleis *auch* **Geleise** das, Gleise (Schienen); **...gleisig** zweigleisig fahren
gleißen der Schnee gleißt in der Sonne (glänzt hell), gleißendes Licht
gleiten er gleitet dahin (bewegt sich sanft), sie glitt über das Eis, sie ist über das Parkett geglitten; der **Gleitschirm** (Fluggerät); die **Gleitzeit** (frei geregelte Arbeitszeit)
Gletscher der, -: (Eismasse); die **Gletscherspalte**

Glied → Gondel

Glied das, Glieder: das Glied einer Kette, gesunde Glieder (Arme und Beine) haben, das männliche Glied, in Reih und Glied stehen; **gliedern** den Aufsatz gliedern; die **Gliederung**; die **Gliedmaßen** (Arme und Beine); **...gliedrig** zweigliedrig; der **Gliedsatz** (Nebensatz, z.B. „..., weil er es wollte.")

glimmen das Holz glimmt (brennt noch schwach), in ihren Augen glimmte/glomm Hass, es hat geglimmt/geglommen; der **Glimmer** (Mineral; schwacher Schimmer); der **Glimmstängel** (*scherzhaft für* Zigarette)

glimpflich glimpflich (ohne großen Schaden) davonkommen

glitschig ein glitschiger (schlüpfriger) Boden

glitzern glitzernde Sterne

Globus der, Globusse/Globen (Erdkugel); **global** (weltumfassend); der/die **Globetrotter/-in** (Weltenbummler/-in)

Glocke die, Glocken: die Glocken läuten, Glocken gießen, *etwas an die große Glocke hängen* (es überall herumerzählen); die **Glockenblume**; das **Glockenspiel**; **glockig** (glockenförmig); der/die **Glöckner/-in**

Gloria das, Glorias (Lobgesang in der Messe), *mit Glanz und Gloria* (hervorragend); die **Glorie** [glorie] (Ruhm, Glanz); **glorifizieren** (verherrlichen); **glorreich** (ruhmreich)

glosen (glühen, glimmen)

Glossar das, Glossare (Wörterverzeichnis)

Glosse die, Glossen (spöttische Randbemerkung, Kommentar)

Glotze die, Glotzen (*ugs. für* Fernsehgerät); **glotzen** blöd glotzen (*ugs. für* starr, dümmlich schauen)

Glück das, *Ez.*: Glück (Erfolg) wünschen, Glück bringend, Glück auf! (Bergmannsgruß), auf gut Glück, *sein Glück versuchen*; **glücken**; **glücklich** eine glückliche Zeit, etwas verläuft glücklich (günstig), ein glücklicher (günstiger) Zufall; **glücklicherweise** *Adv.*; **glückselig**; die **Glückseligkeit**; der **Glücksfall**; das **Glückskind**; das **Glücksspiel**; die **Glückssträhne**; der **Glückstreffer**; der **Glückwunsch**

Glucke die, Glucken (brütende Henne); die **Gluckhenne**

gluckern das Wasser gluckert (plätschert) im Brunnen; **glucksen**

Glühbirne die, ...birnen; **glühen** das Eisen glüht im Feuer, vor Hitze glühen; **glühend** ein glühender (leidenschaftlicher) Verehrer, glühend heißes Eisen; der **Glühwein**; das **Glühwürmchen** (Leuchtkäfer)

Glumpert auch **Glump** auch **Klump** auch **Klumpert** das, *Ez.* (*mundartl. für* Gerümpel, Unnützes)

Glut die, Gluten: die Glut im Ofen, die Glut (Hitze) der Sonne; **glutäugig** (mit leidenschaftlichem Blick); die **Gluthitze**

Gluten das, *Ez.* (Klebereiweiß in z.B. Weizenmehl); **glutenfrei**

Glyzerin auch **Glycerin** das, *Ez.* (chemische Substanz)

GmbH auch **Ges.m.b.H.**, **Ges. mbH**, **GesmbH** = **G**esellschaft **m**it **b**eschränkter **H**aftung

Gnade die, Gnaden: um Gnade (Milde) bitten, *Gnade vor Recht ergehen lassen* (nachsichtig sein) ABER → **gnade** dir Gott!; die **Gnadenfrist**; **gnadenlos**; der **Gnadenschuss**; **gnädig** gnädig sein (Nachsicht zeigen), gnädige (verehrte) Frau

Gneis der, Gneise (Gesteinsart)

gneißen (*mundartl. für* bemerken, verstehen), er gneißt nichts

Gnom der, Gnomen (Kobold); **gnomenhaft**

Gnu das, Gnus (Antilope)

Goal [gol] das, Goals (Treffer beim Fußball)

Gobelin [gob(e)lẽ] der, Gobelins (Wandteppich)

Gocart auch **Gokart** das, Gocarts (kleiner Rennwagen; Tretauto)

Gockel der, -: (*kurz für* Gockelhahn), stolz wie ein Gockel

Göd der, Göden (*mundartl. für* Taufpate); die **Goden** (*mundartl. für* Taufpatin)

Goder der, -: (*mundartl. für* Doppelkinn)

Golatsche auch **Kolatsche** die, Golatschen (Mehlspeise)

Gold das, *Ez.* (Edelmetall); der **Goldbarren**; **goldblond**; **golden** die goldene auch Goldene Hochzeit, der Goldene auch goldene Schnitt; **goldfarben**; der **Goldfisch**; der/die **Goldgräber/-in**; der **Goldhamster**; **goldig** (niedlich); die **Goldmedaille**; **goldrichtig** (völlig richtig); der/die **Goldschmied/-in**; die **Goldwaage** *jedes Wort auf die Goldwaage legen* (alles wörtlich nehmen)

¹**Golf** das, *Ez.* (Rasenspiel), Golf spielen; der/die **Golfer/-in** (Golfspieler/-in)

²**Golf** der, Golfe (Meeresbucht); der **Golfstrom** (Meeresströmung im Nordatlantik)

Goliath (biblische Gestalt, Riese)

Gondel die, Gondeln (Ruderboot; Ballonkorb; Seilbahnkabine); **gondeln** durch die Welt gondeln (herumreisen); der **Gondoliere**

Gong → Gras

[gondoljäre] (venezianischer Ruderer)
Gong der, Gongs (Musikinstrument)
gönnen jmdm. etwas gönnen, sich Ruhe gönnen (erlauben); der/die **Gönner/-in** (Geldgeber/-in); **gönnerhaft**
Gör das, Gören (*bundesdt. für* ungezogenes Mädchen) auch die **Göre**
Gorilla der, Gorillas (Menschenaffe)
Gosche auch **Goschen** die, Goschen (*derb für* Mund)
Gospelsong der, ...songs (religiöses Lied nordamerikanischer Schwarzer)
Gosse die, Gossen (Rinnstein), *in der Gosse landen* (in üble Verhältnisse geraten)
Gotik die, *Ez.* (Kunststil); der **Gote**; die **Gotin**; **gotisch**
Gott der, Götter: Gott sei Dank!, grüß Gott! auch Grüß Gott, leider Gottes, mein Gott, um Gottes willen, *über Gott und die Welt reden* (über alles Mögliche reden), *Gott behüte!* (sicher nicht), *Gott bewahre!* (auf keinen Fall); **Gotterbarmen** zum Gotterbarmen; der **Gottesacker** (Friedhof); der **Gottesdienst** (Messe); **gottesfürchtig**; das **Gotteshaus** (Kirche); **gotteslästerlich**; die **Gotteslästerung**; **gottgefällig**; **gottgewollt**; die **Gottheit**; die **Göttin**; **göttlich**; **gottlob!** (zum Glück); **gottlos**; der **Gottseibeiuns** (Teufel); der **Gottvater**; **gottverlassen** eine gottverlassene (öde) Gegend
Götze der, Götzen (falscher Gott); das **Götzenbild**; der **Götzendienst**
Gourmand [gurmã] der, Gourmands (Schlemmer); der **Gourmet** [gurme] (Feinschmecker); **goutieren** [gutiren] (gutheißen)
Gouvernante [guwanãte] die, Gouvernanten (Erzieherin)
Gouverneur [guwanöa] der, Gouverneure (Statthalter)
GPRS [dschi pi ar es] das, *Ez.* = **G**eneral **P**acket **R**adio **S**ystem (Mobilfunktechnologie)
GPS [dschi pi es] das, *Ez.* = **G**lobal **P**ositioning **S**ystem (Navigationssystem)
GR = **G**emeinderat
Grab das, Gräber: *jmdn. zu Grabe tragen*, *ein Geheimnis mit ins Grab nehmen* (nicht preisgeben)
graben du gräbst, er grub, sie hat gegraben, grab weiter!; der **Graben**; das **Gräberfeld**; die **Grabesstille**; das **Grabmal** viele Grabmäler auch viele Grabmale; die **Grabstätte**; der **Grabstein**; die **Grabung**
grad auch **grade** (gerade); **gradaus**

Grad der, Grade <°> (Maßeinheit), 20 Grad Celsius <20° C>, ein Winkel von 45 Grad, ein akademischer Grad; **...gradig** hochgradig; **graduell** (stufenweise); **gradweise**
Graf der, Grafen (Adelstitel); die **Gräfin**; **gräflich**; die **Grafschaft**
Graffl das, *Ez.* (*mundartl. für* Kram, wertloses Zeug); das **Grafflwerk**
Graffito das, Graffiti (Wandzeichnung)
Grafik auch **Graphik** die, Grafiken (Illustration; Zeichentechnik); der/die **Grafiker/-in** auch Graphiker/-in; **grafisch** auch graphisch; der **Grafologe** auch Graphologe (jmd., der den Charakter aus der Handschrift erkennt); die **Grafologin** auch Graphologin
Grafit auch Graphit der, *Ez.* (Mineral)
Gral der, *Ez.*: der heilige Gral; die **Gralsburg**
Gram der, *Ez.* (Kummer); **gram** jmdm. gram (böse) sein; sich **grämen** (bekümmert sein, trauern)
Gramm das, Gramm(e) <g>: 10 Gramm
Grammatik die, Grammatiken (Sprachlehre); **grammatikalisch**; **grammatisch** das grammatikalische/grammatische Geschlecht
Grammel die, Grammeln (hartes Fettstückchen); das **Grammelschmalz**
Grammofon auch **Grammophon** das, ...fone (Gerät zum Abspielen von Schallplatten)
Granat der, Granaten (Halbedelstein); der **Granatapfel**
Granate die, Granaten (Sprengstoffgeschoß)
Grandhotel [grãhotel] das, ...hotels (Luxushotel)
grandios ein grandioser (großartiger) Erfolg
Grand Prix [grãpri] der, Grands Prix (Großer Preis)
Granit der, Granite (Gesteinsart), *bei jmdm. auf Granit beißen* (auf Widerstand stoßen)
Grant der, *Ez.* (*ugs. für* schlechte Laune); **granteln** (*ugs. für* schlechte Laune haben); **grantig** (*ugs. für* missmutig)
Grapefruit [grepfrut] die, ...fruits (Zitrusfrucht)
Graphik auch **Grafik** die, Graphiken (Illustration; Zeichentechnik); der/die **Graphiker/-in** auch **Grafiker/-in**; **graphisch** auch **grafisch**; der **Graphologe** auch **Grafologe** (jmd., der den Charakter aus der Handschrift erkennt); die **Graphologin** auch **Grafologin**
Graphit auch **Grafit** der, *Ez.* (Mineral)
grapschen (*ugs. für* greifen)
Gras das, Gräser: Gras mähen, *das Gras wachsen hören* (etwas im Vorhinein wissen), *ins Gras beißen* (sterben); **grasen** die Kühe gra-

grassieren → grob

sen auf der Wiese; **grasgrün**; der **Grashalm**; der **Grashüpfer** (Heuschrecke); die **Grasmücke** (Singvogel)
grassieren eine Krankheit grassiert (greift um sich)
grässlich ein grässliches Kostüm, ein grässlicher (schrecklicher) Unfall
Grat der, Grate (Bergkamm, Kante); die **Gratwanderung** (riskantes Unternehmen)
Gräte die, Gräten (Fischknochen); **grätenlos**
gratis *Adv.* (kostenlos); die **Gratisprobe**
Grätsche die, Grätschen (Turnübung); **grätschen** (die Beine zur Seite spreizen)
Gratulant der, ...lanten; die **Gratulantin**; die **Gratulation** [...tsion] (Glückwunsch); **gratulieren** (Glück wünschen)
Grätzel das, Grätzeln (Wohnviertel, Häuserblock)
grau (▶ blau) die graue Farbe, der graue Star (Augenkrankheit); alles grau in grau sehen, der graue (öde) Alltag, in grauer Vorzeit, *sich keine grauen Haare wachsen lassen* (sich keine Sorgen machen); grau gestreift *auch* graugestreift, grau meliert *auch* graumeliert; das **Grau** den Pullover auch in Grau kaufen; **graublau**; **grauhaarig**; **gräulich** (leicht grau); der **Grauschleier**; die **Grauzone** (Übergangsbereich)
¹**grauen** es graut (dämmert) schon, der Morgen graut
²**grauen** mir/mich graut vor etwas (ich habe Angst davor); der **Gräuel** jmdm. ist etwas ein Gräuel (er empfindet Abscheu dagegen), die Gräuel (Schrecken) des Krieges; die **Gräueltat**; das **Grauen** voller Grauen (Entsetzen); **grauenerregend** grauenerregende *auch* Grauen erregende Bilder ABER → großes Grauen erregend; **grauenhaft**; **grauenvoll**; **gräulich** (grässlich)
Graupe die, Graupen (Getreide); die **Graupel** (Hagelkorn); **graupeln**; der **Graupelschauer**; die **Graupensuppe**
Graus der, *Ez.* (Schrecken) *auch* das **Grausen**, o Graus!; **grausam** sich grausam rächen, eine grausame (schlimme) Kälte; die **Grausamkeit**; **grausen** mir graust (ekelt) vor dem Essen, sich vor nichts grausen (fürchten); das **Grausen**; **grausig** (Grausen hervorrufend); **grauslich** (*ugs. für* ekelerregend)
gravieren [grawiren] (einritzen); **gravierend** (ins Gewicht fallend); die **Gravitation** [...tsion] (Schwerkraft); die **Gravur** [grawur] (eingravierte Verzierung)

Grazie [gratsie] die, *Ez.* (Anmut); **grazil** (schlank, zierlich); **graziös** (anmutig)
Greenpeace [grinpis] (Umweltschutzorganisation)
greifen er greift etwas mit der Hand, er griff ins Leere, sie hat gegriffen ABER → zum Greifen nahe; **greifbar** greifbare Ergebnisse, die Ware ist nicht greifbar (verfügbar); der **Greifvogel**; die **Greifzange**
Greis der, Greise (alter Mann); **greis** ein greiser Mann; das **Greisenalter**; **greisenhaft**; die **Greisin**
Greißler der, -: (*österr. für* Gemischtwarenhändler); die **Greißlerin**
grell grelles Licht, ein greller (durchdringender) Schrei, grell geschminkt; **grellrot**
Gremium das, Gremien (Ausschuss)
Grenze die, Grenzen (Staatsgrenze, Trennungslinie), *seine Grenzen kennen* (wissen, was man kann); **grenzen** der Garten grenzt an den Schulhof; **grenzenlos**; **grenznah**; die **Grenzsituation**; **grenzüberschreitend** ABER → die Grenze überschreitend; der **Grenzwert** (höchstzulässiger Wert)
Griechenland (Staat in Südeuropa); der **Grieche**; die **Griechin**; **griechisch**
Griesgram der, Griesgrame (mürrischer Mensch); **griesgrämig**
Grieß der, *Ez.* (Getreideprodukt); das **Grießkoch**; das **Grießnockerl**
Griff der, Griffe: *etwas im Griff haben* (gut beherrschen); **griffbereit**; **griffig** eine griffige Fahrbahn, griffiges Mehl
Grill der, Grills (Bratrost); **grillen**; das **Grillhend(e)l**
Grille die, Grillen: die Grillen zirpen, *Grillen im Kopf haben* (sonderbare Einfälle haben)
Grimasse die, Grimassen (verzerrtes Gesicht)
Grimm der, *Ez.* (Ärger); **grimmig** grimmig sein, ein grimmiger (kalter) Wind
Grind der, Grinde (*ugs. für* Schorf); **grindig** (schmutzig)
grinsen; das **Grinsen** ein spöttisches Grinsen
grippal ein grippaler Infekt; die **Grippe** (Infektionskrankheit); das/der **Grippevirus**; die **Grippewelle**
Grips der, *Ez.*: Grips haben (*ugs. für* schlau sein)
Griss *auch* **Geriss** das, *Ez.* (*mundartl. für* Andrang)
Grizzlybär der, ...bären (nordamerikanischer Braunbär)
grob gröber, am gröbsten, grober Sand, grobe (schwerwiegende) Fehler, ein grober (derber)

Grog → Grund

Kerl, grob gemahlen, aufs gröbste auch aufs Gröbste beschimpfen, *aus dem Gröbsten heraus sein* (das Schlimmste überstanden haben); die **Grobheit**; der **Grobian** (grober Mensch); **grobschlächtig** (plump, unhöflich)

am **gröbsten**	ABER	aus dem **Gröbsten** heraus sein
aufs **gröbste** (sehr grob)	auch	aufs **Gröbste**

Grog der, Grogs (heißes Getränk aus Rum, Zucker und Wasser); **groggy** [grogi] (sehr erschöpft, angeschlagen)
grölen (lärmen, laut singen); die **Grölerei**
Groll der, *Ez.* (starker Ärger); **grollen** jmdm. grollen (zürnen)
Grönland (Insel in der Arktis)
Gros [gro] das, -: (Masse, Mehrzahl)
Groschen der, -: <g> (frühere österr. Geldeinheit), *bei jmdm. fällt der Groschen* (er versteht endlich etwas); der **Groschenroman** (anspruchsloser Roman)
groß größer, am größten, einen Text groß (in großer Schrift) schreiben ABER → ein Wort großschreiben (mit großem Anfangsbuchstaben), Ehrlichkeit großschreiben (sie schätzen), die großen Ferien, das große Einmaleins, ein großer (bedeutender) Mann, zwei Meter groß, auf großer Fahrt, ein groß angelegter auch großangelegter Plan, ein groß gewachsener auch großgewachsener Bursche, *das große Geld machen* (viel verdienen), *groß daherreden* (angeben) ABER → **Groß** und Klein (jedermann), die Großen und die Kleinen, im Großen wie im Kleinen, er ist der Größte (unübertroffen), etwas Großes, im Großen und Ganzen (im Allgemeinen), im großen Ganzen, der Große Teich (*ugs. für* Atlantik), der Große Wagen (Sternbild), Karl der Große
großartig
Großbritannien (Staat in Europa)
Großbuchstabe der, ...buchstaben
Größe die, Größen; die **Großeltern**; **groß(en)teils** *Adv.*; der **Größenwahn**; **großflächig**; **großherzig**; **großjährig** (volljährig); die **Großmacht**; das **Großmaul** (Angeber); **großmütig**; die **Großmutter**; **großschreiben** (▶ schreiben) Ehrlichkeit großschreiben, ein Wort großschreiben (mit großem Anfangsbuchstaben) ABER → einen Text groß schreiben (in großer Schrift); die **Groß-**

der **größte** Schüler	ABER	er ist der **Größte**
ein **großes** Kind	ABER	**Groß** und **Klein**
in den **großen** Ferien	ABER	im **Großen** und Ganzen
ein **groß kariertes** Hemd	auch	ein **großkariertes** Hemd
Ehrlichkeit **großschreiben** (schätzen)	auch	ein Wort **großschreiben** (mit großem Anfangsbuchstaben)
	ABER	**groß schreiben** (in großer Schrift)

schreibung; **großspurig**; der **Großteil**; **großteils** *Adv.*; **größtenteils** *Adv.*; die **Großtuerei**; **großtun** (▶ tun) (prahlen); der **Großvater**; **großziehen** (▶ ziehen) (aufziehen); **großzügig** (nicht kleinlich); die **Großzügigkeit**
Gröstel auch **Gröstl** das, Grösteln (Tiroler Speise)
grotesk eine groteske (absonderliche) Geschichte; **groteskerweise** *Adv.*
Grotte die, Grotten (Felsenhöhle)
Grube die, Gruben (Mulde, Bergwerk), *wer anderen eine Grube gräbt, fällt selbst hinein*
Grübelei auch **Grüblerei** die, Grübeleien; **grübeln** über einer Aufgabe grübeln (lange nachdenken); der/die **Grübler/-in**; **grüblerisch**
Gruft die, Grüfte (Grabgewölbe)
grün (▶ blau) grünes Gras, der grüne Star (Augenkrankheit), die grüne auch Grüne (unbewachte) Grenze, am grünen auch Grünen Tisch (Verhandlungstisch), die grüne Lunge (Grünfläche) einer Stadt, *grün hinter den Ohren* (unerfahren) *sein, jmdn. grün und blau schlagen, sich grün und blau ärgern;* das **Grün** Grün steht ihr nicht, die Ampel steht auf Grün, *das ist dasselbe in Grün* (genau dasselbe); **grünblau**; der **Gründonnerstag**; das **Grüne** die Fahrt ins Grüne; der/die **Grüne** (Parteimitglied); **grünen** (grün werden); die **Grünen** (Partei); die **Grünfläche** (Wiese); **grünlich**; der **Grünschnabel** (unerfahrener Mensch); der **Grünspan** (Belag auf Kupfer); das **Grünzeug** (Kräuter)
Grund der, Gründe: bis auf den Grund des Teiches sehen, ein vernünftiger Grund (Anlass), aus diesem Grunde (deshalb), im Grunde (eigentlich), auf Grund auch aufgrund dessen, von Grund auf (ganz und

grundanständig → gut

gar), auf Grund laufen (sich festfahren), einer Sache auf den Grund gehen, *festen Grund unter den Füßen haben*, zu Grunde gehen auch zugrunde gehen, etwas zu Grunde richten auch zugrunde richten, einer Sache zu Grunde liegen auch zugrunde liegen

aufgrund dieser Sache	auch	**auf Grund** dieser Sache
zugrunde gehen	auch	**zu Grunde** gehen
zugrunde richten	auch	**zu Grunde** richten

grundanständig; der **Grundbesitz**; **grundehrlich**; **gründen** eine Firma gründen; der/die **Gründer/-in**; **grundfalsch**; die **Grundfläche**; die **Grundgebühr**; **grundieren** (Grundfarbe auftragen); die **Grundlage**; **grundlegend**; **gründlich** (sorgfältig); die **Gründlichkeit**; **grundlos**; der **Grundriss**; der **Grundsatz**; **grundsätzlich**; die **Grundschule**; der **Grundstein** den Grundstein zu etwas legen (die Grundlage schaffen); das **Grundstück**; die **Grundstufe** (bei der Steigerung des Adjektivs, z.B. „gut"); die **Gründung**; **grundverkehrt**; **grundverschieden**; das **Grundwasser**; der **Grundwehrdiener** (beim Bundesheer)
Grunge [grandsch] der, *Ez.* (Musikrichtung, Modestil)
grunzen das Schwein grunzt
Gruppe die, Gruppen; das **Grüppchen**; **gruppenweise**; **gruppieren**; die **Gruppierung**
gruselig auch **gruslig** (unheimlich); **gruseln** mich/mir gruselt (schaudert)
grüßen jmdn. grüßen, grüß dich!, grüß Gott sagen auch Grüß Gott sagen; das **Grüßgott** ein Grüßgott sagen; der **Gruß** mit freundlichen Grüßen; **grußlos**
Gschaftlhuber der, -: (*ugs. für* Wichtigtuer); die **Gschaftlhuberei**; die **Gschaftlhuberin**
gschamig (*ugs. für* schamhaft)
gschert auch **geschert** (*ugs. abwertend für* grob, unkultiviert)
Gschnas das, *Ez.* (Kostümfest)
Gschrapp der, Gschrappen (*mundartl. für* Kind)
gspaßig auch **gspassig** (*mundartl. für* lustig)
Gspritzte auch **Gespritzte** der, Gspritzten (*ugs. für* verdünnter Wein)
Gspusi das, Gspusis: mit jmdm. ein Gspusi (*ugs. für* Liebschaft) haben
Gstanzl das, Gstanzln (*ugs. für* lustiges Lied, Vierzeiler)
Gstätten die, -: (*mundartl. für* verwilderter Platz)
Guatemala (Staat in Südamerika); der **Guatemalteke**; die **Guatemaltekin**; **guatemaltekisch**
gucken (blicken); der **Gucker** (Fernglas)
Guerilla [gerilja] der, Guerillas (Partisan)
Gugelhupf der, ...hupfe (Mehlspeise)
Gugerschecken die, *Mz.* (*mundartl. für* Sommersprossen)
Guillotine [gijotin(e)] die, Guillotinen (Fallbeil)
Gulasch das, Gulasche (Fleischgericht)
Gülle die, *Ez.* (Jauche)
Gully [guli] der, Gullys (Wasserablauf)
gültig ein gültiger Ausweis; die **Gültigkeit**
Gummi der, Gummis (elastisches Material aus Kautschuk; *ugs. für* Kondom); das **Gummibärchen** (Süßigkeit); der **Gummibaum** (Pflanze); **gummieren**; das **Gummiringerl**; die **Gummistiefel**
Gunst die, *Ez.* (Gnade, Vorteil), in der Gunst eines anderen stehen, jmdm. eine Gunst erweisen, die Gunst der Stunde, zu seinen Gunsten, zu Gunsten eines anderen auch zugunsten; **günstig**; **günstigenfalls** *Adv.;* **günstigstenfalls** *Adv.;* der **Günstling** (Bevorzugter)
Gupf der, Gupfe (*ugs. für* Gipfel), ein Gupf Schlagobers
Gurgel die, Gurgeln (Kehle), jmdm. die Gurgel zuschnüren (ihn wirtschaftlich ruinieren); **gurgeln**
Gurke die, Gurken (Gemüse); **gurken** *durch die Gegend gurken* (*ugs. für* herumfahren)
gurren gurrende Tauben
Gurt der, Gurte (festes Band); der **Gürtel** *den Gürtel enger schnallen* (sparen); die **Gürtellinie** *ein Schlag unter die Gürtellinie* (sehr verletzende Bemerkung); die **Gürtelrose** (Krankheit); **gürten** er gürtet sich (wappnet sich, macht sich bereit)
Guru der, Gurus (religiöser Lehrer, Anführer)
Guss der, Güsse: ein kalter Guss (Regenschauer), *wie aus einem Guss* (einheitlich); das **Gusseisen**; **gusseisern**
gustiös (appetitlich); der **Gusto** (Appetit); das **Gustostückerl** (besonders gutes Stück)
gut besser, am besten, ein guter Film, eine gute Gelegenheit, so gut wie, es gut sein lassen, er ist mir gut (wohlgesinnt), gut gelaunt auch gutgelaunt, ein guter Mensch ABER → der **Gute** Hirt(e) (Christus), ein gut aussehendes

auch gutaussehendes Mädchen, eine **gut bezahlte** auch gutbezahlte Arbeit, ein **gut gemeinter** auch gutgemeinter Rat, ein **gut gehendes** auch gutgehendes Geschäft, das ist gut gegangen, es waren gut und gern (mindestens) 1000 Leute da, guten Abend auch Guten Abend wünschen ABER → die Note **Gut**, ein Gut (die Note Zwei), es im Guten versuchen, im Guten wie im Bösen, *jenseits von Gut und Böse* (weltfremd; sehr alt), jmdm. etwas Gutes tun, viel Gutes, alles Gute, zu viel des Guten, *das hat sein Gutes* (hat Vorteile), etwas zum Guten lenken

eine **gute** Note	ABER	die Note **Gut**
die **guten** Menschen	ABER	im **Guten** wie im Bösen
jmdm. **gut** tun	ABER	etwas **Gutes** tun
etwas **gut** (ordentlich) **machen**	ABER	etwas wieder **gutmachen**
gut (schön) **schreiben**	ABER	den Betrag **gutschreiben**
guten Morgen sagen	auch	**Guten** Morgen sagen
gut aussehend	auch	**gutaussehend**
gut gemeint	auch	**gutgemeint**

Gut das, Güter: sein Hab und Gut (Besitz), auf einem großen Gut (Bauernhof) arbeiten; der **Güterzug**; der/die **Gutsbesitzer/-in**
Gutachten das, -: (Urteil); **gutartig**; **gutbürgerlich**; das **Gutdünken** (Belieben); die **Güte** (Gutherzigkeit, Qualität); das **Gütezeichen**; **gutgläubig** (leichtgläubig); die **Gutgläubigkeit**; das **Guthaben**; **gutheißen** (▶ heißen) (billigen); **gutherzig**; **gütig**; **gütlich** eine gütliche (freundliche) Einigung, *sich an etwas gütlich tun* (es genießen); **gutmachen** (in Ordnung bringen) ABER → etwas gut (ordentlich) machen; **gutmütig**; die **Gutmütigkeit**; der **Gutschein**; **gutschreiben** (▶ schreiben) jmdm. etwas gutschreiben (anrechnen); die **Gutschrift**; **gutwillig**
Gwirkst auch Gewirkst, Gwirks, Gewirks das, *Ez. (mundartl. für* Mühsames, Verworrenes)
Gymnasium das, Gymnasien; der/die **Gymnasialprofessor/-in**; der/die **Gymnasiast/-in**
Gymnastik die, *Ez.* (Körperübungen); **gymnastisch**
Gynäkologe der, Gynäkologen (Frauenarzt); die **Gynäkologie**; die **Gynäkologin**; **gynäkologisch**
Gyros der, -: (griechischer Spießbraten)
GZ das, *Ez. (kurz für* Geometrisches Zeichnen, Unterrichtsgegenstand)

Weißt du eigentlich, wer von beiden im Recht ist? Meinte die Maus, dass ohne sie nichts geht, oder wollte sie den Kater nur ausbessern? Kommt nach dem Vorwort „ohne" der 3. oder der 4. Fall? Such doch unter „**ohne**"!

▶ Mehr von Maus und Katze auf Seite 160!

H

ha! ha, habe ich es gewusst!
ha = **H**ektar (10 000 m²)
Haar das, Haare: sich das Haar/die Haare kämmen, blonde Haare haben, *um ein Haar* (beinahe), *etwas an den Haaren herbeiziehen* (etwas anführen, was nur entfernt zur Sache gehört), *kein gutes Haar an jmdm./etwas lassen* (nur Schlechtes über jmdn./etwas sagen), *Haare auf den Zähnen haben* (bissig sein), *jmdm. kein Haar krümmen* (jmdm. nichts zu Leide tun), *ein Haar in der Suppe finden* (an einer Sache etwas auszusetzen haben), *sich keine grauen Haare wachsen lassen* (sich keine unnötigen Sorgen machen); der **Haarausfall**; die **Haarbürste**
haaren die Katze haart schrecklich (verliert viele Haare); die **Haaresbreite** um Haaresbreite (beinahe) überfahren werden; die **Haarfarbe**; **haargenau** (ganz genau); **haarig** haarige (behaarte) Beine, eine haarige (heikle) Angelegenheit; die **Haarnadelkurve**; **haarscharf** der Ball flog haarscharf (sehr knapp) am Tor vorbei, etwas haarscharf (ganz genau) beobachten; der **Haarschneider** (Frisör); der **Haarschnitt**; der **Haarschopf**; die **Haarspalterei** (Spitzfindigkeit); das/der **Haarspray**; **haarsträubend** haarsträubende (sehr schlechte) Prüfungsergebnisse; der **Haarwuchs**; die **Haarwurzel**; das **Härchen**
Habe die, *Ez.*: die einzige Habe (Besitz); das **Haben** (Gesamtheit der Einnahmen); das **Hab und Gut** das gesamte Hab und Gut im Krieg verlieren
haben er hat das Buch gelesen, sie hatte die Kinder besucht, sie hatte Glück gehabt, hab Mut! Geld haben (besitzen), Hunger haben (verspüren), er hat (trägt) die Verantwortung, ein Meter hat hundert Zentimeter, wer hat hier zu bestimmen (ist berechtigt)?, es hat kaum 4 Grad, *hab dich doch nicht so!* (*ugs. für* zier dich doch nicht so), habt Acht! (militärisches Kommando), *er ist noch zu haben* (ist unverheiratet), *für etwas zu haben sein* (sich für etwas begeistern lassen), *gegen jmdn. etwas haben* (jmdn. nicht leiden können),
Habenichts der, Habenichtse (*veraltet für* Person, die nur wenig besitzt); die **Habgier** (Geldgier); **habgierig**; **habhaft** jmds. habhaft werden (ihn festnehmen); der **Habitus** (das Gesamterscheinungsbild, Gehaben); die **Hab**seligkeiten (Besitztümer); die **Habsucht**; **habsüchtig**
Haberer der, -: (*ugs. für* Freund); **habern** (*ugs. für* essen)
Habicht der, Habichte (Greifvogel); die **Habichtsnase** (gebogene Nase)
Habsburger der, -: (österreichisches Herrschergeschlecht); die **Habsburgermonarchie**
Hachel die, Hacheln (Küchengerät); **hacheln** (klein schneiden, hobeln), Gurken hacheln
Hachse die *auch* **Haxen** der, Hachsen (*ugs. für* Bein)
¹**Hacke** die, Hacken (Werkzeug); das **Hackbrett** (Saiteninstrument); **hacken** Holz hacken (zerkleinern); der **Hackenstiel**; das **Hackfleisch** (*bundesdt. für* Faschiertes); das/der **Häcksel** (gehacktes Stroh); der **Hackstock**
²**Hacke** die, Hacken (Ferse; Absatz des Schuhs)
hackeln (*ugs. für* schwer arbeiten); die **Hacken in die Hacken** (*derb für* Arbeit) *gehen;* der/die **Hackler/-in** (*ugs. für* Arbeiter/-in)
Hacker [häka] der, -: (jmd., der sich unerlaubt zu fremden Computersystemen Zugang verschafft)
Hader der, Hadern: alte Hadern (Lumpen), im Hader (*veraltet für* Streit) auseinandergehen; der **Haderlump** (verkommener Mensch); **hadern** mit seinem Schicksal hadern (*geh. für* unzufrieden sein)
¹**Hafen** der, Häfen (Anlegeplatz für Schiffe), *im Hafen der Ehe landen* (heiraten); die **Hafenanlage**; der/die **Hafenarbeiter/-in**; die **Hafenkneipe**; die **Hafenrundfahrt**; die **Hafenstadt**; das **Hafenviertel**
²**Hafen** *auch* **Häfen** der, Häfen (*ugs. für* Topf; Gefängnis), im Häfen (Gefängnis) landen; der **Häfenurlaub**
Hafer der, *Ez.* (Getreidesorte), *jmdn. sticht der Hafer* (er ist übermütig); der **Haferbrei**; die **Haferflocke**; der **Haferschleim**
Häferl *auch* **Haferl** das, Häferl: ein Häferl Kaffee (eine Tasse Kaffee) ABER → der Häferlkaffee; der **Häferlgucker** (jmd., der beim Kochen zuschaut)
Hafner der, -: (Ofensetzer, Töpfer)
Haft die, *Ez.*: jmdn. in Haft (in Gewahrsam) nehmen, die Haft (Freiheitsstrafe) verbüßen; **haftbar** (verantwortlich), für etwas haftbar gemacht werden; die **Haftbarkeit**; der **Haftbefehl**; die **Haftentlassung**

Haftel → Halluzination

Haftel das, Hafteln (Hakerl und Öse);
der **Haftelmacher** *aufpassen wie ein Haftelmacher* (sehr genau aufpassen)
haften das Etikett haftet (klebt) schlecht; E tern haften (sind verantwortlich) für ihre Kinder
Häftling der, Häftlinge (Gefangener); die **Haftpflicht**; **haftpflichtversichert**; die **Haftpflichtversicherung**; die **Haftschale** (Kontaktlinse); die **Haftstrafe**
Haftung die, Haftungen: für etwas keine Haftung (Verantwortung) übernehmen, Gesellschaft mit beschränkter Haftung <Ges.m.b.H.>
Hagebutte die, Hagebutten (Frucht der Heckenrose); der **Hagebuttentee**
Hagel der, *Ez.* (Niederschlag von Eiskörnern oder Geschoßen); das **Hagelkorn**; **hageln** es hagelt, es hagelte Ohrfeigen; der **Hagelschaden**; der **Hagelschauer**; die **Hagelschloße** (großes Hagelkorn)
hager (mager, groß gewachsen)
haha (Ausruf, Gelächter)
Hahn der, Hähne (männliches Huhn), im Bad tropft der Hahn (die Wasserleitung), *der Hahn im Korb* (einziger Mann unter vielen Frauen), *danach kräht kein Hahn* (das interessiert niemanden); der **Hahnenfuß** (Wiesenblume); der **Hahnenschrei** beim ersten Hahnenschrei (früh am Morgen)
Hai der, Haie (Raubfisch); der **Haifisch**
Hain der, Haine (kleiner Wald); die **Hainbuche** (Laubbaum)
HAK, HAk = **H**andels**ak**ademie
häkeln ein Spitzendeckchen häkeln, jmdn. häkeln (*ugs. für* necken); die **Häkelei**; das **Häkelgarn**; die **Häkelnadel**
Haken der, -: (gebogener Stift, mit dem man etwas befestigen kann), einen Haken in die Wand einschlagen, der Hase schlägt einen Haken (ändert die Richtung), ein linker Haken (Schlag beim Boxen), die Sache hat einen Haken (Nachteil); das **Häkchen** (kleiner Haken); das **Hakerl**
haken den Daumen in den Gürtel haken (klemmen); das **Hakenkreuz** (u.a. Symbol des Nationalsozialismus); die **Hakennase**
halb (zur Hälfte), das Glas ist halb leer auch halbleer, es ist schon halb acht, ein halber Meter, eine halbe Stunde, der Zeiger steht auf halb, anderthalb (eineinhalb) Stunden, ein halbes Dutzend Mal, mit halber Kraft, halb fertig sein auch halbfertig sein, halb erfroren, halb links auch halblinks (im Fußball) spielen, halb tot auch halbtot sein, zweieinhalb Kilo, halb so viele; *jmdm. auf halbem Wege entgegenkommen* (einen Kompromiss eingehen), *mit jmdm. halbe-halbe machen* (teilen), *noch ein halbes Kind sein* (unreif sein); **halbamtlich** (nicht ganz offiziell); das **Halbblut** (Mischling); der **Halbbruder**; das **Halbdunkel** (Zwielicht); der, die, das **Halbe** eine Halbe (Bier) bestellen, ein Halbes davon, nichts Halbes und nichts Ganzes

ein **halbes** Glas Bier	ABER	eine **Halbe** bestellen
halbe-halbe machen (teilen)	ABER	nichts **Halbes** machen

halber *Präp.+Gen.:* der Ordnung halber (wegen)
Halbfinale das, -; der **Halbgott**; die **Halbheit** (Unvollkommenes); **halbherzig**; **halbhoch**
halbieren (in zwei gleiche Teile teilen); die **Halbinsel**; das **Halbjahreszeugnis**; **halbjährig** (ein halbes Jahr alt/dauernd); **halbjährlich** (jedes halbe Jahr); der **Halbkreis**; **halbmast** *Adv.:* die Fahne steht auf halbmast; der **Halbmond**; die **Halbpension**; der **Halbschuh**; **halbseitig**; der **Halbstarke** (lautstark auftretender Jugendlicher); **halbstündig, halbstündlich**; **halbtags** *Adv.;* die **Halbtagsarbeit**; die **Halbwaise**; **halbwegs** *Adv.* (einigermaßen); **halbwüchsig**; der/die **Halbwüchsige** (Jugendliche); die **Halbzeit**
Halde die, Halden (Geröllabhang), auf Halde (Unverkäufliches) produzieren
Hälfte die, Hälften: die Hälfte des Landes, zur Hälfte, *meine bessere Hälfte* (Ehefrau, Ehemann)
¹**Halfter** das/der, Halfter (Pferdegeschirr, Zaum); **halftern**
²**Halfter** das/die, -/Halftern (Pistolentasche)
Hall der, Halle (Schall); die **Halle** (großes Gebäude ohne Raumteilung); **hallen** die Musik hallt durch den Gang; das **Hallenbad**; der **Hallenfußball**
halleluja! (Gebetsruf: Lobet den Herrn!); ein **Halleluja**
Hallimasch der, Hallimasche (Pilzart)
hallo! hallo rufen auch Hallo rufen; das **Hallo** mit einem großem Hallo (Aufsehen, Geschrei) begrüßen
Hallodri der, Hallodris (leichtsinniger Mensch)
Halluzination [...tsion] die, Halluzinationen (Sinnestäuschung); **halluzinieren**

Halm → Handarbeit

Halm der, Halme (biegsamer Stängel); das **Hälmchen**

Halogenlampe die, ...lampen (sehr helle Lampe); der **Halogenscheinwerfer**

Hals der, Hälse: der lange Hals der Giraffe, der Hals ist entzündet, der Hals einer Flasche, *Hals- und Beinbruch!* (alles Gute), *Hals über Kopf* (überstürzt), *den Hals verdrehen* (auffällig nachblicken), *bis zum Hals in Schulden stecken* (sehr verschuldet sein), *sich jmdm. an den Hals werfen* (sich ihm aufdrängen), *sich jmdn./etwas vom Hals schaffen* (loswerden), *etwas/jmd. hängt einem beim Hals heraus* (ugs. für ist unerträglich); der/die **Halsabschneider/-in** (Wucherer); das **Halsband**; **halsbrecherisch** (lebensgefährlich); die **Halsentzündung**; der **Hals-Nasen-Ohren-Arzt** <HNO-Arzt>; die **Halsschmerzen**; **halsstarrig** (stur); das **Halstuch**; das **Halsweh**

¹**halt** *Adv.:* du bist halt (eben) zu jung, er wird halt (wohl) keine Zeit haben

²**halt!** laut halt auch Halt rufen; der **Halt** einen Halt (Rast) einlegen, einen Halt (eine Stütze) bieten

| er ist **halt** krank | ABER | einen **Halt** machen |
| laut **halt** rufen | auch | laut **Halt** rufen |

haltbar haltbare (feste) Kleidung, haltbare Lebensmittel, die Behauptung ist nicht haltbar, der Schuss aufs Tor war nicht haltbar; die **Haltbarkeit**; der **Haltegriff**; der **Haltegurt**; die **Haltelinie**

halten du hältst den Rekord, sie hielt ihn fest, er hat das Versprechen gehalten, halt still!, etwas in Händen halten, mit dem Auto halten (anhalten), die Stellung halten (verteidigen; als Einzige/-r anwesend sein), jmdn. für einen Betrüger halten, Ordnung halten, ein Referat halten, ein Tier halten, den Mund halten (schweigen), die Reifen halten lange, jmdn. für ehrlich halten (ansehen), der Nagel hält (sitzt fest), der Tormann hält den Ball (wehrt den Torschuss ab), *etwas auf jmdn. halten* (eine gute Meinung von ihm haben), *von jmdm. viel halten* (jmdn. schätzen), *zu jmdm. halten* (ihn unterstützen)

Halter der, -: (Besitzer eines Tieres/Autos); die **Halterin**; die **Halterung** (Haltevorrichtung); die **Haltestelle**; das **Halt(e)verbot**; **...hältig** auch ...haltig erzhältig, säurehältig; **haltlos** eine haltlose (unbegründete) Behauptung; die **Haltlosigkeit**; die **Haltung** eine aufrechte Haltung (Körperhaltung, Gesinnung)

Halunke der, Halunken (Betrüger)

¹**Hamburger** der, -: (Einwohner der Stadt Hamburg; Specksorte)

²**Hamburger** [hämböaga] der, -: (Gebäck mit Faschiertem oder Fisch)

Häme die, *Ez.* (*bundesdt. für* Gehässigkeit); **hämisch** eine hämische (boshafte) Bemerkung machen

Hammel der, -: (kastriertes männliches Schaf); der **Hammelbraten**; die **Hammelkeule**

Hammer der, Hämmer (Werkzeug), *unter den Hammer kommen* (versteigert werden), *das war ein Hammer!* (ugs. für etwas unglaublich Tolles/Schlechtes); **hämmern**; das **Hammerwerfen**

Hämorrhoiden auch **Hämorriden** die, *Mz.* (Venenknoten am After)

Hampelmann der, ...männer (Spielzeug, *abwertend für* willenloser Mensch); **hampeln** (ugs. für zappeln)

Hamster der, -: (Nagetier); die **Hamsterbacke**; der **Hamsterkauf** (übertriebener Einkauf von Vorräten); **hamstern** (Vorräte ansammeln)

Hand die, Hände: etwas in der rechten Hand halten, Hand in Hand spazieren, die Ware geht von Hand zu Hand, aus zweiter Hand, von langer Hand vorbereitet, eine Hand voll auch Handvoll Reis, die öffentliche Hand (der Staat), *bei etwas Hand anlegen* (mitarbeiten), die rechte Hand von jmdm. sein (ihn unterstützen, z.B. als Assistent/-in), *das liegt auf der Hand* (ist offensichtlich), *mit leeren Händen dastehen* (nichts besitzen), *jmdm. freie Hand lassen* (frei entscheiden lassen), *seine Hände in Unschuld waschen* (keine Verantwortung übernehmen), *eine Hand wäscht die andere* (wer hilft, dem wird geholfen), *jmdm. an die/zur Hand gehen* (helfen), *von der Hand in den Mund leben* (wenig Geld haben), *etwas aus erster Hand erfahren* (etwas direkt erfahren), *eine unglückliche Hand haben* (ungeschickt sein), *alle Hände voll zu tun haben* (sehr beschäftigt sein), *etwas unter der Hand kaufen* (unrechtmäßig kaufen); **...hand** allerhand, anhand, kurzerhand, vorderhand (vorläufig)

Handarbeit die, Handarbeiten; **handarbeiten**; der **Handball**; **handbreit** ein handbreiter Rand ABER → eine Hand breit auch Handbreit von dem Stoff; die **Handbremse**;

das **Händchenhalten**; die **Handcreme**; der **Händedruck**; **händeringend** (verzweifelt)
Handel der, *Ez.* (Warenverkehr), Handel treiben, Handel treibend auch handeltreibend, ein schlechter Handel, der Handel möchte eine Veränderung der Ladenschlusszeiten
Händel die, *Mz.*: Händel (*geh. für* Streit) suchen
handeln etwas handeln, er handelt (treibt Handel) mit Autos, sofort handeln (tätig werden), der Film handelt von … (hat zum Inhalt)
Handelsakademie die, …akademien <HAK, HAk> (höhere Handelsschule); die **Handelsbilanz**; **handelseinig**; **handelseins** mit jmdm. handelseins (in einer geschäftlichen Angelegenheit einig) werden; das **Handelsembargo** (Ausfuhrverbot); die **Handelsfirma**; die **Handelsflotte**; die **Handelsgesellschaft**; **handelsüblich**; der **Handelsvertrag**; der/die **Handelsvertreter/-in**
Handfertigkeit die, …fertigkeiten (Geschicklichkeit); **handfest** (stark, sehr deutlich); die **Handfläche**; **handgefertigt**; **handgeknüpft**; das **Handgelenk**; **handgemacht**; das **Handgemenge**; das **Handgepäck**; **handgeschrieben**; **handgestrickt**; **handgreiflich**; der **Handgriff**
Handhabe die, Handhaben (rechtliche Möglichkeit); **handhaben** ein Gerät handhaben (richtig benutzen), die Regelung anders handhaben (anwenden); **…händig** einhändig, freihändig; das **Hand-in-Hand-Arbeiten**
Handicap [händikäp] auch **Handikap** das, Handicaps (Behinderung, Benachteiligung); **händisch** etwas händisch (mit der Hand) bearbeiten
Handkuss der, Handküsse: zum Handkuss kommen (draufzahlen)
Handlanger der, -: (*abwertend für* Helfer); die **Handlangerin**
Händler der, -: die **Händlerin**
handlich (zweckmäßig, leicht zu benützen); das **Handling** [händling] (der Gebrauch, die Handhabung) eines Gerätes; die **Handlung**; **handlungsfähig**; die **Handlungsfreiheit**; die **Handlungsvollmacht**; die **Handlungsweise**; das **Handout** [händaut] auch Hand-out (Informationsmaterial); die **Handschellen**; der **Handschlag**; die **Handschrift**; der **Handschuh**; der **Handstand**; im **Handumdrehen** (sehr rasch); **handverlesen** (sorgfältig ausgewählt)
Handwerk das, Handwerke: *jmdm. ins Handwerk pfuschen* (sich einmischen), *jmdm. das Handwerk legen* (seinem Treiben ein Ende setzen), *Handwerk hat goldenen Boden* (Handwerker haben eine gesicherte Zukunft); **handzahm** ein handzahmes (bes. zahmes) Tier
Handy [händi] das, Handys (Mobiltelefon)
hanebüchen auch **hanebüchern** (plump, unverschämt)
Hanf der, *Ez.* (Faserpflanze für Stoffe und Marihuana); das **Hanfseil**
Hang der, Hänge: den Hang (Abhang) hinunterlaufen, einen Hang zur (Vorliebe für) Verschwendung haben; **hangabwärts** *Adv.* ABER → den Hang abwärts laufen
Hangar der, Hangars (Halle für Flugzeuge)
Hängebrücke die, …brücken; die **Hängematte**
¹**hängen** die Arme hängen herab, der Mantel hing am Haken, er ist sehr an seiner Mutter gehangen, häng das Bild gerade!, vom Unterricht ist nicht viel hängen geblieben auch hängengeblieben, der Gestank hing in der Luft, sie hängen den ganzen Abend vor dem Fernseher, *an seinen Lippen hängen* (angespannt zuhören), *den Kopf hängen lassen* auch *hängenlassen* (mutlos sein), *jmdn. hängen lassen* auch *hängenlassen* (im Stich lassen), *mit Hängen und Würgen* (ganz knapp, mit großer Mühe)
²**hängen** ich hängte das Bild an die Wand, du hast gehängt, der zum Tode Verurteile soll gehängt auch gehenkt werden

| der Mantel **hing** am Haken | ABER | er **hängte** das Bild an die Wand |

Hangerl das, -: (*ugs. für* Geschirrtuch); der **Hängeschrank**
Hansdampf der, *Ez.*: (ein) Hansdampf in allen Gassen sein (überall dabei sein)
Hanse die, *Ez.* (norddeutscher Städtebund im Mittelalter); der/die **Hanseat/-in** (Bewohner/-in einer Hansestadt)
hänseln (verspotten); die **Hänselei**; der **Hanswurst** (lächerlicher Mensch)
Hantel die, Hanteln (Handgewichte zum Trainieren); **hanteln**
hantieren mit Werkzeug hantieren (umgehen)
hantig (*ugs. für* bitter, scharf, unwillig)

hapern → Haue

hapern es hapert (mangelt, scheitert) am Geld, bei ihm hapert es (er ist schlecht) in der Rechtschreibung

Happen der, -: (kleiner Bissen); das **Häppchen**; **happig** happige (*ugs. für* übertriebene) Preise

Happening [häpening] das, Happenings (Veranstaltung mit Einbeziehung des Publikums)

happy [häpi] (zufrieden, glücklich); das **Happyend** auch Happy End (glücklicher Ausgang)

Hardware [hadwäa] die, Hardwares (Gerät zur Datenverarbeitung, z.B. Computer)

Harem der, Harems (Frauengemächer in Ländern des Islams); der **Haremswächter**

Häresie die, Häresien (Ketzerei)

Harfe die, Harfen (Saiteninstrument); der/die **Harfenist/-in**

Harke die, Harken (*bundesdt.:* Gartengerät)

Harlekin der, Harlekine (Spaßmacher)

Harm der, *Ez.* (*geh. für* Kummer, Kränkung); sich **härmen** (grämen, sorgen); **harmlos** (ungefährlich)

Harmonie die, Harmonien (Eintracht); **harmonieren** (gut zusammenpassen); **harmonisch**; **harmonisieren** (in Einklang bringen); die **Harmonisierung**

Harmonika die, Harmonikas (Musikinstrument); das **Harmonium** (Tasteninstrument)

Harn der, *Ez.* (Urin); die **Harnblase**

Harnisch der, Harnische (Brustpanzer), *jmdn. in Harnisch bringen* (wütend machen)

Harpune die, Harpunen (Wurfgerät zum Fischfang); **harpunieren**

harren (sehnsüchtig warten), sie harrt der Dinge, die da kommen sollten

Harsch der, *Ez.* (verkrusteter Schnee); **harsch** (unfreundlich); **harschig** harschiger Schnee

hart hartes (festes) Holz, ein hart gefrorener auch hartgefrorener Boden, eine harte (gute) Währung, eine harte (schwere) Zeit, ein hartes Herz haben (wenig mitfühlend sein), harte (strenge) Strafen, hart (heftig) zuschlagen, harte (hart gekochte) Eier, harte Drinks (mit viel Alkohol), ein hartes (schweres) Schicksal, hartes (kalkreiches) Wasser, *jetzt geht es hart auf hart* (um die Entscheidung in einer Extremsituation), *hart im Nehmen sein* (viel ertragen können)

Härte die, Härten (Festigkeit, Strenge, Rohheit); der **Härtefall** (Notlage); **härten** (etwas hart machen); die **Hartfaserplatte**; das **Hartgeld** (Münzen); **hartherzig** (mitleidlos); die **Hartherzigkeit**; das **Hartholz**; **hartnäckig** (stur); die **Hartnäckigkeit** (Beharrlichkeit)

Harz das, Harze (klebrige Absonderung von Nadelbäumen); **harzig**

Hasard das, Ez. (Glücksspiel); **hasardieren** (leichtfertig alles aufs Spiel setzen); der/die **Hasardeur/-in** [hasadöa/rin]

HASch = **Handelsschule**

Haschee das, Haschees (faschiertes Fleisch)

¹**haschen** die Katze hascht (jagt) nach der Maus; der/die **Häscher/-in** (gerichtlich beauftragte/-r Jäger/-in einer Person); das **Hascherl** (*ugs. für* bedauernswerte Person)

²**haschen** (Haschisch rauchen); das/der **Haschisch** (Rauschgift) auch das Hasch

Hase der, Hasen (Nagetier), *ein alter Hase* (erfahren) *sein; sehen, wie der Hase läuft* (sich anschauen, wie sich eine Sache entwickelt), *da liegt der Hase im Pfeffer* (dort ist die eigentliche Ursache); der **Hasenbraten**; der **Hasenfuß** (*abwertend für* ängstlicher Mensch); die **Häsin**

Hasel die, Haseln (Strauch); die **Haselnuss**; der **Haselnussstrauch** auch Haselnuss-Strauch; die **Haselstaude**

Haspel die, Haspeln (Garn-, Seilwinde); **haspeln**

Hass der, *Ez.* (starke Abneigung); **hassen** er hasst Autobusfahrten, sie hasste ihn; **hasserfüllt** ein hasserfüllter Blick; der/die **Hassprediger/-in** (zu Hass aufrufende Person)

hässlich ein hässliches (unschönes) Gesicht, eine hässliche (gemeine) Art, hässliches (unfreundliches) Wetter; die **Hässlichkeit**

Hast die, *Ez.* (Eile); **hasten** (schnell bewegen, eilen); **hastig** (sehr schnell)

hätscheln jmdn. hätscheln (liebkosen)

hatschen (*ugs. für* hinken, lässig gehen); der **Hatscher** (*ugs. für* mühsamer Marsch)

Hattrick [hätrik] der, Hattricks (drei Fußballtore hintereinander durch denselben Spieler)

Hatz die, Hatzen (Hetzjagd, Eile)

Haube die, Hauben (Kopfbedeckung), *unter die Haube bringen* (verheiraten), *unter die Haube kommen* (heiraten); das **Häubchen**

Haubitze die, Haubitzen (Geschütz)

Hauch der, Hauche (sanfter Luftzug), der letzte Hauch (Atemzug) des Sterbenden, ein Hauch (leichter Anflug) von Frühling; **hauchdünn**; **hauchen** (flüstern, durch Hauchen erzeugen); **hauchzart**

¹**Haue** die, Hauen (Gartengerät); das **Häunel**

(kleine Haue); **häuneln** (mit einer kleinen Haue Unkraut jäten)

²**Haue** die, *Mz.* (Hiebe, Schläge), Haue bekommen; **hauen** ihn haut niemand um, er haute/hieb ein Loch in die Wand, hau nicht her!, *jmdn. übers Ohr hauen* (betrügen); der **Haudegen** (Draufgänger)

Hauer der, -: (Bergmann; Weinbauer; Eckzahn des männlichen Schweins)

Haufen der, -: (ungeordnete Anhäufung), ein Haufen (viele) Geschenke, ein wilder Haufen (Bande), *jmdn. über den Haufen rennen* (umstoßen), *Pläne über den Haufen werfen* (ändern); das **Häufchen** ein Häufchen Elend; **häufeln** (Häufchen machen); sich **häufen** (zahlreicher werden); **haufenweise**; das **Häuferl** (*ugs. für* Hundekot); **häufig**; die **Häufigkeit**; das **Häuflein**

Haupt das, Häupter (Kopf), erhobenen Hauptes, das Haupt (die wichtigste Person) der Familie, *ein gekröntes Haupt* (König/-in); **hauptamtlich**; das **Hauptargument**; das **Hauptaugenmerk** (besondere Aufmerksamkeit); der **Hauptbahnhof** <Hbf.>; **hauptberuflich**; der/die **Hauptdarsteller/-in**; das **Häuptel** ein Häuptel Salat; das **Hauptgebäude**; der **Hauptgegenstand** (Schularbeitsfach); der **Häuptling** (Stammesführer); der **Hauptmann**; die **Hauptsache**

hauptsächlich (wesentlich, vor allem), sein hauptsächliches (wichtigstes) Anliegen; die **Hauptsaison** [hauptsäsõ]; der **Hauptsatz**; die **Hauptschule**; der/die **Hauptschullehrer/-in**, die **Hauptstadt**; die **Hauptverkehrsstraße**; das **Hauptwort** (Nomen)

Haus das, Häuser: zu Haus(e) sein *auch* zuhause sein ABER → das ist sein Zuhause, nach Haus(e) *auch* nachhause, ein Haus bauen, das ganze Haus (Publikum) applaudierte, von Haus aus, *du altes Haus!* (Anrede für einen Kumpel), *mit der Tür ins Haus fallen* (ohne Umschweife mit einer Sache beginnen), *sich über die Häuser hauen* (*ugs. für* flüchten)

zuhaus(e) sein	auch	zu **Haus(e)** sein
nachhaus(e) gehen	auch	nach **Haus(e)** gehen
mit dem Geld **haushalten**	auch	mit dem Geld **Haus halten**

Hausapotheke die, Hausapotheken; der **Hausarrest**; der/die **Hausarzt/-ärztin**;

die **Hausaufgabe**; **hausbacken** (naiv, altmodisch); der/die **Hausbesorger/-in** (Hausmeister/-in); das **Häuschen** *aus dem Häuschen geraten* (ganz aufgeregt sein); die **Hausdurchsuchung**; **hauseigen**; das **Häusel** *auch* **Häusl** (kleines Haus; *ugs. für* WC); der/die **Häus(e)lbauer/-in**

hausen (*ugs. für* unter schlechten Bedingungen leben), *wie die Wilden hausen* (wüten); der **Häuserblock**; das **Häusermeer**; der **Hausflur** (Vorraum eines Hauses); die **Hausfrau**; der **Hausfriedensbruch**; der **Hausgebrauch**; **hausgemacht**; der **Hausgenosse**; die **Hausgenossin**

Haushalt der, Haushalte: ein Haushalt mit vier Personen, über den Haushalt (die Staatsausgaben und Einnahmen) im Parlament beraten; **haushalten** *auch* Haus halten (wirtschaften); die **Haushälterin**; das **Haushaltsgerät**; der **Haushaltsplan**; der/die **Hausherr/-in**; **haushoch** haushoch (sehr hoch) gewinnen

hausieren (Waren an der Haustür verkaufen); der/die **Hausierer/-in**; **häuslich**

Hausmann der, ...männer (Mann, der den Haushalt führt); die **Hausmannskost** (einfaches Essen); der/die **Hausmeister/-in**; der **Hausrat** (Möbel eines Haushalts); der **Hausschlapfen** (*ugs. für* Hausschuh); der **Hausschlüssel**; der **Hausschuh**; der **Haussegen** *der Haussegen hängt schief* (es herrscht gereizte Stimmung); das **Haustier**; der **Hausverwalter**; die **Hauswirtschaft**

Haut die, Häute: eine helle Haut haben, die Haut eines Pfirsichs, *eine gute/ehrliche Haut* (ein guter/ehrlicher Mensch), *mit Haut und Haar* (ganz und gar), *eine dicke Haut haben* (unempfindlich gegen Kritik sein), *sich seiner Haut wehren* (sich verteidigen), *auf der faulen Haut liegen* (*ugs. für* faulenzen), *aus der Haut fahren* (wütend werden), *mit heiler Haut* (ohne Schaden) *davonkommen, nicht aus seiner Haut herauskönnen* (sich nicht ändern können), *sich seiner Haut wehren* (sich verteidigen), *etwas geht unter die Haut* (geht einem nahe)

Hautarzt der, Hautärzte; die **Hautärztin**; der **Hautausschlag**; das **Häutchen**; die **Hautcreme**; **häuten** (das Fell/die Haut abziehen), die Schlange hat sich gehäutet; **hauteng** (sehr eng); die **Hautfarbe**; der **Hautkrebs**; **hautnah**; die **Hautsalbe**; die **Häutung**

Hautevolee → heilen

Hautevolee [otwolẹ] die, Ez. (vornehme Gesellschaft)
Havarie [hawari] die, Havarien (Unfall); **havarieren** ein havariertes (durch einen Unfall beschädigtes) Fahrzeug
Haxen der, Haxen auch die **Hachse** (Bein von Kalb und Schwein; ugs. für Bein), *meine Haxen tun weh* (die Beine schmerzen), *sich die Haxen für eine Sache ausreißen* (ugs. für sich um etwas sehr bemühen)
H.B. = **H**elvetisches **B**ekenntnis (evangelische Kirche)
Hbf. = **H**aupt**b**ahn**h**of
he! (Ausruf, um jmdn. auf sich aufmerksam zu machen); **heda!**
Headset [hedset] das, -sets (eine auf dem Kopf getragene Kombination aus Mikrofon und Kopfhörer)
Hearing [hiring] das, Hearings (öffentliche Anhörung)
Hebamme die, Hebammen (Geburtshelferin)
Hebebühne die, Hebebühnen (Plattform zum Heben von Personen und Lasten)
Hebel der, -: (Griff zum Ein- und Ausschalten von technischen Geräten; langer Stab), *alle Hebel in Bewegung setzen* (alles versuchen, um sein Ziel zu erreichen), *am längeren Hebel sitzen* (die bessere Position haben); das **Hebelgesetz**
heben sie hebt das Kind hoch, er hob das Gewicht, die Container wurden vom Kran in das Schiff gehoben, heb hoch!, das versunkene Schiff heben (bergen), dieses Zeugnis hebt ihr Selbstbewusstsein, der Wasserspiegel hebt sich (wird höher), der Theatervorhang hebt sich, die Stimmung heben (verbessern); die **Hebung** (betonte Silbe)
Hebräer der, -; die **Hebräerin**; **hebräisch**
hecheln der Hund hechelt in der Hitze (atmet rasch und geräuschvoll mit offenem Maul)
Hecht der, Hechte (Raubfisch), *ein toller Hecht* (bewundernde Bezeichnung für einen Mann); **hechten** (einen Hechtsprung machen); die **Hechtrolle** (Rolle vorwärts); der **Hechtsprung** (Sprung mit dem Kopf voran)
Heck das, Hecke/Hecks (hinterer Teil eines Schiffes, Autos, Flugzeugs); der **Heckantrieb**; die **Heckflosse**; die **Heckklappe**
Hecke die, Hecken (dicht bepflanzte Reihe von Büschen); die **Heckenrose**; die **Heckenschere**; der **Heckenschütze** (Person, die aus dem Hinterhalt auf andere schießt)
Heer das, Heere (Armee), ein Heer (eine große Menge) von Gelsen; der **Heerführer**; die **Heerschar** (große Anzahl)
Hefe die, Hefen (*bundesdt. für* Germ); der **Hefeteig**
¹**Heft** das, Hefte (Schreibheft, Zeitschrift), in ein Heft schreiben
²**Heft** das, Hefte (Griff eines Messers, einer Stichwaffe), *das Heft in der Hand behalten* (die Lage beherrschen)
heften (befestigen, zusammenfügen), ein Plakat an das Anschlagbrett heften, *die Augen auf jmdn. heften* (richten), *sich an seine Fersen heften* (ihn verfolgen); **heftig** (stark, gewaltig, unbeherrscht), ein heftiger Sturm, heftig reagieren; die **Heftklammer**; die **Heftmaschine**; das **Heftpflaster** (Klebeverband)
Hegemonie die, Hegemonien (Vorherrschaft einer Gesellschaftsgruppe)
hegen (pflegen, umsorgen); die **Hege** (Pflege des Wildes)
Hehl das/der, Ez. (Geheimnis), *kein(en) Hehl aus etwas machen* (geh. für nichts verbergen); **hehlen** (Diebsgut verkaufen); der/die **Hehler/-in** (Händler/-in von Diebsgut); die **Hehlerei**
¹**Heide** der, Heiden (*abwertend für* Nichtchrist, Ungläubiger); **Heiden…** eine Heidenangst (sehr große Angst) haben, die Heidenarbeit (viel Arbeit), der Heidenlärm (großer Lärm), der Heidenspaß (sehr großer Spaß); das **Heidentum**; die **Heidin**; **heidnisch** heidnische (vorchristliche) Zeit
²**Heide** die, Heiden (sandige, baumlose Landschaft); das **Heidekraut**; die **Heidelbeere**; das **Heide(n)röschen**
heikel eine heikle (sehr schwierige und komplizierte) Sache, heikel (wählerisch) sein
Heil das, Ez. (Wohlergehen; Erlösung von den Sünden), *sein Heil in der Flucht/im Alkohol suchen* (davonlaufen/zu trinken beginnen); **heil** einen Sturz heil (unverletzt) überstehen, ist das Bein wieder heil (gesund)?, die Uhr ist beim Unfall heil geblieben, *mit heiler Haut* (ungeschoren) *davonkommen*; der **Heiland** (Jesus, der Erlöser)
heilen die Ärztin heilt die Kranken (macht sie gesund), die Wunde heilt (verheilt) von selbst, *die Zeit heilt alle Wunden;* **heilbar**; **heilfroh** ich bin heilfroh (sehr erleichtert) darüber; die **Heilgymnastik**

heilig → Held

heilig <hl.>: die heilige Messe, der Berg ist für die Ureinwohner heilig, die heilige Elisabeth, die heiligen Sakramente ABER → der **Heilige** Abend (24. Dezember), der Heilige Vater (Papst), die Heiligen Drei Könige, der Heilige Geist, das Heilige Land (Palästina), die Heilige Nacht (Weihnachten), die Heilige Schrift (Bibel), der Heilige Stuhl (päpstliche Regierung); der **Heiligabend**

die **heilige** Messe	ABER	der **Heilige Vater** (Papst)
der Heilige **Abend** (Weihnachten)	auch	der **Heiligabend**

Heilige der/die, Heiligen: die Heiligen verehren; **heiligen** du sollst die Feiertage heiligen! (heilighalten, nicht arbeiten), ein heiliges (heiliggehaltenes) Recht, die geheiligten Stätten in Palästina; der **Heiligenschein**; **heilighalten** (▸ halten); die **Heiligkeit**; **heiligsprechen** (▸ sprechen) sie wurde heiliggesprochen; das **Heiligtum**

Heilkraut das, Heilkräuter; **heilkundig**; der/die **Heilkundige**; **heillos** heillos (sehr) zerstritten sein; der/die **Heilpraktiker/-in**; die **Heilquelle**; **heilsam** (nützlich); die **Heilsarmee**; die **Heilstätte**; die **Heilung**; der **Heilungsprozess**

heim *Adv.:* heim (nach Hause) gehen; das **Heim** ein gemütliches Heim (Wohnung, Zuhause) haben, in einem Heim (Obdachlosenheim, Altersheim) leben; die **Heimat**; der/die **Heimatdichter/-in**; **heimbegleiten**; **heimbringen** (▸ bringen); **heimelig** (gemütlich); **heimfahren** (▸ fahren) wir sollten heimfahren; **heimführen** jmdn. heimführen (nach Hause bringen; heiraten); **heimgehen** (▸ gehen) *(geh. für* sterben); der **Heimgang** (Tod); **heimholen**; **heimisch** heimische (inländische) Pflanzen; die **Heimkehr**; **heimkehren**; **heimleuchten** *jmdm. heimleuchten* (jmdn. zurechtweisen); die **Heimmannschaft**; die **Heimreise**; **heimreisen**; das **Heimspiel** (Spiel auf dem eigenen Platz); die **Heimstätte** (Wohnstätte); **heimwärts** *Adv.;* das **Heimweh**

Heimat die, *Ez.:* von der Fremde in die Heimat zurückkehren, die Heimat der Kartoffel ist Südamerika; **heimatlich**; **heimatlos** (ohne Heimat); das **Heimatmuseum**; die **Heimatstadt**; der/die **Heimatvertriebene**

heimlich etwas heimlich (verstohlen) tun, sie hat einen heimlichen (geheimnisvollen, nicht bekannten) Verehrer; *heimlich, still und leise* (im Verborgenen); die **Heimlichtuerei**

heimsuchen von einem Unglück heimgesucht (befallen) werden; die **Heimsuchung** (schweres Unglück); **heimtückisch** (hinterlistig, unaufrichtig); der/die **Heimwerker/-in**; **heimzahlen** (Böses mit Bösem vergelten)

Heinzelmännchen das, -: (hilfreiche Märchengestalt)

Heirat die, Heiraten (Eheschließung); **heiraten**; die **Heiratsannonce**; der **Heiratsantrag**; die **Heiratsanzeige**; **heiratsfähig**; der/die **Heiratsschwindler/-in**

heischen Aufmerksamkeit heischen *(veraltet für* verlangen)

heiser eine heisere (belegte) Stimme haben; die **Heiserkeit**

heiß (hohe Temperatur), das Wasser heiß machen auch heißmachen, heißer Kaffee, eine heiße (heftige) Diskussion, ein heißes (schwieriges) Thema, ein heißes (tolles) Konzert, eine heiß (sehr) ersehnte auch heißersehnte Nachricht, ein heiß geliebter auch heißgeliebter Mensch, *einen heißen Draht zu jmdm. haben* (eine direkte Verbindung haben), *ein heißes Eisen anfassen* (sich mit einem heiklen Problem auseinandersetzen), *ein heiß begehrtes* auch heißbegehrtes Produkt, was ich nicht weiß, macht mich nicht heiß (regt mich nicht auf); **heißblütig** (leicht erregbar); der **Heißhunger**; **heißhungrig**; die **Heißluft** (im Herd)

heißen er heißt Mayer, die Stadt hieß früher Konstantinopel, jmdn. einen Lügner heißen (nennen), was soll das heißen (bedeuten)?; *die Aufführung hat nichts geheißen (ugs. für* war nicht gut)

heiter (sonnig, hell, fröhlich), er hat ein heiteres Gemüt, ein heiteres (lustiges) Buch, heiter (sonnig) bis wolkig; die **Heiterkeit** (heitere Stimmung)

heizen das Zimmer heizen; der/die **Heizer/-in**; das **Heizgerät**; der **Heizkessel**; der **Heizkörper**; die **Heizkosten**; das **Heizöl**; die **Heizung**

Hektar das, Hektare <ha> (Flächenmaß: 10 000 m², 100 Ar)

Hektik die, *Ez.* (fieberhafte Eile); **hektisch**

Hektoliter der, -: <hl> (100 Liter)

Held der, Helden (mutige Sagengestalt), bei der Heimkehr wurde der Held

helfen → Herausgabe

gefeiert; **heldenhaft**; der **Heldenmut** (Unerschrockenheit); **heldenmütig**; die **Heldentat**; der **Heldentod** (Tod auf dem Schlachtfeld)

helfen hilfst du mir beim Packen?, er half beim Tragen des Koffers, sie hat mir beim Lernen geholfen, hilf mit!, das hilft gegen den Schmerz, *sich nicht mehr zu helfen wissen* (nicht wissen, was man tun soll); der/die **Helfer/-in**; der/die **Helfershelfer/-in** (Komplize, Mittäter); **helfgott!**

Helikopter der, -: (Hubschrauber)

heliozentrisch (mit der Sonne als Mittelpunkt)

Helium das, *Ez.* (Edelgas)

hell (mit viel Licht), am hellen Tag, ein hell leuchtender auch hellleuchtender Stern, ein heller (hoher) Klang, ein heller (reiner) Ton, ein heller (kluger) Kopf, *seine helle Freude an jmdm. haben* (von jmdm. begeistert sein); **hellauf** *Adv.:* hellauf (sehr) begeistert sein; **hellblau**; **hellblond**; **hellhäutig**; **hellhörig** hellhörige (schlecht schallgedämmte) Wände, hellhörig (misstrauisch) werden; **helllicht** am helllichten Tag; **hellsehen**; der/die **Hellseher/-in** (Person, die Zukünftiges voraussieht); **hellsichtig** (scharfsinnig); **hellwach**

Hellebarde die, Hellebarden (alte Hieb- und Stichwaffe)

Heller der, -: (alte Münze), *keinen roten Heller* (kein Geld) *haben, auf Heller und Pfennig* (alles) *zurückzahlen*

Helm der, Helme (Kopfschutz)

Helvetien [helvetsien] (lateinischer Name für die Schweiz); der/die **Helvetier/-in** (Angehörige/-r eines keltischen Stammes)

Hemd das, Hemden (Kleidungsstück), ein kurzärmeliges Hemd, *jmdn. bis aufs Hemd ausziehen* (jmdn. restlos ausplündern), *sein letztes Hemd* (alles) *hergeben;* der **Hemdknopf**; der **Hemd(s)ärmel**; **hemd(s)ärmelig** (lässig)

Hemisphäre [hemisfäre] die, Hemisphären (Erd- oder Gehirnhälfte)

hemmen (bremsen, aufhalten); das **Hemmnis** (Hindernis); der **Hemmschuh**; die **Hemmschwelle** (moralische Bedenken); die **Hemmung**; **hemmungslos** (ungezügelt); die **Hemmungslosigkeit**

Hendel auch **Hendl** das, Hendeln (Huhn, Back- oder Brathuhn)

Hengst der, Hengste (männliches Pferd)

Henkel der, -: (Haltegriff, z.B. einer Kanne)

henken (am Galgen aufhängen); der **Henker** (Vollstrecker einer Todesstrafe), *zum Henker mit dir!* (Fluch); die **Henkersmahlzeit** (letztes Essen vor der Hinrichtung)

Henna die/das, *Ez.* (pflanzlicher Farbstoff)

Henne die, Hennen (weibliches Huhn)

Hepatitis die, Hepatiden (Leberentzündung)

her *Adv.:* Licht von oben her, das ist schon zwei Jahre her, sich hin und her bewegen ABER → das ständige Hin und Her nervt

sich **hin und her** bewegen	ABER	das ständige **Hin und Her**

herab *Adv.* (von oben); **herabblicken**; **herabhängen** (▶ ¹hängen); **herablassen** (▶ lassen) sich zu etwas herablassen (etwas tun, was man für seiner unwürdig hält); **herablassend** (hochmütig); **herabsetzen**; **herabstürzen**

heran *Adv.* (hierher); **heranbilden**, **heranfahren** (▶ fahren); **heranführen**; **herangehen** (▶ gehen); **herankommen** (▶ kommen); **heranlassen** (▶ lassen); sich **heranmachen**; **heranreichen**; **heranreifen**; **heranschaffen**; **heranwachsen** (▶ wachsen); der/die **Heranwachsende**

herauf *Adv.* (nach hier oben); **heraufbeschwören** eine Auseinandersetzung heraufbeschwören (absichtlich herbeiführen); **heraufholen**; **heraufschauen**; **heraufsteigen** (▶ steigen), **heraufziehen** (▶ ziehen)

heraus *Adv.* (nach außen); **herausbekommen** (▶ kommen); **herausbilden**; **herausbringen** (▶ bringen); **herausdrehen**; **herausfallen** (▶ fallen); **herausfinden** (▶ finden); **herausfordern**; **herausfordernd** (anmaßend); der **Herausforderer**; die **Herausforderin**

Herausgabe die, Herausgaben (Veröffentlichung, Auslieferung); **herausgeben** (▶ geben) Geld herausgeben (zurückgeben), ein Buch/eine Zeitung herausgeben (veröffentlichen); der/die **Herausgeber/-in**; **herausgehen** (▶ gehen); **heraushalten** (▶ halten); **heraushängen**; **herausholen**; **herauskommen** (▶ kommen); **herauskriegen**; sich **herausmachen** (gut entwickeln); **herausnehmen** (▶ nehmen) (entnehmen), sich viel herausnehmen (erlauben); **herausragen**; **herausreißen** (▶ reißen); **herausrücken**; **herausschauen**; **herausschneiden** (▶ schneiden); sich **herausstellen** (erweisen); **herausstreichen** (▶ streichen) ihre

Leistungen nochmals herausstreichen (hervorheben, loben)

heraußen *Adv.* (im Freien)

herb ein herber (bitterer, saurer) Geschmack, eine herbe (schmerzliche) Enttäuschung

Herbarium das, Herbarien (Sammlung getrockneter und gepresster Pflanzen)

herbei *Adv.* (hierher); **herbeibringen** (▶ bringen); **herbeieilen**; **herbeiführen**; **herbeirufen** (▶ rufen); **herbeischaffen**; **herbeisehnen**; **herbeiwünschen**; **herbeizaubern**

Herberge die, Herbergen (Jugendherberge); die **Herbergseltern**

Herbizid das, Herbizide (Unkrautbekämpfungsmittel)

Herbst der, Herbste (Jahreszeit); **herbsteln** es herbstelt schon; **herbstlich**; die **Herbstzeitlose** (Blume)

Herd der, Herde (Küchengerät; Krankheitszentrum); die **Herdplatte**

Herde die, Herden: eine Herde Rinder, eine Herde (große Menge) von Touristen; der **Herdenmensch** (Person, die sich immer der Mehrheit anschließt); der **Herdentrieb**

herein *Adv.*: (von draußen); **hereinbrechen** (▶ brechen); **hereinfallen** (▶ fallen); **hereingeben** (▶ geben); **hereinholen**; **hereinkommen** (▶ kommen); **hereinlassen** (▶ lassen); **hereinlegen** (▶ legen) jmdn. hereinlegen (betrügen); **hereinnehmen** (▶ nehmen); **hereinplatzen** (unerwartet erscheinen); **hereinschauen**; **hereinschneien** (*ugs. für* unerwartet hereinkommen); **hereinspazieren**

Hergang der, Hergänge; **hergehen** (▶ gehen); **herhalten** (▶ halten) für etwas herhalten (geradestehen) müssen

Hering der, Heringe (Meeresfisch; Zeltpflock); der **Heringsfang**; das **Heringsfilet**; der **Heringssalat**

herinnen *Adv.* (hier innen)

herkommen (▶ kommen); das **Herkommen** (*geh. für* Brauch); **herkömmlich**; die **Herkunft** (Ursprung); **herleihen** (▶ leihen) (verleihen); **herleiten**; **hermachen**

¹**Hermelin** das, Hermeline (Wieselart)

²**Hermelin** der, Hermeline (Pelz)

hermetisch (fest abgeschlossen), ein Gebiet hermetisch (völlig) abriegeln

hernach *Adv.* (nachher)

hernehmen (▶ nehmen) wo soll ich das Geld hernehmen?, *das nimmt mich her* (strengt mich an)

hernieder *Adv.* (herab); **herniederfallen** (▶ fallen)

heroben *Adv.* (hier oben)

Heroin das, *Ez.* (Rauschgift); **heroinsüchtig**; der/die **Heroinsüchtige**

heroisch (heldenhaft, heldenmütig)

Herold der, Herolde (Ausrufer, Bote)

Herr der, Herr(e)n <Hr.> ein vornehmer Herr, der Herr (Gebieter) der Stadt, sehr geehrter Herr Müller, meine Herren!; *sein eigener Herr sein* (selbst entscheiden können), *nicht mehr Herr seiner Sinne sein* (nicht mehr wissen, was man tut); das **Herrchen** (Hundebesitzer); die **Herrenbekleidung**; das **Herrenfahrrad**; **herrenlos** (ohne Besitzer); die **Herrentoilette**

Herrgott der, *Ez.* (Gott), *Herrgott noch mal!* (Ausruf der Verärgerung); in aller **Herrgottsfrüh(e)**; der **Herrgottswinkel** (Zimmerecke mit Kruzifix); die **Herrin**; **herrisch** (gebieterisch); **herrlich** (wunderbar); die **Herrlichkeit**; die **Herrschaft**; **herrschaftlich**; **herrschen** (regieren), es herrscht (ist) Stille; der/die **Herrscher/-in**; **herrschsüchtig**

herstellen Waren herstellen (anfertigen); der/die **Hersteller/-in**; die **Herstellung** (Produktion)

Hertz das, -: <Hz> (Maßeinheit der Frequenz)

herüben *Adv.* (hier auf dieser Seite); **herüber** *Adv.* (von drüben hierher); **herüberkommen** (▶ kommen)

herum *Adv.* (um etwas), rechts im Kreis herum, die Stunde war herum (vorüber), um den Platz herum, um acht Uhr herum (ungefähr); sich **herumärgern**; **herumbrodeln** (*ugs. für* sich Zeit lassen); **herumdrehen**; sich **herumdrücken**; **herumexperimentieren**; **herumfuchteln**; **herumkommen** (▶ kommen); **herumliegen** (▶ liegen); **herumlungern**; **herumreißen** (▶ reißen); **herumreiten** (▶ reiten) auf etwas herumreiten (nicht davon ablassen); **herumschreien** (▶ schreien); sich **herumsprechen** (▶ sprechen) (bekannt werden); sich **herumtreiben** (▶ treiben); **herumziehen** (▶ ziehen)

herunten *Adv.* (hier unten); **herunter** *Adv.* (nach hier unten), herunter sein (elend sein); **herunterbringen** (▶ bringen); **herunterfallen** (▶ fallen); **heruntergehen** (▶ gehen); **heruntergekommen** (verwahrlost); **herunterhandeln**; **herunterhängen**;

hervor → Hierarchie

herunterreißen (▶ reißen); herunterrutschen; heruntersteigen (▶ steigen); herunterziehen (▶ ziehen)

herv**o**r *Adv.* (nach hier vorn); **hervorbringen** (▶ bringen); **hervorgehen** (▶ gehen); **hervorheben** (▶ heben); **hervorholen** (▶ holen); **hervorkehren; hervorragen; hervorragend** (ausgezeichnet); **hervorrufen** (▶ rufen); **hervorstehen** (▶ stehen); sich **hervortrauen; hervortreten** (▶ treten)

H**e**rz das, Herzen (Organ), ein gutes Herz haben, im Herzen (in der Mitte) Europas, zu Herzen gehen, *sich ein Herz fassen* (all seinen Mut zusammennehmen), *jmdm. das Herz brechen* (jmdn. unglücklich machen), *etwas auf dem Herzen haben* (Sorgen haben), *seinem Herzen Luft machen* (seinen Ärger aussprechen), *jmdm. sein Herz ausschütten* (jmdm. seine Sorgen anvertrauen), *etwas auf Herz und Nieren prüfen* (sehr genau prüfen), *das Herz auf der Zunge haben* (frei über alles reden), *jmdm. blutet das Herz* (er hat großen Kummer); **herzallerliebst;** der/die **Herzallerliebste;** der **Herzanfall; herzbeklemmend;** die **Herzbeschwerden;** das **Herzbinkerl** (*ugs. für* Liebling); das **Herzblatt**

h**e**rzen (liebkosen); **herzensgut;** die **Herzensgüte;** der **Herzenswunsch; herzerfrischend; herzergreifend; herzerquickend** (innerlich froh machend); der **Herzfehler; herzförmig;** die **Herzfrequenz; herzhaft** herzhaft (kräftig) lachen; **herzig** ein herziges (liebes) Baby; der **Herzinfarkt;** das **Herzklopfen**

h**e**rzlich eine herzliche Begrüßung, herzlich (sehr) lachen; auf das (aufs) herzlichste *auch* aufs **Herzlichste; herzlos** (unbarmherzig); der **Herzrhythmus;** die **Herzschwäche;** das **Herzstück** (Kernstück); die **Herztropfen;** das **Herzversagen; herzzerreißend** herzzerreißend (heftig) weinen

auf das (aufs) **herzlichste** begrüßen	auch	auf das (aufs) **Herzlichste**

H**e**rzog der, Herzöge/Herzoge (hoher Adelstitel); die **Herzogin;** das **Herzogtum**

heter**o**gen (uneinheitlich); die **Heterogenität** (Verschiedenartigkeit); **heterosexuell** (auf das andere Geschlecht gerichtet)

H**e**tz die, Hetzen (großer Spaß); die **Hetze; hetzen** ein Tier hetzen (jagen), gegen jmdn.

hetzen (eine feindselige Stimmung erzeugen), sich nicht hetzen (zur Eile drängen) lassen; die **Hetzerei;** die **Hetzjagd;** die **Hetzkampagne** [hętzkampanje]

H**eu** das, *Ez.* (getrocknetes Gras); der **Heuboden; heuen** (Heu machen); die **Heuernte;** die **Heumahd;** der **Heuschnupfen** (allergische Erkrankung); der **Heuschober** (Heuhaufen); der **Heuschreck** *auch* die Heuschrecke; der **Heustadel**

h**eu**cheln (etwas vortäuschen); die **Heuchelei;** der/die **Heuchler/-in; heuchlerisch**

h**eu**er *Adv.* (in diesem Jahr)

H**eu**er die, *Ez.* (Seemannslohn); **heuern** (einen Seemann anwerben)

h**eu**len (weinen), der Wind heult um das Haus ABER → es herrschte **Heulen** und Zähneklappern (große Furcht), das ist ja zum Heulen; der **Heulkrampf**

h**eu**rig (diesjährig); der **Heurige** (junger Wein; einfache Gaststätte); die **Heurigen** (junge Erdäpfel)

h**eu**te *auch* heut *Adv.* (an diesem Tag), heute Früh *auch* früh, heute Morgen, heute Mittag, heute Abend, heute Nacht, bis heute, heute in einer Woche, die Jugend von heute; das **Heute** (die Gegenwart); **heutig** die heutigen Veranstaltungen, bis zum heutigen Tag; **heutzutage** *Adv.* (in der Gegenwart), heutzutage ist alles anders

Hex**a**meter der, -: (Versform)

H**e**xe die, Hexen (böse Zauberin, Schimpfwort); **hexen** (zaubern), ich kann doch nicht hexen (etwas sehr schnell machen); die **Hexenjagd;** der **Hexenkessel** (lärmendes Durcheinander); der **Hexenschuss** (Schmerzanfall in der Wirbelsäule); die **Hexenverbrennung;** der **Hexer;** die **Hexerei**

hg. = herausgegeben; Hg. = Herausgeber

H**i**ckhack der/das, …hacks (nutzlose Streiterei)

h**ie** *Adv.:* hie und da (an manchen Stellen, von Zeit zu Zeit)

H**ie**b der, Hiebe (kräftiger Schlag), *einen Hieb haben* (derb *für* verrückt sein); **hieb- und stichfest** *das Alibi ist hieb- und stichfest* (unwiderlegbar)

h**ier** *Adv.* (an dieser Stelle) hier beginnt unser neues Leben, ich bin von hier, hier entlang, hier und jetzt ABER → das **Hier** und Jetzt

Hierarch**ie** die, Hierarchien (Rangordnung); **hierarchisch**

hierauf → hinbringen

hier und jetzt handeln	ABER	das **Hier** und Jetzt genießen
hier zu Lande	auch	**hierzulande**

hierauf *Adv.* (danach); **hieraus** *Adv.;* **hierbehalten** (▶ halten) jmdn./etwas hierbehalten (nicht weglassen); **hie(r)bei** *Adv.;* **hierbleiben** (▶ bleiben); **hie(r)durch** *Adv.;* **hie(r)für** *Adv.;* **hie(r)her** *Adv.;* **hierhin** *Adv.;* **hierin** *Adv.* hierin (darin) irrt er; **hie(r)mit** *Adv.* hiermit (dadurch) konnte er seine Unschuld beweisen; das **Hiersein**; **hierüber** *Adv.;* **hierum** *Adv.;* **hierunter** *Adv.;* **hie(r)von** *Adv.;* **hie(r)zu** *Adv.* (dazu); hierzulande *Adv.* auch hier zu Lande (hier bei uns)

Hieroglyphe [hiroglüfe] die, Hieroglyphen (altägyptische Bilderschrift); **hieroglyphisch** (rätselhaft)

hiesig (aus dieser Gegend stammend); der/die **Hiesige**

hieven (heraufziehen)

Hi-Fi [haifi] (*kurz für* **Hi**ghfidelity); die **Hi-Fi-Anlage**; der **Hi-Fi-Turm**

high [hai] (berauscht); das **Highlife** [hailaif] (ausgelassenes Leben)

Highlight [hailait] das, Highlights (Höhepunkt)

High Society [haisosaiti] die, *Ez.* (vornehme Gesellschaft)

High Tech [haitek] das/die, *Ez.* (Hochtechnologie); die **Hightechindustrie**

Hijacker [haitschäka] der, -: (Flugzeugentführer)

Hilfe die, Hilfen (Unterstützung), Erste Hilfe auch erste Hilfe leisten, mit Hilfe auch mithilfe des Wörterbuches, um Hilfe bitten, zu Hilfe kommen, die **Hilfeleistung**; der **Hilferuf**; die **Hilfestellung**; der/die **Hilfesuchende** auch der/die Hilfe Suchende; **hilflos** (unbeholfen, verwirrt, ungeschickt); die **Hilflosigkeit**; **hilfreich**; die **Hilfsaktion**; **hilfsbedürftig**; **hilfsbereit**; die **Hilfsbereitschaft**; das **Hilfsverb** („haben, sein, werden")

mithilfe des Wörterbuches	auch	**mit Hilfe** des Wörterbuches
hilfesuchend	auch	**Hilfe suchend**

Himbeere die, Himbeeren (Frucht); der **Himbeersaft**

Himmel der, -: (Luftraum über der Erde), ein trüber Himmel, in den Himmel kommen, *um Himmels willen!* (Ausruf des Erschreckens), aus heiterem Himmel (sehr plötzlich), *im siebten Himmel schweben/sein* (überaus glücklich (verliebt) sein), *Himmel und Erde in Bewegung setzen* (alles Mögliche versuchen), *den Himmel auf Erden haben* (es sehr gut haben), *das Blaue vom Himmel herunterlügen* (jmdn. schamlos belügen)

Himmelbett das, ...betten; **himmelblau**; die **Himmelfahrt**; das **Himmelfahrtskommando** (lebensgefährlicher Auftrag); das **Himmelreich**; **himmelschreiend** eine himmelschreiende (sehr schlimme) Ungerechtigkeit; die **Himmelsrichtung**; das **Himmelszelt** (Sternenhimmel); **himmelweit** ein himmelweiter (sehr großer) Unterschied; **himmlisch** (wunderbar)

hin *Adv.* (räumlich auf etwas zu), ich gehe hin zu dir, hin und wieder (manchmal), *ich bin total hin* (*ugs. für* kaputt, müde), hin und her ABER → das **Hin** und Her, hin und her laufen (planlos, ohne ein bestimmtes Ziel umherlaufen) ABER → hin- und herlaufen (hin- und wieder zurücklaufen); **hinbekommen** (▶ kommen); **hinbiegen** (▶ biegen)

hin und her (planlos) laufen	ABER	**hin-** und **herlaufen** (hin und wieder zurück)
hin und her	ABER	ein großes **Hin** und **Her**

hinab *Adv.:* den Abhang hinab (hinunter); **hinabfahren** (▶ fahren); **hinabstürzen**; **hinabtauchen**

hinan *Adv.:* (*geh. für* nach oben, hinzu)

hinauf *Adv.:* (nach oben), den Berg hinauf; sich **hinaufarbeiten**; **hinaufklettern**; **hinaufsteigen** (▶ steigen); **hinaufwollen** hoch hinaufwollen

hinaus *Adv.:* hinaus in die Welt, hoch hinaus wollen, *worauf läuft das noch hinaus?*, **hinausbegleiten**; **hinausgehen** (▶ gehen); **hinauslassen** (▶ lassen); **hinausragen**; **hinausschmeißen** (▶ schmeißen); **hinauswerfen** (▶ werfen); der **Hinauswurf**; **hinausziehen** (▶ ziehen); **hinauszögern**

Hinblick der, *Ez.:* im/in Hinblick auf etwas

hinbringen (▶ bringen) den Brief hinbringen, *die Uhr wieder hinbringen* (*ugs. für* zum Gehen bringen); **hindeuten**; **hinfahren** (▶ fahren); die **Hinfahrt**; **hinfallen** (▶ fallen); **hinfällig** ein hinfälliger (schwacher, elender) Mann, das ist hinfällig (hat sich erledigt); der

hindern → hinters

Hinflug der Hin- und Rückflug; **hinführen**; die **Hingabe** mit Hingabe (Eifer) lernen; **hingeben** (▶ geben) sein Leben hingeben (opfern), sich dem Alkohol hingeben; **hingebungsvoll**
hi**ndern** die Verletzung hindert sie an der Teilnahme (hält sie davon ab); **hinderlich** (nachteilig); das **Hindernis** (Schwierigkeiten, Widerstände); der **Hindernislauf**
hindurch Adv.: den ganzen Winter hindurch heizen, durch das Gebüsch hindurch, all die Jahre hindurch; **hindurchfließen** (▶ fließen); **hindurchgehen** (▶ gehen); sich **hindurchzwängen**
hinei**n** Adv. (von draußen nach drinnen), jetzt aber schnell ins Haus hinein!, bis in die Nacht hinein; sich **hineinbegeben** (▶ geben); **hineinbeißen** (▶ beißen); **hineinblicken**; sich **hineindenken** (▶ denken); **hineinlassen** (▶ lassen); **hineinpfuschen**; **hineinreden**; sich **hineinsteigern**; **hineinwachsen** (▶ wachsen); **hineinziehen** (▶ ziehen)
hi**ngegen** Konj. (dagegen)
hingerissen (sehr begeistert); **hingezogen** sich zu jmdm. hingezogen fühlen; **hinhalten** (▶ halten); die **Hinhaltetaktik**; **hinhauen**; das haut hin (ugs. für gut gehen), sich kurz hinhauen (ugs. für schlafen legen); **hinkriegen** (zustande bringen)
hi**nken** (humpeln, lahmen), der Vergleich hinkt (trifft nicht zu)
Hi**nkunft** die, Ez.: in Hinkunft (in Zukunft); **hinkünftig**; **hinlänglich** es ist hinlänglich (genügend) bekannt; **hinnehmen** (▶ nehmen); **hinreichend** (ausreichend); die **Hinreise**; **hinreißen** (▶ reißen) sich hinreißen (verleiten) lassen, sich hin- und hergerissen fühlen; **hinreißend** (entzückend); **hinrichten** (töten); die **Hinrichtung**; sich **hinschleppen**; **hinschmeißen** (▶ schmeißen)
Hi**nsicht** die, Hinsichten: in Hinsicht auf; **hinsichtlich** Präp.+Gen. (unter diesem Gesichtspunkt); das **Hinspiel**
hintan Adv.; **hintansetzen** seine Wünsche hintansetzen; **hintanstellen**
hi**nten** Adv.: nach hinten gehen, von hinten kommen, ganz hinten sein, jmdn. hinten und vorne bedienen (jmdn. übertrieben umsorgen), nicht mehr wissen, wo hinten und vorne ist (sich nicht mehr auskennen); **hintenherum** Adv.; **hintennach** Adv.
hi**nter** Präp.+Dat.: das habe ich schon lange hinter mir, hinter einer Sache/Person stehen (sie unterstützen), hinter Schloss und Riegel bringen (einsperren), hinter jmds. Rücken (heimlich); das **Hinterbein** sich auf die Hinterbeine stellen (sich anstrengen, wehren)
Hinterblie**bene** der/die, ...bliebenen (Angehörige/-r einer/-s Verstorbenen); **hinterbringen** (▶ bringen) (heimlich mitteilen); **hinterdr**ei**n** Adv. (nachträglich); **hinterdreinlaufen** (▶ laufen); **hintereinander** Adv.; **hintereinanderfahren** (▶ fahren) ABER → ihr sollt genau hintereinander (nicht nebeneinander) fahren; der **Hintereingang**; **hinterfotzig** (derb für hinterlistig)
Hi**ntergedanke** der, ...gedanken (heimliche Absicht); **hinterg**e**hen** (▶ gehen) (betrügen)
Hi**ntergrund** der, Hintergründe: im Hintergrund bleiben (keine Aufmerksamkeit erregen), in den Hintergrund treten (an Bedeutung verlieren); **hintergründig** (schwer durchschaubar); der **Hinterhalt** (Falle); **hinterhältig** (hinterlistig); die **Hinterhältigkeit**; die **Hinterhand** noch etwas in der Hinterhand (in Reserve) haben
hi**nterher** Adv. (danach, später, anschließend); **hinterhergehen** (▶ gehen) er ging den anderen hinterher; **hinterherkommen** (▶ kommen) (später ankommen); **hinterherlaufen** (▶ laufen) (nachlaufen); der **Hinterkopf**; das **Hinterland**; **hinterl**a**ssen** (▶ lassen) (zurücklassen, vererben); die **Hinterlassenschaft** (Erbe); **hinterlegen** (als Pfand geben); der **Hinterleib**; die **Hinterlist**; **hinterlistig** (unaufrichtig)
Hi**ntern** der, -: (ugs. für Gesäß), sich auf den Hintern setzen (hinfallen), ein paar auf den Hintern bekommen (Schläge bekommen); das **Hinterrad**; **hinterrücks** Adv. (heimtückisch, von hinten)
hi**nters** Präp.+Akk. (hinter das); **hinterst** die hinterste Reihe ABER → der Hinterste in der Reihe; das **Hintertreffen** im Hintertreffen sein (im Nachteil sein); **hintertr**ei**ben** (▶ treiben) ein Geschäft hintertreiben (unfair verhindern); die **Hintertür** auch das Hintertürl, ich hab mir ein Hintertürl (eine Ausflucht) offengelassen; der/die **Hinterwäldler/-in** (rückständige Person); **hinterwäldlerisch**; **hinterz**ie**hen** (▶ ziehen) (etwas unterschlagen, nicht zahlen); die **Hinterz**ie**hung**

die **hinterste** Reihe	ABER	der **Hinterste** in der Reihe

hinüber → hochfahren

hinüber *Adv.* (auf die andere Seite), wie weit ist es hinüber?; **hinüberbringen** (▶ bringen); **hinüberfahren** (▶ fahren); **hinübergelangen; hinüberschauen; hinüberziehen** (▶ ziehen)

hinunter *Adv.* (nach unten), geht es dort hinunter?; **hinunterbegleiten;** sich **hinunterbeugen; hinunterblicken; hinunterfließen** (▶ fließen); **hinunterschicken; hinuntersteigen** (▶ steigen); **hinunterwerfen** (▶ werfen); **hinunterwürgen**

hinweg *Adv.* (fort); der **Hinweg; hinwegfegen; hinweggehen** (▶ gehen); **hinweggraffen; hinwegschaffen; hinwegsehen** (▶ sehen); **hinwegtrösten**

Hinweis der, Hinweise; **hinweisen;** sich **hinwenden;** sich **hinziehen** (▶ ziehen) die Aufführung zieht sich lange hin (dauert lange)

hinzu *Adv.* (zu etwas anderem); **hinzudichten; hinzuerwerben** (▶ erwerben); **hinzufügen; hinzukommen** (▶ kommen); **hinzurechnen; hinzutreten** (▶ treten); **hinzutun** (▶ tun); das **Hinzutun**

Hiobsbotschaft die, ...botschaften (Schreckensnachricht)

Hippie der, Hippies (Anhänger/-in einer ungebundenen, friedlichen Lebensform, „Blumenkind", v.a. in den 1960er-Jahren)

Hirn das, Hirne (Gehirn); das **Hirngespinst** (Eingebildetes); **hirnrissig** (*ugs. für* verrückt); **hirnverbrannt** (*ugs. für* dumm)

Hirsch der, Hirsche (Geweih tragendes Säugetier); der **Hirschfänger** (Jagdmesser); das **Hirschgeweih;** der **Hirschkäfer;** das **Hirschleder; hirschledern** (aus Hirschleder)

Hirse die, Hirsen (Getreideart); der **Hirsebrei**

Hirte *auch* **Hirt** der, Hirten (Viehhüter), der Gute Hirte (Christus); der **Hirtenbrief** (bischöfliches Rundschreiben); die **Hirtin**

hissen eine Fahne hissen (nach oben ziehen)

Historiker der, -: (Geschichtsforscher); die **Historikerin; historisch** (die Vergangenheit betreffend)

Hit der, Hits (bekannter Schlager, Verkaufsschlager); die **Hitliste;** die **Hitparade**

Hitze die, *Ez.* (hohe Temperatur), *in der Hitze des Gefechts* (in der Aufregung) *etwas vergessen*, Hitze abweisend *auch* hitzeabweisend; **hitzebeständig;** die **Hitzeperiode;** die **Hitzewelle; hitzig** eine hitzige (erregte) Diskussion; der **Hitzkopf** (jähzorniger Mensch); **hitzköpfig**

HIV [haivau] (*kurz für* Human Immunodeficiency Virus, Immunschwächekrankheit Aids), **HIV-positiv;** das **HIV-Virus**

hl = Hektoliter (100 Liter)

hl. = heilig

H-Milch die, *Ez.* (*kurz für* Haltbarmilch)

HNO = Hals-Nasen-Ohren; der **HNO-Arzt;** die **HNO-Ärztin**

Hobby [hobi] das, Hobbys (Freizeitbeschäftigung); der/die **Hobbybastler/-in;** der **Hobbyraum**

Hobel der, -: (Werkzeug des Tischlers); die **Hobelbank; hobeln** Bretter hobeln, *wo gehobelt wird, da fallen Späne* (Unbeteiligte können zu Schaden kommen); die **Hobelmaschine;** die **Hobelscharten**

Hoch das, Hochs: ein dreifaches Hoch! (Ausruf), ein Hoch (Hochdruckgebiet) zieht näher

hoch der Turm ist sehr hoch, das Wasser steigt immer höher, wir gelangten zum höchsten Gipfel, eine hoch angesehene *auch* hochangesehene Person, jmd. hoch achten *auch* hochachten, hoch gewinnen, hoch begabt *auch* hochbegabt sein, *das ist mir zu hoch* (verstehe ich nicht), *den Kopf hoch tragen* (eingebildet sein), *hoch hinauswollen* (nach Erfolg streben), *hoch zu Ross sitzen* (eingebildet sein), *die Nase hoch tragen* (eingebildet sein), *etwas hoch und heilig* (feierlich) *versprechen* ABER → **Hoch** und **Nieder** (Menschen aller sozialen Schichten)

sehr hoch springen	ABER	heute üben wir das **Hochspringen**
du sollst die Bücher **hoch stapeln**	ABER	du sollst nicht **hochstapeln** (angeben)

Hochachtung die, *Ez.* (Achtung vor jmdm.); **hochachtungsvoll; hochaktuell; hochanständig;** der **Hochbau; hochbegabt** *auch* hoch begabt; **hochbetagt** (*geh. für* sehr alt); der **Hochbetrieb; hochdeutsch** (ohne Dialekt), hochdeutsch reden; das **Hochdeutsch(e);** sich **hochdienen;** der **Hochdruck** (große Eile; Bluthochdruck); die **Hochebene; hochempfindlich; hocherfreut; hochexplosiv**

hochfahren (▶ fahren) aus dem Schlaf hochfahren, den Computer hochfahren (starten); **hochfahrend** (*geh. für* überheblich); **hochfliegend** hochfliegende (ehrgeizige) Pläne; das **Hochformat;** das **Hochgebirge; hochgehen** (▶ gehen)

hochgestellt → holen

(explodieren, zornig werden); **hochgemut** (*geh. für* froh, zuversichtlich); der **Hochgenuss**; der **Hochgeschwindigkeitszug**
hochgestellt eine hochgestellte Zahl, eine hochgestellte Persönlichkeit
hochgiftig ein hochgiftiges Medikament; der **Hochglanz** *etwas auf Hochglanz bringen* (sehr gründlich sauber machen); **hochgradig**
hochheben (▶ heben) den Kopf hochheben; **hochherzig** (großmütig); **hochinteressant**; **hochkant** *Adv.:* etwas hochkant (auf die schmale Seite) stellen, *jmdn. hochkant* (*ugs. für* unsanft) *hinauswerfen*; **hochkarätig** ein hochkarätiger (großer, schwerer) Edelstein, eine hochkarätige (hochrangige) Persönlichkeit; **hochkommen** (▶ kommen) (emporkommen); der **Hochleistungssport**; das **Hochmoor**; der **Hochmut**; **hochmütig** (stolz); **hochnäsig** (eingebildet)
Hochofen der, ...öfen: (Ofen zur Gewinnung von Roheisen); **hochprozentig**; **hochrangig**; die **Hochrechnung**; **hochrot**; die **Hochsaison**; die **Hochschaubahn** (Achterbahn); die **Hochschule**; **hochschwanger**; die **Hochsee** (hohe See); **hochspielen** etwas hochspielen (aufbauschen); die **Hochsprache**; **hochsprachlich**; **hochspringen** (▶ springen) (Sportart) ABER → sehr hoch springen; der **Hochsprung**
höchst *Adv.:* das ist höchst (sehr) sonderbar; **höchstens** *Adv.* (bestenfalls)

aufs **höchste** erfreut sein	auch	aufs **Höchste** erfreut sein

Hochstand der, Hochstände; die **Hochstapelei**; **hochstapeln** (angeben) ABER → die Bücher hoch stapeln; der/die **Hochstapler/-in** (Angeber/-in); die **Höchstform**; die **Höchstgeschwindigkeit**; das **Höchstmaß**; **höchstpersönlich**; die **Höchststufe** (der Superlativ); **höchstwahrscheinlich**; **höchstzulässig**
hochtourig (mit hoher Drehzahl); **hochtrabend** (übertrieben); **hochtreiben** (▶ treiben); der **Hochverrat**; **hochwertig**; **Hochwürden** (Anrede für katholische Geistliche)
Hochzeit die, Hochzeiten (Eheschließung), *auf allen Hochzeiten tanzen* (überall dabei sein wollen); die **Hochzeiter** (Brautpaar)
Hocke die, Hocken (Turnübung); **hocken** (kauern), die Henne hockt auf den Eiern, sich

auf die Fersen hocken; der **Hocker** (Stuhl ohne Lehne), *das haut mich vom Hocker* (*ugs. für* überrascht mich)
Höcker der, -: (Buckel); **höck(e)rig**
Hockey [hoke, hoki] das, *Ez.* (Rasenspiel); der **Hockeyschläger**
Hoden der, -: (männliche Samendrüse)
Hof der, Höfe: die Kinder spielen im Hof, am Hof des Königs, auf dem Hof des Bauern, einer Frau den Hof machen (sie umwerben); **hofieren** (den Hof machen); **höfisch**; der **Hofnarr**; die **Hofnärrin**; der **Hofrat** (Ehrentitel); der **Hofstaat** (Gefolge eines Fürsten)
hoffen wir hoffen (erwarten) das Beste; **hoffentlich** *Adv.;* die **Hoffnung** *guter Hoffnung* (schwanger) *sein;* **hoffnungsfroh**; **hoffnungslos**; der **Hoffnungsschimmer**; **hoffnungsvoll** (viel versprechend)
höflich höflich (aufmerksam, rücksichtsvoll), höflich grüßen; die **Höflichkeit**; **höflichkeitshalber** *Adv.*
hohe die hohe Schule (Reitkunst), das hohe Haus (Parlament) ABER → die **Hohen** Tauern (Gebirgszug), die Hohe Messe, das Hohe Lied (ein Buch des Alten Testaments), eine hohe Summe, ein hoher Berg, hohes Fieber, ein hoher Festtag, auf hoher See sein
Höhe die, Höhen: die Höhe der Berge, auf der Höhe der Zeit, *das ist doch wohl die Höhe!* (*ugs. für* Ausruf der Empörung), *auf der Höhe sein* (*ugs. für* voll leistungsfähig sein), *in die Höhe fahren* (aufschrecken); **höher** höhere Gewalt (Schicksal), eine höhere (weiterführende) Schule besuchen
Hoheit die, Hoheiten (die oberste Staatsgewalt, fürstliche Person); das **Hoheitsgebiet**; die **Hoheitsgewässer**; das **Hoheitszeichen**
Höhenkrankheit die, *Ez.;* der **Höhenrücken**; die **Höhensonne**; der **Höhenzug**; der/die **Hohepriester/-in**; der **Höhepunkt** (höchster Punkt in einer Entwicklung)
hohl (innen leer), mit der hohlen Hand Wasser trinken, hohles (inhaltlich leeres) Gerede; die **Höhle**; das **Hohlkreuz**; der **Hohlraum**; **hohlwangig**; der **Hohlweg** (Weg zwischen zwei steilen Abhängen)
Hohn der, *Ez.* (offen gezeigte Verachtung), für etwas nur Hohn und Spott ernten; **höhnen**; das **Hohngelächter**; **höhnisch**
Hokuspokus der, *Ez.* (Zauberspruch; *ugs. für* lächerliches Getue, Unfug)
hold ein holder (*geh. für* lieblicher) Knabe
holen die Kinder von der Schule holen, eine

Holland → Hormon

Ärztin holen, bei jmdm. Rat holen, *sich den Tod holen* (stark erkälten), *Atem/Luft holen* (einatmen)

Holland (Niederlande); der/die **Holländer/-in**; **holländisch**

Hölle die, Höllen: in die Hölle kommen, zur Hölle fahren, *jmdm. die Hölle heiß machen* (jmdn. stark bedrängen), *die Hölle auf Erden haben* (sehr leiden müssen); die **Höllenangst** (schreckliche Angst); der **Höllenlärm**; die **Höllenqual**; **höllisch** höllische (sehr starke) Qualen ertragen

Holler der, *Ez.* (Holunder), *einen völligen Holler* (*ugs. für* Unsinn) *reden*; das **Hollerkoch**; der **Hollerröster**; der **Hollersaft**

Hollywoodschaukel die, ...schaukeln (Schaukel mit Sitzbank)

Holm der, Holme (Leitersprosse, Querstange am Barren)

Holocaust [holokaust] der, Holocausts (Massenmord, besonders an Juden in der Zeit des Nationalsozialismus)

Holographie die, Holographien (Technik zur Herstellung dreidimensionaler Bilder)

holpern der Wagen holpert (rumpelt) über das Schlagloch, nur holpernd lesen; **holp(e)rig** (uneben)

Holunder der, -: (Beeren tragender Strauch)

Holz das, Hölzer: trockenes Holz, die Holz verarbeitende *auch* holzverarbeitende Industrie, ein Zaun aus Holz, *Holz machen* (Holz klein hacken), *aus demselben Holz geschnitzt sein* (sich charakterlich sehr ähnlich sein); **hölzeln** (lispeln); **holzen** (Bäume schlagen)

hölzern ein hölzernes (aus Holz gefertigtes) Pferd, ein hölzerner (steifer) Mensch, ein hölzerner (ungeschickter) Ausdruck im Aufsatz; der/die **Holzfäller/-in**; der **Holzhacker**; **holzig** holziges Gemüse; die **Holzindustrie**; der **Holzschnitt**; der **Holzweg** *auf dem Holzweg* (im Irrtum) *sein*

Homepage [hompedsch] die, Homepages [hompedschis] (Internet-Seite)

Hometrainer [homtrena] der, -: (Fitnessgerät für Zuhause)

homogen (gleichartig zusammengesetzt)

homonym (für mehrere Bedeutungen stehend, z.B. „Ton" für Klang; Tonerde); das **Homonym**

Homöopathie die, *Ez.* (alternatives Heilverfahren); **homöopathisch**

Homophobie […fobie] die, Homophobien (starke Abneigung gegen Homosexualität)

Homosexualität die, *Ez.* (auf das eigene Geschlecht ausgerichtete Sexualität); **homosexuell**; der/die **Homosexuelle**

Honig der, *Ez.* (von Bienen verarbeiteter Blütennektar), *jmdm. Honig ums Maul schmieren* (jmdn. durch Schmeicheleien für sich einnehmen); die **Honigbiene**; das **Honiglecken** *etwas ist kein Honiglecken* (nicht einfach); **honigsüß**; die **Honigwabe**

Honorar das, Honorare (Bezahlung, Vergütung); **honorieren** eine Arbeit honorieren (anerkennen, bezahlen); die **Honorierung**; **honorig** (anständig, ehrenhaft)

Hopfen der, -: (Schlingpflanze zum Bierbrauen), *bei jmdm. ist Hopfen und Malz verloren* (lohnt sich die Mühe nicht mehr); die **Hopfenstange** (*ugs. für* großer, magerer Mensch)

hoppeln (in unregelmäßigen Sprüngen hüpfen), der Hase hoppelt über das Feld

hopp hopp! (Ausruf, um jmdn. zur Eile anzutreiben); **hoppla!**; **hops!**; **hopsen** (springen); **hopsgehen** (▶ gehen) (*ugs. für* verloren gehen, sterben); **hopsnehmen** (▶ nehmen) (*ugs. für* verhaften)

horchen an der Wand horchen; **horch!**; der/die **Horcher/-in**; der **Horchposten**

Horde die, Horden (wilde ungeordnete Gruppe)

hören ein Geräusch hören (wahrnehmen), hörst du gerne Musik?, der Hund hört auf den Namen Waldi, auf seine Eltern hören (ihnen gehorchen), *etwas von sich hören lassen* (Nachricht geben), *jmdm. vergeht Hören und Sehen* (er weiß nicht, wie ihm geschieht), *wer nicht hören will, muss fühlen* (Drohung); **hörbar**; das **Hörensagen** etwas vom Hörensagen (nur aus Erzählungen anderer) kennen; der/die **Hörer/-in** (an den Radiogeräten; Teilnehmer/-in an einer Vorlesung); der **Hörfehler**; der **Hörfunk** (Radio); das **Hörgerät**; **hörgeschädigt**; der **Hörsaal** (Raum für Lehrveranstaltungen); das **Hörspiel**

hörig hörig (willenlos unterworfen) sein; der/die **Hörige** (Leibeigener, Leibeigene); die **Hörigkeit**

Horizont der, Horizonte: am Horizont (Linie zwischen Himmel und Erde) ist ein Schiff zu sehen, sie hat einen weiten Horizont (viele Interessen, Erfahrungen); **horizontal** (waagrecht)

Hormon das, Hormone (Drüsenstoff)

Horn → Humor

Horn das, Hörner: die Hörner der Kuh, sich ein Horn (eine Beule) stoßen, das Horn (Blasinstrument) im Orchester, *sich die Hörner abstoßen* (Erfahrungen sammeln), *dem Ehemann Hörner aufsetzen* (ihn betrügen), *den Stier bei den Hörnern packen* (ein Problem direkt angehen); die **Hörnchen** (Teigwaren); der **Hörndlbauer** (Viehbauer); die **Hornhaut** (verhärtete Hautschicht; Teil des Augapfels); der **Hornochs(e)** (ugs. für Dummkopf)
Hornisse die, Hornissen (große Wespenart)
Horoskop das, Horoskope (Voraussage, die sich an der Stellung der Planeten orientiert)
horrend horrende (sehr hohe) Preise; der **Horror** (Abscheu, Entsetzen), *das ist der reinste Horror!* (das ist furchtbar); die **Horrorvision**
Horst der, Horste (Nest eines Adlers; Militärflugplatz)
Hort der, Horte: ein Hort (eine Stätte) der Ruhe, in einen Hort (Kindertagesheim) gehen; **horten** (etwas sammeln, anhäufen)
Hortensie [hortensie] die, Hortensien (blütenreicher Zierstrauch)
Hose die, Hosen (Kleidungstück), *die Hosen anhaben* (bestimmen), *die Hosen voll haben, sich in die Hosen machen* (derb für Angst haben), *in die Hose gehen* (ugs. für nicht gelingen), *tote Hose sein* (derb für langweilig sein); das **Höschen**; der **Hosenmatz** (kleines Kind in Windeln); der **Hosensack** (Hosentasche)
Hospital das, Hospitale/Hospitäler (Krankenhaus); **hospitieren** (als Gast zuhören)
Hospiz das, Hospize (klostereigene Herberge; Betreuungsstätte für Todkranke)
Hostess [hostes] die, Hostessen (Gästebetreuerin)
Hostie [hostie] die, Hostien (Oblate, die den Leib Christi darstellt)
Hotdog auch **Hot Dog** das/der, Hotdogs (heißes Würstchen in einem Gebäck)
Hotel das, Hotels (Übernachtungsstätte); der **Hotelier** [hotelje] (Hotelbesitzer); die **Hotelière** [hoteljär], die **Hotelierin**
Hotline die, Hotlines (Notrufnummer, „heißer Draht")
Hr. = Herr
hrsg. = herausgegeben; **Hrsg.** = Herausgeber
HTL = Höhere technische Lehranstalt
¹**Hub** der, Hübe (Hebung der Kolben); der **Hubraum**; der **Hubschrauber**
²**Hub** [hab] der, Hubs (Verteiler in einem Computernetzwerk)
hüben *Adv.: hüben und drüben* (auf beiden Seiten)
hübsch ein hübsches Mädchen, eine hübsche Melodie, eine hübsche Summe Geld, das ist ja eine „hübsche" (schlimme) Geschichte
huckepack *Adv.:* jmdn./etwas huckepack (auf dem Rücken) tragen; der **Huckepackverkehr** (Transport von LKWs mit der Bahn)
hudeln (ugs. für etwas zu schnell und oberflächlich tun); die **Hudelei**; der/die **Hudler/-in**
Huf der, Hufe: der Huf des Pferdes; das **Hufeisen**; **hufeisenförmig**; der **Huflattich** (Unkraut); der/die **Hufschmied/-in**
Hüfte die, Hüften: schmale Hüften haben; das **Hüftgelenk**; **hüfthoch**
Hügel der, -: (kleine Erhebung in der Landschaft); **hüg(e)lig**; die **Hügelkette**; das **Hügelland**
Huhn das, Hühner (Henne), *mit den Hühnern* (sehr früh) *aufstehen, ein blindes Huhn findet auch einmal ein Korn* (verachtender Ausruf, wenn jmd. Glück hat), *da lachen ja die Hühner* (das ist unglaublich dumm!); das **Hühnchen** *mit jmdm. ein Hühnchen rupfen* (streiten); das **Hühnerauge** (schmerzhafte Hornhaut an den Zehen); der **Hühnerstall**; die **Hühnersteige** (Hühnerleiter, -stall)
hui! (Ausdruck der Überraschung)
Huld die, *Ez.* (Gunst, Wohlwollen); **huldigen** jmdm./etwas huldigen (sich jmdm./etwas unterwerfen); die **Huldigung**; **huldvoll**
Hülle die, Hüllen: eine schützende Hülle, *die sterbliche Hülle* (Leichnam), *in Hülle und Fülle* (im Überfluss); **hüllen** in eine Decke hüllen, *sich in Schweigen hüllen* (keine Auskunft geben); **hüllenlos**
Hülse die, Hülsen (schützende Hülle, Geschoßkapsel); die **Hülsenfrucht** (z.B. Erbse)
human (menschlich, die Menschenwürde achtend); der **Humanismus** (an der Antike orientierte Geisteshaltung, die die Würde des Menschen achtet); der/die **Humanist/-in**; **humanistisch**; **humanitär** (menschenfreundlich); die **Humanität**
Humbug der, *Ez.* (Unsinn)
Hummel die, Hummeln (große Insektenart)
Hummer der, -: (große Krebsart)
Humor der, *Ez.* (Heiterkeit), alles mit Humor ertragen; schwarzer Humor (Humor, der

humpeln → Hut

sich über Makabres lustig macht); der/die **Humorist/-in**; **humorlos**; **humorvoll**

humpeln (hinken)

Humpen der, -: (Trinkgefäß mit Deckel)

Humus der, *Ez.* (fruchtbarer Boden); die **Humuserde**

Hund der, Hunde (Haustier), *ein armer Hund* (bedauernswerter Mensch), *wie Hund und Katze sein* (sich ständig streiten), *vor die Hunde* (ugs. für zugrunde) *gehen, schlafende Hunde wecken* (auf etwas aufmerksam machen, was man besser unbeachtet ließe)

hundeelend (sehr elend); die **Hundehütte**; **hundemüde** (sehr müde) auch **hundsmüde** *(ugs.);* das **Hundewetter** (schlechtes Wetter); die **Hündin**; **hündisch**; **hundsmiserabel**; die **Hundstage** (heiße Zeit im Sommer)

hundert hundert Euro, viele hundert Male, der hundertste Besucher, Tempo hundert, *auf hundert* (sehr wütend) *sein*, viele hundert auch Hundert Menschen, viele hunderte auch Hunderte, Hunderte und Aberhunderte auch hunderte und aberhunderte, *vom Hundertsten ins Tausendste kommen* (ständig vom eigentlichen Thema abkommen)

viele **hundert** Menschen	auch	viele **Hundert** Menschen
einige **hunderte** Bäume	auch	einige **Hunderte** Bäume
hunderte und aberhunderte von Vögeln	auch	**Hunderte** und Aberhunderte von Vögeln

¹**Hundert** die, *Ez.:* die Zahl 100

²**Hundert** das, *Ez.:* die Hälfte von Hundert; der **Hunderter** (Hunderteuroschein); **hundertfach** auch 100fach auch 100-fach ABER → das Hundertfache, um das Hundertfache größer; **hundertjährig** auch 100-jährig; **hundertmal** auch 100-mal; der **Hundert-Meter-Lauf** auch 100-m-Lauf; **hundertprozentig** auch 100-prozentig auch 100%ig; die **Hundertschaft**; das **Hundertstel**

hundertfach/ 100fach/ 100-fach	ABER	das **Hundertfache**

hundertjährig	auch	100-jährig
hundertmal	auch	100-mal
der **Hundert-Meter-Lauf**	auch	der 100-m-Lauf

hundertprozentig	auch	100-prozentig/ 100%ig
die **hundertstel** Sekunde/ die **100stel-Sekunde**	auch	die **Hundertstelsekunde**

Hüne der, Hünen (sehr großer Mensch); **hünenhaft**

Hunger der, *Ez.:* Hunger haben, Hunger nach Liebe, *Hunger ist der beste Koch;* **hungern** er hungert seit einer Woche; die **Hungersnot**; der **Hungerstreik**; **hungrig**

Hunt der, Hunte (Förderwagen im Bergwerk)

der **Hund** an der Leine	ABER	der **Hunt** im Bergwerk

hupen (ein Signal abgeben); die **Hupe**; das **Hupkonzert**

hüpfen (in großen Sätzen fortbewegen) auch hupfen; der **Hupfer** (Sprung; junge, unerfahrene Person)

Hürde die, Hürden (Hindernis); der **Hürdenlauf**

Hure die, Huren (Prostituierte)

hurra! (Ausruf der Begeisterung), alle haben laut hurra auch Hurra geschrien; der **Hurraruf**

Hurrikan [harikän] der, Hurrikans (Wirbelsturm, Orkan)

hurtig (schnell); die **Hurtigkeit**

husch! (Ausruf, der zur Eile drängt); der **Husch** auch der **Huscher** (schnelle Bewegung), *einen Huscher haben* (ugs. für verrückt sein); huschen (schnell und lautlos gehen)

Husky [haski] der, Huskys (Schlittenhund)

hussen (ugs. für aufwiegeln, aufhetzen)

husten *jmdm. etwas husten* (keine Rücksicht auf ihn nehmen); **hüsteln** (sich räuspern); der **Husten**; der **Hustenreiz**; das **Hustenzuckerl**

¹**Hut** der, Hüte (Kopfbedeckung), *den Hut nehmen* (zurücktreten), *mit jmdm. nichts am Hut haben* (jmdn. nicht besonders mögen), *alles unter einen Hut* (in Einklang) *bringen, jmdm. geht der Hut hoch* (jmd. gerät in Wut), *Hut ab!* (Respekt vor etwas haben)

²**Hut** die, *Ez.* (Aufsicht), *auf der Hut sein* (sich in

Hutsche → Hz

Acht nehmen); **hüten** (bewachen), Kinder hüten (beaufsichtigen), *seine Zunge hüten* (im Zaum halten), *sich vor jmdm. hüten* (in Acht nehmen); der/die **Hüter/-in**; der **Hüterbub**
Hutsche die, Hutschen (*ugs. für* Schaukel); **hutschen**; das **Hutschpferd**
Hütte die, Hütten (kleines Holzhäuschen, Schutzhütte in den Bergen; Industrieanlage zur Erzverarbeitung); der/die **Hüttenwirt/-in**
Hyäne die, Hyänen (Raubtier)
Hyazinthe die, Hyazinthen (Zwiebelpflanze, Zierpflanze)
hybrid eine hybride (gemischte) Züchtung; die **Hybride** (Kreuzung verschiedener Dinge, Wesen)
Hybris die, *Ez.* (Überheblichkeit, Hochmut)
Hydrant der, Hydranten (Wasseranschluss); die **Hydraulik**; **hydraulisch** (mit Flüssigkeitsdruck arbeitend); die **Hydrokultur** (Pflanzenzucht in Nährlösung ohne Erde)
Hygiene die, *Ez.* (Gesundheitspflege, -lehre); **hygienisch**
Hymen das, -: (Jungfernhäutchen)
Hymne die, Hymnen (feierliches Gedicht); **hymnisch**
Hyperbel die, Hyperbeln (Kegelschnitt; rhetorische Figur)
Hypnose die, Hypnosen (schlafähnlicher Bewusstseinszustand); **hypnotisch** eine hypnotische Wirkung; **hypnotisieren** (in Hypnose versetzen)
Hypochonder der, -: (jmd., der sich einbildet, krank zu sein)
Hypotenuse die, Hypotenusen (Seite gegenüber dem rechten Winkel im rechtwinkligen Dreieck)
Hypothek die, Hypotheken (Pfandrecht auf eine Immobilie)
Hypothese die, Hypothesen (unbewiesene Annahme); **hypothetisch** eine hypothetische (unbewiesene) Behauptung
Hysterie die, Hysterien (nervöse Aufgeregtheit); **hysterisch** (krankhaft nervös); der/die **Hysteriker/-in**
Hz = **Hertz** (Maßeinheit der Wellenfrequenz)

Im Wilden Westen ging es rau zu. Banditen und Sheriff sprachen sehr derb miteinander. Das *SchulWörterBuch* macht dich auf derbe umgangssprachliche Ausdrücke aufmerksam, die du eher vermeiden solltest. Schau doch bei „**abknallen**" nach!

▶ Mehr von Maus und Katze auf Seite 235!

I

i! (Ausruf des Ekels)
i.A. = im **A**uftrag
i.Allg. = im **Allg**emeinen
IBAN die, IBANs = **I**nternational **B**anc **A**ccount **N**umber (standardisierte Kontonummer für internationalen Zahlungsverkehr)
IC = **I**ntercity-Zug; der **ICE** = **I**ntercityexpress
ich das lerne ich noch ABER → das **Ich** er sollte sein eigenes Ich erkennen, mein anderes Ich; **ichbezogen** (sich selbst in den Mittelpunkt stellend); der/die **Icherzähler/-in** auch **Ich-Erzähler/-in**; die **Ichform** (Erzählform in der 1. Person); die **Ichsucht** (Eigenliebe); **ichsüchtig**
Icon [aikon] das, Icons (Bildsymbol)
ideal das ideale (perfekte, bestmögliche) Gerät; das **Ideal** (Vorbild, Vollkommenes); **idealisieren** (etwas für besser ansehen, als es ist); der **Idealismus** (der Glaube an Ideale); der/die **Idealist/-in** (uneigennütziger Mensch); **idealistisch**
Idee die, Ideen (Gedanke, Einfall, Vorstellung), eine gute Idee haben, *eine fixe Idee* (Vorstellung, die einen nicht mehr loslässt); **ideell** (nur in der Vorstellung vorhanden); **ideenlos**; die **Ideenlosigkeit**; **ideenreich**; der **Ideenreichtum**
ident (*kurz für* identisch)
Identifikation [...tsion] die, Identifikationen (Feststellung, Gleichsetzung); **identifizieren** ein Unfallopfer identifizieren (die Identität feststellen), sich mit etwas/jmdm. identifizieren (gleichstellen); die **Identifizierung**
identisch auch **ident** (völlig übereinstimmend); die **Identität** (Übereinstimmung)
Ideologie die, Ideologien (Grundeinstellung, Anschauung); **ideologisch**
Idiom das, Idiome (für bestimmte Sprache charakteristische Sprechweise)
Idiot der, Idioten (Dummkopf); **idiotenhaft**; **idiotensicher** (*ugs. für* völlig sicher); die **Idiotie** (große Dummheit); die **Idiotin**; **idiotisch** (geistesschwach, unsinnig)
Idol das, Idole (Vorbild)
Idyll das *auch* die **Idylle**, Idylle/Idyllen (friedlicher, beglückender Zustand); **idyllisch** (harmonisch)
Igel der, -: (stacheliges Säugetier)
Iglu der/das, Iglus (Schneehütte der Inuit)
Ignorant der, Ignoranten (unwissende Person); die **Ignorantin**; die **Ignoranz**; **ignorieren** etwas/jmdn. ignorieren (bewusst übersehen)
ihm wie geht es ihm?
ihn er kann ihn nicht leiden
ihnen sie folgt ihnen ABER → **Ihnen** ich möchte Ihnen Frau Meier vorstellen
ihr *Pron.:* ist das ihre (Susis) Puppe? ABER → **Ihr** ist das Ihre Tasche, Frau Hofer?, ihre Dinge ABER → das Ihre, Ihre Majestät; **ihrerseits** *Adv.*; **ihresgleichen** *Pron.*; **ihretwegen** *Adv.*; um **ihretwillen** *Adv.*

Ich werfe **ihnen** (meinen Freunden) den Ball zu.	ABER	Ich gebe **Ihnen** mein Wort, Herr Müller!
Das ist **ihre** Tasche (die meiner Freundin).	ABER	Ist das **Ihre** Tasche, Frau Hofer?

IHS = griechisch-lateinische Abkürzung für Jesus
i.J. = im **J**ahr(e)
Ikone die, Ikonen (Heiligenbild); die **Ikonenmalerei**
illegal (gegen das Gesetz verstoßend); der/die **Illegale**; die **Illegalität**; **illegitim** (unrechtmäßig)
illoyal [iloj*a*l] (das Vertrauen enttäuschend, untreu); die **Illoyalität**
Illumination [...tsion] die, Illuminationen (Beleuchtung); **illuminieren**
Illusion die, Illusionen: sie hat ihm jede Illusion (Wunschvorstellung) genommen; der/die **Illusionist/-in** (Träumer/-in, Zauberkünstler/-in); **illusionslos**; **illusorisch** das wäre völlig illusorisch (unmöglich)
Illustration [...tsion] die, Illustrationen (Bebilderung); der/die **Illustrator/-in**; **illustrieren** (bebildern); die **Illustrierte** (Zeitschrift mit vielen Bildern)
Iltis der, Iltisse (Marderart)
im *Präp.+Dat.:* im (*kurz für* in dem) Kino, im Juli, im Großen und Ganzen, im Übrigen, im Wesentlichen, im Allgemeinen <i. Allg.>, im Einzelnen, im Besonderen, im Argen liegen, im Grunde, im Grunde genommen, im Auftrag(e) <i. A.>, im Begriff(e) sein, im Fall(e), dass …, im Jahr(e) <i. J.>, im Nachhinein, im Ruhestand <i. R.>, im Stande *auch* imstande; im Übrigen, im Voraus
Image [imidsch] das, Images (das Bild, das die Öffentlichkeit von einer Person oder Sache hat); die **Imagepflege**

imaginär → Inbegriff

imaginär (nur eingebildet); die **Imagination** (Einbildungskraft)

Imbiss der, Imbisse (kleine Mahlzeit); die **Imbissstube** auch Imbiss-Stube

Imitation [...tsion] die, Imitationen (Nachbildung); der **Imitator**; die **Imitatorin**; **imitieren** die Stimmen von Personen imitieren (nachahmen); **imitiert** (nachgemacht, unecht)

Imker der, -: (Bienenzüchter); die **Imkerei**; die **Imme** (geh. für Biene)

immanent (innewohnend, darin enthalten); die **Immanenz** (das Enthaltensein)

Immatrikulation [...tsion] die, ...tionen (Einschreibung an einer Hochschule); **immatrikulieren**

immens immenses (sehr großes) Glück

immer Adv. (stets, jedes Mal), immer wieder, nicht immer, immer noch, auf immer und ewig; **immerdar** Adv. (geh. für immer); **immerfort** Adv. (ununterbrochen); **immergrün**; das **Immergrün** (Pflanzenart); **immerhin** Adv. (wenigstens, zumindest); **immerwährend** ein immerwährender auch immer währender Frieden; **immerzu** Adv. (ständig)

Immigrant der, Immigranten (Einwanderer); die **Immigrantin**; die **Immigration**; **immigrieren**

Immission die, Immissionen (negative Einwirkung, z.B. durch Luftverunreinigungen); der **Immissionsschutz**

immobil (unbeweglich); die **Immobilie** [imobilie] (Grundstück, Haus); der/die **Immobilienhändler/-in**

immun gegen eine Krankheit immun (unempfindlich) sein; **immunisieren** (den Körper durch Impfen schützen); die **Immunisierung**; die **Immunität** Immunität (Unantastbarkeit) genießen; die **Immunschwäche**; das **Immunsystem**

Imperativ der, Imperative (Befehlsform, z.B. „geh!"); der **Imperativsatz**; der **Imperator** (oberster Feldherr, Kaiser im alten Rom)

Imperfekt das, Imperfekte (Mitvergangenheit, Präteritum, z.B. „ich lief")

Imperialismus der, Ez. (Herrschaftsstreben); der/die **Imperialist/-in**; **imperialistisch**; das **Imperium** (Weltreich)

impertinent (unverschämt, frech); die **Impertinenz**

Impetus der, Ez. (Anstoß, Schwungkraft)

impfen (einen Impfstoff verabreichen), sich gegen Grippe impfen lassen; der **Impfpass**; der **Impfschutz**; die **Impfung**

Implantat das, Implantate (eingepflanztes Organ oder anderes Material, z.B. Zahn); die **Implantation** [...tsion] (Einpflanzen eines Organs); **implantieren** (einpflanzen)

implizieren (gleichzeitig beinhalten); **implizit** (darin enthalten)

implodieren (durch äußeren Überdruck zerstört werden); die **Implosion**

imponieren dein Verhalten imponiert mir (beeindruckt mich); das **Imponiergehabe**; **imposant** eine imposante (beeindruckende) Erscheinung

Import der, Importe (Einfuhr von Waren aus dem Ausland); die **Importbeschränkung**; der/die **Importeur/-in** [importöa/-rin]; **importieren**

impotent (unfähig zu Geschlechtsakt und Zeugung); die **Impotenz**

imprägnieren einen Stoff imprägnieren (wasserdicht machen); die **Imprägnierung**

Impression die, Impressionen (Eindruck); der **Impressionismus** (Kunstrichtung); **impressionistisch**; das **Impressum** (Information in Büchern, Zeitungen über Verleger, Erscheinungsort, Verlag)

improvisieren [improwisiren] (etwas ohne Vorbereitung tun), bei der Prüfung musste er improvisieren

Impuls der, Impulse (Anstoß, Anregung); **impulsiv** impulsiv (spontan) handeln

imstande auch **im Stande** er ist nicht imstande (fähig), den Arm zu bewegen, er ist imstande (so dumm) und springt dort hinunter

in Präp.+Dat.: in der Bahnhofshalle warten (wo?), in diesem Jahr, in Bezug auf, in Anbetracht, in natura (in Wirklichkeit), in puncto (hinsichtlich, betreffend), in Deutsch; Präp.+Akk.: in die Schule gehen (wohin?), sie hängt das Kleid in den Schrank, es schneite bis in den Mai; **in** sein (modern sein, dazugehören)

inadäquat die Bezahlung ist inadäquat (unangemessen)

inakzeptabel die Forderung ist inakzeptabel (unannehmbar)

Inanspruchnahme die, ...nahmen (Beanspruchung)

Inbegriff der, Inbegriffe: sie gilt als Inbegriff (Musterbeispiel) einer Sportlerin; **inbegriffen** die Heizung ist im Mietpreis inbegriffen

Inbrunst → infrage

(eingerechnet)
Inbrunst die, *Ez.:* das Gedicht mit Inbrunst (starker Leidenschaft) vortragen; **inbrünstig**
Indefinitpronomen (unbestimmtes Fürwort, z.B. „man", „jemand")
indeklinabel indeklinable Wörter (nicht veränderbar, z.B. „sehr", „nicht")
indem *Konj.:* indem du mehr lernst, werden deine Noten besser ABER → der Wagen, in dem er saß
indes(sen) *Adv.* (*veraltet für* inzwischen), ich richte meinen Blick indes her; **indessen** *Konj.* (*veraltet für* aber, jedoch) er bestand die Prüfung, sie indessen fiel durch
Index der, Indexe/Indizes/Indices (alphabetisches Verzeichnis, Register; Liste verbotener Bücher; hoch- oder tiefgestellte Zahl in der Mathematik)
Indianer der, -: (Ureinwohner Amerikas); die **Indianerin**; der **Indianerhäuptling**; der **Indio** (Indianer aus Mittel- oder Südamerika); die **Indiofrau**
Indien (Staat in Südasien); der/die **Inder/-in**; **indisch** die indischen Religionen ABER → der **Indische** Ozean
Indigo der/das, *Ez.* (blauer Farbstoff); **indigoblau**
Indikativ der, Indikative (Wirklichkeitsform des Zeitwortes, z.B. „sie läuft")
Indikator der, Indikatoren (Anzeichen; Stoff, der eine chemische Reaktion anzeigt)
indirekt sie hat mir das nur indirekt (über Umwege) zum Vorwurf gemacht, die indirekte (nicht wörtliche) Rede
indiskret sie ist indiskret (taktlos, nicht verschwiegen); die **Indiskretion**
indiskutabel ein indiskutables (nicht in Frage kommendes) Ergebnis
indisponiert der Sänger war heute indisponiert (in keiner guten Verfassung, z.B. heiser)
Individualismus der, *Ez.* (Weltanschauung, in der der Einzelne wichtiger als die Gemeinschaft ist); **individualistisch** (die Interessen einer Einzelperson betonend); der/die **Individualist/-in**; die **Individualität** (persönliche Eigenart); **individuell** (nur an einer Person orientiert); das **Individuum** (Einzelwesen)
Indiz das, Indizien (Anzeichen, Hinweis); der **Indizienbeweis**; der **Indizienprozess** (Prozess, der aufgrund von Indizien entschieden wird)
indogermanisch (indoeuropäisch), Deutsch, Englisch und Französisch gehören zur indogermanischen Sprachfamilie
Induktion [...tsion] die, Induktionen (vom Einzelfall auf das Allgemeingültige schließen; Erzeugung einer elektrischen Spannung); der **Induktionsherd**
Industrie die, Industrien (Wirtschaftszweig); **industrialisieren**; die **Industrialisierung**; das **Industriegebiet**; **industriell**; der/die **Industrielle** (Industrieunternehmer/-in); der **Industriestaat**
ineffektiv (nutzlos, unwirksam)
ineinander *Adv.:* ineinander verliebt sein; **ineinanderfließen** (▶ fließen) die Flüsse fließen an dieser Stelle ineinander; **ineinandergreifen** (▶ greifen); **ineinanderstecken**
infam (unverschämt); die **Infamie**
Infanterie die, Infanterien (Soldaten/Truppen für den Nahkampf); der/die **Infanterist/-in**
infantil er verhält sich völlig infantil (unreif, kindisch)
Infarkt der, Infarkte (Absterben eines Gewebeteils durch Gefäßverstopfung)
Infekt der, Infekte (Ansteckung); die **Infektion**; die **Infektionsgefahr**; **infektiös** (ansteckend); **infizieren**
Inferno das, Infernos (Ort, an dem sich ein schreckliches Geschehen abspielt; Hölle)
Infiltration [...tsion] die, Infiltrationen (Einspritzen einer Flüssigkeit; politische Unterwanderung); **infiltrieren** (eindringen)
Infinitiv der, Infinitive (Nennform); die **Infinitivgruppe** (Wortgruppe mit einem Infinitiv, z.B. „fleißiger zu lernen")
Inflation die, Inflationen (Geldentwertung); **inflationär**; die **Inflationsrate**
Info die, Infos (*kurz für* Information); der/die **Informand/-in** (jmd., der informiert wird); der/die **Informant/-in** (jmd., der informiert); die **Informatik** (Wissenschaft von der Informationsverarbeitung); die **Information** (Auskunft, Mitteilung, Nachricht); die **Informationsquelle**; **informativ** ein informatives (aufschlussreiches) Buch; **informieren** jmdn. informieren (benachrichtigen)
infolge *Präp.+Gen.:* infolge (wegen) des ständigen Regens; **infolgedessen** *Adv.* (deswegen, daher)
informell (ohne Formalitäten, nicht offiziell)
infrage *Adv.* *auch* **in Frage** das kommt nicht infrage, *etwas infrage stellen* (daran zweifeln);

infrarot → Inquisition

das **Infragestellen**
infrarot (unterhalb des Bereichs des sichtbaren Lichts); die **Infrarotlampe**
Infrastruktur die, Infrastrukturen (notwendige Anlagen für die Wirtschaft, z.B. Straßen); das **Infrastrukturministerium** (Ministerium für Verkehr, Innovation und Technologie)
Infusion die, Infusionen (Zufuhr von Stoffen in die Blutbahn)
Ingenieur <Ing.> [inschenjör] der, Ingenieure (Techniker); das **Ingenieurbüro**; die **Ingenieurin**
Inhaber der, -: (Besitzer); die **Inhaberin**
inhaftieren (verhaften); der/die **Inhaftierte**; die **Inhaftierung**
inhalieren Dämpfe inhalieren (einatmen); die **Inhalation**
Inhalt der, Inhalte: der Inhalt der Flasche, der Inhalt (Handlung) des Films; die **Inhaltsangabe**; **inhaltsreich**; das **Inhaltsverzeichnis**
inhuman (unmenschlich)
Initiale [initsiale] die, Initialen (Anfangsbuchstabe)
Initiative [initsiatife] die, Initiativen (Anregung, Entschlusskraft), die Initiative ergreifen; **initiativ** in der Sache initiativ (tätig) werden; der/die **Initiator/Initiatorin**; **initiieren** (anregen)
Injektion [...tsion] die, Injektionen (Einspritzen von Flüssigkeit); die **Injektionsspritze**; **injizieren**

Injektion	ABER	injizieren

Inkarnation [...tsion] die, Inkarnationen: die Inkarnation (Menschwerdung) Christi, die Inkarnation (Verkörperung) des Bösen
Inkasso das, Inkassos (Einziehung von Geldforderungen)
inklusive <inkl., incl.> *Präp.+Gen.*: der Preis ist inklusive (der) Mehrwertsteuer (sie ist enthalten, dabei); die **Inklusion** (das Miteinbezogensein; gemeinsame Erziehung behinderter und nicht behinderter Kinder)
inkognito (unter falschem Namen)
inkompetent der Verkäufer war inkompetent (nicht zuständig, unfähig); die **Inkompetenz**
inkonsequent eine inkonsequente (widersprüchliche) Erziehung; die **Inkonsequenz**
Inkrafttreten das, *Ez.* ABER → in Kraft treten
Inland das, *Ez.* (Land, in dem man sich befindet); der/die **Inländer/-in**; **inländisch**; das **Inlandsgespräch**

Inlay das, Inlays (Zahnfüllung)
Inlett das, Inlette/Inletts (Stoffhülle für Federbetten)
Inliner [inlaina] der, Inliners (*kurz für* Inlineskate, Rollschuh mit hintereinander befestigten Rädern); das **Inlineskating**
inmitten *Präp.+Gen.*: inmitten der Stadt
innehaben (▶ haben) eine Funktion innehaben, er hat ein Amt inne, sie hat eine wichtige Funktion innegehabt; **innehalten** (▶ halten) mitten im Reden innehalten (kurz unterbrechen), sie hat kurz innegehalten, bevor sie weiterlas; **innewohnen**
innen *Adv.*: der Apfel war innen ganz faul, innen und außen; der/die **Innenarchitekt/-in**; die **Innenausstattung**; der **Innenhof**; der/die **Innenminister/-in**; die **Innenpolitik**; der **Innenrist** mit dem Innenrist (Innenseite des Fußrückens) ein Tor schießen; die **Innenseite**; die **Innenstadt**; die **Innentemperatur**
Innere das Innere des Baumes war hohl, das Innere des Hofes, sich im Innersten Gedanken machen ABER → der innere Teil des Gebäudes, die innere Ruhe, die innere Medizin, die inneren Organe, die inneren Probleme; die **Innereien** (Tiereingeweide)

die **inneren** Organe	ABER	das **Innere** des Baumes
die **innere** Ruhe	ABER	im tiefsten **Inneren**

innerhalb *Präp.+Gen.*: innerhalb der Stadt, innerhalb von fünf Minuten; **innerlich** er war innerlich (seelisch-geistig) sehr nervös, innerlich (im Innersten) war er zufrieden; **innerorts** *Adv.;* **innerparteilich**; **innerstädtisch**
innig die beiden verband eine innige (herzliche) Freundschaft; **inniglich** (*geh.*); aufs **Innigste**
Innovation [...tsion] die, Innovationen (Erneuerung); **innovativ**
Innung die, Innungen (Zusammenschluss der Handwerker)
inoffiziell (nicht amtlich)
inoperabel (nicht operierbar)
Input der/das, Inputs (bei der Produktion eingesetzte Rohstoffe; Eingabe von Daten)
Inquisition [...tsion] die, Inquisitionen (grausames Gericht der katholischen Kirche gegen Irrgläubige); das **Inquisitionsgericht**; der **Inquisitor** (Richter der Inquisition); die

Inquisitorin

I. N. R. I. auch **INRI** = Jesus Nazarenus Rex Judaeorum (*lat.:* Jesus von Nazareth, König der Juden)

ins *Präp.+Akk.:* ins (*kurz für* in das) Kino gehen, sich ins Fäustchen lachen, ins Schwitzen kommen

Insasse der, Insassen (Person, die in einem Heim oder Gefängnis lebt; Fahrgast), alle Insassen des Pkws wurden verletzt; die **Insassin**

insbesondere auch **insbesondre** (vor allem, besonders)

Inschrift die, Inschriften: die Inschrift auf dem Grabstein

Insekt das, Insekten; die **Insektenbekämpfung**; die **Insektenplage**; das **Insektenpulver**; das **Insektizid** (Insektenvertilgungsmittel)

Insel die, Inseln: eine Fähre verkehrt zwischen den Inseln; der/die **Inselbewohner/-in**

Inserat das, Inserate (Anzeige in einer Zeitung); der **Inseratenteil**; der/die **Inserent/-in** (jmd., der ein Inserat aufgibt); **inserieren**

insgeheim *Adv.* (heimlich)

insgesamt *Adv.:* es waren insgesamt (alles in allem) 30 Bücher

Insider [insaida] der, -: (Eingeweihter; ein Mitarbeiter einer Firma); die **Insiderin**

Insignien die, *Mz.:* Krone und Zepter sind Insignien (Kennzeichen) der Königsmacht

inskribieren (sich für Kurse an einer Hochschule anmelden); die **Inskription**

insofern *Adv.:* insofern (in dieser Hinsicht, was das betrifft) kannst du Recht haben; *Konj.:* insofern (wenn) du mich brauchst, komme ich sofort; **insoweit** *Adv., Konj.*

Insolvenz die, Insolvenzen (Zahlungsunfähigkeit)

Inspektion [...tsion] die, Inspektionen (Überprüfung, Kontrolle); der **Inspektor**; die **Inspektorin**; **inspizieren** (kontrollieren)

Inspiration [...tsion] die, Inspirationen (schöpferischer Einfall); **inspirieren** jmdn. zu etwas inspirieren (anregen)

instabil (unbeständig); die **Instabilität**

Installateur [instalatöa] der, Installateure; die **Installateurin**; die **Installation**; **installieren** (Strom- oder Wasseranschlüsse herstellen), ein Programm auf dem Computer installieren

instand auch **in Stand** *Adv.:* etwas instand auch in Stand setzen (reparieren) ABER → das **Instandsetzen**; die **Instandhaltung**

inständig jmdn. inständig (sehr nachdrücklich) um etwas bitten

instant [instent] (sofort löslich); der **Instantkaffee**

Instanz die, Instanzen (die zuständige Behörde)

Instinkt der, Instinkte (angeborene Verhaltensweise); die **Instinkthandlung**; **instinktiv** instinktiv (gefühlsmäßig) eine Entscheidung treffen; **instinktlos**

Institut das, Institute (Einrichtung, Bildungsanstalt); die **Institution** (öffentliche Einrichtung); **institutionalisieren**

instruieren jmdn. instruieren (jmdm. eine Anweisung geben); die **Instruktion** (Anweisung); der/die **Instruktor/Instruktorin**

Instrument das, Instrumente (Musikinstrument; Werkzeug); die **Instrumentalmusik**; das **Instrumentarium**

Insulaner der, -: (Inselbewohner); die **Insulanerin**

Insulin das, *Ez.* (Hormon; Medikament für Zuckerkranke); das **Insulinpräparat**

inszenieren (die Aufführung eines Bühnenstücks vorbereiten); die **Inszenierung**

intakt eine intakte (gut funktionierende) Beziehung, eine intakte (funktionsfähige) Maschine, die intakte Umwelt

integer (rechtschaffen, unbescholten), man kann ihm vertrauen, er ist integer; die **Integrität** (Unbescholtenheit)

Integration [...tsion] die, Integrationen: die Integration Europas (Zusammenschluss, Eingliederung); **integrativ**; **integrieren** (mit einbeziehen); **integrierend** ein integrierender (notwendiger) Bestandteil

Intellekt der, Intellekte (Verstand, Denkvermögen); **intellektuell** (verstandesmäßig); der/die **Intellektuelle**

intelligent eine intelligente (kluge) Frage; die **Intelligenz** (geistige Begabung); der **Intelligenzquotient** <IQ> (Maßzahl, die besagt, wie intelligent jmd. ist); der **Intelligenztest**

Intendant der, Intendanten (Leiter eines Theaters oder einer Sendeanstalt); die **Intendantin**; die **Intendanz** (Leitung)

intensiv jmdn. intensiv (gründlich, konzentriert) betreuen, eine intensive (kräftige) Farbe; die **Intensität** (Wirksamkeit, Stärke); **intensivieren** (steigern, verstärken); die **Intensivierung**; die **Intensivstation** (Abteilung für lebensgefährlich erkrankte

intendieren → inwendig

oder verletzte PatientInnen)
intendieren (beabsichtigen); die **Intention** [...tsion] (Absicht, Plan)
Intercity <IC> [intersiti] der, Intercitys (schneller Eisenbahnzug); der **Intercity-Zug**; der **Intercityexpress** <ICE>
interessant ein interessanter (fesselnder) Film, ein interessantes (bemerkenswertes) Angebot; das **Interesse** (Anteilnahme, Neugier); **interessehalber** *Adv.;* **interesselos**; die **Interesselosigkeit**; der/die **Interessent/-in**; **interessieren** sich für etwas/jmdn. interessieren, sie interessiert sich für Musik; **interessiert** ich bin an dem Geschäft interessiert
Interface [intafes] das, Interfaces [intafesis] (Schnittstelle bei Computern)
Interferenz die, Interferenzen (Überlagerung von Wellen; Störung, Beeinflussung); **interferieren**
Interim das, Interims (Übergangszeit, Übergangsregelung); **interimistisch** (vorläufig); die **Interimslösung**
Interjektion [...tsion] die, Interjektionen (Ausrufewort, z.B. „oh!")
Intermezzo das, ...mezzos/...mezzi (musikalisches Zwischenspiel; Zwischenfall)
intern das ist eine interne (vertrauliche) Angelegenheit; das **Internat** (Schülerheim); die **Interne** (Krankenhausabteilung für innere Medizin); **internieren** (in Gewahrsam nehmen); der/die **Internierte**; die **Internierung**; der/die **Internist/-in** (Arzt/Ärztin für innere Krankheiten)
international [...tsional] ein internationales (mehrere Staaten betreffendes) Abkommen, das internationale Recht ABER → das Internationale Olympische Komitee <IOK>, das Internationale Rote Kreuz <IRK>; die **Internationale** (internationale Vereinigung der Arbeiterbewegungen; ein sozialistisches Lied)
Internet das, *Ez.* (weltweites Computernetzwerk); das **Internetcafé**; der **Internet-Chat** [tschät]; das **Internetforum**
Interpret der, Interpreten (Vortragskünstler); die **Interpretation**; **interpretieren** ein Gedicht/Lied interpretieren (deuten, auslegen; in einer bestimmten Weise vortragen); die **Interpretin**
Interpunktion [...tsion] die, Interpunktionen (Zeichensetzung, z.B. Beistriche)
Interrail auch **InterRail** [...rel] das, *Ez.*
(Zugticket für bestimmten Zeitraum zum Pauschalpreis), Interrail fahren
Interregnum das, ...regnen/...regna (Zwischenherrschaft)
interrogativ (fragend); das **Interrogativpronomen** (Fragefürwort, z.B. „wer?", „welcher?")
Intervall [interwal] das, Intervalle (zeitlicher Abstand; in der Musik Unterschied in der Tonhöhe); das **Intervalltraining** (im Sport)
intervenieren [...weniren] (sich einmischen, protestieren); die **Intervention**
Interview [interwju] das, Interviews (Befragung durch Reporter/-in); **interviewen** [intawjuen] einen Prominenten interviewen; der/die **Interviewer/-in** [intawjuer/in]
intim ein intimer (vertrauter) Freund, ein intimer (kleiner) Freundeskreis, ein intimes (vertrauliches) Gespräch, mit jmdm. intim werden (sexuellen Kontakt haben); der **Intimbereich**; die **Intimität** (Vertraulichkeit); die **Intimsphäre**
intolerant (unduldsam); die **Intoleranz**
Intonation [...tsion] die, Intonationen (Veränderung der Tonhöhe beim Sprechen und in der Musik); **intonieren**
intrigant (hinterhältig); der/die **Intrigant/-in**; die **Intrige** (hinterlistiger Plan); das **Intrigenspiel**; **intrigieren**
Intuition [...tsion] die, Intuitionen (Eingebung aufgrund des Gefühls); **intuitiv**
intus jmd. hat etwas intus (*ugs. für* gegessen/getrunken; verstanden)
Inuk der, Inuit (Angehöriger des arktischen Volkes, frühere Fremdbezeichnung Eskimo); die **Inuk**
Invalide [inwalide] der/die, Invaliden (Körperbehinderte/-r); **invalid**; die **Invalidität** (Versehrtheit, Erwerbsunfähigkeit)
Invasion [inwasion] die, Invasionen (Einmarsch einer Armee in ein fremdes Land)
Inventar [inwentar] das, Inventare (Hausrat, Besitzverzeichnis); **inventarisieren**; die **Inventarisierung** (Aufnahme in ein Verzeichnis); die **Inventur** (Bestandsaufnahme der Vermögenswerte)
investieren [inwestiren] (Geld aufwenden), viel Zeit in etwas investieren; die **Investition** [inwestitsion] (Kapitalanlage); das **Investment**
involvieren [inwolwiren] in eine Angelegenheit involviert (beteiligt, verwickelt) sein
inwendig *etwas in- und auswendig* (voll-

ständig) kennen
inwiefern *Adv.* (unter welchen Aspekten, in welcher Hinsicht) *auch* **inwieweit; inwiefern** *Konj.:* wir sollen untersuchen, inwiefern er dafür verantwortlich ist
Inzest der, Inzeste (Geschlechtsverkehr zwischen Blutsverwandten, Inzucht); **inzestuös**
Inzucht die, Inzuchten (Fortpflanzung unter nah verwandten Menschen und Tieren)
inzwischen *Adv.* (währenddessen, unterdessen)
IOK = **I**nternationales **O**lympisches **K**omitee
Ion das, Ionen (elektrisch geladenes Teilchen)
IP [aipi] = **I**nternet **P**rotocol (Netzwerkprotokoll); die **IP-Adresse**
iPad [aipäd] *auch* **I-Pad** das, iPads (Tablet-PC)
iPhone [aifon] *auch* **I-Phone** das, iPhones (spezielles Mobiltelefon)
iPod [aipod] *auch* **I-Pod** der, iPods (tragbarer MP3-Player)
IQ = der **I**ntelligenz**q**uotient
i.R. = **i**m **R**uhestand
irden (aus Ton gefertigt); **irdisch** (zur Erde gehörend), *den Weg alles Irdischen gehen* (sterben)
irgend *Adv.* (Betonung der Unbestimmtheit), irgend so ein Kerl; **irgendein** haben Sie irgendeine Frage?, irgendeine Sache; **irgendeinmal** *Adv.*; **irgendetwas** ABER → irgend so etwas; **irgendjemand**; **irgendwann** *Adv.*; **irgendwas**; **irgendwelche**; **irgendwer**; **irgendwie** *Adv.*; **irgendwo** *Adv.*; **irgendwoher** *Adv.*; **irgendwohin** *Adv.*
Iris die, -: (Netzhaut des Auges; Blume)
IRK = **I**nternationales **R**otes **K**reuz
Irland (Staat in Europa); der/die **Irländer/-in**; **irländisch**
Ironie die, *Ez.* (versteckter Spott); **ironisch** das war doch nur ironisch (spöttisch) gemeint
irrational (verstandesmäßig nicht begreifbar); **irreal** (unwirklich); die **Irrealität**
irr *auch* **irre** (verrückt, toll, sehr groß); die **Irre** *jmdn. in die Irre führen* (absichtlich täuschen)
Irre der/die, Irren (*abwertend für* geisteskranker Mensch), *sich wie ein Irrer aufführen* (verrückt benehmen); **irreführen; irreführenderweise** *Adv.*; die **Irreführung; irregehen** (▶ gehen); **irreleiten; irremachen**; sich **irren** (etwas falsch beurteilen), er irrte sich gründlich ABER → *Irren ist menschlich* (entschuldbar); die **Irrenanstalt; irr(e)werden** (▶ werden) an

jmdm. irr(e)werden (das Vertrauen verlieren); die **Irrfahrt**; der **Irrgarten**; der **Irrglaube**
irregulär (regelwidrig), ein irregulärer Wettkampf
irrelevant (belanglos, unerheblich); die **Irrelevanz**
irreparabel irreparable (nicht rückgängig zu machende) Schäden verursachen
irreversibel [irreweasibel] (nicht umkehrbar)
irrig eine irrige (falsche) Behauptung; der **Irrläufer** (falsch beförderte Sache); die **Irrlehre** (falsche Lehre); das **Irrlicht**; der **Irrsinn** (Unvernunft, Wahnsinn); **irrsinnig** (geistesgestört), irrsinnige (sehr große) Schmerzen, irrsinnig (sehr) komisch; der **Irrtum**; **irrtümlich** (versehentlich); **irrtümlicherweise** *Adv.*; der **Irrweg**; **irrwitzig**
Irritation [...tsion] die, Irritationen (Verwirrung, Störung); **irritieren** (stören, verwirren)
ISBN = **I**nternationale **S**tandard**b**uch**n**ummer
Ischias der/die/das, *Ez.* (Hüftschmerzen); der **Ischiasnerv** (Hüftnerv)
ISDN = **I**ntegrated **S**ervices **D**igital **N**etwork (digitale Datenübertragung)
Islam der, *Ez.* (vom Propheten Mohammed gestiftete Weltreligion); **islamisch**; der/die **Islamist/-in** (fanatische/-r Muslim/-in)
Island (Staat in Nordeuropa); der/die **Isländer/-in**; **isländisch**
Isolation [...tsion] die, Isolationen (Abdichtung; Absonderung, Vereinzelung); der **Isolator** (Substanz, die nur schwach leitet); das **Isolierband**; **isolieren** (schützen; trennen), eine elektrische Leitung isolieren, die Kranken isolieren, sich isolieren (absondern); **isoliert**; die **Isolierung**
Israel (Staat); der/die **Israeli** (Bürger/-in des Staates Israel); die **Israelin**; **israelisch**; die **Israeliten**; **israelitisch**
Istzustand *auch* Ist-Zustand der, ...zustände
IT [aiti] die, -: Informationstechnologie (Daten- und Informationsverarbeitung mittels Computer)
Italien (Staat); der/die **Italiener/-in**; **italienisch**
i-Tüpfelchen *auch* i-Tüpfel *auch* i-Tüpferl das, -: etwas bis aufs i-Tüpferl (bis ins Kleinste) kennen; der/die **i-Tüpferl-Reiter/-in** (*ugs. für* übertrieben genauer Mensch)
i.V. = **i**n **V**ertretung; **i**n **V**ollmacht

J

J = Joule [dschul]

ja ja bitte, na ja, du kennst ihn ja, komm ja nicht!, ja sagen *auch* Ja sagen; das Ja unser Ja zum Sparen, mit Ja antworten, sein Ja (seine Einwilligung) geben, *zu allem Ja und Amen auch ja und amen sagen* (mit allem einverstanden sein)

| dazu **ja** sagen | *auch* | **Ja** sagen |

Jacht *auch* **Yacht** die, Jachten (Sport- und Vergnügungsboot)
Jacke die, Jacken (Kleidungsstück), seine Jacke zuknöpfen; das **Jäckchen**; das **Jackett** [schakét] (Jacke, Sakko)
Jacketkrone [dschäkitkrone] die, ...kronen (Zahnersatz)
Jackpot [tschäkpot] der, Jackpots (sehr hoher Geldgewinn in einer Lotterie)
Jade die/der, *Ez.* (grüner Schmuckstein); **jadegrün**
Jagatee der, *Ez.* (Tee mit Rum)
Jagd die, Jagden: auf die Jagd gehen, Jagd auf den Dieb machen (ihn verfolgen), die Jagd nach dem Glück; die **Jagdbeute**; der **Jagdfrevel** (Vergehen gegen die Jagdgesetze); das **Jagdglück**; das **Jagdrevier**; die **Jagdzeit**; **jagen** gerne jagen, den Verbrecher jagen (verfolgen), alle jagen (streben) nach Geld; der/die **Jäger/-in**; die **Jägerei**
Jaguar der, Jaguare (große Raubkatze)
jäh jäher, am jäh(e)sten, jäh (plötzlich) halten, ein jäher (steiler) Abgrund; **jählings** (*geh. für* unvermittelt)
Jahr das, Jahre: im nächsten Jahr, Jahr für Jahr, viele Jahre lang, nach Jahr und Tag (nach langer Zeit), zehn Jahre alt, im Jahr(e) 1945, ein gutes neues Jahr wünschen, *in die Jahre kommen* (älter werden); **jahraus** *Adv.: jahraus, jahrein* (Jahr für Jahr); **jahrelang** jahrelang krank sein ABER → fünf Jahre lang; sich **jähren** morgen jährt sich seine Heimkehr
Jahresfrist die, *Ez.: binnen Jahresfrist* (innerhalb eines Jahres); der **Jahrestag**; der **Jahreswechsel**; die **Jahreswende**; die **Jahreszeit**; der **Jahrgang** <Jg.>; das **Jahrhundert** <Jh.>; **jahrhundertealt** eine jahrhundertealte Tradition ABER → fünf Jahrhunderte alt; **...jährig** volljährig, fünfjährig (fünf Jahre dauernd) *auch* 5-jährig; **jährlich** (jedes Jahr wieder); der **Jahrmarkt**; das **Jahrtausend**; das **Jahrzehnt**; **jahrzehntelang**
Jahwe (Name Gottes im Alten Testament)
Jähzorn der, *Ez.* (unbeherrschte Wut); **jähzornig**
Jak *auch* **Yak** der, Jaks (Hochgebirgsrind)
Jalousie [schalusi] die, Jalousien (Rollladen)
Jambus der, Jamben (zweisilbiger Verstakt, z.B. „Ge-bét")
jammen [dschäm] (als Musiker/-in mit anderen improvisieren); die **Jamsession** [dschämseschn] (improvisiertes Zusammenspiel)
Jammer der, *Ez.* (Klage); der **Jammerlappen** (*ugs. abwertend für* ängstlicher Mensch, Schwächling); **jämmerlich** jämmerlich weinen, ein jämmerliches (armseliges) Zuhause, ein jämmerliches (enttäuschendes) Ergebnis; **jammern** (laut klagen); **jammerschade** (sehr schade)
Janker der, -: (Trachtenjacke)
Jänner der, -: <Jan.> (1. Monat); der **Januar**
Japan (Inselstaat in Ostasien); der/die **Japaner/-in**; **japanisch**
japsen (*ugs. für* nach Luft schnappen)
Jargon [schargō] der, Jargons (besondere Sprache einer Gruppe)
Jasager der, -: (*abwertend für* Person ohne eigene Meinung); die **Jasagerin**
Jasmin der, Jasmine (Zierstrauch)
jäten Unkraut jäten
Jauche die, Jauchen (flüssiger Stalldünger); die **Jauchegrube**
jauchzen vor Freude jauchzen (jubeln); der **Jauchzer** (Freudenschrei)
Jaukerl das, Jaukerln (*ugs. für* Injektion)
jaulen der Hund jault
Jause die, Jausen (Zwischenmahlzeit); die **Jausenstation** (kleine Gaststätte); **jausnen** du jausnest, er hat gejausnet
jawohl
Jawort das, -: *jmdm. sein Jawort geben* (ihn/sie heiraten)
Jazz [dschäs] der, *Ez.* (Musikstil); die **Jazzband** [dschäsbänd]; **jazzen**; der/die **Jazzer/-in**; **jazzig**
je *Interj.:* oh je!; *Adv.:* je (jeweils) fünf Mann, seit eh und je (schon immer), je nachdem, hast du so etwas je gesehen?; *Konj.:* je mehr, desto besser; *Präp.+Akk.:* es kostet 5 Euro je Mann

Jeans [dschins] die, -: (Hose aus Jeansstoff); die **Jeansjacke**
jedenfalls Adv. (auf jeden Fall, zumindest)
jede/jeder jeder wird das einsehen, zu jeder Zeit, jeder andere, jeder Einzelne, jedes Mal; **jederlei** (von jeder Art); **jedermann** (jeder); **jederzeit** Adv. (immer) ABER → zu jeder Zeit; **jedes** alles und jedes, jedes Kind
jedoch Adv.: eine Antwort hatte er jedoch nicht; Konj.: ..., jedoch er konnte nicht kommen
Jeep [dschip] der, Jeeps (Geländeauto)
jeglich frei von jeglichem Neid
jeher Adv.: von jeher (schon immer); **jemals** Adv.: das Schönste, was ich jemals erlebt habe
jemand (irgendeine Person), jemand hat angerufen ABER → ein gewisser **Jemand** (ein Unbekannter), jemand Fremder, sonst jemand ABER → irgendjemand
jene/jener (der/die dort), in jener Gegend; **jenes** er kaufte dieses und jenes
jenseits Präp.+Gen.: jenseits (auf der anderen Seite) der Grenze; das **Jenseits** jmdn. ins Jenseits befördern (umbringen)
Jersey [dschöasi] der, Jerseys (Stoffart)
Jesuit der, Jesuiten (Angehöriger des Jesuitenordens); der **Jesuitenorden**
Jesus Christus (Sohn Gottes)
Jet [dschet] der, Jets (Düsenflugzeug); der **Jetlag** [dschetläg] (Beschwerden nach langen Flugreisen)
Jeton [schetō] der, Jetons (Spielmarke)
Jetset [dschetset] der, Ez. (internationale Gesellschaftsschicht reicher Leute); **jetten** nach New York jetten (kurz hinfliegen)
jetzig zum jetzigen Zeitpunkt; **jetzt** Adv.: jetzt (in diesem Augenblick) möchte ich gehen, bis jetzt, jetzt oder nie; Part.: was willst du jetzt schon wieder?; das **Jetzt** (Gegenwart); die **Jetztzeit**
jeweilig die jeweiligen Bedingungen; **jeweils** Adv.: jeweils (immer) am Montag
Jg. = Jahrgang
Jh. = Jahrhundert; **Jh.s** = Jahrhunderts
Jiddisch das, Ez. (jüdisch-deutsche Sprache) auch das **Jiddische**; **jiddisch**
Jingle [dschingl] der, Jingles (kurze Kennmelodie)
Job [dschob] der, Jobs (Beruf, Arbeitsplatz), einen guten Job haben; **jobben** (Geld verdienen); das **Jobsharing** [dschobschearing] (Aufteilen eines Arbeitsplatzes auf mehrere Personen)

Joch das, Joche (Zuggeschirr für Rinder; Bergübergang), ein drückendes Joch (hartes Los), zehn Joch (nicht mehr gebräuchliches Feldmaß) Grund; das **Jochbein** (Backenknochen)
Jockey [dschoki, dschoke] der, Jockeys (berufsmäßige/-r Rennreiter/-in)
Jod das, Ez. (chemisches Element)
jodeln; der **Jodler** (Jodelruf; jodelnder Mann); die **Jodlerin**
joggen [dschogn] (Jogging betreiben); der/die **Jogger/-in**; das **Jogging** [dschoging] (lockeres Laufen)
Joghurt auch **Jogurt** der/die/das, Joghurt(s) (saure Milch)
Johannisbeere die, ...beeren (Ribisel), Schwarze Johannisbeeren; das **Johannisfeuer**; der **Johanniskäfer** (Leuchtkäfer); die **Johannisnacht**; der **Johannistag** (24. Juni)
johlen auf der Straße johlen (wüst herumschreien)
Joint [dschoint] der, Joints (Haschischzigarette)
Joint Venture [dschoint wentscha] das, Joint Ventures (Gemeinschaftsunternehmen)
Jo-jo das, Jo-jos (Spielzeug)
Joker [dschouka] der, -: (Spielkarte; hilfreiche Sache)
Jolle die, Jollen (kleines Boot)
Jongleur [schonglöa] der, Jongleure (Geschicklichkeitskünstler); **jonglieren** mit Bällen jonglieren
Joppe die, Joppen (Jacke)
Jordanien (Land in Vorderasien); der/die **Jordanier/-in**; **jordanisch**
Joule [dschul] das, -: <J> (Maßeinheit für Energie)
Journal [schuanal] das, Journale: ein Journal (Zeitschrift) lesen, ein politisches Journal (Fernsehsendung); der **Journaldienst** (Bereitschaftsdienst); der **Journalismus**; der/die **Journalist/-in** (Berichterstatter/-in); **journalistisch**
jovial [schowial] (gutmütig, leutselig); die **Jovialität**
Joystick [dschoistik] der, ...sticks (Steuergerät für Computerspiele)
jr. = junior
Jubel der, Ez.: das laute Jubeln der Kinder; **jubeln** vor Freude jubeln; das **Jubelpaar** (Paar, das ein Jubiläum feiert); der/die **Jubilar/-in**; das **Jubiläum** (Gedenkfeier); **jubilieren**

juchee! → Jux

juch__ee__! auch **juchhe** (Jubelruf); das **Juchee** auch Juchhe (höchstgelegener Platz); **j__u__chzen**; **juchh__u__**; **juh__u__**

j__u__cken es juckt mich in den Fingern; das **Jucken**; der **Juckreiz**

J__u__de der, Juden (Angehöriger der jüdischen Volksgruppe); das **Judentum**; die **Jüdin**; **jüdisch**

J__u__do [dsch__u__do, j__u__do] das, Ez. (Kampfsportart); der/die **Jud__o__ka** (Judosportler/-in)

J__u__gend die, Ez. (Zeit des Jungseins), die Jugend (junge Leute) von heute; **jugendfrei** (für Jugendliche zugelassen); die **Jugendherberge**; **jugendlich**; der/die **Jugendliche**; der **Jugendschutz** (Gesetz zum Schutz von Kindern und Jugendlichen); der **Jugendstil** (Kunstrichtung um 1900); das **Jugendzentrum** (Treffpunkt für Jugendliche)

Jugosl__a__wien (ehemaliger Staat in Europa); der **Jugoslawe**; die **Jugoslawin**; **jugoslawisch**

J__u__kebox [dsch__u__kboks] die, …boxes […boksis] (Musikautomat)

J__u__li der, Julis <Jul.> (7. Monat)

J__u__mbo [dsch__u__mbo] der, Jumbos (Großraumflugzeug); der **Jumbojet** [dsch__u__mbodschet]

j__u__mpen [dsch__a__mpen] (springen)

J__u__mper [dsch__a__mpa] der, -: (Pullover, Strickjacke)

jun. = junior

j__u__ng jünger, am jüngsten, ein junger Mann, im Herzen jung bleiben ABER → Jung und Alt (jedermann), Junge und Alte, sie ist von beiden die jüngere ABER → er ist unser Jüngster, das jüngste Kind ABER → das Jüngste Gericht, sie ist nicht mehr die Jüngste; der/die **Jungbürger/-in** (Person, die wahlberechtigt geworden ist)

[1]**J__u__nge** das, Jungen (Tierkind)

[2]**J__u__nge** der, Jungen (*bundesdt. für* Bub)

Jünger der, -: (Anhänger); die **Jungfer** (*veraltet für* Jungfrau); die **Jungfernfahrt** (erste Fahrt eines Verkehrsmittels); die **Jungfrau**; **jungfräulich** (unberührt); der **Junggeselle** (unverheirateter Mann); die **Junggesellin**; das **Jungholz** (junger Waldbestand); der **Jüngling**; **jüngst** *Adv.* (vor kurzer Zeit); der/die **Jüngste**; die **Jungsteinzeit**; **jungverheiratet**; der/die **Jungvermählte**; das **Jungvieh**

J__u__ni der, Junis <Jun.> (6. Monat); der **Junikäfer** (Käferart)

J__u__nior der, Juni__o__ren <jr., jun.> (Sohn, Jungsportler); **junior** Müller junior; der/die **Juniorchef/-in**; die **Juni__o__rin** (Jungsportlerin)

J__u__nker der, -: (*veraltet für* junger Adeliger, adliger Gutsbesitzer)

J__u__nkie [dsch__a__nki] der, Junkies (Drogenabhängiger)

J__u__nta [ch__u__nta, j__u__nta] die, Junten (Militärregierung, v.a. in Südamerika)

J__u__piter der, Ez. (Planet)

[1]**J__u__ra** der, Ez. (Gebirge), der Schweizer Jura

[2]**J__u__ra** die, Mz. (Rechtswissenschaften); **jur__i__disch** (juristisch); der/die **Jur__i__st/-in**; **jur__i__stisch**

J__u__ror der, Jur__o__ren (Mitglied einer Jury); die **Jur__o__rin**; die **Jury** [schüri] (Gruppe von Preisrichtern)

J__u__s das, Jura: Jus (Rechtswissenschaft) studieren; der/die **Jusstudent/-in**; das **Jusstudium**

j__u__st *Adv.:* just (eben, genau) an dieser Stelle; **justam__e__nt** *Adv.:* justament (ausgerechnet) jetzt; der **Justam__e__ntstandpunkt**; **just__ie__ren** (genau einstellen)

Just__i__z die, Ez. (Rechtssprechung); der **Justizbeamte**; die **Justizbeamtin**; die **Justizbehörde**; der **Justizirrtum** (falsche Entscheidung eines Gerichts)

J__u__te die, Ez. (Bastfaser)

Juw__e__l das/der, Juwelen (Schmuckstück, Edelstein), ein Juwel (bes. wertvolles Stück) der Handwerkskunst; der/die **Juwel__ie__r/-in** (Schmuckhändler/-in)

J__u__x der, Juxe: es war alles nur Jux (Scherz), *aus lauter Jux und Tollerei* (nur so zum Spaß); **juxen** (scherzen)

K

Kabarett auch **Cabaret** [kabare] das, Kabaretts/Kabarette (Kleinkunstbühne); der/die **Kabarettist/-in**; **kabarettistisch**
Kabel das, -: (isolierte elektrische Leitung); der **Kabelanschluss**; das **Kabelfernsehen**; das **Kabel-TV** (Kabelfernsehen)
Kabeljau der, Kabeljaue/Kabeljaus (Speisefisch)
Kabine die, Kabinen (kleiner Raum, Umkleideraum); das **Kabinett** (Ministerrat; kleines Zimmer); die **Kabinettssitzung**; das **Kabinettstück** (gelungene Leistung)
Kachel die, Kacheln (Fliese); **kacheln** die Handwerker kacheln das Bad; der **Kachelofen**
Kacke die, *Ez.* (*derb für* Kot)
Kadaver der, -: (Aas); der **Kadavergehorsam** (*abwertend für* blinder Gehorsam)
Kadenz die, Kadenzen (Akkordfolge, Versende)
Kader der, -: (Kerntruppe des Heeres/der Olympiamannschaft)
Kadett der, Kadetten (Offiziersschüler)
Kadmium auch **Cadmium** das, *Ez.* <Cd> (chemisches Element)
Käfer der, -: (Insekt)
Kaff das, Kaffs (armselige, öde Ortschaft)
Kaffee der, Kaffees (Getränk), *das ist kalter Kaffee* (längst bekannt); die **Kaffeebohne**; **kaffeebraun**; die **Kaffeeernte** auch **Kaffee-Ernte**; der **Kaffeeexport** auch **Kaffee-Export**; der **Kaffeefilter**; das **Kaffeehaus** (Café); die **Kaffeekanne**; die **Kaffeemaschine**; die **Kaffeemühle**; das **Kaffeeservice** [...servis]; der **Kaffeesud**

das **Kaffeehaus**	ABER	das **Café**

Käfig der, Käfige: den Käfig des Hamsters putzen, *im goldenen Käfig sitzen* (trotz Reichtums unfrei sein); die **Käfighaltung**
kahl ein kahler Kopf, die kahlen Bäume, die kahle (leere) Wand, etwas kahl fressen auch kahlfressen; der **Kahlfraß**; der **Kahlkopf**; **kahlköpfig**; der **Kahlschlag** (totale Abholzung)
Kahn der, Kähne (kleines Boot, Lastschiff)
Kai [kej] auch **Quai** der, Kais/Kaie (Uferbefestigung)
Kaiman der, Kaimane (Alligator)
Kaiser der, -: (höchster weltlicher Herrscher), *sich um des Kaisers Bart* (um Nichtigkeiten) *streiten*; das **Kaiserfleisch** (geselchtes Bauchfleisch); die **Kaiserin**; **kaiserlich**; das **Kaiserreich**; der **Kaiserschmarren** (Mehlspeise); der **Kaiserschnitt** (operative Entbindung)
Kajak der/das, Kajaks (leichtes Boot der Inuit; Sportpaddelboot)
Kajüte die, Kajüten (Wohn- und Schlafraum auf Schiffen)
Kakadu der, Kakadus (Papagei)
Kakao [kakau] der, *Ez.* (tropische Frucht, Getränk), *jmdn. durch den Kakao ziehen* (sich über jmdn. lustig machen); die **Kakaobohne**
Kakerlake die, Kakerlaken auch der **Kakerlak** (großes schwarzes Insekt, Küchenschabe)
Kaki auch **Khaki** der, *Ez.* (gelbbrauner Stoff, Frucht)
Kaktus der, Kakteen/Kaktusse auch die **Kaktee** (stachelige Pflanze)
Kalamität die, Kalamitäten (Schwierigkeit)
Kalauer der, -: (Wortspiel)
Kalb das, Kälber (junges Rind, Jungtier eines Säugetieres), *um das goldene Kalb tanzen* (geldgierig sein); das **Kälbchen**; **kalben** (ein Kalb zur Welt bringen); die **Kalbin** (Kuh, die noch nicht gekalbt hat); der **Kalbsbraten**; die **Kalbshaxe**
Kaleidoskop das, Kaleidoskope (Spielzeugfernrohr mit bunten Bildern)
Kalender der, -: einen Termin im Kalender notieren; das **Kalenderjahr**
Kali auch **Kalium** das, Kalis (Düngesalz); der **Kalidünger**
Kaliber das, -: (innerer Durchmesser von Rohren, äußerer von Geschoßen), *eine Lüge von diesem Kaliber* (von diesem Format); ... **kalibrig** großkalibrig
Kalif der, Kalifen (muslimischer Herrschertitel)
Kalk der, Kalke (Gestein); **kalken**; **kalkhältig**; der **Kalkstein**; **kalkweiß** *vor Schreck kalkweiß im Gesicht sein*
Kalkül das/der, *Ez.* (Überlegung, Schätzung); die **Kalkulation**; **kalkulieren** die Kosten im Voraus kalkulieren
Kalligraf auch **Kalligraph** der, Kalligrafen (Schönschreiber); die **Kalligrafin** auch Kalligraphin
Kalorie die, Kalorien <cal.> (alte Maßeinheit für den Energiewert von Lebensmitteln); **kalorienarm**; **kalorienbewusst**
kalt das Wasser ist mir zu kalt, ihr Blick wurde immer kälter, am Südpol ist es am kältesten,

kaltblütig → Kanu

kalte Farben (z.B. Weiß, Blau) ABER → der Kalte Krieg (Spannungszustand zwischen UdSSR und USA nach 1945), kalt (ohne Gefühlsregung) bleiben, kalt lächelnd, ein Getränk kalt stellen auch kaltstellen ABER → jmdn. politisch kaltstellen (um seinen Einfluss bringen)

kaltblütig (nervenstark, unbarmherzig); die **Kälte**; der **Kälteeinbruch**; die **Kälteperiode**; die **Kaltfront**; **kaltherzig**; **kaltschnäuzig** (ohne Mitgefühl)

die **kalte** Küche	ABER	der **Kalte** Krieg
die Limonade **kalt stellen**	auch	**kaltstellen**
	ABER	jmdn. **kaltstellen** (um seinen Einfluss bringen)

Kalzium auch **Calcium** das, *Ez.* <Ca> (chemisches Element)

Kamel das, Kamele (Wüstentier); das **Kamelhaar**

Kamera die, Kameras (Fotoapparat); die **Kamerafrau**; die **Kameraleute**; der **Kameramann**; das **Kamerateam**

Kamerad der, Kameraden (Freund); die **Kameradin**; die **Kameradschaft**; **kameradschaftlich**

Kamille die, Kamillen (Heilpflanze); der **Kamillentee**

Kamin der, Kamine (Schornstein); der/die **Kaminkehrer/-in**

¹**Kamm** der, Kämme: sich mit dem Kamm durchs Haar fahren, *alles über einen Kamm scheren* (alles vereinfachend gleich behandeln); **kämmen** sich die Haare kämmen (frisieren)

²**Kamm** der, Kämme (roter Hautstreifen auf dem Kopf eines Hahnes)

³**Kamm** der, Kämme (der höchste Teil des Gebirges, Grat)

Kammer die, Kammern (kleines Zimmer); das **Kämmerchen**; der/die **Kammerdiener/-in**; der/die **Kammerjäger/-in** (Person, die Ungeziefer vernichtet); das **Kammerl**; das **Kämmerlein** *im stillen Kämmerlein* (für sich allein); das **Kammerorchester** (kleines Orchester); die **Kammerzofe**

Kampagne [kampanje] die, Kampagnen (Werbeaktion)

Kampf der, Kämpfe (Auseinandersetzung), *einer Sache den Kampf ansagen* (energisch dagegen vorgehen); **kampfbereit**; **kämpfen** (sich intensiv für etwas einsetzen), gegen den Feind kämpfen, mit dem Schlaf kämpfen, um den Sieg kämpfen; die **Kämpferin**; **kämpferisch**; die **Kämpfernatur**; **kampflos**; der/die **Kampfrichter/-in**; **kampfunfähig**

kampieren auch **campieren** (in einem Zelt lagern)

Kanaille [kanailje] auch **Canaille** die, Kanaillen [kanailjen] (niederträchtige Person, Schuft)

Kanal der, Kanäle (Wasserweg; Sender); die **Kanalgebühr**; die **Kanalisation** (System von unterirdischen Ableitungen, Wasserweg); **kanalisieren**

Kanarienvogel der, ...vögel (Singvogel)

Kandare die, Kandaren (Gebissstange für Pferde), *jmdn. an die Kandare nehmen* (jmdn. streng behandeln, kontrollieren)

Kandelaber der, -: (mehrarmiger Kerzen-/Lampenständer)

Kandidat der, Kandidaten (Bewerber, Prüfling); die **Kandidatin**; die **Kandidatur** (Bewerbung); **kandidieren**

kandieren (durch Zuckern haltbar machen); der **Kandiszucker** (Zucker in Form von großen Kristallen)

Känguru das, Kängurus (Beuteltier)

Kaninchen das, -: (Nagetier)

Kanister der, -: (Flüssigkeitsbehälter)

Kanne die, Kannen (Gefäß); das **Kännchen**

Kannibale der, Kannibalen (Menschenfresser); der **Kannibalismus**

Kanon der, Kanons (wiederholendes Lied; Gesetze; musterhafte Auswahl, z.B. von literarischen Texten)

Kanone die, Kanonen (schweres Geschütz), *mit Kanonen auf Spatzen schießen* (auf Unwichtiges übertrieben reagieren); die **Kanonade** (Beschießung); das **Kanonenrohr**; der **Kanonenschuss**; der **Kanonier** (Soldat, der eine Kanone bedient)

Kantate die, Kantaten (kleines Gesangsstück)

Kante die, Kanten: sich an einer Kante (Rand einer Fläche) stoßen, *etwas auf die hohe Kante legen* (sparen); **kantig**

Kantine die, Kantinen (Essraum in Betrieben und Kasernen)

Kanton der, Kantone <Kt.> (Bundesland in der Schweiz)

Kantor der, Kantoren (Leiter eines Kirchenchores, Vorsänger); die **Kantorin**

Kanu das, Kanus (leichtes schmales Boot); der **Kanute** (Kanufahrer); die **Kanutin**

Kanüle → kariert

Kanüle die, Kanülen (Hohlnadel)
Kanzel die, Kanzeln (Plattform in der Kirche; Cockpit); die **Kanzlei** (Büro); der/die **Kanzler/-in** (*kurz für* Bundeskanzler/-in)
Kap das, Kaps (weit ins Meer ragende Felsenküste)
Kap. = **Kap**itel (Abschnitt)
Kapazität die, Kapazitäten (Leistungsvermögen; Experte; maximales Fassungsvermögen, z.B. eines Schiffes), es übersteigt seine Kapazitäten (Möglichkeiten)
¹**Kapelle** die, Kapellen (kleine Kirche, kleiner Raum in der Kirche)
²**Kapelle** die, Kapellen (Orchester für Unterhaltungsmusik); der/die **Kapellmeister/-in**
kapern ein Schiff kapern (erbeuten); die **Kaperung**
kapieren (verstehen)
Kapillare die, Kapillaren (kleinstes Blutgefäß)
Kapital das, Kapitalien (der gesamte Besitz, Vermögen), kein Kapital mehr haben, *Kapital* (einen Vorteil) *aus etwas schlagen*; **kap**ital das war ein kapitaler (großer) Fehler; die **Kapitalanlage**; der **Kapitalfehler**; der **Kapitalismus** (Wirtschaftsform); der/die **Kapitalist/-in** (sehr reiche Person); **kapitalistisch**
Kapitän der, Kapitäne (Kommandant eines Schiffes oder Flugzeuges, Mannschaftsführer)
Kapitel das, -: <Kap.> (ein Textabschnitt); die **Kapitelüberschrift**
Kapitell auch **Kapitäl** das, Kapitelle (oberer Abschluss einer Säule)
Kapitulation [...tsion] die, ...tionen (Unterwerfung); **kapitulieren** (aufgeben)
Kaplan der, Kapläne (Geistlicher, der einem Pfarrer untergeordnet ist)
Kapo der, Kapos (Unteroffizier, Häftlingsaufseher)
Kappe die, Kappen (Kopfbedeckung: Verschluss), *etwas auf seine Kappe nehmen* (die Verantwortung übernehmen); das **Käppchen**
kappen das Tau kappen (durchtrennen)
Kapriole die, Kapriolen (übermütiger Streich, Luftsprung)
Kaprize auch **Caprice** die, Kaprizen (Laune, Anwandlung); sich **kaprizieren** (eigensinnig auf etwas bestehen); **kapriziös** eine höchst kapriziöse (launenhafte) Dame
Kapsel die, Kapseln (kleiner runder Behälter, Hülle)
kaputt (zerbrochen, defekt, entzwei), eine kaputte Vase, sich nach dem Arbeitstag kaputt (erschöpft) fühlen; **kaputtgehen** (▶ gehen) die Gläser sind kaputtgegangen; sich **kaputtlachen** (*ugs. für* sich sehr amüsieren); **kaputt machen** auch kaputtmachen das Gerät kaputt machen ABER → sich **kaputtmachen** (sich aufreiben)

wer hat die Vase **kaputt gemacht**?	auch	kaputtgemacht
		sich **kaputtmachen**
	ABER	(aufreiben)

Kapuze die, Kapuzen (Kopfbedeckung); der **Kapuziner** (Ordensmitglied); der **Kapuzinerorden**
Kar das, Kare (Gebirgskessel)
Karabiner der, -: (Gewehr; Verschlusshaken); der **Karabinerhaken**
Karaffe die, Karaffen (bauchiges Glasgefäß)
Karambolage [karambolasch] die, ...lagen (Zusammenstoß)
Karamell der/das, *Ez.* (gebrannter Zucker); die **Karamelle** (Bonbon); der **Karamellpudding**
Karat das, Karate <K> (Edelsteingewicht, Angabe des Goldgewichts); **...karätig** hochkarätig
Karate das, *Ez.* (japanischer Kampfsport); der/die **Karatekämpfer/-in**
Karawane die, Karawanen (Zug von Kaufleuten, Autokolonne); die **Karawanserei** (Raststätte für Karawanen)
Kardangelenk das, ...gelenke (abwinkelbare Verbindung zweier Wellen); die **Kardanwelle**
Kardinal der, Kardinäle (hoher katholischer Würdenträger); das **Kardinalproblem** (Hauptproblem); die **Kardinalzahl** (Grundzahl, z.B. „ein", „eins")
Kardiogramm das, ...gramme (grafische Darstellung der Herzbewegungen)
Karenz die, Karenzen (Urlaub zur Kindererziehung, Weiterbildung); der **Karenzurlaub**
Karfiol der, *Ez.* (Gemüse, Blumenkohl)
Karfreitag der, ...freitage (Freitag vor Ostern); der **Karsamstag**; die **Karwoche**
Karfunkel der, -: (roter Edelstein)
karg karger/kärger, am kargsten/kärgsten (mager, spärlich, schmucklos, wenig fruchtbar), nur einen kargen (sehr geringen) Lohn bekommen; **kärglich**
kariert eine karierte Bluse; **...kariert**

kleinkariert (engstirnig, kleinlich)
Karies die, -: (Zahnfäule); **kariös**
Karikatur die, Karikaturen (spöttische Zeichnung); der/die **Karikaturist/-in**; **karikieren** (lächerlich machen)
Karitas die, -: (Nächstenliebe) ABER → die **Caritas** (katholische Vereinigung für sozial Bedürftige); **karitativ** ein karitativer (wohltätiger) Dienst
Karneval [karnewal] der, Karnevale (Fasching); der **Karnevalszug**
Karnickel das, -: (Kaninchen)
Karniese [karnische] die, Karniesen auch **Karnische** (Vorhangleiste)
Kärnten <Ktn.> (Bundesland); die **Kärntner Landesregierung**; der/die **Kärntner/-in**; **kärntnerisch**
Karo das, Karos (Viereck, Raute; Farbe im Kartenspiel); das **Karoass** auch Karo-Ass (Spielkarte); das **Karomuster**
Karosse die, Karossen (prachtvoll ausgestatteter Wagen); die **Karosserie** (Fahrzeugaufbau)
Karotin das, *Ez.* (pflanzlicher Farbstoff)
Karotte die, Karotten (Gemüse); der **Karottensaft**
Karpfen der, -: (Fisch)
Karre die, Karren auch der **Karren** (kleiner Wagen) *die Karre in den Dreck fahren* (eine Sache gründlich verderben), *den Karren für jmdn. aus dem Dreck ziehen* (eine verfahrene Angelegenheit wieder in Ordnung bringen), *jmdn. vor seinen Karren spannen* (jmdn. für seine Interessen einsetzen); **karren** (etwas mit einem Karren transportieren)
Karree das, Karees (Viereck; Fleisch von der Rippe)
Karriere [kariere] die, Karrieren (berufliche Laufbahn); der **Karriereknick**
Karst der, Karste (vom Wasser ausgelaugte Gebirgslandschaft); die **Karsthöhle**; die **Karstlandschaft**
Kartause die, Kartausen (Kloster der Kartäuser); der **Kartäuser** (Mönche des Kartäuserordens)
Karte die, Karten: eine Karte (Ansichtskarte) schreiben, Karten spielen, die Karte (Landkarte) lesen, die Karten für das Konzert, die Karte (Speisekarte) bietet eine reiche Auswahl, *alles auf eine Karte setzen* (viel riskieren), *sich nicht in die Karten blicken lassen* (niemanden in seine Pläne einweihen), *auf die falsche Karte setzen* (eine Sache unterstützen, die

erfolglos bleibt); das **Kärtchen**
Kartei die, Karteien (geordnete Sammlung von Karteikarten); der **Karteikasten**
Kartenspiel das, ...spiele
Kartell das, Kartelle (Zusammenschluss von Unternehmen); das **Kartellgesetz**
Kartoffel die, Kartoffeln (Erdapfel); der **Kartoffelacker**; der **Kartoffelbrei**; die **Kartoffelchips**; das **Kartoffelpüree**
Kartograph auch **Kartograf** der, Kartographen (Landkartenhersteller); die **Kartographie** auch **Kartografie**; die **Kartographin** auch **Kartografin**; **kartographisch** auch **kartografisch**
Karton der, Kartons/Kartone (Pappendeckel, Schachtel); die **Kartonage** [kartonasch] (Verpackungsmaterial); **kartonieren** (mit Karton verpacken)
Karussell das, Karussells/Karusselle (Ringelspiel)
Käscher auch **Kescher** der, -: (Handnetz beim Fischen)
kaschieren einen Fehler kaschieren (verschleiern)
Käse der, -: (Nahrungsmittel); das **Käseblatt** (*abwertend für* Boulevardzeitung); der **Käser** auch Kaser (Käseerzeuger); die **Käserei**; **käsig** auch kasig (bleich, blass)
Kasematte die, Kasematten (Verlies, unterirdische Befestigungsanlage)
Kaserne die, Kasernen (mit einem Zaun umgebene Soldatenunterkunft); der **Kasernenhof**; **kasernieren**
Kasino auch **Casino** das, Kasinos (Offiziersraum, Spielbank)
Kaskade die, Kaskaden (künstlich angelegter stufenförmiger Wasserfall); **kaskadenförmig**
Kaskoversicherung die, ...versicherungen (Versicherung eines Fahrzeugs); **kaskoversichert**
Kasperl der, -/Kasperln (lustige Figur im Puppentheater; *ugs. für* alberner Mensch); das **Kasperltheater**
Kassa die, Kassen (Geldbehälter, Zahlungsschalter); der **Kassabeleg**; der **Kassabon** [kasabõ]; der **Kassasturz** (Feststellung des Kassenstandes); die **Kasse** *schlecht bei Kasse sein* (wenig Geld haben), *tief in die Kasse greifen müssen* (viel zahlen müssen), *jmdn. zur Kasse bitten* (von ihm Geld fordern); der/die **Kassenarzt/-ärztin** (Vertragsarzt/-ärztin einer Krankenkasse); der/die **Kassenpatient/-in**; der/die **Kassier/-in** (jmd.,

Kassette → Kaulquappe

der Geld kassiert); **kassieren**; der/die **Kassierer/-in** (*bundesdt.*)

Kassette die, Kassetten (Kästchen für Wertsachen; Behälter für Video- und Audioaufnahmen); der **Kassettenrekorder**

Kastanie [kastaniä] die, Kastanien (Laubbaum), *die Kastanien aus dem Feuer holen* (eine unangenehme Aufgabe erledigen); der **Kastanienbaum**; **kastanienbraun**

Kaste die, Kasten (in sich abgeschlossene Gesellschaftsschicht)

kasteien sich (Entbehrungen auf sich nehmen); die **Kasteiung**

Kastell das, Kastelle (Festung, Burg)

Kasten der, Kästen (Schrank, Wäschekasten), *etwas auf dem Kasten haben* (viel können); das **Kästchen**; das **Kasterl** auch Kastl (*ugs.*)

Kastrat der, Kastraten (Entmannter; früher Sänger mit sehr hoher Stimme); die **Kastration**; **kastrieren** (Entfernen der männlichen Keimdrüsen), den Kater kastrieren lassen; die **Kastrierung**

Kasus der, -: (Fall, z.B. Nominativ)

Katakombe die, Katakomben (unterirdische Grabanlage)

Katalog der, Kataloge (Verzeichnis von Waren); **katalogisieren** (geordnet zusammenfassen)

Katalysator der, Katalysatoren (Vorrichtung zur Reinigung der Autoabgase); der **Kat** (*kurz für* Katalysator)

Katamaran der, Katamarane (Doppelrumpfboot)

Katapult das/der, Katapulte (Schleudermaschine); **katapultieren** (wegschleudern)

Katarakt der, Katarakte (Wasserfall, Stromschnelle)

Katarrh der, Katarrhe (Schleimhautentzündung)

Kataster der, -: (amtliches Grundstückverzeichnis); der **Katasterauszug**; die **Katastralgemeinde**

Katastrophe die, Katastrophen (schweres Unglück); **katastrophal** ein katastrophaler (sehr schlimmer) Fehler; der **Katastrophenalarm**

Katechismus der, Katechismen (Lehrbuch für den Glaubensunterricht); die **Katechese** (Religionsunterricht); der/die **Katechet/-in** (Religionslehrer/-in)

Kategorie die, Kategorien (Gattung, Art); **kategorisch** etwas kategorisch (mit großem Nachdruck) verlangen; **kategorisieren**

¹**Kater** der, -: (männliche Katze)

²**Kater** der, -: (Unwohlsein nach zu viel Alkoholkonsum); die **Katerstimmung**

kath. = **kath**olisch

Katharsis die, *Ez.* (Läuterung der Seele, Befreiung von seelischen Konflikten); **kathartisch** (reinigend)

Katheder der, -: (früher erhöhtes Pult in der Schule)

Kathedrale die, Kathedralen (Bischofskirche)

Kathete die, Katheten (Seite im rechtwinkligen Dreieck)

Katheter der, -: (medizinisches Instrument zum Einführen in Körpergänge und -höhlen)

Kathode auch Katode die, Kathoden (Minuspol einer elektrischen Leitung)

Katholik der, Katholiken (Mitglied der katholischen Kirche); die **Katholikin**; **katholisch** <kath.>; der **Katholizismus**

Katz die, Katzen (*ugs.*), *Katz und Maus mit jmdm. spielen* (jmdn. lange hinhalten), *das war für die Katz* (umsonst)

Katze die, Katzen (Haustier), die Katze schnurrt, *die Katze im Sack kaufen* (etwas ungeprüft kaufen), *die Katze aus dem Sack lassen* (eine geheim gehaltene Sache bekannt geben), *die Katze lässt das Mausen nicht* (jmd. hört nicht auf, seinen alten Gewohnheiten nachzugehen), *wie die Katze um den heißen Brei herumschleichen* (nicht zum Kern der Sache kommen); **katzbuckeln** (*ugs. für* sich unterwürfig zeigen); der **Katzenjammer** (traurige Stimmung); die **Katzenmusik** (*ugs. für* disharmonische Musik); der **Katzensprung** (*ugs. für* kleine Entfernung); die **Katzenwäsche** (*ugs. für* wenig gründliche Körperpflege)

Kauderwelsch das, *Ez.* (unverständliches Sprachgemisch)

kauen (mit den Zähnen zerkleinern), während der Prüfung kaute er auf dem Bleistift herum, *gut gekaut ist halb verdaut*; der **Kaugummi**

kauern am Boden kauern (hocken)

Kauf der, Käufe: ein Kauf will gut überlegt sein, *etwas in Kauf nehmen* (einen Nachteil hinnehmen)

kaufen sich ein Auto kaufen, *sich jmdn. kaufen* (vornehmen; bestechen); der/die **Käufer/-in**; die **Kauffrau**; **kaufkräftig** (wohlhabend); die **Kaufleute**; **käuflich** etwas käuflich erwerben, er ist nicht käuflich (bestechlich); der **Kaufmann**; **kaufmännisch**; die **Kaufsumme**; der **Kaufvertrag**

Kaulquappe die, Kaulquappen (Froschlarve)

kaum → keppeln

kaum *Adv.:* er hat vor der Prüfung kaum (fast nicht) geschlafen, er kann den geschwollenen Arm kaum mehr abwinkeln, man sieht ihn kaum noch (nur selten)

kausal (ursächlich, zusammenhängend, begründend); die **Kausalität** (ursächlicher Zusammenhang); der **Kausalsatz** (Umstandssatz des Grundes: weil ...)

Kaution [...tsion] die, Kautionen (als Bürgschaft hinterlegter Geldbetrag)

Kautschuk der, Kautschuke (Rohstoff für die Gummiherstellung)

¹**Kauz** der, Käuze (Eulenart); das **Käuzchen**

²**Kauz** der, Käuze (Sonderling, Eigenbrötler); **kauzig** eine kauzige (seltsame) Person

Kavalier [kawalir] der, Kavaliere (besonders höflicher Mann); das **Kavaliersdelikt** (strafbare Handlung, die als harmlos angesehen wird); der **Kavalier(s)start** (geräuschvolles Anfahren eines Autos)

Kavallerie [kawaleri] die, Kavallerien (Reiterei); der/die **Kavallerist/-in**

Kaviar [kawiar] der, Kaviare (Rogen (Eier) des Störs)

Kebab der, Kebabs (am Spieß gebratene Fleischstückchen)

keck (dreist, frech, lustig)

Kees das, Keese (Gletscher); das **Keeswasser** (Gletscherbach)

Kefir der, *Ez.* (Getränk aus gegorener Milch)

Kegel der, -: (geometrischer Körper), Kegel scheiben (kegeln), *mit Kind und Kegel* (mit allen Familienmitgliedern); die **Kegelbahn**; **kegelförmig**; der **Kegelklub**

Kehle die, Kehlen: sich an die Kehle greifen, *jmdm. schnürt es die Kehle zu* (jmd. hat große Sorgen), *etwas in die falsche Kehle bekommen* (etwas missverstehen), *aus voller Kehle* (laut) *singen*; **kehlig**; der **Kehlkopf**

¹**kehren** (wenden) das Innere nach außen kehren; die **Kehre** (Kurve; Turnübung); der **Kehrreim** (Refrain); die **Kehrseite** (Rückseite); **kehrtmachen** (umkehren); die **Kehrtwendung**

²**kehren** das Laub von der Straße kehren; der **Kehraus** (Schluss); der **Kehricht** (Mist); die **Kehrmaschine**

keifen (*abwertend für* mit schriller Stimme schimpfen)

Keil der, Keile (Werkzeug zum Spalten von Holz), *auf einen groben Klotz gehört ein grober Keil* (Begründung für eine grobe Reaktion auf eine grobe Provokation); die **Keile** *Mz.* (Prügel); **keilen** jmdn. keilen (anwerben), sich keilen (prügeln); die **Keilerei**; der **Keilriemen**; die **Keilschrift**

Keiler der, -: (männliches Wildschwein)

Keim der, Keime: (Trieb einer Pflanze), *etwas im Keim* (bereits im Anfangsstadium) *ersticken*; die **Keimdrüse**; **keimen**; der **Keimling**; die **Keimzelle**

kein kein Pferd war auf der Weide, keine Ideen haben, keiner von beiden, keine Zeit haben, ich kenne dort keinen, ich werde keines kaufen, zu keiner Zeit, keiner half mir, kein einziges Mal; **keinerlei** dafür habe ich keinerlei (nicht das geringste) Verständnis; **keinesfalls** *Adv.* (sicher nicht) *auch* **keineswegs** *Adv.;* **keinmal** (nie) ABER → kein einziges Mal; **keins** keins von beiden

Keks das/der, -/Kekse (Kleingebäck)

KEL-Gespräch das, ...gespräche (*kurz für* Kind-Eltern-Lehrer-Gespräche; an der Neuen Mittelschule verpflichtend einmal pro Semester)

Kelch der, Kelche (Blütenkelch; Trinkgefäß); **kelchförmig**

Kelle die, Kellen (Schöpfgerät; Maurerwerkzeug)

Keller der, -: (Geschoß des Hauses unter der Erde); die **Kellerei** (Lagerräume einer Weinhandlung); der/die **Kellermeister/-in** (Weinbauer/-in); die **Kellerstiege**

Kellner der, -: (männliche Bedienung, Ober); die **Kellnerin**

Kelte der, Kelten (Angehöriger eines indogermanischen Volkes); die **Keltin**; **keltisch**

keltern (Obst oder Trauben auspressen); die **Kelter** (Fruchtpresse); die **Kelterei**

Kemenate die, Kemenaten (Frauengemach einer Burg)

kennen kennst du dieses Buch?, er kannte die Gegend, sie hat ihn nur flüchtig gekannt, jmdn. kennen lernen *auch* kennenlernen; ich habe ihn kennen gelernt *auch* kennengelernt; der/die **Kenner/-in**; die **Kennnummer** *auch* Kenn-Nummer; **kenntlich** jmdm. etwas kenntlich (erkennbar) machen; die **Kenntnis** von dem Vorfall Kenntnis haben, es geschah ohne meine Kenntnis (ohne mein Wissen), das **Kennwort**; die **Kennzahl**; das **Kennzeichen** (charakteristisches Merkmal, Nummernschild am Fahrzeug); **kennzeichnen**; **kennzeichnend** (typisch)

kentern das Schiff kenterte

keppeln (*ugs. für* schimpfen); der/die

Keppler/-in

Keramik die, Keramiken (Töpferei, Getöpfertes), die Vase ist aus Keramik; der/die **Keramiker/-in**; **keramisch**

Kerbe die, Kerben (Einschnitt, Vertiefung), *in dieselbe Kerbe schlagen* (dasselbe kritisieren wie der/die Vorredner/-in); das **Kerbholz** *etwas auf dem Kerbholz haben* (eine Straftat begangen haben); das **Kerbtier** (Insekt)

Kerker der, -: (meist unteririsches Gefängnis); der/die **Kerkermeister/-in**

Kerl der, Kerle (männliche Person)

Kern der, Kerne (Samen einer Frucht), der Kern (das Wesentliche) einer Sache, *in ihr steckt ein guter Kern* (gute Eigenschafter); die **Kernenergie** (Atomenergie); die **Kernexplosion** (Explosion einer atomaren Waffe); **kerngesund**; **kernig** (frisch, kräftig); das **Kernkraftwerk** (Atomkraftwerk); der **Kernreaktor**; die **Kernwaffen** (atomare Waffen)

Kerosin das, *Ez.* (Treibstoff)

Kerze die, Kerzen: die Kerze ausblasen; **kerzengerade**; der **Kerzenständer**

Kescher auch **Käscher** der, -: (Handnetz beim Fischen)

kess ein kesses (freches) Mädchen

Kessel der, -: (Behälter); das **Kesseltreiben**

Ketchup [ketschap] das/der, Ketchups (Tomatensoße zum Würzen)

Kette die, Ketten: eine Kette aus Gold, den Hund an der Kette halten, die Polizisten bildeten eine Kette, das war eine Kette unglücklicher Zufälle, die Unternehmen schließen sich zu einer Kette zusammen, *jmdn. an die Kette legen* (jmdn. einschränken); der **Kettenbrief**; die **Kettenreaktion**

Ketzer der, -: (jmd., der von der offiziellen Kirchenmeinung abweicht); die **Ketzerei**; die **Ketzerin**; **ketzerisch**

keuchen (schwer, mühsam atmen); der **Keuchhusten** (Kinderkrankheit)

Keule die, Keulen (Schlagwaffe, Sportgerät), die Keule (der hintere Oberschenkel) eines Rindes

keusch (sexuell enthaltsam), keusche (reine) Gedanken; die **Keuschheit**

Keusche die, Keuschen (kleines, ärmliches Bauernhaus); der/die **Keuschler/-in** auch Keuschner/-in (Kleinhäusler/-in)

Key-Account-Manager [kiäkauntmänidscha] der, -: (Betreuer von wichtigen Kunden); die **Key-Account-Managerin**

Keyboard [kiboad] das, Keyboards (Computertastatur; elektronisches Tasteninstrument)

Kfm. = **Kaufmann**

Kfz = **K**raftfahrzeug; der/die **Kfz-Mechaniker/-in**; die **Kfz-Werkstatt**

kg = **K**ilogramm (1000 Gramm)

KG = **K**ommandit**g**esellschaft

kgV (k.g.V.) = **k**leinstes **g**emeinsames **V**ielfaches

Khaki auch **Kaki** der, *Ez.* (gelbbrauner Stoff; Farbe; Frucht)

kHz = **K**ilo**h**ert**z**

Kibbuz der, Kibuzze/Kibuzzim (israelische Gemeinschaftssiedlung)

Kiberei auch **Kieberei** die, *Ez.* (ugs. für Polizei); der **Kiberer** auch **Kieberer** (ugs. für Kriminalpolizist); die **Kiberin** auch **Kieberin**

Kichererbse die, ...erbsen (Gemüse)

kichern (leise und mit hoher Stimme lachen)

kicken der Spieler kickte (schoss) den Ball ins Out; der **Kicker** (Fußballspieler)

kidnappen [kidnäpn] (entführen); der/die **Kidnapper/-in** (Entführer); das **Kidnapping**

Kiebitz der, Kiebitze (Sumpfvogel; Zuschauer beim Kartenspiel); **kiebitzen** (ugs. für zuschauen)

kiefeln (ugs. für kauen, nagen)

¹**Kiefer** der, -: (Kieferknochen); die **Kieferhöhlenentzündung**

²**Kiefer** die, Kiefern (Nadelbaum); der **Kiefernwald**; der **Kiefernzapfen**

¹**Kiel** der, Kiele (unterster Längsteil bei Schiffen); die **Kiellinie**; **kieloben** *Adv.:* das Boot liegt kieloben (umgedreht) im Wasser; das **Kielwasser**

²**Kiel** der, Kiele (harter Teil einer Vogelfeder)

Kieme die, Kiemen (Atmungsorgan bei Wassertieren); die **Kiemenatmung**

Kien der, *Ez.* (harzreiches Holz); die **Kienfackel**; der **Kienspan**

Kies der, Kiese (Schotter); der **Kiesel**; der **Kieselstein**; die **Kiesgrube**; der **Kiesweg**

kiffen (Haschisch oder Marihuana rauchen); der/die **Kiffer/-in**

killen (ugs. für töten); der/die **Killer/-in** (beauftragte/-r Mörder/-in)

Kilo das, Kilo/Kilos (1000 g); das **Kilogramm** <kg>; das **Kilohertz** <kHz> (Maßeinheit für Wellenfrequenz); das **Kilojoule** <kJ> [kilodschul] (Maßeinheit für Kraft); der **Kilometer** <km> (Längeneinheit: 1000 m); **kilometerlang** eine kilometerlange Strecke ABER → fünf Kilometer lang; das **Kilowatt** <kW> (Maßeinheit für elektrische Leistung)

Kimono → Klan

Kimono der, Kimonos (japanisches weitärmeliges Kleidungsstück)

Kind das, Kinder: sie erwartet ihr zweites Kind, Kinder unter zehn Jahren zahlen nichts, wir waren drei Kinder zu Hause, jmdn. an Kindes statt annehmen (adoptieren), *das Kind mit dem Bad ausschütten* (übereilt handeln, sowohl das Schlechte als auch das Gute beseitigen), *sich bei jmdm. lieb Kind machen* (sich bei jmdm. einschmeicheln), *mit Kind und Kegel* (mit allen Familienmitgliedern), *das Kind beim Namen nennen* (eine unangenehme Sache direkt ansprechen), *kein Kind von Traurigkeit* (ein lebenslustiger Mensch) sein, *ein gebranntes Kind scheut das Feuer* (aufgrund schlechter Erfahrungen ähnliche Risiken meiden)

Kinderei die, Kindereien (unreife Handlung); **kinderfreundlich**; der **Kindergarten**; der **Kindergartenpädagoge**; die **Kindergartenpädagogin**; der **Kinderhort** (Kinderbetreuungsstätte); das **Kinderkriegen**; **kinderleicht** (sehr leicht); **kinderlieb**; **kinderlos**; das **Kinderspiel** (eine Kleinigkeit); die **Kindesmisshandlung**; **kindgemäß**; die **Kindheit** (Kinderzeit); **kindisch** (albern, unreif); **kindlich** (unbefangen, dem Kind gemäß); der **Kindskopf** (kindischer Mensch)

Kinematografie auch **Kinematographie** die, *Ez.* (Filmwissenschaft)

Kinn das, Kinne (Teil des Unterkiefers), ein spitzes Kinn haben; der **Kinnhaken** (Faustschlag gegen das Kinn)

Kino das, Kinos: wieder einmal ins Kino gehen; das **Kinoprogramm**

Kiosk der, Kioske (Zeitungsstand)

Kipferl auch **Kipfel** das, -/Kipferln (Gebäck)

kippen (in Schräglage bringen), die Erde vom Wagen kippen (schütten), der Teich kippt (verliert seine Selbstreinigungskraft), das Spiel kippte in der zweiten Halbzeit von 2:0 auf 2:3; der **Kipper** (schwerer LKW mit Kippvorrichtung)

Kirche die, Kirchen (Gotteshaus; Organisation der Gläubigen), in die Kirche (in den Gottesdienst) gehen, *die Kirche im Dorf lassen* (eine Sache nicht übertreiben); der **Kirchenchor**; die **Kirchensteuer** (finanzieller Beitrag der Mitglieder); der **Kirchhof** (Friedhof); **kirchlich** kirchlich heiraten; der **Kirchtag** auch **Kirtag** (Kirchweihfest); der **Kirchturm**

Kirsche die, Kirschen (Frucht); der **Kirschbaum**; **kirschrot**; die **Kirschtomate** (kleine Tomatensorte); das **Kirschwasser** (Schnaps)

Kirtag auch **Kirchtag** der, Kirchtage (Jahrmarkt, Kirchweihfest)

Kismet das, *Ez.* (unabwendbares Schicksal im Islam)

Kissen das, -: (Polster)

Kiste die, Kisten (viereckiger hölzerner Behälter), eine Kiste Bier, *eine alte Kiste* (ugs. für ein altes Auto) fahren

Kitsch der, *Ez.* (etwas Geschmackloses, künstlerisch Minderwertiges); **kitschig**

Kitt der, Kitte (Klebe- und Abdichtmasse); **kitten** (zusammenkleben)

Kittel der, -: (Arbeitsmantel; Damenrock); die **Kittelfalte** *jmdm. an der Kittelfalte hängen* (nicht von der Seite weichen)

Kitz das, Kitze (junges Reh, Ziege oder Gämse)

kitzeln sie kitzelte den kleinen Bruder; der **Kitzel** (Reiz, Verlangen); **kitz(e)lig** er ist furchtbar kitzlig

Kiwi die, Kiwis (Frucht)

kJ = **K**ilo**j**oule

k.k. = **k**aiserlich-**k**öniglich (im historischen Österreich-Ungarn)

KKW = **K**ern**k**raft**w**erk

Kl. = **Kl**appe (bei Telefonnummern); **Kl**asse

Klabautermann der, ...männer (Kobold in alten Seemannserzählungen)

Klacks der, Klackse (bundesdt. ugs. für Klecks), *das ist doch ein Klacks!* (ugs. für eine Kleinigkeit)

klaffen (weit offen stehen)

kläffen (wütend bellen); der **Kläffer**

Klafter der/das, -: (altes Längenmaß; Raummaß für Holz)

Klage die, Klagen (Beschwerde; Worte und Gesten des Schmerzes), bei Gericht eine Klage vorbringen; **klagen** (Unzufriedenheit äußern), der/die **Kläger/-in** *wo kein Kläger, da kein Richter;* **kläglich** eine klägliche (elende, sehr schlechte) Leistung; **klaglos** das funktioniert klaglos

Klamauk der, *Ez.* (ugs. für komisches Gehabe)

klamm klamme (durch Kälte steife) Finger haben; die **Klamm** (enge, tiefe Felsschlucht); **klammheimlich** (ganz heimlich)

Klammer die, Klammern: die einzelnen Blätter mit einer Klammer zusammenheften; **klammern** sich fest an etwas klammern

Klamotte die, Klamotten (ugs. für Kleidung)

Klampfe die, Klampfen (ugs. für Gitarre)

Klan auch **Clan** der, Klans (Familiensippe;

Klang → Kleid

Anhängerschaft)
Klang der, Klänge (Schall, Folge von Tönen), der schöne Klang der Stimme; die **Klangfarbe**; **klanglich**; **klanglos** sang- und klanglos (unbemerkt); **klangvoll** ein klangvoller (bedeutender) Name
Klappe die, Klappen (Telefonnebenstelle; Deckel), *halt die Klappe!* (*derb für* sei still!); **klappen** den Autositz nach hinten klappen, alles klappt (gelingt) wie am Schnürchen; der **Klappentext** (Werbetext bei Büchern); der **Klappsessel**
klappern das Schutzblech des Fahrrades klappert (scheppert), vor Kälte mit den Zähnen klappern; **klapp(e)rig** ein klappriges (nicht mehr stabiles) Rad fahren; die **Klapperschlange** (Giftschlange)
Klaps der, Klapse (leichter, harmloser Schlag); die **Klapsmühle** (*ugs. für* Nervenheilanstalt)
klar eine klare (ungetrübte) Nacht, klares Quellwasser, die Mannschaft hat klar (eindeutig) gewonnen, sich klar (*ugs. für* verständlich) ausdrücken, eine klare (eindeutige) Antwort verlangen, na klar!, nicht mehr klar denken können ABER → ein klar denkender auch klardenkender Mensch, sich über etwas klar werden auch klarwerden ABER → *sich über etwas im Klaren sein* (genau wissen, welche Folgen sich ergeben); die **Kläranlage** (Anlage zum Reinigen von Abwasser); der **Klare** (Schnaps); **klären** die Probleme klären; **klargehen** (▶ gehen) (wunschgemäß ablaufen); die **Klarheit**; **klarkommen** (▶ kommen) (zurechtkommen); **klarlegen** (erklären); **klarmachen** (erklären); die **Klarsichthülle**; **klarstellen** etwas klarstellen (richtigstellen); die **Klarstellung**; der **Klartext** *Klartext reden* (deutliche Worte finden); die **Klärung**

ich kann **klar** denken	ABER	ein **klar denkender/klardenkender** Mensch
der Himmel ist **klar geworden**	ABER	sich über etwas **klar werden/ klarwerden**
das müsste ihm **klar** sein	ABER	ich werde ihm das **klarmachen**

Klarinette die, Klarinetten (Blasinstrument); der/die **Klarinettist/-in**
klass ein klasses (*ugs. für* hervorragendes) Buch
Klasse die, Klassen: die dritte Klasse (Schülergruppe), die Klasse (Klassenzimmer), die herrschende Klasse (Bevölkerungsgruppe), erster Klasse fahren (Kategorie bei der Bahn), *große Klasse sein* (*ugs. für* sehr gut sein); das **Klassenbuch**; der/die **Klassenkamerad/-in**; der/die **Klassensprecher/-in**; der **Klassenvorstand**; die **Klassenvorständin**; **klassifizieren** (einstufen, einordnen)
Klassik die, *Ez.* (Kulturepoche); der/die **Klassiker/-in** (Künstler/-in der Klassik; Werke eines bedeutenden Künstlers); **klassisch** klassische Musik; der **Klassizismus** (Kunstrichtung)
Klatsch der, Klatsche (Geräusch; Tratsch), ein böser Klatsch (ein hässliches Gerede); **klatschen** die Zuschauer klatschten begeistert Beifall, der Regen klatscht an das Fenster; die **Klatscherei**; der **Klatschmohn**; **klatschnass** (triefend nass); die **Klatschspalte** (Zeitungsbericht mit Tratsch über Prominente); **klatschsüchtig**; das **Klatschweib** (*abwertend für* tratschsüchtige Frau)
klauben (aufheben); das **Klaubobst**
Klaue die, Klauen (scharfe Krallen; *ugs. für* unleserliche Schrift); die **Klauenseuche**
klauen (*ugs. für* stehlen)
Klause die, Klausen (Klosterzelle; Schlucht); der/die **Klausner/-in** (Einsiedler/-in); die **Klausur** (Klosterbereich, den Fremde nicht betreten dürfen; Abgeschiedenheit); die **Klausurarbeit** (schriftliche Prüfung)
Klausel die, Klauseln (Vermerk, Zusatz)
Klaustrophobie die, ...phobien (Angst vor kleinen geschlossenen Räumen)
Klavier das, Klaviere (Tasteninstrument); das **Klavierkonzert**
kleben etwas Zerbrochenes kleben (mit Klebstoff wieder zusammenfügen), die Bilder ins Album kleben, an etwas kleben bleiben auch klebenbleiben, ein Kaugummi klebt an der Schuhsohle, er klebt an seinem Posten (hält daran fest), *jmdm. eine kleben* (*ugs. für* eine Ohrfeige geben); der **Kleber**; der **Kleb(e)streifen**; **klebrig**; der **Klebstoff**
Klecks der, Kleckse (Flecken); **kleckern** (*bundesdt. für* unabsichtlich verschütten); **klecksen** (Kleckse machen); die **Kleckserei**
Klee der, Klees (Futterpflanze), *jmdn. über den grünen Klee* (übermäßig) *loben*; das **Kleeblatt** ein vierblättriges Kleeblatt finden
Kleiber der, -: (Vogel)
Kleid das, Kleider: sie trägt ein grünes Kleid, er legte seine Kleider (Kleidungsstücke) im

Kleie → Klinker

Bad ab, *Kleider machen Leute*; **kleiden** sich gut kleiden, die Gedanken in gewählte Worte kleiden; der **Kleiderbügel**; der **Kleiderhaken**; der **Kleiderkasten**; **kleidsam** eine kleidsame Bluse; die **Kleidung**
Kleie die, Kleien (Schalen beim Getreidemahlen)
klein ein kleines Tier, von klein auf, ein kleiner Verein, eine kleine Pause machen, ein kleiner Angestellter, ein kleines Fest veranstalten, die kleinen (unbedeutenden) Leute, er wurde ganz klein (unterwürfig), den Text klein (in kleiner Schrift) schreiben ABER → ein Wort kleinschreiben (mit kleinem Anfangsbuchstaben), der kleine Mann ABER → **Kleine** und Große, Groß und Klein (jedermann), der Kleinste der Klasse, sich alles bis ins Kleinste (bis in die Einzelheiten) berichten lassen, der Kleine Bär, der Kleine Wagen (Sternbilder), *klein beigeben* (nachgeben), *klein, aber oho* (klein, aber beachtlich), *klein, aber fein* (nicht groß, aber qualitätsvoll), *von klein auf* (von Kindheit an), *klein anfangen* (auf der untersten Stufe in einem Betrieb)

das **kleine Baby** schreit	ABER	das **Kleine** schreit
kleine und große Menschen	ABER	**Klein** und Groß
einen Text **klein schreiben** (kleine Schrift)	ABER	ein Wort **kleinschreiben** (mit kleinem Anfangsbuchstaben)

Kleinbuchstabe der, ...staben; **kleinbürgerlich**; das **Kleine** (Baby); der/die **Kleine** (Kind); die **Kleinfamilie**; das **Kleingeld** (Geld in Münzen); das **Kleinholz** *Kleinholz aus jmdm. machen* (jmdn. zusammenschlagen); die **Kleinigkeit** (Sache von geringer Bedeutung); **kleinkariert** (kleinlich, engstirnig); das **Kleinkind**; der **Kleinkram** (nicht wichtige Arbeit); **kleinkriegen** sich nicht kleinkriegen (entmutigen) lassen; **kleinlaut** (niedergeschlagen, verlegen); **kleinlich** (engherzig); die **Kleinlichkeit**; die **Kleinstadt**; das **Kleintier** (kleines Haustier)
kleinschreiben (▶ schreiben) mit kleinem Anfangsbuchstaben schreiben ABER → klein (in kleiner Schrift) schreiben
Kleinod das, Kleinodien (Kostbarkeit)
Kleister der, -: (Kleber, Leim); **kleistern** (kleben)
klemmen er klemmt die Zeitung unter den Arm, *er muss sich hinter die Aufgabe klemmen* (sich damit beschäftigen); die **Klemme** *in der Klemme sitzen* (in Schwierigkeiten sein)
Klempner der, -: (*bundesdt. für* Installateur)
Klepper der, -: (altes, unbrauchbares Pferd)
Kleptomane der, ...manen (jmd., der unter einem krankhaften Stehlzwang leidet); die **Kleptomanie**; die **Kleptomanin**; **kleptomanisch**
klerikal; der **Kleriker** (katholischer Geistlicher); der **Klerus** (die katholische Priesterschaft)
Klette die, Kletten (Unkraut), *er hängt wie eine Klette an mir* (ist allzu anhänglich); der **Klettverschluss**
klettern (hinaufsteigen), auf den Baum klettern, die Benzinpreise klettern in die Höhe; der **Kletterer**; die **Kletterin**; die **Kletterpflanze**; der **Klettersteig**; die **Klettertour**
Kletze die, Kletzen (gedörrte Birnen); das **Kletzenbrot**
kletzeln an etwas kletzeln (*ugs. für* kratzen)
Klick der, Klicks (kurzer, hoher Ton); **klicken** der Fotoapparat klickte
Klient der, Klienten (Kunde); die **Klientel** (Kundschaft); die **Klientin**
Klima das, Klimas/Klimate: ein tropisches Klima (Wetter), in der Klasse herrscht kein gutes Klima (Stimmung); die **Klimaanlage**; **klimatisieren** ein klimatisierter Reisebus; die **Klimatisierung**; die **Klimazone**
Klimbim der, *Ez.* (Unwichtiges, Lächerliches)
Klimmzug der, Klimmzüge (Turnübung)
klimpern mit den Schlüsseln klimpern; der **Klimperkasten** (*abwertend für* Klavier)
Klinge die, Klingen (scharfer Teil des Messers), *jmdn. über die Klinge springen lassen* (jmdn. beruflich/wirtschaftlich vernichten)
Klingel die, Klingeln (Glocke); der **Klingelbeutel** (Gefäß zum Sammeln von Spenden in der Kirche); **klingeln** die Glocke an der Tür klingelt, *bei jmdm. klingelt es* (jmd. begreift etwas); das **Klingelzeichen**
klingen deine Stimme klingt gut, aus dem Keller klang ein Schrei, die Aufnahme hat gut geklungen
Klinik die, Kliniken (Krankenhaus); **klinisch** klinisch tot sein (ohne Atmung und Herztätigkeit)
Klinke die, Klinken (Türgriff)
Klinker der, -: (gebrannter Ziegelstein); der

Klinkerstein
klipp und klar *Adv.:* etwas klipp und klar (unmissverständlich) sagen
Klipp auch **Clip** auch **Klips** auch **Clips** der, Klipps (Ohrschmuck)
Klippe die, Klippen (ein schroffer Felsen im Meer; Schwierigkeit), an dieser Klippe (diesem Hindernis) scheiterte er
klirren (ein helles vibrierendes Geräusch erzeugen), klirrende (eisige) Kälte
Klischee das, Klischees (früher Druckstock; festgefahrene Meinung, Vorurteil); **klischeehaft**; die **Klischeevorstellung**
Klistier das, Klistiere (Einlauf)
Klitoris die, -: (Kitzler, Teil des weiblichen Geschlechtsorgans)
klitschnass (völlig durchnässt)
klitzeklein (sehr klein)
Klo das, Klos (*kurz für* Klosett, Toilette)
Kloake die, Kloaken (Abwasserkanal)
klobig (groß und schwer)
Klon der, Klone (genetisch identisches Lebewesen); **klonen** (gentechnisch ungeschlechtlich vermehren)
klopfen den Staub aus der Kleidung klopfen, an der Tür klopfen, jmdm. anerkennend auf die Schulter klopfen, sein Herz klopfte bis zum Hals; das **Klopfzeichen**
klöppeln Spitzen klöppeln; der **Klöppel** (Knüppel; Spule zum Klöppeln)
Klosett das, Klosetts/Klosette (Toilette); das **Klosettpapier**
Kloß der, Klöße (*bundesdt. für* Knödel), einen Kloß im Hals haben (vor Aufregung nicht sprechen können)
Kloster das, Klöster (Gebäude, in dem Mönche oder Nonnen leben), ins Kloster gehen (Mönch oder Nonne werden); die **Klosterbibliothek**; **klösterlich**; die **Klosterzelle**
Klotz der, Klötze (grobes Stück Holz; unhöflicher Mensch), *er ist mir ein Klotz am Bein* (eine Last); **klotzig** (unförmig)
Klub auch **Club** der, Klubs (Gesellschaft, Verein); der/die **Klubkamerad/-in**; das **Klublokal**; die **Klubobfrau** (Vorsitzende einer Parlamentsfraktion); der **Klubobmann**
¹**Kluft** die, Klüfte (tiefe Felsspalte; unüberbrückbarer Gegensatz zwischen streitenden Parteien)
²**Kluft** die, Kluften (Kleidung)
klug klüger, am klügsten (gescheit, intelligent), ein kluger Kopf, eine kluge Entscheidung, es wäre am klügsten, jetzt nachzugeben ABER → es ist das **Klügste** zu schweigen, *aus jmdm./etwas nicht klug werden* (jmdn./etwas nicht verstehen), *der Klügere gibt nach*; **klugerweise** *Adv.:* sie hat klugerweise nichts dazu gesagt ABER → in kluger Weise handeln; die **Klugheit**; der **Klugscheißer** (*ugs. für* Besserwisser)

es ist **am klügsten**	ABER	es ist **das Klügste**
ein **kluger** Kopf	ABER	der **Klügere** von beiden
klugerweise schweigen	ABER	in **kluger Weise** handeln

Klumpen der, -: (formlose Masse, Brocken); **klumpen** (einen Klumpen bilden); der **Klumpfuß** (Missbildung des Fußes)
Klumpert auch **Glumpert** auch **Klump** auch **Glump** das, *Ez.* (wertloses Zeug)
Kluppe die, Kluppen (Wäscheklammer); das **Klupperl**
km = **Ki**lo**m**eter (1000 m)
km/h auch **kmh** = Stundenkilometer
knabbern die Salzstangen knabbern, *an etwas schwer zu knabbern haben* (sich mit etwas schwertun); das **Knabbergebäck**
Knabe der, Knaben (Bub); **knabenhaft**; das **Knäblein**
knacken eine Nuss knacken, ein Auto knacken (einbrechen); das **Knäckebrot**; der **Knacker** (*abwertend für* alter Mann); die **Knacker** (*kurz für* Knackwurst); **knackfrisch** (sehr frisch); **knackig** (knusprig, frisch); **knacks!**; der **Knacks** (Ton; Sprung; seelischer oder körperlicher Schaden); **knacksen**; die **Knackwurst**
Knall der, Knalle (plötzliches, lautes Geräusch), *einen Knall haben* (*ugs. für* verrückt sein); der **Knalleffekt** (überraschender Höhepunkt)
knallen sie knallt das Buch auf den Tisch, ein Schuss knallte, du bist gegen die Tür geknallt, *jmdm. eine knallen* (*ugs. für* eine Ohrfeige geben); die **Knallerei**; **knallhart** (sehr hart); **knallig** knallige (grelle) Farben; der **Knallkopf** (verrückte Person); **knallrot** (grellrot)
knapp der Lohn reicht knapp aus, der Verfolger kam immer knapper heran, dieses Kleid sitzt am knappsten, ein knapp sitzendes auch knappsitzendes Kleid, knapp (sehr nahe) am Tor vorbei, etwas mit knappen (wenigen) Worten sagen, er ist knapp (noch nicht

Knappe → Knülch

ganz) sechzig; **knapphalten** (▶ halten) das Kind knapphalten (ihm wenig geben); die **Knappheit**
Knappe der, Knappen (Bergarbeiter; Knabe, der einem Ritter diente)
knarren (ächzende Geräusche machen); die **Knarre** (ugs. für Schusswaffe)
Knast der, Knaste/Knäste (ugs. für Gefängnis, Haft), er saß drei Jahre im Knast
knattern das Moped knattert
Knäuel das/der, -: (zu einer Kugel aufgewickelte Wolle)
Knauf der, Knäufe (runder Griff)
knausern (übertrieben sparsam sein); **knaus(e)rig**
knautschen (zusammendrücken, Falten bilden); die **Knautschfalte**; die **Knautschzone**
Knebel der, -: (Stoffstück, das in den Mund gestopft wird, um Schreien zu verhindern); **knebeln** jmdn. fesseln und knebeln
Knecht der, Knechte (abhängiger Arbeiter auf einem Bauernhof); **knechten** (unterdrücken); die **Knechtschaft** ein Leben in Knechtschaft führen
kneifen du kneifst schon wieder (ugs. für drückst dich), sie kniff mich in die Wange, die Hose hat gekniffen
Kneipe die, Kneipen (bundesdt. für kleine Gaststätte)
kneippen (eine Kneippkur machen)
Knete die, Ez. (Knetmasse; ugs. für Geld); **knetbar**; **kneten** aus Lehm eine Figur kneten
Knick der, Knicke: die Straße macht einen Knick nach rechts; **knicken** die Zweige knicken (umbiegen), das Papier knicken; der **Knicks** das Mädchen machte einen Knicks
Knickerbocker die, ...bockers (Kniebundhose)
Knie das, -: (Beingelenk), weiche Knie (Angst) haben, *nichts übers Knie brechen* (nicht vorschnell handeln), *jmdn. in die Knie zwingen* (besiegen); die **Kniebeuge**; **kniefrei**; das **Kniegelenk**; die **Kniekehle**; **knien** der Bräutigam kniete vor der Braut, *sich in die Arbeit knien* (sich intensiv damit beschäftigen); die **Kniescheibe**; **knietief** im knietiefen Schnee
Kniff der, Kniffe (Trick), einen Kniff anwenden; **kniff(e)lig** ein kniffliges (kompliziertes) Problem
Knilch auch **Knülch** der, Knilche (ugs. für unangenehmer Mensch)

knipsen (ugs. für fotografieren)
¹**Knirps** der, Knirpse (kleiner Bub)
²**Knirps** der, Knirpse (zusammenschiebbarer Regenschirm)
knirschen du knirsch(s)t mit den Zähnen, der harte Schnee knirschte unter den Füßen
knistern (ein leise raschelndes Geräusch machen), eine knisternde (erregte) Spannung
knittern (Falten machen); **knitterfrei**; **knitt(e)rig**
knobeln (würfeln; losen; nachdenken)
Knoblauch der, Ez. (Gewürz- und Heilpflanze)
Knöchel der, -: (Fußgelenksknochen); **knöcheltief**
Knochen der, -: (Teil des Skeletts), *mir tun alle Knochen weh* (mir tut alles weh), *sich bis auf die Knochen blamieren*; die **Knochenarbeit** (sehr anstrengende Arbeit); **knochendürr** (sehr dürr); das **Knochengerüst**; der **Knochenmann** (Tod); **knöch(e)rig**; **knöchern** (aus Knochen bestehend); **knochig** (mit starken Knochen)
Knock-out [nokaut] auch **Knockout** der, Knock-outs <K.o.> (Niederschlag beim Boxen, Vernichtung); **knock-out** auch **knockout** <k.o.> jmdn. k.o. (kampfunfähig) schlagen
Knödel der, -: gerne Semmelknödel essen, einen Knödel im Hals haben (vor Aufregung nicht sprechen können); **knödeln** (ugs. für undeutlich sprechen oder singen)
Knolle die, Knollen (unterirdischer Spross einer Pflanze) auch der **Knollen**; der **Knollenblätterpilz**; **knollenförmig**; die **Knollennase**
Knopf der, Knöpfe: einen Knopf annähen, mit den Bändern einen Knopf (Knoten) machen; der **Knopfdruck**; **knöpfen**; das **Knopfloch**
Knorpel der, -: (Gewebe, das die Knochen verbindet bzw. überzieht); **knorp(e)lig**
knorrig die knorrige (verwachsene) Eiche
Knospe die, Knospen (geschlossene Blüte); **knospen**
Knoten der, -: mit den Bändern einen festen Knoten machen, einen Knoten in der Brust spüren, mit dem Schiff acht Knoten in der Stunde unterwegs sein; **knoten** die Krawatte knoten; der **Knotenpunkt** (Punkt, an dem sich Verkehrswege kreuzen)
knotzen (ugs. für untätig herumsitzen)
Know-how [nouhau] das, Ez. (Wissen, wie man etwas praktisch umsetzt)
Knülch auch **Knilch** der, Knülche (ugs. für

knüllen → Kolben

unangenehmer Mensch)
knüllen (Stoff oder Papier zerknittern)
Knüller der, -: (*ugs. für* etwas Besonderes, Sensation)
knüpfen einen Teppich knüpfen, eine Beziehung knüpfen (herstellen)
Knüppel der, -: (kurzer Stock), *jmdm. Knüppel zwischen die Beine werfen* (Schwierigkeiten bereiten); **knüppeldick** es kommt knüppeldick (sehr schlimm); **knüppeln**
knurren der Hund knurrte furchterregend, ihm knurrte der Magen
knuspern (geräuschvoll an etwas knabbern); das **Knusperhäuschen**; **knusp(e)rig** in eine knusprige Semmel beißen
Knute die, Knuten (Peitsche), unter der Knute stehen (unterdrückt werden)
knutschen (*ugs. für* küssen); die **Knutscherei** (*ugs. für* Schmusen)
k.o. = knock-out *auch* knockout (kampfunfähig); der **K.-o.-Schlag** (Niederschlag beim Boxen); **k.o. schlagen**
Koalition [...tsion] die, Koalitionen (Bündnis von Parteien oder Staaten); **koalieren** (sich verbünden); die **Koalitionsregierung**
Kobalt das, *Ez.* <Co> (Metall, chemischer Grundstoff); **kobaltblau**
Kobel der, -: (Nest des Eichhörnchens; kleiner Stall)
Kobold der, Kobolde (zwerghafter Hausgeist); **koboldhaft**
Kobra die, Kobras (Brillenschlange)
¹**Koch** das, Koche (breiige Speise), Grießkoch
²**Koch** der, Köche: er ist ein begnadeter Koch, *viele Köche verderben den Brei* (es schadet der Sache, wenn zu viele Menschen daran beteiligt sind); das **Kochbuch**; **köcheln** (*ugs. für* leicht kochen)
kochen er kocht gerade das Mittagessen (bereitet es zu), sie kochte vor Wut (war wütend), das Wasser kocht (siedet), das kochend heiße Wasser; **kochfertig**; **kochfest** (bei 90° waschbar); die **Köchin**; der **Kochlöffel**; das **Kochrezept**; die **Kochwäsche**
Köcher der, -: (Behälter für Pfeile)
Kode [kod] *auch* **Code** der, Kodes (Zeichensystem, Geheimzeichen); **kodieren** (verschlüsseln)
Köder der, -: einen Köder beim Fischfang benutzen; **ködern** (anlocken)
Kodex *auch* **Codex** der, Kodexe/Kodizes (Buch mit alten Handschriften; Gesetzes-

sammlung)
Koedukation [...tsion] die, *Ez.* (gemeinsame Erziehung von Knaben und Mädchen); **koedukativ**
Koexistenz die, *Ez.* (das Nebeneinanderbestehen); **koexistieren**
Koffein *auch* **Coffein** das, *Ez.* (anregende Substanz in Tee und Kaffee); **koffeinfrei**; **koffeinhältig**
Koffer der, -: hast du die Koffer schon gepackt?; der **Kofferraum** (Gepäckraum eines Pkw)
Kogel der, -: (Bergkuppe)
Kognak [konjak] *auch* **Cognac** der, Kognake (französischer Weinbrand)
kognitiv (das Denken betreffend)
kohärent (zusammenhängend); die **Kohärenz** (Zusammenhänge, Übereinstimmungen)
Kohl der, Kohle (Gemüse); der **Kohldampf** (*ugs. für* Hunger); der **Kohlrabi** (Gemüse); die **Kohlsprosse**; der **Kohlweißling** (Schmetterling)
Kohle die, Kohlen (Brennstoff; *ugs. für* Geld), (*wie*) *auf glühenden Kohlen sitzen* (sehr unruhig sein), *etwas zu Kohle machen* (verkaufen); das **Kohle(n)hydrat** (zucker- oder stärkeartige chemische Verbindung; das **Kohlendioxid** (farb- und geruchloses Gas); die **Kohlenheizung**; die **Kohlensäure**; der **Kohlenstoff** (chemisches Element); der/die **Köhler/-in** (Holzkohlenbrenner/-in); die **Kohlmeise**; **kohlrabenschwarz**
koitieren (geschlechtlich verkehren); der **Koitus** *auch* **Coitus** (Geschlechtsakt)
Koje die, Kojen (Schlafkabine auf einem Schiff; Ausstellungsstand)
Kojote der, Kojoten (Präriewolf)
Kokain das, *Ez.* (Rauschgift)
kokett (eitel, selbstgefällig); **Koketterie**; **kokettieren** (sich interessant machen, liebäugeln)
Kokon der, Kokons (Gespinsthülle von Insektenlarven)
Kokosbusserl das, ...busserln (Bäckerei); die **Kokosnuss** (Frucht); die **Kokospalme**
Koks der, Kokse (Brennstoff; *ugs. für* Kokain); die **Kokerei** (Anlage zur Kokserzeugung); **koksen** (Kokain konsumieren); der **Koksofen**
Kolatsche *auch* **Golatsche** die, Kolatschen (Mehlspeise)
Kolben der, -: (Teil des Motors; Maiskolben); der **Kolbenmotor**

Kolchose → Kommentar

Kolchose die, Kolchosen (landwirtschaftliches Staatsgut in Ländern des ehem. Ostblocks)
Kolibri der, Kolibris (kleiner Vogel)
Kolik die, Koliken (heftige, krampfartige Bauchschmerzen)
Kolkrabe der, …raben (schwarzer Vogel)
kollabieren; der **Kollaps** (Schwächeanfall)
kollaborieren (mit dem Feind zusammenarbeiten); der/die **Kollaborateur/-in**; die **Kollaboration**
kollaudieren; die **Kollaudierung** (behördliche Benützungsbewilligung eines Neubaues)
Kolleg das, Kollegs (Lehrveranstaltung; Ausbildung nach der Matura); der **Kollege**; die **Kollegenschaft**; **kollegial** (kameradschaftlich); die **Kollegin**; das **Kollegium**
Kollekte die, Kollekten (Spendensammlung in der Kirche); die **Kollektion** (Mustersammlung); **kollektiv** (gemeinschaftlich); das **Kollektiv** (Arbeitsgemeinschaft); **kollektivieren** (Privateigentum zu Allgemeinbesitz machen); die **Kollektivschuld** (Schuld einer Gemeinschaft); der **Kollektivvertrag** (Lohnvereinbarung für eine Berufsgruppe)
Koller der, -: (*ugs. für* Wutausbruch)
kollern (rollen)
kollidieren mit einem anderen Fahrzeug kollidieren (zusammenstoßen); die **Kollision** (Zusammenstoß)
Kolloquium das, Kolloquien (Fachgespräch; Prüfung)
Kolonie die, Kolonien (auswärtiger Besitz eines Staates; Siedlung); die **Kolonialherrschaft**; der **Kolonialismus**; die **Kolonisation** (Erschließung und Ausbeutung eines Landes); **kolonisieren** (besiedeln); die **Kolonisierung**
Kolonne die, Kolonnen (lange Reihe), in einer Kolonne fahren
Kolophonium das, *Ez.* (Harz zum Bestreichen des Geigenbogens)
Koloratur die, Koloraturen (kunstvolle Gesangsverzierung); der **Koloratursopran**
kolorieren eine Zeichnung kolorieren (ausmalen); das **Kolorit** (Farbgebung, besondere Stimmung)
Koloss der, Kolosse (Riese; riesiger Gegenstand); **kolossal** eine kolossale (riesige) Brücke
Kolportage [kolportasch] die, Kolportagen (Verbreitung von Gerüchten); der/die **Kolporteur/-in** [kolpoatöa/rin] (Zeitungsverkäufer/-in); **kolportieren** (Gerüchte verbreiten)

Kolumne die, Kolumnen (Spalte in Druckwerken; regelmäßig erscheinender Zeitungsartikel); der/die **Kolumnist/-in**
Koma das, Komas/Komata (tiefe, andauernde Bewusstlosigkeit)
Kombi der, Kombis (*kurz für* Kombiwagen); das **Kombinat** (Zusammenschluss von Betrieben im ehemaligen Ostblock); die **Kombination** (Verbindung, Zusammenstellung, gedankliche Verknüpfung von Fakten), eine flüssige Kombination im Fußballspiel (Folge von Spielzügen), eine Kombination aus Sakko und Hose; **kombinieren** (miteinander verbinden, vermuten); die **Kombizange**
Kombüse die, Kombüsen (Schiffsküche)
Komet der, Kometen (Himmelskörper mit Schweif); **kometenhaft** ein kometenhafter (sehr schneller) Aufstieg
Komfort [komfoa] der, *Ez.* (Annehmlichkeit, Luxus); **komfortabel** (gemütlich, bequem)
Komik die, *Ez.* (lustige Wirkung); der/die **Komiker/-in** (Spaßmacher/-in); **komisch** (witzig, spaßig, nicht ernst); **komischerweise** *Adv.*
Komitee das, Komitees (Gruppe mit einer bestimmten Aufgabe)
Komma das, Kommas/Kommata (Beistrich); der **Kommafehler**
Kommandant der, …danten (militärischer Befehlshaber); **kommandieren** (Soldaten befehligen), *sich nicht länger kommandieren lassen* (sich nichts mehr anschaffen lassen); das **Kommando** (Befehl)
kommen du kommst bald, er kam mit dem Zug, sie ist heute von Salzburg gekommen, komm her!, wie komme (gelange) ich dorthin?, wie kommst du auf den Gedanken, zurzeit kommt sie zu nichts (hat für nichts Zeit), sich eine Pizza kommen lassen, ins Gefängnis kommen, zu Geld kommen (gelangen), das neue Auto kommt auf (kostet) zirka 30 000 Euro, die Polizei kam hinter den Betrug ABER → das **Kommen** ich freue mich auf dein Kommen, es herrscht ein ständiges Kommen und Gehen

er soll bald kommen	ABER	ich freue mich auf sein **Kommen**

Kommentar der, Kommentare (Erläuterung, Stellungnahme, persönliche Anmerkung); **kommentarlos** (ohne Stellungnahme);

Kommerz → Kompresse

der **Kommentator**; die **Kommentatorin**; **kommentieren**

Kommerz der, *Ez.* (Wirtschaft, Handel, Gewinn); **kommerzialisieren** (an wirtschaftlichen Interessen orientieren); der **Kommerzialrat** (Titel für Kaufleute), die **Kommerzialrätin**; **kommerziell** (geschäftlich, auf Gewinn bedacht)

Kommissar der, Kommissare (Kriminalbeamter); der **Kommissär** (politisch Beauftragter); das **Kommissariat** (Polizeidienststelle); die **Kommissarin**; **kommissarisch** (stellvertretend); die **Kommission** (Gruppe von Sachverständigen), eine Ware in Kommission (zum Verkauf) geben; **kommissionieren** (amtlich prüfen)

kommod es sich kommod (*ugs. für* bequem) machen; die **Kommode** (Möbelstück mit Schubfächern)

kommunal (die Gemeinde betreffend); die **Kommune** (Gemeinschaft von Gleichgesinnten); der **Kommunismus** (Wirtschafts- und Gesellschaftsordnung); der/die **Kommunist/-in**; **kommunistisch**

Kommunikation [...tsion] die, ...kationen (Verständigung mithilfe von Sprache oder Zeichen); **kommunikativ** eine kommunikative Person (Person, die gerne mit anderen spricht); das **Kommuniqué** (amtliche Mitteilung); **kommunizieren** (sich verständigen)

Kommunion die, ...ionen (Empfang der Hostie im Gottesdienst); der **Kommunionsunterricht** (Vorbereitung auf die Erstkommunion)

Komödiant der, Komödianten (Schauspieler in einer lustigen Rolle; Heuchler); die **Komödiantin**; die **Komödie** (Lustspiel), *jmdm. eine Komödie vorspielen* (etwas vortäuschen)

Kompagnon [kompanjõ] der, Kompagnons (Teilhaber einer Firma)

kompakt (fest gefügt, klein); die **Kompaktheit**; die **Kompaktkamera**

Kompanie die, Kompanien <Komp.> (Truppeneinheit; Handelsgesellschaft)

Komparation die, Komparationen (Steigerung, z.B. „gut - besser - am besten"); der **Komparativ** (erste Steigerungsstufe, z.B. „besser")

Komparse der, Komparsen (Statist im Theater); die **Komparsin**

Kompass der, Kompasse (Gerät zur Bestimmung der Himmelsrichtung)

kompatibel (verträglich mit etwas anderem, kombinierbar); die **Kompatibilität**

Kompendium das, Kompendien (kurz gefasstes Lehrbuch)

Kompensation die, Kompensationen (Entschädigung, Ausgleich); **kompensatorisch** (ausgleichend); **kompensieren** (ausgleichen)

kompetent (zuständig, sachverständig), in dieser Angelegenheit nicht kompetent sein; die **Kompetenz** (Fähigkeit), im Unterricht zu erwerbende Kompetenzen; der **Kompetenzbereich**

komplementär (ergänzend); die **Komplementärfarbe** (Ergänzungsfarbe)

komplett (vollständig), die Sammlung ist komplett, *bist du jetzt komplett übergeschnappt? (ugs.);* **komplettieren** (vervollständigen)

Komplex der, Komplexe (zusammenhängende Gebäudegruppe), Komplexe (verdrängte Vorstellungen, Befürchtungen) haben; **komplex** (vielschichtig, kompliziert), ein komplexer Sachverhalt; die **Komplexität**; der **Komplexitätsgrad**

Komplikation [...tsion] die, ...tionen (Schwierigkeit)

Kompliment das, Komplimente: jmdm. ein Kompliment machen (ihm etwas Schmeichelhaftes sagen)

Komplize der, Komplizen (Mittäter, Mitwisser eines Verbrechens); die **Komplizin**

komplizieren (etwas schwieriger machen); **kompliziert** eine komplizierte (schwierige) Situation; die **Kompliziertheit**

Komplott das, Komplotte (Verschwörung), *ein Komplott schmieden* (heimlich etwas Verbrecherisches vorbereiten)

Komponente die, ...nenten (Bestandteil)

komponieren (ein Musikstück schaffen; etwas kunstvoll zusammenstellen); der/die **Komponist/-in**; die **Komposition** (musikalisches Werk)

Kompost der, Komposte (Naturdünger); der **Komposthaufen**; **kompostieren**

Kompott das, Kompotte (eingekochtes Obst)

Kompresse die, Kompressen (feuchter Umschlag, Wickel); die **Kompression**; der **Kompressor** (Gerät zum Verdichten von Gasen); **komprimieren** (verdichten, zusammenpressen); **komprimiert** eine komprimierte (kurze) Darstellung des Sachverhaltes; die **Komprimierung**

Kompromiss → Konklusion

Kompromiss der, Kompromisse: einen Kompromiss (einen Vergleich, eine Übereinkunft) eingehen; **kompromissbereit**; **kompromisslos**; die **Kompromisslösung**
kompromittieren (jmdn. bloßstellen, in Verlegenheit bringen)
Kondensat das, Kondensate (beim Niederschlag entstandene Flüssigkeit); die **Kondensation** (Verflüssigung, Verdickung); der **Kondensator**; **kondensieren** kondensierte (eingedickte) Milch; die **Kondensmilch**; der **Kondensstreifen**; das **Kondenswasser**
Kondition [...tsion] die, Konditionen: eine gute Kondition (körperliche Verfassung) haben, gute Konditionen (Bedingungen) bei der Bank aushandeln; der **Konditionalsatz** (Bedingungssatz: wenn/falls ...); **konditionsschwach**; das **Konditionstraining**
Konditor der, Konditoren (Fein- und Zuckerbäcker); die **Konditorei**; die **Konditorin**
kondolieren (jmdm. das Beileid zum Tod eines Angehörigen ausdrücken); das **Kondolenzschreiben**
Kondom das, Kondome (Präservativ, Mittel zur Empfängnisverhütung)
Konfekt das, Konfekte (Süßigkeiten)
Konfektion [...tsion] die, Konfektionen (serienmäßig hergestellte Bekleidung); der **Konfektionsanzug**; die **Konfektionsgröße** (Kleidergröße)
Konferenz die, Konferenzen (Zusammenkunft von Experten, Sitzung); der **Konferenzbeschluss**; das **Konferenzzimmer**; **konferieren** (Verhandlungen führen, sich beraten)
Konfession die, Konfessionen (religiöses Bekenntnis); **konfessionell** (zu einer Konfession gehörend)
Konfetti das, -: (bunte Papierscheibchen); die **Konfettiparade**
Konfiguration [...tsion] die, ...rationen (Abstimmung von Hard- und Software eines Computers; Stellung von Gestirnen, Anordnung)
Konfirmand der, Konfirmanden (jmd., der konfirmiert wird); die **Konfirmandin**; die **Konfirmation** (Aufnahme in die Abendmahlgemeinschaft der evangelischen Kirche); **konfirmieren**
konfiszieren (beschlagnahmen); die **Konfiszierung**
Konfitüre die, Konfitüren (Marmelade)

Konflikt der, Konflikte (Auseinandersetzung, Zwiespalt, Streit), *mit dem Gesetz in Konflikt geraten* (dagegen verstoßen); **konfliktfrei**; der **Konfliktherd**; die **Konfliktlösung**; die **Konfliktsituation**
Konföderation [...tsion] die, ...tionen (Staatenbund); **konföderativ**; **konföderieren** (sich verbinden); der/die **Konföderierte**
konform mit jmdm. konform gehen (übereinstimmen); die **Konformität** (Übereinstimmung)
Konfrontation [...tsion] die, Konfrontationen (Gegenüberstellung; Auseinandersetzung); **konfrontieren** (gegenüberstellen)
konfus nach der Erklärung war ich konfuser (verwirrter) als zuvor; die **Konfusion** (Verwirrung, Unordnung)
kongenial (geistig ebenbürtig)
Konglomerat das, Konglomerate (Gemisch verschiedener Bestandteile)
Kongress der, Kongresse (Tagung von Experten; *nur Ez.:* Parlament der USA); der/die **Kongressteilnehmer/-in**; das **Kongresszentrum**
kongruent (in allen Punkten übereinstimmend, deckungsgleich); die **Kongruenz** (Deckungsgleichheit)
König der, Könige (Titel eines Monarchen; Spielkarte; Schachfigur; bei uns ist der Kunde König, die Heiligen Drei Könige; die **Königin**; **königlich** er hat sich königlich (außerordentlich) amüsiert ABER → die Königliche Hoheit (Titel für König oder Königin); das **Königreich**
konisch (kegelförmig); der **Konus** (Kegel)
Konjugation [...tsion] die, Konjugationen (Beugung des Zeitwortes, z.B. „ich gehe, du gehst, er geht"); **konjugieren** (beugen)
Konjunktion [...tsion] die, Konjunktionen (Bindewort, z.B. „und", „aber", „weil")
Konjunktiv der, Konjunktive (Möglichkeitsform des Zeitwortes, die man z.B. in der indirekten Rede verwendet, z.B. „sei", „wäre", „ginge")
Konjunktur die, Konjunkturen (günstige gesamtwirtschaftliche Situation); **konjunkturell** die konjunkturelle (der Wirtschaftslage entsprechende) Entwicklung
konkav (nach innen gewölbt); der **Konkavspiegel**
Konklave das, Konklaven (Versammlung der Kardinäle zur Papstwahl)
Konklusion die, Konklusionen (Schlussfolgerung)

Konkordat → Kontingent

Konkordat das, Konkordate (Vertrag zwischen einem Staat und dem Vatikan)
konkret (anschaulich, gegenständlich, greifbar); die **Konkreta** (Nomen mit gegenständlicher Bedeutung, z.B. „Auto"); **konkretisieren** (veranschaulichen, verdeutlichen); die **Konkretisierung**
Konkurrent der, Konkurrenten (Mitbewerber, Gegner); die **Konkurrentin**
Konkurrenz die, Konkurrenzen: der Wettkämpfer konnte sich gegen eine starke Konkurrenz (Feld der Mitbewerber) durchsetzen, die Waren auch bei der Konkurrenz (den anderen Anbietern) anschauen, *außer Konkurrenz an einem Wettkampf teilnehmen* (außerhalb der offiziellen Wertung); **konkurrenzfähig; konkurrenzlos; konkurrieren** auch konkurrenzieren (wetteifern)
Konkurs der, Konkurse (Zahlungsunfähigkeit), in Konkurs gehen
können du kannst hier nicht parken, sie kann einem leidtun, sie konnte alles beantworten, der Sportler konnte nicht mehr, er hat die Aufgabe nicht gekonnt ABER → er hat spielen können, gut Deutsch können, etwas nicht leiden können, *mit jmdm. können* (mit jmdm. gut auskommen), *für etwas nichts können* (nicht schuld sein); das **Können** (die Fertigkeit); der/die **Könner/-in** (Experte/Expertin)

sie **hat** die Aufgabe **gekonnt**	ABER	sie **hat** nicht bleiben **können**

Konsens der, Konsense: einen Konsens (Übereinstimmung) unter den Beteiligten erzielen
konsequent konsequent (folgerichtig, beharrlich) handeln; **konsequenterweise** *Adv.;* die **Konsequenz** die Konsequenzen (Folgen) bedenken
konservativ (am Hergebrachten, Bewährten festhaltend); der/die **Konservative**
Konserve die, Konserven (Dose mit haltbarer Nahrung); die **Konservendose; konservierbar; konservieren** (erhalten, haltbar machen); das **Konservierungsmittel**
konsistent (fest, beständig, stabil); die **Konsistenz** (Beschaffenheit)
Konsole die, Konsolen (Wandbrett, Mauervorsprung)
konsolidieren (in seinem Bestand sichern, festigen), die Lage hat sich konsolidiert (beruhigt)

Konsonant der, Konsonanten (Mitlaut, z.B. „b", „n", „k")
Konsorte der, Konsorten (Gefährte); das **Konsortium** [konsortsium] (Vereinigung von Unternehmen)
Konspiration [...tsion] die, Konspirationen (Verschwörung); **konspirativ** (eine Verschwörung vorbereitend); **konspirieren** (sich verschwören)
konstant (beständig, gleichbleibend, beharrlich); die **Konstante** (gleichbleibende Größe); die **Konstanz** (Unveränderlichkeit); **konstatieren** (feststellen)
Konstellation [...tsion] die, ...tionen (Gesamtsituation, gegebene Lage)
konsternieren (verstören, bestürzen); **konsterniert**
konstituieren einen Verein konstituieren (gründen); die **Konstitution** (körperlich-geistige Verfassung); **konstitutionell** (verfassungsgemäß)
konstruieren (einen Plan entwerfen; zusammenfügen, zeichnen); der/die **Konstrukteur/-in** [konstruktöa/rin]; die **Konstruktion** (Entwurf, Bauwerk, Objekt); **konstruktiv** (aufbauend), konstruktive Kritik
Konsul der, Konsulen (Beamter, der die Interessen des Staates im Ausland vertritt); das **Konsulat** (Gesandtschaft); die **Konsulin**
Konsultation die, Konsultationen (fachliche Beratung); **konsultieren** (jmdn. zu Rate ziehen)
Konsum der, *Ez.* (Verbrauch von Waren); der **Konsumartikel**; die **Konsumation** (was man in einem Lokal isst und trinkt); der/die **Konsument/-in** (Käufer/-in); die **Konsumgüter; konsumieren**
Kontakt der, Kontakte (Berührung, Verbindung); die **Kontaktadresse**; die **Kontaktdaten; kontaktfähig; kontaktfreudig** (gesellig); **kontaktieren** (Verbindung aufnehmen); die **Kontaktlinse** (Brillenersatz); die **Kontaktnahme; kontaktscheu**
Kontemplation [...tsion] die, ...tionen (Beschaulichkeit); **kontemplativ**
kontern (schlagfertig entgegnen; einen Gegenangriff einleiten); der **Konterschlag**
Kontext der, Kontexte (Zusammenhang); **kontextabhängig**
Kontinent der, Kontinente (Erdteil); **kontinental**; das **Kontinentalklima**
Kontingent das, Kontingente (begrenzte Menge); **kontingentieren** (begrenzen)

kontinuierlich (ununterbrochen); die
  Kontinuität (gleichmäßiger Fortgang); das
  Kontinuum (Folge ohne Unterbrechung)
Konto das, Konten/Konti/Kontos <Kto.> den
  Geldbetrag auf ein Konto bei der Bank
  überweisen, sein Konto überziehen, *das
  geht auf mein Konto* (ugs. für das habe
  ich zu verantworten); der **Kontoauszug**;
  die **Kontonummer**; das **Kontor** (die
  Handelsniederlassung)
kontra auch **contra** Adv. immer kontra sein,
  Präp.+Akk. Eva kontra (gegen) Max; das
  Kontra das Pro und Kontra (Für und Wider)
  in der Sache abwägen, *jmdm. Kontra
  geben* (widersprechen); der **Kontrabass**
  (Streichinstrument); die/der **Kontrahent/-in**
  (Gegner/-in)
Kontrakt der, Kontrakte (schriftliche
  Vereinbarung); **kontraktbrüchig**
konträr eine konträre (gegenteilige) Meinung
Kontrast der, Kontraste (auffälliger
  Unterschied, Gegensatz); **kontrastarm**;
  die **Kontrastfarbe**; **kontrastieren** (sich
  unterscheiden); **kontrastreich** (abwechslungsreich)
Kontrolle die, Kontrollen (Aufsicht, Überprüfung); **kontrollierbar**; **kontrollieren**
  (überwachen, überprüfen), der Fahrer
  konnte den Wagen nicht mehr kontrollieren
  (beherrschen); der/die **Kontrollor/-in** auch
  Kontrolleur/-in [kontrolöa/rin]
Kontroverse die, Kontroversen (Meinungsverschiedenheit); **kontrovers** (entgegengesetzt)
Kontur die, Konturen (Umrisslinie)
Konvektor der, ...toren (Heizkörper)
Konvent der, Konvente (religiöse Versammlung)
Konvention [...tsion] die, ...tionen
  (völkerrechtliches Abkommen, gesellschaftliche Verhaltensregel); **konventionell**
  (herkömmlich, üblich, förmlich)
konvergent (übereinstimmend); die **Konvergenz** (Übereinstimmung); **konvergieren**
  (sich annähern)
Konversation [...tsion] die, ...tionen
  (oberflächliches Gespräch); das **Konversationslexikon** (Nachschlagewerk)
konvertieren [konwertiren] (den Glauben
  wechseln; EDV-Daten umwandeln);
  konvertierbar (austauschbar)
konvex [konweks] (nach außen gekrümmt)
Konvikt [konwikt] das, Konvikte (katholisches
  Internat)
Konvoi [konwoi] der, Konvois (mehrere dicht
  hintereinander fahrende Fahrzeuge)
Konzentrat das, Konzentrate (hochprozentige
  Lösung); die **Konzentration** [...tsion]
  (Zustand großer Aufmerksamkeit; Vereinigung, Bündelung der Kräfte); die
  Konzentrationsfähigkeit; das **Konzentrationslager** <KZ> (Vernichtungslager
  zur Zeit des Nationalsozialismus); die
  Konzentrationsschwäche
konzentrieren Truppen konzentrieren
  (zusammenziehen), sich nicht konzentrieren
  (geistig sammeln) können; **konzentriert**
  (aufmerksam), eine hoch konzentrierte
  Salzlösung; **konzentrisch** (mit gleichem
  Mittelpunkt), konzentrische Kreise
Konzept das, Konzepte (skizzenhafter
  Entwurf, Vorhaben), *aus dem Konzept
  geraten* (unsicher werden), *jmdn. aus dem
  Konzept bringen* (ablenken), *etwas passt
  nicht ins Konzept* (passt mit den eigenen
  Plänen nicht zusammen); die **Konzeption**;
  konzeptionslos
Konzern der, Konzerne (Zusammenschluss
  von mehreren Unternehmen)
Konzert das, Konzerte (musikalische
  Aufführung); der **Konzertsaal**; der/die
  Konzertsänger/-in
Konzession die, Konzessionen (amtliche
  Genehmigung), zu keinen Konzessionen
  (Zugeständnissen) bereit sein; **konzessioniert** (behördlich genehmigt);
  konzessionsbereit; der **Konzessivsatz**
  (Einräumungssatz: obwohl ...)
Konzil das, Konzile/Konzilien (Versammlung
  hoher Geistlicher); **konziliant** (umgänglich,
  entgegenkommend)
konzipieren (entwerfen)
Kooperation [...tsion] die, Kooperationen;
  kooperationsbereit; **kooperativ** (zur
  Zusammenarbeit bereit); der **Kooperator**
  (katholischer Hilfsgeistlicher); **kooperieren**
  (zusammenarbeiten)
Koordinate die, Koordinaten (Angabe
  zur Festlegung eines Punktes); das
  Koordinatensystem; die **Koordination**;
  der **Koordinator**; die **Koordinatorin**;
  koordinieren Maßnahmen koordinieren
  (aufeinander abstimmen)
Kopf der, Köpfe: mir brummt der Kopf, ein
  kluger Kopf, der Kopf der Firma, von Kopf
  bis Fuß, Kopf hoch!, *etwas anderes im Kopf
  haben* (an etwas anderes denken), *sich den
  Kopf zerbrechen* (intensiv nachdenken), *da*

Köpfchen → Kosinus

kannst du dich auf den Kopf stellen (ugs. für da bemühst du dich umsonst), *mit dem Kopf durch die Wand wollen* (etwas unbedingt wollen), *den Kopf aus der Schlinge ziehen* (einer Gefahr gerade noch entkommen), *den Kopf hängen lassen* (mutlos sein), *seinen Kopf hinhalten* (für etwas geradestehen), *den Kopf verlieren* (unüberlegt handeln), *jmdm. den Kopf waschen* (mit jmdm. schimpfen), *nicht mehr wissen, wo einem der Kopf steht* (überlastet sein), *nicht auf den Kopf gefallen sein* (intelligent sein), *sich etwas aus dem Kopf schlagen* (einsehen, dass es unmöglich ist), *sich etwas in den Kopf setzen* (etwas unbedingt wollen), *jmdm. den Kopf verdrehen* (jmdn. verliebt machen); das **Kopf-an-Kopf-Rennen** (knappe Entscheidung)

Köpfchen das, -; **köpfeln** den Ball ins Tor köpfeln; **köpfen** (enthaupten); der **Kopfhörer**; der **Köpfler** (Kopfball, Kopfsprung); **kopflos** (unüberlegt); der **Kopfpolster**; **kopfrechnen** gut kopfrechnen können ABER → er rechnet das Ergebnis im Kopf aus; das **Kopfrechnen**; der **Kopfsalat**; **kopfscheu** (verwirrt); der **Kopfschmerz**; **kopfstehen** (▶ stehen); **kopfüber** *Adv.* (mit dem Kopf voran); das **Kopfweh**; das **Kopfzerbrechen** (Nachdenken)

Kopie [kopi:] die, Kopien (originalgetreue Reproduktion, Abschrift, Nachbildung); **kopieren** (eine Kopie herstellen, nachahmen); der **Kopierer**; das **Kopiergerät**

Koppel die, Koppeln (eingezäunte Weide; Riemen, Gurt); **koppeln** (miteinander verbinden); die **Kopp(e)lung**

Koralle die, Korallen (Meerestier); die **Koralleninsel**; das **Korallenriff**

Koran der, Korane (heilige Schrift des Islams)

Korb der, Körbe (geflochtener Behälter, Einkaufstasche; Ballongondel; „Tor" im Basketballspiel), *jmdm. einen Korb geben* (ein Angebot ablehnen); der **Korbball**; der **Korbblütler**; das **Körberlgeld** (kleine für sich einbehaltene Beträge)

Kord auch **Cord** der, Korde (gerippter Stoff)

Kordel die, Kordeln (gedrehte Schnur)

Kordon [kordõ, kordon] der, Kordone (polizeiliche Absperrung)

Koriander der, -: (Gewürzpflanze)

Kork der, Korke (Korkeichenrinde); die **Korkeiche**; der **Korken** (Stöpsel); der **Korkenzieher**

Kormoran der, Kormorane (Schwimmvogel)

¹**Korn** das, *Ez.* (Zielhilfe bei einem Gewehr), *jmdn. aufs Korn nehmen* (es auf jmdn. abgesehen haben)

²**Korn** das, Körner (Getreide, Sandkorn); die **Kornähre**; die **Kornblume**; **kornblumenblau**; der **Körndlbauer** (Getreidebauer); **körnig**

³**Korn** der, -: (aus Getreide gebrannter Schnaps)

Kornett das, Kornette/Korntts (kleines Horn; militärischer Dienstgrad)

Korona die, Koronen (Strahlenkranz der Sonne; Heiligenschein; Kreis der Zuhörer)

Körper der, -: (Leib des Menschen; mathematische Figur); der **Körperbau**; **körperbehindert**; der/die **Körperbehinderte**; die **Körpergröße**; **körperlich**; die **Körperpflege**; die **Körperschaft** (Vereinigung)

Korps [koa] auch **Corps** das, -: (militärischer Truppenverband), das diplomatische Korps (alle Diplomaten, die ein Land vertreten)

korpulent (beleibt, dick); die **Korpulenz**

korrekt (richtig, angemessen, tadellos), sich korrekt (fehlerlos) verhalten; **korrekterweise** *Adv.*; die **Korrektheit**; die **Korrektur** (Berichtigung, Verbesserung); das **Korrekturzeichen**

die Korrektur	ABER	korrigieren

Korrelation [...tsion] die, ...tionen (Zusammenhang, Wechselbeziehung); das **Korrelat** (Entsprechung); **korrelieren** (entsprechen)

Korrespondent der, ..denten (auswärtiger Berichterstatter); die **Korrespondentin**; die **Korrespondenz** (Schriftverkehr); **korrespondieren** (mit jmdm. Briefe wechseln)

Korridor der, Korridore (Flur, Gang)

korrigieren (berichtigen, verbessern), die Fehler korrigieren (ausbessern)

korrodieren (zersetzen); die **Korrosion** (Zerstörung von Metall); der **Korrosionsschutz**

korrumpieren (bestechen); **korrupt** ein korrupter (bestechlicher) Beamter; die **Korruption** [...tsion] (Bestechung); der **Korruptionsskandal**

Korsett das, Korsette/Korsetts (Mieder, Stützverband)

Korso der, Korsos (festlicher Umzug)

Koryphäe [korifε:] die, Koryphäen (ausgezeichnete/-r Fachmann/-frau)

kosen (Zärtlichkeiten austauschen); der **Kosename**; das **Kosewort** (liebevoller Name)

Kosinus auch **Cosinus** der, -/Kosinusse <cos> (Winkelfunktion)

Kosmetik → krank

Kosmetik die, *Ez.* (Schönheitspflege); der/die **Kosmetiker/-in**; der **Kosmetiksalon**; **kosmetisch**

kosmisch (das Weltall betreffend); der/die **Kosmonaut/-in** (Weltraumfahrer/-in); der/die **Kosmopolit/-in** (Weltbürger/-in); der **Kosmos** *Ez.* (Welt, Weltall)

Kost die, *Ez.* (Nahrung, Verpflegung); das **Kostgeld**; **köstlich** ein köstliches Getränk, sich köstlich unterhalten; die **Köstlichkeit**; die **Kostprobe**

¹**kosten** möchtest du das Eis kosten?

²**kosten** der Eintritt kostet nichts, die Fertigstellung kostet Mühe, der Fehler kostet ihm/ihn den Job

Kosten die, *Mz.* (finanzieller Aufwand, Gebühren), Kosten senken, *auf seine Kosten kommen* (zufriedengestellt werden), *auf Kosten von jmdm.*; **kostbar** ein kostbarer (wertvoller) Schmuck; die **Kostbarkeit**; die **Kostenexplosion**; **kostenfrei**; **kostenlos**; **kostenpflichtig**; der **Kostenpunkt**; **kostensparend** eine kostensparende *auch* Kosten sparende Lösung; der **Kostenvoranschlag** (Kostenberechnung); **kostspielig** (teuer)

Kostüm das, Kostüme (Kombination aus Rock und Jacke; Verkleidung); der **Kostümball** (Tanzveranstaltung); sich **kostümieren** (verkleiden)

Kot der, *Ez.* (Schmutz; Darmausscheidung); der **Kotflügel** (Spritzschutz über den Rädern); **kotig**

Kotelett das, Koteletts (Rippenstück von einem Schlachttier); die **Koteletten** (Backenbart)

Köter der, -: (*abwertend für* Hund)

Kotter der, -: (Arrest)

kotzen (*ugs. für* erbrechen), *etwas zum Kotzen* (äußerst widerlich) *finden*; **kotzübel** (*ugs. für* sehr übel)

KPÖ = **K**ommunistische **P**artei **Ö**sterreichs

Krabbe die, Krabben (Krebsart)

krabbeln das Baby krabbelt durch das Zimmer; das **Krabbelalter**

Krach der, Kräche (Lärm, Streit), *mit Ach und Krach* (*ugs. für* mit knapper Not); **krachen** ein Schuss kracht; der **Kracher** (Knallkörper); das **Kracherl** (*ugs. für* Limonade)

krächzen (mit heiserer Stimme sprechen)

kraft *Präp.+Gen.:* sie entscheidet kraft (aufgrund) ihres Amtes

Kraft die, Kräfte: seine Kraft ist ungewöhnlich, das Gesetz ist in Kraft (gültig), in Kraft treten ABER → das Inkrafttreten, außer Kraft (ungültig), eine wertvolle Kraft (Person) im Betrieb, *die treibende Kraft* (derjenige, der etwas anregt); der **Kraftakt**; der **Kraftaufwand**; **kräftezehrend** (anstrengend); der/die **Kraftfahrer/-in**; das **Kraftfahrzeug** <Kfz>

kräftig (gesund, stark, intensiv); **kräftigen** (stärken); **kraftlos**; die **Kraftprobe**; **kraftraubend** *auch* Kraft raubend; der **Kraftstoff**; **kraftstrotzend** ABER → vor Kraft strotzend; der **Kraftverkehr**; **kraftvoll** (stark, wuchtig); der **Kraftwagen**; das **Kraftwerk**

Kragen der, -/Krägen: *das kostet ihm/ihn den Kragen* (*ugs. für* das vernichtet seine Existenz), *es geht jmdm. an den Kragen* (*ugs. für* jmd. geht zugrunde), *jmdm. platzt der Kragen* (seine Geduld ist am Ende); die **Kragenweite**

Krähe die, Krähen (Rabenvogel); **krähen** der Hahn kräht, das Baby kräht (schreit)

Krake der, Kraken (Riesentintenfisch)

krakeelen (*ugs. für* laut schimpfen); der/die **Krakeeler/-in**

Krakel der, -: (schwer lesbare Schrift); **krak(e)lig** krakelig (fast unleserlich) schreiben

Kralle die, Krallen: die Krallen der Katze, *jmdm. die Krallen zeigen* (zeigen, dass man sich wehren will); **krallen**

Kram der, *Ez.* (alte wertlose Gegenstände, Ramsch), *das ist mein Kram* (meine Angelegenheit), *den ganzen Kram hinschmeißen* (*ugs. für* nicht weitermachen wollen); **kramen** (etwas wühlend suchen); der/die **Krämer/-in** (Kaufmann/-frau); die **Krämerseele** (kleinlicher Mensch); der **Kramladen**

Krampen der, -: (Spitzhacke)

Krampf der, Krämpfe: einen Krampf im Muskel haben, so ein Krampf! (*ugs. für* Unsinn); die **Krampfader**; **krampfhaft** (verbissen, gequält); **krampfstillend** ABER → den Krampf stillend

Krampus der, Krampusse (Begleiter des Nikolaus)

Kran der, Krane/Kräne (Gerät zum Heben von Lasten); der/die **Kranführer/-in**

Kranich der, Kraniche (Vogel)

krank du bist körperlich krank, sie fühlt sich von Tag zu Tag kränker, der Lärm macht mich ganz krank; der/die **Kranke**; **kränkeln** (längere Zeit ein wenig krank sein); **kranken** (an etwas Mangel haben); **kränken** (jmds.

Gefühle verletzen); **kränkend** (beleidigend); die **Krankenkasse** auch Krankenkassa; der/die **Krankenpfleger/-in**; die **Krankenschwester**; **krankenversichert**; **krankfeiern** (nicht arbeiten, obwohl man nicht krank ist); **krankhaft** eine krankhafte Hautveränderung, ihr Putzzwang ist krankhaft (nicht normal); die **Krankheit**; der **Krankheitserreger**; **krankheitshalber** *Adv.*; **kränklich**; sich **krankmelden**; die **Krankmeldung**

Kranz der, Kränze (geflochtenes Gebinde): das **Kränzchen** (Zusammenkunft zum Tratschen); **kränzen**

Krapfen der, -: (Gebäck aus Germteig)

krass das war eine krasse (sehr große) Fehlentscheidung

Krater der, -: (trichterförmiges Loch im Boden); die **Kraterlandschaft**

Krätzbürste die, ...bürsten (widerspenstige Frau); **kratzbürstig** (widerspenstig); **kratzen** er kratzt sich mit dem Finger, sie kratzte sich an der scharfen Kante, die Katze hat mich gekratzt, die Feder kratzt auf dem Papier, der Pulli kratzt; der **Kratzer** (Schramme); die **Kratzwunde**

Krätze die, *Ez.* (Hautkrankheit)

¹**kraulen** das Fell der Katze liebevoll kraulen (sanft kratzen)

²**kraulen** auch crawlen; das **Kraulschwimmen**; der **Kraulstil**

kraus krauses Haar, krause (wirre) Gedanken; **kräuseln** (sich ringeln, kleine Wellen/Locken bilden); das **Kraushaar**; der **Krauskopf**

Kraut das, Kräuter (Pflanze, Gemüse), *wie Kraut und Rüben* (durcheinander, unordentlich), *dagegen ist kein Kraut gewachsen* (dagegen kann man nichts unternehmen); die **Kräuterbutter**; der **Kräutertee**; das **Krauthäuptel**; **krautig**; der **Krautkopf**

Krawall der, Krawalle (Tumult, Lärm)

Krawatte die, Krawatten (Teil der Herrenbekleidung)

kraxeln auf einen Baum kraxeln (*ugs. für* klettern); die **Kraxe** (Rückentragekorb; *ugs. für* altes Auto); der/die **Kraxler/-in** (Kletterer/-in)

Kreation die, Kreationen (Modeschöpfungen); **kreativ** (schöpferisch); die die **Kreativität**

Kreatur die, Kreaturen (Lebewesen, Geschöpf)

Krebs der, Krebse (Wassertier; bösartige Geschwulst); **krebsartig**; **krebserregend** ein krebserregender auch Krebs erregender Stoff; **Krebsfrüherkennung**; das **Krebsgeschwür**; **krebskrank**; der/die **Krebskranke**; **krebsrot**; die **Krebszelle**

Kredenz die, Kredenzen (Anrichte); **kredenzen** jmdm. ein erfrischendes Getränk kredenzen (*geh. für* anbieten, einschenken)

Kredit der, Kredite (befristetes Bankdarlehen mit Zinsen), sie hat bei mir jeden Kredit (jedes Vertrauen) verspielt; die **Kreditanstalt**; das **Kreditinstitut**; die **Kreditkarte**; **kreditwürdig**

Kredo auch Credo das, Kredos ((katholisches) Glaubensbekenntnis)

Kreide die, Kreiden: der Lehrer schreibt mit Kreide an die Tafel; **kreidebleich** (sehr blass); **kreideweiß**

kreieren [kreiren] (etwas Neues schaffen)

Kreis der, Kreise (geometrische Figur, soziale Gruppe), im Kreis der Familie sein, *sich im Kreis bewegen* (immer dasselbe denken und tun); der **Kreisausschnitt**; die **Kreisbewegung**; der **Kreisdurchmesser**; der **Kreisel** (Spielzeug); **kreisen** (sich auf einer kreisförmigen Bahn bewegen), die Gedanken kreisen (drehen sich) nur um das eine Problem; die **Kreisfläche**; **kreisförmig**; der **Kreislauf** (Blutkreislauf); geschlossener Prozess; der **Kreislaufkollaps**; **kreisrund**; die **Kreissäge**; der **Kreisverkehr**

kreischen (mit schriller Stimme schreien)

kreißen (*veraltet für* in Geburtswehen sein); der **Kreißsaal** (Entbindungsraum)

Krematorium das, Krematorien (Anlage für Feuerbestattungen)

Krempe die, Krempen (unterer Teil des Hutes); **krempeln** (umschlagen)

Krempel der, *Ez.* (*ugs. für* Kram, Ramsch)

Kren der, *Ez.* (scharfe Wurzel); das **Krenfleisch** (Gericht mit gekochtem Schweinefleisch)

krepieren (*derb für* sterben)

Krepppapier auch **Krepp-Papier** das, *Ez.*; die **Kreppsohle**

Kresse die, Kressen (Salat- und Gewürzpflanze)

Kreuz das, Kreuze: das Kreuz (Kruzifix) in der Kirche, bei der richtigen Lösung ein Kreuz machen (ankreuzen), Schmerzen im Kreuz (Rücken) spüren, ein Kreuz (Spielkarte) ausspielen, *es ist ein Kreuz mit dir* (schwierig, problematisch), *jmdn. aufs Kreuz legen* (hereinlegen), *kreuz und quer* (durcheinander), *mit jmdm. über(s) Kreuz* (*ugs. für* zerstritten, böse) *sein, zu Kreuze kriechen* (sich demü-

Kreuzer → Krone

tigen, um Nachsicht bitten), das Rote Kreuz, das Eiserne Kreuz (eine Kriegsauszeichnung); **kreuzbrav** (*ugs. für* sehr brav); **kreuzen** die Wege kreuzen sich hier

Kreuzer der, -: (Kriegsschiff; alte Münze); der **Kreuzestod**; der **Kreuz(es)weg** (Christi Weg zum Kreuz); die **Kreuzfahrt**; das **Kreuzfeuer** (Angriff von allen Seiten); **kreuzfidel** (sehr lustig); **kreuzigen**; die **Kreuzigung**; die **Kreuzotter** (giftige Schlange); der **Kreuzritter** (Teilnehmer an einem Kreuzzug); die **Kreuzspinne**; die **Kreuzung**; **kreuzungsfrei**; das **Kreuzverhör** (Vernehmung eines Angeklagten); das **Kreuzweh**; **kreuzweise** *er kann mich kreuzweise* (*derb für* es ist mir egal, was er will); das **Kreuzworträtsel**; das **Kreuzzeichen**; der **Kreuzzug** (Kriegszug zur Befreiung des Hl. Landes im Mittelalter), ein Kreuzzug (Kampf) gegen Hunger und Not

kribbelig *auch* **kribblig** (nervös, ungeduldig); **kribbeln** es kribbelt (juckt) mich in der Nase; das **Kribbeln**

Krickel *auch* **Krickerl** das, -: (Geweih)

Krida die, -: (absichtlich herbeigeführte Zahlungsunfähigkeit)

kriechen du kriechst auf allen Vieren, er kroch ins Gebüsch, sie sind vor dem Vorgesetzten gekrochen (haben sich unterwürfig verhalten); die **Kriecherei**; das **Kriecherl** (*ugs. für* Ringlotte); die **Kriechspur**

Krieg der, Kriege (militärische Auseinandersetzung), Krieg führende *auch* kriegführende Länder; **kriegen** (etwas bekommen), ein Kind kriegen, er kriegte eine Ohrfeige, sie hat Post gekriegt; der/die **Krieger/-in**; **kriegerisch** (kämpferisch); das **Kriegsbeil** *das Kriegsbeil ausgraben* (einen Streit anfangen); **kriegsbeschädigt**; die **Kriegserklärung**; der **Kriegsfuß** *mit jmdm. auf Kriegsfuß stehen* (mit jmdm. streiten); der/die **Kriegsgefangene**; **kriegsgeschädigt**; der **Kriegsinvalide**; das **Kriegsopfer**; das **Kriegsverbrechen**; **kriegsversehrt**; der/die **Kriegsversehrte**; der **Kriegsveteran** (ehemaliger Soldat); die **Kriegswaise**

Krimi der, Krimis (*kurz für* Kriminalfilm, Kriminalroman); der **Kriminalbeamte**; die **Kriminalbeamtin**; der/die **Kriminalist/-in**; **kriminalistisch**; die **Kriminalität** (Straffälligkeit); der/die **Kriminalkommissar/-in**; **kriminell** (verbrecherisch, strafbar); der/die **Kriminelle**

Krimskrams der, *Ez.* (*ugs. für* kleine wertlose Gegenstände)

Kringel der, -: (kleine Kreise); **kringelig**; **kringeln** (*ugs. für* ringeln)

Krippe die, Krippen (Futtertrog; Babybetreuungseinrichtung; Weihnachtskrippe); die **Krippenfigur**; das **Krippenspiel** (weihnachtliches Schauspiel); das **Kripperl**

Krise die, Krisen (gefährliche Situation, Störung); **kriseln** (auf eine Krise zusteuern); **krisenanfällig**; **krisenhaft**; der **Krisenherd** (Gefahrengebiet); die **Krisis** (Höhepunkt, Wendepunkt)

¹**Kristall** der, Kristalle (Mineral mit ebenen Flächen); **kristallen**; **kristallin** (aus vielen kleinen Kristallen gebildet); die **Kristallisation** (Bildung von Kristallen); **kristallisieren**; **kristallklar** (klar und durchsichtig); der **Kristallzucker** (körniger Zucker)

²**Kristall** das, *Ez.* (geschliffenes Glas); das **Kristallglas**; der **Kristallleuchter** *auch* Kristall-Leuchter; der **Kristallluster** *auch* Kristall-Luster; die **Kristallvase**

Kriterium das, Kriterien (Entscheidungsmerkmal)

Kritik die, Kritiken (Besprechung, kritische Analyse), eine unsachliche Kritik in der Zeitung lesen, *das war unter aller Kritik* (sehr schlecht); der/die **Kritiker/-in**; **kritikfähig**; **kritiklos** (leichtgläubig); **kritisch** (genau prüfend; negativ bewertend), sich kritisch mit dem Thema auseinandersetzen, die kritische (gefährliche) Stelle für den Bergsteiger; **kritisieren**

Krittelei; **kritteln** (in kleinlicher Weise kritisieren)

Kritzelei die, Kritzeleien (Schmiererei); **kritzeln** gedankenlos Figuren ins Heft kritzeln

Kroatien (Staat in Südosteuropa); der **Kroate**; die **Kroatin**; **kroatisch**

Krokodil das, Krokodile (Panzerechse); die **Krokodilsträne** Krokodilstränen weinen (Kummer heucheln)

Krokus der, -/Krokusse (Frühlingsblume)

Krone die, Kronen (goldener Reif; oberster Baumteil; Zahnersatz; Währung), der Mensch ist die Krone (das Höchste) der Schöpfung; **krönen** (die Krone aufsetzen; etwas wirkungsvoll abschließen), dieses Werk krönt seine Karriere als Künstler, der krönende Abschluss; der **Kronleuchter**; der/die **Kronprinz/-essin**

Kropf der, Kröpfe (krankhafte Halsverdickung; Schlund eines Vogels), *überflüssig wie ein Kropf (ganz und gar überflüssig) sein*; das **Kröpfchen**

Krösus der, Krösusse (reicher König im Altertum), sich wie ein Krösus benehmen

Kröte die, Kröten (Froschlurch; *ugs. für* Geld); die **Krot** *die Krot schlucken* (etwas Unangenehmes in Kauf nehmen)

Krücke die, Krücken (Gehhilfe)

Krug der, Krüge (bauchiges Gefäß), *der Krug geht so lange zum Brunnen, bis er bricht* (schlechtes Handeln bleibt auf Dauer nicht ungestraft); das **Krügel** auch Krügerl (*österr. für* ein halber Liter Bier)

Krume die, Krumen (kleines Stück Brot; Acker…); der/das **Krümel** (Brösel); **krümelig**

krumm du sitzt ganz krumm, ein krummer Rücken, gekrümmt, nimm es mir nicht krumm (übel), krumme (illegale) Geschäfte machen; **krummbeinig**; **krümmen** sich vor Schmerzen krümmen; sich **krummlachen**; der **Krummstab** (Bischofsstab); die **Krümmung**

Krüppel der, -: (*abwertend für* behinderter Mensch); **krüppelhaft**

Kruste die, Krusten (harte äußere Schicht), die Kruste auf der Wunde; **krustig**

Krux auch **Crux** die, *Ez.* (Schwierigkeit)

Kruzifix das, Kruzifixe (Darstellung des gekreuzigten Jesus)

Krypta die, Krypten (unterirdischer Grabraum in der Kirche)

Ktn. = Kärnten

Kübel der, -: (Eimer), *es gießt wie aus Kübeln* (regnet heftig)

Kubus der, Kuben (Würfel); der/das **Kubikmeter** <m³> (Maßeinheit des Raumes); der **Kubikwürfel**; die **Kubikzahl**

Küche die, Küchen: wir essen in der Küche, er möchte eine neue Küche (Möbel) kaufen, sie liebt die italienische Küche (Art der Speisenzubereitung); der **Küchenabfall**; der/die **Küchenchef/-in**; der **Küchendienst**; die **Küchenwaage**

Kuchen der, -: (Gebäck); das **Kuchenblech**; der **Kuchenteig**

Kücken auch **Küken** das, -: (junges Huhn)

Kuckuck der, Kuckucke (Vogel); das **Kuckucksei**; die **Kuckucksuhr**

Kuddelmuddel das/der, *Ez.* (Durcheinander, Wirrwarr)

Kufe die, Kufen (Gleitschiene bei Schlitten und Schlittschuh)

Kugel die, Kugeln (runder geometrischer Körper; Geschoß), von einer Kugel getroffen werden, *eine ruhige Kugel scheiben* (*ugs. für* sich nicht anstrengen); das **Kügelchen**; **kugelfest** (kugelsicher); **kugelförmig**; das **Kugelgelenk**; **kug(e)lig** (dick); das **Kugellager**; **kugeln** der Ball kugelt über die Linie; der **Kugelschreiber** auch Kuli; **kugelsicher** eine kugelsichere Weste; **kugelstoßen**; das **Kugelstoßen**

Kuh die, Kühe (weibliches Rind); der **Kuhdung**; das **Kuheuter**; der **Kuhfladen**; der **Kuhhandel** (unseriöses Tauschgeschäft); die **Kuhhaut** *das geht auf keine Kuhhaut* (*ugs. für* das ist unerhört); die **Kuhmilch**; der **Kuhstall**

kühl jmdn. kühl (abweisend) behandeln, die Tage werden bereits wieder kühler, *einen kühlen Kopf bewahren* (ruhig überlegen) ABER → im Kühlen sitzen; die **Kühle**; **kühlen** (kalt stellen); die **Kühlerhaube** (Teil des Autos); der **Kühlschrank**; die **Kühltruhe**; die **Kühlung**

kühn (mutig, furchtlos), eine kühne Idee; die **Kühnheit**

k.u.k. = kaiserlich und königlich; die **k.u.k. Monarchie** auch K.-u.-k.-Monarchie (das ehemalige Österreich-Ungarn)

Küken auch **Kücken** das, -: (junges Huhn)

Kukuruz der, Kukuruze (Mais); der **Kukuruzkolben**

kulant (entgegenkommend, großzügig); die **Kulanz**

Kuli der, Kulis (Kugelschreiber; Tagelöhner in Südostasien)

kulinarisch (die Kochkunst betreffend)

Kulisse die, Kulissen (Hintergrund, Dekoration auf der Bühne), *hinter die Kulissen blicken* (erkennen, was dahinter ist); der/die **Kulissenschieber/-in** (Bühnenarbeiter/-in)

kullern (sich rollend fortbewegen); die **Kulleraugen** *Kulleraugen machen* (erstaunt dreinschauen)

kulminieren (den Höhepunkt erreichen); der **Kulminationspunkt**

Kult der, Kulte (religiöse Verehrung; übertriebene Verehrung); der **Kultfilm** (als wichtig angesehener Film); die **Kulthandlung** (kultische Handlung); **kultisch**; **kultivieren** (bearbeiten, sorgfältig pflegen); **kultiviert** (wohlerzogen, gepflegt); die **Kultstätte**

Kultur die, Kulturen: die abendländische Kultur (geistige Leistungen und Sitten),

eine Frau mit Kultur (Benehmen, Bildung), eine Erdbeerkultur (Pflanzung), eine Kultur (Nährboden) anlegen; der **Kulturbanause** (Person ohne Kunstverständnis); das **Kulturdenkmal** (Zeugnis der Kultur); **kulturell**; die **Kulturgeschichte**; das **Kulturgut**; die **Kulturlandschaft**; **kulturlos**
Kümmel der, -: (Gewürzpflanze)
Kummer der, *Ez.*: sein Gesundheitszustand bereitet den Angehörigen Kummer (Sorge); **kümmerlich** (schwächlich); sich **kümmern** sich um die kleine Schwester kümmern (für sie sorgen); **kummervoll** (betrübt)
Kumpan der, Kumpane (Kamerad; Komplize); die **Kumpanei**
Kumpel der, -: (Freund; Bergmann); **kumpelhaft**
kumulieren (anhäufen); die **Kumulation**; die **Kumulierung**; der **Kumulus** = Kumuluswolke (Haufenwolke)
¹**Kunde** der, Kunden auch die **Kunde** (jmd., der in einem Geschäft einkauft), ein besonderer Kunde, *hier ist der Kunde König!*; die **Kundenberatung**; der **Kundendienst**; die **Kundenkartei**; der **Kundenstock** (Kundenkreis); die **Kundin**; die **Kundschaft** (Kunde, Kundenkreis)
²**Kunde** die, Kunden (*geh. für* Botschaft, Nachricht), die Kunde von seinem Tod erreichte uns; **künden** (*geh. für* berichten), von etwas künden; die **Kundgabe** (Bekanntmachung); **kundgeben** (▶ geben) (mitteilen); die **Kundgebung**; **kundig** (erfahren, wissend); **kundmachen**; die **Kundmachung**; **kundschaften** (zu erfahren suchen); der/die **Kundschafter/-in** (Späher/-in); **kundtun** (▶ tun) (etwas verkünden)
kündigen einen Vertrag kündigen (für beendet erklären), den Mitarbeiter kündigen (entlassen); **kündbar**; die **Kündigung**; der **Kündigungstermin**
künftig (in Zukunft), in meinem künftigen Beruf
Kunst die, Künste: die Kunst (Fertigkeit) des Komponierens, *die schwarze* auch *Schwarze Kunst* (Magie), *das ist keine Kunst* (das ist leicht), *mit seiner Kunst am Ende sein* (nicht mehr weiterwissen); die **Kunstausstellung**; der **Kunstdruck**; der **Kunstdünger** (künstliches Düngemittel); das **Kunsteis**; die **Kunsterziehung**; die **Kunstfaser**; der **Kunstfehler** (ärztlicher Fehler); der **Kunstgriff** (Trick); das **Kunsthandwerk**
Künstler der, -; die **Künstlerin**; **künstlerisch**;

das **Künstlerpech** (kleines Missgeschick); **künstlich** eine künstliche (unechte) Landschaft, die künstliche Beatmung; der **Kunststoff**; die **Kunststoffflasche** auch Kunststoff-Flasche; das **Kunststück**; **kunstvoll**; das **Kunstwerk**
kunterbunt (wahllos durcheinander, gemischt); das **Kunterbunt**
Kupfer das, *Ez.* <Cu> (Schwermetall); der **Kupferdraht**; der **Kupferkessel**; **kupfern** (aus Kupfer); **kupferrot**; der **Kupferschmied**; der **Kupferstich**
Kupon [kupõ] auch **Coupon** der, Kupons (Beleg, Gutschein)
Kuppe die, Kuppen: die Kuppe des Berges, die Kuppe des Fingers; die **Kuppel** (halbkugelig gewölbtes Dach)
kuppeln (zusammenfügen, verbinden); die **Kuppelei** (Heiratsvermittlung); der/die **Kuppler/-in**; die **Kupplung** (Verbindung, z.B. bei Waggons; Pedal im Auto)
Kur die, Kuren (ärztliche Behandlung, Aufenthalt), sie war zur Kur in Gastein; der **Kuraufenthalt**; **kuren** (eine Kur machen); der **Kurgast**; das **Kurhaus**; **kurieren** (heilen); der **Kurpfuscher** (jmd., der ohne Ausbildung Kranke behandelt); die **Kurtaxe** (Abgabe)
Kür die, Küren (frei gestaltbare Vorführung im Sport), Kür laufen; **küren** (auswählen), jmdn. zum Sieger küren; der/die **Kurfürst/-in**; das **Kürlaufen**
Kurator der, Kuratoren (Verwalter, Treuhänder); die **Kuratorin**; das **Kuratorium** (Aufsichtsrat)
Kurbel die, Kurbeln (Hebel zum Drehen); **kurbeln**; die **Kurbelwelle**
Kürbis der, Kürbisse (Pflanze, Frucht); das **Kürbiskernöl**
Kurie [kurie] die, Kurien (päpstliche Verwaltungsbehörde); der **Kurienkardinal**
Kurier der, Kuriere (Bote); der **Kurierdienst**
kurios (seltsam, merkwürdig); die **Kuriosität** (Sonderbarkeit, seltsamer Gegenstand)
kurrent kurrent (in Kurrentschrift) schreiben; die **Kurrentschrift** (alte deutsche Schreibschrift)
Kurs der, Kurse (Fahrtrichtung; Rennstrecke; Börsenwert von Aktien; Lehrgang), einen Kurs besuchen, *etwas außer Kurs setzen* (für ungültig erklären), *hoch im Kurs stehen* (viel gelten); **kursieren** (im Umlauf sein); die **Kurskorrektur**; **kursorisch** etwas kursorisch (nur ungenau, oberflächlich)

lesen; der **Kurssturz** (plötzliches Sinken der Börsenkurse); der/die **Kursteilnehmer/-in**

Kürschner der, -: (Leder- und Pelzverarbeiter); die **Kürschnerei**; die **Kürschnerin**

kursiv (nach rechts geneigt), eine kursive Schrift; die **Kursivschrift**

Kurve die, Kurven (Biegung, gekrümmte Linie; grafische Darstellung bestimmter mathematischer Funktionen), in der Kurve stürzen, *die Kurve kratzen* (*ugs. für* sich schnell davonmachen), *die Kurve kriegen* (etwas doch noch schaffen); **kurven** (ziellos herumfahren, um die Ecke fahren); die **Kurvenlage**; **kurvenreich**; die **Kurverei**; **kurvig** eine kurvige Strecke

kurz ein kurzes Hemd, das wird eine kürzere Angelegenheit, wie ist der kürzeste Weg zum Bahnhof?, am kürzesten geht es hier entlang, seit kurzem *auch* Kurzem, über kurz oder lang, *kurz und bündig* (ohne Umschweife), *kurz und schmerzlos* (rasch und ohne zu zögern), *sich kurz fassen* (nur wenig sagen), *kurz angebunden* (unfreundlich) *sein, zu kurz kommen* (benachteiligt werden), *alles kurz und klein schlagen* (alles zerstören) ABER → den **Kürzeren** ziehen (im Nachteil sein)

| etwas **kurz** besprechen | ABER | den **Kürzeren** ziehen |
| vor **kurzer Zeit** | ABER | vor **Kurzem**/ vor **kurzem** |

Kurzarbeit die, *Ez.* (verkürzte Arbeitszeit); **kurzarbeiten** (Kurzarbeit machen) ABER → nur kurz an dem Gegenstand arbeiten; **kurzärm(e)lig**; **kurzbeinig**; die **Kürze** in Kürze; das **Kürzel** (Abkürzungszeichen); **kürzen**; **kurzerhand** *Adv.* (ohne viel zu überlegen); **kürzertreten** (▶ treten) *kürzertreten müssen* (*ugs. für* sich einschränken müssen); **kurzfristig** etwas kurzfristig (kurz vorher) ankündigen; die **Kurzgeschichte**; **kurzhaarig**; **kurzhalten** (▶ halten) *jmdn. kurzhalten* (ihm aus erzieherischen Gründen nur wenig Geld geben); **kürzlich** (neulich, unlängst); der **Kurzschluss**; die **Kurzschlusshandlung** (unüberlegte Handlung); **kurzsichtig** (sehbehindert, engstirnig); der/die **Kurzstreckenläufer/-in**; **kurzum** *Adv.* (um es kurz zu sagen); die **Kürzung**; die **Kurzwaren** (Nähgarne etc.); die **Kurzweil** (*geh. für* Unterhaltung); **kurzweilig**; die **Kurzwelle**; **kurzzeitig** (für kurze Zeit)

kuscheln (sich zärtlich anschmiegen); **kusch(e)lig**; das **Kuscheltier**; **kuschelweich**

kuschen (sich unterwürfig fügen), vor dem Chef kuschen müssen, kusch!

Kusine *auch* **Cousine** die, Kusinen (Tochter der Tante oder des Onkels)

| die **Kusine** | auch | die **Cousine** |

Kuss der, Küsse: einen zärtlichen Kuss auf die Wange geben; das **Küsschen**; **kussecht** ein kussechter Lippenstift; **küssen**; die **Kusshand**

Küste die, Küsten (Meeresufer); der/die **Küstenbewohner/-in**; die **Küstennähe**; die **Küstenschifffahrt**

Küster der, -: (*bundesdt. für* Mesner, Kirchendiener); die **Küsterin**

Kustos der, Kustoden (wissenschaftlicher Sachbearbeiter; Betreuer einer Lehrmittelsammlung); die **Kustodin**

Kutsche die, Kutschen (Wagen, der von Pferden gezogen wird); der/die **Kutscher/-in**; **kutschieren** (jmdn. fahren)

Kutte die, Kutten (Mönchsgewand)

Kutteln die, *Mz.* (essbare Innereien)

Kutter der, -: (motorisiertes Fischerboot)

Kuvert [kuwea] das, Kuverts (Briefumschlag); **kuvertieren** (in Umschläge stecken)

KV = **K**lassenvorstand; **K**öchelverzeichnis (Verzeichnis von Mozarts Werken)

kW = **K**ilowatt

kWh = **K**ilowattstunde

Kybernetik die, *Ez.* (wissenschaftliche Erforschung von Steuerungsvorgängen); **kybernetisch**

kyrillisch *auch* **zyrillisch** das kyrillische Alphabet (Alphabet des Russischen und anderer slawischer Sprachen)

KZ = **K**onzentrationslager

L

l = Liter
L17 (Lenkerberechtigung für 17-Jährige); der **L17-Führerschein**
Label [lebl] das, Labels (Etikett)
laben sich an etwas laben (erfrischen, erquicken); das/die **Labsal** (Erfrischung, Trost); die **Labung**
labern (*ugs. für* dummes Zeug reden)
labil eine labile (anfällige) Gesundheit, ein labiler (nicht gefestigter) Mensch
Labor das, Labore (Forschungsraum); der/die **Laborant/-in**; das **Laboratorium**; **laborieren** an einer Krankheit laborieren
Labyrinth das, Labyrinthe (Irrgarten, Wirrwarr)
lächeln freundlich lächeln, jmdm. lächelt das Glück (er hat Glück)
lachen über einen Witz lachen, *sich ins Fäustchen lachen* (heimlich schadenfroh sein), *nichts zu lachen haben* (*ugs. für* es nicht leicht haben), *wer zuletzt lacht, lacht am besten*; das **Lachen**; der/die **Lacher/-in** *die Lacher auf seiner Seite haben*; **lächerlich** etwas lächerlich finden, sich lächerlich benehmen, sich lächerlich machen (blamieren), lächerlich (sehr) wenig Geld verdienen ABER → etwas **Lächerliches**, etwas ins Lächerliche ziehen; das **Lachgas** (Betäubungsmittel); **lachhaft** das ist ja lachhaft! (nicht ernst zu nehmen); die **Lachsalve**
Lachs der, Lachse (Fisch); **lachsfarben**
Lack der, Lacke (glänzender Anstrich); der **Lackaffe** (*abwertend für* eitler Mann)
Lacke die, Lacken (Pfütze)

die **Lacke** (Pfütze)	ABER	die **Lake** (Salzlösung)

Lackel der, Lackeln (*abwertend für* großer Kerl)
lackieren das Auto lackieren; die **Lackierung**; das **Lackleder**
Lactose auch **Laktose** die, *Ez.* (Milchzucker)
Lade die, Laden (Schublade)
laden er ladet/lädt Kohlen auf den Wagen, sie lud die Batterie, sie hat jmdn. zur Hochzeit geladen, jmdn. vor Gericht laden, das Gewehr ist geladen, *geladen* (wütend) *sein;* die **Ladefläche**; die **Ladehemmung**
Laden der, Läden: in einem Laden (Geschäft) einkaufen, alle Läden (Fensterläden) schließen, *den Laden schmeißen* (etwas gut organisieren); der/die **Ladenbesitzer/-in**; der/die **Ladendieb/-in**; der **Ladenhüter** (schwer verkäufliche Ware); die **Ladenschlusszeit**; die **Ladung** eine Ladung (Fracht, Fuhre) Getreide, er erhält eine Ladung (Vorladung) vom Gericht
lädieren (beschädigen, verletzen)
Lady [ledi] die, Ladys (vornehme Dame); **ladylike** [ledilaik] (damenhaft)
Lage die, Lagen: eine unbequeme Lage (Stellung) einnehmen, die Lage (Umgebung) des Hauses, er ist in einer unangenehmen Lage (Situation), eine Lage (Schicht) Sand, in der Lage (fähig, imstande) sein, nach Lage der Dinge (unter den gegebenen Umständen); die **Lagebesprechung**; das **Lagenschwimmen** (Schwimmsport); **lagenweise** (in Lagen)
Lager das, -: (Lagerstätte, Speicher), das feindliche Lager (die feindliche Seite), etwas auf Lager (vorrätig) haben; das **Lagerfeuer**; die **Lagerhalle**; **lagern** die Vorräte kühl lagern (aufbewahren), die Feinde lagern in der Nähe; der **Lagerplatz**; der **Lagerraum**; die **Lagerstätte** (Bett, Schlafstelle)
Lagune die, Lagunen (vom Meer getrennte Bucht)
lahm ein lahmes Bein, eine lahme (langweilige) Diskussion, er ist ganz lahm (erschöpft); der/die **Lahme**; **lahmen** (hinken, humpeln), das Pferd lahmt; **lähmen** die Hitze lähmt uns alle, vor Angst wie gelähmt sein; die **Lahmheit**; **lahmlegen** den Verkehr lahmlegen (zum Stillstand bringen); die **Lähmung**
Laib der, Laibe: ein Laib Brot; das **Laibchen** (kleines, rundes Gebäck); das **Laiberl** ein Fleischlaiberl essen

der **Laib** Brot	ABER	der **Leib** (Körper)
das **Laibchen** (Gebäck)	ABER	das **Leibchen** (Kleidungsstück)

Laich der, Laiche (abgelegte Eier von Wassertieren); **laichen**; die **Laichzeit**

der **Laich** der Fische	ABER	die **Leiche** des Mannes

Laie der, Laien (Nichtfachmann); **laienhaft** (stümperhaft); der/die **Laienpriester/-in**; der/die **Laienrichter/-in**; das **Laientheater**
Lakai der, Lakaien (Diener; unterwürfiger

Lake → Länge

Mensch)
Lake die, Laken (Salzlösung)
Laken das, -: (Leintuch)
lakonisch eine lakonische (kurze, treffende) Antwort
Lakritze die, Lakritzen (schwarze Süßigkeit)
Laktose auch **Lactose** die, Ez. (Milchzucker); laktosefrei
lallen (undeutlich, unverständlich sprechen)
¹**Lama** das, Lamas (Kamelart)
²**Lama** der, Lamas (buddhistischer Mönch)
Lambada der, Lambadas (portugiesischer Tanz)
Lamelle die, Lamellen (dünnes Blättchen an Pilzen; Metall- oder Papierstreifen)
lamentieren (klagen, jammern); das **Lamento** (Wehklagen, Klagelied)
Lametta das, Ez. (Christbaumschmuck)
Laminat das, Laminate (gepresstes Material); der **Laminatboden**; **laminieren** (mit einer Folie überziehen)
Lamm das, Lämmer (junges Schaf); das **Lämmchen**; das **Lämmerne** (Lammfleisch); das **Lammfleisch**; **lammfromm** ein lammfrommes (gehorsames) Pferd
Lamperl das, Lamperl(n) (ugs. für kleines Lamm)
Lampion der, Lampions (Papierlaterne)
lancieren [lãsiren] eine Nachricht lancieren (gezielt in Umlauf bringen)
Land das, Länder: ein Stück Land (ein Grundstück) kaufen, in ein fremdes Land reisen, vom Land (vom Dorf) sein, nach der Schiffsreise an Land gehen, außer Landes sein, aus aller Herren Länder, viel Zeit geht ins Land (verstreicht), zu Wasser und zu Lande, Land und Leute, das Heilige Land (Palästina), etwas an Land ziehen (für sich gewinnen), wieder im Lande (zurückgekehrt) sein; andere Länder, andere Sitten; dort zu Lande auch dortzulande, hier zu Lande auch hierzulande; der/die **Landarbeiter/-in**; **landauf, landab** Adv. (überall); die **Landbevölkerung**; die **Lande** durch die Lande ziehen; die **Lände** (Anlegestelle am Flussufer); **landeinwärts** Adv.
landen das Flugzeug landet pünktlich, im Gefängnis landen, bei jmdm. nicht landen können (ugs. für keinen Erfolg haben, keinen Anklang finden); die **Ländereien** (großer Grundbesitz); das **Länderspiel** (Sport); die **Landeshauptfrau**; der **Landeshauptmann**; die **Landeshymne**; die **Landeskunde**; die **Landesregierung**; der **Landesschulrat**; die **Landflucht** (Abwandern der Landbewohner); die **Landkarte**; **landläufig** (üblich, bekannt); das **Ländle** (Vorarlberg); der **Ländler** (Tanz)
ländlich (bäuerlich); der **Landmann** (Bauer); die **Landnahme** (Besiedlung); die **Landpartie** (Ausflug); die **Landplage**; die **Landratte** (Nichtseemann); die **Landschaft**; **landschaftlich**; der **Landser** (veraltet für einfacher Soldat); der **Landsitz** (Ferienhaus); die **Landsleute**; der **Landsmann** (Mensch mit derselben Heimat); die **Landsmännin**; die **Landstraße**; der/die **Landstreicher/-in**; der **Landstrich** (Gebiet); der **Landtag** (Volksvertretung eines Bundeslandes); die **Landung** (Ankunft); der **Landweg** auf dem Landweg erreichbar sein; der/die **Landwirt/-in** (Bauer/Bäuerin); die **Landwirtschaft**; **landwirtschaftlich**; die **Landzunge** (schmale Halbinsel)
lang auch **lange** länger, am längsten, lange Haare tragen, lange vorher, eine lange Rede halten, ein langes Leben, vor langem auch Langem, lang und breit erklären ABER → des **Langen** und Breiten, seit langem auch seit Langem (seit langer Zeit), es ist lange her, sein Leben lang, über kurz oder lang, ein lang ersehnter auch langersehnter Besuch, ein lang gehegter auch langgehegter Wunsch, das ist noch lange (längst) nicht alles, was fragst du noch lange?; **langärm(e)lig**; **langatmig** (weitschweifig); die **Lang(e)weile**; der **Langfinger** (Dieb); **langfristig** (längere Zeit); **langhaarig**; **langjährig**; der **Langlauf**; der/die **Langläufer/-in**; die **Langmut** (Geduld); **langmütig**; **langsam** ein langsames Tempo, langsam (allmählich) muss ich aufbrechen; die **Langsamkeit**; der/die **Langschläfer/-in**; **langweilen**; **langweilig**; **langwierig**

lang und breit erklären	ABER	des Langen und Breiten erklären
seit längerem	auch	seit Längerem
lang ersehnt	auch	langersehnt

Länge die, Längen: der Länge nach, eine Schnur von fünf Meter Länge, 20 Längen schwimmen, um Längen gewinnen (eindeutig Sieger sein), sich in die Länge ziehen (länger dauern als gedacht); der **Längengrad**; das **Längenmaß**; **längerfristig**; **länglich** (lang gestreckt); **längs** *Präp.+Gen.:* längs (entlang) der Straße; der **Längsschnitt**; **längsseits** *Präp.+Gen.:* längsseits des Schiffes (parallel zur Längsseite); **längst** *Adv.* (seit langer Zeit), er ist längst (bei weitem) nicht so groß wie du; **längstens** *Adv.* (spätestens)

langen er langt (greift) nach mir, der Mantel langt (reicht) bis zum Boden, *das langt* (genügt) *mir*

Languste die, Langusten (Krebsart)

Lanze die, Lanzen (lange Stoßwaffe), *für jmdn. eine Lanze brechen* (für ihn eintreten)

lapidar etwas lapidar (kurz und bündig) sagen

Lapislazuli der, -: (Schmuckstein)

Lapp der, Lappen *(mundartl. für einfältiger, willensschwacher Mensch)*

Lappalie [lapalie] die, Lappalien (Nebensächlichkeit)

Lappen der, -: (Stoffstück, Lumpen), *jmdm. durch die Lappen gehen (ugs. für* ihm entgehen); **lappig** (weich)

läppern *etwas läppert sich zusammen (ugs. für* es summiert sich)

läppisch eine läppische (alberne) Bemerkung

Lappland (Land in Nordeuropa); der **Lappe** (Einwohner Lapplands, Eigenbezeichnung „Sami"); die **Lappin**; **lappisch** (aus Lappland)

Lapsus der, -: (kleiner Fehler)

Laptop [läptop] der, Laptops (kleiner tragbarer Computer)

Lärche die, Lärchen (Nadelbaum)

die **Lärche** (Nadelbaum)	ABER	die **Lerche** (Singvogel)

Larifari das, *Ez. (abwertend für* Unsinn, Geschwätz)

Lärm der, *Ez.*: ein ohrenbetäubender Lärm; **lärmempfindlich**; **lärmen**; der **Lärmpegel** (Lärmstärke); die **Lärmquelle**

Larve die, Larven (Jugendstadium von Tierarten, z.B. Schmetterlingen; Gesichtsmaske)

Lasagne [lasanje] die, Lasagnen (Nudelgericht)

lasch lascher, am laschesten *(ugs. für* schwunglos, matt); die **Laschheit**

Lasche die, Laschen (Schlinge; Gürtelschleife; Verbindungsstreifen)

Laser [leser] der, -: (Gerät zur Bündelung von Licht); der **Laserstrahl** (intensiver Lichtstrahl)

lasieren (eine durchsichtige Schutzschicht auftragen); die **Lasur**

lassen er lässt sich Zeit, sie ließ sich gehen (beherrschte sich nicht), sie hat die Tür offen gelassen, lass mich in Ruhe!, sie lässt sich nichts gefallen, die Tür lässt sich nicht schließen, *es nicht lassen können* (mit etwas nicht aufhören)

lässig lässig (ungezwungen) schlendern; **lässlich** lässliche (verzeihliche) Sünden

Lasso das, Lassos (Wurfseil)

Last die, Lasten: schwere Lasten tragen, das geht zu deinen Lasten (auf deine Rechnung) auch zulasten von dir, Lasten (schwere Güter) befördern, ihr ist eine Last (Sorge) genommen, die Last (die Mühen) des Amtes, *jmdm. zur Last fallen* (ihm Mühe bereiten), *jmdm. etwas zur Last legen* (die Schuld an etwas geben); das **Lastauto**; **lasten** auf ihm lastet eine schwere Schuld, große Hitze lastet auf der Stadt

¹**Laster** der, -: (Lastkraftwagen); der **Lastkraftwagen** <LKW, Lkw>; der **Lastwagen**

²**Laster** das, -: keine Laster (schlechte Angewohnheiten) haben; **lasterhaft** (verkommen, liederlich); **lästerlich**; das **Lästermaul** *(abwertend für* jmd., der ständig lästert); **lästern** (schmähen, spotten); die **Lästerung**

lästig eine lästige (unangenehme) Arbeit

last minute [last minit] (kurzfristig), last minute buchen; das **Last-minute-Angebot** auch **Last-Minute-Angebot**

Lasur die, Lasuren (Farbschicht)

lasziv sich lasziv (aufreizend) bewegen

Latein das, *Ez.* (Sprache der alten Römer), *mit seinem Latein am Ende sein* (nicht mehr weiterwissen); **lateinisch**

latent eine latente (verborgene) Gefahr

Laterne die, Laternen (Lampe, Lampion)

Latrine die, Latrinen (primitive Toilette)

Latsch der, Latschen *(mundartl. für* gutmütiger, einfältiger Mensch)

Latsche die, Latschen (niedrige Bergkiefer)

latschen *(ugs. für* schlurfen, nachlässig gehen); der **Latschen** (ausgetretener Schuh)

Latte die, Latten (langes Brett), *eine lange Latte* (großer, dünner Mensch); der **Lattenrost** (Auflagefläche für Matratzen)

Latz der, Latze/Lätze (Brustteil an Schürzen/ Hosen); das **Lätzchen** dem Kind beim Essen ein Lätzchen umbinden; die **Latzhose**

lau lauer, am lau(e)sten, ein laues (warmes) Wasser, laue (milde) Winde; **lauwarm**

Laub das, *Ez.:* das Laub fällt vom Baum; der **Laubbaum**; die **Laube** (Gartenhäuschen); **laubtragend** laubtragende auch Laub

tragende Bäume; der **Laubfrosch**; die **Laubsäge** (Handsäge)
Lauch der, Lauche (Gemüse)
Lauer die, *Ez.: auf der Lauer liegen* (etwas heimlich beobachten); **lauern** hinter einer Hecke lauern (versteckt auf etwas warten), ein lauernder Blick
Lauf der, Läufe: im ersten Lauf siegen, der Lauf eines Flusses, im Lauf der Zeit (allmählich), den Lauf eines Gewehrs reinigen, die hinteren Läufe (Füße) des Hasen, *einer Sache freien Lauf lassen* (sie nicht behindern), *etwas nimmt seinen Lauf* (ereignet sich); die **Laufbahn**; der **Laufbursche**
laufen du läufst 100 Meter, er lief Schlittschuh, das Schiff ist auf Grund gelaufen, Ski auch Schi laufen, Marathon laufen auch marathonlaufen, er läuft Gefahr, erwischt zu werden, den Motor laufen lassen, die Sache ist gut gelaufen (verlaufen), ein Film läuft im Kino, der Vertrag läuft noch ein Jahr, das Geschäft könnte besser laufen, *die Nase läuft* (rinnt bei Schnupfen), *wie am Schnürchen laufen* (reibungslos funktionieren) ABER → *es ist zum Auf-und-davon-Laufen*; **laufend** jmdn. laufend (ständig) fragen ABER → *auf dem Laufenden sein* (über das Neueste informiert sein)

Ski laufen	ABER	eislaufen
Marathon laufen	auch	marathonlaufen

Läufer der, -: der Läufer kommt ins Ziel, einen Läufer (schmalen Teppich) auf den Boden legen, den Läufer (eine Schachfigur) ziehen; die **Läuferin**; das **Lauffeuer** die Nachricht verbreitet sich wie ein Lauffeuer; **läufig** (brünstig), eine läufige Hündin; die **Laufkundschaft** (nur gelegentlich einkaufende Kunden); der **Laufpass** *jmdm. den Laufpass geben* (sich von ihm trennen); der **Laufschritt**; der **Laufsteg**; die **Laufzeit** (Gültigkeit)
Lauge die, Laugen (seifenhaltige Lösung); **laugenartig**
Laune die, Launen: schlechte Laune haben, eine Laune (Einfall) des Augenblicks, *jmdn. bei Laune* (guter Stimmung) *halten;* **launenhaft**; die **Launenhaftigkeit**; **launig** (witzig); **launisch** (unberechenbar)
Laus die, Läuse (blutsaugendes Insekt), *jmdm. ist eine Laus über die Leber gelaufen*

(er ist schlecht gelaunt); der **Lausbub**; **lausbübisch**
lauschen (horchen, zuhören); der **Lauschangriff** (heimliches Abhören); der/die **Lauscher/-in**; **lauschig** ein lauschiges (angenehm stilles) Plätzchen
Lausebengel der, -: (*ugs. für* frecher Bub); **lausen** (von Läusen befreien); der **Lauser** (*ugs. für* Lausbub); **lausig** *eine lausige* (üble, erbärmliche) *Arbeit*
¹**laut** lauter, am lautesten, laut aufschreien, laute Musik; der **Laut** (Geräusch); **lauten** wie lautet sein Name?; **lauthals** *Adv.* (aus voller Kehle); **lautlich** ein lautlicher Unterschied; **lautlos** (unhörbar); die **Lautmalerei** (sprachliches Nachahmen von Geräuschen); der **Lautsprecher**; **lautstark**; die **Lautstärke**
²**laut** *Präp.+Gen./Dat.:* laut (gemäß) Gesetz, laut ärztlicher Auskunft, laut ärztlichem Befund, laut der Vorschrift
Laute die, Lauten (altes Zupfinstrument); der/die **Lautenist/-in** (Lautenspieler/-in)
läuten die Glocken läuten, an der Haustür läuten, *etwas läuten hören* (andeutungsweise erfahren)
lauter lauteres (reines) Gold, einen lauteren (aufrichtigen) Charakter haben, lauter (nur) Unsinn reden, vor lauter Freude, aus lauter Güte; die **Lauterkeit** (Ehrlichkeit); **läutern** das Schicksal hat ihn geläutert (bekehrt); die **Läuterung**
Lava [lawa] die, Laven (glühende Gesteinsmasse in einem Vulkan); der **Lavastrom**
Lavendel [lawendel] der, -: (Heilpflanze)
Lawine die, Lawinen (niedergehende Schneemassen); **...lawine**: Kostenlawine, Schuldenlawine; **lawinenartig**; die **Lawinengefahr**; der **Lawinenhund** (Suchhund); **lawinensicher**
lax eine laxe (nachlässige) Haltung; die **Laxheit**
Layout [leaut] *auch* **Lay-out** das, Layouts (äußere Gestaltung von Druckwerken); **layouten**
Lazarett das, Lazarette (Militärkrankenhaus)
LCD-Anzeige [eltsede...] die, ...-Anzeigen (Flüssigkristallanzeige)
LD-Verfahren das, -: (*kurz für* Linz-Donawitz-Verfahren zur Stahlerzeugung)
Leader [lida] der, -: (Bandleader; Tabellenerster)
leasen [lisen] ein Auto leasen (mieten); das **Leasing**; das **Leasingauto**
Leben das, -: ein Leben lang, das Leben und Treiben in einer Stadt, ums Leben kommen,

sich das Leben nehmen, am Leben bleiben, die Leben spendende auch lebenspendende Kraft der Sonne, Leben zerstörende auch lebenzerstörende Strahlung, *jmdm. das Leben zur Hölle* (unerträglich) *machen*; **leben** in einer Stadt leben, allein leben, für seine Arbeit leben (sich ihr ganz widmen); **lebendig** noch lebendig (am Leben) sein, bei lebendigem Leibe, lebendig (lebhaft) erzählen; die **Lebendigkeit**
Lebensabend der, ...abende (letzter Lebensabschnitt); die **Lebensart**; die **Lebensbedingungen; lebensbedrohend; lebensbejahend;** die **Lebensdauer;** das **Lebensende;** die **Lebenserwartung; lebensfähig; lebensfremd; lebensfroh;** die **Lebensgefahr; lebensgefährlich;** der **Lebensgefährte;** die **Lebensgefährtin; lebenslang; lebenslänglich;** der **Lebenslauf; lebenslustig;** das **Lebensministerium** (Ministerium für Land- und Forstwirtschaft, Umwelt und Wasserwirtschaft); die **Lebensmitte;** die **Lebensmittel; lebensmüde; lebensnotwendig;** die **Lebensqualität;** die **Lebensweise;** das **Lebenszeichen** ein Lebenszeichen geben (sich melden); die **Lebenszeit;** das **Lebewesen** (Tier, Pflanze); das **Lebewohl** ein herzliches Lebewohl sagen ABER → leb(e) wohl!; **lebhaft;** die **Lebhaftigkeit; leblos** (tot); der **Lebtag** er denkt sein Lebtag (sein ganzes Leben) daran; die **Lebzeiten** zu Lebzeiten seines Vaters
Leber die, Lebern (Organ), *frisch von der Leber weg reden* (ungehemmt sagen, was man denkt); die **Leberblume;** der **Leberfleck** (Hautfleck); der **Leberkäs(e)** (Wurstware); der **Leberknödel** (Suppeneinlage); der **Lebertran**
Lebkuchen der, -: (würziges Gebäck); der **Lebzelten**
lechzen nach Wasser lechzen (danach verlangen)
Lecithin auch **Lezithin** das, Lecithine (ein wichtiger Stoff der Körperzelle)
Leck das, Lecks (undichte Stelle); **leck** ein leckes Schiff; leckschlagen auch leck schlagen (▶ schlagen) das Schiff ist leckgeschlagen
lecken Eis lecken (lutschen), die Katze leckt Milch; **lecker** lecker (appetitlich) aussehen, ein leckeres Essen; der **Leckerbissen;** die **Leckerei;** das **Leckermaul** (*ugs. für* Feinschmecker/-in)
LED [el e de] die, LEDs (Leuchtdiode)
Leder das, -: Schuhe aus Leder; die **Lederhose; ledern** ein lederner Gürtel; der **Lederriemen;** die **Lederwaren**
ledig <led.> noch ledig (unverheiratet) sein, aller Sorgen ledig sein (frei von Sorgen sein), ein lediges (uneheliches) Kind; der/die **Ledige**
lediglich *Adv.:* er hat lediglich (nur) Dummheiten im Kopf
Lee die, *Ez.* (dem Wind abgekehrte Seite, Gegenteil zu Luv)
leer (ohne Inhalt), ein leeres Fass, den Teller leer essen auch leeressen, leeres (geistloses) Geschwätz, leere Versprechungen, leer stehen, eine leer stehende auch leerstehende Wohnung, er lässt den Motor leer (im Stand) laufen, mit leeren Händen dastehen, leer ausgehen (nichts abbekommen), leer gefegte auch leergefegte Straßen; die **Leere** ins Leere starren; **leeren** sein Glas leeren, der Saal leert sich allmählich; das **Leergewicht;** das **Leergut** (leere Flaschen); der **Leerlauf**

das Glas **leeren**	ABER	die Kinder etwas **lehren**

Lefze die, Lefzen (Tierlippe)
legal der legale (rechtmäßige) Erbe; **legalisieren** (rechtskräftig machen); die **Legislative** (gesetzgebende Gewalt); die **Legislatur** (Gesetzgebung); die **Legislaturperiode** (Amtsdauer einer Volksvertretung); **legitim** die legitime (rechtmäßige) Erbin, ein legitimes (begründetes) Anrecht haben; die **Legitimation** [...tsion] (Beglaubigung); sich **legitimieren** (ausweisen)
Legasthenie die, Legastenien (Lese- und Rechtschreibschwäche); der/die **Legastheniker/-in; legasthenisch**
legen das Heft auf den Tisch legen, er legt sich ins Bett, sich schlafen legen, das Huhn legt ein Ei, der Wind legt sich (flaut ab), Rohre legen (verlegen), ihr Zorn hat sich gelegt (beruhigt), *sich ins Zeug legen* (anstrengen), *jmdm. das Handwerk legen* (seinem Treiben ein Ende bereiten), *jmdn. legen* (*ugs. für* grob täuschen)
Legende die, Legenden (Heiligenerzählung, Sage), die Legende (Zeichenerklärung) einer Landkarte; **legendär** ein legendärer (berühmter, sagenumwobener) Held
leger [leschea] sich leger (ungezwungen,

lässig) benehmen
Legföhre die, ...föhren (Baumart)
Legierung die, Legierungen (Verschmelzung von Metallen); **legieren**
Legion die, Legionen (römische Heereseinheit, große Menge); der/die **Legionär/-in** (Soldat/-in)
Leguan der, Leguane (Eidechsenart)
Lehen das, -: (erbliches Nutzrecht im Mittelalter); der/die **Lehensherr/-in**; der **Lehensmann** (Abhängiger); das **Lehenswesen**
Lehm der, Lehme (Schlamm, Erde); der **Lehmboden**; **lehmig**
Lehne die, Lehnen (Stütze, Halt); **lehnen** sich an die Wand lehnen, er lehnt sich aus dem Fenster, die Leiter ist an die Mauer gelehnt; der **Lehnsessel**; das **Lehnwort** (aus einer fremden Sprache entlehntes, eingedeutschtes Wort, z.B. „Fenster")
Lehramt das, Lehrämter (Berufsberechtigung für Lehrer/-innen); das **Lehramtsstudium**; die **Lehranstalt** (Schule); der/die **Lehrbeauftragte**; der **Lehrbub**; das **Lehrbuch**; die **Lehre** eine dreijährige Lehre (Lehrzeit), *das wird ihm eine Lehre* (Belehrung) *sein*
lehren an der Schule Mathematik lehren, sie lehrt ihn tanzen, die Erfahrung lehrt (zeigt); der/die **Lehrer/-in**; der **Lehrgang** (Ausbildungskurs); das **Lehrgeld** *Lehrgeld zahlen müssen* (durch Schaden Erfahrungen sammeln); **lehrhaft** (belehrend); das **Lehrjahr**; der **Lehrkörper** (alle LehrerInnen einer Schule); die **Lehrkraft**; der **Lehrling** (Auszubildende/-r); das **Lehrmädchen**; der **Lehrplan**; **lehrreich** (aufschlussreich); die **Lehrstelle** (Ausbildungsstelle für einen Lehrling); der **Lehrstoff**; der **Lehrstuhl** (Professorenstelle); die **Lehrzeit**

Mathematik lehren	ABER	den Becher leeren

Leib der, Leiber: am ganzen Leib zittern, mit Leib und Seele, Leib und Leben wagen, der Leib Christi (Abendmahl); das **Leibchen** (Kleidungsstück); **leibeigen** (unfrei, unterdrückt); der/die **Leibeigene**; die **Leibeigenschaft** (völlige Abhängigkeit von einem Herrscher); **leiben** *wie sie leibt und lebt* (wie man sie kennt); das **Leiberl** (T-Shirt); die **Leibesfülle**; die **Leibeskraft** *aus Leibeskräften schreien*; die **Leibesübungen**; das **Leibgericht** (Lieblingsessen); **leibhaftig** er stand leibhaftig (selbst, wirklich) da; der **Leibhaftige** (*geh. für* Teufel); **leiblich** (körperlich); die **Leibrente** (Rente auf Lebenszeit); die **Leibspeise**; der/die **Leibwächter/-in**

der **Leib** (Körper)	ABER	der **Laib** Brot

Leiche die, Leichen (toter Körper), *über Leichen gehen* (rücksichtslos handeln), *nur über meine Leiche!* (ich werde es verhindern); die **Leichenbittermiene** (trauriger Gesichtsausdruck); **leichenblass**; die **Leichenfledderei** (*ugs. für* Ausplünderung von Toten); die **Leichenhalle**; der **Leichenschmaus** (Totenmahl); die **Leichenstarre** (Todesstarre); der **Leichnam** (Körper eines Toten)
¹**leicht** leicht wie eine Feder, ein leichter Stoff, eine leichte Aufgabe, ein leichter Fehler, eine leichte Krankheit, leichten Herzens (ohne Bedenken), ein leichtes (leichtfertiges) Mädchen, leichtes (müheloses) Spiel haben, jmdm. etwas leicht (einfach) machen auch leichtmachen, leicht behindert auch leichtbehindert sein, leicht verständlich auch leichtverständlich, mit etwas leicht fertig werden ABER → leichtfertig (leichtsinnig) handeln, sich etwas sehr leicht (zu einfach) machen, sie wird leicht (beim geringsten Anlass) krank, *etwas auf die leichte Schulter* (nicht ernst) *nehmen* ABER → *es ist mir ein Leichtes* (fällt mir nicht schwer); der/die **Leichtathlet/-in** (Sportler/-in); die **Leichtathletik** (Laufen, Springen, Werfen); **leichtfallen** (▶ fallen) das wird mir nicht leichtfallen; **leichtfertig** (unüberlegt, oberflächlich); die **Leichtfertigkeit**; **leichtfüßig** (flink); das **Leichtgewicht**; **leichtgläubig** (arglos); **leichtherzig** (sorglos); **leichthin** *Adv.*: etwas leichthin (nebenbei, ohne viel zu überlegen) tun; die **Leichtigkeit** (Mühelosigkeit); **leichtlebig** (unbekümmert); **leichtnehmen** (▶ nehmen) etwas leichtnehmen (nicht ernst nehmen); der **Leichtsinn**; **leichtsinnig**
²**leicht** *Adv.*: hast du leicht (*ugs. für* etwa) keine Zeit?
Leid das, *Ez.* (Schmerz, Kummer), *sich ein Leid antun* (Selbstmord begehen), *jmdm. sein Leid klagen;* **leid** einer Sache leid sein (sie nicht mehr ertragen wollen) ABER → jmdm. etwas zuleide auch zu Leide tun; die **Leideform** (das Passiv, z.B. „gemacht werden"); das **Leiden** (Leid, Krankheit), *von seinen Leiden*

leiden → lenken

erlöst werden (sterben)
leiden er leidet an einer Krankheit, sie litt Not, sie hat sehr gelitten, jmdn. nicht leiden können (nicht mögen); **leidend**; die **Leidenschaft** (Begehren); **leidenschaftlich**; **leidenschaftslos** (gleichgültig, beherrscht); der **Leidensgenosse**; die **Leidensgenossin**; der **Leidensweg**; **leider** *Adv.:* leider Gottes (bedauerlicherweise), ich habe leider kein Geld; **leidenfüllt**; **leidgeprüft** (vom Schicksal heimgesucht); **leidig** eine leidige (unangenehme) Sache; **leidlich** er beherrscht die deutsche Sprache leidlich (einigermaßen gut); **leidtragend**; der/die **Leidtragende** (Trauernde/-r); **leidtun** (▶ tun) es tut mir leid; **leidvoll** leidvolle Erfahrungen machen; das **Leidwesen** zu meinem Leidwesen (Bedauern)

Leier die, Leiern (Saiteninstrument, Drehorgel), *immer diese alte Leier!* (immer dasselbe); der **Leierkasten** (Drehorgel); **leiern** ein Gedicht leiern (ohne Betonung sprechen)

leihen sie leiht ihm 50 Euro, er lieh sich Geld, sie hat es ihm geliehen, *jmdm. sein Ohr leihen* (ihm zuhören); die **Leihbücherei**; die **Leihgabe**; die **Leihgebühr**; die **Leihmutter** (Frau, die ein Kind für eine andere Frau austrägt); die **Leihstelle** (z.B. einer Bibliothek); der **Leihwagen** (geliehener Wagen); **leihweise** jmdm. etwas leihweise überlassen

Leim der, Leime (Klebstoff), *jmdm. auf den Leim gehen* (ugs. für auf seine Tricks hereinfallen), *aus dem Leim gehen* (kaputt werden; *ugs. für* dick werden); **leimen** einen Stuhl leimen

Leine die, Leinen: die Wäsche hängt auf der Leine, den Hund an der Leine führen, *Leine ziehen* (ugs. für verschwinden), *jmdn. an die Leine legen/an der Leine haben* (über ihn bestimmen)

Leinen das, -: (Flachsfaser); **leinen** (aus Leinen) ein leinenes Tischtuch; das **Leinenkleid**; der/die **Lein(en)weber/-in**; das **Leinöl**; der **Leinsamen** (Samen aus Flachskapseln); das **Leintuch** (Bettlaken); die **Leinwand**; **leinwand** [l<u>ei</u>wand] *auch* **leiwand** (*ugs. für* super, sehr gut)

leise leise reden, ein leiser (schwacher) Wind, nicht die leiseste (überhaupt keine) Ahnung haben, eine leise (schwache) Hoffnung, auf leisen Sohlen (heimlich) ABER → nicht im Leisesten (gar nicht) daran denken; der/die **Leisetreter/-in** (sich unterordnender Mensch ohne Mut)

Leiste die, Leisten (schmaler Holzstreifen; Teil der menschlichen Bauchwand); der **Leisten** (Modell eines Fußes), *alles über einen Leisten schlagen* (keine Unterschiede machen); der **Leistenbruch** (innere Verletzung)

leisten gute Arbeit leisten, einen Eid leisten, sich nicht viel leisten können, eine Anzahlung leisten, jmdm. Gesellschaft leisten, er leistet ihm keinen Gehorsam, jmdm. einen guten Dienst leisten (ihm helfen), leiste dir ja keine Fehler mehr!

Leistung die, Leistungen; der **Leistungsdruck**; **leistungsfähig**; die **Leistungsgesellschaft**; **leistungsschwach**; der **Leistungssport**; **leistungsstark**

Leitartikel der, -: (wichtiger Zeitungskommentar); das **Leitbild** (Vorbild); **leiten** Wasser in den Kanal leiten, einen Betrieb leiten, eine Diskussion leiten, eine leitende Angestellte, sich von Grundsätzen leiten lassen; der/die **Leiter/-in**; der **Leitfaden** (kurze Anleitung); **leitfähig** (Strom leitend); die **Leitfigur**; der **Leitgedanke**; der **Leithammel** (*ugs. für* Anführer einer Menschengruppe); das **Leitmotiv** (Leitgedanke); die **Leitplanke**; der **Leitsatz** (Grundsatz); die **Leitung** die Leitung (Führung) übernehmen, Wasser aus der Leitung (dem Leitungsrohr) trinken, eine elektrische Leitung verlegen, *eine lange Leitung haben* (schwer begreifen), *auf der Leitung stehen* (begriffsstutzig sein); das **Leitungsrohr**; das **Leitungswasser**

Leiter die, Leitern (Steighilfe); die **Leitersprosse**; der **Leiterwagen**

leiwand *auch* **leinwand** (*ugs. für* super)

Lektion [...tsion] die, Lektionen (Unterrichtseinheit, Aufgabe), *seine Lektion gelernt haben* (aus Erfahrung klug geworden sein), *jmdm. eine Lektion* (Lehre) *erteilen*

Lektor der, Lektoren (Lehrbeauftragter an einer Hochschule; kirchlicher Vorleser; Mitarbeiter in einem Verlag); das **Lektorat**; **lektorieren** (Manuskripte bearbeiten); die **Lektorin**; die **Lektüre** in die Lektüre eines Buches vertieft sein, sich eine Lektüre (Lesestoff) besorgen

Lemming der, Lemminge (Wühlmausart), *sich wie die Lemminge verhalten* (anderen blind ins Verderben folgen)

Lende die, Lenden (Hüftgegend); der **Lendenschurz** (Kleidungsstück); der **Lendenwirbel**

lenken ein Auto lenken, seine Schritte nach Hause lenken, die Aufmerksamkeit auf sich lenken, die Geschicke eines Staates lenken (*geh. für* ihn regieren); **lenkbar** ein lenkbares (leicht erziehbares) Kind; die **Lenkerberechtigung** (Führerschein); der/die **Lenker/-in**; das **Lenkrad**; die **Lenkung**

Lenz der, Lenze (*geh. für* Frühling), *sich einen Lenz machen* (faulenzen)

Leopard der, Leoparden (Raubkatze); die **Leopardin**

Lepra die, *Ez.* (Aussatz); **leprakrank**; der/die **Leprakranke**

Lerche die, Lerchen (Singvogel)

die **Lerche** (Singvogel)	ABER	die **Lärche** (Nadelbaum)

lernbegierig (wissbegierig); der **Lernbereich**; das **Lerndesign** [...disain] (ersetzt in der Neuen Mittelschule den Begriff Unterrichtsplanung); der **Lerneifer**; **lerneifrig**; **lernen** Vokabel lernen, lesen lernen, Klavier spielen lernen, ein gelernter Maler; der/die **Lernende**; **lernfähig**; der **Lernprozess**; die **Lernstandserhebung** (Feststellen des Fortschritts während Lernphasen, im Unterschied zu Leistungsfeststellung); der **Lernzielkatalog**; die **Lernzielkontrolle**

lesbar (gut zu lesen); die **Lesbarkeit**; die **Lese** (Weinlese); das **Lesebuch**

Lesbe die, Lesben (*ugs. für* Lesbierin); die **Lesbierin** [lesbiärin]; **lesbisch** eine lesbische (homosexuelle) Frau

lesen er liest die Zeitung, sie las meine Gedanken, sie hat zwischen den Zeilen gelesen (auch das nicht ausdrücklich Gesagte verstanden), lies!, die Trauben lesen (sie aufsammeln), *die Messe lesen* (feiern), *jmdm. die Leviten lesen* (eine Strafpredigt halten); **lesenswert**; der/die **Leser/-in**; die **Leseratte** (Büchernarr); der **Leserbrief**; die **Lese-Rechtschreib-Schwäche** <LRS>; **leserlich**; die **Leserschaft**; die **Lesung**

Lethargie die, *Ez.* (geistige Trägheit, Abgestumpftheit); **lethargisch** (teilnahmslos, träge)

letschert (*mundartl. für* schlapp)

Letter die, Lettern (Druckbuchstabe)

Lettland (Staat in Osteuropa); der **Lette**; die **Lettin**; **lettisch**

Letzt zu guter Letzt (am Schluss); **letzte** der letzte Mensch, das letzte Stündlein, in letzter Zeit, letzten Endes, zum letzten Mal, der letzte auch Letzte Wille (Testament) ABER → das **Letzte** Gericht (Gericht Gottes), die Letzte Ölung (Sterbesakramente); der/die/ das **Letzte**, *das ist doch das Letzte!*, bis ins Letzte (ganz genau), der Letzte des Monats, bis zum Letzten (Äußersten) gehen, es geht ums Letzte (Ganze), sie ist die Letzte (Schlechteste) der Klasse, das Erste und das Letzte (Anfang und Ende), sein Letztes geben, *die Letzten werden die Ersten sein*; **letztere** im letzteren Fall trifft das zu ABER → der Letztere der beiden, Letzterer ist der Erbe; **letztendlich** *Adv.* (schließlich); **letztens** *Adv.* (kürzlich); **letztgenannt**; der/die **Letztgenannte**; **letzthin** *Adv.*; **letztlich**; **letztmalig**; **letztmals** *Adv.*; **letztmöglich**

der **letzte/Letzte** Wille (Testament)	ABER	das **Letzte** Gericht (Gericht Gottes)

Leuchte die, Leuchten (Beleuchtungskörper), *keine große Leuchte* (*ugs. für* nicht besonders intelligent) sein; **leuchten** die Kerze leuchtet (strahlt) im Dunkel, seine Augen leuchten; **leuchtend** leuchtende Augen, ein leuchtendes (hohes) Vorbild, leuchtend rote Farben; der **Leuchter** (Kerzenständer); der **Leuchtkäfer**; die **Leuchtkraft**; der **Leuchtturm**

leugnen die Tat leugnen (abstreiten), die Existenz Gottes leugnen ABER → hier hilft kein **Leugnen**

Leukämie die, Leukämien (Blutkrebs)

Leumund der, *Ez.*: einen guten Leumund (Ruf) haben; das **Leumund(s)zeugnis**

Leute die, *Mz.*: viele Leute (Menschen) sehen, Land und Leute kennenlernen, meine Leute (meine Familie), die feinen Leute (bessere Gesellschaft), *etwas unter die Leute bringen* (etwas verbreiten); **leut(e)scheu** (*ugs. für* menschenscheu, schüchtern); der/die **Leuteschinder/-in** (jmd., der andere hart für sich arbeiten lässt); **leutselig** sich leutselig (freundlich) geben; die **Leutseligkeit**

Leutnant der, Leutnante/Leutnants (Offiziersrang); die **Leutnantin**

Level [lew(e)l] der, Levels (Rang, Qualitätsstufe)

Lexem das, Lexeme (einzelne Wortbedeutung); **lexikalisch** (wie ein Lexikon, das einzelne Wort betreffend); das **Lexikon** ein Lexikon (Nachschlagewerk) benützen, *ein wandelndes Lexikon sein* (großes Wissen haben)

Lezithin auch **Lecithin** das, Lezithine (ein wichtiger Stoff der Körperzelle)

lfd. → Liege

lfd. = laufend
LGBl. = **L**andes**g**esetz**bl**att
LH = **L**andes**h**auptmann; **L**andes**h**auptfrau
Liaison [liäsõ] die, Liaisons (Liebesverhältnis)
Liane die, Lianen (Schlingpflanze)
Libanon der (Staat im Vorderen Orient); der **Libanese**, die **Libanesin**; **libanesisch**
Libelle die, Libellen (Insekt)
liberal liberal (freiheitlich gesinnt, aufgeschlossen), eine liberale Partei; der/die **Liberale**; **liberalisieren** (von Einschränkungen frei machen); die **Liberalität**; der **Libero** (Verteidiger ohne feste Aufgabe im Fußball)
Libretto das, Librettos/Libretti (Textbuch von Opern/Operetten); der/die **Librettist/-in** (Verfasser/-in von Librettos)
Libyen (Staat in Nordafrika); der/die **Libyer/-in**; **libysch**
Licht das, Lichter: das Licht der Sonne, das Licht anmachen, *das Licht der Welt erblicken* (geboren werden), *jmdn. hinters Licht führen* (betrügen), *grünes Licht geben* (eine Genehmigung erteilen), *kein großes Licht* (ugs. für nicht sehr klug) *sein, Licht in etwas bringen* (etwas aufklären), *ans Licht kommen* (bekannt werden), *jmdm. geht ein Licht auf* (er begreift etwas); **licht** lichte (helle) Farben, am lichten Tag, *lichte Momente haben* (gelegentlich geistig klar sein); das **Lichtbild** (Fotografie); der **Lichtblick** (erfreulicher Ausblick); **lichtempfindlich**
lichten den Anker lichten (hochziehen), der Wald lichtet sich, seine Haare lichten sich (werden weniger); die **Lichter** die Lichter (Augen) des Rehs; der **Lichterbaum** (Weihnachtsbaum); **lichterfüllt**; **lichterloh** das Haus brennt lichterloh; die **Lichtgeschwindigkeit**; **Lichtmess** (katholischer Feiertag); **lichtscheu** ein lichtscheues Gesindel; die **Lichtung** (im Wald)
Lid das, Lider (Augendeckel); der **Lidschatten** (Make-up)

das **Lid** des Auges	ABER	ein **Lied** singen

lieb ein liebes Kind, der liebe Gott, sei lieb zu ihm!, jmdn. lieb haben auch liebhaben, etwas lieb gewinnen auch liebgewinnen, *sich bei jmdm. lieb Kind machen* (einschmeicheln), liebe (geschätzte) Freunde ABER → mein **Liebes**, am liebsten ABER → er/sie ist mir der/die/das Liebste; **liebäugeln** mit einem neuen Job liebäugeln (ihn heimlich wünschen); das **Liebchen** (Geliebte); die **Liebe** die Liebe seiner Mutter, mit Liebe (Sorgfalt) kochen ABER → dir zuliebe, jmdm. etwas zuliebe tun, *bei aller Liebe;* **liebebedürftig**; die **Liebelei**
lieben seinen Nächsten lieben, eine liebende Gattin; der/die **Liebende**; **liebenswert**; **liebenswürdig**; **liebenswürdigerweise** *Adv.;* der **Liebesbrief**; der **Liebesdienst** (Gefälligkeit); der **Liebeskummer**; **Liebesmüh(e)** *das ist verlorene Liebesmüh* (vergeblich); das **Liebespaar**; **liebevoll**; **liebgewinnen** (▶ gewinnen) auch lieb gewinnen; **liebhaben** (▶ haben) auch lieb haben; der/die **Liebhaber/-in**; die **Liebhaberei** (Hobby); **liebkosen** (streicheln); **lieblich**; der **Liebling**; die **Lieblingsspeise**; **lieblos**; der **Liebreiz** (Anmut); die **Liebschaft** (Liebesverhältnis); der/die **Liebste**; das **Liebstöckl** (Pflanze)

am **liebsten**	ABER	der/die/das **Liebste**
mein **liebes** Kind	ABER	mein **Liebes**!

Liechtenstein (Fürstentum in Mitteleuropa)
Lied das, Lieder: ein Lied anstimmen, *von etwas ein Lied singen können* (unangenehme Erfahrungen gemacht haben); der/die **Liedermacher/-in** (Komponist/-in und Interpret/-in von Liedern)
liederlich (unordentlich, unmoralisch)
liefern eine Ware liefern, den Beweis für etwas liefern, sich eine Schlacht liefern (miteinander kämpfen), *jmdn. ans Messer liefern* (ihn verraten), *geliefert* (verloren) *sein;* der/die **Lieferant/-in** (Zulieferer/-in); **lieferbar** (vorrätig); der **Lieferschein**; die **Lieferung**; der **Lieferwagen**
Liege die, Liegen (Klappbett); **liegen** Linz liegt an der Donau, er lag noch gut im Rennen, es ist am Boden gelegen, lieg still!, liegen bleiben auch liegenbleiben, das liegt mir am Herzen, die Arbeit liegt ihr nicht (sie macht sie weder gern noch gut), an mir liegt es nicht, sie hat das Geld liegen lassen auch liegenlassen (vergessen), *jmdn. links liegen lassen* auch liegenlassen (nicht beachten); die **Liegenschaften** (Grundbesitz); die **Liegestatt** (Bett); der **Liegestuhl**; der **Liegestütz** (Turnübung); der **Liegewagen** (Waggon mit Liegen)

Life Sciences [laif saiensis] die, *Mz.* (Biowissenschaften)
Lifestyle [laifstail] der, ...styles (modische Lebensart)
Lift der, Lifte/Lifts (Fahrstuhl); der **Liftboy** [liftboi] (Fahrstuhlführer); das **Liftgirl**; **liften** sich die Haut liften (straffen) lassen
Liga die, Ligen: eine Liga (Vereinigung) gründen, die Liga für Menschenrechte, in der zweiten Liga (Spielklasse beim Fußball) spielen
Ligatur die, Ligaturen (Verbindung zweier Teile/Buchstaben, z.B. œ)
light [lait] (leicht, kalorienarm)
liieren sich (sich verbinden, zusammentun); **liiert** miteinander liiert sein (ein Liebesverhältnis haben)
liken [laiken] er hat seine Firma auf Facebook geliked (sein Gefallen bekundet)
Likör der, Liköre (alkoholisches Getränk)
lila ein lila (violettes) Kleid; das **Lila**; **lilafarben**
Lilie [lilie] die, Lilien (Blühpflanze)
Liliputaner der, -: (*abwertend für* sehr kleiner Mensch, Zwerg); die **Liliputanerin**
Limerick der, Limericks (Scherzgedicht)
Limes der, -: (römischer Grenzwall); das **Limit** (Grenze, Preisgrenze); **limitieren** (beschränken)
Limonade die, Limonaden (alkoholfreies Getränk); die **Limo**
Limousine [limusine] die, Limousinen (komfortables viertüriges Auto)
lind linde (angenehm milde) Winde; **lindern** die Schmerzen lindern (mildern); die **Linderung**
Linde die, Linden (Laubbaum)
Lindwurm der, ...würmer (Drache)
Lineal das, Lineale; **linear** (linienförmig, geradlinig); die **Lineatur** (Liniensystem, z.B. im Schulheft)
Linguist der, Linguisten (Sprachwissenschaftler); die **Linguistik** (Sprachwissenschaft); die **Linguistin**; **linguistisch**
Linie [linie] die, Linien: eine gerade Linie (Strich) ziehen, sich in einer Linie (Reihe) aufstellen, sich auf eine Linie (Richtung) einigen, hinter den Linien (hinter der Front), eine ausgestorbene Linie (Abstammungsreihe), die Linie Wien–Salzburg, in erster Linie (vor allem), auf der ganzen Linie (in jeder Beziehung), auf die schlanke Linie achten (schlank bleiben wollen); der **Linienflug**; der **Linienspiegel** (Schreibhilfe); **linientreu** (ergeben, zuverlässig); **linieren** (Linien ziehen)
link ein linker (hinterhältiger) Mensch, ein linkes Ding drehen (*ugs. für* ein Verbrechen begehen)
Linke die, Linken: zu meiner Linken (links von mir), in meiner Linken (linken Hand), die Linke (politische Richtungen des Sozialismus und Kommunismus); **linke(r)** der linke Schuh, auf der linken Seite; **linkerseits** *Adv.;* **linkisch** sich linkisch (unbeholfen) benehmen; **links** *Adv.:* links abbiegen, von links kommen, links um!, *mit links* (mühelos), *etwas links liegen lassen* auch *liegenlassen* (nicht beachten), *Präp.+Gen.* links (von) der Straße; der/die **Linksabbieger/-in**; **linksaußen** *Adv.;* der **Linksaußen** (Stürmer beim Fußball); der **Linksdrall**; **linksextrem** (politisch radikal links orientiert); der/die **Linkshänder/-in**; **linkshändig**; **linksherum** *Adv.;* die **Linkskurve**; **linksradikal**; der **Linksruck** (Stimmengewinn der linken Parteien); **linksseitig**; der **Linksverkehr** (vorschriftsmäßiges Fahren auf der linken Fahrbahnseite)
Linnen das, -: (*geh. für* Leinen); **linnen** (aus Leinen)
Linoleum das, *Ez.* (Bodenbelag); der **Linolschnitt** (Drucktechnik)
Linse die, Linsen: Linsen (Hülsenfrüchte) kochen, durch eine Linse (optische Scheibe) schauen; **linsenförmig**
Lippe die, Lippen: sich in die Lippe beißen, *an jmds. Lippen hängen* (sehr aufmerksam zuhören), *etwas nicht über die Lippen bringen* (es sich nicht zu sagen trauen); das **Lippenbekenntnis** (ohne Überzeugung abgelegtes Bekenntnis); der **Lippenblütler** (Pflanzenfamilie); der **Lippenstift**
Liptauer der, *Ez.* (Streichkäse)
liquid ein liquides (zahlungsfähiges) Unternehmen; **liquidieren** den Gefangenen liquidieren (töten), sein Geschäft liquidieren (auflösen); die **Liquidität** (Zahlungsfähigkeit)
lispeln (Zischlaute fehlerhaft sprechen); das **Lispeln**
List die, Listen (Trick, Täuschung), mit List und Tücke; **listig** (durchtrieben, schlau); **listigerweise** *Adv.*
Liste die, Listen: eine Liste (Verzeichnis) schreiben, *die schwarze Liste* (Zusammenstellung verdächtiger Personen/Orte); der **Listenplatz** (Rang auf der Wahlliste einer Partei); der **Listenpreis**
Litanei die, Litaneien (Bittgebet; eintöniges Gerede)

Litauen (Staat in Nordosteuropa); der/die **Litauer/-in**; **litauisch**

Liter der/das, -: <l> (Maß für Flüssigkeiten), zwei Liter Milch; die **Literflasche**; **literweise**

Literatur die, Literaturen (Schrifttum, Dichtung); **literarisch** literarisch (schriftstellerisch) tätig sein; der/die **Literat/-in** (Schriftsteller/-in); der **Literaturbetrieb** (Gesamtheit von Autoren, Verlagen, Medien ect.); das **Literaturverzeichnis**

Litfaßsäule die, ...säulen (runde Plakatsäule)

Lithografie auch **Lithographie** die, ...grafien (Drucktechnik)

Litschi die, Litschis (Tropenfrucht)

Liturgie die, Liturgien (Gottesdienstordnung); **liturgisch**

Litze die, Litzen (Zierband; Leitungsdraht)

live [laif] ein Fußballspiel live (unmittelbar) übertragen; die **Livesendung** auch Live-Sendung

Livree [liwre] die, Livreen (Uniform für Diener)

Lizenz die, Lizenzen (amtliche Genehmigung, Zulassung); die **Lizenzgebühr**; **lizenzieren** (eine Genehmigung erteilen); der **Lizenzspieler** (bei einem Verein angestellter Spieler)

l.J. = laufenden Jahres

Lkw auch **LKW** der, -/Lkws (*kurz für* **Lastkraftwagen**); der/die **Lkw-Fahrer/-in**

Lob das, *Ez.* (Anerkennung), *über jmdn. des Lobes voll sein* (sich sehr lobend äußern); **loben** den folgsamen Hund loben; **lobenswert**; die **Lobeshymne**; der **Lobgesang**; die **Lobhudelei**; **lobhudeln** (übertrieben loben); **löblich** (anerkennenswert); das **Loblied** *ein Loblied auf jmdn. anstimmen* (ihn übermäßig loben); **lobpreisen** (▶ preisen) (verherrlichen); die **Lobrede**

Lobby [lobi] die, Lobbys (Interessengruppe); der/die **Lobbyist/-in**

Loch das, Löcher: ein tiefes Loch graben, ein Loch in der Hose, sie lebt in einem Loch (kleine, dunkle Wohnung), im Loch (Gefängnis) sitzen, *aus dem letzten Loch pfeifen* (am Ende sein), *jmdm. ein Loch in den Bauch fragen* (ihm pausenlos Fragen stellen); **lochen** einen Papierbogen lochen; der **Locher**; **löch(e)rig**; **löchern** *jmdn. mit Fragen löchern*; die **Lochung**

Locke die, Locken: Locken im Haar; das **Löckchen**; der **Lockenwickler**

¹**locken** sich das Haar locken (in Locken legen) lassen; **lockig** lockiges (welliges) Haar

²**locken** den Hund locken (anlocken), diese Aufgabe lockt (reizt) ihn; das **Lockmittel**; der **Lockruf**; der **Lockvogel** (Köder, Anreiz)

locker ein lockeres (loses) Brett, ein lockerer (weicher) Boden, lockere (zwanglose) Sitten, sich locker (ungezwungen) geben, *eine lockere Hand haben* (öfter jmdn. schlagen); **lockerlassen** (▶ lassen) nicht lockerlassen (nicht nachgeben) ABER → die Zügel locker lassen; **lockermachen** Geld lockermachen (hergeben) ABER → den Gürtel locker machen auch lockermachen; **lockern** Schrauben lockern, sich nach einer Anstrengung lockern (entspannen)

Loden der, -: (filziger Wollstoff); der **Lodenmantel**

lodern ein loderndes Feuer, zum Himmel lodernde Flammen, vor Zorn lodernde (funkelnde) Augen

Löffel der, -: die Suppe mit dem Löffel essen, die Löffel (Ohren) des Hasen, *die Löffel spitzen* (*ugs. für* aufmerksam zuhören), *ein paar hinter die Löffel bekommen* (*ugs. für* geohrfeigt werden), *sich etwas hinter die Löffel schreiben* (gut merken); **löffeln** seine Suppe löffeln; **löffelweise**

Logarithmus der, Logarithmen <log> (Verhältniszahl); **logarithmisch**

Loge [losch(e)] die, Logen: (im Theater) in der Loge sitzen, die Loge des Portiers, das Mitglied einer Loge (eines Geheimbundes); **logieren** [loschiren] in einem Hotel logieren; das **Logis** [loschi] (Übernachtungsmöglichkeit), freie Kost und Logis

Loggia [lodscha] die, Loggien [lodschen] (offener, überdachter Raum)

Logik die, *Ez.* (exakte Denkart); **logisch** ein logischer (folgerichtiger) Schluss, das ist doch logisch (selbstverständlich); **logischerweise** *Adv.* (folglich); die **Logistik** (Planung und Organisation großer Unternehmungen, militärisches Nachschubwesen); **logistisch** (die Durchführung betreffend)

Logo das, Logos (Erkennungszeichen)

Logopäde der, ...päden (Spezialist für Sprachheilkunde); die **Logopädie**; die **Logopädin**; **logopädisch**

lohen (*geh. für* hell brennen, lodern); die **Lohe** (*geh. für* Flamme)

Lohn der, Löhne: die Löhne werden erhöht, keinen Lohn (Anerkennung) ernten, um Gottes Lohn (umsonst) arbeiten; **lohnen** die Mühe lohnt sich nicht, er hat mir meine

Mühe übel gelohnt (schlecht vergolten); **löhnen** (*ugs. für* zahlen, bezahlen); **lohnend** eine lohnende Aufgabe; **lohnenswert**; die **Lohnsteuer**

Loipe die, Loipen (Spur für Skilanglauf)

Lok die, Loks (*kurz für* Lokomotive); die Lokomotive; der/die **Lok(omotiv)führer/-in**

Lokal das, Lokale (Gaststätte); **lokal** lokale (örtliche) Nachrichten; das **Lokaladverb** (Umstandsangabe des Ortes, z.B. „in Wien leben"); der **Lokalaugenschein** (Gerichtstermin am Tatort); das **Lokalblatt** (regionale Zeitung); die **Lokalisation** (Ortsbestimmung); **lokalisieren** ich kann die Stelle nicht lokalisieren (bestimmen); die **Lokalität** (Örtlichkeit); die **Lokalnachrichten**; die **Lokalpolitik** (die Region betreffende Politik)

Longdrink auch **Long Drink** der, ...drinks (alkoholisches Mixgetränk)

Look [luk] der, Looks (bestimmtes modisches Aussehen), ein romantischer Look

Looping [luping] der/das, Loopings (Schleife im Kunstflug)

Lorbeer der, Lorbeeren (Gewürzstrauch) *Lorbeeren ernten* (Erfolg haben), *sich auf seinen Lorbeeren ausruhen* (nach Erfolgen nicht mehr anstrengen); der **Lorbeerbaum**; der **Lorbeerkranz** (Auszeichnung)

Lord der, Lords (englischer Adelstitel)

Los das, Lose: ein Los (Lotterieschein) kaufen, mit seinem Los (Schicksal) nicht zufrieden sein, *das große Los ziehen* (viel Glück haben); **losen** (ein Los ziehen)

los *Adv.:* was ist hier los?, er ist seine Sorgen los, *der Bär ist los* (*ugs. für* hier herrscht Stimmung), jetzt geht's los!, auf die Plätze – fertig – los!; **...los** ausweglos, kinderlos; **losballern** (plötzlich zu schießen anfangen); **losbrechen** (▶ brechen) das Gewitter bricht los; **loseisen** (befreien); **losgehen** (▶ gehen) (aufbrechen), *auf jmdn. losgehen* (ihn tätlich angreifen); **loskaufen** eine Geisel loskaufen; **loskommen** (▶ kommen) von der Arbeit nicht loskommen; **loslassen** (▶ lassen) (nicht mehr festhalten); **loslaufen** (▶ laufen) (zu laufen beginnen); **loslegen** (sich ins Zeug legen); **losmachen** das Pferd losmachen (befreien); **losreißen** (▶ reißen) sich von etwas nicht losreißen können; **lossagen** sich von etwas lossagen; **lossteuern** auf jmdn. lossteuern (zugehen); **loswerden** (▶ werden) etwas wieder loswerden; **losziehen** (▶ ziehen)

lösbar ein lösbares Problem; die **Lösbarkeit**

¹**löschen** ein Feuer löschen, seinen Durst löschen, ein Konto löschen (auflösen), er löscht (tilgt) seine Schuld, eine Aufzeichnung löschen; das **Löschfahrzeug**; das **Löschpapier** (Löschblatt); die **Löschtaste**; der **Löschteich**; das **Löschwasser**

²**löschen** eine Schiffsladung löschen (die Frachtgüter ausladen)

lose ein loses (lockeres) Brett, ein Knopf ist lose, ein loser (leichtfertiger) Bursche, ein loses (freizügiges) Leben führen, eine lose Zunge haben (leichtfertig reden)

Lösegeld das, ...gelder: Lösegeld für jmdn. fordern; **lösen** die Tapeten von der Wand lösen, einen Knoten lösen, eine Fahrkarte lösen (kaufen), er kann die Aufgabe nicht lösen (bewältigen), einen Vertrag lösen (aufheben), *jmdm. die Zunge lösen* (ihn zum Reden bringen); **löslich** löslicher Kaffee; die **Lösung**; das **Lösungsmittel**

Loser [lusa] der, -: (Verlierer, Versager); die **Loserin**

Löss der, Lösse (Bodenart)

Losung die, Losungen (Kennwort; Wahlspruch; Tageseinnahme; Tierkot); das **Losungswort** (geheimes Kennwort)

Lot das, Lote: das Lot (Senkblei) in die Tiefe lassen, die Mauer ist im Lot (genau senkrecht), *etwas ins rechte Lot* (in Ordnung) *bringen*; **lotrecht** (senkrecht)

löten (Metallteile verbinden); der **Lötkolben** (Werkzeug)

Lotion [lotsion] die, Lotionen auch **Lotion** [louschn] die, Lotions (Hautpflegemittel)

Lotse der, Lotsen (ortskundiger Seemann; Fluglotse); **lotsen** ein Schiff in den Hafen lotsen; die **Lotsin**

Lotterie die, Lotterien (Glücksspiel); das **Lotto**

Lotterleben das, *Ez.* (faules Leben)

Lover [lawa] der, -: (Liebhaber); die **Loverin**

Löwe der, Löwen (Raubkatze), *sich in die Höhle des Löwen wagen* (jmd. Gefürchteten aufsuchen); der **Löwenanteil** (größter Anteil); der **Löwenzahn** (Blume); die **Löwin**

loyal [lojal] (redlich, gesetzestreu); die **Loyalität**

LP = **L**angspiel**p**latte

LR = **L**andesrat, **L**andesrätin

lt. = **l**aut Plan, laut Vorschrift handeln

LTE (*kurz für* **L**ong **T**erm **E**volution) (Mobilfunksystem für besonders schnelle Übertragung großer Datenmengen)

Luchs der, Luchse (Raubtier), *aufpassen wie ein Luchs* (ganz genau beobachten)

Lücke → Lyzeum

Lücke die, Lücken: eine Lücke im Zaun, in Mathematik große Lücken (Mängel) haben; der/die **Lückenbüßer/-in** (unzureichende Ersatzperson); **lückenhaft** (unvollständig); **lückenlos** (ganz)

Luder das, -: (*abwertend für* durchtriebene weibliche Person)

Luft die, Lüfte: in der frischen Luft sein, Luft holen, der Vogel steigt in die Lüfte, *jmdn. an die Luft setzen* (hinauswerfen), *in der Luft hängen* (im Ungewissen sein), *sich in Luft auflösen* (spurlos verschwinden), *dicke Luft* (konfliktreiche Spannung), *jmdn. wie Luft behandeln* (ihn absichtlich übersehen); der **Luftangriff**; der **Luftballon**; das **Lüftchen** (leichter Wind); **luftdicht**; der **Luftdruck**

lüften das Zimmer lüften, seinen Hut lüften (hochheben); die **Luftfahrt** (Fliegerei); die **Luftfeuchtigkeit**; **luftgetrocknet**; **luftig** in luftiger Höhe, ein luftiges (leichtes) Kleid; der **Luftikus** (leichtsinniger Mensch); die **Luftmatratze**; der/die **Luftpirat/-in** (Flugzeugentführer/-in); die **Luftpost**; die **Luftröhre**; das **Luftschloss** (Wunschvorstellung); der **Luftsprung**; die **Lüftung**; der **Luftverkehr** (Flugverkehr); die **Luftwaffe** (militärische Einheit); der **Luftzug** (Windstoß)

Lug *alles Lug und Trug* (Lüge und Täuschung); die **Lüge** eine faustdicke Lüge, *jmdn. Lügen strafen* (jmd./etwas widerlegen)

lugen um die Ecke lugen (spähen)

lügen er lügt, sie log, sie hat gelogen, lüg nicht!, *lügen, dass sich die Balken biegen* (hemmungslos lügen); der **Lügenbold** (gewohnheitsmäßiger Lügner); die **Lügenkampagne** [...kampan(je)]; das **Lügenmärchen**; die **Lügerei**; der/die **Lügner/-in**; **lügnerisch**

Luke die, Luken (kleine Öffnung; Dachfenster)

lukrativ ein lukratives (gewinnbringendes) Geschäft

lukullisch ein lukullisches (üppiges) Mahl

Lulatsch der, Lulatsche (*ugs. für* großer, schlanker Mann)

Lümmel der, -: (Flegel, frecher Mensch); **lümmelhaft**; **lümmeln** sich in den Stuhl lümmeln (betont nachlässig hinsetzen), an der Bar lümmeln (lehnen)

Lump der, Lumpen (gewissenloser Mensch); **lumpen** (sich ausgelassen vergnügen), *sich nicht lumpen lassen* (*ugs. für* großzügig sein); der **Lumpen** (Stofffetzen, zerrissene Kleidung); das **Lumpengesindel**; das **Lum-**

penpack (Gesindel); **lumpig** (*abwertend für* gemein, kläglich), lumpige fünf Cent

Lunch [lantsch] der, Lunch(e)s [lantschis]/ Lunchs (Mittagsmahl); **lunchen** [lantschen]

Lunge die, Lungen (Atmungsorgan), *die grüne Lunge der Stadt* (Grünanlage), *sich die Lunge aus dem Hals schreien* (laut schreien); der **Lungenbraten** (Fleischsorte); die **Lungenentzündung**; **lungenkrank**

lungern auf der Straße lungern

Lunte die, Lunten (Zündschnur), *Lunte riechen* (Gefahr wittern)

Lupe die, Lupen (Vergrößerungsglas), *jmdn./ etwas unter die Lupe nehmen* (genau überprüfen); **lupenrein** (mustergültig)

lupfen auch **lüpfen** (*ugs. für* kurz anheben)

Lupine die, Lupinen (Futterpflanze)

Lurch der, Lurche (Amphibie; Staubflocken)

Lust die, Lüste: zu/auf etwas Lust haben, etwas mit Lust betreiben, nach Lust und Laune (wie es beliebt); **lustbetont**; **lustig** eine lustige Geschichte, *sich über jmdn. lustig machen* (ihn verspotten); **lustlos**; der **Lustmolch** (*ugs. abwertend für* Lüstling); der **Lustmord**; das **Lustschloss**; das **Lustspiel** (Komödie); **lustvoll**; **lustwandeln** (gemächlich spazieren)

Luster auch **Lüster** der, -: (Kronleuchter)

lüstern (voll Gier, triebhaft); der **Lüstling** (triebhafter Mann)

Lutheraner der, -: (Protestant); die **Lutheranerin**; **lutherisch** die lutherische Bibelübersetzung ABER → die Luther'sche auch luthersche Bibelübersetzung

lutschen am Daumen lutschen, Eis lutschen; der **Lutscher** (Schlecker)

Luv das, *Ez.* (dem Wind zugekehrte Seite, Gegenteil zu Lee)

Luxemburg (Großherzogtum in Europa); der/die **Luxemburger/-in**; **luxemburgisch**

Luxus der, *Ez.* (Verschwendung, Prunk); **luxuriös**; die **Luxuslimousine**

Luzerne die, Luzernen (Futterpflanze)

Luzifer der, *Ez.* (Teufel)

LW = Langwelle (Radiofrequenz)

lx = Lux (Einheit der Beleuchtungsstärke)

Lymphe die, Lymphen (Körperflüssigkeit); das **Lymphgefäß**

lynchen (Selbstjustiz ausüben); die **Lynchjustiz**

Lyrik die, *Ez.* (Dichtkunst); der/die **Lyriker/-in**; **lyrisch** (dichterisch, stimmungsvoll)

Lyzeum das, Lyzeen (frühere höhere Mädchenschule)

M

m = Meter; **m²** = Quadratmeter; **m³** = Kubikmeter

MA = Mittelalter; **ma.** = mittelalterlich

Mäander der, -: (enge Schleifen eines Flusses)

Maar das, Maare (Krater)

Maat der, Maate(n) (Unteroffizier auf einem Schiff)

Machart die, ...arten (Ausführung, Beschaffenheit); **machbar**; **machen** die Hausaufgaben machen, was soll ich machen?, sie macht sich gut in der Schule (bewährt sich), *ein gemachter* (wohlhabender) *Mann sein, sich nichts aus jmdm. machen* (ihn nicht mögen), *etwas aus sich machen* (etwas im Leben erreichen), *jmd. macht es nicht mehr lange* (ugs. für er wird bald sterben); die **Machenschaften** (Intrigen); der/die **Macher/-in** (energischer Mensch mit Durchsetzungskraft); das **Machwerk** (*abwertend für* minderwertiges Erzeugnis)

Machete die, Macheten (Buschmesser)

Macho [matscho] der, Machos (sich übertrieben männlich gebender Mann)

Macht die, Mächte: Macht (Herrschaft, Gewalt) ausüben, die Macht (Kraft) der Liebe, mit aller Macht, die verbündeten Mächte (Staaten), dunkle Mächte (teuflische, geheimnisvolle Kräfte); die **Machtgier**; der **Machthaber/-in** (Herrscher/-in); **mächtig** ein mächtiger (großer) Baum, *seiner Sinne nicht mehr mächtig sein* (außer sich sein); der **Machtkampf**; **machtlos**; die **Machtprobe**; die **Machtstellung** (Einfluss); die **Machtverhältnisse**; **machtvoll**; das **Machtwort** ein Machtwort sprechen (etwas entscheiden)

Mädchen das, -: ein junges Mädchen, *Mädchen für alles* (ugs. für jmd., der alle möglichen Aufgaben erledigt); **mädchenhaft**; das **Mädel**; das **Mäderl**

Made die, Maden (Insektenlarve), *wie die Made im Speck* (ugs. für im Überfluss) leben; **madig** ein madiger Apfel, *jmdm. etwas madig machen* (ugs. für es ihm durch Herabsetzen verleiden)

made in ... [med in] made in Austria (hergestellt in Österreich)

Madonna die, Madonnen (Gottesmutter)

Madrigal das, Magdrigale (Liedform)

Maestro der, Maestros/Maestri (großer Musiker, Dirigent)

Mafia die, Mafias (kriminelle Geheimorganisation); der **Mafioso** (Mitglied der Mafia)

Mag. = **Mag**ister (akademischer Grad); **Mag.ª** = Magistra

Magazin das, Magazine: Waren im Magazin (Lager) stapeln, ein Magazin (Zeitschrift) lesen, das Magazin (den Patronenbehälter) leer schießen

Magd die, Mägde (Dienerin; Landarbeiterin)

Magen der, Mägen (Verdauungsorgan), der Magen knurrt, *etwas liegt jmdm. im Magen* (bedrückt ihn); die **Magenbeschwerden**; das **Magengeschwür**; **magenleidend**; die **Magensäure**

mager mageres Fleisch, eine magere (dürftige) Ernte, ein magerer (nährstoffarmer) Boden; die **Magermilch**; die **Magersucht** (krankhafte Essstörung)

Magie die, *Ez.* (Zauberkunst); der/die **Magier/-in** (Zauberer/Zauberin); **magisch** magische Kräfte haben, eine magische (geheimnisvolle) Zahl

Magister der, -: <Mag.> (akademischer Grad); die **Magistra** <Mag.ª>; der **Magistrat** (Stadtverwaltung)

Magma das, Magmen (heiße vulkanische Masse)

Magnat der, Magnaten (Großgrundbesitzer, Großindustrieller)

Magnesium das, *Ez.* <Mg> (chemisches Element)

Magnet der, Magnete(n) (Metall, das Eisen anzieht); das **Magnetfeld**; **magnetisch**; **magnetisieren**; der **Magnetismus** (Anziehungskraft)

Mahagoni das, *Ez.* (Edelholz)

Maharadscha der, Maharadschas (indischer Fürst); die **Maharani** (Frau eines Maharadschas)

Mahd die, Mahden (abgemähtes Gras, das Mähen); der **Mähdrescher**; **mähen** Gras mähen; der/die **Mäher/-in**

Mahl das, Mahle/Mähler (Essen, Gastmahl); die **Mahlzeit** gesegnete Mahlzeit wünschen

| das gute **Mahl** | ABER | das eine **Mal** |

mahlen sie mahlt, er mahlte Getreide, sie hat Kaffee gemahlen; *wer zuerst kommt, mahlt zuerst*; der **Mahlstein**

| Kaffee **mahlen** | ABER | ein Bild **malen** |

Mähne die, Mähnen (dichtes, langes Haar)
mahnen jmdn. wegen einer Schuld mahnen, zur Eile mahnen; der/die **Mahner/-in**; die **Mahngebühr**; das **Mahnmal**; das **Mahnschreiben**; die **Mahnung**
Mähre die, Mähren (*veraltet für* altes Pferd)
Mai der, Maie (5. Monat), der Erste Mai (Feiertag); der **Maibaum**; das **Maiglöckchen** (Blume); der **Maikäfer**
Maid die, Maiden (*geh. für* junges Mädchen)
Mail [mel] die/das, Mails (*kurz für* E-Mail, elektronischer Brief); die **Mailbox** (elektronischer Briefkasten); **mailen**
Mais der, *Ez.* (Getreide); **maisgelb**; der **Maiskolben**
Maische die, Maischen (zerquetschte Früchte für Wein- und Mostbereitung)
Majestät die, Majestäten (Titel für Könige und Kaiser); **majestätisch** ein majestätischer (hoheitsvoller) Gang
Major der, Majore (Offiziersgrad)
Majoran der, Majorane (Gewürzpflanze)
makaber (grausig, unheimlich), eine makab(e)re Geschichte
Makedonien auch Mazedonien (Staat in Südosteuropa); der/die **Makedonier/-in** auch Mazedonier/-in; **makedonisch** auch mazedonisch
Makel der, -: (Fehler, Mangel); die **Mäkelei** (dauerndes Nörgeln); **makellos**; **mäkeln** (nörgeln)
Make-up [mekạp] das, Make-ups (Schminke)
Makkaroni die, *Mz.* (Nudelart)
Makler der, -: (Zwischenhändler, Vermittler); die **Maklergebühr**
Makrele die, Makrelen (Speisefisch)
Makrokosmos der, *Ez.* (Weltall); das **Makromolekül** (großes Molekül)
Makulatur die, Makulaturen (wertloses Papier; Fehldruck)
mal *Adv.:* ruf mich mal an!, schau mal, vier mal drei; **...mal** *Adv.:* einmal auch ein Mal, keinmal, manchmal ABER → manches Mal, nochmal, dreimal auch 3-mal, eineinhalbmal so viel, tausendmal, soundsovielmal, sovielmal ABER → so viele Male, x-mal ABER → das x-te Mal, zigmal, allemal (in jedem Fall) ABER → ein für alle Mal(e), ein andermal ABER → ein anderes Mal, diesmal ABER → dieses Mal, vielhundertmal ABER → viele hundert Male, ein paarmal auch ein paar Mal(e); **...mals** *Adv.:* abermals, damals, ehemals, mehrmals, niemals, nochmals, oftmals, vielmals; **malnehmen** (▶ nehmen) (vervielfachen)

¹**Mal** das, Male: das erste Mal, zum ersten Mal(e), ein anderes Mal, jedes Mal, beide Male, ein paar Mal(e), einige Mal(e), viele Dutzend auch dutzend Mal(e), einige Millionen Mal(e), das einzige Mal, ein ums andere Mal, mit einem Mal(e), zum letzten Mal(e), von Mal zu Mal, unzählige Male

einmal/ein Mal	ABER	das eine **Mal**
diesmal	ABER	dieses **Mal**
x-mal	ABER	das **x-te Mal**
hundertmal/ 100-mal	ABER	hundert **Mal(e)**

²**Mal** das, Male/Mäler (Fleck, Muttermal), das Kalb hat ein Mal auf der Stirn
Malaria die, *Ez.* (Sumpffieber); **malariakrank**
Malaysia (Staat in Südostasien); der/die **Malaysier/-in**; **malaysisch**
malen ein Bild malen; der/die **Maler/-in**; die **Malerei**; **malerisch** eine malerische (schöne) Landschaft
Malheur [malöa] das, Malheure/Malheurs (Unglücksfall, Pech)
malnehmen (▶ nehmen) (vervielfachen)
Malta (Inselstaat); der/die **Malteser/-in**; **maltesisch**
malträtieren (quälen, misshandeln)
Malus der, -/Malusse (Punktnachteil in der Kfz-Versicherung)
Malve die, Malven (Blume)
Malz das, *Ez.* (gekeimte Gerste), *bei ihm ist Hopfen und Malz verloren* (*ugs. für* alles vergebens); das **Malzbier**
Mama die, Mamas (Mutter); die **Mami**
Mamba die, Mambas (Giftschlange)
Mammon der, *Ez.* (*abwertend für* Geld, Reichtum)
Mammut das, Mammute/Mammuts (ausgestorbene Elefantenart); die **Mammutveranstaltung** (sehr große Veranstaltung)
mampfen (*ugs. für* mit vollem Mund kauen)
man wie macht man das am besten?, das tut man nicht

| das macht **man** so | ABER | der **Mann** macht das so |

Management → Marathon

Management [mänidschment] das, ...ments (Leitung eines Unternehmens); **managen** [mänidschn] (gekonnt handhaben; einen Künstler betreuen); der/die **Manager/-in** (Organisator/-in, Führungskraft)

manch manch einer, manch gutes Wort; **manche(r)** manche sagen dies, manche jüngere(n) Leute, in manchem, an manchen (einzelnen) Stellen, so mancher Tag, in mancher Beziehung, manches Interessante; **mancherlei; mancherorten** Adv.; **mancherorts** Adv.; **manchmal** Adv. (ab und zu) ABER → manches Mal

Mandala das, Mandalas (Meditationsbild)

Mandarine die, Mandarinen (Zitrusfrucht)

Mandant der, Mandanten (Auftraggeber); die **Mandantin**; das **Mandat** (Auftrag, Vollmacht; Parlamentssitz); der/die **Mandatar/-in** (Abgeordnete/-r)

Mandel die, Mandeln: Mandeln (Nüsse) reiben, an den Mandeln (Organ) operiert werden; **mandeläugig**; der **Mandelbaum**; die **Mandelblüte** (Gewürz); die **Mandelentzündung**

Manderl das, -/Manderln (Männchen), Manderln machen (ugs. für sich auflehnen)

Mandoline die, Mandolinen (Saiteninstrument)

Manege [manesche] die, Manegen (Zirkusarena)

Mangan das, Ez. <Mn> (chemisches Element)

¹**Mangel** der, Mängel: der Mangel an (das Fehlen von) Wasser, charakterliche Mängel haben; die **Mangelerscheinung**; **mangeln** es mangelt (fehlt) uns an nichts; **mangels** Präp.+Gen.: mangels Beweisen wurde er freigesprochen; die **Mangelware**

²**Mangel** die, Mangeln (Bügelmaschine), jmdn. in die Mangel nehmen (ihm sehr zusetzen)

Mango die, Mangos (tropische Frucht)

Mangold der, Mangolde (Gemüse)

Manie die, Manien (Sucht, Besessenheit); **manisch** (übersteigert, besessen)

Manier die, Manieren: in bewährter Manier (Art und Weise), schlechte Manieren (schlechtes Benehmen) haben; **manierlich** sich manierlich (artig) benehmen

Manifest das, Manifeste (Programm, öffentliche Erklärung); **manifest** (offenbar, klar); die **Manifestation** [...tsion] (Offenlegung, Bekundung); **manifestieren** (sich zeigen, darlegen)

Maniküre die, Manikuren (Hand- und Nagelpflege); **manikuren**

Manipulation [...tsion] die, Manipulationen (Beeinflussung); **manipulieren**

Manitu der, Ez. (höchste Macht im Glauben der nordamerikanischen Urbevölkerung)

Manko das, Mankos (Nachteil, Fehlbetrag)

Mann der, Männer: ein junger Mann, ihr erster Mann, wir waren fünf Mann (zu fünft), von Mann zu Mann (offen und ehrlich), ein Mann von Welt, *ein gemachter Mann sein* (wirtschaftlich abgesichert sein), *seinen Mann stehen* (sich bewähren); das **Männchen**; die **Mannen** mit seinen Mannen (Anhängern) kommen; die **Männersache** Holzfällen ist Männersache; die **Manneskraft**; **mannhaft** (mutig); **männlich**; die **Männlichkeit**; das **Mannsbild** (veraltet für Mann); die **Mannschaft**; das **Mannschaftsspiel**; **mannshoch**; das **Mannweib** (männlich wirkende Frau)

Mannequin [manekē] das, Mannequins (Model)

mannigfach (vielfältig); **mannigfaltig**

Manometer das, -: (Druckmesser)

Manöver [manöwa] das, -: ein Manöver (Truppenübung) abhalten, undurchschaubare Manöver (Machenschaften), ein taktisches Manöver; **manövrieren** (geschickt steuern)

Mansarde die, Mansarden (Dachgeschoßwohnung)

manschen (ugs. für mischen); die **Mancherei**

Manschette die, Manschetten (Ärmelaufschlag; Papierkrause)

Mantel der, Mäntel: sich einen warmen Mantel anziehen, *den Mantel* (auch *das Mäntelchen*) *nach dem Wind hängen* (sich der herrschenden Meinung anpassen); das **Mäntelchen**

manuell etwas manuell (mit der Hand) herstellen, manuelle Geschicklichkeit; die **Manufaktur** (kleiner Betrieb ohne Maschinen); das **Manus** (kurz für Manuskript); das **Manuskript** (hand- oder maschingeschriebener Text)

Mappe die, Mappen (Hülle für Papiere)

Mär auch **Märe** die, Mären (Sage, Kunde); das **Märchen** die Märchen der Gebrüder Grimm, jmdm. ein Märchen (etwas Unglaubwürdiges) auftischen; das **Märchenbuch**; **märchenhaft** eine märchenhafte Karriere; der **Märchenprinz**

Maracuja die, Maracujas (Tropenfrucht)

Marathon der, Marathons (kurz für Marathonlauf, Langstreckenlauf), Marathon laufen auch marathonlaufen; der/die

Marder → Maschekseite

Marathonläufer/-in
Marder der, -: (kleines Raubtier)
Margarine die, *Ez.* (Speisefett)
Marge [marsch(e)] die, Margen (Unterschied, Handelsspanne)
Margerite die, Margeriten (Wiesenblume)
marginal eine marginale (beiläufige) Anmerkung; die **Marginalie** [...naliä] (Randbemerkung, Vermerk)
Marienkäfer der, -: (kleiner roter Käfer)
Marihuana das, *Ez.* (Rauschgift)
Marille die, Marillen (Frucht)
Marimba die, Marimbas (Musikinstrument)
Marinade die, Marinaden (Soße zum Einlegen, Salatsoße); **marinieren** marinierte (eingelegte) Steaks
Marine die, Marinen (Seefahrt, Flotte); **marineblau** (dunkelblau); der **Marineoffizier**; **maritim** das maritime (vom Meer beeinflusste) Klima
Marionette die, Marionetten (Puppe an Fäden; *abwertend für* unselbstständiger Mensch); das **Marionettentheater**
¹**Mark** das, *Ez.* (Knochenmark), *jmdn. bis ins Mark treffen* (zutiefst kränken), *durch Mark und Bein gehen* (jmdn. sehr erschüttern); **markerschütternd** ein markerschütternder (durchdringender) Schrei
²**Mark** die, -: (frühere deutsche Währung), die Deutsche Mark ‹DM›
³**Mark** die, Marken (*veraltet für* Grenzland), die Mark an der Donau
markant eine markante (auffallende) Nase; die **Marke** die Marke eines Autos, eine Marke auf den Brief kleben, der Hund trägt eine Marke (Erkennungszeichen) am Hals; die **Markenbutter**; die **Markenware**; das **Markenzeichen**; der **Marker** (Leuchtstift zum Markieren); **markieren** einen Wanderweg markieren, den Dummen markieren (vortäuschen); die **Markierung**
Marketing das, *Ez.* (Pläne und Maßnahmen eines Unternehmens zur Förderung des Absatzes)
Markise die, Markisen (Sonnenschutz)
Markstein der, ...steine (entscheidendes Ereignis)
Markt der, Märkte: Gemüse auf dem Markt (Marktplatz) kaufen, ein neues Fabrikat auf den Markt (in den Handel) bringen, neue Märkte (Absatzgebiete) erschließen; die **Marktforschung**; die **Marktfrau**; der **Marktführer** (Unternehmen mit dem größten Anteil eines Produktes im Handel); die **Marktlücke** (bisher nicht vorhandenes, aber gewünschtes Produkt); der **Marktplatz**; **marktschreierisch** (aufdringlich, lautstark); die **Marktwirtschaft** (Wirtschaftssystem, in dem Angebot und Nachfrage die Preise regeln)
Marmelade die, Marmeladen (Früchteaufstrich)
Marmor der, Marmore (Gesteinsart); der **Marmorblock**; der **Marmorkuchen** (Kuchen aus hellem und dunklem Teig); **marmorn** (aus Marmor)
marod ständig marod (leicht krank) sein, ein maroder (stark erschöpfter) Wanderer; **marodieren** (plündern)
Marokko (Staat in Nordafrika), der/die **Marokkaner/-in**; **marokkanisch**
Maroni die, -: (Esskastanie); der/die **Maronibrater/-in**
Marotte die, Marotten (seltsame Angewohnheit, Eigenheit)
Mars der (Planet; römischer Gott)
Marsch der, Märsche: der Marsch der Soldaten, einen Marsch (Musikstück) spielen, *sich in Marsch* (in Bewegung) *setzen*; der **Marschbefehl**; das **Marschgepäck**; **marschieren**; die **Marschmusik**; die **Marschrichtung**
Marschall der, Marschälle (hoher militärischer Rang; Haushofmeister)
Marter die, Martern (Qual, Folter); das **Marterl** (Bildstock); **martern** jmdn. zu Tode martern; der **Marterpfahl**; **martialisch** [martsialisch] (kriegerisch, verwegen); der/die **Märtyrer/-in** (für seinen/ihren Glauben zu Tode Gequälte/-r); das **Märtyrertum**; das **Martyrium** (Opfertod, schweres Leiden)
Marxismus der, *Ez.* (von Karl Marx begründete Gesellschaftslehre); der/die **Marxist/-in**; **marxistisch**
März der, Märze (3. Monat); der **Märzenbecher** (Narzissenart); das **Märzenbier** (Biersorte)
Marzipan der/das, Marzipane (Süßigkeit)
Masche die, Maschen: eine Masche binden, sie trägt eine Masche im Haar, er durchschaut die Masche (den Trick), *es mit einer neuen Masche* (ugs. *für* mit einem neuen Trick) *versuchen, durch die Maschen des Gesetzes schlüpfen* (einer Bestrafung entgehen); der **Maschendraht** (Drahtgeflecht); das **Mascherl** (Ersatz für Krawatte)
Maschekseite auch **Maschikseite** die, *Ez.*: *von der Maschekseite* (ugs. *für* von hinten herum) *kommen*

Maschine → Material

Maschine die, Maschinen: an einer Maschine arbeiten, die Maschine (Flugzeug) nach Berlin besteigen, eine schwere Maschine (Motorrad), Maschine schreiben ABER → maschinschreiben; **maschinell** etwas maschinell herstellen; die **Maschinenarbeit**; der **Maschinenbau**; das **Maschinengewehr**; der **Maschinenraum**; die **Maschinerie** (Getriebe); der/die **Maschinist/-in** (Maschinenarbeiter/-in); **maschinschreiben** ein maschingeschriebener Brief

Masel auch **Massel** das, Ez.: ein großes Masel (ugs. für Glück) haben; die **Masen** (ugs. für Glück)

Maser die, Masern (Musterung im Holz)

Masern die, Mz. (Kinderkrankheit)

Maserung die, Maserungen (Musterung im Holz)

Maske die, Masken: eine Maske vor dem Gesicht tragen, eine Maske (kosmetisches Mittel) gegen Fältchenbildung, *die Maske fallen lassen* (sein wahres Gesicht zeigen); der **Maskenball**; **maskenhaft** (starr, unbeweglich); die **Maskerade** (Verkleidung, Kostümfest); **maskieren** seine Unsicherheit als Überheblichkeit maskieren, sich als Hexe maskieren; die **Maskierung**

Maskottchen das, -: (Glücksbringer)

maskulin das maskuline (männliche) Geschlecht; das **Maskulinum** (männliches Hauptwort, z.B. „der Tisch")

Masochismus der, Ez. (Lust am Erleiden von Misshandlungen); der/die **Masochist/-in**; **masochistisch**

¹**Maß** das, Maße: die Maße sind geeicht, die Maße des Zimmers angeben, ein hohes Maß an Verantwortung tragen, über alle Maßen (außerordentlich), ein Anzug nach Maß, mit Maßen (maßvoll), ohne Maß und Ziel (maßlos), Maß nehmen, das rechte Maß finden, *mit zweierlei Maß messen* (unterschiedliche Maßstäbe anlegen), *das Maß ist voll!* (es reicht), *das Maß voll machen* (über die erlaubten Grenzen hinausgehen); die **Maßarbeit** (Einzelanfertigung); das **Maßband**

²**Maß** die, -: (altes Hohlmaß, Liter), drei Maß Bier; der **Maßkrug** (Krug mit einem Liter Inhalt)

Massage [masasch(e)] die, Massagen: eine Massage bekommen; der/die **Masseur/-in** [masöa/rin]; die **Masseuse** [masöse]; **massieren** jmdm. den Rücken massieren (die Muskeln kneten, lockern)

Massaker das, -: (Blutbad); **massakrieren** die Einwohner massakrieren (grausam töten)

Masse die, Massen: eine Masse (große Menge) von Fliegen, eine zähe Masse (Brei), die breite Masse (das Volk); der **Massenandrang**; der **Massenartikel**; **massenhaft** (sehr viel); die **Massenkundgebung**; die **Massenmedien** (Presse, Rundfunk, Fernsehen); der **Massenmord**; **massenweise**; **massig** ein massiger (wuchtiger) Stier

Maßgabe die, ...gaben: nach Maßgabe der Umstände; **maßgebend** eine maßgebende (als Richtschnur dienende) Meinung; **maßgeblich** (von entscheidender Bedeutung); **maßgeschneidert**

maßhalten auch **Maß halten** sie hält maß auch Maß

mäßig mäßige (nicht zu hohe) Preise, mäßige (schwache) Leistungen erzielen; **...mäßig** gesetzmäßig, planmäßig, rechtmäßig; **mäßigen** sein Temperament mäßigen (zügeln), sich beim Trinken mäßigen (zurückhalten); die **Mäßigung** (Selbstbeherrschung)

maßlos (übertrieben); die **Maßnahme**; **maßregeln** (tadeln); der **Maßstab**; **maßstabgetreu**

massiv ein Haus in massiver Bauweise, jmdm. massiv drohen, massives Silber, ein massiver (gewaltiger) Angriff; das **Massiv** (Gebirgszug)

¹**Mast** der, Masten/Maste (hohe Holz- oder Metallstange); der **Mastbaum**

²**Mast** die, Masten (Fütterung); der **Mastdarm**; **mästen** eine Gans mästen; das **Mastfutter**

Master der, Masters <MAS> (akademischer Grad); die **Masterarbeit**

Masturbation [...tsion] die, Masturbationen (Selbstbefriedigung); **masturbieren**

Matador der, Matadore (Stierkämpfer)

Match [mätsch] das, Matchs/Matche/Matches (Wettkampf)

Material das, Materialien: Material (Werkstoffe) für die Bastelarbeit, Materialien (Hilfsmittel) für den Unterricht, Material (Beweismittel) gegen jmdn. sammeln; der **Materialfehler**; **materialisieren** (körperlich machen); der **Materialismus** (auf Besitz konzentrierte Lebenseinstellung; philosophische Lehre); der/die **Materialist/-in** (jmd., der Besitz in den Vordergrund stellt); **materialistisch**; die **Materie** [materie] (Grundstoff), mit der Materie (dem Thema) vertraut sein; **materiell** materiell (finanziell) geht es ihr gut

213

Mathematik → m.E.

Mathematik die, *Ez.* (Wissenschaft von den Zahlen und Größen); der/die **Mathematiker/-in**; **mathematisch**
Matinee die, Matineen (Vormittagsvorstellung)
Matjeshering der, ...heringe (gesalzener junger Hering)
Matratze die, Matratzen: *an der Matratze horchen* (schlafen); das **Matratzenlager**
Mätresse die, Mätressen (Geliebte eines Fürsten)
Matriarchat das, Matriarchate (Gesellschaftsordnung, in der die Frau die wichtigste Stellung einnimmt); die **Matriarchin**; **matriarchalisch**
Matrikel die, Matrikeln (Personenverzeichnis); die **Matrix** (geordnetes Schema)
Matrize die, Matrizen (Form für Druckplatte)
Matrone die, Matronen (ältere, korpulente Frau)
Matrose der, Matrosen (Seemann); die **Matrosin**
Matsch der, *Ez.* (Schneematsch, breiige Masse); **matschig** (weich) matschiger Schnee
matschkern (*mundartl. für* nörgeln)
matt sie ist vor Hunger ganz matt (schwach), eine matte (glanzlose) Farbe, jmdn. matt setzen *auch* mattsetzen (ihn besiegen); das **Matt** (Endstellung beim Schach); **mattgolden**; die **Mattigkeit**; die **Mattscheibe** vor der Mattscheibe (Fernsehgerät) sitzen, *eine Mattscheibe haben* (*ugs. für* etwas nicht verstehen)
Matte die, Matten: auf der Matte turnen, die Kühe auf die grünen Matten (Bergweiden) treiben
Matura die, *Ez.* (Reifeprüfung), die Matura ablegen; der/die **Maturant/-in**; **maturieren** sie hat mit Auszeichnung maturiert
Mätzchen das, -: Mätzchen machen (Ausflüchte suchen)
Mauer die, Mauern: eine Mauer errichten, die Berliner Mauer, eine Mauer des Schweigens; das **Mauerblümchen** (unbeachtetes Mädchen); der **Mauerhaken**; **mauern** er mauert ein Haus, die Spieler mauerten (verteidigten das eigene Tor mit allen Spielern); das **Mauerwerk**
Maul das, Mäuler: das Maul des Esels, er hat ein freches Maul (Mund), *jmdm. aufs Maul schauen* (genau zuhören, was er sagt), *sich das Maul über jmdn. zerreißen* (bösartig über ihn reden); die **Maulaffen** *Maulaffen feilhalten* (*veraltet für* untätig zuschauen); das

Mäulchen; **maulen** (murren); der **Maulesel** (Kreuzung aus Pferdehengst und Eselstute); der **Maulheld** (Angeber); der **Maulkorb** *jmdm. einen Maulkorb anlegen* (ihn am Reden hindern); das **Maultier** (Maulesel); die **Maultrommel** (Musikinstrument); der **Maulwurf** (Säugetier)
maunzen ein maunzender Kater
Maurer der, -: (Handwerker im Bauwesen); der/das **Maurerfäust(e)l** (schwerer Hammer); die **Maurerin**; der/die **Maurermeister/-in**
Maus die, Mäuse (Nagetier; Computersteuerung), *weiße Mäuse sehen* (Wahnvorstellungen haben); das **Mäuschen**; **mäuschenstill**; der **Mäusebussard** (Raubvogel); die **Maus(e)falle**; das **Maus(e)loch**; **mausen** (*veraltet für* stehlen); die **Mäuseplage**; der **Mäuserich**; **maus(e)tot**; **mausgrau**; das **Mauspad** [mauspäd] (Unterlage für Computermaus); die **Maustaste** (Taste auf der Computermaus)
mauscheln (heimlich etwas vereinbaren); die **Mauschelei**
Mauser die, *Ez.* (Federwechsel der Vögel); **mausern** *sich recht gut mausern* (vorteilhaft entwickeln)
Mausoleum das, Mausoleen (Grabmal)
Maut die, Mauten (Straßen- oder Brückenzoll); die **Mautgebühr**; die **Mautstelle**; die **Mautstraße**
m.a.W. = mit anderen Worten
maximal (größtmöglich), maximal (höchstens) zehn Prozent; die **Maximalforderung**
Maxime die, Maximen (Leitsatz, Prinzip); das **Maximum** (Höchstmaß)
Mayonnaise [majonäs(e)] die, Mayonnaisen (Soße)
Mazedonien *auch* Makedonien (Staat in Südosteuropa); der/die **Mazedonier/-in** *auch* Makedonier/-in; **mazedonisch** *auch* makedonisch
Mäzen der, Mäzene (Kunstfreund, Gönner); das **Mäzenatentum** (Förderung von Künstlern); die **Mäzenin**
MB = **M**ega**b**yte [megabait]
MBA = **M**aster of **B**usiness **A**dministration (akademischer Grad)
mb = **M**illi**b**ar
Md. = **M**illiar**d**e
MDA (kurz für **M**obile **D**igital **A**ssistant, Kombination von Taschencomputer und Mobiltelefon)
m.E. = **m**eines **E**rachtens

Mechanik → Meineid

Mechanik die, Mechaniken (Lehre von der Bewegung der Körper; Mechanismus); der/die **Mechaniker/-in**; **mechanisch** etwas mechanisch (mit einer Maschine) herstellen, er antwortet mechanisch (ohne zu überlegen); **mechanisieren** (einen Handwerksbetrieb/Ablauf auf Maschinen umstellen); der **Mechanismus**; **mechanistisch**

Meckerei die, Meckereien (Meckern); **meckern** wie eine Ziege meckern, ständig meckern (nörgeln)

Medaille [medailje] die, Medaillen (Gedenkmünze, Auszeichnung); das **Medaillon** [medai(l)jō] sie trägt ein Medaillon (Anhänger mit Bildchen), er brät Medaillons (kleine Filetstücke)

Mediation [...tsion] die, ...tionen (Vermittlung zur Konfliktlösung); der **Mediator**; die **Mediatorin**

Medien die, Mz. (Kommunikationsmittel); die **Medienlandschaft** (Gesamtheit der Medien); **medienwirksam** (auf Wirkung in den Massenmedien bedacht)

Medikament das, Medikamente (Heilmittel); **medikamentös** eine Krankheit medikamentös behandeln

Meditation [...tsion] die, Meditationen (tiefe geistige Versenkung, konzentriertes Nachdenken); **meditativ**; **meditieren** (sich versenken), über eine Sache meditieren (nachdenken)

mediterran (zum Mittelmeerraum gehörend), die mediterrane Pflanzenwelt

Medium das, Medien (Kommunikationsmittel; übersinnlich begabte Person)

Medizin die, Medizinen (Arznei; ärztliche Wissenschaft); der **Medizinball** (sehr schwerer Ball); der/die **Mediziner/-in**; **medizinisch**; der **Medizinmann** (magischer Heiler bei Naturvölkern)

Medley [mędli] das, Medleys (Mischung aus verschiedenen Musikstücken)

Meer das, Meere: auf dem Meer segeln, ein Meer von Häusern; der **Meerbusen** (Meeresbucht); die **Meerenge**; der **Meeresarm**; der **Meeresgrund**; der **Meeresspiegel**; der **Meeresstrand**; die **Meeresströmung**; die **Meerestiefe**; die **Meerjungfrau** (Nixe); das **Meersalz**; das **Meerschweinchen** (kleines Nagetier)

Meeting [miting] das, Meetings (Treffen, Versammlung)

Megabyte [megabait] das, ...bytes <MB> (eine Million Byte); das **Megafon** auch Megaphon (Schallverstärker); das **Megahertz** <MHz>; das **Megawatt** <MW>

Mehl das, Mehle: griffiges Mehl; **mehlig** (mehlbestäubt; trocken); die **Mehlspeise** (süßes Gebäck); der **Mehltau** (Pflanzenkrankheit) ABER → Meltau (Ausscheidung von Blattläusen); der **Mehlwurm** (Käferlarve)

mehr Adv.: er will noch mehr, du musst mehr auf deine Gesundheit achten, nichts mehr, mehr und mehr (immer mehr), weit mehr als; je mehr, desto besser; um so mehr, mehr oder weniger (fast ohne Ausnahme); das **Mehr** ein Mehr an Kosten; die **Mehrarbeit**; **mehrdeutig**; **mehren** seinen Reichtum mehren (vergrößern); **mehrere** mehrere Besucher; **mehrerlei**; **mehrfach**; das **Mehrfache**; **mehrfarbig** (bunt); die **Mehrheit**; **mehrheitlich**; **mehrjährig**; die **Mehrkosten**; **mehrmalig**; **mehrmals** Adv.; **mehrsprachig**; **mehrstellig**; **mehrstimmig**; **mehrstündig**; **mehrtägig** ein mehrtägiger Ausflug; die **Mehrwegflasche**; die **Mehrwertsteuer** <MwSt., MWSt.>; die **Mehrzahl** <Mz.> (der Plural)

meiden er meidet unangenehme Dinge, sie mied ihn (ging ihm aus dem Weg), er hat ihre Nähe gemieden

Meierei die, Meiereien (Landgut, Molkerei)

Meile die, Meilen (Längenmaß); der **Meilenstein** (bedeutendes Ereignis); **meilenweit** meilenweit gehen ABER → mehrere Meilen weit

Meiler der, -: (Kohlenmeiler, Atommeiler)

mein mein Haus, meiner Ansicht nach, mein Ein und Alles ABER → *Mein und Dein nicht unterscheiden können* (stehlen), meines Erachtens <m. E.>, das mein(ig)e auch Mein(ig)e, die meinen auch Meinen; **meinerseits** Adv.; **meinesgleichen**; **meinethalben** Adv.; **meinetwegen** Adv.; **meinetwillen** Adv.; die **Meinigen** auch meinigen (meine Angehörigen)

Meineid der, Meineide (falscher Schwur), einen Meineid leisten; **meineidig**

das ist **mein** Glück	ABER	**Mein** und Dein nicht unterscheiden können
die **meinigen**	auch	die **Meinigen**

meinen → Menschenmenge

meinen er meint recht zu haben, was meinst du dazu?, das war nicht so gemeint; die **Meinung** meine Meinung (Ansicht), *jmdm. die Meinung sagen* (mit ihm schimpfen); der **Meinungsaustausch**; die **Meinungsforschung**; die **Meinungsfreiheit**; die **Meinungsumfrage**

Meise die, Meisen (Singvogel)

Meißel der, -: (Werkzeug); **meißeln** er meißelt eine Figur in Stein

meist meist (meistens) siegen, von den blauen Steinen am meisten haben, das meiste auch **Meiste** weiß ich, die meisten auch **Meisten** glauben das nicht; **meistbietend** etwas meistbietend versteigern ABER → der/die **Meistbietende**; **meistens** *Adv.*; **meistgekauft** das meistgekaufte Buch; die **Meiststufe** (Superlativ, z.B. „am besten")

das **meiste** davon	auch	das **Meiste** davon
die **meisten** von ihnen	auch	die **Meisten** von ihnen

Meister der, -: ein Meister seines Faches, der Meister des Betriebes; der **Meisterbrief** (Zeugnis); **meisterhaft** (großartig); die **Meisterin**; die **Meisterleistung**; **meisterlich** (vorbildlich); **meistern** sein Schicksal meistern (bewältigen); die **Meisterprüfung**; die **Meisterschaft**; das **Meisterstück**; das **Meisterwerk** (hervorragende Arbeit)

Melancholie [melankoli] die, *Mz.* (Schwermut, Niedergeschlagenheit); der/die **Melancholiker/-in**; **melancholisch**

Melange [meläsch] die, Melangen (Mischung; Milchkaffee)

Melanzani die, -: (Gemüsefrucht, Aubergine)

Melasse die, Melassen (Nebenprodukt der Zuckerproduktion)

Meldefrist die, ...fristen; **melden** den Unfall melden, melde dich bei mir, sich im Unterricht oft melden, *nichts zu melden* (ugs. für zu sagen) *haben*; die **Meldepflicht**; **meldepflichtig**; der **Meldetermin**; der **Meldezettel** (polizeiliche Meldebescheinigung); die **Meldung**

melieren (mischen); **meliert** grau meliertes auch graumeliertes Haar

Melisse die, Melissen (Heilpflanze)

melken er melkt die Kuh, sie molk/melkte, sie hat gemolken/gemelkt, frisch gemolkene Milch; der/die **Melker/-in**; die **Melkmaschine**

Melodie die, Melodien: die Melodie eines Liedes, eine kleine Melodie pfeifen; **melodisch** (wohl klingend); das **Melodrama** auch Melodram (feierlich-tragisches Schauspiel); **melodramatisch** (pathetisch)

Melone die, Melonen (Kürbisfrucht; runder schwarzer Hut)

Meltau der, *Ez.* (klebrige Ausscheidung von Blattläusen) ABER → Mehltau (Pflanzenkrankheit)

Membran die, Membranen auch die **Membrane** (dünnes Häutchen)

Memme die, Memmen (*geh. veraltet für* Feigling); **memmenhaft**

Memoiren [memoaren] die, *Mz.* (Lebenserinnerungen in Buchform); das **Memorandum** (Denkschrift); **memorieren** ein Gedicht memorieren (auswendig lernen)

Menagerie [menascheri] die, Menagerien (Tierschau)

Menetekel das, -: (unheilvolles Vorzeichen)

Menge die, Mengen: eine Menge Geld, in rauen Mengen (in großer Zahl), eine kleine Menge Dünger, sich unter die Menge mischen; **mengen** (mischen); die **Mengenangabe**; die **Mengenlehre**; der **Mengenrabatt** (Preisnachlass)

Meningitis die, *Ez.* (Gehirnhautentzündung)

Meniskus der, Menisken (Knorpel im Kniegelenk)

Mensa die, Mensas/Mensen (Kantine für Studenten)

Mensch der, Menschen: des Menschen, kein Mensch, von Mensch zu Mensch, *ein neuer Mensch werden* (sich sehr verändern); das **Mensch** (*abwertend für* Mädchen); der **Menschenaffe**; das **Menschenalter**; **menschenfreundlich**; **Menschengedenken** seit Menschengedenken (seit je); die **Menschenhand** nicht von Menschenhand geschaffen; die **Menschenkenntnis**; das **Menschenkind**; das **Menschenleben**; **menschenleer**

Menschenmenge die, ...mengen; das **Menschenmögliche** alles Menschenmögliche tun; die **Menschenrechte**; **menschenscheu**; die **Menschenseele** *keine Menschenseele* (niemand); **menschenverachtend** auch Menschen verachtend; die **Menschenwürde**; **menschenwürdig**; die **Menschheit** (alle Menschen); der **Menschheitstraum**; **menschlich** der menschliche Körper, menschlich (mitfühlend) handeln, nach menschlichem Ermessen (aller

Menstruation → Meuchelmord

Wahrscheinlichkeit nach); das **Menschsein**
Menstruation [...tsion] die, Menstruationen (Monatsblutung); **menstruieren**
mental (geistig, den Verstand betreffend); die **Mentalität** (Gemütsart)
Menthol das, *Ez.* (Bestandteil des Pfefferminzöls)
Mentor der, Mentoren (Förderer, Fürsprecher); die **Mentorin**
Menü das, Menüs (Speisenfolge; Auswahl von Programmfunktionen)
Menuett das, Menuette/Menuetts (Tanz)
Mephisto der, *Ez.* (Teufel)
Merchandising [möatschendaising] das, *Ez.* (verkaufsfördernde Maßnahmen)
Mergel der, -: (Gesteinsart)
Meridian der, Meridiane (Längengrad)
merkantil (kaufmännisch); der **Merkantilismus** (Wirtschaftspolitik in der Zeit des Absolutismus)
merken sich nichts merken können, etwas nicht merken (bemerken); das **Merkheft**; **merklich** (deutlich erkennbar) ABER
→ um ein Merkliches; das **Merkmal** (Kennzeichen); der **Merksatz**; **merkwürdig** eine merkwürdige (seltsame) Erscheinung; **merkwürdigerweise** *Adv.;* der **Merkzettel**
Merkur der, *Ez.* (Planet)
meschugge völlig meschugge (*ugs. für* verrückt) sein
Mesner auch **Messner** der, -: (Kirchendiener)
Messband das, ...bänder; **messbar**; die **Messbarkeit; messen** er misst die Länge, sie maß (verglich) sich mit ihm, er hat Fieber gemessen; die **Messung**; der **Messwert**
Messe die, Messen: die Messe (den Gottesdienst) feiern, zu einer Messe (große Ausstellung von Waren) reisen; das **Messegelände**; die **Messehalle**; das **Messgewand**; der **Messner** auch **Mesner** (Kirchendiener)
Messer das, -: ein scharfes Messer, *bis aufs Messer* (mit allen Mitteln) *kämpfen, jmdn. ans Messer liefern* (*ugs. für* ihn verraten), *jmdm. das Messer an die Kehle setzen* (*ugs. für* ihn unter Druck setzen), *unters Messer kommen* (operiert werden); der **Messerrücken**; **messerscharf** einen messerscharfen Verstand haben; die **Messerspitze**; der **Messerstich**
Messias der, *Ez.* (Erlöser, Sohn Gottes)
Messing das, *Ez.* (Legierung aus Zink und Kupfer); das **Messingschild**

MESZ = **M**ittel**e**uropäische **S**ommer**z**eit
Met der, *Ez.* (alkoholisches Getränk aus Honig)
Metall das, Metalle: ein Metall verarbeitender auch metallverarbeitender Betrieb; der/die **Metallarbeiter/-in**; **metallen** (aus Metall); **metallic** (metallisch schimmernd lackiert); die **Metallindustrie**; **metallisch** (wie Metall); die **Metalllegierung**
Metamorphose die, Metamorphosen (Verwandlung, z.B. von der Kaulquappe zum Frosch)
Metapher die, Metaphern (Übertragung, bildlicher Ausdruck, z.B. „Blüte der Jahre" für die besten Lebensjahre); die **Metaphorik**; **metaphorisch** etwas metaphorisch (bildlich) sagen, ein Wort metaphorisch (im übertragenen Sinn) verwenden
Metaphysik die, *Ez.* (Teilgebiet der Philosophie); **metaphysisch** (übernatürlich)
Metastase die, Metastasen (Tochtergeschwulst eines Tumors in einem anderen Körperteil)
Meteor der, Meteore (Sternschnuppe); der **Meteorit** (Meteorstein); der **Meteorologe**; die **Meteorologie** (Wetterkunde); die **Meteorologin**; **meteorologisch**
Meter der/das, -: <m> (Längenmaß), zwei Meter hoch, eine Länge von fünf Metern, der 100-Meter-Lauf; **meterdick**; **meterhoch**; **meterlang** ABER → zwei Meter lang; das **Metermaß**; die **Meterware**; **meterweise**
Methan das, *Ez.* (Gas)
Methode die, Methoden (Verfahrensweise); die **Methodik** (Lehre von wissenschaftlichen Methoden); **methodisch** (überlegt, planmäßig)
Methusalem der, Methusaleme (sehr alter Mann)
Metier [metje] das, Metiers (Handwerk, Fachgebiet)
Metrik die, Metriken (Verslehre); **metrisch**; das **Metronom** (Taktmesser); das **Metrum** (Versmaß)
Metropole die, Metropolen (Hauptstadt, Zentrum)
Mette die, Metten (nächtlicher Gottesdienst)
Mettwurst die, ...würste (Wurstsorte)
Metzelei die, Metzeleien (grausames Morden); **metzeln** (töten, abschlachten); der/die **Metzger/-in** (Fleischhauer/-in); die **Metzgerei**; **metzgern**
Meuchelmord der, ...morde (Mord aus dem Hinterhalt); der/die **Meuchelmörder/-in**;

Meute → minder

meucheln; meuchlerisch (heimtückisch, hinterrücks); meuchlings

Meute die, Meuten (Hunderudel; wilde Bande); die **Meuterei** (Aufstand); der **Meuterer**; **meutern** die Matrosen meutern (gehorchen nicht)

Mexiko (Staat in Mittelamerika); der/die **Mexikaner/-in**; **mexikanisch**

MEZ = mitteleuropäische **Z**eit

Mezzanin der/das, Mezzanine (Halbstock); der **Mezzosopran** (mittlere Frauenstimme)

mg = Milligramm

miauen die Katze miaut

mich sie kennt mich nicht

mickerig auch **mickrig** ein mickriger (abwertend für kümmerlicher) Lohn

Mickymaus die, Ez. (Comicfigur) auch Micky Maus, Mickey Mouse

Midlifecrisis [midlaifkraisis] auch **Midlife-Crisis** die, Ez. (Krise in der Lebensmitte)

Mieder das, -: (Oberteil eines Trachtenkleides; Korsett)

Mief der, Ez. (abwertend für Gestank); **miefen** es mieft (riecht schlecht)

Miene die, Mienen (Gesichtsausdruck), gute Miene zum bösen Spiel machen (etwas erdulden)

eine finstere **Miene** (Gesichtsausdruck)	ABER	auf eine **Mine** treten die Bleistift**mine**

mies ein mieser Charakter, miese Laune haben, ihr geht es ziemlich mies; **miesmachen** etwas miesmachen (schlecht machen); der/die **Miesmacher/-in**

Miesmuschel die, ...muscheln (essbare Muschel)

Miete die, Mieten: Miete für die Wohnung zahlen; **mieten** sich ein Zimmer mieten; der/die **Mieter/-in**; der **Mieterschutz**; das **Mietshaus**; der **Mietvertrag**; die **Mietwohnung**

Mieze die, Miezen (Katze); die **Miezekatze**

Migräne die, Migränen (heftige Kopfschmerzen)

Migrant der, Migranten (Einwanderer); die **Migrantin**; die **Migration** (Abwanderung in ein anderes Land); der **Migrationshintergrund** Migrationshintergrund haben (zugewandert sein)

Mikro das, Mikros (kurz für Mikrofon)

Mikrobe die, Mikroben (Kleinstlebewesen);

der **Mikrochip** [mikrotschip] (winzige elektronische Speichereinheit); das **Mikrofon** auch Mikrophon; der **Mikrokosmos** (Welt der Kleinstlebewesen); das **Mikroskop**; **mikroskopieren**; **mikroskopisch**; die **Mikrowelle** (elektromagnetische Welle; kurz für Mikrowellenherd)

MILAK = **Mil**itär**ak**ademie

Milbe die, Milben (Spinnentier)

Milch die, Ez.: frische Milch trinken; die **Milchflasche**; das **Milchgebiss** (erstes Gebiss); das **Milchgesicht** (abwertend für unreifer Bursche); das **Milchglas** (undurchsichtiges Glas); **milchig** (weißlich, trüb); der **Milchkaffee**; die **Milchmädchenrechnung** (allzu einfache, oft auch irrige Schlussfolgerung); die **Milchstraße** (unser Sternensystem); die **Milchwirtschaft**; der **Milchzahn**

mild auch **milde** ein mildes Klima, der Richter fällt ein mildes Urteil; die **Milde**; **mildern** (lindern), mildernde Umstände; **mildtätig** (freigebig)

Milieu [miljö] das, Milieus (Umwelt, Lebensbereich eines Menschen); **milieugeschädigt**

militant (kämpferisch); das **Militär** (Streitkräfte eines Landes); das **Militärbündnis**; der **Militärdienst**; **militärisch**; die **Militärpflicht**; die **Miliz** (Volksheer, Bürgerwehr)

Mill. = Millionen; das **Millennium** (Jahrtausend); das **Milliampere** <mA> (Maßeinheit für Stromstärke); die **Milliarde** <Md., Mrd.> (tausend Millionen); der/die **Milliardär/-in**; das **Millibar** <mb, mbar> (Maßeinheit für den Luftdruck); das **Milligramm** <mg> (ein tausendstel Gramm); der **Millimeter** <mm> (ein tausendstel Meter); **millimetergenau**; das **Millimeterpapier**; die **Million** <Mill., Mio.> Millionen Mal; der/die **Millionär/-in**; **millionenfach**; die **Millionenstadt**; das **Millionstel**

Milz die, Milzen (inneres Organ)

Mime der, Mimen (Schauspieler); **mimen** den starken Mann mimen (vortäuschen); die **Mimik** (wechselnder Gesichtsausdruck); die **Mimin** (Schauspielerin); **mimisch**

Mimose die, Mimosen (Pflanzenart), eine Mimose (überempfindlich) sein; **mimosenhaft**

Min., min = **Min**ute

Minarett das, Minarette (Turm einer Moschee)

minder eine nicht minder große Bedeutung, mehr oder minder, minder gut, minder wichtig, eine mindere (schlechtere) Ware liefern; **minderbegabt**; **minderbemittelt**

(arm); die **Minderheit**; der **Minderheiten-schutz**; **minderjährig** (unmündig); der/die **Minderjährige**; **mindern** (verringern); **minderwertig**; das **Minderwertigkeits-gefühl**; das **Mindestalter**; **mindeste** das mindeste auch Mindeste, nicht im mindesten auch Mindesten; **mindestens** *Adv.*: ich bleibe mindestens eine Stunde; der **Mindest-lohn**; das **Mindestmaß**; die **Mindestsiche-rung** (Grundeinkommen bei unfreiwilliger Arbeitslosigkeit); die **Mindeststrafe**

Mindmap [maind mäp] auch **Mind-Map** die, Mindmaps (Technik zum Ideenfinden)

Mine die, Minen: auf eine Mine (Sprengkörper) treten, er arbeitet in einer Mine (Bergwerk), die Mine des Kugelschreibers auswechseln; der/die **Minenarbeiter/-in**; das **Minenfeld**

eine **Mine** auswechseln	ABER	eine böse **Miene** machen

Mineral das, Minerale/Mineralien (anorganische Substanz); **mineralisch**; die **Mineralogie** (Lehre von den Mineralien); das **Mineralöl**; das **Mineralwasser**

mini (sehr klein); die **Miniatur** (kleines Bild); die **Miniaturausgabe** (kleinformatige Ausgabe); das **Minigolf**; **minimal** (unbedeutend klein); das **Minimum** (das Kleinste, Mindestmaß); der **Minirock**

Minister der, -: (Mitglied der Regierung); **ministeriell**; die **Ministerin**; das **Ministerium** (oberste Verwaltungsbehörde eines Staates); der/die **Ministerpräsident/-in**

Ministrant der, Ministranten (Messdiener); die **Ministrantin**; **ministrieren**

Minne die, *Ez.* (dienende Liebe eines Ritters); der **Minnesang** (mittelalterliche höfische Liebeslyrik); der **Minnesänger**

Minorität die, Minoritäten (Minderheit)

Minuend der, Minuenden (Zahl, von der etwas abgezogen wird); das **Minus** (Fehlbetrag); **minus** sechs minus (weniger) zwei, 10 Grad minus; *Präp.+Gen.:* sie bekommt 200 Euro minus der Abzüge; das **Minuszeichen** <–>

Minute die, Minuten <Min., min> in letzter Minute, *es ist fünf Minuten vor zwölf* (höchste Zeit), zwei Minuten lang ABER → **minutenlang**; der **Minutenzeiger**; minutiös auch minuziös (sehr genau, gewissenhaft); **minütlich** (jede Minute)

minutenlang	ABER	zwei **Minuten** lang

Minze die, Minzen (Heilpflanze)
Mio. = Million
mir er gefällt mir; *mir nichts, dir nichts* (ugs. für einfach so)
Mirabelle die, Mirabellen (Frucht)
Mirakel das, -: (Wunder)
Misanthrop der, Misanthropen (Menschenfeind); **misanthropisch**
mischen Spielkarten mischen, gemischter Salat, gemischte (zwiespältige) Gefühle; der **Mischling** (Nachkomme von Eltern verschiedener Hautfarbe bzw. bei Tieren verschiedener Rassen); der **Mischmasch** (ugs. für Mischung, Unordnung); das **Mischpult** (Gerät zum Mischen von Klängen); die **Mischung**
miserabel er spielt miserabel Fußball, ein miserables Ergebnis; die **Misere** (Not, Elend)
Miss die, Misses/Missen (Fräulein), Miss Austria (Schönheitskönigin)
missachten die Gesetze missachten; das **Missbehagen** (unangenehmes Gefühl); die **Missbildung**; **missbilligen** (ablehnen); der **Missbrauch**; **missbrauchen** (ausnützen); **missbräuchlich**; **missen** etwas nicht (mehr) missen (entbehren) wollen; der **Misserfolg**; die **Missetat** (Vergehen); der/die **Missetäter/-in**; **missfallen** (▶ fallen) (nicht zusagen); die **Missgeburt** (*abwertend für* Lebewesen mit Missbildungen); **missgelaunt** (mürrisch); das **Missgeschick**; **missgestaltet**; **missglücken** (scheitern); **missgönnen**; der **Missgriff** (Fehler); die **Missgunst** (Neid); **missgünstig**
misshandeln (quälen); die **Misshandlung**; der **Misskredit** *jmdn. in Misskredit* (in schlechten Ruf) *bringen*; **misslich** eine missliche (ärgerliche) Lage; **misslingen** eine misslungene Probe; der **Missmut** (Ärger); **missmutig**; **missraten** (▶ raten) (misslingen); der Missstand auch Miss-Stand (schlimmer Zustand); **misstrauen** (kein Vertrauen haben); das **Misstrauen**; **misstrauisch**; das **Missvergnügen**; **missvergnügt**; **missverständlich**; das **Missverständnis**; **missverstehen** (▶ stehen)
Mission die, Missionen: jmdn. mit einer besonderen Mission (Auftrag) betrauen; der/die **Missionar/-in** auch Missionär/-in; **missionieren** (den Glauben verbreiten)
Mist der, *Ez.*: (Stallmist; Abfall, Müll), Mist auf das Feld fahren, der Hahn auf dem Mist (*kurz für* Misthaufen), *Mist bauen* (ugs.

Mistel → Mittel

für etwas falsch machen), *nicht auf jmds. Mist gewachsen sein* (*ugs. für* nicht von ihm stammen); der **Misthaufen** (Haufen mit Stallmist); der **Mistkäfer**; der **Mistkerl** (Schimpfwort); der **Mistkübel**; das **Miststück** (Schimpfwort); das **Mistvieh** auch Mistviech (Schimpfwort)

Mistel die, Misteln (immergrüne Pflanze)
Mister der, -: (engl. Anrede für einen Mann)
Mistral der, Mistrale (Sturmwind)
mit *Präp.+Dat.*: ich gehe mit dir, mit anderen Worten, er fährt mit seinem neuen Auto, mit Erschrecken etwas hören, mit Hilfe auch mithilfe; *Adv.*: etwas mit anhören, mit beteiligt sein, mit einzubeziehende Fragen, Schulden mit übernehmen

mithilfe	auch	mit Hilfe
das kann ich nicht mit ansehen	auch	mitansehen

Mitarbeit die, *Ez.*; **mitarbeiten** im Unterricht aktiv mitarbeiten; der/die **Mitarbeiter/-in**
mitberücksichtigen etwas mitberücksichtigen
mitbestimmen etwas mitbestimmen; die **Mitbestimmung**; das **Mitbestimmungsrecht**
mitbringen (▶ bringen) ein Geschenk mitbringen; das **Mitbringsel** (kleines Geschenk)
mitdenken (▶ denken) im Unterricht mitdenken
miteinander *Adv.* (gemeinsam); das **Miteinander**
mitempfinden (▶ finden) jmds. Glück mitempfinden
miterleben das Fest miterleben
mitfühlen (Verständnis haben); **mitfühlend**; das **Mitgefühl**
mitgehen (▶ gehen) *etwas mitgehen lassen* (*ugs. für* stehlen)
Mitgift die, Mitgiften (Aussteuer)
Mitglied das, Mitglieder: bei einem Verein Mitglied werden; der **Mitgliedsbeitrag**; die **Mitgliedschaft**; der **Mitgliedstaat**
mithalten (▶ halten) sie kann mit seinem Tempo mithalten
mithelfen (▶ helfen); mithilfe auch mit Hilfe *Präp.+Gen.* mithilfe der Freunde; die **Mithilfe**
mithin *Adv.* (also, somit)
mitkommen (▶ kommen) willst du mitkommen?

mitlaufen (▶ laufen) mit den anderen mitlaufen; der/die **Mitläufer/-in** (Jasager/-in)
Mitlaut der, Mitlaute (Konsonant)
Mitleid das, *Ez.* (Mitgefühl); **mitleiden** (▶ leiden); die **Mitleidenschaft** *jmdn. in Mitleidenschaft ziehen* (ihn schädigen); mitleiderregend auch Mitleid erregend; **mitleidig**; **mitleidslos**
mitmachen beim Spiel mitmachen, sie hat viel mitgemacht (gelitten)
Mitmensch der, Mitmenschen (der Nächste)
mitnehmen (▶ nehmen) einen Autostopper mitnehmen, die schlechte Nachricht hat ihn sehr mitgenommen; der **Mitnahmepreis** (Kaufpreis für Selbstabholer)
mitnichten *Adv.* (*geh. für* keineswegs)
Mitra die, Mitren (Bischofsmütze)
mitreden er kann da nicht mitreden
mitreißen (▶ reißen) jmdn. mitreißen (begeistern), ein mitreißender Vortrag
mitsamt *Präp.+Dat.*: mitsamt der Familie umziehen
Mitschuld die, *Ez.*: bei einem Unfall Mitschuld haben; **mitschuldig**; der/die **Mitschuldige**
Mitschüler der, -: (Klassenkamerad); die **Mitschülerin**
Mittag der, Mittage: gestern Mittag, es ist Mittag, jeden Mittag, zu Mittag, gegen Mittag, über Mittag; das **Mittagessen** ABER → zu Mittag essen; **mittäglich**; **mittags** *Adv.*: mittags um zwölf ABER → eines Mittags; die **Mittagspause**; der **Mittagsschlaf**; die **Mittagsstunde**; die **Mittagszeit**
Mittäter der, -: er wurde als Mittäter entlarvt; die **Mittäterin**
Mitte die, Mitten: in der Mitte der Straße, der Gast in unserer Mitte (Runde), er ist Mitte vierzig, *die goldene Mitte* (eine ausgewogene Kompromisslösung)
mitteilen etwas schriftlich mitteilen; **mitteilsam** (gesprächig); die **Mitteilung**
Mittel das, -: mit allen Mitteln kämpfen, ein gutes Mittel (Heilmittel), das Mittel (Mittelwert) ausrechnen, keine Mittel (Geld) mehr haben, *Mittel und Wege* (Möglichkeiten) *finden, Mittel zum Zweck sein* (ausgenutzt werden); das **Mittelalter** <MA>; **mittelalterlich** <ma.>; **Mitteleuropa**; das **Mittelfeld** (beim Fußball); der **Mittelfinger**; **mittelfristig**; **mittelgroß**; die **Mittellinie**; **mittellos** (arm); das **Mittelmaß** (Durchschnitt); **mittelmäßig** (durchschnittlich); das **Mittelmeer**; der

mittels → möglich

Mittelpunkt; die **Mittelschicht** (mittlere Bevölkerungsschicht); der **Mittelstand** (kleinere Unternehmer); der **Mittelweg**; der **Mittelwert**; das **Mittelwort** (Partizip, z.B. „gegangen")

mittels *Präp.+Gen.:* mittels (mit Hilfe von) Geld

Mittelsmann der, ...männer (Vermittler); die **Mittelsfrau**; der/die **Mittler/-in** (Vermittler/-in); die **Mittlerrolle**

mitten *Adv.:* mitten am Vormittag, mitten im Zimmer, mitten durch die Stadt, mitten entzwei; **mittendrin** *Adv.;* **mittendurch** *Adv.;* **mittlere** das mittlere Afrika, von mittlerer Größe ABER → der/die/das **Mittlere**; **mittlerweile** *Adv.* (unterdessen)

Mitternacht die, *Ez.:* um Mitternacht, heute Mitternacht; **mitternächtlich**; **mitternachts** *Adv.*

Mittwoch der, Mittwoche (▶ Dienstag); der **Mittwochabend**; **mittwochabends** *Adv.;* **mittwochs** *Adv.* (jeden Mittwoch) mittwochs abends

am **Mittwoch abends**	ABER	der **Mittwoch- abend**
mittwochs abends	auch	**mittwoch- abends**

mitunter *Adv.* (manchmal)
mitverantwortlich; die **Mitverantwortung**
Mitvergangenheit die, *Ez.* (Präteritum, z.B. „er ging")
mitwirken bei der Aufführung mitwirken; die **Mitwirkung**
Mitwisser der, -: jmdn. zum Mitwisser haben; die **Mitwisserin**
mixen ein Getränk mixen; der **Mixer**; die **Mixtur** (Mischung)
ml = Milliliter
mm = Millimeter
Mob der, *Ez.* (*abwertend für* Gesindel, Pöbel); **mobben**; das **Mobbing** (Schikanieren von Kollegen/Kolleginnen, bis diese kündigen)
Möbel das, -: neue Möbel kaufen; das **Möbelstück**; **möblieren** (einrichten); **möbliert** ein möbliertes Zimmer; die **Möblierung**
mobil (beweglich); das **Mobile**; das **Mobiliar** (Wohnungseinrichtung); **mobilisieren** viele Wähler für eine Partei mobilisieren; **mobilmachen** die Streitkräfte mobilmachen (kampfbereit machen)
Mocca *auch* **Mokka** der, Moccas (starker Kaffee)

Möchtegern der, ...gerns (*ugs. für* jmd., der etwas gern tun möchte, aber nicht kann)
modal (die Art und Weise bezeichnend, Frage: wie?, z.B. „auf einem Bein"); die **Modalität** (Verfahrensweise); das **Modalverb** (z.B. „mögen")
Mode die, Moden: sie trägt stets die neueste Mode, aus der Mode sein; **modebewusst**; die **Mode(n)schau**
¹**Model** das, Models (Fotomodell); **modeln** (als Fotomodell arbeiten)
²**Model** der, -: (Backform)
Modell das, Modelle: das Modell des neuen Gebäudes, das neueste Modell dieses Wagens, einem Maler Modell stehen; der **Modellbau**; die **Modelleisenbahn**; **modellieren** (formen)
Modem das, Modems (Anschlussgerät zur Datenübertragung)
Moder der, *Ez.* (Fäulnis, Verwesung); **mod(e)rig**; **modern** (faulen)
moderat (gemäßigt); die **Moderation** (Leitung einer Sendung/Veranstaltung); der **Moderator**; die **Moderatorin**; **moderieren** (eine Diskussion oder eine Sendung leiten)
modern ein modernes Kleidungsstück, sich modern einrichten; die **Moderne** (Stilrichtung in der Kunst); **modernisieren**
Modeschöpfer der, -; die **Modeschöpferin**; der **Modetrend**; **modisch**; der/die **Modist/-in** (Hutmacher/-in)
Modifikation [...tsion] die, Modifikationen (Abänderung, Umstellung); **modifizieren** (abändern)
Modul das, Module (austauschbares Bauteil)
Modus der, Modi (Art und Weise; Grammatik: Indikativ und Konjunktiv)
Mofa das, Mofas (Motorfahrrad)
Mogelei die, Mogeleien (Schummelei); **mogeln** er mogelt beim Kartenspiel
mögen er mag nicht arbeiten, er mochte keine Krabben, sie hat ihre Eltern gemocht ABER → das hat er nicht hören mögen, er mag etwa 50 Jahre alt sein
möglich so viel wie möglich, etwas nicht für möglich halten, es ist mir nicht möglich ABER → alles **Mögliche** (alle Möglichkeiten) erwägen, im Rahmen des Möglichen; **möglichenfalls** *Adv.;* **möglicherweise** *Adv.* (vielleicht); die **Möglichkeit**; die **Möglichkeitsform** (Konjunktiv, z.B. „könnte"); **möglichst** *Adv.:* möglichst schnell arbeiten ABER → sein **Möglichstes** tun

221

Mohair → Moos

Mohair [mohäa] der, Ez. (Angorawolle; Wollstoff)
Mohammedaner der, -: (Moslem, von Moslems abgelehnte Bezeichnung); die **Mohammedanerin**; **mohammedanisch** der mohammedanische (islamische) Glaube
Mohn der, Ez. (Blume, Mohnsamen); das **Mohnbeugel** (Mehlspeise); die **Mohnblume**; das **Mohnflesserl**; der **Mohnstriezel** auch Mohnstritzel; der **Mohnstrudel**
Mohr der, Mohren (veraltet für Schwarzer); der **Mohrenkopf** (Mehlspeise)
Mokassin der, Mokassins (weicher Lederschuh)
mokieren sich: sich über etwas mokieren (lustig machen, spötteln)
Mokka auch **Mocca** der, Mokkas (starker Kaffee)
Molch der, Molche (Schwanzlurch)
Molekül das, Moleküle (kleinster Teil einer chemischen Verbindung); **molekular**
Molke die, Ez. (Milchprodukt); die **Molkerei**
Moll das, Ez.: a-Moll; der **Mollakkord**; die **Molltonart**
mollig ein molliger (weicher) Pullover, mollige (behagliche) Wärme, sie ist ziemlich mollig (rundlich)
Moloch der, Moloche (geh. für alles zerstörende Macht)
¹**Moment** der, Momente: der richtige Moment (Augenblick), im Moment (jetzt), sie kann jeden Moment kommen; **momentan** er arbeitet momentan nicht
²**Moment** das, Momente: ein wichtiges Moment (Gesichtspunkt) übersehen
Monaco auch Monako (Zwergstaat in Europa); der **Monegasse**; die **Monegassin**; **monegassisch**
Monarchie die, Monarchien (Alleinherrschaft); der/die **Monarch/-in** (König, Kaiser); der/die **Monarchist/-in** (Anhänger/-in der Monarchie); **monarchistisch**
Monat der, Monate: diesen Monat, vorigen Monat; **...monatig** dreimonatig auch 3-monatig (drei Monate dauernd); **monatelang** monatelang war sie verreist ABER → viele Monate lang; **monatlich** (jeden Monat), die monatliche Zahlung; der **Monatserste**; die **Monatsfrist**; das **Monatsgehalt**; die **Monatskarte**
Mönch der, Mönche (Mitglied eines Männerordens); die **Mönchskutte**
Mond der, Monde (Himmelskörper), *hinter dem Mond leben* (nicht wissen, was vorgeht); der **Mond(en)schein**; die **Mondfinsternis**; **mondhell**; **mondsüchtig** (zum Schlafwandeln neigend)
mondän eine mondäne (auffallend elegante, weltgewandte) Frau
Monegasse der, Monegassen (Einwohner Monacos); die **Monegassin**; **monegassisch**
Moneten die, Mz. (ugs. für Geld)
Mongolei die (Staat in Zentralasien); der **Mongole**; die **Mongolin**; **mongolisch**; der **Mongolismus** (veraltet für Downsyndrom)
monieren (bemängeln)
Monitor der, Monitore/Monitoren (Bildschirm)
Monografie auch Monographie die, ...grafien (wissenschaftliche Darstellung über eine Person/einen Gegenstand)
Monogramm das, ...gramme (Namenszeichen)
Monokel das, -: (Augenglas für ein Auge)
Monokultur die, ...kulturen (Anbau einer einzigen Pflanzenart)
Monolog der, Monologe (Selbstgespräch)
Monopol das, Monopole (Recht auf Alleinverkauf, alleiniger Anspruch)
Monotheismus der, Ez. (Eingottglaube); der/die **Monotheist/-in**
monoton (langweilig, eintönig); die **Monotonie**
Monster das, -: (Ungeheuer); **monströs** (riesig, ungeheuerlich); das **Monstrum** (Ungeheuer, Scheusal)
Monstranz die, Monstranzen (Gefäß für geweihte Hostien)
Monsun der, Monsune (Wind in Südasien)
Montag der, Montage (▶ Dienstag), *einen blauen Montag machen* (nicht zur Arbeit gehen); **montagabends** Adv.; **montags** Adv.
Montage [montasch(e)] die, Montagen (Zusammenstellung von technischen Anlagen), auf Montage sein; die **Montagehalle**; der/die **Monteur/-in** [montöa/rin]; **montieren** er montiert das Schloss an der Tür
Montenegro (Staat in Südosteuropa); der/die **Montenegriner/-in**; **montenegrinisch**
Montur die, Monturen (Arbeitskleidung)
Monument das, Monumente (großes Denkmal); **monumental** (wuchtig, riesig); der **Monumentalbau** (riesiges Gebäude)
Moor das, Moore (sumpfiges Gelände), ein Moor trockenlegen; **moorig**; die **Moorpackung** (Moorerde für medizinische Behandlung)
Moos das, Moose (immergrüne Pflanzen);

moosbedeckt; **moosgrün**; **moosig**; das **Moospolster**
Moped das, Mopeds (Kleinkraftrad)
Mopp der, Mopps (Staubbesen)
Mops der, Möpse (Hunderasse)
Moral die, *Ez.:* keine Moral (sittliche Grundsätze) haben, die Moral (Disziplin) der Soldaten ist gut, die Moral (Lehre) einer Erzählung; der **Moralapostel** (Moralprediger); **moralisch** ein moralisch (sittlich) einwandfreies Leben führen; **moralisieren** (moralisch belehren); die **Moralpredigt** (eindringliche Ermahnung)
Moräne die, Moränen (vom Gletscher mitgeführtes Geröll)

die **Moräne** (Gletscherablagerung)	ABER	die **Muräne** (Meeresfisch)

Morast der, Moraste/Moräste (Sumpfboden, Schlamm); **morastig**
morbid (*geh. für* kränklich, brüchig, vom moralischen Verfall bedroht), eine morbide Gesellschaft
Morchel die, Morcheln (Speisepilz)
Mord der, Morde (vorsätzliche Tötung); der **Mordanschlag**; die **Morddrohung**; **morden**; der/die **Mörder/-in**; **mörderisch** eine mörderische Hitze; der **Mordprozess**; das **Mordsglück** (*ugs. für* großes Glück); die **Mordshitze** (*ugs. für* große Hitze); der **Mordshunger** (*ugs. für* großer Hunger)
¹**Morgen** der, -: vom Morgen bis zum Abend, am nächsten Morgen, gegen Morgen, heute Morgen (heute Früh); die **Morgendämmerung**; **morgendlich**; das **Morgengrauen**; das **Morgenland** (Orient); der **Morgenmuffel**; **morgens** *Adv.:* morgens um sechs, sonntags morgens ABER → eines Morgens; der **Morgenstern** (Venus); die **Morgenstunde** Morgenstund hat Gold im Mund (am Morgen lässt es sich gut arbeiten); **morgig** der morgige Tag

ich komme morgen	ABER	am **Morgen** aufstehen
morgen Abend	ABER	heute **Morgen**
sonntags **morgens**	ABER	eines **Morgens**

²**Morgen** das, -: (Zukunft), was wird das Morgen bringen?
morgen *Adv.:* ich schlafe bis morgen, morgen Früh *auch* früh, jmdn. auf morgen vertrösten, morgen in einer Woche, die Mode von morgen (der Zukunft)
³**Morgen** der, -: (ein viertel Hektar), fünf Morgen Land besitzen
Moritat die, Moritaten (Bänkelsang)
Morphium das, *Ez.* (Droge)
Morphologie die, *Ez.* (Formenlehre)
morsch morsches Holz
morsen (funken); das **Morsealphabet** *auch* Morse-Alphabet
Mörser der, -: (Gefäß zum Zerreiben harter Stoffe; schweres Geschütz)
Mörtel der, *Ez.* (Bindemittel zum Mauern)
Mosaik das, Mosaike(n) (aus Steinchen zusammengesetztes Bild); **mosaikartig**
Moschee die, Moscheen (islamisches Gotteshaus)
Moskito der, Moskitos (tropische Stechfliege); das **Moskitonetz**
Moslem *auch* **Muslim** der, Moslems (Anhänger des Islams); **moslemisch** *auch* muslimisch
Most der, Moste (vergorener oder unvergorener Obstsaft); das **Mostobst**
Motel das, Motels (Hotel an Autobahnen)
Motiv das, Motive: das Motiv (Beweggrund) für den Mord, das Motiv (Thema) eines Kunstwerkes; die **Motivation**; **motivieren** (jmdn. zu etwas anregen); **motiviert**
Motocross *auch* **Moto-Cross** das, Motocrosse (Motorradrennen im Gelände)
Motor der, Motoren: den Motor laufen lassen; das **Motorboot**; **motorisieren**; der **Motorlärm**; das **Motorrad**
Motte die, Motten (Insekt); die **Mottenkugel**
Motto das, Mottos (Leitspruch)
Mountainbike [mauntenbaik] *auch* **Mountain-Bike** das, ...bikes (Geländefahrrad)
Mousepad [mauspäd] das, ...pads (Unterlage für Computermaus)
Mousse [mus] die, Mousses (Schaumspeise)
Movie [muvi] das, Movies (Film)
Möwe die, Möwen (Seevogel)
Mozzarella der, Mozzarellas (italienischer Käse)
MP = **M**aschinen**p**istole
MP3 (Komprimierverfahren für Audiodateien); der **MP3-Player** [empedraipleja]
Mt = **M**egatonne (1000 Tonnen)
Mucke die, Mucken: *Mucken haben* (*ugs. für* launenhaft sein); **mucken** (aufbegehren, widersprechen)
Mücke die, Mücken (blutsaugendes Insekt),

Mucks → mürb

aus einer Mücke einen Elefanten machen (maßlos übertreiben); der **Mückenstich**
Mucks der, Muckse: keinen Mucks machen (*ugs. für* keinen Ton sagen); **mucksen** sich nicht mucksen (*ugs. für* keinen Laut von sich geben); der **Muckser**; **mucksmäuschenstill** (ganz still)
müd auch **müde** noch müde sein, ein müdes (schwaches) Lächeln, einer Sache müde (überdrüssig) sein, nicht müde werden, etwas zu tun (sich nicht davon abbringen lassen); die **Müdigkeit**
Muezzin der, Muezzins (islamischer Gebetsausrufer)
¹**Muff** der, Muffe (Händewärmer)
²**Muff** der, *Ez.* (fauler, moderiger Geruch); der **Muffel** (*ugs. für* unfreundlicher Mensch); **muff(e)lig** er benimmt sich muffelig (unfreundlich); **muffeln** (*ugs. für* dumpf riechen); **muffig** ein muffiges Zimmer, ein muffiger (unfreundlicher) Mensch
Muffe die, Muffen (Rohrverbindungsstück)
Muffin [mafin] das, Muffins (Mehlspeise)
Mufflon der, Mufflons (Wildschaf)
Mugel der, -: (*mundartl. für* Hügel); **mug(e)lig**
Mühe die, Mühen: alle Mühe war umsonst, mit Müh und Not (gerade noch), sie gibt sich redlich Mühe; **mühelos**; die **Mühelosigkeit**; sich **mühen** (anstrengen); **mühevoll**; die **Mühsal**; **mühsam** (beschwerlich); **mühselig**
muhen die Kühe muhen
Mühle die, Mühlen: *Wasser auf jmds. Mühle sein* (ihn in seiner Ansicht bestärken); das **Mühlespiel**; das **Mühlrad**; der **Mühlstein**
Mulatte der, Mulatten (Nachkomme eines weißen und eines schwarzen Elternteils); die **Mulattin**
Mulch der, Mulche (Schicht aus zerkleinerten Pflanzen)
Mulde die, Mulden (leichte Bodenvertiefung); **muldenförmig**
Muli das, Muli(s) (Maultier)
Mull der, *Ez.* (Verbandstoff)
Müll der, *Ez.* (Abfälle); die **Müllabfuhr**; der **Müllcontainer**; die **Mülldeponie**; die **Müllhalde**; die **Mülltonne**
Müller der, -: (Handwerker in einer Mühle); die **Müllerin**
mulmig mir ist mulmig (unbehaglich) zumute, eine mulmige (gefährliche) Situation
multikulturell (viele Kulturen umfassend)
multilateral multilaterale (mehrere Staaten betreffende) Verträge abschließen

Multimedia das, *Ez.* (Zusammenwirken mehrerer Medien); **multimedial**
Multiplechoicetest [maltipltschoistest] auch **Multiple-Choice-Test** der, ...tests (Test mit Auswahlantworten)
Multiplikand der, Multiplikanden (zu vervielfachende Zahl); die **Multiplikation** [...tsion] (Malnehmen); der **Multiplikator** (Zahl, mit der vervielfacht wird); **multiplizieren**
Multitasking das, *Ez.* (Fähigkeit, mehrere Aufgaben parallel zu erledigen); **multitaskingfähig**
Mumie [mumie] die, Mumien (einbalsamierte Leiche); **mumifizieren**
Mumm der, *Ez.* (*ugs. für* Mut)
Mumps der, *Ez.* (Infektionskrankheit)
Mund der, Münder: *das Gerücht geht von Mund zu Mund, den Mund halten* (schweigen); *sich den Mund verbrennen* (unbedacht etwas äußern), *den Mund voll nehmen* (angeben), *nicht auf den Mund gefallen* (schlagfertig) *sein;* die **Mundart**; **munden** es hat gut gemundet (geschmeckt); **mundfaul** (*abwertend für* redeunwillig); **mundgerecht**; **mündlich**; die **Mundpropaganda** (mündliche Weiterempfehlung); der **Mundraub** (Diebstahl von Nahrungsmitteln); **mundtot** *jmdn. mundtot machen* (zum Schweigen bringen); der **Mundvoll** ein Mundvoll auch Mund voll Wasser; das **Mundwerk** *ein großes Mundwerk haben* (vorlaut sein); die **Mund-zu-Mund-Beatmung**
Mündel das, -: (unter Vormundschaft Stehende/-r); **mündig** mündig (volljährig) sein, jmdn. mündig sprechen auch mündigsprechen
münden der Fluss mündet in das Meer; die **Mündung**
Munition [...tsion] die, Munitionen (Geschoße)
munkeln (heimlich erzählen)
Münster das, -: (Klosterkirche)
munter (wach, heiter)
Münze die, Münzen (Geldstück), *etwas für bare Münze nehmen* (etwas Unwahres glauben), *etwas mit gleicher Münze heimzahlen* (auf die gleiche Weise vergelten); **münzen** *das ist auf dich gemünzt* (bezieht sich auf dich)
Muräne die, Muränen (Meeresfisch)

die **Muräne** (Meeresfisch)	ABER	die **Moräne** (Gletscherablagerung)

mürb auch **mürbe** der Kuchen ist sehr

mürbe (weich), *jmdn. mürbe machen* auch *mürbemachen* (zum Aufgeben zwingen); der **Mürbteig**
Mure die, Muren (Schlammlawine)
murksen (pfuschen); der **Murks** (schlechte Arbeit)
Murmel die, Murmeln (Spielkugel)
murmeln (leise und undeutlich sprechen)
Murmeltier das, ...tiere (Nagetier im Gebirge)
murren (sich beklagen); **mürrisch** ein mürrischer Mensch, ein mürrisches (verdrossenes) Gesicht
Mus das, Muse: die Äpfel zu Mus kochen
Muschel die, Muscheln: Muscheln essen; **muschelförmig**
Muse die, Musen (eine der neun Göttinnen der schönen Künste und der Wissenschaften), *die leichte Muse* (unterhaltende Kunst)
Museum das, Museen: im Museum ausstellen; **museal**; das **Museumsstück**
Musical [mjusikl] das, Musicals (modernes Musiktheaterstück)
Musik die, Musiken (Tonkunst), ein Musik liebender auch musikliebender Mensch; die **Musikalien** (Notenbücher); **musikalisch**; die **Musikalität** (musikalische Begabung); der/die **Musikant/-in**; der/die **Musiker/-in**; das **Musikinstrument**; die **Musikkapelle**; die **Musikkassette**; **musisch** (künstlerisch begabt); **musizieren**
Muskat der, Muskate (Gewürz); die **Muskatnuss**; der **Muskateller** (süßer Wein)
Muskel der, Muskeln: *seine Muskeln spielen lassen* (seine Kraft zeigen); der **Muskelkater** (Muskelschmerz); der **Muskelkrampf**; das **Muskelpaket** (muskulöse Person); der **Muskelprotz** *(abwertend für* (zu) muskulöse Person); die **Muskelzerrung**; die **Muskulatur** (Gesamtheit der Muskeln); **muskulös** (äußerst kräftig)
Müsli auch **Müesli** das, Müslis (Speise)
Muslim auch **Moslem** der, Muslim(s)/Muslime (Anhänger des Islams, Moslem); die **Muslima** auch Muslime auch Muslimin; **muslimisch**
Muss das, *Ez.:* diese Veranstaltung ist ein Muss für mich; die Mussbestimmung auch Muss-Bestimmung; **müssen** die Arbeit muss heute noch getan werden, sie hat es sagen müssen, sie muss (wird) gleich kommen, so müsste das Wetter immer sein
Muße die, *Ez.* (Ruhe); **müßig** (untätig, überflüssig, es ist müßig, darüber zu reden; der **Müßiggang**; der/die **Müßiggänger/-in**

(Faulenzer/-in); **müßiggehen** (▶ gehen)
Mustang der, Mustangs (Präriepferd)
Muster das, -: (Vorlage, Modell, Warenprobe); das **Musterbeispiel**; die **Musterehe**; **mustergültig**; **musterhaft**; der **Musterknabe** *(abwertend für* allzu angepasste Person); **mustern** jmdn. scharf mustern (prüfend ansehen), die Soldaten mustern (auf Wehrtauglichkeit untersuchen); der/die **Musterschüler/-in** (vorbildliche/-r Schüler/-in); die **Musterung** (Auslese)
Must-have [masthäv] das, Must-haves (modischer Gegenstand, den man besitzen sollte)
Mut der, *Ez.:* er hat viel Mut; guten Mutes sein, jmdm. Mut machen, mir ist elend zu Mute auch zumute; **mutig**; **mutlos**; die **Mutprobe** er bestand die Mutprobe; **mutwillig** (absichtlich)
Mutation [...tsion] die, Mutationen (Wandlung); **mutieren**
mutmaßen (vermuten); **mutmaßlich**
¹**Mutter** die, Mütter: Mutter von zwei Söhnen; der **Mutterboden** (oberste humusreiche Bodenschicht); das **Mütterchen**; die Muttergottes auch Mutter Gottes; der **Mutterkuchen** (Nachgeburt); **mütterlich**; **mütterlicherseits** *Adv.;* die **Mutterliebe**; **mutterlos**; das **Muttermal** (Hautfleck); die **Mutterschaft**; der **Mutterschutz** (Gesetze zum Schutz berufstätiger Mütter vor und nach der Entbindung); **mutterseelenallein** (einsam); das **Muttersöhnchen** (unselbstständiger junger Mann); die **Muttersprache**; **muttersprachlich**; der **Muttertag**
²**Mutter** die, Muttern (Teil einer Schraube)
Mütze die, Mützen (Kopfbedeckung)
m.W. = meines Wissens
MwSt. auch **MWSt.** auch **Mw.-St.** = **M**ehr**w**ert**st**euer
Myom das, Myome (gutartige Geschwulst)
Myrrhe die, Myrrhen (duftende Harzmischung)
Myrte die, Myrten (immergrüner Strauch); der **Myrtenkranz** (Brautschmuck)
mysteriös ein mysteriöser (geheimnisvoller) Brief; das **Mysterium** (unerklärliches Geschehen); die **Mystik** (Suche Gottes, Geheimlehre); der/die **Mystiker/-in**; **mystisch** (dunkel, geheimnisvoll)
Mythos der, Mythen (Überlieferung; Legende; Verherrlichung einer Person); die **Mythologie** (Sagenkunde); **mythologisch**
Myzel das, Myzelien (Pilzgeflecht)
Mz. = **M**ehr**z**ahl (Plural)

N

N = **N**ord(en); **N**ewton

na! na ja!, na und?; na, wird's bald?, na dann!, na endlich!

Nabe die, Naben (Mittelteil eines Rades)

Nabel der, -: (Bauchnabel), der Nabel (das Zentrum, Wichtigste) der Welt; **nabelfrei**; das **Nabelpiercing** [...piasing]; die **Nabelschnur**

nach *Adv.:* nach wie vor (noch immer), nach und nach (allmählich); *Präp.+Dat.:* nach langer Zeit, nach Bregenz fahren, nach Hause auch nachhause, nach Kräften, ihrer Meinung nach, nach Christus <n. Chr.>, nach Christi Geburt

nachäffen einen Kameraden nachäffen (*abwertend für* nachahmen); die **Nachäfferei**

nachahmen eine Sängerin nachahmen (nachmachen); **nachahmenswert** (vorbildlich, vorzüglich); der/die **Nachahmer/-in**; die **Nachahmung**

Nachbar der, Nachbarn; die **Nachbarin**; **nachbarlich**; die **Nachbarschaft**; die **Nachbarsleute**; der **Nachbarstaat**

Nachbeben das, -: ein schweres Nachbeben verursachte Schäden

nachbestellen (nachträglich, zusätzlich bestellen); die **Nachbestellung**

nachbilden (imitieren); die **Nachbildung**

nachbohren (hartnäckig weiterfragen)

nachdem *Konj.:* nachdem er geschlafen hatte; je nachdem, wie das Wetter ist

nachdenken (▶ denken) über eine Frage nachdenken; **nachdenklich** (in Gedanken versunken); die **Nachdenklichkeit**

¹**Nachdruck** der, *Ez.:* mit Nachdruck (eindringlich) darauf hinweisen; **nachdrücklich**

²**Nachdruck** der, Nachdrucke: der Nachdruck (das nochmalige Drucken) des Buches

nacheifern einem Idol nacheifern (es nachahmen); **nacheifernswert**

nacheinander *Adv.:* (in kurzen Abständen, der Reihe nach)

nacherzählen eine Sage nacherzählen (mit eigenen Worten wiederholen); die **Nacherzählung**

Nachfahre auch **Nachfahr** der, Nachfahren (Nachkomme, Spross); die **Nachfahrin**

Nachfolge die, *Ez.:* die Nachfolge antreten; **nachfolgen** sie folgte ihm als Klassenvorstand nach; **nachfolgend** die nachfolgenden Personen ABER → im Nachfolgenden, das Nachfolgende; der/die **Nachfolger/-in**; die **Nachfolgerschaft**

nachforschen (versuchen etwas herauszufinden, nachprüfen); die **Nachforschung**

Nachfrage die, Nachfragen: eine geringe Nachfrage nach (wenig Kaufinteresse bei) Autos; **nachfragen** bei der Reiseleiterin nachfragen (sich erkundigen)

nachfühlen (nachempfinden, verstehen), ihren Schmerz nachfühlen können

nachfüllen (wieder auffüllen); die **Nachfüllung**

nachgeben (▶ geben) der Boden gab nach (hielt nicht stand), seinen Wünschen nachgeben, *der Klügere/Gescheitere gibt nach;* **nachgiebig** nachgiebige Freunde

Nachgebühr die, Nachgebühren (Nachentgelt, nachträgliche zusätzliche Gebühr)

nachgeraten (▶ geraten) der Sohn ist ganz seinem Vater nachgeraten

Nachgeschmack der, *Ez.:* ein bitterer Nachgeschmack

nachhaken (weiter nachfragen), der Prüfer hakte nach

Nachhall der, *Ez.* (Ausklang eines Tones)

nachhaltig eine nachhaltige (große, andauernde) Wirkung; die **Nachhaltigkeit**

nachhause *Adv.* auch nach Hause wir gehen nachhause; der **Nachhauseweg** (Heimweg)

nachhause	auch	nach Hause

nachhelfen (▶ helfen) (unterstützen, vorantreiben), *dem Glück nachhelfen* (etwas erzwingen wollen)

nachher *Adv.*

Nachhilfe die, *Ez.;* der/die **Nachhilfeschüler/-in**; die **Nachhilfestunde**

Nachhinein das, *Ez.:* im Nachhinein

nachholen das Versäumte nachholen; der **Nachholbedarf**

Nachkomme der, Nachkommen (Nachfahre); **nachkommen** (▶ kommen) in die Schule nachkommen (später kommen), seinen Pflichten nachkommen (sie erfüllen); die **Nachkommenschaft**; die **Nachkommin** (Nachfahrin); der **Nachkömmling** (Nachzügler)

Nachlass der, Nachlässe (Erbschaft, Preisermäßigung); **nachlassen** (▶ lassen) der Sturm lässt nach (wird schwächer), vom Preis wurde viel nachgelassen; **nachlässig** (unordentlich, flüchtig, ungepflegt); die **Nachlässigkeit**; der/die **Nachlassverwalter/-in**

(Erbschaftsverwalter/-in)
nachlaufen (▶ laufen); der/die **Nachläufer/-in**
Nachlese die, Nachlesen (Nacherente; Nachtrag)
nachmachen jmdn. nachmachen (nachahmen), eine Urkunde nachmachen (fälschen)
Nachmittag der, Nachmitttage: heute Nachmittag (▶ Abend); **nachmittägig** (am Nachmittag); **nachmittäglich** (jeden Nachmittag); **nachmittags** <nachm.> *Adv.*: nachmittags (an Nachmittagen) lerne ich; die **Nachmittagsstunde**
Nachnahme die, Nachnahmen (Kassierer des Warenpreises bei der Lieferung); das Paket kam per Nachnahme
Nachname der, Nachnamen (Familienname)
Nachporto das, …portos/…porti (Nachgebühr)
nachprüfen (kontrollieren); **nachprüfbar**; die **Nachprüfbarkeit**; die **Nachprüfung** (Wiederholungsprüfung)
Nachrede die, Nachreden: üble Nachrede (Verbreiten von Lügen über jmdn.)
Nachricht die, Nachrichten: eine wichtige Nachricht (Mitteilung), Nachricht geben (informieren), die Nachrichten (Meldungen) im Radio hören; die **Nachrichtensendung**
Nachruf der, Nachrufe (Gedenkrede/-schrift für Verstorbene, Grabrede); **nachrufen**
nachsagen einen Satz nachsagen (nachsprechen), jmdm. Übles nachsagen (über ihn behaupten)
Nachsaison die, Nachsaisonen
nachschauen; die **Nachschau** Nachschau halten (nachsehen)
Nachschlag der, Nachschläge (zusätzliche Essensportion)
nachschlagen (▶ schlagen) im Wörterbuch nachschlagen (nachsehen), sie schlägt ihrer Mutter nach (ähnelt ihr); das **Nachschlagewerk** (Lexikon, Wörterbuch)
Nachschrift die, Nachschriften (Nachsatz, z.B. in einem Brief; Niederschrift, z.B. eines Vortrags)
Nachschub der, Nachschübe: sie bringt Nachschub (zusätzliche Versorgung, z.B. Essen)
nachsehen (▶ sehen) (nachschauen, nachschlagen, prüfen), er sieht ihnen die Fehler nach (tadelt sie nicht); das **Nachsehen** *das Nachsehen haben* (nichts bekommen, betrogen werden)
nachsenden (▶ ²senden) Post wird nachgesendet/nachgesandt; die **Nachsendung**

Nachsicht die, *Ez.:* jmdn. mit Nachsicht (Verständnis) behandeln, *Vorsicht ist besser als Nachsicht;* **nachsichtig**
Nachsilbe die, Nachsilben (an ein Wort angefügte Silbe, z.B. „-sam", „-heit", Suffix)
Nachspeise die, Nachspeisen (Nachtisch, Dessert)
Nachspiel das, Nachspiele: die Sache hat ein Nachspiel (ist noch nicht erledigt, hat Folgen); **nachspielen** der Schiedsrichter lässt nachspielen
nächst *Präp.+Dat.:* nächst der Schule (gleich daneben); **nächst…** am nächsten, ab nächstem Ersten (des Monats), in nächster Nähe, Ostern nächsten Jahres ABER → der **Nächste**, bitte!, als Nächstes, fürs Nächste, dem Nächsten (dem Mitmenschen) helfen; **nächstbeste** das nächstbeste Buch ABER → der nächste Beste; die **Nächstenliebe**
nachstehen (▶ stehen) er steht seinen Freunden in nichts nach (ist ihnen ebenbürtig), im nachstehenden (folgenden) Abschnitt ABER → im **Nachstehenden** (weiter unten geschrieben)
nachstellen eine Filmszene nachstellen (nachmachen), sie stellte die Bremsen nach, die Katze stellt den Vögeln nach (jagt sie)
nächstens *Adv.* (bald); **nächstfolgend**; **nächstliegend** die nächstliegende Lösung; das **Nächstliegende**
Nacht die, Nächte: heute Nacht (▶ Abend), Gute Nacht auch gute Nacht sagen, über Nacht (plötzlich), die Heilige Nacht (Nacht vom 24. zum 25. Dezember), *bei Nacht und Nebel* (überraschend, heimlich); **nachtaktiv**; **nachtblind**

| gute Nacht sagen | auch | Gute Nacht sagen |

Nachteil der, Nachteile: im Nachteil (benachteiligt) sein, dadurch entstanden ihr Nachteile (Schaden, Verluste); **nachteilig** das wirkt sich nachteilig aus ABER → es ist nichts **Nachteiliges** bekannt
nächtelang ABER → drei Nächte lang; **nächtens** *Adv.* (in der Nacht)
Nachtigall die, Nachtigallen (Singvogel)
nächtigen (übernachten); die **Nächtigung**
Nachtisch der, *Ez.* (Nachspeise, Dessert)
nächtlich (zur Nachtzeit)
Nachtmahl das, Nachtmahle (Abendessen); **nachtmahlen**; der **Nachtmensch** (jmd., der

nachts aktiv wird)
Nachtrag der, Nachträge (Zusatz); **nachtragen** (▶ tragen) dem Gast das Gepäck nachtragen, er trug in der Tabelle die Zahlen nach, jmdm. etwas nachtragen (übelnehmen); **nachtragend** ein nachtragender (unversöhnlicher) Mensch; **nachträglich** (später, verspätet)

nachts Adv. (▶ abends), freitagnachts (jede Freitagnacht) auch freitags nachts ABER → eines/des **Nachts**; **nachtschlafend** zu nachtschlafender Zeit (sehr spät); **nachtsüber**; die **Nacht-und-Nebel-Aktion** (Maßnahme, die schnell und heimlich erfolgt)

immer **nachts**	ABER	eines **Nachts**
freitagnachts	auch	**freitags nachts**

nachtun (▶ tun) es jmdm. nachtun (nachmachen, nacheifern)
nachvollziehen (▶ ziehen) er hat ihre Gedanken nachvollzogen; **nachvollziehbar**
Nachtwächter der, -; die **Nachtwächterin**; **nachtwandeln** (schlafend umhergehen); der/die **Nachtwandler/-in**; **nachtwandlerisch**
Nachweis der, Nachweise; **nachweisbar**; **nachweisen** (▶ weisen) jmdm. sein Verbrechen nachweisen (beweisen); **nachweislich** das ist nachweislich (erwiesenermaßen) falsch
Nachwelt die, Ez. (die später lebenden Menschen)
nachwirken das Ereignis wirkte lang nach; die **Nachwirkung**
Nachwort das, Nachworte: das Nachwort (Schlusswort) des Buches
Nachwuchs der, Ez.: Nachwuchs (ein Kind) bekommen; der/die **Nachwuchsspieler/-in**
nachzahlen (nachträglich zahlen); die **Nachzahlung**
nachzählen (Anzahl überprüfen); die **Nachzählung**
Nachzipf der, Nachzipfe (ugs. für Nachprüfung)
Nachzügler der, -: (der zuletzt Kommende, Nachkömmling); die **Nachzüglerin**
Nackedei der, Nackedeis (ugs. für nackte Person)
Nacken der, -: (Genick), etwas/jmd. sitzt ihm im Nacken (bedrängt ihn hart)
Nackerpatzerl das, -: (ugs. für nacktes kleines Kind); **nackert** (mundartl. für nackt); **nackig**; **nackt** (ohne Kleidung), der nackte (unbewachsene) Felsen, eine nackte (schmucklose) Wand, die nackten (unverfälschten) Tatsachen; die **Nacktheit**

Nadel die, Nadeln: wie auf Nadeln sitzen (ungeduldig warten), an der Nadel hängen (drogensüchtig sein); **nadeln** die Fichte nadelt (verliert Nadeln); der **Nadelstreif** (Stoff mit schmalen Längsstreifen)
Naderer der, -: (Verräter, Spitzel); die **Naderin**
Nagel der, Nägel: einen Nagel (Metallstift) in die Wand schlagen, den Nagel auf den Kopf treffen (eine Sache klar erfassen), Nägel mit Köpfen machen (etwas konsequent durchführen), etwas an den Nagel hängen (etwas aufgeben), sich etwas unter den Nagel reißen (sich etwas unrechtmäßig aneignen), etwas brennt unter den Nägeln (ist dringend zu erledigen); **nageln**; **nagelneu** (ganz neu auf dem Markt)
nagen der Biber nagt am Ast, Heimweh nagt an ihr (quält sie); der **Nager**; das **Nagetier**
nah auch nahe näher, am nächsten, von nah und fern (von überall her), immer näher kommen, ihr Tod geht ihm nahe (ergreift ihn), die Fälschung kommt dem Original nahe, von nahem auch Nahem (aus der Nähe) ABER → das Nähere erfragen, der Nahe Osten (Vorderasien); die **Nahaufnahme**
nahe Präp.+Dat.: nahe dem Haus; die **Nähe**; **nahebei** Adv.; **nahebringen** (▶ bringen) (erläutern, Verständnis wecken); **nahelegen** etwas nahelegen (empfehlen); **naheliegend** das ist ein naheliegender (verständlicher) Gedanke; **nahen** der Abschied naht; **näher**; **näherbringen**; **nahestehen** (▶stehen) jmdm. nahestehen (mit jmdm. vertraut sein)
nähen; die **Näharbeit**; die **Näherei**; der/die **Näher/-in**
Naherholungsgebiet das, …gebiete; sich nähern; das **Nah(e)verhältnis**; **nahezu** Adv. (fast); **Nahost** (der Nahe Osten)
nähren (ernähren); der **Nährboden** (Grundlage; fruchtbare Voraussetzungen); **nahrhaft** (gesund, nährstoffreich); die **Nahrung**; das **Nahrungsmittel**; der **Nährwert**
Naht die, Nähte (Verbindung durch Nähen oder Schweißen), aus allen Nähten platzen (zu dick/umfangreich werden; überfüllt sein); **nahtlos**; die **Nahtstelle**
Nahversorger der, -: (Lebensmittelgeschäft in der Nähe)
naiv (kindlich; gut-, leichtgläubig); die **Naivität**; der **Naivling** (ugs. für naiver Mensch)

Name auch **Namen** der, Namen (Bezeichnung), im Namen (Auftrag) der Familie, *das Kind beim Namen nennen* (etwas direkt ansprechen); **namenlos** eine namenlose (maßlose) Angst; **namens** *Adv.* (mit dem Namen, im Namen); der/die **Namenspatron/-in** (Heilige/-r mit demselben Namen); der **Namensvetter** (Person mit gleichem Vor- oder Familiennamen); **namentlich** (mit Namen, vor allem); **namhaft** (bekannt, berühmt), ein namhafter (großer) Betrag

nämlich *Adv.:* ich hatte nämlich eine Panne, ich komme bald, nämlich (und zwar) am Wochenende; am nämlichen (an demselben) Tag ABER → der/die/das **Nämliche**

Napf der, Näpfe (Schüssel)

Nappaleder auch **Nappa** das, *Ez.* (weiches Leder)

Narbe die, Narben (noch erkennbare verheilte Wunde; Teil des Fruchtknotens); **narbig**

Narkose die, Narkosen (Betäubung); das **Narkotikum** (Betäubungsmittel); **narkotisch**; **narkotisieren**; die **Narkotisierung**

Narr der, Narren (törichter Mensch), *an jmdm./etwas einen Narren gefressen haben* (ihn/es sehr mögen), *jmdn. zum Narren halten* (bewusst irreführen); **narren** wir haben sie genarrt (getäuscht); das **Narrenkastl** *ins Narrenkastl schauen* (*ugs.* für gedankenversunken vor sich hinstarren); **narrensicher** (*ugs.* für ganz einfach); die **Narretei**; die **Narrheit**; die **Närrin**; **närrisch**

Narziss der, Narzisse (in sich selbst verliebter Mensch); der **Narzissmus**; **narzisstisch**

Narzisse die, Narzissen (Frühlingsblume)

NASA = **N**ational **A**eronautics and **S**pace **A**dministration (Raumfahrtbehörde der USA)

nasal nasal (durch die Nase) sprechen; der **Nasallaut**

naschen (heimlich essen, schlecken); die **Nascherei** auch **Näscherei**; **naschhaft**; die **Naschhaftigkeit**; die **Naschkatze** (jmd., der gerne nascht); die **Naschsucht**; das **Naschwerk** (Süßigkeiten)

Nase die, Nasen: *jmdn. an der Nase herumführen* (bewusst täuschen), *seine Nase in etwas stecken* (sich einmischen), *jmdm. etwas auf die Nase binden* (etwas erzählen), *die Nase voll haben* (genug haben), *auf die Nase fallen* (scheitern), *die Nase hoch tragen* (eingebildet sein)

näseln (durch die Nase sprechen); das **Nasenbluten**; die **Nasenlänge** eine Nasenlänge (knapp) voraus sein; die **Nasenspitze**; der **Nasenstüber** (leichter Stoß auf die Nase); **naseweis** (vorlaut, frech); der **Naseweis**

Nashorn das, Nashörner (Tier)

nass nässer/nasser, am nässesten/nassesten; nass geschwitzt auch nassgeschwitzt; das **Nass** das kühle Nass; die **Nässe**; **nässen**; **nasskalt**; der **Nassschnee** auch Nass-Schnee

Nation [...sion] die, Nationen (Staatsvolk, Gemeinschaft von Menschen mit gleicher Geschichte/Sprache/ Kultur); **national**; **nationalbewusst**; die **Nationalelf** (Fußballmannschaft); der **Nationalfeiertag**; die **Nationalflagge**; der **Nationalismus** (übertriebenes Nationalbewusstsein); der/die **Nationalist/-in**; **nationalistisch**

Nationalität die, ...täten (Staatsangehörigkeit); der **Nationalpark** (Naturschutzgebiet); der **Nationalrat** <NR> (gesetzgebende Versammlung; Abgeordnete/-r); die **Nationalrätin**; der **Nationalsozialismus** (faschistische politische Bewegung; Zeitabschnitt der faschistischen Herrschaft in Deutschland 1933–1945); **nationalsozialistisch**; der **Nationalstaat**; das **Nationalteam**

NATO auch **Nato** = **N**orth **A**tlantic **T**reaty **O**rganization (Verteidigungsbündnis)

Natrium das, *Ez.* <Na> (chemisches Element); das **Natron**

Natter die, Nattern (Schlange); die **Natternbrut** (üble Gesellschaft)

¹**Natur** die, *Ez.* (unberührte Landschaft), die Kräfte der Natur, in freier Natur (Wald und Feld); die **Naturalien** (Bodenerzeugnisse); der **Naturalismus** (Kunstrichtung); **naturgemäß** naturgemäße Ernährung; das **Naturgesetz**; **naturgetreu**; die **Naturkatastrophe**; die **Naturkunde**; **natürlich** die natürliche Grenze, einen ganz natürlichen (ungezwungenen) Eindruck machen, natürlich (selbstverständlich) ist er einverstanden; die **Natürlichkeit**; **naturrein** (echt, unverfälscht); der **Naturschutz**; das **Naturtalent**; **naturwidrig**

²**Natur** die, Naturen (Wesensart, Charakter), von Natur aus schüchtern sein, es liegt in der Natur der Sache; das **Naturell** (Eigenart, Veranlagung)

Nautik die, *Ez.* (Schifffahrtskunde); **nautisch**

Navigation [...tsion] die, *Ez.* (Kursbestimmung

bei Fahrzeugen); **navigieren**
Nazi der, Nazis (*kurz für* Nationalsozialist); **nazistisch**; die **Naziverbrechen**; die **Nazizeit**
NB = notabene (wohlgemerkt)
n.Chr. = nach Christus
Neandertaler der, -: (altsteinzeitlicher Mensch); die **Neandertalerin**
Neapolitanerschnitten die, *Mz.* (gefüllte Waffeln)
Nebel der, -: (Wasserdunst), *bei Nacht und Nebel* (heimlich); **nebelhaft**; das **Nebelhorn**; **neb(e)lig**; die **Nebelschwaden**; die **Nebelsuppe** (dichter Nebel)
neben *Präp.+Dat.* (an der Seite von jmdm./ etwas), neben dem Beruf (zusätzlich) noch studieren; *Präp.+Akk.:* das Buch neben das Heft legen; **nebenan** *Adv.:* nebenan wohnen; **nebenbei** *Adv.:* etwas nebenbei (nebenher) sagen; der **Nebenberuf**; **nebenberuflich**; die **Nebenbeschäftigung**; der/die **Nebenbuhler/-in** (Konkurrent/-in); **nebeneinander** *Adv.:* nebeneinander liegen auch nebeneinanderliegen; das **Nebeneinander**; das **Nebenfach** (Nebengegenstand); der **Nebenfluss**
nebenher *Adv.:* etwas nebenher (beiläufig) erwähnen, nebenher fahren auch nebenherfahren; das **Nebengeräusch**; die **Nebenkosten**; die **Nebensache**; **nebensächlich** (unbedeutend); die **Nebensächlichkeit**; der **Nebensatz**; **nebenstehend** ABER → im Nebenstehenden; die **Nebenstraße**; der **Nebenverdienst**; die **Nebenwirkung**
nebst *Präp.+Dat.:* nebst (zusammen mit, samt) Zubehör; **nebstbei** *Adv.* (nebenbei)
nebulos (anrüchig, unklar)
necken jmdn. necken (foppen); die **Neckerei**; **neckisch** (spaßig, kess)
Neffe der, Neffen (Sohn der Schwester/des Bruders)
negativ (ablehnend, ungünstig); die **Negation** [...tsion] (Ablehnung, Verneinung); das **Negativ** (Kehrbild eines Fotos); das **Negativbeispiel**
Neger der, -: (*abwertend für* dunkelhäutiger Mensch, Schwarzer); die **Negerin**
negieren (verneinen, bestreiten)
Negligé [neglische] das, Negligees (leichter Morgenmantel)
nehmen du nimmst einen Bleistift, er nahm Nachhilfeunterricht, sie haben Abschied genommen, nimm Platz!, ein Hindernis nehmen (bewältigen), den Hut nehmen (kündigen, weggehen)
Neid der, *Ez.* (Missgunst), *grün/blass vor Neid* (sehr neidisch), *das muss ihr der Neid lassen* (das muss man anerkennen); **neiden** (nicht gönnen); der/die **Neider/-in**; **neiderfüllt**; der **Neidhammel** (*ugs. abwertend für* neidischer Mensch); **neidisch**; **neidlos**; die **Neidlosigkeit**
neigen sich über das Baby neigen (beugen), das Jahr neigt sich (geht zu Ende), ich neige zu einer anderen Meinung; die **Neige** (Rest, Überbleibsel), *zur Neige* (zu Ende) *gehen;* die **Neigung** sie hat eine Neigung (Vorliebe) für Musik, die Neigung (das Gefälle) des Berghangs
nein *Adv.:* ja oder nein, ach nein!, *nicht nein auch Nein sagen können* (nicht ablehnen können, zu gutmütig sein); das Ja und Nein, sie stimmt mit Nein; der/die **Neinsager/-in**; die **Neinstimme**

| nein sagen | auch | Nein sagen |

Nekrolog der, Nekrologe (Nachruf auf einen Verstorbenen)
Nektar der, Nektare (zuckerhaltiger Saft von Pflanzen; Göttertrank); die **Nektarine** (Obst)
Nelke die, Nelken (Blume; Gewürz)
nennen du nennst Beispiele, sie nannte ihren Namen, sie haben ihn einen Faulpelz genannt, nenn(e)!; **nennenswert** (beachtlich); der **Nenner** (Zahl unter dem Bruchstrich), *etwas auf einen Nenner* (in Übereinstimmung) *bringen;* die **Nennform** (Infinitiv); die **Nennung**; der **Nennwert**
Neon das, *Ez.* <Ne> (Edelgas); das **Neonlicht**
Neonazi der, ...nazis (Anhänger des Neonazismus); der **Neonazismus** (Bewegung mit dem Ziel, nationalsozialistisches Gedankengut wieder zu verbreiten)
Nepp der, *Ez.;* **neppen** den Käufer neppen (einen überhöhten Preis von ihm verlangen, jmdn. übervorteilen); die **Nepperei**
Neptun der, *Ez.* (Planet; römischer Gott)
Nerv der, Nerven: er geht mir auf die Nerven (er ist mir lästig), *die Nerven behalten* (ruhig bleiben); **nerven** sie nervt mich ständig (regt mich auf); **nervenaufreibend**; das **Nervenbündel**; der **Nervenkitzel**; **nervenkrank**; der/die **Nervenkranke**; die **Nervenprobe** (Geduldsprobe); die **Nervensäge** (lästige Person);

nervenschwach; das **Nervensystem**; der **Nervenzusammenbruch**; **nervig** (unangenehm, lästig); **nervlich**; **nervös** (reizbar, unruhig); die **Nervosität**; **nervtötend**

Nerz der, Nerze (Pelztier, wertvoller Pelz); die **Nerzfarm**; der **Nerzmantel**

Nescafé der, …cafés (löslicher Kaffee)

Nessel die, Nesseln (Kraut mit Brennhaaren), *sich in die Nesseln setzen* (sich in eine peinliche Lage bringen); das **Nesselfieber** (Krankheit); die **Nesselsucht** (Hautausschlag); das **Nesseltier** (z.B. Qualle)

Nest das, Nester: ein Nest bauen, ein langweiliges Nest (Ort); der **Nestbau**; der/die **Nestbeschmutzer/-in** (jmd., der schlecht über seine Angehörigen redet); der/die **Nestflüchter/-in**; das **Nesthäkchen** (jüngstes Kind in der Familie); der/die **Nesthocker/-in**; die **Nestwärme** (Geborgenheit)

nesteln ich nestle am Halstuch (fingere daran herum)

Netiquette [netikɛt] die, *Ez.* (Verhaltensregeln der Onlinegemeinschaft)

nett ein netter (freundlicher) Mensch, ein nettes (angenehmes) Lokal, *das sind ja nette Zustände (ironisch);* **netterweise** *Adv.;* die **Nettigkeit**

netto (ohne Verpackung; nach Abzug der Kosten oder Steuern); das **Nettoeinkommen**; das **Nettogewicht**; der **Nettopreis**

Netz das, Netze: der Fisch geht ins Netz, das Netz der Buslinien, *jmdm. ins Netz gehen* (auf jmdn. hereinfallen); der **Netzanschluss**; **netzartig**; das **Netzauge** (z.B. der Fliege); **netzförmig**; die **Netzhaut** (Bestandteil des Auges); der **Netzstecker** (elektrischer Stecker); das **Netzwerk** (Beziehungsnetz von Menschen mit ähnlichen Interessen); der/die **Netzwerker/-in**

netzen (*geh. für* anfeuchten)

neu neuer, am neu(e)sten, ein gutes neues Jahr, seit neuestem auch Neuestem (seit Kurzem), von neuem auch von Neuem (nochmals); die Neue Mittelschule; das Alte und das **Neue**, aufs Neue, aus Alt mach Neu, das Neu(e)ste vom Neuen, etwas/nichts/allerlei Neues, die Neuen auch neuen (elektronischen) Medien; das Neue Testament <N. T.>, die Neue Welt (Amerika); der **Neuanfang**; **neuartig**; **neuerdings** *Adv.* (in letzter Zeit; von Neuem); **neuerlich** (aufs Neue, wieder); die **Neuerung**; **neu(e)stens**

Adv.; **neugeboren** sich wie neugeboren fühlen; das **Neugeborene** (Säugling); das **Neugewürz** (Gewürz, Piment); die **Neugier** auch Neugierde *vor Neugier platzen* (sehr neugierig sein); **neugierig** neugierig (gespannt) sein, ein neugieriger (übertrieben wissbegieriger) Mensch; die **Neuheit**; die **Neuigkeit**; das **Neujahr**; **neulich** *Adv.* (vor Kurzem, kürzlich); der **Neuling** (Anfänger); **neumodisch**; **neureich**; der/die **Neureiche** (Emporkömmling)

das neue Jahr	auch	das Neue Jahr
seit neuestem	auch	seit Neuestem
von neuem	auch	von Neuem

neun (▶ acht), alle neun(e), wir sind zu neunt ABER → die Ziffer Neun; **neunbändig** auch 9-bändig; **neuneckig** auch 9-eckig; **neuneinhalb**; **neunerlei**; **neunfach** auch 9fach auch 9-fach; das **Neunfache** auch 9fache auch 9-Fache; **neunhundert**; **neunjährig** auch 9-jährig; **neunmal** auch 9-mal; **neunmalklug** (unangenehm überklug); **neunstellig** auch 9-stellig; **neuntägig** auch 9-tägig; **neuntausend**; **neuntens** *Adv.;* der **Neuntöter** (Singvogel); **neunzehn**; **neunzig**

neun Kinder	ABER	die Ziffer Neun
neunjährig	auch	9-jährig
neunfach	auch	9-fach/9fach
das Neunfache	auch	9-Fache/9fache

Neuralgie die, Neuralgien (Nervenschmerz); **neuralgisch** neuralgische Schmerzen, der neuralgische (heikle) Punkt; der **Neurologe** (Nervenarzt); die **Neurologie** (Nervenheilkunde, Klinik bzw. Lehrstuhl für Neurologie); die **Neurologin**; **neurologisch**

Neurose die, Neurosen (psychische Störung); der/die **Neurotiker/-in**; **neurotisch**

neutral ein neutraler (unparteiischer) Schiedsrichter, ein neutraler (unauffälliger) Geschmack; **neutralisieren** (unwirksam machen, ausgleichen, ausschalten); die **Neutralität** (Nichteinmischung), die immerwährende Neutralität Österreichs

Neutron das, Neutronen (Teilchen des Atomkerns ohne elektrische Ladung); die **Neutronenbombe**; die **Neutronenwaffe**

Neutrum [nɛ-utrum] das, Neutra (sächliches Nomen)

Neuvermählte → Niere

Neuvermählte auch n**eu** Verm**ä**hlte der/die, …vermählten; der **Neuwert** (Anschaffungswert); die **Neuzeit**; **neuzeitlich**
Newsgroup [nj**u**sgrup] die, …groups (Diskussionsgruppe im Internet)
Newsletter [nj**u**sleta] der, -: (Nachrichtenrundschreiben)
Newton [nj**u**ten] das, -: <N> (Maßeinheit der Kraft)
NGO = **N**on-**G**overnmental **O**rganization (nichtstaatliche Organisation)
n**i**cht *Adv.*: eine nicht genügende Anstrengung ABER → ein **Nicht** genügend (die Note Fünf), Kinder nicht deutscher auch nichtdeutscher Muttersprache; die **Nichtachtung**; die **Nichtanerkennung**; der **Nichtangriffspakt**; das **Nichtgefallen** bei Nichtgefallen Ware zurückschicken; der/die **Nichtraucher/-in**; der/die **Nichtschwimmer/-in**; der/die **Nichtsesshafte**; das **Nichtzutreffende** auch nicht Zutreffende

eine **nicht** genügende Anstrengung		ein **Nicht** genügend (Note)
nicht amtlich	auch	**nichtamtlich**
nicht öffentlich	auch	**nichtöffentlich**
nicht rostend	auch	**nichtrostend**

Ni**chte** die, Nichten (Tochter der Schwester/des Bruders)
n**i**chtig (unbedeutend), etwas für null und nichtig (ungültig) erklären; die **Nichtigkeit** (Kleinigkeit); die **Nichtigkeitserklärung**
n**i**chts mir nichts, dir nichts (ohne Weiteres, ganz einfach so), *für nichts und wieder nichts* (völlig vergeblich), nichts and(e)res, alles oder nichts, nichts für ungut! (nehmen Sie es mir nicht übel), nichts da! (kommt nicht in Frage), ich ging nichts ahnend auch nichtsahnend um die Ecke, eine nichts sagende auch nichtssagende Antwort, er will nichts tun ABER → das Nichtstun, nichts Neues; das **Nichts** *vor dem Nichts stehen* (den ganzen Besitz verloren haben)
n**i**chtsdestotr**o**tz *Adv.* (dennoch); **nichtsdestoweniger** *Adv.*
N**i**chtskönner der, -: (Stümper); die **Nichtskönnerin**; der **Nichtsnutz** (Taugenichts, fauler Mensch); **nichtsnutzig**; nichtssagend auch nichts sagend; der/die **Nichtstuer/-in**; das **Nichtstun**; **nichtswürdig** (gemein); die **Nichtswürdigkeit**
N**i**ckel das, *Ez.* <Ni> (chemisches Element, Metall); die **Nickelbrille** (Brille mit dünnem Metallgestell)
n**i**cken mit dem Kopf nicken (etwas bejahen); das **Nickerchen** (kurzer Schlaf)
N**i**cki der, Nickis (samtartiger Stoff); der **Nickipullover**
n**ie** *Adv.*: nie wieder (zu keiner Zeit), nie und nimmer (auf keinen Fall), nie mehr, jetzt oder nie
n**ie**der die Wellen gehen auf und nieder ABER → das Auf und Nieder der Wellen, nieder mit ihm!, die Tür ist zu nieder (nicht hoch genug), das niedere Volk ABER → Hoch und **Nieder** (jedermann); **niederbrennen** (▶ brennen); **niederdrückend**; der **Niedergang**; **niedergehen** (▶ gehen); **niedergeschlagen** (traurig); die **Niedergeschlagenheit**; **niederknien**; **niederkommen** (▶ kommen) (gebären); die **Niederkunft** (Entbindung); die **Niederlage**; sich **niederlassen** (▶ lassen) (sich ansiedeln); die **Niederlassung**; **niederlegen** sich zum Schlafen niederlegen, ein Amt niederlegen (nicht weiter ausüben); die **Niederlegung**
N**ie**derösterreich <NÖ> (österreichisches Bundesland); der/die **Niederösterreicher/-in**; **niederösterreichisch**; die **Niederösterreichische Landesregierung**
n**ie**derreißen (▶ reißen); der **Niederschlag**; **niederschlagen** (▶ schlagen); **niederschreien** (▶ schreien) jmdn. niederschreien (jmdn. durch Schreien am Reden hindern); die **Niederschrift**; sich **niedersetzen**; **niederstoßen** (▶ stoßen) der Habicht stieß auf die Beute nieder, die Radfahrerin wurde von einem Auto niedergestoßen; die **Niedertracht** (Gemeinheit); **niederträchtig**; die **Niederträchtigkeit**; die **Niederung** in der Niederung (im tiefer liegenden Bereich) hält sich der Nebel; **niederwerfen** (▶ werfen); die **Niederwerfung**
n**ie**dlich (putzig, herzig); die **Niedlichkeit**
n**ie**drig eine niedrige (nicht hohe) Tür, ein niedriger (geringer) Preis, eine niedrige (gemeine) Gesinnung ABER → Hoch und **Niedrig** (jedermann), Hohe und Niedrige; die **Niedrigkeit**; das **Niedrigwasser**
n**ie**mals *Adv.*; **niemand**; der **Niemand**; das **Niemandsland** (Bereich zwischen zwei Grenzen, unbekanntes Gebiet)
N**ie**re die, Nieren (Harn bildendes Organ),

das geht ihm an die Nieren (erschüttert ihn); **nierenförmig**; **nierenkrank**; der **Nierenstein**; die **Nierndln** (Speise)
nieseln (fein regnen, tröpfeln); der **Nieselregen**
niesen er nieste heftig; das **Niespulver**
¹**Niete** die, Nieten (Metallstift); **nieten**; der **Nietnagel**; **niet- und nagelfest** (sehr fest)
²**Niete** die, Nieten (Lose ohne Gewinn, Versager)
nigelnagelneu (ugs. für ganz neu)
Nigger der, -: (abwertend für Schwarzer)
Nihilismus der, Ez. (Weltanschauung, die alle Normen, Werte und Ziele verneint); der/die **Nihilist/-in**; **nihilistisch**
Nikolaus der, Nikoläuse; der **Nikolaustag**; der **Nikolo**
Nikotin das, Ez. (Giftstoff im Tabak); **nikotinarm**; **nikotinfrei**; der **Nikotingehalt**; **nikotinhältig**, **nikotinsüchtig**
Nilpferd das, Nilpferde (Flusspferd)
Nimbus der, Nimbusse (Heiligenschein; Ansehen; besondere Ausstrahlung)
nimmer Adv.: nie und nimmer (niemals); **nimmermehr** Adv.; **nimmermüde** (fleißig); der **Nimmersatt**; das **Nimmerwiedersehen**
Nippel der, -: (kurzes Stück Rohr mit Gewinde)
nippen (einen kleinen Schluck trinken, kosten)
Nippes die, Mz. (Ziergegenstände); die **Nippsachen**
nirgends Adv. (an keinem Ort); **nirgend(s)hin** Adv.; **nirgendwo** Adv.; **nirgendwoher** Adv.; **nirgendwohin** Adv.
Nische die, Nischen (Vertiefung in der Wand)
Nisse die, Nissen (Ei der Laus)
nisten im Gebüsch nisten (ein Nest bauen); die **Nisthöhle**; der **Nistkasten**; der **Nistplatz**; die **Niststätte**
Nitrat das, Nitrate (Salz der Salpetersäure)
Niveau [niwo] das, Niveaus (Ebene; Höhe; Bildungsstand); **niveaulos**; der **Niveauunterschied**; **niveauvoll** ein niveauvolles (anspruchsvolles) Buch; **nivellieren** (gleichmachen, ebnen)
Nixe die, Nixen (weiblicher Wassergeist); **nixenhaft**
n.J. = nächsten Jahres
NÖ = Niederösterreich; **nö.** = niederösterreichisch
nobel nobler, am nobelsten, ein nobler (edelmütiger, anständiger) Mensch, ein nobles (großzügiges) Trinkgeld, ein nobles (luxuriöses) Auto; die **Nobelherberge** (Luxushotel); das **Nobelhotel**

Nobelpreis der, Nobelpreise (jährlich verliehener Preis für hervorragende wissenschaftliche und künstlerische Leistungen); der/die **Nobelpreisträger/-in**
noch Adv.: noch einmal (nochmal), noch und noch (sehr viel), weder ... noch, weder Gut noch Geld, noch einmal so viel; **nochmal** auch noch mal Adv.; **nochmalig**; **nochmals** Adv. (ein weiteres Mal)
Nock der, Nocken (Bergkuppe)
Nocke auch Nocken die, Nocken (Mehlspeise; abwertend für eingebildete Frau)
Nocken der, -: (Vorsprung auf einer Welle oder Scheibe); die **Nockenwelle**
Nockerl das, Nockerln (kleine Knödel, Mehlspeise); die **Nockerlsuppe**
NOK = **N**ationales **O**lympisches **K**omitee
Nomade der, Nomaden (Angehöriger eines Wandervolkes); das **Nomadendasein**; **nomadenhaft**; das **Nomadenleben**; das **Nomadenvolk**; die **Nomadin**; **nomadisch**
Nomen das, -/Nomina (Namen-, Hauptwort); das **Nominale** (Nennwert, Nominalwert); **nominalisieren** (als Nomen gebrauchen); die **Nominalisierung**; der **Nominalstil** (häufige Verwendung von Nomen); der **Nominativ** (1. Fall; Werfall, z.B. „der Vater"); **nominell** (dem Namen nach); **nominieren** jmdn. als Kandidatin nominieren (aufstellen); die **Nominierung**
Nonchalance [noschaläs] die, Ez. (Ungezwungenheit); **nonchalant** nonchalant (lässig) über einen Fehler hinweggehen
Nonne die, Nonnen (Ordensfrau); das **Nonnenkloster**
Nonsens der, Ez.: Nonsens (Unsinn) reden
nonstop Adv. (ohne Unterbrechung); der **Nonstopflug** auch Nonstop-Flug (Flug ohne Zwischenlandung)
Noppe die, Noppen: ein Stoff mit Noppen (Gewebeknoten), Noppen (kleine Erhebungen) auf der Gummimatte
Nord <N> (Himmelsrichtung), Nord und Süd, Graz-Nord; **Nordamerika**; **norddeutsch**; **Norddeutschland**; der **Norden** im hohen Norden leben; **Nordeuropa**; der **Nordflügel**; der **Nordhang**; **nordisch**; das **Nordkap**; **nördlich** nördlich des Berges ABER → das Nördliche Eismeer; das **Nordlicht**; der **Nordosten** <NO>; **nordöstlich**; der **Nordpol**; die **Nordsee**; die **Nordwand**; **nordwärts** Adv.; der **Nordwesten** <NW>; **nordwestlich**; der **Nordwind**

nörgeln → nuklear

nörgeln (ständig Kritik üben); die **Nörgelei**; der/die **Nörgler/-in**

Norm die, Normen (Regel, Richtlinie; der Durchschnitt); **normal** eine normale (übliche, durchschnittliche) Größe, er ist geistig völlig normal (gesund); **normalerweise** Adv.; **normalisieren** (wieder in den üblichen Zustand zurückkehren); die **Normalisierung**; die **Normalität**; der/die **Normalverbraucher/-in**; die **Normalzeit**; der **Normalzustand**; **normativ** (als Richtlinie geltend, zwingend); der **Normenausschuss**; **normen** (einheitlich festsetzen); **normieren**; die **Normierung**

Norwegen (Staat in Nordeuropa); der/die **Norweger/-in**; **norwegisch**

Nostalgie die, Nostalgien (Sehnsucht nach Vergangenem); die **Nostalgiewelle**; **nostalgisch**

Not die, Nöte: mit Müh und Not (gerade noch), ohne Not (ohne zwingenden Grund), zur Not (wenn es nicht anders geht), Not leiden, Not leidend auch notleidend, der/die Not Leidende auch Notleidende, es ist Not am Mann (Hilfe ist nötig), seine liebe Not (große Schwierigkeiten) mit etwas haben

Notar der, Notare (Amtsperson zur Beurkundung von Rechtsgeschäften); das **Notariat** (Büro des Notars); der **Notariatsakt**; **notariell** ein Vertrag wird notariell beglaubigt; die **Notarin**

Notarzt der, ...ärzte; die **Notärztin**; der **Notausgang**; der **Notbehelf**; die **Notbremse**

Notdurft die, Ez.: seine Notdurft verrichten (Darm/Blase entleeren); **notdürftig** ein notdürftiger (behelfsmäßiger) Sonnenschutz

Note die, Noten: eine gute Note (Zensur) bekommen, eine halbe Note (Tonzeichen), das ist ihre persönliche Note (Merkmal)

Notebook [noutbuk] das, Notebooks (kleiner, tragbarer Computer)

Notfall der, Notfälle; **notfalls** Adv.; **notgedrungen** (nicht freiwillig); der **Notgroschen** (Erspartes)

notieren die Angaben sorgfältig notieren (aufschreiben); die **Notierung**

notig (mundartl. für geizig)

nötig die nötigen (erforderlichen, notwendigen) Maßnahmen, er hat Arbeit nötig ABER → es fehlt am **Nötigsten**; **nötigen** jmdn. zum Bleiben nötigen (drängen); **nötigenfalls** Adv.; die **Nötigung** (Zwang)

Notiz die, Notizen (Aufzeichnungen), keine Notiz von jmdm. nehmen (jmdn. nicht beachten); der **Notizblock**; der **Notizzettel**

Notlage die, Notlagen; **notlanden**; die **Notlandung**; der/die **Notleidende** auch Not Leidende; der **Notnagel** (Ersatz)

notorisch ein notorischer (allseits bekannter) Lügner

Notruf der, Notrufe; die **Notrufsäule**; **notschlachten**; der **Notstand**; das **Notstandsgebiet**; die **Notstandshilfe** (staatliche finanzielle Unterstützung); **nottun** Hilfe tut not; die **Notwehr** in/aus Notwehr (Gegenwehr) handeln

notwendig notwendig sein ABER → etwas **Notwendiges**, nur das Notwendigste mitnehmen; die **Notwendigkeit**; die **Notzucht** (Vergewaltigung)

Nougat [nugat] auch **Nugat** der/das, Nougats (Süßigkeit)

Novelle die, Novellen: eine Novelle (kurze Erzählung) von Stifter, eine Novelle (Abänderung eines Gesetzes) zum Schulrecht; **novellieren** ein Gesetz novellieren

November [nowęmba, nofęmba] der, - <Nov.> (11. Monat)

Novität die, Novitäten (Neuheit); der **Novize** (Mönch während der Probezeit); die **Novizin**; das **Novum** (etwas Neues, noch nie Dagewesenes)

NPO = **N**on-**P**rofit-**O**rganisation

Nr. = **N**umme**r**

NR = **N**ationa**lr**at

N.T. = **N**eues **T**estament

Nu der, Ez.: etwas im Nu (sehr schnell, in kürzester Zeit) fertigstellen

Nuance [nüąs] die, Nuancen (Kleinigkeit, Feinheit); **nuancenreich**; **nuancieren** (fein abstufen); die **Nuancierung**

nüchtern er ist nüchtern (nicht betrunken), ein nüchternes (schmuckloses) Zimmer, mit nüchternem (leerem) Magen, die nüchternen (reinen) Tatsachen; die **Nüchternheit**

Nudel die, Nudeln (Teigware), eine ulkige Nudel (ugs. für ein lustiger Mensch); das **Nudelbrett**; der **Nudelwalker**

Nudismus der, Ez. (Freikörperkultur); der/die **Nudist/-in** (Anhänger der Nacktheit)

Nugat auch **Nougat** der/das, Nugats (Süßigkeit)

Nugget [nagit] der, Nuggets (kleiner Goldklumpen)

nuklear nukleare Waffen (Atomwaffen); die **Nuklearmacht** (Atommacht)

null null Komma zwei, zwei zu null gewinner·, unter null Grad sinken, null Uhr dreißig, null und nichtig (ungültig), durch null teilen, *null Bock* (*ugs. für* keine Lust) *auf etwas haben, in null Komma nichts* (sehr schnel); die **Null** eine Zahl mit einer Null, er ist eine Null (ein bedeutungsloser Mensch, Versager); **nullachtfünfzehn** auch 08/15 (wie üblich); die **Nulldiät** (Hungerkur); die **Nulllinie** auch Null-Linie; der **Nullpunkt** (Tiefstand, Gefrierpunkt); der **Nulltarif** zum Nulltarif (kostenlos) mit dem Bus fahren; das **Nullwachstum** (wirtschaftlicher Stillstand)

Numerale das, Numeralien/Numeralia (Zahlwort); **numerisch** (zahlenmäßig); der **Numerus clausus** (zahlenmäßige Beschränkung für ein Studienfach an Hochschulen)

Nummer die, Nummern <Nr.>, Nummer drei, die Nummer (Darbietung) des Clowns, *auf Nummer sicher gehen* (sich absichern); **nummerieren**; die **Nummerierung**; die **Nummerntafel**

nun *Adv.:* nun gut, von nun an, was nun?, nun wird's Zeit!, so ist das nun; **nunmehr** *Adv.*

Nuntius [nuntsius] der, Nuntien [nuntsien] (päpstlicher Botschafter)

nur *Adv.:* nur noch drei Tage, nur ein Versehen; nicht nur, sondern auch; nur zu!

nuscheln (undeutlich sprechen)

Nuss die, Nüsse: Nüsse knacken, eine harte Nuss (ein schwieriges Problem); **nussbraun**;

die **Nussschale** auch Nuss-Schale (Schale der Nuss, kleines Boot)

Nüster die, Nüstern (Nasenloch des Pferdes)

Nute auch **Nut** die, Nuten (längliche Vertiefung); **nuten**

¹**Nutria** die, Nutrias (Nagetier)

²**Nutria** der, Nutrias (Pelz aus Nutriafellen)

Nutte die, Nutten (*abwertend für* Prostituierte); **nuttenhaft**

nützen auch **nutzen** Leugnen nützt nichts, Wasserkraft nutzen; **nutz** er ist zu nichts nutz (brauchbar) ABER → sich etwas zunutze auch zu Nutze machen; **nutzbar** (brauchbar); die **Nutzbarkeit**; die **Nutzbarmachung**; **nutzbringend**; der **Nutzen** (Vorteil, Gewinn), von Nutzen sein; das **Nutzfahrzeug**; die **Nutzfläche**; die **Nutzlast**; **nützlich** sich nützlich machen (helfen); die **Nützlichkeit**; **nutzlos** ein nutzloser (vergeblicher) Versuch; die **Nutzlosigkeit**; **nutznießen** (den Vorteil von etwas haben); der/die **Nutznießer/-in**; die **Nutzpflanze**; die **Nutzung**; das **Nutzungsrecht**

| das **nützt** nichts | auch | das **nutzt** nichts |

Nylon [nailon] das, *Ez.* (Kunstfaser); das **Nylonsackerl**

Nymphe [nümfe] die, Nymphen (Naturgöttin, Nixe); **nymphenhaft**; der **Nymphensittich** (Vogel)

Ich habe wohl die Katze im Sack gekauft?

Weißt du eigentlich, was *die Katze im Sack kaufen* bedeutet? Das *SchulWörterBuch* erklärt dir sonderbare Redewendungen. Such doch unter „**Katze**"!

▶ Mehr von Maus und Katze auf Seite 241!

O

o! auch oh!, o ja!, o nein!, o je!, o doch!, o wie schön!, o weh!
O = Ost(en); chemisches Zeichen für Sauerstoff
o.a. = oben angegeben
o.Ä. = oder Ähnliches
ÖAAB = Österreichischer Arbeiter- und Angestelltenbund
ÖAMTC = Österreichischer Auto- und Motorrad-Touring-Club
Oase die, Oasen (Wasserstelle in der Wüste), eine Oase (ein Ort) der Stille
ob *Konj.:* ob er wohl kommt?; ob Arm, ob Reich; und ob ich das weiß!; er fragt mich, ob ich komme; so tun, als ob (wie wenn); **obgleich** *Konj.* (wenn auch); **obschon** *Konj.;* **obwohl** *Konj.;* **obzwar** *Konj.*
o.B. = ohne Befund (z.B. nach einer ärztlichen Untersuchung); ohne Bekenntnis
Obacht die, *Ez.: auf etwas Obacht geben/ haben* (achten, aufpassen)
ÖBB = Österreichische Bundesbahnen
Obdach das, *Ez.* (Unterkunft), Obdach suchen; **obdachlos** (ohne Wohnung); der/die **Obdachlose**; das **Obdachlosenheim**; die **Obdachlosigkeit**
Obduktion [...tsion] die, Obduktionen (Öffnung und Untersuchung einer Leiche); der **Obduktionsbefund**; **obduzieren** das Mordopfer obduzieren
O-Beine die, *Mz.* (nach außen gebogene Beine); **o-beinig** auch O-beinig
Obelisk der, Obelisken (vierkantige Spitzsäule)
oben *Adv.:* oben stehen, nach oben laufen, von oben kommen, oben auf der Leiter, von oben bis unten, das oben Gesagte, siehe oben <s.o.>, oben angeführt, oben stehend auch obenstehend, *jmdn. von oben herab* (hochmütig) *ansehen; nicht wissen, wo oben und unten ist* (völlig verwirrt sein), *alles Gute kommt von oben*; **obenauf** *Adv.;* **obendrauf** *Adv.;* **obendrein** *Adv.* (außerdem); **Obenerwähntes** auch oben Erwähntes; **Obengenanntes** auch oben Genanntes
ober *Präp.+Dat.:* ober (über) dem Fenster; **oberhalb** *Präp.+Gen.:* oberhalb des Fensters
obere das obere Stockwerk ABER → das **Oberste** zuunterst kehren (alles durchsuchen), der Oberste Gerichtshof
Ober der, -: (Kellner), einen Ober (Spielkarte) ausspielen

Oberarm der, ...arme; der/die **Oberarzt/-ärztin**; der **Oberbefehl**; die **Oberfläche**; **oberflächlich** (ungenau); die **Oberflächlichkeit**; das **Obergeschoß** auch Obergeschoss; die **Oberhand** *die Oberhand behalten* (der Stärkere bleiben); das **Oberhaupt**; die **Oberin** (Leiterin eines Nonnenklosters; Oberschwester in einem Krankenhaus); **oberirdisch** (über der Erdoberfläche); der **Oberkörper**; der **Oberschenkel**; der/die **Oberschulrat/-rätin** <OSR>; der **Oberst** (hoher Offizier); der/die **Oberstudienrat/-rätin** <OStR> (Ehrentitel); die **Oberstufe**; das **Oberstufenrealgymnasium**; die **Oberweite** (Brustumfang)
Oberösterreich <OÖ>; der/die **Oberösterreicher/-in**; **oberösterreichisch**; die **Oberösterreichische Landesregierung**
Obers das, *Ez.* (Rahm); der **Oberskren**; die **Oberstorte**
Obfrau die, Obfrauen (Vorsitzende, z.B. eines Vereins)
obgleich *Konj.* (obwohl); **obschon** *Konj.;* **obwohl** *Konj.*
Obhut die, *Ez.: sie steht unter meiner Obhut* (meinem Schutz)
obige (weiter oben im Text), die obige Adresse ABER → **Obiges** ist allgemein gültig
Objekt das, Objekte: ein baufälliges Objekt (Gebäude), das Objekt (der Gegenstand) der Untersuchung, Objekte (Ausstellungsstücke) nicht berühren, das Objekt im Satz (die Satzergänzung, z.B. „Wir begrüßen den Gast."); **objektiv** (sachlich); das **Objektiv** (optische Linse); **objektivieren** (versachlichen); die **Objektivität** (Sachlichkeit)
Oblate die, Oblaten (Waffelgebäck; Hostie)
Obleute die, *Mz.* (Vorsitzende)
obliegen es obliegt ihm (ist seine Pflicht), die Kosten zu tragen; die **Obliegenheit** (*geh. für* Pflicht, Aufgabe)
obligat (unvermeidlich, üblich); **obligatorisch** (verpflichtend, bindend)
Obmann der, Obmänner (Vorsitzender eines Vereins)
Oboe die, Oboen (Blasinstrument); der/die **Oboist/-in**
Obolus der, Obolus/Obolusse (finanzieller Beitrag), einen Obolus entrichten
Obrigkeit die, Obrigkeiten (vorgesetzte Behörde, Träger der Macht); das **Obrigkeitsdenken** (unkritisches Anerkennen einer Autorität); **obrigkeitsgläubig**; der

Observation → ohne

Obrigkeitsstaat (autoritärer Staat)
Observation [...tsi̯on] die, ...tionen (Beobachtung); das **Observatorium** (Beobachtungsstation, Sternwarte); **observieren** (überwachen)
obskur obskure (dunkle, unklare) Geschäfte, eine obskure (*ugs. für* fragwürdige, verdächtige) Gestalt
obsolet (veraltet, überholt)
Obsorge die, *Ez.* (Fürsorge, Betreuung), für jmdn. die Obsorge tragen
Obst das, *Ez.* (essbare Früchte); der **Obstbaum**; die **Obsternte**; der **Obstkuchen**; der **Obstler** (Schnaps); die **Obstsorte**; die **Obststeige** (Kiste); die **Obsttorte**
obszön (anstößig, schamlos); die **Obszönität**
Ochs der, Ochsen (kastrierter Stier; *ugs. für* Dummkopf); die **Ochsentour** (schwere Arbeit; mühevoller beruflicher Aufstieg)
Ocker das, *Ez.* (gelbbrauner Farbstoff); **ocker**; **ockergelb**
öd auch **öde** eine öde (unbewohnte) Landschaft, eine öde (*ugs. für* langweilige) Party; die **Öde**; das **Ödland** (landwirtschaftlich ungenütztes Land)
Ode die, Oden (feierliches Gedicht)
Odem der, *Ez.* (*geh. für* Atem)
Ödem das, Ödeme (Wasseransammlung im Gewebe)
oder <od.> *Konj.:* ich oder du, entweder ... oder ABER → das Entweder-oder
Odyssee die, Odysseen (Irrfahrt, großer Umweg)
ÖFB = **Ö**sterreichischer **F**ußball**b**und
Ofen der, Öfen: den Ofen anheizen, *jetzt ist der Ofen aus* (*ugs. für* etwas ist unabänderlich vorbei); das **Öfchen**; **ofenfrisch**; das **Ofenrohr**; **ofenwarm**
offen seine Meinung offen sagen, das offene Meer, das offene Ende des Buches, auf offener Straße, eine offene Rechnung, offene Stellen (freie Arbeitsplätze), Tag der offenen Tür, *mit offenen Karten spielen* (ohne Hintergedanken sein), *eine offene Hand haben* (freigebig sein)
offenbar (anscheinend, sichtbar); **offenbaren** (gestehen, anvertrauen); die **Offenbarung**; die **Offenheit** (Aufrichtigkeit); **offenhalten** sich mehrere Möglichkeiten offenhalten ABER → das Geschäft offen halten; **offenherzig** (ehrlich, aufrichtig); die **Offenherzigkeit**; **offenkundig** (offenbar); **offenlassen** die Frage offenlassen ABER →

die Tür offen lassen; **offenlegen** (öffentlich machen); die **Offenlegung**; **offensichtlich**; die **Offensichtlichkeit**

die Tür **offen lassen**	ABER	die Frage **offenlassen** (unbeantwortet)
das Geschäft **offen halten**	ABER	sich mehrere Möglichkeiten **offenhalten**
offen (ehrlich) **sagen**	ABER	die Gründe **offenlegen** (nennen)

offensiv (angriffslustig, kämpferisch); die **Offensive** (Angriff, gezielte Aktion); die **Offensivtaktik**
Öffentlichkeit die, *Ez.:* unter Ausschluss der Öffentlichkeit (Allgemeinheit); **öffentlich** die öffentliche Meinung, die öffentliche Hand (Staat), der öffentlich Bedienstete (Beamter)
offerieren (anbieten); das **Offert** (schriftliches Angebot)
offiziell (dienstlich, förmlich)
Offizier der, Offiziere (militärischer Rang); der **Offiziersrang**
offline [ofain] (nicht mit anderen Computern in Verbindung stehend); der **Offlinebetrieb**
öffnen (aufmachen), das Tor öffnen, er öffnete das Fenster, die Ausstellung ist bis 18 Uhr geöffnet; der **Öffner**; die **Öffnung**; die **Öffnungszeit**
Offsetdruck der, Offsetdrucke (Flachdruckverfahren)
o-förmig auch **O-förmig** o-förmige Beine haben
oft *Adv.* (häufig wiederkehrend), so oft wie möglich, ab jetzt öfter kommen ABER → des **Öfteren** etwas machen; **öfters** *Adv.;* am **öftesten**; **oftmalig**; **oftmals** *Adv.*

oft kommen	ABER	des **Öfteren kommen**

ÖGB = **Ö**sterreichischer **G**ewerkschafts**b**und
oh! auch **o!** oh, wie schade!, oh weh!, o weh, das **Oh** laut rufen
ÖH = **Ö**sterreichische **H**ochschülerschaft
Oheim der, Oheime (*veraltet für* Onkel)
OHG = **O**ffene **H**andels**g**esellschaft
Ohm das, -: <Ω> (Maßeinheit für elektrischen Widerstand), der **ohmsche** Widerstand ABER → der Ohm'sche Widerstand
ohne *Präp.+Akk.:* ohne mich, ohne die Kinder,

Ohnmacht → Omega

ohne Job, ohne weiteres **auch** ohne Weiteres; *Konj.:* weggehen, ohne sich umzudrehen; sie verlor das Geld, ohne dass sie es merkte; **ohnedies** *Adv.* (sowieso); **ohneeinander** *Adv.;* **ohnegleichen** *Adv.;* **ohnehin** *Adv.:* ich wollte ohnehin nicht kommen

ohne weiteres	auch	ohne Weiteres

Ohnmacht die, Ohnmachten (Bewusstlosigkeit); **ohnmächtig** ohnmächtig (bewusstlos) niederfallen, einer Sache ohnmächtig (machtlos) gegenüberstehen; der **Ohnmachtsanfall**

oho! (Ausruf der Überraschung), klein, aber oho! (klein, aber kräftig; klein, aber schlau)

Ohr das, Ohren (Sinnesorgan), taub auf einem Ohr, rote Ohren haben, *sich aufs Ohr legen* (schlafen gehen), *ganz Ohr sein* (aufmerksam zuhören), *auf diesem Ohr taub sein* (etwas nicht verstehen wollen), *viel um die Ohren haben* (viel zu tun haben), *die Ohren spitzen* (aufmerksam zuhören), *jmdm. ständig in den Ohren liegen* (*ugs. für* jmdn. dauernd bedrängen), *noch nicht trocken hinter den Ohren sein* (noch jung und unerfahren sein), *sich etwas hinter die Ohren schreiben* (*ugs. für* sich etwas gut merken), *die Ohren steifhalten* (durchhalten), *jmdn. übers Ohr hauen* (*ugs. für* jmdn. betrügen)

Öhr das, Öhre (Nadelöffnung)

Ohrenarzt der, Ohrenärzte; die **Ohrenärztin**; **ohrenbetäubend** (sehr laut); das **Ohrensausen**; der **Ohrenschliefer** (Ohrenschlüpfer, Insekt); der **Ohrenschmaus** (etwas, dem man gerne zuhört); der **Ohrenschmerz**; der **Ohrenzeuge**; die **Ohrenzeugin**; die **Ohrfeige** (Schlag); **ohrfeigen**; der **Ohrklipp**; das **Ohrläppchen**; die **Ohrmuschel**; der **Ohrring**; das **Ohrwasch(e)l** (*ugs. für* Ohrmuschel); der **Ohrwurm** (Insekt; *ugs. für* leicht eingängige Melodie)

okay [oke] <o.k.> *Adv.* (in Ordnung, einverstanden)

Okkasion die, Okkasionen (Gelegenheitskauf)

okkult (verborgen, übersinnlich), über okkulte Kräfte verfügen; der **Okkultismus** (Beschäftigung mit dem Übersinnlichen)

Okkupation [...tsion] die, Okkupationen (Besetzung fremden Staatsgebietes); **okkupieren**

Ökologe der, Ökologen; die **Ökologie** (System der Beziehungen der Lebewesen untereinander und zu ihrer Umwelt); die **Ökologin**; **ökologisch**; die **Öko-Steuer**; der **Ökostrom**; das **Ökosystem**

Ökonom der, Ökonomen (Landwirt); die **Ökonomie** (Wirtschaftlichkeit); **ökonomisch** ökonomisch (sparsam, wirtschaftlich) arbeiten

Oktaeder der, -: (achtflächiger Körper)

Oktav die, Oktaven (achter Ton der Tonleiter)

Oktober <Okt.> der, -: (10. Monat); das **Oktoberfest** (Fest in München)

Okular das, Okulare (optische Linse)

Ökumene die, *Mz.* (die gesamte Christenheit); **ökumenisch** der ökumenische Gottesdienst

Okzident der, *Ez.* (das Abendland, der Westen)

Öl das, Öle: Speiseöl, Erdöl, Ölfarben, *Öl ins Feuer gießen* (eine Situation noch schlimmer machen); der **Ölbaum** (Olivenbaum); der **Öldruck**

Oldie [ouldi] der, Oldies (alter Schlager; *ugs. für* alter Mensch)

Oldtimer [ouldtaima] der, -: (altes Fahrzeug)

Oleander der, -: (Zierstrauch)

ölen das Getriebe ölen (schmieren), *wie ein geölter Blitz* (sehr schnell)

Ölfarbe die, Ölfarben; der **Ölfilm**; das **Ölgemälde**; die **Ölheizung**; **ölig** ölig glänzen; die **Ölindustrie**; die **Ölkrise**; die **Öllampe**; die **Ölpest**; die **Ölquelle**; die **Ölraffinerie**; der **Ölscheich** (ein durch Erdöl reich gewordener Scheich); der **Öltanker**; die **Ölung** die Letzte Ölung (katholisches Sterbesakrament); der **Ölwechsel**; das **Ölzeug** (wasserfeste Kleidung)

Oligarchie die, Oligarchien (Herrschaft einer kleinen adeligen Gruppe)

oliv (ein Grünton); die **Olive** (Ölbaumfrucht); der **Olivenbaum**; das **Olivenöl**; **olivgrün**

Olymp der, *Ez.* (Berg in Griechenland; Wohnsitz der Götter); die **Olympiade** (Zeitraum von vier Jahren zwischen den Olympischen Spielen); die **Olympiamannschaft**; die **Olympiamedaille**; der **Olympiasieg**; das **Olympiastadion**; der/die **Olympiateilnehmer/-in**; **olympisch** das olympische Feuer ABER → die **Olympischen Spiele**

Oma die, Omas (Großmutter)

Ombudsfrau die, Ombudsfrauen (Vertrauensperson, die die Rechte Einzelner gegenüber Behörden vertritt); der **Ombudsmann**

Omega das, Omegas (letzter Buchstabe im

Omelett → ordentlich

griechischen Alphabet)
Omelett [omlęt] das, Omelettes auch die **Omelette**, Omeletten (Eierspeise, Mehlspeise)
Omen das, Omen/Omina (*geh. für* böses oder gutes Vorzeichen); **ominös** diese ominöse (zweifelhafte, unheilvolle) Angelegenheit
Omnibus der, Omnibusse (Autobus); die **Omnibuslinie**
OMV = **Ö**sterreichische **M**ineralöl**v**erwaltung
Onanie die, *Ez.* (Selbstbefriedigung, Masturbation); **onanieren**
ÖNB = **Ö**sterreichische **N**ational**b**ank; **Ö**sterreichische **N**ational**b**ibliothek
on demand [on dimand] (auf Bestellung)
One-Man-Show [wanmänschou] die, ...-Shows (Show eines Alleinunterhalters)
Onkel der, -: (Bruder oder Schwager der Mutter oder des Vaters)
Onkologie die, *Ez.* (Lehre von den Geschwülsten, Krebserkrankungen)
online [onlain] (in direkter Verbindung mit einem Computer oder dem Internet); die **Onlinerecherche**
Önorm, ÖNORM = **Ö**sterreichische **Norm**
Onyx der, Onyxe (quarzartiger Schmuckstein)
OÖ = **O**ber**ö**sterreich
OP = **O**erationssaal
op. = **Op**us (Werk)
Opa der, Opas (Großvater)
Opal der, Opale (Schmuckstein)
Open Air [openea]; das **Open-Air-Festival** [...festiwäl] (Musikveranstaltung im Freien)
Oper die, Opern (musikalisches Bühnenwerk; Gebäude, in dem Opern aufgeführt werden); die **Operette** (heiteres musikalisches Bühnenstück); die **Opernarie**; der **Opernball** (gesellschaftliches Ereignis in Wien); der **Opernführer**; das **Opernglas**; das **Opernhaus**; die **Opernmelodie**; die **Opernmusik**; der/die **Opernsänger/-in**
Operation [...tsion] die, Operationen (medizinischer Eingriff; Kampfhandlung); der **Operationssaal** ⟨OP⟩; **operativ**; **operieren** (einen ärztlichen Eingriff vornehmen), die Truppen operieren (sind aktiv) im Feindesland
Operator der, Operatoren (Symbol zur Durchführung bestimmter Aufgaben, handlungsanweisendes Verb in Arbeitsaufträgen; Bediener einer Maschine o. Ä.)
Opfer das, -: ein Opfer bringen, der Straßenverkehr forderte viele Opfer (Menschenleben); **opferbereit**; die **Opferbereitschaft**; die **Opfergabe**; **opfern** die Griechen opferten den Göttern Tiere; der **Opfertod**; die **Opferung**
Opium das, *Ez.* (Rauschgift); der **Opiumschmuggel**
Opossum das, Opossums (Beutelratte)
opponieren (eine Gegenposition beziehen); die **Opposition** (Widerstand, Gegenpartei); **oppositionell**; die **Oppositionspartei**
opportun (für den eigenen Vorteil nützlich); der **Opportunismus** (auf den eigenen Vorteil ausgerichtetes Handeln); der/die **Opportunist/-in**; **opportunistisch** (angepasst)
Optik die, Optiken (Lehre vom Licht; Linsen eines optischen Gerätes); der/die **Optiker/-in**
optimal (bestmöglich); **optimieren** (etwas effektiver gestalten); die **Optimierung**; der **Optimismus** (zuversichtliche Einstellung); der/die **Optimist/-in**; **optimistisch** (zuversichtlich); das **Optimum** (das Bestmögliche)
Option [...tsion] die, Optionen: eine Option auf (Vorkaufsrecht für) den Erwerb des Grundstückes haben
opulent ein opulentes (üppiges) Essen
Orakel das, -: (Weissagung); **orakelhaft** (rätselhaft); **orakeln**; der **Orakelspruch**
oral (den Mund betreffend)
Orange [orasche] die, Orangen (Zitrusfrucht); **orange** [orasch] (rötlich gelb); die **Orangeade** [oranschade] (Erfrischungsgetränk); **orangefarben**; der **Orangenbaum**; der **Orangensaft**; die **Orangerie** (großes Gewächshaus)
Orang-Utan der, Orang-Utans (Affenart)
Orbit der, Orbits (Umlaufbahn eines Satelliten); die **Orbitalstation** (Raumstation)
Orchester das, -: (große Musikkapelle); das **Orchesterkonzert**
Orchidee die, Orchideen (exotische Zierblume)
¹**Orden** der, -: (Auszeichnung, militärisches Ehrenzeichen)
²**Orden** der, -: (religiöse Gemeinschaft, z.B. Jesuiten, Franziskaner); der **Ordensbruder** (Mönch); die **Ordensfrau**; der **Ordensmann**; die **Ordensregel**; die **Ordensschwester** (Nonne); die **Ordenstracht**
ordentlich ein ordentlich (sehr gut) aufgeräumtes Zimmer, ein ordentlicher (ordnungsliebender; anständiger) Mensch, ein ordentliches (ausgiebiges) Essen, ordentlich (gut) arbeiten, sie hat ordentlich (sehr) geschwitzt; die **Ordentlichkeit**

Order → Österreich

Order die, Ordern/Orders (Anweisung, Auftrag); **ordern** (Waren bestellen); die **Ordinalzahl** (Ordnungszahl, z.B. erstens, der Erste)
ordinär (gemein, unfein, unanständig)
Ordination […tsion] die, Ordinationen (Sprechstunde/Behandlungsraum eines Arztes; Einsetzung eines neuen Bischofs); die **Ordinationsschwester**; das **Ordinationszimmer** (Arztpraxis); **ordinieren** (Sprechstunde halten)
ordnen die Akten ordnen, den Nachlass ordnen; der **Ordner** (Aktenordner; Person, die für Ordnung sorgt); die **Ordnerin**; die **Ordnung** Ordnung halten, für Ordnung sorgen, in Ordnung sein (funktioniert), jmdn. zur Ordnung rufen (mahnen); **ordnungsgemäß**; **ordnungshalber** Adv.; die **Ordnungsliebe**; **ordnungsliebend**; der **Ordnungssinn**; **ordnungswidrig** (gesetzwidrig)
ORF = **Ö**sterreichischer **R**und**f**unk
ORG = **O**berstufen**r**eal**g**ymnasium
Organ das, Organe (Körperteil; Behörde, Amt); **organisch** organisch (körperlich) gesund sein; der **Organismus** (Körper); das **Organmandat** (von Polizisten verfügte Strafe); der/die **Organspender/-in**; die **Organtransplantation**; die **Organverpflanzung**
Organisation […tsion] die, Organisationen (Planung, Gruppe); der **Organisationsfehler**; das **Organisationskomitee**; der **Organisator**; die **Organisatorin**; **organisatorisch**; **organisieren** die Schülerinnen und Schüler organisieren das Abschlussfest (bereiten es vor), die Arbeiter sind gewerkschaftlich organisiert
Organist der, Organisten; die **Organistin**
Orgasmus der, Orgasmen (Höhepunkt der geschlechtlichen Erregung)
Orgel die, Orgeln (großes Tasteninstrument); das **Orgelkonzert**; die **Orgelpfeife**
Orgie [orgie] die, Orgien (ausschweifendes Fest); **orgiastisch** (wild, zügellos)
Orient der, Ez. (Morgenland, Osten); der **Orientale**; die **Orientalin**; **orientalisch**; der **Orientteppich**
orientieren sich: ich muss mich erst orientieren (zurechtfinden); die **Orientierung**; **orientierungslos**; der **Orientierungssinn**
Original das, Originale (einzigartiges Erzeugnis), *er ist ein Original* (ein Mensch mit besonderen Eigenheiten); **original** (echt, ursprünglich); die **Originalfassung**; originalgetreu; die **Originalität** (Ursprünglichkeit, Einfallsreichtum); **originell** ein origineller (witziger, einzigartiger) Mensch
Orkan der, Orkane (heftiger Sturm); **orkanartig** nach dem Konzert gab es einen orkanartigen Applaus
Orkus der, *Ez.* (Unterwelt in der römischen Sagenwelt)
Ornament das, Ornamente (Verzierung); **ornamental** (mit Verzierungen)
Ornat das, Ornate (feierliche Amtstracht)
Ornithologie die, *Ez.* (Vogelkunde)
Ort der, Orte (Platz, Stelle), in einem kleinen Ort wohnen, der Ort des Verbrechens, an Ort und Stelle, von Ort zu Ort; das **Örtchen** *das stille Örtchen (ugs. für Toilette)*; **orten** (die Position bestimmen); **örtlich**; die **Örtlichkeit**; **ortsansässig**; die **Ortschaft**; die **Ortsergänzung** (z.B. „in Graz", „nach England", „aus der Ferne"); **ortsfremd**; **ortsüblich**; die **Ortung** (Positionsermittlung)
orthodox (strenggläubig); die **Orthodoxie**
Orthographie auch **Orthografie** die, Orthographien (Rechtschreibung); **orthographisch** auch **orthografisch**
Orthopäde der, Orthopäden (Facharzt für den Bewegungsapparat); die **Orthopädie**; die **Orthopädin**; **orthopädisch**
Öse die, Ösen (kleiner Metallring zum Einhängen eines Hakens)
OSR = **O**ber**s**chul**r**at, **O**ber**s**chul**r**ätin
Ostblock der, *Ez.* (Bezeichnung für die ehemaligen kommunistischen Staaten Osteuropas)
Osten der, *Ez.:* <O> China liegt im Osten, der Nahe Osten (Vorderasien), der Ferne Osten; **Osteuropa**; **östlich**; **Ostösterreich**; die **Ostsee**; die **Ostseite**; **ostwärts** Adv.; der **Ostwind**
Osterbrauch der, …bräuche; das **Osterei**; das **Osterfest**; die **Osterglocke**; der **Osterhase**; das **Osterlamm**; **österlich**; die/ das **Ostern** (Fest der Auferstehung Christi) zu Ostern, Frohe Ostern! Fröhliche Ostern!; der **Ostersonntag**
Österreich (Staat); der/die **Österreicher/-in**; **österreichisch** die österreichische Fahne **ABER** → das **Österreichische** Rote Kreuz, der Österreichische Rundfunk <ORF>, die Österreichischen Bundesbahnen <ÖBB>, die Österreichische Volkspartei <ÖVP>; **österreichisch-ungarisch** die österreichisch-ungarische Monarchie

die **österreichische** Bevölkerung	ABER	die **Österreichischen** Bundesbahnen
die **österreichische** Nation	ABER	der **Österreichische** Rundfunk

OStR = **O**ber**st**udien**r**at, **O**ber**st**udien**r**ätin
ÖSV = **Ö**sterreichischer **S**ki**v**erband
oszillieren (schwingen); der **Oszillograph**
   auch **Oszillograf** (techn. Gerät)
¹**Otter** der, -: (im Wasser lebende Marderart)
²**Otter** die, Ottern (Giftschlange)
out *Adv.* [aut] (unmodern, nicht mehr gefragt);
   das **Out** der Ball ist im Out (außerhalb
   des Spielfeldes); der **Outeinwurf**;
   outen (öffentlich etwas bekennen); das
   Outfit (äußere Aufmachung); der **Output**
   (Produktionsergebnis); der **Outsider**
   [autsaida] (Außenseiter)
Ouvertüre [uwertüre] die, Ouvertüren
   (musikalisches Vorspiel)
oval [owal] (eiförmig); eine ovale Gesichtsform;
   das **Oval**
Ovation [...tsion] die, Ovationen (rauschender
   Beifall)
Overall [oweral] der, Overalls (einteiliger
   Schutzanzug)
Overheadprojektor [owahedprojektor] der,
   ...projektoren (Gerät für Projektionen)
ÖVP = **Ö**sterreichische **V**olks**p**artei; der/die
   ÖVPler/-in
Ovulation [...tsion] die, Ovulationen (Eisprung
   im weiblichen Körper)
Oxid auch **Oxyd** das, Oxide (Sauerstoffverbindung); die **Oxidation** auch Oxydation;
   oxidieren auch oxydieren
Ozean der, Ozeane (Weltmeer, z.B. Atlantischer
   Ozean); der **Ozeandampfer**; **ozeanisch**
Ozelot der, Ozelote/Ozelots (südamerikanisches Raubtier)
Ozon das, *Ez.* (besondere Form des Sauerstoffs); die **Ozonbelastung**; das **Ozonloch**
   (Bereich der Atmosphäre, dessen Ozonschicht zerstört ist)

Weißt du eigentlich, was „**matschkern**" bedeutet? Das *SchulWörterBuch* erklärt dir sonderbare Wörter der Mundart. Schlag nach!

▶ Mehr von Maus und Katze auf Seite 264!

P

Pa = **Pa**scal (Maßeinheit für Druck)
paar ein paar (einige) Cent, ein paar hundert Tiere, ein paar Dutzend Mal(e), ein paar Mal(e) ABER → ein paarmal; das **Paar** ein junges Paar (zwei Liebende) ABER → das **Pärchen**, ein Paar (zwei) Strümpfe; **paaren** die Enten paaren sich (begatten sich), bei ihr paaren (vereinigen) sich Klugheit und Witz; der **Paarhufer** (Tier mit paarigen Hufen); **paarig** (paarweise); **paarmal** ein paarmal anläuten; die **Paarung** (Begattung); **paarweise** (jeweils zu zweit)

ein **paar** (einige verschiedene) Strümpfe	ABER	ein **Paar** (zwei zusammengehörende) Strümpfe
das **Paar** (Brautpaar)	ABER	das **Pärchen** (Liebespaar)
ein **paarmal**	ABER	ein **paar Mal(e)**

Pacht die, Pachten: etwas in Pacht nehmen; **pachten** ein Lokal pachten, *etwas für sich gepachtet haben* (für sich allein beanspruchen); der/die **Pächter/-in**
¹**Pack** das, *Ez.* (Gesindel, Pöbel)
²**Pack** der, Packe: *mit Sack und Pack* (mit allem, was man hat) auch der **Packen**; das **Päckchen**; das **Packeis** (Eisschollen); die **Packelei** (*ugs. abwertend für* heimliche Übereinkunft); **packeln** (*ugs. abwertend für* heimlich paktieren, um sich Vorteile zu verschaffen); **packen** Koffer packen, jmdn. an der Hand packen, *das packen wir schon* (*ugs. für* schaffen wir); **packend** eine packende (spannende) Erzählung; die **Packerei**; das **Packerl**; der **Packesel** (jmd., dem vieles aufgeladen wird); die **Packung** eine Packung Zigaretten
Pad [päd] das, Pads (kurz für Mauspad; (Watte-)Bauschen für Kosmetik)
Pädagoge der, Pädagogen (Erzieher); die **Pädagogik** (Erziehungswissenschaft); die **Pädagogin**; **pädagogisch** (erzieherisch), pädagogische Maßnahmen ABER → die Pädagogische Hochschule
Paddel das, -: das Paddel ins Wasser tauchen; **paddeln** über den See paddeln
Paella [pae(l)ja] die, Paellas (spanisches Reisgericht)
Pafese auch **Pofese** die, Pafesen (Süßspeise)

paffen eine Zigarre paffen
Page [pasche] der, Pagen (Hoteldiener; adeliger Knabe); der **Pagenkopf** (Frisur)
Pagina die, Paginas (Seitenzahl); **paginieren** (mit Seitenzahlen versehen)
Pagode die, Pagoden (asiatischer Tempel)
Paillette [paijete] die, Pailletten (glänzendes Metallplättchen)
Paket das, Pakete: ein Paket aufgeben, ein Paket von Forderungen stellen
Pakistan (Staat in Asien); der/die **Pakistani**; **pakistanisch**
Pakt der, Pakte: einem Pakt (Bündnis) beitreten, einen Pakt schließen; **paktieren** mit dem Feind paktieren (sich verbünden)
Palais [pale] das, -: [pales] (Schloss, Palast)
Palast der, Paläste (Prachtbau, Schloss); **palastartig**
Palästina (Land im Vorderen Orient); der/die **Palästinenser/-in**; **palästinensisch**
Palatschinke die, Palatschinken (*österr. für* bundesdt. Pfannkuchen)
Palaver [palawa] das, -: (überflüssiges Gerede); **palavern** (schwatzen)
Palette die, Paletten (Mischplatte für Farben; Transportuntersatz), eine breite Palette (große Auswahl) von Stoffen
Palisade die, Palisaden (Hindernis mit spitzen Pfählen)
Palisander der, *Ez.* (Edelholz)
Palme die, Palmen (tropischer Baum), *jmdn. auf die Palme bringen* (ihn sehr wütend machen); **palmenartig**; der **Palm(en)zweig**; das **Palmkätzchen** (Blüte des Weidenbaums); der **Palmsonntag** (Sonntag vor Ostern)
Pampf der, *Ez.* (Brei); **pampfen** (*ugs. für* Essen in sich stopfen)
Pamphlet [pamflet] das, Pamphlete (Schmähschrift)
Panama (Staat in Mittelamerika); der/die **Panamaer/-in**; **panamaisch**
Panda der, Pandas (asiatischer Bär)
Paneel das, Paneele (Holzvertäfelung)
Panflöte die, ...flöten (Musikinstrument)
Panier die, *Ez.* (Backhülle aus Ei und Semmelbröseln); **panieren** ein Schnitzel panieren
Panik die, Paniken (plötzliches Entsetzen), in Panik geraten; **panikartig**; die **Panikmache** (*ugs. für* absichtliches Auslösen von Panik); **panisch** panische (lähmende) Angst haben
Panne die, Pannen (Unfall, Störung); **pannen-**

frei
Panoptikum das, Panoptiken (Sammlung von Sehenswürdigkeiten)
Panorama das, Panoramen (Aussicht, Rundblick)
panschen Wein panschen (*ugs. für* mit Wasser verdünnen); der/die **Panscher/-in**; die **Panscherei**
Pansen der, -: (Magenabschnitt der Wiederkäuer)
Panther auch **Panter** der, -: (Raubkatze)
Pantoffel der, Pantoffeln (Hausschuh), *unterm Pantoffel stehen* (vom Partner beherrscht werden); der **Pantoffelheld** (Ehemann, der zu Hause wenig zu sagen hat)
¹**Pantomime** die, Pantomimen (stummes Gebärden- und Mienenspiel)
²**Pantomime** der, Pantomimen (Darsteller); die **Pantomimin**; **pantomimisch**
Panzer der, -: mit Panzern (militärischen Fahrzeugen) kämpfen, der Panzer der Schildkröte, seinen Panzer (Rüstung) anlegen; die **Panzerfaust** (tragbare Abwehrrakete); das **Panzerglas** (bruchsicheres Glas); **panzern** ein gepanzertes Auto; der **Panzerschrank** (Geldschrank)
Papa der, Papas (Vater)
Papagei der, Papageien (tropischer Vogel)
Paperback [pepabäk] das, ...backs (kartoniertes Taschenbuch)
Papier das, Papiere: auf Papier schreiben, etwas zu Papier bringen (aufschreiben), ein Papier (Dokument) unterschreiben, gefälschte Papiere (Ausweise) haben, die Papier verarbeitende auch papierverarbeitende Industrie; die **Papierfabrik**; das **Papiergeld** (Banknoten); das **Papiermaschee** auch Papiermaché [papiamasche] (formbare Papiermasse); der/das **Papierschnitzel**
Pappe die, Pappen (*bundesdt. für* Karton)
Pappel die, Pappeln (Laubbaum)
päppeln (füttern)
Pappen die, -: (*derb für* Mund), *die Pappen halten* (*derb für* still sein)
Pappendeckel der, -: (Karton); **Pappenstiel** *das kostet nur einen Pappenstiel* (*ugs. für* sehr wenig); **pappig** pappiger Schnee; das **Pappmaschee** auch Pappmaché (*bundesdt. für österr.* Papiermaschee)
Paprika der, Paprika(s) (Gemüse)
Papst der, Päpste (Oberhaupt der katholischen Kirche); **päpstlich** *päpstlicher als der Papst sein* (strenger als nötig sein)
Papyrus der, Papyri (antikes Schreibblatt); die **Papyrusrolle**
Parabel die, Parabeln (gleichnishafte Erzählung; Kegelschnitt)
Parade die, Paraden: eine Parade (Aufmarsch des Heeres) abhalten, eine schnelle Parade (Abwehr) des Gegners; das **Paradebeispiel** (anschauliches Beispiel); die **Paradenummer** (Hauptattraktion, Glanzstück)
Paradeiser der, -: (*österr. für* Tomate); die **Paradeissoß(e)**
Paradentose auch **Parodontose** die, Paradentosen (Zahnfleischschwund)
Paradies das, Paradiese: *das Paradies auf Erden haben* (sehr angenehm leben); **paradiesisch** paradiesische Zustände
Paradigma das, Paradigmen/Paradigmata (Beispiel, Muster); **paradigmatisch** (beispielhaft)
paradox paradoxe (widersinnige) Ansichten; **paradoxerweise**
Paraffin das, Paraffine (wachsähnlicher Stoff)
Paragraf auch **Paragraph** der, Paragrafen <§> (Absatz eines Gesetzestextes, Abschnitt)
parallel (in gleichem Abstand nebeneinander verlaufend; gleichzeitig), parallel zur Straße, parallel laufend auch parallellaufend; die **Parallele**; die **Parallelklasse**; das **Parallelogramm** (Viereck)
Paralyse [paralüse] die, Paralysen: eine Paralyse (Lähmung) der Beine; **paralysieren** (lähmen, unwirksam machen)
Parameter der, -: (kennzeichnende Größe)
paramilitärisch (dem Militär ähnlich)
Paranoia die, *Ez.* (Verfolgungswahn); **paranoid**; der/die **Paranoiker/-in**
Paraphrase die, Paraphrasen (Umschreibung); **paraphrasieren**
Parapsychologie die, *Ez.* (Wissenschaft von übersinnlichen Ereignissen)
Parasit der, Parasiten (Schmarotzer); **parasitär** (schmarotzerhaft); das **Parasitentum**
parat etwas schon parat (*ugs. für* bereit) haben
Pärchen das, -: (Liebespaar)
Parcours [parkua] auch **Parkour** der, - [parkuas] (Hindernisbahn; sportlicher Hindernislauf in einer Stadt)
Pardon [pardō, pardon] der, *Ez.*: *um Pardon* (Gnade, Verzeihung) *bitten*
Parenthese die, Parenthesen (eingeschobener Satz, z.B. „der Mann, und das war allen klar, ging freiwillig mit")

Parfum → passen

Parfum [parfö] das, Parfums (Riechmittel, Duftstoff) *auch* das **Parfüm** (*bundesdt. für* Parfum); die **Parfümerie** (Geschäft für Kosmetika); die **Parfumflasche**; **parfümieren**

parieren einen Schlag parieren (abwehren), nicht parieren (gehorchen), ein Pferd parieren (zum Stehen bringen)

Parität die, Paritäten (Gleichstellung); **paritätisch**

Park der, Parks/Parke (Grünanlage)

Parka der, Parkas (knielanger Anorak mit Kapuze)

Park-and-ride-System [pakändraidsüstem] das, *Ez.* (Verkehrssystem)

parken das Auto parken (abstellen); die **Parklücke** (Platz zum Parken); der **Parkplatz**

Parkett das, Parkette: Parkett (getäfelten Fußboden) verlegen, im Parkett (Teil des Zuschauerraums) sitzen

Parkour [parkua] *auch* **Parcours** der, Parkours (Hindernislauf in einer Stadt)

Parlament das, Parlamente: ins Parlament (Volksvertretung) gewählt werden, vor dem Parlament (Gebäude) stehen; der/die **Parlamentarier/-in** (Abgeordnete/-r); **parlamentarisch** eine parlamentarische Anfrage; die **Parlamentsdebatte**

Parmesan der, Parmesane (Hartkäse)

Parodie die, Parodien (spöttische Nachahmung); **parodieren**; der/die **Parodist/-in**; **parodistisch**

Parodontose *auch* **Paradentose** die, Parodontosen (Zahnfleischschwund)

Parole die, Parolen (Kennwort, Wahlspruch)

Paroli *jmdm.* Paroli bieten (ihm gleichwertigen Widerstand entgegensetzen)

Part der, Parte/Parts: seinen Part (Rolle) einstudieren

Parte die, Parten (Todesanzeige)

Partei die, Parteien: einer Partei (politischen Organisation) beitreten, zwei streitende Parteien (Gruppen), in dem Mietshaus wohnen fünf Parteien (Mieter), *für jmdn. Partei ergreifen* (ihn verteidigen); der **Parteienverkehr** (Amtsstunden für persönliche Vorsprachen); der/die **Parteifunktionär/-in**; **parteiisch** (einseitig eingenommen); **parteilich**; **parteilos**

Parterre [partea] das, -/Parterres (Erdgeschoß); **parterre** parterre (zu ebener Erde) wohnen, parterre (völlig erledigt) sein

Partie die, Partien: die obere Partie (Teil) des Gesichts, eine Partie Schach verlieren, sie singt die Partie (Rolle) der Carmen, die Partie (Gruppe von Arbeitern) verputzt das Haus, *mit von der Partie sein* (*ugs. für* bei etwas mitmachen), *eine gute Partie machen* (einen reichen Partner heiraten); **partiell** [partsiel] (teilweise)

¹**Partikel** die, Partikeln (nicht flektierbare Wortart, z.B. „als", „noch", „dort")

²**Partikel** das, -: (kleinstes Teilchen) *auch* die **Partikel**; **partikular** (einen Teil betreffend)

Partisan der, Partisanen (Widerstandskämpfer); die **Partisanin**

Partitur die, Partituren (Aufzeichnung aller zu einem Musikstück gehörenden Stimmen)

Partizip das, Partizipien (Mittelwort, z.B. „laufend", „gelaufen"); die **Partizipialkonstruktion** (mit einem Partizip gebildeter Satzteil, z.B. „um die Ecke laufend sah sie den Bus davonfahren"); **partizipieren** am Gewinn partizipieren (teilhaben)

Partner der, -: mein Partner (Teilhaber) in der Firma, den richtigen Partner (Lebensgefährten) finden; die **Partnerarbeit** (in der Schule); die **Partnerin**; **partnerschaftlich**

partout [partu] *Adv.* (unbedingt)

Party [pati] die, Partys (privates Fest)

Parzelle die, Parzellen (kleines Grundstück); **parzellieren** (unterteilen)

Pascal das, -: <Pa> (Maßeinheit für den Druck)

¹**Pass** der, Pässe: seinen Pass vorzeigen; das **Passfoto** (Passbild)

²**Pass** der, Pässe: ein guter Pass (Ballweitergabe beim Fußball), über den Pass (Bergübergang) marschieren; **passabel** eine passable (annehmbare) Lösung; die **Passage** [pasasch(e)] die Passage (überdachter Durchgang) in der Fußgängerzone, eine Passage (Schiffsreise) nach Übersee, diese Passage (Stelle) in dem Buch verstehe ich nicht; der/die **Passagier/-in** [pasaschia/rin] (Fahrgast); das **Passagierflugzeug**; der/die **Passant/-in** (Fußgänger/-in) **passierbar** (befahrbar); **passieren** eine Ortschaft passieren (daran vorbeifahren), die Grenze passieren (überschreiten), ein Unglück passiert (geschieht), ihr ist nichts passiert (zugestoßen); der **Passierschein** (Dokument); die **Passstraße** *auch* Pass-Straße; das **Passwort** (Kennwort)

Passat der, Passate (Tropenwind)

passé (vorbei, unzeitgemäß)

passen der Anzug passt gut, ihr Freund passt

Passepartout → pauschal

(gefällt) der Mutter nicht, jetzt muss ich passen (aufgeben); **passend** eine passende Antwort **ABER** → nichts **Passendes** finden; die **Passform** der Mantel hat eine gute Passform (sitzt gut)

Passepartout [paspartu] das, Passepartouts (Kartonumrahmung für Bilder)

Passion die, Passionen: eine Passion (Leidenschaft) für Süßes, die Passion (Leidensgeschichte Christi); **passioniert** ein passionierter (begeisterter) Jäger

Passiv das, *Ez.* (Leideform, z.B. „wird geöffnet"); **passiv** sich passiv (untätig) verhalten, passives Wahlrecht (Recht, gewählt zu werden); die **Passivität** (teilnahmsloses Verhalten)

Passiva auch **Passiven** die, *Mz.* (Schulden)

Passus der, -: einen Passus (Stelle) im Text unterstreichen

¹**Pasta** die, *Ez.* (Nudelgericht), Pasta asciutta [pasta schuta] (Spaghetti mit Fleischsoße)

²**Pasta** auch **Paste** die, Pasten (streichbare Masse)

Pastell das, Pastelle (mit Pastellfarben gemaltes Bild); die **Pastellfarbe** (Künstlerfarbe; zarter Farbton)

Pastete die, Pasteten (Fleisch- oder Fischmus in Blätterteig)

pasteurisieren [pastörisiren, pasteurisiren] (durch Erhitzen entkeimen und haltbar machen)

Pastor der, Pastoren (evangelischer Geistlicher); die **Pastorin**

Pate der, Paten (Taufzeuge); das **Patenkind**; der **Patenonkel**; die **Patenstadt** (Partnerstadt); die **Patentante**; die **Patin**

Patent das, Patente: ein Patent (Schutzrecht für eine Erfindung) anmelden, das Patent (Urkunde über die berufliche Eignung) als Kapitän erwerben; **patent** ein patenter (tüchtiger) Kerl; das **Patentamt**; **patentieren** eine Erfindung patentieren (schützen) lassen; die **Patentlösung** (beste Lösung für Schwierigkeiten); das **Patentrezept** (Patentlösung)

Pater der, -/Patres (katholischer Ordensgeistlicher); das **Paternoster** (das Vaterunser); der **Paternoster** (Lift)

pathetisch ein Gedicht pathetisch (übertrieben feierlich) aufsagen; **pathologisch** (krankhaft, unnatürlich); das **Pathos** (Ausdruck feierlicher Ergriffenheit)

Patience [pasiās] die, Patiencen (Geduldsspiel)

Patient [patsient] der, Patienten (Kranker in Behandlung); die **Patientin**

Patina die, *Ez.* (grünlicher Überzug auf Kupfer; Edelrost)

Patriarch der, Patriarchen (oberster Geistlicher; Familienältester); **patriarchalisch** (väterlich-bestimmend), die patriarchalische Gesellschaft; das **Patriarchat**

Patriot der, Patrioten (jmd., der sein Vaterland besonders liebt); die **Patriotin**; **patriotisch**; der **Patriotismus** (Vaterlandsliebe)

Patrizier der, -: (römischer oder mittelalterlicher vornehmer Bürger); die **Patrizierin**

Patron der, Patrone (Schutzheiliger, Gönner); die **Patronanz** (Ehrenschutz); die **Patronin**

Patrone die, Patronen: alle Patronen (Geschoße) verschießen, Patronen (Tintenbehälter) für die Füllfeder; die **Patronenhülse**

Patrouille [patru(l)je] die, Patrouillen: der Polizist ist auf Patrouille (Streife), eine Patrouille (Spähtrupp) losschicken; **patrouillieren** (Kontrollgänge machen)

Patsch der, Patschen (*mundartl. für* gutmütiger, unbeholfener Mensch)

Patsche die, Patschen: *in der Patsche sitzen* (*ugs. für* in Bedrängnis sein), *jmdm. aus der Patsche helfen* (*ugs. für* ihn aus einer Notlage befreien); **patschen** sich auf die Schenkel patschen (mit den Händen schlagen); **patschnass** (*ugs. für* sehr nass)

Patschen der, -: die Patschen (*ugs. für* Hausschuhe) anziehen, der Reifen hat einen Patschen (hält die Luft nicht); **patschert** (unbeholfen)

Patt das, Patts (unentschiedener Ausgang bei einem Spiel); **patt** (unentschieden, punktgleich)

patzen (*ugs. für* einen kleinen Fehler machen); der **Patzen** (Klecks, Klumpen); der **Patzer** (*ugs. für* Fehler; jmd., der patzt); die **Patzerei**; die **Patzerin**; **patzig** eine patzige (*ugs. für* freche) Antwort geben

Pauke die, Pauken (Musikinstrument), die Pauke schlagen, *mit Pauken und Trompeten durchfallen* (bei einer Prüfung völlig versagen), *auf die Pauke hauen* (ausgiebig feiern, angeben); der **Paukenschlag**

pausbackig ein pausbackiges Gesicht; die **Pausbacken**

pauschal die Reise kostet pauschal (alles in allem) tausend Euro; der **Pausch(al)betrag**;

Pause → Penthouse

die **Pauschale** (vereinbarter Gesamtbetrag); **pauschalieren** (abrunden); **pauschalisieren** (sehr stark verallgemeinern)
¹**Pause** die, Pausen (Kopie)
²**Pause** die, Pausen: Pause machen, die Pause zwischen den Unterrichtsstunden; **pausenlos**; das **Pausenzeichen**; **pausieren** (ausruhen, zeitweise aufhören)
Pavian [pawian] der, Paviane (Affenart)
Pavillon [pavi(l)jõ] der, Pavillons (Gartenhäuschen)
Pawlatsche die, Pawlatschen (Bretterbühne; baufälliges Haus; gangartiger Balkon); das **Pawlatschentheater**
Pazifik der, Ez. (Ozean); **pazifisch** die pazifischen Inseln ABER → der **Pazifische Ozean**
Pazifismus der, Ez. (Ablehnung des Krieges); der/die **Pazifist/-in** (Kriegsgegner/-in); **pazifistisch**
P. b. b. = **P**ostgebühr **b**ar **b**ezahlt
PC = **P**ersonal **C**omputer
PDA der, PDAs (*kurz für* **P**ersonal **D**igital **A**ssistant, Taschencomputer)
Pech das, Peche (Baumharz; zähflüssiger Teerstoff; Missgeschick, Unglück), vom Pech verfolgt sein, *wie Pech und Schwefel* (sehr fest) *zusammenhalten*; die **Pechnelke** (Blume); **pechrabenschwarz**; **pechschwarz**; die **Pechsträhne** (Reihe unglücklicher Zufälle); der **Pechvogel** (vom Unglück verfolgter Mensch)
pecken der Vogel peckte mit dem Schnabel auf den Käfer, Eier pecken ABER → das Eierpecken
Pedal das, Pedale (Fußhebel)
Pedant der, Pedanten (kleinlicher Mensch); die **Pedanterie** (übertriebene Genauigkeit); die **Pedantin**; **pedantisch** (übertrieben genau) *auch* **pedant**
Pediküre die, Pediküren (Fußpflege); **pediküren**
Pegel der, -: (Messlatte, Wasserstand); der **Pegelstand**
peilen (die Richtung, Entfernung bestimmen), die Lage peilen (auskundschaften), über den Daumen peilen (ungefähr schätzen); die **Peilung**
Pein die, *Ez.* (Schmerz, Qual); **peinigen** (quälen, plagen); der/die **Peiniger/-in**; die **Peinigung**; **peinlich** sich in einer peinlichen (unangenehmen) Lage befinden, das ist mir peinlich, peinlich genau (ganz genau) aufpassen
Peitsche die, Peitschen: mit der Peitsche knallen; **peitschen** der Sturm peitscht ihm den Regen ins Gesicht, Schüsse peitschen durch die Nacht
pekuniär in einer pekuniär (finanziell) schwierigen Lage sein
Pelargonie die, Pelargonien (Zierpflanze)
Pelikan der, Pelikane (Schwimmvogel)
Pelle die, Pellen (dünne Schale, Haut), *jmdm. auf die Pelle rücken* (*ugs. für* ihn bedrängen); **pellen** Kartoffeln pellen (*bundesdt. für* schälen), *wie aus dem Ei gepellt* (sorgfältig gekleidet) *sein;* die **Pellkartoffel**
Pelz der, Pelze (Tierfell), *jmdm. auf den Pelz rücken* (ihn bedrängen); **pelzbesetzt**; **pelzig** ein pelziges (raues) Gefühl auf der Zunge; der **Pelzmantel**
Penalty [penelti] das, Penaltys (Strafstoß im Sport)
Pendant [pãdã] das, Pendants (*geh. für* Gegenstück)
Pendel das, -: (bewegliches Gewicht); **pendeln** die Beine pendeln in der Luft, er pendelt zwischen Wien und Berlin (fährt regelmäßig hin und her); die **Penduluhr**; der/die **Pendler/-in**
penetrant ein penetranter (aufdringlicher) Verkäufer, penetrant riechen, penetrant (durchdringend) kreischen; die **Penetranz**
peng! (Schussgeräusch)
penibel penibler, am penibelsten (peinlich genau, äußerst sorgfältig)
Penicillin auch **Penizillin** das, Penicilline (Antibiotikum)
Penis der, Penisse (männliches Glied)
pennen unter einer Brücke pennen (*bundesdt. ugs. für* schlafen); der/die **Penner/-in** (*bundesdt. abwertend für* Obdachlose/-r)
Pension die, Pensionen: in Pension (Ruhestand) gehen, eine kleine Pension (Gehalt im Ruhestand) bekommen, in einer Pension (Gästehaus) wohnen; das **Pensionat** (Schulheim für Mädchen); **pensionieren** (in den Ruhestand versetzen); der/die **Pensionist/-in**; das **Pensionsalter**; **pensionsberechtigt**; der/die **Pensionsbezieher/-in**; die **Pensionsversicherung**
Pensum das, Pensen (festgelegte Aufgabe, Arbeit)
Pentagon das, Pentagone (Fünfeck; amerikanisches Verteidigungsministerium)
Penthouse [penthaus] das, Penthouses

(Wohnung mit Terrasse auf dem Dach eines Hauses)

Pep der, *Ez.* (Schwung); **peppig** (schwungvoll)

per *Präp.+Akk.:* per (mittels) Einschreiben, per (zum) 1. Jänner, mit jmdm. per du auch per Du sein (ihn duzen)

Percht der, Perchten (dämonische Sagengestalt); der **Perchtenlauf** (Brauchtumsveranstaltung)

Percussion [pöakaschn] die, Percussions (Schlaginstrumente)

perfekt eine perfekte Sekretärin, perfekt (fließend) Englisch sprechen, der Vertrag ist endlich perfekt (abgemacht), die Niederlage war perfekt (besiegelt); das **Perfekt** (Zeitform der Vergangenheit, z.B. „ich habe geglaubt"); die **Perfektion** [...tsion]; **perfektionieren** (vervollkommnen); der **Perfektionismus** (übertriebenes Streben nach Vollkommenheit); der/die **Perfektionist/-in**; **perfektionistisch**

perfid eine perfide (gemeine) Lüge, ein perfider (heimtückischer) Plan

Perforation [...tsion] die, Perforationen (Lochung); **perforieren** ein perforierter Schreibblock

Pergament das, Pergamente (früheres Schreibmaterial aus Tierhaut); das **Pergamentpapier** (fettundurchlässiges Papier)

Pergola die, Pergolen (berankter Laubengang)

Periode die, Perioden (Zeitabschnitt; Menstruation); **periodisch** (regelmäßig wiederkehrend)

peripher das hat nur periphere (nebensächliche) Bedeutung; die **Peripherie** an der Peripherie (am Rand) der Stadt wohnen

Periskop das, Periskope (Fernrohr für U-Boote)

Perkussionist der, Perkussionisten (Schlagzeuger), die **Perkussionistin**

Perle die, Perlen: eine Kette aus Perlen, *Perlen vor die Säue werfen* (etwas Wertvolles an jmdn. weitergeben, der es nicht schätzt); **perlen** Schweiß perlt von der Stirn; **perlenbesetzt**; die **Perlenkette**; das **Perlmutt** auch die Perlmutter (schimmernde Schicht in Perlmuscheln); **perlweiß**

Perlon das, *Ez.* (Kunstfaser)

permanent permanent (dauernd) verlieren

perplex völlig perplex (verblüfft) sein

Persien (früherer Name für Iran); der/die **Perser/-in**; der **Perserteppich** (handgeknüpfter Teppich); **persisch**

Persiflage [persiflasch(e)] die, Persiflagen (Verspottung); **persiflieren**

Person die, Personen (Mensch, Wesen), *die Freundlichkeit in Person sein* (sehr freundlich sein); das **Personal** (Beschäftigte, Belegschaft); die **Personalakte**; die **Personalform** (gebeugte Form des Verbs, z.B. „du gehst"); die **Personalien** (Angaben zur Person); das **Personalpronomen** (persönliches Fürwort, z.B. „ich", „er"); der **Personenkraftwagen** <Pkw, PKW>; **personifizieren**; **persönlich** persönlich (selbst) kommen, eine persönliche (private) Angelegenheit, er wurde sehr persönlich (verletzend); die **Persönlichkeit** (Gesamtheit der persönlichen Eigenschaften; bedeutender Mensch)

Perspektive die, Perspektiven: etwas aus einer anderen Perspektive (Blickwinkel) betrachten, neue Perspektiven (Zukunftsaussichten) haben; die **Perspektiv(en)-losigkeit**; **perspektivisch**

Peru (Staat in Südamerika); der/die **Peruaner/-in**; **peruanisch**

Perücke die, Perücken (Haarersatz)

pervers [peaweas] pervers (widernatürlich, abartig) veranlagt sein; die **Perversion**; die **Perversität** (perverse Verhaltensweise); **pervertieren** ((sich) ins Negative kehren)

Pessimismus der, *Ez.* (Neigung, alles negativ zu sehen); der/die **Pessimist/-in** (Schwarzseher/-in); **pessimistisch** die Lage pessimistisch (als aussichtslos) beurteilen

Pest die, *Ez.* (Seuche), *jmdn. wie die Pest* (sehr) *hassen*; die **Pestbeule**; das **Pestizid** (chemisches Gift)

Petersilie die, Petersilien auch der **Petersil** (Gewürzpflanze)

Petition [...tsion] die, Petitionen (Eingabe, Bittgesuch)

Petri Heil! (Anglergruß)

petrol (dunkeltürkis); **petrolfarben**

Petroleum das, *Ez.* (Brennstoff); die **Petroleumlampe**

Petting das, Pettings (Liebesspiel ohne Geschlechtsverkehr)

petto *etwas in petto haben* (etwas bereithalten)

petzen (etwas/jmdn. verraten), sie petzt oft; der/die **Petzer/in**

Pfad der, Pfade: ein schmaler Pfad führt am Fluss entlang; der/die **Pfadfinder/-in** (Mitglied einer Jugendorganisation)

Pfaffe → Pflug

Pfaffe der, Pfaffen (*abwertend für* Geistlicher)
Pfahl der, Pfähle (zugespitzter Holzpfosten); der **Pfahlbau** (Bauwerk auf Pfählen); **pfählen** (auf einem Pfahl aufspießen)
Pfalz die, Pfalzen (Gebiet/Burg eines Pfalzgrafen)
Pfand das, Pfänder: etwas als Pfand (zur Sicherheit) behalten, ein Pfand (Einsatz) auf der Flasche; **pfändbar**; **pfänden** (beschlagnahmen); die **Pfandflasche**; die **Pfändung**
Pfanne die, Pfannen (Kochgeschirr), *jmdn. in die Pfanne hauen* (ihm schaden)
Pfarre die, Pfarren (Kirchenbezirk); der/die **Pfarrer/-in**; die **Pfarrei** (Pfarre); die **Pfarrersköchin**; das **Pfarrhaus**; die **Pfarrkirche**
Pfau der, Pfaue/Pfauen (großer Vogel); das **Pfauenauge** (Schmetterling)
pfauchen (fauchen)
Pfeffer der, *Ez.* (Gewürz); die **Pfefferminze** (Heilpflanze); der **Pfefferminztee**; **pfeffern** das Steak pfeffern, eine gepfefferte (hohe) Strafe, die Tasche ins Eck pfeffern (*ugs. für* werfen), gepfefferte (*ugs. für* hohe) Preise bezahlen; der **Pfefferoni** (scharfe Paprikaschote)
pfeifen der Vogel pfeift (singt), er pfiff ein Spiel (als Schiedsrichter), der Wind hat ihm um die Ohren gepfiffen, *pfeif ihm was!* (nimm keine Rücksicht auf seine Wünsche); die **Pfeife** eine Pfeife rauchen, *nach jmds. Pfeife tanzen* (ihm gehorchen); der **Pfeifentabak**; der/die **Pfeifer/-in**; das **Pfeifkonzert** (Kundgebung des Missfallens); der **Pfeifton**
Pfeil der, Pfeile (Geschoß), mit Pfeil und Bogen; **pfeilgerade**; **pfeilschnell**
Pfeiler der, -: (Stütze)
Pfennig der, Pfennige (Münze), er hat keinen Pfennig (überhaupt kein Geld) mehr
pferchen etwas in die Tasche pferchen (hineinzwängen)
Pferd das, Pferde: sein Pferd satteln, zu Pferde unterwegs, über das Pferd (Turngerät) springen, *die Pferde scheu machen* (Aufregung verursachen), *auf das falsche Pferd setzen* (etwas falsch einschätzen); der **Pferdeapfel** (Pferdekot); der **Pferdefuß** *die Sache hat einen Pferdefuß* (*ugs. für* Haken); die **Pferdekoppel**; die **Pferdestärke** <PS> (frühere Maßeinheit für Leistung)
pfiat di *auch* **pfiat di Gott** (*mundartl. für* „behüte dich Gott", Abschiedsgruß)

Pfiff der, Pfiffe: einen Pfiff hören, ein besonderer Pfiff (besondere Note); **pfiffig** ein pfiffiger (schlauer) Bursche; der **Pfiffikus** (*ugs. für* Schlaukopf)
Pfifferling der, Pfifferlinge (*bundesdt. für* österr. Eierschwammerl), *keinen Pfifferling* (nichts, kein bisschen) *wert sein*
Pfingsten die, *Mz.* (christliches Fest), zu Pfingsten; der **Pfingstmontag**; die **Pfingstrose** (Blume)
Pfirsich der, Pfirsiche (Steinobst)
Pflanz der, *Ez.* (*ugs. für* Fopperei); die **Pflanze** (Gewächs), die Pflanzen gießen; **pflanzen** Blumen pflanzen, sich in den Sessel pflanzen (*ugs. für* breit hinsetzen), *jmdn. pflanzen* (zum Narren halten); **pflanzenfressend** *auch* **Pflanzen fressend**; der **Pflanzenfresser** (Tier, das sich von Pflanzen ernährt); die **Pflanzerei** (*ugs. für* Fopperei); **pflanzlich**; der **Pflänzling** (zum Auspflanzen bestimmte junge Pflanze); die **Pflanzung**
Pflaster das, -: ein Pflaster auf die Wunde kleben, auf einem holprigen Pflaster (Straßenbelag) fahren; der **Pflasterer**; **pflastern**; der **Pflasterstein**
Pflaume die, Pflaumen (Zwetschke)
Pflege die, Pflegen: die Pflege des Kranken, ein Kind in Pflege nehmen, die Pflege des Autos, eine Pflege (Creme) für die Haut; **pflegebedürftig**; die **Pflegeeltern**; **pflegeleicht**; **pflegen** jmdn. pflegen, Freundschaften pflegen, sie pflegt (hat die Gewohnheit) am Nachmittag zu ruhen, sich pflegen (auf sein Äußeres achten); der/die **Pfleger/-in**; **pfleglich** pfleglich (schonend) mit etwas umgehen; der **Pflegling**; die **Pflegschaft** (Vormundschaft)
Pflicht die, Pflichten: seine Pflicht erfüllen, die Pflicht (vorgeschriebene Figuren beim Eislaufen), *jmdn. in die Pflicht nehmen* (ihn an seine Aufgaben erinnern); **pflichtbewusst**; **pflichteifrig**; das **Pflichtgefühl**; der **Pflichtgegenstand** (Pflichtfach in der Schule); **pflichtgemäß**; **pflichtgetreu**; **...pflichtig** meldepflichtig, schulpflichtig; die **Pflichtlektüre**; **pflichtschuldig**; die **Pflichtverletzung**; **pflichtwidrig** ein pflichtwidriges (die Pflicht vernachlässigendes) Verhalten
Pflock der, Pflöcke (Pfahl, Pfosten)
pflücken Blumen pflücken; der/die **Pflücker/-in**; der **Pflücksalat**
Pflug der, Pflüge (Ackergerät), das Pferd vor

den Pflug spannen; **pflügen** den Boden pflügen; die **Pflugschar** (Schneideblatt des Pfluges)

Pforte die, Pforten: sich an der Pforte (beim Eingang) anmelden, die Pforte (kleine Tür) zum Garten schließen, *seine Pforten schließen* (den Betrieb einstellen); der/die **Pförtner/-in** (Portier/-in)

Pfosten der, -: (Pfahl, Pfeiler), eine Schnur von Pfosten zu Pfosten spannen; der **Pfostenschuss** (Schuss an den Pfosten des Fußballtors)

Pfote die, Pfoten: die Pfoten der Katze, Pfoten weg! (*derb für* Hände weg)

Pfropf der, Pfropfe: in der Vene hat sich ein Pfropf gebildet; der **Pfropfen** (Stöpsel, Korken); **pfropfen** die Watte in die Nase pfropfen (stopfen), ein gepfropft voller Saal, Obstbäume pfropfen (veredeln)

Pfründe die, Pfründen (*früher:* Einnahmen aus einem Kirchenamt; müheloses Einkommen)

pfui! (Ausruf des Missfallens); das **Pfui** Pfui *auch* pfui rufen

Pfund das, Pfunde <£, Pfd.> (englische Währung; *bundesdt. für* ein halbes Kilo)

Pfusch der, *Ez.* (*ugs. für* schlecht ausgeführte Arbeit; Schwarzarbeit); **pfuschen** (*ugs. für* schlecht arbeiten; schwarzarbeiten), *jmdm. ins Handwerk pfuschen* (sich ungefragt in jmds. Arbeit einmischen); der/die **Pfuscher/-in**; die **Pfuscherei**

pfutsch *auch* **futsch** (*ugs. für* weg, verloren)

Pfütze die, Pfützen (Wasserlacke)

Phalanx die, *Ez.* (geschlossene Schlachtreihe), eine Phalanx (*geh. für* Front) bilden

phallisch phallische (wie ein Phallus aussehende) Symbole; der **Phallus** (männliches Glied)

Phänomen das, Phänomene: ein physikalisches Phänomen (Erscheinung), der Mann ist ein Phänomen (außergewöhnlich); **phänomenal** ein phänomenales (außergewöhnliches) Gedächtnis

Phantasie *auch* **Fantasie** die, Phantasien (Vorstellungskraft, Einfallsreichtum); **phantasieren** *auch* **fantasieren**; **phantastisch** *auch* **fantastisch**

Phantom das, Phantome: einem Phantom (Trugbild) nachjagen; das **Phantombild** (nach Zeugenaussagen gezeichnetes Bild eines Täters)

Pharao der, Pharaonen (altägyptischer König); das **Pharaonengrab**

Pharisäer der, -: (*abwertend für* selbstgerechter Heuchler); das **Pharisäertum**

Pharmaindustrie die, ...industrien (Arzneimittel herstellende Industrie); der **Pharmazeut** (Apotheker); die **Pharmazeutik** (Arzneimittelkunde); die **Pharmazeutin**; die **Pharmazie** (Arzneimittelkunde)

Phase die, Phasen: eine Phase im Leben, die Phasen (Erscheinungsformen) des Mondes

Philanthrop der, Philanthropen (Menschenfreund); **philanthropisch**

Philatelie die, *Ez.* (Briefmarkenkunde); der/die **Philatelist/-in**; **philatelistisch**

Philharmonie die, Philharmonien (großes Orchester; Konzertgebäude); der/die **Philharmoniker/-in** die Wiener Philharmoniker; **philharmonisch**

Philippinen die, *Mz.* (Inselgruppe im Pazifik); der **Philippine** *auch* Filipino; die **Philippinin** *auch* Filipina; **philippinisch**

Philodendron der, Philodendren (Zimmerpflanze)

Philologe der, Philologen (Sprach- und Literaturwissenschaftler); die **Philologie**; die **Philologin**

Philosoph der, Philosophen (Wissenschaftler, Denker); die **Philosophie** (Wissenschaft, die Sinnfragen nachgeht); **philosophieren**; die **Philosophin**; **philosophisch**

Phiole die, Phiolen (langer Glaskolben)

Phishing [fiʃing] das, Phishings (Erschleichen von persönlichen Daten); die/das **Phishingmail** *auch* **Phishing-Mail**

Phlegma das, *Ez.* (Trägheit); der/die **Phlegmatiker/-in**; **phlegmatisch** (schwerfällig)

pH-neutral [pehaneutral] (weder sauer noch basisch); der **ph-Wert**

Phobie die, Phobien (krankhafte Angst)

Phon *auch* **Fon** das, Phon(s) (Maßeinheit für die Lautstärke), 100 Phon; die **Phonetik** (Lautbildungslehre) *auch* Fonetik; **phonetisch** *auch* fonetisch; das **Phonometer** (Lautstärkemesser) *auch* Fonometer

Phosphat das, Phosphate (Salz der Phosphorsäure); der **Phosphor** (chemisches Element) <P>; **phosphoreszierend** (bei Lichtbestrahlung leuchtend)

Photo *auch* **Foto** das, Photos: ein Foto von jmdm. machen; der **Photoapparat** *auch* **Fotoapparat**; **photogen** *auch* **fotogen** (bildwirksam); der/die **Photograph/-in** *auch* **Fotograf/-in**; die **Photographie**

Phrase → Pilot

auch **Fotografie**; **photographieren** auch **fotografieren**; **photographisch** auch **fotografisch**; die **Photomontage** [fotomontasch(e)] auch **Fotomontage** (Foto, das aus mehreren Fotos zusammengesetzt ist); die **Photosynthese** auch **Fotosynthese**

Phrase die, Phrasen (Redewendung, Gerede), *Phrasen dreschen* (*abwertend für* nichtssagende Reden führen); der/die **Phrasendrescher/-in** (*abwertend für* Schwätzer/-in); **phrasenhaft** (inhaltlos, nichtssagend)

Physik die, *Ez.* (Lehre von der unbelebten Natur); **physikalisch** physikalische Gesetze; der/die **Physiker/-in**

Physiognomie [fü…] die, Physiognomien (Gesicht, Erscheinungsbild); **physiognomisch**

Physiologie [fü…] die, *Ez.* (Lehre von der Funktion der Körperorgane); **physiologisch**; der/die **Physiotherapeut/-in**; die **Physiotherapie**; **physisch** physische (körperliche) Schmerzen haben

Pi das, -: <π> (griechischer Buchstabe; Verhältniszahl 3,14…)

piano *Adv.:* das Klavierstück piano (leise) spielen; das **Pianino** (kleines Klavier); **pianissimo** *Adv.* (sehr leise); der/die **Pianist/-in** (Klavierspieler/-in); das **Pianoforte** (Klavier)

¹**Piccolo** [pikolo] auch **Pikkolo** der, Piccolos (Kellnerlehrling), einen Piccolo (kleine Flasche Sekt) trinken

²**Piccolo** [pikolo] auch **Pikkolo** das, Piccolos (kleine Querflöte)

Pick der, *Ez.* (*ugs. für* Klebstoff)

¹**Pickel** der, -: Pickel (eitrige Pusteln) im Gesicht haben; **pick(e)lig** eine pickelige Haut haben

²**Pickel** der, -: (Spitzhacke)

¹**picken** (mit dem Schnabel schlagen oder Futter aufnehmen), das Huhn pickt die Körner vom Boden

²**picken** (*ugs. für* kleben); das **Pickerl** (*österr., ugs. für* Aufkleber), *das Pickerl machen lassen* (das Fahrzeug auf Verkehrssicherheit überprüfen lassen); **pickig** (*ugs. für* klebrig); **picksüß** (*ugs. für* sehr süß)

Picknick das, Picknicks/Picknicke (Mahlzeit im Freien); **picknicken**

picobello [pikobɛlo] (tadellos)

Piefke der, Piefkes (*abwertend für* (Nord-)Deutscher)

Piep auch **Pieps** *keinen Piep mehr sagen* (nichts mehr sagen; tot sein); **piepegal** *das ist mir piepegal* (ganz und gar gleichgültig); **piepen** der Vogel piept leise; der **Piepmatz** (kleiner Vogel); **piepsen** (mit feiner, hoher Stimme sprechen); der **Piepser**; das **Piepserl** (*ugs. für* Signalgerät für den Lawinenschutz)

Pier der, Piere/Piers (Ladungsbrücke)

piercen [piasen] den Nabel piercen (durchstechen und mit Schmuck verzieren) lassen; das **Piercing**

piesacken (*ugs. für* quälen, ärgern)

Pieta auch **Pietà** die, Pietas (Darstellung der trauernden Maria mit dem Leichnam Christi); die **Pietät** (ehrfürchtiger Respekt); **pietätlos**; **pietätvoll** (ehrfurchtsvoll)

Pigment das, Pigmente (Farbstoff); der **Pigmentfleck** (Hautfleck)

¹**Pik** der, *Ez.* (*ugs. für* Groll, Hass), *einen Pik auf jmdn. haben*; **pikiert** pikiert (beleidigt) sein

²**Pik** die/das, Piks (Spielkartenfarbe), Pik ist Trumpf

pikant eine pikante (würzige) Soße, eine pikante (zweideutige) Bemerkung machen; **pikanterweise** *Adv.*

Pike die, Piken (Waffenspieß), *etwas von der Pike auf* (von Grund auf) *lernen*; **piken** (stechen)

¹**Pikkolo** auch **Piccolo** der, Pikkolos: den Pikkolo (Kellnerlehrling) rufen, einen Pikkolo (kleine Flasche Sekt) trinken

²**Pikkolo** auch **Piccolo** das, Pikkolos (kleine Flöte)

Piktogramm das, Piktogramme (Bildzeichen, z.B. für Einbahnstraße)

Pilger der, -: (Wallfahrer); die **Pilgerfahrt** (Wallfahrt); die **Pilgerin**; **pilgern** (eine Pilgerfahrt unternehmen)

Pille die, Pillen (Tablette), *eine bittere Pille schlucken* (etwas Unangenehmes hinnehmen); der **Pillendreher** (Käfer; *scherzhaft für* Apotheker); der **Pillenknick** (durch die Antibabypille bewirkter Geburtenrückgang)

¹**Pilot** der, Piloten (Flugzeugführer; Rennfahrer); die **Pilotanlage** (Versuchsanlage); der **Pilotenschein**; der **Pilotfilm** (Testfilm für geplante Fernsehserie); die **Pilotin**; das **Pilotprojekt** (Vorhaben, bei dem neuartige Verfahrensweisen angewendet werden); die **Pilotstudie** (vorläufige Untersuchung)

²**Pilot** der, Piloten (Pfeiler, Pfahl), das Haus steht auf vielen Piloten

Pils → **Plan**

Pils das, *Ez.* (Biersorte)
Pilz der, Pilze: Pilze (Schwammerln) suchen, *wie Pilze aus dem Boden schießen* (plötzlich in großer Zahl da sein); der/die **Pilzsammler/-in**; die **Pilzvergiftung**
Piment das, Pimente (Gewürz)
PIN = **p**ersönliche **I**dentifikations**n**ummer; der **PIN-Code**
Pinakothek die, Pinakotheken (Gemäldesammlung)
pingelig (sehr gewissenhaft, kleinlich)
Pingpong das, *Ez.* (Tischtennis)
Pinguin der, Pinguine (Tauchvogel)
Pinie [piniä] die, Pinien (Kiefernart)
pink (rosa); das **Pink**; **pinkfarben**
pinkeln (*derb für* urinieren)
Pinne die, Pinnen (Teil des Steuerruders); **pinnen** (*bundesdt. für* etwas mit Reißnägeln befestigen); die **Pinnwand** (Stecktafel)
Pinocchio [pinokjo] der, *Ez.* (Märchengestalt)
Pinsch der, Pinsche (*ugs. für* die Note Fünf)
Pinscher der, -: (Hunderasse)
Pinsel der, -: mit einem dicken Pinsel malen; **pinseln** (malen)
Pin-up-Girl [pinapgoal] das, Pin-up-Girls (Bild eines leicht bekleideten Mädchens)
Pinzette die, Pinzetten (kleine Zange)
Pionier der, Pioniere (Soldat in einer technischen Einheit; Wegbereiter); die **Pionierarbeit** (bahnbrechende Leistung auf einem Gebiet); der **Pioniergeist** (der Wille, Wegbereiter zu sein); die **Pionierin**
Pipe die, Pipen (Zapfhahn; einfacher Wasserhahn)
Pipeline [paiplain] die, Pipelines (Rohrleitung für Erdöl und Erdgas)
Pipette die, Pipetten (Saugröhrchen)
Pirat der, Piraten (Seeräuber); das **Piratenschiff**; der **Piratensender** (privater Fernseh- oder Rundfunksender, der ohne Genehmigung Sendungen ausstrahlt); die **Piraterie**; die **Piratin**
Pirouette [piruet(e)] die, Pirouetten (Drehung um die eigene Achse)
Pirsch die, Pirschen: auf die Pirsch (Schleichjagd) gehen; **pirschen** (heranschleichen), sich heimlich aus dem Haus pirschen
pissen (*derb für* urinieren); das **Pissoir** [pisoa] (Herrentoilette)
Pistazie [pistatsje] die, Pistazien (Strauch, essbare Samenkerne)
Piste die, Pisten (Skipiste; Rollbahn für Flugzeuge)

Pistole die, Pistolen (Handfeuerwaffe), *jmdm. die Pistole an die Brust setzen* (ihn zu einer Entscheidung zwingen), *wie aus der Pistole geschossen* (*ugs. für* sehr schnell) antworten
pittoresk (malerisch)
Pixel das, Pixels (Bildpunkt am Computerbildschirm)
Pizza die, Pizzas/Pizzen (italienische Speise); der **Pizzateig**; die **Pizzeria** (Lokal mit Pizzaverkauf)
Pkt. = **P**un**kt**
Pkw, PKW = **P**ersonen**k**raft**w**agen
Placebo das, Placebos (Scheinmedikament)
Plache die, Plachen (Plane, Wagendecke); der **Plachenwagen**
placken sich (sich plagen, abmühen); die **Plackerei** *ugs. für* Plagerei
plädieren für Gerechtigkeit plädieren (sich dafür einsetzen); das **Plädoyer** [plädoje] (zusammenfassende Rede vor Gericht, Rede für/gegen etwas)
Plafond [plafõ] der, Plafonds: den Plafond (Zimmerdecke) streichen, die Belastung hat ihren Plafond (obere Grenze) erreicht
Plage die, Plagen (Belastung, schwere Arbeit); der **Plagegeist** (lästiger Mensch); **plagen** sich bei der Arbeit sehr plagen (mühen); die **Plagerei**
Plagiat das, Plagiate (Diebstahl geistigen Eigentums); der **Plagiator**; die **Plagiatorin**
Plakat das, Plakate: ein Plakat drucken; **plakatieren** (Plakate aufhängen); **plakativ** plakative (auffällige) Farben; die **Plakette** (Aufkleber; Gedenktafel; Abzeichen zur Erinnerung)
¹**Plan** der, Pläne: *jmdn. auf den Plan rufen* (ihn zum Erscheinen veranlassen), *auf den Plan treten* (erscheinen); **plan** ein planes (flaches) Gelände; die **Plane** (große Abdeckung); **planieren** einen Platz planieren (einebnen); die **Planierraupe** (Kettenfahrzeug); die **Planierung**; der **Planwagen** (Wagen mit abgedeckter Ladefläche)
²**Plan** der, Pläne: große Pläne (Absichten) haben, einen Plan (Entwurf) für ein Haus zeichnen, *Pläne schmieden* (etwas planen), *auf dem Plan stehen* (geplant sein); **planbar**; **planen** eine Reise planen; der/die **Planer/-in**; **plangemäß**; **planlos**; **planmäßig** die planmäßige Abfahrt des Zuges; das **Plansoll** (vorgeschriebene Leistung); das **Planspiel** (Erproben zur Übung); die **Planung** (Erstellen eines Plans); **planvoll** planvoll (überlegt)

251

Planet → Plazet

vorgehen; die **Planwirtschaft** (Wirtschaftssystem)

Plan<u>e</u>t der, Planeten (Himmelskörper); **planet<u>a</u>risch**; das **Planet<u>a</u>rium** (Gerät zur Darstellung der Bewegung der Gestirne; Gebäude mit diesem Gerät); das **Planetensystem**

Pl<u>a</u>nke die, Planken (Bohle, festes Brett)

Plänkel<u>ei</u> die, Plänkeleien (harmloser Streit); **plänkeln** (im Scherz streiten)

Pl<u>a</u>nkton das, *Ez.* (im Wasser schwebende Kleinorganismen)

pl<u>a</u>nschen auch **plantschen** (im Wasser spritzen), du planschst; das **Planschbecken** auch Planschbecken; die **Planscher<u>ei</u>**

Plant<u>a</u>ge [plant<u>a</u>sch(e)] die, Plantagen (größere Anpflanzung); der/die **Plantagenarbeiter/-in**

Pl<u>a</u>que [plak] die, Plaques (Zahnbelag)

Plapper<u>ei</u> die, *Ez.* (Geplapper); das **Plappermaul** (jmd., der gern viel redet); **plappern** (viel Bangloses reden)

plärren (laut sprechen, *ugs. für* weinen)

Pl<u>a</u>sma das, Plasmen (flüssiger Bestandteil des Blutes; leuchtendes Gasgemisch); der **Plasmabildschirm** (Bildschirm, der Licht mit Hilfe von Leuchtstoffen erzeugt, v. a. für Fernsehgeräte)

¹**Pl<u>a</u>stik** das, *Ez.:* Geschirr aus Plastik (Kunststoff); die **Plastikfolie**; der **Plastiksack**

²**Pl<u>a</u>stik** die, Plastiken (Werk eines Bildhauers, Standbild); das **Plastil<u>i</u>n** (Knetmasse); **plastisch** plastisch (anschaulich, bildhaft) erzählen, ein plastisches (lebensnahes) Beispiel bringen, eine plastische (formbare) Masse, ein plastisches (dreidimensional wirkendes) Bild

Plat<u>a</u>ne die, Platanen (Laubbaum)

Plat<u>ea</u>u [plat<u>o</u>] das, Plateaus (Hochebene, Plattform); **plateauförmig**; die **Plateausohle** (sehr dicke Schuhsohle)

Plat<u>i</u>n das, *Ez.* <Pt> (Edelmetall); **platinblond** (weißblond); die **Plat<u>i</u>ne** (Befestigungsplatte)

Platit<u>ü</u>de [platitüde] auch **Plattit<u>ü</u>de** die, Platituden (nichtssagende Worte)

pl<u>a</u>tschen ins Wasser platschen, Regen platscht auf die Straße; **platsch!**; **plätschern** die Unterhaltung plätschert so dahin ABER → das Plätschern des Baches

pl<u>a</u>tt (flach) platter, am plattesten, etwas platt drücken auch plattdrücken, *ich bin platt* (überrascht, sprachlos), platte (*abwertend für* geistlose) Redensarten; das **Platt** (die plattdeutsche Sprache); **plattdeutsch**; die **Platte** eine Platte aus Stein, eine Platte (Schallplatte) spielen, eine kalte Platte (auf einem Teller angerichteten Aufschnitt) bestellen, *eine andere Platte auflegen* (von etwas anderem sprechen); die **Plätte** (flaches Schiff); der **Plattenspieler** (Gerät zum Abspielen von Schallplatten); die **Plattform**; der **Plattfuß** (Fußfehlbildung); **plattfüßig**; die **Plattit<u>ü</u>de** auch Platitude (Plattheit, Seichtheit)

Pl<u>a</u>tz der, Plätze: Platz machen, der große Platz vor dem Turm, auf seinem Platz stehen, der Platz (das Spielfeld) ist nicht bespielbar, den ersten Platz (Rang) belegen, Platz sparend auch platzsparend bauen, *die Bemerkung ist hier fehl am Platz* (ist unangebracht), *jmdn. auf die Plätze verweisen* (ihn im Wettkampf besiegen); die **Platzangst** (Beklemmung in engen Räumen; Angst vor dem Überqueren eines großen Platzes); das **Plätzchen** ein ruhiges Plätzchen suchen; der **Platzhirsch** (der im Revier dominierende Hirsch; *ugs. für* Person mit viel Einfluss); **platz<u>ie</u>ren** jmdn. ganz vorne platzieren (hinstellen), das Inserat war schlecht platziert, die Läuferin konnte sich nicht platzieren (den angestrebten Platz nicht erreichen); das **Platzkonzert** (Konzert im Freien); der **Platzmangel**

pl<u>a</u>tzen der Autoreifen platzt, mein Plan ist leider geplatzt (*ugs. für* gescheitert), vor Neid platzen, er platzte mitten in die Feier; die **Platzpatrone**; der **Platzregen** (Regenschauer); die **Platzwunde** (offene Wunde)

Plauder<u>ei</u> die, Plaudereien (Gespräch); **plaudern** (sich unterhalten); die **Plaudertasche** (*ugs. für* jmd., der gern viel redet); der **Plauderton** sich im Plauderton (leicht, ungezwungen) unterhalten

Pl<u>au</u>sch der, Plausche (gemütliche Unterhaltung); **plauschen** *plausch net!* (*ugs. für* erzähl keine Märchen)

plaus<u>i</u>bel eine plausible (einleuchtende) Erklärung; die **Plausibilit<u>ä</u>t**

Play-back [pleibäk] auch **Playback** das, Play-backs (tontechnisches Verfahren)

Playboy [pl<u>e</u>boi] der, Playboys (reicher Lebemann)

Plaz<u>e</u>nta die, Plazentas/Plazenten (Mutterkuchen, Nachgeburt)

Plaz<u>e</u>t das, Plazets (Zustimmung zu einer Sache), sein Plazet geben

Plebejer → Pol

Plebejer der, -: (ungebildeter Mensch); die **Plebs** (*abwertend für* gewöhnliches Volk)
pledern auch **bledern** (*mundartl. für* sich schnell fortbewegen)
Pleite die, Pleiten: der Ausflug war eine Pleite (Misserfolg), Pleite machen; **pleite** pleite (zahlungsunfähig) sein; **pleitegehen** (zahlungsunfähig werden)

pleite sein	ABER	Pleite machen

Plenarsitzung die, ...sitzungen (Vollversammlung); die **Plenarversammlung** (Sitzung aller Mitglieder); das **Plenum** (Vollversammlung)
Plexiglas das, *Ez.* (glasartiger Kunststoff)
Plissee das, Plissees (in Fältchen gelegtes Gewebe); **plissieren** einen Stoff plissieren (mit Falten versehen)
Plombe die, Plomben (Bleiverschluss; Zahnfüllung); **plombieren** (versiegeln) die Zähne plombieren
Plot der, Plots (Handlung z.B. eines Films)
plötzlich plötzlich (auf einmal) ging die Tür auf, eine plötzliche (unvermittelte) Wende
pludern die Hose pludert (bauscht sich); die **Pluderhose**
plump plumper, am plump(e)sten, sich plump (ungeschickt, aufdringlich) benehmen, ein plumper (unförmiger) Körper, ein plumper (geistloser) Witz, eine plumpe (leicht zu durchschauende) Falle; die **Plumpheit**; **plumps!**; der **Plumps** (Fall, Sturz); **plumpsen** auf den Boden plumpsen
Plunder der, *Ez.* (wertloses Zeug, Ramsch)
plündern die Geschäfte plündern (ausrauben); die **Plünderung**
Plural der, Plurale <Plur., Pl.> (Mehrzahl); die **Pluralform** (Mehrzahlform, z.B. „die Tische"); der **Pluralismus** (Nebeneinander verschiedener Meinungen); **pluralistisch**
plus *Adv.*: zwei plus drei ist fünf, plus 10 Grad (+ 10°C) auch 15 Grad plus, plus (zuzüglich) Zinsen; das **Plus** (Gewinn) erzielen, ihr Plus (Vorteil) ist ihre Jugend, der Strom fließt von Plus nach Minus; der **Pluspol** (positiv geladener Pol); der **Pluspunkt**; das **Plusquamperfekt** (Vorvergangenheit, z.B. „ich hatte gehofft"); das **Pluszeichen** <+>
Plüsch der, Plüsche (Samtgewebe); das **Plüschtier** (Spielzeug)
Pluto der, *Ez.* (Zwergplanet; römischer Gott)
Plutonium das, *Ez.* <Pu> (chemisches Element, Schwermetall)
Plutzer auch **Blutzer** der, -: (Steingutflasche; *mundartl. für* Kürbis; *abwertend für* Kopf)
PLZ = Postleitzahl
Pneumatik die, Pneumatiken (Kraftübertragung durch Luftdruck); **pneumatisch** (durch Luftdruck bewegt)
¹**Po** der, Pos (*kurz für* Popo); der **Popo** (*ugs. für* Gesäß)
²**Po** der, *Ez.* (Fluss in Italien)
Pöbel der, *Ez.* (niedriges Volk); **pöbelhaft** ein pöbelhaftes (flegelhaftes) Benehmen; **pöbeln** ich pöble
pochen an das Tor pochen, ihr Herz pocht laut vor Aufregung, auf seine Rechte pochen (darauf bestehen)
pochieren [poschiren] Fisch pochieren (in Wasser garen)
Pocke die, Pocken (Eiterbläschen); die **Pocken** (Infektionskrankheit); **pockennarbig**
Pocket-Computer [pokitkompjuta] der, -: (Taschen-PC); der **Pocket-PC**
Podest das, Podeste (Sockel); das **Podium** (kleine Bühne, Erhöhung des Fußbodens); die **Podiumsdiskussion**
Poesie die, Poesien (Dichtung, Dichtkunst); das **Poesiealbum** (Stammbuch); der/die **Poet/-in** (Dichter/-in, Schriftsteller/-in); die **Poetik** (Lehre von der Dichtkunst); **poetisch** poetisch veranlagt sein
Pofel auch **Bofel** der, *Ez.* (*ugs. abwertend für* Wertloses); **pofeln** (stark rauchen), ich pofle
Pofese auch **Pafese** die, Pofesen (Süßspeise)
Pogatsche die, Pogatschen (Grammelbäckerei)
Pogrom das/der, Pogrome (Ausschreitungen gegen Minderheiten)
Pointe [poët, pointe] die, Pointen (überraschender geistreicher Schluss einer Erzählung); **pointiert** etwas pointiert (*geh. für* treffend) formulieren, eine pointierte (gezielte) Bemerkung
Pokal der, Pokale (Trinkbecher, Siegespreis)
pökeln (durch Einlegen in Salz haltbar machen); das **Pökelsalz**
Poker das, *Ez.* (Glücksspiel mit Karten), eine Runde Poker spielen; das **Pokerface** [pokafes] (unbewegtes Gesicht); **pokern**
Pol der, Pole (Endpunkte der Erdachse; Endpunkte der magnetischen Kraftlinien beim Magneten; Drehpunkt); **polar** polare (arktische) Kälte; das **Polareis**; der/die **Polarforscher/-in**; **polarisieren** der

Polemik → Pore

Streit polarisiert immer mehr (führt zu immer gegensätzlicheren Meinungen); der **Polarkreis** (Breitengrad, der Polarzone und gemäßigte Zone trennt); das **Polarlicht** (nächtliches atmosphärisches Leuchten in der Nähe der Pole); der **Polarstern** (Stern im Norden)

Polemik die, Polemiken (*geh. für* unsachlicher Angriff); **polemisch**; **polemisieren** (jmds. Ansichten unsachlich bekämpfen)

polen (an einen elektrischen Pol anschließen)

Polen (Staat in Europa); der **Pole**; die **Polin**; **polnisch**

Polenta die, Polentas/Polenten (Speise aus Maisgrieß)

Poleposition [poulposischn] auch **Pole-Position** die, *Ez.* (beste Startposition)

Polier der, Poliere (Bauführer, Leiter einer Facharbeitergruppe)

polieren (blank reiben); die **Politur** (Putzmittel, Glanzschicht)

Poliklinik die, Polikliniken (Einrichtung zur ambulanten Behandlung)

Polio die, *Ez.* (Kinderlähmung)

Politesse [polites] die, Politessen (frühere Hilfspolizistin)

Politik die, *Ez.* (Staatsführung); der/die **Politiker/-in**; das **Politikum** (Ereignis von politischer Bedeutung); **politisch** eine politische Entscheidung; **politisieren** (über politische Fragen diskutieren)

Polizei die, *Ez.* (Sicherheitsbehörde), sich der Polizei stellen; der **Polizeiapparat** (alles zur Polizei Gehörende); der **Polizeibeamte**; die **Polizeibeamtin**; die **Polizeieskorte** (Polizeigeleit); **polizeilich**; das **Polizeirevier**; **polizeiwidrig** (gegen die Anordnungen der Polizei); der/die **Polizist/-in**

Polizze die, Polizzen (Urkunde, Versicherungsschein)

Polka die, Polkas (Tanz)

Pollen der, -: (Blütenstaub); die **Pollenallergie**

Polo das, *Ez.* (Ballspiel für Reiter); das **Polohemd** (T-Shirt mit Kragen)

Polonaise [polonäs] auch **Polonäse** die, Polonaisen (Reihentanz)

Polster der/das, Pölster/Polster (Kissen); das **Polstermöbel** (gepolstertes Sitzmöbel); **polstern**; die **Polsterung**; der **Polsterzipf** (Polsterzipfel; Mehlspeise)

Polterabend der, ...abende (Vorabend einer Hochzeit); der **Poltergeist** (Klopfgeist); **poltern** Kinder poltern (lärmen) auf der Treppe, die Steine poltern auf den Boden, gegen die neuen Gesetze poltern (schimpfen)

Polyäthylen [polietülen] das, Polyäthylene (Kunststoff)

polychrom [polikrom] (vielfarbig, bunt)

Polyester [poliesta] der, -: (Kunststoff)

polyfon auch **polyphon** (vielstimmig); die **Polyfonie** auch Polyphonie (Mehrstimmigkeit)

polygam [poligam] (mehrere Ehepartner habend); die **Polygamie**; der/die **Polygamist/-in**

polyglott [poliglot] (mehrsprachig)

polymer [polimea] (aus größeren Molekülen bestehend)

Polyp der, Polypen [polüp] (Nesseltier mit Greifarmen); die **Polypen** (Wucherungen)

polyphon [polifon] auch **polyfon** (vielstimmig); die **Polyphonie** auch Polyfonie (Mehrstimmigkeit)

polytechnisch ABER → die **Polytechnische** Schule (Schulform); das **Polytechnikum** (technische Hochschule)

Polytheismus [politeismus] der, *Ez.* (Glaube an mehrere Götter); **polytheistisch**

Pomade die, Pomaden (Haarfett)

pomali (*mundartl. für* langsam)

Pommes frites [pomfrit] die, *Mz.* (in Fett gebackene Erdäpfelstäbchen)

Pomp der, *Ez.* (übertriebener Prunk); **pompös** ein pompöses Fest feiern

Pönale die, Pönalen (Geldstrafe)

Poncho [pontscho] der, Ponchos (ärmelloser Umhang)

Pontifex der, Pontifizes/Pontifices (Oberpriester im antiken Rom); der **Pontifex maximus** (Papst); das **Pontifikat** (Amtszeit des Papstes)

Ponton der, Pontons (schwimmender Teil einer Behelfsbrücke)

¹**Pony** das, Ponys (Kleinpferd)

²**Pony** der, Ponys (Frisur, Stirnfransen)

Pool [pul] der, Pools (Schwimmbecken)

Pop der, *Ez.* (kurz für Popart/Popmusik); die **Pop-Art** (moderne Kunstrichtung); die **Popmusik** (Unterhaltungsmusik); **poppig**; der **Popstar**; **populär** eine populäre (beliebte) Sendung; die **Popularität** (Beliebtheit); die **Population** [...tsion] (Bevölkerung)

Popcorn das, *Ez.* (gerösteter Mais)

Popo der, Popos (*ugs. für* Gesäß)

Pore die, Poren (feine Hautöffnung); **porentief**; **porig**; **porös** (durchlässig)

Porno der, Pornos (kurz für pornografischer Film); die **Pornografie** auch Pornographie (Darstellung sexueller Akte); **pornografisch** auch pornographisch

Porree der, Porrees (Lauch)

Portal das, Portale (Eingangstor)

Portemonnaie [portmone] auch **Portmonee**, das, Portemonnaies (Geldbörse)

Portfolio das, Portfolios (Mappe mit Kunstblättern; Sammlung von Schülerarbeiten als Grundlage der Leistungsbeurteilung)

Portier [poatia] der, Portiere auch **Portier** [poatje] der, Portiers (Pförtner); die **Portierin**

Portion [...tsion] die, Portionen (zugewiesene Menge), eine große Portion Mut, eine Portion Eis, *eine halbe Portion* (sehr dünn) *sein;* **portionieren** (in Mengen einteilen); **portionsweise**

Porto das, Portos/Porti (Postgebühr); **portofrei** (gebührenfrei)

Porträt [poatre] das, Porträts (Bildnis eines Menschen); **porträtieren**; der/die **Porträtist/-in**

Portugal (Staat in Südeuropa); der **Portugiese**; die **Portugiesin**; **portugiesisch**

Portwein der, Portweine (portugiesischer Dessertwein)

Porzellan das, Porzellane (Werkstoff), chinesisches Porzellan, *Porzellan zerschlagen* (Schaden anrichten)

Posaune die, Posaunen (Blasinstrument); **posaunen** *etwas in die Welt posaunen* (überall herumerzählen); der/die **Posaunist/-in**

Pose die, Posen (Körperhaltung); **posieren**; die **Position** [...tsion] (Standort, Standpunkt); die **Positur** *sich in Positur werfen* (eine auffällige Haltung einnehmen)

positiv eine positive (zustimmende, günstige) Antwort erhalten, eine positive Zahl (über Null), der Befund ist leider positiv (zeigt eine Krankheit an); der **Positiv** (Grundstufe des Eigenschaftswortes, z.B. „gut")

Posse die, Possen (komisches Bühnenstück); die **Possen** Mz.: Possen reißen (*veraltet für* Witze machen); **possenhaft** (spaßig); **possierlich** (niedlich)

possessiv (besitzanzeigend); das **Possessivpronomen** (besitzanzeigendes Fürwort, z.B. „mein")

Post die, -: ein Paket mit der Post/per Post schicken, Post bekommen, auf die Post (Postamt) gehen, elektronische Post (E-Mail), *ab die Post!* (los); **postalisch** auf postalischem Wege (durch die Post); das **Postamt**; **postlagernd** (bei der Post abzuholen); die **Postleitzahl** <PLZ>; der/die **Postler/-in** (*ugs. für* Postbedienstete/-r); der **Postpartner** (Geschäft mit Poststelle); der **Postweg** etwas auf dem Postweg schicken; **postwendend** (sofort); die **Postwurfsendung** (Massenaussendung)

Posten der, -: er hat einen guten Posten (berufliche Stellung), Posten (Wache) stehen, die Posten (Beträge) einer Rechnung, einen Posten (Sendung) Schuhe bekommen, *auf verlorenem Posten kämpfen* (in einer aussichtslosen Lage sein), *auf dem Posten* (bereit) *sein;* **postieren** die Wachen geschickt postieren (aufstellen)

Poster der/das, Poster(s) (Plakat)

posthum auch **postum** (nach jmds. Tod)

Posting das, Postings (Beitrag in einem Online-Forum)

postmodern; die **Postmoderne** (zeitgenössische Stilrichtung der Kunst)

Postskriptum das, ...skripta/...skripte <PS> (Nachsatz in einem Brief)

Postulant der, Postulanten (Bewerber für einen Orden); die **Postulantin**; das **Postulat** (Forderung, Behauptung); **postulieren** (fordern, behaupten)

postum auch **posthum** (nach jmds. Tod)

potent (mächtig; zeugungsfähig); der **Potentat** (Herrscher); das **Potential** [...tsial] auch **Potenzial** (Leistungsfähigkeit); **potentiell** [...tsiel] auch **potenziell** (möglich); die **Potenz** (Zeugungsfähigkeit; Leistungsvermögen); **potenzieren** (steigern)

Potpourri [potpuri] das, Potpourris (Zusammenstellung, bunte Mischung)

Pottwal der, Pottwale (Walart)

potz Blitz! (Ausruf der Überraschung)

Power [paua] die, Ez. (Stärke, Leistung); die **Powerfrau**; **powern** (*ugs. für* sich voll einsetzen); das **Powerplay** [pauaple] (Dauerangriff beim Sport)

Powidl der, Ez. (*österr. für* Zwetschkenmus), *das ist mir Powidl* (*ugs. für* gleichgültig); das **Powidltascherl** (Mehlspeise)

PR = Publicrelations [pablikrileschns] auch **Public Relations** (Öffentlichkeitsarbeit)

Präambel die, Präambeln (Vorwort, Vorrede)

Pracht die, Ez. (Schönheit, Prunk); das **Prachtexemplar** ein Prachtexemplar von einem Baum; **prächtig**; das **Prachtstück**;

pracken → Prävention

prachtvoll; das **Prachtwerk**
pracken (ugs. für schlagen); der **Pracker** (Teppichklopfer; ugs. für Schlag)
prädestiniert zum Politiker prädestiniert (wie geschaffen dafür) sein
Prädikat das, Prädikate: das Prädikat (Satzaussage, z.B. „er geht") bestimmen, das Prädikat (Qualitätsurteil) „sehr gut"
Präfekt der, Präfekten (oberster Verwaltungsbeamter; katholischer Geistlicher; Aufsichtsperson); die **Präfektur** (Amt/Amtsbezirk eines Präfekten)
Präferenz die, Präferenzen (Bevorzugung); **präferieren** (vorziehen)
Präfix das, Präfixe (Vorsilbe, z.B. „auf-")
prägen eine Münze prägen, das Elternhaus hat sie geprägt (geformt); die **Prägung** die Prägung der Münze
Pragmatik die, Ez. (Ausrichtung auf das Nützliche); der/die **Pragmatiker/-in**; **pragmatisch** eine pragmatische (zweckorientierte) Vorgangsweise; **pragmatisieren** (als unkündbaren Beamten anstellen)
prägnant etwas prägnant (treffend, kurz) darstellen; die **Prägnanz**
prahlen mit seinem Reichtum prahlen; der/die **Prahler/-in**; die **Prahlerei** (Angeberei); **prahlerisch**; der **Prahlhans** (Angeber)
Praktik die, Praktiken (Art der Handhabung); **praktikabel** (brauchbar); der/die **Praktikant/-in** (praktisch Auszubildende/-r); der/die **Praktiker/-in**; das **Praktikum** (praktische Arbeit während der Ausbildung); **praktisch** ein praktischer (handwerklicher) Beruf, er weiß praktisch (so gut wie) alles, eine praktische (brauchbare) Erfindung, ein praktischer Arzt; **praktizieren** als Ärztin praktizieren (tätig sein), in den Ferien praktizieren (ein Praktikum machen); die **Praxis** (Ordinationsräume)
Prälat der, Prälaten (hoher kirchlicher Würdenträger); die **Prälatin**
Praline die, Pralinen auch **Praliné** auch **Pralinee** das, Pralinés (mit Schokolade überzogene Süßigkeit)
prall eine prall gefüllte auch prallgefüllte Tasche, in der prallen Sonne sitzen; der **Prall** (kräftiger Stoß); **prallen** mit dem Auto gegen die Mauer prallen; **prallvoll** (ganz voll)
Präludium das, Präludien (musikalisches Vorspiel)
Prämie die, Prämien (Belohnung; Versicherungsbeitrag); **prämieren** auch **prämiieren** (auszeichnen, belohnen); die **Prämierung** auch Prämiierung
Prämisse die, Prämissen (Voraussetzung)
prangen über dem Eingang prangt ein Schild; der **Pranger** (Schandpfahl), jmdn. an den Pranger stellen (seine Fehler öffentlich beklagen)
Pranke die, Pranken (große Tatze)
Präparat das, Präparate (Arzneimittel; haltbar gemachter Organismus); die **Präparation** [...tsion] ; **präparieren** ein präparierter (ausgestopfter) Vogel, gut für die Prüfung präpariert (vorbereitet) sein
Präposition [...tsion] die, Präpositionen (Vorwort, Verhältniswort, z.B. „für"); das **Präpositionalobjekt** (Fallergänzung mit Vorwort, z.B. „auf ein gutes Ende" hoffen")
präpotent (überheblich, angeberisch); die **Präpotenz**
Prärie die, Prärien (Grassteppe Nordamerikas)
Präsens das, Ez. (Gegenwart, z.B. „es steht"); **präsent** (anwesend, gegenwärtig); die **Präsenz** (Anwesenheit); der **Präsenzdiener** (Grundwehrdiener); die **Präsenzpflicht** (Anwesenheitspflicht)
Präsent das, Präsente (geh. für Geschenk); die **Präsentation** [...tsion] (öffentliche Vorstellung); **präsentieren** die Rechnung präsentieren (vorlegen), sich präsentieren (zeigen), das Gewehr präsentieren (militärisch Ehre bezeigen); **Präsentierteller** auf dem Präsentierteller sitzen (allen Blicken ausgesetzt sein)
Präservativ [präsawatif] das, Präservative (Kondom)
Präsident der, Präsidenten (Staatsoberhaupt; Vorsitzender); die **Präsidentin**; **präsidial**; **präsidieren** (den Vorsitz führen); das **Präsidium** (leitendes Gremium; Amtsgebäude eines (Polizei-)Präsidenten)
prasseln der Regen prasselt auf die Straße, das Feuer prasselt im Ofen
prassen (schwelgen, verschwenden); die **Prasserei**
prätentiös ein prätentiöses (geh. für anmaßendes, anspruchsvolles) Auftreten
Präteritum das, Ez. (Mitvergangenheit, z.B. „sie spielte")
Pratze die, Pratzen (Tatze, Pfote)
Prävention [...tsion] die, Präventionen (Abschreckung, Vermeidung); **präventiv** [präventif] präventive (vorbeugende) Maßnahmen

Praxis → privat

Praxis die, Praxen: die Praxis des Arztes (Behandlungsräume), er hat keinerlei Praxis (praktische Erfahrung), in der Praxis (Wirklichkeit) sieht alles anders aus; **praxisfern; praxisnah; praxisorientiert**

Präzedenzfall der, ...fälle (beispielhafter Fall)

präzis auch **präzise** (genau); **präzisieren** (genauer angeben); die **Präzision** (Genauigkeit)

predigen auf der Kanzel predigen (das Evangelium verkünden), er predigt ständig (ermahnt); der/die **Prediger/-in**; die **Predigt**

Preis der, Preise: der erste Preis (Auszeichnung), ein hoher Preis (hohe Summe), um jeden Preis (unbedingt), die Preise senken; das **Preisausschreiben** (Gewinnspiel); **preisbewusst** preisbewusst einkaufen; **preisgekrönt**; das **Preisgericht** (Jury); **preisgünstig**; **preislich**; das **Preislied** (Lobrede); der **Preisnachlass** (Rabatt); der/die **Preisrichter/-in** (Juror/-in); der **Preissturz**; der/die **Preisträger/-in**; **preiswert**

Preiselbeere die, ...beeren (Waldbeere)

preisen er preist (*geh. für* rühmt) ihre Tüchtigkeit, sie pries die Ware an, sie hat jmdn. gepriesen, *sich glücklich preisen*

Preisgabe die, *Ez.* (das Verraten); **preisgeben** (▸ geben) seine Grundsätze preisgeben (aufgeben), sie hat ihr Geheimnis preisgegeben (verraten)

prekär sich in einer prekären (schwierigen) Lage befinden

prellen er hat sich den Arm geprellt (verstaucht), die Zeche prellen (schuldig bleiben), jmdn. um sein Geld prellen (betrügen); die **Prellerei** (Betrug); die **Prellung**

Premiere [premjea, premiɛre] die, Premieren (Erstaufführung); der/die **Premierminister/-in** [premjɛ...] (Ministerpräsident/-in)

preschen du preschst, durch das Tor preschen (eilen)

Presse die, Pressen: an der Presse (Druckerpresse) arbeiten, die Presse (alle Zeitungen) berichtet davon, eine gute Presse (Kritik) haben; die **Presseagentur**; die **Pressefreiheit**; die **Pressekonferenz**; **pressen** den Saft aus der Orange pressen, frisch gepresster Saft; **pressieren** die Angelegenheit pressiert (*ugs. für* ist dringlich); der **Presslufthammer**

Prestige [prestiʃ] das, *Ez.* (Ansehen)

prickeln ein prickelndes Gefühl, der Sekt prickelt auf der Zunge; **prick(e)lig**

Priester der, -: (Geistlicher); die **Priesterin**; **priesterlich**; die **Priesterweihe**

Prim auch **Prime** die, Primen (erste Tonstufe)

prima das macht er prima (ausgezeichnet); die **Primaballerina** (erste Tänzerin eines Balletts); die **Primadonna** (gefeierte Opernsängerin); der **Primar** (leitender Arzt in einem Spital); **primär** (in erster Linie); der/die **Primararzt/-ärztin** (Chefarzt); die **Primaria** (Chefärztin); der **Primarius**

¹**Primat** der/das, Primate (Vorrang, Vorzug)

²**Primat** der, Primaten (höchstentwickelter Säuger: Halbaffen, Affen, Menschen)

Primel die, Primeln (Frühlingsblume)

Primetime [praimtaim] auch **Prime Time** die, ...times (Hauptsendezeit beim Fernsehen)

primitiv ein primitiver (ungebildeter) Mensch, primitive (einfache) Verhältnisse; die **Primitivität**

Primiz die, Primizen (erste Messe eines Priesters)

Primzahl die, Primzahlen (nur durch 1 und sich selbst teilbare Zahl)

Printer der, -: (Drucker); die **Printmedien** (Druckwerke)

Prinz der, Prinzen (Sohn eines Königs/Fürsten); die **Prinzessin**; der/die **Prinzgemahl/-in** (Ehepartner/-in eines Monarchen/einer Monarchin)

Prinzip das, Prinzipien (Grundsatz, Regel), etwas aus Prinzip tun, *im Prinzip* (grundsätzlich); **prinzipiell** (grundsätzlich); **prinzipienlos**; die **Prinzipienreiterei** (kleinliches Festhalten an Grundsätzen)

Prior der, Prioren (Klostervorsteher); die **Priorin**; die **Priorität** (Vorrang)

Prise die, Prisen: eine Prise Salz

Prisma das, Prismen (geometrischer Körper; lichtbrechender Körper); **prismenförmig**

Pritsche die, Pritschen (einfache Liege; Ladefläche eines Kraftwagens)

privat [privat] ein privater (persönlicher) Brief, ein privates (nicht öffentliches) Grundstück, ein privates (vertrauliches) Gespräch führen, privat versichert auch privatversichert; die **Privatangelegenheit**; der **Privatdetektiv** (privat beauftragter Detektiv); das **Privateigentum**; **privatisieren** (in Privateigentum überführen); der **Privatpatient** (jmd., der eine ärztliche Behandlung selbst

Privileg → Projektil

bezahlt); die **Privatperson** als Privatperson (nicht dienstlich); die **Privatsache**; die **Privatwirtschaft** (Gesamtheit der nicht staatlichen/nicht öffentlichen Unternehmen)

Privileg [priwileg] das, Privilege/Privilegien (Sonderrecht); **privilegieren** (bevorzugen), ein privilegierter Mensch

pro *Präp.+Akk.:* pro Mann, pro Jahr, pro anno <p. a.> (jährlich); das **Pro** das Pro und Kontra (Vor- und Nachteile, das Für und Wider)

probat ein probates (bewährtes) Mittel

Probe die, Proben: die Probe für ein Theaterstück, eine Probe (kleinen Teil) des Gifts untersuchen, Probe fahren, jmdn. auf die Probe stellen, auf Probe (versuchsweise), *die Probe aufs Exempel machen* (etwas nachprüfen); der **Probealarm**; die **Probefahrt**; **probehalber** *Adv.*; **proben** ein Theaterstück proben; die **Probepackung**; **probeweise** (versuchsweise); **probieren** (prüfen, versuchen) einen Wein probieren, *Probieren geht über Studieren* auch probieren geht über studieren

Problem das, Probleme: seinen Eltern Probleme (Schwierigkeiten) machen, ein schwieriges Problem (nicht leicht zu lösende Aufgabe), *Probleme wälzen* (über ungelöste Aufgaben nachdenken); die **Problematik**; **problematisch** eine problematische Angelegenheit; **problemlos**; die **Problemstellung**

Procedere auch **Prozedere** das, -: *(geh. für Vorgangsweise)*

Produkt das, Produkte (Ergebnis, Erzeugnis); das **Produktdesign** [produktdisain]; die **Produktion** [...tsion] (Erzeugung); der **Produktionsfehler**; **produktiv** (ergiebig, schöpferisch); die **Produktivität**; der/die **Produktmanager/-in** (jmd., der Produkte entwickelt); die **Produktpalette** (Auswahl an Produkten); der/die **Produzent/-in** (Hersteller/-in); **produzieren** Maschinen produzieren (herstellen), sich gerne produzieren (in auffälliger Weise benehmen)

Prof. = Professor/-in

profan (nicht kirchlich), eine ganz profane (alltägliche) Angelegenheit; der **Profanbau** (nicht kirchliches Bauwerk)

Profession die, Professionen (Beruf, Gewerbe); die **Professionalität** (fachmännisches Können); **professionell** professionell (wie ein Fachmann) arbeiten; der/die **Professionist/-in** (gelernte/-r Handwerker/-in); der **Profi** (Berufssportler; Fachmann); **profihaft**; das **Profilager** der Sportler wechselt ins Profilager

Professor der, die Professoren <Prof.> (Lehrer an einer Universität/höheren Schule); die **Professorin**; die **Professur** (Lehramt, Lehrstuhl)

Profil das, Profile: etwas im Profil (in Seitenansicht) zeichnen, an Profil (Unverwechselbarkeit) gewinnen, das abgefahrene Profil eines Autoreifens; **profilieren** sich profilieren (sich hervortun), ein profilierter Fachmann; die **Profilierung**; **profillos**; die **Profilzeichnung**

Profit der, Profite (Gewinn, Nutzen); **profitabel** ein profitables (gewinnbringendes) Geschäft; die **Profitgier**; **profitieren** (Nutzen ziehen, gewinnen); **profitorientiert**

pro forma sie heirateten pro forma (zum Schein)

profund profunde (gründliche) Kenntnisse haben

Prognose die, Prognosen: eine Prognose (Vorhersage) über den Verlauf der Krankheit stellen; **prognostisch**; **prognostizieren**

Programm das, Programme: auf ein anderes Programm (im Fernsehen) umschalten, das Programm (vorgesehener Ablauf) einer Feier, im Programm (Programmheft) nachlesen, die Partei hat ein fortschrittliches Programm (Grundsätze), ein neues Programm für den Computer, alles verläuft nach Programm (wunschgemäß); **programmatisch** (richtungsweisend); **programmgemäß** (wie vorgesehen); **programmieren** die Maschine neu programmieren; der/die **Programmierer/-in**; die **Programmiersprache** (Computersprache); das **Programmkino** (Kino, das künstlerisch wertvolle Filme zeigt); **programmmäßig**; die **Programmmusik** auch Programm-Musik (Instrumentalmusik, die von Themen aus dem nicht musikalischen Bereich angeregt ist)

Progression die, Progressionen (Weiterentwicklung, Steigerung); **progressiv** progressive (fortschrittliche) Ansichten haben, ein progressives Bevölkerungswachstum

Projekt das, Projekte: ein Projekt (umfangreiches Vorhaben) planen; die **Projektarbeit**; **projektieren** eine Anlage projektieren (entwerfen); die **Projektwoche**

Projektil das, Projektile (Geschoß von

Handfeuerwaffen)
Projektion [...tsion] die, Projektionen (Übertragung eines Bildes auf eine Bildfläche); der **Projektor** (Lichtbildwerfer); **projizieren** ein Bild projizieren (mit dem Projektor an eine Wand werfen)
Proklamation [...tsion] die, Proklamationen (amtliche Verlautbarung, Kundgebung); **proklamieren** (erklären, feierlich verkünden)
Pro-Kopf-Einkommen das, -: (statistisches Durchschnittseinkommen); der **Pro-Kopf-Verbrauch** (statistischer Durchschnittsverbrauch)
Prokura die, Prokuren (Geschäftsvollmacht); der/die **Prokurist/-in** (Bevollmächtigte/-r)
Prolet der, Proleten (*abwertend für* ungebildeter Mensch); das **Proletariat** (Arbeiterklasse); der/die **Proletarier/-in** (Arbeiter/-in); **proletarisch** die proletarische Revolution; **proletenhaft** (ungebildet, ungehobelt); der **Prolo** (*ugs. für* Prolet)
Prolog der, Prologe (Vorwort, Einleitung)
Prolongation [...tsion] die, Prolongationen; **prolongieren** (verlängern)
Promenade die, Promenaden (Spaziergang; angelegter Spazierweg); die **Promenadenmischung** (nicht reinrassiger Hund); **promenieren** durch den Park promenieren (auf und ab gehen)
Promi der, Promis (*kurz für* Prominente/-r); **prominent** (berühmt, bekannt); der/die **Prominente** (bekannte Persönlichkeit); die **Prominenz** die gesamte Prominenz vor Film und Fernsehen war anwesend
Promille das, -: <‰> (Tausendstel; Höhe des Alkoholspiegels im Blut); die **Promillegrenze** (gesetzlich festgelegter Grenzwert des Alkoholspiegels beim Autofahren); der **Promillesatz** (Anteil in Tausendstel); das **Promillezeichen**
Promiskuität die, *Ez.* (Geschlechtsverkehr mit wechselnden Partnern); **promiskuitiv**
Promoter [promota] der, -: (jmd., der Sportereignisse oder Tourneen veranstaltet); die **Promoterin**
¹**Promotion** [promouschn] die, *Ez.* (Förderung des Absatzes durch Werbung)
²**Promotion** [...tsion] die, Promotionen (Verleihung der Doktorwürde); **promovieren** [promowiren] (den Doktortitel erlangen)
prompt eine prompte (sofortige) Antwort
Pronomen das, -/Pronomina (Fürwort, z.B „dieser")

Propaganda die, *Ez.:* Propaganda (Werbung) für eine Partei machen; die **Propagandasendung** (Werbesendung für eine politische Partei); **propagandistisch**; **propagieren** (vorbereiten, für etwas werben)
Propan das, *Ez.* (Brenngas)
Propeller der, -: (Antriebsschraube bei Flugzeugen und Schiffen)
proper ein properes (*veraltet für* gepflegtes, ordentliches) Aussehen
Prophet [profet] der, Propheten (Seher, Weissager); die **Prophetin**; **prophetisch** eine prophetische Gabe haben; **prophezeien** (weissagen, vorausschauen); die **Prophezeiung**
prophylaktisch [profülaktisch] prophylaktische (vorbeugende) Maßnahmen; das **Prophylaktikum** (vorbeugendes Medikament); die **Prophylaxe** (Vorbeugung)
Proponent der, Proponenten (Antragsteller); die **Proponentin**; **proponieren** (vorschlagen, beantragen)
Proportion [...tsion] die, Proportionen (Größenverhältnis); **proportional**; **proportioniert** gut proportioniert sein (ausgewogene Maße haben); der **Proporz** (Verteilung der Ämter nach dem Kräfteverhältnis von Parteien/Gruppen)
Propst der, Pröpste (Geistlicher in gehobener Stellung, Vorsteher eines Klosters); die **Propstei** (Amt(ssitz) eines Propstes)
Prosa die, *Ez.* (Erzählkunst, nicht gereimte Sprachform); die **Prosadichtung**; **prosaisch** (in Prosa abgefasst; sachlich, nüchtern); der **Prosatext**
Prosektur die, Prosekturen (Spitalsabteilung, in der Leichen seziert werden)
prosit! (zum Wohl), prosit Neujahr!; das **Prosit** ein Prosit auf das Geburtstagskind
Prospekt der/das, Prospekte (Werbeschrift, Katalog)
prosperieren ein Unternehmen prosperiert (kommt gut voran); die **Prosperität** (wirtschaftlicher Wohlstand)
prost! (zum Wohl); **prosten** (zutrinken)
Prostata die, Prostatae (Vorsteherdrüse)
prostituieren sich (sexuelle Handlungen gegen Bezahlung ausführen); der/die **Prostituierte** (jmd., der Prostitution betreibt); die **Prostitution** [...tsion]
Protagonist der, Protagonisten (Vorkämpfer, Hauptperson); die **Protagonistin**
Protegé [protesche] der, Protegés (Günstling,

Protein → prusten

Schützling); **protegieren** [proteschiren] einen Bewerber protegieren (sich für ihn einsetzen); die **Protektion** [...tsion] (berufliche/gesellschaftliche Begünstigung); **protektiv** (schützend); das **Protektorat** (Schutzherrschaft über ein Gebiet)

Protein das, Proteine (Eiweißstoff)

Protest der, Proteste (lauter Ausdruck der Ablehnung); die **Protestaktion**; der/die **Protestant/-in** (Angehörige/-r der evangelischen Kirche); **protestantisch**; der **Protestantismus** (evangelische Glaubensbewegung); die **Protestbewegung**; **protestieren** gegen jmdn. protestieren (aufbegehren, ankämpfen); der/die **Protestwähler/-in** (jmd., der eine Partei wählt, um gegen eine andere zu protestieren)

Prothese die, Prothesen (Ersatz eines Körperteils, Zahnersatz), eine Prothese tragen

Protokoll das, Protokolle (Niederschrift, Aufzeichnung), etwas zu Protokoll geben, sich an das Protokoll (festgelegte Verhaltensnormen für offizielle Anlässe) halten; der/die **Protokollant/-in** (Schriftführer/-in); **protokollarisch** protokollarische (festgelegte) Pflichten; **protokollieren**

Proton das, Protonen (Elementarteilchen mit positiver Ladung)

Protoplasma das, *Ez.* (Grundbestandteil der Zellen)

Prototyp der, Prototypen (typisches Beispiel, Einzelstück); **prototypisch**

Protz der, Protze(n) (*ugs. für* Protzer, Angeber); **protzen** (angeben, prahlen), er protzt mit seinem Reichtum; die **Protzerei**; **protzig**

Provenienz [prowenients] die, Provenienzen (*geh. für* Herkunft), die Möbel sind italienischer Provenienz

Proviant [prowiant] der, *Ez.:* Proviant (Vorrat an Lebensmitteln) für die Reise kaufen

Provinz [prowints] die, Provinzen (Teil eines Landes, Landschaft), aus der Provinz (vom Land) sein; der **Provinzial** (Ordensvorsteher); **provinziell** (kleinstädtisch, engstirnig, rückständig); der/die **Provinzler/-in** (*abwertend für* Person vom Land); **provinzlerisch**; die **Provinzstadt**

Provision [prowision] die, Provisionen (Vermittlungsgebühr); **Provisionsbasis** auf Provisionsbasis arbeiten; **provisionsfrei**

provisorisch [prowisorisch] (behelfsmäßig, vorläufig); der **Provisor** (Vertreter eines Pfarrers); das **Provisorium** (Übergangslösung)

provokant (andere bewusst herausfordernd); der/die **Provokateur/-in** [prowokatöa/rin] (Aufwiegler/-in); die **Provokation** [prowokatsion] (bewusste Herausforderung des Gegners); **provokativ** eine provokative Haltung einnehmen; **provozieren** einen Streit provozieren (auslösen, herausfordern)

Prozedere auch **Procedere** das, -: (*geh. für* Vorgangsweise); die **Prozedur** die Prozedur (Verfahren) der Papstwahl, der Amtsweg war eine Prozedur (langwieriges Unternehmen)

Prozent das, Prozente (von Hundert, der hundertste Teil), zwei Prozent <2 %>, Prozente (*ugs. für* Preisnachlass) bekommen; **...prozentig** fünfprozentig auch 5-prozentig auch 5%ig; die **Prozentrechnung**; der **Prozentsatz**; **prozentuell** eine prozentuelle Beteiligung; der **Prozentwert**; das **Prozentzeichen** <%>

Prozess der, Prozesse: einen Prozess (Rechtsstreit) verlieren, der Prozess (Vorgang) des Alterns, *mit etwas kurzen Prozess machen* (energisch damit verfahren); **prozessführend** die prozessführenden Parteien; **prozessieren**; die **Prozesskosten**; der **Prozessor** (Teil des Computers)

Prozession die, Prozessionen (feierlicher kirchlicher Umzug)

prüde (übertrieben schamhaft); die **Prüderie**

prüfen er prüft (kontrolliert) die Kasse, das Material prüfen (testen), eine Schülerin mündlich prüfen; der/die **Prüfer/-in**; der **Prüfling**; der **Prüfstein** (Bewährungsprobe); die **Prüfung**; die **Prüfungsangst**; der/die **Prüfungskandidat/-in**; die **Prüfungskommission**; der **Prüfungstermin**

Prügel der, -: mit einem Prügel (Stock) zuschlagen, Prügel (Schläge) bekommen; die **Prügelei** (Schlägerei); der **Prügelknabe** (Sündenbock); **prügeln** er prügelt (schlägt) auf seinen Gegner ein, sich prügeln (raufen); die **Prügelstrafe** (Strafen durch Schläge)

Prunk der, *Ez.* (glanzvolle Ausstattung, Pracht), ein Fest mit großem Prunk (Aufwand) feiern; der **Prunkbau**; **prunken** (glänzen, strahlen); das **Prunkgemach** (luxuriöses Zimmer); der **Prunksaal**; das **Prunkstück** (Prachtstück); **prunksüchtig** ABER → nach Prunk süchtig; **prunkvoll** (prächtig)

prusten laut prusten (schnauben), vor Lachen prusten

PS = **P**ferde**s**tärke; **P**ost**s**kriptum
Psalm der, Psalmen (geistliches Lied); der **Psalter** (Psalmenbuch)
Pseudonym das, Pseudonyme (Deckname, Künstlername); **pseudonym** (unter einem Decknamen verfasst); **pseudowissenschaftlich** (scheinwissenschaftlich)
Psyche die, Psychen (Seele, Gefühlsleben, Gemüt; altmodischer Frisierschrank mit Spiegel), der/die **Psychiater/-in** (Facharzt/-ärztin für seelische Krankheiten); die **Psychiatrie** (Wissenschaft, die sich mit seelischen Krankheiten befasst; psychiatrische Klinik); **psychiatrieren** der Täter wurde psychiatriert (sein Geisteszustand wurde untersucht); **psychisch** psychisch (seelisch) krank sein
Psychoanalyse die, Ez. (Methode zur Heilung seelischer Störungen); der **Psychologe**; die **Psychologie** (Wissenschaft vom Seelenleben); die **Psychologin**; **psychologisch**; der/die **Psychopath/-in** (Person mit gestörtem Gefühlsleben und Verhalten); **psychopathisch**; die **Psychose** (Geistes- und Gemütskrankheit); **psychosomatisch** psychosomatische (durch die Psyche mitverursachte) Krankheiten; der/die **Psychotherapeut/-in** (Fachmann/-frau zur Behandlung seelischer Leiden)
Pub [pab] das, Pubs (kleines englisches Lokal)
Pubertät die, Ez. (Zeit der Geschlechtsreife); **pubertär**; **pubertieren** (sich in der Pubertät befinden)
Publicity [pablisiti] die, Ez. (öffentliche Aufmerksamkeit, Werbung); **Public Relations** [pablikrileschns] <PR> (Öffentlichkeitsarbeit, Werbung)
publik etwas publik (öffentlich bekannt) machen auch publikmachen, das ist längst publik (hat sich herumgesprochen); die **Publikation** [...tsion] (Veröffentlichung); das **Publikum** (alle Besucher/-innen; Zuhörenden; Öffentlichkeit); der **Publikumserfolg**; **publizieren** (veröffentlichen); der/die **Publizist/-in** (Journalist/-in); die **Publizistik** (Wissenschaft von den Massenmedien); **publizistisch**
Puck der, Pucks (Spielscheibe beim Eishockey)
Pudding der, Puddinge/Puddings (Süßspeise); das **Puddingpulver**
Pudel der, -: (kleine Hunderasse); die **Pudelhaube** (dicke Wollmütze); die **Pudelmütze**; **pudelnackt** (ugs. für völlig nackt); **pudelnass**; **pudelwohl** er fühlt sich pudelwohl (ugs. für sehr wohl)
Puder der/das, -: (feines Pulver zur Hautpflege); **pudern** (mit Puder bestäuben; derb für Geschlechtsverkehr haben); der **Puderzucker** (bundesdt. für Staubzucker)
¹**Puff** das, Puffs (derb für Bordell)
²**Puff** der, Püffe (Stoß); **puffen** jmdn. in die Seite puffen; der **Puffer** (Stoßdämpfer); die **Pufferzone** (neutrales Gebiet)
Pulk der, Pulks: ein Pulk (größere Ansammlung, Kolonne) von Menschen
Pulli der, Pullis (kurz für Pullover); der **Pullover** [pulowa]; der **Pullunder** (ärmelloser Pullover)
Pullmankappe die, ...kappen; die **Pullmanmütze** (Baskenmütze)
Puls der, Pulse: den Puls messen, der Arzt fühlt ihm den Puls, am Puls der Zeit sein (wissen, was aktuell ist), jmdm. den Puls fühlen (ihn ausfragen); die **Pulsader**; **pulsen**; **pulsieren** (rhythmisch klopfen; an- und abschwellen); der **Pulsschlag**
Pult das, Pulte (Notenständer; Verkaufsfläche; Katheder)
Pulver das, -: ein Pulver gegen Kopfschmerzen nehmen; mit Pulver und Blei schießen, kein Pulver (kein Geld) mehr haben, sein Pulver verschossen haben (seine Möglichkeiten erschöpft haben); der **Pulverdampf** (Rauch aus Kanonen oder Pistolen); das **Pulverfass** auf dem Pulverfass sitzen (in einer gefährlichen Lage sein); **pulv(e)rig**; **pulverisieren** pulverisierter (gemahlener) Kaffee; das **Pulverl** (ugs. für Medikament); **pulvern** in die Luft pulvern (schießen); der **Pulverschnee** (leichter Schnee)
Puma der, Pumas (Raubkatze)
pummelig auch **pummlig** ein pummeliges (dickliches) Mädchen
Pump der, Ez.: auf Pump (von geborgtem Geld) leben; die **Pumpe** (Gerät zum Fördern von Flüssigkeiten); **pumpen** Wasser pumpen (an-/absaugen), sich Geld pumpen (ugs. für borgen); das **Pumpwerk**
Pumperer der, -: (ugs. für dumpfer Schlag); **pumpern** (ugs. für klopfen)
pumperlgesund (mundartl. für kerngesund)
Pumpernickel der, -: (Schwarzbrot)
Punk [pank] der, Punks (Angehörige/-r einer jugendlichen Protestbewegung); der/die **Punker/-in**
Punkt der, Punkte <Pkt.>, der höchste Punkt (Ort) in dieser Gegend, es ist Punkt (ganz

genau) zwölf Uhr, den Punkt auf das i setzen, der Satz schließt mit einem Punkt, sie kam auf den nächsten Punkt (das Thema) zu sprechen, 15 Punkte beim Wettbewerb bekommen, *ein wunder Punkt* (Schwachstelle), *etwas auf den Punkt bringen* (sehr treffend ausdrücken), *der springende Punkt* (das, von dem alles abhängt); **punkten** (im Sport Punkte vergeben/sammeln); der/die **Punkterichter/-in**; **punktgleich**; **punktieren** (mit Punkten versehen; eine Punktierung durchführen); die **Punktierung** (medizinische Behandlung, Gewebeentnahme); **pünktlich** sie ist immer pünktlich; die **Pünktlichkeit**; **punktuell** (im Einzelnen); **punktum** und jetzt punktum! (Schluss)

Punsch der, Punsche (alkoholisches Mischgetränk)

Punze die, Punzen (Werkzeug; Zeichen zur Angabe des Edelmetallgehalts)

Pupille die, Pupillen (Sehöffnung im Auge)

Puppe die, Puppen: mit einer Puppe (Spielzeug) spielen, die Puppen (Larven) des Schmetterlings; das **Puppenhaus** (Spielzeug); das **Puppentheater**

pur pures (reines) Gold, purer (unverdünnter) Alkohol, etwas aus purem Neid tun; der **Purismus** (Bestreben, etwas rein und unvermischt zu erhalten); **puristisch**; der/die **Puritaner/-in** (Angehörige/-r einer Glaubensgemeinschaft)

Püree das, Pürees (Brei); **pürieren** (zu Püree machen)

Purpur der, *Ez.* (roter Farbstoff); **purpurfarben**; der **Purpurmantel** (Herrschermantel); **purpurn** (wie Purpur); **purpurrot**

purzeln vom Stuhl purzeln (fallen, stürzen); der **Purzelbaum** (Rolle vorwärts)

pushen [pusch(e)n] *auch* **puschen** (antreiben, in Schwung bringen), du pushst/puschst, er pushte/puschte, sie hat gepusht/gepuscht

Puste die, *Ez.* (*bundesdt. für* Atem), außer Puste (außer Atem) sein, er hat keine Puste (keine Kraft) mehr; die **Pusteblume** (*bundesdt. für* Löwenzahn); **pusten** den Staub von der Bank pusten (blasen)

Pustel die, Pusteln (Blase, Pickel)

Puszta [pusta] die, Puszten (Grassteppe, Weideland in Ungarn)

Pute die, Puten (Truthenne); der **Puter** (Truthahn); **puterrot** (sehr rot)

Putsch der, Putsche (Aufruhr, politischer Umsturz); **putschen**; der/die **Putschist/-in**; der **Putschversuch**

Putte die, Putten (kindliche Engelsfigur)

putten (beim Golfspiel den Ball schlagen)

Putz der, Putze (Mörtelschicht auf Mauern), *auf den Putz hauen* (ausgelassen sein); **putzen** die Schuhe putzen, sich die Nase putzen (sich schnäuzen), den Anzug putzen (chemisch reinigen) lassen, eine Kerze putzen (den Docht beschneiden), sie geht putzen (arbeitet als Putzfrau); die **Putzerei** (das Putzen; chemische Reinigung); das **Putzerl** *auch* Butzerl (*ugs. für* Baby); der **Putzfetzen**; die **Putzfrau**; **putzig** ein putziges (niedliches) Kätzchen; der **Putzlappen**; **putzmunter** (*ugs. für* sehr munter)

Puzzle [pasl, putsle] das, Puzzles (Legespiel); **puzzeln**; das **Puzzlespiel**

PVC = **P**oly**v**inyl**c**hlorid (die Umwelt belastender Kunststoff)

Pyjama [püdschama] der, Pyjamas (Schlafanzug)

Pyramide die, Pyramiden (geometrischer Körper; Grabmal ägyptischer Könige); **pyramidenförmig**

Pyrenäen die, *Mz.* (Gebirgszug zwischen Frankreich und Spanien)

Pyromane der, Pyromanen (Person mit krankhaftem Trieb, Feuer zu legen); die **Pyromanin**; die **Pyrotechnik** (Feuerwerkskunst)

Pyrrhussieg der, ...siege (Sieg mit hohen Verlusten)

pythagoräisch (nach dem griechischen Philosophen Pythagoras), der pythagoräische Lehrsatz (zentraler Lehrsatz der Geometrie)

Python der, Pythons (Riesenschlange)

Q

q = Zentner (100 kg)
Qi [tschi] auch **Chi** das (Lebensenergie in der chinesischen Philosophie); das **Qigong** [tschigong] (Heilmethode)
QR-Code [ku er koud] der, QR-Codes (quadratischer, aus Punkten zusammengesetzter elektronischer Code)
Quacksalber der, -: (*abwertend für* unfähiger Arzt); die **Quacksalberei**; **quacksalbern**
Quaddel die, Quaddeln (juckende Hautanschwellung)
Quader der, -: (rechteckiger Körper; behauener Steinblock); der **Quadrant** (Viertel eines Kreisbogens); das **Quadrat** (gleichseitiges Rechteck); **quadratisch** ein quadratischer Querschnitt; der **Quadratkilometer** <km²>; der **Quadratmeter** <m²>; die **Quadratur** (Umwandlung einer geometrischen Figur in ein Quadrat), *die Quadratur des Kreises* (unlösbare Aufgabe); die **Quadratwurzel**; die **Quadratzahl**; der **Quadratzentimeter** <cm²>; **quadrieren** (eine Zahl mit sich selbst multiplizieren)
quaken der Frosch quakt; **quäken** (*abwertend für* schrille Töne von sich geben)
Quäker der, -: (Angehöriger einer christlichen Sekte); die **Quäkerin**
Qual die, Qualen (Leid, Schmerz); **quälen** Tiere quälen (misshandeln), sich mit einer Aufgabe quälen (abmühen); die **Quälerei**; der **Quälgeist** (Störenfried); **qualvoll** das Tier verendet qualvoll, eine qualvolle (bedrückende) Stille
Qualifikation [...tsion] die, Qualifikationen (Befähigung, Berechtigung); **qualifizieren** seine Fähigkeiten qualifizieren ihn für das Amt, das Gericht qualifizierte (wertete) die Tat als Betrug, sie hat sich für den Wettkampf qualifiziert; **qualifiziert** eine qualifizierte (fachmännische) Arbeit verrichten, ein qualifiziertes (sachkundiges) Urteil
Qualität die, Qualitäten: ein Anzug von bester Qualität, ein Mann mit Qualitäten (Fähigkeiten); **qualitativ**
Qualle die, Quallen (Nesseltier)
Qualm der, *Ez.* (dicker Rauch, Dampf); **qualmen** der Ofen qualmt (raucht stark), pausenlos Zigaretten qualmen
Quant das, Quanten (kleinster Wert einer physikalischen Größe); das **Quäntchen** (*geh. für* kleine Menge), es fehlte nur ein Quäntchen Glück; **quäntchenweise**; **quantifizieren** (mengenmäßig bestimmen); die **Quantität** (Menge, Anzahl); **quantitativ** (der Menge nach, größenmäßig); das **Quantum** (bestimmte Menge)
Quarantäne [karantäne] die, Quarantänen (vorübergehende Isolierung)
Quargel der, -: (Käse aus Sauermilch)
Quart die, Quarten (Intervall von vier Tonstufen); das **Quartett** (Musikstück für vier Stimmen oder vier Instrumente; Kartenspiel); das **Quartformat** (Buch- und Heftformat)
Quartal das, Quartale (Vierteljahr); der/die **Quartalsäufer/-in** (jmd., der zeitweise unmäßig Alkohol trinkt); **quartal(s)weise**
Quartier das, Quartiere: Quartier beziehen
Quarz der, Quarze (Mineral); **quarzhältig** auch quarzhaltig; das **Quarzit** (quarzhältiges Gestein); die **Quarzuhr**
quasi *Adv.*: er ist quasi (sozusagen) vergeben
quasseln (*ugs., v. a. bundesdt. für* dummes Zeug reden), ich quassle; die **Quasselei**
Quaste die, Quasten (Fransenbüschel)
Quatsch der, *Ez.*: Quatsch (*ugs. für* Unsinn) reden, *das ist doch Quatsch!* (das stimmt überhaupt nicht); **quatschen**; die **Quatscherei**; der **Quatschkopf** (*abwertend für* Schwätzer)
Quecke die, Quecken (Unkraut)
Quecksilber das, *Ez.* <Hg> (zähflüssiges, silbriges Schwermetall); **quecksilb(e)rig**
Quell der, Quelle (*geh. für* Quelle), der Quell des Lebens; die **Quelle** Wasser aus der Quelle, nach der Quelle (dem Ursprung) eines Gerüchtes suchen, neue Quellen erschließen, etwas aus erster Quelle wissen, *an der Quelle sitzen* (etwas unmittelbar erfahren)
¹**quellen** das Wasser quillt (fließt) aus dem Boden, ihr quollen fast die Augen aus dem Kopf, der Brei ist aus dem Topf gequollen; die **Quellenangabe** (Zitatnachweis); das **Quellwasser**
²**quellen** die Bohne quellt (geht im Wasser auf), sie quellte, sie ist gequellt
Quengelei die, Quengeleien (ständiges Klagen und Drängen); **queng(e)lig**; **quengeln** müde Kinder quengeln
quer *Adv.*: etwas quer (der Breite nach) legen, quer durch den Fluss, ein quer gestreiftes auch quergestreiftes Kleid, alles geht quer (verkehrt), *kreuz und quer* (ziellos) laufen; der/die **Querdenker/-in** (jmd., der eigenständig und originell denkt); die **Quere**

Querflöte → Quotient

jmdm. in die Quere kommen (ihn stören, seine Pläne durchkreuzen); **querfeldein** *Adv.:* querfeldein laufen

Querflöte die, ...flöten (Musikinstrument); das **Querformat**; der **Querkopf** (Trotzkopf); **querköpfig** (widerspenstig); **querschießen** (▶ schießen) (stören); der **Querschläger** (fehlgeleitetes Geschoß); der **Querschnitt** (Schnittfläche, Auswahl); **querschnitt(s)- gelähmt**; sich **querstellen** (nicht mitmachen); die **Quersumme** (Summe aller Ziffern einer Zahl); der/die **Quertreiber/-in**

Querulant der, Querulanten (Nörgler); das **Querulantentum**; die **Querulantin**

quetschen sich durch eine Zaunlücke quetschen, er hat sich den Finger gequetscht; die **Quetschung**; die **Quetschwunde**

Queue [kö] der/das, Queues (Billardstock)

quicklebendig (sehr munter); der **Quickstepp** (Tanz)

quieken wie ein Ferkel quieken

quietschen quietschende Bremsen, sie quietscht vor Freude; **quietschfidel** (fröhlich, unbekümmert); **quietschvergnügt**

Quint die, Quinten (Intervall von fünf Tonstufen); die **Quintessenz** (Ergebnis, Wesentliches einer Sache); das **Quintett** (Musikstück für fünf Instrumente)

Quirl der, Quirle (Küchengerät); **quirlen** die Eier quirlen (rühren); **quirlig** ein quirliges (sehr lebhaftes) Mädchen

quitt beide sind quitt (schulden sich nichts mehr); **quittieren** den Empfang des Geldes quittieren (bestätigen), den Dienst quittieren (aufgeben); die **Quittung** (Empfangsbestätigung)

Quitte [kwite, kite] die, Quitten (Obstbaum; Frucht); **quittengelb**; der **Quittenkäse** (Quittenmarmelade)

Quiz [kwis] das/der, -: (Frage-Antwort-Spiel); die **Quizfrage**; der/die **Quizmaster/-in** (Fragesteller/-in bei einem Quiz)

Quote die, Quoten (Anteil, Rate); die **Quotenregelung** (Ämterverteilung nach bestimmten Quoten, v.a. zugunsten von Frauen)

Quotient [kwotsient] der, Quotienten (Ergebnis einer Teilung, Bruchzahl)

Der Kater dürfte nicht verstehen, was die Maus meint. Schau doch im *SchulWörterBuch* nach, was die Maus mit dem umgangssprachlichen Ausdruck „**Saftladen**" und der Redewendung „**übers Ohr hauen**" gemeint hat!

▶ Mehr von Maus und Katze auf Seite 281!

R

r (R) = **R**adius
R = **R**eaumur [r̲e̲omüa] (Maßeinheit für Temperatur)
r. = **r**echts
Rabatt der, Rabatte: ein Rabatt (Preisnachlass) bei Barzahlung
Rabatte die, Rabatten (schmales Pflanzenbeet)
Rabauke der, Rabauken (*ugs. für* gewalttätiger Jugendlicher); **rabaukenhaft**
Rabbi der, Rabbis (jüdischer Ehrentitel); der **Rabbiner** (jüdischer Schriftgelehrter)
Rabe der, Raben (großer Vogel), *wie ein Rabe klauen* (häufig stehlen); die **Rabeneltern** (lieblose Eltern); die **Rabenmutter** (Mutter, die sich nicht um ihr Kind kümmert); **rabenschwarz**; das **Rabenvieh** (Schimpfwort)
rabiat (brutal, rücksichtslos)
Rache die, *Ez.* (Vergeltung), an jmdm. Rache nehmen (sich rächen); der **Racheakt**; **rachedurstig**; die **Rachegelüste** (Rachegedanken); **rächen** er rächte den Tod seiner Schwester, sich für das Unrecht an jmdm. rächen (Vergeltung üben); der/die **Rächer/-in**; **rachgierig**; die **Rachsucht**
Rachen der, -: (Körperteil), *jmdm. etwas in den Rachen werfen* (*ugs. für* jmdm. etwas kampflos überlassen), *jmdm. den Rachen stopfen* (*ugs. für* jmdn. zufriedenstellen); die **Rachenentzündung**; der **Rachenkatarrh** auch Rachenkatarr
Rachitis die, Rachitiden (Knochenerweichung); **rachitisch**
rackern (schwer arbeiten, schuften); der **Racker** (*ugs. für* temperamentvolles Kind); die **Rackerei** (schwere Arbeit)
Racket [rekit] das, Rackets (Tennisschläger)
Raclette [raklet] das, Raclettes (Käsegericht)
Rad das, Räder: ein Rad auswechseln, ein Rad (im Turnen) schlagen, mit dem Rad fahren, das Rad der Geschichte, *unter die Räder kommen* (zu Schaden kommen, verkommen), *das fünfte Rad am Wagen* (in einer Gruppe überflüssig sein) *sein*; das **Rädchen** *ein Rädchen im Getriebe* (ein Teil des Systems) *sein*; **radeln**; der/die **Rädelsführer/-in** (Anstifter/-in); **rädern** *sich wie gerädert* (völlig erschöpft) *fühlen;* **Rad fahren** ich lerne gerade Rad fahren ABER → das

Radfahren macht Spaß; der/die **Radfahrer/-in**; der **Radfahrweg**; die **Radfelge**; der **Radler** (Mischgetränk; Radfahrer); die **Radtour**

| mit dem **Rad fahren** | ABER | das **Radfahren** macht Spaß |
| ich lerne **Rad fahren** | | |

Radar das, Radare (Funkmessverfahren, Radargerät); die **Radarfalle** (unangekündigte Geschwindigkeitskontrolle); die **Radarkontrolle**; der **Radarschirm**; die **Radarstation**
Radau der, *Ez.* (Lärm, Krach); die **Radaubrüder** (Störenfriede)
radebrechen (eine fremde Sprache nur mangelhaft sprechen), sie radebrechte nur ein paar Worte auf Russisch
radial (vom Mittelpunkt strahlenförmig ausgehend)
Radiator der, Radiatoren (Heizkörper)
radieren; der **Radierer** (*ugs. für* Radiergummi); der **Radiergummi**; die **Radierung** (druckgrafisches Verfahren)
Radieschen das, -: (Rettichart)
radikal etwas radikal (gründlich) ablehnen, die Arbeitsplätze radikal (rücksichtslos) abbauen, radikale (extreme) Ansichten vertreten; der/die **Radikale**; **radikalisieren**; die **Radikalisierung**; der **Radikalismus**; die **Radikalität**; die **Radikalkur** (Behandlung mit starken Medikamenten)
Radio das, Radios (Hörfunk; Rundfunkgerät), Radio hören; der **Radioapparat**; das **Radiogerät**; die **Radiosendung**; der **Radiowecker**
radioaktiv radioaktive Strahlung; die **Radioaktivität** (lebensbedrohende Strahlung)
Radium das, *Ez.* <Ra> (chemisches Element); **radiumhältig**
Radius der, Radien <r, R> (halber Durchmesser eines Kreises); **radial** (vom Mittelpunkt strahlenförmig ausgehend)
raffen die Vorhänge raffen (in Falten legen), einen Text raffen (kürzen), viel Besitz an sich raffen (habgierig anhäufen); die **Raffgier**; **raffgierig**; die **Raffsucht**
Raffinerie die, Raffinerien (Reinigungsanlage für Naturprodukte, z.B. Zucker; Bearbeitungsindustrie für Erdöl); die **Raffinade** (gereinigter Zucker); **raffinieren** (verfeinern)
Raffinesse die, Raffinessen (Verfeinerung;

Rage → rar

Schlauheit); **raffiniert** ein raffinierter (schlauer) Plan, ein raffiniertes (feines) Gericht

Rage [rasch] die, *Ez.:* in Rage (Wut) geraten

ragen die Berge ragen in die Wolken

Ragout [ragu] das, Ragouts (Gericht aus kleinen Fleisch- oder Fischstückchen in einer Soße)

Rahe auch **Rah** die, Rahen (Querstange am Mast); das **Rahsegel**

Rahm der, *Ez.: den Rahm abschöpfen* (das Beste erwischen); **rahmig**; der **Rahmkäse**; die **Rahmsoß(e)** auch Rahmsauce

Rahmen der, -: ein Rahmen aus Metall, die Tür hängt im Rahmen, der Rahmen des Fahrrades, das Fest in einem würdigen Rahmen stattfinden lassen, *den Rahmen sprengen* (über das Geplante hinausgehen), *aus dem Rahmen fallen* (ungewöhnlich sein); **rahmen** einen Spiegel rahmen (einfassen); die **Rahmenbedingung**; die **Rahmenerzählung**

Rahne auch **Rohne** die, Rahnen (Rote Rübe); der **Rahnensalat**

Rain der, Raine (Ackergrenze)

räkeln auch **rekeln** sich: sich auf dem Teppich räkeln (behaglich ausstrecken)

Rakete die, Raketen (Flugkörper; Waffe; Feuerwerkskörper); die **Raketenabwehr**; der **Raketenangriff**; der **Raketenantrieb**; das **Raketentriebwerk**

Rallye [rali, räli] die, Rallyes (Autorennen); der/die **Rallyefahrer/-in**

Ramadan der, *Ez.* (Fastenmonat im Islam)

Ramassuri auch **Ramasuri** auch **Remas(s)uri** die, *Ez.* (*ugs. für* aufgeregtes Durcheinander)

rammen (mit Wucht gegen etwas stoßen), einen Pfahl in die Erde rammen, das Fahrzeug rammen; der **Rammbock**

Rampe die, Rampen (Sockel, Auffahrt; Bühnenrand); das **Rampenlicht** *im Rampenlicht stehen* (von der Öffentlichkeit beachtet werden)

ramponieren (etwas stark beschädigen)

Ramsch der, *Ez.* (*ugs. für* wertlose Sachen); der **Ramschladen**

Ranch [rensch] die, Ranches (nordamerikanischer Viehbauernhof); der/die **Rancher/-in** (Viehzüchter/-in)

Rand der, Ränder: am Rand der Stadt wohnen, der Rand des Glases, der Rand des Blattes, sich am Rande eines Krieges befinden, etwas am Rande (ganz nebenbei) sagen, *außer Rand und Band* (*ugs. für* übermütig) *sein, mit etwas nicht zu Rande auch zurande kommen* (mit etwas nicht fertig werden); die **Randbemerkung**; die **Randerscheinung** (Nebensächlichkeit); die **Randfigur**; die **Randgruppe** (gesellschaftlich isolierte Gruppe); die **Randlage**; **randlos**; die **Randnotiz**; der **Randstein** (Gehsteigkante); die **Randverzierung**

damit **zurande** kommen	auch	damit **zu Rande** kommen

randalieren (lärmen und Sachen beschädigen); der/die **Randalierer/-in**

Rang der, Ränge: eine Wissenschaftlerin von Rang (von großer Bedeutung), den dritten Rang (Platz) belegen, welchen Rang (Dienstgrad) hat er?, im/auf dem ersten Rang (Balkon im Theater) sitzen, *jmdm. den Rang ablaufen* (jmdn. übertreffen); das **Rangabzeichen**; der/die **Rangälteste**; die **Rangelei**; **rangeln** (raufen); die **Rangfolge**; der **Rangierbahnhof** [ranschia...]; **rangieren** [ranschiren] Waggons rangieren (im Bahnhof verschieben), unter den Besten rangieren; **...rangig** hochrangig, drittrangig; die **Rangliste**

rank (hoch, biegsam), *rank und schlank* (sehr schlank); die **Ranke** (Pflanzenspross); **ranken** (schlingend in die Höhe wachsen); das **Rankengewächs**

Ränke die, *Mz.* (Intrigen, Machenschaften), *Ränke schmieden* (*geh. für* Hinterlistiges planen); das **Ränkespiel**

Ranzen der, -: (Schultasche; *ugs. für* dicker Bauch); das **Ränzel** *sein Ränzel schnüren* (fortgehen)

ranzig (nicht mehr frische fetthaltige Nahrungsmittel)

rapid es geht rapid (sehr schnell) bergab

Rappe der, Rappen (schwarzes Pferd), *auf Schusters Rappen* (*ugs. für* zu Fuß)

Rappel der, -: (Wutausbruch); **rapp(e)lig** (ungeduldig, wütend); **rappeln** (sich wild gebärden)

Rapport der, Rapporte: zum Rapport (zur dienstlichen Meldung) befohlen werden

Raps der, Rapse (Ölpflanze); das **Rapsfeld**; das **Rapsöl**

rar eine rare (seltene) Gelegenheit; die **Rarität** (Seltenheit); sich **rar machen** (sich nur selten

sehen lassen)
rasant (sehr schnell); die **Rasanz**
rasch sich rasch (flink, schnell) entscheiden; **raschestens** *Adv.*
rascheln im Gebüsch raschelt es
rasen warum rast du so? (warum fährst du so schnell), er raste vor Zorn (war sehr wütend), sein Herz hat gerast; **rasend** eine rasend schnelle Entwicklung, in jmdn. rasend verliebt sein ABER → es ist zum Rasendwerden; der/die **Raser/in**; die **Raserei** (Tobsucht; Fahren mit großer Geschwindigkeit)
Rasen der, -: (Grasfläche, Spielfeld); der **Rasenmäher**
rasieren sich den Bart rasieren; der **Rasierapparat**; der **Rasierer**; das **Rasierzeug**
Räson [resō] die, *Ez.* (Vernunft, Einsicht); **räsonieren** (nörgeln)
Raspel die, Raspeln (Gerät zum Reiben; grobe Feile); **raspeln** (zerkleinern), *Süßholz raspeln* (jmdm. schmeicheln)
Rasse die, Rassen: die Hunde dieser Rasse, *Rasse haben* (temperamentvoll sein); der **Rassehund**; die **Rassendiskriminierung** (Benachteiligung aus rassischen Gründen); der **Rassenhass**; die **Rassentrennung** (Apartheid); **rassig** (edel, temperamentvoll); der **Rassismus** (Auffassung der Überlegenheit der eigenen Art verbunden mit der Diskriminierung anderer); der/die **Rassist/-in**; **rassistisch**
rasseln (klirren); die **Rassel** (Kinderspielzeug); die **Rasselbande** (*ugs. für* Kinderschar)
rasten (eine Pause machen), *wer rastet, der rostet* (man kommt leicht aus der Übung); die **Rast**; das **Rasthaus**; **rastlos** (unermüdlich); die **Raststätte**
Raster das/der, -: (Ordnungsmuster; Liniennetz; in viele Punkte zerlegtes Bild); die **Rasterfahndung** (Vergleich von Daten für polizeiliche Ermittlung)
Rasur die, Rasuren: eine gründliche Rasur machen
Rat der, *Ez.* (wohlmeinende Empfehlung), jmdn. um Rat fragen; der/die **Ratsuchende** auch Rat Suchende; jmdn. **zurate** ziehen auch zu Rate ziehen
Rate die, Raten (Teilbetrag), etwas auf Raten (Teilzahlung) kaufen; das **Ratengeschäft**; die **Ratenzahlung**
raten du rätst, er riet den anderen zur Besonnenheit, die Chefin hat uns zum Kauf geraten; rate, was ich heute gesehen habe!, jmdm. etwas dringend raten (nahelegen)
Ratespiel das, ...spiele; der/die **Ratgeber/-in**; das **Rathaus** (Gebäude der Stadtverwaltung); der **Rathaussaal**; **ratlos**; die **Ratlosigkeit**; **ratsam** (empfehlenswert); der **Ratschlag**
ratifizieren einen Vertrag ratifizieren (rechtskräftig machen, unterschreiben); die **Ratifizierung** (Bestätigung)
Ration [...tsion] die, Rationen (zugeteilte Menge); **rationell** (zweckmäßig); **rationieren** aufgrund der Notlage Lebensmittel rationieren (sparsam zuteilen); die **Rationierung**
rational (von der Vernunft gesteuert); **rationalisieren** (die Arbeit zweckmäßig und wirtschaftlich organisieren); die **Rationalisierung**
ratschen (*ugs. für* sich unterhalten); die **Ratsche** (Gerät zur Lärmerzeugung)
Rätsel das, -: (schwierige Denkaufgabe; etwas Unverständliches), *in Rätseln sprechen* (Unverständliches sagen), *das ist mir ein Rätsel* (unverständlich); **rätselhaft**; die **Rätselhaftigkeit**; die **Rätsellösung**; **rätseln**; das **Rätselraten**
Ratte die, Ratten (Nagetier) auch der **Ratz** (*ugs. für* die Ratte), die Ratzen; das **Rattengift**
rattern (ein klapperndes Geräusch erzeugen)
rau eine raue Oberfläche, die Haut fühlt sich rauer als sonst an, wir trotzten dem rauen Wetter, mit rauer Stimme singen, die raue (harte) Wirklichkeit; das **Raubein** (ein grob wirkender Mensch); **raubeinig**; die **Raufasertapete**; der **Rauhaardackel**; **rauhaarig** (hartes, krauses Haar habend); die **Rauheit**; die **Raunächte** (die Nächte zwischen dem Heiligen Abend und Dreikönig); der **Raureif** (gefrorener Tau)
Raub der, Raube (Diebstahl mit Gewaltanwendung), das Gebäude wurde ein Raub der Flammen (*geh. für* ist abgebrannt); der **Raubbau** (rücksichtslose Ausbeutung); **rauben** ein Kind rauben (entführen), er raubt (nimmt) mir alle Hoffnungen, man hat ihr Geld und Schmuck geraubt (gestohlen); die **Räuberbande**; die **Räuberhöhle**; die **Räuberin**; **räubern**; die **Raubgier**; **raubgierig**; die **Raubkopie** (unerlaubte Kopie); **raubkopieren**; der **Raubritter**; das **Raubtier**; der **Raubüberfall**; der **Raubvogel**
Rauch der, *Ez.:* vom Feuer steigt weißer Rauch

auf; **rauchen** eine Zigarette rauchen, *wie ein Schlot rauchen* (sehr viel rauchen); der/die **Raucher/-in**; die **Räucherkammer**; der **Räucherlachs**; **räuchern** (Lebensmittel durch Rauch haltbar machen); der **Räucherspeck**; der **Rauchfang** (Schornstein), *etwas in den Rauchfang schreiben* (aufgeben) *müssen*; der/die **Rauchfangkehrer/-in**; das **Rauchfleisch** (geräuchertes Fleisch); **rauchig** (verraucht, heiser), eine rauchige Stimme; der **Rauchschwaden**; der **Rauchtabak**; das **Rauchverbot**; das **Rauchzeichen**
¹**Rauchwaren** die, *Mz.:* (Pelzwaren)
²**Rauchwaren** die, *Mz.:* (Tabakwaren)
Räude die, Räuden (Hautkrankheit bei Haustieren); **räudig** ein räudiger Hund
raufen (sich prügeln); der **Raufbold** (jmd., der oft und gerne rauft); der/die **Raufer/-in**; die **Rauferei**; **rauflustig**
Raum der, Räume: die Wohnung hat vier Räume (Zimmer), im luftleeren Raum (Weltraum), die Frage steht im Raum (ist noch ungeklärt), eine Raum sparende auch raumsparende Lösung
räumen er räumt den Tisch ab, sie räumte die Wohnung (zog aus), der Schnee wurde geräumt, *jmdn. aus dem Weg räumen* (ugs. für jmdn. töten), *das Feld räumen* (weggehen)
Raumfähre die, …fähren (Flugkörper für den Weltraum); der/die **Raumfahrer/-in**; die **Raumfahrt**; das **Raumfahrzeug**; der **Rauminhalt** (Volumen); die **Raumkapsel** (Raumfähre); **räumlich**; die **Räumlichkeit**; das **Raummaß** (Hohlmaß); der/das **Raummeter** (Raummaß für 1 m³ Holz); die **Raumstation**; die **Räumung**
raunen (mit gedämpfter Stimme sprechen); das **Raunen**
raunzen (ugs. für ständig nörgeln); der/die **Raunzer/-in**
Raupe die, Raupen (Entwicklungsstadium eines Schmetterlings; schweres Baufahrzeug); das **Raupenfahrzeug**; der **Raupenfraß** (Schädigung von Bäumen durch Raupen)
raus *Adv.* (ugs. für heraus, hinaus)
Rausch der, Räusche (Betrunkenheit); das **Rauschgift** (Suchtgift); **rauschgiftsüchtig**
rauschen der Bach rauscht, der Wind rauschte durchs Tal, er ist ins Zimmer gerauscht, ein rauschendes Fest
räuspern sich ABER → sein ständiges **Räuspern** stört
Raute die, Rauten (gleichseitiges Parallelogramm); **rautenförmig**
Ravioli die, *Mz.* (gefüllte italienische Teigtaschen)
Rayon [rajō, raiŏn] der, Rayons/Rayone (Zuständigkeitsbereich, z.B. von Briefträgern/Polizeibeamten); der **Rayonsinspektor**
Razzia die, Razzien (überraschende polizeiliche Durchsuchung)
rd. = **rund** (ungefähr)
Reader [rīda] der, -: (Lesebuch zu einem Thema)
Reagenzglas das, …gläser (Probierröhrchen für chemische Versuche)
reagieren auf seine Worte nur mit Unverständnis reagieren, die Pupillen reagierten nicht mehr auf Licht
Reaktion [...tsion] die, Reaktionen (Gegenwirkung), ihre Reaktion war überraschend, der Patient zeigt keine Reaktion mehr, eine chemische Reaktion (Vorgang, bei dem Stoffe ihre Eigenschaften ändern); **reaktionär** (rückschrittlich); **reaktionsschnell**
Reaktor der, Reaktoren (Anlage zur Gewinnung von Energie durch Radioaktivität); der **Reaktorunfall**
real (wirklich vorhanden), die reale Situation; das **Realgymnasium**; die **Realien** (wirkliche Dinge; Schulfächer wie Biologie, Geografie ...); **realisierbar** (durchführbar); die **Realisierbarkeit**; **realisieren** (verwirklichen); der **Realismus** (Wirklichkeitssinn; Kunstrichtung Mitte des 19. Jhs.); der/die **Realist/-in**; **realistisch** (sachlich); die **Realität** (Wirklichkeit; Immobilie); die **Realitäten** (Häuser, Grundstücke); der/die **Realitätenhändler/-in** (Immobilienmakler/-in); der **Realitätssinn**

real (wirklich vorhanden, der Wirklichkeit entsprechend)	ABER	**reell** (ehrlich, anständig, echt)

Reaumur [reomüa] das, *Ez.* <R> (Maßeinheit für Temperatur)
Rebe die, Reben (Weinstock, Weinranke); **rebeln** Trauben rebeln (vom Stängel entfernen); die **Reblaus** (Blattlaus am Weinstock); der **Rebstock** (Weinstock)
Rebell der, Rebellen (Person, die sich gegen etwas auflehnt, Aufrührer); **rebellieren** (aufbegehren); die **Rebellion** (Aufstand); **rebellisch**

Rebhuhn auch **Rebhendl** das, …hühner (Feldhuhn)
Rechen der, -: (Werkzeug); **rechen** Laub rechen

| das Laub **rechen** | ABER | den Mord **rächen** |

Rechenfehler der, -: den Rechenfehler entdecken; die **Rechenmaschine**; die **Rechenschaft** *keine Rechenschaft schuldig sein* (sich vor niemandem rechtfertigen müssen); der **Rechenschaftsbericht**; das **Rechenzentrum**
Recherche [reschersch] die, Recherchen (Nachforschung, Ermittlung); **recherchieren** [rescherschiren] (gründlich nachforschen)
rechnen du hast nicht richtig gerechnet, sie rechnete mit meiner Hilfe (verließ sich darauf), damit hatten wir nicht gerechnet; der **Rechner** (Computer); **rechnerisch**. die **Rechnung** *auf seine Rechnung kommen* (zufriedengestellt werden), *die Rechnung ohne den Wirt machen* (einen Entscheidungsträger nicht berücksichtigen)
Recht das, Rechte: Recht haben auch recht haben, Recht bekommen auch recht bekommen, nach dem österreichischen Recht (Gesetz), zu seinem Recht (Anspruch) kommen, sie fühlt sich im Recht, mit Recht etwas verlangen, von Rechts wegen, wo nehmen Sie das Recht her?, mit Fug und Recht, zu Recht, *Recht sprechen* (ein Gerichtsurteil verkünden), *auf sein Recht pochen* (mit Nachdruck auf seinem Recht bestehen)
recht wenn ich dich recht verstehe, es geschieht ihm recht, mir ist alles recht. man kann ihm nichts recht machen, recht herzlichen Dank!, *jetzt erst recht* (allem Widerstand zum Trotz), der rechte Winkel, bin ich hier am **rechten** Ort? ABER → nach dem **Rechten** sehen (etwas nachprüfen), *du sollst immer das Rechte* (Richtige) *tun!*, du bist mir die Rechte! (Ausruf des Erstaunens)

im **Recht** sein	ABER	mir ist alles **recht**
mit **Recht** etwas verlangen	ABER	man kann ihm nichts **recht** machen
recht haben	auch	**Recht** haben
recht bekommen	auch	**Recht** bekommen
recht geben	auch	**Recht** geben

¹**Rechte** die, Rechten: mit der Rechten schreiben (mit der rechten Hand), ein Boxhieb mit der Rechten
²**Rechte** die, Rechten (politisch rechts stehende Gruppierungen im Parlament); der/die **Rechte** (Angehörige/-r einer rechts stehenden politischen Partei)
Rechteck das, Rechtecke (Viereck); **rechteckig**; **rechtwink(e)lig**
rechtens *Adv.* (mit Recht), etwas ist rechtens (korrekt); **rechtfertigen** sein Verhalten rechtfertigen (verteidigen), sich rechtfertigen; die **Rechtfertigung**; die **Rechthaberei**; **rechthaberisch** (besserwisserisch); **rechtlich** (nach dem gültigen Recht); **rechtlos** (schutzlos); **rechtmäßig** (gemäß dem Recht); die **Rechtmäßigkeit**; der **Rechtsanwalt**; die **Rechtsanwältin**; **rechtschaffen** (ehrlich)
rechts <r.> *Adv.:* nach rechts abbiegen, von rechts nach links, *Präp.+Gen.:* rechts der Straße, *weder rechts noch links schauen* (sich nicht beirren lassen); der/die **Rechtsabbieger/-in**; der **Rechtsaußen** (Spieler beim Fußball) ABER → rechts außen spielen; die **Rechtsdrehung** (Drehung im Uhrzeigersinn); der/die **Rechtshänder/-in**; **rechtshändig**; **rechtsherum** *Adv.;* die **Rechtskurve**; **rechtsradikal** (politisch autoritär orientiert); der **Rechtsradikalismus**; der **Rechtsverkehr**
rechtschreiben sicher rechtschreiben können (fehlerfrei schreiben) ABER → nicht recht (gut) schreiben können, weil die Hand verletzt ist; das **Rechtschreiben** heute üben wir das Rechtschreiben; die **Rechtschreibreform**; die **Rechtschreibregel**; die **Rechtschreibung**
rechtsgültig; **rechtskräftig** ein rechtskräftiges (gültiges) Urteil; **rechtskundig**; die **Rechtslage**; die **Rechtsprechung** (Gerichtsbarkeit); die **Rechtsschutzversicherung**; der **Rechtsstaat**; **rechtswidrig** (ungesetzlich); **rechtzeitig** (früh genug, pünktlich)
Reck das, Recke (Turngerät); der **Recke** (*veraltet für* Held); **recken** sich beim Aufstehen recken (strecken); die **Reckstange**
Recorder auch **Rekorder** der, -: (Aufnahme- und Abspielgerät)
recyceln auch recyceln [risaikln] (Gebrauchtes sammeln und wieder verwerten); das **Recycling** [risaikling]

Redakteur → regen

(Wiederverwertung); das **Recyclingpapier**
Redakteur [redaktöa] der, Redakteure (jmd., der Texte für Medien schreibt oder auswählt); die **Redakteurin**; die **Redaktion**; **redaktionell**; **redigieren** (etwas überarbeiten)

Rede die, Reden: sie hält eine Rede vor vielen Zuhörerinnen und Zuhörern, von dir ist nicht die Rede (es betrifft dich nicht), die wörtliche (direkte) Rede, *das ist meine Rede* (genau das, was ich meine), *jmdm. Rede und Antwort stehen* (sich rechtfertigen), *das ist nicht der Rede wert* (ist unbedeutend), *jmdn. zur Rede stellen* (auffordern, sich zu rechtfertigen); **redegewandt** (geschickt im Ausdruck)

reden er redet oft davon, wovon hat er geredet?, *von sich reden machen* (Aufmerksamkeit erregen), *mit sich reden lassen* (zu einem Kompromiss bereit sein), *gut reden haben* (sorgenfrei sein, da man nicht betroffen ist) ABER → das **Reden** *Reden ist Silber, Schweigen ist Gold*, sein Reden war überzeugend

Redensart die, Redensarten (feststehende Redewendung, z.B. „vom Regen in die Traufe kommen"); die **Rederei** (Gerede); die **Redewendung** (feststehende sprachliche Wendung); der/die **Redner/-in**; **redselig** (redefreudig); die **Redseligkeit**

Redisfeder die, ...federn (Schreib- und Zeichenfeder)

redlich (zuverlässig, ehrlich), redliche Absichten haben; die **Redlichkeit**

Reduktion [...tsion] die, ...tionen; **reduzieren** den Preis reduzieren (senken), die Teilnehmerzahl reduzieren (verringern); die **Reduzierung**

redundant (weitschweifig; überflüssig, überreichlich); die **Redundanz**

Reede die, Reeden (Ankerplatz im Hafen); der/die **Reeder/-in** (Eigentümer/-in eines Schiffes); die **Reederei** (Schifffahrtsunternehmen)

reell ein reelles (solides) Geschäft, eine reelle (anständige) Person, eine reelle (wirkliche, echte) Chance, reelle Zahlen

reell (ehrlich, anständig, echt)	ABER	**real** (wirklich vorhanden, der Wirklichkeit entsprechend)

Referat das, Referate: ein Referat (einen Vortrag) halten), das Referat (Amt) für Umweltfragen; das **Referendum** (Volksabstimmung); der/die **Referent/-in** (Vortragende/-r; Sachbearbeiter/-in); **referieren** (berichten; vortragen)

Referee [refeari] der, Referees (Schiedsrichter)

Referenz die, Referenzen (Empfehlung, Fürsprache)

Referenz (Empfehlung)	ABER	**Reverenz** (Ehrerbietung)

reflektieren die Wasseroberfläche reflektiert das Licht (wirft es zurück), auf eine bestimmte Position reflektieren (sie erhoffen); der **Reflektor**

Reflex der, Reflexe (Widerschein; unwillkürliche Reaktion); die **Reflexbewegung**; die **Reflexhandlung**; die **Reflexion** (Nachdenken; Zurückwerfen von Licht); **reflexiv** (rückbezüglich); das **Reflexivpronomen** (rückbezügliches Fürwort, z.B. „sich")

Reform die, Reformen (Veränderung, Neugestaltung); die **Reformation** (religiöse Erneuerungsbewegung); der **Reformator** (Erneuerer); **reformbedürftig**; der/die **Reformer/-in**; das **Reformhaus** (Fachgeschäft für Naturkost und -kosmetik); **reformieren** (erneuern)

Refrain [refrɛ̃] der, Refrains (sich wiederholender Vers in Liedern, Gedichten)

Refugium das, Refugien (Zufluchtsort, Versteck)

refundieren (rückerstatten)

Regal das, Regale (Gestell für Bücher oder Waren)

Regatta die, Regatten (Wettfahrt mit Booten)

rege eine rege (lebhafte) Diskussion; **regen** (rühren, bewegen); **reglos**; die **Regung** (sachte Bewegung, Gefühlsempfindung); **regungslos**

Regel die, Regeln (Vorschriften; das allgemein Übliche; die Monatsblutung bei Frauen); **regellos**; **regelmäßig** (in gleichen Abständen), regelmäßig (ständig) zu spät kommen; die **Regelmäßigkeit**; **regeln** den Verkehr regeln, etwas regeln; **regelrecht** (ordnungsgemäß); die **Regelung**; **regelwidrig** (nicht den Vorschriften entsprechend); der **Regler**

regen er regte (bewegte) seine Glieder, kein Lüftchen hatte sich geregt, in ihm regte sich

Widerstand

Regen der, *Ez.:* die Wettervorhersage meldet Regen, ein Regen von Konfetti ging auf die Festgäste nieder, *jmdn. im Regen stehen lassen* (in einer schwierigen Lage allein lassen), *vom Regen in die Traufe kommen* (von einer Schwierigkeit in eine noch größere geraten); **regenarm**; der **Regenbogen**; **regenbogenfärbig**; die **Regenbogenhaut** (Iris); der **Regenguss**; **regennass**; der **Regenschauer** (kurzer Regen); der **Regenschirm**; die **Regentonne**; der **Regenwurm**; **regnen** es regnet ständig; **regnerisch** eine regnerische Woche

Regent der, Regenten (Herrscher); die **Regentin**; die **Regentschaft** (Herrschaft)

regenerieren sich (sich erholen); die **Regeneration**

Regie [reschi] die, *Ez.:* beim Film Regie führen (die künstlerische Leitung haben), in eigener Regie (selbstständig); der **Regiefehler** (Fehlentscheidung); der/die **Regisseur/-in** [reschisöa/-rin] (Spielleiter/-in)

regieren (politisch herrschen, beherrschen); die **Regierung**; die **Regierungspartei**; der **Regierungssitz**

Regime [reschim] das, Regimes (undemokratische Herrschaftsform); das **Regiment** (Herrschaft, Truppeneinheit), *ein strenges Regiment führen* (als Vorgesetzte/-r sehr streng sein)

Region die, Regionen (Landesgebiet, Bereich); **regional** (nur ein bestimmtes Gebiet betreffend); die **Regionalliga**

Register das, -: (geordnetes Verzeichnis, Gruppe von Tasten bei einer Orgel), *alle Register ziehen* (alle seine Fähigkeiten zeigen); die **Registertonne** (Raummaß für Schiffe); die **Registratur** (Büro zur Aufbewahrung von Urkunden); **registrieren** (aufzeichnen, wahrnehmen), den Verstoß im Spiel registrieren (bemerken); die **Registrierkassa**; die **Registrierung**

Reglement [reglmã] das, Reglements (Vorschrift); **reglementieren** (etwas genau regeln)

Regress der, Regresse (Ersatzanspruch); der **Regressanspruch**; **regresspflichtig** (ersatzpflichtig)

Regression die, Regressionen (Rückgang); **regressiv** (rückschrittlich)

regulär (normal, dem üblichen Verfahren entsprechend); die **Regulation** (Ausgleich);

regulieren die Lautstärke regulieren (einstellen), den Fluss regulieren (begradigen); die **Regulierung**

Reh das, Rehe (Hirschart); der **Rehbock**; **rehbraun**; das **Rehkitz**; das **Rehwild**

Rehabilitation [...tsion] die, ...tionen (Wiederherstellung; Ehrenrettung); **rehabilitieren** (wieder eingliedern, wieder herstellen); die **Rehabilitierung** (Ehrenrettung)

reiben du reibst die beiden Teile aneinander, er rieb sich die Augen, die Katze hat sich an meinem Bein gerieben, sich die Hände reiben, Kren reiben, der Pulli reibt (scheuert) mich am Hals; die **Reibe** (Raspel); das **Reibeisen** (Raspel); die **Reiberei** (Streitigkeit); die **Reibfläche**; die **Reibung**; **reibungslos** (störungsfrei); der **Reibungswiderstand**

reich du bist reich an Erfahrung, ein reich geschmückter auch reichgeschmückter Tisch, er ist ein reicherer Mann als du, die reichste Frau der Welt, eine reiche (vielfältige) Auswahl, reiche (umfassende) Erfahrungen ABER → Arm und Reich, Arme und Reiche; der/die **Reiche**; **reichhaltig** (vielfältig); **reichlich** eine reichliche (ausreichende) Portion, reichlich mehr als eine Stunde (viel länger) brauchen, es ist reichlich (ziemlich viel) vorhanden; der **Reichtum**

Reich das, Reiche: das Reich des Fürsten, im Reich der Märchen, das Reich Gottes, das Römische Reich, *das Dritte Reich* (Deutschland in der Zeit der nationalsozialistischen Herrschaft); die **Reichsgrenze**; die **Reichsinsignien** (Herrschaftssymbole eines Kaiser- oder Königreichs)

reichen reichen (geben) Sie mir bitte das Salz!, reicht das Geld (ist es genug)?, das Grundstück reicht (geht) bis zur Straße, ich reiche (komme) mit der Hand nicht hinauf; die **Reichweite** in Reichweite (in der Nähe)

reif die Kirschen sind schon reif, Mädchen sind oft reifer als gleichaltrige Buben, das ist eine reife Leistung, *ich bin reif für das Irrenhaus/für die Insel* (ich fühle mich erschöpft, ich brauche Urlaub); die **Reife**; **reifen** das Obst reift, er ist eine gereifte Persönlichkeit; die **Reifeprüfung** (Matura); die **Reife- und Diplomprüfung** (Matura an berufsbildenden höheren Schulen); **reiflich** etwas reiflich (sorgfältig) überlegen; der

Reif → Reiz

Reifungsprozess

¹**Reif** der, *Ez.* (gefrorener Tau); **reifen** heute Nacht hat es gereift

²**Reif** der, Reife (*geh. für* Reifen, großer Schmuckring für Arm oder Hals); der **Reifen** (Spiel- und Sportgerät; Fahrzeugreifen; Schmuckring); der **Reifendruck**; die **Reifenpanne**

Reigen der, -: (Tanz im Kreis)

Reihe die, Reihen: eine Reihe von Unfällen, eine Reihe Besucher, sie kommen der Reihe nach dran, außer der Reihe, *aus der Reihe tanzen* (sich nicht an die Regeln halten); **reihen** (hintereinander anordnen); die **Reihenfolge**; das **Reihenhaus**; die **Reihenhaussiedlung**; **reihenweise** (in großer Zahl); **reihum** *Adv.*; die **Reihung**

Reiher der, -: (Vogel)

Reim der, Reime (gleich klingende Endsilben, z.B. „Sonne" – „Wonne"), *sich keinen Reim auf etwas machen können* (sich etwas nicht erklären können); **reimen** die Wörter reimen sich, sie reimt gern

¹**rein** *Adv.* (*ugs. für* herein, hinein); der **Reinfall** (Enttäuschung); **reinfallen**; **reinlegen** (betrügen); **reinstecken**

²**rein** (sauber, nicht schmutzig; unschuldig), die Wäsche wurde nicht rein, die Wäsche rein waschen *auch* reinwaschen, die reine Wahrheit sagen, ein reines Gewissen haben, die reinste Qual, *eine reine Weste haben* (unschuldig sein), *reinen Tisch machen* (Streitigkeiten beseitigen) ABER → den Aufsatz ins **Reine** schreiben, *etwas ins Reine bringen* (eine Angelegenheit klären); der **Reinerlös**; der **Reingewinn**; **reingolden** ein reingoldener Ring; die **Reinheit**; **reinigen** (säubern); die **Reinigung**; **reinlich** (sauber); die **Reinlichkeit**; **reinrassig**; die **Reinschrift**; **reinseiden**; sich **reinwaschen** (seine Unschuld beweisen)

den Aufsatz **reinschreiben**	ABER	den Aufsatz ins **Reine** schreiben
etwas **rein** erhalten	ABER	etwas ins **Reine** bringen (klären)
die Wäsche **rein** waschen/ **reinwaschen**	ABER	sich **reinwaschen** (seine Unschuld beweisen)

Rein die, Reinen (Kochgeschirr), den Braten in der Rein servieren; das **Reindl**; der **Reindling** (Kuchen)

Reineke der, *Ez.* (Name des Fuchses in der Tierfabel), Reineke Fuchs

¹**Reis** das, Reiser (kleiner Zweig); das **Reisig** (Zweigholz, dürres Holz); der **Reisigbesen** *auch* Reisbesen; das **Reisigbündel**

²**Reis** der, *Ez.* (asiatische Getreideart); der **Reisbau** (Reisanbau); der **Reisbrei**; das **Reisfeld**; das **Reiskorn**

Reise die, Reisen: eine Reise nach Berlin planen, wir wünschen gute Reise; das **Reiseandenken**; der/die **Reisebegleiter/-in**; das **Reisebüro**; der **Reisebus**; **reisefertig**; das **Reisefieber**; das **Reisegepäck**; der/die **Reiseleiter/-in**; **reiselustig**; **reisen** mit dem Schiff reisen; der/die **Reisende**; der **Reisepass**; der **Reiseprospekt**; der **Reiseproviant**; die **Reiseroute** [...rute]; der **Reiseverkehr**

ans Meer **reisen**	ABER	etwas aus der Hand **reißen**
er **reiste** sofort ab	ABER	der Faden **riss** ab

Reißaus *Reißaus nehmen* (weglaufen); das **Reißbrett**; das **Reißen** (*ugs. für* Rheumatismus)

reißen du reißt die Sache an dich, er riss den Nagel aus der Wand, die Schnur ist gerissen, reiß dich am Riemen! (gib dir Mühe), den Zahn reißen (ziehen), sie ist völlig hin- und hergerissen (kann sich nicht entscheiden), *jmdm. eine reißen* (*ugs. für* jmdn. ohrfeigen), *sich um etwas reißen* (*ugs. für* sich darum bemühen); **reißend** ein reißender (schnell fließender) Fluss, *reißenden Absatz finden* (sich gut verkaufen)

Reißer der, -: (spannender Roman oder Film; Ware, die sich gut verkauft); **reißerisch** (*abwertend*) eine reißerische Schlagzeile; **reißfest**; die **Reißleine**; der **Reißnagel**; der **Reißverschluss**; das **Reißzeug**

reiten du reitest den Esel, sie ritt über das Feld, das Kind ist auf den Schultern des Vaters geritten; die **Reitbahn**; der/die **Reiter/-in**; die **Reiterei**; die **Reitpeitsche**; das **Reitpferd**; die **Reitschule**; der **Reitstall**; das **Reitturnier**

Reiz der, Reize: auf bestimmte Reize allergisch reagieren, der Reiz des Neuen, sie zeigt ihre Reize; **reizbar** (verärgert, übermüdet); die **Reizbarkeit**; **reizen** Hunde nicht reizen, die Reise reizte mich schon länger, der Geruch

Rekapitulation → Reparatur

hat meine Augen gereizt (gerötet); **reizend** (sehr nett); der **Reizhusten**; **reizlos**; die **Reizschwelle** (Grenze, ab der ein Reiz Reaktionen auslöst); die **Reizüberflutung**; die **Reizung**; **reizvoll**; das **Reizwort**
Rekapitulation [...tsion] die, ...tionen (Zusammenfassung); **rekapitulieren** (zusammenfassen)
rekeln auch **räkeln** sich (sich behaglich ausstrecken)
Reklamation [...tsion] die, ...tionen (Beschwerde, Einspruch); **reklamieren** (beanstanden)
Reklame die, Reklamen (Werbung)
rekonstruieren (wiederherstellen), den Tathergang rekonstruieren (nachstellen); die **Rekonstruktion**
Rekonvaleszenz die, *Ez.* (Genesung)
Rekord der, Rekorde (Höchstleistung); der **Rekordbesuch**; der/die **Rekordhalter/-in**; der **Rekordversuch**
Rekorder auch **Recorder** der, -: (Gerät zur Aufnahme und Wiedergabe von Ton und Bildern)
Rekrut der, Rekruten (Soldat in der Ausbildung); **rekrutieren** (zusammenstellen, sich zusammensetzen); die **Rekrutierung**
Rektion [...tsion] die, Rektionen (Bestimmen des Falls eines abhängigen Wortes, z.B. „loben" verlangt 4. F., „mit" 3. F.)
Rektor der, Rektoren (Leiter einer Hochschule); das **Rektorat** (Amtszeit, Amtszimmer eines Rektors); die **Rektorin**
Rekurs der, Rekurse (Rückgriff auf etwas)
Relais [rele] das, -: [reles] (elektrische Schalteinrichtung); die **Relaisstation**
Relation [...tsion] die, Relationen (Verhältnis), die Note muss in Relation zur Qualität der Arbeit stehen; **relativ** (verhältnismäßig, abhängig), der Preis ist relativ hoch; **relativieren** (einschränken); die **Relativitätstheorie** (physikalische Theorie); das **Relativpronomen** (bezügliches Fürwort, z.B. „der", „welcher"); der **Relativsatz** (z.B. „das Haus, das ich meine, ...")
relaxen [riläxn] (entspannen); er wirkt relaxed auch relaxt; **relaxt** eine relaxte Stimmung
relevant [relewant] (bedeutend, wichtig); die **Relevanz** (Wichtigkeit)
Relief das, Reliefe (aus einer Fläche herausgearbeitetes Bildwerk); **reliefartig**; die **Reliefkarte**
Religion die, Religionen (Glaube); das **Religionsbekenntnis**; die **Religionsfreiheit**; der **Religionsunterricht**; **religiös** (gläubig); die **Religiosität** (Frömmigkeit)
Relikt das, Relikte (Überbleibsel), ein Relikt des letzten Krieges (z.B. eine verschüttete Fliegerbombe)
Reling die, Relings/Relinge (Schiffsgeländer)
Reliquie [relikwiä] die, Reliquien (Überrest von einem Heiligen, z.B. Knochen); der **Reliquienschrein** (Behälter für Reliquien); die **Reliquienverehrung**
Remake [rimek] das, Remakes (Wiederverfilmung)
remis [remi] (unentschieden, punktegleich); das **Remis**; die **Remise** (Wagenhalle)
rempeln (anstoßen, wegdrängen); die **Rempelei**; der **Rempler**
Ren das, Rens/Rene (Hirschart); das **Rentier**
Renaissance [renesãs] die, Renaissancen (Neubeginn; Wiederaufleben der Antike); die **Renaissance** *Ez.* (historische Epoche und Kunstrichtung im 14. bis 16. Jh.); die **Renaissancezeit**
Rendezvous [rãdevu] das, -: [rãdevus] (Treffen, Verabredung)
Rendite die, Renditen (Ertrag, Zinsertrag)
renitent (aufsässig); die **Renitenz**
Rennauto das, ...autos; die **Rennbahn**
rennen du rennst schnell, er rannte ums Haus, sie ist über die Straße gerannt, renn los!; das **Rennen** das Rennen gewinnen, *jmdn. aus dem Rennen werfen* (jmdn. besiegen), *gut im Rennen liegen* (gute Chancen auf den Sieg haben); der **Renner** (Ware, die sich gut verkauft)
Rennfahrer der, -; die **Rennfahrerin**; das **Rennpferd**; die **Rennpiste**; das **Rennrad**; die **Rennstrecke**
Renommee das, Renommees (Ansehen, Ruf); **renommieren** (angeben); **renommiert** ein renommierter (angesehener) Wissenschaftler
renovieren das Haus renovieren (erneuern); die **Renovierung**
rentabel (einträglich, lohnend); die **Rentabilität**; sich **rentieren** die Reparatur rentiert (lohnt) sich nicht
Rente die, Renten (Pension); der/die **Rentner/-in**
Rentier das, Rentiere (Ren)
Reparationen die, *Mz.* (Kriegsentschädigungen)
Reparatur die, Reparaturen (Ausbesserung); **reparabel** (reparierbar); **reparaturanfällig**;

Repertoire → Restauration

die **Reparaturwerkstätte**; **reparieren**
Repertoire [repatoa] das, Repertoires (alle einstudierten Theaterstücke/Werke eines Ensembles oder eines Einzelnen)
Repetent der, Repetenten (Schüler, der eine Klasse wiederholt); die **Repetentin**; **repetieren** (eine Klasse wiederholen), ein Gewehr repetieren (durchladen); die **Repetition** (Wiederholung)
Replik die, Repliken (Erwiderung; Nachbildung eines Originals); **replizieren** (erwidern)
Report der, Reporte (Mitteilung, Bericht); die **Reportage** [reportasch] (Bericht für Medien); der/die **Reporter/-in** (Berichterstatter/-in)
Repräsentant der, Repräsentanten (Vertreter, Bevollmächtigter); das **Repräsentantenhaus** (Abgeordnetenhaus); die **Repräsentantin**; die **Repräsentanz**; die **Repräsentation**; **repräsentativ** (ansehnlich; stellvertretend); **repräsentieren** die Untersuchung repräsentiert (vertritt) die Meinung der meisten Österreicher, der Präsident muss repräsentieren (öffentlich auftreten)
Repressalie [represalie] die, Repressalien (Vergeltung; Druckmittel); die **Repression** (Unterdrückung)
Reprint der, Reprints (unveränderter Nachdruck)
Reprise die, Reprisen (Wiederholung)
Reproduktion [...tsion] die, Reproduktionen (Nachbildung); **reproduktiv** (nachbildend); **reproduzieren** (wiedergeben)
Reptil das, Reptilien (Kriechtier)
Republik die, Republiken (demokratische Staatsform); der/die **Republikaner/-in**; **republikanisch**
Reputation [...tsion] die, Ez. (Ruf, Ansehen)
Requiem [rekwiäm] das, Requien (Totenmesse)
requirieren (für das Militär beschlagnahmen)
Requisit das, Requisiten (Ausstattungszubehör); der/die **Requisiteur/-in** [...töa/rin]
resch (knusprig), eine resche Semmel, eine resche (ugs. für resolute) Wirtin
Reservat das, Reservate (Schutzgebiet); die **Reservation**
Reserve die, Reserven (Vorrat; Ersatzmannschaft; Rücklagen), jmdn. aus der Reserve locken (jmdn. dazu bringen, seine Zurückhaltung aufzugeben), die eiserne Reserve (Ration für den Notfall); der **Reserveoffizier**; der **Reservereifen**; der/die **Reservespieler/-in**; der **Reservetank**; **reservieren** (freihalten, belegen); **reserviert** (zurückhaltend); die **Reservierung**; das **Reservoir** [resawoa] (großer Behälter, Wasserspeicher)
Reset [risęt] das, Resets (bewusster Neustart eines Computers)
Residenz die, Residenzen (Sitz eines Herrschers; Hauptstadt); **residieren** der König residiert (wohnt) in einem Schloss
Resignation [...tsion] die, Resignationen (das Aufgeben der Hoffnung); **resignieren** (aufgeben)
resistent (widerstandsfähig, unempfindlich); die **Resistenz**
resolut (energisch); die **Resolutheit**; die **Resolution** (Beschluss)
Resonanz die, Resonanzen (Zustimmung; Widerhall; Mittönen, Mitschwingen)
Resozialisation [...tsion] die, Resozialisationen; **resozialisieren** (wieder in die Gesellschaft eingliedern); die **Resozialisierung**
Respekt der, Ez. (Wertschätzung, Ansehen), ein Respekt einflößender auch respekteinflößender Mann; **respektabel** (angesehen); **respektieren** (anerkennen), von allen in der Klasse respektiert (geachtet) werden; **respektive** <resp.> Konj. (beziehungsweise); **respektlos** (abfällig); die **Respektsperson**; **respektvoll**
Ressentiment [resätimā] das, Ressentiments (Vorurteile, Abneigung)
Ressort [resoa] das, Ressorts (Amts-, Geschäftsbereich); der/die **Ressortleiter/-in**
Ressourcen [resuasen] die, Mz. (Geldmittel; Hilfen; Rohstoffe)
Rest der, Reste: die Reste (Überbleibsel) zusammenkratzen, den Rest (das Übrige) machen wir morgen, der Rest ist Schweigen (es ist nichts mehr zu sagen), jmdm. den Rest geben (ugs. für jmdn. endgültig vernichten); der **Restbetrag**; **restlich** die restlichen (übrigen) Waren verkaufen ABER → das **Restliche** verkaufen; **restlos**; das **Restrisiko**; die **Restsumme**
Restaurant [restorā] das, Restaurants (Lokal, Gaststätte)
¹**Restauration** [...tsion] die, Restaurationen (veraltet für Gaststätte)
²**Restauration** [...tsion] die, Restaurationen (fachmännische Wiederherstellung); der **Restaurator** (jmd., der Kunstwerke restauriert); die **Restauratorin**; **restaurieren** (wiederherstellen); die **Restaurierung**

Restriktion die, Restriktionen (Beschränkung); **restriktiv** restriktive (einschränkende) Gesetze
Resultat das, Resultate (Ergebnis); **resultatlos**; **resultieren** (sich als Folge ergeben)
Resümee das, Resümees (Zusammenfassung); **resümieren** (zusammenfassen)
retardieren (verzögern)
Retina die, Retinae [retinä] (Netzhaut)
Retorte die, Retorten (Laborgefäß); das **Retortenbaby** (durch künstliche Befruchtung gezeugtes Kind)
retour [retua] Adv. (zurück); die **Retourfahrkarte**; der **Retourgang**; die **Retourkutsche** (ugs. für Reaktion in Form eines Gegenvorwurfs); **retournieren** (zurückschicken); das **Retourspiel**
retro... (rückwärts gerichtet); das **Retrodesign** (Nachahmen einer früheren Stilrichtung); **retrospektiv** (im Rückblick); die **Retrospektive**
retten er rettete den Vogel vor der Katze, er ist nicht mehr zu retten (ist etwas verrückt); der/die **Retter/-in**; die **Rettung** (der Rettungswagen); die **Rettungsaktion**; das **Rettungsboot**; die **Rettungsgasse** (freie Mittelspur bei Stau auf der Autobahn); die **Rettungsmannschaft**; die **Rettungsstation**
Rettich der, Rettiche (Pflanze)
Retusche die, Retuschen (nachträgliche Änderung des Originals); **retuschieren** ein Foto retuschieren
Reue die, Ez. (Gefühl des Bedauerns); **reuen** sein Verhalten reute ihn sofort; **reuevoll**; **reuig** ein reuiger Sünder; **reumütig** reumütig (beschämt) zurückkehren
Reuse die, Reusen (Fischfangvorrichtung)
reüssieren (Erfolg haben)
Revanche [rewãsch] die, Revanchen (Vergeltung, Rache); sich **revanchieren** [rewãschiren] (sich bedanken; Rache üben)
Reverenz [rewarents] die, Reverenzen; jmdm. seine Reverenz (Ehrerbietung) erweisen

die **Reverenz** (Ehrerbietung)	ABER	die **Referenz** (Empfehlung)

reversibel [reweasibl] (umkehrbar); die **Reversibilität**; **reversieren** (ein Fahrzeug wenden)
revidieren [rewidiren] (überprüfen), sie revidierte (änderte) ihre Meinung, die **Revision** (Kontrolle); der **Revisor** (Kontrollor); die **Revisorin**

Revier [rewia] das, Reviere (abgegrenztes Gebiet; Amtsräume der Polizei; Jagdgebiet); der **Revierförster**
Revolte [rewolte] die, Revolten (Aufstand, Aufruhr); **revoltieren** (einen Aufstand machen); die **Revolution** (gewaltsamer Umsturz, Umwälzung), die Französische Revolution (1789–1795), die industrielle Revolution; **revolutionär** (ganz neu und anders); der/die **Revolutionär/-in**; **revolutionieren** (grundlegend verändern); der/die **Revoluzzer/-in** (Umstürzler/-in)
Revolver [rewolfa] der, -: (Faustfeuerwaffe); das **Revolverblatt** (abwertend für reißerisch aufgemachte Zeitung)
Revue [rewü] die, Revuen (bunte Abfolge von Bühnendarbietungen), etwas Revue passieren lassen (etwas vor seinem inneren Auge ablaufen lassen); das **Revuetheater**
rezensieren (kritisch besprechen); der/die **Rezensent/-in** (Verfasser/-in einer Rezension); die **Rezension** (kritische Besprechung, z.B. von Büchern, Theaterstücken)
Rezept das, Rezepte (Kochanleitung; Arzneiverordnung); die **Rezeptpflicht**; **rezeptpflichtig**; die **Rezeptur** (Angaben über die Zusammensetzung)
Rezeption [...tsion] die, Rezeptionen (Empfangsschalter in einem Hotel)
Rezession die, Rezessionen (Rückgang der wirtschaftlichen Entwicklung)
reziprok (wechselseitig) 4/3 ist der reziproke Wert (Kehrwert) von 3/4
Rezitation [...tsion] die, Rezitationen (Gedichtvortrag); der/die **Rezitator/-in**; **rezitieren** ein Gedicht vortragen
Rhabarber der, Ez. (Pflanze); der **Rhabarberkuchen**
Rhapsodie die, Rhapsodien (Gedichtform, Musikstück); **rhapsodisch** (zur Rhapsodie gehörig; bruchstückhaft)
Rhetorik die, Ez. (Redekunst); der/die **Rhetoriker/-in** (Person, die die Redekunst beherrscht); **rhetorisch** rhetorische Fähigkeiten haben, eine rein rhetorische Frage (ohne Erwartung einer Antwort)
Rheuma das, Ez. (schmerzhafte Erkrankung); der/die **Rheumatiker/-in**; **rheumatisch**; der **Rheumatismus**; die **Rheumawäsche** (warme Unterwäsche)
Rhinozeros das, Rhinozerosse (Nashorn)
Rhododendron der, Rhododendren (Zierpflanze)

Rhomboid → Rinne

Rhomboid das, Rhomboide (Viereck mit paarweise ungleichen Seiten); **rhombisch** (rautenförmig); der **Rhombus** (Raute)

Rhythmik die, Rhythmiken; **rhythmisch** (gleichmäßig im Takt); der **Rhythmus** (taktmäßige Gliederung, gleichmäßige Bewegung)

Ribisel die, Ribiseln (Johannisbeere); der **Ribiselkuchen**; die **Ribiselmarmelade**; die **Ribiselstaude**

richten du richtest deinen Blick nach Norden, er richtete (reparierte) das Fahrrad, die Frage wurde an die zuständige Behörde gerichtet, richte dich nach den Gesetzen!, er hat sich selbst gerichtet (*geh. für* beging Selbstmord), *jmdn. zugrunde richten* (ruinieren)

Richter der, -: (Person, die vom Staat beauftragt ist, Recht zu sprechen); die **Richterin**; **richterlich**; der **Richterspruch**; das **Richtfest** (Feier nach der Fertigstellung das Dachstuhls)

richtig das ist die richtige Lösung, das Wort richtig (fehlerlos) schreiben, du hast dich richtig verhalten, er ist ein richtiger Experte auf diesem Gebiet, richtig wütend sein, *nicht ganz richtig im Kopf* (verrückt) *sein* ABER → das **Richtige** machen, das ist das Richtige für Kinder, im Lotto fünf Richtige haben; **richtigerweise**; **richtiggehend** (geradezu) eine richtiggehende Verschwörung; die **Richtigkeit**; **richtigliegen** mit der Vermutung richtigliegen; **richtigstellen** den Fehler richtigstellen; die **Richtigstellung**; die **Richtlinie**; die **Richtstätte** (Hinrichtungsplatz); die **Richtung**; **richtung(s)weisend**; der **Richtwert**

die Uhr geht **richtig**	ABER	das **Richtige** tun
die Uhr **richtig stellen**/**richtigstellen**	ABER	den Fehler **richtigstellen**
eine **richtig** gehende Uhr	auch	eine **richtiggehende** Uhr

riechen du riechst gut, wegen des Schnupfens roch er nichts, die Blumen haben herrlich gerochen, riech doch einmal!, *jmdn. nicht riechen können* (ugs. für jmdn. heftig ablehnen); der **Riecher** *einen guten Riecher haben* (etwas richtig einschätzen)

¹**Ried** das, Riede (Schilfgebiet)

²**Ried** die, Riede (Weingartenflur)

Riege die, Riegen (Turnergruppe)

Riegel der, -: (Bolzen zum Verschließen; Stück/Rippe Schokolade), *hinter Schloss und Riegel* (im Gefängnis), *einer Sache einen Riegel vorschieben* (etwas verhindern)

Riemen der, -: (schmaler Lederstreifen), *den Riemen enger schnallen* (sparen), *sich am Riemen reißen* (zusammennehmen)

Riese der, Riesen (Märchen- und Sagengestalt; großer Mensch); die **Riesendummheit**; der **Riesenerfolg**, **riesengroß**; der **Riesenhunger**; das **Riesenrad**; der **Riesenslalom**; der **Riesenspaß**; **riesig** (sehr groß, sehr), ich würde mich riesig freuen; die **Riesin**

rieseln ein kleines Bächlein rieselt leise (fließt sanft), leise rieselt der Schnee

Riff das, Riffe (Meeresklippe, Felsen)

rigid (streng, starr)

rigoros (sehr streng, radikal); das **Rigorosum** (mündliche Abschlussprüfung des Doktoratsstudiums)

Rikscha die, Rikschas (zweirädriger Wagen zur Personenbeförderung)

Rille die, Rillen (schmale Vertiefung)

Rind das, Rinder (Nutztier); die **Rinderzucht**; das **Rindfleisch**; der **Rindsbraten**; die **Rindsroulade**; die **Rindsuppe**; das **Rindvieh**

Rinde die, Rinden (Kruste, Schale)

Ring der, Ringe: ein goldener Ring, Ringe unter den Augen, ein Ring von Verbrechern, die Boxer stiegen in den Ring; sich **ringeln** (sich winden); die **Ringelnatter** (ungiftige Schlange); der **Ringelreihen**; das **Ringelspiel** (Karussell); die **Ringfahndung** (Großfahndung der Polizei); der **Ringfinger**; **ringförmig**; die **Ringmappe** (Ordner mit gelochten Blättern); **rings** *Adv.* (im Kreis um etwas herum); **ringsherum** *Adv.;* **ringsum** *Adv.* (rundherum); **ringsumher** *Adv.*

ringen er ringt nach Luft, sie rang um Anerkennung, die beiden Buben haben miteinander gerungen (gekämpft), mit dem Tode ringen; das **Ringen** (Kampf); der/die **Ringer/-in**; der **Ringkampf**; der/die **Ringkämpfer/-in**

Ringlotte die, Ringlotten (Frucht)

Rinne die, Rinnen (lange Vertiefung); **rinnen** das Wasser rinnt aus, der Schweiß rann von seiner Stirn, das Geld ist ihm durch die Finger geronnen (er hat es schnell und unüberlegt ausgegeben); das **Rinnsal** (Bächlein); der **Rinnstein** (Straßenrandkante)

Rippe die, Rippen (Knochen zwischen Wirbelsäule und Brustbein); der **Rippenbruch**; die **Rippenfellentzündung**; das **Ripperl**

Risiko das, Risken/Risiken (Wagnis, Gefahr), *etwas auf eigenes Risiko tun* (die Verantwortung selbst übernehmen); **risikofrei**; **risikolos**; **risikoreich**; **riskant** (gefährlich); **riskieren** *Kopf und Kragen riskieren* (das eigene Leben riskieren)

Risipisi auch **Risi-Pisi** das, Risipisis (Speise aus Reis und Erbsen); der/das **Risotto** (Speise aus Reis), schmackhafte Risottos

Rispe die, Rispen (Blütenstand); **rispenförmig**; das **Rispengras**

Riss der, Risse (ein Riss im Stoff/in der Mauer; **rissig** (aufgesprungen, rau)

Rist der, Riste (Fußrücken)

Ritt der, Ritte (das Reiten); der **Ritter** (adeliger Kämpfer); die **Ritterburg**; das **Ritterkreuz** (Auszeichnung); **ritterlich** (fair); die **Ritterrüstung**; der **Ritterschlag**; der **Rittersporn** (Pflanze); **rittlings** Adv. (wie ein Reiter); der **Rittmeister**

Ritual das, Rituale (religiöse Handlung; wiederholte Handlung); **rituell**; der **Ritus** feierliche Riten (Gewohnheiten bei feierlichen Handlungen)

Ritze die, Ritzen (schmaler Schlitz, Riss); **ritzen** (einschneiden; sich leicht verletzen); der **Ritzer**

Rivale [riwale] der, Rivalen (Mitbewerber, Gegner); die **Rivalin**; **rivalisieren** (wetteifern); die **Rivalität**

Rizinus der, Rizinusse (Heilpflanze); das **Rizinusöl** (Abführmittel)

r.-k. auch **röm.-kath.** = römisch-katholisch

Roaming [rouming] das, Ez. (Zugriff auf Mobilfunk außerhalb des eigenen Netzwerks)

Roastbeef [roustbif] das, Roastbeefs (Braten aus dem Rippenstück, Rostbraten)

Robbe die, Robben (Meeressäugetier); **robben** (sich kriechend fortbewegen); das **Robbenfell**; die **Robbenjagd**

Robe die, Roben (Amtstracht, z.B. eines Richters)

roboten (ugs. für schwer arbeiten); der **Roboter** (automatische Fertigungsmaschine, Maschine in Gestalt eines Menschen)

robust (widerstandsfähig, kräftig); die **Robustheit**

Rochade [roschade] die, Rochaden (Doppelzug mit Turm und König beim Schach; Umstellung); **rochieren**

röcheln (schwer atmen)

Rochen der, -: (großer Meeresfisch)

¹**Rock** der, Röcke (Kleidungsstück für Frauen; Sakko des Männeranzugs); das **Röckchen**; der **Rockzipfel** *der Mutter noch am Rockzipfel hängen* (nicht selbstständig sein)

²**Rock** der, Ez. (Musikstil); der **Rock and Roll** [roknroul] auch Rock 'n' Roll (Tanz; Musikrichtung); **rocken** (Rockmusik spielen, tanzen); der **Rocker** (Rockmusiker; Angehöriger einer Jugendbande); das **Rockfestival**; der/die **Rocksänger/-in**; der **Rockstar**

rodeln (Schlitten fahren); die **Rodel** (Schlitten); die **Rodelbahn**; der/die **Rodler/-in**

roden (Bäume fällen und Wurzeln ausgraben); die **Rodung** (das Roden, das gerodete Land)

Rogen der, -: (Fischeier); der **Rogner** (weiblicher Fisch)

Roggen der, Ez. (Getreideart); das **Roggenbrot**; das **Roggenmehl**

der **Roggen** (Getreide)	ABER	der **Rogen** (Fischeier)

roh rohes (nicht gekochtes) Gemüse, ein roher (grober) Mensch; der **Rohbau**; der **Rohentwurf**; die **Rohfassung**; die **Rohheit**; die **Rohkost** (ungekochte Pflanzenkost); der **Rohling** (brutaler Mensch; unbearbeitetes Werkstück); das **Rohöl**; der **Rohstoff** (Naturstoff)

Rohne auch **Rahne** die, Rohnen (Rote Rübe)

Rohr das, Rohre (hohle Röhre; Schilfpflanze; Backofen), *volles Rohr* (ugs. für mit aller Kraft); der **Rohrbruch**; die **Röhre**; **röhren** (schreien, brüllen); das **Röhricht** (Schilf); der **Röhrling** (Pilz); der **Rohrspatz** (Vogel) *wie ein Rohrspatz* (laut und aufgeregt) *schimpfen;* der **Rohrstock**; die **Rohrzange**; der **Rohrzucker**

Rohstoff der, Rohstoffe (natürlicher Werkstoff), nachwachsende Rohstoffe

Rokoko das, Ez. (Stilepoche); der **Rokokostil**; die **Rokokozeit**

Rollbahn die, ...bahnen (Start- und Landebahn für Flugzeuge); der **Rollbalken**

Rolle die, Rollen (Überschlag im Turnen; Bauteil; Figur im Film), das Seil läuft über eine Rolle, *das spielt keine Rolle* (hat keine Bedeutung), *aus der Rolle fallen* (sich nicht angemessen benehmen)

rollen der Ball rollt über die Linie, die Steinlawine rollte zu Tal, die Tränen sind ihr über das Gesicht gerollt, *etwas ins Rollen bringen* (etwas beginnen); das **Rollenspiel**; die **Rollenverteilung**; der **Roller** (Tret- oder Motorroller); die **Rollfähre** (Seilfähre über den Fluss); das **Rollfeld** (Fahrbahn auf dem Flugplatz); die **Rollgerste**; der **Rollkragenpullover**; der **Rollladen** auch Roll-Laden; der **Rollmops** (gewickelter Hering); das **Rollo** (aufrollbarer Sichtschutz); der **Rollschrank** (Kasten mit Rollläden); der **Rollschuh**; der **Rollsplitt** (kleine Steinchen auf Straßen); der **Rollstuhl**; die **Rolltreppe**

Rom der, Roma (Angehöriger einer Volksgruppe, ersetzt das diskriminierende „Zigeuner"); die **Roma und Sinti** (Volksgruppen); die **Romni** (weibliche Angehörige der Roma), *Mz.:* Romnja

ROM das, ROM(s) (**R**ead **o**nly **M**emory, Informationsspeicher)

Roman der, Romane (längere Erzählung), *erzähl keine Romane!* (abwertend für zu ausführlicher Bericht); **romanhaft**

Romanik die, *Ez.* (Baustil); **romanisch**

Romantik die, *Ez.* (Geistesepoche; gefühlvolle Stimmung), keinen Sinn für Romantik haben; der/die **Romantiker/-in** (gefühlsbetonter Mensch); **romantisch** (voller Gefühle)

Romanze die, Romanzen (kurzes Liebesverhältnis; ausdrucksvolles Musikstück; Gedicht)

Römer der, -: (Angehöriger des Römischen Reiches, Einwohner Roms); das **Römerreich**; **römisch**; **römisch-katholisch** <röm.-kath., r.-k.> die römisch-katholische Kirche

röm.-kath. auch **r.-k.** = **röm**isch-**kath**olisch

Rommee auch **Rommé** das, Rommees (Kartenspiel)

Rondell das, Rondelle (rundes Beet, runder Platz)

röntgen auch **röntgenisieren** (mit Röntgenstrahlen durchleuchten); der **Röntgenapparat**; das **Röntgenbild**; der **Röntgenologe** (Röntgenfacharzt); die **Röntgenologin**; die **Röntgenstrahlen** (elektromagnetische Strahlen)

rosa eine rosa Blume; das **Rosa**; **rosafarben** auch rosafarbig: ein rosafarbenes Kleid; **rosarot**; **rosé** (zartrosa)

¹**Rosé** das, -/Rosés (ein sehr zartes Rosa)

²**Rosé** der, Rosés (eine Weinsorte)

Rose die, Rosen (Pflanze), ein Strauß Rosen; das **Rosenbeet**; die **Rosenblüte**; der **Rosengarten**; der **Rosenkranz** (Perlenkette mit Kreuz; Gebetsform); das **Rosenöl**; **rosenrot**; der **Rosenstrauß**; die **Rosette** (rosenförmige Verzierung); **rosig** (rosafarbig, hoffnungsvoll); das **Röslein**

Rosine die, Rosinen (getrocknete Weinbeere), *sich die Rosinen heraussuchen* (das Beste aussuchen)

Rosmarin der, *Ez.* (Gewürzpflanze)

Ross das, Rösser/Rosse (Pferd), *auf dem hohen Ross sitzen* (ugs. für hochmütig sein), *vom hohen Ross heruntersteigen* (weniger überheblich sein); der **Rossapfel** (*scherzhaft für* Pferdekot); die **Rossbreiten** (geografische Zone); das **Rössel** (Springer im Schach); der **Rösselsprung**; die **Rosskastanie** (Baumfrucht); die **Rosskur** (Behandlung mit starken Mitteln)

¹**Rost** der, *Ez.* (rotbrauner Belag auf Eisen); **rostbeständig**; die **Rostbildung**; **rostbraun**; **rosten** (Rost ansetzen); **rostfarben** auch rostfärbig; der **Rostfleck**; **rostig**; die **Rostlaube** (*scherzhaft für* altes Auto); der **Rostschutz**; das **Rostschutzmittel**

²**Rost** der, Roste (Gitter aus Metall); der **Rostbraten**; **rösten** (über Feuer braten); der **Röster** (Mus aus Zwetschken oder Holler); die **Rösterei**; **röstfrisch**

rot (▶ blau) roter/röter, am rotesten/rötesten, ein rotes Kleid anziehen, den Fehler rot unterstreichen, ein rot kariertes auch rotkariertes Hemd, ein rot glühendes auch rotglühendes Eisen, *den roten Faden* (den Zusammenhang) *verlieren, rot werden* (sich schämen), *rote Zahlen schreiben* (Verluste machen) ABER → das **Rote** Meer, das Rote Kreuz, einen Roten (Rotwein) bestellen; **rotblau**; **röten** (rot färben); **rothaarig**; **rötlich**; **rotweißrot** die rotweißrote Fahne ABER → die Farben Rot-Weiß-Rot

ein **rotes** Kleid	ABER	ein Kleid in **Rot**
rot werden	ABER	bei **Rot** stehen bleiben
die **rote** Farbe	ABER	das **Rote** Meer
rotgestreift	auch	**rot gestreift**

Rot das, *Ez.:* die Farbe Rot steht ihr gut, bei Rot an der Kreuzung warten; der **Rotbarsch** (Fisch); die **Röte**; die **Rote-Kreuz-Schwester** auch die **Rotkreuzschwester**;

die **Röteln** (Kinderkrankheit); die **Rötelzeichnung** (Zeichnung mit rötlicher Kreide); das **Rotkäppchen** (Märchengestalt); das **Rotkehlchen** (Singvogel); das **Rotkraut** (Gemüse); das **Rotlicht**; die **Rötung**; der **Rotwein**; das **Rotwild**

Rotation [...tsion] die, Rotationen (Umdrehung); die **Rotationsachse**; **rotieren** (sich um die eigene Achse drehen); der **Rotor** (sich drehender Maschinenteil); das **Rotorblatt**

Rotte die, Rotten (Schar, Gruppe); **rotten**

Rotunde die, Rotunden (Rundbau)

Rotz der, *Ez.* (Nasenschleim), *Rotz und Wasser heulen* (heftig weinen); der **Rotzbub** (*derb für* ungezogener Bub); **rotzen** (sich laut schnäuzen); **rotzig** (frech); der **Rotzlöffel** (*derb für* Lausbub); die **Rotznase**; der **Rotznigel** (*derb für* freches Kind)

Rouge [rusch] das, Rouges (Wangenschminke)

Roulade [rulade] die, Rouladen (gefüllte Fleischrolle; Mehlspeise)

Roulette [rulet] das, Roulette/Roulettes (Glücksspiel)

Route [rute] die, Routen (Wegstrecke)

Routine [rutine] die, *Ez.* (Geschicklichkeit; Gewohnheit; eingeübte Fertigkeit); die **Routinekontrolle**; **routinemäßig**, die **Routinesache**; der **Routinier** [rutinje]; **routiniert** (geschickt)

Rowdy [raudi] der, Rowdys (rücksichtsloser, gewalttätiger Mensch); **rowdyhaft**

rubbeln (reiben)

Rübe die, Rüben (Nutzpflanze; *ugs. für* Kopf); der **Rübenacker**; der **Rübensaft**; der **Rübezahl** (Berggeist)

rüber *Adv.* (herüber, hinüber)

Rubin der, Rubine (Edelstein); **rubinrot**

Rubrik die, Rubriken (Zeitungsspalte)

ruchbar (*geh. für* öffentlich bekannt)

ruchlos (*geh. für* gewissenlos); die **Ruchlosigkeit**

Ruck der, Rucke (plötzliche kurze Bewegung), *sich einen Ruck geben* (sich entschließen, endlich etwas zu tun) ABER → ho ruck!; **ruckartig** (unregelmäßig, plötzlich)

rückbezüglich rückbezügliches Fürwort (Reflexivpronomen, z.B. „sich"); die **Rückblende**; der **Rückblick**; **rückblickend**

Rücken der, -: jmdm. den Rücken zuwenden, der Rücken des Buches, *mit dem Rücken zur Wand stehen* (sich in einer schwierigen Lage befinden), *jmdm. den Rücken stärken* (jmdn. unterstützen), *jmdm. in den Rücken fallen* (jmdn. verraten), *etwas hinter jmds. Rücken* (heimlich) *tun, es läuft jmdm. eiskalt den Rücken hinunter* (jmd. fürchtet sich sehr)

rücken den Tisch zur Seite rücken, er rückte einen Platz vor, die Erfüllung des Wunsches war in weite Ferne gerückt, *jmdm. auf den Pelz rücken* (jmdn. sehr bedrängen)

Rückendeckung die, *Ez.* (Unterstützung); die **Rückenflosse**; die **Rückenlehne**; das **Rückenmark**; **rückenschwimmen** auch Rücken schwimmen; das **Rückenschwimmen**; **rückerstatten**; die **Rückfahrt**; **rückfällig**; der **Rückflug**; **rückfragen**; der **Rückgang**; **rückgängig** *etwas rückgängig machen* (für ungültig erklären, zurücknehmen); das **Rückgrat** (Wirbelsäule), *kein Rückgrat haben* (charakterschwach, feige sein), *jmdm. das Rückgrat brechen* (seinen Willen beugen); der **Rückhalt** (Stütze); **rückhaltlos** (ohne Vorbehalt); die **Rückkehr**; die **Rückkopp(e)lung**; die **Rücklage** (Ersparnis); **rückläufig**

rücklings *Adv.*; der **Rückpass**; der **Rucksack**; der **Rückschlag** (Verschlechterung); der **Rückschritt** (Rückgang); die **Rückseite**; **rückseitig**; die **Rücksichtnahme**; **rücksichtslos**, **rücksichtsvoll**; der **Rücksitz**; der **Rückspiegel**; der **Rückstand** (Verzögerung); **rückständig** (veraltet); der **Rückstau**; der **Rückstoß**; der **Rücktritt** (Abdankung); **rückvergüten** (zurückzahlen)

rückwärtig; **rückwärts** *Adv.*; der **Rückwärtsgang**; **rückwirkend**; die **Rückwirkung**; die **Rückzahlung**; der **Rückzieher** *einen Rückzieher machen* (nachgeben)

rüd *auch* **rüde** (grob, unfreundlich)

Rüde der, Rüden (männlicher Hund)

Rudel das, -: (eine Schar); **rudelweise**

Ruder das, -: (Steuervorrichtung), *am Ruder sein* (bestimmen, was geschieht), *ans Ruder* (an die Macht) *kommen, das Ruder herumreißen* (die Richtung ändern); das **Ruderboot**; der **Ruderer**; die **Ruderin**; das **Ruderleiberl**; **rudern** mit dem Boot über den See rudern; die **Ruderregatta** (Wettrennen)

Rudiment das, Rudimente (Überbleibsel); **rudimentär** (zurückgeblieben, verkümmert)

Ruf der, Rufe: ein lauter Ruf (Schrei), der Ruf (Aufruf) zu den Waffen, der Ruf (das Verlangen) nach Freiheit, einen guten Ruf

rufen → Rune

(Ansehen) genießen

rufen du rufst mich an, er rief meinen Namen, sie hat mit lauter Stimme gerufen, den Kellner rufen, *das kommt wie gerufen* (zu einem günstigen Moment) ABER → das laute **Rufen**

Rüffel der, -: (strenge Ermahnung, Vorwurf); **rüffeln** (tadeln, ermahnen)

Rufmord der, …morde (absichtliche Schädigung des Ansehens einer Person); der **Rufname** (Vorname); die **Rufnummer** (Telefonnummer); das **Rufzeichen** (Ausrufezeichen)

Rugby [ragbi] das, *Ez.* (Ballspiel)

Rüge die, Rügen (Zurechtweisung); **rügen** (streng tadeln)

Ruhe die, *Ez.* (Stille; Abwesenheit von Bewegung und Aufregung), er befindet sich in völliger Ruhe, sie will ihre Ruhe haben, die ewige Ruhe (Ruhe der Toten), *jmdn. aus der Ruhe bringen* (jmdn. verwirren), *sich zur Ruhe setzen* (geh. für in Pension gehen), *jmdn. in Ruhe lassen* (nicht belästigen); **ruhebedürftig**; **ruhelos** (unruhig); die **Ruhelosigkeit**; die **Ruhepause**; der **Ruhestand** (Pension), in Ruhestand <i.R.>; die **Ruhestatt** (Grabstätte); die **Ruhestörung** (Lärm); der **Ruhetag**

ruhen kurz ruhen (rasten, sich erholen), ruhe in Frieden (Wunsch für einen Toten), die Waffen ruhen lassen auch ruhenlassen (nicht mehr kämpfen), seinen Blick auf etwas ruhen lassen auch ruhenlassen

ruhig im Wald ist es ruhig (still), sie hatte einen ruhigen (geruhsamen) Tag, eine ruhige (sichere) Hand haben, *das kannst du mir ruhig glauben!*

Ruhm der, *Ez.* (Berühmtheit, Ansehen), *sich nicht gerade mit Ruhm bekleckert haben* (ugs. für eine schlechte Leistung gezeigt haben); **rühmen** man rühmt (lobt) seine Tapferkeit, sich seiner Taten rühmen (damit angeben); **rühmenswert** eine rühmenswerte Tat; **rühmlich** (beachtenswert); **ruhmlos**; **ruhmreich**; **ruhmvoll**

der **Ruhm** (das Ansehen)	ABER	der **Rum** (alkoholisches Getränk)

Ruhr die, *Ez.* (Infektionskrankheit)

rühren rühr dich nicht von der Stelle!, sie rührte den Teig, der Anblick des verletzten Hundes hatte uns gerührt (innerlich bewegt), er rührte keinen Finger, das rührt daher, dass … (hat seine Ursache darin); das **Rührei**; **rührend** (ergreifend); **rührig** (sehr aktiv sein); **rührselig** (übertrieben gefühlvoll); die **Rührseligkeit**; der **Rührteig**; die **Rührung** (Ergriffenheit)

Ruin der, *Ez.* (Zusammenbruch); die **Ruine** (Gebäuderest); **ruinieren** (etwas vernichten, zugrunde richten); **ruinös** (zum Ruin führend)

rülpsen (Luft aus dem Magen aufstoßen); der **Rülpser**

Rum der, Rume (alkoholisches Getränk); die **Rumkugel** (Süßigkeit); der **Rumtopf**

Rumänien (Staat in Europa); der **Rumäne**; die **Rumänin**; **rumänisch**

Rummel der, *Ez.* (Betriebsamkeit, Aufsehen); der **Rummelplatz** (Jahrmarkt)

rumoren in der Kiste rumort (bewegt) sich etwas, sie rumort (hantiert geräuschvoll) in der Küche

rumpeln (polternde Geräusche machen); die **Rumpelkammer** (Abstellraum); das **Rumpelstilzchen** (Märchenfigur)

Rumpf der, Rümpfe (Körper ohne Gliedmaßen und Kopf), der Rumpf des Schiffes

rümpfen die Nase rümpfen (seine Verachtung zum Ausdruck bringen)

Rumpsteak [rumpstek] das, …steaks (kurz gebratenes Stück Rindfleisch)

Run [ran] der, Runs (Ansturm)

rund <rd.> ein runder Gegenstand, wir sind in rund (ungefähr) einer Stunde bei dir, eine runde (auf- oder abgerundete) Summe, rund um den Globus (herum) fliegen, eine Ausstellung rund um die Modelleisenbahn

Rund das, *Ez.*; der **Rundbau**; der **Rundblick** (Aussicht); der **Rundbogen**; die **Runde** eine Runde Bier für alle bestellen, eine fröhliche Runde (Gesellschaft), die erste Runde im Boxkampf, das Gerücht macht die Runde (wird herumerzählt), eine schnelle Runde fahren, *gerade noch über die Runden kommen* (ugs. für kaum genug Geld zum Leben haben); **runden** einen Betrag runden, ihr Gesicht rundet sich; **runderneuern** die Reifen runderneuern; die **Rundfahrt**; der **Rundfunk** (Radio); **rundheraus** *Adv.* (ohne Umschweife); **rundherum** *Adv.* (ringsum); **rundlich**; das **Rundschreiben** (Brief an viele Empfänger/-innen); **rundum** *Adv.;* **rundumher** *Adv.;* **rundweg** *Adv.*

Rune die, Runen (Schriftzeichen der Germanen); die **Runenschrift**

runter *Adv.* (herunter, hinunter); **runterfallen** (▶ fallen); **runterfliegen** (▶ fliegen); **runterhauen** *jmdm. eine runterhauen* (*ugs. für* jmdn. ohrfeigen); **runterkommen** (▶ kommen); **runterlaufen** (▶ laufen); **runterspringen** (▶ springen)

Runzel die, Runzeln (Hautfalte); **runz(e)lig**; **runz(e)lig**; **runzeln** (in Falten legen)

Rüpel der, -: (ungezogener Mensch); die **Rüpelei**; **rüpelhaft** (flegelhaft)

rupfen (etwas ausreißen), *jmdn. rupfen* (*ugs. für* ihm Geld abnehmen)

ruppig (flegelhaft, grob)

Rüsche die, Rüschen (Verzierung aus gefältetem Stoff)

Rushhour [raschaua] die, …hours (Hauptverkehrszeit)

Ruß der, *Ez.* (schwarzer Niederschlag vom Rauch des Feuers); **rußen** der Ofen rußt; **rußgeschwärzt**; **rußig** rußige Hände haben

Rüssel der, -: (röhrenförmige Nase), die Rüssel der Elefanten; **rüsselförmig**

Russland (Staat); der **Russe**; die **Russin**; **russisch** die russische Sprache ABER → das **Russisch** etwas auf Russisch sagen, er spricht gut Russisch, ins Russische übertragen; **russisch-orthodox** die russisch-orthodoxe Kirche

rüsten (sich militärisch vorbereiten), sie rüsten sich zum Abmarsch; **rüstig** (gesund, leistungsfähig); die **Rüstung** (Bewaffnung; Ritterrüstung); die **Rüstungsindustrie**; das **Rüstzeug** (Ausstattung)

Rüster die, Rüstern (Ulme); das **Rüster(n)holz**

rustikal (ländlicher Stil)

Rute die, Ruten (dünner Zweig, Schwanz); der **Rutengänger** (Wünschelrutengänger)

rutschen er rutscht auf den Knien, die Kinder rutschten im Schnee aus, *ihm ist die Hand ausgerutscht* (er hat jmdn. geschlagen); der **Rutsch** guten Rutsch ins neue Jahr! (Silvesterwunsch); die **Rutsche**; der **Rutscher** (*ugs. für* Abstecher) einen Rutscher in die Wachau machen; **rutschfest**; die **Rutschgefahr**; **rutschig**; die **Rutschpartie**

rütteln jmdn. am Arm rütteln, sie wurde unsanft aus dem Schlaf gerüttelt, *an etwas nicht rütteln lassen* (etwas beibehalten wollen)

Das Wetter ist schön, heute gehen wir schwimmen.

Super, Schwimmen ist mein Lieblingssport!

„**Schwimmen**" kann man groß- und kleinschreiben, je nachdem, wie man es gebraucht. Das *SchulWörterBuch* sagt dir, warum das so ist. Schau doch dazu einmal im Anhang auf Seite 457 f. nach!

▶ Mehr von Maus und Katze auf Seite 336!

S

s = **S**ekunde

s. = **s**iehe

S = **S**alzburg; **S**chilling (frühere österr. Währung); **S**üden

S. = **S**eite

Saal der, Säle (großer Raum), der Saal war festlich geschmückt

Saat die, Saaten: mit der Saat (dem Säen) beginnen, die Saat der Samenkörner, die Saat der Gewalt; das **Saatgut**; das **Saatkorn**; die **Saatkrähe**

Sabbat der, Sabbate (jüdischer Ruhetag)

sabbern (Speichel aus dem Mund fließen lassen), der Hund sabbert

Säbel der, -: (Krummschwert), *mit dem Säbel rasseln* (mit Krieg drohen); **säbeln** (grob schneiden)

Sabotage [sabotasch(e)] die, Sabotagen (vorsätzliche Beschädigung); der **Sabotageakt**; der/die **Saboteur/-in** [sabotöä/rin]; **sabotieren**

Sacharin das, *Ez.* (Süßstoff)

Sachbeschädigung die, ...schädigungen; **sachbezogen**; das **Sachbuch**; **sachdienlich** (einer bestimmten Sache nützlich), die Polizei ersucht um sachdienliche Hinweise; das **Sachgebiet** (Fach); **sachgemäß** (fachmännisch); die **Sachkenntnis**; **sachkundig** (sachverständig); die **Sachlage** (Sachverhalt); **sachlich** eine sachliche Diskussion; **sächlich** das sächliche Geschlecht (Neutrum); die **Sachlichkeit**; das **Sachregister** (Begriffsverzeichnis in einem Buch); der **Sachschaden**; die **Sachspende**; der **Sachverhalt**; der **Sachverstand**; **sachverständig**; der/die **Sachverständige** (Fachmann/-frau); der/die **Sachwalter/-in** (Bevollmächtigte/-r); der **Sachwert**; das **Sachwissen**; der **Sachzusammenhang**; der **Sachzwang**

Sache die, Sachen: diese Sachen (Gegenstände) wurden liegen gelassen, das ist meine Sache (Angelegenheit), *sich seiner Sache sicher sein* (von der Richtigkeit des eigenen Handelns überzeugt sein), *gemeinsame Sache machen* (sich zusammentun), *bei der Sache sein* (aufmerksam sein), *mit 180 Sachen* (*ugs.* für Stundenkilometer) *rasen*

sacht auch **sachte** (behutsam, vorsichtig)

Sack der, Säcke (Behälter aus Stoff, Papier oder Kunststoff), ein Sack Kartoffeln, *mit Sack und Pack* (mit allem, was man besitzt) *fliehen, jmdn. in den Sack stecken* (jmdm. überlegen sein); das **Säckchen**; der **Säckel** (Hosentasche, Geldbörse); der **Säckelwart** (*scherzhaft für* Finanzminister); **säckeweise** (in Säcken); **sackförmig**; die **Sackgasse**; das **Sackhüpfen**; das **Sacktuch** (Taschentuch); **sackweise**

Sadismus der, *Ez.* (Lust an Grausamkeiten); der/die **Sadist/-in**; **sadistisch**

säen du säst Weizen, sie säte Zorn, er hat Misstrauen gesät (hervorgerufen), *die Erfolge waren dünn gesät* (selten); der/die **Säer/-in**; der **Sämann**; die **Sämaschine**

Safari die, Safaris (Reise zur Jagd oder zur Beobachtung von Großwild in Afrika); der **Safaripark**

Safe [sef] der/das, Safes (Geldschrank, Schließfach); der **Safer Sex** [sefaseks] (Sex mit Kondom)

Safran der, *Ez.* (Gewürz); **safrangelb**

Saft der, Säfte (Flüssigkeit aus Gemüse oder Obst; Bratensoße), Saft aus frisch gepressten Orangen, die Batterie hat keinen Saft (keine Energie) mehr, *ohne Saft und Kraft* (ohne Schwung), *jmdn. im eigenen Saft schmoren lassen* (ugs. für jmdn. in selbst verschuldeten Schwierigkeiten nicht helfen); **saftgrün**; **saftig** ein saftiges Stück Schinken, saftige (überhöhte) Preise; der **Saftladen** (schlechter Betrieb)

Sage die, Sagen (Erzählung mit geschichtlichem Hintergrund); das **Sagenbuch**; die **Sagengestalt**; **sagenhaft** sagenhaft (unvorstellbar) reich sein, ein sagenhaftes (erstaunliches) Glück haben

Säge die, Sägen (Schneidewerkzeug; Sägewerk); das **Sägemehl**; **sägen** das Holz sägen (zerschneiden); der/die **Säger/-in**; die **Sägespäne**; das **Sägewerk**

sagen was sagt er?, früher sagte man anders dazu, wie schon gesagt, wie man so schön sagt, was soll man dazu sagen?, *sage und schreibe* (tatsächlich, wahrhaftig), die Bestimmung sagt eindeutig, dass ..., das hat gar nichts zu sagen (bedeuten), *er hat hier nichts zu sagen* (nichts zu bestimmen), *sich nichts mehr sagen lassen* (keinen Rat annehmen) ABER → *hier das große Sagen haben* (alles entscheiden können)

Sago das, *Ez.* (gekörntes Stärkemehl)

Sahara die, *Ez.* (afrikanische Wüste)

Sahne die, *Ez.* (*bundesdt. für* Rahm, Obers); **sahnig**
Saibling der, Saiblinge (Fisch der Lachsfamilie)
Saison [sesõ] die, Saisons/Saisonen (Hauptgeschäftszeit); **saisonabhängig**; **saisonal**; die **Saisonarbeit**; **saisonbedingt** saisonbedingte Arbeitslosigkeit; der **Saisonbeginn**; der **Saisonbetrieb**; das **Saisongeschäft**; der **Saisonnier** [sesonje] *auch* Saisonier (Saisonarbeiter); die **Saisonniere** [sesonär]; der **Saisonschluss**
Saite die, Saiten (Strang aus Darm, Kunststoff oder Metall), die Saite des Instrumentes ist gerissen, *andere Saiten aufziehen* (strenger vorgehen); das **Saiteninstrument**; das **Saitenspiel**

die **Saite** der Geige	ABER	die **Seite** im Buch

Sakko das, Sakkos (Jacke für Herren)
sakral (heilig, den Gottesdienst betreffend); der **Sakralbau** (Kirche); das **Sakrament** (gottesdienstliche Handlung); das **Sakrileg** (Vergehen, Frevel gegen etwas Heiliges); die **Sakristei** (Nebenraum in einer Kirche); **sakrosankt** (hochheilig, unantastbar)
säkular (weltlich); die **Säkularisation** [... tsion]; **säkularisieren** (kirchlichen Besitz in weltlichen Besitz überführen); die **Säkularisierung**
Salamander der, -: (Molchart)
Salami die, -/Salamis (haltbare Wurst); die **Salamitaktik** (Versuch, ein Ziel schrittweise zu erreichen)
Salär das, Saläre (Gehalt, Lohn)
Salat der, Salate: *da haben wir den Salat!* (das Befürchtete ist eingetreten); das **Salatbesteck**; das **Salatbuffet**; das **Salatköpfl**; das **Salatöl**; die **Salatplatte**
Salbe die, Salben (Arzneimittel; Paste); **salben**; die **Salbung** (feierliche Weihehandlung); **salbungsvoll**
Salbei der, *Ez.* (Gewürz- und Heilpflanze); der **Salbeitee**
saldieren (die Bezahlung bestätigen); der **Saldo** (Unterschiedsbetrag zwischen Haben- und Sollseite eines Kontos, die Salden/Saldos/Saldi
Salettl das, Salettln (Gartenhäuschen)
Saline die, Salinen (Salzbergwerk; Betrieb zur Salzgewinnung)
Salmiak der, *Ez.* (Ammoniakverbindung); der **Salmiakgeist** (scharfes Reinigungsmittel); die **Salmiaklösung**
Salmonellen die, *Mz.* (Bakterien, die eine Darminfektion hervorrufen)
Salon der, Salons (Empfangsraum; Mode- und Friseurgeschäft); **salonfähig** (der gesellschaftlichen Norm entsprechend)
Saloon [sälun] der, Saloons (Lokal im Wildweststil)
salopp eine saloppe (sportliche, bequeme) Kleidung, sich salopp (locker) geben
Salpeter der, *Ez.* (Salz der Salpetersäure); der **Salpeterdünger**; **salpeterhältig**; die **Salpetersäure**
Salto der, Saltos/Salti (Sprung mit einem Überschlag); der **Salto mortale** („Todessprung")
Salut der, Salute (militärischer Ehrengruß), Salut schießen; **salutieren** (militärisch grüßen, eine Ehrenbezeigung machen); der **Salutschuss**
Salve die, Salven (gleichzeitiges Feuern aus mehreren Waffen)
Salweide die, Salweiden (Weidenart mit Palmkätzchen)
Salz das, Salze: das Essen mit einer Prise Salz würzen, *Salz in die Wunde streuen* (eine schwierige Situation noch verschärfen); **salzarm** salzarme Speisen; das **Salzbergwerk**; das/die **Salzbrezel**; **salzen** die Suppe salzen, eine gesalzene (sehr hohe) Rechnung; die **Salzgurke**; **salzhältig**; der **Salzhering**; **salzig**; die **Salzsäure**; das **Salzstangerl**; der **Salzstreuer**; das **Salzwasser**; die **Salzwüste**
Salzburg <S> (österreichisches Bundesland und Stadt); der/die **Salzburger/-in**; die **Salzburger Landesregierung**; die **Salzburger Nockerln** (Süßspeise); **salzburgisch**
Samariter der, -: (selbstloser Helfer); der **Samariterdienst** (selbstlose Hilfe)
Samen *auch* **Same** der, Samen (keimfähige Teile einer Pflanze; Sperma), der Same keimt; der **Samenerguss**; das **Samenkorn**; der **Samenstrang**; die **Samenzelle**; die **Sämerei** (Geschäft für Saatgut); die **Sämereien** (das Saatgut); der **Sämling** (aus einem Samen gezogene Pflanze)
sämig eine sämige (dickflüssige) Soße
Sammelalbum das, -alben; der **Sammelband**; das **Sammelbecken**; der **Sammelbegriff**; die **Sammelbestellung**; die

Sammelbüchse; das **Sammellager**; die **Sammellinse**; die **Sammelmappe**

sammeln er sammelt Pilze, Erfahrungen sammeln, sich vor dem Bahnhof sammeln (treffen), sich sammeln (konzentrieren); der **Sammelplatz**; das **Sammelsurium** (bunt gemischte Menge); der/die **Sammler/-in**; der **Sammlerfleiß**; die **Sammlung** (größere Anzahl von Gegenständen der gleichen Art)

Samstag <Sa.> der, Samstage (*österr. für bundesdt.* Sonnabend); der **Samstagabend** am Samstagabend; **samstagabends** *Adv.* auch samstags abends; **samstags** *Adv.* (regelmäßig an Samstagen)

sich **samstags** sehen (jeden Samstag)	ABER	sich am **Samstag** sehen
samstagabends	ABER	am **Samstagabend**

samt *Präp.+Dat.:* etwas samt (zusammen mit) allem Zubehör kaufen, samt und sonders (ohne Ausnahme); **sämtlich** sämtliche (alle) Besucher des Theaters

Samt der, Samte (pelzartiger Stoff), eine Haut wie Samt, sich in Samt und Seide (sehr vornehm) kleiden; **samten** ein samtenes Jackett; der **Samthandschuh** jmdn. mit Samthandschuhen anfassen (übertrieben vorsichtig behandeln); **samtig**; **samtweich**

Sanatorium das, Sanatorien (Heilstätte)

Sand der, *Ez.* (feine, lose Gesteinskörner), am Strand gibt es feinen Sand, wie Sand am Meer (zahllos, im Überfluss), *jmdm. Sand in die Augen streuen* (ihm etwas vortäuschen), *auf Sand bauen* (sich auf Unsicheres verlassen), *im Sand(e) verlaufen* (erfolglos bleiben); die **Sandbank**; die **Sandburg**; **sandfarben**; **sandig** ein sandiger Weg; die **Sandkiste**; das **Sandmännchen** (Märchenfigur); das **Sandpapier** (Schleifpapier); der **Sandsack**; der **Sandstein**; der **Sandstrand**; der **Sandsturm**; die **Sanduhr**

Sandale die, Sandalen (leichter Schuh mit Riemen)

sandeln (*ugs. für* faulenzen); der/die **Sandler/-in** (*abwertend für* Obdachlose/-r)

Sandwich [sändwitsch] das/der, Sandwich(e)s/Sandwiche (doppelte Weißbrotschnitte mit Belag dazwischen)

sanft jmdn. sanft (behutsam) berühren, ein sanfter (leichter) Wind, ein sanftes (friedliches) Lächeln, mit sanfter Stimme, ein sanfter (kleiner) Hügel; die **Sänfte** (Tragstuhl); die **Sanftheit** (Milde); die **Sanftmut** (Güte); **sanftmütig**; die **Sanftmütigkeit**

Sänger der, -: er ist ein bekannter Sänger, mit **Sang** und Klang (mit Gesang und Musik); die **Sängerin**; die **Sängerschaft**; **sangesfreudig**; **sangesfroh**; **sangeslustig**; **sang**- und klanglos (ohne viele Worte, unbeachtet)

Sanguiniker der, -; die **Sanguinikerin**; **sanguinisch** (lebhaft, temperamentvoll)

sanieren das Gebäude wurde saniert (renoviert und modernisiert), einen Betrieb sanieren (wieder leistungsfähig machen), *sich auf Kosten anderer sanieren* (sich bereichern); die **Sanierung**; **sanierungsbedürftig**; die **Sanierungsmaßnahme**

sanitär sanitäre Anlagen (Toiletten, Waschräume); die **Sanitäranlagen**; die **Sanität** (Gesundheitswesen beim Militär); der/die **Sanitäter/-in** (jmd., der Erste Hilfe leistet); der **Sanitätsdienst**

Sankt <St.> (Teil des Namens heiliger Personen oder Orte), Sankt Florian, die Kirche in St. Michael, die St.-Michaels-Kirche, der Sankt Gotthard (Alpenpass), *bis zum Sankt-Nimmerleins-Tag* (vergeblich) warten

Sanktion [...tsion] die, Sanktionen (Genehmigung; Zwangsmaßnahme), die Sanktion (Zustimmung) geben, mit Sanktionen (Druckmitteln) rechnen, Sanktionen über ein Land verhängen (es bestrafen); **sanktionieren** (amtlicherseits gutheißen), die Zerstörung der Au wurde sanktioniert; die **Sanktionierung**

Sanskrit das, *Ez.* (altindische Sprache)

Saphir der, Saphire (Edelstein)

Sardelle die, Sardellen (kleiner Fisch)

Sardine die, Sardinen (Heringsfisch); die **Sardinenbüchse**

Sarg der, Särge (Behälter für Tote), ein Sarg aus Eichenholz; der **Sargdeckel**; der **Sargträger**

Sarkasmus der, Sarkasmen (verletzender Spott); **sarkastisch** (spöttisch, beißend)

Sarkophag der, Sarkophage (Steinsarg)

Satan der, Satane (Teufel; sehr boshafter Mensch); **satanisch** ein satanischer (teuflischer) Plan; der **Satansbraten** (*derb für* sehr schlechter Mensch)

Satellit der, Satelliten (Flugkörper; ständiger

Begleiter), der Mond ist ein Satellit der Erde (umkreist sie), einen Satelliten ins Weltall schießen (zur Übermittlung von Daten); die **Satellitenbahn**; das **Satellitenprogramm**; der **Satellitenstaat** (*abwertend für* ein abhängiger Staat); die **Satellitenübertragung**

Satin [satẽ] der, Satins (glänzender Stoff), die Bluse aus Satin

Satire die, Satiren (Kritik durch Übertreibung, Ironie und Spott); der/die **Satiriker/-in**; **satirisch** (spöttisch)

Satisfaktion [...tsion] die, Satisfaktionen (Genugtuung)

satt ich bin völlig satt (gesättigt), eine satte (kräftige) Farbe auftragen, ein satter (hoher) Preis, satt machen *auch* sattmachen; **sattblau**; **satthaben** (▶ haben) etwas satthaben (genug davon haben); **sättigen** sich sättigen (essen); die **Sättigung**; **sattsam** das ist sattsam (zur Genüge) bekannt; sich **sattsehen** (▶ sehen) sich an etwas sattsehen

satt sein (genug gegessen haben)	ABER	etwas satthaben (nicht mehr mögen)
sich **satt** essen	ABER	sich an etwas **sattsehen**
Bier kann **satt machen**	auch	**sattmachen**

Sattel der, Sättel (gepolsterter Sitz für einen Reiter/Fahrer), den Sattel (Sitz) des Fahrrades verstellen, über den Sattel (Pass) eines Berges fahren, *fest im Sattel sitzen* (unumstritten sein), *jmdn. aus dem Sattel heben* (entmachten); das **Satteldach** (Dachform); **sattelfest** im Prüfungsfach sattelfest sein (alles wissen); der **Sattelgurt**; **satteln** ein Pferd satteln; der **Sattelschlepper** (schwerer LKW); die **Satteltasche**; das **Sattelzeug**; der/die **Sattler/-in** (Handwerker/-in für Lederwaren); die **Sattlerei**

saturiert saturiert (zufrieden und wohlhabend) leben

Saturn der, *Ez.* (Planet; römischer Gott)

Satz der, Sätze (zusammenhängende Äußerung), den Satz analysieren, ein Musikstück in vier Sätzen (Abschnitten), die Katze machte einen großen Satz (Sprung), den ersten Satz (Spielabschnitt) im Tischtennis gewinnen, ein Satz Briefmarken, der Satz des Pythagoras, den Satz (Rest am Boden) aus der Tasse spülen, ein Buch geht in Satz (wird für den Druck gesetzt); die **Satzaussage** (Prädikat, z.B. „spielt"); der **Satzfehler** (Druckfehler); das **Satzgefüge**; der **Satzgegenstand** (Subjekt, z.B. „das Kind ist krank."); das **Satzglied**; die **Satzlehre** (Syntax); die **Satzreihe** (Satzverbindung); die **Satzung** (schriftliches Regelwerk); **satzungsgemäß**; die **Satzverbindung** (z.B. Hauptsatzreihe); das **Satzzeichen** (z.B. Komma)

Sau die, Säue/Sauen (weibliches Schwein; Schmutzfink), *jmdn. zur Sau machen* (*derb für* mit jmdm. heftig schimpfen), *keine Sau* (*derb für* niemand) *interessiert sich*, *die Sau rauslassen* (*derb für* sich hemmungslos gehen lassen); die **Sauarbeit** (schwere, mühselige Arbeit); **saudumm** (*abwertend für* sehr dumm); die **Sauerei** (Schmutz; Gemeinheit); der **Saufraß** (*derb für* schlechtes Essen); **saugrob** (*ugs. für* sehr grob); der **Sauhaufen** die Mannschaft ist ein einziger Sauhaufen (es herrscht ein Durcheinander); der **Sauhund** (*derb für* gemeiner Mensch); **säuisch** säuische (*derb für* anrüchige) Witze erzählen; **saukalt** (*ugs. für* sehr kalt); **saumäßig** (*ugs. für* sehr schlecht); der **Saustall**; das **Sauwetter**; die **Sauwirtschaft** (*derb für* Unordnung); **sauwohl** sich sauwohl (besonders wohl) fühlen

sauber ein saub(e)res (reines) Hemd tragen, sauber machen *auch* saubermachen (reinigen); sauber, sauber! (genau, sehr gut), sie schreibt sauber (ordentlich), ein sauberes (*ugs. für* hübsches) Mädchen, er besitzt einen sauberen (anständigen) Charakter, eine saubere (fehlerfreie) Arbeit; die **Sauberkeit**; **säuberlich** (genau, sorgfältig); **säubern** (reinigen), das Klassenzimmer säubern, die Wunde säubern; die **Säuberung**

Sauce [sos(e)] *auch* **Soße** die, Saucen; die **Sauciere** [sosjea] (Soßenschüssel)

sauer die Milch schmeckt sauer, ein saurer (unreifer) Apfel, sauer (*ugs. für* beleidigt) reagieren, der saure Regen, sein sauer (mühsam) verdientes Geld verlieren, *jmdm. Saures geben* (gegen jmdn. gewalttätig werden); der **Sauerampfer**; das **Sauerkraut**; **säuerlich**; die **Sauermilch**; **säuern** gesäuertes Brot; der **Sauerstoff** <O> (chemisches Grundelement); die

Sauerstoffflasche auch Sauerstoff-Flasche; **sauerstoffhältig**; der **Sauerteig**; die **Sauregurkenzeit** auch Saure-Gurken-Zeit (Zeit, in der sich wenig ereignet)

saufen das Pferd säuft zu schnell, er soff (*abwertend für* trank) zu viel Alkohol, der Motor hat viel Benzin gesoffen; der **Saufbold** (*ugs. für* Trinker); der/die **Säufer/-in** (*ugs. für* Alkoholiker/-in); die **Sauferei**; das **Saufgelage**; die **Sauftour** […tua]

saugen der Staubsauger saugt den Staub ein, er saugte/sog das Getränk durch den Strohhalm, die Gelse hat Blut gesaugt/gesogen, das Löschblatt saugte/sog sich voll Tinte

säugen (stillen), die Katze säugte ihre Jungen; der **Sauger** (Schnuller); der **Säuger** (Säugetier); das **Säugetier**; der **Säugling**, die **Säuglingsschwester**; der **Saugnapf**; die **Saugpumpe**; das **Saugrohr** (Pipette); der **Saugrüssel**

Säule die, Säulen (runder Stützpfosten aus Stein oder Beton); **säulenförmig**; die **Säulenhalle**

Saum der, Säume (umgeschlagener und festgenähter Stoffrand)

¹**säumen** einen Rock säumen (mit einem Saum einfassen), die Zuseher säumten den Streckenrand, Bäume säumen die Straße (bilden eine Allee)

²**säumen** du sollst nicht länger säumen (*geh. für* zögern), mach dich ohne Säumen auf den Weg!; **säumig** (nicht pünktlich); die **Säumigkeit**; **saumselig** (langsam); die **Saumseligkeit**

Sauna die, Saunas/Saunen: in der Sauna schwitzen; **saunen**; **saunieren** (in die Sauna gehen)

Säure die, Säuren: die Säure des Essigs, eine ätzende Säure (chemische Verbindung); **säurebeständig**, **säurefest**; **säurehältig**

Saurier der, -: (Riesenechse aus der Urzeit)

Saus in Saus und Braus (verschwenderisch) leben

säuseln (ein leises Geräusch erzeugen), die Blätter säuseln im Wind; der **Sausewind** (starker Wind, *ugs. für* sehr lebhafter Mensch)

sausen (eilen), die Katze sauste um die Ecke, der Sturm sauste, *etwas sausen lassen* auch sausenlassen (darauf verzichten)

Savanne die, Savannen (Grasland mit Büschen und einzelnen Bäumen)

Saxofon auch **Saxophon** das, Saxofone (Blasinstrument); der/die **Saxofonist/-in** auch Saxophonist/-in

SB = Selbstbedienung

S-Bahn die, S-Bahnen (Schnellbahn); die **S-Bahn-Station**

scannen [skännen]; der **Scanner** [skäna] (elektronisches Lesegerät)

Schabe die, Schaben (Insekt, Schädling)

Schabeisen das, -: (Werkzeug); **schaben** das Eis von der Scheibe schaben (kratzen), das Gemüse schaben (putzen, abkratzen); der **Schaber**; das **Schabmesser**

Schabernack der, Schabernacke (Streich, Scherz), jmdm. einen Schabernack spielen

schäbig ein schäbiges (ärmliches) Haus, sich schäbig (gemein) verhalten

Schablone die, Schablonen (Vorlage, Schema), den Buchstaben nach einer Schablone ausschneiden, er lässt sich in keine Schablone pressen; **schablonenhaft**

Schabracke die, Schabracken (Satteldecke; altes Pferd)

Schach das, *Ez.* (Brettspiel), Schach spielen, *jmdn. in Schach halten* (ihn an gefährlichen Handlungen hindern); das **Schachbrett**; der **Schachcomputer**; die **Schachfigur**; **schachmatt** jmdn. schachmatt setzen (beim Schachspiel zur Aufgabe zwingen, jmdn. handlungsunfähig machen); die **Schachpartie**; der/die **Schachspieler/-in**; das **Schachturnier**

Schächer der, -: (*veraltet für* Mörder, Räuber); **schächten** (ein Tier durch einen Halsschnitt ausbluten lassen)

schachern (*abwertend für* um den Preis feilschen)

Schacht der, Schächte: die Bergleute fahren in den Schacht, der Aufzug blieb im Schacht stecken

Schachtel die, Schachteln (Behälter mit Deckel), alte Schachtel (*abwertend für* alte Frau); **schachteln** (ineinanderfügen)

Schachtelhalm der, Schachtelhalme (Farn)

schade es ist schade, dass … (es ist bedauerlich), es ist um die Hose schade, dazu bin ich mir zu schade (zu gut)

Schädel der, -: einen harten Schädel (Dickschädel) haben, *ihm brummt der Schädel* (er hat Kopfschmerzen), *sich darüber den Schädel zerbrechen* (angestrengt nachdenken); der **Schädelbasisbruch**; das **Schädel-Hirn-Trauma**

Schaden der, Schäden (Beeinträchtigung,

Wertverlust), der Sturm richtete einen großen Schaden (Zerstörungen) an, zu Schaden kommen, das ist sein Schaden (Verlust), Schaden nehmen (geschädigt werden), *durch Schaden wird man klug*

schaden ich will dir nicht schaden (keinen Nachteil zufügen), das schadet deiner Gesundheit; die **Schadenfreude**; **schadenfroh** (boshaft); der **Schaden(s)ersatz** (Entschädigung); der **Schadensfall**; **schadhaft**; **schädigen**; **schädlich**; der **Schädling**; die **Schädlingsbekämpfung**; **schadlos** sich an jmdm. schadlos halten (sich auf Kosten von jmdm. selbst entschädigen); der **Schadstoff**; **schadstoffarm**

Schaf das, Schafe (wolliges Säugetier), ein schwarzes Schaf (Person, die unangenehm auffällt); die **Schafblattern** (Krankheit); der **Schafbock**; das **Schäfchen** *seine Schäfchen ins Trockene bringen* (seinen Vorteil sichern); der/die **Schäfer/-in** (Schafhirt/-in); der **Schäferhund**; das **Schäferstündchen** (heimliche Zusammenkunft von Verliebten); das **Schaffell**; die **Schafgarbe** (Heilpflanze); der **Schaf(s)käse**; der **Schafskopf** (Dummkopf); der **Schaf(s)pelz** *der Wolf im Schafspelz* (Mensch mit versteckten Absichten); die **Schafwolle**

Schaff das, Schaffe (großes, offenes Gefäß); das **Schaffel** (*ugs. für* kleines Schaff)

¹**schaffen** (fertig werden, machen), du schaffst das nicht, sie schaffte die Prüfung, die Kiste wurde nach draußen geschafft, er will damit nichts zu schaffen (zu tun) haben, sie ist ganz geschafft (erschöpft), den Kranken ins Spital schaffen, *jmdm. zu schaffen machen* (jmdm. Sorgen bereiten)

²**schaffen** (hervorbringen, schöpferisch gestalten), er schafft ein Meisterwerk, sie schuf neue Arbeitsplätze, sie hat erst Platz geschaffen, Gott schuf den Menschen, wir haben uns ein schönes Haus geschaffen, *das ist wie geschaffen* (sehr geeignet) *dafür*

Schaffen das, *Ez.* (Arbeit, Werk); der **Schaffensdrang**; die **Schaffensfreude** (Fleiß); die **Schaffenskraft**; der/die **Schaffner/-in** (Fahrkartenkontrollor/-in); **schaffnerlos**; die **Schaffung** die Schaffung vieler Arbeitsplätze

Schafott das, Schafotte (Hinrichtungsgerüst)
Schaft der, Schäfte (Teil des Schuhs/Messers)
Schakal der, Schakale (hundeartiges Raubtier)

schäkern (flirten, scherzen); der/die **Schäker/-in**

schal ein schales (abgestandenes) Getränk
Schal der, Schals/Schale (langes, schmales Halstuch)

¹**Schale** die, Schalen (flaches Gefäß), eine Schale mit Nüssen, eine Schale (Tasse) Kaffee; das **Schälchen**

²**Schale** die, Schalen (Hülle), die Kartoffeln mit der Schale kochen, er hat eine raue Schale (er ist nach außen abweisend), *sich in Schale werfen* (sehr elegant anziehen); **schälen** er schält Kartoffeln, sich schälen (ugs. für die Haut in kleinen Stückchen abstoßen); die **Schalung** (Holzverkleidung)

Schalk der, Schalke/Schälke (Spaßvogel), *jmdm. sitzt der Schalk im Nacken* (er ist ein Spaßvogel); **schalkhaft**

Schall der, *Ez.* (Geräusch), der Schall des Flugzeuges, *das ist Schall und Rauch* (hat keine Bedeutung); **schalldämmend**; der **Schalldämpfer**; **schalldicht**; **schallen** ein schallendes (weithin tönendes) Geräusch, eine schallende (kräftige) Ohrfeige bekommen; die **Schallgeschwindigkeit**; die **Schallgrenze**; die **Schallmauer**; die **Schallplatte**

Schalmei die, Schalmeien (Rohrflöte aus Holz); der **Schalmeienklang**

schalten in den dritten Gang schalten (wechseln), die Ampel schaltet auf Grün, schnell schalten (begreifen), selbst schalten und walten (selbst bestimmen) können; der **Schalter** den Schalter (Lichtschalter) betätigen, das Geld am Schalter (beim Bankschalter) einzahlen; der **Schalterbeamte**; die **Schalterbeamtin**; das **Schaltjahr** (Jahr mit einem zusätzlichen Schalttag, dem 29. Februar); der **Schaltplan**; der **Schalttag** (29. Februar); die **Schaltung**; die **Schaltzentrale**

Schaluppe die, Schaluppen (kleines Schiff, Boot)

Scham die, *Ez.* (das Gefühl, sich zu schämen), vor Scham rot werden, seine Scham (die äußeren Geschlechtsteile) bedecken

schämen (Gefühl, versagt zu haben), sich vor den Freunden schämen, sich für jmdn. schämen; das **Schamgefühl**; die **Schamhaare**; **schamlos** (frech); die **Schamröte**

Schamott der, *Ez.* (feuerfester Ton); **schamottieren**; der **Schamottziegel**

Schampon → Schatz

Schampon auch **Shampoo** das, Schampons/Shampoos (Haarwaschmittel); **schamponieren** auch shampoonieren

Schande die, *Ez.* (Schmach), es ist eine Schande, dass …, ich muss zu meiner Schande gestehen, dass …, jmdn. mit Schimpf und Schande davonjagen, zu Schanden gehen auch zuschanden gehen; **schandbar** (schändlich); **schänden** (entweihen), ein Grab schänden, eine Frau schänden (sexuell missbrauchen); der **Schandfleck** Zeichen der Schande; **schändlich** (gemein, niederträchtig); das **Schandmal** (Schandfleck); das **Schandmaul** (*abwertend für* Person, die über andere böse spricht); der **Schandpfahl** (Pranger)

Schani der, -: (*ugs. abwertend für* Kellner, Diener); der **Schanigarten** (kleiner Gastgarten)

Schank die, Schanken (Ausschank)

Schänke auch **Schenke** die, Schänken (kleines Lokal, in dem man nur Getränke bekommt)

Schanze die, Schanzen (Befestigung; Sprunganlage); **schanzen** (eine Verteidigungsanlage bauen); der **Schanzenbau**; der **Schanzenrekord** (größte erzielte Sprungweite auf einer Sprungschanze)

¹**Schar** die, Scharen: eine Schar (Gruppe von Menschen oder Tieren), eine Schar Vögel, die Besucher strömten in Scharen (in großer Zahl) herbei; sich **scharen** sich um die Lehrerin scharen (versammeln); **scharenweise** (massenhaft)

²**Schar** die, Scharen (Pflugschar)

Scharade die, Scharaden (Worträtsel)

scharf sich an der scharfen Kante verletzen, die Soße noch schärfer würzen, das scharfe s <ß>, ein scharfer (heftiger) Wind, ein scharfer (strenger) Blick, scharf (hart) durchgreifen, ein scharfer (klarer) Verstand, eine scharfe (starke) Biegung, ein scharfes (klares) Foto, *eine scharfe* (freche) *Zunge*, ein scharfer (bissiger) Hund, hier wird scharf (mit echter Munition) geschossen, *auf etwas scharf sein* (etwas sehr begehren) ABER → etwas auf das/aufs Schärfste auch aufs schärfste verurteilen; die **Schärfe**; **schärfen**; **scharfkantig**; **scharfmachen** den Hund scharfmachen (abrichten) ABER → die Suppe scharf machen; der **Scharfrichter** (Henker); der **Scharfschütze**; **scharfsichtig**; der **Scharfsinn**

¹**Scharlach** der, *Ez.* (fiebrige Kinderkrankheit); der **Scharlachausschlag**

²**Scharlach** das, *Ez.* (leuchtendes Rot); **scharlachfarben** auch scharlachfärbig; **scharlachrot** (hellrot)

Scharlatan der, Scharlatane (Schwindler, Kurpfuscher); die **Scharlatanerie**

Scharmützel das, -: (kleines Gefecht)

Scharnier das, Scharniere (Drehgelenk, z.B. bei Fenstern); das **Scharniergelenk**

Schärpe die, Schärpen (breites Band)

scharren (reiben, kratzen), mit den Hufen scharren, der Hahn scharrt in der Erde

Scharte die, Scharten (Kerbe an einem glatten Rand; Holzspan), das Messer hat eine Scharte, *eine Scharte auswetzen* (eine Niederlage wettmachen); **schartig** (voller Scharten)

scharwenzeln (sich einschmeicheln; übertrieben geschäftig tun), der Angestellte scharwenzelte ständig um den Chef

Schas der, Schase (*derb für* Darmwind; etwas Minderwertiges)

Schaschlik das/der, Schaschliks (an einem kleinen Spieß gebratene Fleisch- und Gemüsestückchen)

schassen (entlassen, fortjagen), der Angestellte wurde kurzerhand geschasst

Schatten der, -: es hatte 35 Grad im Schatten, ein Schatten spendender auch schattenspendender Baum, ein Schatten (eine nicht erkennbare Gestalt) huschte durch den Garten, *jmdn. in den Schatten stellen* (jmdn. durch bessere Leistungen übertreffen), *über seinen Schatten springen* (sich überwinden); das **Schattenbild**; das **Schattenboxen** (Boxen ohne Gegner); das **Schattendasein** *ein Schattendasein* (unbeachtetes Leben) *führen;* das **Schattenreich** (Totenreich); der **Schattenriss** (Silhouette); die **Schatt(en)seite** (im Schatten liegende Seite eines Tales; negative Seite); das **Schattenspiel** (Schattentheater); **schattieren**; die **Schattierung** (Tonabstufung beim Malen); **schattig** ein schattiges Plätzchen

Schatulle die, Schatullen (Geld-, Schmuckkästchen)

Schatz der, Schätze: in der Höhle befindet sich ein Schatz (große Reichtümer), ein reicher Schatz (eine Fülle) an Lebenserfahrungen, du bist mein Schatz! (mein Liebling); das **Schätzchen**; der/die **Schatzgräber/-in**;

die **Schatzinsel**; das **Schatzkästchen**; die **Schatzsuche**

schätzen ich schätze (vermute), das kostet 30 Euro, die Entfernung schätzen, den Schaden schätzen, sie schätzt (achtet) ihre Eltern, ich weiß das zu schätzen; **schätzenswert**; der **Schätzpreis**; die **Schätzung**; **schätzungsweise** (annähernd); der **Schätzwert**

Schau die, Schauen (Ausstellung), *eine Schau abziehen* (sich auffällig benehmen), *etwas zur Schau stellen* (öffentlich ausstellen), *jmdm. die Schau stehlen* (mehr Aufsehen erregen, jmdn. ausstechen); das **Schaubild** (grafische Darstellung); das **Schaufenster**; der **Schaukasten**; das **Schaulaufen** (Eiskunstlaufen ohne Bewertung); **schaulustig** (sensationsgierig); der/die **Schaulustige**; der **Schauplatz** (Ort des Geschehens); der **Schauprozess**; das **Schauspiel**; der/die **Schauspieler/-in**; die **Schauspielerei**; **schauspielerisch**; **schauspielern**

Schauder auch **Schauer** der, -: (Grusel, Ekel, Frösteln); **schauderhaft** (furchtbar, entsetzlich); **schaudern** sie schaudert (zittert) vor Angst/Kälte, mir/mich schaudert (ich habe Angst, Abscheu) vor diesem Gedanken

schauen du schaust auf die Uhr, er schaute verlegen weg, sie hat auf die Kinder geschaut (sich um sie gekümmert), jmdn. ins Gesicht schauen, wir müssen schauen (darauf achten), dass wir fertig werden

¹**Schauer** der, -: (kurzer Regenguss), sie wurde von einem Schauer überrascht; **schauerartig** schauerartige Regenfälle

²**Schauer** auch **Schauder** der, -: (Schreck, Ekel), ihm lief ein Schauer über den Rücken; **schauererregend** auch **Schauer erregend**; die **Schauergeschichte** (Gespenster-, Gruselgeschichte); **schauerlich** ein schauerliches (unheimliches) Erlebnis; das **Schauermärchen** (unwahre gespenstische Geschichte); **schauern** mich/mir schauert vor der Prüfung; **schaurig** eine schaurige (unheimliche) Gestalt

schaufeln Schnee schaufeln, ein Grab schaufeln (ausheben), er schaufelt das Wasser aus dem Boot; die **Schaufel** *er ist dem Tod von der Schaufel gesprungen* (hat knapp überlebt), *jmdn. auf die Schaufel nehmen* (ugs. für jmdn. hänseln); das **Schäuferl** *ein Schäuferl nachlegen* (einen Streit weiter aufheizen)

schau**keln** das Baby in der Wiege schaukeln, das Boot schaukelt auf dem Wasser, die Sache wurde schon geschaukelt (positiv erledigt); die **Schaukel**; das **Schaukelpferd**; der **Schaukelstuhl**

Scha**um** der, Schäume (kleine Luftbläschen auf einer Flüssigkeit; Gischt), der Schaum des Bieres, *Träume sind Schäume* (nicht wirklich); das **Schaumbad**; **schäumen** das Badewasser schäumt, vor Wut schäumen (sich sehr aufregen); der **Schaumgummi**; das **Schaumlöschgerät**; die **Schaumrolle** (Süßigkeit); der **Schaumschläger** (*abwertend für* Angeber); der **Schaumwein** (Sekt)

Sche**ck** auch **Check** der, Schecks (bargeldloses Zahlungsmittel); das **Scheckheft**; die **Scheckkarte**

sche**ckig** eine scheckiges (geflecktes) Pferd/Rind; das **Scheckvieh**

scheel jmdn. scheel (geringschätzig; misstrauisch) anschauen

Sche**ffel** der, -: (altes Hohlmaß), *sein Licht nicht unter den Scheffel stellen* (seine Leistungen nicht aus Bescheidenheit verbergen); **scheffeln** er hat viel Geld gescheffelt (ugs. für verdient); **scheffelweise** (in großen Mengen)

Sche**ibe** die, Scheiben: eine Scheibe Brot, eine Scheibe unterlegen, die Scheibe (Fensterscheibe) einwerfen, *sich eine Scheibe von jmdm. abschneiden* (jmdn. zum Vorbild nehmen); **scheibchenweise**; die **Scheibenbremse**; der **Scheibenwischer**

sche**iben** (ugs. für rollen), Kegel scheiben, *er schob eine ruhige Kugel* (ugs. für strengte sich nicht an), sie hat geschoben; die **Scheibtruhe** auch **Schiebetruhe**

Sche**ich** der, Scheiche/Scheichs (arabischer Fürst); das **Scheichtum** (Herrschaftsgebiet eines Scheichs)

Sche**ide** die, Scheiden (weibliches Geschlechtsorgan; Hülle für ein Schwert); **scheiden** er schied aus dem Leben, sie wurde geschieden, die guten Erbsen von den schlechten scheiden (trennen); der **Scheideweg** *am Scheideweg* (vor einer folgenschweren Entscheidung) *stehen*; die **Scheidung** (Auflösung der Ehe); der **Scheidungsanwalt**; der **Scheidungsprozess**

Sche**in** der, Scheine: einen Schein (offizielle

Bescheinigung) ausstellen, der Schein (das Licht) der Leuchte, der Schein (Anschein) kann trügen, einen Schein (Geldschein) wechseln, *den Schein wahren* (den Eindruck erwecken, als ob alles in Ordnung sei); das **Scheinargument**; **scheinbar** (nicht wirklich)

sch<u>ei</u>nen er scheint schon zu kommen, es schien, als ob … (der Eindruck wurde erweckt), die Sonne hat geschienen; das **Scheingeschäft**; **scheinheilig** (nur vorgetäuscht); der/die **Scheinheilige**; der **Scheintod** (todähnlicher Zustand); **scheintot**; der/die **Scheintote**; der **Scheinwerfer**

Sch<u>ei</u>ß der, *Ez.: mach bloß keinen Scheiß!* (*derb für* groben Fehler); der **Scheißdreck**; die **Scheiße** (*derb für* Kot; Unsinn), der Film war große Scheiße, *in der Scheiße stecken* (*ugs. für* Probleme haben); **scheißegal** (*derb für* völlig egal)

sch<u>ei</u>ßen (*derb für* den Darm entleeren), du scheißt dich vor Angst an, er schiss beinahe in die Hose, darauf wird geschissen (*derb für* etwas wird gering geschätzt); **scheißfreundlich** (*derb für* übertrieben freundlich); das **Scheißwetter**

Sch<u>ei</u>t das, Scheiter (kleines Holzstück); der **Scheiterhaufen**; das **Scheitl**

Sch<u>ei</u>tel der, -: (Linie im Haar; Gipfel), er hat sich einen Scheitel gezogen, *vom Scheitel bis zur Sohle* (ganz und gar, durch und durch); die **Scheitellinie**; **scheiteln** das Haar in der Mitte scheiteln; der **Scheitelpunkt** (höchster Punkt)

sch<u>ei</u>tern das Experiment scheitert (misslingt); das **Scheitern**

¹**Sch<u>e</u>llack** der, Schellacke (Harz zur Herstellung von Lacken)

²**Sch<u>e</u>llack** die, Schellacks (*kurz für* Schellackplatte, frühe Form der Schallplatte)

¹**Sch<u>e</u>lle** die, Schellen (Haltebügel an Rohren)

²**Sch<u>e</u>lle** die, Schellen (Klingel, Glöckchen); **schellen** (läuten, klingeln); der **Schellenbaum** (Musikinstrument); das **Schellengeläute**

Sch<u>e</u>llfisch der, …fische (Dorschfisch)

Sch<u>e</u>lm der, Schelme (Spaßvogel, Lausbub); das **Schelmenstück** (Streich); **schelmisch** schelmisch (spitzbübisch) dreinschauen

Sch<u>e</u>lte die, *Ez.* (*geh. für* Vorwurf, Tadel); **schelten** er schilt ihn, die Lehrerin schalt die Schüler, sie wurde lautstark gescholten

Sch<u>e</u>ma das, Schemas/Schemata/Schemen (gedankliche Vorstellung, Umriss, Verfahrensweise), er hielt sich an das übliche Schema (Muster, Vorgangsweise) bei seiner Arbeit, *etwas nach Schema F lösen* (wie üblich machen); **schem<u>a</u>tisch** (automatisch, gewohnheitsmäßig); **schematis<u>ie</u>ren**

Sch<u>e</u>mel der, -: (Hocker)

Sch<u>e</u>men der, -: (geisterhafter Schatten); **schemenhaft** (schattenhaft, undeutlich)

Sch<u>e</u>nke auch **Schänke** die, Schenken (Gaststätte); der **Schenkbetrieb**; der/die **Schenkwirt/-in**

Sch<u>e</u>nkel der, -: sich auf die Schenkel (Bein von Hüfte bis Knie) schlagen, die Schenkel eines Winkels; der **Schenkelhalsbruch**; **…schenk(e)lig** gl<u>ei</u>chschenkelig

sch<u>e</u>nken jmdm. eine CD zum Geburtstag schenken, einer Sache Aufmerksamkeit schenken, du hättest dir die Bemerkung schenken (sparen) können, fast geschenkt bekommen; die **Schenkung**

sch<u>e</u>ppern (*ugs. für* klappern, klirren), mit den Töpfen scheppern, an der Kreuzung hat es gescheppert (gekracht)

Sch<u>e</u>rbe die, Scherben auch der **Scherben**, -: die Vase zersprang in tausend Scherben, *in Scherben gehen* (zerbrechen), *Scherben bringen Glück*

¹**sch<u>e</u>ren** sie schor die Schafe, der Katze wurde das Fell geschoren, sich die Haare scheren lassen, *alles über einen Kamm scheren* (alles einheitlich behandeln); der **Scherenschnitt**

²**sch<u>e</u>ren** was schert (kümmert) mich das, er scherte sich nicht um die Gesetze, sie hat sich nicht darum geschert (gekümmert), scher dich zum Teufel! (*derb für* geh weg); die **Schererei** jmdm. Scherereien (Unannehmlichkeiten, Ärger) bereiten

Sch<u>e</u>rflein das, -: sein Scherflein (geringen Betrag) zu etwas beitragen

Sch<u>e</u>rge der, Schergen (Befehlsvollstrecker), die Schergen des Diktators

Sch<u>e</u>rz der, Scherze: das war ein harmloser Scherz, Scherz beiseite! (im Ernst), *einen Scherz mit jmdm. treiben* (ihn verspotten); der **Scherzartikel**; der **Scherzbold** (Witzbold); das **Scherzel** (Endstück des Brotes)

sch<u>e</u>rzen er scherzt bloß (macht Spaß); es wurde bis in die Nacht gescherzt; die **Scherzfrage**; **scherzhaft** (nicht im Ernst, im Spaß)

sch<u>eu</u> er ist ein scheuer (gehemmter) Mensch,

scheuchen → schießen

am scheu(e)sten (nicht zutraulich) sind die Rehe, *mach mir die Pferde nicht scheu!* (bring keine Unruhe in die Angelegenheit); die **Scheu** der Bub legte nur langsam seine Scheu (Furcht, Angst) ab; **scheuen** ich scheue (fürchte) die schwere Arbeit nicht, das Pferd scheute, sie hat sich nicht gescheut zu lügen; die **Scheuklappe** (Augenklappen der Pferde), *Scheuklappen haben* (die Wirklichkeit nicht sehen wollen)

scheuchen (verjagen), die Kinder aus dem Bett scheuchen (treiben)

Scheuer die, Scheuern (Scheune)

scheuern den Boden scheuern (putzen), der Kragen scheuert (reibt) am Hals, *jmdm. eine scheuern* (eine Ohrfeige geben); der **Scheuerlappen**

Scheune die, Scheunen: das Heu in die Scheune bringen; der **Scheunendrescher** *wie ein Scheunendrescher fressen* (sehr viel essen); das **Scheunentor**

Scheusal das, Scheusale (gefährliches Tier; brutaler Mensch); **scheußlich** (kaum erträglich); ein scheußliches Verbrechen, das scheußliche Wetter; die **Scheußlichkeit**

Schi auch **Ski** der, -/Schier; die **Schiausrüstung**; der/die **Schifahrer/-in**; die **Schigymnastik**

Schicht die, Schichten: mehrere Schichten Farbe auftragen, eine dünne Schicht Öl treibt auf dem Wasser, die geologischen Schichten, die Schichten der Gesellschaft, in der zweiten Schicht (Abschnitt des Arbeitstages) arbeiten; die **Schichtarbeit**; der/die **Schichtarbeiter/-in**

schichten (übereinanderlegen), Holz schichten, die Wolken schichten sich; **schicht(en)weise**; der/die **Schichtler/-in** (*ugs. für* Schichtarbeiter/-in)

schick auch **chic** ein schickes (elegantes, modisches) Kleid, das gilt heute als schick (zeitgemäß) ABER → der **Schick** (modische Feinheit)

schicken einen Brief schicken, ein Kind in die Schule schicken, sich in sein Los schicken (das Schicksal annehmen), das schickt sich nicht (gehört sich nicht); **schicklich** (angemessen)

Schickeria die, *Ez.* (wohlhabende, modebewusst gekleidete Gesellschaftsschicht); der **Schickimicki** (*abwertend für* jmdn., der sich übertrieben modisch gibt)

Schicksal das, Schicksale: das Schicksal (höhere Macht) meint es gut mit dir, sich mit seinem Schicksal abfinden, *jmdn. seinem Schicksal überlassen* (jmdm. nicht helfen); **schicksalhaft** eine schicksalhafte Begegnung; die **Schicksalsfrage** (wesentliche, entscheidende Frage); der **Schicksalsschlag** (Unglück)

schieben du schiebst das Rad, er schob den Wagen, das Spiel war geschoben (manipuliert), schieb es nach rechts!, die Schuld auf ihn schieben, *jmdm. etwas in die Schuhe schieben* (die Schuld zuschreiben), Wache schieben (Wache stehen), *etwas auf die lange Bank schieben* (hinauszögern), *eine ruhige Kugel schieben* (*ugs. für* sich wenig anstrengen); der **Schieber** (Riegel an einer Tür; Betrüger); die **Schieberei**; die **Schiebetür**; die **Schiebung** (Betrug, ungerechtfertigte Bevorzugung)

Schiedsrichter der, -: (unparteiischer Spielleiter); die **Schiedsrichterentscheidung**; die **Schiedsrichterin**; **schiedsrichterlich** eine schiedsrichterliche Entscheidung anerkennen; **schiedsrichtern**

schief die Wand ist schief (schräg, nicht gerade), das Bild hängt schief, *in ein schiefes Licht geraten* (falsch beurteilt werden), *auf die schiefe Bahn geraten* (straffällig werden), *schiefgehen* (missglücken), mit deiner Meinung liegst du schief (du denkst falsch), *jmdn. schief ansehen* (jmdn. nicht schätzen)

[1]**Schiefer** der, *Ez.* (Gestein), ein Dach mit Schiefer decken; das **Schieferdach**; **schiefergrau**; die **Schiefertafel**

[2]**Schiefer** der, -: sich einen Schiefer (Holzsplitter) einziehen

schielen (einen Sehfehler haben), nach etwas schielen (etwas unbedingt haben wollen)

Schienbein das, Schienbeine: gegen das Schienbein treten

Schiene die, Schienen (Gleisanlage; Stütze für verletzte Glieder); **schienen** die gebrochenen Finger wurden geschient; das **Schienenfahrzeug**; der **Schienenverkehr**

schier etwas aus schierer (reiner) Bosheit tun, das ist schier (nahezu) unmöglich

schießen er schießt den Ball ins Tor, der Jäger schoss das Wild, er hatte viele Fotos geschossen, schieß her!, durchs Zimmer schießen (rennen), der Gedanke schoss mir durch den Kopf, die Pflanzen schießen (wachsen schnell) in die Höhe, *wie aus der Pistole geschossen* (sofort) antworten,

Schiff → schlabbern

einen Bock schießen (einen Fehler machen) ABER → es ist zum **Schießen** (zum Lachen); die **Schießerei**; das **Schießgewehr**; das **Schießpulver**; die **Schießscharte**; der **Schießstand**

Schiff das, Schiffe: das Schiff sticht in See, das Schiff lag vor Anker, *klar Schiff machen* (eine Angelegenheit klären); **schiffbar**; der **Schiff(s)bau**; der **Schiffbruch** *Schiffbruch erleiden* (scheitern); **schiffbrüchig**; der/die **Schiffbrüchige**; das **Schifferklavier** (Akkordeon); die **Schifffahrt** auch Schiff-Fahrt; der **Schiffsjunge**; der **Schiffskapitän**; die **Schiffskatastrophe**; die **Schiffsladung**; die **Schiffsmannschaft**; die **Schiffsschraube** (Antrieb); der **Schiffsverkehr**; die **Schiffswerft**

Schikane die, Schikanen: diese Vorschrift ist reine Schikane (Quälerei, Bosheit), auf der Rennstrecke befindet sich eine Schikane (eingebaute schwierige Stelle), das Auto ist mit allen Schikanen (luxuriös) ausgestattet; **schikanieren** (quälen); **schikanös** (boshaft)

Schilcher der, *Ez.* (Weinsorte)

¹**Schild** das, Schilder (Hinweistafel), was steht auf dem Schild?; der **Schilderwald** (viele Verkehrszeichen)

²**Schild** der, Schilde (Ausrüstung des Ritters; Schutz), den Schwerthieb mit dem Schild abwehren, *etwas im Schilde führen* (eine bestimmte Absicht haben); die **Schilddrüse** (Organ); die **Schildkröte**

Schildbürger der, -: (engstirniger Mensch); der **Schildbürgerstreich** (törichte Handlung)

schildern den Unfall ausführlich schildern (genau beschreiben); die **Schilderung**

Schilf das, Schilfe (Ufergras); das **Schilfgras**; das **Schilfrohr**

Schillerlocke die, …locken (geräucherter Dornhai)

schillern die Seifenblase schillert (schimmert, glänzt) in allen Farben; **schillernd** er ist eine schillernde (zwiespältige, undurchschaubare) Persönlichkeit

Schilling <S, öS, ATS> der, Schillinge (ehemalige österreichische Währung)

Schimäre auch Chimäre die, Schimären (Hirngespinst, Trugbild); **schimärisch** (trügerisch)

¹**Schimmel** der, *Ez.* (ein weißlicher/grünlicher Belag aus Schimmelpilzen); der **Schimmelbelag**; **schimm(e)lig** schimmliges Essen; **schimmeln**

²**Schimmel** der, -: (weißes Pferd); der **Schimmelreiter** (geisterhaftes Wesen)

Schimmer der, *Ez.* (matter Lichtschein), im Schimmer der Lampe, der Schimmer (Glanz) ihres Haares, *keinen Schimmer haben* (keine Ahnung haben); **schimmern** das Mondlicht schimmert (leuchtet) von fern

Schimpanse der, Schimpansen (Menschenaffe)

schimpfen die Mutter schimpft (bringt ihren Ärger zum Ausdruck), warum schimpfst du mit mir?, er schimpft sich (bezeichnet sich ungerechtfertigterweise als) Fachmann, *wie ein Rohrspatz schimpfen* (erregt schimpfen), jmdn. mit Schimpf und Schande davonjagen; die **Schimpferei**; **schimpflich** eine schimpfliche (entwürdigende) Behandlung; das **Schimpfwort**

Schinakel das, -/Schinakeln: (kleines Ruderboot)

Schindel die, Schindeln (kleines Holzbrett zum Decken von Häusern); das **Schindeldach**

schinden er schindet das Lasttier, er schindete Geld aus dem Unfall heraus, die Sklaven wurden oft geschunden, sie schindet (müht) sich bei der Arbeit, er will bei ihr Eindruck schinden (*ugs. für* machen), die Schüler wollen Zeit schinden (*ugs. für* gewinnen); der **Schinder** (jmd., der andere quält); die **Schinderei** (Qual); das **Schindluder** *mit jmdm./etwas Schindluder treiben* (jmdn./etwas übel behandeln)

Schinken der, -: (geräuchertes bzw. gekochtes Fleisch), eine Semmel mit Schinken essen, er sieht einen alten Schinken (*abwertend für* kitschigen Film, überladenes Gemälde); die **Schinkenfleckerl(n)** (Speise); der **Schinkenspeck**

Schirm der, Schirme (kurz für Regenschirm; Bildschirm); **schirmen** (schützen); der/die **Schirmherr/-in** (Schutzherr/-in); die **Schirmherrschaft**; die **Schirmkappe**; der **Schirmständer**

Schirokko der, Schirokkos (heißer Mittelmeerwind)

schirren er schirrt (spannt) die Pferde an

Schisma [skisma, schisma] das, Schismen/Schismata (Kirchenspaltung)

Schiss der, Schisse: vor etwas Schiss (*ugs. für* Angst) haben

schizophren (psychisch erkrankt); die **Schizophrenie** (Geisteskrankheit)

schlabbern auch schlappern (*ugs. für*

schlürfend trinken/essen), der Hund schlabbert aus dem Napf

Schlacht die, Schlachten (Kampf zwischen feindlichen Truppen); die **Schlachtbank**; **schlachten** der Fleischer schlachtet (tötet) die Tiere; der/die **Schlachtbummler/-in** (Fan, Zuschauer/-in); der/die **Schlächter/-in**; das **Schlachtfeld** (Kampfplatz); der **Schlachthof**; der **Schlachtplan** (strategischer Plan); die **Schlachtplatte** (Teller mit verschiedenen Fleischstücken); das **Schlachtschiff** (Kriegsschiff); das **Schlachtvieh**

Schlacke die, Schlacken (Abfallmasse bei der Kohle- und Koksverbrennung)

schlackern (lose hin- und herbewegen), mit den Armen schlackern, *mit den Ohren schlackern* (überrascht sein)

Schlaf der, *Ez.*: im Schlaf sprechen, einen Schlaf haben (*ugs.* für müde sein), *jmdm. den Schlaf rauben* (ihm große Sorgen bereiten), *etwas im Schlaf können* (etwas sehr sicher beherrschen); der **Schlafanzug**; das **Schläfchen**

Schläfe die, Schläfen (Stelle zwischen Auge und Ohr)

schlafen er schläft fest, sie schlief acht Stunden durch, wir haben im Zug geschlafen, schlaf weiter!, schlafen gehen (zu Bett gehen), schlaf gut!, mit jmdm. schlafen (Geschlechtsverkehr haben), *schlafen wie ein Murmeltier* (sehr fest schlafen); das **Schlafengehen** Zeit zum Schlafengehen; die **Schlafenszeit**; der/die **Schläfer/-in**; das **Schlaferl** (*ugs.*) ein Schlaferl halten; die **Schlafgelegenheit** (Unterkunft); die **Schlafhaube** (Schlafmütze, unaufmerksamer Mensch, Langweiler); **schlaflos**; die **Schlaflosigkeit**; **schläfrig** (müde); der **Schlafsaal**; die **Schlaftablette**; **schlaftrunken** (noch nicht richtig wach); **schlafwandeln** (im Schlaf herumgehen); der/die **Schlafwandler/-in**; das **Schlafzimmer**

schlaff (nicht gespannt, locker), das Seil hing schlaff von der Decke, er ist ganz schlaff (kraftlos)

Schlafittchen das, *Ez.*: *jmdn. beim Schlafittchen packen* (*ugs.* für jmdn. fassen und zur Rechenschaft ziehen)

Schlag der, Schläge: ein Schlag (Stoß) mit der Faust, Kaffee mit Schlag (Schlagobers), der Schlag des Herzens, das ist ein schwerer Schlag (ein Unglück), es ist Schlag (Punkt) acht, vom Schlag getroffen werden (einen Schlaganfall erleiden), *alles ging Schlag auf Schlag* (schnell hintereinander), *mit einem Schlag* (plötzlich), *ein Schlag ins Wasser* (Misserfolg), *zwei Fliegen auf einen Schlag* (zwei Dinge auf einmal erledigen); die **Schlagader**; der **Schlaganfall** (Unterversorgung des Gehirns mit Sauerstoff); **schlagartig** (plötzlich); **schlagbar** ein schlagbarer Gegner; der **Schlagbaum** (Schranke); der **Schlagbohrer**; der **Schlägel** (Werkzeug)

schlagen er schlägt den Gegner, sie schlug die Tür zu, wir wurden in die Flucht geschlagen, schlag zu!, der Raubvogel schlägt (tötet) die Beute, ein Blitz schlug ein, Flammen schlagen aus dem Haus, den Baum schlagen (fällen), sich schlagen (prügeln), die Uhr schlägt acht, eine geschlagene (volle) Stunde warten, er schlägt (gerät) nach seinem Vater, die Bedenken in den Wind schlagen (zerstreuen), *sich geschlagen geben* (aufgeben); **schlagend** ein schlagender (überzeugender) Beweis

Schlager der, -: (populäres Musikstück); das **Schlagerfestival** [...festiwäl]; der/die **Schlagersänger/-in**; der **Schlagerstar**

¹**Schläger** der, -: (Sportgerät)

²**Schläger** der, -: (brutaler Raufbold); die **Schlägerei**; **schlägern** (abholzen); **schlagfertig** (fähig, schnell und treffend zu antworten); **schlagfest**; **schlagkräftig** ein schlagkräftiges (überzeugendes) Argument; das **Schlagloch** (Loch im Straßenbelag); das **Schlagobers**; die **Schlagseite** Schlagseite haben (seitlich geneigt im Wasser liegen; *ugs.* für betrunken sein); das **Schlagwort** (oft verwendeter Begriff; Slogan; Nachschlagebegriff); die **Schlagzeile** (Artikelüberschrift); das **Schlagzeug** (Musikinstrument)

schlaksig (groß gewachsen und ein wenig ungeschickt)

Schlamassel das, *Ez.* (*ugs.* für schwierige Situation)

Schlamm der, Schlamme/Schlämme (sehr feuchter Boden); **schlammig**; die **Schlammpackung**; die **Schlammschlacht** (heftiger und unsachlicher Streit)

Schlampe die, Schlampen auch der Schlampen (abwertend für unordentliche, liederliche Frau); **schlampen** (fehlerhaft arbeiten); die **Schlamperei**; **schlampert**

Schlange → schleifen

(*ugs. für* schlampig); der **Schlampertatsch** (*ugs. für* schlampiger Mensch); **schlampig** (nachlässig)

Schlange die, Schlangen (Kriechtier), *so eine Schlange!* (hinterlistige Frau), *vor dem Eingang bildete sich eine Schlange, Schlange stehen* (in einer langen Reihe anstehen); sich **schlängeln** die Kobra schlängelt (windet) sich durch das Gebüsch, der Fluss schlängelt sich durchs Tal; der **Schlangenbiss**; der **Schlangenfraß** (sehr schlechtes Essen); das **Schlangengift**; die **Schlangenlinie** (stark kurvige Linie); der **Schlangenmensch** (sehr gelenkiger Akrobat)

schlank eine schlanke Figur haben, rank und schlank; die **Schlankheitskur** (Abmagerungskur)

Schlapfen *auch* **Schlappen** der, -: (bequemer Hausschuh)

schlapp sich schlapp (erschöpft) fühlen, ein schlapper (langweiliger) Kerl; die **Schlappe** (Misserfolg); **schlappern** *auch* schlabbern (schlürfend essen und trinken); die **Schlappheit**; **schlappmachen** auf halbem Wege schlappmachen (nicht länger durchhalten); der **Schlappschwanz** (*abwertend für* schwacher, ängstlicher Mensch)

Schlaraffenland das, *Ez.* (Wunderland für Faulenzer)

Schlatz der, *Ez.* (*ugs. für* Schleim, Schlamm); **schlatzig**

schlau das hat sie schlau angestellt, der Fuchs gilt in der Fabel als das schlau(e)ste Tier, *nicht schlau daraus werden* (etwas nicht verstehen); der **Schlauberger**; die **Schläue**; **schlauerweise** *Adv.;* der **Schlaumeier**

Schlauch der, Schläuche (biegsame Röhre zur Leitung von Flüssigkeiten; Luftreifen); das **Schlauchboot**; **schlauchen** (*ugs. für* ermüden), die Arbeit hat mich geschlaucht; **schlauchlos** ein schlauchloser Reifen

Schlaufe die, Schlaufen (Schleife, Schlinge)

Schlawiner der, -: (*ugs. abwertend für* Schlingel, gerissener Kerl)

schlecht eine schlechte (minderwertige) Arbeit, ein schlechter (böser) Mensch, schlechtes (ungünstiges) Wetter, das Gemüse wird schlecht (fault), schlecht (wenig) verdienen, schlecht (übel) werden, ein schlechtes (schwaches) Gedächtnis, mehr schlecht als recht (nicht besonders gut), keine schlechte (eine gute) Idee,

schlecht gehende *auch* schlechtgehende Geschäfte; **schlechterdings** *Adv.* (geradezu); **schlechterstellen** (benachteiligen); **schlechthin** *Adv.* (vollkommen); die **Schlechtigkeit** (Niedertracht, Gemeinheit); **schlechtmachen** jmdn./etwas schlechtmachen (Nachteiliges über jmdn./etwas erzählen); das **Schlechtwetter**

die Übung **schlecht machen** (mangelhaft)	ABER	jmdn./etwas **schlechtmachen** (Nachteiliges erzählen)
schlecht gelaunt	auch	**schlechtgelaunt**
es ist mir **schlecht** gegangen	auch	es ist mir **schlechtgegangen**

schlecken die Katze schleckt (leckt) Milch, am Eis schlecken, Bonbons schlecken (naschen); der **Schlecker** (Lutscher); die **Schleckerei** (Süßigkeit); das **Schleckermaul** (jmd., der gerne nascht)

Schlegel der, -: (Hinterkeule eines Schlachttieres)

Schlehe die, Schlehen (Strauch mit Früchten); der **Schlehdorn**

schleichen die Katze schleicht um den heißen Brei, er schlich sich davon, die Indianer sind lautlos durch den Wald geschlichen, sich aus dem Haus schleichen, eine schleichende (langsam fortschreitende) Krankheit, *schleich dich!* (*ugs. für* geh weg); der **Schleichhandel** (verbotener Handel); der **Schleichweg** (nur wenigen bekannter Weg); die **Schleichwerbung** (versteckte Werbung)

Schleier der, -: (Tuch aus feinem Gewebe; Dunst), *den Schleier lüften* (ein Geheimnis verraten); die **Schleiereule**; **schleierhaft** dieses Ergebnis ist mir schleierhaft (unerklärlich)

Schleife die, Schleifen (Schlinge; Kurve; Stoffband), eine Schleife binden, der Fluss macht eine Schleife, eine Schleife im Haar

[1]**schleifen** (mühsam ziehen; schlittern), du schleifst mit den Schuhen, er schleifte den schweren Sack über den Boden, die Kupplung schleifen lassen (nicht ganz einkuppeln), ein altes Haus wurde geschleift (dem Erdboden gleichgemacht); die **Schleifspur**

[2]**schleifen** (schärfen), du schleifst das Messer, er schliff das Schwert, die Soldaten wurden geschliffen (gedrillt), eine geschliffene (gut

formulierte) Rede; der/die **Schleifer/-in**; die **Schleiferei**; der **Schleiflack**; die **Schleifmaschine**; das **Schleifpapier**; der **Schleifstein**

er **schliff** das Messer	ABER	er **schleifte** den Sack über den Boden

Schleim der, Schleime (zähflüssige Masse), den Schleim im Hals spüren, eine Schleim absondernde auch schleimabsondernde Schnecke; der **Schleimbeutel**; **schleimen** (Schleim absondern, *ugs. für* übertrieben schmeicheln); der/die **Schleimer/-in** (Schmeichler/-in); die **Schleimhaut**; **schleimig** die schleimige Schnecke, ein schleimiger Typ; der **Schleimscheißer** (*derb für* kriecherischer Mensch)

schlemmen (viel und gut essen); die **Schlemmerei**; das **Schlemmerlokal**

schlendern (langsam spazieren); der **Schlendrian** lasst keinen Schlendrian (Schlamperei) einreißen!

schlenkern (locker hin- und herbewegen)

schleppen (schwer tragen), er schleppte den schweren Rucksack, das Verfahren schleppt sich (zieht sich in die Länge); **schleppend** die Arbeit geht nur schleppend (langsam) voran; der **Schlepper** (Schlepplift; jmd., der andere illegal über eine Landesgrenze führt); die **Schlepperbande**; die **Schlepperei**; das **Schlepptau** jmdn. ins Schlepptau nehmen (sich um jmdn. kümmern)

Schleuder die, Schleudern (Waffe; Wäscheschleuder); die **Schleudergefahr**; **schleudern** der Imker schleudert den Honig, das Auto schleuderte, ins Schleudern geraten (unsicher werden); der **Schleuderpreis** (sehr günstiger Preis); der **Schleudersitz**; die **Schleuderware** (Ramsch)

schleunig (sofort, eilig); **schleunigst** *Adv.:* gib mir schleunigst (schnellstens) das Geld zurück!

Schleuse die, Schleusen: das Schiff fährt durch die Schleuse (das Wassertor), der Himmel öffnete alle Schleusen (es regnete in Strömen), der Zugang ist nur über eine Schleuse (Vorrichtung z.B. zur Desinfektion) möglich; **schleusen** er schleuste (lotste) die Gäste durch die Stadt; der **Schleusenwärter**

Schliche die, *Mz.* (Tricks, Listen), jmdm. auf die Schliche kommen (jmdn. überführen)

schlicht ein schlichtes (einfaches) Kleid tragen, das ist schlicht und einfach (eindeutig) gelogen; **schlichten** Holz schlichten (stapeln), einen Streit schlichten (durch Vermittlung beenden); die **Schlichtheit** (Einfachheit); die **Schlichtung** (Beilegung); **schlichtweg** *Adv.:* das ist schlichtweg (ganz und gar) falsch

Schlick der, Schlicke (Schlamm)

Schlier der, *Ez.* (Mergel); der **Schliersand**

Schliere die, Schlieren (schmieriger Streifen)

schließen du schließt die Tür, er schloss die Fabrik, das Geschäft hat geschlossen, schließ ab!, das Referat schließen (beenden), die Grenze schließen, die Feinde schlossen Frieden, jmdn. ins Herz schließen, den Bund fürs Leben schließen (heiraten), daraus kann man schließen (folgern); das **Schließfach** (verschließbares Fach, z.B. auf Bahnhöfen); der **Schließmuskel**; die **Schließung**

schließlich *Adv.:* sie kam schließlich (endlich) doch noch, schließlich (immerhin) bin ich deine Vorgesetzte

Schliff der, Schliffe: die Kristallgläser haben einen schönen Schliff, etwas Schliff (bessere Umgangsformen) täte ihm gut

schlimm ein schlimmer (arger) Fehler, schlimme Zeiten, eine schlimme (gefährliche) Krankheit, im schlimmsten Fall ABER → das **Schlimmste** daran ist, dass…, man muss das Schlimmste befürchten, mach dich aufs Schlimmste gefasst, er wurde aufs Schlimmste auch aufs schlimmste getäuscht, er ist ein ganz Schlimmer; **schlimmstenfalls** *Adv.* (notfalls) ABER → im schlimmsten Fall

eine **schlimme** Sache	ABER	das **Schlimmste** daran ist …
ein **schlimmer** Fehler	ABER	du bist ein ganz **Schlimmer!**
im **schlimmsten** Fall	ABER	**schlimmstenfalls**

Schlinge die, Schlingen: den verletzten Arm in einer Schlinge (Schlaufe) tragen, *jmdm. die Schlinge um den Hals legen* (ihn stark bedrängen); der **Schlingel** (übermütiger, viel Unsinn treibender Bub); **schlingen** die Katze schlingt das Fressen hinunter, er schlang sich das Seil um den Bauch, sie hat die Arme um ihn geschlungen, schling nicht!

schlingern das Schiff schlingert (schwankt hin und her); die **Schlingpflanze** (Kletterpflanze)

Schlips → Schmäh

Schlips der, Schlipse (Krawatte), *jmdm. auf den Schlips treten* (ihn beleidigen), *sich auf den Schlips getreten fühlen* (beleidigt reagieren)

Schlitten der, -: Schlitten fahren (rodeln), die Hunde ziehen den Schlitten, ob er sich diesen Schlitten (*ugs. für* teures Auto) leisten kann?, *mit jmdm. Schlitten fahren* (ihn rücksichtslos behandeln); die **Schlittenbahn**; das **Schlittenfahren**; der **Schlittenhund**

schlittern sie schlittert (rutscht) über das Eis, das Auto schlitterte auf der glatten Fahrbahn, in sein Verderben schlittern; der **Schlittschuh** sie geht Schlittschuh laufen (eislaufen); das **Schlittschuhlaufen**; der/die **Schlittschuhläufer/-in**

Schlitz der, Schlitze: die Münze in den Schlitz (schmale Öffnung) werfen; **schlitzäugig**; **schlitzen** du schlitzt die Haut mit dem Messer (schneidest sie auf); das **Schlitzohr** (*ugs. für* gerissener Bursche); **schlitzohrig** (durchtrieben)

schlohweiß sie hat schlohweißes (vollkommen weißes) Haar

¹**Schloss** das, Schlösser (Palast), Schloss Schönbrunn; das **Schlösschen**; der/die **Schlossherr/-in**; die **Schlossruine**

²**Schloss** das, Schlösser (Verschlussvorrichtung), den Schlüssel im Schloss umdrehen, *jmdn. hinter Schloss und Riegel* (ins Gefängnis) *bringen*

Schlosser der, -: (Handwerker); die **Schlosserei**; die **Schlosserin**; **schlossern**; die **Schlosserwerkstatt**

Schlot der, Schlote (hoher Schornstein)

schlottern ihr Kleid schlottert (ist zu weit), er schlotterte (zitterte) vor Angst

Schlucht die, Schluchten (tiefes Tal)

schluchzen er schluchzte (weinte) bitterlich; der **Schluchzer**

Schluck der, Schlucke: einen tüchtigen Schluck nehmen; der **Schluckauf** (Schluckbeschwerden); das **Schlückchen**; **schlucken** Wasser schlucken, sie muss viel schlucken (hinnehmen), der Wagen schluckt (verbraucht) viel Benzin; der **Schlucker** ein armer Schlucker (bedauernswerter Mensch)

schludern (*ugs. für* schlecht arbeiten); die **Schluderei**; **schlud(e)rig** die Handwerker haben schlud(e)rig (nachlässig) gearbeitet; der **Schludrian** (*ugs. für* schlampiger Mensch)

Schluf der, Schlufe (enger Durchgang)

Schlummer der, *Ez.* (Halbschlaf); das **Schlummerlied**; **schlummern** in ihr schlummern ungeahnte Talente

Schlumpf der, Schlümpfe (Comicfigur)

Schlund der, Schlünde (Rachen)

schlüpfen auch **schlupfen** (sanft und lautlos gleiten), aus dem Mantel schlüpfen, das Kücken schlüpft aus dem Ei; der **Schlüpfer** (Halbschuh; Unterhose); das **Schlupfloch** (Zufluchtsstätte); **schlüpfrig** (glitschig; anstößig); der **Schlupfwinkel** (Zufluchtsort)

schlurfen (geräuschvoll gehen), er schlurft durchs Zimmer

schlürfen (geräuschvoll trinken), den Tee schlürfen

Schluss der, Schlüsse: der Schluss (das Ende) der Vorstellung, aus dem Gesagten den Schluss (Folgerungen) ziehen, *mit etwas/jmdm. Schluss machen* (etwas beenden); der **Schlussakt**; die **Schlussbemerkung**; **schlussendlich** (schließlich); die **Schlussfeier**; **schlussfolgern**; die **Schlussfolgerung**; **schlüssig** (folgerichtig); das **Schlusskapitel**; das **Schlusslicht** (Rücklicht; Letzter); der **Schlussmann** (Tormann); der **Schlusspfiff**; die **Schlussphase**; die **Schlussrechnung**; der **Schlussstrich** auch Schluss-Strich *einen Schlussstrich ziehen* (etwas beenden); der **Schlussverkauf**

Schlüssel der, -: den Schlüssel ins Schloss stecken, der Schlüssel (die Lösung) für das Problem; der **Schlüsselanhänger**; das **Schlüsselbein** (Knochen); die **Schlüsselblume**; der **Schlüsselbund**; **schlüsselfertig** ein Haus schlüsselfertig (bezugsfertig) kaufen; die **Schlüsselfigur** (Hauptfigur); das **Schlüsselkind** (Kind, das unbeaufsichtigt ist)

Schmach die, *Ez.*: er empfand es als Schmach (Kränkung, Schande); **schmachvoll** eine schmachvolle (demütigende) Niederlage

schmachten (sich nach etwas sehnen); der **Schmachtfetzen** (*ugs., abwertend für* rührseliges Werk, z.B. Schlager)

schmächtig (dünn, hager)

schmackhaft ein schmackhaftes (wohlschmeckendes) Essen, *jmdm. etwas schmackhaft machen* (etwas so darstellen, dass andere es für gut halten)

Schmäh der, Schmähs (Schwindelei, Wortwitz), der berühmte Wiener Schmäh, Schmäh führen, jmdn. am Schmäh

schmal → schmieren

halten (ugs. für ihn täuschen); **schmähen** (beleidigen); **schmählich** jmdn. schmählich (schändlich) im Stich lassen; die **Schmähschrift**; der/die **Schmähtandler/-in** (ugs. für Person, die anderen etwas vortäuscht); die **Schmähung** (Beleidigung)

schmal eine schmale (enge) Straße, er bekommt jetzt ein schmäleres auch schmaleres (geringeres) Einkommen, die schmälste auch schmalste Stelle; **schmalbrüstig**; **schmälern** seine Verdienste schmälern (verkleinern); **Schmalhans** da ist Schmalhans Küchenmeister (es muss sehr gespart werden); die **Schmalspur**; **schmalspurig**

¹**Schmalz** das, Schmalze (tierisches Fett); das **Schmalzbrot**; **schmalzen** ein geschmalzener (hoher) Preis

²**Schmalz** der, Ez. (Sentimentalität), er sang mit viel Schmalz in der Stimme; **schmalzig** schmalzige (ugs. für übertrieben rührselige) Lieder singen

Schmankerl das, Schmankerln (Leckerbissen)

schmarotzen (auf Kosten anderer leben); der/die **Schmarotzer/-in** (Parasit)

Schmarren auch **Schmarrn** der, -: (Mehlspeise), er redet einen Schmarr(e)n (ugs. für Unsinn), das geht dich einen Schmarr(e)n (ugs. für gar nichts) an

schmatzen (geräuschvoll essen); der **Schmatz** (geräuschvoller Kuss)

schmauchen (genussvoll rauchen); die **Schmauchspuren** (Pulverreste)

Schmaus (gutes, reichhaltiges Mahl); **schmausen** (genussvoll essen); die **Schmauserei**

schmecken die Suppe schmeckt gut, der Pudding schmeckte nach Vanille

schmeicheln (schöntun, übertrieben loben), sie schmeichelt der Lehrerin, das Kleid schmeichelt ihr (steht ihr gut); die **Schmeichelei**; **schmeichelhaft**; der/die **Schmeichler/-in** (Heuchler/-in)

schmeißen du schmeißt das Papier weg, er schmiss mit dem Geld um sich, sie hat die Schule geschmissen (vorzeitig beendet), schmeiß das weg!, jmdn. aus dem Haus schmeißen (davonjagen); die **Schmeißfliege**

Schmelz der, Schmelze (glänzender Überzug; oberste Zahnschicht), mit Schmelz (mit Ausdruck in der Stimme) singen; **schmelzen** die Butter schmilzt in der Sonne, das Gold schmolz bei hoher Temperatur, der Schnee ist geschmolzen; der **Schmelzkäse**; der **Schmelzofen**; der **Schmelztiegel** (Sammelbecken); das **Schmelzwasser**

Schmerz der, Schmerzen (Qual, Leid, unangenehme Empfindung); **schmerzempfindlich**; die **Schmerzempfindlichkeit**; **schmerzen** der Arm schmerzt (tut weh), der Verlust schmerzt (macht traurig); das **Schmerzensgeld**; der **Schmerzenslaut**; **schmerzerfüllt**; **schmerzfrei**; das **Schmerzgefühl**; die **Schmerzgrenze**; **schmerzhaft** eine schmerzhafte Verletzung; **schmerzlich** etwas schmerzlich (sehr) vermissen; **schmerzlindernd**; **schmerzlos**; **schmerzstillend** ein schmerzstillendes Mittel nehmen; die **Schmerztablette**; **schmerzunempfindlich**; **schmerzverzerrt**; **schmerzvoll**

Schmetterling der, Schmetterlinge (Falter); das **Schmetterlingsnetz**; der **Schmetterlingsstil** (Schwimmstil)

schmettern (kraftvoll schlagen), den Ball an die Wand schmettern, ein Lied schmettern (laut singen); der **Schmetterball**

Schmied der, Schmiede (Handwerker), geh zum Schmied und nicht zum Schmiedl! (wende dich gleich an die wichtigste Stelle), die **Schmiede**; die **Schmiedearbeit**; das **Schmiedeeisen**; **schmiedeeisern**; das **Schmiedehandwerk**; die **Schmiedekunst**; **schmieden** den Stahl zur Klinge schmieden (bearbeiten), Pläne schmieden, man muss das Eisen schmieden, solange es heiß ist (etwas machen, solange die Umstände günstig sind), jeder ist seines Glückes Schmied

schmiegen sich: das Kind schmiegt sich an den Vater, sich in eine weiche Decke schmiegen, das Haus schmiegt sich an den Hang; **schmiegsam** (weich, geschmeidig)

Schmierage [schmirasch] die, Schmieragen (ugs. für unleserlich Geschriebenes, Schmiererei); die **Schmiere** (Schmiermittel), Schmiere (Wache) stehen

schmieren die Kette des Fahrrades schmieren (ölen), Butter auf das Brot schmieren (streichen), einen Beamten schmieren (bestechen), beim Schreiben schmieren (ugs. für unordentlich schreiben), jmdm. eine schmieren (ugs. für ihn ohrfeigen), eine Sache läuft wie geschmiert (ohne Probleme); das **Schmierentheater** (schlechtes Theater); der **Schmierer** (ugs. für Schwindelzettel);

Schminke → schnaufen

die **Schmiererei**; der **Schmierfink**; das **Schmiergeld** (Bestechungsgeld); das **Schmierheft**; **schmierig** ein schmieriger (fetter, verschmutzter) Herd, ein schmieriger (ekelhafter, kriecherischer) Typ; das **Schmieröl**; das **Schmierpapier**; die **Schmierseife**; der **Schmierzettel**

Schminke die, Schminken (kosmetisches Mittel); **schminken** Schminke auftragen; der **Schminkstift**

schmirgeln (schleifen, glätten); das **Schmirgelpapier**

Schmiss (Schwung, Narbe); **schmissig** eine schmissige (beschwingte) Musik

schmökern (genussvoll lesen), er schmökert in den neuen Büchern; der **Schmöker** (dickes Buch)

schmollen (verärgert schweigen), sie schmollt schon seit einigen Stunden; der **Schmollmund** einen Schmollmund ziehen; der **Schmollwinkel** sich in den Schmollwinkel zurückziehen (beleidigt sein)

Schmonzes der, *Ez.:* du redest Schmonzes (*ugs. für* Unsinn)

schmoren das Fleisch schmoren lassen auch schmorenlassen (im Saft gar werden lassen), *jmdn. schmoren* (in Ungewissheit warten) *lassen auch schmorenlassen*; der **Schmorbraten**

Schmuck der, *Ez.:* teuren Schmuck tragen; **schmuck** eine schmucke (schöne) Wohnung; **schmücken** den Saal für die Feier schmücken (herausputzen), den Weihnachtsbaum schmücken, *sich mit fremden Federn schmücken* (die Verdienste von anderen als die eigenen ausgeben); der **Schmuckkoffer**; **schmucklos** (einfach); die **Schmucksachen**; das **Schmuckstück**; **schmuckvoll**; die **Schmuckwaren**

schmuddelig auch **schmuddlig** (verdreckt, ungepflegt), er macht einen schmuddeligen Eindruck

Schmuggel der, *Ez.;* die **Schmuggelei**; **schmuggeln** (Waren illegal über die Grenze bringen); die **Schmuggelware**; der/die **Schmuggler/-in**; die **Schmugglerbande**

schmunzeln (verhalten lächeln), er schmunzelte über meinen Witz

Schmus der, *Ez.* (leeres Gerede, Schmeichelei); die **Schmusekatze**; **schmusen** (Zärtlichkeiten austauschen); der/die **Schmuser/-in**; die **Schmuserei**

Schmutz der, *Ez.:* die Straße ist voller Schmutz, eine Schmutz abweisende auch schmutzabweisende Oberfläche, *jmdn. in/durch den Schmutz ziehen* (Schlechtes über ihn sagen); die **Schmutzbürste**; **schmutzen** helle Kleidung schmutzt leicht; der **Schmutzfänger**; der **Schmutzfink** (unreinlicher, unanständiger Mensch); der **Schmutzfleck**; **schmutzig** ein schmutziges Fenster, ein schmutziger (unanständiger) Witz, schmutzige (betrügerische) Geschäfte machen, schmutzig grau; die **Schmutzschicht**; die **Schmutzwäsche**

Schnabel der, Schnäbel: den Schnabel weit aufreißen, *reden, wie einem der Schnabel gewachsen ist* (sagen, was einem gerade einfällt), *den Schnabel halten* (*ugs. für* still sein), *sich den Schnabel verbrennen* (etwas Unvorsichtiges sagen und sich damit selbst schaden); **schnabelförmig**; **schnabulieren** (*ugs. für* lustvoll essen)

Schnackerl das/der, *Ez.* (*ugs. für* Schluckauf); das **Schnackerlstoßen**

Schnake die, Schnaken (Stechmücke)

Schnalle die, Schnallen (Verschluss, Klinke); **schnallen** die Skier auf den Dachträger schnallen (sie befestigen), *etwas erst beim dritten Mal schnallen* (*ugs. für* verstehen)

schnalzen (kurzes lautes Geräusch), mit der Peitsche schnalzen; der **Schnalzer**

schnappen der Hund schnappte nach der Wurst, er schnappte nach Luft, die Polizei schnappte den Dieb; das **Schnäppchen** (günstiger Einkauf); das **Schnappschloss**; der **Schnappschuss** (Momentaufnahme)

Schnaps der, Schnäpse (Getränk mit hohem Alkoholgehalt); die **Schnapsbrennerei**; das **Schnäpschen**; **schnapsen** (Karten spielen); das **Schnapsen** (Kartenspiel); die **Schnapsflasche**; die **Schnapsidee** (*ugs. für* verrückter Einfall); die **Schnapsnase** (rote Nase)

schnarchen sie schnarchte laut im Schlaf; der/die **Schnarcher/-in**

schnarren (knarren, rasseln), eine schnarrende Stimme

schnattern die Gänse schnatterten laut, meine Schwester schnattert (*abwertend für* redet) stundenlang am Telefon; die **Schnattergans** (schwatzhafte Person); **schnatt(e)rig** (frech, unruhig)

schnauben (geräuschvoll atmen), das Pferd schnaubte, vor Wut schnauben (erregt sein)

schnaufen (schwer atmen, keuchen), er

schnauft wie eine Dampflok; der **Schnaufer** (Atemzug), *den letzten Schnaufer tun* (*ugs. für* sterben); die **Schnaufpause** (kurze Pause)

Schnauze die, Schnauzen: dieser Hund hat eine stumpfe Schnauze, *die Schnauze von etwas voll haben* (keine Lust mehr haben), *die Schnauze halten* (schweigen), *eine große Schnauze haben* (angeben); der **Schnauzbart**; **schnauzen** (laut schimpfen); (sich) **schnäuzen** (die Nase putzen); der **Schnauzer** (Hunderasse; Schnauzbart); das **Schnäuztuch** (Taschentuch)

Schnecke die, Schnecken: die Schnecken haben den Salat im Garten gefressen, *jmdn. zur Schnecke machen* (*ugs. für* jmdn. heftig zurechtweisen); das **Schneckengehäuse**; das **Schneckenhaus** *sich in sein Schneckenhaus zurückziehen* (sich von anderen Menschen zurückziehen); das **Schneckentempo** (sehr langsame Fortbewegungsgeschwindigkeit)

Schnee der, *Ez.*: auf der Piste liegt frischer Schnee, Schnee räumen, Schnee schaufeln, *das ist Schnee von gestern* (das interessiert niemanden mehr), *im Jahre Schnee auch anno Schnee* (vor langer Zeit); der **Schneeball**; **schneebedeckt**; der **Schneebesen** (Küchengerät); **schneeblind**; der **Schneefall**; die **Schneeflocke**; **schneefrei**, **schneeglatt** eine schneeglatte (rutschige) Fahrbahn; das **Schneeglöckchen** (Blume); die **Schneeketten**; der **Schneemann**; der **Schneematsch**; der **Schneepflug** (Fahrzeug für die Schneeräumung); die **Schneeschmelze**; der **Schneesturm**; die **Schneeverhältnisse**; die **Schneeverwehung**; die **Schneewechte** (Schneeverwehung); **schneeweiß**; das **Schneewittchen** (Märchenfigur)

Schneid die, *Ez.* (*ugs. für* Tatkraft, Mut), *jmdm. die Schneid abkaufen* (jmdm. den Mut nehmen); die **Schneide** (Klinge des Messers); **schneidig** (mutig, tapfer)

schneiden du schneidest das Brot, er schnitt sich in den Finger, sie hat eine Grimasse geschnitten (das Gesicht komisch verzogen), schneid(e) das ab!, die Kurve schneiden (auf die Gegenfahrbahn kommen), sie wird von der Mitschülerin geschnitten (gemieden), sie trägt ein schön geschnittenes Kleid, schneidende (eisige) Kälte

Schneider der, -: (Handwerker), *aus dem Schneider sein* (das Schlimmste überstanden haben); die **Schneiderei**; das **Schneiderhandwerk**; die **Schneiderin**; **schneidern** das Kleid habe ich selbst geschneidert (angefertigt); die **Schneiderwerkstatt**; der **Schneidezahn**

schneien es hat die ganze Nacht geschneit, plötzlich schneite sie herein (erschien sie unangekündigt)

Schneise die, Schneisen (baumloses Waldgebiet)

schnell das Auto fährt zu schnell, einen schnellen Entschluss fassen, *mach schnell!* (beeile dich) ABER → auf die **Schnelle**; die **Schnellbahn**; **schnellen** der Frosch schnellte aus dem Wasser (sprang in die Höhe); **schnellfüßig**; der **Schnellhefter** (Mappe); die **Schnelligkeit**; der **Schnellimbiss**; **schnelllebig** eine schnelllebige Zeit; der **Schnellschuss** (eine schnelle Reaktion, Handlung); **schnellstens** *Adv.* (unverzüglich); **schnellstmöglich** (so schnell wie möglich); der **Schnellverkehr**; der **Schnellzug**

Schnepfe die, Schnepfen (Sumpfvogel); die **Schnepfenjagd**

schnetzeln (zerkleinern), es gibt geschnetzeltes Fleisch ABER → es gibt **Geschnetzeltes**

Schnickschnack der, *Ez.* (*ugs. für* wertloses Zeug, Geschwätz)

schniegeln sich (*ugs. für* herausputzen), er war fein geschniegelt (herausgeputzt)

Schnippel der/das, -: (kleines abgeschnittenes Stück); **schnippeln** (*ugs. für* in kleine Stücke schneiden)

schnippen er schnippte (schnalzte) mit den Fingern; das **Schnippchen** *jmdm. ein Schnippchen schlagen* (einen Streich spielen); **schnippisch** schnippisch (frech) antworten

Schnipsel der/das, -: (Papierstück); **schnipseln** Zeitungspapier schnipseln (in kleine Stücke schneiden)

Schnitt der, Schnitte: ein tiefer Schnitt im Fleisch, im Schnitt (durchschnittlich), der goldene Schnitt (harmonisches Teilungsverhältnis), einen senkrechten Schnitt durchführen; die **Schnittblume**; die **Schnitte** (Brotscheibe; Waffel); **schnittfest**; die **Schnittfläche**; **schnittig** ein schnittiges (sportliches) Auto; der **Schnittlauch** (Zwiebelgewächs); die **Schnittmenge** (mathematischer Begriff); das **Schnittmuster**; der **Schnittpunkt**

Schnitzel → schön

(Kreuzungspunkt); die **Schnittstelle** (Verbindungsstelle); die **Schnittwunde**

¹**Schnitzel** das, -: (Fleischstück), ein Wiener Schnitzel

²**Schnitzel** das, -: (Papierfetzen); die **Schnitzeljagd** (Kinderspiel)

schnitzeln (in kleine Stücke reißen)

schnitzen eine Figur aus Holz schnitzen; die **Schnitzarbeit**; der **Schnitzer** (grober Fehler); die **Schnitzerei**; das **Schnitzmesser**

schnodderig auch **schnoddrig** eine schnodderige (ugs. für freche) Antwort geben

schnöd auch **schnöde** jmdn. schnöd(e) (verächtlich) behandeln, *der schnöde Mammon* (das verachtenswerte Geld)

schnofeln (schnüffeln); das **Schnoferl** ein Schnoferl ziehen (ugs. für ein beleidigtes Gesicht machen)

Schnorchel der, -: (Tauchgerät); **schnorcheln**

Schnörkel der, -: (geschwungene Verzierung), eine Schrift mit vielen Schnörkeln; **schnörk(e)lig**

schnorren (um eine Kleinigkeit betteln); der/die **Schnorrer/-in**; die **Schnorrerei**

Schnösel der, -: (ugs. für arroganter junger Mann); **schnöselig**

schnuckelig auch **schnucklig** (niedlich, hübsch, zierlich), ein schnuckeliges Häuschen

schnüffeln der Hund schnüffelt (schnuppert) an einem Baum, während seiner Abwesenheit in jmds. Zimmer schnüffeln (herumsuchen), er schnüffelt heimlich (benutzt einen Drogenersatz); die **Schnüffelei**; der **Schnüffler** (Detektiv)

Schnuller der, -: (Gummisauger für Babys)

Schnulze die, Schnulzen (rührseliger, kitschiger Schlager/Film); der/die **Schnulzensänger/-in**; **schnulzig**

schnupfen (beim Einatmen durch die Nase ziehen); der **Schnupfen** (Erkältung); der **Schnupftabak**

schnuppe das ist mir schnuppe (ugs. für gleichgültig)

schnuppern die Maus schnuppert (schnüffelt) an dem Käse; die **Schnupperlehre** (Lehre auf Probe)

Schnur die, Schnüre: das Paket mit einer Schnur zusammenbinden, *über die Schnur hauen* (übermütig sein); der **Schnürboden** (Raum über der Theaterbühne); das **Schnürchen** es klappt wie am Schnürchen (ugs. für völlig reibungslos); **schnüren** die Angst schnürt mir die Kehle zu; **schnurgerade**; das **Schnürl**; **schnürln** (ugs. für regnen); der **Schnürlregen** (andauernder Regen); der **Schnürlsamt** (Kordstoff); der **Schnürriemen**; **schnurspringen** (seilspringen); **schnurstracks** Adv. (ohne Umwege)

Schnurrbart der, …bärte (Bart auf der Oberlippe); **schnurrbärtig**; die **Schnurre** (spaßige Erzählung); **schnurren** die Katze schnurrt beim Streicheln

schnurz auch **schnurzegal** das ist mir schnurz (ugs. für egal)

Schober der, -: (freistehende Scheune); das **Schöberl** (Suppeneinlage); **schöbern** (Heu zusammentragen)

Schock der, Schocke/Schocks: einen Schock (seelische Erschütterung) erleiden; das Opfer stand unter Schock; **schocken** (in großen Schrecken versetzen); der **Schocker** (Schauerfilm); die **Schockfarbe**; **schockgefroren**; **schockieren** (in Entrüstung versetzen); die **Schocktherapie** (Behandlung mit Elektroschocks)

Schöffe der, Schöffen (Laienrichter); das **Schöffengericht** (Gericht, bei dem Schöffen den Richter unterstützen); die **Schöffin**

Schokolade die, Schokoladen (Süßigkeit); **schokoladen** (aus Schokolade); **schokolade(n)braun**; das **Schokolade(n)eis**; der **Schokolade(n)pudding**; die **Schokolade(n)seite** sich von der Schokoladenseite (vorteilhaftesten Seite) zeigen; der **Schokoriegel**

Scholle die, Schollen (Stück Erde oder Eis; Seefisch), die heimatliche Scholle, gebackene Scholle essen

schon Adv.: die Gäste sind schon (bereits) da, es wird schon (bestimmt) funktionieren, das ist schon sehr teuer, was macht das schon; …**schon** Konj.: wennschon, dennschon

schön sie ist eine schöne Frau, ein schöner Garten, das wäre schön von dir, schön (leserlich) schreiben, das Wetter wird schön, das ist eine schöne (hohe) Summe, das ist eine schöne Bescherung!, das wäre ja noch schöner!, *wie man so schön sagt* (ironisch für sprichwörtlich) ABER → sie ist die **Schönste**, etwas Schönes erleben, etwas Schönes anrichten; die **Schöne** (eine schöne Frau); **schönfärben** (günstig darstellen) ABER → das Tuch ist schön gefärbt; die **Schönfärberei**; die **Schönheit**; der

schonen → Schreck

Schönling (abwertend für gut aussehender, eitler Mann); sich **schönmachen** auch **schön machen**; die **Schönschrift**; die **Schöntuerei**; **schöntun** (schmeicheln), jmdm. schöntun; die **Schönwetterlage**

ein **schönes** Mädchen	ABER	die **Schöne** aus dem Film
etwas **schön** herrichten	ABER	ihr **schöntun** (schmeicheln)
sich **schön machen**	auch	sich **schönmachen**

schonen der Sänger schont seine Stimme, das neue Kleid schonen (nicht strapazieren), sich schonen (Anstrengungen vermeiden); **schonend**; der **Schoner** (Überzug); die **Schonfrist**; der **Schongang** Wäsche im Schongang waschen; die **Schonkost** (Diät); die **Schonung** (vorsichtige Behandlung; Jungwald); **schonungsbedürftig**; **schonungslos**; die **Schonzeit** (Zeit, in der bestimmte Tiere nicht gejagt werden dürfen)

Schoner der, -: (Segelschiff mit mehreren Masten)

Schopf der, Schöpfe (Haarbüschel), *eine Gelegenheit beim Schopf packen* (die Gelegenheit nützen); der **Schopfbraten** (Speise)

schöpfen frische Luft schöpfen, Wasser aus dem Boot schöpfen, keinen Verdacht schöpfen, *aus dem Vollen schöpfen* (genügend Geldmittel haben)

¹**Schöpfer** der, -: (Gott; Hersteller eines Kunstwerkes); die **Schöpferin**; **schöpferisch** (fantasievoll, erfinderisch); die **Schöpfung** die Schöpfung (Erschaffung) der Erde die **Schöpfungsgeschichte** (Bericht über die Schöpfung in der Bibel)

²**Schöpfer** der, -: (Schöpflöffel), das **Schöpfgefäß**

schoppen (stopfen; mästen), etwas in die Tasche schoppen

Schoppen der, -: (altes Flüssigkeitsmaß), ein Schoppen Wein

Schorf der, Schorfe (Wundkruste); **schorfig**

Schornstein der, …steine (Rauchfang, Kamin), *etwas in den Schornstein schreiben* (als verloren ansehen); der/die **Schornsteinfeger/-in**; der/die **Schornsteinkehrer/-in**

¹**Schoß** der, Schöße: das Kind sitzt auf dem Schoß der Mutter, *die Hände in den Schoß legen* (untätig sein); der **Schoßhund**

²**Schoß** die, Schoßen (veraltet für Damenrock)

Schoss der, Schosse (junger Trieb einer Pflanze); der **Schössling**

Schote die, Schoten (längliche Fruchtform)

Schott das, Schotten/Schotte (feuerfeste und wasserdichte Wand in einem Schiff)

Schotter der, -: (kleine Steine); **schottern**; die **Schotterstraße**; der **Schotterweg**

Schottland (Teil Großbritanniens); die **Schotten** (Einwohner Schottlands); der **Schottenrock** (karierter Rock); der **Schottenwitz**; die **Schottin**

schraffieren die Fläche auf dem Plan mit Farbe schraffieren (parallel strichlieren); die **Schraffur** (durch parallele Striche hervorgehobene Fläche)

schräg ein schräges (geneigtes, schiefes) Dach, schräg gegenüber, eine schräge Musik (*ugs. für* eigenwillig, bizarr), jmdn. schräg (abschätzig) anschauen, schräge (ungewöhnliche) Ideen; die **Schräge**; die **Schräglage**; der **Schrägstrich**

Schragen der, -: (Holzgestell)

Schramme die, Schrammen (leichte Verletzung); **schrammen**

Schrammeln die, *Mz.* (Wiener Volksmusikquartett); die **Schrammelmusik**

Schrank der, Schränke (Möbelstück)

¹**Schranke** die, Schranken (Grenze) *sich in Schranken halten, jmdn. in seine Schranken weisen* (ihn zurechtweisen); **schrankenlos** (keine Grenze respektierend); die **Schrankenlosigkeit**

Schranken der, -: (Bahnschranken, Schlagbaum), der Schranken geht hoch

Schrat der, Schrate (Waldgeist, Kobold)

Schraube die, Schrauben: die Schraube sitzt fest, *bei jmdm. ist eine Schraube locker* (*ugs. für* jmd. ist nicht recht bei Verstand); **schrauben** die Glühbirne ins Gewinde schrauben, die Ansprüche immer höher schrauben; die **Schraubenmutter**; der **Schraubenschlüssel**; der **Schraubenzieher**; der **Schraubstock**; der **Schraubverschluss**

Schrebergarten der, …gärten (kleiner städtischer Garten); der/die **Schrebergärtner/-in**

Schreck der, *Ez.* (Angst, Furcht), sie bekam einen gewaltigen Schreck; der **Schrecken** die Bewohner kamen mit dem Schrecken davon, eine Schrecken erregende auch **schreckenerregende** Gestalt; **schrecken**

Schredder → Schub

jmdn. schrecken, er schreckte sich; das **Schreckgespenst** (Schreckgestalt); **schreckhaft** (ängstlich); **schrecklich** eine schreckliche Nachricht, das ist mir schrecklich (sehr) peinlich ABER → auf das **Schrecklichste** gefasst sein; die **Schrecklichkeit**; die **Schreckschraube** (*ugs. für* unbeliebte Frau); die **Schrecksekunde**

Schredder der, -: (Zerhacker, Reißwolf); **schreddern**

Schrei der, Schreie: ein lauter Schrei durchbrach die Stille, der letzte Schrei (die neueste Mode)

schreiben du schreibst schnell, sie schrieb mir einen Brief, sie hat geschrieben, schreib(e) das ab!, man schrieb das Jahr 1918, er schreibt an einem Theaterstück, sage und schreibe (tatsächlich), *sich etwas hinter die Ohren schreiben* (sich etwas gut merken)

Schreiben das, -: (schriftliche Mitteilung); der/die **Schreiber/-in**; die **Schreiberei**; der **Schreiberling** (*abwertend für* Schriftsteller); **schreibfaul**; der **Schreibfehler** (Rechtschreibfehler); **schreibgeschützt** eine schreibgeschützte Datei; das **Schreibheft**; die **Schreibkraft**; die **Schreibmaschine**; der **Schreibtisch**; die **Schreibung**; die **Schreibwaren**; die **Schreibweise**; das **Schreibzeug**; der **Schrieb** (*ugs. für* Schreiben, Schriftstück)

schreien du schreist zu laut, er schrie aus Leibeskräften, die Tiere haben nach Wasser geschrien, schrei nicht so!, die Kinder schreien in der Klasse, wie am Spieß (sehr laut) schreien, *diese Tat schreit* (verlangt) *nach Vergeltung* ABER → der Film ist zum **Schreien** (sehr lustig); **schreiend** schreiende (knallige, grelle) Farben; die **Schreierei**; der **Schreihals**; der **Schreikrampf**

Schrein der, Schreine (kostbarer Behälter); der/die **Schreiner/-in** (*bundesdt. für* Tischler/-in); die **Schreinerei**; **schreinern** (tischlern)

schreiten (langsam, feierlich gehen), das Brautpaar schreitet zum Altar, er schritt, sie sind würdevoll geschritten

Schrift die, Schriften: chinesische Schrift, eine schöne Schrift, nach der Schrift (hochdeutsch) sprechen, die Heilige Schrift (Bibel); das **Schriftbild**; der/die **Schriftführer/-in**; der/die **Schriftgelehrte**; **schriftlich** eine schriftliche Prüfung absolvieren ABER → etwas **Schriftliches** erhalten; die **Schriftsprache** (Hochdeutsch);

der/die **Schriftsteller/-in**; das **Schriftstück** (Schreiben); das **Schrifttum** (Literatur); der **Schriftverkehr**; der **Schriftwechsel** (Briefwechsel)

schrill eine schrille (durchdringende) Stimme; **schrillen** das Telefon schrillte

Schritt der, Schritte: treten Sie einen Schritt zurück!, jmdm. auf Schritt und Tritt (überall) begegnen, Schritt für Schritt (eines nach dem anderen) erledigen, im Schritt (sehr langsam) fahren, *den ersten Schritt tun* (mit etwas beginnen; als Erste/-r eine Versöhnung einleiten), *mit jmdm. Schritt halten* (das gleiche Tempo halten), *Schritte gegen jmdn. unternehmen* (Maßnahmen gegen jmdn. ergreifen), die Hose ist im Schritt zu eng; der **Schrittmacher** (Vorläufer; Herzschrittmacher); das **Schritttempo** auch Schritt-Tempo; **schrittweise** das Problem schrittweise (allmählich) lösen

schroff ein schroffer (steil aufragender) Fels, eine schroffe (abweisende) Antwort erhalten; die **Schroffheit**

schröpfen jmdn. schröpfen (ihm unverhältnismäßig viel Geld abnehmen)

Schrot das/der, Schrote (Bleikügelchen; grob gemahlenes Getreide); die **Schrotflinte**; die **Schrotkugel**; die **Schrotladung**; die **Schrotpatrone**; der **Schrotschuss**

Schrott der, Schrotte (Altmetall), ein Auto zu Schrott fahren (stark beschädigen); der/die **Schrotthändler/-in**; der **Schrotthaufen**; **schrottreif**

schrubben den Fußboden schrubben (reiben und so reinigen); der **Schrubber**

Schrulle die, Schrullen; das ist eine Schrulle (seltsame Angewohnheit, verrückte Idee) von ihm; **schrullig** wir sind von schrulligen (eigensinnigen, wunderlichen) Menschen umgeben; die **Schrulligkeit**

schrump(e)lig eine schrumpelige (faltige) Haut

schrumpfen der Pullover ist beim Waschen geschrumpft (hat an Größe verloren), die Ersparnisse sind geschrumpft (kleiner geworden)

Schrunde die, Schrunden (Risswunde, Spalte); **schrundig** schrundige (rissige) Hände

Schub der, Schübe (Stoß; Krankheitsanfall); der **Schuber** (Schutzkarton für Bücher; Riegel); das **Schubfach**; der **Schubkarren**; die **Schublade**; **schubladieren** (etwas nicht erledigen); die **Schublehre** (Messwerkzeug); der **Schubs** (leichter Stoß) *auch* Schups; **schubsen** *auch* schupsen (leicht stoßen)

der **Schubs**	auch	der **Schups**
schubsen	auch	**schupsen**

schüchtern ein schüchternes (scheues) Kind, ein schüchterner (zaghafter) Versuch; die **Schüchternheit**
Schuft der, Schufte (niederträchtiger Mensch); **schuftig** (gemein)
schuften (schwer arbeiten); die **Schufterei**
Schuh der, Schuhe: der neue Schuh passt wie angegossen, *jmdm. etwas in die Schuhe schieben* (jmdn. beschuldigen); *wissen, wo der Schuh drückt* (die Sorgen kennen); die **Schuhcreme**; das **Schuhgeschäft**; der **Schuhlöffel**; der/die **Schuhmacher/-in** (Schuster/-in); der **Schuhplattler** (Volkstanz); die **Schuhsohle**
Schukostecker der, -: (*kurz für* **Schutzko**ntaktstecker)
Schulabgänger der, -; die **Schulabgängerin**; der **Schulabschluss**; der/die **Schulanfänger/-in**; die **Schularbeit**; die **Schulaufgabe**; die **Schulbank** *die Schulbank drücken* (zur Schule gehen); der **Schulbeginn**; die **Schulbehörde**; die **Schulbuchaktion**; der **Schulbus**; der **Schulchor**
Schuld die, Schulden: die Schuld liegt bei dir (du bist verantwortlich), eine schwere Schuld (Verfehlung) auf sich laden, Schuld tragen, sich keiner Schuld bewusst sein, jmdm. die Schuld geben, sich nichts zu Schulden kommen lassen *auch* zuschulden kommen lassen; **schuld** an etwas schuld sein, sie sind schuld daran; **schuldbewusst** (reuig, beschämt) ABER → er ist sich seiner Schuld bewusst; das **Schuldbewusstsein**; der **Schuldspruch** (Verurteilung); die **Schuldzuweisung**

schuld sein	ABER	**Schuld** haben
er ist **schuld**	ABER	sie trägt **Schuld**
jmdm. eine Antwort **schuldig bleiben**	ABER	jmdm. nichts **schuldigbleiben** (auf einen Angriff heftig reagieren)

schulden sie schuldet ihm Geld, wir schulden ihm Dank; die **Schulden** er hat große Schulden, *tief in Schulden stecken* (hohe Schulden haben); **schuldenfrei** (ohne Schulden); der/die **Schuldner/-in**
schuldfrei (ohne Schuld); das **Schuldgefühl**; **schuldhaft** ein schuldhaftes (gesetzwidriges) Verhalten; **schuldig** jmdn. schuldig sprechen *auch* schuldigsprechen (verurteilen), sie ist mir noch etwas schuldig, ich muss dir die Antwort schuldig bleiben; **schuldigbleiben** (▶ bleiben) sie blieb ihm nichts schuldig (reagierte auf seine Angriffe in gleicher Weise); der/die **Schuldige**; die **Schuldigkeit** seine Schuldigkeit (Pflicht) tun; **schuldlos** (unschuldig)
Schule die, Schulen: er besucht eine höhere Schule, die Schule wechseln, die Schule (der Unterricht) fiel aus, dieses Beispiel kann Schule machen (könnte nachgeahmt werden), *aus der Schule plaudern* (vertrauliche Dinge Außenstehenden erzählen), *in eine harte Schule gehen* (bittere Erfahrungen machen)
schulen der Lehrer schult (unterrichtet) die Kinder, sein Gedächtnis schulen (trainieren), der/die **Schüler/-in**; der **Schülerlotse**; die **Schülerlotsin**; die **Schülerzeitung**; die **Schulferien**; **schulfrei**; das **Schulgebäude**; der/die **Schulinspektor/-in**; **schulisch** die schulischen Leistungen; das **Schuljahr**; der/die **Schulkamerad/-in**; die **Schulkenntnisse**; das **Schulkind**; die **Schulklasse**; der/die **Schulleiter/-in**; die **Schulmedizin** (allgemein anerkannte medizinische Ausrichtung); **schulmeistern**; die **Schulordnung**; **schulpflichtig**; die **Schulsachen**; der **Schulschluss**; der/die **Schulsprecher/-in**; der **Schulsprengel** (Einzugsgebiet einer Schule); der **Schulstress**; die **Schulung**; der/die **Schulwart/-in**; das **Schulzeugnis**
Schulter die, Schultern: Schulter an Schulter (dicht gedrängt), jmdm. auf die Schulter klopfen, *etwas auf die leichte Schulter nehmen* (etwas nicht ernst nehmen), *jmdm. die kalte Schulter zeigen* (jmdn. abweisen), *jmdn. über die Schulter ansehen* (auf ihn herabsehen); das **Schulterblatt**; das **Schultergelenk**; **schulterlang**; **schultern** das Gewehr schultern; der **Schulterschluss** (Zusammenhalt)
schummeln beim Spielen schummeln; die **Schummelei**; der/die **Schummler/-in**
schummerig *auch* schummrig (dämmrig, dunkel)

Schund der, *Ez.* (Wertloses); das **Schundheft**; die **Schundliteratur**

schunkeln (*ugs. für* sich zur Musik hin- und herbewegen)

Schupfen *auch* **Schuppen** der, -: (einfache Hütte für Werkzeuge und Maschinen)

schupfen den Ball hin- und herschupfen; der **Schupfer** (*ugs. für* Stoß)

Schuppe die, Schuppen (Hautplättchen), Schuppen in den Haaren, die Schuppen des Fisches, *es fällt jmdm. wie Schuppen von den Augen* (jmd. erkennt plötzlich den Zusammenhang); **schuppen** einen Fisch schuppen (die Schuppen entfernen), die Haut schuppt sich (löst sich ab); die **Schuppenflechte** (Hautkrankheit); der **Schuppenpanzer**; **schuppig**

Schüppel der, -: ein Schüppel (*ugs. für* Bündel) Heu, ein Schüppel Haare

Schuppen *auch* **Schupfen** der, -: (einfache Hütte für Werkzeuge und Maschinen)

Schups *auch* **Schubs** der, Schupse (leichter Stoß); **schupsen** *auch* **schubsen**

Schur die, Schuren (das Scheren der Schafe); die **Schurwolle**

schüren Feuer schüren (durch Stochern entfachen), ihr Verhalten schürte den Neid; der **Schürhaken**

schürfen er schürfte (verletzte) sich den Ellenbogen, nach Gold schürfen (suchen); die **Schürfwunde**

Schurke der, Schurken (gemeiner Mensch, Gauner); der **Schurkenstreich**; die **Schurkin**; **schurkisch**

Schurz der, Schurze (Arbeitsschürze), der Schmied trägt einen ledernen Schurz; die **Schürze** (schützendes Kleidungsstück); der **Schürzenjäger** (aufdringlicher Frauenheld)

Schuss der, Schüsse: der Schuss hat getroffen, der Schuss aufs Tor, sich einen Schuss setzen (eine Droge spritzen), einen Schuss (etwas) Milch in den Kaffee geben, *weit vom Schuss sein* (weit entfernt, in Sicherheit sein), *etwas in Schuss* (in Ordnung) halten, keinen Schuss Pulver wert sein (nichts taugen), *jmdm. einen Schuss vor den Bug geben* (jmdn. eindringlich warnen); **schussbereit**; die **Schussfahrt**; die **Schusslinie** *in die Schusslinie* (in die öffentliche Kritik) *geraten*; **schusssicher**; die **Schussverletzung**; die **Schusswaffe**; der **Schusswechsel**

Schüssel die, Schüsseln (rundes Gefäß), den Salat in einer Schüssel servieren

Schussel der, -: (*ugs. für* unkonzentrierter Mensch); **schuss(e)lig** (nervös, fahrig); **schusseln** (hektisch und fehlerhaft arbeiten); der/die **Schussler/-in**

Schuster der, -: (Schuhmacher), *auf Schusters Rappen* (zu Fuß), *Schuster, bleib bei deinem Leisten!* (tu nur das, was du sicher beherrschst); der **Schusterbub** *es regnet Schusterbuben* (sehr stark); das **Schusterlaibchen** (Gebäck)

Schutt der, *Ez.* (Steine, Reste von Mauerwerk), den Schutt vom abgerissenen Haus abtransportieren, *etwas in Schutt und Asche legen* (völlig zerstören); die **Schutthalde**; der **Schutthaufen**

Schüttboden der, …böden (Getreidespeicher); die **Schütte** (kleine Schublade), eine Schütte (Schicht) Stroh; der **Schüttelfrost**; die **Schüttellähmung** (Parkinson-Krankheit)

schütteln zum Abschied die Hand schütteln, den Kopf schütteln, sich vor Lachen schütteln; der **Schüttelreim**; **schütten** den Kaffee ins Häferl schütten (gießen), es schüttet (regnet in Strömen)

schütter sein Haar ist schon schütter (spärlich)

Schutz der, *Ez.*: die Kleidung bietet Schutz, in der Hütte Schutz vor dem Unwetter suchen, *jmdn. in Schutz nehmen* (gegen Vorwürfe verteidigen), Schutz suchende Bergsteiger; der **Schutzanzug**; **schutzbedürftig**; die **Schutzbrille**; der **Schutzengel**; das **Schutzgebiet**; der/die **Schutzheilige**; der **Schutzhelm**; der/die **Schutzherr/-in**; die **Schutzhülle**; **schutzimpfen**; die **Schutzimpfung**; der **Schützling** (jmd., für den man verantwortlich ist); **schutzlos**; das **Schutzmittel**; der/die **Schutzpatron/-in**; die **Schutzschicht**; der **Schutzschild**; **schutzsuchend** *auch* Schutz suchend; der **Schutzumschlag**; der **Schutzweg** (Fußgängerübergang)

Schütze der, Schützen (Person, die schießt; Tierkreiszeichen); das **Schützenfest**; der **Schützengraben**; die **Schützenhilfe** jmdm. Schützenhilfe geben (jmdn. unterstützen); der/die **Schützenkönig/-in**; der **Schützenpanzer**; die **Schützin**

schützen er schützt sich vor der Sonne, sie schützt sich gegen den Regen, eine Landschaft schützen (unter Naturschutz stellen), die Pflanzen sind geschützt, die Erfindung ist durch ein Patent geschützt

schwabbelig auch **schwabblig** (ugs. für weich, wackelig), ein schwabbeliger Pudding; **schwabbeln**
Schwabe der, Schwaben (Einwohner des Schwabenlandes); die **Schwäbin**; **schwäbisch**
schwach ich fühle mich nach der Krankheit sehr schwach, die letzte Leistung war schwächer, am schwächsten, schwach begabt auch schwachbegabt sein, eine schwache (kraftlose) Stimme, *das schwache Geschlecht* (die Frauen), bei Schokolade schwach werden (nicht widerstehen können), sich nur schwach (undeutlich) an etwas erinnern; die **Schwäche** Rechtschreiben ist seine Schwäche (Schwachstelle), vor Schwäche (Erschöpfung) zusammenbrechen, er hat eine Schwäche (Vorliebe) für Computerspiele, der Film hat seine Schwächen (Mängel); der **Schwächeanfall**; **schwächen**; der **Schwachkopf** (Dummkopf); **schwächlich**; der **Schwächling**; der **Schwachsinn** (Geisteskrankheit; Blödsinn); **schwachsinnig**; der **Schwachstrom**; die **Schwächung** der Ausfall des Spielers bedeutete eine Schwächung der Mannschaft
Schwaden der, -: (Nebel, Dunst, Rauch)
Schwadron die, Schwadronen (militärische Einheit); **schwadronieren** (wortreich erzählen)
schwafeln (viel und gedankenlos reden); die **Schwafelei**
Schwager der, Schwäger (Ehemann der Schwester, Bruder der Gattin/des Gatten); die **Schwägerin**
Schwalbe die, Schwalben (Singvogel), *eine Schwalbe macht noch keinen Sommer* (der erste Erfolg muss durch weitere bestätigt werden); das **Schwalbennest**; der **Schwalbenschwanz** (Schmetterling)
Schwall der, Schwalle (Flut, Welle), ein Schwall von Worten prasselte auf ihn nieder
Schwamm der, Schwämme (Pilz; Meereslebewesen; Tafelschwamm), *Schwamm drüber!* (reden wir nicht darüber); das **Schwammerl**; die **Schwammerlsauce** auch **Schwammerlsoß(e)**; **schwammig** eine schwammige (unklare) Antwort geben, ein schwammiges (aufgedunsenes) Gesicht
Schwan der, Schwäne (Schwimmvogel); **schwanen** mir schwant (ich ahne) Böses
Schwange *im Schwange* (üblich) *sein*

schwanger die Frau ist im dritten Monat schwanger (erwartet ein Kind), mit einer Idee schwanger gehen (sich damit bereits einige Zeit beschäftigen); die **Schwangere**; **schwängern** (eine Frau schwanger machen); die **Schwangerschaft**; der **Schwangerschaftsabbruch**; die **Schwangerschaftsgymnastik**; der **Schwangerschaftstest**; die **Schwangerschaftsverhütung**
Schwank der, Schwänke (lustige Erzählung, Komödie)
schwanken der Betrunkene schwankt (taumelt, wankt), die Brücke schwankt, die Preise schwanken; **schwankend** (unentschlossen); die **Schwankung**
Schwanz der, Schwänze (Schweif), der Hund wedelt mit dem Schwanz (Schweif), *den Schwanz hängen lassen* (den Mut verlieren); das **Schwänzchen**; **schwänzeln**; die **Schwanzflosse**
schwänzen (dem Unterricht unentschuldigt fernbleiben); der/die **Schwänzer/-in**
schwappen das Wasser schwappt (ergießt sich) über den Rand
Schwarm der, Schwärme (eine große Gruppe; verehrtes Idol), ein Schwarm Vögel, er ist der Schwarm aller Mädchen; **schwärmen** die Bienen schwärmen (fliegen aus), sie schwärmt (begeistert sich) für diesen Sänger; der/die **Schwärmer/-in** (Träumer/-in); die **Schwärmerei**; **schwärmerisch**
Schwarte die, Schwarten (dicke Haut des Schweinebratens; dickes Buch)
schwarz (▶ blau) eine schwarze Katze sehen, schwärzer als schwarz, das war die schwärzeste Nacht seit langem, schwarz gefärbte auch schwarzgefärbte Haare, ein schwarz gestreiftes auch schwarzgestreiftes Kleid, **schwarzes** Gold (Kohle), die schwarze auch **Schwarze** Kunst (Zauberei; Buchdruck), die schwarze Liste (Auflistung verdächtiger Personen), *das ist ein schwarzer Tag* (Unglückstag) ABER → der Schwarze Freitag (Börsenkrach am 25.10.1929), *das schwarze* auch **Schwarze** Brett (Anschlagbrett), *der schwarze* auch **Schwarze** Tod (Pest), *etwas schwarz auf weiß besitzen* (schriftlich haben), *die Zigaretten schwarz* (verbotenerweise) *verkaufen* ABER → ein Kleid in **Schwarz** tragen, in Schwarz (in Trauerkleidung) gehen, *ins Schwarze* (ins Ziel) *treffen*, der Schwarze Erdteil

305

Schwarzarbeit → schwellen

(Afrika), das Schwarze Meer, die Schwarze Johannisbeere

ein **schwarzes** Kleid tragen	ABER	ein Kleid in **Schwarz** tragen
schwarze Haare haben	ABER	das **Schwarze** Meer
das **schwarze** Brett	auch	das **Schwarze** Brett
ein **schwarz gestreiftes** Kleid	auch	ein **schwarzgestreiftes** Kleid

Schwarzarbeit die, *Ez.;* **schwarzarbeiten** (illegal arbeiten); sich **schwarzärgern** (sehr ärgern); **schwarzäugig;** die **Schwarzbeere** (Heidelbeere); **schwarzbraun;** das **Schwarzbrot;** der/die **Schwarze** (dunkelhäutiger Mensch); die **Schwärze** (schwarze Farbe)

schwarzfahren (ohne Führerschein/ohne Fahrkarte fahren); der/die **Schwarzfahrer/-in; schwarzhaarig;** der **Schwarzhandel** (unerlaubter Handel); **schwärzlich; schwarzmalen** (pessimistisch sein); das **Schwarzpulver** (Schießpulver); **schwarzsehen** (▸ sehen) (pessimistisch sein; ohne Bezahlung fernsehen); der **Schwarztee; schwarzweiß** auch schwarz-weiß; der **Schwarzweißfilm** auch Schwarz-Weiß-Film; das **Schwarzwild** (Wildschweine)

Schwatz der, Schwatze (Plausch); das **Schwätzchen; schwatzen** (plaudern); **schwätzen** du sollst während des Unterrichts nicht schwätzen (dich unterhalten); der/die **Schwätzer/-in;** die **Schwätzerei; schwatzhaft** (tratschsüchtig)

Schwebe noch in Schwebe (unentschieden) *sein;* die **Schwebebahn;** der **Schwebebalken; schweben** der Ballon schwebt (hält sich ohne zu sinken in der Luft), die Wolke schwebte am Himmel, die Bewohner sind in Lebensgefahr geschwebt, ein schwebendes (noch nicht entschiedenes) Verfahren

Schweden (Staat in Nordeuropa); der **Schwede;** die **Schwedin; schwedisch**

Schwefel der, *Ez.* <S> (chemischer Grundstoff); **schwefelhältig** auch schwefelhaltig; das **Schwefelhölzchen** (Streichholz); **schwef(e)lig** hier riecht es schwefelig; die **Schwefelquelle;** die **Schwefelsäure**

Schweif der, Schweife (langer, buschiger Schwanz); **schweifen** (ziellos umherirren), durch den Wald schweifen

schweigen du schweigst schon zu lange, er schwieg aus Verlegenheit, sie hat zu den Anschuldigungen geschwiegen, schweig!, die Waffen schweigen (der Krieg ist beendet); die **Schweigeminute;** das **Schweigen** *jmdn. zum Schweigen bringen* (ihn einschüchtern; töten); **schweigsam** (nicht sehr gesprächig); die **Schweigsamkeit**

Schwein das, Schweine: die Schweine grunzen im Stall, sich wie ein Schwein (*derb, abwertend für* verachtenswerter Mensch) benehmen, Schwein (Glück) *haben;* das **Schweindl;** das **Schweinefleisch;** der **Schweinehund** (*derb für* gemeiner Mensch), *den inneren Schweinehund* (Trägheit, Feigheit) *überwinden;* die **Schweinepest;** die **Schweinerei** (Unordnung; Gemeinheit); das **Schweinerne** Schweinefleisch; der **Schweinestall;** der **Schweinigel** (*abwertend für* unanständiger Mensch); **schweinigeln; schweinisch** (unanständig); die **Schweinsborste;** der **Schweinsbraten;** das **Schweinsschnitzel**

Schweiß der, *Ez.* (wässrige Absonderung der Haut), der Schweiß fließt in Strömen, *im Schweiße seines Angesichts* (unter großer Anstrengung); der **Schweißausbruch; schweißbedeckt; schweißgebadet;** der **Schweißhund** (Jagdhund); **schweißtreibend;** der **Schweißtropfen;** das **Schweißtuch; schweißüberströmt**

schweißen Eisen schweißen (verschmelzen); der **Schweißbrenner** (Gerät zum Schweißen); die **Schweißnaht**

Schweiz die, *Ez.* (Staat in Zentraleuropa); die **Schweizergarde** (päpstliche Leibwache); der/die **Schweizer/-in; schweizerisch;** der **Schweizerkracher**

schwelen (glühen, glimmen), ein schwaches Feuer schwelt im Ofen; der **Schwelbrand**

schwelgen in den Urlaubserinnerungen schwelgen (sie genießen), in Champagner und Kaviar schwelgen

Schwelle die, Schwellen: über die Schwelle treten, Schwellen für die Eisenbahnschienen legen, an der Schwelle (am Beginn) eines neuen Zeitalters; die **Schwellenangst** (Angst vor dem Betreten fremder Räume oder vor neuen Situationen)

schwellen das Bächlein schwillt (dehnt sich aus), die Hand schwoll nach dem Bienenstich an, mein Knöchel ist geschwollen ABER → mit geschwellter Brust (voll Stolz); die

Schwemme → Schwindel

Schwellung

Schwemme die, Schwemmen: eine Schwemme (Überangebot) an Waren, die Pferde zur Schwemme (zum „Bad") bringen; **schwemmen** das Wasser schwemmte (spülte) Treibgut ans Ufer, die Wäsche schwemmen (spülen); das **Schwemmland** (angeschwemmtes Land)

Schwengel der, -: (beweglicher Teil einer Handpumpe; Klöppel der Glocke)

Schwenk der, Schwenks (Drehung, Wendung, z.B. mit einer Filmkamera), die Soldaten machten einen Schwenk nach links; **schwenkbar**; **schwenken** die Taschentücher beim Abschied schwenken (über dem Kopf hin und her schwingen), die Kamera schwenken, den Wein im Glas schwenken

schwer ein schwerer Koffer, schwere Regenfälle, ein schweres Verbrechen, eine schwere Zeit, *ein schwerer Bursche* (Verbrecher), ein schwer beschädigter auch schwerbeschädigter Wagen, ein sehr schwer beschädigter Wagen, schwer bewaffnete auch schwerbewaffnete Soldaten; ein schwer verdauliches auch schwerverdauliches Essen, schwer beladen auch schwerbeladen sein, schwer verwundet auch schwerverwundet, der/die schwer Verwundete auch der/die Schwerverwundete, jmd. macht einen schwer wiegenden auch schwerwiegenden Fehler; der/die/das **Schwere** sie hat viel Schweres durchgemacht, etwas Schweres heben; **…schwer** millionenschwer (reich); der/die **Schwerathlet/-in** (Sportler/-in); der/die **Schwerarbeiter/-in**; der/die **Schwerbehinderte**; **schwerelos**; die **Schwerelosigkeit**; der **Schwerenöter** (älterer Frauenheld); **schwerfallen** die Aufgabe ist mir schwergefallen; **schwerfällig** (unbeholfen); das **Schwergewicht**; **schwerhörig** (hörgeschädigt); die **Schwerindustrie** (Bergbau, Eisen- und Stahlindustrie); die **Schwerkraft** (Erdanziehungskraft); der/die **Schwerkranke**; **schwerlich** *Adv.* (nicht leicht, kaum); **schwermütig**; **schwernehmen** (▶ nehmen;) etwas schwernehmen (sehr ernst nehmen); der **Schwerpunkt** (das Wichtigste; Massenmittelpunkt); **schwerreich** (sehr reich); **schwerstbehindert**; der/die **Schwerverbrecher/-in**

ein **schwerer** Koffer	ABER	**Schweres** durchmachen
das **schwere** Verbrechen	ABER	die **Schwere** des Verbrechens
ein **schwer** beschädigtes Auto	auch	ein **schwerbeschädigtes** Auto

Schwert das, Schwerter (Waffe), mit dem Schwert zuschlagen, *ein zweischneidiges Schwert* (etwas, das Vor-, aber auch Nachteile hat); der **Schwertfisch**; die **Schwertlilie** (Pflanze)

Schwester die, Schwestern: er hat zwei Schwestern, die Schwester (Krankenschwester) wurde gerufen, sie ist Schwester (Nonne) in einem Orden; **schwesterlich**; die **Schwesterntracht**

Schwiegereltern die, *Mz.* (Eltern von Ehemann oder Ehefrau); die **Schwiegermutter**; der **Schwiegersohn**; die **Schwiegertochter**; der **Schwiegervater**

Schwiele die, Schwielen (Stellen mit Hornhaut), von der harten Arbeit Schwielen an den Händen haben; **schwielig**

schwierig eine schwierige (nicht einfache) Prüfung, ein schwieriger (nicht umgänglicher) Mensch; die **Schwierigkeit** (Problem); der **Schwierigkeitsgrad**

eine **schwierige** Prüfung	ABER	ein **schwerer** Stein

Schwimmbad das, …bäder; das **Schwimmbassin** […basẹ̄]; das **Schwimmbecken**

schwimmen du schwimmst sehr schnell, er schwamm neuen Rekord, sie sind ans rettende Ufer geschwommen, schwimm!, schwimmen (baden) gehen, das Holz schwimmt (treibt) auf dem Wasser, *in Geld schwimmen* (sehr viel Geld besitzen)

Schwimmer der, -: die **Schwimmerin**; die **Schwimmflosse**; die **Schwimmhaut**; der/die **Schwimmmeister/-in** auch Schwimm-Meister/-in; der **Schwimmsport**; der **Schwimmstil**; der **Schwimmvogel**; die **Schwimmweste**

Schwindel der, *Ez.:* (Störung des Gleichgewichtssinns; Betrug), auf einen Schwindel hereinfallen, eine Schwindel erregende auch schwindelerregende Aussicht; der **Schwindelanfall**; die **Schwindelei**; **schwindelfrei**; **schwind(e)lig** von der

schwinden → Seeadler

Karussellfahrt wurde mir schwindlig; **schwindeln** er schwindelte (schummelte) beim Test, in dieser Höhe schwindelt es mich (Schwindel befällt mich); der/die **Schwindler/-in** (Betrüger)

schwinden die Vorräte schwinden (werden weniger), mir schwand (verging) der Mut, die Reichtümer sind geschwunden (wurden kleiner); die **Schwindsucht** (Tuberkulose); **schwindsüchtig** (lungenkrank)

schwingen der Fan schwingt die Fahne, sie schwang sich aufs Fahrrad, sie haben die ganze Nacht das Tanzbein geschwungen, *eine Rede schwingen* (ugs. für eine Rede halten); der **Schwinger** (Boxschlag); die **Schwingtür**; die **Schwingung**

Schwips der, Schwipse (*ugs. für* leichter Rausch)

schwirren Mücken schwirren (fliegen mit surrendem Geräusch) durch den Raum, mir schwirrt der Kopf wegen der vielen Aufgaben (ich bin benommen)

schwitzen wegen der Hitze schwitzen (Schweiß absondern) ABER → ins **Schwitzen** kommen; der **Schwitzkasten**

schwören er schwört bei allem, was ihm heilig ist (leistet einen Eid), sie schwor (versprach) ihm Treue, sie haben auf die Verfassung geschworen, schwör(e)!, auf ein bestimmtes Medikament schwören (fest daran glauben), *Stein und Bein schwören* (etwas fest behaupten)

schwul (*ugs. für* homosexuell); der **Schwule**

schwül die schwüle (drückend heiße) Luft; die **Schwüle** (feuchtwarmes Wetter)

schwulstig auch **schwülstig** eine schwülstige (übertrieben feierliche) Rede halten

schwummerig auch **schwummrig** in der schlechten Luft wurde ihr schwummerig (*ugs. für* schwindlig); **schwummerlich**

Schwund der, *Ez.* (das Wenigerwerden)

Schwung der, Schwünge: sie brachte Schwung (Begeisterung) in die Party, einen Schwung (viele) Ansichtskarten schreiben, der Skifahrer kurvt mit eleganten Schwüngen ins Tal, *etwas in Schwung* (in Gang) *bringen*; **schwunghaft** er treibt schwunghaften (lebhaften) Handel mit Delikatessen; die **Schwungkraft**; **schwungvoll** (lebhaft)

schwupp! schwupp, weg war er!; **schwuppdiwupp!**

Schwur der, Schwüre (Eid), einen Schwur leisten; das **Schwurgericht**

Science-Fiction [saiens fikschn] auch **Sciencefiction** die, *Ez.* (Literatur-/Filmgattung mit utopischem Inhalt); der **Science-Fiction-Roman** auch Sciencefiction-Roman auch Sciencefictionroman

scrollen [skroulen] (eine Bildschirmdarstellung verschieben)

s.d. = siehe dort

sechs wir waren sechs Kinder, wir sind zu sechst, einen sechsten Sinn haben (etwas voraussehen) ABER → die Ziffer **Sechs**; das **Sechseck**; **sechseckig** auch 6-eckig; der **Sechser** einen Sechser würfeln, einen Sechser im Lotto haben; die **Sechserpackung**; **sechsfach** auch 6fach auch 6-fach; das **Sechsfache** auch 6fache auch das 6-Fache; **sechshundert**; **sechsjährig** auch 6-jährig; der/die **Sechsjährige** auch 6-Jährige; **sechsmal** auch 6-mal; **sechsstöckig** auch 6-stöckig; **sechstausend**; das **Sechstel**; **sechstens** *Adv.*; **sechzehn**; **sechzig**; der **Sechziger**; die **Sechzigerjahre** auch sechziger Jahre auch 60er-Jahre auch 60er Jahre

sechs Kinder zählen	ABER	die Ziffer **Sechs** aufschreiben
sechsfach (6fach, 6-fach)	ABER	das **Sechsfache** (das **6fache**, **6-Fache**)
sechsmal (6-mal)	ABER	sechs Mal(e)
sechsjährig (6-jährig)	ABER	der **Sechsjährige** (**6-Jährige**)

Secondhandshop [seknd händschop] der, ...shops (Geschäft für Gebrauchtwaren)

Security [sikjuriti] die, Securitys (Sicherheitsdienst)

Sediment das, Sedimente (Ablagerung); das **Sedimentgestein**

¹**See** der, Seen (größeres Binnengewässer), über den See rudern, im See baden

²**See** die, *Ez.* (Meer), in See stechen (mit einem Schiff auslaufen), zur See fahren (als Seeleute arbeiten), auf hoher See (weit draußen auf dem Meer)

Seeadler der, -: (Greifvogel); das **Seebad**; der **Seebär** (erfahrener Seemann); der **Seeelefant** auch See-Elefant; die **Seefahrt**; der **Seegang** (Wellenbewegung); der **Seehund** (Robbe); der **Seeigel** (stacheliger Meeresbewohner); **seeklar**

Seele → Seide

(bereit zur Fahrt aufs Meer); das **Seeklima**; **seekrank** (an vom Wellengang verursachter Übelkeit leidend); der **Seelachs** (Fisch); der **Seemann**; das **Seemannsgarn** (übertriebene Erzählung eines Seemanns); die **Seemeile** (1.852 km); das **Seenot**; der/die **Seeräuber/-in**; die **Seerose** (Teichblume); der **Seestern** (Meerestier); **seetüchtig** (tauglich für die Schifffahrt auf dem Meer); die **Seezunge** (Fisch);
Seele die, Seelen (Fühlen und Empfinden eines Menschen, Psyche), eine empfindsame kindliche Seele, das schmerzt mich in der Seele (berührt mich sehr), er ist die Seele (die Triebkraft) des Unternehmens, aus tiefster Seele (ohne Vorbehalt) zustimmen, *sich die Seele aus dem Leib schreien* (sehr laut schreien), *ein Herz und eine Seele* (unzertrennlich sein) *sein, mit Leib und Seele* (mit Begeisterung) *dabei sein, jmdm. aus der Seele sprechen* (sagen, was jmd. anderer empfindet), *seine Seele aushauchen* (sterben); das **Seelenamt** (Totenmesse); der **Seelenfriede(n)**; die **Seelenqual**; die **Seelenruhe** in aller Seelenruhe (ohne Hektik); **seelenruhig**; **seelenverwandt** (geistig, seelisch übereinstimmend); **seelisch**; die **Seelsorge** (geistliche Betreuung); der/die **Seelsorger/-in** (Pfarrer/-in, Geistliche/-r)

das **seelische** Gleichgewicht	ABER	zu **seligen** (vergangenen) Zeiten
die **Seele** (Psyche)	ABER	die **Seligkeit** (wunschloses Glück)

Segel das, -: die Segel setzen, die Segel hissen, *jmdm. den Wind aus den Segeln nehmen* (jmds. Aktivität bremsen), *die Segel streichen* (seinen Widerstand aufgeben); das **Segelboot**; **segelfliegen**; das **Segelflugzeug**; die **Segeljacht** auch Segelyacht; **segeln** das Boot segelt hart am Wind; die **Segelohren** (abstehende Ohren); das **Segelschiff**; der/die **Segler/-in**
Segen der, -: der Priester spendet den Segen, ich gebe dir meinen Segen (mein Einverständnis), der Regen ist ein wahrer Segen für das trockene Land, *aller Segen kommt von oben*; **segensreich**; **segnen** der Priester segnet die Messbesucher, *das Zeitliche segnen* (sterben), gesegnete Mahlzeit!; die **Segnung**
Segment das, Segmente (Kreisabschnitt, Kugelabschnitt; Teil); **segmentieren** (zerlegen)
sehen er sieht mich an, er sah dem Treiben lange zu, sie hat uns nicht gesehen, sieh mir in die Augen!, er sieht erholt aus, sie sieht noch gut (hat noch gute Augen), sie lassen sich nicht sehen (zeigen sich nicht), das sieht ihm ähnlich (ist typisch für ihn), nach dem Rechten sehen, das kann sich sehen lassen auch sehenlassen (ist beachtenswert) ABER → jmdn. nur vom **Sehen** kennen; der/die **Sehbehinderte**; **sehenswert**; **sehenswürdig**; die **Sehenswürdigkeit**; der/die **Seher/-in** (jmd., der in die Zukunft voraussieht); die **Sehschärfe**; die **Sehschwäche**
Sehne die, Sehnen: ich habe mir beim Sport die Sehne gezerrt, die Sehne des Bogens; der **Sehnenriss**; die **Sehnenzerrung**; **sehnig** ein sehniger (trainierter) Körper
sehnen sich: sich nach Urlaub sehnen (ihn herbeiwünschen), sich nach dem Freund sehnen; **sehnlich** er wird schon sehnlichst erwartet; die **Sehnsucht**; **sehnsüchtig** er wartet sehnsüchtig auf ihre Rückkehr; **sehnsuchtsvoll**
sehr Adv.: das Essen war sehr gut (ausgezeichnet), sich sehr bemühen, noch sehr klein sein, das ist sehr gut ABER → du bekommst ein **Sehr gut** (die Note Eins), sie bemühte sich *so sehr*, dass … ABER → *sosehr* ich mich auch bemühe, es gelingt nicht

das ist **sehr gut** (ausgezeichnet)	ABER	du bekommst ein **Sehr gut** (Note)

seicht die Kinder spielten im seichten (nicht tiefen) Wasser, das war ein seichter (oberflächlicher) Roman
seid (▶ sein) wo seid ihr?, seid (verhaltet euch) schön brav!, seid ihr alle da?, ihr seid immer gern gesehen

seid endlich still	ABER	er wartet **seit** Stunden

Seide die, Seiden (glänzendes Gewebe aus dünnen Fäden), der Schal ist aus reiner Seide; **seiden** ein seidenes Kleid tragen; die **Seidenbluse**; das **Seidenpapier**; die **Seidenraupe**; **seidenweich**; **seidig** (glatt)

Seidel → Sekunde

Seidel auch Seitel das, -: (Bierglas; Flüssigkeitsmaß: 0,3 bis 0,35 Liter)
Seidelbast der, *Ez.* (Strauch)
Seife die, Seifen (Waschmittel); die **Seifenblase**; die **Seifenoper** (anspruchsloser Film); der **Seifenschaum**; **seifig**
seihen (filtern); der **Seiher** auch das **Seiherl** auch das **Seicherl** (Sieb)
Seil das, Seile (langer und dicker Strick); die **Seilbahn**; die **Seilschaft** (Bergsteigergruppe); **seilspringen**; **seiltanzen**; der/die **Seiltänzer/-in**; die **Seilwinde**
¹**sein** ich bin, du bist, er ist, wir sind, ihr seid, sie sind, du warst, er war, wir sind gewesen, sei brav!, er ist müde, Wien ist die Hauptstadt, beim Gongschlag ist es acht Uhr, so etwas darf doch nicht sein, wir sollten das lieber sein lassen auch seinlassen, zusammen sein, *so sei es* ABER → das **Seiende** (Bestehende, Existierende); das **Sein** zwischen Sein und Schein (Wirklichkeit und Einbildung) unterscheiden

zusammen sein	ABER	das **Zusammensein**
etwas **sein lassen**	auch	etwas **seinlassen**

²**sein** Pron. (▶ er), das ist sein Geld, seiner Meinung nach, wir gedenken seiner ABER → jedem das **Seine** auch seine, für die **Seinen** auch seinen (Familienmitglieder) sorgen, jeder muss das **Seine** auch seine dazu tun, Seine Hoheit; **seinerseits** *Adv.;* **seinerzeit** *Adv.* (damals, zu gegebener Zeit); **seinetwegen** *Adv.;* **seinetwillen**

wir gedenken **seiner**	ABER	jedem das **Seine** (seine)

Seismograph auch **Seismograf** der, …graphen (Gerät zur Aufzeichnung von Erdbeben); der **Seismologe**; die **Seismologin**
seit *Präp.+Dat.* (ab einem bestimmten Zeitpunkt), es schneit seit drei Stunden, seit vorgestern, seit kurzem auch Kurzem, seit langem auch Langem, seit neuestem auch Neuestem; *Konj.:* es geht ihr gut, seit sie das Medikament nimmt; **seitdem** *Konj.:* seitdem sie ihn kennt, liebt sie ihn; **seither** *Adv.*

er wartet **seit** Stunden	ABER	**seid** endlich still!

Seite die, Seiten <S.> die Seite aus dem Buch, die rechte Seite, von allen Seiten, *jmdm. zur Seite stehen* (ihn unterstützen), *Seite an Seite* (gemeinsam) *kämpfen, etwas zur Seite legen* (sparen), *sich von seiner besten Seite zeigen* (seine guten Eigenschaften hervorkehren), *jmdm. nicht von der Seite weichen* (ständig in seiner Nähe sein), auf Seiten auch aufseiten, von Seiten auch vonseiten; der **Seitenarm** (abzweigender Teil); der **Seitenblick**; der **Seitengang**; der **Seitenhieb** (spöttische Anspielung); **seitenlang** ein seitenlanger Brief ABER → der Brief war fünf Seiten lang; die **Seitenlinie**; **seitens** *Präp.+Gen.:* seitens (von der Seite) der Schule; der **Seitensprung** (sexueller Kontakt außerhalb einer festen Beziehung); das **Seitenstechen** (Leibschmerzen); **seitenverkehrt**; **seitenweise**; die **Seitenzahl**; …**seitig** einseitig, ganzseitig, vielseitig; **seitlich**; **seitwärts** *Adv.:* sich seitwärts bewegen

die **Seite** im Heft	ABER	die **Saite** der Geige
ein **seitenlanger** Brief	ABER	ein **fünf Seiten langer** Brief
vonseiten des Eigentümers	auch	**von Seiten** des Eigentümers

sekkant (lästig); **sekkieren** (belästigen, hänseln)
Sekret das, Sekrete (flüssige Ausscheidung)
Sekretär der, Sekretäre (Schreibkraft; Schreibschrank); das **Sekretariat** (Geschäftsstelle); die **Sekretärin**
Sekt der, Sekte (Schaumwein); die **Sektflasche**
Sekte die, Sekten (kleinere, abgespaltene Glaubensgemeinschaft); der/die **Sektierer/-in** (Anhänger/-in einer Sekte); **sektiererisch**
Sektion […tsion] die, Sektionen (Abteilung; Leichenöffnung); der/die **Sektionschef/-in** (Abteilungsleiter/-in)
Sektor der, Sektoren (Arbeitsgebiet; Kreis- oder Kugelausschnitt)
Sekundant der, Sekundanten (Betreuer bei einem Box- oder Schachkampf oder einem Duell); die **Sekundantin**
sekundär (zweitrangig); die **Sekundärliteratur** (Fachliteratur über Literatur); die **Sekundarstufe** (Schule ab dem fünften Schuljahr)
Sekunde die, Sekunden <Sek., s> (sechzigster Teil einer Minute), warte noch ein paar

selbe → senden

Sekunden!, das war auf die Sekunde genau; **sekundenschnell**; der **Sekundenzeiger**; **sekundlich** auch sekündlich

selbe im selben Auto sitzen; **selber** (selbst); das **Selbermachen**; **selbig** am selbigen (gleichen) Tag

selbst *Pron.*: der Käufer wird von der Chefin selbst bedient, das ist eine selbst gebackene auch selbstgebackene Torte, du musst das selbst wissen, selbst gemachte auch selbstgemachte Marmelade, *von selbst* (ohne fremde Hilfe) *geht das nicht; selbst ist der Mann/die Frau*; **selbst** *Adv.*: selbst (sogar) Tränen konnten ihn nicht rühren

die Etiketten selbst kleben	ABER	selbstklebende Etiketten
selbst gemacht	auch	selbstgemacht

Selbstachtung die, *Ez.*; die **Selbstbedienung**; die **Selbstbefriedigung**; die **Selbstbeherrschung**; **selbstbewusst**; das **Selbstbewusstsein**; die **Selbstdisziplin**; die **Selbsterkenntnis**; **selbstgefällig** (eitel); das **Selbstgespräch**; **selbstherrlich** (egoistisch); die **Selbsthilfe**; **selbstklebend**; die **Selbstkosten**; **selbstkritisch**; der **Selbstlaut** (Vokal); **selbstlos** (uneigennützig); der **Selbstmord**; **selbstsicher**; **selbstständig** auch selbständig; der/die **Selbstständige** auch der/die Selbständige; die **Selbstständigkeit** auch die Selbständigkeit; **selbsttätig**; die **Selbstüberschätzung**; **selbstverantwortlich**; **selbstverständlich**; die **Selbstverständlichkeit**; das **Selbstvertrauen**

selbstständig	auch	selbständig

selchen Fleisch selchen (räuchern); das **Selchfleisch**; die **Selchkammer**; das **Selchkarree**

selektieren (auswählen); die **Selektion** [...tsion]; **selektiv** eine selektive (auswählende) Wahrnehmung

Selfmademan [selfmeidmän] der, Selfmademen (jmd., der es aus eigener Kraft zu Vermögen gebracht hat)

selig er lächelte selig (glücklich), sie fühlte sich selig, Gott hab ihn selig (gebe ihm die ewige Seligkeit), mein seliger (verstorbener) Mann; **...selig** glückselig, leutselig (gesellig); der/die **Selige**; die **Seligkeit**; **seligsprechen**; die **Seligsprechung**

Sellerie der/die, Sellerie(s)/Sellerien (Gemüse); der **Selleriesalat**

selten eine seltene (nicht oft vorkommende) Rasse, eine selten (sehr) schöne Blume; die **Seltenheit**; der **Seltenheitswert**

selig sein	ABER	sich seelisch schlecht fühlen
die Seligkeit (wunschloses Glück)	ABER	die Seele (Psyche)

seltsam ein seltsamer (sonderbarer, eigenartiger) Mensch; **seltsamerweise** *Adv.*; die **Seltsamkeit**

Semantik die, *Ez.* (Lehre von der Bedeutung der Wörter); **semantisch**

Semester das, -: (Schul- und Studienhalbjahr); die **Semesterferien**

Semifinale das, -: (Halbfinale im Sport)

Semikolon das, Semikolons/Semikola (Strichpunkt)

Seminar das, Seminare/Seminarien (Kurs, Ausbildungsstätte); die **Seminararbeit**; der **Seminarist** (Angehöriger eines Priesterseminars)

Semit der, Semiten (asiatische Volksgemeinschaft)

Semmel die, Semmeln (Gebäck), *wie warme Semmeln weggehen* (sehr schnell verkauft werden); **semmelblond** (hellblond); die **Semmelbrösel**; der **Semmelknödel**; der **Semmelkren**; der **Semmelschmarren**

sempern (*österr. ugs. für* nörgeln, jammern)

sen. = senior

Senat der, Senate (Verwaltungsorgan, Kammer des Parlaments in den USA; Rat der Ältesten); der **Senator**; die **Senatorin**; der/die **Senatspräsident/-in**; die **Senatssitzung**

¹**senden** (ausstrahlen), das Fernsehen sendet einen alten Film, der Rundfunk sendete ein neues Hörspiel, ein Funkspruch wurde gesendet

²**senden** (schicken), du sendest mir einen Brief, er sandte/sendete mir Glückwünsche, in das Unglücksgebiet wurden Hilfstruppen gesandt/gesendet

er sendete/sandte (schickte) mir einen Brief	ABER	der Rundfunk sendete das Hörspiel

Sender → setzen

Sender der, -: der **Sendeschluss**; das **Sendezeichen**; die **Sendezeit**; die **Sendung**

Senf der, Senfe (gemahlene Senfkörner), *seinen Senf dazugeben* (ungebeten kommentieren); die **Senfgurke**; die **Senfsoße**

sengen die Zigarette sengte (brannte) ein Loch ins Tischtuch, sengende (glühende) Hitze

senil (altersschwach); die **Senilität**

Senior der, Senioren (älterer Mensch); **senior** <sen.> Herr Huber senior (der ältere Herr Huber, der Vater); der/die **Seniorchef/-in**; das **Seniorenheim**; die **Seniorenmannschaft**; die **Seniorin**

Senke die, Senken (Mulde, Vertiefung); die **Senkgrube** (Grube für Fäkalien); **senken** den Kopf senken, sie senkte die Preise, der Sarg wurde in das Grab gesenkt

mit der Zigarette ein Loch **sengen**	ABER	die Preise **senken**

senkrecht der Rauch stieg senkrecht (vertikal) auf; die **Senkrechte**; der **Senkrechtstarter** (Flugzeug, das senkrecht starten und landen kann; jmd., der schnell große Erfolge hatte)

Senn der, Sennen auch der **Senner**, -: (Almhirt); **sennen** (die Alm bewirtschaften); die **Sennerei**; die **Sennerin** auch Sennin; die **Sennhütte**

Sensation […tsion] die, Sensationen (ein aufsehenerregendes Ereignis); **sensationell**; die **Sensationslust**; **sensationslüstern**; die **Sensationspresse**

Sense die, Sensen (Mähwerkzeug); **sensen** (mit der Sense mähen); der **Sensenmann** (*geh. für* der Tod)

sensibel (sehr empfindsam, feinfühlig), sensibel auf die Nachricht reagieren, ein sensibles (heikles) Thema; **sensibilisieren** (Bewusstsein für etwas schaffen); die **Sensibilisierung**; die **Sensibilität** (Feinfühligkeit); der **Sensor** (Messfühler; Berührungsschalter)

Sentenz die, Sentenzen (einprägsamer Ausspruch, Sinnspruch)

sentimental (übertrieben gefühlsbetont, wehmütig); die **Sentimentalität**

separat (abgesondert vom Rest, getrennt), das Haus hat auch einen separaten Eingang; der/die **Separatist/-in**; sich **separieren** (sich absondern)

Sepsis die, Sepsen (Blutvergiftung); **septisch** (mit Keimen behaftet)

September der, -: <Sept.> (9. Monat)

Septett das, Septette (Musikstück für sieben Stimmen oder Instrumente); die **Septim** (Intervall von sieben Tonstufen)

Sequenz die, Sequenzen (Abfolge), die Sequenz mit dem Vulkanausbruch war die beste im ganzen Film

Serbien (Staat in Südosteuropa); der **Serbe**; die **Serbin**; **serbisch**

Serenade die, Serenaden (Musikstück)

Serie die, Serien (gleichartige Dinge, Reihe), eine Serie Briefmarken, es läuft eine neue Serie im Fernsehen, das neue Automodell geht in Serie; die **Serienfabrikation** […tsion], **serienmäßig**; die **Serienproduktion** […tsion]; **serienreif**

seriös der Herr macht einen seriösen (anständigen, zuverlässigen) Eindruck; die **Seriosität**

Serpentine die, Serpentinen (Windung einer Straße)

Serum das, Seren/Sera (Impfstoff; Bestandteil des Blutes)

Server [söawa] der, -: (Computer oder Programm in einem Netzwerk, der/das andere Computer/Programme bedient)

¹**Service** [söawis] der/das, Services (Bedienung, Kundendienst), das Service im Restaurant ist ausgezeichnet, wer hat das nächste Service? (Aufschlag, z.B. beim Tischtennis)

²**Service** [serwis] das, -: (komplettes Ess- oder Tafelgeschirr), ein Service für zwölf Personen

servieren [seawiren] der Kellner serviert das Essen (trägt es auf), aufschlagen (z.B. beim Tennis); die **Serviererin**; die **Serviette** (Tuch aus Stoff oder Papier)

Servobremse die, …bremsen (Bremse mit einer Bremsverstärkung); die **Servolenkung**

servus (Gruß), zu jmdm. servus auch Servus sagen

Sesam der, Sesams (Pflanze, Samen); das **Sesambrot**; das **Sesamöl**

Sessel der, -: (Sitzmöbel); die **Sesselbahn**; die **Sessellehne**; der **Sessellift**; der/die **Sesselkleber/-in** (*ugs. für* jmdn., der nicht von seinem Posten weicht)

sesshaft (mit einem festen Wohnsitz); die **Sesshaftigkeit**

¹**Set** das, Sets (Tischdeckchen; mehrere zusammengehörende Dinge)

²**Set** der, Sets (Drehort beim Film)

setzen das Kind setzt sich auf den Schoß,

er setzte sich neben sie, wir haben uns auf die Stühle gesetzt, setz dich!, sich zur Ruhe setzen (für immer aufhören zu arbeiten), den Namen auf die Liste setzen, die Segel setzen, auf eine bestimmte Nummer im Lotto setzen, einen Baum setzen, sich zur Wehr setzen, einen Text setzen (für den Druck schreiben), ein Haus in Brand setzen (anzünden), *sich etwas in den Kopf setzen* (unbedingt erreichen wollen), *jmdn. an die frische Luft setzen*, *jmdn. vor die Tür setzen* (kündigen), *jmdn. auf freien Fuß setzen* (ihn freilassen), *jmdn. schachmatt setzen* (handlungsunfähig machen); der/die **Setzer/-in** (Schriftsetzer/ -in); die **Setzerei**; der **Setzkasten**; der **Setzling** (junge Pflanze)

Seuche die, Seuchen (sich rasch ausbreitende ansteckende Krankheit); die **Seuchengefahr**; der **Seuchenherd** (Ort, von dem sich die Seuche ausbreitet)

seufzen (stöhnen, tief aufatmen), als er das hörte, seufzte er erleichtert; der **Seufzer**

Sex der, *Ez.* (Geschlechtsverkehr; das Geschlechtliche); der **Sex-Appeal** auch Sexappeal [sεksäpil] (sexuelle Anziehungskraft); der **Sexismus** (Unterdrückung aufgrund der Geschlechtszugehörigkeit); der/die **Sexist/-in**; **sexistisch**; der **Sexshop** [sεksschop]; das **Sexualdelikt**; die **Sexualität**; das **Sexualverbrechen**; **sexuell** (geschlechtlich); **sexy** (erotisch, anziehend)

Sext die, Sexten (Intervall von sechs Tonstufen); das **Sextett** (Musikstück für sechs Stimmen oder Instrumente)

Sextant der, Sextanten (Winkelmessinstrument zur Ortsbestimmung)

sezieren eine Leiche sezieren (öffnen, zerlegen)

S-förmig auch s-förmig (in Form eines S/s)

Shake [schek] der, Shakes (Mischgetränk); der **Shaker** (Becher zum Mischen von Getränken)

Shampoo [schampo, schampu] auch **Shampon** das, Shampoos/Shampons (Haarwaschmittel); **shampoonieren** auch schamponieren

Sheriff [scherif] der, Sheriffs (Polizeibeamter in den USA; Verwaltungsbeamter in England)

Shirt [schöt] das, Shirts (Baumwollhemd); das **T-Shirt** [tischöat]

Shitstorm [schitstoam] der, Shitstorms (Flut von unsachlichen, teils beleidigenden Kommentaren in einem Internetforum, Blog o. Ä.)

Shop [schop] der, Shops (Geschäft); das **Shoppingcenter** [schopingsenta] (Einkaufszentrum) auch das Shopping-Center

Shorts [schoats] die, *Mz.* (kurze Hose)

Shortstory [schoatstori] auch Short Story die, …storys (Kurzgeschichte)

Show [schou] die, Shows (Unterhaltungssendung; Vorführung; Schau); das **Showgeschäft**; der **Showman** [schoumän]; der/die **Showmaster/-in** (Unterhaltungskünstler/-in)

Shuttle [schatl] der/das, Shuttles (Pendelverkehr/Pendelfahrzeug); der **Shuttlebus**

sich sie hat sich geirrt, er hat sich selbst damit geschadet, er ist an und für sich (eigentlich) geschickt, von sich aus (freiwillig)

Sichel die, Sicheln (Werkzeug); **sichelförmig**

sicher vor der Gefahr sicher (geschützt) sein, etwas aus sicherer (zuverlässiger) Quelle erfahren, sein sicheres (selbstbewusstes) Auftreten überzeugt, ich bin mir ganz sicher (bin überzeugt davon), das ist dir sicher (höchstwahrscheinlich) nicht leichtgefallen, ein sicher wirkendes auch sicherwirkendes Medikament, hier findest du sicheren (festen) Halt, auf Nummer sicher gehen (nichts wagen) ABER → es ist das **Sicherste** zu warten, im Sichern sein

sichergehen (▶ gehen) ich möchte sichergehen (Gewissheit haben) ABER → über die Stufen sicher (ohne Gefahr) gehen; die **Sicherheit**; der **Sicherheitsabstand**; der **Sicherheitsgurt**; **sicherheitshalber**; die **Sicherheitsnadel**; das **Sicherheitsrisiko**; das **Sicherheitsventil**; **sicherlich** *Adv.* (gewiss); **sichern** das Tor mit einem Schloss sichern, ich konnte mir Plätze in der ersten Reihe sichern, die Daten auf der Festplatte sichern; **sicherstellen** die Polizei hat das Fahrrad sichergestellt (beschlagnahmt); die **Sicherstellung**; die **Sicherung**

Sicht die, *Ez.:* von hier oben hat man eine gute Sicht, aus meiner Sicht gibt es keinen Einwand, die Stadt wird bald in Sicht kommen; **sichtbar** (wahrnehmbar); **sichten** ich muss die Akten nochmals sichten (durchsehen), eine Bekannte in der Menge sichten (entdecken); **sichtlich** (offenkundig); die **Sichtverhältnisse**; der **Sichtvermerk** (Visum); die **Sichtweite**

sickern die Flüssigkeit sickert (fließt langsam) in den Boden; die **Sickergrube**; das **Sickerwasser**

Sideboard [saidboad] das, …boards (Möbel)

sie → simultan

sie geht sie schon in die zweite Klasse? ABER → **Sie** (höfliche Anrede eines Erwachsenen), kann ich für Sie einen Tisch im Restaurant reservieren?, jmdn. mit Sie anreden, mit jmdm. noch per Sie sein

Sieb das, Siebe (Filter, Seiher), *ein Gedächtnis wie ein Sieb haben* (sich nichts merken können); der **Siebdruck** (Druckverfahren)

¹**sieben** Sand sieben, bei der Prüfung wurde stark gesiebt (eine strenge Auswahl getroffen)

²**sieben** es waren sieben Kinder, wir treffen uns um sieben (Uhr), wir waren zu siebent *auch* siebt, die sieben Sakramente, die sieben Weltwunder, *im siebten Himmel* (überglücklich, verliebt) *sein, um sieben Ecken* (sehr weit entfernt) *mit jmdm. verwandt sein* ABER → die Zahl **Sieben**; einen Siebener an die Tafel schreiben; **siebeneckig** *auch* 7-eckig; **siebenfach** *auch* 7fach *auch* 7-fach; das **Siebenfache** *auch* das 7fache *auch* das 7-Fache; **siebenhundert**; **siebenjährig** ein siebenjähriges *auch* 7-jähriges Mädchen ABER → der Siebenjährige Krieg (Krieg zwischen Preußen und Österreich, 1756–1763); **siebenköpfig** *auch* 7-köpfig; **siebenmal** *Zahlwort, Adv. auch* 7-mal; die **Siebenmeilenstiefel**; die **Siebensachen** (Habseligkeiten); der **Siebenschläfer** (Nagetier; Lostag: 27. Juni); **siebenstellig** *auch* 7-stellig; **siebentägig** *auch* 7-tägig; **siebentausend**; das **Sieb(en)tel**; **sieb(en)tens** *Adv.*; **siebzehn**; **siebzig**; **siebzigjährig** *auch* 70-jährig

sieben Enten	ABER	die Zahl Sieben

siech (gebrechlich, krank); **siechen** er siecht im Krankenhaus dahin (ist todkrank ohne Aussicht auf Besserung); das **Siechtum**

siedeln (sich an einem bestimmten Ort niederlassen); der/die **Siedler/-in**; die **Siedlung**; das **Siedlungsgebiet**

sieden du siedest (kochst) den Kaffee, das Wasser siedete, das Fleisch wurde zu lange gesiedet/gesotten; Vorsicht, das Wasser ist siedend heiß!; der **Siedepunkt**

Sieg der, Siege: die Mannschaft freute sich über den Sieg; **siegen** (den Sieg davontragen); der/die **Sieger/-in**; die **Siegerehrung**; das **Siegerpodest**; **siegesbewusst**; die **Siegesfeier**; **siegesgewiss**; **siegessicher**; das **Siegestor**; **sieglos**; **siegreich**

Siegel das, -: (Stempel; Abdruck eines Stempels in Wachs), das Siegel (den Briefverschluss) brechen, *etwas unter dem Siegel der Verschwiegenheit* (bei strengster Geheimhaltung) *sagen*; der **Siegelring**

siehe! siehe weiter oben <s.o.>, sieh(e) da!

Siesta die, Siestas/Siesten (Mittagsruhe)

siezen jmdn. siezen (mit Sie anreden), wir siezten uns

Signal das, Signale (Zeichen); **signalisieren** sein Blick signalisierte nichts Gutes

Signatur die, Signaturen (Unterschrift; Kombination von Zeichen, z.B. auf Bibliotheksbüchern); **signieren** die Autorin signiert ihr neues Buch; **signifikant** (charakteristisch, wesentlich)

Silbe die, Silben (kleinste Sprecheinheit eines Wortes), das Wort "Hilfe" besteht aus zwei Silben, *jmdm. keine Silbe* (kein Wort) *glauben, etwas mit keiner Silbe erwähnen* (etwas völlig verschweigen); **…silbig**: **einsilbig**, **mehrsilbig**

Silber das, *Ez.* <Ag> (wertvolles Metall), ein Besteck aus Silber, *Reden ist Silber, Schweigen ist Gold*; das **Silberfischchen** (Insekt); das **Silbergeschirr**; die **Silberhochzeit** (25. Jahrestag der Hochzeit); **silb(e)rig**; der **Silberling** *jmdn. für dreißig Silberlinge* (für wenig Geld) *verraten*; die **Silbermedaille** [...medai(l)je]; die **Silbermünze**; **silbern** (aus Silber, wie Silber); das **Silberpapier**; der **Silberstreif(en)** ein Silberstreif (Hoffnungsschimmer) am Horizont; die **Silberzwiebel**

Silhouette [silu̯ɛtə] die, Silhouetten (Umriss)

Silikon *auch* **Silicon** das, *Ez.* (klebriger Kunststoff)

Silo das/der, Silos (Großspeicher); die **Silage** [silasch] (das Silofutter); **silieren** (im Silo einlagern); das **Silofutter**

Silvester der/das, *Ez.* (letzter Tag des Jahres); der **Silvesterabend**

simpel (einfach, leicht), ein simples Beispiel, er hat ein simples (einfältiges) Gemüt

Sims der/das, Simse (Mauervorsprung)

Simsalabim (Zauberformel)

simsen (*ugs.* für eine SMS senden)

Simulant der, Simulanten (jmd., der eine Krankheit vortäuscht); die **Simulantin**; die **Simulation** [...tsion]; **simulieren** (vortäuschen)

simultan (gleichzeitig, gemeinsam); der/die **Simultandolmetscher/-in**

Sinfonie auch **Symphonie** die, Sinfonien (Orchesterwerk); das **Sinfoniekonzert**; **sinfonisch**
singen er singt ein Lied, sie sang das Kind in den Schlaf, die Vögel haben im Garten gesungen, sing mit!; das **Singspiel**; der **Singvogel**

| er **sang** ein Lied | ABER | das Schiff **sank** |

¹**Single** [singl] die, Singles (kleine Schallplatte)
²**Single** [singl] der, Singles (alleinstehender Mensch)
³**Single** [singl] das, Singles (Spiel zwischen zwei Einzelspielern)
Singular der, Singulare <Sing.> (Einzahl); **singulär** (vereinzelt)
sinken die Sonne sinkt, das Schiff sank auf den Meeresgrund, vor Erschöpfung sind alle auf die Knie gesunken, das Thermometer sinkt, den Mut nicht sinken lassen
Sinn der, Sinne: die fünf Sinne (Sehen, Riechen, Hören, Fühlen, Schmecken), ihm schwanden die Sinne (er wurde ohnmächtig), das kam ihr nicht in den Sinn; ich hoffe, in deinem Sinn gehandelt zu haben, das ergibt keinen Sinn, dem Sinn nach (sinngemäß), *nicht bei Sinnen* (bei klarem Verstand) *sein, etwas im Sinn haben* (vorhaben), *in den Sinn kommen* (einfallen)
Sinnbild das, ..bilder (Symbol); **sinnbildlich** (nur bildlich, nicht wörtlich gemeint); **sinnen** (grübeln), auf Rache sinnen; der **Sinneseindruck**; das **Sinnesorgan**; die **Sinnestäuschung** (Einbildung); der **Sinneswandel** (Änderung einer Einstellung); **sinngemäß** (dem Sinn entsprechend, nicht wörtlich), etwas sinngemäß wiedergeben; **sinnieren** (nachdenken, grübeln); **sinnig** (sinnvoll); **sinnlich** sinnlich (durch die Sinne) wahrnehmbar, ein sinnlicher (genussfreudiger) Mensch, von ihr ging ein sinnlicher (erotischer) Reiz aus; die **Sinnlichkeit**; **sinnlos** (ohne Vernunft, vergebens), es ist sinnlos, ihm das zu erklären; **sinnvoll**
Sintflut auch **Sündflut** die, *Ez.* (verheerende Überschwemmung); **sintflutartig**
Sinto der, Sinti (Vertreter der Volksgruppe der Sinti), die Roma und Sinti (Volksgruppen)
Sinus der, Sinus/Sinusse <sin> (Winkelfunktion); die **Sinuskurve**
Siphon der, Siphons (Geruchsverschluss bei Wasserabflüssen)

Sippe die, Sippen (Gruppe verwandter Familien); die **Sippenhaftung** (unrechtmäßiges Zur-Rechenschaft-Ziehen der Familienangehörigen eines Täters); die **Sippschaft** (Verwandtschaft)
Sirene die, Sirenen (Alarmanlage); das **Sirenengeheul**
sirren ein sirrendes (feines, hell klingendes) Geräusch
Sirup der, Sirupe (dickflüssiger Fruchtsaft)
Sisal der, *Ez.* (Pflanzenfaser); die **Sisalmatte**
Sisyphusarbeit die, ...arbeiten (vergebliche, schwere, nie ans Ziel führende Arbeit)
Sitte die, Sitten: die Sitten (traditionellen Gewohnheiten, Bräuche) eines Volkes, ihr fehlen die guten Sitten (gutes Benehmen); das **Sittenbild**; **sittenlos** (unanständig); die **Sittenlosigkeit**; der **Sittenstrolch** (*ugs. für* Sittlichkeitsverbrecher); **sittenwidrig** (gegen die guten Sitten); **sittlich** (anständig, moralisch); das **Sittlichkeitsdelikt** (Sexualstraftat); **sittsam** (wohlerzogen, tugendhaft); die **Sittsamkeit**
Sittich der, Sittiche (Vogel)
Situation [...tsion] die, Situationen: sie befindet sich in einer gefährlichen Situation (Lage); **situationsbedingt**; **situationsgerecht**; die **Situationskomik**; **situiert** gut situiert (wohlhabend)
Sitz der, Sitze: der Autobus hat harte Sitze, einen Sitz reservieren, die Partei hat die Mehrheit der Sitze (die Mandatsmehrheit), der Sitz (die Zentrale) der Firma ist in den USA, der Sitz (die Passform) des Kleides, *etwas auf einen Sitz* (ugs. für auf einmal) *essen;* die **Sitzecke**
sitzen er sitzt seit Jahren im Gefängnis, sie saß Stunden bei ihrer Arbeit, wir sind beim Läuten auf unseren Plätzen gesessen, sitz still!, *der Anzug sitzt* (passt) *perfekt, in der dritten Klasse ist er sitzen geblieben* auch sitzengeblieben (durfte nicht aufsteigen), *auf den Waren sitzen bleiben* auch sitzenbleiben (sie nicht verkaufen können), *das Mädchen sitzen lassen* auch sitzenlassen (es nicht heiraten), *etwas nicht auf sich sitzen lassen* auch sitzenlassen (nicht unwidersprochen hinnehmen), *einen sitzen haben* (ugs. für betrunken sein); der/die **Sitzenbleiber/-in**
Sitzfläche die, ...flächen; das **Sitzfleisch** *kein Sitzfleisch haben* (nicht still sitzen können); das **Sitzmöbel**; die **Sitzordnung**; der **Sitzplatz**; die **Sitzung** (Besprechung); der

Skala → so

Sitzungssaal
Skala die, Skalen/Skalas (Maßeinteilung)
Skalp der, Skalpe (abgetrennte Kopfhaut)
Skalpell das, Skalpelle (Operationsmesser)
Skandal der, Skandale (ein aufsehenerregendes Ereignis, Ärgernis); **skandalös** (empörend); die **Skandalpresse**
skandieren (rhythmisch abgehackt sprechen)
Skandinavien (Teil Nordeuropas); der/die **Skandinavier/-in; skandinavisch**
Skat der, Skate/Skats (Kartenspiel), Skat spielen
Skateboard [sketboad] das, …boards (Sportgerät)
Skelett das, Skelette (Knochengerüst)
Skepsis die, *Ez.* (Bedenken, Zweifel, Misstrauen); der/die **Skeptiker/-in** (jmd., der Bedenken hat); **skeptisch**
Sketch [sketsch] der, Sketches (kurze, humorvolle Szene mit einer Schlusspointe)
Ski [schi] auch **Schi** der, Skier: Ski fahren gehen, im Winter Ski laufen; die **Skigymnastik**; der/die **Skiläufer/-in**; der **Skilift**; das **Skirennen**
Skin der, Skins (kurz für Skinhead); der **Skinhead** [skinhed] (Angehörige/-r einer rebellischen Jugendbewegung mit kahl rasiertem Kopf; z.T. Anhänger rechtsradikalen Gedankenguts, z.T. deutlich davon distanziert)
Skizze die, Skizzen (einfacher Entwurf; kurzer Text); **skizzenhaft; skizzieren** die Grundrisse des Hauses im Plan skizzieren; die **Skizzierung**
Sklave der, Sklaven (unfreier Mensch, leibeigener Diener); die **Sklavenarbeit**; der **Sklavenhandel**; die **Sklaverei** die Arbeit ist die reinste Sklaverei; die **Sklavin; sklavisch** (übertrieben gehorsam), sich sklavisch (ohne selbst nachzudenken) an die Vorgabe halten
Skonto das/der, Skontos/Skonti (Preisnachlass bei Barzahlung)
Skorbut der, *Ez.* (Vitaminmangelkrankheit)
Skorpion der, Skorpione (giftiges krebsähnliches Spinnentier; Sternbild)
Skript auch **Skriptum** das, Skripten (Mitschrift); das **Skript** (kurz für Manuskript, Drehbuch)
Skrupel der, -: die Täter gingen ohne Skrupel (Bedenken, Hemmung) vor; **skrupellos**; die **Skrupellosigkeit**
Skulptur die, Skulpturen (Werk eines Bildhauers, Plastik)
skurril (sonderbar, komisch, verrückt)
S-Kurve die, S-Kurven (Doppelkurve)

Skyline [skailain] die, Skylines (Silhouette einer Stadt)
skypen [skaipn] (über Internet telefonieren), ich skype, er hat geskypt
Slalom der, Slaloms (Torlauf); der **Slalomkurs**
Slang [släng] der, Slangs (nachlässige Umgangssprache)
Slapstick [släpstik] der, …sticks (komische Szene)
s-Laut der, s-Laute (stimmloses und stimmhaftes s); die **s-Schreibung** (s, ß, ss)
Slibowitz der, Slibowitze (Zwetschkenschnaps)
Slip der, Slips (eng anliegende Unterhose); der **Slipper** (Schuh, Schlüpfer)
Slogan [slogen, slougen] der, Slogans (Werbespruch, Motto)
Slowakei die, *Ez.* (Staat in Osteuropa); der **Slowake**; die **Slowakin; slowakisch**
Slowenien (Staat in Südosteuropa); der **Slowene**; die **Slowenin; slowenisch**
Slum [slam] der, Slums (Elendsviertel in einer Großstadt)
Smalltalk [smoltok] auch **Small Talk** der, …talks (oberflächliche Unterhaltung)
Smaragd der, Smaragde (grüner Edelstein); **smaragdgrün**
Smartphone das, …phones (Mobiltelefon mit größerem Touchscreen)
Smog der, Smogs (Dunstschicht mit Rauch und Abgasen über Industriestädten); der **Smogalarm**
Smoking der, Smokings/Smokinge (festlicher schwarzer Abendanzug)
SMS die, -: **S**hort **M**essage **S**ervice (Kurznachricht beim Mobilfunk)
Snack [snäk] der, Snacks (kleiner Imbiss)
Snob der, Snobs (eingebildeter Angeber); der **Snobismus; snobistisch**
s.o. = **s**iehe **o**ben
[1]**so** *Adv.:* einen so heißen Sommer haben wir noch nicht erlebt, er hatte sich so darauf gefreut!, einmal so – dann wieder so, so und nicht anders soll es sein, so gesehen, so viel wie möglich, und so weiter <usw.>, wie du mir, so ich dir, so (ungefähr) um zwölf Uhr, so wahr mir Gott helfe!; **sodann** *Adv.* (danach); **soeben** *Adv.* (gerade jetzt); **sofort** *Adv.:* er kommt sofort; **sogar** *Adv.:* sogar (selbst) sie freute sich, er kam diesmal sogar pünktlich; **sogleich** *Adv.* (sofort); **somit** *Adv.* (also, folglich); **sowieso** *Adv.* (auf alle Fälle); **sozusagen** *Adv.* (gewissermaßen), das Gröbste ist sozusagen überstanden

²**so** *Konj.:* er hatte hohes Fieber, **so dass** auch **sodass** er nicht in die Schule gehen konnte, so leid es mir auch tut, ich kann nicht kommen; **sobald** *Konj.:* (gleich wenn); **solang(e)** *Konj.:* solange es nicht läutet, bleiben alle auf dem Platz; **sooft** *Konj.:* sooft ich sie sehe, freue ich mich; **sosehr** *Konj.:* sosehr du auch bittest, ich sage nein; **soviel** *Konj.:* soviel wir wissen, kommt er gleich; **sowie** *Konj.* (und, auch, sobald); **sowohl** *Konj.:* sowohl … als auch

mach es **so wie** ich	ABER	**sowie** (sobald) ich fertig bin, …
warte **so lange** wie möglich	ABER	**solange** ich nicht fertig bin, …
iss nicht **so viel**!	ABER	**soviel** ich weiß, …
er versuchte es **so zu sagen**, dass …	ABER	es ist **sozusagen** schon zu spät

³**so** *Part.:* ihm ist das so was von egal *(ugs.)*, ich mache mir eben so meine Gedanken

Social Media [soschäl midia] die, *Mz.* (digitale Medien und Technologien für Kommunikation, Austausch und Erstellen von Inhalten)

Sockel der, -: (Fundament; Teil eines Gebäudes/Möbelstücks)

Socken der, -: (kurzer Strumpf), *sich auf die Socken machen* (aufbrechen), *von den Socken* (*ugs.* für überrascht) *sein*

Soda das/die, Sodas auch das Sodawasser; das **Sodbrennen** (brennendes Gefühl in der Speiseröhre)

Sodomie die, -: (Geschlechtsverkehr mit Tieren)

Sofa das, Sofas (gepolstertes Sitzmöbel); das **Sofakissen**

Softdrink auch **Soft Drink** der, …drinks (alkoholfreies Getränk); das **Softeis** (cremiges Speiseeis); die **Software** [softwea] (Anwendungsprogramme)

Sog der, Soge (saugende Strömung, starker Einflussbereich)

sogenannt auch **so genannt** die sogenannten Raubtiere

Sohle die, Sohlen: an der Sohle (Fußsohle) eine Blase bekommen, die Sohlen (Schuhsohlen) sind aus Leder, *auf leisen Sohlen* (unbemerkt) *daherkommen*, die Sohle des Tales

die **Sohle** des Schuhs	ABER	die **Sole** aus dem Salzbergwerk

Sohn der, Söhne (männlicher Nachkomme)

Soja die, Sojen; die **Sojabohne** (Bohnenart); die **Sojasoße**

solar (von der Sonne herrührend); das **Solarauto**; die **Solarbatterie**; die **Solarenergie**; das **Solarium** (Anlage für künstliches Sonnenbad); die **Solarzelle**

solch (so beschaffen), solch ein herrliches Wetter; **solche**, **solcher**, **solches**

Sold der, Solde (Bezahlung eines Soldaten); der/die **Soldat/-in**; **soldatisch**; der/die **Söldner/-in** (Soldat/-in, der/die gegen Bezahlung freiwillig Kriegsdienst leistet)

Sole die, Solen (kochsalzhältiges Wasser); die **Soleleitung**

solid (massiv, fundiert, haltbar), er besitzt solide Kenntnisse in der EDV

solidarisch sich mit den Streikenden solidarisch fühlen; sich **solidarisieren** (sich zusammentun); die **Solidarität**

Solist der, Solisten (Einzelsänger/-musiker); die **Solistin**

Soll das, Solls (Schuld), Soll und Haben (die beiden Seiten eines Kontos), er hat sein Soll (die geforderte Leistung) erfüllt; der **Sollzustand** auch **Soll-Zustand**

sollen du sollst aufstehen, du solltest nicht länger warten, was soll das bedeuten?, das hat so sein sollen, was soll's!

Solo das, Solos/Soli (Gesang, Spiel eines Einzelnen); der/die **Solist/-in**; **solo** *Adj.* (allein); der **Sologesang**

solvent er ist nicht solvent (zahlungsfähig)

Sommer der, -: (Jahreszeit); die **Sommerferien**; **sommerlich** sommerliche Temperaturen; die **Sommernacht**; **sommers** *Adv.* (im Sommer), sommers wie winters; der **Sommerschlussverkauf**; die **Sommersprosse**

Sonate die, Sonaten (Musikstück); die **Sonatine**

Sonde die, Sonden (Untersuchungsinstrument); **sondieren** (auskundschaften); die **Sondierung**

Sonderangebot das, …angebote; **sonderbar** (merkwürdig); **sonderbarerweise** *Adv.*; **sondergleichen** *Adv.:* das ist eine Frechheit sondergleichen (außergewöhnliche Frechheit); das **Sonderkommando**; **sonderlich** er regte sich nicht sonderlich auf; der **Sonderling** (Außenseiter); der **Sondermüll** (Müll mit gefährlichen Giftstoffen); der **Sonderrabatt**;

die **Sonderregelung**; **sonders** *Adv.*: samt und sonders (vollständig); die **Sonderschule**; der **Sonderwunsch**
¹**sondern** *Konj.*: nicht er, sondern (vielmehr) sie
²**sondern** den giftigen Müll vom Restmüll sondern (trennen)
Sonett das, Sonette (Gedichtform)
Sonnabend der, Sonnabende (*bundesdt. für* Samstag); **sonnabends** *Adv.*
Sonne die, Sonnen: die untergehende Sonne, *Sonne im Herzen haben* (ein fröhlicher Mensch sein); sich **sonnen** (in der Sonne liegen); die **Sonnenallergie**; der **Sonnenaufgang**; **sonnenbaden**; die **Sonnenblume**; der **Sonnenbrand**; die **Sonnenbräune**; die **Sonnenbrille**; die **Sonnencreme**; die **Sonnenenergie**; die **Sonnenfinsternis**; **sonnengebräunt**; **sonnenklar** (ganz eindeutig); das **Sonnenöl**; der **Sonnenschirm**; die **Sonn(en)seite** (sonnige Seite eines Tales); der **Sonnenstich** *einen Sonnenstich haben* (zu viel Sonne erwischt haben; *ugs. für* nicht ganz bei Verstand sein); die **Sonnenuhr**; **sonnenverbrannt**; die **Sonnenwärme**; **sonnig** ein sonniger Tag, ein sonniges (heiteres) Gemüt haben; die **Sonnwendfeier**
Sonntag der, Sonntage <So.> (▶ Dienstag); der **Sonntagabend**; **sonntagabends** *Adv. auch* sonntags abends; **sonntäglich** der sonntägliche Spaziergang; **sonntags** *Adv.*: sonn- und feiertags; das **Sonntagskind** (Glückskind); die **Sonntagsruhe**
sonor eine sonore (klangvolle) Stimme
sonst *Adv.*: er war sonst (normalerweise) immer freundlich, hast du sonst (außerdem) noch eine Frage?, was soll ich sonst (anderes) tun?, sonst jemand, sonst (et)was, sonst wer, sonst wie, sonst wo, sonst woher, sonst wohin; **sonstig** alle sonstigen (übrigen) Aufgaben habe ich richtig
Sopran der, Soprane (hohe Frauen- oder Kinderstimme); der/die **Sopranist/-in**
Sorge die, Sorgen: ich bin in großer Sorge, Sorge tragen, die Sorge (Pflege) für das Kind übernehmen; **sorgen** sich um die Gesundheit sorgen, für Ruhe sorgen; **sorgenfrei**; das **Sorgenkind**; **sorg(en)los**; **sorgenvoll**; das **Sorgerecht**; die **Sorgfalt**; **sorgfältig**; die **Sorglosigkeit**; **sorgsam** (gewissenhaft)
Sorte die, Sorten (Gruppe von Waren, Gattung), eine milde Sorte, die beste Sorte Äpfel;

sortieren (ordnen); die **Sortierung**; das **Sortiment** (Warenangebot)
SOS das, *Ez.* = **s**ave **o**ur **s**ouls, **s**ave **o**ur **s**hip (internationales Seenotzeichen)
Soße *auch* **Soß** *auch* **Sauce** [soːs] die, Soßen (cremige Speisenbeigabe)
Souffleur [suflöa] der, Souffleure (Einsager für die Schauspieler/-innen im Theater); die **Souffleuse** [suflöse]; **soufflieren** (einsagen)
Soul der, *Ez.* (afroamerikanische Jazzmusik)
Sound [saund] der, Sounds (Klangwirkung)
Souper [supe] das, Soupers (festliches Abendessen); **soupieren**
Soutane [sutaːne] die, Soutanen (Gewand der katholischen Geistlichen)
Souterrain [suterẽ] das, Souterrains (Kellergeschoß)
Souvenir [suwenia] das, Souvenirs (Andenken)
souverän [suwarän] (selbstständig, unumschränkt); der **Souverän** (Herrscher); die **Souveränität** (Unabhängigkeit)
Sowjetunion die, *Ez.* <SU> (ehemalige Großmacht in Osteuropa/Asien)
sozial (gesellschaftlich), sie verhält sich sehr sozial (uneigennützig); das **Sozialamt**; die **Sozialarbeit**; die **Sozialdemokratie** (politische Richtung); **sozialdemokratisch**; die **Sozialfürsorge**; **sozialisieren** (einordnen in die Gesellschaft); der **Sozialismus** (politische Richtung); der/die **Sozialist/-in**; **sozialistisch**; das **Sozialjahr** (freiwilliges Jahr im sozialen Bereich); die **Sozialpädagogik**; die **Sozialversicherung**; die **Soziologie** (Lehre von den Zusammenhängen der menschlichen Gesellschaft); der **Sozius** (Geschäftsteilhaber; Beifahrer)
Sp. = **Sp**alte
Spachtel der/die, Spachteln (Maurerwerkzeug); die **Spachtelmasse**; **spachteln**
¹**Spagat** der, Spagate (gymnastische Figur)
²**Spagat** der, Spagate (Schnur)
Spagetti *auch* **Spaghetti** die, *Mz.* (Nudeln)
spähen (suchend blicken); der **Späher** (Kundschafter)
Spalier das, Spaliere (Gitterwand; Menschengasse), die Hochzeitsgäste bildeten ein Spalier für das Brautpaar
Spalt der, Spalten (schmale Öffnung), das Fenster einen Spalt offen lassen; **spaltbar** ein spaltbares Material; **spaltbreit** die Tür spaltbreit öffnen ABER → die Tür nur einen

Spalt breit öffnen; die **Spalte** im Gletscher haben sich breite Spalten (Risse) gebildet, einen Apfel in Spalten schneiden; **spalten** er spaltete die Holzstücke, der Streit drohte die Gruppe zu spalten; die **Spaltung**

Spam [späm] der, Spams (unverlangt zugesandtes Werbe-E-Mail); der/die **Spammer/in**

Span der, Späne (Holzsplitter); die **Spanplatte**

Spanferkel das, -: (junges Ferkel)

Spange die, Spangen: eine Spange im Haar tragen, eine Spange (*kurz für* Zahnspange) haben

Spanien (Staat in Südeuropa); der/die **Spanier/-in**; **spanisch** *das kommt mir spanisch (seltsam) vor*

Spanne die, Spannen: eine Spanne (ein Zeitraum) von drei Monaten, die Spanne des Händlers (der Unterschied zwischen Ein- und Verkaufspreis)

spannen Pferde vor die Kutsche spannen, das Kleid spannt (sitzt zu eng), die Brücke spannt (wölbt) sich über das Tal, eine gespannte (unbehagliche) Atmosphäre, auf etwas gespannt (neugierig) sein, *jmdn. auf die Folter spannen* (in Ungewissheit lassen); **spannend** ein spannender Film; die **Spannung**; **spannungsgeladen**; die **Spannweite**

Sparbrief der, ...briefe; das **Sparbuch**; die **Sparbüchse**; die **Spareinlage**; **sparen** Geld für später sparen, das hätte ich mir sparen (ersparen) können, *spare in der Zeit, so hast du in der Not*; der/die **Sparer/-in**; die **Sparflamme** *auf Sparflamme schalten* (mit geringem Aufwand arbeiten); das **Spargutahben**; die **Sparkasse**; das **Sparkonto**; **spärlich** die Vorstellung war nur spärlich besucht; die **Sparmaßnahme**; das **Sparprogramm**; **sparsam**; die **Sparsamkeit**

Spargel der, -: (Gemüse); das **Spargelbeet**; die **Spargelsuppe**

Sparren der, -: (Dachbalken)

Sparring das, *Ez.* (Boxtraining)

spartanisch er lebt sehr spartanisch (anspruchslos, auf das Nötigste beschränkt)

Sparte die, Sparten (Abteilung, Teilbereich, Fachgebiet)

Spaß der, Späße: das war ein harmloser Spaß (Scherz), die Arbeit macht ihr Spaß (Freude), Spaß beiseite!, *keinen Spaß verstehen* (humorlos sein); **spaßen** er spaßt mit ihr, mit ihm ist nicht zu spaßen (er wird leicht böse); die **Spaßetteln** mach keine Spaßetteln! (*ugs. für* keinen Unfug); **spaßhaft**; **spaßhalber** *Adv.* (rein aus Vergnügen); **spaßig** ein spaßiger (komischer) Film; der **Spaßmacher** (Witzbold, Narr); der **Spaßverderber**; der **Spaßvogel** (jmd., der gern Spaß macht)

Spastiker der, -: (jmd., der an krampfartigen Lähmungen leidet); die **Spastikerin**; **spastisch** (krampfartig)

spät wir sind erst spät nach Hause gekommen, zu später (vorgerückter) Stunde, bis später!, von früh bis spät; **spätabends** *Adv.*; der **Spätentwickler**; **spätestens** *Adv.*; die **Spätlese** (Weinsorte); die **Spätschicht**

Spaten der, -: (Schaufel); der **Spatenstich** (Baubeginn)

Spatz der, Spatzen (Vogel), *das pfeifen die Spatzen von den Dächern* (*ugs. für* das weiß jeder); die **Spätzin**

spazieren langsam durch die Stadt spazieren, spazieren gehen; der **Spaziergang**; der/die **Spaziergänger/-in**; der **Spazierstock**; der **Spazierweg**

Specht der, Spechte (Vogel)

Speck der, *Ez.* (geselchtes fettes Fleisch); *Speck ansetzen* (dick werden), *mit Speck fängt man Mäuse* (mit dem richtigen Lockmittel erreicht man etwas); **speckig** (fettig; abgegriffen); der **Speckknödel**; die **Speckschwarte**

Spediteur [schpeditöa] der, Spediteure (Transportunternehmer); die **Spedition** [...tsion]

Speer der, Speere (Wurfwaffe, Lanze); das **Speerwerfen**

speiben (*ugs. für* erbrechen), er spieb, sie hat gespieben

Speiche die, Speichen (Teil des Rades; Unterarmknochen)

Speichel der, *Ez.* (Spucke); die **Speicheldrüse**; der **Speichellecker** (*ugs. abwertend für* unangenehmer Schmeichler)

Speicher der, -: (Lagerraum, Dachboden); die **Speicherkarte** (kleines Speichermedium, Memory Card); **speichern** (lagern, aufbewahren), die Daten auf der Festplatte speichern; die **Speicherkapazität**; die **Speicherung**

speien (erbrechen; spucken), er speit Blut, die Brunnenfigur spie Wasser, die Vulkane haben Lava gespien, *Gift und Galle speien* (sich maßlos aufregen); **speiübel** (*derb für* sehr übel)

Speis die, Speisen (Vorratskammer); die **Speis(e)** herzlichen Dank für Speis und

Trank!; das **Speiseeis**; der **Speisefisch**; die **Speisekammer** (Vorratskammer); die **Speisekarte**; das **Speiselokal**; **speisen** in einem Restaurant vornehm speisen, der See wird von zwei Flüssen gespeist; die **Speiseröhre**; der **Speisesaal**; der **Speisetopf**; der **Speisewagen**; das **Speisezimmer**

¹**Spektakel** das, -: (aufsehenerregendes Ereignis); **spektakulär** eine spektakuläre Tat

²**Spektakel** der, -: (*ugs. für* Krach, Lärm), mach nicht so einen Spektakel!

Spektrum das, Spektren/Spektra (Lichtband der Regenbogenfarben; Vielfalt), ein breites Spektrum an Angeboten; die **Spektralfarben**

Spekulant der, Spekulanten (jmd., der sich auf unsichere Geschäfte verlässt); die **Spekulantin**; die **Spekulation** [...tsion] (Vermutung, Geschäft); **spekulativ**; **spekulieren** (nachdenken, vermuten, riskieren), auf einen hohen Gewinn spekulieren

Spelunke die, Spelunken (*abwertend für* verrufenes Lokal)

spendabel (freigebig); die **Spende**; **spenden** für einen guten Zweck Geld spenden (hergeben), Blut spenden, der Baum spendet (gibt) Schatten, das Publikum spendete Beifall (klatschte); das **Spendenkonto**; **spendieren** (freigebig schenken, bezahlen); die **Spendierhosen** *die Spendierhosen anhaben* (freigebig sein)

Spengler der, -: (Handwerker); die **Spenglerei**

Spenzer auch **Spenser** der, -: (kurze, enge Jacke)

Sperber der, -: (Greifvogel)

Sperling der, Sperlinge (Spatz)

Sperma das, Spermen/Spermata (Samenflüssigkeit)

Sperre die, Sperren (Behinderung, Hindernis); **sperrangelweit** *Adv.* (ganz offen); **sperren** die Polizei sperrte die Straße, sich gegen einen Plan sperren, den Spieler für die nächsten Spiele sperren, den bissigen Hund in den Käfig sperren; das **Sperrholz** (Platten aus schichtverleimtem Holz); **sperrig** (unhandlich); der **Sperrmüll**; die **Sperrstunde** (Schließungszeit in Lokalen); die **Sperrzone**

Spesen die, *Mz.* (Unkosten, Auslagen), *außer Spesen nichts gewesen*

Spezereien die, *Mz.* (Gewürze; Delikatessen)

¹**Spezi** das, Spezi(s) (alkoholfreies Getränk)

²**Spezi** der, Spezi(s) (*ugs. für* Freund)

spezialisieren sich: sich auf ein Fachgebiet spezialisieren (konzentrieren); die **Spezialisierung**; der/die **Spezialist/-in**; die **Spezialität** (Besonderheit, Fachgebiet); das **Spezialgebiet** (Fach); **speziell** (nicht allgemein), spezielle Wünsche haben ABER → im Speziellen (im Besonderen); die **Spezies** [schpetsies] (Art, Gattung); **spezifisch** (charakteristisch, eigentümlich); **spezifizieren**

Sphäre [sfäre] die, Sphären (Himmelsgewölbe; Machtbereich)

Sphinx [sfinks] die/der, Sphinxe/Sphingen (ägyptisches Fabelwesen, Löwe mit Menschenkopf)

spicken das Fleisch spicken (mit Speckstreifen durchziehen), ein mit Fremdwörtern gespickter (durchsetzter) Vortrag, beim Nachbarn spicken (abschreiben); der **Spickzettel** (*ugs. für* Schummelzettel)

Spiegel der, -: in den Spiegel schauen, *jmdm. den Spiegel vorhalten* (jmdn. auf seine Fehler hinweisen); das **Spiegelbild** (seitenverkehrtes Bild); **spiegelbildlich**; **spiegelblank** (glänzend); das **Spiegelei**; die **Spiegelfechterei** (Täuschung, Scheinkampf); **spiegelglatt** die Straßen waren spiegelglatt; **spiegeln** der Mond spiegelt sich im See; die **Spiegelschrift**; die **Spieg(e)lung**; **spiegelverkehrt**

Spiel das, Spiele: Schach ist ein ausgezeichnetes Spiel, *etwas aufs Spiel setzen* (riskieren), *mit dem Feuer spielen* (etwas Gewagtes tun); der **Spielautomat**; der **Spielball**; die **Spielbank** (Unternehmen für Glücksspiele); der **Spielbeginn**; die **Spieldose**

spielen Fußball spielen, Klavier spielen, sie spielte Lotto, sie haben Tennis gespielt, er spielt die Hauptrolle, falsch spielen (betrügen), *die erste Geige spielen* (im Orchester; die führende Rolle einnehmen), *jmdn. an die Wand spielen* (ihn übertreffen), *seine Beziehungen spielen lassen* auch spielenlassen (sich Vorteile verschaffen)

spielend (leicht, mühelos); das **Spielende**; der/die **Spieler/-in**; die **Spielerei** (Scherz); **spielerisch**; das **Spielfeld**; die **Spielfigur**; der **Spielfilm**; der **Spielkamerad**; die **Spielkarte**; das **Spielkasino**; der/die **Spielleiter/-in**; der **Spielplatz**; die **Spielregel**; die **Spielsachen**; der **Spielstand**; die **Spieluhr**;

der/die **Spielverderber/-in**; die **Spielwaren**; das **Spielzeug**

Spieß der, Spieße (Waffe; Bratspieß; Kompanieführer), *den Spieß umdrehen* (im Streit zum Gegenangriff übergehen), *wie am Spieß* (laut) *brüllen*; der/die **Spießbürger/-in** (*abwertend für* kleinlich denkender Mensch); **spießbürgerlich**; **spießen** (mit einem Spieß durchbohren), *es spießt sich* (ugs. für es gibt Probleme); der/die **Spießer/-in** (Spießbürger/-in); das **Spießertum**; der **Spießgeselle** (Komplize); die **Spießgesellin**; **spießig** (kleinlich); das **Spießrutenlaufen** (Tätigkeit, bei der jemand von allen Seiten feindselig beobachtet wird)

Spikes [spaiks] die, *Mz.* (Metalldorne auf Autoreifen und Rennschuhen); der **Spike(s)-reifen**

Spinat der, *Ez.* (Gemüse)

Spind der, Spinde (schmaler Schrank)

Spindel die, Spindeln (Teil des Spinnrades, Achse); **spindeldürr** (sehr mager)

Spinett das, Spinette (altes Tasteninstrument)

Spinne die, Spinnen (Tier mit acht Beinen); **spinnefeind** (völlig verfeindet), *die beiden Brüder sind einander spinnefeind*; das **Spinn(en)gewebe**

spinnen *er spinnt* (ist verrückt), *sie spann mit dem Spinnrad Wolle*, *die Spinne hat ein großes Netz gesponnen*; das **Spinnennetz**; der/die **Spinner/-in** (*abwertend für* Verrückte/-r); die **Spinnerei**; **spinnert** (*ugs. für* leicht verrückt, unmöglich), *so eine spinnerte Idee;* der **Spinnfaden**; das **Spinnrad**; die **Spinnwebe**

spintisieren (*ugs. abwertend für* nachdenken); die **Spintisiererei** (Überlegungen, die zu nichts führen)

Spion der, Spione (jmd., der Geheimnisse auskundschaftet); die **Spionage** [schpionasch]; **spionieren** (auskundschaften); die **Spionin**

Spirale die, Spiralen (Schraubenlinie; Mittel zur Schwangerschaftsverhütung), *die Spirale der Gewalt* (sich unaufhörlich steigernde Gewalt); die **Spiralfeder**; **spiralförmig**; **spiralig**

Spiritismus der, *Ez.* (Glaube an Geister und Übernatürliches); **spiritistisch**; **spirituell** (geistig, religiös), *spirituelle Lieder singen*

Spiritus der, *Ez.* (Alkohol); die **Spirituosen** (alkoholische Getränke); der **Spirituskocher**

Spital das, Spitäler (Krankenhaus)

spitz ein spitzer Bleistift, ein spitzer Winkel (Winkel unter 90°), *eine spitze* (scharfe) *Zunge*, *spitz* (mager) *aussehen*; der **Spitz** (kurz für die Spitze; Hunderasse); der **Spitzbart**; **spitzbekommen** (*ugs. für* herausfinden); der **Spitzbube** (Betrüger; Frechdachs); **spitzbübisch** (schelmisch)

¹**Spitze** die, Spitzen: *die Spitze des Bleistifts*, *die Spitzen der Gesellschaft* (einflussreiche Personen), *einsame Spitze* (erstklassig), *etwas auf die Spitze treiben* (etwas zum Äußersten treiben), *das ist erst die Spitze des Eisberges* (der geringere Teil einer unangenehmen Sache, eines Skandals)

²**Spitze** die, Spitzen (scharfe, verletzende Bemerkung)

³**Spitze** die, Spitzen (Verzierung, z.B. an Wäsche)

Spitzel der, -: (Spion); **spitzeln** (spionieren)

spitzen einen Stift spitzen (spitz machen), *die Ohren spitzen* (aufpassen); die **Spitzenleistung**; die **Spitzenqualität**; der/die **Spitzenreiter/-in** (der/die Beste in einer Wertung); der **Spitzer** (Bleistiftspitzer); **spitzfindig** (übertrieben kleinlich); die **Spitzfindigkeit** (Haarspalterei); die **Spitzhacke** (Werkzeug zum Graben); die **Spitzkehre** (sehr enge Kurve); **spitzkriegen** (*ugs. für* durchschauen); die **Spitzmaus**; der **Spitzname** (Scherz-, Neckname); **spitzwink(e)lig**

Spleen [splin, splen] der, Spleene/Spleens (seltsame Angewohnheit); **spleenig** (leicht verrückt)

Splint der, Splinte (Stift zur Sicherung von Bolzen)

Splitt der, *Ez.* (Straßenbelag aus zerkleinerten Steinen); der **Splitter** (kleines abgesprungenes Stück von einem harten Material); **splittern** (zerbrechen); **splitternackt** (ganz nackt)

splitten (aufteilen); das **Splitting** (Aufspaltung)

SPÖ = **S**ozialdemokratische **P**artei **Ö**sterreichs; der/die **SPÖler/-in**

Spoiler der, -: (Luftleitblech bei Fahrzeugen)

Spompanadeln die, *Mz.* (Dummheiten), *mach keine Spompanadeln!* (*ugs. für* Schwierigkeiten)

spondieren (den akademischen Grad „Magister"/„Magistra" erwerben); die **Sponsion** (Verleihung des Magistergrades)

Sponsor der, Sponsoren (Förderer, Geldgeber); die **Sponsorin**; **sponsern** (unterstützen)

spontan *er gab eine spontane Antwort* (ohne lange zu überlegen); die **Spontaneität** auch

sporadisch → spröd

die **Spontanität**
sporadisch (vereinzelt, selten)
Spore die, Sporen (ungeschlechtliche Fortpflanzungszelle), eine Sporen tragende auch sporentragende Pflanze; die **Sporenpflanze**; das **Sporentierchen**
Sporen die, Mz.: dem Pferd die Sporen geben, *sich die ersten Sporen verdienen* (erste Erfolge verzeichnen)
Sport der, Ez.: sie treibt viel Sport; die **Sportart**; der **Sportartikel**; **sportbegeistert**; der **Sportbericht**; die/der **Sportdress**; **sportein** (*ugs. für* zum Vergnügen Sport betreiben); das **Sportgeschäft**; **sportiv** (sportlich); der/die **Sportler/-in**; **sportlich**; der **Sportplatz**; der **Sport(s)geist**; der **Sportunfall**; der **Sportverein**; der **Sportwagen**
Spot [spɔt] der, Spots (*kurz für* Spotlight; kurzer Werbefilm, Werbespruch)

| im TV läuft ein kurzer **Spot** | ABER | man treibt **Spott** mit ihr |

Spott der, Ez. (verletzende Äußerung); das **Spottbild** (Karikatur); **spottbillig** (sehr billig); die **Spöttelei**; **spötteln**; **spotten** (sich über jmdn. lustig machen); der/die **Spötter/-in**; **spöttisch** (höhnisch); der **Spottname** (Name, mit dem man lächerlich gemacht wird); der **Spottpreis** (sehr günstiger Preis)
Sprache die, Sprachen: die deutsche Sprache, *die Sprache verlieren* (plötzlich nichts mehr sagen), *etwas zur Sprache bringen* (etwas ansprechen), *nicht mit der Sprache herausrücken wollen* (nur zögerlich antworten); der **Sprachfehler**; **sprachgewandt**; die **Sprachkenntnisse**; der **Sprachkurs**; die **Sprachlehre**; **sprachlich**; **sprachlos**; das **Sprachrohr** *sich zum Sprachrohr für jmdn. machen* (dessen Probleme erklären); die **Sprachwissenschaft**
Spray [spreː] das/der, Sprays (Sprühgerät, Sprühflüssigkeit); die **Spraydose**; **sprayen**
sprechen er spricht gerade mit ihr, sie sprach das Problem an, es wurde mit uns gesprochen, sprich laut!, über jmdn. schlecht sprechen (urteilen), *auf jmdn. schlecht zu sprechen sein* (über ihn verärgert sein), *offen sprechen* (seine Meinung sagen), das Baby lernt gerade sprechen ABER → das Baby lernt das **Sprechen**; der/die **Sprecher/-in** (Ansager/-in, Redner/-in, Wortführer/-in); die **Sprechsilbe** (Einheit eines Wortes bei der Aussprache, z.B. „ver-lau-fen"); die **Sprechstunde**; der **Sprechtag**; das **Sprechzimmer**
Spreißel das/der, -/Spreißeln (dünnes Holz); das **Spreißelholz** (Kleinholz)
spreizen die Finger spreizen (auseinanderstrecken), der Käufer spreizt (ziert) sich noch; der **Spreizfuß**
Sprengel der, -: (Dienstbereich)
¹**sprengen** einen Tunnel durch den Berg sprengen, die gefrorene Flüssigkeit sprengte (zerbrach) das Glas, die Versammlung wurde gesprengt (aufgelöst); der **Sprengkörper**; die **Sprengladung**; das **Sprengpulver**; der **Sprengsatz**; der **Sprengstoff** (Zündstoff); die **Sprengung**
²**sprengen** den Rasen sprengen (befeuchten, besprizen)
Sprenkel der, -: (kleiner Fleck); **sprenkeln** ein gesprenkeltes (getupftes) Kleid
Spreu die, Ez. (Abfall beim Dreschen des Getreides), *die Spreu vom Weizen* (das Wertlose vom Brauchbaren) *trennen*
Sprichwort das, ...wörter (Spruch, Lebensweisheit); **sprichwörtlich**
sprießen die Pflanze sprießt aus dem Boden, die Rosen sprossen heuer früher, ihm ist schon ein Bart gesprossen; die **Sprieße** (Sprosse, Querholz) auch das Sprießel
springen der Hund springt über die Pfütze, der Ball sprang davon, sie ist sehr weit gesprungen, spring hoch!, hin und her springen, das Glas ist gesprungen (zerbrochen), *das ist der springende* (entscheidende) *Punkt, etwas springen lassen* auch springenlassen (etwas spendieren); der **Springbrunnen**; der/die **Springer/-in**; die **Springflut**; **springlebendig**
Sprinkler der, -: (Bewässerungsanlage)
Sprint der, Sprints (kurzer Wettlauf); **sprinten** (schnell laufen); der/die **Sprinter/-in**
Sprit der, Sprite (*ugs. für* Treibstoff); **spritsparend** auch Sprit sparend
Spritze die, Spritzen (Injektion; Gerät zum Spritzen); **spritzen** den Garten spritzen (gießen), das Serum spritzen (injizieren), den Wagen neu spritzen (lackieren) lassen; der **Spritzer** (Fleck); die **Spritzerei**; die **Spritzfahrt** (kurze Ausflugsfahrt); das **Spritzgebäck**; **spritzig** (erfrischend, flott); die **Spritzigkeit**; die **Spritztour** [...tuːa] (kurzer Ausflug)
spröd auch **spröde** das Haar ist spröde

(trocken und brüchig), *sie benimmt sich sehr spröde* (abweisend)

Spross der, Sprosse (Nachkomme, junger Trieb); **sprossen** (sprießen, wachsen); der **Sprossenkohl** (Gemüse); der **Sprössling** (Kind; Spross)

Sprosse die, Sprossen (Querholz der Leiter); die **Sprossenleiter**; die **Sprossenwand**

Sprotte die, Sprotten (Fisch)

Spruch der, Sprüche (Aussage), *Sprüche machen/klopfen* (prahlen); das **Spruchband** (Transparent); das **Sprüchel** auch **Sprücherl** (Sprüchlein); **spruchreif** *die Entscheidung ist noch nicht spruchreif* (kann noch nicht verkündet werden)

Sprudel der, -: (Mineralwasser, Limonade); **sprudeln** (schäumen, fließen, strömen), *die Limonade sprudelt im Glas*; das **Sprudelwasser**; der **Sprudler**

sprühen *Wasser auf die Pflanzen sprühen* (spritzen), *die Funken sprühten* (stoben) *nach allen Seiten, vor Begeisterung sprühen* (ausgelassen sein); die **Sprühdose**; **sprühend**; der **Sprühregen** (Nieselregen)

Sprung der, Sprünge: *der Sprung vom 10-Meter-Turm, der Krug hat einen Sprung, auf einen Sprung* (kurz) *vorbeikommen, jmdm. auf die Sprünge helfen* (ugs. für jmdm. etwas erklären, ihm weiterhelfen), *keine großen Sprünge machen können* (finanziell eingeschränkt sein), *einen Sprung in der Schüssel haben* (ugs. für verrückt sein); das **Sprungbecken**; **sprungbereit**; das **Sprungbrett**; **sprunghaft** (plötzlich, unbeständig); die **Sprungschanze**; die **Sprungschnur**; der **Sprungturm**

Spucke die, *Ez.* (Speichel); **spucken** *jmcm. ins Gesicht spucken, große Töne spucken* (angeben); das **Spuckerl** (kleines Auto)

Spuk der, *Ez.* (gespenstisches Treiben); **spuken** *in der Ruine spukt es* (geht es nicht mit rechten Dingen zu); die **Spukgeschichte**; das **Spukschloss**

Spule die, Spulen (Rolle, Walze); **spulen** *eine Drahtrolle spulen* (aufrollen)

Spüle die, Spülen (Spülbecken); **spülen** *Geschirr spülen* (abwaschen), *die Wellen spülten Treibgut an Land*; die **Spülmaschine**; das **Spülmittel**; die **Spülung**

¹**Spund** der, Spünde (Fassverschluss); das **Spundloch**

²**Spund** der, Spunde (ugs. für junger, unerfahrener Bursche)

Spur die, Spuren (Bodenabdruck), *der Einbrecher hat Spuren hinterlassen, von ihm war keine Spur* (nichts) *zu sehen, der Orkan hinterließ eine Spur der Verwüstung, auf der falschen Spur* (Fahrspur) *überholen, eine heiße Spur* (Fährte) *verfolgen, in der Suppe fehlt noch eine Spur* (ein wenig) *Salz, einer Sache auf die Spur kommen* (etwas aufdecken); **spürbar** (merklich); **spuren** (*ugs. für* gehorchen); **spüren** (fühlen, wahrnehmen); die **Spurensicherung**; der **Spürhund**; **spurlos**; die **Spürnase** *sich auf seine Spürnase* (Gefühl) *verlassen*; der **Spürsinn** (Gespür, Gefühl); die **Spurweite** (Abstand zwischen Schienen bzw. Rädern)

Spurt der, Spurte/Spurts (Sprint); **spurten** (schnell laufen)

sputen sich: *sich sputen* (beeilen)

Squash [skwosch] das, *Ez.* (Ballspiel)

Squaw [skwo] die, Squaws (Ehefrau bei der nordamerikanischen Urbevölkerung)

SSD (kurz für **S**olid **S**tate **D**rives, elektronisches Speichermedium)

St. = **S**ankt; **St**ück

Staat der, Staaten (Land, politisches System), *keinen Staat* (wenig Eindruck) *machen;* **staatenlos** (ohne Staatsangehörigkeit); der/die **Staatenlose**; **staatlich**; die **Staatsangehörigkeit**; der **Staatsanwalt**; die **Staatsanwältin**; der/die **Staatsbürger/-in**; das **Staatsgeheimnis**; der **Staatsmann** (Politiker); der **Staatsstreich** (Umsturz)

¹**Stab** der, Stäbe: *den Stab* (dünne Stange, Stecken) *abbrechen, den Stab über jmdn. brechen* (ihn verurteilen); das **Stäbchen**; das **Staberl**; der **Stabhochsprung**; der **Stabreim** (Anlautreim, Alliteration, z.B. „Spiel, Sport und Spaß")

²**Stab** der, Stäbe: *einen Stab* (Gruppe von Mitarbeitern) *einsetzen*

stabil (beständig, fest), *eine stabile Konstruktion, stabiles Wetter, eine stabile Regierung*; **stabilisieren** (festigen); die **Stabilisierung**; die **Stabilität** (Festigkeit)

Stachel der, Stacheln (spitzer Teil, Dorn), *die Stacheln des Igels*; die **Stachelbeere**; der **Stacheldraht**; **stach(e)lig**; das **Stachelschwein**

stad (mundartl. für still), *sei stad!*; **stadschauert** (mundartl. für langweilig)

Stadel der, -: (Scheune, Schuppen)

Stadion das, Stadien (Sportstätte)

Stadium das, Stadien (Entwicklungsabschnitt)

Stadt die, Städte: am Rande der Stadt wohnen; **stadtauswärts**; **stadtbekannt**; der **Stadtbezirk**; das **Städtchen**; der/die **Städter/-in**; **städtisch**; der **Stadtplan**; der **Stadtrand**; der **Stadtrat**; der **Stadtstaat**; der **Stadtverwaltung**; das **Stadtviertel**; das **Stadtzentrum**

Stafette die, Stafetten (Staffel); der **Stafettenlauf**

Staffage [stafasch] die, Staffagen (Beiwerk, Ausstattung); **staffieren** (schmücken)

Staffel die, Staffeln (Gruppe von Sportler/-innen); die **Staffelei** (Gestell zum Malen); der **Staffellauf**; **staffeln** (abstufen), die Gebühr ist nach dem Einkommen gestaffelt; die **Staffelung**

Stagnation [...tsion] die, Stagnationen (Stillstand); **stagnieren** (stocken, stillstehen)

Stahl der, Stähle (geschmiedetes Eisen), Nerven wie Stahl (gute Nerven) haben; **stählen** durch Training die Muskeln stählen (festigen); **stählern** stählerne Nerven besitzen; **stahlhart**

staksen der Storch stakst durch den Sumpf (geht mit steifen Schritten); **staksig** (ungelenk)

Stalagmit der, Stalagmite/Stalagmiten (nach oben wachsender Tropfstein); der **Stalaktit** (nach unten wachsender Tropfstein)

stalken [stokn] (jmdn. durch Verfolgen, Auflauern terrorisieren); der/die **Stalker/-in**

Stall der, Ställe (Gebäude zur Unterbringung von Vieh); der **Stallknecht**; die **Stalllaterne** auch Stall-Laterne; die **Stallung**

Stamm der, Stämme (Baumstamm, Volksstamm, Wortstamm); der **Stammbaum** (Herkunftsverzeichnis); das **Stammbuch** (Erinnerungsbuch); **stammen** er stammt aus Bayern, das Zitat stammt von Goethe; die **Stammform** (Stammformen des Verbs, z.B. „gehen – ging – gegangen"); der **Stammgast** (regelmäßiger Besucher); der **Stammhalter** (männlicher Nachkomme); **stämmig** ein stämmiger (kräftiger) junger Mann; der **Stammkunde**; die **Stammkundin**; der **Stammsitz**; der **Stammtisch**; der/die **Stammwähler/-in**

stammeln eine Entschuldigung stammeln (stockend sprechen)

Stamperl das, Stamperln (Schnapsglas)

stampern (verjagen, scheuchen), die Kinder ins Bett stampern

stampfen vor Wut auf den Boden stampfen (heftig auftreten), Kartoffeln stampfen (zerkleinern); der **Stampfer**

Stand der, Stände: ein Salto aus dem Stand, das Spiel beim Stand von 3:3 unterbrechen, der Stand (die Schicht) der Handwerker, der Stand (die Verkaufsbude) an der Ecke, der Stand (die Höhe) des Flusses, etwas in Stand auch instand setzen (reparieren), dazu nicht im Stande auch imstande (fähig) sein, sich dazu außer Stande auch außerstande fühlen, *einen schweren Stand haben* (sich nur schwer durchsetzen können)

etwas **zustande** bringen	auch	etwas **zu Stande** bingen
etwas **instand** setzen (reparieren)	auch	**in Stand** setzen
außerstande sein	auch	**außer Stande** sein

Stand-by auch Standby [ständbai] das, Stand-bys (Wartefunktion elektrischer Geräte; Reiseplatzvergabe nach Warteliste)

Ständchen das, -: der Freundin ein kleines Ständchen bringen (Musikstück vortragen); der **Ständer** (Gestell); das **Standesamt**; **standesamtlich**; **standesgemäß**; **standfest**; **standhaft** (beharrlich, mutig); die **Standhaftigkeit**; **standhalten** (▸ halten) (aushalten); **ständig** (dauernd); **ständisch**; das **Standl** (Verkaufsstand); das **Standlicht**; der **Standlmarkt**; der **Standort** (Lage, Platz); die **Standpauke** (Strafpredigt); der **Standpunkt** (Auffassung, Meinung); das **Standrecht** (verkürztes Strafrecht in Kriegszeiten); die **Standuhr**

Standard der, Standards (Norm); das **Standarddeutsch(e)** (Hochsprache); **standardisieren** (vereinheitlichen); **standardmäßig**; die **Standardsprache**; das **Standardwerk**

Standarte die, Standarten (Flagge, Fahne)

Stange die, Stangen (langer Stab), eine Stange Zigaretten, *eine Stange* (viel) *Geld*, *jmdm. die Stange halten* (jmdn. nicht im Stich lassen); der **Stängel** (Stiel einer Pflanze)

Stanitzel das, -: (spitze Tüte)

stänkern (*ugs. für* Streit suchen); die **Stänkerei**; der **Stänkerer**; die **Stänkerin**

Stanniol das, Stanniole (dünne, silbrige Alufolie); das **Stanniolpapier**

Stanze die, Stanzen (Locher; Strophenform); **stanzen** (maschinell eine bestimmte Form ausschneiden), Löcher stanzen; die **Stanzmaschine**

Stapel der, -: ein Stapel (Stoß, Haufen) Hefte, das Schiff läuft vom Stapel (verlässt das Gerüst, auf dem es gebaut wurde); der **Stapellauf**; **stapeln** (schichten, anhäufen); **stapelweise**; der **Stapler** (Transportfahrzeug); der/die **Staplerfahrer/-in**

stapfen durch den Schnee stapfen

¹**Star** der, Stare (Augenkrankheit), sie ist am grauen/grünen Star erkrankt

²**Star** der, Stare (Singvogel)

³**Star** [sta] der, Stars (Filmstar, Theater-, Sportgröße); das **Starlet(t)** (angehender Star); die **Starallüren** (eitles, eingebildetes Benehmen)

stark dazu muss man starke Nerven haben, er ist stärker als sie, dieses Buch hat mich am stärksten beeindruckt, ein starkes (festes) Seil, die Gegend ist stark (dicht) besiedelt auch starkbesiedelt; **stärken** die Muskeln stärken, sich stärken (essen); sich **starkmachen** sich für etwas starkmachen (sich für etwas einsetzen); der **Starkstrom**; die **Stärkung**

Stärke die, Stärken: seine Stärke (körperliche Kraft) ist erstaunlich, ihre Stärken (Talente) liegen im künstlerischen Bereich, die Soße mit Stärke (z.B. Kartoffel-, Maismehl) binden, die Stärke des Brettes (Dicke) messen

starr er ist starr (steif) vor Kälte, eine starre (hartnäckige) Haltung, sich starr (streng) an die Vorschrift halten; die **Starre**; **starren** aus Verlegenheit an die Decke starren, der Mantel starrt vor Dreck; die **Starrheit**; der **Starrkopf** (Trotzkopf); **starrköpfig**; der **Starrsinn** (unnachgiebige Haltung); **starrsinnig**

Start der, Starts (Beginn, Anfang, Abflug), die Läufer gehen an den Start, der Start des Flugzeugs; die **Startbahn**; **startbereit** (fertig); **starten** das Auto starten (anlassen), eine Unterschriftenaktion starten (beginnen), bei einem Rennen starten (teilnehmen), in den Urlaub starten (aufbrechen); der **Starter** (Anlasser); der **Startplatz**; der **Startschuss**; das **Startzeichen**

Statement [stetment] das, Statements (öffentliche Erklärung)

Statik die, Ez. (Gleichgewicht ruhender Körper, Stabilität); der/die **Statiker/-in**; **statisch** (unbewegt)

Station [...tsion] die, Stationen (Haltestelle; Abteilung in einem Krankenhaus; Beobachtungseinrichtung), hier Station machen (sich hier aufhalten); **stationär** eine stationäre Behandlung (Behandlung im Krankenhaus); **stationieren**; die **Stationierung**; der/die **Stationsarzt/-ärztin**; der **Stationsvorstand**; die **Stationsvorsteherin**

Statist der, Statisten (Darsteller einer Nebenrolle); die **Statistin**

Statistik die, Statistiken (zahlenmäßige Übersicht); der/die **Statistiker/-in**; **statistisch** etwas ist statistisch (durch Zahlen) belegt

Stativ das, Stative (Gestell für Fotoapparate)

statt Präp.+Gen.: er geht statt meiner (ugs. auch statt mir) hin, statt deiner Blumen nahm er meine **ABER** → **anstatt** Konj. anstatt nach Haus zu gehen, ging er ins Kino; **stattdessen** Adv.

Stätte die, Stätten (Ort, Stelle); **stattfinden** (geschehen); **stattgeben** dem Einspruch wird stattgegeben (er wird erlaubt); **statthaft** die Verhandlungen waren nicht statthaft (nicht erlaubt); der **Statthalter** (Vertreter der Obrigkeit); **stattlich** eine stattliche (große) Zahl, ein stattliches (eindrucksvolles) Gebäude

Statue die, Statuen (Standbild); **statuieren** (festsetzen), ein Exempel statuieren (ein warnendes Beispiel aufstellen); die **Statur** er ist von kräftiger Statur (Körperbau)

Status der, Ez. (Zustand, Lage, Stellung); der **Status quo** (der gegenwärtige Zustand); das **Statussymbol** (Gegenstand mit hohem Prestigewert)

Statut das, Statuten: gegen die Statuten (Bestimmungen, Satzungen) verstoßen

Stau der, Staus: auf der Autobahn bildete sich ein Stau; der **Staudamm** (Staumauer); **stauen** das Wasser stauen (absperren); der **Stausee**; die **Stauung** (Stockung)

Staub der, Ez.: Staub aufwirbeln (große Aufregung verursachen), sich aus dem Staub machen (heimlich verschwinden); **staubbedeckt**; der **Staubbeutel**; das **Stäubchen**; **stauben** auf der Straße staubt es; das **Staubgefäß**; **staubig**; **staubsaugen** auch Staub saugen er staubsaugte/saugte Staub; der **Staubsauger**; **staubtrocken**; das **Staubtuch**; die **Staubwolke**; der **Staubzucker**

stauchen (durch einen Stoß etwas kürzer machen); die **Stauchung**

Staude die, Stauden (Strauch)

staunen (sich wundern); das **Staunen** ein Staunen erregender auch staunenerregender Vorfall; **staunenswert** (erstaunlich)

Staupe die, Staupen (ansteckende Tierkrankheit)

Std. = **St**unde

Steak [stek] das, Steaks (gebratene Rindfleischscheibe)

Stearin das, Stearine (Rohstoff für Kerzen)

stechen er sticht mit der Nadel ein Loch, sie stach ihn aus Versehen, eine Biene hat mich gestochen, stich zu!, einen stechenden Schmerz verspüren, die Sonne sticht (brennt) vom Himmel, ein Schiff sticht in See, *etwas sticht ins Auge* (fällt auf) ABER → das **Stechen** ein Stechen im Magen spüren; die **Stechmücke**; der **Stechschritt**; die **Stechuhr** (Stempeluhr)

Steckbrief der, …briefe (Fahndung mit Beschreibung und Foto); die **Steckdose**; der **Stecken** (Stock)

stecken er steckt die Hände in die Hosentasche, sie steckte in großen Schwierigkeiten, das Haus wurde in Brand gesteckt, *wo seid ihr gesteckt?* (wo wart ihr), im Schnee stecken bleiben ABER → beim Referat stecken bleiben auch steckenbleiben, wir haben das Messer stecken (ge)lassen, tief in Schulden stecken, das kranke Kind ins Bett stecken, der Schlüssel steckte, er steckt (investiert) sein Geld in Aktien

Steckenpferd das, …pferde (Lieblingsbeschäftigung, Hobby), die Gartenarbeit ist ihr Steckenpferd; der **Stecker** vor dem Öffnen des Gerätes muss der Stecker gezogen werden; der **Steckerlfisch**; die **Stecknadel**; das **Stecktuch**

Stefanitag auch **Stephanitag** der, …tage (zweiter Weihnachtsfeiertag, 26. Dezember)

Steg der, Stege (schmale Brücke), das Boot legt am Steg an; der **Stegreif** *aus dem Stegreif* (unvorbereitet) *sprechen*

stehen er steht vor der Tafel, die Uhr stand hier, das Essen ist auf dem Tisch gestanden, steh still!, mit beiden Beinen auf dem Boden stehen, dort stehen bleiben, den Schirm stehen lassen auch stehenlassen (vergessen), das Haus steht leer, wie steht's?, der Mantel steht ihm gut, es steht nicht gut um sie (sie ist sehr krank), die Uhr ist stehen geblieben auch stehengeblieben (geht nicht mehr), sie steht unter Verdacht, zu seiner Meinung stehen, *das steht mir bis zum Halse* (ich bin der Sache überdrüssig) ABER → die Pferde zum **Stehen** bringen, im Stehen essen; das **Stehaufmandl** (Spielzeug; Person, die sich nicht unterkriegen lässt); der **Steher** (tragender Pfosten); der **Stehkragen**; die **Stehlampe**; die **Stehleiter**; der **Stehplatz**; das **Stehvermögen** (Durchhaltevermögen)

stehlen er stiehlt die Äpfel, sie stahl das Geld, sie haben sich aus der Verantwortung gestohlen, stiehl nicht!, er stahl sich davon (entfernte sich heimlich), *jmd. kann mir gestohlen bleiben* (ugs. für ich möchte nichts mehr mit dieser Person zu tun haben)

Steiermark die, Ez. <Stmk.> (österreichisches Bundesland); die **Steiermärkische Landesregierung**; der/die **Steirer/-in** auch der/die Steiermärker/-in; **steirisch** auch steiermärkisch

steif die Wäsche war steif gefroren auch steifgefroren, sie hat ein steifes Bein, er behauptet das steif und fest (hartnäckig), er benimmt sich steif (gehemmt), eine steife Brise (starker Wind); **steifhalten** (▶ halten) *die Ohren steifhalten* (ugs. für wachsam bleiben, sich nicht entmutigen lassen)

Steig der, Steige (steiler Gebirgsweg, Stiege); die **Steige** (Lattenkiste)

steigen er steigt in den Wagen, die Spannung stieg, die Preise sind gestiegen, steig ein!, das Wasser steigt; der **Steigbügel**; das **Steigeisen**; die **Steigleitung** (senkrechte Leitung); die **Steigung**

steigern die Geschwindigkeit steigern (erhöhen), die Produktion steigern, bei einer Auktion steigern (mitbieten), die sportliche Leistung steigern (verbessern); die **Steigerung**; **steigerungsfähig**; die **Steigerungsstufe** (z.B. „gut – besser – am besten")

steil (stark ansteigend oder abfallend), ein steiler Pfad führt zum Gipfel; der **Steilhang**; die **Steilküste**

Stein der, Steine: die Mauer wurde aus Steinen gebaut, ein kostbarer Stein (Edelstein), *der Stein der Weisen* (die Lösung für ein Problem), *der Stein des Anstoßes* (die Ursache des Problems), *den Stein ins Rollen bringen* (ugs. für eine Angelegenheit in Gang bringen), *jmdm. Steine in den Weg legen* (jmdm. Schwierigkeiten bereiten), *Stein und Bein schwören* (fest behaupten), *bei jmdm. einen Stein im Brett haben* (ugs. für bei jmdm. sehr beliebt sein); der **Steinadler**; **steinalt** (sehr alt); der **Steinbock**; der **Steinbruch**; **steinern** (aus Stein); das **Steinerweichen**

zum Steinerweichen (herzzerreißend) weinen; **steinhart**; **steinig** (felsig, schwierig); **steinigen** (durch Steinwürfe töten); die **Steinkohle**; der/die **Steinmetz/-in**; das **Steinobst** (Obstsorte mit Kern); der **Steinpilz**; **steinreich** (sehr reich); die **Steinzeit**

Steiß der, Steiße (Gesäß); das **Steißbein** (kleiner Knochen am Ende der Wirbelsäule); die **Steißlage** (Lage eines Kindes bei der Geburt mit dem Steiß voran)

Stellage [schtelasch] die, Stellagen (Regal, Gestell)

Stelldichein das, Ez. (Rendezvous)

Stelle die, Stellen: treffen wir uns an der vereinbarten Stelle?, an erster Stelle liegen, an Stelle auch anstelle meines Bruders, rühr dich nicht von der Stelle! (geh nicht weg), komm auf der Stelle! (sofort), auf der Stelle treten (nicht vorankommen), zur Stelle (anwesend) sein

stellen den Teller auf den Tisch stellen, die Weichen richtig stellen, die Uhr stellen, den Flüchtenden stellen, sich der Polizei stellen, sich schlafend stellen, etwas in Rechnung stellen (berechnen), jmdn. zur Rede stellen, dumme Fragen stellen, sich dem Test stellen, sich hinter den Angeklagten stellen (ihn verteidigen), auf sich allein gestellt sein (allein zurechtkommen müssen), seinen Mann stellen (sich behaupten)

Stellenangebot das, ...angebote; das **Stellengesuch**; **stellenweise** es regnet stellenweise (an manchen Stellen); der **Stellenwert** (Bedeutung); der **Stellplatz** (Parkplatz); die **Stellung** (Haltung, Posten; befestigte Anlage), die Stellung halten (verteidigen), Stellung beziehen (eine Meinung vertreten), Stellung nehmen (sich äußern); die **Stellungnahme** (Erklärung); der **Stellungsbefehl** (Einberufungsbefehl zum Heer); die **Stellungskommission** (Militärstelle, die die Wehrpflichtigen auf Tauglichkeit untersucht); **stellungslos** (arbeitslos); die **Stellungssuche** (Arbeitssuche); **stellvertretend**; die **Stellvertretung**; das **Stellwerk** (Anlage für Signale und Weichen)

Stelze die, Stelzen (Stangen), auf Stelzen gehen, eine Stelze (Bein vom Schwein oder Kalb) essen; **stelzen** über den Hof stelzen (steif gehen)

stemmen ein Gewicht in die Höhe stemmen (heben), sich gegen die Tür stemmen (dagegen drücken), sich gegen den Vorschlag stemmen (wehren), ein Loch in die Wand stemmen; das **Stemmeisen** (Werkzeug); der/die **Stemmer/-in** (Athlet/-in)

Stempel der, -: (Handdruckgerät, Aufdruck), einer Sache seinen Stempel aufdrücken (etwas nach seinen Vorstellungen gestalten); das **Stempelkissen**; **stempeln** einen Brief stempeln, jmdn. zum Lügner stempeln (erklären), stempeln gehen (ugs. für Arbeitslosengeld beziehen)

Steno das, Stenos (kurz für Stenografie); die **Stenografie** auch **Stenographie** (Eilschrift); **stenografieren** auch stenographieren; das **Stenogramm**; der/die **Stenotypist/-in** (Schreibkraft)

Stephanitag auch **Stefanitag** der, ...tage (2. Weihnachtsfeiertag, 26. Dezember)

Stepp auch **Step** der, Stepps (Tanzart); der **Stepptanz**

Steppe die, Steppen (weite Graslandschaft)

¹**steppen** (Stepp tanzen)

²**steppen** eine Naht steppen (auf eine bestimmte Art nähen); die **Steppdecke**; der **Steppstich**

Sterbebett das, Ez.: auf dem Sterbebett liegen (im Sterben liegen); der **Sterbefall**; die **Sterbeglocke**; die **Sterbehilfe**

sterben er stirbt im Krankenhaus, sie starb kurz nach der Geburt, die Katze ist an einer Seuche gestorben, stirb nicht!, einen qualvollen Tod sterben, die Hoffnung stirbt (erlischt) zuletzt ABER → das **Sterben** im Sterben liegen; **sterbenselend**; **sterbenskrank**; **sterbenslangweilig**; die **Sterbensseele** keiner Sterbensseele (niemandem) etwas sagen, keine Sterbensseele war zu sehen; das **Sterbenswörtchen** kein Sterbenswörtchen (nichts) verraten; die **Sterbesakramente**; die **Sterbestunde**; die **Sterbeurkunde**; **sterblich**; der/die **Sterbliche**; die **Sterblichkeitsziffer**

Stereo das, Ez. (kurz für Stereofonie); die **Stereoanlage**; **stereofon** auch stereophon; die **Stereofonie** auch Stereophonie (Raumton)

stereotyp (immer gleich ablaufend); die **Stereotypie**

steril (keimfrei; unfruchtbar); die **Sterilisation** [...tsion]; **sterilisieren**; die **Sterilität** (Keimfreiheit; Unfruchtbarkeit)

Stern der, Sterne (Himmelskörper), Sterne

Sterz → Stift

sehen (ein Flimmern vor den Augen haben), *nach den Sternen greifen* (etwas Unerreichbares haben wollen); das **Sternbild**; das **Sterndl** (kleiner Stern); der **Stern(en)himmel**; **stern(en)klar**; das **Sternenzelt**; die **Sternfahrt** (Fahrt von verschiedenen Ausgangspunkten zum gleichen Ziel); **sternförmig**; **sternhagelvoll** (stark betrunken); die **Sternschnuppe**; die **Sternsinger** (als Heilige Drei Könige verkleidete Kinder); die **Sternstunde** (Zeitpunkt, an dem etwas sehr Wichtiges passiert); die **Sternwarte** (Institut zur Beobachtung der Sterne); das **Sternzeichen** (Tierkreiszeichen)

Sterz der, Sterze (Speise)

stet (dauernd), *steter Tropfen höhlt den Stein*; **stetig** (ständig); die **Stetigkeit** (Beständigkeit)

Stethoskop das, Stethoskope (medizinisches Gerät zum Abhören)

stets *Adv.* (immer), *stets sein Bestes geben*

¹**Steuer** das, -: (Lenkvorrichtung eines Fahrzeuges), *am Steuer (Lenkrad) sitzen, das Steuer herumreißen* (etwas grundlegend ändern); **steuerbar**; das **Steuerbord** (in Fahrtrichtung gesehen die rechte Schiffsseite); **steuern** *das Schiff steuern* (lenken), *der Computer steuert die Klimaanlage*; das **Steuerrad**; die **Steuerung**

²**Steuer** die, Steuern (Abgaben), *die Steuern pünktlich zahlen, bestimmte Ausgaben von der Steuer absetzen*; die **Steuerbehörde**; der/die **Steuerberater/-in**; der **Steuerbescheid**; die **Steuererklärung**; **steuerfrei**; **steuerlich**; **steuerpflichtig**; die **Steuervorschreibung**; der/die **Steuerzahler/-in**

Stevia die, Stevien (süßstoffhaltige Pflanze)

Steward [stjuad] der, Stewards (Kellner, Betreuer in Flugzeugen oder auf Schiffen); die **Stewardess**

StGB = **St**raf**g**esetz**b**uch

stibitzen (*ugs. für* wegnehmen)

Stich der, Stiche: *einen Stich (plötzlichen Schmerz) im Magen verspüren, der Stich mit dem Messer, das gab mir einen Stich (kränkte mich), etwas mit einigen Stichen nähen, jmdn. im Stich lassen* (jmdm. in einer schwierigen Situation nicht helfen); der **Stichel** (Werkzeug); die **Stichelei** (Spott, boshafte Bemerkung); **sticheln** (boshafte Anspielungen machen); **stichfest**; die **Stichflamme**; **stichhältig** *auch* stichhaltig

einen stichhältigen (zwingenden) Beweis vorlegen; die **Stichprobe** (Einzelprobe); der **Stichtag** (festgesetzter Termin); die **Stichwahl** (entscheidender Wahlgang); das **Stichwort** *sich ein paar Stichwörter (wichtige Wörter) notieren, das Wörterbuch beinhaltet viele Tausend Stichwörter*

Stick [stɪk] der, Sticks (*kurz für* USB-Stick, Joystick u.Ä.)

sticken *Verzierungen auf eine Tischdecke sticken*; der/die **Sticker/-in**; die **Stickerei**

stickig *eine stickige (muffige, verbrauchte) Luft im Raum*; der **Stickstoff** <N> (farb- und geruchloses Gas)

stieben *Funken stieben (sprühen), die Menge stob auseinander, die Vögel sind nach dem Knall in den Himmel gestoben*

Stiefbruder der, ...brüder (Halbbruder); die **Stiefeltern**; das **Stiefmütterchen** (Blume); **stiefmütterlich** *jmdn./etwas stiefmütterlich behandeln* (jmdn. benachteiligen, zurücksetzen)

Stiefel der, -: (bis zu den Knien reichender Schuh), *einen Stiefel* (*ugs. für* Unsinn) *reden*; die **Stiefelette** [ʃtifləte] (Halbstiefel); der **Stiefelknecht** (Gerät zum Stiefelausziehen); **stiefeln** (mit langen Schritten gehen)

Stiege die, Stiegen (Treppe), *die Stiege hochsteigen, wo ist hier die Stiege 3?*; das **Stiegengeländer**; das **Stiegenhaus**

Stieglitz der, Stieglitze (Singvogel)

Stiel der, Stiele (Griffstange, Stängel); **Stielaugen** *Stielaugen bekommen* (*ugs. für* neugierig schauen)

den **Stiel** der Pfanne packen	ABER	einen guten **Stil** beim Schreiben haben

Stier der, Stiere (männliches Rind; Tierkreiszeichen), *den Stier bei den Hörnern packen* (vor Problemen nicht zurückschrecken); **stier** (starr), *ein stierer Blick, er ist stier* (*ugs. für* hat kein Geld); **stieren** (starr blicken)

stierln (*ugs. für* herumschnüffeln), *sie hat in meinem Papierkorb gestierlt*

¹**Stift** der, Stifte: *einen Stift (Nagel) ins Brett hämmern, mit einem Stift schreiben*; **stifteln** (in lange dünne Stücke schneiden); das **Stifterl** (kleine Weinflasche); der **Stiftzahn**

²**Stift** das, Stifte: *das Stift (Kloster) Admont besuchen*; **stiften** *für den Hilfsbedürftigen Geld stiften* (zur Verfügung stellen), *Frieden*

stiften (schaffen), *stiften gehen* (ugs. für unerlaubterweise davonlaufen); der/die **Stifter/-in**; die **Stiftskirche**; die **Stiftung** (Schenkung)

Stigma das, Stigmata/Stigmen (Wund-, Brandmal; Merkmal, das jmdn. in bestimmter Weise kennzeichnet); **stigmatisieren** (brandmarken, kennzeichnen)

Stil der, Stile (Art und Weise, wie etwas formuliert oder dargestellt wird), sein Stil ist holprig (ungeschickt), Rembrandts eigenwilliger Stil, der barocke Stil (Baustil), *in großem Stil* (in großem Umfang); die **Stilblüte** (komischer, ungeschickter Ausdruck); der **Stilbruch**; **stilgerecht** (geschmackvoll); **stilistisch**; **stillos** (geschmacklos); das **Stilmöbel**; **stilvoll**

Stilett das, Stilette (kleiner Dolch)

still in der Klasse war es still (ruhig), sei still!, ein stiller See, ein stiller Vorwurf ABER → etwas im **Stillen** (unbemerkt) tun, die Stille Nacht (von 24. auf 25. Dezember), der Stille Ozean; die **Stillarbeit** (Stillbeschäftigung); die **Stille** jmdn. in aller Stille (ohne Aufsehen) begraben; **stillen** die Mutter stillt ihr Kind (gibt ihm die Brust), seinen Hunger stillen, das Blut stillen (zum Stillstand bringen); **stillhalten** (▶ halten) (sich nicht bewegen, etwas geduldig ertragen); das **Stillleben** auch Still-Leben (Darstellung unbeweglicher Gegenstände in der Malerei); **stilllegen** einen Betrieb stilllegen; die **Stilllegung** auch Still-Legung; das **Stillschweigen**; **stillschweigend**; der **Stillstand**; **stillstehen** (▶ stehen)

ein **stiller** Abend	ABER	die **Stille** (Heilige) Nacht	
im Haus war es ganz **still**	ABER	es geschah im **Stillen** (unbemerkt)	
die Kerze **still** (ruhig) halten	ABER	lange **stillhalten** (sich nicht bewegen)	
es kann nicht **still** (ruhig) **stehen**	ABER	die Produktion wird **stillstehen** (aufhören)	

Stimme die, Stimmen: mit zitternder Stimme sprechen, im Chor die zweite Stimme singen, welche Partei hat die meisten Stimmen?; die **Stimmabgabe** (persönliche Entscheidung bei einer Wahl); das **Stimmband** (Teil des Kehlkopfs); **stimmberechtigt**; der/die **Stimmberechtigte**; der **Stimmbruch** (Stimmwechsel)

stimmen die Lösung stimmt nicht (ist nicht richtig), für einen Kandidaten stimmen (ihm seine Stimme geben), das stimmt (macht) mich fröhlich, die Saiten des Instruments stimmen; die **Stimmgabel**; **stimmig** (passend); die **Stimmlage**; **stimmlos**; das **Stimmrecht** (Wahlrecht); die **Stimmung**; **stimmungsvoll**; der **Stimmungswandel**; der **Stimmzettel**

Stimulanz die, Stimulanzen (Anreiz, Anregungsmittel); die **Stimulation** […tsion]; **stimulieren** (anregen), der Erfolg hat mich stimuliert

stinken es stinkt im ganzen Haus nach Gas, der Abfall stank zum Himmel, die verdorbenen Speisereste haben schon gestunken, wie die Pest stinken (übel riechen), das stinkt mir (ugs. für ärgert mich); der **Stinkefinger** (nach oben gestreckter Mittelfinger als Beleidigung); **stinkfaul** (ugs. für sehr faul); **stinklangweilig**; **stinkreich**; das **Stinktier**; **stinkvornehm**; die **Stinkwut**

Stipendium das, Stipendien (finanzielle Unterstützung für Studierende); der/die **Stipendiat/-in** (Bezieher/-in eines Stipendiums)

stippen (tupfen, tunken); die **Stippvisite** (kurzer Besuch)

Stirn auch **Stirne** die, Stirnen: er hat eine hohe Stirn, der Schweiß rinnt mir von der Stirn, *jmdm. die Stirn bieten* (jmdm. furchtlos entgegentreten); das **Stirnband**; die **Stirnhöhle**; **stirnrunzelnd** ABER → die Stirn runzeln; die **Stirnseite** (Vorderseite)

Stmk. = Steiermark

stöbern es stöbert (schneit), in den alten Kisten nach Unterlagen stöbern (suchen)

stochern (bohren, herumstechen), er stocherte mit dem Zahnstocher in den Zähnen, ohne Appetit im Essen stochern

¹**Stock** der, Stöcke: er geht am Stock (Stecken, Krücke), über Stock und Stein (querfeldein); das **Stöckchen**; **stockdumm**; **stockdunkel**; der **Stöckel** (Schuhabsatz); der **Stöckelschuh**; das **Stockerl** (Schemel; Siegerehrungspodest); **stockfinster**; der **Stockhieb**; **stocksauer**; **stocksteif**; **stocktaub**; der **Stockzahn** (Backenzahn)

²**Stock** der, *Ez.* (Etage), im vierten Stock wohnen; **…stöckig** mehrstöckig, dreistöckig; das **Stockwerk** (Geschoß)

stocken → Strafe

stocken ihm stockte der Atem (setzte aus), der Verkehr stockte (kam nicht vorwärts), sie stockte beim Vortrag (hielt inne), *ins Stocken geraten* (unsicher, zögernd werden)

stockig ein stockiger (muffiger) Raum, die stockige (eingedickte) Milch

Stoff der, Stoffe: ein Anzug aus edlem Stoff, der Stoff (die thematische Grundlage) des Buches, den Stoff (Unterrichtsinhalt) lernen; der **Stoffballen**; der **Stofffetzen** *auch* Stoff-Fetzen; das **Stoffgebiet**; **stofflich**; das **Stofftier**; der **Stoffwechsel** (Prozess, bei dem aus Nahrung Energie gewonnen wird)

stöhnen der Verletzte stöhnte vor Schmerzen, alle stöhnen über das schlechte Wetter

stoisch er ertrug alle Schicksalsschläge stoisch (gleichmütig, unerschüttert); der/die **Stoiker/-in**

Stola die, Stolen (breiter Schal)

Stollen der, -: (Weihnachtsgebäck; unterirdischer Gang; Zapfen an den Fußballschuhen)

stolpern das Kind stolperte (stürzte) im Dunkeln, über ein Fremdwort stolpern (es nicht verstehen); der **Stolperstein**

stolz auf das neue Auto stolz sein, sie ist zu stolz, um sich zu entschuldigen, ein stolzer (hoher) Preis; der **Stolz** der verletzte Stolz, der Stolz auf die Tochter; **stolzieren** wie ein Pfau stolzieren (hochmütig umherlaufen)

stop! (Schreibweise nur auf Verkehrsschildern für „halt!") ABER → der **Stopp** (das Anhalten, die Unterbrechung); der **Stoppball**; **stoppen** den Ball stoppen (anhalten), die Zeit stoppen (messen); das **Stopplicht**; das **Stoppschild**; die **Stoppuhr**

| stop! (halt!) | ABER | der **Stopp** (die Unterbrechung) |

stopfen die Socken stopfen (ausbessern), die Sachen in den Koffer stopfen (pressen); das **Stopfgarn**

Stoppel der, -: (Flaschenverschluss); der **Stoppelzieher**

Stoppeln die, *Mz.* (Halmreste am Getreidefeld; kurzer Bart); der **Stoppelbart**; **stoppelbärtig**; das **Stoppelfeld**; **stopp(e)lig**

Stöpsel der, -: (Korken); **stöpseln** (eine Flasche verschließen)

Stör der, Störe (Meeresfisch)

Storch der, Störche (Stelzvogel); die **Störchin**

Store [schtoa, stoa] der, Stores (durchscheinender Vorhang)

stören ihn beim Lesen stören (behindern), den Unterricht stören (beeinträchtigen); der **Störenfried** (Unruhestifter); der **Störfall**; die **Störung**; **störungsfrei**

stornieren eine Bestellung stornieren (rückgängig machen); die **Stornierung**; das/der **Storno** (die Rückbuchung, Löschung)

störrisch er ist störrisch (widerspenstig) wie ein Esel, sei nicht so störrisch (bockig)!

Story [stori] die, Storys (Inhalt einer Geschichte, Bericht)

Stoß der, Stöße: einen Stoß (Schlag) in den Bauch bekommen, ein Stoß (Stapel) Hefte; der **Stoßdämpfer**

stoßen er stößt (schubst) seinen Nachbarn mit dem Ellenbogen an, sie stieß einen Schrei aus, sie hat sich an der Kante gestoßen, stoß nicht!, man ist auf Erdöl gestoßen, sich an jmds. Benehmen stoßen (Anstoß nehmen), sein Grundstück stößt (grenzt) an meines, *jmdn. vor den Kopf stoßen* (ihn kränken); **stoßfest**; das **Stoßgebet** (kurzes Gebet); das **Stoßgeschäft** (Verkauf während der Hauptverkaufszeit); die **Stoßrichtung**; der **Stoßseufzer**; **stoßsicher** (stoßfest); die **Stoßstange**; der **Stoßverkehr** (Straßenverkehr zur Hauptverkehrszeit); **stoßweise** (ruckweise)

stottern (an einer Sprechstörung leiden, stockend sprechen), der Motor stottert (läuft unregelmäßig)

Stövchen das, -: (Wärmeplatte für Kaffee oder Tee)

Str. = **Straße**

stracks *Adv.*: sie ging stracks (geradewegs, direkt) nach Hause

Strafe die, Strafen: der Richter verhängte eine milde Strafe, Strafe zahlen; die **Strafanstalt**; die **Strafanzeige**; die **Strafarbeit**; die **Strafbank**; **strafbar** sich strafbar machen; **strafen** er strafte ihn hart, jmdn. strafend ansehen, *mit jmdm./etwas gestraft sein* (großen Kummer mit jmdm./etwas haben); der/die **Strafentlassene**; der **Straferlass** (Begnadigung); **straffällig**; der/die **Strafgefangene** (Häftling); das **Strafgesetzbuch** <StGB>; **sträflich**; der **Sträfling** (Häftling); das **Strafmandat**; **strafmündig**; der **Strafprozess**; der **Strafraum**; der **Strafstoß**; die **Straftat**; der/die **Straftäter/-in**; **strafversetzen**; der/die **Strafverteidiger/-in**; der **Strafzettel**

straff eine straffe (fest gespannte, faltenlose) Haut, eine straff geführte Firma, das Tuch **straff ziehen** auch straffziehen (spannen); **straffen** (auf das Wesentliche kürzen)

Strahl der, Strahlen: der Strahl der Taschenlampe, die Strahlen der Sonne; **strahlen** vor Begeisterung strahlen (glücklich aussehen), ein strahlendes (radioaktives) Material; der **Strahlenschutz**; der **Strahler**; die **Strahlung**

Strähne die, Strähnen (Strang, Haarbüschel), sie hatte eine farbige Strähne im Haar; **strähnig** strähniges (ungewaschenes) Haar

stramm ein strammes (kräftiges, gesundes) Baby, eine stramme (aufrechte) Haltung, der Rock sitzt stramm (eng); **strammstehen** (▶ stehen) (in strammer Haltung stehen)

strampeln das Baby strampelt (zappelt), in der Arbeit strampeln (ugs. für sich abmühen); das **Strampelhöschen**

Strand der, Strände: am sandigen Strand liegen; das **Strandbad**; **stranden** das Schiff strandete (lief auf Grund), eine gestrandete (gescheiterte) Existenz; das **Strandgut** (ans Ufer gespülte Gegenstände)

Strang der, Stränge (Seil, dicker Strick), Tod durch den Strang (durch Erhängen), *über die Stränge schlagen* (leichtsinnig werden), *am selben Strang ziehen* (das gleiche Ziel verfolgen); **strangulieren** (erdrosseln)

Strapaz auch **Strapaze** die, Strapazen (große körperliche Anstrengungen); **strapazfähig** auch strapazierfähig (fest, belastbar); die **Strapazfähigkeit** auch **Strapazierfähigkeit**; **strapazierbar**; **strapazieren** (stark beanspruchen); **strapaziös** (anstrengend)

Straps der, Strapse (Strumpfhalter)

Strass der, Strasse (Nachbildung eines Diamanten aus Glas)

Straße die, Straßen <Str.>, eine kurvige Straße, auf offener Straße, *auf die Straße gehen* (demonstrieren), *jmdn. auf die Straße setzen* (kündigen); die **Straßenarbeiten**; die **Straßenbahn**; die **Straßenkreuzung**; der **Straßenlärm**; das **Straßenpflaster**; das **Straßenschild**; die **Straßensperre**; der **Straßenverkehr**

Strategie die, Strategien (genauer Plan zur Verwirklichung eines Vorhabens); der **Stratege** (Feldherr; jmd., der strategisch vorgeht); **strategisch**

sträuben sich: sich gegen den Befehl sträuben (widersetzen), das Fell der Katze sträubt sich

Strauch der, Sträucher (Busch); **straucheln** (stolpern), das Pferd strauchelte, er strauchelte in der dritten Klasse (musste sie wiederholen)

¹**Strauß** der, Strauße (großer Laufvogel); das **Straußenei**

²**Strauß** der, Sträuße: ein Strauß Rosen, *mit jmdm. einen Strauß ausfechten* (mit ihm im Streit liegen); das **Sträußerl**

streamen [striːmen] Videos streamen (kontinuierlich übertragen); das **Streaming**

Strebe die, Streben (Stütze, Pfosten); der **Strebepfeiler** (stützende Säule)

streben er strebt nach Erfolg, sie strebte nach Hause; das **Streben** (Trachten, Ehrgeiz); der/die **Streber/-in** (übertrieben ehrgeizige/-r Schüler/-in); die **Streberei**; **streberhaft**; **strebsam** (fleißig)

Strecke die, Strecken: eine beträchtliche Strecke (Entfernung) zurücklegen, der Zug hält auf offener Strecke (außerhalb des Bahnhofs), über diese Strecke (Distanz) neue Bestzeit laufen, *auf der Strecke bleiben* (aufgeben müssen), *jmdn. zur Strecke bringen* (ihn töten, verhaften); **strecken** er streckte seine Glieder, den Kopf aus dem Fenster strecken, die Soße wird gestreckt (verdünnt); **streckenweise** (stellenweise)

Streich der, Streiche (Kinderscherz), jmdm. einen Streich spielen; **streicheln** (liebkosen), die Katze streicheln

streichen er streicht das Haus neu, sie strich mir übers Haar, ihnen wurden die Schulden gestrichen, ein Butterbrot streichen, die Katze ist ums Haus gestrichen, der Lehrer hat die Aufgabe gestrichen, *die Segel streichen* (aufgeben, nachgeben); das **Streichholz** (Zündholz); das **Streichinstrument**; der **Streichkäse**; das **Streichorchester**; die **Streichwurst**

Streif der, Streife: ein silberner Streif am Horizont; die **Streife** der Polizist geht auf Streife; der **Streifen** der Stoff hat färbige Streifen, ein Streifen (schmales, langes Stück) Wald, ein alter Streifen (Film)

streifen sie streifte (berührte) seinen Arm, er streifte ziellos durch den Wald, sie hat den Ring vom Finger gestreift, ein Thema streifen (am Rande berühren); der **Streifenwagen** (Einsatzwagen der Polizei); der **Streifschuss**; der **Streifzug** (Erkundungsgang)

Streik der, Streiks: um ihre Anliegen durchzusetzen, traten die Arbeiter in Streik (legten sie die Arbeit nieder); **streiken** der Motor

Streit → Strom

streikte (funktionierte nicht); der/die **Streikende**

Streit der, Streite: wegen einer Kleinigkeit einen Streit vom Zaun brechen; **streitbar** ein streitbarer (kämpferischer) Mensch

streiten er streitet alles ab, sie stritt für ihre Ideen, er hat wegen jeder Kleinigkeit gestritten, streite nicht!, *darüber lässt sich streiten* (dazu gibt es viele Meinungen)

Streiterei die, Streitereien; der **Streitfall**; die **Streitfrage**; der **Streithammel** (streitsüchtiger Mensch); der **Streithans(e)l**; **streitig** *jmdm. etwas streitig machen* (etwas für sich beanspruchen); die **Streitigkeiten** (Auseinandersetzungen); die **Streitkräfte** (Militär); **streitlustig**; die **Streitmacht** (Truppen mit Waffen); die **Streitsucht**; **streitsüchtig**

streng auf strenge Ordnung achten, strenge Eltern, eine strenge Diät halten, ein strenger (unangenehmer) Geruch, ein strenger (harter) Winter, streng genommen (eigentlich), aufs strengste ermahnen auch aufs Strengste; die **Strenge**; **strenggläubig**; **strengstens** *Adv.*: das ist strengstens verboten

Stress der, *Ez.*: vor der Prüfung im Stress sein/unter Stress stehen (an Überbeanspruchung leiden); **stressen** deine ständige Fragerei stresst (strengt an), der gestresste Schüler; **stressig** eine stressige Zeit; die **Stresssituation** auch Stress-Situation; der **Stresstest** (Belastungstest)

Streu die, Streuen (Stroh im Stall); **streuen** Salz und Gewürze auf das Gemüse streuen, Salz auf die Straße streuen; das **Streufahrzeug**; der **Streusand**; der **Streuselkuchen**; die **Streuung**; der **Streuzucker**

streunen (ziellos umherlaufen), die streunende Katze; der/die **Streuner/-in**

Strich der, Striche: einen Strich (gerade Linie) ziehen, *jmdn. nach Strich und Faden* (gehörig) *betrügen, unter dem Strich* (insgesamt), *keinen Strich machen* (aus Protest nichts tun), *jmdm. einen dicken Strich durch die Rechnung machen* (seine Pläne durchkreuzen), *das geht mir gegen den Strich* (passt mir nicht), auf den Strich gehen (als Prostituierte/-r arbeiten); **stricheln** (feine Striche machen); **strichlieren** (stricheln); der **Strichpunkt** (Semikolon); **strichweise** (stellenweise); die **Strichzeichnung**

Strick der, Stricke (dicke Schnur); **stricken** einen Pullover selbst stricken; die **Strickerei**; die **Strickjacke**; die **Strickleiter**; das **Strickmuster**; die **Stricknadel**; die **Strickwaren**; das **Strickzeug**

striegeln das Fell des Pferdes striegeln; der **Striegel** (harte Bürste)

Strieme die auch der **Striemen**, Striemen (streifenförmiges Wundmal)

Striezel der, -: (längliches Gebäck); das **Striezerl** auch Stritzerl (Gebäck; Flesserl)

strikt (keine Ausnahme duldend), ein striktes (strenges) Verbot, das strikte (genaue) Gegenteil

stringent (logisch schlüssig); die **Stringenz**

Strip der, Strips (*kurz für* **Striptease**) [striptis], (Entkleidungsszene); das **Striplokal**; die **Strippe** (Schnur, Telefonkabel); **strippen** (sich vor Publikum entkleiden); der/die **Stripper/-in**

strittig ein strittiger (umstrittener) Geschäftsfall

Strizzi der, Strizzis (Gauner, Lausbub)

Stroh das, *Ez.* (Halme von gedroschenem Getreide), *nur Stroh im Kopf haben* (dumm sein); der **Strohballen**; **strohblond**; die **Strohblume**; das **Strohdach**; **strohdumm**; das **Strohfeuer** (kurz anhaltende Begeisterung); der **Strohhalm** *sich wie ein Ertrinkender an einen Strohhalm klammern* (nicht aufgeben, auf Unwahrscheinliches hoffen); der **Strohkopf** (Dummkopf); der **Strohmann** (vorgeschobene Person, die ein Geschäft für jmd. anderen abschließt); der **Strohsack**; der **Strohstern**; **strohtrocken**; der/die **Strohwitwer/-witwe** (Ehemann/-frau vorübergehend ohne Ehepartner/-in)

Strolch der, Strolche (*ugs. für* frecher, verwahrloster Mann); **strolchen** (sich herumtreiben), ein strolchender Hund

¹**Strom** der, *Ez.* (Elektrizität); der **Stromkreis**; die **Stromquelle**; der **Stromschlag**; der **Stromstoß**

²**Strom** der, Ströme (Fluss), ein Strom (eine große Menge) von Besuchern, es regnet in Strömen (sehr heftig), *mit dem Strom schwimmen* (sich der herrschenden Meinung anschließen), eine Strom führende auch stromführende Leitung; **stromab** *Adv.*; **stromabwärts** *Adv.*: weiter stromabwärts befindet sich eine Landungsstelle ABER → den Strom abwärts fahren; **stromaufwärts** *Adv.*; **strömen** Gas strömte aus, die Menschen strömten ins Zirkuszelt; **stromlinienförmig** (mit wenig Luftwider-

stand); die **Stromschnelle**; die **Strömung**
Stromer der, -: (ugs. für Herumtreiber); die **Stromerin**; **stromern**
Strophe die, Strophen (Abschnitt eines Gedichtes oder Liedes); **...strophig** ein fünfstrophiges Gedicht
strotzen (voll sein), vor Gesundheit strotzen
strubbelig auch **strubblig** strubbelige (verwirrte) Haare; der **Strubbelkopf** auch Struwwelkopf
Strudel der, -: (Mehlspeise; Wasserwirbel); **strudeln**; der **Strudelteig** *sich wie ein Strudelteig ziehen* (sehr lange dauern)
Struktur die, Strukturen (Aufbau, Gliederung eines Systems); **strukturell**; **strukturieren**; die **Strukturierung**
Strumpf der, Strümpfe; das **Strumpfband**; die **Strumpfhose**
Strunk der, Strünke (dürrer Rest eines Baumstammes)
struppig (zerzaust, borstig)
Struwwelkopf auch Strubbelkopf der, ...köpfe; der **Struwwelpeter** (Figur aus dem Kinderbuch; unordentliches Kind)
Strychnin [strichnin] das, *Ez.* (Gift)
Stube die, Stuben (Zimmer); das **Stübchen**; der **Stubenarrest**; die **Stubenfliege**; der/die **Stubenhocker/-in**; **stubenrein** der Hund ist stubenrein; das **Stüberl** (gemütlicher Raum in einem Gasthaus)
Stuck der, *Ez.* (Decken- bzw. Wandornamente aus einer Gipsmischung); die **Stuckatur**
Stück <St.> das, Stück(e): ein Stück Papier, ein schönes Stück Land, fünf Stück Rosen kaufen, Stück für Stück (einzeln), aus freien Stücken (freiwillig), in einem Stück (ohne Unterbrechung), *in Stücke gehen* (entzweigehen), *große Stücke auf jmdn. halten* (viel von jmdm. halten); das **Stückchen**; **stückeln** (aus mehreren Teilen zusammensetzen); das **Stückerl**; der **Stücklohn** (Akkordlohn); **stückweise**; die **Stückzahl**
stucken (ugs. für fleißig lernen)
Student der, Studenten <Stud.> (Hochschüler); das **Studentenfutter** (Mischung aus Nüssen und Rosinen); die **Studentin**; **studentisch**; die **Studie** [schtudie] (wissenschaftliche Arbeit); **studieren** Biologie studieren, die Akten genau studieren (betrachten); der/die **Studierende**; das **Studium**
Studio das, Studios (Aufnahmeraum für Fotos;

Arbeitsraum eines Künstlers)
Stufe die, Stufen (Trittfläche einer Stiege), im Beruf eine höhere Stufe (Stellung) erreichen; der **Stufenbarren** (Turngerät); **stufenförmig**; die **Stufenleiter**; **stufenlos**; **stufenweise**
¹**Stuhl** der, Stühle (Sitzmöbel), *fast vom Stuhl fallen* (ugs. für sehr überrascht sein), *zwischen zwei Stühlen sitzen* (es sich mit beiden Seiten verscherzt haben); das **Stuhlbein**; die **Stuhllehne**
²**Stuhl** der, *Ez.* (Kot, kurz für Stuhlgang)
Stulpe die, Stulpen (Aufschlag an Ärmeln, Hosen)
stülpen sich die Mütze über den Kopf stülpen, die Hosentaschen nach außen stülpen
stumm sie blickten sich stumm an, das stumme h (Dehnungs-h, z.B. in „Stroh"), *stumm wie ein Grab* (verschwiegen) *sein*; der/die **Stumme**; der **Stummfilm**
Stummel der, -: (Reststück); der Stummel des Bleistifts; der **Stummelschwanz**
Stümper der, -: (Nichtskönner); die **Stümperei** (Pfusch, schlechte Leistung); **stümperhaft**
stumpf das Messer ist stumpf, ein stumpfer (ungespitzter) Bleistift, stumpfe (glanzlose) Farben, ein stumpfer (ausdrucksloser) Blick, ein stumpfer Winkel (Winkel über 90°); der **Stumpf** (Reststück), *mit Stumpf und Stiel* (völlig) *verspeisen*; die **Stumpfheit**; der **Stumpfsinn**; **stumpfsinnig** (einfältig, unsinnig); **stumpfwinklig**
Stunde die, Stunden <Std., h> (Zeitspanne, 60 Minuten), eine Stunde lang, zu später Stunde (spät am Abend), eine glückliche Stunde, die Stunde der Rache war gekommen, eine viertel Stunde auch Viertelstunde; **stunden** (Aufschub gewähren); der **Stundenkilometer** <km/h>; **stundenlang** (sehr lang) ABER → eine Stunde lang; der **Stundenlohn**; der **Stundenplan**; **stundenweise** stundenweise (nach Stunden) bezahlen; das **Stünderl**; **...stündig** zweistündig auch 2-stündig; das **Stündlein**; **stündlich** (jede Stunde); die **Stundung** (Verlängerung einer Frist)

stundenlang (lange Zeit) lesen	ABER	zwei Stunden lang lesen
eine viertel Stunde	auch	eine Viertelstunde
dreistündig	auch	3-stündig

Stunk der, *Ez.* (ugs. für Ärger, Streit)
Stuntgirl [stantgöal] das, Stuntgirls (Vertreterin

für Filmschauspielerinnen in gefährlichen Szenen); der **Stuntman** [stantmän]
stupid (stumpfsinnig, monoton), das ist eine stupide Arbeit; die **Stupidität**
Stups der, Stupse (leichter Stoß); **stupsen**; die **Stupsnase**
stur ein sturer (eigensinniger) Mensch, *auf stur schalten* (unnachgiebig sein); die **Sturheit**
¹**Sturm** der, *Ez.:* Sturm (gärenden Traubensaft) trinken
²**Sturm** der, Stürme: ein Sturm (Orkan) kommt auf, der Offizier gab den Befehl zum Sturm (Angriff), *dagegen Sturm laufen* (heftig kämpfen), *Sturm* (heftig) *läuten*; der **Sturmangriff**; die **Sturmbö(e)**; **stürmen** die Soldaten stürmten die Festung, draußen stürmt es heftig, auf das Tor des Gegners stürmen; der/die **Stürmer/-in** (der/die Angriffsspieler/-in); die **Sturmflut**; **stürmisch**
Sturz der, Stürze; der **Sturzbach**; **stürzen** von der Brücke stürzen, den Kaiser stürzen (entmachten), aus dem Zimmer stürzen (es eilig verlassen), sich aus dem Fenster stürzen, sich in Unkosten stürzen (viel Geld ausgeben); der **Sturzflug**; der **Sturzhelm**
Stuss der, *Ez.:* Stuss (ugs. für Unsinn) reden
Stute die, Stuten (weibliches Tier bei Pferd, Kamel, Esel)
Stütze die, Stützen (Pfosten; Hilfe); **stützen** das Dach mit einer Säule stützen, sich auf einen Stock stützen, sich beim Argumentieren auf bestimmte Unterlagen stützen (berufen); die **Stützmauer**; der **Stützpfeiler**; der **Stützpunkt** (Ausgangspunkt, Basis)
¹**stutzen** das Gebüsch stutzen (kürzen); der **Stutzen** (kurzes Gewehr; Kniestrumpf); der **Stutzflügel** (kurzes Klavier)
²**stutzen** (erstaunt sein, Verdacht schöpfen), er stutzte, als er die Spuren im Sand sah; **stutzig** (misstrauisch)
Stv. = **St**ell**v**ertreter
StVO = **St**raßen**v**erkehrs**o**rdnung
stylen [stailen] (entwerfen, gestalten); das **Styling**; der/die **Stylist/-in** [stailist/-in]
Styropor das, *Ez.* (fester Schaumstoff)
s.u. = **s**iehe **u**nten
Suada auch **Suade** die, Suaden (Redeschwall)
Subjekt das, Subjekte (Satzgegenstand, z.B. „Das Haus ist neu."), ein verdächtiges Subjekt (Person); **subjektiv** das ist eine sehr subjektive (persönliche) Darstellung; die **Subjektivität**
Substantiv das, Substantive (Hauptwort, Nomen); **substantiviert** ein substantiviertes (hauptwörtlich gebrauchtes) Verb
Substanz die, Substanzen (Stoff, Materie; das Wesentliche), dem Text fehlt es an Substanz (geistreichem Inhalt); **substanziell** auch substantiell (stofflich; wesentlich); **substanzlos** (gehaltlos)
Substrat das, Substrate (Grundlage; Nährboden); die **Substratlösung**
subsumieren (unterordnen, unter einem Thema zusammenfassen)
subtil (fein, zart, feinsinnig), es gibt einen subtilen Unterschied
subtrahieren (eine Zahl von einer anderen abziehen); der **Subtrahend** (die von einer anderen abzuziehende Zahl); die **Subtraktion** [...tsion]
Subvention [...tsion] die, Subventionen (Unterstützung aus öffentlichen Mitteln); **subventionieren**
subversiv [subweasif] (umstürzlerisch); die **Subversion**
Suche die, *Ez.:* die Suche nach dem Vermissten; die **Suchaktion**; der **Suchdienst**; **suchen** etwas Verlorenes suchen, was suchst (willst) du hier?, eine Wohnung suchen; die **Sucherei**; der **Suchhund**; der **Suchtrupp**
Sucht die, Süchte (krankhafte Gier), die Sucht nach Vergnügungen; die **Suchtgefahr**; das **Suchtgift**; **süchtig**; die **Süchtigkeit**; der/die **Suchtkranke**
Sud der, Sude (Kochflüssigkeit)
sudeln (Schmutz machen, schmieren)
Süden der, *Ez.* <S> (Himmelsrichtung), in den Süden (in ein südliches Land) fahren; der/die **Südländer/-in**; **südländisch**; **südlich** südlich von Wien; der **Südosten** <SO>; **südöstlich**; der **Südpol**; die **Südsee** (der Pazifische Ozean); **südwärts** *Adv.;* der **Südwesten** <SW>; **südwestlich**; der **Südwind**
Suff der, *Ez.* (Alkoholismus, Rausch); **süffig** ein süffiges (wohlschmeckendes) Bier
süffisant (spöttisch-überheblich); die **Süffisanz**
Suffix das, Suffixe (Nachsilbe, z.B. „-ung")
suggerieren (einreden), jmdm. etwas geschickt suggerieren; die **Suggestion** (Beeinflussung); **suggestiv** eine suggestive (beeinflussende) Frage stellen; die **Suggestivfrage** (Frage, die eine bestimmte Antwort bewirken soll)

suhlen sich: sich im Schlamm suhlen (wälzen); die **Suhle**
Sühne die, Sühnen (Buße); **sühnen** sie sühnt (büßt) ihre Taten; das **Sühneopfer**
Suite [swit] die, Suiten (Instrumentalstück; luxuriöse Räume in einem Hotel)
Suizid der/das, Suizide (Selbstmord); **suizidgefährdet**
Sujet [süsche] das, Sujets: das Sujet (Thema) eines Buches
sukzessiv auch **sukzessive** (nach und nach), sukzessiv Fortschritte machen
Sulfat das, Sulfate (Salz der Schwefelsäure); das **Sulfid** (Salz der Schwefelwasserstoffsäure); das **Sulfit** (Salz der schwefligen Säure)
Sultan der, Sultane (Titel islamischer Herrscher)
Sultanine die, Sultaninen (große Rosine)
Sulz auch **Sülze** die, Sulzen/Sülzen (Fleisch, Fisch in Gelee)
Summe die, Summen (Ergebnis; Geldbetrag); der **Summand** (hinzuzuzählende Zahl); **summarisch** (zusammengefasst); das **Sümmchen**; **summieren** (zusammenzählen)
summen die Bienen summen, eine Melodie summen; der **Summer** (Klingel); der **Summton**
Sumper der, -: (mundartl. für Banause, Nichtskönner)
Sumpf der, Sümpfe (Schlamm), den Sumpf entwässern; die **Sumpfdotterblume**; das **Sumpfgebiet**; **sumpfig**; das **Sumpfland**; die **Sumpfpflanze**
Sund der, Sunde (Meeresenge)
Sünde die, Sünden (Verstoß gegen religiöse Gesetze); der **Sündenbock** (ein Unschuldiger, auf den die Schuld abgewälzt wird); der **Sündenfall** (Abfall des Menschen von Gott); der **Sündenpfuhl** (Stätte der Sünden); der/die **Sünder/-in**; **sündhaft** (lasterhaft), beende dein sündhaftes Treiben!; **sündig**; **sündigen**; **sündteuer** (sehr teuer)
super (hervorragend); das **Superbenzin**; der **Superlativ** (2. Steigerungsstufe, Höchststufe, z.B. „am schönsten"); die **Supermacht** (Großmacht); der **Supermann**; der **Supermarkt** (großes Selbstbedienungsgeschäft); der **Superstar**
superb [süpeab] auch **süperb** (vorzüglich)
Suppe die, Suppen: jmdm. die Suppe versalzen (seine Pläne durchkreuzen); das **Süppchen**; das **Suppengrün** (Suppengemüse); der **Suppenkaspar** (Kind, das wenig isst); der **Suppenlöffel**; die **Suppenschüssel**; der **Suppentiger** (ugs. für jmd., der gern Suppe isst)
supplieren (eine Lehrperson in einer Schulstunde vertreten); die **Supplierstunde**
Sur die, Suren (Beize zum Einsalzen von Fleisch); das **Surfleisch**
surfen [söafen] (im Internet recherchieren; Surfing/Windsurfing betreiben); das **Surfbrett**; der/die **Surfer/-in**
Surm der, Surme (ugs. für dummer Mensch)
surreal (unwirklich); der **Surrealismus** (Kunstrichtung); der/die **Surrealist/-in**; **surrealistisch**
surren (summen, schnurren)
Surrogat das, Surrogate (behelfsmäßiges Ersatzmittel)
suspekt (verdächtig, zweifelhaft), eine suspekte Person, das ist mir suspekt
suspendieren (beurlauben, entlassen); die **Suspendierung**
süß Zucker ist süß, ein süßes (reizendes) Mädchen, das süße (ausschweifende) Leben; die **Süße** Honig gibt die nötige Süße; **süßen** (süß machen); das **Süßholz** Süßholz raspeln (Schmeicheleien sagen); die **Süßigkeit**; **süßlich**; der **Süßmost** (Fruchtsaft); **süßsauer**; der **Süßstoff**
SV = **S**portverein
svw. = **s**o **v**iel **w**ie
Sweater [swęta] der, -: (Pullover); das **Sweatshirt** [swętschöat] (weit geschnittener Sportpullover)
Swimmingpool [swimmingpul] der, ...pools (Schwimmbecken)
Symbiose die, Symbiosen (Zusammenleben verschiedener Lebewesen zum gegenseitigen Nutzen); **symbiotisch**
Symbol das, Symbole (Sinnbild), das Kreuz ist ein Symbol der Christen; **symbolhaft**; die **Symbolik**; **symbolisch** (bildlich, gleichnishaft); **symbolisieren**
Symmetrie die, Symmetrien (spiegelbildliche Gleichheit); **symmetrisch** (spiegelbildlich)
Sympathie die, Sympathien (Zuneigung); der/die **Sympathisant/-in** (Anhänger/-in); **sympathisch** sie hat ein sympathisches Lächeln; **sympathisieren** (mögen)
Symphonie auch **Sinfonie** die, Symphonien (musikalisches Werk)
Symposion auch **Symposium** das, Symposien (Tagung)
Symptom das, Symptome (Anzeichen,

Merkmal); **symptomatisch** (typisch, bezeichnend)

Synagoge die, Synagogen (jüdisches Gotteshaus)

synchron [sünkron] (gleichzeitig erfolgend); die **Synchronisation** [...tsion]; **synchronisieren** einen Film synchronisieren (mit passendem Text in einer anderen Sprache versehen); die **Synchronisierung**

Syndikat das, Syndikate (wirtschaftlicher Zusammenschluss; Zusammenschluss von Kriminellen)

Syndrom das, Syndrome (Krankheitsbild)

Synkope die, Synkopen (rhythmische Verschiebung; Ausfall eines unbetonten Vokals, z.B. „ew'ge Ruhe")

Synode die, Synoden (Versammlung kirchlicher Würdenträger)

synonym (gleichbedeutend, sinnverwandt); das **Synonym** (sinnverwandtes Wort, z.B. „sprechen – reden")

Syntax die, *Ez.* (Lehre vom Satzbau); **syntaktisch**

Synthese die, Synthesen (Verknüpfung gegensätzlicher Theorien zu einer Einheit); der **Synthesizer** [süntesaisa] (elektronisches Gerät zur Klangerzeugung); **synthetisch** ein synthetischer (künstlicher) Stoff

Syphilis die, *Ez.* (Geschlechtskrankheit)

System das, Systeme (Ordnungsprinzip), System in den Katalog bringen, gegen das System (die herrschende Gesellschaftsordnung) ankämpfen; die **Systematik**; **systematisch**; **systematisieren** (ordnen); die **Systematisierung**

Szegedinergulasch [segedina...] das, *Ez.* (Gulasch mit Sauerkraut)

Szenario das, Szenarien (Abfolge von Ereignissen); die **Szene** die dritte Szene (Abschnitt in einem Film oder Theaterstück), Beifall auf offener Szene (während des Spiels), in der Szene (im Milieu) untertauchen, *die Szene beherrschen* (im Mittelpunkt stehen), *jmdm. eine Szene* (einen Skandal) *machen, sich in Szene setzen* (sich zur Geltung bringen); der **Szenenwechsel**; die **Szenerie** (Schauplatz einer Handlung); **szenisch**

Szepter auch **Zepter** das/der, -: (Herrscherstab), das Szepter schwingen (herrschen)

Vorsicht, gleich wird der Rasen gesprengt!

Weißt du eigentlich, was die Maus damit gemeint hat? Es gibt Wörter, die verschiedene Bedeutungen haben, „**sprengen**" gehört dazu. Das Schulwörterbuch erklärt dir die verschiedenen Bedeutungen. Schlag doch bei [1]„**sprengen**" und [2]„**sprengen**" nach!

▶ Mehr von Maus und Katze auf Seite 353!

T

t = **T**onne

Tab̲ak der, Tabake (Nutzpflanze, die Nikotin enthält); die **Tabakdose**; die **Tabakpfeife**; die **Tabakpflanze**; die **Tabakplantage** [...plant**a**sche]; der/die **Tabakraucher/-in**; die **Tabaksteuer**; die **Tabaktrafik**; der/die **Tabaktrafikant/-in**; die **Tabakwaren** (Rauchwaren)

Tab̲asco der, Tabascos (Soße zum Würzen)

Tab̲elle die, Tabellen (Übersichtsdarstellung, Aufstellung, Verzeichnis), die Ergebnisse in eine(r) Tabelle eintragen; **tabell̲arisch** (in Form einer Übersicht), ein tabellarischer Lebenslauf; der/die **Tabellenerste**; der/die **Tabellenführer/-in**; die **Tabellenkalkulation**; der/die **Tabellenletzte**; der **Tabellenstand**

Tabern̲akel der/das, -: (Aufbewahrungsort für die geweihten Hostien)

Tabl̲eau [tablo] das, Tableaus (Tablett, Gemälde, Schaubild)

Tab̲let-PC [täblet...] der, ...PC(s) (mit Stift bedienbarer, tragbarer PC)

Tabl̲ett das, Tabletts/Tablette (Brett für das Tragen von Geschirr)

Tabl̲ette die, Tabletten (Medikament, Pille); der **Tablettenmissbrauch**; **tablettensüchtig**

tab̲u dieses Thema ist tabu (darüber wird nicht gesprochen); das **Tabu** (Sache, über die nicht gesprochen werden darf/die nicht gemacht werden darf), gegen ein Tabu verstoßen; **tabuis̲ieren** das Thema Sexualität sollte nicht tabuisiert (für tabu erklärt) werden; die **Tabuis̲ierung**

Tab̲ula rasa Tabula rasa machen (rücksichtslos Ordnung, „reinen Tisch" machen)

Tabul̲ator der, Tabulatoren (Markierung fester Spaltenabstände beim Schreiben einer Tabelle)

tachin̲ieren (ugs. für faulenzen); der/die **Tachin̲ierer/-in** (ugs. für jmd., der sich vor Arbeit drückt)

T̲acho der, Tachos (kurz für Tachometer, Geschwindigkeitsmesser); der **Tachom̲eter**; der **Tachostand**

T̲adel der, -: einen Tadel (eine Rüge) aussprechen; **tadellos** (ordentlich, fehlerlos); **tadeln** (jmdm. sein Missfallen aussprechen), der Lehrer tadelt die Schüler; **tadelnswert**

T̲afel die, Tafeln <Taf.> an die Tafel schreiben, eine Tafel Schokolade, an der Tafel (an einem festlich gedeckten Tisch) Platz nehmen, die Tafel aufheben (geh. für die gemeinsame Mahlzeit beenden); das **Tafelbesteck** (wertvolles Essbesteck); das **Tafelgeschirr**; **tafeln** (festlich speisen); die **Tafelrunde**; der **Tafelspitz** (gekochtes Rindfleisch); das **Tafelwasser** (Mineralwasser in Flaschen); der **Tafelwein**; die **Taferlklasse** (ugs. für erste Volksschulklasse); der/die **Taferlklassler/-in** (ugs. für Schulanfänger/-in)

t̲äfeln (mit Stein- oder Holzverkleidung versehen); die **Täfelung** auch die **Täferung**

T̲aft der, Tafte (Seidenstoff); das **Taftkleid**

T̲ag der, Tage (Zeitraum von 24 Stunden; Zeitraum, in dem es hell ist); der gestrige Tag, in ein paar Tagen, sie hat ihre Tage (Regelblutung), am Tag, bei Tag(e), eines Tages (irgendwann), der Tag bricht an, ein besonderer Tag, von Tag zu Tag (ständig), seit Jahr und Tag (seit langem), Tag für Tag (täglich), unter Tag(e) (im Bergbau), etwas zu Tage auch zutage fördern, zu Tage auch zutage treten, einen Guten Tag auch einen guten Tag sagen, Tag und Nacht (zu jeder Zeit), von einem Tag auf den anderen (plötzlich), der Tag der offenen Tür, der Tag des Herrn (der Sonntag), auf seine alten Tage (im hohen Alter), der Jüngste Tag (der Tag des Jüngsten Gerichts), jmdm. den Tag stehlen (jmdn. von der Arbeit abhalten), einen schlechten Tag haben (schlecht aufgelegt sein), ein Unterschied wie Tag und Nacht (ein sehr großer Unterschied), etwas an den Tag bringen (etwas enthüllen), an den Tag kommen (bekannt werden), in den Tag hinein (sorglos) leben, schon bessere Tage gesehen haben (es früher besser gehabt haben), man soll den Tag nicht vor dem Abend loben (sich von anfänglichem Erfolg nicht in Sicherheit wiegen lassen), es ist noch nicht aller Tage Abend (es kann sich noch viel ändern)

etwas **zutage** bringen	auch	etwas **zu Tage** bringen
einen **guten Tag** sagen	auch	einen **Guten Tag** sagen
zwe̲itägig	auch	2-**tägig**
tagelang	ABER	mehrere **Tage lang**

tagaus, tagein Adv. (immer wieder); der **Tagbau** (Gewinnung von Erzen an der Erdoberfläche); das **Tagebuch**; der **Tagedieb** (abwertend für Faulenzer); **tagelang**

tags → Tanz

ABER → mehrere Tage lang; der **Tag(e)löhner** (Arbeiter, der von Tag zu Tag bezahlt wird); **tagen** (der Tag bricht an; eine Sitzung abhalten); der **Tagesanbruch**; das **Tagesgeschehen**; das **Tagesgespräch**; der **Tageslauf**; das **Tageslicht** *etwas kommt ans Tageslicht* (wird bekannt); der **Tageslohn**; die **Tagesordnung** (Geschäftsordnung bei einer Sitzung); die **Tagespresse**; der **Tag(es)satz** (Tageseinheit bei Arbeitslosengeld, Diäten; kleinste Einheit bei Geldstrafen); die **Tagesschicht**; der **Tagessieger**; die **Tagesstätte**; die **Tageszeit**; die **Tageszeitung**; **tageweise**; das **Tag(e)werk** (tägliche Arbeit); das **Taggeld** (Spesen); **taghell**; *…tägig* mehrtägig, zweitägig *auch* 2-tägig; **täglich** (jeden Tag); **tags** *Adv.*: tags darauf, tags zuvor; die **Tagsatzung** (Gerichtstermin); **tagsüber** *Adv.* (untertags); **tagtäglich**; die **Tagundnachtgleiche**; die **Tagung** (Versammlung, Sitzung); der **Tagungsort**; die **Tagwache** (Zeit, zu der man aufstehen muss)

Taifun der, Taifune (tropischer Wirbelsturm)

Taille [tailje] die, Taillen (Gürtellinie); die **Taillenweite**; **taillieren** [tajirn, tailiren], eine stark taillierte Bluse

Taiwan (Inselstaat); der/die **Taiwaner/-in**; der **Taiwanesin**; **taiwanesisch**

Takelage [takelasche] die, Takelagen (Segelausrüstung eines Schiffes)

¹**Takt** der, Takte (rhythmische Gliederung in der Musik), ein Lied im Dreivierteltakt, beim Rudern im Takt bleiben, *den Takt angeben* (bestimmen, was geschieht), *jmdn. aus dem Takt bringen* (jmdn. verwirren); der **Taktfehler**; der **Taktstock**

²**Takt** der, *Ez.*: keinen Takt (Anstand, Feingefühl) haben; das **Taktgefühl** (Zartgefühl); **taktlos** (ohne Rücksicht); die **Taktlosigkeit**; **taktvoll** (rücksichtsvoll)

taktieren (geschickt und planvoll vorgehen); der/die **Taktierer/-in**; die **Taktik** (Methode, um das Ziel zu erreichen); der/die **Taktiker/-in**; **taktisch** (klug, berechnend, planvoll)

Tal das, Täler (Senke zwischen Bergen), der Fluss verläuft im Tal, zu Tal fahren; **talabwärts** *Adv.*; **talaufwärts** *Adv.*; die **Talfahrt**; die **Talschaft** (Bewohner eines Tales); die **Talsohle**; die **Talsperre** (Staudamm); die **Talstation**; **talwärts** *Adv.*

Talar der, Talare (Amtstracht von Geistlichen und Richtern)

Talent das, Talente (Begabung; begabte Person), kein Talent (kein Geschick) haben, er ist ein Talent auf dem Gebiet der Musik, sie hat Talent für Sprachen; **talentiert** (begabt); die **Talentlosigkeit**; die **Talentsuche**

Taler der, -: (alte Münze); das **Talerstück**

Talg der, Talge (Fett); die **Talgdrüse**; das **Talglicht** (Kerze aus Talg)

Talisman der, Talismane (Glücksbringer)

Talkmaster [tokmasta] der, -: (Moderator einer Talkshow); die **Talkmasterin**; die **Talkshow** [tokschou] (Unterhaltungssendung mit Gesprächen)

Talmud der, Talmude (Sammlung religiöser Schriften des Judentums)

Tambour [tambua] der, Tamboure (Trommler); das **Tamburin** (kleine Handtrommel)

Tampon [tampõ, tampon] der, Tampons (Wattebausch zur Blutstillung)

Tamtam der, Tamtams (Lärm, Aufregung; Musikinstrument), viel Tamtam machen (*ugs.*)

Tand der, *Ez.* (wertlose Dinge); die **Tändelei** (Flirt); der **Tandelmarkt** (Altwarenmarkt); **tändeln** (etwas ohne Ernst tun; flirten); der/die **Tandler/-in** (Altwarenhändler/-in)

Tandem das, Tandems (Fahrrad für zwei hintereinandersitzende Personen)

Tang der, Tange (Meeresalge)

Tangente die, Tangenten (Berührungslinie; Autostraße, die an einem Ort vorbeiführt); **tangieren** diese Angelegenheit tangiert (berührt) mich nicht

Tango der, Tangos (Tanz)

Tank der, Tanks (Flüssigkeitsbehälter; *veraltet für* Panzerwagen); **tanken** Superbenzin tanken, Sonne tanken; der **Tanker** (Transportschiff); der **Tankinhalt**; die **Tanksäule**; die **Tankstelle**; der **Tankverschluss**; der/die **Tankwart/-in**

Tanne die, Tannen (Nadelbaum); der **Tannenbaum**; die **Tannennadel**; der **Tannenzapfen**; der **Tannenzweig**

Tante die, Tanten (Schwester der Mutter oder des Vaters); **tantenhaft** (*abwertend für* übervorsichtig, altmodisch)

Tantieme [tantjeme] die, Tantiemen (Gewinnanteil, Vergütung für Autor/-innen und Komponist/-innen)

Tanz der, Tänze: der Tango ist ein lateinamerikanischer Tanz, zum Tanz auffordern, *einen Tanz machen* (streiten); der **Tanzabend**; das **Tanzbein** *das Tanzbein schwingen* (tanzen); das **Tänzchen**; **tänzeln** (sich tänzerisch bewegen); **tanzen** zur Musik

Tapet → taub

tanzen, der Kahn tanzt auf den Wellen; der/die **Tänzer/-in**; die **Tanzkapelle**; das **Tanzlokal**; das **Tanzorchester**; der **Tanzsaal**; die **Tanzstunde**; die **Tanzveranstaltung**

Tapet das, *Ez.: etwas aufs Tapet* (zur Sprache) *bringen*

Tapete die, Tapeten (Wandverkleidung aus Papier); der **Tapetenkleister**; das **Tapetenmuster**; der **Tapetenwechsel** (Veränderung der Umgebung); **tapezieren** (Wände verkleiden; Möbel mit Stoff überziehen); der/die **Tapezierer/-in**

tapfer (beherrscht, kühn, unerschrocken), der tapfere Held; die **Tapferkeit**

tappen (unsicher gehen), er tappte in der Dunkelheit umher, *völlig im Dunkeln tappen* (im Ungewissen sein); **täppisch** (unbeholfen)

Tara, Taren <T> (Verpackung; Verpackungsgewicht); **tarieren** (ausgleichen)

Tarantel die, Tarantel (giftige Spinne), *wie von einer Tarantel gestochen* (jäh) *auffahren*

Tarif der, Tarife (die ausgehandelten Löhne, Gebühr), die Tarife beim Telefonieren; der **Tarifabschluss** (gewerkschaftlicher Gehaltsabschluss); die **Tariferhöhung**; der **Tarifkonflikt**; der **Tariflohn**; die **Tarifverhandlung**; der **Tarifvertrag**; **tarifvertraglich**

tarnen (verdecken), sie tarnt ihre wahren Absichten, viele Tiere können sich gut tarnen (der Umgebung anpassen); der **Tarnanzug**; die **Tarnfarbe**; die **Tarnkappe** (unsichtbar machende Kappe in Sagen); der **Tarnname** (Deckname); die **Tarnung**

Tarock das, Tarocks (Kartenspiel); **tarockieren**

Tasche die, Taschen: eine Tasche aus Leder, die Reisetasche packen, die Hände in die Taschen (Hosentaschen) stecken, *tief in die Tasche greifen* (viel bezahlen), *jmdn. in die Tasche stecken* (ugs. für ihm überlegen sein), *sich in die eigene Tasche lügen* (sich etwas vormachen), *jmdm. auf der Tasche liegen* (ihm finanziell zur Last fallen), *etwas aus eigener Tasche* (selbst) *bezahlen*; das **Täschchen**; das **Taschenbuch**; der **Taschendieb**; der **Taschenfeitel** (kleines Klappmesser); das **Taschengeld** (regelmäßiger Geldbetrag, der Kindern zur Verfügung gestellt wird); das **Taschenmesser**; die **Taschenspielerei** (übler Trick, um andere zu schädigen); der **Taschenspielertrick**; das **Tascherl** (kleine Tasche; Mehlspeise)

Tasse die, Tassen (Trinkgefäß), eine Tasse Tee trinken, *nicht alle Tassen im Schrank haben* (verrückt sein); das **Tässchen**

Tastatur die, Tastaturen: die Tastatur eines Computers; die **Taste** (Knopf zum Drücken, Hebel); **tasten** der Arzt tastet den Knoten mit der Hand, sich im Dunkeln vorwärtstasten; das **Tasteninstrument**; der **Tastsinn**

Tat die, Taten (Handlung, Leistung; Straftat), *jmdn. auf frischer Tat ertappen* (jmdn. bei etwas Verbotenem überraschen), *etwas in die Tat umsetzen* (etwas verwirklichen), *in der Tat* (wirklich), der **Tatbestand** (Sachlage); der **Tatendrang** (Energie, Fleiß); **tatendurstig**; **tatenlos** (ohne zu handeln); die **Tatenlosigkeit**; der/die **Täter/-in**; der **Tathergang**; **tätig** tätig sein (arbeiten); **tätigen** (ausführen), einen Kauf tätigen; die **Tätigkeit**; das **Tätigkeitswort** (Verb); die **Tatkraft**; **tatkräftig**; **tätlich** (handgreiflich); die **Tätlichkeiten** (Schlägerei); das **Tatmotiv**; der **Tatort**; die **Tatsache**; **tatsächlich** (der Wirklichkeit entsprechend); der **Tatverdacht**; **tatverdächtig**

Tatar das, -/Tatars (Gericht aus rohem Rindfleisch)

tätowieren (eine Tätowierung in die Haut einritzen); die **Tätowierung**

tätscheln (leicht und zärtlich mit der Hand berühren); **tatschen** (in plumper und aufdringlicher Weise berühren)

Tätschen auch Dätschen (ugs. derb für Ohrfeige)

Tatschkerl das, Tatschkerln (ugs. für Mehlspeise; leichter Schlag)

Tattergreis der, ...greise (ugs. abwertend für gebrechlicher alter Mann); der **Tatterich** (abwertend für zittriger alter Mann); **tatt(e)rig** (zittrig)

Tattoo [tatu] das, Tattoos (Tätowierung)

Tatze die, Tatzen (Pranke, Pfote)

¹**Tau** das, Taue (dickes Seil); das **Tauende**; das **Tauziehen** (Wettbewerb)

²**Tau** der, Ez. (morgendlicher Niederschlag), *keinen Tau* (ugs. für keine Ahnung) *von etwas haben*; **tauen** das Eis ist getaut (geschmolzen); **taufrisch** (ganz frisch); das **Tauwetter**

taub von Geburt an taub sein (nichts hören), sein Bein ist taub (gefühllos), sich taub stellen (auf etwas nicht eingehen), taubes Gestein (ohne Erzgehalt), *eine taube Nuss* (ein dummer Mensch); die **Taubheit**; **taubstumm**

Taube → Teak

(ugs. für gehörlos und (daher) nicht fähig zu sprechen); der/die **Taubstumme**
¹**Taube** der/die, Tauben (gehörlose Person)
²**Taube** die, Tauben (Vogel); das **Täubchen**; das **Taubenei**; der **Taubenkobel**; der **Taubenschlag**; der **Tauberich** auch Täuberich; die **Täubin**
tauchen er taucht die Hand ins Wasser, in diesen Gewässern wird nach Perlen getaucht; der/die **Taucher/-in**; der **Taucheranzug**; der **Tauchsieder** (Gerät zum Erhitzen von Flüssigkeiten); die **Tauchstation** *auf Tauchstation gehen* (ugs. für sich zurückziehen)
Taufe die, Taufen (Sakrament im Christentum), *etwas aus der Taufe heben* (ins Leben rufen); **taufen** (in die Kirche aufnehmen, einen Namen geben); die **Taufkerze**; das **Taufkleid**; der **Täufling** (jmd., der getauft wird); der **Taufname**; der **Taufpate**; die **Taufpatin**; der **Taufschein**
taugen (geeignet sein), das Messer taugt nicht zum Brotschneiden, *das taugt mir* (ugs. für macht Spaß, passt so); der **Taugenichts** (Nichtsnutz); **tauglich** (nützlich); die **Tauglichkeit**
Taumel der, *Ez.* (rauschhaftes Gefühl); **taum(e)lig**; **taumeln** (sich schwankend bewegen), der Betrunkene taumelt durch die Straßen
Tausch der, Tausche: einen guten Tausch machen; **tauschen** er tauscht Briefmarken, sie tauschten Blicke, ein paar Worte wurden getauscht; das **Tauschgeschäft**; der **Tauschhandel**
täuschen jmdn. täuschen (absichtlich in die Irre führen, betrügen), der Eindruck täuscht, du hast dich getäuscht (geirrt), die täuschende Ähnlichkeit der Zwillinge; die **Täuschung** (Irrtum; Betrug); das **Täuschungsmanöver**
tausend es sind genau tausend Stück, viele tausende auch Tausende Menschen, tausend und abertausend auch Tausend und Abertausend

tausend Menschen	ABER	ein ganzes **Tausend** Menschen
ein paar **tausend** Menschen	auch	ein paar **Tausend** Menschen
viele **tausende** Zuschauer	auch	viele **Tausende** Zuschauer

¹**Tausend** die, Tausenden (die Zahl 1000)
²**Tausend** das, Tausende <T> (Einheit von tausend Personen/Stück), ein ganzes Tausend Soldaten, Tausende von Vögeln, viele Tausende auch tausende Sterne, viele Tausende Male, Tausende und Abertausende auch tausende und abertausende, vom Hundertsten ins Tausendste kommen
Tausender der, -: (Geldschein; vierte Stelle vor dem Komma)
tausenderlei er hat tausenderlei Entschuldigungen; **tausendfach** auch 1000fach auch 1000-fach; das **Tausendfache** auch 1000fache auch 1000-Fache; **tausendfältig**; der **Tausendfüßler**; **tausendjährig**; **tausendmal** *Adv.*: das habe ich schon tausendmal auch 1000-mal gesagt; **tausendprozentig** auch 1000-prozentig; der **Tausendsassa** (ugs. für vielseitige Person); **tausendst…** der tausendste Besucher; **tausendstel** eine tausendstel Sekunde auch eine Tausendstelsekunde auch eine 1000stel Sekunde; das **Tausendstel**

das **tausendste** Mal	ABER	vom Hundertsten ins **Tausendste** kommen
tausendfach	auch	1000fach/ 1000-fach
tausendmal	auch	1000-mal
tausendprozentig	auch	1000-prozentig
die **tausendstel** Sekunde	auch	**Tausendstel**sekunde/ 1000stel Sekunde

Tautologie die, Tautologien (unnötige doppelte Bezeichnung, z.B. „weißer Schimmel", „runder Kreis")
Taverne [tawerne] die, Tavernen (Gasthaus)
Taxe die, Taxen (Gebühr, festgesetzter Preis); das/der **Taxameter** (Fahrpreisanzeiger in Taxis); das **Taxi** (Auto, das Personen gegen Bezahlung befördert); der/die **Taxichauffeur/-in** [taxischoföa/rin]; **taxieren** (schätzen); der/die **Taxifahrer/-in**; der/die **Taxler/-in** (ugs. für Taxilenker/-in)
Tb auch **Tbc** = Tuberkulose; **Tb-krank** auch Tbc-krank
Teak [tik] das, *Ez.* (Tropenholz); das **Teakholz**

Team [tim] das, Teams (Gruppe, Mannschaft); die **Teamarbeit**; der **Teamchef**; der **Teamgeist**; das **Teamwork** [timwöak] (Zusammenarbeit)

Technik die, Techniken: der rasante Fortschritt der Technik, ein Fußballer mit ausgefeilter Technik, sie studiert auf der Technik (*kurz für* Technische Universität); der/die **Techniker/-in**; **technisch** ein technisches Verfahren ABER → die Technische Universität <TU>; die **Technologie**

Techtelmechtel das, -: (*ugs. für* Liebesaffäre)

TED der, *Ez.: kurz für* **Te**ledialog (Telefonumfrage, telefonische Stimmabgabe)

Teddy [tędi] der, Teddys (Stoffbär); der **Teddybär**

Tedeum das, Tedeums (kirchlicher Lobgesang)

Tee der, Tees (Strauch; Getränk); die **Teebäckerei**; der **Teebeutel**; die **Teebutter** (feine Butter); das **Teeei** *auch* **Tee-Ei** (eiförmiges Sieb für Teeblätter); die **Teeernte** *auch* **Tee-Ernte**; das **Teehäferl**; die **Teekanne**; der **Teelöffel**; die **Teetasse**

Teenager [tinedscha] der, -: (Jugendliche/-r)

Teer der, Teere (aus Holz/Kohle hergestellte Masse); **teeren** die Straße teeren; **teerig**; die **Teerung**

Teich der, Teiche (kleiner See), der Große Teich (*ugs. für* der Atlantische Ozean); die **Teichrose**

Teig der, Teige (Masse aus Mehl, Milch oder Wasser und Zutaten), den Teig kneten; **teigig**; die **Teigwaren** *Mz.*

Teil der/das, Teile (Abschnitt, Anteil, Bauteil), der vordere Teil, zum Teil, zu gleichen Teilen, jeden/jedes Teil (Stück) prüfen, ein großer Teil ABER → größtenteils, *sich sein(en) Teil denken* (sich andere Gedanken zu etwas machen); der **Teilabschnitt**; **teilbar**; die **Teilbarkeit**; das **Teilchen**

teilen du teilst die Torte, sie teilte meinen Schmerz, das Grundstück wurde geteilt, mit jmdm. die Kosten teilen, der Weg teilt (gabelt) sich, in zwei Gruppen teilen, eine Zahl durch eine andere teilen (dividieren), *geteiltes Leid ist halbes Leid*

Teiler der, -: größter gemeinsamer Teiler <g.g.T.>; der **Teilerfolg**; die **Teilhabe**; **teilhaben** (▶ haben) (teilnehmen); der/die **Teilhaber/-in**; **teilhaftig** einer Sache teilhaftig sein (*geh. für* daran Anteil haben); **...teilig** zehnteilig *auch* 10-teilig; die **Teilkaskoversicherung**;

die **Teilnahme** (Mitleid; Beteiligung); der/die **Teilnahmeberechtigte**; **teilnahmslos** (ohne Interesse); die **Teilnahmslosigkeit**; **teilnehmen** (▶ nehmen); der/die **Teilnehmer/-in**; **teils** *Adv.*: das Wetter war teils heiter, teils wolkig; **teilweise**; die **Teilzahlung**; die **Teilzeit** (in) Teilzeit arbeiten

Teint [tẽ] der, Teints (Gesichtshaut), einen reinen Teint haben

Telefax *auch* **Fax** das, Telefaxe (der Fernkopierer; die Fernkopie); **telefaxen**; die **Telefaxnummer**

Telefon das, Telefone <Tel.> (Fernsprechgerät); das **Telefonat** (Telefongespräch); die **Telefongebühr**; **telefonieren**; **telefonisch**; der/die **Telefonist/-in**; die **Telefonkarte**; die **Telefonnummer**; die **Telefonzelle**

telegen (vorteilhaft aussehend für Fernsehaufnahmen)

Telegraf *auch* **Telegraph** der, Telegrafen (Fernschreiber); die **Telegrafie** *auch* Telegraphie

Telepathie die, *Ez.* (Gedankenübertragung); **telepathisch**

Teleskop das, Teleskope (Fernrohr)

Teletext der, *Ez.* (Bildschirmnachrichten)

Television die, *Ez.* <TV> (Fernsehen)

Telex das, Telexe (Fernschreiben)

Teller der, -: (Essgeschirr), der Teller ist voll, ein Teller Suppe; **tellerfertig**; der **Tellerwäscher**

Tellur das, *Ez.* <Te> (chemisches Element)

Tempel der, -: (geheiligtes Bauwerk); das **Tempelhupfen** (Kinderspiel); **tempelhupfen**

Temperafarbe die, ...farben (nicht wasserlösliche Deckfarbe)

Temperament das, Temperamente (Wesensart; Lebhaftigkeit); **temperamentvoll**

Temperatur die, Temperaturen (Wärmegrad; Fieber), die Temperatur beträgt 31 Grad Celsius, die Kranke hat etwas Temperatur; der **Temperaturanstieg**; der **Temperatursturz**; **temperieren** einen Raum temperieren (leicht beheizen)

Tempo das, Tempos/Tempi (Geschwindigkeit; Zeitmaß in der Musik; Schwimmbewegung), mit zu hohem Tempo fahren; das **Tempolimit** (Geschwindigkeitsbegrenzung); **temporal** (zeitlich); das **Temporaladverb** (Zeitangabe); **temporär** (vorübergehend); das **Tempus** (Zeitform des Verbs)

Tendenz die, Tendenzen (Entwicklungsrichtung, Neigung); **tendenziell**; **tendenziös** (einseitig); **tendieren** (zu etwas neigen)

Tenne → textil

Tenne die, Tennen (Scheune zum Getreidedreschen)

Tennis das, *Ez.* (Ballspiel), Tennis spielen; der **Tennisball**; das **Tennismatch**; der **Tennisplatz**; der **Tennisschläger**; der/die **Tennisspieler/-in**; das **Tennisturnier**

¹**Tenor** der, Tenöre (hohe Männersingstimme)

²**Tenor** der, *Ez.* (Grundhaltung, Sinn, Inhalt), der Tenor seiner Rede war, dass ...

teppert auch **deppert** (*ugs. für* dumm); der **Tepp** auch **Depp**

Teppich der, Teppiche (Fußbodenbelag, Wandbehang), den Teppich klopfen, *auf dem Teppich bleiben* (vernünftig bleiben), *etwas unter den Teppich kehren* (etwas verheimlichen wollen); der/die **Teppichhändler/-in**; der **Teppichklopfer**

Termin der, Termine (Frist, festgelegter Zeitpunkt), einen Termin überschreiten, zum Termin erscheinen; **termingerecht**; **terminisieren** (zeitlich festlegen); die **Terminisierung**; der **Terminkalender**; **terminlich**

Terminal [töaminel] der/das, Terminals (Lese- und Eingabegerät bei der EDV; Abfertigungshalle für Passagiere)

Terminus der, Termini (Fachausdruck); die **Terminologie** (Gesamtheit der Fachausdrücke auf einem Gebiet)

Termite die, Termiten (Ameisenart)

Terpentin das/der, Terpentine (Harzöl, Lösungsmittel für Farben); das **Terpentinöl**

Terrain [terē] das, Terrains (Grundstück, Gelände, Gebiet), *das Terrain sondieren* (Nachforschungen anstellen)

Terrakotta die, ...kotten (künstlerischer Gegenstand aus Ton, *Ez.:* gebrannter Ton)

Terrarium das, Terrarien (Behälter für Eidechsen und Schlangen)

Terrasse die, Terrassen: Reis auf Terrassen (Erdstufen) anpflanzen, auf der Terrasse (gepflasterte Fläche im Freien) sitzen; **terrassenförmig**

Terrazzo der, Terrazzi (Kunststeinmasse für Fußböden); der **Terrazzofußboden**

terrestrisch (erdgebunden)

Terrier der, -: (Hunderasse)

Terrine die, Terrinen (Suppenschüssel)

territorial (ein Gebiet betreffend); das **Territorium** (Gebiet, Land, Hoheitsgebiet)

Terror der, *Ez.* (Schrecken, Gewaltherrschaft); der **Terrorakt**; der **Terroranschlag**; **terrorisieren** (bedrohen); der **Terrorismus** (Versuch, politische Ziele durch Terror zu erzwingen); der/die **Terrorist/-in**; **terroristisch**

Tertiär das, *Ez.* (Erdzeitalter)

Terz die, Terzen (dritter Ton in der Tonleiter, Intervall von drei Tonstufen); das **Terzett** (Musikstück für drei Stimmen oder drei gleiche Instrumente)

Test der, Tests (Untersuchung; Leistungsfeststellung); das **Testbild**; **testen** (prüfen, ausprobieren); der/die **Tester/-in**; die **Testperson**; das **Testverfahren**

Testament das, Testamente (schriftliche Erklärung über den letzten Willen), das Alte Testament <A. T.> (Teil der Bibel); **testamentarisch**; die **Testamentseröffnung**

Tetanus der, *Ez.* (Wundstarrkrampf); die **Tetanusimpfung**

Tete-a-tete auch **Tête-à-tête** [tetatet] das, ...tetes (*veraltet für* vertrauliches Beisammensein)

Tetraeder das, -: (dreiseitige Pyramide)

teuer wie teuer ist das?, das ist etwas teurer, ein teures (nicht gerade billiges) Geschenk, ein teurer (geschätzter) Freund, *das wird dir/dich teuer zu stehen kommen* (das wirst du büßen), *da ist guter Rat teuer* (ich weiß keine Lösung); ein teuer erkaufter Sieg (mit hohen eigenen Verlusten); die **Teuerung**

Teufel der, -: (Satan, Widersacher Gottes), vom Teufel besessen (durch und durch schlecht) sein, ein armer Teufel (bedauernswerter Mensch), *pfui Teufel!* (Ausruf des Ekels), *geh zum Teufel!* (derb für fort mit dir!), *sich den Teufel um etwas scheren* (sich nicht darum kümmern), *den Teufel an die Wand malen* (ein Unheil vorhersehen), *in Teufels Küche kommen* (große Schwierigkeiten bekommen), *jmdn. zum Teufel schicken* (jmdn. fortjagen), *dort ist der Teufel los* (ugs. für dort geht es wild zu); die **Teufelei** (Boshaftigkeit); die **Teufelin**; der **Teufelsbraten** (boshafter Mensch); die **Teufelsgeige** (Volksmusikinstrument); der **Teufelskerl** (*ugs. für* Draufgänger); **teuflisch**

Text der, Texte: den Text korrigieren, einen Text auswendig lernen; die **Textaufgabe**; **texten** (Texte verfassen); die **Textsorte** (z.B. Erlebniserzählung, Brief); die **Textstelle**; die **Textverarbeitung**

textil (Gewebtes, Gewirktes); die **Textilfabrik**; **Textilien** die, *Mz.* (Stoffe, Kleidung, Wäsche); die **Textilwaren** *Mz.*

TFT → timen

TFT das, TFTs = **T**hin **F**ilm **T**ransistor (Flachbildschirm)
TH = **T**echnische **H**ochschule
Thea**ter** das, -: (Theatergebäude), das Theater ist geschlossen, ins Theater gehen, *ein Theater machen* (großen Ärger verursachen); die **Theaterkarte**; das **Theaterstück**; die **Theatervorstellung**; **theatr**a**lisch** (unnatürlich)
The**ke** die, Theken (Schank-, Ladentisch)
The**ma** das, Themen/Themata (Gegenstand, Leitgedanke), ein wichtiges Thema im Aufsatz behandeln; die **Them**a**tik** (Themenstellung); **them**a**tisch**; **thematis**ie**ren** (zum Thema machen); die **Themenstellung**
Theo**loge** der, Theologen (Religionswissenschaftler); die **Theolog**ie (Religionswissenschaft); die **Theol**o**gin**; **theol**o**gisch**
theore**tisch** (nur gedanklich, wissenschaftlich, nicht praktisch); **theoretis**ie**ren**; die **Theor**ie (Denkweise, wissenschaftliches Modell)
Therapeu**t** der, Therapeuten (Heiler); die **Therapeutin**; **therapeutisch**; **Therap**ie (Heilbehandlung); **therap**ie**ren** (behandeln)
therma**l** (auf Wärme bezogene Behandlung); das **Thermalbad** (Warmwasserheilbad); die **Th**e**rme** (warme Quelle); die **Th**e**rmik** (aufsteigender Luftstrom); **th**e**rmisch**; das/der **Thermom**e**ter** (Messgerät für die Temperatur); die **Th**e**rmosflasche** (Gefäß zum Warm- oder Kühlhalten); der **Thermost**a**t** (Wärmeregler)
Thesau**rus** der, Thesauren/Thesauri (Wörtersammlung)
The**se** die, Thesen (Lehrsatz, Theorie)
Thi**ng** das, Thinge (germanische Versammlung); die **Thingstätte**
Thri**ller** [θrila] der, -: (aufregender Film oder Roman)
Thrombo**se** die, Thrombosen (Verschluss von Blutgefäßen)
Thro**n** der, Throne (Prunksessel eines Herrschers), *jmdn. von seinem Thron herunterholen* (ihm seine Überheblichkeit nehmen); **thronen** (feierlich sitzen); der **Thronfolger**
Thu**je** die, Thujen (Baum)
Thunfisch auch **Tunfisch** der, Thunfische (Speisefisch)
Thy**mian** der, Thymiane (Gewürz- und Heilpflanze)
Tia**ra** die, Tiaren (dreifache Krone des Papstes)
Ti**ck** der, Ticks (wunderliche Eigenart; ein wenig von etwas), *das ist ein Tick von mir, gib einen Tick mehr Salz in die Suppe!*; **ticken** (leise klopfen), *du tickst nicht richtig!* (*derb für* bist nicht ganz normal); **t**i**cktack!** (Geräusch der Uhr)
Ti**cket** das, Tickets (Eintrittskarte, Fahrkarte)
tief (flach, weit unterhalb, nach unten), eine tiefe Schlucht, tief (fest) schlafen, bis tief in die Nacht, etwas tief bereuen, das erschüttert mich tief, ein tiefer Schmerz, eine **tief verschneite** auch **tiefverschneite** Landschaft

aufs (auf das) tiefste gekränkt sein	auch	**aufs (auf das) Tiefste** gekränkt sein

Tie**f** das, Tiefs (Tiefstand des Luftdrucks; seelische Niedergeschlagenheit); der **Tiefbau**; **tiefblau**; das **Tiefdruckgebiet**; die **Tiefe** die Tiefe des Meeres, die Tiefe des Kastens (Ausdehnung nach hinten), die Tiefe der Gefühle; die **Tiefenschärfe**; **tief**e**rnst**; der **Tiefflug**; die **Tiefgarage**; **tiefgefroren**; **tiefgekühlt** tiefgekühltes Fleisch; das **Tiefkühlfach**; der **Tiefpunkt** (Tief; Krise); der **Tiefschlaf**; der **Tiefschlag** (seelischer Schaden; Faustschlag unterhalb der Gürtellinie); der **Tiefschnee**; **tiefschw**a**rz**; die **Tiefsee**; **tiefsinnig** (gehaltvoll, durchdacht); **tiefstapeln** (untertreiben)
Tie**gel** der, -: (flacher Topf)
Tie**r** das, Tiere (Lebewesen), ein hohes Tier (*ugs. für* eine prominente Person), *sich wie ein Tier benehmen* (brutal sein); die **Tierart**; der/die **Tierarzt/-ärztin**; der/die **Tierbändiger/-in**; der **Tiergarten** (Zoo); die **Tierhandlung**; **tierisch** *etwas tierisch* (sehr) *ernst nehmen;* **tierlieb**; die **Tierquäler**ei; der **Tierversuch** (Experiment mit Tieren für Forschungszwecke)
Ti**ger** der, -: (Raubkatze); die **Tigerin**
Ti**lde** die, Tilden (Aussprachezeichen über einem Buchstaben, z.B. ã; Wiederholungszeichen)
ti**lgen** eine Schuld tilgen (zurückzahlen), etwas aus dem Gedächtnis tilgen (auslöschen); die **Tilgung**
Timbre [tɛ̃brə] das, Timbres (Klangfarbe der Stimme)
ti**men** [taimen] (zeitlich abstimmen); der **Timer** (Terminplaner); das **Timing** (zeitliche Abstimmung)

343

tingeln (abwertend für als Künstler von Ort zu Ort ziehen); der **Tingeltangel**
Tinktur die, Tinkturen (flüssige Arznei)
Tinte die, Tinten: mit roter Tinte schreiben, *in der Tinte sitzen* (*ugs. für* sich in Schwierigkeiten befinden); der **Tintenfisch**; der **Tintenfleck**; der **Tintenklecks**
Tipp der, Tipps (nützlicher Hinweis, Vorhersage); der **Tippschein**
Tippel auch **Dippel** der, -: (Beule)
tippeln (kleine Schritte machen)
¹**tippen** (raten), ich tippe auf die Nummer vier, hast du schon im Lotto getippt?
²**tippen** (auf einer Tastatur schreiben), jmdm. auf die Schulter tippen (ihn leicht berühren); das **Tipp-Ex** (Korrekturmittel); der **Tippfehler**
tipptopp die Wohnung ist tipptopp (*ugs. für* sehr sauber)
Tirade die, Tiraden (heftiger Wortschwall)
tirilieren (einen hohen, singenden Ton von sich geben)
Tirol <Tir.> (österreichisches Bundesland); der/die **Tiroler/-in**; der **Tiroler Knödel** (Speise); die **Tiroler Landesregierung**; **tirolerisch**
Tisch der, Tische (Möbelstück), etwas auf den Tisch stellen, zu Tisch (essen) gehen, zu Tisch bitten, *jmdn. über den Tisch ziehen* (jmdn. übervorteilen), *reinen Tisch machen* (offen mit jmdm. reden), *etwas unter den Tisch kehren* (über etwas nicht sprechen), *am grünen Tisch entscheiden* (durch Verhandlungen entscheiden), *am runden Tisch besprechen* (mit Gleichberechtigten diskutieren); das **Tischbein**; die **Tischdecke**; der/die **Tischler/-in** (Holz verarbeitende/-r Handwerker/-in); die **Tischlerei**; das **Tischtennis**; das **Tischtuch**
¹**Titan** das, *Ez.* <Ti> (chemisches Element, Metall)
²**Titan** der, Titanen (riesenhafter griechischer Gott; Mensch, der Außergewöhnliches leistet); **titanenhaft**; **titanisch** (übermenschlich)
Titel der, -: (Rang, Name; Titelseite), der Titel des Filmes, jmdn. mit seinem Titel (akademischem Grad) ansprechen; der **Titelgewinn** (im Sport, z.B. Weltmeister); der/die **Titelheld/-in**; die **Titelseite**; die **Titelverteidigung**; **titulieren** (benennen)
Toast [tost] der, Toaste/Toasts (geröstete Weißbrotscheibe; Trinkspruch); **toasten**; der **Toaster** (Gerät)

toben er tobt (rast) vor Wut, der Chef tobte; der Sturm hat die ganze Nacht getobt; die **Tobsucht**; **tobsüchtig**
Tochter die, Töchter (weibliches Kind); das **Töchterchen**
Tod der, Tode (Lebensende), ein plötzlicher Tod, treu bis in den Tod, jmdn. zu Tode (sehr) erschrecken, auf Leben und Tod kämpfen, der schwarze auch Schwarze Tod (Pest), der weiße auch Weiße Tod (Tod durch Lawinen), *zu Tode kommen* (tödlich verunglücken), *mit dem Tode ringen* (im Sterben liegen), *dem Tod ins Auge sehen* (sich in Todesgefahr befinden), *den Tod finden, sich den Tod holen* (sterben), *weder Tod noch Teufel* (niemanden) fürchten
todbleich (sehr blass); **todbringend**; **todelend**; **todernst**; die **Todesangst**; die **Todesgefahr**; **todesmutig**; das **Todesopfer**; die **Todesqual**; der **Todesschütze**; der **Todesstoß**; die **Todesstrafe**; die **Todesstunde**; der **Todestag**; die **Todesursache**; das **Todesurteil**; die **Todeszelle** (Gefängniszelle für zum Tod Verurteilte); der **Todfeind**; **todkrank**; **tödlich** der tödliche Biss der Giftschlange, mit tödlicher (völliger) Sicherheit; **todmüde**; **todschick**; **todsicher**; **todtraurig**; **todunglücklich**

der **Tod** (das Sterben)	ABER	der **Tote** (Leichnam)
to**d**ernst	ABER	tot**s**chießen
to**d**bringend	ABER	tot**s**chlagen
das To**d**esurteil	ABER	die To**t**enwache
tö**d**lich verunglücken	ABER	jmdn. tö**t**en

to go [tu gou] (zum Mitnehmen), Kaffee to go
Tohuwabohu das, …bohus (großes Durcheinander)
Toilette [toalεtə] die, Toiletten (feine Kleidung; WC), Toilette machen (sich festlich kleiden); das **Toilettepapier** [toalεtpapia]
tolerant (nachgiebig, duldsam), eine tolerante Einstellung haben; die **Toleranz**; der **Toleranzbereich**; **tolerierbar**; **tolerieren** (ertragen)
toll ein tolles (außergewöhnliches) Konzert, eine tolles (ausgelassenes) Fest; **tolldreist** (sehr kühn); **tollen** (lärmen); das **Tollhaus** (Irrenanstalt); die **Tollkirsche** (Frucht); **tollkühn** (waghalsig); die **Tollwut**

(übertragbare Tierkrankheit); **tollwütig**
Tollpatsch der, Tollpatsche (ungeschickter Mensch); **tollpatschig**
Tölpel der, -: (*abwertend für* ungeschickter, dummer Mensch); die **Tölpelei**; **tölpelhaft**
Tomahawk [tomahak] der, Tomahawks (Streitaxt der nordamerikanischen Urbevölkerung)
Tomate die, Tomaten (Gemüsepflanze, Frucht); das **Tomatenketchup** auch Tomatenketschup [...ketschap]; die **Tomatensoß(e)** auch Tomatensauce
Tombola die, Tombolas (Verlosung)
¹**Ton** der, Tone (besondere Art der Erde), den Ton brennen; **tönern** (aus Ton), tönernes Geschirr; das **Tongefäß**; die **Tonwaren** (Töpferwaren)
²**Ton** der, Töne (mit dem Gehör wahrnehmbarer Laut; Farbton), ein schriller Ton, etwas in freundlichem Ton sagen, keinen Ton von sich geben, *sich im Ton vergreifen* (sich nicht angemessen ausdrücken), *da muss ich einen anderen Ton anschlagen* (strenger werden), *den Ton angeben* (die führende Position einnehmen), *große Töne spucken* (angeben), *der Ton macht die Musik,* ein Bild in einem hellen Ton (Farbe), Ton in Ton gekleidet sein (in verschiedenen Abstufungen einer Farbe); **tonangebend** (bestimmend); die **Tonart**; der **Tonfall**; der **Tonfilm**; die **Tonleiter**; **tonlos**; die **Tonstörung**; das **Tonstudio**
¹**tönen** (erklingen, erschallen), die Stimme tönt aus dem Lautsprecher
²**tönen** die Haare rot tönen; die **Tönung** (farbliche Abstimmung)
Tonne die, Tonnen <t> (Gewichtseinheit von tausend Kilogramm; großes Fass), eine Tonne mit Öl, eine Tonne Kohle; die **Tonnage** [tonasch] (Frachtraum von Schiffen); **tonnenweise**; ...**tonner** ein Dreitonner auch 3-Tonner
Topas der, Topase (Halbedelstein)
Topf der, Töpfe (Gefäß), die Nudeln in einem großen Topf kochen, das Kind auf den Topf setzen, *alles in einen Topf werfen* (gleich behandeln); das **Töpfchen**; die **Töpferei**; **töpfern**; die **Töpferscheibe**; der **Topflappen**
Topfen der, -: (Milchprodukt); der **Topfenknödel**; die **Topfenkolatsche** auch Topfengolatsche; die **Topfenpalatschinke**; der **Topfenstrudel**; das **Topfentascherl**
topfit (körperlich in guter Verfassung); die **Topform** (Bestform); die **Topleistung**;
topsecret [topsikrit] (streng geheim); der **Topstar** (eine sehr erfolgreiche Person)
Topographie auch **Topografie** die, Topographien (Geländedarstellung)
Topos der, Topoi (feste Formulierung, z.B. „sozusagen")
¹**Tor** das, Tore (große Tür, Durchfahrt; Rahmen mit Netz im Ballsport), das Tor (den Eingang) schließen, den Ball ins Tor schießen, durch die Tore fahren; die **Toreinfahrt**; die **Torfrau**; der/die **Torhüter/-in**; das **Törl** (Durchgang; Pass); der **Torlauf** (Slalom); die **Torlinie**; **torlos**; der **Tormann**; die **Torschlusspanik** (*ugs. für* Befürchtung, etwas Wichtiges zu versäumen); der **Torschuss**; der/die **Torwart/-in**
²**Tor** der, Toren (*geh. für* dummer Mensch); die **Torheit** (Unvernunft); **töricht**; **törichterweise** *Adv.*
Torero der, Toreros (Stierkämpfer)
Torf der, *Ez.* (Bodenart aus zersetzten Pflanzenresten), Torf stechen; der **Torfballen**; die **Torferde**; **torfig**; das **Torfmoor**; der **Torfmull**
torkeln (taumelnd gehen); **tork(e)lig**
Törn der, Törns (Fahrt mit einem Segelboot)
Tornado der, Tornados (Wirbelsturm, Segelboot)
Tornister der, -: (kantiger Rucksack)
torpedieren (mit Torpedos beschießen), er torpedierte (verhinderte) die Entscheidung; die **Torpedierung**; der **Torpedo** (Unterwassergeschoß); das **Torpedoboot**
Torso der, Torsos/Torsi (nur bruchstückhaft erhaltene Statue; Rumpf ohne Kopf)
Torte die, Torten (rundes Gebäck, meist mit mehreren Schichten); das **Törtchen**; das **Tortendiagramm** (grafische Darstellung); das **Tortenstück**
Tortur die, Torturen (qualvolles Erlebnis, Folter)
tosen (laut brausen), tosender Beifall
tot (nicht mehr lebend), ein totes Tier, ein **tot geborenes** auch totgeborenes Kind, sich tot stellen, er fiel sofort tot um, er stellte sich tot, ein toter (nicht funktionierender) Apparat, ein toter Ast, eine tote (unbelebte) Stadt, ein toter Winkel (nicht einsehbarer Bereich), totes (wertloses) Gestein ABER → das Tote Meer, das Tote Gebirge; der/die **Tote** der Toten gedenken, die Toten ruhen lassen (nichts Nachteiliges über sie sagen)
total (völlig, ganz und gar); die **Totale** (weite Ansicht beim Filmen); **totalitär** (undemokratische Regierungsform); die

Totem → trainieren

Totalität (Gesamtheit); der **Totalschaden**
Totem das, Totems (Stammeszeichen bei Naturvölkern); der **Totempfahl**
töten; die **Totenbahre**; **totenblass**; **totenbleich**; der **Totengräber**; der **Totenkopf**; die **Totenmesse**; der **Totenschädel**; **totenstill**; die **Totenstille**; **totfahren** (▶ fahren); die **Totgeburt**; der/die **Totgeglaubte**; der/die **Totgesagte**; **totkriegen** nicht totzukriegen sein (voller Energie sein, sehr strapazfähig sein); sich **totlachen** (ugs. für etwas sehr komisch finden); **totschießen** (▶ schießen); der **Totschlag** (fahrlässige Tötung); **totschlagen** (▶ schlagen) jmdn. totschlagen, die Zeit totschlagen (ugs. für mit Nichtstun verbringen); der **Totschläger**; **totschweigen** (▶ schweigen); die **Tötung**
Toto das, Totos (Glücksspiel); der **Totogewinn**; der **Totoschein**
Touch [tatsch] der, Touchs (Hauch), ein Touch von Urlaubsstimmung
touchieren [tuschiren] (leicht berühren)
Touchpad [tatschpäd] das, …pads (berührungsempfindliche Fläche zur Steuerung); der **Touchscreen** [tatschskrin]
toupieren [tupiren] (Haare aufbauschen); das **Toupet** [tupe] (künstlicher Haarteil); die **Toupierung**
Tour [tua] die, Touren (Wanderung, Fahrt), die heutige Tour, auf die gemütliche Tour (Art und Weise), der Motor läuft auf vollen Touren (bringt die Höchstleistung), eine krumme Tour (ugs. für Betrügerei), jmdn. die Tour vermasseln (seine Absichten durchkreuzen), jmdn. auf Touren (in Schwung) bringen; der **Tourenzähler** (Drehzahlmesser für Motoren); der **Tourismus** (Fremdenverkehr); der/die **Tourist/-in** (Urlauber/-in); **touristisch**; die **Tournee** (Gastspielreise); **tour-retour** Adv. (hin und zurück)
Tower [taua] der, -: (Flughafenkontrollturm)
toxisch (giftig)
Trab der, Ez. (Pferdegangart), jmdn. auf Trab halten (jmdn. zum schnellen Arbeiten antreiben), sich in Trab setzen (loslaufen); **traben** das Pferd trabt über die Wiese, die Schülerinnen und Schüler trabten (ugs. für liefen) nach der Pause in die Klasse; das **Trabrennen**
Trabant der, Trabanten (Satellit); die **Trabantenstadt** (große Wohnsiedlung am Stadtrand)
Tracht die, Trachten (Kleidung einer Volksgruppe), eine Tracht Prügel bekommen (veraltet für Schläge bekommen); das **Trachtenfest**; das **Trachtenkostüm**; der **Trachtenverein**
trachten (streben nach etwas), jmdm. nach dem Leben trachten (jmdn. umbringen wollen); das **Trachten**
trächtig eine trächtige Kuh (mit Jungem im Leib)
Track [träck] der, Tracks (Musikstück, Spur); die **Tracklist**
tradieren (überliefern); die **Tradition** […tsion] (Brauchtum, Gewohnheit); **traditionell** (herkömmlich)
Trafik die, Trafiken (Geschäft für Tabakwaren, Zeitungen u.a.); der/die **Trafikant/-in**
Trafo der, Trafos (kurz für Transformator, Gerät zur Umformung der Stromspannung)
träg auch **träge** (faul, langsam, schwerfällig), ein träger (lustloser) Schüler; die **Trägheit** (Trägesein; Beharrungsvermögen); das **Trägheitsgesetz**
Tragbahre die, Tragbahren (Traggestell für Verletzte); **tragbar** ein tragbarer Computer, dein Verhalten ist nicht länger tragbar (akzeptabel); die **Trage** (Gestell zum Tragen von Lasten)
tragen ich trage das Kind, du trägst eine schwere Last, er trug die gesamten Kosten, sie hat ein Kleid getragen, trag es vorsichtig!, trag(e) etwas dazu bei!, die Verantwortung tragen, eine tragende (trächtige) Kuh, die Brücke trägt das Gewicht nicht, sich mit einem Gedanken tragen, jmdn. zu Grabe tragen (beerdigen), der Baum trägt reichlich Früchte, zur Schau tragen (nach außen hin zeigen) ABER → zum Tragen kommen (wirksam werden)
Träger der, -: (Lastenträger, Hosenträger, Baubestandteil), der Träger eines berühmten Namens; die **Trägerin**; **trägerlos**; **tragfähig**; die **Tragfähigkeit**; die **Tragfläche**; die **Tragtasche**; die **Tragweite** (Bedeutung, Folgen)
Tragik die, Ez. (schweres Schicksal), das war die Tragik seines Lebens; **tragisch** ein tragischer (leidvoller) Verlust, etwas nicht tragisch (ernst) nehmen; die **Tragödie** (Trauerspiel; Unglück)
Traidboden auch **Troadboden** der, …böden (Getreidespeicher); der **Traidkasten** auch **Troadkasten** (kleines Gebäude als Speicher)
trainieren [treniren] (sportlich ausbilden), er trainiert (übt) täglich zwei Stunden; der/die

Trakt → trauen

Trainer/-in (jmd., der z.B. SportlerInnen trainiert); das **Training**; der **Trainingsanzug**

Trakt der, Trakte (Teil eines Gebäudes); das/der **Traktat** (Abhandlung); **traktieren** (quälen)

Traktor der, Traktoren (landwirtschaftliche Zugmaschine); der/die **Traktorfahrer/-in**

trällern (fröhlich singen); **trallala!**

¹**Tram** der, Trame/Träme (Balken); die **Tramdecke** (Holzdecke in Gebäuden)

²**Tram** die, Trams (Straßenbahn), *kurz für* **Tramway**

Tramp [trämp] der, Tramps (Landstreicher); **trampen** (wandern und per Autostopp fahren); der/die **Tramper/-in**

Trampel der/das, *Ez.* (*ugs. für* dumme weibliche Person); **trampeln** (heftig mit den Füßen treten); wer trampelt da so?; der **Trampelpfad**; das **Trampeltier** (Kamel; *abwertend für* ungeschickter, plumper Mensch)

Trampolin das, Trampoline (Sportgerät)

Tran der, Trane (Fett von Walen u.a.); **tranig**

Trance [trãs] die, Trancen (dämmerartiger Bewusstseinszustand); der **Trancezustand**

tranchieren [träschiren] (einen Braten fachgerecht zerlegen); das **Tranchiermesser**

Träne die, Tränen: die Tränen der Trauer, in Tränen zerfließen, *jmdm./etwas keine Träne nachweinen* (den Verlust nicht bedauern); **tränen** (Tränen absondern); die **Tränendrüse**; **tränenerstickt**; das **Tränengas**; **tränenreich**; **tränenüberströmt**

Trank der, Tränke (*geh. für* etwas zum Trinken); die **Tränke** (Stelle, an der Tiere trinken); **tränken** ein Tuch mit Reinigungsflüssigkeit tränken, die Tiere tränken (ihnen zu trinken geben)

trans... (jenseits): transalpin, transatlantisch, transkontinental

Transaktion [...tsion] die, Transaktionen (Geldgeschäft)

tranchieren [träschiren] (einen Braten fachgerecht zerlegen); das **Tranchiermesser**

Transfer der, Transfers (Weitertransport; Zahlung; Wechsel), der Transfer vom Flughafen ins Hotel; **transferieren** (weitergeben; wechseln), Geld ins Ausland transferieren; die **Transferierung**

Transformation [...tsion] die, ...mationen (Umformung); der **Transformator** (Gerät zur Umformung der Stromspannung); **transformieren** (etwas umformen); die **Transformierung**

Transfusion die, Transfusionen (Blutübertragung)

transgen (mit einem zusätzlich eingebauten Gen), transgene Pflanzen

Transistor der, Transistoren (elektrisches Bauelement zur Regulierung der Schwingungen); das **Transistorgerät**

Transit der, Transite (Transport von Waren, Durchreise von Personen); der/die **Transitreisende**; der **Transitverkehr** (Verkehr durch ein Land); das **Transitvisum**

Transparent das, Transparente (Spruchband); **transparent** (durchscheinend); die **Transparenz** (Durchsichtigkeit, Durchschaubarkeit)

Transpiration [...tsion] die, *Ez.* (Schweißbildung; Abgabe von Feuchtigkeit bei Pflanzen); **transpirieren** (schwitzen)

Transplantation [...tsion] die, Transplantationen (Verpflanzung von Organen oder Gewebeteilen); **transplantieren**

Transport der, Transporte (Beförderung von Waren oder Personen); **transportabel**; der/die **Transportarbeiter/-in**; der **Transporter** (Fahrzeug); **transportieren**

Transvestit der, Transvestiten (Mann, der sich wie eine Frau kleidet); die **Transvestitin**

transzendent (übersinnlich); die **Transzendenz**

Trapez das, Trapeze (geometrische Figur; Sportgerät: Artistenschaukel); **trapezförmig**; der/die **Trapezkünstler/-in**

trappeln (*ugs. für* mit kurzen und schnellen Schritten laufen)

Trapper der, -: (nordamerikanischer Fallensteller, Pelztierjäger)

Trara das, *Ez.* (Hornsignal; *ugs. für* großer Lärm)

Trasse die, Trassen (Planung im Gelände für einen Verkehrswegebau); **trassieren** eine Straße trassieren (abstecken, festlegen); die **Trassierung**

Tratsch der, *Ez.* (*abwertend für* Gerede); **tratschen** (über fremde Angelegenheiten schlecht reden); die **Tratscherei**

Traube die, Trauben (Weintrauben; dichte Menschenmenge); **traubenförmig**; die **Traubenlese**; der **Traubensaft**; der **Traubenzucker**

trauen seinem Freund trauen (vertrauen), sich nachts nicht auf die Straße trauen (wagen), sie wurden in der Kirche getraut (schlossen

347

Trauer → treten

die Ehe); der **Traualtar**; der **Trauring**; die **Trauung** (Hochzeit); der **Trauzeuge**; die **Trauzeugin**

Trauer die, *Ez.* (großer seelischer Schmerz wegen des Todes einer Person), Trauer (Trauerkleider) tragen; der **Trauerfall**; die **Trauerfeier**; die **Trauergemeinde**; die **Trauermiene**; die **Trauerparte** (Todesanzeige); das **Trauerspiel** (Drama); die **Trauerweide** (Baum); **traurig**; die **Traurigkeit**

trauern er trauert (empfindet seelischen Schmerz) um einen Verstorbenen, die trauernden Verwandten

Traufe die, Traufen (Regenrinne), *vom Regen in die Traufe kommen* (von einem Übel in ein größeres geraten); **träufeln** (tropfen lassen), Impfstoff auf ein Stück Zucker träufeln

Traum der, Träume (Folge von Bildern im Schlaf; Wunschziel), nicht im Traum (nicht im Entferntesten) daran denken, *Träume sind Schäume, das fällt mir nicht im Traum ein* (ugs. für das tue ich ganz bestimmt nicht); der **Traumberuf** (Wunschberuf); der/die **Traumdeuter/-in**; **träumen** er träumte schlecht, sie hatte von einem Urlaub am Meer geträumt, *sich etwas nicht träumen lassen* (etwas nicht für möglich halten); der/die **Träumer/-in**; die **Träumerei**; **träumerisch**; die **Traumfabrik** (Filmwelt); **traumhaft** (großartig); der/die **Traumtänzer/-in** (Person, die wenig an der Wirklichkeit orientiert ist); **traumwandeln**; der/die **Traumwandler/-in** (Schlafwandler/-in); **traumwandlerisch** mit traumwandlerischer Sicherheit

Trauma das, Traumen/Traumata (schwere seelische Erschütterung); **traumatisch**

traut (vertraut, gemütlich), trautes Heim

Travestie die, Travestien (satirische Umgestaltung); **travestieren**

Treatment [tritment] das, Treatments (Entwurf für einen Film)

Treck der, Trecks (Zug von Auswanderern); das **Trecking** auch **Trekking** (mehrtägige schwierige Wanderung)

Treff der, Treffs (Zusammenkunft; ugs. für Lokal; Treffpunkt); das **Treffen** etwas ins Treffen führen (als Argument anführen)

treffen er trifft nicht ins Tor, sie traf ihre Freundin, sein Tod hat uns schwer getroffen, triff endlich!, sie ist auf dem Foto gut getroffen, er trifft eine Vereinbarung, die Truppen sind auf harten Widerstand getroffen, das trifft sich gut; **treffend** eine treffende Bemerkung machen; der **Treffer** (Tor; Hauptgewinn); **trefflich** (geh. für ausgezeichnet); der **Treffpunkt**; **treffsicher**

treiben ich treibe die Kühe auf die Alm, du treibst mich zum Wahnsinn, das Boot trieb auf dem Fluss, wir haben Sport getrieben, jmdn. zur Eile treiben, Handel treiben, Unfug treiben, die Pflanzen treiben (knospen), was treibt (macht) ihr heute?, sich **treiben lassen** auch treibenlassen (sich passiv verhalten, in den Tag hinein leben), *es zu weit treiben* (zu weit gehen), *die beiden treiben es* (derb für sie haben Geschlechtsverkehr); das **Treiben** (lebhaftes Tun vieler Menschen), das närrische Treiben (Faschingsumzug); der/die **Treiber/-in**; das **Treibhaus** (Gewächshaus); der **Treibhauseffekt** (Wärmestau in der Atmosphäre); die **Treibjagd**; der **Treibstoff** (Benzin)

Trekking auch **Trecking** das, Trekkings (mehrtägige schwierige Wanderung)

tremolieren (die Stimme beben lassen); das **Tremolo** (übersteigertes Zitternlassen des Tons beim Gesang)

Trenchcoat [trentschkout] der, …coats (leichter Mantel)

Trend der, Trends (grundlegende Richtung einer Entwicklung); die **Trendwende**

trennen der Zaun trennt die Grundstücke, sie trennten sich vor dem Haus, die Streithähne wurden voneinander getrennt, ein Wort trennen (abteilen), die Mannschaften trennten sich 2:2; die **Trennlinie**; die **Trennschärfe**; die **Trennung**; der **Trennungsschmerz**; der **Trennungsstrich**; die **Trennwand**

trenzen (ugs. für weinerlich klagen); der/die **Trenzer/-in**

Treppe die, Treppen (Stiege), *die Treppe hinauffallen* (Karriere ohne Anstrengung machen); **treppab** *Adv.*; **treppauf** *Adv.*; **treppeln** (mit den Skiern den Hang hinaufsteigen); das **Treppengeländer**; das **Treppenhaus**; das **Treppensteigen**

Treppelweg der, …wege (Weg entlang des Flusses)

Tresen der, -: (Schanktisch in einem Gasthaus)

Tresor der, Tresore (Geldschrank in einer Bank); der **Tresorraum**; der **Tresorschlüssel**

treten du trittst dem Verein bei, er trat fest in die Pedale, sie hat mich getreten ABER → sie ist zur Seite getreten, tritt näher!, jmdm./

treu → trocken

jmdn. gegen das Schienbein treten, ihr traten Tränen in die Augen, auf die Bremse treten, die Gesetze treten in Kraft, in Aktion treten (tätig werden), *auf der Stelle treten* (nicht vorwärts kommen), *jmdm. zu nahe treten* (jmdn. beleidigen); die **Tretmine**; die **Tretmühle** (gleichförmige Tätigkeit des Alltags); der **Tretroller**

treu ein treuer Mitarbeiter, treu ergeben auch treuergeben, der treue Blick des Hundes, eine treue Gattin; die **Treue**; der **Treueeid**; die **Treueprämie**; der/die **Treuhänder/-in** (jmd., der fremdes Vermögen verwaltet); **treuhänderisch**; **treuherzig**; **treulos**; die **Treulosigkeit**

Triangel das/der, -: (Musikinstrument)

Triathlon das, Triathlons (Mehrkampf: Schwimmen, Radfahren, Laufen)

Tribunal das, Tribunale (Personen, die zu Gericht sitzen); die **Tribüne** (Redner- bzw. Zuschauerbühne); der **Tribünenplatz**

Tribut der, Tribute (Abgaben, Steuern), *jmdm. Tribut zollen* (Hochachtung zeigen), *seine Lebensweise fordert ihren Tribut* (verursacht Schaden); **tributpflichtig**

Trichine die, Trichinen (Schmarotzerwurm)

Trichter der, -: (Vorrichtung zum Füllen von Flaschen, Bombenkrater); **trichterförmig**

Trick der, Tricks (listiges Vorgehen, geschickter Handgriff), auf den Trick nicht hereinfallen; die **Trickaufnahme**; der/die **Trickbetrüger/-in**; der/die **Trickdieb/-in**; der **Trickfilm**; **trickreich** (schlau); **tricksen** (sich eines Tricks bedienen)

Trieb der, Triebe (innerer Drang; neuer Pflanzenteil), ihre mütterlichen Triebe, er hat den Trieb zum Stehlen; die **Triebbefriedigung**; die **Triebfeder** (Antrieb); **triebhaft** (instinktiv); die **Triebhaftigkeit**; die **Triebkraft**; der/die **Triebtäter/-in**; das **Triebverbrechen**; der **Triebwagen**; das **Triebwerk**

triefen das Wasser trieft herab, sie triefte vor Nässe, die Kleider haben nur so getrieft; **triefnass**

Trift auch **Drift** die, Triften (Weide; Holzflößung); **triften** auch **driften** (Holz flößen)

triftig ein triftiger (wichtiger) Grund

Trigonometrie die, *Ez.* (Dreiecksberechnung); **trigonometrisch**

Trikolore die, Trikoloren (dreifärbige Fahne, v.a. die französische)

Trikot [triko] das, Trikots (eng anliegendes Kleidungsstück)

trillern (singen, pfeifen), die Amsel trillert ihr Lied; die **Trillerpfeife**

Trilliarde die, Trilliarden (tausend Trillionen); die **Trillion** (eine Million Billionen)

Trilogie die, Trilogien (Folge von drei zusammenhängenden Teilen)

trimmen die Ladung im Schiff trimmen (gut verstauen), einen Pudel trimmen (scheren), sich für einen Wettkampf trimmen (sich fit halten), das Möbelstück auf antik trimmen (herrichten); der **Trimm-dich-Pfad**

Trinität die, *Ez.* (Dreieinigkeit, Dreifaltigkeit)

trinken du trinkst Wasser, er trank auf sein Wohl, die Pferde haben getrunken, trink(e) nicht mehr!, sie trinkt (sie ist Alkoholikerin); der/die **Trinker/-in**; **trinkfest** (viel Alkohol vertragend); die **Trinkflasche**; **trinkfreudig**; das **Trinkgefäß**; das **Trinkgeld**; das **Trinkglas**; der **Trinkspruch**

Trio das, Trios (Gruppe von drei Musiker/-innen; Musikstück für drei Instrumente)

Trip der, Trips: ein Trip (kurze Reise) nach Paris, Drogen für einen Trip (Rauschzustand)

trippeln (mit kleinen Schritten schnell gehen)

| über die Straße **trippeln** | ABER | mit dem Ball **dribbeln** |

Tripper der, -: (Geschlechtskrankheit)

trist eine triste (traurige) Stimmung, ein tristes (trostloses) Wetter; die **Tristesse** [tristεs] (Schwermut)

Tritt der, Tritte (ein einzelner Schritt; Fußspur; Stoß mit dem Fuß; Stufe), *Tritt fassen* (sich zurechtfinden), *einen Tritt bekommen* (ugs. für unehrenhaft entlassen werden); die **Trittbremse**; das **Trittbrett**; der **Trittbrettfahrer** (abwertend für Person, die selbst für eine Sache nichts leistet, aber davon profitiert); **trittfest**; die **Trittsicherheit**

Triumph der, Triumphe (großer Erfolg, Siegesfreude); **triumphal** (großartig); der **Triumphbogen**; **triumphieren** (jubeln, den Sieg davontragen); der **Triumphzug**

trivial [triwial] (uninteressant, künstlerisch anspruchslos, gewöhnlich); der **Trivialfilm**; die **Trivialität**; die **Trivialliteratur** (anspruchslose Unterhaltungsliteratur); der **Trivialroman**

trocken sich trockene Kleidung anziehen, trockenes Brot essen, ein trockener Sommer, eine trockene (sachliche) Bemerkung machen, einen trockenen Humor haben, ein trockener (herber) Wein, *trocken sein* (*ugs. für* keinen Alkohol mehr trinken) ABER → im **Trock(e)nen** (nicht im Nassen) sitzen, *auf dem Trockenen sitzen* (ausgetrunken haben; kein Geld mehr haben), *seine Schäfchen ins Trockene bringen* (sich einen Gewinn sichern)

Trockenblume die, …blumen; das **Trockendock** (Dock zur Reparatur von Schiffen); das **Trockenfutter**; die **Trockenhaube**; die **Trockenheit**; **trockenlegen** das Baby trockenlegen, der Sumpf wurde trockengelegt; die **Trockenmilch**; die **Trockenrasur**; **trockenreiben** (▶ reiben); das **Trockentraining** (Training zur Vorbereitung); **trocknen**

Trödel der, *Ez.* (unbrauchbarer Kram); die **Trödelei** (das Vergeuden von Zeit); **trödeln** (langsam sein); die **Trödelware**; der/die **Trödler/-in** (Altwarenhändler/-in; *ugs. für* jmd., der langsam arbeitet)

Trog der, Tröge (längliches Gefäß zur Viehtränke)

Trojaner auch **Troianer** der, -: (Bewohner des antiken Troja; unerwünschtes Computerprogramm, das sich selbst installiert); die **Trojanerin** auch **Troianerin**

Troll der, Trolle (Kobold); sich **trollen** (weggehen), troll dich!

Trommel die, Trommeln (Musikinstrument; Waschmaschinenteil); das **Trommelfell** (Teil des Ohrs); das **Trommelfeuer**; **trommeln** (die Trommel schlagen), mit den Fäusten an die Tür trommeln, *jmdn. aus dem Schlaf trommeln* (jmdn. unsanft wecken); der **Trommelwirbel**; der/die **Trommler/-in**

Trompete die, Trompeten (Blechblasinstrument); **trompeten**; der **Trompetenstoß**; der/die **Trompeter/-in**

Tropen die, *Mz.* (heiße Klimazone); das **Tropenfieber**; der **Tropenhelm**; das **Tropenklima**; **tropisch**

¹**Tropf** der, Tröpfe (einfältiger Mensch)

²**Tropf** der, Tropfe (Vorrichtung, mit der Kranke Medikamente oder flüssige Nahrung in die Adern bekommen)

tröpfeln es tröpfelt (regnet in kleinen Tropfen); das **Tröpfchen**; **tröpfchenweise**; der **Tropfen** (eine kleine Menge Flüssigkeit, ein Regentropfen, ein guter Tropfen (edler Wein), ein paar Tropfen der Medizin, *das ist ein Tropfen auf den heißen Stein* (so wenig, dass es nicht hilft), *steter Tropfen höhlt den Stein* (mit Ausdauer kommt man zum Ziel);

tropfen er tropft Medizin in das Wasserglas, der Wasserhahn hat getropft, Blut ist aus der Wunde getropft; **tropfenförmig**; **tropfnass** tropfnasse Kleidung anhaben; die **Tropfsteinhöhle**

Trophäe die, Trophäen (Auszeichnung, Beutegut)

Tross der, Trosse (militärische Transportgruppe; Gefolge), viele Menschen befanden sich in seinem Tross

Trosse die, Trossen (Drahtseil)

Trost der, *Ez.:* jmdm. Trost spenden, bei jmdm. Trost suchen, *nicht recht bei Trost* (verrückt) *sein, ein schwacher Trost* (es nützt nur wenig); **trostbedürftig**; **trösten** du tröstest mich, er tröstete sich schon mit einer neuen Freundin, ihre Worte haben mich getröstet; der/die **Tröster/-in**; **tröstlich**; **trostlos** eine trostlose (öde) Gegend; die **Trostlosigkeit**; das **Trostpflaster**; der **Trostpreis**; die **Trostworte**

Trott der, Trotte (langsame Gangart), immer der alte Trott! (derselbe Ablauf); **trotten** (langsam und müde gehen)

Trottel der, -: (*derb für* dummer Mensch); **trottelhaft**; die **Trottelhaftigkeit**; **trott(e)lig**

Trottoir [trotoa] das, Trottoire/Trottoirs (*veraltet für* Gehsteig)

trotz *Präp.+Gen./Dat.* (ohne Rücksicht auf), trotz des Regens/trotz dem Regen, trotz allem, trotz all(e)dem; der **Trotz** (Starrsinn); das **Trotzalter**; **trotzdem** *Konj.:* es hat trotzdem keinen Sinn; **trotzen** (Widerstand leisten), das Kind trotzt seinen Eltern; **trotzig** (widerspenstig sein); der **Trotzkopf**; **trotzköpfig**; die **Trotzphase**; die **Trotzreaktion**

trüb trübes (düsteres) Wetter, trübes (nicht klares) Wasser, eine trübe (gedrückte) Stimmung, *eine trübe Tasse* (*derb für* ein langweiliger Mensch) ABER → *im Trüben fischen* (unklare Verhältnisse für sich ausnutzen); **trüben** die Mitteilung trübt die Freude, die Abwässer haben das Wasser getrübt; die **Trübsal** *Trübsal blasen* (gelangweilt und traurig sein); **trübselig** ein trübseliger Ort; der **Trübsinn**; die **Trübung**

Trubel der, *Ez.* (Aufregung, Durcheinander), beim Volksfest herrschte großer Trubel

trudeln (drehend abstürzen), die Blätter trudeln zu Boden, das Flugzeug gerät ins Trudeln

Trüffel die, Trüffeln (Pilzart); die **Trüffelpastete**; das **Trüffelschwein**

Trug der, *Ez.* (Täuschung), *das ist doch alles Lug und Trug!* (Betrug); das **Trugbild** (Fantasiebild); **trügerisch** (unsicher); der **Trugschluss** (falsche Schlussfolgerung)

Truhe die, Truhen (Möbelstück mit Deckel)

Trumm das, Trümmer: ein großes Trumm (*ugs. für* Stück) Holz; die **Trümmer** (Überreste, Bruchstücke), *in Trümmern liegen* (völlig zerstört sein), *vor den Trümmern von etwas stehen;* das **Trümmerfeld**; der **Trümmerhaufen**

Trumpf der, Trümpfe (bestimmte Spielkarte; Vorteil), *alle Trümpfe in der Hand haben* (über Vorteile verfügen), *einen Trumpf ausspielen* (einen Vorteil geltend machen); das **Trumpfass** auch Trumpf-Ass; **trumpfen**; die **Trumpfkarte**

Trunk der, Trünke (Getränk); **trunken** trunken (begeistert) vor Glück; der **Trunkenbold** (*abwertend für* Alkoholiker); die **Trunksucht**; der/die **Trunksüchtige**

Trupp der, Trupps (eine kleine Gruppe); die **Truppe** (militärischer Verband); der/ die **Truppenführer/-in**; die **Truppenparade**; der **Truppentransport**; der **Truppenübungsplatz**

Trust [trast] der, Truste/Trusts (Gemeinschaft von gleichartigen Unternehmen unter einer Dachgesellschaft); die **Trustbildung**

Truthahn der, …hähne (großer Hühnervogel); die **Truthenne**

Trutz der, *Ez.* (*veraltet für* Widerstand); das **Schutz-und-Trutz-Bündnis**; die **Trutzburg**; **trutzen** (trotzen); **trutzig** (trotzig)

Tsatsiki auch **Zaziki** der/das, Tsatsikis (griechische Jogurtspeise)

Tschako der, Tschakos (militärische Kopfbedeckung)

Tschapperl das, Tschapperln (*ugs. für* unbeholfener Mensch)

tschau! auch **ciao!** (Abschiedsgruß)

Tschechien (Staat in Europa) auch die **Tschechische Republik**; der **Tscheche**; die **Tschechin**; **tschechisch**

Tschick der, -: (*ugs. für* Zigarette, Zigarettenstummel)

Tschoch der, *Ez.* (*ugs. für* große Mühe)

Tschusch der, Tschuschen (*ugs. abwertend für* südosteuropäischen Ausländer)

tschüss! auch **tschüs!** tschüss auch **Tschüss** (auf Wiedersehen) sagen

Tsd. = das **Tausend**

T-Shirt [tischört] das, T-Shirts (Leibchen)

Tsunami der, Tsunamis (durch ein Erdbeben hervorgerufene Flutwelle)

T-Träger der, -: (T-förmiger Stahlträger)

TU = **T**echnische **U**niversität

Tuba die, Tuben (Blechblasinstrument); der/die **Tubaspieler/-in**

Tube die, Tuben (röhrenförmiger Behälter, z.B. für Zahnpasta), *auf die Tube drücken* (beschleunigen)

Tuberkel der/die, -/Tuberkeln (Geschwulst); der **Tuberkelbazillus**; **tuberkulös** auch tuberkulos; die **Tuberkulose** <Tb, Tbc> (Lungenkrankheit); **tuberkulosekrank**; der/die **Tuberkulosekranke**

¹**Tuch** das, Tuche (Stoff), ein Anzug aus feinem Tuch; die **Tuchfabrik**; die **Tuchfühlung** *mit jmdm. Tuchfühlung halten* (in unmittelbarer Verbindung stehen), *mit jmdm. auf Tuchfühlung gehen* (ihm sehr nahe kommen)

²**Tuch** das, Tücher: den Tisch mit einem Tuch abwischen, die Tücher in den Kasten legen; das **Tüchlein**

Tuchent die, Tuchenten (Bettdecke); der **Tuchentüberzug**

tüchtig (geschickt, fleißig, fähig, sehr gut), *eine tüchtige Mitarbeiterin, sich tüchtig anstrengen,* der/die **Tüchtige**; die **Tüchtigkeit**

Tücke die, Tücken (*geh. für* Bosheit, Hinterlist, Unberechenbarkeit), *mit List und Tücke* (mit viel Geschick), *das Gerät hat seine Tücken* (ist kompliziert); **tückisch** (heimtückisch, gefährlich), *eine tückische Krankheit*

tuckern (ratterndes Motorengeräusch machen)

Tuff der, Tuffe (Vulkangestein); der **Tuffstein**

Tüftelei die, *Ez.*: die Arbeit ist eine ganz schöne Tüftelei; **tüfteln** (*ugs. für* sich geduldig mit etwas Schwierigem beschäftigen); der/die **Tüftler/-in**

Tugend die, Tugenden (moralisch gute Eigenschaften, vorbildliches Verhalten); der **Tugendbold** (*ugs. für* jmd., der sich besonders tugendhaft gibt); **tugendhaft**; die **Tugendhaftigkeit**

Tüll der, Tülle (netzartiges Gewebe); die **Tüllgardine**; der **Tüllschleier**

Tulpe die, Tulpen (Blume); das **Tulpenbeet**; die **Tulpenzwiebel**

Tumba die, Tumbas (große Trommel)

tummeln sich: die Kinder tummeln sich (bewegen sich lebhaft) im Garten, *sich tummeln* (sich beeilen); der **Tummelplatz**

Tümmler der, -: (Delfinart)

Tumor der, Tumore (Geschwulst)

Tümpel → Tutor

Tümpel der, -: (kleines stehendes Gewässer); **tümpeln** (ugs. für untertauchen)

Tumult der, Tumulte (Lärm, Verwirrung)

tun was tust du da?, er tat uns leid, sie hat die ganze Arbeit getan, tu(e) mir nichts!, hier tut (ereignet) sich was, der Hund tut dir nichts (beißt dich nicht), Menschen Gutes tun, den letzten Seufzer tun (sterben), so tun als ob (heucheln), *mit jmdm. nichts zu tun haben wollen, du bekommst es mit mir zu tun* (bekommst Schwierigkeiten); *du kannst tun und lassen, was du willst*; das **Tun** (die Handlungsweise); der **Tunichtgut** (Taugenichts); **tunlichst** es tunlichst (möglichst) vermeiden; das **Tunwort** (Verb)

tünchen (weiß streichen); die **Tünche** (Kalkfarbe)

Tundra die, Tundren (baumlose Steppe)

Tunell das, Tunelle auch der **Tunnel**, Tunnels (unterirdischer Verkehrsweg)

das **Tunell**	auch	der **Tunnel**

Tunfisch auch **Thunfisch** der, Tunfische (Speisefisch)

tunen [tjuːnen] einen Radioempfänger tunen (abstimmen), einen Motor tunen (seine Leistung verstärken); der **Tuner** (Empfangsgerät); das **Tuning** (Verbesserung der Motorleistung)

Tunke die, Tunken (bundesdt. für Soße); **tunken** Brot in die Soße tunken

Tunnel der, -/Tunnels auch das **Tunell**, Tunelle (unterirdischer Verkehrsweg)

Tupf der, Tupfe auch der **Tupfen**/-: (Punkt, Fleck); **tupfen** jmdm. auf die Schulter tupfen, sich den Schweiß von der Stirn tupfen, ein getupftes Kleid; der **Tupfer** (Wattebausch; leichte Berührung); das **Tüpferl** auch **Tüpfel** das Tüpferl auf dem i (entscheidende Feinheit), das i-Tüpferl, *bis aufs Tüpferl* (genau) *kontrollieren*

Tür die, Türen: die Tür öffnen, von Tür zu Tür gehen, *hinter verschlossenen Türen* (geheim) *verhandeln, zwischen Tür und Angel* (in größter Eile), *jmdn. die Tür einrennen* (jmdm. mit einem Anliegen sehr lästig fallen), *eine offene Tür finden* (Unterstützung finden), *jmdn. zur Tür hinausbefördern* (jmdn. hinauswerfen), *mit der Tür ins Haus fallen* (ohne Einleitung mit etwas herausplatzen); die **Türangel**; der **Türgriff**; die **Türklinke**; das **Türl**; das **Türschild**; das **Türschloss**; die **Türschnalle**; die **Türschwelle**; der **Türvorleger** (Fußabstreifer)

Turban der, Turbane (orientalische Kopfbedeckung)

Turbine die, Turbinen (Maschine zum Erzeugen von Strom); der **Turbinenantrieb**; der **Turbo** (Turbolader)

turbulent (unruhig, wild, aufgeregt); die **Turbulenz**

Türkei die, *Ez.:* (Staat in Kleinasien und Südosteuropa); der **Türke**; die **Türkenbelagerung**; die **Türkin**; **türkisch** die türkische Sprache ABER → etwas auf Türkisch sagen

Türkis der, Türkise (Edelstein); **türkis** (blaugrün); **türkisfarben** auch türkisfarbig

Turm der, Türme (hoch aufragendes Bauwerk); der **Turmbau**; das **Türmchen**; **türmen** (stapeln), der Müll türmt sich vor dem Haus, der Gefangene türmte (ugs. für floh); der **Türmer** (Turmwächter); der **Turmfalke**; **turmhoch**; das **Turmspringen**; die **Turmuhr**; der **Turmwächter**

turnen (Turnübungen machen), am Barren turnen; das **Turnen**; der/die **Turner/-in**; die **Turnerschaft**; das **Turngerät**; die **Turnhalle**; der **Turnsaal**; die **Turnstunde**; der **Turnunterricht**; der **Turnverein**; das **Turnzeug**

Turnier das, Turniere (Wettkampf mit Ausscheidungsmodus; früher Kampfspiel der Ritter)

Turnus der, Turnusse (festgelegte Reihenfolge; Arbeitsschicht; Krankenhauspraxis von Jungärzten/-ärztinnen); der/die **Turnusarzt/-ärztin**; **turnusgemäß**; **turnusmäßig**

turteln (ugs. für Zärtlichkeiten austauschen); die **Turteltaube** (Taubenart)

Tusch der, Tusche: die Musikkapelle spielt einen Tusch (festliches Signal)

Tusche die, Tuschen (Zeichentinte); die **Tuschfarbe**; die **Tuschzeichnung**

die **Tusche** zum Zeichnen	ABER	die **Dusche** (Brause)

tuscheln mit der Nachbarin tuscheln (heimlich flüstern); die **Tuschelei**

Tüte die, Tüten (kleines Papiersackerl)

tuten (hupendes Geräusch), *von Tuten und Blasen keine Ahnung haben* (ugs. für überhaupt nichts verstehen)

Tutor der, Tutoren (Lernbetreuer); die **Tutorin**; das **Tutorium** (Universitätsveranstaltung für

eine kleine Gruppe)
TV = **T**ele**v**ision (Fernsehen)
Tweed [twid] der, Tweeds/Tweede (Gewebeart, Wollstoff)
Twen der, Twens (*veraltet für* junger Mensch zwischen 20 und 29)
Twist der, Twists (Tanz); **twisten**
Twitter (Dienst für das Versenden von Kurznachrichten über Internet); **twittern** (Kurznachrichten senden)
¹**Typ** der, Typen (bestimmte Art von Dingen oder Personen, die gemeinsame Merkmale haben), er ist mein Typ (gefällt mir), ein Gerät älteren Typs; **typisch** das ist typisch (charakteristisch) für dich, das ist das Typische an dir; **typisieren** (die gemeinsamen Merkmale feststellen; ein Fahrzeug genehmigen lassen); die **Typisierung**; die **Typologie** (Einteilung nach Charakteren)
²**Typ** der, Typen (bestimmte Person, *abwertend für* Kerl), dein Typ wird verlangt (ugs. für du wirst gewünscht); der **Typus** (Typ)
Type die, Typen (gegossener Druckbuchstabe); der/die **Typograf/-in** auch Typograph/-in (Schriftsetzer/-in); die **Typografie** auch Typographie (Buchdruckerkunst)
Typhus der, *Ez.* (Infektionskrankheit)
Tyrann der, Tyrannen (Gewaltherrscher); die **Tyrannei** (Schreckensherrschaft); die **Tyrannin**; **tyrannisch**; **tyrannisieren** (quälen)

> Was du da aufführst, ist eine typische „Katzenwäsche"!
>
> Katzenwäsche?

Weißt du eigentlich, was eine „**Katzenwäsche**" ist? Das *SchulWörterBuch* erklärt dir sonderbare Ausdrücke! Such doch unter „**Katze**"!

▶ Mehr von Maus und Katze auf Seite 373!

U

u. = **u**nd
u.a. = **u**nd **a**ndere, **u**nd **a**nderes; **u**nter **a**nderem
u.Ä. = **u**nd **Ä**hnliches
U.A.w.g. auch **u.A.w.g.** = **U**m/**u**m **A**ntwort **w**ird **g**ebeten
U-Bahn die, U-Bahnen (Untergrundbahn); der **U-Bahnhof**; die **U-Bahn-Station**
übel übler, am übelsten, einen üblen Ruf haben, ein übler (widerlicher) Geruch, jmdm. übel mitspielen, jmdn. übel zurichten (ihn prügeln), er ist übel gelaunt auch übelgelaunt, übel riechend auch übelriechend, jmdm. übel gesinnt auch übelgesinnt sein, jmdm. etwas übel nehmen auch übelnehmen (nachtragen, ankreiden), ihm wird übel (er muss erbrechen), *nicht übel* (eigentlich recht gut), *übel dran sein* (in einer schwierigen Lage sein)
Übel das, -: ein Übel (einen Missstand) beseitigen, alles Übel (Böse) dieser Welt, zu allem Übel (noch obendrein), *das Übel an der Wurzel packen* (die Ursache eines Missstandes beseitigen), *von Übel* (schlecht) *sein, das kleinere Übel wählen* (sich von zwei unangenehmen Dingen für das weniger schlimme entscheiden); die **Übelkeit** (Unwohlsein, Schwindel); **übellaunig**; das **Übelste**; die **Übeltat** (Verbrechen); der/die **Übeltäter/-in; übelwollen** jmdm. übelwollen (feindlich gesinnt sein)
üben (auf dem) Klavier üben, Gerechtigkeit üben (gerecht sein), sich in Geduld üben (geduldig sein), Rache üben (sich rächen); die **Übung**
über *Präp.+Dat.:* über dem Tisch hängen, über dem Durchschnitt liegen; *Präp.+Akk.:* über den Tisch springen, über einen Witz lachen, eine Rechnung über 1000 Euro, über Weihnachten verreisen, über kurz oder lang, über Kreuz, *etwas nicht über sich bringen* (sich nicht dazu überwinden können); *Adv.:* sie ist über 16, über ein Jahr (mehr als ein Jahr), über und über (sehr, völlig), sie ist mir über (überlegen), den ganzen Tag über ABER → tagsüber
überall *Adv.:* überall liegen Blätter, überall und nirgends (an keinem bestimmten Ort), überall hingehen
überanstrengen er hat sich bei der Arbeit überanstrengt; die **Überanstrengung**
überantworten jmdm. eine schwierige Aufgabe überantworten, er wurde dem Gericht überantwortet (*geh. für* übergeben)
überarbeiten einen Aufsatz überarbeiten (verbessern), sich überarbeiten (überanstrengen)
überaus *Adv.:* überaus (sehr) freundlich sein
überbeanspruchen er ist völlig überbeansprucht (überlastet)
überbelegen das Hotel war überbelegt (zu viele Personen waren untergebracht)
überbewerten (zu hoch bewerten)
überbezahlen (zu hoch bezahlen)
überbieten (▶ bieten) jmdn. bei einer Versteigerung überbieten (mehr Geld bieten), sich gegenseitig überbieten (besser sein)
überblättern Seiten in einem Buch überblättern
überbleiben (▶ bleiben) es blieb nicht viel über; das **Überbleibsel** (Rest)
Überblick der, ...blicke: mir fehlt der Überblick; **überblicken** die Stadt überblicken, die Lage nicht mehr überblicken (kontrollieren) können
überbringen (▶ bringen) eine gute Nachricht überbringen; der/die **Überbringer/-in**
überbrücken der Fluss wurde überbrückt, den Lohnausfall überbrücken (ausgleichen)
überdachen ein überdachter Vorbau
überdauern das Haus hat viele Jahrhunderte überdauert
überdenken (▶ denken) ich muss das noch einmal überdenken
überdeutlich (beinah zu deutlich)
überdies *Adv.:* überdies (außerdem) hat er gelogen
überdimensional (größer als normal); **überdimensioniert**
Überdosis die, *Ez.:* an einer Überdosis Heroin sterben
Überdruck der, ...drucke (zu starker Druck)
Überdruss der, *Ez.* (Abneigung, Übersättigung); **überdrüssig** einer Sache überdrüssig sein
überdurchschnittlich überdurchschnittliche (sehr gute) Noten
Übereifer der, *Ez.* (allzu großer Eifer); **übereifrig**
übereignen das Grundstück wurde ihr übereignet (überschrieben, geschenkt)
übereilen eine Sache übereilen (überstürzen); **übereilig**
übereinander *Adv.:* die Bücher liegen übereinander, übereinander lachen;

übereinanderlegen die Pullover übereinanderlegen; **übereinanderschlagen** (▶ schlagen) die Beine übereinanderschlagen
Übereinkommen das, -: (Vereinbarung), ein Übereinkommen treffen; **übereinkommen** (▶ kommen) wir sind übereingekommen, uns nicht mehr zu sehen; die **Übereinkunft**
übereinstimmen (einer Meinung sein); **übereinstimmend** (einhellig)
überfahren (▶ fahren) sie überfuhr ein Halteschild, die Katze ist überfahren worden, er hat sich von einem Verkäufer überfahren (ugs. für überrumpeln) lassen; die **Überfahrt**
Überfall der, Überfälle (gewaltsamer Angriff); **überfallen** (▶ fallen) sie wurde überfallen, ihn überfällt die Müdigkeit; **überfällig** der Bus ist längst überfällig (hat Verspätung); das **Überfallskommando** (Einsatzgruppe der Polizei)
überfliegen (▶ fliegen) die Berge überfliegen, er hat das Buch nur überflogen (flüchtig gelesen)
überfließen (▶ fließen) die Milch ist übergeflossen (übergelaufen)
überflügeln (übertreffen)
Überfluss der, Ez. (Reichtum, Überangebot), zu allem Überfluss (obendrein); **überflüssig** ich komme mir völlig überflüssig (nutzlos) vor, **überflüssigerweise** Adv.
überfluten das Land wurde überflutet
überfordern die Arbeit hat ihn völlig überfordert
überfragt mit etwas überfragt sein (es nicht wissen)
überfremden (abwertend für mit fremden Einflüssen durchsetzen); die **Überfremdung** die Überfremdung der deutschen Sprache durch englische Wörter
¹**überführen** der Patient wird in die Klinik übergeführt auch überführt (gebracht); die **Überfuhr**; die **Überführung** (Brücke; Transport)
²**überführen** er wurde des Verbrechens überführt (es wurde ihm nachgewiesen)
Überfülle die, Ez. (allzu große Menge); **überfüllen** der Saal war überfüllt
Übergabe die, Übergaben: die Übergabe eines Amtes
Übergang der, Übergänge: ein Übergang (gesicherter Weg) für Fußgänger, der Übergang von Wasser zu Eis, einen Übergang zu einem anderen Thema suchen; die **Übergangslösung**; die **Übergangsphase**; das **Übergangsstadium**
übergeben (▶ geben) er übergibt seinem Sohn die Firma, sie übergab ihm einen Brief, die Stadt wurde den Belagerern übergeben (ausgeliefert), übergib dich nicht! (erbrich nicht); die **Übergabe**
¹**übergehen** (▶ gehen) zum Angriff übergehen, das Haus ist in meinen Besitz übergegangen
²**übergehen** (▶ gehen) sie überging ihn, er wurde bei der Bewerbung einfach übergangen (nicht berücksichtigt)
übergenau (allzu genau)
übergeordnet der übergeordnete Beamte
Übergewicht das, Ez.: sie hat Übergewicht, Übergewicht bekommen (das Gleichgewicht verlieren); **übergewichtig**
übergießen (▶ gießen) sich mit kaltem Wasser übergießen
überglücklich überglücklich sein
übergreifen (▶ greifen) das Feuer griff auf andere Gebäude über; der **Übergriff** (unrechtmäßiges Einmischen)
übergroß eine übergroße (gewaltige) Last; die **Übergröße**
überhand Adv.: diese Vorfälle nehmen überhand (werden allzu häufig)
Überhang der, Überhänge (Überflüssiges; Felsvorsprung); **überhängen** sich die Jacke überhängen (über die Schultern hängen), ein überhängendes (vorstehendes) Dach
überhapps auch **überhaps** Adv. (mundartl. für überstürzt)
überhäufen jmdn. mit Geschenken überhäufen, er überhäufte sie mit Vorwürfen
überhaupt Adv.: arbeitet sie überhaupt etwas?, davon kann überhaupt nicht die Rede sein, was willst du überhaupt?, und überhaupt (außerdem)
überheblich (herablassend, hochmütig); die **Überheblichkeit**
überheizen ein überheizter Raum; **überhitzen**; die **Überhitzung**
überholen mehrere Autos überholen, er hat in der Schule alle überholt (übertroffen), das ist längst überholt (veraltet); das **Überholmanöver**; die **Überholspur**
überhören (etwas absichtlich oder unabsichtlich nicht hören)
überirdisch ein überirdisches Wesen, eine überirdische (unwirkliche) Schönheit
überkandidelt (ugs. für überspannt)
überkochen die Milch kocht über, er kochte über vor Zorn

überkommen → überrunden

¹überkommen (▶ kommen) Mitleid überkam sie

²überkommen überkommene (überlieferte) Bräuche

überlagern die Termine überlagern sich

überlappen sich: die beiden Veranstaltungen überlappen sich zeitlich

¹überlassen (▶ lassen) sie hat ihm nichts übergelassen (*ugs. für* übrig gelassen)

²überlassen (▶ lassen) sie überließ ihm ihr Haus, jmdn. seinem Schicksal überlassen, ich möchte diese Entscheidung meinen Eltern überlassen, *jmdn. sich selbst überlassen* (ihn allein lassen)

überlasten (zu sehr beanspruchen); **überlastig** (zu sehr beladen); die **Überlastung**

¹überlaufen (▶ laufen) die Milch ist übergelaufen, er ist zu den Feinden übergelaufen, es überläuft mich kalt; der/die **Überläufer/-in** (jmd., der zum Gegner überläuft)

²überlaufen die Stadt ist von Touristen völlig überlaufen

überleben das Erdbeben haben viele überlebt, das überlebe ich nicht! (kann ich nicht ertragen), überlebte (veraltete) Ansichten; der/die **Überlebende**; die **Überlebenschance** [...schã:s]; **überlebensgroß**

¹überlegen jmdm. weit überlegen (besser als er) sein, überlegen (herablassend) tun; die **Überlegenheit**

²überlegen ich muss nicht lange überlegen; **überlegt** überlegt (durchdacht) handeln; die **Überlegung**

überleiten zu einem anderen Thema überleiten, er leitete über

überlesen (▶ lesen) schnell den Text überlesen, sie überlas (übersah) einen Fehler

überliefern diese Sagen sind mündlich überliefert, überlieferte (weitergegebene) Bräuche; die **Überlieferung**

überlisten den Gegner überlisten (durch List einen Vorteil erlangen)

überm *Präp.+Dat.:* überm (über dem) Haus

Übermacht die, *Ez.* (Überlegenheit); **übermächtig** übermächtiges Verlangen nach Süßem

übermalen er hat das Bild übermalt

übermannen er wurde vom Schlaf übermannt

Übermaß das, *Ez.* (schädlich große Menge), ein Übermaß an Arbeit; **übermäßig** übermäßig viel essen

übermenschlich übermenschliche Anstrengungen unternehmen

übermitteln eine Nachricht übermitteln (überbringen)

übermorgen *Adv.:* bis übermorgen warten, übermorgen Abend

übermüdet übermüdet schlief er ein

Übermut der, *Ez.:* etwas aus lauter Übermut tun, *Übermut tut selten gut*; **übermütig** übermütig (ausgelassen) sein

übern *Präp.+Akk.:* übern (über den) Zaun springen

übernächste im übernächsten Jahr ABER → er ist der Übernächste

übernachten im Hotel übernachten; **übernächtig** (unausgeschlafen); die **Übernachtung**

Übernahme die, ...nahmen: die Übernahme der Kosten

übernatürlich er hat übernatürliche (nicht mit den Naturgesetzen erklärbare) Kräfte

übernehmen (▶ nehmen) Waren übernehmen, das Geschäft vom Vater übernehmen, Verantwortung übernehmen, sie hat sich völlig übernommen (sich zu viel zugemutet)

überparteilich (parteiunabhängig)

überprüfen eine Rechnung überprüfen; die **Überprüfung**

überqueren die Straße überqueren (überschreiten)

überragen der Kran überragt die Häuser, überragende (ausgezeichnete) Leistungen

überraschen er wurde beim Diebstahl überrascht (erwischt), das überrascht (erstaunt) mich sehr, ein überraschender (unerwarteter) Besuch; **überraschenderweise** *Adv.;* die **Überraschung**; der **Überraschungseffekt**

überreden jmdn. zum Mitmachen überreden; die **Überredung**

überregional ein überregionaler Radiosender

überreichen er überreichte (gab) ihr Blumen

überreif die Bananen sind überreif

überreizen überreizte Nerven haben; die **Überreiztheit**

Überrest der, Überreste: die Überreste einer Burg, die sterblichen Überreste (der Leichnam)

überrumpeln er hat mich mit seiner Frage überrumpelt (überrascht, überfallen)

überrunden er überrundete alle anderen Fahrer

übers (über das) *Präp.+Akk.:* übers Jahr (nach einem Jahr), übers Wochenende wegfahren

übersät ihr Gesicht ist mit Sommersprossen übersät

übersättigen ein übersättigter Wohlstandsbürger

Überschallflugzeug das, ...zeuge (Flugzeug mit Überschallgeschwindigkeit)

überschatten seine Freude wurde von einer traurigen Nachricht überschattet (getrübt, gedämpft)

überschätzen seine Kräfte überschätzen, du überschätzt dich vollkommen

überschauen die Stadt von einem Hügel aus überschauen, er kann seine Schulden nicht mehr überschauen (richtig einschätzen); **überschaubar**

überschäumen der Sekt schäumt über, überschäumende Fröhlichkeit

überschlafen (▶ schlafen) einen Vorschlag überschlafen, sie überschlief das Ganze

Überschlag der, Überschläge: der Überschlag (ungefähre Berechnung) ergab ein Minus, das Auto machte einen Überschlag; **überschlagen** (▶ schlagen) sich mit dem Auto überschlagen, seine Stimme überschlägt sich, eine Seite im Buch überschlagen (auslassen), den Preis überschlagen (ungefähr ausrechnen), die Ereignisse überschlagen sich

überschnappen er schnappte über (*ugs. für* wurde verrückt)

überschneiden (▶ schneiden) die Linien überschneiden (kreuzen) sich, zwei Sendungen haben sich überschnitten (sind zeitlich zusammengetroffen); die **Überschneidung**

überschreiben (▶ schreiben) er überschreibt die Datei, sie hat den Kindern das Haus überschrieben (im Grundbuch übertragen)

überschreiten (▶ schreiten) den Fluss an der engsten Stelle überschreiten, Gesetze überschreiten, das überschreitet (übersteigt) meine Kräfte, die Geschwindigkeit überschreiten

Überschrift die, Überschriften (Titel)

Überschuldung die, Überschuldungen: die Überschuldung des Unternehmens

Überschuss der, Überschüsse (Gewinn, Überfluss); **überschüssig** überschüssige Kräfte haben

überschütten jmdn. mit Lob überschütten (überschwänglich loben)

Überschwang der, *Ez.* (Ausgelassenheit), im Überschwang der Gefühle; **überschwänglich** jmdn. überschwänglich (übertrieben) loben

überschwappen (überfließen)

überschwemmen der Fluss hat Felder und Wiesen überschwemmt, den Markt mit Billigprodukten überschwemmen; die **Überschwemmung**

Übersee (Länder jenseits des Atlantiks), Waren aus Übersee, nach Übersee (Amerika) auswandern; **überseeisch** überseeische Gebiete (weit entfernte Länder)

übersehen (▶ sehen) er übersieht viele Fehler, die Lage lässt sich noch nicht übersehen (überblicken)

[1]**übersetzen** mit dem Schiff zum Festland übersetzen, er setzte über, das Boot hat übergesetzt

[2]**übersetzen** einen Text aus dem Englischen übersetzen, er übersetzte, sie hat übersetzt; **übersetzbar**; die **Übersetzbarkeit**; der/die **Übersetzer/-in** der Übersetzer des Textes; die **Übersetzung** eine Übersetzung ins Englische, die deutsche Übersetzung, das Rad hat eine kleine Übersetzung (Bewegungsübertragung)

Übersicht die, Übersichten: die Übersicht (den Überblick) behalten; **übersichtlich** ein übersichtliches Tafelbild, das Gelände ist übersichtlich

übersiedeln nach Wien übersiedeln; die **Übersiedlung**

übersinnlich übersinnliche (übernatürliche) Kräfte haben

überspannen die Brücke überspannt das Tal, etwas mit Stoff überspannen, *den Bogen überspannen* (eine Sache zu weit treiben), überspannte (verrückte) Ansichten haben

überspielen eine CD auf Kassette überspielen, eine peinliche Situation überspielen (darüber hinweggehen)

überspitzt überspitzt (übertrieben) formulieren

[1]**überspringen** (▶ springen) der Funken ist übergesprungen

[2]**überspringen** (▶ springen) ein Hindernis überspringen, er übersprang einige Seiten im Buch, sie hat es übersprungen

überständig (längst überholt, veraltet)

[1]**überstehen** (▶ stehen) das Brett ist etwas übergestanden

[2]**überstehen** (▶ stehen) er hat die Krankheit gut überstanden

übersteigen → übrig

übersteigen (▶ steigen) einen Zaun übersteigen, das übersteigt alle Erwartungen; die **Übersteigung**; **überstiegen** überstiegene (überspannte) Forderungen

überstimmen von der Mehrheit überstimmt werden

Überstunde die, Überstunden: Überstunden machen

überstürzen nichts überstürzen (übereilen), überstürzt (übereilt) handeln, die Nachrichten überstürzten sich

übertauchen eine Grippe übertauchen (*ugs. für* sie nicht auskurieren)

übertölpeln jmdn. übertölpeln (plump überlisten)

Übertrag der, Überträge (Zwischensumme); **übertragbar** eine übertragbare Fahrkarte; **übertragen** (▶ tragen) jmdm. eine Aufgabe übertragen, das Fußballspiel wurde im Fernsehen übertragen, die übertragene (bildliche) Bedeutung eines Wortes, einen Roman ins Deutsche übertragen (übersetzen), ein übertragenes (gebraucht gekauftes) Gerät; die **Übertragung**

übertreffen (▶ treffen) sich selbst übertreffen (überbieten), das übertrifft alle Erwartungen

übertreiben (▶ treiben) er hat maßlos übertrieben, übertrieben vorsichtig sein; die **Übertreibung**

¹**übertreten** (▶ treten) zu einem anderen Glauben übertreten; der **Übertritt**

²**übertreten** (▶ treten) ein Gesetz übertreten (nicht beachten); die **Übertretung**

übertrumpfen (jmdn. übertreffen, besser sein)

übertünchen (übermalen)

übervölkert ein übervölkertes (zu dicht bewohntes) Land; die **Übervölkerung**

übervoll ein übervolles Glas

übervorteilen jmdn. übervorteilen (sich betrügerisch gegenüber jmdn. einen Vorteil verschaffen)

überwachen die Gefangenen überwachen; die **Überwachung**

überwältigen einen Dieb überwältigen (gefangen nehmen), die Freude überwältigte ihn, ein überwältigender (außergewöhnlicher) Anblick

überweisen (▶ weisen) jmdn. Geld überweisen, der Patient wurde ins Krankenhaus überwiesen; die **Überweisung**

¹**überwerfen** (▶ werfen) den Mantel überwerfen

²**überwerfen** (▶ werfen) wir haben uns überworfen (gestritten)

überwiegen (▶ wiegen) die Vorteile überwiegen, das Wetter war überwiegend (vorwiegend) trocken

überwinden (▶ winden) sie überwand alle Hindernisse, er konnte sich nicht überwinden aufzustehen; die **Überwindung**

überwintern die Zugvögel überwintern im Süden

Überwurf der, …würfe (Zierdecke)

Überzahl die, *Ez.:* die Frauen waren in der Überzahl; **überzählig** (mehr als nötig)

überzeugen er konnte den Richter von seiner Unschuld überzeugen, ein überzeugender (glaubhafter) Beweis; die **Überzeugung**

¹**überziehen** (▶ ziehen) er überzieht sein Konto, er überzog die Betten frisch, sie hat die Zeit überzogen (überschritten), *etwas noch immer nicht überzogen* (*ugs. für* begriffen) *haben*

²**überziehen** (▶ ziehen) er zieht eine Jacke über, sie hat etwas übergezogen, *jmdm. eine überziehen* (*ugs. für* ihm einen Schlag, Hieb versetzen); der **Überzieher** (leichter Herrenmantel); der **Überzug** ein Überzug (äußere Schicht) aus Schokolade

üblich das ist bei uns so üblich (gebräuchlich), sie kam wie üblich mit dem Auto, die übliche Zeit ABER → das Übliche; **üblicherweise** *Adv.*

U-Boot das, U-Boote (*kurz für* Unterseeboot)

übrig etwas übrig lassen, dir wird nichts anderes übrig bleiben *auch* übrigbleiben, von dem Kuchen ist nichts übrig, *das lässt zu wünschen übrig* (ist mangelhaft) ABER → die **Übrigen**, das Übrige, alles Übrige, ein Übriges tun, im Übrigen; **übrigens** *Adv.:* übrigens (nebenbei bemerkt) wusste ich das schon; **übrighaben** (▶ haben) *für jmdn. etwas übrighaben* (ihn mögen)

	ABER	
einen Rest **übrig lassen**	ABER	das Ergebnis hat zu wünschen **übrig gelassen/ übriggelassen**
etwas Geld **übrig haben**	ABER	für Malerei etwas **übrighaben**
mir sind 3 € **übrig geblieben**	ABER	mir ist nichts anderes **übrig geblieben/ übriggeblieben**
vom Kuchen ist etwas **übrig**	ABER	die **Übrigen** sind schon gegangen

Übung → Umgang

Übung die, Übungen: dazu gehört viel Übung, eine Übung am Reck; die **Übungsfahrt**
u.dgl. = **u**nd **d**er**gl**eichen
u.d.M. = **u**nter **d**em **M**eeresspiegel; **ü.d.M.** = **ü**ber **d**em **M**eeresspiegel
Ufer das, -: das Ufer des Sees, ans andere Ufer fahren, *zu neuen Ufern aufbrechen* (sich neuen Zielen zuwenden); **uferlos** *ins Uferlose gehen* (kein Ende haben)
UFO auch **Ufo** das, UFOs (*kurz für* **u**nbekanntes **F**lug**o**bjekt)
U-förmig auch **u-förmig** (in der Form eines U); der **U-Haken**; das **U-Hakerl**
Uganda (Staat in Afrika); der/die **Ugander/-in**; **ugandisch**
U-Haft = **U**ntersuchungs**h**aft
Uhr die, Uhren: auf die Uhr sehen, *rund um die Uhr* (Tag und Nacht), wie viel Uhr ist es?, um zwölf Uhr mittags; der/die **Uhrmacher/-in**; das **Uhrwerk**; der **Uhrzeigersinn** *im Uhrzeigersinn* (rechts herum); die **Uhrzeit**

die **Uhrzeit** (Tageszeit)	ABER	die **Urzeit** (Frühgeschichte)

Uhu der, Uhus (Raubvogel)
ui je! (*ugs., Ausruf der Enttäuschung*); **ujegerl!**
Ukraine die, *Ez.* (Staat in Osteuropa); der/die **Ukrainer/-in**; **ukrainisch**
UKW = **U**ltra**k**urz**w**elle(n); der **UKW-Sender**
Ulk der, Ulke: einen Ulk (Scherz) machen; **ulken**; **ulkig**
Ulme die, Ulmen (Laubbaum)
ultimativ eine ultimative Forderung stellen; das **Ultimatum** (letzte Aufforderung)
Ultrakurzwelle die, ...wellen <UKW>; **ultramodern** (sehr modern); der **Ultraschall** (mit dem menschlichen Gehör nicht mehr wahrnehmbarer Schall); **ultraviolett** <UV> ultraviolettes Licht (Lichtstrahlen mit kurzer Wellenlänge)
um *Präp.+Akk.:* sich um den Tisch setzen, um die Ecke laufen, um neun Uhr, um fünf Stunden weniger, Obst um 50 Cent kaufen, Jahr um Jahr, sich um jmdn. sorgen, um etwas streiten; *Adv.:* um (vorbei) sein, das kostet um die (etwa) hundert Euro; *Konj.:* er kam, um dich zu sehen; **um – willen** *Präp.+Gen.:* um Gottes willen!, um deinetwillen
umändern sie lässt das Kleid umändern
umarmen sie umarmt ihre Freundin; die **Umarmung**

Umbau der, Umbauten; **umbauen** das Haus umbauen
umbiegen (▶ biegen) den Draht umbiegen
umbinden (▶ binden) eine Schürze umbinden
umblättern im Buch umblättern
umblicken sich: blick dich nicht um!
umbringen (▶ bringen) jmdn. umbringen (töten), sich umbringen
Umbruch der, Umbrüche: eine Gesellschaft im Umbruch, den Umbruch machen (Zeilenenden eines Textes festlegen)
umdenken (▶ denken) (zu einer neuen Auffassung gelangen)
umdisponieren (den Plan ändern)
umdrehen den Schlüssel umdrehen, mit dem Auto umdrehen (umkehren), er hat sich zum Abschied noch einmal umgedreht; die **Umdrehung** (Drehung um die eigene Achse)
umeinander *Adv.:* sich umeinander kümmern; **umeinanderlaufen** (▶ laufen); **umeinanderstehen** (▶ stehen)
¹**umfahren** (▶ fahren) er fuhr ein Verkehrsschild um (hat es umgestürzt), sie hat es umgefahren
²**umfahren** (▶ fahren) er umfuhr ein Hindernis (wich ihm aus), sie hat es umfahren; die **Umfahrung** (Umleitung, Ausweichstraße)
umfallen (▶ fallen) vor Müdigkeit umfallen, plötzlich fiel sie um (wurde ohnmächtig), er ist bei der Wahl umgefallen (*abwertend für* hat seine Meinung geändert), *zum Umfallen* (sehr) *müde sein*
Umfang der, Umfänge: der Umfang eines Kreises, das Buch hat einen Umfang von 500 Seiten; **umfangen** (▶ fangen) Stille umfing uns; **umfangmäßig**; **umfangreich**
umfassen einen Baum umfassen, sie hat ein umfassendes (umfangreiches) Geständnis abgelegt
Umfeld das, Umfelder (Umgebung), das soziale Umfeld
umformen (eine andere Form geben); **umformulieren**
Umfrage die, Umfragen: vor der Wahl eine Umfrage durchführen; das **Umfrageergebnis**
umfrieden sein Grundstück umfrieden (einzäunen); die **Umfriedung**
umfüllen Kaffee in eine Dose umfüllen
Umgang der, *Ez.:* er hat keinen guten Umgang (er hat Freunde mit schlechten Eigenschaften); **umgänglich** er ist ein umgänglicher (verträglicher) Mensch;

359

die **Umgangsformen** (Benehmen); die **Umgangssprache** (Alltagssprache); **umgangssprachlich** <ugs.>
umgarnen jmdn. zu umgarnen (bezaubern) versuchen
umgeben (▶ geben) von Zuschauern umgeben sein, Stille umgab sie; die **Umgebung** einen Ausflug in die Umgebung (umliegende Landschaft) machen
¹**umgehen** (▶ gehen) er umgeht ein Gesetz (befolgt es nicht), sie hat die Vorschrift umgangen
²**umgehen** (▶ gehen) als Gespenst umgehen (erscheinen), ein Gerücht geht um, er ist mit ihr schlecht umgegangen; **umgehend** (sofort)
umgekehrt es verhält sich umgekehrt (gegenteilig)
umgraben (▶ graben) den Garten umgraben
Umhang der, Umhänge (Kleidungsstück); **umhängen** Bilder umhängen (woanders aufhängen), sich einen Mantel umhängen
umher Adv.: von weit umher hörten wir Glocken läuten; **umherblicken**; **umhergehen** (▶ gehen); **umherirren**; **umherjagen**; **umherlaufen** (▶ laufen); **umherreisen**; **umherschauen**; **umherziehen** (▶ ziehen)
umhinkommen (▶ kommen) er wird nicht umhinkommen (nicht anders können), es zu tun; **umhinkönnen** (▶ können) nicht umhinkönnen, etwas zu tun
umhören sich (etwas in Erfahrung bringen wollen)
U/min = **U**mdrehungen pro **Min**ute
Umkehr die, Ez.; **umkehrbar**; **umkehren** auf halbem Wege umkehren, er kehrt (wendet) die Taschen seiner Jacke um; die **Umkehrung**
umkippen die Tasse umkippen, ihre Liebe kippte in Hass um, ein umgekippter (ökologisch toter) See
umklammern er umklammerte ihre Hände; die **Umklammerung**
¹**umkleiden** sich: sie kleidet sich für den Abend um
²**umkleiden** der Erdmantel umkleidet das flüssige Erdinnere
umkommen (▶ kommen) er kam in der Kälte um (starb)
Umkreis der, Ez. (Reichweite, Umgebung), im Umkreis der Stadt; **umkreisen**
umkrempeln sein Leben umkrempeln (verändern), die Hosenbeine umkrempeln

Umlage die, Umlagen (Beitrag, Steuer)
umlagern der Star war von Reportern umlagert (umringt)
Umland das, Ez. (Umgebung)
Umlauf der, Umläufe: falsches Geld in Umlauf bringen, etwas in Umlauf bringen (dafür sorgen, dass es bekannt wird), im Umlauf sein/in Umlauf kommen (weitergegeben werden); die **Umlaufbahn**
Umlaut der, Umlaute (die Laute ä, ö, ü)
umlegen einen Hebel umlegen, jmdn. umlegen (derb für ermorden), die Kosten auf alle TeilnehmerInnen umlegen (gleichmäßig verteilen)
umleiten der Verkehr wird wegen Straßenarbeiten umgeleitet; die **Umleitung**
umliegend umliegende (benachbarte) Dörfer
ummodeln (ugs. für abändern)
ummünzen (umdeuten), die Niederlage in einen Sieg ummünzen
umnachtet er ist geistig umnachtet (geh. für wahnsinnig); die **Umnachtung**
umquartieren die Gäste wurden umquartiert
umrahmen die Feier wurde von Musik umrahmt
umranden (rundum mit einem Rand versehen); **umrändert** ihre Augen waren vom Weinen rot umrändert; die **Umrandung**
umräumen (anders ordnen)
umrechnen Euro in Yen umrechnen
¹**umreißen** (▶ reißen) er riss den Zaun um, sie hat ihn umgerissen
²**umreißen** (▶ reißen) er hat den Plan kurz umrissen (knapp beschrieben), eine klar umrissene (festgelegte) Tätigkeit
umringen er wurde von Kindern umringt
Umriss der, Umrisse: der Umriss (die äußeren Linien) des Hauses
umrühren die Suppe umrühren
ums Präp.+Akk.: ums (um das) Haus laufen, es geht ums Ganze, ein Jahr ums andere
umsatteln ein Pferd umsatteln, von Medizin auf Jus umsatteln (das Studium wechseln)
Umsatz der, Umsätze (Verkauf, Absatz), sein Umsatz steigt von Jahr zu Jahr; die **Umsatzsteuer**
umschalten auf einen anderen Sender umschalten
Umschau die, Ez.: Umschau halten; sich **umschauen** sich nach einer neuen Wohnung umschauen (danach suchen)
Umschlag der, Umschläge: ein Umschlag für Hefte, dem Kranken kalte Umschläge

machen, der **Umschlag** (die Umladung) von Südfrüchten, der Umschlag (Umschwung) des Wetters, der Umschlag der Hose; **umschlagen** (▶ schlagen) Bäume umschlagen (fällen), das Wetter schlägt um (ändert sich), die Waren wurden umgeschlagen (umgeladen), der Wind schlug um (änderte die Richtung); der **Umschlagplatz**

umschließen (▶ schließen) eine Mauer umschließt den Garten

umschlingen (▶ schlingen) sie saßen eng umschlungen da

¹**umschreiben** (▶ schreiben) einen Text umschreiben (neu schreiben), er schrieb alles um, sie hat es umgeschrieben

²**umschreiben** (▶ schreiben) sie umschrieb das Wort, er hat das Fremdwort umschrieben (mit anderen Worten ausgedrückt)

umschulen der Facharbeiter ließ sich umschulen; die **Umschulung**

umschwärmen jmdn. umschwärmen (umwerben)

Umschweife die, *Mz.:* ohne Umschweife (geradeheraus, direkt)

Umschwung der, Umschwünge: der Umschwung des Wetters

umsehen sich (▶ sehen) er sieht sich nach dem Fremden um (dreht sich um), sie sah sich in der Welt um (lernte sie kennen), sie hat sich nach einer Arbeit umgesehen (sie gesucht)

umseitig (auf der Rückseite stehend)

umsetzen sich umsetzen (den Platz wechseln), Pflanzen umsetzen, seinen Plan in die Tat umsetzen, alle Waren wurden umgesetzt (verkauft)

Umsicht die, *Ez.:* mit viel Umsicht (sehr überlegt) handeln; **umsichtig** (besonnen, mit Weitblick)

umsiedeln in ein anderes Land umsiedeln; die **Umsiedlung**

umso *Adv.:* umso mehr, umso besser

umsonst *Adv.:* umsonst (ohne Bezahlung) arbeiten, sie ist nicht umsonst (nicht vergeblich) gekommen, nicht umsonst (aus gutem Grund) bin ich wütend

Umstand der, Umstände: unter diesen Umständen, unter Umständen <u. U.> (vielleicht), unter keinen Umständen, mildernde Umstände (bei Gerichtsurteilen), *in anderen Umständen* (schwanger) *sein*, *keine Umstände machen* (keinen großen Aufwand treiben); **umständehalber** *Adv.*

ABER → der Umstände halber; **umständlich** (ungeschickt); die **Umstandsergänzung**; **umstandshalber** *Adv.*; das **Umstandskleid** (für Schwangere); das **Umstandswort** (Adverb, z.B. „dort", „jetzt", „fröhlich")

umstehen (▶ stehen) viele Zuschauer umstehen ihn; **umstehend** umstehend (auf der Rückseite) ABER → lies das Umstehende (das auf der anderen Seite Stehende); die **Umstehenden** (die in der Nähe Stehenden)

umsteigen (▶ steigen) vom Zug in den Bus umsteigen, er ist auf eine andere Automarke umgestiegen

¹**umstellen** Möbel umstellen, sich nicht auf die neue Situation umstellen können

²**umstellen** die Polizei umstellt das Gebäude; die **Umstellung** (Umzingelung)

umstimmen (zur Meinungsänderung bewegen)

umstoßen (▶ stoßen) das Glas umstoßen, seine Pläne umstoßen

umstritten eine umstrittene (nicht allgemein anerkannte) Entscheidung

umstrukturieren die Verwaltung umstrukturieren

umstülpen den Handschuh umstülpen

Umsturz der, Umstürze (gewaltsame Veränderung der bisherigen Ordnung); **umstürzen** er will alles umstürzen (grundlegend verändern); der/die **Umstürzler/-in**; **umstürzlerisch** umstürzlerische Pläne haben

Umtausch der, Umtausche; **umtauschen** Geld umtauschen; das **Umtauschrecht**

Umtriebe die, *Mz.:* geheime Umtriebe (Intrigen)

Umtrunk der, Umtrünke: er lädt zu einem Umtrunk ein

UMTS (kurz für **U**niversal **M**obile **T**elecommunicating **S**ystem, Mobilfunksystem für die Übertragung großer Datenmengen, z.B. auch für Videotelefonie); das **UMTS-Handy**

umtun (▶ tun) er tat ihr seinen Mantel um, sich nach etwas umtun (sich um etwas bemühen)

U-Musik die, *Ez.* (Unterhaltungsmusik)

umwälzen einen Stein umwälzen, eine umwälzende (bahnbrechende) Erfindung

umwandeln (ändern); die **Umwandlung**

umwechseln Geld umwechseln (tauschen)

Umweg der, Umwege: auf Umwegen nach Hause gehen, einen Umweg machen

Umwelt die, *Ez.:* er passt sich seiner Umwelt

umwerben → unbegrenzt

(Umgebung) an; **umweltbewusst**; **umweltfreundlich**; **umweltschädlich**; der **Umweltschutz**; der/die **Umweltsünder/-in**; **umweltverträglich**

umwerben (▶ werben) jmdn. mit freundlichen Worten umwerben

umwerfen (▶ werfen) einen Stuhl umwerfen, das warf mich nicht um (erschütterte mich nicht), er hat seinen Plan umgeworfen (geändert), eine umwerfende (verblüffende) Idee

umzäunen ein Grundstück umzäunen (einzäunen)

umziehen (▶ ziehen) sich umziehen (die Kleidung wechseln), sie ist in die neue Wohnung umgezogen; der **Umzug** (Wohnungswechsel; Demonstration)

umzingeln die Geiselnehmer sind umzingelt (umstellt)

UN [uɛn] die, Mz. (kurz für **U**nited **N**ations, Vereinte Nationen); die **UN-Charta**; der/die **UN-Soldat/-in**

unabänderlich (endgültig, unwiderruflich)

unabdingbar (unbedingt notwendig, unumgänglich)

unabhängig eine unabhängige Tageszeitung, unabhängig (abgesehen) davon; die **Unabhängigkeit**

unabkömmlich (unentbehrlich)

unablässig unablässig (ständig) schwätzen

unabsehbar dies hätte unabsehbare Folgen
ABER → sich ins Unabsehbare (Endlose) ausweiten

unabsichtlich etwas unabsichtlich kaputtmachen

unachtsam (gedankenlos); die **Unachtsamkeit**

unähnlich sie sind einander sehr unähnlich

unangebracht eine unangebrachte (unpassende) Bemerkung

unangefochten (von niemandem behindert)

unangemessen (übertrieben)

unangenehm (unerfreulich, ungemütlich)

unangreifbar der Chef hält sich für unangreifbar

unannehmbar unannehmbare Forderungen stellen; die **Unannehmlichkeiten** (lästige Mühen)

unansehnlich (nicht schön anzusehen)

unanständig ein unanständiger Witz

unantastbar die Würde des Menschen ist unantastbar

Unart die, Unarten (schlechte Angewohnheit);

unartig ein unartiges (schlimmes) Kind

unästhetisch (nicht schön)

unauffällig ein unauffälliges Muster

unauffindbar das Buch war unauffindbar

unaufhaltsam das Hochwasser stieg unaufhaltsam

unaufhörlich seit gestern regnet es unaufhörlich

unauflösbar unauflösbar verbunden sein

unaufmerksam (unkonzentriert), ein unaufmerksamer Gastgeber; die **Unaufmerksamkeit**

unaufrichtig (unehrlich)

unaufschiebbar die Operation war unaufschiebbar

unausbleiblich eine unausbleibliche Folge

unausführbar ein unausführbarer Befehl

unausgeglichen sie ist unausgeglichen (unruhig, unbeständig); die **Unausgeglichenheit**

unaussprechlich die Freude war unaussprechlich groß

unausstehlich ein unausstehliches (schwer zu ertragendes) Kind

unausweichlich unausweichliche Folgen der Katastrophe

unbändig einen unbändigen (sehr großen) Hunger haben, ein unbändiger (wilder) Knabe

unbarmherzig er beharrt unbarmherzig (ohne Mitleid) auf seinen Forderungen; die **Unbarmherzigkeit**

unbeabsichtigt (ohne Absicht)

unbeachtet (nicht beachtet)

unbedacht etwas unbedacht (ohne Überlegung) sagen; **unbedachterweise** Adv.; die **Unbedachtheit**

unbedarft (unerfahren)

unbedenklich (ohne Bedenken)

unbedeutend (unwichtig, geringfügig)

unbedingt er will unbedingt (auf jeden Fall) gewinnen, eine unbedingte Haftstrafe (Strafe ohne Bewährung)

unbefangen unbefangen (ungezwungen) sein, der Richter ist nicht unbefangen (ist parteiisch); die **Unbefangenheit**

unbefriedigend eine unbefriedigende Leistung

unbefugt unbefugt (eigenmächtig) handeln; der/die **Unbefugte** kein Zutritt für Unbefugte!

unbegreiflich (unfassbar); **unbegreiflicherweise** Adv.

unbegrenzt (ohne Einschränkung)

unbegründet → uneben

unbegründet ein unbegründeter (grundloser) Verdacht

Unbehagen das, *Ez.* (Unwohlsein); **unbehaglich** eine unbehagliche (ungemütliche) Wohnung, mir ist unbehaglich (unwohl)

unbehelligt unbehelligt (nicht belästigt/behindert) bleiben

unbeherrscht (aufbrausend, jähzornig); die **Unbeherrschtheit**

unbeholfen (ungeschickt, umständlich); die **Unbeholfenheit**

unbeirrbar (nicht zu beeinflussen); **unbeirrt** (beharrlich, zielstrebig) seinen Weg gehen

unbekannt ein unbekannter Mann; *eine Anzeige gegen unbekannt*

Unbekannte der/die, Unbekannten: der große Unbekannte, eine Gleichung mit zwei Unbekannten (Rechnung)

unbekümmert (ohne Sorgen, gleichgültig)

unbelebt eine unbelebte Gegend

unbelehrbar ein unbelehrbarer (starrsinniger) Mensch

unbeliebt unbeliebt (nicht gern gesehen) sein; die **Unbeliebtheit**

unbemannt ein unbemanntes Raumfahrzeug (ohne Besatzung)

unbemerkt (heimlich, verstohlen)

unbequem ein unbequemer Sessel, unbequeme (kritische) Fragen stellen; die **Unbequemlichkeit** (schwierige Lage)

unberechenbar er ist unberechenbar (launenhaft)

unberührt das Essen unberührt stehen lassen, die Nachricht ließ sie unberührt (ergriff sie nicht); die **Unberührtheit**

unbeschadet *Präp.+Gen.:* unbeschadet (trotz) seiner Verdienste; **unbeschädigt**

unbescholten ein unbescholtener Mensch (mit gutem Ruf)

unbeschrankt ein unbeschrankter Bahnübergang

unbeschränkt unbeschränkte Vollmachten haben

unbeschreiblich eine unbeschreiblich schöne Landschaft, unbeschreibliche Angst haben

unbeschrieben *ein unbeschriebenes Blatt sein* (unbekannt sein)

unbeschwert eine unbeschwerte Kindheit

unbesehen sie nimmt die Ware unbesehen (ohne sie zu prüfen)

unbesiegbar eine unbesiegbare Gegnerin

unbesonnen unbesonnen (ohne Überlegung) handeln; die **Unbesonnenheit** (unüberlegte Handlung)

unbesorgt (beruhigt), sei unbesorgt!

unbeständig (schwankend, launenhaft); die **Unbeständigkeit**

unbestechlich (nicht zu bestechen); die **Unbestechlichkeit**

unbestimmt sie verreist auf unbestimmte Zeit, die Sache ist noch unbestimmt (unklar), ein unbestimmtes Fürwort (Indefinitpronomen, z.B. „manche", „einige")

unbestreitbar ihre Verdienste sind unbestreitbar; **unbestritten** (allgemein anerkannt)

unbeteiligt (nicht betroffen, nicht interessiert); der/die **Unbeteiligte**

unbeugsam sie besitzt einen unbeugsamen Willen

unbewaffnet ein unbewaffneter Dieb

unbeweglich ein unbewegliches Gelenk

unbewusst unbewusstes (unabsichtliches) Handeln; das **Unbewusste**

unbezahlbar (viel zu teuer), sein Können ist unbezahlbar (außerordentlich wertvoll)

unbezwingbar eine unbezwingbare Festung; **unbezwinglich**

unbrauchbar (nicht zu verwenden)

uncool [unk_ul] (*ugs. für* nicht erwünscht o.Ä.)

und <u.> *Konj.:* du und ich, zwei und zwei, na und?, und so fort <usf.>, und so weiter <usw.>, und dergleichen <u.dgl.>, und Ähnliches <u.Ä.>, und folgende Seiten <u.ff.>, und zwar <u.zw.>

Undank der, *Ez.: Undank ist der Welt(en) Lohn;* **undankbar** ein undankbares Kind; die **Undankbarkeit**

undefinierbar (unbestimmbar)

undercover [_andakawa_] (verdeckt); der/die **Undercoveragent/-in** (Geheimagent/-in)

Underground [_andagraund_] der, *Ez.* (Untergrund; künstlerische Protestbewegung)

Understatement [_andastetment_] das, Understatements (bewusste Untertreibung)

undicht (nicht dicht)

Unding *etwas ist ein Unding* (absolut widersinnig, unpassend)

undiszipliniert undisziplinierte Jugendliche

undurchdringlich ein undurchdringlicher Urwald, eine undurchdringliche Miene

undurchsichtig undurchsichtiges Glas, undurchsichtige Geschäfte machen

uneben ein unebener Weg; die **Unebenheit** (unebene Stelle)

363

unecht sie trägt unechten (künstlichen) Schmuck
unehelich ein uneheliches Kind
unehrenhaft ein unehrenhaftes Verhalten
unehrlich (nicht aufrichtig); die **Unehrlichkeit** (unehrliches Verhalten)
uneigennützig (selbstlos)
uneingeschränkt uneingeschränktes Vertrauen genießen
uneinheitlich uneinheitliche Meinungen
uneinig sie sind in dieser Sache noch uneinig (verschiedener Meinung); **uneins** *mit sich selbst uneins sein* (unzufrieden sein)
unempfänglich für das Leid anderer unempfänglich (mitleidslos) sein
unempfindlich (nicht empfindlich, nicht strapazierfähig)
unendlich (unbegrenzt, ewig), unendlich traurig sein, eine unendliche Geduld haben, unendlich weit **ABER** → die Straße scheint ins Unendliche zu führen; die **Unendlichkeit**
unentbehrlich (unbedingt notwendig)
unentgeltlich unentgeltlich (ohne Bezahlung) Arbeiten verrichten
unentschieden der Wettkampf endet unentschieden (punktegleich), er ist noch unentschieden (unentschlossen)
unentschlossen (nicht in der Lage, sich zu entscheiden); die **Unentschlossenheit**
unentschuldigt im Unterricht unentschuldigt fehlen
unerbittlich sie blieb in dieser Sache unerbittlich (unnachgiebig)
unerfahren er ist in seinem Beruf noch unerfahren
unerfindlich *aus unerfindlichen Gründen* (aus unbekannten, unverständlichen Gründen)
unerfreulich eine unerfreuliche Nachricht
unerfüllbar unerfüllbare Wünsche
unergiebig eine unergiebige Quelle
unerheblich ein unerheblicher (unbedeutender) Schaden
unerhört eine unerhörte (empörende) Frechheit, unerhört (unglaublich) spannend **ABER** → seine Bitte blieb unerhört (wurde nicht erfüllt)
unerklärlich seine Entscheidung ist mir unerklärlich
unerlässlich unerlässliche (unbedingt notwendige) Voraussetzungen
unerlaubt (verboten)
unermesslich (unendlich, riesengroß), unermesslicher Reichtum **ABER** → etwas ins Unermessliche steigern
unermüdlich unermüdlich (rastlos) arbeiten
unerquicklich (unerfreulich)
unerreichbar unerreichbare Ziele; **unerreicht**
unersättlich ein unersättlicher Drang nach Freiheit, er ist unersättlich (nie zufrieden)
unerschöpflich ein unerschöpfliches Thema
unerschrocken (mutig)
unerschütterlich eine unerschütterliche Geduld
unerschwinglich (zu teuer)
unersetzbar ein unersetzbarer Verlust; **unersetzlich**
unersprießlich ein unersprießliches (unerfreuliches, nutzloses) Gespräch
unerträglich (unausstehlich)
unerwartet ein unerwarteter Besuch
unerwidert seine Liebe blieb unerwidert
unerwünscht sie ist hier unerwünscht
UNESCO die, *Ez.* = **U**nited **N**ations **E**ducational, **S**cientific and **C**ultural **O**rganization; das **UNESCO-Welterbe** (Verzeichnis bedeutender Denkmäler)
unfähig er ist unfähig (nicht imstande), diese Aufgabe zu lösen; die **Unfähigkeit**
unfair [unfea] (nicht den Regeln entsprechend, ungerecht)
Unfall der, Unfälle (Zusammenstoß, Unglück); der/die **Unfallarzt/-ärztin**; **unfallfrei**; das **Unfallopfer**; die **Unfallstelle**
unfassbar (nicht zu begreifen, unglaublich); **unfasslich**
unfehlbar sie hält sich für unfehlbar (glaubt, dass sie keine Fehler macht); die **Unfehlbarkeit** (Handeln ohne Fehler)
unfein unfeines Benehmen
unflätig (*geh. für* unanständig)
unförmig (groß und dick)
unfrei ein unfreies Leben führen, ein Paket unfrei (ohne Bezahlung der Postgebühr) schicken; **unfreiwillig**
unfreundlich ein unfreundlicher Mensch, unfreundliches (regnerisches) Wetter
Unfriede auch **Unfrieden** der, *Ez.* (*geh. für* Streit), mit jmdm. in Unfrieden (Streit) leben
unfruchtbar ein unfruchtbarer Boden; die **Unfruchtbarkeit**
Unfug der, *Ez.*: Unfug (Unsinn) treiben
Ungarn (Staat in Mitteleuropa); der/die **Ungar/-in**; **ungarisch** (▶ deutsch)
ungeachtet *Präp.+Gen.*: ungeachtet seines Alters, ungeachtet dessen (ohne Rücksicht darauf)

ungeahnt ungeahnte (nicht vorauszusehende) Möglichkeiten
ungebeten ungebetene (nicht willkommene) Gäste
ungebildet (ohne Bildung)
ungeboren (noch im Mutterleib)
ungebräuchlich (nicht üblich)
ungebremst ungebremst fuhr der Wagen zu Tal
ungebührlich sich ungebührlich (unpassend) benehmen
ungebunden ein völlig ungebundenes (freies) Leben führen
ungedeckt der Spieler blieb vom Gegner ungedeckt, einen ungedeckten Scheck ausstellen (Scheck ohne ausreichenden Gegenwert am Konto)
Ungeduld die, Ez.: voller Ungeduld warten; **ungeduldig**
ungeeignet eine ungeeignete Methode
ungefähr nur ein ungefährer (nicht sehr genauer) Bericht, ungefähr zehn Meter, *nicht von ungefähr* (nicht zufällig)
ungefährlich (nicht gefährlich)
ungehalten die Lehrerin war sehr ungehalten (verärgert)
ungehemmt ungehemmt vordringen
ungeheuer er strengt sich ungeheuer an, eine ungeheure (gewaltige) Leistung ABER → das **Ungeheure**, ins Ungeheure steigen; das **Ungeheuer** (großes/r böses/r Tier/Mensch); **ungeheuerlich** das ist ungeheuerlich! (unerhört)
ungehindert die Grenze ungehindert passieren
ungehörig er gab eine ungehörige (freche) Antwort
ungehorsam ein ungehorsames Kind; der **Ungehorsam**
ungekünstelt (natürlich, echt)
ungeladen ungeladene Gäste
ungelegen zu ungelegener Zeit kommen; die **Ungelegenheiten** (Mühe, Verdruss)
ungelenk (ungeschickt, unbeholfen); **ungelenkig** (steif)
ungeliebt eine ungeliebte Wohnung
Ungemach das, Ez. (geh. für Ärger, Unglück)
ungemein Adv.: er ist ungemein (sehr) tüchtig
ungemütlich (nicht angenehm), *ungemütlich werden* (ärgerlich werden)
ungenau ungenau rechnen; die **Ungenauigkeit**
ungeniert [unscheniat] (ohne Hemmungen)

ungenießbar ein ungenießbarer Pilz, *er ist heute wieder ungenießbar* (ugs. für schlecht gelaunt)
ungenügend ungenügende Leistungen
ungerade eine ungerade (nicht durch 2 teilbare) Zahl
ungerecht ein ungerechtes Urteil; **ungerechterweise** Adv.; **ungerechtfertigt**; die **Ungerechtigkeit**
ungereimt ungereimtes Zeug reden; die **Ungereimtheit** (etwas, das keinen Sinn ergibt)
ungern Adv.: ungern gehen, etwas ungern (widerwillig) tun
ungerührt ungerührt (gleichgültig) zuhören
ungeschickt sich ungeschickt (unbeholfen) anstellen
ungeschlacht ein ungeschlachter (geh. für plumper, grober) Kerl
ungeschminkt ein ungeschminktes Gesicht, *die ungeschminkte* (unverblümte) *Wahrheit*
ungeschoren ungeschoren davonkommen (keinen Schaden haben), *jmdn. ungeschoren lassen* (ihn nicht behelligen)
ungeschrieben ein ungeschriebenes Gesetz
ungesetzlich eine ungesetzliche (gesetzwidrige) Handlung
ungestört ungestört (unbehindert, in Ruhe) arbeiten; die **Ungestörtheit**
ungestraft ungestraft davonkommen
ungestüm jmdn. ungestüm (temperamentvoll) begrüßen; das **Ungestüm** kindliches Ungestüm (geh. für Übermut)
ungesund eine ungesunde Lebensweise
ungetrübt eine ungetrübte (unbeschwerte) Stimmung
Ungetüm das, Ungetüme (Ungeheuer)
ungeübt ungeübte Hände
ungewiss es ist noch ungewiss (fraglich) ABER → eine Fahrt ins **Ungewisse**, jmdn. im Ungewissen lassen

| es ist **ungewiss** | ABER | im **Ungewissen** sein |

ungewöhnlich ein ungewöhnliches (ausgefallenes) Geschenk, ein ungewöhnlich (erstaunlich) schönes Bild; **ungewohnt** (anders als gewohnt)
ungewollt ungewollt schwanger werden
ungezählt ungezählte Male ABER → Ungezählte kamen
Ungeziefer das, Ez. (tierische Schädlinge)

ungeziemend sich ungeziemend (ungehörig) benehmen
ungezogen ein ungezogenes (freches) Kind; die **Ungezogenheit** (unartige Handlung)
ungezügelt ein ungezügelter (hemmungsloser) Freiheitsdrang
ungezwungen ein ungezwungenes (natürliches) Verhalten; die **Ungezwungenheit**
Unglaube auch **Unglauben** der, *Ez.:* im Unglauben (ohne Glaube an Gott) erzogen werden; **unglaubhaft** (unglaubwürdig); **ungläubig** jmdn. ungläubig anstarren, ein ungläubiger Mensch; der/die **Ungläubige**; **unglaublich** (unerhört); **unglaubwürdig**
ungleich ungleiche (verschieden große) Füße haben; das **Ungleichgewicht**; die **Ungleichheit**; **ungleichmäßig** (unregelmäßig); **ungleichnamig** ungleichnamige Brüche
Unglück das, Unglücke (Unfall, Unheil), zu allem Unglück (obendrein), *in sein Unglück rennen* (sich in eine schlimme Lage bringen); **unglücklich**; **unglücklicherweise** *Adv.* (leider); der **Unglücksbote**; **unglückselig**; **unglückseligerweise** *Adv.;* der **Unglücksrabe** (jmd., der viel Pech hat)
Ungnade die, *Ez.:* bei jmdm. in Ungnade fallen (seine Gunst verlieren); **ungnädig** (unfreundlich)
ungültig eine ungültige Fahrkarte
Ungunst zu deinen Ungunsten (zu deinem Nachteil), auch zuungunsten; **ungünstig** (nachteilig, unangenehm)
ungustiös (unappetitlich); der **Ungustl** (*ugs. abwertend für* unsympathischer Mensch)
ungut eine ungute Situation (*ugs.*), *nichts für ungut!* (es ist nicht böse gemeint)
unhaltbar unhaltbare (unerträgliche) Zustände, eine unhaltbare (ungerechtfertigte) Behauptung
Unheil das, *Ez.* (Unglück, Übel), Unheil stiften, Unheil bringend auch unheilbringend; **unheilbar** unheilbar krank sein; der/die **Unheilstifter/-in**; **unheilvoll** eine unheilvolle (bedrohliche) Lage
unheimlich ein unheimlicher (schauerlicher) Anblick, er sah unheimlich (furchterregend) aus, sich unheimlich (sehr) freuen
unhöflich eine unhöfliche Antwort; die **Unhöflichkeit** (unhöfliche Art oder Handlung)
Unhold der, Unholde (böser Geist; gefährlicher Mensch)
uni [üni, uni] ein uni (einfärbiger) Pullover;

unifarben
Uni die, Unis (*kurz für* Universität)
UNICEF die, *Ez.* (**U**nited **N**ations **I**nternational **C**hildren's **E**mergency **F**und, Kinderhilfswerk der UNO)
Uniform die, Uniformen (einheitliche Dienstkleidung); **uniform** (gleichförmig); **uniformieren** (vereinheitlichen); der/die **Uniformierte**
Unikat das, Unikate: das Schmuckstück ist ein Unikat (nur in einer einzigen Ausfertigung vorhanden); das **Unikum** (etwas Einmaliges)
uninteressant das ist für mich uninteressant
Union die, Unionen (Vereinigung, Verbindung)
unirdisch (überirdisch)
unisono *Adv.:* unisono (einstimmig) singen, einer Sache unisono zustimmen
Universität [uniweasität] die, Universitäten (Hochschule); der/die **Universitätsprofessor/-in**
universal ein universales (umfassendes) Wissen haben; das **Universalgenie** [uniweasalscheni] (Alleskönner); **universell**; das **Universum** [uniweasum] (Weltall, Kosmos), ein Universum (unendliche Vielfalt) an Farben
Univ.-Prof. = **Univ**ersitäts**prof**essor/-in
Unke die, Unken (Krötenart); **unken** (Böses prophezeien); der **Unkenruf** (*geh. für* ungünstige Voraussage)
unkenntlich (nicht zu erkennen); die **Unkenntnis** er hat aus Unkenntnis (aus Unwissenheit) gehandelt
unklar er hat unklare Vorstellungen, sich unklar ausdrücken, etwas nur unklar erkennen ABER → jmdn. im **Unklaren** (Ungewissen) lassen

unklare Vorstellungen haben	ABER	jmdn. im **Unklaren** lassen

unkompliziert ein unkomplizierter Mensch
unkonventionell (nicht allgemein üblich)
unkonzentriert (unaufmerksam)
Unkosten die, *Mz.:* hohe Unkosten (Ausgaben) haben, *sich in Unkosten stürzen* (viel Geld ausgeben)
Unkraut das, Unkräuter (wild wachsende Pflanzen), Unkraut jäten
unlängst *Adv.:* unlängst (kürzlich) habe ich sie gesehen
unlauter unlauterer (unrechtmäßiger) Wettbewerb

unleidlich unleidlich (unfreundlich, unerträglich) sein
unleugbar eine unleugbare Tatsache
unliebsam ein unliebsames (unangenehmes) Ereignis
unliniert (ohne Linien)
Unlust die, *Ez.* (Lustlosigkeit, Abneigung); das **Unlustgefühl**
unmäßig (maßlos)
Unmenge die, Unmengen (sehr große Menge)
Unmensch der, Unmenschen: *kein Unmensch sein* (zum Nachgeben bereit sein); **unmenschlich** eine unmenschliche (grausame) Härte, es herrscht eine unmenschliche (extreme) Hitze; die **Unmenschlichkeit**
unmerklich (nicht wahrnehmbar, allmählich)
unmissverständlich etwas unmissverständlich (klar) sagen
unmittelbar (sofort, direkt)
unmöglich etwas unmöglich machen (verhindern), ich kann unmöglich (auf keinen Fall) kommen ABER → er verlangt **Unmögliches**, das Unmögliche möglich machen
unmoralisch unmoralisches Verhalten
unmotiviert unmotiviert (ohne Grund) lachen, unmotivierte Mitarbeiter
unmündig unmündige (minderjährige) Kinder
Unmut der, *Ez.* (Ärger, Unzufriedenheit); **unmutig** (ärgerlich, mürrisch)
unnachahmlich (einzigartig)
unnachgiebig (hart, eigensinnig)
unnachsichtig (unerbittlich)
unnahbar sie wirkt unnahbar (abweisend, verschlossen); die **Unnahbarkeit**
unnatürlich (nicht natürlich)
unnötig (nicht nötig); **unnötigerweise** *Adv.*
unnütz (nutzlos); **unnützerweise** *Adv.*
UNO auch Uno die, *Ez.* (kurz für **U**nited **N**ations **O**rganization, Vereinte Nationen); der/die **UNO-Generalsekretär/-in**
unordentlich (ungeordnet, schlampig); die **Unordnung**
unparteiisch er verhielt sich unparteiisch (neutral); der/die **Unparteiische** (Schiedsrichter/-in); **unparteilich**
unpassend (unangebracht, ungelegen)
unpässlich er fühlt sich unpässlich (unwohl, krank); die **Unpässlichkeit**
Unrast die, *Ez.* (*geh. für* innere Unruhe)
Unrat der, *Ez.* (Schmutz, Abfall)
Unrecht das, *Ez.* (Vergehen, Schuld), im Unrecht sein, zu Unrecht (fälschlich), ihm geschieht Unrecht, *sich ins Unrecht setzen* (unrecht handeln); **unrecht** es ist unrecht, ihm nicht zu helfen, mir ist das nicht unrecht, in unrechte Hände fallen, am unrechten Platz; **unrechtmäßig** (gesetzwidrig); **unrechtmäßigerweise** *Adv.*
unredlich etwas auf unredliche (unehrliche) Weise erwerben
unregelmäßig ein unregelmäßiger Pulsschlag; die **Unregelmäßigkeit** eine Unregelmäßigkeit im Muster, es gab gewisse

das **ist mir nicht unrecht**	ABER	das **ist ein Unrecht**
unrecht haben	auch	**Unrecht** haben
jmdm. **unrecht tun**	auch	jmdm. **Unrecht tun**

Unregelmäßigkeiten (Fälschungen, Betrug) in der Abrechnung
unreif unreifes Obst, ein unreifer Mensch
unrein unreine Haut, einen Text ins Unreine schreiben (vorschreiben, entwerfen)
unrentabel (keinen Gewinn abwerfend)
unrettbar unrettbar verlorene Schätze
Unruhe die, Unruhen: voll Unruhe sein, bewaffnete Unruhen (Aufstände); der **Unruheherd** (Krisenherd); der/die **Unruhestifter/-in** (Störenfried); **unruhig** unruhig (ruhelos) umherlaufen, unruhig (nervös) sein
uns wann kommst du zu uns?
unsachgemäß bei unsachgemäßer Lagerung verdirbt das Obst; **unsachlich** ein unsachliches (gefühlsbestimmtes) Gespräch
unsagbar unsagbar (sehr) reich sein; **unsäglich** unsägliches (*geh. für* unbeschreibliches) Leid erdulden
unsanft unsanft geweckt werden
unschädlich unschädliche Dämpfe, *jmdn. unschädlich machen* (ihn hindern, weiterhin Schaden anzurichten)
unschätzbar er hat unschätzbare (außerordentliche) Hilfe geleistet
unscheinbar (unauffällig)
unschicklich (anstößig)
unschlagbar die Mannschaft ist unschlagbar
unschlüssig (unentschlossen); die **Unschlüssigkeit**
Unschuld die, *Ez.*: er konnte seine Unschuld (Schuldlosigkeit) beweisen, in aller Unschuld (aus Erfahrungslosigkeit) etwas behaupten,

unschwer → untergeben

die **Unschuld** vom Lande (abwertend für naives Mädchen); **unschuldig** er war an dem Unfall unschuldig; der/die **Unschuldige**; **unschuldigerweise** Adv.

unschwer das war unschwer zu erraten

unselbständig auch **unselbstständig** ein unselbständiger (auf andere angewiesener) Mensch; die **Unselbständigkeit** auch **Unselbstständigkeit**

unselig ein unseliges (folgenschweres) Zusammentreffen

unser unser Haus, erbarme dich unser, das unsere auch das **Unsere** beitragen; die unseren auch die **Unseren**; **unsereiner**; **unsereins**; **unser(er)seits** Adv.; **unseresgleichen**; **unser(e)thalben** Adv.; **unser(e)twegen** Adv.; um **unser(e)twillen** Adv.; **unsrige** die unsrigen auch **Unsrigen** haben gewonnen

unsicher eine unsichere (gefährliche) Gegend, unsicher (schwankend) gehen, das Ende ist noch unsicher (ungewiss) ABER → im Unsicheren sein (zweifeln); die **Unsicherheit**

unsichtbar sich unsichtbar machen

Unsinn der, Ez.: (Unfug, Dummheiten), Unsinn reden; **unsinnig**; **unsinnigerweise** Adv.

Unsitte die, Unsitten (schlechte Angewohnheit); **unsittlich** (gegen die Moral)

unsozial unsoziales Verhalten

unstatthaft (verboten, gesetzwidrig)

unsterblich die unsterbliche Seele, sich unsterblich verlieben; die **Unsterblichkeit**

Unstern der, Ez.: etwas steht unter einem Unstern (geh. für wird vom Unglück verfolgt)

unstet ein unstetes (geh. für unbeständiges) Leben führen; **unstetig**

Unstimmigkeit die, ...keiten (Fehler; Meinungsverschiedenheit)

Unsumme die, Unsummen (große Menge Geld)

unsymmetrisch ein unsymmetrisches Gesicht

unsympathisch er ist mir unsympathisch

untadelig (moralisch einwandfrei)

Untat die, Untaten (Verbrechen)

untätig untätig herumsitzen

untauglich (nicht geeignet)

unteilbar ein unteilbares Ganzes

unten Adv.: tief unten, weiter unten, er ist bei mir unten durch, (in einer Firma) ganz unten anfangen, der unten erwähnte Titel, nicht wissen, was unten und oben ist (sich nicht auskennen), siehe unten <s.u.>, der **unten stehende** auch untenstehende Abschnitt, das unten Stehende auch das **Untenstehende**, unten Stehendes auch **Untenstehendes**

unter Präp.+Dat.: unter der Decke liegen, unter Tag (in einem Bergwerk) arbeiten, unter Freunden sein, unter der Bedingung, dass ..., unter ander(e)m <u.a.>, unter Umständen <u.U.>, unter uns gesagt (im Vertrauen), unter der Hand (heimlich); Präp.+Akk.: unter das Bett schauen, unter die Leute gehen; Adv.: es waren unter zehn Besucher/-innen, Kinder unter acht Jahren, 10° unter Null

Unterbewusstsein das, Ez.: etwas aus dem Unterbewusstsein heraus tun

unterbieten (▶ bieten) den Preis unterbieten (herunterdrücken)

unterbinden (▶ binden) einen Streit unterbinden (verhindern)

unterbleiben (▶ bleiben) etwas unterbleibt (geschieht nicht)

unterbrechen (▶ brechen) den Unterricht unterbrechen, jmdn. unterbrechen (ihn am Weitersprechen hindern); die **Unterbrechung** (Störung, Pause)

unterbreiten jmdm. einen Vorschlag unterbreiten (geh. für etwas vorschlagen)

unterbringen (▶ bringen) die Gäste in einem Hotel unterbringen

unterbuttern sich nicht unterbuttern (ugs. für unterdrücken) lassen

unterdessen Adv. (inzwischen)

Unterdruck der, ...drücke (niedrigerer Druck als der Luftdruck); **unterdrücken** er unterdrückte seine Mitarbeiter, Gefühle unterdrücken; die **Unterdrückung**

untere die untere Lade, im untersten Fach ABER → das Unterste zuoberst kehren (alles gründlich durchsuchen)

untereinander Adv.: sich untereinander gut kennen, etwas untereinander (miteinander) vereinbaren; **untereinanderliegen** (▶ liegen); **untereinanderschreiben** (▶ schreiben)

unterernährt unterernährte Kinder; die **Unterernährung**

Unterführung die, Unterführungen (unterirdischer Weg)

Untergang der, Untergänge: der Untergang der Sonne, der Alkohol war sein Untergang, der Untergang des Schiffes

untergeben jmdm. untergeben sein; der/die **Untergebene** (Person, die jmdm. unterstellt ist)

untergehen (▶ gehen) die Sonne geht unter, seine Ansprache ging im Geschrei unter, ein untergegangenes Volk

Untergeschoß auch **Untergeschoss** das, Untergeschoße (Keller)

Untergewicht das, *Ez.* (zu geringes Körpergewicht)

Untergrund der, *Ez.:* der Untergrund (unterste Schicht) eines Gemäldes, im Untergrund (als Mitglied einer geheimen Widerstandsbewegung) kämpfen; die **Untergrundbahn** <U-Bahn>; die **Untergrundbewegung** (verbotene politische Gruppe); der/die **Untergrundkämpfer/-in**

unterhalb *Präp.+Gen.:* unterhalb des Weges

Unterhalt der, *Ez.:* für den Unterhalt (die Lebenskosten) seiner Familie aufkommen, für jmdn. Unterhalt zahlen

unterhalten (▶ halten) sie unterhalten sich (sprechen miteinander), er unterhielt den Gast (vertrieb ihm die Zeit), sie werden vom Staat unterhalten (versorgt); **unterhaltsam** (interessant, heiter); **unterhaltspflichtig**; die **Unterhaltung** die Unterhaltung (das Gespräch) beenden, für die Unterhaltung der Gäste sorgen, gute Unterhaltung!; die **Unterhaltungsindustrie** (alle Unternehmen der Freizeitunterhaltung)

unterhandeln (verhandeln); der/die **Unterhändler/-in**

Unterholz das, *Ez.* (die niedrigen Gehölze im Wald)

unterirdisch ein unterirdischer Gang

unterjochen (gewaltsam unterdrücken)

unterjubeln (heimlich zuschieben)

Unterkiefer der, -: (unterer Teil des Kiefers)

unterkommen (▶ kommen) in einer Pension unterkommen, er kam in dem Betrieb unter (wurde angestellt), so etwas ist mir noch nicht untergekommen (*ugs. für* widerfahren)

Unterkühlung die, Unterkühlungen: an Unterkühlung sterben

Unterkunft die, Unterkünfte (Wohnung, Herberge)

Unterlage die, Unterlagen: eine Unterlage aus Plastik, die Unterlagen (Dokumente) mitnehmen

Unterlass der, *Ez.:* ohne Unterlass (ohne Unterbrechung); **unterlassen** (▶ lassen) unterlassene Hilfestellung, das Rauchen unterlassen (nicht rauchen); die **Unterlassung**

¹**unterlegen** ein Kissen unterlegen

²**unterlegen** den Film mit Musik unterlegen

³**unterlegen** er ist ihm unterlegen (schwächer als er); der/die **Unterlegene**; die **Unterlegenheit**

Unterleib der, Unterleibe: Schmerzen im Unterleib haben

unterliegen (▶ liegen) im Wettkampf unterliegen (verlieren)

unterm *Präp.+Dat.:* unterm (unter dem) Tisch liegen

untermauern sie untermauert ihre Ausführungen mit Beispielen

Untermiete die, ...mieten: in Untermiete wohnen; der/die **Untermieter/-in**

unternehmen (▶ nehmen) (veranstalten); das **Unternehmen** (Vorhaben, größerer Betrieb); der/die **Unternehmer/-in**; **unternehmerisch**; die **Unternehmung**; **unternehmungslustig**

unterordnen sich unterordnen (fügen), eine untergeordnete (geringere) Bedeutung haben

Unterredung die, Unterredungen (Besprechung)

Unterricht der, *Ez.:* jmdm. Unterricht geben; **unterrichten** Deutsch unterrichten, jmdn. von etwas unterrichten (*geh. für* informieren); die **Unterrichtseinheit**; **unterrichtsfrei**

unters *Präp.+Akk.:* etwas unters (unter das) Bett legen

untersagen sie untersagt (verbietet) ihm das Rauchen

Untersatz der, Untersätze: ein Untersatz für den heißen Topf, *ein fahrbarer Untersatz* (*ugs. für* Auto)

unterschätzen (nicht ernst nehmen, unterbewerten)

unterscheiden (▶ scheiden) er kann Farben nicht unterscheiden, sie hat sich von ihm unterschieden; **unterscheidbar**; die **Unterscheidung**; der **Unterschied** es bestehen kaum Unterschiede zwischen den Angeboten; **unterschiedlich** (verschieden); **unterschiedslos**

¹**unterschieben** (▶ schieben) er schob der Patientin einen Polster unter

²**unterschieben** (▶ schieben) jmdm. einen Brief unterschieben (heimlich zuschieben, um ihm zu schaden), er unterschob (unterstellte) ihr Feigheit

unterschlagen (▶ schlagen) Geld unterschlagen (veruntreuen), er unterschlug (verschwieg) eine Nachricht; die **Unterschlagung** (Veruntreuung, z.B. von Geld)

Unterschlupf der, Unterschlüpfe: jmdm.

369

unterschreiben → unumschränkt

Unterschlupf (Zuflucht) gewähren; **unterschlüpfen**
unterschr<u>ei</u>ben (▶ schreiben) den Brief unterschreiben, *etwas unterschreiben können* (gutheißen); die **Unterschrift** seine Unterschrift geben (etwas bestätigen)
unterschwellig unterschwellige (unbewusste) Ängste
untersetzen einen Teller untersetzen; der **Untersetzer** (z.B. für Blumentöpfe); **unters<u>e</u>tzt** ein untersetzter (kleiner, kräftig gebauter) Mann
Unterstand der, Unterstände (schützender Raum); **unterstandslos** (obdachlos); der/die **Unterstandslose** (Obdachlose/-r)
¹**unterst<u>e</u>hen** (▶ stehen) bei Regen unterstehen (unter einem schützenden Dach stehen), er stand unter, ist untergestanden
²**unterst<u>e</u>hen** (▶ stehen) er untersteht mir (ist mir untergeordnet), untersteh dich! (wehe dir), sie unterstand sich (maßte sich an), etwas zu tun, sie hat sich unterstanden
¹**unterst<u>e</u>llen** sein Fahrrad unterstellen
²**unterst<u>e</u>llen** jmdm. böse Absichten unterstellen (zuschreiben); die **Unterstellung** (böswillige Behauptung)
unterstr<u>ei</u>chen (▶ streichen) Wörter unterstreichen, der Lippenstift unterstrich ihren schönen Mund
Unterstufe die, Unterstufen (die ersten vier Klassen eines Gymnasiums)
unterstützen er unterstützt arme Leute (hilft ihnen), ein Gesuch unterstützen (befürworten); die **Unterstützung**
unters<u>u</u>chen die Ärztin untersucht den Kranken, die Polizei untersucht einen Mordfall; die **Untersuchung**
Untertagarbeiter der, -: (Bergarbeiter unter der Erdoberfläche); der **Untertagbau**
untertags *Adv.* (während des Tages)
untertan er ist ihm untertan (*geh. für* untergeben), *sich etwas untertan machen* (*veraltet für* seinem Willen unterwerfen); der/die **Untertan/-in**; **untertänig** (ergeben, unterwürfig), untertänigst um Verzeihung bitten
Untertasse die, Untertassen (kleiner Teller zur Kaffeetasse)
untertauchen (unter Wasser tauchen; sich verstecken)
Unterteil das/der, Unterteile: der Unterteil des Bikinis; **unterteilen** (einteilen, gliedern); die **Unterteilung**

untertr<u>ei</u>ben (▶ treiben) (etwas unbedeutender darstellen, als es ist); die **Untertreibung**
unterwandern eine Armee unterwandern (heimlich in sie eindringen)
unterwegs *Adv.:* er ist schon Stunden unterwegs
unterw<u>ei</u>sen (▶ weisen) jmdn. unterweisen (*geh. für* unterrichten); die **Unterweisung**
Unterwelt die, *Ez.* (Totenreich; Verbrechermilieu)
unterwerfen (▶ werfen) ein Volk unterwerfen (untertan machen), sich jmdm. unterwerfen (ergeben), sich einem Urteil unterwerfen (fügen); **unterwürfig**
unterz<u>ei</u>chnen (*geh. für* unterschreiben); der/die **Unterzeichnete** (Person, die unterschrieben hat)
¹**unterz<u>ie</u>hen** (▶ ziehen) den Eischnee (dem Teig) unterziehen, sie hat ihn untergezogen
²**unterz<u>ie</u>hen** (▶ ziehen) sie unterzieht sich einer Prüfung (lässt sich prüfen), er hat sich einer Untersuchung unterzogen
Unterzucker der, *Ez.* (zu niedriger Blutzuckerspiegel)
untief (flach, seicht); die **Untiefe** (seichte Stelle; *geh. für* sehr große Tiefe)
Untier das, Untiere (Ungeheuer, Scheusal)
untilgbar eine untilgbare (nicht wiedergutzumachende) Schuld
untot (nicht endgültig tot); der/die **Untote** (Geist, Zombie)
untragbar untragbare (unhaltbare) Zustände
untrennbar eine untrennbare Einheit
untreu (treulos, verräterisch); die **Untreue**
untröstlich untröstlich über den Verlust sein
untrüglich er hat untrügliche (ganz sichere) Beweise
unüberbrückbar unüberbrückbare Gegensätze
unüberlegt (kopflos, leichtfertig)
unübersehbar eine unübersehbare Menschenmenge, das ist unübersehbar (offensichtlich)
unübersichtlich eine unübersichtliche Kurve, die Lage ist unübersichtlich (verworren)
unübertrefflich (nicht zu übertreffen); **unübertroffen**
unüberwindbar unüberwindbare Hindernisse; **unüberwindlich**
unumgänglich (unabwendbar, nötig)
unumschränkt unumschränkt (ohne Einschränkung) herrschen

unumstößlich mein Entschluss ist unumstößlich (endgültig)
unumwunden etwas unumwunden (aufrichtig) zugeben
ununterbrochen ununterbrochen (dauernd) schwätzen
unveränderlich unveränderliche Bedingungen
unverantwortlich (leichtsinnig)
unverbesserlich (unbelehrbar)
unverbindlich eine unverbindliche (sich nicht festlegende) Auskunft geben
unverblümt unverblümt (sehr direkt) seine Meinung sagen
unverdaulich unverdauliche Nahrungsbestandteile
unverdient (unberechtigt); **unverdientermaßen** *Adv.*; **unverdienterweise** *Adv.*
unverdrossen (beharrlich)
unvereinbar das ist mit meinem Gewissen unvereinbar
unverfänglich ein unverfängliches (harmloses) Thema
unverfroren (frech, unverschämt)
unvergänglich (ewig dauernd)
unvergesslich eine unvergessliche Zeit
unvergleichlich (außergewöhnlich)
unverhältnismäßig (übermäßig)
unverhofft ein unverhofftes (nicht erwartetes) Wiedersehen
unverhohlen unverhohlen (aufrichtig) seine Meinung sagen
unverkennbar unverkennbare (eindeutige) Anzeichen
unverletzlich unverletzliche Rechte des Bürgers; **unverletzt**
unvermeidbar (nicht zu verhindern); **unvermeidlich** die unvermeidlichen (nicht zu verhindernden) Ermahnungen
unvermindert mit unvermindertem (gleich großem) Tempo weiterlaufen
unvermittelt unvermittelt (plötzlich, ohne Übergang) fragte er uns
Unvermögen das, *Ez.* (Unfähigkeit); **unvermögend**
unvermutet (plötzlich)
Unvernunft die, *Ez.* (Dummheit); **unvernünftig** (töricht, unüberlegt)
unverrichtet *unverrichteter Dinge* (erfolglos, ohne etwas erreicht zu haben) *umkehren*
unverrückbar (unabänderlich)
unverschämt (frech, schamlos); die **Unverschämtheit**

unversehens *Adv.:* unversehens (plötzlich) stand sie vor mir
unversehrt (ohne Verletzungen oder Schäden)
unversöhnlich unversöhnliche Feinde
unverständig (unklug); **unverständlich** (unbegreiflich)
unversucht *nichts unversucht lassen* (alles Mögliche versuchen)
unverträglich unverträgliche Speisen, er ist ein unverträglicher (streitsüchtiger) Mensch
unverwandt jmdn. unverwandt (ununterbrochen) anstarren
unverwechselbar (außergewöhnlich)
unverwüstlich ein unverwüstliches (sehr haltbares) Leder
unverzagt (mutig, beherzt)
unverzüglich (sofort)
unvollendet ein unvollendetes Werk
unvollkommen (mit Fehlern behaftet)
unvollständig (unbeendet, nicht ganz fertig)
unvoreingenommen (ohne Vorurteile)
unvorhergesehen (unerwartet)
unvorstellbar der Zug fährt mit unvorstellbar hoher Geschwindigkeit, unvorstellbares Leid
unwahr (falsch, gelogen); **unwahrhaftig** (nicht aufrichtig); **unwahrscheinlich**
unwegsam ein unwegsames (unzugängliches) Gelände
unweigerlich (auf jeden Fall)
unweit *Präp.+Gen.:* unweit des Dorfes (nahe)
Unwesen sein Unwesen treiben (geh. für Schaden anrichten)
unwesentlich (unbedeutend, nicht wichtig)
Unwetter das, -: (Sturm, Gewitter)
unwichtig eine unwichtige Sache
unwiderlegbar (nicht zu widerlegen)
unwiderruflich ein unwiderruflicher (endgültiger) Beschluss
unwiderstehlich er hat den unwiderstehlichen Drang zu lügen
unwiederbringlich (unersetzlich, nicht wiederholbar)
Unwille der, *Ez.* (Ärger, Missstimmung) auch der **Unwillen**; **unwillig** (ärgerlich)
unwillkürlich (unbewusst, unabsichtlich)
unwirklich (nicht wirklich scheinend)
unwirksam (nicht wirksam)
unwirsch jmdn. unwirsch (unfreundlich) behandeln
unwirtlich eine unwirtliche (raue, einsame) Gegend
unwirtschaftlich (wenig Ertrag bringend)
unwissend (unerfahren); die **Unwissenheit**;

unwohl → Urzeit

unwissentlich (versehentlich)
unwohl *Adv.*: sie fühlt sich heute unwohl (nicht gesund); das **Unwohlsein**
unwürdig jmdn. unwürdig behandeln, einer Belohnung unwürdig sein (sie nicht verdienen)
Unzahl die, *Ez.* (riesige Menge); **unzählbar**; **unzählige** unzählige (viele) Sterne, unzählige Mal(e) ABER → Unzählige kamen

unzählige Menschen kamen	ABER	**Unzählige** kamen

Unze die, Unzen (altes Feingewicht, ca. 30 g)
Unzeit die, *Ez.*: zur Unzeit (zur unpassenden Zeit); **unzeitgemäß** (altmodisch)
unzerbrechlich unzerbrechliches Glas
unzertrennlich unzertrennliche Freunde
Unzucht die, *Ez.* (*veraltet für* sexuelles Vergehen); **unzüchtig** (Anstoß erregend)
unzufrieden unzufrieden (unglücklich, enttäuscht) sein; die **Unzufriedenheit**
unzugänglich ein unzugängliches Gebiet
unzulänglich eine unzulängliche (mangelhafte) Ausbildung
unzulässig (nicht erlaubt)
unzumutbar unzumutbare Arbeitsbedingungen
unzurechnungsfähig (geistig nicht zurechnungsfähig); die **Unzurechnungsfähigkeit**
unzureichend er war unzureichend (nicht genügend) vorbereitet
unzutreffend (falsch)
unzuverlässig (pflichtvergessen)
unzweideutig (unmissverständlich)
unzweifelhaft (sicher)
Update [apdet] das, Updates (Software zum Aktualisieren von Programmen)
Upgrade [apgred] das, Upgrades (Verbesserung eines Produktes); **upgraden** er upgradet ein Programm
uploaden [aploden] (Dateien auf einen Internetserver laden und damit anderen zugänglich machen)
Upperclass [apaklas] die, *Ez.* (gesellschaftliche Oberschicht)
üppig ein üppiges (reichliches) Mahl
up to date [aptudet] (*ugs. für* auf der Höhe der Zeit, modern)
Ur der, Ure (Auerochse)
Urabstimmung die, Urabstimmungen (direkte Abstimmung aller Stimmberechtigten)

Urahn *auch* **Urahne** der, Urahnen (Vorfahr); die **Urahne** (Vorfahrin)
uralt ein uralter Mann
Uran das, *Ez.* <U> (radioaktives chemisches Element)
Uranus der, *Ez.* (Planet)
urassen (*mundartl. für* verschwenden)
uraufführen (erstmals aufführen); die **Uraufführung**
urban urbane (städtische) Lebensweise; **urbanisieren** (verstädtern); die **Urbanität** (städtische Atmosphäre)
urbar ein Land urbar (anbaufähig) machen
Urbild das, Urbilder (Vorbild, Inbegriff)
Ureinwohner der, -: (erster Bewohner eines Gebietes); die **Ureinwohnerin**
Urenkel der, -: (Sohn des Enkels oder der Enkelin); die **Urenkelin**; die **Urgroßeltern**; die **Urgroßmutter**; der **Urgroßvater**; der/die **Urenkel/-in**
urgemütlich (überaus gemütlich)
urgieren (auf Erledigung drängen)
Urheber der, -: der Urheber der Unruhen, der Urheber des Kunstwerks; die **Urheberin**; das **Urheberrecht**; **urheberrechtlich**
urig (urwüchsig, originell)
Urin der, Urine (Harn); **urinieren**; der **Urologe** (Facharzt für Harnwegsorgane); die **Urologie**; die **Urologin**; **urologisch**
Urkunde die, Urkunden (amtliches Schriftstück); **urkundlich**
Urlaub der, Urlaube (Ferien, Erholung); Urlaub machen; der/die **Urlauber/-in**; **urlaubsreif**
Urne die, Urnen (Gefäß für die Asche von Verstorbenen; Behälter für Wahlzettel); der **Urnengang** (Wahl)
Ursache die, Ursachen (Grund, Ursprung), keine Ursache! (gern geschehen); **ursächlich**
Ursprung der, Ursprünge (Beginn, Anfang); **ursprünglich** (anfangs)
Urständ die, *Mz.*: etwas feiert fröhliche Urständ (lebt wieder auf)
Urteil das, Urteile (Entscheidung bei Gericht; persönliche Meinung, Bewertung); **urteilen** (entscheiden, beurteilen); **urteilsfähig**; der **Urteilsspruch**; das **Urteilsvermögen** (Fähigkeit zur Meinungsbildung)
urtümlich (unverfälscht, natürlich)
Urwald der, Urwälder (Dschungel, Wildnis)
urwüchsig (ursprünglich, unverfälscht)
Urzeit die, Urzeiten (älteste erdgeschichtliche Zeit), *seit Urzeiten* (seit unendlich langer Zeit); **urzeitlich**

die **Urzeit** (der Geschichte)	ABER	die **Uhrzeit** (Tageszeit)

USA die, *Ez.* (*kurz für* **U**nited **S**tates of **A**merica, Vereinigte Staaten von Amerika); der/die **US-Bürger/-in**

Usa**nce** [üs<u>a</u>s] die, Usancen (Gepflogenheit)

USB der, USBs (*kurz für* **U**niversal **S**erial **B**us, universeller Anschluss); der **USB-Stick** [j<u>u</u>sbstik] (Speichermedium)

User [j<u>u</u>sa] der, -: (Benützer/-in, z.B. von Computern)

usf. = **u**nd **s**o **f**ort

Usurpa**tor** der, Usurpatoren (jmd., der widerrechtlich die Gewalt im Staat an sich reißt)

Usus der, *Ez.:* das ist Usus (Brauch)

usw. = **u**nd **s**o **w**eiter

Utensil das, Utensilien (Gebrauchsgegenstand)

Uterus der, Uteri (Gebärmutter)

Utopie die, Utopien (Wunschvorstellung); **ut**o**pisch** das ist utopisch (undurchführbar)

u.U. = **u**nter **U**mständen

u.v.a. = **u**nd **v**iele(s) **a**ndere

UV-Strahlung die, *Ez.* (ultraviolette Strahlung)

Weißt du eigentlich, was es heißt, *jemandem ein X für ein U vorzumachen*? Das *SchulWörterBuch* erklärt dir auch Sprichwörter. Schau doch einmal unter „**x**" nach!

▶ Mehr von Maus und Katze auf Seite 411!

V

V = **V**olt; **V**olumen (Rauminhalt)
Vagabund [w...] der, Vagabunden (Landstreicher); **vagabundieren** (herumziehen); die **Vagabundin**
vage [wage] auch **vag** ein vager (ungenauer) Hinweis; die **Vagheit** (Ungewissheit)
Vagina [wagina] die, Vaginen (Scheide, weibliches Geschlechtsorgan)
vakant [wakant] eine vakante (unbesetzte, freie, offene) Stelle; die **Vakanz**
Vakuum [wakuum] das, Vakua/Vakuen (luftleerer Raum); **vakuumverpackt**
Valenz [walents] die, Valenzen (Fähigkeit, Wörter/Atome zu binden)
Valuta [waluta] die, Valuten (ausländische Währung)
Vamp [wämp] der, Vamps (verführerische, berechnende Frau)
Vampir [wampia] der, Vampire (blutsaugendes Wesen)
Vandale [wandale] der, Vandalen; der **Vandalismus** (Zerstörungswut)
Vanille [wanile] die, *Ez.* (Gewürz); das **Vanilleeis**; das **Vanillekipferl**; der **Vanillezucker**
variabel [w...] (veränderlich, austauschbar); die **Variable** (veränderliche Größe)
Variante [w...] die, Varianten (veränderte Form); die **Variation** [...tsion] (Abwandlung)
Varieté [wariete] das, Varietees/Variétés (Theater mit vielfältigem Unterhaltungsprogramm)
variieren [w...] (verändern, abwandeln)
Vasall [wasal] der, Vasallen (Lehensmann, abhängiger Verbündeter); das **Vasallentum**
Vase [wase] die, Vasen (Gefäß für Blumen); **vasenförmig**
Vaselin [waselin] das, *Ez.* auch die **Vaseline** (Masse zur Herstellung von Salben und Schmiermitteln)
Vater der, Väter: der Vater (Schöpfer) des Plans, Vater Staat, der Heilige Vater (Papst); das **Vaterland**; **vaterländisch**; **väterlich**; **väterlicherseits**; **vaterlos**; die **Vaterschaft**; der **Vatertag**; das **Vaterunser** (Gebet)
Vatikan [watikan] der, *Ez.* (Kirchenstaat, Residenz des Papstes in Rom); **vatikanisch**; der **Vatikanstaat**
V-Ausschnitt [fauausschnit] der, V-Ausschnitte: ein Pullover mit V-Ausschnitt

Vbg. = **V**orarl**b**er**g**
v.Chr. = **v**or **Chr**istus
Vegetarier [w...] der, -: (jmd., der nur pflanzliche Nahrung isst); die **Vegetarierin**; **vegetarisch**
Vegetation [...tsion] die, Vegetationen (Pflanzenbestand); **vegetativ** vegetative (ungeschlechtliche) Vermehrung, das vegetative (nicht vom Bewusstsein beeinflusste) Nervensystem; **vegetieren** (ärmlich, kümmerlich leben)
vehement [w...] etwas vehement (heftig) kritisieren; die **Vehemenz** (Heftigkeit)
Vehikel [w...] das, -: (altes Fahrzeug; Mittel zum Zweck)
Veilchen [f...] das, -: (Frühlingsblume); **veilchenblau**
Vektor [w...] der, Vektoren (mathematische oder physikalische Größe); die **Vektorrechnung**
[1]**Velours** [welua] auch **Velour** der, -: (weicher Stoff)
[2]**Velours** [welua] das, -: (samtartiges Leder); das **Veloursleder**
Vene [wene] die, Venen (Blutader); die **Venenentzündung**; **venös** (die Venen betreffend)
Ventil [wentil] das, Ventile (Vorrichtung zum Stauen/Ablassen von Flüssigkeiten oder Gasen); die **Ventilation** [...tsion] (Belüftung); der **Ventilator** (Gerät zum Belüften); **ventilieren** (lüften; in Betracht ziehen)
Venus [wenus] die, *Ez.* (Planet; antike Göttin)
verabreden einen Termin verabreden; die **Verabredung** (Treffen; Vereinbarung)
verabscheuen (etwas unerträglich, widerwärtig finden); **verabscheuenswert**; **verabscheuungswürdig**
verabschieden er verabschiedete sich von den Gästen, das Gesetz verabschieden (beschließen); die **Verabschiedung**
verachten (ablehnen, verabscheuen), *etwas ist nicht zu verachten* (erstrebenswert); **verächtlich**; die **Verächtlichkeit**; die **Verachtung** *jmdn. mit Verachtung strafen* (ihn nicht beachten); **verachtungsvoll**; **verachtungswürdig**
verallgemeinern (etwas für allgemein gültig erklären); die **Verallgemeinerung**
veralten dein PC ist veraltet (nicht mehr aktuell, altmodisch)
Veranda [w...] die, Veranden (Vorbau eines Hauses)
verändern das Wetter veränderte sich

verängstigen → verblassen

schlagartig, Computer veränderten die Arbeit, ich will mich verändern (die berufliche Stellung wechseln); **veränderbar;** **veränderlich;** die **Veränderlichkeit;** die **Veränderung**

verängstigen jmd. ist verängstigt (voller Angst, eingeschüchtert)

verankern (gut befestigen)

veranlagen Geld veranlagen (anlegen); **veranlagt** sie ist künstlerisch veranlagt (begabt); die **Veranlagung** (Talent, Fähigkeit)

veranlassen (anordnen, jmdn. zu etwas bewegen); die **Veranlassung** ich sehe keine Veranlassung (keinen Grund) zu helfen

veranschaulichen (etwas deutlich machen, klar darstellen); die **Veranschaulichung**

veranschlagen die Kosten veranschlagen (schätzen)

veranstalten einen Ball veranstalten; der/die **Veranstalter/-in;** die **Veranstaltung** (Feier, Aufführung)

verantworten sich vor Gericht verantworten (rechtfertigen) müssen, die Maßnahme verantworten (die Folgen tragen); **verantwortlich;** die **Verantwortlichkeit;** die **Verantwortung** die Verantwortung für etwas übernehmen, jmdn. für etwas zur Verantwortung ziehen (verantwortlich machen); **verantwortungsbewusst;** das **Verantwortungsbewusstsein; verantwortungslos;** die **Verantwortungslosigkeit; verantwortungsvoll**

verarbeiten Gold zu Schmuck verarbeiten, die Trennung verarbeiten (geistig und emotional bewältigen); die **Verarbeitung**

verargen jmdm. etwas verargen (übel nehmen)

verärgern (ärgerlich machen); die **Verärgerung**

verarmen (arm werden); die **Verarmung**

verarschen (*ugs. derb für* verspotten)

verarzten sie verarztete die Wunde

verausgaben (sich bis zur Erschöpfung anstrengen), alle Kräfte verausgaben (zur Gänze verbrauchen)

veräußern (verkaufen); die **Veräußerung**

Verb [wɛap] das, Verben/Verba (Sprachlehre: Tätigkeitswort, Zeitwort, z.B. „gehen"); **verbal** (mit Worten); **verbalisieren** (mit Worten ausdrücken);

verballhornen (ein Wort verbessern wollen, aber dadurch noch mehr entstellen); die **Verballhornung**

Verband der, Verbände: einen Verband (eine Binde, Bandage) anlegen, ein Verband (ein Zusammenschluss) von Klubs; der **Verband(s)kasten;** das **Verband(s)material;** der **Verband(s)stoff;** das **Verband(s)zeug**

verbannen (aus dem Land weisen); der/die **Verbannte;** die **Verbannung**

verbarrikadieren den Eingang verbarrikadieren (unzugänglich machen), sich verbarrikadieren (sich verschanzen)

verbauen Material verbauen (verwenden), das ganze Ufer verbauen (nichts frei lassen), sich die Chancen verbauen (nehmen); die **Verbauung**

verbergen (▶ bergen) sie verbarg (versteckte) sich vor den Verfolgern, nichts zu verbergen (verheimlichen) haben ABER → im Verborgenen (unbemerkt) leben

verbessern den Aufsatz verbessern (berichtigen), er hat sich in der Rangliste verbessert (eine Platzierung weiter vorne erreicht); die **Verbesserung**

verbeugen sich (sich verneigen); die **Verbeugung**

verbiegen (▶ biegen) eine verbogene Eisenstange

verbieten (▶ bieten) jmdm. etwas verbieten (nicht erlauben), Betreten verboten!, *jmdm. den Mund* (das Sprechen) *verbieten*

verbilligen die Eintrittspreise sind um die Hälfte verbilligt; die **Verbilligung**

verbinden (▶ binden) eine Wunde wird verbunden, die Brücke verbindet das Ufer, das Angenehme mit dem Nützlichen verbinden (verknüpfen), *jmdm. sehr verbunden* (dankbar) *sein;* **verbindlich** eine verbindliche (freundliche) Art, eine verbindliche (feste) Zusage; die **Verbindlichkeiten** (Schulden); die **Verbindung** in Verbindung (zusammen) mit, mit jmdm. in Verbindung (Kontakt) treten; der **Verbindungsmann** auch V-Mann (Person, die Kontakte herstellt); die **Verbindungsstraße**

verbissen verbissen (hartnäckig, beharrlich) für seinen Plan kämpfen, ein verbissenes (zorniges, ärgerliches) Gesicht machen; die **Verbissenheit**

verbitten sich: sich etwas verbitten (verlangen, dass es unterbleibt), er hat sich das verbeten

verbittern (ärgern, kränken), verbittert (mürrisch, griesgrämig) sein; die **Verbitterung**

verblassen (blass werden), die Erinnerungen verblassten (wurden schwächer)

verbläuen jmdn. verbläuen (*veraltet für* verprügeln)
Verbleib der, *Ez.* (Ort, an dem sich etwas befindet); **verbleiben** (▶ bleiben) ihm verblieben 20 Euro, wie seid ihr verblieben (wie habt ihr euch geeinigt?)
verbleichen (▶ bleichen) verblichene (verblasste) Farben
verbleit verbleites Benzin
verblenden die Mauer ist verblendet (verkleidet), sie ist vor Ehrgeiz ganz verblendet (überlegt nicht vernünftig); die **Verblendung**
verblichen (ausgebleicht; *geh. für* tot); der/die **Verblichene** (Verstorbene/-r)
verblüffen (überraschen, erstaunen), verblüffende Ereignisse; die **Verblüffung**
verblühen (zu verwelken beginnen)
verbluten (durch Blutverlust sterben)
verbocken (*ugs. für* etwas falsch machen)
verbohren sich: sich in etwas verbohren (sich verbissen damit beschäftigen), verbohrt (stur, eigensinnig) sein; die **Verbohrtheit**
¹**verborgen** verborgene (versteckte) Orte ABER → im **Verborgenen** (unbemerkt, geheim); die **Verborgenheit**
²**verborgen** (herleihen), ich habe mein Auto verborgt
Verbot das, Verbote (Befehl, etwas nicht zu tun), ein Verbot aussprechen; **verboten** (nicht erlaubt); das **Verbotsschild**; **verbotswidrig**; das **Verbotszeichen**
verbrämen einen Stoff verbrämen (am Rand verzieren), den Vorwurf mit schönen Worten verbrämen (umschreiben, verhüllen); die **Verbrämung**
Verbrauch der, *Ez.*: ein hoher Verbrauch an Energie; **verbrauchen** (verwenden), sie sieht verbraucht (erschöpft, abgearbeitet) aus; der/die **Verbraucher/-in** (Kunde/Kundin, Käufer/-in); die **Verbrauchsgüter**
Verbrechen das, -: (Straftat; verantwortungslose Handlung); **verbrechen** (▶ brechen) etwas verbrechen (etwas Unrechtes anstellen); der/die **Verbrecher/-in**; **verbrecherisch**
verbreiten eine Nachricht verbreiten (in Umlauf bringen), Heiterkeit verbreiten (erregen), Nebel verbreitet sich (dehnt sich aus), eine verbreitete (gängige) Meinung; die **Verbreitung**; das **Verbreitungsgebiet**
verbreitern den Weg verbreitern (breiter machen); die **Verbreiterung**

verbrennen (▶ brennen) Papier verbrennen, sich den Fuß verbrennen, *sich den Mund verbrennen* (sich durch unbedachtes Reden schaden); die **Verbrennung**; der **Verbrennungsmotor**
verbringen (▶ bringen) (zubringen, verleben)
verbrüdern sich (sich eng befreunden); die **Verbrüderung**
verbrühen (mit heißem Wasser/Dampf verbrennen); die **Verbrühung**
Verbund der, Verbünde (Zusammenschluss, z.B. von Unternehmen); sich **verbünden** (sich zusammentun, vereinigen); die **Verbundenheit**; der/die **Verbündete**; das **Verbundnetz**; das **Verbundsystem**
verbürgen sich für jmdn. verbürgen (für ihn garantieren), eine verbürgte (glaubwürdige) Meldung, verbürgte (zugesicherte) Rechte
verbüßen eine Strafe verbüßen (abbüßen); die **Verbüßung**
Verdacht der, *Ez.* (Vermutung, dass etwas Verbotenes geschieht), etwas auf Verdacht (ohne Genaueres zu wissen) tun, einen Verdacht hegen (etwas argwöhnen), Verdacht schöpfen (misstrauisch werden); **verdächtig**; der/die **Verdächtige**; **verdächtigen**; die **Verdächtigung**; der **Verdachtsgrund**; das **Verdachtsmoment**
verdammen jmdn. verdammen (verurteilen, hart kritisieren), zum Nichtstun verdammt sein (nichts tun können); **verdammenswert**; die **Verdammnis** die ewige Verdammnis (Hölle); der/die **Verdammte**; die **Verdammung**; **verdammungswürdig**
verdanken ich habe ihm viel zu verdanken
verdattert (überrascht, verwirrt)
verdauen Essen verdauen, einen Schock verdauen (verarbeiten); **verdaulich** gut verdauliche (bekömmliche) Speisen; die **Verdauung**
Verdeck das, Verdecke (abnehmbares oder zurückklappbares Autodach); **verdecken** Wolken verdecken (verbergen) den Mond
verderben du verdirbst, er verdarb, sie hat verdorben, verdirb!, sie hat mir den Urlaub verdorben (verleidet), verdorbenes (faules) Gemüse, sein Kollege hat ihn verdorben (einen schlechten Einfluss auf ihn ausgeübt), sie hat es sich mit jmdm. verdorben (sich unbeliebt gemacht); das **Verderben** ins Verderben (Unglück, Untergang) rennen; **verderblich** leicht verderbliche (nur kurz haltbare) Lebensmittel; die **Verderblichkeit**;

verdeutlichen → verelenden

verderbt (lasterhaft); die **Verderbtheit**; die **Verdorbenheit**
verdeutlichen (verständlicher machen)
verdienen sie verdient ihren Lebensunterhalt, seine Anstrengung verdient Lob, *er hat es nicht besser verdient* (hat zu Recht ein Missgeschick erlitten)
¹**Verdienst** das, Verdienste (Leistung);
verdienstvoll (lobenswert); **verdient** eine verdiente (verdienstvolle) Person; **verdientermaßen** Adv.; **verdienterweise** Adv.
²**Verdienst** der, Verdienste (Einkommen, Lohn)

der **Verdienst** (Lohn, Einkommen)	ABER	das **Verdienst** (Leistung)

Verdikt [w...] das, Verdikte (Urteil)
verdingen sich (*veraltet für* eine Lohnarbeit annehmen); die **Verdingung**
verdonnern jmdn. zu einer Strafe verdonnern (verurteilen)
verdoppeln der Preis wurde verdoppelt (verzweifacht); die **Verdopp(e)lung**
verdorren (austrocknen, dürr werden)
verdrängen er wollte sie verdrängen (zur Seite schieben), sie verdrängte (unterdrückte) ihre Probleme; die **Verdrängung**
verdrecken (schmutzig machen/werden)
verdrehen sie verdrehte die Augen, die Tatsachen verdrehen (unrichtig darstellen), *jmdm. den Kopf verdrehen* (ihn verliebt machen); **verdreht** sie ist verdreht (überspannt, verrückt); die **Verdrehung**
verdreschen (▸ dreschen) (*ugs. für* verprügeln), du verdrischst, sie verdrosch, wir haben verdroschen, verdrisch!
verdrießen du verdrießt (verärgerst) mich, die Arbeit verdross ihn, das Wetter hat sie verdrossen, verdrieß(e)!, *es sich nicht verdrießen lassen* (sich nicht entmutigen lassen); **verdrießlich** (missmutig); die **Verdrießlichkeit**; die **Verdrossenheit**
verdrücken alle Äpfel verdrücken (*ugs. für* essen), sich verdrücken (*ugs. für* heimlich davongehen, sich wegschleichen), ein verdrücktes (*ugs. für* zerknittertes) Tuch
Verdruss der, *Ez.:* Verdruss bereiten (ärgern)
verduften (*ugs. für* unauffällig weggehen, fliehen)
verdummen (dumm machen/werden); die **Verdummung**
verdunkeln die Klasse verdunkeln (dunkel machen), der Himmel verdunkelte sich (wurde dunkel), die Tatsachen verdunkeln (verschleiern); die **Verdunk(e)lung**; die **Verdunk(e)lungsgefahr** (Gefahr der Verschleierung)
verdünnen die Suppe verdünnen; sich **verdünnisieren** (*ugs. für* unauffällig davongehen); die **Verdünnung**
verdunsten das Wasser ist verdunstet (langsam verdampft); die **Verdunstung**
verdutzt verdutzt (verwirrt, verwundert) sein
verebben der Lärm verebbte (ließ nach)
veredeln Rohstoffe veredeln (hochwertiger machen)
verehren Heilige verehren (anbeten), sie verehrt (bewundert) den Star, er verehrt (schenkt) ihr eine Blume; der/die **Verehrer/-in**; die **Verehrung**; **verehrungswürdig**
vereidigen (einen Eid auf etwas ablegen lassen); die **Vereidigung**
Verein der, Vereine (Gruppe), aus einem Verein austreten, im Verein (gemeinsam) mit ihm
vereinbar Beruf und Familie sind oft schwer vereinbar; **vereinbaren** einen Preis vereinbaren (absprechen, festlegen); die **Vereinbarung**; **vereinbarungsgemäß**
vereinen (zusammenbringen, -schließen); die **Vereinten Nationen** (United Nations) <UN>
vereinfachen (einfacher machen); die **Vereinfachung**
vereinigen mehrere Gruppen vereinigen (zusammenschließen), sie haben sich vereinigt; ABER → das **Vereinigte Königreich Großbritannien und Nordirland** (United Kingdom) <UK>; die **Vereinigten Staaten von Amerika** <USA>; die **Vereinigung**
vereinnahmen (einnehmen); die **Vereinnahmung**
vereinsamen (einsam werden); die **Vereinsamung**
Vereinsmeier der, -: (*ugs. abwertend für* jmd., der sich übertrieben in einem Verein engagiert); die **Vereinsmeierei**
vereinzelt nur vereinzelte (gelegentliche) Schneeschauer ABER → **Vereinzelte** kamen; die **Vereinzelung**
vereisen vereiste Straßen, die Ärztin vereiste (betäubte) den verletzten Daumen
vereiteln ein Verbrechen vereiteln (verhindern); die **Vereit(e)lung**
vereitert eine vereiterte Wunde; die **Vereiterung**
verelenden (sehr arm werden); die **Verelen-**

dung

verenden das Tier verendete (starb); die **Verendung**

vererben den Kindern den Besitz vererben (hinterlassen), eine Krankheit vererben (auf die Kinder übertragen); **vererbbar**; **vererblich**; die **Vererbung**

verewigen Mozart hat sich in seiner Musik verewigt (unvergesslich gemacht), seinen Namen in einem Buch verewigen (hineinschreiben)

verfahren (▶ fahren) in der Situation richtig verfahren (vorgehen, handeln), sich auf der Anreise verfahren (verirren), eine verfahrene (ausweglose) Angelegenheit; das **Verfahren** (Methode, Gerichtsverfahren); die **Verfahrensweise**

Verfall der, *Ez.*; **verfallen** ein verfallenes (baufälliges) Gebäude, die Kranke verfiel zusehends (wurde schwächer), der Gutschein ist verfallen (ungültig geworden), dem Nikotin verfallen sein (Raucher/-in sein); das **Verfallsdatum**; der **Verfallstag**

verfälschen sie hat die Wahrheit ziemlich verfälscht dargestellt

verfangen (▶ fangen) die Schnur verfing sich (verwickelte sich); **verfänglich** eine verfängliche (peinliche) Situation; die **Verfänglichkeit**

verfärben das Laub hat sich verfärbt, das rote Tuch hat die weiße Wäsche verfärbt

verfassen einen Text verfassen (schreiben); der/die **Verfasser/-in** <Verf.> (Urheber/-in, Autor/-in); die **Verfassung** der Sportler ist in guter Verfassung (in einem guten Zustand), die Verfassung (das Grundgesetz) des Staates; **verfassungsgemäß**; **verfassungstreu**; **verfassungswidrig** (gesetzwidrig)

verfaulen verfaultes (verdorbenes) Obst

verfechten eine Sache verfechten (dafür eintreten); der/die **Verfechter/-in**; die **Verfechtung**

verfehlen der Ball hat das Tor verfehlt (nicht getroffen), wir haben uns verfehlt (einander verpasst), eine verfehlte (falsche) Politik; die **Verfehlung** (Verstoß)

verfeinern (feiner, besser machen)

verfilmen der Roman wird verfilmt; die **Verfilmung**

verfinstern die Wolken verfinstern die Sonne, ihre Miene verfinsterte sich (wurde ernst)

verflachen (langweilig werden)

verfliegen (▶ fliegen) die Pilotin hat sich verflogen (verirrt), der Gestank verfliegt (vergeht) gleich, die Ferienzeit ist schnell verflogen (vergangen)

verfliesen (mit Fliesen belegen)

verfließen (▶ fließen) die Farben verflossen (gingen ineinander über), die Zeit ist verflossen (vergangen)

verflixt eine verflixte (*ugs. für* unangenehme, ärgerliche) Sache, *so ein verflixtes* (*ugs. für* sehr viel) *Pech!*

verfluchen (verwünschen); die **Verfluchung**

verflüchtigen sich (sich davonmachen), Benzin verflüchtigt sich leicht (verdunstet)

verflüssigen (flüssig werden); die **Verflüssigung**

verfolgen jmdn./ein Tier verfolgen, Minderheiten verfolgen (schlecht behandeln), ein Ziel verfolgen (verwirklichen wollen), ich bin vom Unglück verfolgt (oft davon betroffen), das Spiel verfolgen (genau beobachten); der/die **Verfolger/-in**; der/die **Verfolgte**; die **Verfolgung**

verformen (in eine andere Form bringen)

verfrachten Gepäck ins Auto verfrachten (verstauen)

verfranzen sich: er hat sich verfranzt (verirrt; das Ziel aus den Augen verloren)

verfremden das Foto ist durch Bearbeitung am Computer verfremdet; die **Verfremdung**

verfressen (▶ fressen) (*ugs. für* gefräßig); die **Verfressenheit**

verfroren sie hat ganz verfrorene (eisig kalte) Hände

verfrüht (zu früh)

verfügbar (vorhanden); **verfügen** über Geld verfügen (es besitzen), sie kann über ihre Zeit verfügen (bestimmen), ein neues Gesetz wurde verfügt (angeordnet); die **Verfügung** eine Verfügung (Anordnung) erlassen, ein Rad zur Verfügung haben (verwenden können), *jmdm. zur Verfügung stehen* (von ihm eingesetzt werden können); die **Verfügungsgewalt**; das **Verfügungsrecht**

verführen (zu etwas verleiten); der/die **Verführer/-in**; **verführerisch**; die **Verführung**; die **Verführungskunst**

Vergabe die, *Ez.*: die Vergabe von Stipendien

vergaffen sich: sich in jmdn. vergaffen (*ugs. für* verlieben)

vergällen jmdm. die Freude vergällen (verderben)

vergaloppieren sich: er hat sich vergaloppiert

vergammeln → verhalten

(*ugs. für* geirrt)

vergammeln das Brot ist vergammelt (*ugs. für* schlecht geworden), Zeit vergammeln (*ugs. für* vertrödeln), sie sieht vergammelt (verwahrlost) aus

Vergangenheit die, *Ez.:* eine bewegte Vergangenheit (ein ereignisreiches Leben), ein Verb in die Vergangenheit (in die Vergangenheitsform, das Perfekt) setzen; die **Vergangenheitsform**; **vergänglich** alles ist vergänglich (von begrenzter Dauer); die **Vergänglichkeit**

vergasen (in Gas umwandeln; durch Giftgas töten, v.a. in den Konzentrationslagern des Nationalsozialismus); der **Vergaser** (Teil des Verbrennungsmotors); die **Vergasung**

vergattern jmdn. zum Aufräumen vergattern (ihn damit beauftragen); die **Vergatterung**

vergeben (▶ geben) vergib (verzeih) ihnen ihre Schuld!, einen Auftrag vergeben (erteilen), er vergab einen Elfmeter (erzielte kein Tor); **vergebens**; **vergeblich** (ohne Erfolg, umsonst), eine vergebliche Bewerbung; die **Vergeblichkeit**; die **Vergebung** (Verzeihung)

vergegenwärtigen sich die Folgen vergegenwärtigen (sich darüber klar werden); die **Vergegenwärtigung**

vergehen (▶ gehen) die Zeit vergeht (verrinnt) schnell, der Appetit verging mir (hörte auf), vor Sehnsucht vergehen (daran leiden), er hat sich an ihr vergangen (sie vergewaltigt); das **Vergehen** (Verstoß gegen das Recht)

vergelten (▶ gelten) (auf etwas reagieren), Gleiches mit Gleichem vergelten, vergelts auch vergelt's Gott!; die **Vergeltung**

vergessen du vergisst, er vergaß den Termin (dachte nicht daran), sie hat den Code vergessen (aus dem Gedächtnis verloren), vergiss ihn nicht!, sich vergessen (unüberlegt handeln); die **Vergessenheit** in Vergessenheit geraten (vergessen werden); **vergesslich**; die **Vergesslichkeit**

vergeuden (verschwenden); die **Vergeudung**

vergewaltigen (sexuell missbrauchen); der/die **Vergewaltiger/-in**; die **Vergewaltigung**

vergewissern sich (sich Gewissheit verschaffen); die **Vergewisserung**

vergießen (▶ gießen) Saft vergießen (verschütten), sie vergoss Tränen, er hat Schweiß vergossen (sich sehr angestrengt)

vergiften Abgase vergiften die Luft (machen sie giftig), er wurde vergiftet (mit Gift getötet); die **Vergiftung**

vergilben vergilbtes (gelb gewordenes) Papier

Vergissmeinnicht das, …nicht(e) (Wiesenblume)

vergittern vergitterte Fenster; die **Vergitterung**

verglasen das Fenster neu verglasen; die **Verglasung**

Vergleich der, Vergleiche: einen Vergleich schließen (Streitfall beilegen); **vergleichbar**; die **Vergleichbarkeit**; **vergleichen** (▶ gleichen) Ergebnisse vergleichen, jmdn. mit einem anderen Menschen vergleichen; **vergleichsweise** (im Vergleich zu)

Vergnügen das, -: viel Vergnügen! (Freude); sich **vergnügen**; **vergnüglich**; **vergnügt** (heiter, gut gelaunt)

vergönnen ihr war keine Freude vergönnt

vergöttern jmdn. vergöttern (verehren, anbeten); die **Vergötterung**

vergraben (▶ graben) den Schatz vergraben, sich in Arbeit vergraben (vollständig darin vertiefen)

vergrämen sie haben ihn vergrämt (verstimmt, verärgert), eine vergrämte (betrübte) Miene machen

vergraulen er vergrault (verärgert) alle

vergreifen (▶ greifen) sich im Ton vergreifen (etwas Unpassendes sagen), sich an jmdm. vergreifen (jmdn. tätlich angreifen), ein vergriffenes (nicht mehr lieferbares) Buch

vergrößern das Haus vergrößern (erweitern), die Anzahl der Mitglieder hat sich vergrößert; die **Vergrößerung**; das **Vergrößerungsglas** (Lupe)

Vergünstigung die, Vergünstigungen (Preisnachlass, Vorteil); **vergünstigt** (ermäßigt, günstiger)

vergüten ihre Spesen wurden ihr vergütet (ersetzt, bezahlt); die **Vergütung**

Verhackert auch **Verhackertes** das, *Ez.* (Brotaufstrich aus klein gehacktem Schweinefleisch)

verhaften den Täter verhaften (festnehmen), etwas ist in seinem Gedächtnis verhaftet (eingeprägt); der/die **Verhaftete**; die **Verhaftung**

verhallen das Echo verhallte (wurde leiser)

¹**verhalten** (▶ halten) er verhielt (benahm) sich wie ein Freund, die Sache verhält sich (ist) jedoch anders, die Tränen verhalten (zurückhalten)

²**verhalten** ein verhaltenes (unterdrücktes)

Verhältnis → Verkehr

Lachen; das **Verhalten**; **verhaltensauffällig**; **verhaltensgestört**; **verhaltenskreativ** (*ironisch für* verhaltensauffällig)

Verhältnis das, Verhältnisse: sie lebt in bescheidenen Verhältnissen (es geht ihr finanziell nicht gut), er hat zu seinem Vater ein gutes Verhältnis (eine gute Beziehung), mit jmdm. ein Verhältnis (eine Liebesbeziehung) haben; **verhältnismäßig** (vergleichsweise, ziemlich); das **Verhältniswort** (Präposition, z.B. „in", „vor")

verhandeln über eine Vertrag verhandeln, die Richterin verhandelte einen Fall; der/die **Verhandler/-in**; die **Verhandlung**; **verhandlungsbereit**; **verhandlungsfähig**; der/die **Verhandlungspartner/-in**

verhängen das Fenster verhängen (zuhängen), eine harte Strafe verhängen (anordnen); **verhangen** ein verhangener (trüber) Himmel; das **Verhängnis** (Unglück, schlimmes Schicksal); **verhängnisvoll**

verharmlosen der Vorfall wurde verharmlost (nicht so wichtig genommen); die **Verharmlosung**

verhärmt er hatte ein verhärmtes (von Kummer gezeichnetes) Gesicht

verharren sie verharrte an ihrem Platz

verhärten (hart machen/werden), ein verhärtetes Herz; die **Verhärtung**

verhaspeln sich: sie verhaspelt (verspricht) sich in der Eile

verhasst eine verhasste (verabscheute) Person

verhätscheln (sehr verwöhnen); die **Verhätsch(e)lung**

Verhau der, Verhaue (Hindernis; etwas Misslungenes)

verheddern sich: sich im Netz verheddern (hängen bleiben)

verheeren (verwüsten, zerstören), etwas ist verheerend (scheußlich, unerhört); die **Verheerung**

verhehlen Schadenfreude nicht verhehlen (verheimlichen, verschweigen)

verheimlichen (vertuschen, verbergen); die **Verheimlichung**

verheißen (▶ heißen) (voraussagen, versprechen); die **Verheißung**; **verheißungsvoll** (vielversprechend)

verheizen jmdn. verheizen (*abwertend für* ausbeuten)

verherrlichen (verehren, preisen); die **Verherrlichung**

verhindern etwas verhindern (aufhalten, abwenden); die **Verhinderung**

verhohlen er grinste verhohlen (heimlich)

verhöhnen (verspotten); die **Verhöhnung**

verhökern etwas verhökern (*ugs. abwertend für* verkaufen)

Verhör das, Verhöre (polizeiliche Befragung); **verhören** verhört (vernommen) werden, sich verhört haben (etwas falsch verstanden haben)

verhüllen ein verhülltes Gesicht; die **Verhüllung**

verhüten (Unerwünschtes bzw. eine Schwangerschaft verhindern; Verhütungsmittel benutzen); die **Verhütung**; die **Verhütungsmethode**; das **Verhütungsmittel**

verifizieren [w…] (überprüfen, um die Richtigkeit zu bestätigen); **verifizierbar**; die **Verifizierbarkeit** (Überprüfbarkeit)

verinnerlichen Gebote verinnerlichen (sich einprägen)

verirren sich: er hat sich im Wald verirrt; die **Verirrung**

verjagen gefährliche Tiere verjagen

verjähren (verfallen, Gültigkeit verlieren); die Schulden sind verjährt; die **Verjährung**

verjubeln Geld verjubeln (verschwenden)

verjüngen Sport hat ihn verjüngt (lässt ihn jünger aussehen), die Säule verjüngt sich nach oben (wird schmäler); die **Verjüngung**

verjuxen (*ugs. für* vergeuden)

verkabeln (mit Kabeln verbinden); die **Verkabelung**

verkalken die Waschmaschine ist verkalkt (hat Kalk angesetzt), die Frau ist verkalkt (alt und geistig unbeweglich); die **Verkalkung**

verkalkulieren sich (sich verrechnen, etwas falsch einschätzen)

verkappt ein verkappter (getarnter) Spion

Verkauf der, Verkäufe; **verkaufen** Waren verkaufen, diese DVD verkauft sich gut; der/die **Verkäufer/-in**; **verkäuflich**; die **Verkäuflichkeit**; **verkaufsoffen** der verkaufsoffene Sonntag (Geschäfte haben geöffnet)

Verkehr der, *Ez.: etwas aus dem Verkehr ziehen* (etwas nicht mehr zulassen); **verkehren** der Zug verkehrt (fährt regelmäßig) zwischen Wien und Graz, mit jmdm. verkehren (Umgang haben), der Sieg verkehrte (verwandelte) sich ins Gegenteil; die **Verkehrsader** (Hauptverkehrsstraße); **verkehrsberuhigt**; **verkehrsgünstig**;

verkehrsreich (belebt); der/die **Verkehrsteilnehmer/-in**; **verkehrswidrig**
verkehrt eine verkehrte (falsche) Nummer; die **Verkehrtheit**; die **Verkehrung** (Umdrehung, Verdrehung)
verkeilen die Unfallautos hatten sich ineinander verkeilt
verkennen (▶ kennen) die Situation verkennen (falsch beurteilen), ein verkanntes Genie; die **Verkennung**
Verkettung die, Verkettungen (Verknüpfung)
verklagen jmdn. bei Gericht verklagen
verklären ein verklärter (seliger) Blick; die **Verklärung**
verklausulieren (etwas schwer verständlich machen); die **Verklausulierung**
verkleben (zusammen-, zukleben)
verkleiden sich im Fasching verkleiden, die Mauer mit Marmor verkleiden; die **Verkleidung**
verkleinern ein Foto verkleinern, der Raum wurde verkleinert; die **Verkleinerung**; die **Verkleinerungsform**
verklemmen das Tor hat sich verklemmt, ein verklemmter (schüchterner, unsicherer) Mensch; die **Verklemmung**
verknacksen sich den Fuß verknacksen
verknallen er ist schwer verknallt (ugs. für verliebt)
verknappen (knapp machen); die **Verknappung**
verkneifen (▶ kneifen) sich das Lachen verkneifen (es unterdrücken)
verkniffen eine verkniffene (verbitterte) Miene
verknöchert verknöcherte (starre) Ansichten
verknüpfen Fäden verknüpfen; die **Verknüpfung**
verkochen Äpfel zu Mus verkochen, verkochtes (zu lange gekochtes) Essen
verkohlen verkohltes Holz
verkommen (▶ kommen) ein verkommener (verwahrloster) Mann, das Schloss ist völlig verkommen (verfallen); die **Verkommenheit**
verkörpern er verkörperte (spielte) im Film den Helden, die Taube verkörpert (symbolisiert) den Frieden; die **Verkörperung**
verkosten (kostend prüfen); **verköstigen** (Kost geben); die **Verköstigung**; die **Verkostung**
verkrachen die Freunde haben sich verkracht (zerstritten), eine verkrachte (gescheiterte) Existenz
verkraften er hat den Kummer nicht verkraftet (bewältigt, ausgehalten)
verkrampfen die Muskeln verkrampfen sich, verkrampft (angespannt) lächeln; die **Verkrampfung**
verkrüppeln ein verkrüppeltes Bein
verkühlen sich (sich erkälten); die **Verkühlung**
verkümmern die Blume verkümmert (geht ein), seine Begabung verkümmerte (wurde nicht genützt); die **Verkümmerung**
verkünden sie verkündeten ihre Verlobung (gaben sie bekannt), das Urteil verkünden; der/die **Verkünder/-in**; die **Verkündung**
verkündigen er verkündigte (predigte) das Wort Gottes; die **Verkündigung**
verkuppeln zwei Personen verkuppeln (sie zusammenbringen, damit sie ein Paar werden)
verkutzen sich (ugs. für sich verschlucken)
verladen (▶ laden) Pakete verladen (in ein Fahrzeug bringen), jmdn. verladen (ugs. für hereinlegen); die **Verladung**
Verlag der, Verlage: der Verlag brachte viele neue Bücher auf den Markt
verlagern das Gewicht auf die andere Seite verlagern (verlegen); die **Verlagerung**
verlangen er verlangte einen hohen Preis, diese Aufgabe verlangt (erfordert) volle Konzentration, sie wird am Telefon verlangt (gewünscht); das **Verlangen** (Wunsch, Sehnsucht)
verlängern den Pass verlängern lassen (seine Gültigkeit ausdehnen), die Suppe verlängern (verdünnen); der **Verlängerte** (Kaffee); die **Verlängerung**
verlangsamen (langsamer werden)
Verlass der, Ez.: auf mich ist Verlass; **verlassen** (▶ lassen) die Schule verlassen, sich auf andere verlassen (ihnen vertrauen), völlig verlassen (allein) sein; die **Verlassenheit**; die **Verlassenschaft** (Nachlass, Erbschaft); **verlässlich** (zuverlässig); die **Verlässlichkeit**
Verlaub der, Ez.: mit Verlaub gesagt (wenn es erlaubt ist)
Verlauf der, Verläufe: im Verlauf (während) des Gesprächs, der Verlauf (die Richtung) des Weges; **verlaufen** (▶ laufen) sich verlaufen (verirren), die Menge verläuft sich (geht auseinander), der Test ist gut verlaufen (abgelaufen)
verlaust (von Läusen befallen)
verlautbaren (bekannt machen); die **Verlautbarung**
verlauten sie ließ verlauten (gab bekannt),

nichts verlauten lassen (nichts verraten)

verleben einen schönen Urlaub verleben, ein verlebtes (durch Ausschweifungen gezeichnetes) Gesicht

¹**verlegen** die Schlüssel verlegen (an einen Platz legen, wo man sie nicht mehr findet), im Bad Fliesen verlegen, den Termin verlegen (verschieben), ein Buch verlegen (veröffentlichen); der/die **Verleger/-in** (Inhaber/-in bzw. Leiter/-in eines Buch- oder Zeitungsverlags); die **Verlegung**

²**verlegen** verlegen (unsicher, hilflos) sein; die **Verlegenheit**

verleiden sein Wutanfall hat uns das Fest verleidet (die Freude daran genommen)

Verleih der, *Ez.;* **verleihen** (▶ leihen) Bücher verleihen (verborgen), jmdm. einen Titel verleihen (zuerkennen); der/die **Verleiher/-in**; die **Verleihung**

verleiten (verführen) jmdn. zum Rauchen verleiten

verlernen ich habe das Stricken verlernt (kann es nicht mehr)

verlesen (▶ lesen) eine Botschaft verlesen (laut vorlesen), sich verlesen (falsch lesen), Obst verlesen (sortieren)

verletzen der Gegner wurde verletzt (verwundet), sich am Arm verletzen, ihre Worte verletzten (kränkten) ihn tief; **verletzbar** ein verletzbarer (sensibler) Mensch; die **Verletzbarkeit**; **verletzlich**; die **Verletzlichkeit**; der/die **Verletzte**; die **Verletzung**

verleugnen er verleugnete den Freund (er bekannte sich nicht zu ihm), sie ließ sich verleugnen (verheimlichte ihre Anwesenheit); die **Verleugnung**

verleumden (jmdn. in schlechten Ruf bringen); der/die **Verleumder/-in**; **verleumderisch**; die **Verleumdung**

verlieben sich: sich unsterblich verlieben, verliebt sein; der/die **Verliebte**; die **Verliebtheit**

verlieren du verlierst oft die Geduld, er verlor sein Leben (ist gestorben), sie hat ihn aus den Augen verloren (keinen Kontakt mehr), verlier(e)!, kein Wort darüber verlieren (nichts dazu sagen); der/die **Verlierer/-in**

Verlies das, Verliese (Kerker)

verloben sich verloben (einander die Ehe versprechen); das **Verlöbnis**; der/die **Verlobte**; die **Verlobung**

verlocken jmdn. zu einem Abenteuer verlocken, ein verlockendes (verführerisches) Angebot; die **Verlockung**

verlogen (unaufrichtig, unehrlich); die **Verlogenheit**

verloren sie fühlt sich verloren (einsam), verloren gehen auch verlorengehen; die **Verlorenheit**

verlosen Preise wurden verlost; die **Verlosung**

verlottern ein verlottertes (verwahrlostes, heruntergekommenes) Haus

Verlust der, Verluste: ein großer Verlust; **verlustig** einer Sache verlustig gehen (etwas verlieren); **verlustreich**

vermachen (vererben); das **Vermächtnis** (Erbe, letzter Wille)

vermählen sich (*geh. für* heiraten); der/die **Vermählte**; die **Vermählung** (Hochzeit)

vermaledeit (verflucht)

vermanschen (*ugs. für* durcheinanderbringen)

vermarkten (eine Ware auf den Markt bringen); die **Vermarktung**

vermasseln (*ugs. für* zum Scheitern bringen)

vermehren seinen Besitz vermehren, die Anzahl der Personen hat sich vermehrt; die **Vermehrung** die Vermehrung (Fortpflanzung) der Tiere

vermeiden (▶ meiden) (unterlassen); **vermeidbar**; **vermeidlich**; die **Vermeidung**

vermeinen (fälschlich glauben); **vermeintlich** (irrtümlich angenommen), ein vermeintlicher Erfolg

Vermerk der, Vermerke; **vermerken** (notieren)

vermessen (▶ messen) Grundstücke vermessen; **vermessen** vermessene (unverschämte) Ansprüche; die **Vermessenheit**; die **Vermessung**

vermiesen den Urlaub vermiesen (die Freude daran nehmen)

vermieten ein Zimmer vermieten; der/die **Vermieter/-in**; die **Vermietung**

vermindern das Tempo vermindern (verringern); die **Verminderung**

verminen (Minen auslegen); die **Verminung**

vermissen jmdn. schmerzlich vermissen (Sehnsucht haben), die Schlüssel vermissen (nicht finden); der/die **Vermisste**

vermitteln zwischen Streitenden vermitteln (Einigung herzustellen versuchen), ihm wurde Arbeit vermittelt (dazu verholfen), sie kann den Stoff gut vermitteln (darstellen, nahebringen); der/die **Vermittler/-in** (Makler/-in); die **Vermittlung**

vermodern vermodertes (verfaultes) Laub

vermögen → verrechnen

vermögen (▶ mögen) (können, die Fähigkeit haben), sie vermag andere auf sich aufmerksam zu machen; das **Vermögen**; **vermögend** (reich, wohlhabend)

vermuren die Straße war vermurt (durch Geröll und Schlamm verlegt)

vermuten (annehmen, glauben); **vermutlich**; die **Vermutung**

vernachlässigen die Arbeit vernachlässigen (sich nicht darum kümmern)

vernadern (*ugs. für* verraten); die **Vernaderung**

vernageln eine vernagelte (zugenagelte) Tür, ein vernagelter (uneinsichtiger) Mensch

vernarben die vernarbte Wunde; die **Vernarbung**

vernarrt in jmdn./etwas vernarrt (sehr verliebt) sein; die **Vernarrtheit**

vernehmen (▶ nehmen) ein Geräusch vernehmen (hören), sie vernahm die Nachricht, der Verdächtige wurde vernommen (befragt, verhört); **vernehmbar**; das **Vernehmen** dem Vernehmen nach (wie allgemein bekannt ist); **vernehmlich** sich vernehmlich (laut, deutlich) räuspern; die **Vernehmung** (das Verhör); **vernehmungsfähig**

verneigen sich (sich verbeugen); die **Verneigung**

verneinen (nein sagen, ablehnen); die **Verneinung**

vernetzen PCs vernetzen (verbinden); die **Vernetzung**

vernichten (zerstören); der/die **Vernichter/-in**; die **Vernichtung**

verniedlichen (verharmlosen, beschönigen); die **Verniedlichung**

Vernissage [weanisasch] die, Vernissagen (Eröffnung einer Ausstellung)

Vernunft die, *Ez.* (Einsicht), Vernunft annehmen (vernünftig werden); **vernunftbegabt**; **vernunftgemäß**; **vernünftig** (klug, verständig); **vernünftigerweise** *Adv.*; die **Vernünftigkeit**

veröden eine verödete (menschenleere) Stadt, ein verödetes (unfruchtbar gewordenes) Feld, Krampfadern veröden (verschließen); die **Verödung**

veröffentlichen ein Buch veröffentlichen (publizieren); die **Veröffentlichung**

verordnen der Arzt verordnet (verschreibt) Bettruhe, die Regierung verordnet (bestimmt) etwas; die **Verordnung**

verpachten ein Haus verpachten (gegen Gebühr zur Benützung überlassen); der/die **Verpächter/-in**; die **Verpachtung**

verpacken (mit schützendem Material umgeben); die **Verpackung**

verpassen den Zug verpassen (nicht erreichen), *jmdm. einen Denkzettel verpassen* (so behandeln, dass er noch lange daran denkt)

verpatzen das Kunststück verpatzen (*ugs. für* nicht zustande bringen)

verpesten die Luft verpesten (mit schädlichen Stoffen erfüllen); die **Verpestung**

verpetzen (verraten)

verpflanzen einen Strauch verpflanzen, Nieren verpflanzen; die **Verpflanzung**

verpflegen (mit Kost versorgen); die **Verpflegung**

verpflichten einen Spieler verpflichten (einstellen), sich verpflichten (fest zusagen), zu Dank verpflichtet sein; die **Verpflichtung**

verpfuschen ein verpfuschtes (verdorbenes) Bild

verpicken (*ugs. für* verkleben)

verplempern (*ugs. für* vergeuden)

verpönt Verrat ist verpönt (wird abgelehnt)

verprassen das Erbe verprassen (verschwenden)

verprügeln (heftig schlagen)

verpuffen ihr Einsatz verpufft (bleibt wirkungslos); die **Verpuffung**

verpuppen sich: die Raupe verpuppt sich; die **Verpuppung**

Verputz der, *Ez.* (Mauerbelag); **verputzen** die Mauer verputzen (mit einer Schicht Mörtel versehen), den Kuchen verputzen (*ugs. für* schnell essen)

verquer verquere (merkwürdige) Ideen

verquicken (verbinden, vereinigen); die **Verquickung**

verquollen verquollene (angeschwollene) Augen

verrammeln (blockieren)

verramschen (sehr billig verkaufen); die **Verramschung**

Verrat der, *Ez.*; **verraten** (▶ raten) du verrätst Geheimnisse (gibst sie preis), ihr Gesicht verrät (zeigt) Angst, *sich verraten und verkauft* (im Stich gelassen) *fühlen*; der/die **Verräter/-in**; **verräterisch**

verrauchen seine Wut ist verraucht (vergangen)

verrechnen eine Arbeitsleistung verrechnen

383

verrecken → verschlafen

(eine Rechnung dafür legen), sich **verrechnen** (falsch rechnen), *da hast du dich verrechnet* (geirrt); die **Verrechnung**

verrecken (*derb für* unwürdig sterben)

verrei**sen** (eine Reise machen)

im Urlaub **verreisen**	ABER	das Lenkrad **verreißen**

¹**verr**ei**ßen** (▶ reißen) das Lenkrad verreißen (ruckartig in eine andere Richtung bewegen), einen Film verreißen (vernichtend kritisieren)

verrenken sich den Arm verrenken (aus dem Gelenk drehen); die **Verrenkung**

verrennen sich (▶ rennen) (in eine falsche Richtung geraten); sich in eine Idee verrennen (hartnäckig daran festhalten)

verrichten (ausführen); die **Verrichtung**

verriegeln (mit einem Riegel zuschließen); die **Verriegelung**

verringern den Abstand verringern (reduzieren), die Chancen verringern sich (werden weniger); die **Verringerung**

verrinnen (▶ rinnen) die Zeit verrinnt (vergeht)

Verriss der, Verrisse (vernichtende Kritik)

verrosten ein verrosteter Nagel

verrotten (zerfallen, verfaulen, vermodern); die **Verrottung**

verrucht (lasterhaft); die **Veruchtheit**

verrückt verrückt (geistesgestört) sein, verrückt vor Angst (ganz durcheinander), eine verrückte (ungewöhnliche) Idee haben, es regnet wie verrückt (ganz stark), verrückt spielen (sich ungewöhnlich aufführen); der/die **Verrückte**; die **Verrücktheit**; das **Verrücktwerden** es ist zum Verrücktwerden (Verzweifeln)

Verruf der, *Ez.*: jmdn. in Verruf (in schlechten Ruf) bringen; **verrufen** eine verrufene Gegend

Vers [w**ea**s, f**ea**s] der, Verse (Zeile eines Gedichts)

versagen beim Wettkampf versagen (nichts leisten), jmdm. die Hilfe versagen (verweigern), die Bremse hat versagt (nicht funktioniert); das **Versagen**; der/die **Versager/-in**

versalzen die Speise ist versalzen, jmdm. die Suppe versalzen (die Pläne zunichtemachen)

versammeln er versammelt seine Kinder (bringt sie zusammen), die Bewohner versammelten sich (kamen zusammen); die **Versammlung**

Versand der, *Ez.* (das Versenden); **versandbereit**

versanden der Hafen ist versandet (mit Sand gefüllt), die Bemühungen versandeten (blieben ergebnislos); die **Versandung**

Versatzamt das, ...ämter (Leihhaus)

versauern (sauer werden, verkümmern)

versäumen den Bus versäumen (verpassen), sie versäumte den Unterricht (nahm nicht teil); das **Versäumnis** (Unterlassung)

verschachern (*abwertend für* verkaufen)

verschaffen Geld verschaffen, sich Respekt verschaffen

verschalen eine Wand verschalen (verkleiden); die **Verschalung**

verschämt (verlegen, schüchtern); die **Verschämtheit**

verschandeln (*ugs. für* hässlich machen, verunstalten); die **Verschand(e)lung**

verschanzen sich (sich verstecken)

verschärfen Kontrollen verschärfen (steigern), die Situation verschärft (verschlimmert) sich; die **Verschärfung**

verschätzen sich (falsch einschätzen)

verschauen sich im Kalender verschauen (irren), sich in eine Person verschauen (verlieben)

verschaukeln (*ugs. für* jmdn. hereinlegen)

verschenken Geld verschenken, eine Chance verschenken (nicht nutzen)

verscherzen sich (etwas leichtsinnig verlieren), es sich mit jmdm. verscherzen

verscheuchen (vertreiben, fortjagen)

verschieben (▶ schieben) du verschiebst den Kasten, er verschob den Urlaub auf später, Autos verschieben (sie illegal verkaufen)

¹**verschieden** sie ist verschieden (gestorben); der/die **Verschiedene**

²**verschieden** verschieden (unterschiedlich) groß, verschiedene (mehrere, einige) Möglichkeiten ABER → **Verschiedene** (unterschiedliche Personen) riefen an, Verschiedenes (mehrere Sachen) brauchen, Verschiedenstes; **verschiedenartig**; die **Verschiedenartigkeit**; **verschiedenerlei** (mancherlei); **verschiedenfärbig**; die **Verschiedenheit** (Unterschiedlichkeit); **verschiedentlich** (wiederholt, manchmal)

verschießen (▶ schießen) Munition verschießen, er verschoss den Elfmeter

verschimmeln (Schimmel ansetzen)

verschlafen (▶ schlafen) den ganzen Tag verschlafen (schlafend verbringen), sie

Verschlag→ verschütten

verschlief (versäumte) die Gelegenheit, verschlafen (schlaftrunken, ruhig) sein

Verschlag der, Verschläge (durch Bretterwände abgetrennter Raum)

¹verschlagen (▶ schlagen) mit Brettern verschlagen (zunageln), es hat sie ins Ausland verschlagen (sie kam dorthin), den Satzball verschlagen (falsch spielen), Eier verschlagen (versprudeln)

²verschlagen ein verschlagener (unaufrichtiger, hinterlistiger) Mensch; die **Verschlagenheit**

verschlechtern (verschlimmern); die **Verschlechterung**

verschleiern (verhüllen, verbergen); die **Verschleierung**

Verschleiß der, Verschleiße (Abnützung; Verbrauch; Vertrieb); **verschleißen** du verschleißt viele Schuhe, er verschliss seine Nerven, verschlissen; der/die **Verschleißer/-in**

verschleppen Personen verschleppen (mit Gewalt wegbringen), eine Sache verschleppen (hinauszögern), eine verschleppte (nicht auskurierte) Krankheit; die **Verschleppung**

verschleudern (billig verkaufen, verschwenden); die **Verschleuderung**

verschließen (▶ schließen) Fenster verschließen, Wertsachen verschließen, sich verschließen (abkapseln); **verschließbar**

verschlimmern (schlimmer werden), der Zustand verschlimmert sich; die **Verschlimmerung**

verschlingen (▶ schlingen) Nahrung verschlingen (gierig essen), der Urlaub verschlingt Geld (ist teuer), ein Buch verschlingen (sehr schnell lesen)

Verschlossenheit die, *Ez.* (Zurückhaltung)

Verschluss der, Verschlüsse: der Verschluss der Flasche, etwas unter Verschluss halten (eingeschlossen aufbewahren)

verschlüsseln eine verschlüsselte (nur für Eingeweihte verständliche) Botschaft; die **Verschlüsselung**

verschmachten (Entbehrung leiden und daran zugrunde gehen)

verschmähen (ablehnen, abweisen); die **Verschmähung**

verschmelzen (▶ schmelzen) Metalle wurden verschmolzen; die **Verschmelzung**

verschmerzen den Verlust verschmerzen (ertragen)

verschmitzt ein verschmitztes (schlaues, pfiffiges) Lächeln; die **Verschmitztheit**

verschmutzen du verschmutzt den Teppich, ein verschmutztes Auto; die **Verschmutzung**

verschnaufen (Atem holen, sich kurz ausruhen); die **Verschnaufpause**

verschneien ein verschneiter (mit Schnee bedeckter) Hang

Verschnitt der, Verschnitte (Gemisch alkoholischer Getränke; Abfall beim Zuschneiden)

verschnupft verschnupft sein (Schnupfen haben; beleidigt sein); die **Verschnupftheit**

verschnüren (zusammenbinden); die **Verschnürung**

verschollen (vermisst, unauffindbar)

verschonen jmdn. verschonen (ihn nicht stören), verschone mich mit deinen Problemen!, etwas verschonen (unversehrt lassen); die **Verschonung**

verschönern (schöner machen); die **Verschönerung**

verschossen in jmdn. verschossen (sehr verliebt) sein

verschränken die Arme verschränken (überkreuzen); die **Verschränkung**

verschreckt verschreckt (verängstigt) sein

verschreiben (▶ schreiben) sich verschreiben (etwas falsch schreiben), sie hat sich der Musik verschrieben (gewidmet), mir wurde eine Kur verschrieben (verordnet); die **Verschreibung**; **verschreibungspflichtig**

verschreien (▶ schreien) etwas verschreien (über etwas vorzeitig sprechen und es damit ungünstig beeinflussen); **verschrien** eine verschriene (verrufene) Gegend

verschroben (seltsam, sonderlich); die **Verschrobenheit**

verschrotten (zu Schrott machen); die **Verschrottung**

verschrumpeln ein verschrumpelter (runzeliger) Apfel

Verschub der, Verschübe (das Verschieben von Waggons); der **Verschubbahnhof**; die **Verschublok(omotive)**

verschüchtern (ängstigen) ein verschüchterter kleiner Junge

verschulden den Unfall verschulden (verursachen), verschuldet sein (hohe Schulden haben); das **Verschulden**; die **Verschuldung**

verschustern (*ugs. für* verlieren, vergessen)

verschütten Kaffee verschütten (versehentlich

verschweigen → verstädtern

ausschütten), die Lawine verschüttete Menschen, verschütt gehen (*ugs. für* verloren gehen)

verschweigen (▶ schweigen) (verheimlichen, nicht sagen)

verschwenden (vergeuden); der/die **Verschwender/-in**; **verschwenderisch**; die **Verschwendung**

verschwiegen verschwiegen (nicht geschwätzig) sein, ein verschwiegener (stiller, abgelegener) Platz; die **Verschwiegenheit**

verschwimmen (▶ schwimmen) alles verschwimmt vor den Augen (wird undeutlich), verschwommene (unklare) Aussagen

verschwinden (▶ schwinden) (nicht mehr da sein)

verschwitzen eine Verabredung verschwitzen (*ugs. für* vergessen), ein verschwitztes (schweißnasses) Trikot

verschwören sich (sich heimlich gegen jmdn. verbünden); der/die **Verschwörer/-in**; **verschwörerisch**; die **Verschwörung**

versehen (▶ sehen) ein Amt versehen (ausüben), jmdn. mit Information versehen (versorgen); das **Versehen** aus Versehen, ihm unterlief ein Versehen (ein Irrtum); **versehentlich** (irrtümlich)

versehrt versehrt (verletzt) sein; der/die **Versehrte** (Körperbehinderte/-r); die **Versehrtheit**

verselbständigen auch **verselbstständigen** sich (sich selbstständig machen);die **Verselbständigung** auch **Verselbstständigung**

versenden (▶ ²senden) (verschicken); die **Versendung**

versengen Haare versengen (leicht anbrennen); die **Versengung**

versenken einen Schatz versenken, er versenkte (vertiefte) sich in die Arbeit; **versenkbar**; die **Versenkung** *in der Versenkung verschwinden* (vergessen werden)

versessen auf etwas versessen sein (etwas begehren); die **Versessenheit**

versetzen jmdn. an einen anderen Arbeitsplatz versetzen, etwas im Leihhaus versetzen (verpfänden), jmdn. versetzen (vergeblich warten lassen), jmdm. einen Tritt versetzen (geben), sich in die Lage von jmdm. versetzen (hineindenken); die **Versetzung**

verseuchen (vergiften, infizieren); die **Verseuchung**

versichern sie versichert (beteuert, behauptet), dass …, sich gegen Unfall versichern (eine Versicherung abschließen); der/die **Versicherte**; die **Versicherung**; der/die **Versicherungsnehmer/-in**; **versicherungspflichtig**

versickern Wasser versickert im Boden (dringt ein)

versiegeln ein versiegeltes (mit einem Siegel verschlossenes) Kuvert; die **Versieg(e)lung**

versiegen die Quelle versiegte (hörte auf zu fließen)

versiert [weasiat], eine versierte (erfahrene) Fachkraft; die **Versiertheit**

versinken (▶ sinken) (untergehen, einsinken)

versinnbildlichen (etwas durch ein Gleichnis, Bild ausdrücken); die **Versinnbildlichung**

Version [weasion] die, Versionen (Ausdrucksweise, Fassung, Variante), mehrere Versionen der Geschichte

versöhnen (sich mit jmdm. wieder vertragen); **versöhnlich**; die **Versöhnlichkeit**; die **Versöhnung**

versonnen (nachdenklich, träumerisch); die **Versonnenheit**

versorgen er versorgt die Frierenden mit Decken, sie versorgt (pflegt, kümmert sich um) die Kranken; der/die **Versorger/-in**; die **Versorgung**; **versorgungsberechtigt**

verspannen verspannte Muskeln; die **Verspannung**

verspäten sich (zu spät kommen); die **Verspätung**

versperren die Tür versperren (verschließen), jmdm. den Weg versperren (blockieren); die **Versperrung**

verspielen (im Spiel verlieren), sehr verspielt sein (gerne spielen); die **Verspieltheit**

versponnen (wunderlich, seltsam)

verspotten (verhöhnen); die **Verspottung**

versprechen (▶ sprechen) er verspricht viel (sichert zu), das Wetter verspricht schön zu werden, er hat sich bei der Rede versprochen (beim Sprechen einen Fehler gemacht), sie verspricht (erhofft) sich viel davon; das **Versprechen**; der **Versprecher** (fehlerhafte Aussprache)

versprudeln Milch und Eier versprudeln (vermischen)

verst. = **verst**orben

verstaatlichen (zu staatlichem Besitz machen); die **Verstaatlichung**

verstädtern (städtisch werden); die **Verstädterung**

Verstand → verteufeln

Verstand der, *Ez.*: ein scharfer Verstand (Geist), ohne Verstand (Überlegung, Vernunft); **verstandesmäßig**; **verständig** (klug, besonnen); **verständigen** (jmdn. informieren, sich mit jmdm. einigen); die **Verständigkeit**; die **Verständigung**; **verständlich** (hörbar, einleuchtend); **verständlicherweise** *Adv.*; die **Verständlichkeit**; das **Verständnis**; **verständnislos**; die **Verständnislosigkeit**; **verständnisvoll**

verstärken (stabiler machen, Kraft/Anzahl vergrößern); der **Verstärker**; die **Verstärkung**

verstauben ein verstaubter (staubiger) Boden, eine verstaubte (altmodische) Meinung

verstauchen sich den Knöchel verstauchen; die **Verstauchung**

verstauen die Koffer verstauen (unterbringen)

Versteck das, Verstecke: *Versteck spielen* (tatsächliche Absichten, Gedanken verbergen); **verstecken** (etwas/jmdn. verbergen); das **Verstecken** Verstecken spielen; das **Versteck(en)spiel**

verstehen (▶ stehen) du verstehst das falsch, er verstand (begriff) die Frage nicht, sie hat meine Furcht verstanden (akzeptiert), versteh(e)!, wegen des Lärms nichts verstehen (hören) können, sie verstehen sich gut (kommen gut miteinander aus); das **Verstehen**

versteifen ein Gelenk versteifen (fester machen), sie versteift sich darauf (besteht darauf); die **Versteifung**

versteigen (▶ steigen) sich im Gebirge versteigen (verirren), sich zu etwas versteigen (sich etwas anmaßen)

versteigern Kunstwerke versteigern (dem/der Meistbietenden verkaufen); der **Versteigerer**; die **Versteigerin**; die **Versteigerung**

versteinern versteinerte Pflanzen, ein versteinertes (erstarrtes) Gesicht; die **Versteinerung** (Fossil)

verstellbar stufenlos verstellbar

verstellen die Einfahrt verstellen (versperren), den Gürtel verstellen (anders einstellen), sich verstellen (sich anders verhalten, um zu täuschen); die **Verstellung**

versterben (▶ sterben) sie verstarb (starb) gestern

versteuern das Vermögen versteuern (Steuern dafür bezahlen); die **Versteuerung**

verstiegen verstiegene (unrealistische) Ideen

verstimmen das verstimmte (ärgerte) mich; ein verstimmtes Instrument; die **Verstimmung**

verstockt (uneinsichtig); die **Verstocktheit**

verstohlen (heimlich, unauffällig); **verstohlenerweise** *Adv.*

verstopfen das Loch verstopfen, die Straße ist verstopft; die **Verstopfung** an Verstopfung (Darmträgheit) leiden

verstorben <verst.> im letzten Jahr verstorben (gestorben) sein; der/die **Verstorbene**

verstören verstört (bestürzt, betroffen) sein; die **Verstörtheit**; die **Verstörung**

Verstoß der, Verstöße; **verstoßen** (▶ stoßen) jmdn. verstoßen (abweisen, ausschließen), gegen ein Gebot verstoßen (dagegen handeln); die **Verstoßung**

verstrahlt (mit Strahlen verseucht); die **Verstrahlung**

verstreichen Creme verstreichen (auftragen), Zeit verstreicht (vergeht)

verstreuen Asche verstreuen, Kleidung im Zimmer verstreuen

verstümmeln (schwer verletzen, entstellen); die **Verstümmelung**

verstummen die Musik verstummt (hört auf)

Versuch der, Versuche; **versuchen** die Aufgabe zu lösen versuchen (sich bemühen), Gemüse versuchen (kosten), jmdn. versuchen (auf die Probe stellen); **versuchsweise**; die **Versuchung** (Verlockung)

versunken eine versunkene (verschwundene) Kultur, in Gedanken versunken (vertieft); die **Versunkenheit** (Nachdenklichkeit)

versüßen das Leben versüßen (angenehmer machen)

vertäfeln die Mauer mit Holz vertäfeln; die **Vertäfelung**

vertagen die Sitzung vertagen (verschieben); die **Vertagung**

vertäuen ein Boot vertäuen (festbinden); die **Vertäuung**

vertauschen (aus-, verwechseln); die **Vertauschung**

verteidigen jmdn./etwas verteidigen (vor Angriffen schützen), den Angeklagten verteidigen; der/die **Verteidiger/-in** (Anwalt/Anwältin); die **Verteidigung**

verteilen Prospekte verteilen, die Besucher verteilten sich im Museum; der **Verteiler**; die **Verteilung**

verteuern (teurer machen/werden); die **Verteuerung** (Preisanstieg)

verteufeln jmdn./etwas verteufeln (als gefährlich/schlimm darstellen), eine verteufelte

vertiefen → verwahren

(schwierige) Lage, ein verteufelter (großer) Durst; die **Verteufelung**
vertiefen einen Schacht vertiefen (tiefer machen), den Lehrstoff vertiefen (erweitern), sich in ein Buch vertiefen (versenken); die **Vertiefung**
vertikal [weatika̱l] (senkrecht); die **Vertikale**
vertilgen (vernichten, ausrotten); die **Vertilgung**
vertippen (einen Fehler beim Tippen machen)
vertonen einen Film vertonen (Musik dazu komponieren); die **Vertonung**
vertrackt eine vertrackte (schwierige) Lage; die **Vertracktheit**
Vertrag der, Verträge: einen Vertrag (Vereinbarung) schließen; **vertraglich** etwas vertraglich festlegen; der **Vertragsbruch**; **vertragsbrüchig**; der/die **Vertragsbrüchige**; **vertragsgemäß**; der/die **Vertragspartner/-in**; der **Vertragsschluss**
vertragen (▸ tragen) du verträgst große Hitze, er vertrug keinen Rauch, sie hat keine Kritik vertragen, vertrag(e)!, sich gut mit jmdm. vertragen (verstehen); **verträglich** eine gut verträgliche (bekömmliche) Arznei, eine verträgliche (umgängliche) Person; die **Verträglichkeit**
vertrauen den Eltern vertrauen (sich auf sie verlassen), auf das Talent vertrauen (daran glauben); das **Vertrauen** ein Vertrauen erweckender auch vertrauenerweckender Partner, jmdn. ins Vertrauen ziehen (ihm etwas anvertrauen); **vertrauensselig** (leichtgläubig); die **Vertrauensseligkeit**; **vertrauensvoll**; **vertrauenswürdig** (aufrichtig)
vertraulich (geheim, freundschaftlich); die **Vertraulichkeit**
verträumt verträumt (geistesabwesend) blicken, ein verträumter (idyllischer) Strand; die **Verträumtheit**
vertraut sich mit dem Computer vertraut machen (sich einarbeiten), mit jmdm. vertraut sein (ihn genau kennen); der/die **Vertraute**; die **Vertrautheit**
vertreiben (▸ treiben) das Ungeziefer vertreiben (verjagen), die Firma vertreibt (verkauft) Tonwaren; der/die **Vertreiber/-in**; die **Vertreibung**
vertreten (▸ treten) eine Kollegin vertreten (vorübergehend ersetzen), einen Standpunkt vertreten (dafür eintreten), Waren vertreten (anbieten); **vertretbar** (annehmbar); der/die

Vertreter/-in; die **Vertretung** in Vertretung <i. V.>; **vertretungsweise**
Vertrieb der, *Ez.* (Verkauf, Verkaufsorganisation); der/die **Vertriebene** (Person, die die Heimat verlassen musste)
vertrocknen vertrocknete Pflanzen
vertrödeln (Zeit vergeuden)
vertrösten (hinhalten); die **Vertröstung**
vertrottelt (*derb für* dumm, einfältig)
vertschüssen sich (*ugs. für* weggehen)
vertun (▸ tun) (vergeuden, verschwenden), sich vertun (irren)
vertuschen (verheimlichen, verbergen); die **Vertuschung**
verübeln er verübelt es mir (trägt es mir nach)
verüben ein Verbrechen verüben (begehen)
verunglimpfen (beleidigen, schmähen); die **Verunglimpfung**
verunglücken (einen Unfall erleiden); der/die **Verunglückte**
verunklaren (unverständlicher machen)
verunreinigen die Gewässer verunreinigen (schmutzig machen); die **Verunreinigung**
verunsichern (unsicher machen); die **Verunsicherung**
verunstalten (hässlich machen); die **Verunstaltung**
veruntreuen Geld veruntreuen (unterschlagen); die **Veruntreuung**
verursachen einen Unfall verursachen (auslösen); der/die **Verursacher/-in**; die **Verursachung**
verurteilen den Täter verurteilen (schuldig sprechen), jmds. Verhalten verurteilen (missbilligen, ablehnen); der/die **Verurteilte**; die **Verurteilung**
vervielfachen (multiplizieren; beträchtlich vermehren); die **Vervielfachung**
vervielfältigen ein Foto vervielfältigen (kopieren); die **Vervielfältigung**
vervollkommnen Sprachkenntnisse vervollkommnen (verbessern, perfekt machen); die **Vervollkommnung**
vervollständigen (ergänzen); die **Vervollständigung**
verw. = **verw**itwet
verwachsen eine gut verwachsene (verheilte) Wunde, mit der Heimat verwachsen (eng verbunden) sein, ein verwachsener (missgebildeter) Mensch
verwahren (aufbewahren), sich gegen Anschuldigungen verwahren (wehren); die **Verwahrung**

verwahrlosen → Verzehr

sich gegen etwas **verwahren** (wehren)	ABER	jmdm. etwas **verwehren** (verbieten)

verwahrlosen verwahrloste (ungepflegte) Kinder, das Haus verwahrlost seit Jahren; die **Verwahrlosung**

verwaisen eine verwaiste (einsame) Gegend

ein **verwaistes** Kind (ohne Eltern)	ABER	jmdn. von der Schule **verweisen** (wegschicken)

verwalten ein Haus verwalten (betreuen), er verwaltet (leitet) ein Amt; der/die **Verwalter/-in**; die **Verwaltung**

verwandeln die Couch mit ein paar Handgriffen in ein Bett verwandeln (verändern), die Schauspielerin verwandelt sich in eine Hexe; die **Verwandlung**

verwandt (von gleicher Abstammung, zur selben Familie gehörig), verwandte (ähnliche) Anschauungen; der/die **Verwandte**; die **Verwandtschaft**; verwandtschaftlich

verwarnen (ermahnen); die **Verwarnung**

verwässern (mit Wasser verdünnen, abschwächen)

verwechseln (irrtümlich für jmd. anderen halten, vertauschen); die **Verwechslung**

verwegen (kühn, mutig); die **Verwegenheit**

verwehen der Wind verwehte den Staub; die **Verwehung**

verwehren ihm den Zutritt verwehren (verbieten)

verweichlichen er ist verweichlicht (nicht abgehärtet); die **Verweichlichung**

Verweigerer der, -; die **Verweigerin**; **verweigern** die Zustimmung verweigern (nicht geben); die **Verweigerung**

verweilen (veraltet für länger bleiben, sich aufhalten); die **Verweildauer**

verweint verweinte Augen

Verweis der, Verweise (Tadel, Hinweis); **verweisen** (hindeuten, hinweisen), vom Spielfeld verweisen (ausschließen)

verwelken verwelkte Blumen

verwenden den neuesten PC verwenden (benutzen), sich für jmdn. verwenden (für ihn eintreten); **verwendbar** vielseitig verwendbar; die **Verwendbarkeit**; die **Verwendung**; verwendungsfähig

verwerfen (▶ werfen) eine Idee verwerfen (ablehnen); **verwerflich** (moralisch schlecht, schändlich); die **Verwerflichkeit**; die **Verwerfung** (Auffaltung von Gesteinsschichten)

verwerten Altstoffe verwerten (noch für etwas verwenden); **verwertbar**; die **Verwertbarkeit**; die **Verwertung**

verwesen (in Fäulnis übergehen); die **Verwesung**

verwickeln er wurde in einen Unfall verwickelt, Fäden verwickeln sich, sie verwickelte sich in Widersprüche; die **Verwicklung**

verwildern ein verwilderter Garten, eine verwilderte Katze

verwinden (▶ winden) (über etwas hinwegkommen), sie hat seinen Tod noch nicht verwunden

verwinkelt verwinkelte Gassen

verwirken sein Recht verwirkt (verloren) haben

verwirklichen (in die Tat umsetzen), sich verwirklichen (entfalten) können; die **Verwirklichung**

verwirren (unsicher machen, durcheinanderbringen); die **Verwirrtheit**; die **Verwirrung**

verwischen das Geschriebene verwischen, Spuren verwischen

verwittern eine verwitterte Ruine; die **Verwitterung**

verwitwet <verw.> eine verwitwete Frau

verwöhnen (verhätscheln, viel Gutes zukommen lassen); die **Verwöhntheit**; die **Verwöhnung**

verwordagelt auch verwordakelt (mundartl. für verunstaltet)

verworfen (lasterhaft); die **Verworfenheit**

verworren (unklar, wirr); die **Verworrenheit**

verwundbar (empfindlich)

verwunden (verletzen); der/die **Verwundete**; die **Verwundung**

verwunderlich (merkwürdig); **verwundern** das verwundert (erstaunt) ihn, verwundert (überrascht) blicken; die **Verwunderung**

verwünschen (verfluchen, verzaubern); **verwunschen** ein verwunschenes (verzaubertes) Schloss; die **Verwünschung**

verwursteln auch verwurschteln (ugs. für in Unordnung bringen)

verwurzelt (mit Wurzeln verankert)

verwüsten der Orkan verwüstete (zerstörte) das Land; die **Verwüstung**

verzagen (den Mut verlieren); die **Verzagtheit**

verzaubern (verhexen, verwandeln; tief beeindrucken); die **Verzauberung**

Verzehr der, Ez. (Essen und Trinken);

verzehren (essen), sich nach jmdm. verzehren (sehnen)
verzeichnen (anführen, schriftlich festhalten); das **Verzeichnis** <Verz.> (Liste, Aufstellung)
verzeihen du verzeihst ihm (bist nicht mehr böse), er verzieh, sie hat die Gemeinheit verziehen (vergeben), verzeih(e)!, verzeihen Sie!; **verzeihlich** ein verzeihlicher (harmloser) Fehler; die **Verzeihung**
verzerren verzerrte (verfälschte, entstellte) Tatsachen, das Gesicht vor Wut verzerren; die **Verzerrung**

das Essen **verzehren**	ABER	das Gesicht **verzerren**

verzetteln er verzettelt sich (kommt wegen Kleinigkeiten nicht weiter); die **Verzett(e)lung**
Verzicht der, Verzichte; **verzichten** (nicht in Anspruch nehmen, nicht benutzen)
verziehen (▶ ziehen) nach Villach verziehen (umziehen), die Wolken haben sich verzogen (sind verschwunden), keine Miene verziehen, ein verzogenes (verwöhntes) Kind
verzieren (ausschmücken); die **Verzierung**
verzinsen (Zinsen zahlen/bringen); **verzinslich**; die **Verzinsung**
verzögern (zeitlich verschieben), eine Sache verzögern (verlangsamen); die **Verzögerung**
verzücken (begeistern); **verzückt** (hingerissen); die **Verzücktheit**; die **Verzückung** in Verzückung geraten
Verzug der, *Ez.:* mit der Arbeit im Verzug (im Rückstand) sein, *Gefahr ist im Verzug* (droht unmittelbar)
verzupfen sich (*ugs. für* sich davonmachen)
verzweifeln (die Hoffnung verlieren), eine verzweifelte (aussichtslose) Situation ABER → es ist zum **Verzweifeln**; die **Verzweiflung**
verzweigen (sich teilen, auseinandergehen); die **Verzweigung**
verzwickt eine verzwickte (*ugs. für* schwierige) Angelegenheit; die **Verzwicktheit**
Vesper [w…/f…] die, Vespern (Abendgottesdienst; Jause); **vespern** (jausnen)
Veteran [w…] der, Veteranen (Soldat mit langer Dienstzeit); die **Veteranin**
Veterinär [w…] der, Veterinäre (Tierarzt); die **Veterinärin**; die **Veterinärmedizin**
Veto [w…] das, Vetos: Veto (Einspruch) einlegen; das **Vetorecht**
Vetter [f…] der, Vettern (Cousin); die **Vetternwirtschaft** (Begünstigung, Bevorzugung von Verwandten und Freunden)
Vexierbild [w…] das, …bilder (Suchbild); das **Vexierrätsel** (Scherzrätsel); der **Vexierspiegel** (Spiegel mit verzerrtem Bild)
V-förmig *auch* **v-förmig**: ein V-förmiger Ausschnitt
VGA = **V**ideo **G**raphic's **A**rray (hohe Qualität bei der Farbdarstellung am Computer)
vgl. = **v**er**gl**eich(e)!
v.H. = **v**om **H**undert (Prozent) <%>
VHS = **V**olks**h**och**s**chule
via [wia] via (über) St. Pölten nach Wien fahren, via (durch) Überweisung bezahlen
Viadukt [w…] das/der, Viadukte (Brücke über ein Tal)
Vibraphon [w…] *auch* **Vibrafon** das, Vibraphone (Musikinstrument); die **Vibration** […tsion]; **vibrieren** (zittern, schwingen)
Video [w…] das, Videos; der **Videoclip**; die **Videothek** (Sammlung von Videofilmen)
Viech [f…] das, Viecher (*mundartl. für* Tier); die **Viecherei** (*mundartl. für* Schinderei, Blödsinn)
Vieh [fi] das, *Ez.* (Nutztiere); die **Viehherde**; **viehisch** (meist *abwertend für* brutal, roh)
viel mehr, am meisten, viel zu schnell, eine **viel befahrene** *auch* vielbefahrene Straße, eine viel sagende *auch* **vielsagende** (mehrdeutige) Geste, viel versprechend *auch* **vielversprechend** (aussichtsreich), er ist in vielem klüger als ich, sie hat vieles versucht, zu viel ABER → das Zuviel (Übermaß), wie viel(e), so viel Glück ABER → soviel ich weiß …, der Beifall der vielen *auch* **Vielen**

so viel Pech	ABER	**soviel** ich weiß …
der Beifall der **vielen**	auch	der Beifall der **Vielen**

vieldeutig; die **Vieldeutigkeit**
vielerlei vielerlei (unterschiedliche) Dinge; das **Vielerlei**; **vielerorts** *Adv.;* **vielfach** (oft, häufig); das **Vielfache** das kleinste gemeinsame Vielfache; die **Vielfalt** (Abwechslung); **vielfältig**; **vielfärbig**; **vielköpfig**; **vielmal** ABER → viele Male; **vielmals** *Adv.:* danke vielmals (sehr); **vielmehr** *Adv.:* ich wollte vielmehr (eher, dagegen) sagen, dass … ABER → viel mehr kann es nicht regnen; **vielseitig**; die **Vielseitigkeit**; **vielstimmig**; **vieltausendmal** ABER → viele tausend Male; die **Vielzahl**

vielleicht → Vokabel

(Fülle, Menge)

vielleicht *Adv.* (eventuell, möglicherweise)

vier (▶ acht) vier Kinder, auf allen vieren laufen, zu vieren/viert sein ABER → die Zahl **Vier**; der **Vierbeiner**; **vierbeinig** auch 4-beinig; **vierblätt(e)rig** auch 4-blätt(e)rig; das **Viereck**; **viereckig** auch 4-eckig; **viereinhalb**; der **Vierer** (Schulnote; Würfelzahl); **viererlei**

auf allen **vieren**	ABER	die Zahl **Vier**
viereckig	auch	4-eckig

vierfach auch 4fach auch 4-fach (▶ achtfach); das **Vierfache** auch 4fache auch 4-Fache; das **Viergespann** (Wagen mit vier Pferden); **vierhundert**; **vierjährig** auch 4-jährig; **viermal** auch 4-mal; **vierschrötig** (stämmig); der **Viertaktmotor**; **viertausend**

vierfach	auch	4-fach/4fach
viermal	auch	4-mal
es ist **viertel** zwei	ABER	es ist **Viertel** vor zwei
eine **viertel** Stunde	auch	**Viertelstunde**
in drei **viertel** Stunden	auch	in drei **Viertelstunden**
ein **viertel** Kilo	auch	**Viertelkilo**

viertel (▶ achtel) eine viertel Stunde auch eine Viertelstunde, wir kommen um viertel drei, um drei viertel sechs, es ist viertel zwei ABER → es ist Viertel vor zwei; das **Viertel** (Teil vom Ganzen; Stadtviertel), es ist genau drei Viertel, drei Viertel aller Menschen; das **Viertelfinale**; das **Vierteljahr**; **vierteljährig**; **vierteljährlich**; das **Viertelkilo** auch das viertel Kilo; **vierteln** (in vier Teile zerlegen); die **Viertelstunde**; **viertens** *Adv.*; **viertletzt**

vierzehn; **vierzehntägig** auch 14-tägig (vierzehn Tage lang); **vierzehntäglich** auch 14-täglich (alle zwei Wochen wieder)

vierzig; die **Vierzigstundenwoche** auch **40-Stunden-Woche**

vif [wif] (lebhaft, schlau); der **Vifzack** (*ugs. für* aufgeweckter Mensch)

Vignette [winjɛte] die, Vignetten (Aufkleber; Verzierung; Gebührenmarke für die Autobahnbenützung)

Vikar [w...] der, Vikare (Geistlicher); die **Vikarin**

Villa [w...] die, Villen (vornehmes Haus)

Vinschgerl [f...] auch **Vintschgerl** das, Vinschgerln (dunkles Gebäck)

Viola [w...] die, Violen (Bratsche)

violett [w...] (veilchenblau); das **Violett**

Violine [w...] die, Violinen (Geige); der/die **Violinist/-in**

VIP auch **V.I.P.** = **V**ery **I**mportant **P**erson (sehr wichtige Person)

Viper [w.../f...] die, Vipern (Giftschlange)

virtuell [w...] (echt erscheinend, aber nicht existierend); die **Virtualität** (künstliche Wirklichkeit, vom Computer erstellte Welt)

virtuos [w...] (gekonnt, meisterhaft); der/die **Virtuose/Virtuosin**; die **Virtuosität**

Virus [w...] der/das, Viren (Krankheitserreger; zerstörerisches Computerprogramm)

Visage [wisasche] die, Visagen (*abwertend für* Gesicht)

Visavis [wisawi] das, -: (Gegenüber); **vis-à-vis** auch vis-a-vis *Adv.:* vis-à-vis (gegenüber) von jmdm. wohnen

Visier [w...] das, Visiere (Zielvorrichtung; Gesichtsschutz), *jmdn./etwas ins Visier nehmen* (aufmerksam betrachten; kritisieren)

Vision [w...] die, Visionen (Erscheinung, Zukunftsvorstellung); **visionär**; der/die **Visionär/-in**

Visite [w...] die, Visiten (Arztbesuch; Besuch); die **Visitkarte** auch Visitenkarte

Viskose [w...] die, *Ez.* (Chemiefaser)

visuell [w...] (das Sehen betreffend)

Visum [w...] das, Visa (Passvermerk, Einreiseerlaubnis in ein fremdes Land)

vital [w...] (gesund und munter); die **Vitalität**

Vitamin [w...] das, Vitamine (lebensnotwendiger Wirkstoff), Vitamin C; **vitaminarm** eine vitaminarme Kost; **Vitamin-B-hältig**; **vitaminreich**

Vitrine [w...] die, Vitrinen (Glasschrank, Schaukasten)

Vize... [fitse/witse] (Stellvertretung); der/die **Vizekanzler/-in**; der/die **Vizemeister/-in**

v.J. = **v**origen **J**ahres

vlg. = **v**ulgo (so genannt)

Vlies [f...] das, Vliese (Schaffell; weicher Stoff)

v.M. = **v**origen **M**onats

v.o. = **v**on **o**ben

Vogel der, Vögel: ein lustiger Vogel (Spaßvogel), *den Vogel abschießen* (den größten Erfolg haben), *einen Vogel haben* (nicht recht bei Verstand sein); das **Vög(e)lein**; **vogelfrei** (rechtlos, geächtet); der **Vogerlsalat**

Vogt [f...] der, Vögte (früherer Verwalter); die **Vogtei**; die **Vögtin**

Vokabel [w...] das/die, -/Vokabeln (einzelnes

Vokal → Vorbedingung

Wort einer Sprache); das **Vokabular** (Wortschatz)
Vokal [w...] der, Vokale (Selbstlaut, z.B. „a")
Volant [wolã] der/das, Volants (*veraltet für* Lenkrad; Stoffbesatz)
Volk das, Völker (Nation; Bevölkerung), das gemeine Volk (Pöbel), *etwas unter das Volk bringen* (bekannt machen); das **Völkchen**; der **Volksanwalt**; die **Volksanwältin**; die **Volksherrschaft** (Demokratie); **volkstümlich**; **volkswirtschaftlich**
voll (ganz gefüllt, besetzt), eine Seite voll schreiben, eine Hand voll *auch* Handvoll Gold, ein voll besetzter *auch* vollbesetzter Bus, ein Korb voll mit Äpfeln ABER → *aus dem Vollen schöpfen* (reichlich von etwas haben); **vollauf** *Adv.* (völlig); **vollautomatisch**; **vollbeschäftigt**; die **Vollbeschäftigung**
vollbringen (▶ bringen) (zustande bringen); der **Volldampf** mit Volldampf davonfahren; das **Völlegefühl**
vollenden (fertigstellen); **vollendet** (perfekt); **vollends** *Adv.* (völlig, gänzlich, ganz); die **Vollendung**
Völlerei die, Völlereien (übermäßiges Essen und Trinken)
Volleyball [wolibal] der, ...bälle (Ballspiel)
vollführen (ausführen); **völlig** (ganz, vollständig); **volljährig** (mündig); die **Volljährigkeit**
vollkommen (einwandfrei); die **Vollkommenheit**
vollmundig (kräftig, voll im Geschmack); **vollpacken** die Koffer vollpacken; die **Vollpension** (Unterkunft mit allen Mahlzeiten); **vollschlank** (nicht ganz schlank)
vollständig (komplett); die **Vollständigkeit**
vollstrecken (ausführen); die **Vollstreckung**
vollwertig; die **Vollwertigkeit**; die **Vollwertkost**
vollzählig; die **Vollzähligkeit**
vollziehen (▶ ziehen) (ausführen); die **Vollziehung**; der **Vollzug**
Volontär der, Volontäre (Person, die (unentgeltlich) zur beruflichen Ausbildung arbeitet); die **Volontärin**; **volontieren**
Volt [wolt] das, -: <V> (Maßeinheit der elektrischen Spannung), 220 Volt
voltigieren [woltischiren] (Übungen auf dem galoppierenden Pferd durchführen)
Volumen [w...] das, -/Volumina <V> (Rauminhalt); **voluminös** (umfangreich)
vom <v.> *Präp.* (von dem) vom Pferd fallen
von <v.> *Präp.+Dat.:* von vorn, von weit her, von nah und fern, von jeher (schon immer), von mir aus (meinetwegen), von deiner Seite, von vornherein (von Anfang an), von Nutzen; **voneinander** *Adv.:* voneinander hören; **vonnöten** (erforderlich, nötig); **vonseiten** *Adv.: auch* von Seiten; **vonstatten** *Adv.:* vonstatten gehen (stattfinden)
Voodoo [wudu] *auch* **Wudu** *auch* **Wodu** *auch* **Voudou** das/der, *Ez.* (Geheimkult)
vor *Präp.+Dat.:* vor dem Haus stehen, vor Glück jubeln, vor Christi Geburt <v. Chr.>, vor allem, vor kurzem *auch* vor Kurzem; *Präp.+Akk.:* vor das Haus gehen; *Adv.:* nach wie vor

| vor **kurzem** | auch | vor **Kurzem** |

vorab *Adv.* (zuerst, zunächst)
voran *Adv.* (vor jmdm./etwas); **vorangehen** (▶ gehen) ABER → das **Vorangehende**, Vorangehendes, im Vorangehenden; **vorankommen** (▶ kommen); **voranstellen**; **vorantreiben** (▶ treiben)
vorarbeiten (eine Arbeitsgruppe anführen); der/die **Vorarbeiter/-in**
Vorarlberg <Vbg.> (österreichisches Bundesland); der/die **Vorarlberger/-in**; die **Vorarlberger Landesregierung**; **vorarlbergerisch** *auch* vorarlbergisch
voraus *Adv.:* seiner Zeit voraus sein ABER → im **Voraus** (vorher) bezahlen; **vorausahnen**; **vorausbestimmen**; **vorausbezahlen**; **vorausfahren** (▶ fahren); **vorausgehen** (▶ gehen) ABER → das **Vorausgehende**, im Vorausgehenden; **vorausgesetzt** vorausgesetzt, dass ...; **voraushaben** (▶ haben) jmdm. etwas voraushaben (überlegen sein); **vorauslaufen** (▶ laufen); **voraussagbar**; die **Voraussage** (Vorhersage); **voraussagen**; **vorausschauend** (vorsorglich); **voraussehen** (▶ sehen) es war vorauszusehen, dass ...; **voraussetzen**; die **Voraussetzung**; die **Voraussicht**; **voraussichtlich**

| jmdm. **voraus** sein | ABER | im **Voraus** zahlen |

Vorauswahl die, Vorauswahlen (erste, vorläufige Auswahl)
vorbauen (vorsorgen); der **Vorbau** (Anbau an der Gebäudevorderseite)
Vorbedacht der, *Ez.:* mit Vorbedacht (nach Überlegung)
Vorbedingung die, Vorbedingungen

(Bedingung, Voraussetzung)
Vorbehalt der, Vorbehalte (Einschränkung), ohne Vorbehalt, etwas unter Vorbehalt erlauben; **vorbehalten** (▶ halten) sich Änderungen vorbehalten (etwas offen lassen); **vorbehaltlich** *Präp.+Gen.*; **vorbehaltlos** (bedingungslos)

vorbei *Adv.:* der Ball ist am Tor vorbei (vorüber), der Sommer ist vorbei (vergangen); sich **vorbeibenehmen** (▶ nehmen) (sich ungehörig benehmen); **vorbeibringen** (▶ bringen); **vorbeifahren** (▶ fahren); **vorbeigehen** (▶ gehen); **vorbeikommen** (▶ kommen); **vorbeilassen** (▶ lassen); **vorbeireden** aneinander vorbeireden (missverstehen); **vorbeischauen**; **vorbeischießen** (▶ schießen)

Vorbemerkung die, Vorbemerkungen (Einleitung)

vorbereiten sich auf die Prüfung vorbereiten, die Party vorbereiten; die **Vorbereitung**

vorbestellen (reservieren); die **Vorbestellung**

vorbestimmt das war ihr vorbestimmt (vom Schicksal vorherbestimmt)

vorbestraft (bereits einmal gerichtlich verurteilt); der/die **Vorbestrafte**

vorbeugen sich weit vorbeugen (nach vorne beugen), einer Krankheit vorbeugen (sie verhindern); die **Vorbeugung**

Vorbild das, Vorbilder (Ideal, mustergültiges Beispiel); **vorbildlich** ein vorbildlicher (hervorragender) Mensch

vorder... der vordere Eingang ABER → der Vordere Orient; die **Vorderachse**; der **Vordergrund** etwas in den Vordergrund stellen (besonders hervorheben); **vordergründig** (oberflächlich); **vorderhand** *Adv.* (einstweilen); der **Vordermann** etwas auf Vordermann bringen (in Ordnung bringen); **vorderst** den vordersten Platz ABER → er ist der Vorderste in der Reihe; das/der **Vorderteil**

vordringen (▶ dringen) in den Weltraum vordringen (vorstoßen), die Krankheit drang vor (breitete sich aus); **vordringlich** (sehr dringend); die **Vordringlichkeit**

Vordruck der, Vordrucke (Formular)

vorehelich (vor der Ehe)

voreilig (überstürzt, zu schnell); die **Voreiligkeit**

voreinander *Adv.* (einer vor dem anderen), voreinander fliehen, Achtung voreinander

voreingenommen voreingenommen sein (Vorurteile haben); die **Voreingenommenheit**

vorenthalten (▶ halten) jmdm. eine Information vorenthalten (nicht geben)

Vorentscheidung die, Vorentscheidungen (vorläufige Entscheidung); der **Vorentscheid**

vorerst *Adv.* (vorläufig, zunächst einmal)

vorexerzieren (vorzeigen)

Vorfahr auch **Vorfahre** der, Vorfahren (Ahne); die **Vorfahrin**

vorfahren (▶ fahren) beim Eingang vorfahren, ein Stück vorfahren; die **Vorfahrt** (Vorrang); **vorfahrt(s)berechtigt**; das **Vorfahrt(s)recht**; die **Vorfahrt(s)regel**

Vorfall der, Vorfälle (Ereignis), ein schlimmer Vorfall; **vorfallen** (▶ fallen) (sich ereignen, passieren)

vorfinden (▶ finden) alle Unterlagen auf dem Schreibtisch vorfinden, alles in bester Ordnung vorfinden

Vorfreude die, Vorfreuden: Vorfreude auf die Ferien

vorfühlen (vorsichtig bei jmdm. anfragen)

vorführen ein Video vorführen (zeigen), ein Gerät vorführen (erklären); die **Vorführung**

Vorgabe die, Vorgaben (Bestimmung, Richtlinie)

Vorgang der, Vorgänge (Ereignis, Entwicklung); der/die **Vorgänger/-in**; die **Vorgangsweise**

vorgaukeln (vortäuschen)

vorgeben (▶ geben) (nach vorne geben; etwas Unwahres als Grund angeben), sie gab vor, nichts davon gewusst zu haben

vorgefasst eine vorgefasste (von vornherein feststehende) Meinung

vorgehen (▶ gehen) (nach vorne gehen), die Uhr geht vor (voraus), er ging behutsam vor (handelte), was ging vor? (geschah), Sicherheit geht vor (hat Vorrang); das **Vorgehen**

Vorgeschmack der, *Ez.:* ein Vorgeschmack des Frühlings/auf den Frühling

Vorgesetzte der/die, Vorgesetzten (beruflich höher gestellte Person, Übergeordneter)

vorgestern *Adv.:* vorgestern Abend; **vorgestrig** (altmodisch)

vorgreifen (▶ greifen) der offiziellen Meldung vorgreifen (etwas vorwegnehmen, zuvorkommen); der **Vorgriff**

vorhaben (▶ haben) (planen, beabsichtigen); das **Vorhaben**

vorhalten (▶ halten) jmdm. einen Spiegel vorhalten, jmdm. seine Fehler vorhalten (vorwerfen); die **Vorhaltungen** Vorhaltungen

Vorhand → vornherein

(Vorwürfe) machen

Vorhand die, *Ez.* (Art des Schlagens beim Tennis)

vorhanden (verfügbar, vorrätig); das **Vorhandensein**

Vorhang der, Vorhänge (Gardine); **vorhängen**; das **Vorhängeschloss**

Vorhaus das, Vorhäuser (Hausflur)

vorher *Adv.*: eine Woche vorher, vorher (früher) gehen; **vorherbestimmen**; die **Vorherbestimmung**; **vorhergehen** (▶ gehen) die vorhergehenden Spiele ABER → das Vorhergehende, im Vorhergehenden; **vorherig**

vorherrschen (überwiegen), die vorherrschende Meinung; die **Vorherrschaft**

Vorhersage die, Vorhersagen; **vorhersagen** (voraussagen) ABER → etwas vorher (früher) sagen; **vorhersehbar**; **vorhersehen** (▶ sehen) (im Voraus wissen)

vorhin *Adv.* (gerade eben, kürzlich); das **Vorhinein** im Vorhinein (vorher, im Voraus)

Vorhof der, Vorhöfe: der Vorhof des Herzes, der Vorhof der Burg

Vorhut die, Vorhuten (vorausgeschickter Teil der Truppe)

vorig… voriges Mal, im vorigen Jahr ABER → der/die/das Vorige, im Vorigen (weiter oben im Text)

Vorjahr das, Vorjahre; **vorjährig**

vorkämpfen sich an die Spitze vorkämpfen; der/die **Vorkämpfer/-in** (Wegbereiter/-in einer neuen Idee)

Vorkehrung die, Vorkehrungen: Vorkehrungen (vorbereitende Maßnahmen) treffen

Vorkenntnis die, Vorkenntnisse (bereits erworbenes Wissen)

vorknöpfen sich jmdn. vorknöpfen (*ugs. für* ihn zurechtweisen), sich etwas vorknöpfen (sich intensiv damit beschäftigen)

vorkommen (▶ kommen) an das Rednerpult vorkommen (vortreten), hier kommen Schlangen vor (sie leben hier), das wird nicht wieder vorkommen! (geschehen), das kommt ihr merkwürdig vor (erscheint ihr so); das **Vorkommen** (Vorhandensein); das **Vorkommnis** (Ereignis)

vorladen (▶ laden) sie wurde von der Polizei vorgeladen (aufgefordert zu kommen); die **Vorladung**

Vorlage die, Vorlagen: genau nach Vorlage (Muster, Plan) arbeiten, er gab dem Stürmer eine Vorlage (spielte ihm den Ball zu)

vorlassen (▶ lassen) (jmdm. den Vortritt lassen)

Vorlauf der, Vorläufe (Ausscheidungslauf); der/die **Vorläufer/-in** (Vorgänger/-in, Wegbereiter/-in); **vorläufig** (vorübergehend); die **Vorläufigkeit**

vorlaut vorlaut (frech) dazwischenreden

vorlegen etwas zur Begutachtung vorlegen, er legt eine Bestzeit vor; der **Vorleger** (Matte, kleiner Teppich)

vorlesen (▶ lesen) er las eine Geschichte vor; der/die **Vorleser/-in**; die **Vorlesung**

vorletzt… am vorletzten Platz, der vorletzte Patient ABER → sie ist die **Vorletzte**

vorlieb *Adv.*: mit etwas vorlieb nehmen (sich begnügen); die **Vorliebe** (Neigung, besonderes Interesse)

vorliegen (▶ liegen) die Testblätter liegen vor, hier liegt ein Missverständnis vor

vorm *Präp.+Dat.* (vor dem)

vormachen die Übung vormachen (vorzeigen), du kannst mir nichts vormachen (mich nicht täuschen)

Vormacht die, *Ez.* (Vorherrschaft); die **Vormachtstellung**

vormalig die vormalige (frühere) Besitzerin; **vormals** <vorm.> *Adv.* (früher)

Vormittag der, …tage: heute/gestern/morgen Vormittag; **vormittägig** (am Vormittag stattfindend); **vormittäglich** (jeden Vormittag stattfindend); **vormittags** *Adv.*: Samstag vormittags auch samstagvormittags

vormittags	ABER	am **Vormittag**

Vormund der, Vormunde/Vormünder (Vertreter von Minderjährigen, Entmündigten); die **Vormundschaft**

vorn auch **vorne** *Adv.*: von vorn beginnen, weit vorne, nach vorne

Vorname der, Vornamen (Rufname)

vornehm ein vornehmer (edler) Mensch, ein vornehmes (elegantes) Haus; die **Vornehmheit**

vornehmen (▶ nehmen) das nahm ich mir fest vor (beabsichtigte ich), sich jmdn. vornehmen (vorknöpfen)

vornehmlich (hauptsächlich, vor allem)

vornherein auch **voneherein** *Adv.*: von vornherein (gleich, von Anfang an) dazu bereit sein; **vorn(e)über** *Adv.*: sich vornüber beugen, vornüber stürzen; **vorn(e)weg** *Adv.* (vorweg)

Vorort der, Vororte (Ort, der einer Stadt vorgelagert ist)

vorpreschen der Läufer preschte vor (stürmte vor)

Vorrang der, *Ez.*: ihre Angelegenheit hat Vorrang (größere Bedeutung), der Radfahrer hat Vorrang (darf zuerst fahren); **vorrangig**; die **Vorrangigkeit**; die **Vorrangregel**; die **Vorrangstellung**

Vorrat der, Vorräte: einen Vorrat an Trinkwasser anlegen; **vorrätig** (vorhanden)

vorrechnen an der Tafel vorrechnen, seine Leistungen vorrechnen (aufzählen)

Vorrecht das, Vorrechte (Vergünstigung, Sonderrecht)

Vorrichtung die, Vorrichtungen (Gerät, Apparat)

vorrücken (weiterkommen, aufsteigen); die **Vorrückung** (Beförderung)

Vorrunde die, Vorrunden (Spiele vor Beginn einer Meisterschaft); das **Vorrundenspiel**

vors *Präp.+Akk.* (vor das)

vorsagen jmdm. die Antwort vorsagen (heimlich zuflüstern), sich die Vokabel vorsagen (zum Einprägen)

Vorsatz der, Vorsätze (Absicht), Vorsätze fassen; **vorsätzlich** (absichtlich)

Vorschau die, Vorschauen (Ankündigung im Fernsehen/Film o.Ä.)

Vorschein der, *Ez.*: zum Vorschein kommen (hervorkommen)

vorschicken (etwas vorausschicken; jmdn. mit Erkundigungen beauftragen)

vorschieben (▶ schieben) den Riegel vorschieben, Kopfschmerzen vorschieben (als Ausrede benutzen)

vorschießen (▶ schießen) jmdm. Geld vorschießen (im Voraus geben)

Vorschlag der, Vorschläge: einen Vorschlag machen; **vorschlagen** (▶ schlagen) sie schlug diesen Plan vor, jmdn. für ein Amt vorschlagen

vorschnell (zu früh, unbedacht)

vorschreiben (▶ schreiben) den Aufsatz vorschreiben, jmdm. etwas vorschreiben (befehlen); die **Vorschreibung** vom Finanzamt kommt die Vorschreibung der Steuer

Vorschrift die, Vorschriften (Anordnung); **vorschriftsmäßig** (ordnungsgemäß); **vorschriftswidrig**

Vorschub der, Vorschübe: einer Sache/jmdm. Vorschub leisten (fördern)

Vorschule die, Vorschulen (Schule für Kinder vor der ersten Schulstufe); **vorschulisch**

Vorschuss der, Vorschüsse (Vorauszahlung); die **Vorschusslorbeeren** (Lob im Voraus)

vorschützen eine Krankheit vorschützen (als Ausrede benutzen)

vorsehen (▶ sehen) die vorgesehenen (geplanten) Maßnahmen, er ist als Schulsprecher vorgesehen (gewählt), sich vor jmdm. vorsehen (in Acht nehmen); die **Vorsehung** (höhere Macht)

vorsetzen sich im Kino eine Reihe vorsetzen, jmdm. ein köstliches Essen vorsetzen

Vorsicht die, *Ez.* (Aufmerksamkeit, Bedacht), *Vorsicht ist besser als Nachsicht;* **vorsichtig**; die **Vorsichtigkeit**; **vorsichtshalber** *Adv.*

Vorsilbe die, Vorsilben (Präfix, z.B. „ge-", „ver-")

Vorsitz der, Vorsitze (Leitung einer Versammlung o.Ä.); der/die **Vorsitzende** <Vors.>

Vorsorge die, *Ez.*: Vorsorge treffen (rechtzeitig für etwas sorgen); **vorsorgen** für Notzeiten vorsorgen (sich dafür rüsten); **vorsorglich** (vorausschauend)

Vorspann der, Vorspanne (einem Film vorangestellte Angaben über Titel u.Ä.)

Vorspeise die, Vorspeisen: Salat als Vorspeise essen

vorspiegeln (vortäuschen); die **Vorspiegelung** das ist Vorspiegelung falscher Tatsachen

vorspielen etwas auf der Flöte vorspielen, einen Sketch vorspielen (aufführen), eine Krankheit vorspielen (vortäuschen)

vorsprechen (▶ sprechen) ein Wort vorsprechen (vorsagen), beim Chef vorsprechen (sich an ihn wenden); die **Vorsprache**

vorspringen (▶ springen) (nach vorn springen; herausragen); der **Vorsprung** der Vorsprung (herausragende Teil) des Hauses, der Vorsprung (Abstand) des Rennfahrers, der technische Vorsprung (Überlegenheit)

Vorstand der, Vorstände (Leiter eines Vereins o.Ä.); die **Vorständin**

vorstehen (▶ stehen) die Zähne stehen vor (ragen vor), einem Verein vorstehen (ihn führen), wie vorstehend (oben) erwähnt ABER → im **Vorstehenden** heißt es …

vorstellen er stellt mich vor (macht mich mit anderen bekannt), sich etwas vorstellen (ausdenken); **vorstellbar** (möglich); **vorstellig** vorstellig werden (sich an jmdn. wenden); die **Vorstellung** nach der Vorstellung (Bekanntmachung) der

Teilnehmenden, die Vorstellung (der Gedanke daran) allein genügt mir, die dritte Vorstellung (Aufführung) war die beste

Vorstoß der, Vorstöße (Angriff); **vorstoßen** (▶ stoßen) (vordringen, sich nach vorne bewegen)

Vorstrafe die, Vorstrafen; das **Vorstrafenregister**

vorstrecken den Finger vorstrecken, jmdm. Geld vorstrecken (borgen)

Vorstufe die, Vorstufen: die Vorstufe der Erfindung

vortäuschen Interesse vortäuschen; die **Vortäuschung**

Vorteil der, Vorteile (positive Eigenschaft, Nutzen); **vorteilhaft** (aussichtsreich, günstig); die **Vorteilskarte**

Vortrag der, Vorträge (Rede); **vortragen** (▶ tragen) ein Lied vortragen, jmdm. ein Anliegen vortragen (mitteilen)

vortrefflich (ausgezeichnet, hervorragend); die **Vortrefflichkeit**

vortreten (▶ treten) ein paar Schritte vortreten; der **Vortritt** jmdm. den Vortritt lassen (ihn vorausgehen lassen)

vorüber Adv. (vorbei); **vorübergehen** (▶ gehen); **vorübergehend** (zeitweise) ABER → etwas **Vorübergehendes**

Vorurteil das, Vorurteile (vorgefasste Meinung); **vorurteilsfrei**; **vorurteilslos**

Vorvergangenheit die, Ez. (Plusquamperfekt, z.B. „sie hatte gekauft")

Vorverkauf der, Ez.: Eintrittskarten im Vorverkauf besorgen

vorverlegen den Eingang zwei Meter vorverlegen, den Termin eine Stunde vorverlegen

Vorwahl die, Vorwahlen (Vorwahlnummer; das Wählen der Ortskennzahl beim Telefonieren); **vorwählen**; die **Vorwahlnummer** auch Vorwählnummer

Vorwand der, Vorwände (Ausrede, vorgeschobener Grund)

vorwarnen; die **Vorwarnung**

vorwärts Adv.: vor- und rückwärts; **vorwärtsblicken**; **vorwärtsgehen** (▶ gehen) (nach vorne gehen, besser werden)

Vorwäsche die, Ez. (das Vorwaschen); **vorwaschen** (▶ waschen)

vorweg Adv. (vorher, im Voraus); **vorwegnehmen** (▶ nehmen) (vorgreifen, zuvorkommen); die **Vorwegnahme**

vorweisen (▶ weisen) den Pass vorweisen, Kenntnisse vorweisen können

vorwerfen (▶ werfen) dem Hund das Fressen vorwerfen (hinwerfen), jmdm. seine Fehler vorwerfen (vorhalten)

vorwiegend (hauptsächlich)

Vorwissenschaftliche Arbeit die, … Arbeiten <VWA> (Teil der neuen Reifeprüfung)

vorwitzig (geh. für vorlaut, frech); der **Vorwitz**

Vorwort das, Vorworte (Einleitung in einem Buch; Präposition, z.B. „auf dem Kasten")

Vorwurf der, Vorwürfe: ihr wegen der Untreue Vorwürfe machen; **vorwurfsvoll**

Vorzeichen das, -: die Vorzeichen (Anzeichen) eines Sturms, das Minus ist ein Vorzeichen

vorzeigen den Ausweis vorzeigen; **vorzeigbar** ein vorzeigbares (gutes) Ergebnis

Vorzeit die, Ez. (vorgeschichtliche Zeit); **vorzeiten** (vor langer Zeit) ABER → vor langen Zeiten; **vorzeitig** (zu früh); die **Vorzeitigkeit** (Begriff der Zeitenfolge); **vorzeitlich** (aus der Vorzeit)

vorziehen (▶ ziehen) die Gardinen vorziehen, den Test vorziehen (vorverlegen), Brot einer Semmel vorziehen (lieber Brot essen)

Vorzimmer das, -: (Vorraum, Diele)

Vorzug der, Vorzüge: die Vorzüge (guten Eigenschaften) einer Sache/Person, etwas den Vorzug (Vorrang) geben, einen Vorzug (Schulzeugnis mit Auszeichnung) haben; **vorzüglich** (ausgezeichnet); die **Vorzüglichkeit**; der/die **Vorzugsschüler/-in**; **vorzugsweise** (hauptsächlich)

Vorzukunft die, Ez. (zweites Futur, z.B. „wird getanzt haben")

votieren [w…] (für/gegen etwas/jmdn. stimmen)

Votivbild [w…] das, …bilder (einem/einer Heiligen zum Dank geweihtes Bild)

Votum [w…] das, Voten (Entscheidung)

Voyeur [wojöa] der, Voyeure (heimlicher Beobachter bei sexuell erregendem Geschehen); die **Voyeurin**; der **Voyeurismus**; **voyeuristisch**

vs. = **v**ersus (gegen)

v.T. = **v**om **T**ausend (Promille)

v.u. = **v**on **u**nten

vulgär [w…] (gewöhnlich, derb)

vulgo [w…] (allgemein bekannt unter diesem Namen); der **Vulgoname** (Name des Bauernhofes)

Vulkan [w…] der, Vulkane (Feuer speiender Berg); **vulkanisch** vulkanisches Gestein; **vulkanisieren** (aus Kautschuk Gummi machen)

VWA die, VWAs (kurz für **V**or**w**issenschaftliche **A**rbeit)

W

W = **W**est(en); **W**att

Waage die, Waagen (Gerät zum Wiegen; Tierkreiszeichen); **waagrecht**; die **Waagrechte**; die **Waagschale** *sie legt jedes Wort auf die Waagschale* (nimmt alles wortwörtlich)

Wabe die, Waben (Zellen aus Wachs im Bienenstock); der **Wabenhonig**

wach wach sein (nicht schlafen), mit wachem (aufmerksamem) Verstand, wach bleiben/werden ABER → wenn Erinnerungen wach werden auch wachwerden; die **Wache** Wache halten/stehen

wacheln sie wachelt (*ugs. für* winkt) mit dem Tuch

wachen über etwas/jmdn. wachen (aufpassen); das **Wachestehen**; **wachhabend** der wachhabende Polizist; der/die **Wachhabende**; der **Wachmann** (Polizist)

Wacholder der, -: (Strauch, Branntwein); die **Wacholderbeere**; der **Wacholderschnaps**

wachrufen (▶ rufen) seinen Ehrgeiz wachrufen; **wachrütteln** (aufrütteln)

Wachs das, Wachse: eine Kerze aus Wachs

wachsam (aufmerksam); die **Wachsamkeit**

¹**wachsen** du wächst schnell (wirst größer), er wuchs, die Freundschaft ist gewachsen (ist stärker geworden), wachs(e)!, mit wachsender (zunehmender) Begeisterung, *jmdm. gewachsen* (ebenbürtig) *sein;* das **Wachstum**

²**wachsen** *auch* **wachseln** du wachst die Skier (bestreichst sie mit Wachs), er wachste sie gut, gewachster Boden

wächsern (aus Wachs); die **Wachsmalkreide**; **wachsweich**

Wacht die, Wachten: am Krankenbett Wacht halten, auf der Wacht (Hut) sein

Wachtel die, Wachteln (Feldhuhn)

Wächter der, -: die **Wächterin**; der **Wachtmeister** (Feldwebel); der **Wach(t)turm**; die **Wach- und Schließgesellschaft**; das **Wachzimmer** (Polizeidienststelle)

wackeln der Sessel wackelt (steht nicht fest), mit dem Kopf wackeln; **wackelig** *auch* **wacklig**: eine wackelige (nicht fest stehende) Brücke, ein wackeliger (unsicherer) Plan; der **Wackelkontakt** (schadhafter elektrischer Anschluss)

wacker eine wackere (*veraltet für* tüchtige, tapfere) Person

Wade die, Waden (Muskeln am Unterschenkel); der **Wadelbeißer** (*ugs. für* kleiner bissiger Hund); das **Wadenbein** (Unterschenkelknochen); der **Wadschinken** (Fleischteil)

Waffe die, Waffen (Kampfgerät), *die Waffen strecken* (sich ergeben), *jmdn. mit seinen eigenen Waffen schlagen* (mit seinen eigenen Mitteln bekämpfen); der **Waffengang** (Kampf); die **Waffenruhe**; der **Waffenstillstand** (Unterbrechung des Kampfes)

Waffel die, Waffeln (Gebäck); das **Wafferl**

Wagemut der, *Ez.* (Kühnheit); **wagemutig**

wagen den Sprung wagen (den Mut dazu haben), sein Leben wagen (riskieren), sich an die Aufgabe wagen (herantrauen), *frisch gewagt ist halb gewonnen*

Wagen der, -/Wägen: den Wagen (das Auto) abstellen, den Wagen (kleines Gefährt) mit der Hand ziehen, der Große Wagen (Sternbild); das **Wägelchen**

wägen du wägst (bedenkst) ihre Worte genau, die Äpfel wägen, er wog, sie hat gewogen (*veraltet für* wiegen)

Waggon *auch* **Wagon** der, Waggons/Waggone (Eisenbahnwagen); **waggonweise** *auch* wagonweise

waghalsig das waghalsige (gefährliche) Klettern; die **Waghalsigkeit**

Wagner der, -: (Handwerker, Wagenbauer)

Wagnis das, Wagnisse (gefährliches Abenteuer)

Wahl die, Wahlen: die freie Wahl des Berufes (Entscheidung für einen Beruf), das ist zweite Wahl (nicht das Beste), eine Wahl (Abstimmung) abhalten; **wählbar**; die **Wählbarkeit**; **wahlberechtigt**; der/die **Wahlberechtigte**; die **Wahlbeteiligung**; die **Wahleltern** (Adoptiveltern)

| die **Wahl** der Klassensprecher | ABER | der **Wal** (Meeressäugetier) |

wählen einen Klassensprecher wählen, einen Beruf wählen, er wählte die falsche Telefonnummer

Wähler der, -; die **Wählerin**; **wählerisch** (anspruchsvoll); das **Wahlfach**; das **Wahlgeheimnis** (Geheimhaltung bei der Stimmabgabe); **wahllos** (beliebig, unüberlegt); der **Wahlspruch** (Leitsatz, Losung); **wahlweise** (nach Wunsch); der/

Wahn → Walze

die **Wahlwerber/-in** (Kandidat/-in); das **Wahlzuckerl** (*ugs. für* Wahlversprechen)

Wahn der, *Ez.* (falsche Annahme, Einbildung); **wähnen** (*geh. für* vermuten, annehmen), er wähnte sich im Paradies; der **Wahnsinn** (Geisteskrankheit; Unvernunft); **wahnsinnig**; der/die **Wahnsinnige**; die **Wahnvorstellung**; der **Wahnwitz** (völlige Unvernunft); **wahnwitzig**

wahr eine wahre (den Tatsachen entsprechende) Begebenheit, wahre (echte) Freundschaft, so wahr ich lebe!, nicht wahr, du glaubst mir?, im wahrsten Sinne des Wortes (wirklich) ABER → das ist das Wahre (Richtige), nichts Wahres

das **Wahre** (Echte)	ABER	die **Ware** (das Produkt)

wahren den Schein wahren (aufrechterhalten), seine Rechte wahren (schützen); die **Wahrung**

währen (andauern), *ehrlich währt am längsten*

während *Präp.+Gen.:* während (im Verlauf) der Ferien; *Konj.:* er lernte, während sie schlief; **währenddessen** *Adv.:* sie spielte währenddessen ABER → während dessen Abwesenheit

wahrhaben etwas nicht wahrhaben (anerkennen) wollen; **wahrhaft** eine wahrhaft (tatsächlich) wichtige Sache; **wahrhaftig** (aufrichtig); die **Wahrhaftigkeit**; die **Wahrheit**; **wahrheitsgemäß**; **wahrheitsgetreu**; **wahrlich** *Adv.* (in der Tat)

wahrnehmen (▶ nehmen) einen leisen Ton wahrnehmen (bemerken), eine Chance wahrnehmen (nützen) ABER → seine Worte für wahr (richtig) nehmen; **wahrnehmbar** ein deutlich wahrnehmbarer Schrei; die **Wahrnehmung**

wahrsagen (vorhersagen, weissagen); der/die **Wahrsager/-in**; die **Wahrsagerei**; die **Wahrsagung**

wahrscheinlich (vermutlich, ziemlich sicher); die **Wahrscheinlichkeit**

Währung die, Währungen (gültige Münzen, Banknoten eines Staates); die **Währungseinheit**

Wahrzeichen das, -: (Symbol, Kennzeichen), der Uhrturm als Wahrzeichen von Graz

Waidmann *auch* **Weidmann** der, -männer (Jäger); das **Waidwerk** *auch* **Weidwerk** (Jagd)

Waise die, Waisen (elternloses Kind); das **Waisenhaus**; das **Waisenkind**

die **Waise** (elternloses Kind)	ABER	die **Weise** (Melodie; Art und Weise)

Wal der, Wale (Meeressäugetier)

der **Wal** (Säugetier)	ABER	die **Wahl** (Auswahl, Abstimmung)

Wald der, Wälder (Forst, Gehölz), ein Wald (eine große Menge) von Antennen; **waldarm**; das **Wäldchen**; **waldig** (mit viel Wald); der **Waldmeister** (Pflanze); **waldreich**; das **Waldsterben**

¹**walken** Leder walken (kneten), einen Stoff walken (verfilzen); der **Walkjanker** (Jacke aus gewalkter Schafwolle)

²**walken** [w<u>o</u>ken] (sportlich gehen); das **Walking** *Ez.* [w<u>o</u>king]

Walkie-Talkie [w<u>o</u>kit<u>o</u>ki] das, …Talkies (tragbares Funksprechgerät)

Walkman [w<u>o</u>kmän] der, Walkmans/Walkmen (kleiner Kassettenrekorder)

Wall der, Wälle (Erdaufschüttung; Mauer), der Wall zum Schutz vor Hochwasser

Wallach der, Wallache (kastriertes männliches Pferd)

wallen wallendes (brodelnd kochendes) Wasser, wallende (füllige) Locken

Waller der, -: (Speisefisch)

Wallfahrer der, -: (Pilger); die **Wallfahrerin**; die **Wallfahrt** (Reise zu einer religiös wichtigen Stätte); **wallfahr(t)en** (pilgern); die **Wallfahrtskirche**; der **Wallfahrtsort**

Wallung die, Wallungen: jmdn. in Wallung bringen (zornig machen)

Walnuss die, Walnüsse (Frucht des Walnussbaums); der **Walnussbaum**

Walross das, Walrosse (Robbe)

walten hier walten (wirken) starke Kräfte, sie lässt ihn schalten und walten (gewähren)

Walz die, *Ez.:* der Handwerksbursch ist auf der Walz (unterwegs, auf Wanderschaft)

Walze die, Walzen (zylindrischer Körper zum Ebnen des Bodens); **walzen** die Straße walzen (ebnen), Eisen walzen (flach pressen); **wälzen** einen Felsen wälzen (rollen), ein Problem wälzen (sich angestrengt damit beschäftigen); **walzenförmig**; der **Walzer**

(Tanz im Dreivierteltakt); der **Wälzer** (dickes Buch); der **Walzertakt**

Wampe die, Wampen (*mundartl. für* dicker Bauch); **wampert** (*mundartl. für* dick)

Wams das, Wämser (*veraltet für* kurze Jacke)

Wand die, Wände: die Wand des Zimmers, die eigenen vier Wände (die eigene Wohnung), eine steile Wand im Gebirge; der **Wandkalender**; die **Wandkarte**; die **Wandtafel**; die **Wanduhr**

Wandel der, *Ez.:* einen Wandel (Wechsel, Änderung) anstreben; **wandelbar**; der **Wandelgang**; die **Wandelhalle**; **wandeln** auf der Erde wandeln (gehen), er wandelt (ändert) sich; die **Wandlung**; **wandlungsfähig** eine wandlungsfähige Schauspielerin; der **Wandlungsprozess**

wandern um den See wandern (zu Fuß gehen), die Blicke wandern (streifen) herum; die **Wanderausstellung**; die **Wanderdüne**; der **Wanderer**; die **Wanderin**; die **Wanderjahre**; **wanderlustig**; der **Wanderpokal**; der **Wandertag**; die **Wanderung**; der **Wandervogel** (Zugvogel; Angehöriger einer Jugendbewegung); der **Wanderweg**

Wange die, Wangen (Backe)

Wankelmut der, *Ez.* (Unentschlossenheit); **wankelmütig**; die **Wankelmütigkeit**

wanken Betrunkene wanken (gehen unsicher, schwanken), ihr Entschluss wankte (wurde unsicher) ABER → ins Wanken geraten (erschüttert werden)

wann *Adv.:* wann (zu welcher Zeit) kommst du?, dann und wann (manchmal); *Konj.:* sag es, wann immer du Hilfe brauchst!

Wanne die, Wannen: in einer Wanne baden; das **Wannenbad**

Wanst der, Wänste (*geh., abwertend für* dicker Bauch)

Wanze die, Wanzen: ihn hat eine Wanze (Insekt) gebissen, eine Wanze (ein Abhörgerät) im Zimmer verstecken

WAP = **W**ireless **A**pplication **P**rotocol (Internetzugang via Handy)

Wappen das, -: (Zeichen, Symbol einer Stadt, eines Landes, einer Familie); das **Wappentier**; sich **wappnen** sich gegen eine Gefahr wappnen (sich ausrüsten), sich mit Geduld wappnen (geduldig sein)

Waran der, Warane (Echsenart)

Ware die, Waren (Güter, Erzeugnisse); der **Warenbestand**; das **Warenlager**; die **Warenprobe**; die **Warensendung**; das **Warensortiment**; das **Warenzeichen** (rechtlich geschütztes Handelszeichen)

warm wärmer, am wärmsten, warme Kleidung; das Essen warm stellen *auch* warmstellen, ein warmer (herzlicher) Händedruck, den Motor warm laufen lassen, sich warm anziehen ABER → etwas Warmes anziehen, im Warmen sein; **warmblütig**; die **Wärme**; **wärmedämmend**; die **Wärmeenergie**; die **Wärm(e)flasche**; **wärmen**; **warmhalten** (▶ halten) sich jmdn. warmhalten (seine Gunst erhalten) ABER → das Essen warm halten; **warmherzig**; die **Warmherzigkeit**

sich **warm** anziehen	ABER	etwas **Warmes** anziehen
das Essen **warm stellen**	auch	das Essen **warmstellen**
mit jmdm. schnell **warm werden** (vertraut werden)	auch	mit jmdm. schnell **warmwerden**

warnen das Schild warnt vor der Gefahr; die **Warnleuchte**; der **Warnruf**; das **Warnsignal**; der **Warnstreik**; die **Warnung**; das **Warnzeichen**

Wart der, Warte (Verwalter, z.B. Schulwart); die **Warte** (Beobachtungsplatz), etwas von seiner Warte (Standpunkt) aus beurteilen; **warten** auf das Ende warten, den Motor warten (pflegen); der/die **Wärter/-in** (Aufseher/-in); die **Warterei**; der **Wartesaal**; die **Warteschleife**; die **Wartezeit**; das **Wartezimmer**; die **Wartin**; die **Wartung** (Instandhaltung); **wartungsfrei**; **…wärtig** auswärtig, rückwärtig, widerwärtig; **…wärts** *Adv.:* einwärts, vorwärts

warum *Adv.:* warum (aus welchem Grund) schreit er?, ich weiß nicht, warum das so ist; nach dem Warum fragen

Warze die, Warzen (kleine Hautwucherung); das **Warzenschwein**

was was ist das?, was für eine Freude!; er glaubt nicht, was ich sage; (et)was anderes

waschbar; das **Waschbecken**; die **Wäsche**; **waschelnass** (*ugs. für* ganz nass)

waschen du wäschst dir die Hände, er wusch die Kleidung, sie hat sich gewaschen, wasch dich!, *jmdm. den Kopf waschen* (ihn zurechtweisen); **waschecht** eine waschechte (kochfeste) Farbe, eine waschechte (typische) Wienerin; die **Wäscherei**; der **Waschlappen**

Waserl → weg

(Lappen zum Reinigen; Schwächling); die **Waschmaschine**; das **Waschmittel**; die **Waschung**; das **Waschweib** (*abwertend für* Schwätzerin); das **Waschzeug**

Waserl das, Waserln (*mundartl. für* unbeholfener Mensch)

Wasser das, -/Wässer (z.B. Abwässer, Mineralwässer), Wasser trinken, ein Wasser abweisendes *auch* wasserabweisendes Material, *etwas fällt ins Wasser* (findet nicht statt), *jmdm. nicht das Wasser reichen können* (nicht an seine Leistungen heranreichen); **wasserarm**; das **Wässerchen**; der **Wasserdampf**; **wasserdicht**; der **Wasserfall**; die **Wasserfarbe**; **wasserfest**; das **Wasserglas**; der **Wasserhahn**; **wäss(e)rig**; die **Wäss(e)rigkeit**; die **Wasserlacke**; der **Wasserlauf**; die **Wasserleitung**; **wasserlöslich**; der **Wassermann** (Sagenwesen; Sternbild)

wassern das Flugzeug wasserte (ging auf dem Wasser nieder); **wässern** das Blumenbeet wässern (bewässern); der **Wasserrohrbruch**; die **Wasserrose** (Seerose); **wasserscheu**; das **Wasserschloss**; der **Wasserspiegel**; der **Wasserstand**; der **Wasserstoff** <H> (chemischer Grundstoff); die **Wasserstraße**; die **Wassersucht** (Krankheit); die **Wasseruhr** (Messgerät zum Feststellen der verbrauchten Wassermenge); die **Wasserwaage**; das **Wasserwerk**; der **Wasserzähler** (Wasseruhr); das **Wasserzeichen** (Markenzeichen im Papier)

Watchlist [wotschlist] die, …lists (Liste von zu beobachtenden Firmen oder Personen)

waten im Wasser waten

Watsche *auch* **Watschen** die, Watschen (*ugs. für* Ohrfeige); **watschen**; der **Watschenmann** (Apparat zum Kräftemessen, bes. im Wiener Prater)

watscheln wie eine Ente watscheln (wackelig, plump gehen)

¹**Watt** das, -: <W> (elektrische Leistungseinheit)
²**Watt** das, Watten (bei Ebbe nicht überfluteter Küstenstreifen der Nordsee); das **Wattenmeer**

Watte die, Watten: mit Watte die Wunde betupfen; der **Wattebausch(en)**; der **Warrepad**; **wattieren** eine wattierte (gepolsterte) Jacke; die **Wattierung**

WC das, WC(s) (Toilette, Wasserklosett)

Web das, *Ez.* (*kurz für* World Wide Web, Internet); die **Webcam** [webkäm] (Livekamera im Internet); die **Webseite** (Seite oder Teil der Informationen, die im Internet abrufbar sind); die **Website** [websait] (unter einer Adresse zusammenhängende Seiten im Internet, Homepage)

weben du webst, er webte/wob (*geh.*), sie hat gewebt/gewoben (*geh.*), web(e)!, Stoffe weben; die **Webe** (Gewebe); der/die **Weber/-in**; die **Weberei**; der **Webfehler**

Webspace [webspes] der, …spaces (Speicherplatz auf Internetservern)

Wechsel der, -: der Wechsel des Arbeitsplatzes, einen Wechsel (Schuldschein) einlösen; das **Wechselbad** ein Wechselbad der Gefühle; das **Wechselgeld**; **wechselhaft** (veränderlich); die **Wechseljahre**; **wechseln** sie wechselte Geld (tauschte um), er wechselte die Reifen, das Wetter wechselte (änderte sich) rasch; der **Wechselschritt**; **wechselseitig** (abwechselnd, gegenseitig); der **Wechselstrom**; die **Wechselstube**; **wechselwarm**; **wechselweise**; die **Wechselwirkung**

Wechte die, Wechten (überhängende Schneemasse)

Wecken der, -: (Brot in länglicher Form); das **Weckerl**

wecken jmdn. frühmorgens wecken (wach machen), Gefühle werden geweckt (entstehen); der **Wecker** *jmdm. auf den Wecker gehen* (ihn stören); der **Weckruf**

Wedel der, -: mit dem Wedel Staub entfernen, der Wedel (Blatt) einer Palme; **wedeln** der Hund wedelt mit dem Schwanz

weder *Konj.:* weder trinken noch essen können, *weder ein noch aus wissen* (sich nicht zurechtfinden) ABER → das **Wedernoch**

weg *Adv.:* der Ort ist weit weg (entfernt), der Schmuck ist weg (fort, verschwunden), ich bin ganz weg (begeistert); **wegbleiben** (▶ bleiben); **wegblicken**; **wegbringen** (▶ bringen); **wegfahren** (▶ fahren); der **Wegfall**; **wegfallen** (▶ fallen); der **Weggang**; **weggehen** (▶ gehen); **wegkommen** (▶ kommen); **weglassen** (▶ lassen); **weglaufen** (▶ laufen); **wegmachen**; die **Wegnahme**; **wegnehmen** (▶ nehmen); **wegräumen**; …**wegs** *Adv.:* gerade(n) wegs, halbwegs, keineswegs, unterwegs; **wegschaffen**; sich **wegscheren** (*derb für* weggehen); **wegschieben** (▶ schieben); sich **wegschleichen** (▶ schleichen);

Weg → weidlich

wegschmeißen (▶ schmeißen); sich wegstehlen (▶ stehlen); **wegstellen**; wegtun (▶ tun); **wegwerfen** (▶ werfen); **wegwerfend** (verächtlich, abfällig); die **Wegwerfflasche**; die **Wegwerfgesellschaft** (*abwertend für* Gesellschaft, in der alte Dinge weggeworfen und nicht repariert werden); **wegzählen** (subtrahieren); **wegziehen** (▶ ziehen); der **Wegzug**

We**g** der, Wege: der Weg auf den Hügel, wohin des Wegs?, es gibt viele Wege (Arten), das zu tun, etwas zu Wege *auch* zuwege bringen, jmdn. aus dem Weg räumen (umbringen), jmdn. auf halbem Weg entgegenkommen (teilweise nachgeben); der/die **Wegbereiter/-in**; der **Wegelagerer** (Straßenräuber); der **Weg(es)rand**; die **Weggabelung**; der **Weggefährte**; die **Weggefährtin**; die **Wegkreuzung**; **wegkundig**; die **Wegmarke**

wegen *Präp.+Gen.:* wegen der Leute, meiner Familie wegen (um ihretwillen), von Rechts wegen, wegen deiner Geschäfte, von Amts wegen, von wegen! (nein, wirklich nicht); …**wegen** *Adv.:* meinetwegen, deinetwegen, seinetwegen, ihretwegen, unsertwegen, euretwegen *auch* euertwegen, deswegen

We**gerich** der, Wegeriche (Pflanze)

We**gscheid** die, …scheiden (Abzweigung, Kreuzung); die **Wegstrecke**; **wegweisend** eine wegweisende Erfindung; der **Wegweiser**; die **Wegzehrung** (Reisevorrat)

w**eh** *auch* **wehe** es tut mir weh, sie hat wehe (schmerzende) Beine, o weh!, *wehe, wenn sie losgelassen;* das **Weh** mit Ach und Weh; die **Wehen** (Schmerzen bei der Geburt); das **Wehgeschrei**; **wehklagen**; **wehleidig**; die **Wehleidigkeit**; die **Wehmut** (sehnsüchtiger Schmerz); **wehmütig**; **wehtun** *auch* weh tun (▶ tun) jmdn. wehtun, es tut ihm weh; das **Wehwehchen**

wehen der Wind weht über das Land; die **Wehe** (Sand- und Schneeverwehung)

¹**W**e**hr** das, Wehre (Staumauer)

²**W**e**hr** die, Wehren (Abwehr, Schutzvorrichtung); der/die **Wehrbeauftragte**; der **Wehrdiener** (Soldat); der **Wehrdienst**; **wehren** sich im Streit wehren (verteidigen), sich gegen die Strafe wehren (widersetzen), wehret den Anfängen! (bekämpft etwas Schlechtes gleich zu Beginn); **wehrfähig**; die **Wehrfähigkeit**; der **Wehrgang** (Gang mit Schießscharten auf Burg- und Stadtmauern); **wehrhaft** (tüchtig, erprobt); **wehrlos** ein wehrloses Kind; die **Wehrlosigkeit**; die **Wehrpflicht**; **wehrpflichtig**; der **Wehrpflichtige**; die **Wehrübung**

Wei**b** das, Weiber (*früher für* Frau, Ehefrau, *heute abwertend für* Frau); das **Weibchen** (weibliches Tier); der **Weiberheld**; **weibisch** (weichlich, unmännlich); **weiblich** <w.> eine typisch weibliche Eigenschaft; die **Weiblichkeit**; das **Weibsbild** (*abwertend für* Frau)

w**eich** ein weiches (flauschiges) Fell, ein weiches (mitfühlendes) Herz, ein weich gekochtes *auch* weichgekochtes Ei, eine weiche (angenehme) Stimme, weich werden *auch* weichwerden (aufweichen, nachgeben); das **Weichbild** (Siedlungsbereich eines Ortes); **weichklopfen** (zum Nachgeben bringen); **weichmachen** (zermürben)

das Ei **weich kochen**	auch	**weichkochen**
Fleisch **weich klopfen**	auch	**weichklopfen**
	ABER	jmdn. **weichklopfen** (zum Aufgeben bringen)

¹**weichen** das Brot weichte in der Suppe (wurde weich)

²**weichen** du weichst der Übermacht (gibst nach), er wich nicht von ihrer Seite, die Angst ist gewichen, weich(e)!; die **Weiche** (verstellbarer Teil einer Gleisanlage); die **Weichenstellung**

Wei**chheit** die, Weichheiten; **weichherzig** (gütig); die **Weichherzigkeit**; **weichlich** (verzärtelt, willensschwach); die **Weichlichkeit**; der **Weichling** (Schwächling); der **Weichmacher** (chemische Substanz)

Wei**chsel** die, Weichseln (Sauerkirsche)

Wei**chspüler** der, -: (Mittel zum Weichmachen der Wäsche); die **Weichteile** (knochenlose Körperteile); das **Weichtier** (wirbelloses Tier)

¹**W**ei**de** die, Weiden (Baum, Strauch); die **Weidenkätzchen**; die **Weidenkatzerl**; die **Weidenrute**

²**W**ei**de** die, Weiden (Grasfläche); das **Weideland**; **weiden** er weidet (hütet) die Kühe, das Vieh weidet (frisst) auf der Wiese, sich an etwas weiden (erfreuen); der **Weideplatz**

w**eidlich** etwas weidlich (*geh. für* reichlich)

genießen

Weidling auch **Weitling** der, Weidlinge (Rührschüssel)

Weidmann auch **Waidmann** der, Weidmänner (Jäger); **Weidmannsdank!** (Antwort auf den Jägergruß); **Weidmannsheil!** (Jägergruß); das **Weidwerk** auch Waidwerk (Jagd); **weidwund** auch waidwund (verwundet)

weigern sich: sie weigerte sich (lehnte es ab) zu kommen; die **Weigerung**

Weihe die, Weihen; der **Weiheakt; weihen** etwas/jmdn. weihen (segnen), er weiht (widmet) sein Leben der Kunst, dem Untergang geweiht (preisgegeben)

Weiher der, -: (kleiner Teich)

weihevoll (feierlich)

Weihnacht die, Weihnachten (Fest der Geburt Jesu), fröhliche Weihnachten!, zu Weihnachten; **weihnachten** es weihnachtet; **weihnachtlich;** der **Weihnachtsabend;** die **Weihnachtsbäckerei;** die **Weihnachtsferien;** das **Weihnachtsfest;** die **Weihnachtskrippe;** der **Weihnachtsmann;** die **Weihnachtszeit**

Weihrauch der, *Ez.* (Räuchermittel); das **Weihwasser**

weil *Konj.*: ich zittere, weil (da) ich friere

Weile die, *Ez.* (unbestimmte Zeit); ein Weilchen; **weilen** im Ausland weilen (sich aufhalten); …**weilen** *Adv.*: bisweilen, einstweilen, zuweilen

Weiler der, -: (abgelegene Häusergruppe)

Wein der, Weine (alkoholisches Getränk aus Weintrauben), Wein trinken, *jmdm. reinen Wein einschenken* (die Wahrheit sagen); der **Weinbau;** die **Weinbeere** (Rosine); der **Weinbeißer** (glasierter Lebkuchen, *ugs. für* Weintrinker); der **Weinberg;** der **Weinbrand** (Branntwein)

weinen (Tränen vergießen); **weinerlich** eine weinerliche Stimme; die **Weinerlichkeit**

Weinessig der, Weinessige; der/die **Weinhauer/-in** (Winzer/-in); der **Weinkeller;** die **Weinlese** (Traubenernte); die **Weinranke;** die **Weinrebe; weinrot;** der **Weinstock;** die **Weintraube**

Weise die, Weisen: auf diese Weise (Art), in gleicher Weise (ebenso), die Art und Weise, eine fröhliche Weise (Melodie); …**weise** <u>au</u>snahmsweise, d<u>u</u>mmerweise, gl<u>ü</u>cklicherweise, l<u>ei</u>hweise, pr<u>o</u>beweise, schr<u>i</u>ttweise

weise (klug, lebenserfahren); der/die **Weise; weismachen** jmdm. etwas weismachen (vormachen, einreden wollen)

weisen du weist (zeigst, deutest) auf ein Schild, er wies den Weg, sie hat alle Schuld von sich gewiesen, weis(e)!, jmdn. aus dem Raum weisen (hinausschicken)

ein **weiser** Mensch	ABER	ein **weißer** Anstrich
weisen (zeigen)	ABER	**weißen** (weiß streichen)

Weisheit die, Weisheiten; der **Weisheitszahn**

weiß weißer, am weißesten, weiße Wäsche, schwarz auf weiß (schriftlich), der weiße auch Weiße Tod (Lawinentod), *eine weiße* (saubere) *Weste haben* (keine Schuld haben), ein weiß gestrichener auch weißgestrichener Zaun ABER → die Farbe Weiß, das Weiße Haus (Amtssitz des amerikanischen Präsidenten), der Weiße Sonntag (Sonntag nach Ostern); das **Weiß** (die weiße Farbe), in Weiß gestrichen

weiß gestrichen	auch	weißgestrichen
	ABER	in **Weiß** gestrichen
weiß gekleidet	auch	weißgekleidet
Wäsche **weiß waschen**	auch	**weißwaschen**
	ABER	sich **weißwaschen** (von einem Verdacht befreien)

weissagen (vorhersagen); der/die **Weissager/-in;** die **Weissagung**

Weißbier das, …biere; **weißblond;** das **Weißbrot;** der/die **Weiße** (Mensch mit heller Hautfarbe); **weißen** die Wand weißen (streichen); die **Weißglut** (stärkste Glut), *jmdn. zur Weißglut bringen* (sehr wütend machen); **weißhaarig;** das **Weißkraut; weißlich;** der **Weißling** (Schmetterling)

Weißrussland (Staat in Osteuropa); der **Weißrusse;** die **Weißrussin; weißrussisch**

weißwaschen (▶ waschen) (sich/jmdn. von einem Verdacht befreien) ABER → Wäsche weiß waschen auch weißwaschen; der **Weißwein;** die **Weißwurst**

Weisung die, Weisungen (Anordnung, Befehl); **weisungsgemäß;** das **Weisungsrecht**

weit → Weltall

weit das weite Meer, bis zum Hotel ist es nicht weit, der Rock ist ihr zu weit, weit in die Zukunft, weit gehen, es weit bringen, weit besser, weit und breit (überall), das ist weit hergeholt *auch* weithergeholt, bei weitem *auch* bei Weitem, von weitem *auch* von Weitem, von weit her, weit voraus, eine weit gereiste *auch* weitgereiste Person, eine weit reichende *auch* weitreichende Entscheidung, eine weit verbreitete *auch* weitverbreitete Ansicht

weitab *Adv.:* weitab (weit entfernt) vom Fluss; **weitaus** *Adv.:* sie ist weitaus (bei weitem, mit großem Abstand) die Schnellste; der **Weitblick**; das **Weite** das Weite suchen (fliehen); die **Weite** der Blick schweift in die Weite; **weiten** den Schuh weiten (dehnen)

weiter weitere Fragen haben; *Adv.:* und so weiter <usw.>; **weiter…** ohne weiteres *auch* ohne Weiteres ABER → ohneweiters, bis auf weiteres *auch* Weiteres (vorläufig); **Weiter** alles Weitere, Weiteres nächste Woche, des Weiteren, im Weiteren; die **Weiterarbeit**; **weiterarbeiten**; sich **weiterbilden**; die **Weiterbildung**; **weiterentwickeln**; die **Weiterentwicklung**; **weitererzählen**; **weiterfahren** (▶ fahren) in der Rede weiterfahren ABER → ich muss weiter fahren als die anderen; die **Weiterfahrt**; **weiterführend** weiterführende Schulen; die **Weitergabe**; **weitergeben** (▶ geben); **weitergehen** (▶ gehen) ABER → sie wird weit gehen als er; **weiterhelfen** (▶ helfen) (behilflich sein) ABER → auch weiter (weiterhin) helfen; **weiterhin** *Adv.* (wie bisher, auch in Zukunft); **weiterkommen** (▶ kommen); **weiterlaufen** (▶ laufen) ABER → sie wird weiter laufen als er; **weiterleiten**; **weitermachen** so weitermachen wie bisher ABER → etwas Enges weiter machen; **weiters** *Adv.* (darüber hinaus, weiterhin); **weitersagen**; **weitersprechen** (▶ sprechen); **weiterverwenden**; die **Weiterverwendung**

ich muss **weiter fahren** als die anderen	ABER	**weiterfahren** in der Rede
auch **weiter** (weiterhin) **helfen**	ABER	**weiterhelfen** (behilflich sein)
bis auf **Weiteres**	auch	bis auf **weiteres**
ohne **Weiteres**	auch	ohne **weiteres**

weither *Adv.:* von weither (aus weiter Ferne) reisen ABER → mit ihm ist es nicht weit her (er taugt nicht viel)
weitherzig (freigebig); die **Weitherzigkeit**
weithin *Adv.*
weitläufig (ausführlich, großzügig); die **Weitläufigkeit**
Weitling *auch* **Weidling** der, Weitlinge (Rührschüssel)
weiträumig eine weiträumige Landschaft
weitschweifig (umständlich); die **Weitschweifigkeit**
Weitsicht die, *Ez.;* **weitsichtig** (vorausschauend)
weitspringen (▶ springen) ABER → er kann nicht weit springen; das **Weitspringen**; der **Weitsprung**
weitverbreitet eine weitverbreitete *auch* weit verbreitete Ansicht
Weizen der, *Ez.* (Getreideart); das **Weizenfeld**; das **Weizenmehl**
welch welch eine Freude!; **welche** auf welche Weise?, es waren schon welche (einige) gekommen; **welcher** der Mann, welcher (der) lachte, war mein Vater; **welches** welches dieser Bücher kennst du?
welk welkes (nicht mehr frisches) Laub; **welken**
Welle die, Wellen: hohe Wellen (Wogen) rollen an die Küste, eine Welle (Flut) der Begeisterung, Wellen schlagen (Aufregung verursachen); das **Wellblech**; sich **wellen** der Holzboden wellt (wölbt) sich; das **Wellenbad**; **wellenförmig**; der **Wellengang**; die **Wellenlänge**; die **Wellenlinie**; der **Wellensittich**; **wellig** wellige Haare, ein welliges Gelände; die **Wellpappe**
Wellness die, *Ez.* (Wohlbefinden); **wellnessen** (sich körperlich z.B. durch Massage, Sauna entspannen)
Welpe der, Welpen (Junges bei Hunden, Füchsen oder Wölfen)
Wels der, Welse (Süßwasserfisch)
Welt die, Welten: um die Welt (die Erde) reisen, die Welt (der Lebensbereich) des Sports, alle Welt (jedermann) weiß das, zur Welt kommen (geboren werden), Teilnehmer aus aller Welt (von überall her), am Ende der Welt (sehr weit entfernt), die Dritte Welt (*veraltet für* Entwicklungsländer), die Neue Welt (Amerika), die Alte Welt (Europa)
Weltall das, *Ez.;* die **Weltanschauung**; **weltberühmt**; **weltbewegend**; das **Weltbild**; der/die **Weltbürger/-in**; der **Weltcup** *auch*

weltoffen → Wert

Worldcup (internationaler Sportbewerb); der/die **Weltenbummler/-in**; die **Weltflucht**; **weltfremd**; das **Weltgericht** (das Jüngste Gericht); die **Weltgeschichte**; der **Welthandel**; die **Weltherrschaft**; die **Weltkarte**; der **Weltkrieg** der Erste/Zweite Weltkrieg; die **Weltkugel**; **weltlich** (irdisch); die **Weltmacht**; **weltmännisch** (überlegen wirkend); das **Weltmeer**; der/die **Weltmeister/-in**; die **Weltmeisterschaft**

weltoffen; die **Weltoffenheit**; die **Weltordnung**; die **Weltpolitik**; der **Weltraum**; der/die **Weltraumfahrer/-in**; das **Weltreich**; die **Weltreise**; der **Weltrekord**; der **Weltruf** (große Berühmtheit); der **Weltschmerz** (tiefe Traurigkeit); die **Weltstadt**; der **Weltuntergang**; der/die **Weltverbesserer/-in**; **weltweit**; die **Weltwirtschaft**; das **Weltwunder**

wem wem hilft das?; der **Wemfall** (3. Fall, Dativ, z.B. „dem Vater")

wen wen liebst du?; der **Wenfall** (4. Fall, Akkusativ, z.B. „den Vater")

Wende die, Wenden: das Auto macht eine Wende, die Geschichte nahm eine Wende zum Guten; der **Wendekreis**; die **Wendeltreppe**; das **Wendemanöver**; die **Wendemarke**; **wenden** du wendest den Kopf, er wandte/wendete das Heu, sie hat sich an ihre Mutter gewandt/gewendet, wende!, er ist sehr gewandt (geschickt); der **Wendepunkt**; **wendig** ein wendiges (leicht zu lenkendes) Fahrzeug, eine wendige (geschickte) Turnerin; die **Wendung**

wenig ein wenig (etwas, ein bisschen) Angst haben, wenig (nicht viel) Geld besitzen, zu wenig Erfahrung ABER → das Zuwenig an Erfahrung, zu wenige Teilnehmer, ein wenig gelesenes auch weniggelesenes Buch, die wenigsten wissen das, das wenigste auch Wenigste, das ich tun kann, dieses wenige auch Wenige, nur weniges auch Weniges hilft hier; die **Wenigkeit** meine Wenigkeit (ich); **wenigstens** Adv. (zumindest)

wenn Konj.: wir fahren, wenn (falls) wir Zeit haben, wenn (sobald) ich fertig bin, hole ich dich, wenn sie nur da wäre!, wenn die Ferien auch kurz waren, waren sie doch schön; das **Wenn** ohne Wenn und Aber; **wenngleich** Konj. (obgleich); **wennschon** Konj. (obwohl), na, wennschon

wer wer ruft?, wer helfen will, soll kommen; der **Werfall** (1. Fall, Nominativ, z.B. „der Vater")

werben du wirbst für ein neues Produkt, er warb (gewann) neue Kunden, sie hat um seine Liebe geworben, wirb!; der/die **Werber/-in**; der **Werbeslogan** […slogän]; der **Werbespot** (Werbekurzfilm); der **Werbetext**; die **Werbetrommel** die Werbetrommel rühren (kräftig werben, Reklame machen); **werbewirksam**; die **Werbung**

Werdegang der, Werdegänge: der Werdegang des Projektes

werden du wirst bald erwachsen, er wurde wach, sie ist Sängerin geworden, werd(e) endlich vernünftig!, so wird das nichts!, es wird Abend, eine werdende Mutter; das **Werden** es ist noch im Werden (Entstehen)

werfen du wirfst dich zu Boden, er warf den Ball, die Katze hat Junge geworfen (geboren), wirf!, einen Schatten werfen, *die Flinte ins Korn werfen* (aufgeben); der/die **Werfer/-in**

Werft die, Werften (Anlage zum Bau von Schiffen); der/die **Werftarbeiter/-in**

Werg das, Ez. (Flachs-, Hanfabfall)

Werk das, Werke: ans Werk! (beginnen wir), ein neues Werk (Buch o.Ä.) verfassen, das Werk (die Tat) von Dieben, in einem großen Werk (einer Fabrik) arbeiten, das Werk (Mechanismus) der Uhr; die **Werkbank**; das **Werkel** (Leierkasten); **werkeln** (basteln)

werken mit großem Einsatz werken (arbeiten); das **Werken** (Werkunterricht); **werkgerecht**; **werkgetreu**; der/die **Werksangehörige**; der/die **Werksarzt/-ärztin**; **werkseigen**; die **Werksküche**; die **Werkstatt**, die **Werkstätte**; das **Werkstück**; der **Werksverkehr**; der **Werktag**; **werktäglich**; **werktags** Adv. (wochentags) ABER → eines Werktags; **werktätig**; der/die **Werktätige**; der **Werkunterricht**; der **Werkvertrag**; das **Werkzeug**

Wermut der, Ez. (Pflanze; alkoholisches Getränk); der **Wermutstropfen** (etwas Unangenehmes, das die Freude trübt)

Wert der, Werte: der Wert der Waren betrug eine Million Euro, das Museum besitzt große Werte, etwas von bleibendem Wert, den Wert auf der Messskala ablesen, *ich lege darauf Wert* (es ist mir wichtig); **wert** etwas ist nicht der Rede wert; **wertbeständig**; die **Wertbeständigkeit**; **werten** (beurteilen); **wertfrei**; der **Wertgegenstand**; **werthalten** (▶ halten) (in Ehren halten); die **Wertigkeit**; **wertlos**; die **Wertlosigkeit**; **wertmäßig**; die **Wertpapiere** (Aktien, Pfandbriefe); die **Wertsache**; **wertschätzen** (hochachten); die **Wertschätzung**; die **Wertung**; **wertvoll**;

Werwolf → widerborstig

das **Wertzeichen** (Briefmarke)
Werwolf der, Werwölfe (Mensch, der sich der Sage nach in einen Wolf verwandelt)
wes (veraltet/geh. für wessen), *wes Brot ich ess, des Lied ich sing* (die Meinung dessen vertreten, von dem man wirtschaftlich abhängig ist)
Wesen das, -: das Wesen (die Eigenart) einer Sache, ein höheres (überirdisches) Wesen, ein hilfloses Wesen (Person), sie hat ein sanftes Wesen (eine sanfte Art); die **Wesensart**; **wesensfremd**; **wesensverwandt**; der **Wesenszug** (Merkmal)
wesentlich wesentliche (wichtige) Einwände haben ABER → im Wesentlichen (in der Hauptsache); das **Wesentliche**
Wesfall der, Wesfälle (2. Fall, Genitiv, z.B. „des Vaters")
weshalb *Adv.:* weshalb (warum) weinst du?
Wespe die, Wespen (Insekt); das **Wespennest**; der **Wespenstich**
wessen wessen Schuhe sind das?
Weste die, Westen (Kleidungsstück), sie trug eine blaue Weste über der Bluse; die **Westentasche**
Westen der, *Ez.* <W> (Himmelsrichtung), der Wind kam aus Westen, der Westen Österreichs; der **Western** (Wildwestfilm); **Westeuropa**; **westeuropäisch**; **westlich**; die **Westmächte**; **westwärts** *Adv.;* der **Westwind**
weswegen *Adv.:* weswegen streitet ihr?
Wettbewerb der, ...bewerbe; **wettbewerbsfähig**; die **Wette** um die Wette rennen, eine Wette abschließen; der **Wetteifer**; **wetteifern**; **wetten** um zehn Euro wetten
Wetter das, *Ez.:* wechselhaftes Wetter; die **Wetteraussichten**; der **Wetterbericht**; **wetterbeständig**; **wetterempfindlich**; die **Wetterfahne**; **wetterfest**; der **Wetterfleck** (Regenumhang); **wetterfühlig** (unter Wetterumschwung gesundheitlich leidend); die **Wetterfühligkeit**; das **Wetterleuchten** (Widerschein entfernter Blitze); **wetterleuchten** es wetterleuchtet im Osten
wettern es hat lange gewettert (gestürmt, gewittert), er wettert (schimpft heftig); der **Wettersatellit**; die **Wetterscheide** (Grenzgebiet zwischen Wetterzonen); der **Wettersturz** (Schlechtwettereinbruch); der **Wetterumschwung**; die **Wettervorhersage**; die **Wetterwarte**; **wetterwendisch** (launisch)

Wettfahrt die, ...fahrten; der **Wettkampf**; der/die **Wettkämpfer/-in**; der **Wettlauf**; **wettmachen** einen Fehler wettmachen (ausgleichen); das **Wettrennen**; der **Wettstreit**; das **Wettturnen** auch Wett-Turnen
wetzen du wetzt hin und her, das Messer wetzen (scharf machen), die Amsel wetzt ihren Schnabel, er ist um die Ecke gewetzt (*ugs. für* gelaufen)
Whirlpool [wöalpul] der, ...pools (Wasserbecken mit sprudelndem Wasser)
Whiskey [wiski] der, Whiskeys (irischer oder amerikanischer Branntwein) ABER → der **Whisky** (schottischer Branntwein)
Wichse die, Wichsen (Putzmittel für Schuhe/Böden; Prügel); **wichsen** die Stiefel wichsen (polieren); *derb für* onanieren
Wicht der, Wichte: der kleine Wicht (Zwerg) im Märchen, ein arger Wicht (schlechter Mensch); der **Wichtel** (Kobold, Heinzelmännchen); das **Wichtelmännchen** (Kobold); **wichteln** (kleine Geschenke verteilen)
wichtig eine wichtige (bedeutende) Entscheidung, etwas wichtig nehmen, *sich wichtig machen* (sich aufspielen) ABER → alles **Wichtige**, nichts/etwas Wichtiges; die **Wichtigkeit**; der/die **Wichtigmacher/-in**; die **Wichtigmacherei**; der/die **Wichtigtuer/-in**; die **Wichtigtuerei**; **wichtigtuerisch**
Wicke die, Wicken (rankende, blühende Pflanze)
Wickel der, -: heiße Wickel (Umschläge) machen, *es gibt Wickel* (*ugs. für* Konflikte), *jmdn. beim Wickel nehmen* (festhalten, zur Rede stellen); das **Wickelkind** (Säugling); **wickeln** Wolle zu einem Knäuel wickeln, das Baby wickeln (frische Windeln anlegen)
Widder der, -: (Schafbock; Sternbild)
wider *Präp.+Akk.:* wider (gegen) seine Feinde kämpfen, wider Erwarten, wider den Strom schwimmen, für und wider ABER → das Für und Wider (das Dafür und das Dagegen)

| wider Erwarten (gegen die Erwartungen) | ABER | wieder einmal (erneut) |

widerborstig (widerspenstig); **widerfahren** (▶ fahren) dieses Unglück ist ihm widerfahren (zugestoßen); der **Widerhaken**; der **Widerhall** (Echo); **widerhallen**; **widerlegen**; die **Widerlegung**; **widerlich** ein widerlicher

405

(abscheulicher) Geruch; **widernatürlich** (gegen die Natur); die **Widernatürlichkeit**; der **Widerpart** (Gegner); **widerrechtlich** (gegen das Gesetz); die **Widerrede** (Widerspruch); der **Widerruf** (Zurücknahme einer Aussage), bis auf Widerruf; **widerrufen** (▶ rufen); die **Widerrufung**; der/die **Widersacher/-in** (Gegner/-in); der **Widerschein** (Spiegelung)

widersetzen sich (sich dagegen auflehnen); **widersetzlich**; **widersinnig** (der Vernunft widersprechend); **widerspenstig** eine widerspenstige (störrische) Person, widerspenstige Haare; die **Widerspenstigkeit** (Trotz); **widerspiegeln**; **widersprechen** (▶ sprechen); der **Widerspruch** (Einspruch); **widersprüchlich** (gegensätzlich); die **Widersprüchlichkeit**; **widerspruchsfrei**; **widerspruchslos**

Widerstand der, ...stände; **widerstandsfähig**; der/die **Widerstandskämpfer/-in**; die **Widerstandskraft**; **widerstandslos** (kampflos); **widerstehen** (▶ stehen); **widerstreben** (zuwider sein); **widerwärtig** (ekelhaft); die **Widerwärtigkeit**; der **Widerwille** (Abneigung); **widerwillig** (äußerst ungern)

widmen jmdm. ein Gedicht widmen (zueignen), sich ganz der Familie widmen (zuwenden); die **Widmung**

widrig widrige (ungünstige) Umstände; **widrigenfalls** *Adv.*; die **Widrigkeit** (Problem, Schwierigkeit)

wie *Adv.*: wie groß bist du?, wie köstlich!, wie viel wiegt er?, wie viele Menschen?; *Konj.*: mach es so wie ich ABER → sowie (sobald) das geschieht, Alte wie (ebenso wie) Junge ABER → das Wie zählt, nicht das Was; so hoch wie ein Baum; lauf so schnell, wie du kannst

Wiedehopf der, Wiedehopfe (Vogel)

wieder *Adv.*: es ist mir wieder (erneut) eingefallen, hin und wieder (manchmal), immer wieder, für nichts und wieder nichts, er kommt bald wieder; **wiederbekommen** (▶ kommen) (zurückbekommen) ABER → etwas wieder (erneut, nochmals) bekommen; **wiederbeleben**; die **Wiederbelebung**; der **Wiederbelebungsversuch**; die **Wiederentdeckung**; die **Wiedereröffnung**; **wiedererstatten** (zurückzahlen); **wiederfinden** (▶ finden); die **Wiedergabe**; **wiedergeben** (▶ geben); die **Wiedergeburt**; **wiedergewinnen** (▶ gewinnen); die **Wiedergut-**machung; **wiederherstellen**; die **Wiederherstellung**

wieder sehen können (nicht mehr blind sein)	ABER	jmdn. **wiedersehen** (treffen)
sich im See **widerspiegeln**	ABER	**wiederkehren** (zurückkehren)

wiederholen (erneut sagen) ABER → etwas wieder (erneut) holen; **wiederholt** (mehrfach); die **Wiederholung**; das **Wiederhören** auf Wiederhören!; **wiederkäuen**; der **Wiederkäuer**; die **Wiederkehr** (Rückkehr); **wiederkehren**; **wiedersehen** (▶ sehen) er möchte dich gern wiedersehen ABER → mit der Spezialbrille kann sie wieder sehen; das **Wiedersehen** jmdm. auf auch Auf Wiedersehen sagen; **wiederum** *Adv.*; der/die **Wiederverkäufer/-in**; die **Wiederverwendung**; die **Wiederverwertung**

Wiege die, Wiegen; **wiegen** du wiegst dich hin und her, er wiegte nachdenklich den Kopf, sie hat das Kind in ihren Armen gewiegt; das **Wiegenfest** (Geburtstag); das **Wiegenlied**

wiegen du wiegst zu viel, er wog das Obst, sie hat die Zutaten gewogen, wieg(e)!

er **wiegte** das Kind in den Armen	ABER	sie **wog** die Zutaten für den Kuchen

wiehern das Pony wieherte, wieherndes Lachen

Wien <W> (Bundeshauptstadt Österreichs, österreichisches Bundesland); **Wiener** <Wr.> das Wiener Schnitzel; der/die **Wiener/-in**; **wienerisch**; die **Wiener Landesregierung**; der **Wienerwald** auch Wiener Wald

Wiese die, Wiesen (Grasfläche); die **Wiesenblume**

wiesehr *Konj.*: wiesehr sie sich auch plagte, nichts half ABER → ich sehe, wie sehr du dich plagst

Wiesel das, -: (kleines Raubtier); **wieselflink**; **wieselschnell**

wieso *Adv.*: wieso rufst du?

wievielmal *Adv.* ABER → wie viele Male; **wievielt** ... zum wievielten Mal

wieweit *Adv.*: wieweit (inwieweit, in welchem Umfang) kann man sich auf ihn verlassen? ABER → wie weit ist es bis Prag?

wiewohl *Konj.* (obgleich, obschon)

Wigwam der, Wigwams (Zelt nordamerikanischer Ureinwohner)

Wiki das, Wikis (System für gemeinschaftlich erstellte Websites); die **Wikipedia**, *Ez.* (Internetportal für Informationen zu allen Wissensgebieten)

Wikinger der, -: (Normanne); die **Wikingerin**; die **Wikingersage**

wild wilder, am wildesten, wilde (in der freien Natur lebende) Tiere, wild (wütend) um sich schlagen, ganz wild (versessen) auf etwas sein, halb so wild (nicht so schlimm), ein wilder (heftiger) Sturm ABER → der Wilde Westen

Wild das, *Ez.*; der **Wildbach**; die **Wildbahn** (Jagdbereich); das **Wildbret** (Fleisch eines erlegten Wildes); der **Wilddieb**; der/die **Wilde**; die **Wildente**; die **Wilderei**; der **Wilderer** (Wilddieb); **wildern** (ohne Berechtigung jagen); der **Wildfang** (sehr lebhaftes Kind); **wildfremd**; die **Wildgans**; das **Wildgatter** (Zaun in Wildgehegen); die **Wildheit**; die **Wildnis**; **wildreich**; das **Wildschwein**; der **Wildwechsel** (von Rehen, Hirschen o. Ä. benützte Wege); der **Wildwestfilm**

Wille auch **Willen** der, Willen: beim besten Willen, guten Willens sein, einen starken Willen haben, wider Willen (gegen den eigenen Willen), der letzte auch Letzte Wille (Testament), jmdm. zu Willen sein (sich unterwerfen); **willen** *Präp.* um des lieben Friedens willen; **...willen** *Adv.:* um meinetwillen, um ihretwillen, um unsertwillen; **willenlos** (ohne eigenen Willen); die **Willenlosigkeit**; **willens** willens sein (beabsichtigen), etwas zu tun; die **Willensbildung**; die **Willenskraft**; **willensschwach** (nachgiebig); die **Willensschwäche**; **willensstark**; die **Willensstärke**; **willentlich** (absichtlich); **willfährig** (bereitwillig); die **Willfährigkeit**; **willig** (folgsam); **...willig** arbeitswillig, böswillig, eigenwillig

willkommen herzlich willkommen!, jmdn. willkommen heißen, eine willkommene (erwünschte) Unterbrechung; das **Willkommen** ein herzliches Willkommen; der **Willkommensgruß**

herzlich **willkommen** heißen	ABER	ein herzliches **Willkommen** sagen

Willkür die, *Ez.* (Verhalten, das nur eigene Interessen kennt); **willkürlich** ein willkür-

liches (zufälliges) Beispiel

wimmeln der Text wimmelt von Fehlern

Wimmerl das, Wimmerln (Eiterbläschen, Mitesser; *ugs. für* Bauchtäschchen)

wimmern (leise weinen, klagen) ABER → ein leises Wimmern

Wimpel der, -: (kleine dreieckige Flagge)

Wimper die, Wimpern (Haar am Augenlid), *ohne mit der Wimper zu zucken* (ohne Bedenken); die **Wimperntusche**

Wind der, Winde: heftiger Wind weht von Norden, frischer Wind (neuer Schwung), wie der Wind (sehr schnell), *von etwas Wind bekommen* (von etwas erfahren); die **Windbäckerei** (Süßigkeit); die **Windbö(e)**

Winde die, Winden (Gerät zum Heben und Senken; Kletterpflanze)

Windel die, Windeln (saugfähiger Stoff zur Aufnahme von Kot und Urin), den Säugling in frische Windeln wickeln; **windelweich** jmdn. windelweich (heftig) prügeln

winden du windest einen Blumenkranz, er wand (krümmte) sich vor Schmerzen, sie hat einen Schal um den Hals gewunden, wind(e)!, die Schlange windet sich, gewundene (kurvenreiche) Straßen

Windeseile die, *Ez.:* in Windeseile (sehr schnell); der **Windfang** (Vorbau vor der Haustür); **windgeschützt**; der **Windhauch**; die **Windhose** (Luftwirbel); der **Windhund**; **windig** (luftig, zweifelhaft); der **Windjammer** (großes Segelschiff); die **Windmühle**; die **Windpocken** (Kinderkrankheit); das **Windrad**; die **Windrichtung**; die **Windrose** (Kompassscheibe); der **Windsack** (zur Anzeige von Windrichtung und -stärke); der **Windschatten** (windgeschützte Seite); **windschief**; **windschlüpfig** (dem Wind wenig Widerstand bietend); die **Windschutzscheibe**; die **Windstärke**; **windstill**; die **Windstille**; **windsurfen** [...söafen]; das **Windsurfing**

Windung die, Windungen (Biegung)

Wink der, Winke (Rat, Hinweis), *ein Wink mit dem Zaunpfahl* (deutlicher Hinweis)

Winkel der, -: ein Winkel von 90°, der tote Winkel (nicht einsehbarer Bereich), Staub in den Winkeln des Raumes; **wink(e)lig**; das **Winkelmaß**; der **Winkelmesser**; die **Winkelzüge** (schlaues, undurchschaubares Vorgehen)

winken er winkte zum Abschied, es haben hohe Gewinne gewinkt (standen in Aussicht)

winseln der junge Hund winselt (jammert), um

Gnade winseln (betteln); die **Winselei**
Winter der, -: im Winter; **winterfest**; der **Wintergarten** (verglaster Teil des Hauses mit Pflanzen); **winterlich**; **wintern** es wintert (es wird Winter); **winters** Adv.: sommers wie winters fährt sie Rad; **wintertauglich**
Winzer der, -: (Weinbauer); die **Winzergenossenschaft**; die **Winzerin**
winzig ein winziges Detail; die **Winzigkeit**; der **Winzling**
Wipfel der, -: (Spitze eines Baumes)
Wippe die, Wippen (kippbarer Balken als Schaukel); **wippen** mit dem Fuß wippen
wir wir alle, wir beide, wir Kinder
Wirbel der, -: die Wirbel (Strudel) in der Luft, sie macht immer einen großen Wirbel (Aufsehen), ein Wirbel (Teil der Wirbelsäule) ist gebrochen; **wirb(e)lig**; **wirbellos**; **wirbeln** das Laub wirbelt im Wind; die **Wirbelsäule** (Rückgrat); der **Wirbelsturm**; das **Wirbeltier**
wireless [waiəles] (draht-, kabellos) → WLAN
wirken Wunder wirken, die Ermahnung hat gewirkt, sie wirkt sehr müde, die Stille auf sich wirken lassen, einen Teppich wirken (weben)
wirklich sie heißt wirklich (tatsächlich) Müller, das tut mir wirklich (sehr) leid, das ist eine wirkliche (echte) Hilfe; die **Wirklichkeit**; die **Wirklichkeitsform**; **wirklichkeitsfremd**; **wirklichkeitsgetreu**; **wirklichkeitsnah**; der **Wirklichkeitssinn**
wirksam; die **Wirksamkeit**; die **Wirkung**; **wirkungslos**; die **Wirkungslosigkeit**; die **Wirkungsstätte**; **wirkungsvoll**; die **Wirkungsweise**; die **Wirkwaren** (gewirkte Waren)
wirr wirrer, am wirrsten, wirres (unverständliches) Zeug reden, wirre (ungeordnete) Gedanken; die **Wirren** in den Wirren des Krieges; der **Wirrkopf**; der **Wirrwarr** (Durcheinander)
Wirt der, Wirte (Gastwirt); die **Wirtin**; die **Wirtschaft** Vertreter aus Wirtschaft und Politik, die Wirtschaft (den Haushalt) führen, in die Wirtschaft (das Gasthaus) gehen; **wirtschaften** (haushalten); der/die **Wirtschafter/-in**; **wirtschaftlich** wirtschaftliche (finanzielle) Schwierigkeiten; die **Wirtschaftlichkeit**; das **Wirtschaftsgeld**; die **Wirtschaftskrise**; die **Wirtschaftslage**; der/die **Wirtschaftstreibende** (Unternehmer/-in); das **Wirtschaftswunder**; das **Wirtshaus** (Gaststätte); die **Wirtsleute**

Wisch der, Wische (wertloser Zettel)
wischen den Boden wischen, Staub wischen, sich über die Stirn wischen; der **Wischer**; **wischfest**; das **Wischiwaschi** (ugs. für Geschwätz); das **Wischtuch**
Wisent der, Wisente (Büffelart)
wispern (flüstern)
Wissbegier auch **Wissbegierde** die, Ez.; **wissbegierig**
wissen du weißt Bescheid, er wusste viel, sie hat alle Antworten gewusst, wisse!; das **Wissen** meines Wissens (soweit ich weiß), wider besseres Wissen; die **Wissenschaft**; der/die **Wissenschaftler/-in** auch Wissenschafter/-in (österr.); **wissenschaftlich**; der **Wissensdurst**; **wissensdurstig**; das **Wissensgebiet**; die **Wissenslücke**; der **Wissensstand**; **wissenswert**; **wissentlich** (absichtlich)
wittern (riechen, ahnen); die **Witterung** der Hund nahm Witterung (den Geruch) auf, bei herbstlicher Witterung (Wetter); **witterungsbedingt**; die **Witterungsverhältnisse**
Witwe die, Witwen <Wwe.> (Frau, deren Ehemann verstorben ist); das **Witwentum**; der **Witwer**; das **Witwertum**
Witz der, Witze: über den Witz lachen, sie hat viel Witz (Geist); der **Witzbold** (Spaßvogel); die **Witzelei**; **witzeln** (scherzen, spotten); die **Witzfigur**; **witzig** (lustig); **witzlos**
WLAN (**W**ireless **L**ocal **A**rea **N**etwork) (draht- bzw. kabellose Netzwerkverbindung)
WM = **W**elt**m**eisterschaft
w.o. = **w**ie **o**ben; **walk over** ein Spiel (im Sport) w.o. geben (kampflos aufgeben)
wo Adv.: wo (an welchem Ort) wohnt sie?, dort, wo sie zuhause ist; das **Wo** nach dem Wo fragen; **woanders** Adv. (an einem anderen Ort) ABER → wo anders (wo sonst) als hier finde ich dich?; **woandershin** Adv.; **wobei** Adv.
Woche die, Wochen (Zeitspanne von sieben Tagen), im Laufe der Woche, letzte Woche; das **Wochenbett** (Zeit nach einer Geburt); das **Wochenblatt** (wöchentlich erscheinende Zeitung); **wochenlang** ABER → vier Wochen lang; der **Wochentag**; **wochentags** Adv.; **wöchentlich** (jede Woche); **…wöchig** ein zweiwöchiger Urlaub; die **Wöchnerin** (Frau nach der Entbindung)
Wodka der, Wodkas (Branntwein aus Korn oder Erdäpfeln)

Wodu auch **Wudu** auch **Voodoo** auch **Voudou** das, -: (Geheimkult)
wodurch Adv.; **wofern** Adv.; **wofür** Adv.
Woge die, Wogen: die Wogen (Wellen) des Meeres, eine Woge der Empörung; **wogen** eine wogende Menge
wogegen Adv.; **woher** Adv.; **wohin** Adv.; **wohinauf** Adv.; **wohinaus** Adv.; **wohinein** Adv.; **wohingegen** Adv.; **wohinter** Adv.: **wohinunter** Adv.
¹**wohl** Adv.: wohler, am wohlsten auch besser, am besten; sich hier wohl fühlen auch **wohlfühlen**, es tut ihr wohl, wohl erzogene auch **wohlerzogene** Kinder, ein wohl genährtes auch **wohlgenährtes** Baby, wohl riechende auch **wohlriechende** Blumen, eine wohl schmeckende auch **wohlschmeckende** Speise ABER → die wohlschmeckendste Speise; das **Wohl** sie sorgt für das Wohl der Gäste, auf euer Wohl!; **wohlan!** Adv. (nun denn); **wohlauf** (gesund); das **Wohlbefinden**; das **Wohlbehagen**; **wohlbehalten** kehre wohlbehalten wieder!; **wohlfeil** (billig); sich **wohlfühlen** auch wohl fühlen; das **Wohlgefallen**; **wohlgefällig**; **wohlgemerkt**; **wohlgemut** (heiter, fröhlich); **wohlhabend** (reich); **wohlig** (behaglich); das **Wohlsein** zum Wohlsein!; der **Wohlstand**; die **Wohltat**; der/die **Wohltäter/-in**; **wohltätig**; die **Wohltätigkeit**; **wohltun** (▶ tun) (angenehm sein); **wohltuend**; **wohlverdient**; **wohlweislich** (mit gutem Grund); das **Wohlwollen**; **wohlwollend**
²**wohl** das ist wohl (vermutlich) falsch
wohnen sie wohnt sehr beengt, er wohnt in Bregenz; die **Wohngemeinschaft** <WG>; **wohnhaft** (ansässig); **wohnlich** (behaglich); die **Wohnung**; **wohnungslos**; die **Wohnungssuche**; der/die **Wohnungssuchende**
wölben der Deckel wölbt sich; die **Wölbung** (Rundung, Kuppel)
Wolf der, Wölfe (Raubtier), *mit den Wölfen heulen* (sich der Mehrheit anschließen); die **Wölfin**; **wölfisch** (grausam); der **Wolfshund**; der **Wolfshunger** (starker Hunger); die **Wolfsmilch** (Pflanze); das **Wolfsrudel**
Wolfram das, *Ez.* <W> (Schwermetall, chemischer Grundstoff)
Wolke die, Wolken: dichte Wolken am Himmel, *aus allen Wolken fallen* (völlig überrascht sein); das **Wölkchen**; der **Wolkenbruch** (heftiger Regen); der **Wolkenkratzer** (Hochhaus); das **Wolkenkuckucksheim** (Traumreich); **wolkenlos**; **wolkig**
Wolle die, Wollen: ein Knäuel Wolle; **wollen** (aus Wolle), ein wollener Pullover; **wollig** (flauschig)
wollen du willst ein neues Auto, er wollte schlafen, sie hat sein Bestes gewollt, du hast nicht hören wollen, wolle!, zu wem willst du (wen möchtest du sprechen)?
Wollust die, Wollüste (sexuelle Begierde); **wollüstig** (sexuell erregend/erregt)
womit Adv.; **womöglich** Adv.; **wonach** Adv.
Wonne die, Wonnen (große Freude); **wonnevoll**; **wonnig**
woran Adv.; **worauf** Adv.; **woraufhin** Adv.; **woraus** Adv.; **worin** Adv.
Workaholic [wöakaholik] der, Workaholics (Arbeitssüchtige/-r)
Worldcup [wöaldkap] der, …cups auch Weltcup (internationaler Sportbewerb)
Wort das, Worte/Wörter: einzelne Wörter im Lexikon nachschlagen, er sprach bewegende Worte (Äußerungen), ein geflügeltes Wort (Redewendung), *jmdm. ins Wort fallen* (ihn unterbrechen); der **Wortbruch** (Bruch eines Versprechens); **wortbrüchig**; das **Wörtchen** ein Wörtchen mitzureden haben (mit entscheiden)

viele **Wörter** schreiben	ABER	seine **Worte** hören

Wortfamilie die, …familien; das **Wortfeld**; der **Wortführer** (Person, die andere öffentlich vertritt); das **Wortgefecht**; das **Wortgeplänkel**; **wortgetreu** (wörtlich); **wortgewandt** (redegewandt); die **Wortgruppe**; **wortkarg** (schweigsam); die **Wortklauberei** (kleinliches Festhalten an einer Äußerung); der **Wortlaut** (wortgetreuer Text); das **Wörtlein**; **wörtlich** die wörtliche (direkte) Rede, etwas wörtlich (ganz genau) nehmen; **wortlos**; die **Wortmeldung** (Redebeitrag in einer Diskussion); **wortreich**; der **Wortreichtum**; der **Wortschatz**; der **Wortwechsel** (eher harmloser Streit); **wortwörtlich** (ganz genau)
worüber Adv.; **worum** Adv.; **worunter** Adv.; **wovon** Adv.; **wovor** Adv.; **wozu** Adv.
Wrack das, Wracks/Wracke (ausgedientes Schiff/Auto), ein körperliches Wrack (Mensch in sehr schlechtem Gesundheitszustand)
wringen du wringst, er wrang, sie hat

Wucher → Wurzel

gewrungen, wring(e)!, Wäsche wringen (auswinden)

Wucher der, *Ez.* (Fordern von zu hohen Zinsen, Preisen), er treibt Wucher; die **Wucherei**; der **Wucherer**; die **Wucherin**; **wuchern** diese Pflanze hat/ist stark gewuchert (gewachsen); der **Wucherpreis**; die **Wucherung** (Geschwulst)

Wuchs der, *Ez.*: ein Baum von kräftigem Wuchs, sein Vater ist von hohem Wuchs; **...wüchsig** halbwüchsig, kleinwüchsig

Wucht die, *Ez.*: ein Schlag mit großer Wucht (Kraft), *du bist eine Wucht* (*ugs. für* großartig); **wuchten** den Felsen von der Straße wuchten; **wuchtig** wuchtige (schwere) Möbel; die **Wuchtigkeit**

Wuchtel die, Wuchteln (Mehlspeise) *auch die* Buchtel

Wudu *auch* **Wodu** *auch* **Voodoo** *auch* **Voudou** das, -: (Geheimkult)

wühlen der Maulwurf wühlt in der Erde, sie wühlt in einem Aktenberg; die **Wühlerei**; die **Wühlmaus**

Wulst der, Wülste (längliche Verdickung); **wulstig**

wummern (dumpf dröhnen)

wund wunde (aufgescheuerte, entzündete) Füße, *das ist sein wunder Punkt* (da ist er empfindlich); die **Wundbehandlung**; der **Wundbrand** (Entzündung einer Wunde); die **Wunde** (Verletzung)

Wunder das, -: wie durch ein Wunder überlebte er, ein Wunder der Natur, kein Wunder! (das war zu erwarten); **wunderbar** ABER → es grenzt ans Wunderbare; **wunderbarerweise** *Adv.;* der/die **Wunderheiler/-in**; **wunderhübsch**; das **Wunderkind**; **wunderlich** (ungewöhnlich, sonderbar); die **Wunderlichkeit**; das **Wundermittel**; **wundern** ihr Verhalten wundert (erstaunt) mich, sich über jmdn./etwas wundern; **wundersam**; **wunderschön**; **wundervoll**; das **Wunderwerk**; der **Wunderwuzzi** *auch* ...wuzi (*ugs. für* Alleskönner)

Wundmal das, Wundmale (Narbe); der **Wundstarrkrampf**

Wunsch der, Wünsche; das **Wunschbild**; das **Wunschdenken**; die **Wünschelrute**; **wünschen** sich ein Geschenk wünschen, jmdm. ein frohes Fest wünschen, er wünscht nicht gestört zu werden; **wünschenswert**; **wunschgemäß**; das **Wunschkind** (ersehntes Kind); **wunschlos** wunschlos glücklich

sein

Würde die, Würden: die Würde (der innere Wert) des Menschen ist unantastbar, sie erträgt ihre Krankheit mit Würde (Haltung, Fassung), akademische Würden (Ämter) anstreben; **würdelos**; die **Würdelosigkeit**; der **Würdenträger**; **würdevoll** (feierlich); **würdig**; **würdigen** (wertschätzen, loben); die **Würdigung**

Wurf der, Würfe: ein weiter Wurf mit dem Ball, etwas ist ein großer Wurf (Erfolg), ein Wurf junger Hunde; die **Wurfbahn**

Würfel der, -: den Rauminhalt des Würfels berechnen, jeder Spieler hat einen Würfel; **würfelförmig**; **würf(e)lig**; **würfeln** einen Sechser würfeln

Wurfgeschoß *auch* **Wurfgeschoss** das, ...geschoße; die **Wurfsendung**

würgen jmdn. würgen (ihm die Kehle zudrücken), an einem Bissen würgen (schlucken) ABER → *mit Hängen und Würgen* (mit knapper Not); der **Würgegriff**; die **Würgemale**; der **Würger**

wurlen (*mundartl. für* wimmeln), es wurlte von Ameisen

¹**Wurm** der, Würmer: der Wurm kriecht langsam, *da ist der Wurm drin* (stimmt etwas nicht), ein gefährlicher Wurm (Computerprogramm) als E-Mail-Anhang

²**Wurm** das, Würmer: ein armes Wurm (*ugs. für* armes Geschöpf)

wurmen das hat ihn gewurmt (*ugs. für* geärgert); **wurmig**; der **Wurmstich**; **wurmstichig** ein wurmstichiger Kasten

Wurst die, Würste: Wurst essen ABER → das ist mir wurst/wurscht (*ugs. für* gleichgültig); das **Würstchen**; der **Wurstel** (Kasperl); das **Würstel**; die **Wurstelei**; **wursteln** (ohne Plan arbeiten); der **Würstelstand**; **wursten** (Wurst machen); **wurstig** (gleichgültig); die **Wurstigkeit**

die **Wurst** (Fleischprodukt)	ABER	es ist mir **wurst/ wurscht** (egal)

Würze die, Würzen: Würze (Gewürz) für die Suppe, die Würze (der Reiz) des Lebens; **würzen**; **würzig** ein würziger Käse

Wurzel die, Wurzeln: die Wurzeln der Pflanze, die Wurzel (der Ursprung) der Krankheit, die Wurzel (Quadratwurzel) aus 16 ist 4; **wurzellos**; **wurzeln**; der **Wurzelsepp** (ungehobelter Naturbursch);

der **Wurzelstock**; das **Wurzelwerk**; das **Wurzelziehen** (Rechnungsart)
wurzen die Besucher wurzen (*ugs. für* übervorteilen)
wuschelig *auch* **wuschlig** (lockig); der **Wuschelkopf**
wuseln hin und her wuseln (*ugs. für* herumlaufen)
Wust der, *Ez.* (ungeordnete Menge)
wüst eine wüste Gegend, das Zimmer sieht wüst aus, er beschimpfte mich wüst
Wüste die, Wüsten (wasserarmes Gebiet); **wüsten** (*mundartl. für* vergeuden); die **Wüstenei** (öde Gegend); der **Wüstling** (ausschweifend lebender Mensch)
Wut die, *Ez.*: in Wut (heftigen Ärger) geraten, Wut im Bauch haben; **wüten** der Sturm wütete; **wütend**; **wutentbrannt** (sehr wütend); der **Wüterich** (grausamer Mensch); **wutschnaubend**; **wutverzerrt**
wuzeln (*mundartl. für* Tischfußball spielen), sich durch die Menschenmenge wuzeln (drängen), Teig zu kleinen Rollen wuzeln (zwischen den Fingern drehen); das **Wuzerl** (Fuzel; *abwertend für* dickes Kind)
WWF der, *Ez.*: **W**orld **W**ide **F**und for Nature
WWW das, *Ez.*: **W**orld **W**ide **W**eb (Internet)

Der Kater dürfte die umgangssprachlichen Ausdrücke der Maus nicht verstehen! Deshalb schaut er im *SchulWörterBuch* nach. Schau doch auch nach, was die Maus mit „**stadschauert**" und „**Spompanadeln**" gemeint hat!

▶ Mehr von Maus und Katze auf Seite 412!

X

X [iks] das, -: der Buchstabe X, ein Herr X (Unbekannter), *jmdm. ein X für ein U vormachen* (ihn täuschen) ABER → das x in „Hexe", ich bin in x (unzähligen) Geschäften gewesen

x-Achse die, x-Achsen (waagrechte Achse im Koordinatensystem)

Xanthippe die, Xanthippen (Frau des Philosophen Sokrates, *abwertend für* streitsüchtige Frau)

X-Beine die, *Mz.;* **x-beinig** auch **X-beinig**

x-beliebig ein x-beliebiges Beispiel ABER → jeder X-Beliebige (irgendeiner), etwas X-Beliebiges

xenophob [xenofob] (fremdenfeindlich); die **Xenophobie**

x-fach ein x-fach erprobtes Mittel anwenden, das x-Fache (Vielfache) des Einsatzes gewinnen

X-förmig auch **x-förmig** X-förmige Beine

x-mal er hat schon x-mal gefehlt, x-mal anrufen, zum x-ten Mal(e)

X-Strahlen die, *Mz.* (Röntgenstrahlen)

Xylofon auch **Xylophon** das, Xylofone (Musikinstrument)

Y

Y = **Y**psilon [üpsilon] das, -: (Buchstabe), der Buchstabe Y ABER → das y in „Babylon"

y-Achse die, y-Achsen (senkrechte Achse im Koordinatensystem)

Yacht auch **Jacht** die, Yachten (luxuriöses Boot)

Yak auch **Jak** der, Yaks (Hochgebirgsrind)

Yankee [jänki] der, Yankees (Spitzname für Nordamerikaner)

Yard [jad, jard] das, Yards (englisches und amerikanisches Längenmaß)

Yen [jen] der, Yen(s) (japanische Währungseinheit)

Yeti der, Yetis (Schneemensch, der angeblich im Himalaya lebt)

Yoga [joga] der/das, *Ez.* (indische Lehre mit körperlichen und geistigen Übungen); der **Yogi** (Person, die Yoga betreibt); die **Yogin**

Youngster [jangsta] der, Youngster(s) (junger Nachwuchssportler, Neuling)

Youtube [jutjub] auch **YouTube** *Ez.* (Internetportal für Videos)

Ypsilon [üpsilon] das, Ypsilons <Y> (griechischer Buchstabe)

Ysop [üsop] der, Ysope (Heilpflanze)

Yuppie [jupi] der, Yuppies (karrierebewusster junger Großstädter)

Der Kater hat recht. In Deutschland verwendet man Wörter, die in Österreich ungebräuchlich sind. Das *SchulWörterBuch* erklärt dir diese Wörter! Schau doch einmal unter „**Sonnabend**" nach, damit du weißt, wann die Maus ins Kino gehen will!

▶ Mehr von Maus und Katze auf Seite 426!

Z

Z. = **Z**ahl; **Z**eile; **Z**iffer

Zack auf Zack sein (*ugs. für* vif sein); die **Zacke** *auch* der **Zacken** die Zacken einer Krone, *ihm fällt kein Zacken aus der Krone* (*ugs. für* er vergibt sich nichts); **zackig** (schnell und ruckartig)

zagen zagt (*geh. für* zögert) nicht! ABER → *mit Zittern und Zagen* (voller Furcht); **zaghaft** zaghaft (schüchtern) an die Tür klopfen

zäh zäher, am zäh(e)sten, zähes Fleisch kauen, ein zäher (ausdauernder) Bursche, die Arbeit geht zäh (langsam) voran; **zähflüssig**; die **Zähheit**

Zahl die, Zahlen <Z., Zl.> (Angabe einer Menge, Größe), Zahlen zusammenrechnen, die Zahl (Anzahl) der Schüler, ohne Zahl (unsagbar viel), in großer Zahl (viele), *schwarze Zahlen schreiben* (wirtschaftlichen Gewinn erzielen), *in die roten Zahlen kommen* (Verluste machen); das **Zahlenlotto** (Gewinnspiel); **zahlenmäßig**; **zahllos** zahllose Menschen ABER → gestern haben Zahllose zugeschaut; **zahlreich** sie kamen zahlreich; das **Zahlwort** (Numerale, z.B. „eins", „drittens", „viele")

zahlbar (zu bezahlen); **zahlen** in Raten zahlen, sie zahlt hohe Steuern; der/die **Zahler/-in** ein guter Zahler; der **Zahltag** (Tag der Lohnauszahlung); die **Zahlung**; die **Zahlungsanweisung** (Dokument zum Überweisen eines Geldbetrages); **zahlungsfähig**; **zahlungskräftig**; das **Zahlungsmittel** (Geld); **zahlungsunfähig**; **zahlungsunwillig**

zählen bis hundert zählen, zu den vornehmen Leuten zählen, die Stadt zählt eine Million Einwohner, auf jmdn. zählen (sich auf ihn verlassen) können; **zählbar** die Menge ist nicht zählbar; der **Zähler** (Anzeige bei Messgeräten; Zahl über dem Bruchstrich); der **Zählerstand**; die **Zählung**; das **Zählwerk** (Vorrichtung zum Zählen)

zahm eine zahme Ratte, eine zahme (milde) Kritik; **zähmbar**; **zähmen** ein Raubtier zähmen, er zähmt (beherrscht) seine Neugier; die **Zähmung**

Zahn der, Zähne: sich die Zähne putzen, mit den Zähnen klappern ABER → zähneklappernd, *die Zähne zusammenbeißen* (Unangenehmes tapfer ertragen), *jmdm. auf den Zahn fühlen* (ihn erproben, überprüfen), *sich an etwas die Zähne ausbeißen* (mit etwas nicht fertig werden), *jmdm. die Zähne zeigen* (ihm unerschrocken Widerstand leisten), *einen Zahn zulegen* (*ugs. für* die Geschwindigkeit steigern)

Zahnarzt der, ...ärzte; die **Zahnärztin**; **zähnefletschend**; **zähneklappernd**; **zähneknirschend**; **zahnen** (die ersten Zähne bekommen); der **Zahnersatz**; die **Zahnfäule** (Karies); das **Zahnfleisch** *auf dem Zahnfleisch daherkommen* (*ugs. für* völlig erschöpft sein); **zahnlos**; die **Zahnlücke**; die **Zahnpasta** *auch* Zahnpaste; der **Zahnschmelz**; der **Zahnschmerz**; das **Zahnweh**

Zampano der, Zampanos (prahlerischer Mann, Zauberer)

Zander der, -: (Speisefisch)

Zange die, Zangen (Werkzeug), *jmdn. in die Zange nehmen* (ihn hart bedrängen); **zangenförmig**

Zank der, *Ez.* (Streit); der **Zankapfel** (Gegenstand des Streites); **zanken** sich um das Erbe zanken; die **Zänkerei**; **zänkisch** (streitsüchtig); **zanksüchtig**

Zäpfchen das, -: (kleiner Zapfen); der **Zapfen** die Zapfen der Tanne, ein Zapfen verschließt das Fass, *es hat einen Zapfen* (*ugs. für* ist sehr kalt); **zapfen** Bier vom Fass zapfen; der **Zapfenstreich** (Signal für Soldaten zur Rückkehr in die Kaserne); die **Zapfsäule** (Tanksäule)

zappelig *auch* zapplig (unruhig, lebhaft); **zappeln** er zappelt vor Ungeduld, ein Fisch zappelt an der Angel, *jmdn. zappeln* (*ugs. für* warten) *lassen*; der **Zappelphilipp** (unruhiges Kind)

zappen [tsapen, tsäpen] (wahllos mit der Fernbedienung von einem Kanal zum nächsten schalten)

Zar der, Zaren (früherer Herrschertitel in Russland); die **Zarin**

zart zartes (weiches) Fleisch, sie hat eine zarte (schwächliche) Gesundheit, eine zarte (unaufdringliche) Farbe, zart besaitet *auch* zartbesaitet (empfindsam) sein, ein sehr zart fühlendes *auch* zartfühlendes (taktvolles) Mädchen, zart schmelzende *auch* zartschmelzende Schokolade, *zarte Bande knüpfen* (ein Liebesverhältnis anbahnen); **zartbitter** zartbittere Schokolade; **zärtlich**; die **Zärtlichkeit**; **zartrosa**

Zaster → Zeit

Zaster der, Ez. (ugs., v.a. bundesdt. für Geld)
Zäsur die, Zäsuren (Einschnitt, Unterbrechung)
Zauber der, Ez.: der Zauber (Reiz) des Unbekannten, *fauler Zauber* (Schwindel); die **Zauberei**; der **Zauberer**; **zauberhaft** (reizend); die **Zauberin**; der **Zauberlehrling**; **zaubern** ein Kaninchen aus dem Hut zaubern, eine herrliche Landschaft auf die Leinwand zaubern (malen), ein köstliches Essen zaubern
zaudern (zögern, sich nicht entscheiden können); der **Zauderer**; die **Zauderin**
Zaum der, Zäume (Lenkgeschirr für Pferde), *etwas im Zaum halten* (zügeln); **zäumen** ein Pferd zäumen (ihm den Zaum anlegen); das **Zaumzeug**
Zaun der, Zäune (Einzäunung), über den Zaun klettern, *einen Streit vom Zaun brechen* (aus nichtigen Gründen einen Streit beginnen); **zaundürr** (ugs. für sehr dünn); der **Zaungast** (Beobachter); der **Zaunkönig** (Singvogel); der **Zaunpfahl** *mit dem Zaunpfahl winken* (indirekt einen sehr deutlichen Hinweis geben)
zausen jmdm. die Haare zausen; **zausig** (zerzaust)
Zaziki auch **Tsatsiki** das/der, Zazikis (griechisches Jogurtgericht)
z.B. = **z**um **B**eispiel
z.b.V. = **z**ur **b**esonderen **V**erwendung
Zebra das, Zebras (Wildpferd); der **Zebrastreifen** (Fußgängerübergang)
Zeche die, Zechen: in der Zeche (Bergwerk) arbeiten, die Zeche (Rechnung für Speisen und Getränke) bezahlen, *die Zeche prellen* (im Gasthaus seine Rechnung nicht bezahlen), *die Zeche bezahlen müssen* (die Folgen zu tragen haben); **zechen** die ganze Nacht zechen (trinken); der/die **Zecher/-in**; das **Zechgelage**; der/die **Zechkumpan/-in**; der/die **Zechpreller/-in**; die **Zechprellerei**
Zecke die, Zecken (schmarotzendes Insekt) auch der **Zeck**
Zeder die, Zedern (Nadelbaum)
Zeh der, Zehen auch die **Zehe**: der große Zeh, sich die kleine Zehe verletzen, *jmdm. auf die Zehen treten* (ihn ärgern; Druck machen); die **Zehenspitze** auf Zehenspitzen schleichen
Zehent der, Ez. (früher Abgabe an den Grundherrn oder die Kirche)
zehn (▶ acht) zehn Stück, das zehnte Auto, zu zehnt sein, es ist halb zehn ABER → die Zahl **Zehn**, die ersten zehn ABER → die zehn Ersten; die Zehn Gebote (Gottes); das **Zehncentstück**; **zehneinhalb**; der **Zehner** (Zehneuroschein, Zehnerstelle); **zehnerlei**; **zehnfach** auch 10fach auch 10-fach; das **Zehnfache** auch das 10fache auch das 10-Fache; der **Zehnkampf**; **zehnmal** *Adv.* auch 10-mal; das **Zehntel**; **zehntens** *Adv.*
zehren von seinen Ersparnissen zehren (leben), er zehrt von seinem Ruhm, das Leid hat an ihr gezehrt (hat ihr zugesetzt); die **Zehrung** (Essen nach einem Begräbnis)
Zeichen das, -: (Schild, Signal), zum Zeichen der Zustimmung nicken, ein Zeichen (Anzeichen) für Fieber, seines Zeichens (von Beruf) Arzt, *ein Zeichen setzen* (vorbildlich handeln); der **Zeichenblock**; die **Zeichensetzung** (Interpunktion); die **Zeichensprache**; **zeichnen**; der/die **Zeichner/-in**; **zeichnerisch**; die **Zeichnung**; **zeichnungsberechtigt** (zur Unterschrift berechtigt)
Zeigefinger der, -: (Finger); **zeigen** jmdm. etwas zeigen (vorführen), auf jmdn. zeigen, Interesse zeigen, das wird sich zeigen (herausstellen), sich erkenntlich zeigen (dankbar verhalten), *es jmdm. zeigen* (ihn besiegen); der **Zeiger** der Zeiger steht auf vier
Zeile die, Zeilen: einige Zeilen schreiben, eine Zeile (Reihe) Häuser, *zwischen den Zeilen lesen können* (die versteckte Bedeutung verstehen); **zeilenweise**; **...zeilig** zweizeilig auch 2-zeilig
Zeisig der, Zeisige (Singvogel)
Zeit die, Zeiten: die Zeit vergeht, keine Zeit haben, um welche Zeit? (Uhrzeit), im Laufe der Zeit, in welcher Zeit (Tempus) steht das Verb?, zu keiner Zeit (niemals), zu meiner Zeit, zur Zeit Mozarts ABER → zurzeit (jetzt), zur rechten Zeit (rechtzeitig), auf Zeit (befristet), mit der Zeit (allmählich), für alle Zeit (für immer), eine Zeit lang auch Zeitlang, von Zeit zu Zeit (gelegentlich), Zeit raubend auch zeitraubend ABER → sehr zeitraubend, Zeit sparend auch zeitsparend, sich Zeit lassen, sich die Zeit vertreiben, *es ist an der Zeit, mit der Zeit gehen* (fortschrittlich sein), *auf Zeit spielen* (etwas absichtlich verzögern), *jmdm. seine Zeit stehlen* (ihn unnötig aufhalten), *die Zeit totschlagen* (ugs. für seine Zeit nutzlos verbringen); **zeit** *Präp.+Gen.:* zeit (während) seines Lebens

Zeitalter → zerfurchen

jederzeit	ABER	zu **jeder Zeit** (immer)
zuzeiten (manchmal)	ABER	zu **Zeiten** des Krieges
zurzeit (jetzt)	ABER	zur **Zeit** Mozarts
zeitlebens	ABER	**zeit meines Lebens**
eine **Zeit lang**	auch	eine **Zeitlang**
zeitraubend	auch	**Zeit raubend**

Zeitalter das, -: (Epoche); die **Zeit**ansage; **zeit**aufwändig auch zeitaufwendig; die **Zeit**form (des Verbs); die **Zeit**frage das ist eine Zeitfrage (hängt davon ab, wann ich Zeit habe); der **Zeit**geist (geistige Haltung einer Zeit); **zeit**gemäß (modern); der **Zeit**genosse; die **Zeit**genossin; **zeit**genössisch; **zeit**gerecht (rechtzeitig); **zeit**gleich; **zeit**ig (früh, pünktlich); **zeit**igen (bewirken); **zeit**lebens (dauernd) ABER → zeit meines Lebens

zeitlich die zeitliche Reihenfolge ABER → *das Zeitliche segnen* (sterben); **zeit**los ein zeitloses (nicht der Mode unterworfenes) Kleid tragen; der **Zeit**punkt; **zeit**raubend auch Zeit raubend; die **Zeit**rechnung; die **Zeit**schrift; **zeit**sparend auch Zeit sparend; die **Zeit**ung; **zeit**versetzt eine zeitversetzte Sendung; **zeit**weilig (manchmal); **zeit**weise (vorübergehend); das **Zeit**wort (Verb); der **Zeit**zeuge (Person, die geschichtliche Ereignisse miterlebt hat); die **Zeit**zeugin

zelebrieren (etwas feierlich abhalten)

Zelle die, Zellen: in einer Zelle (Gefängnisraum) eingesperrt sein, die Zellen (kleinsten Bausteine) einer Pflanze; der **Zell**kern; das **Zell**ophan auch Cellophan (durchsichtige Folie); der **Zell**stoff; das **Zell**uloid auch Celluloid (Kunststoff); die **Zell**ulose auch Cellulose (Bestandteil der pflanzlichen Zellwände); die **Zell**wolle (baumwollartige Fasern)

Zeller der, -: (Sellerie)

Zelt das, Zelte: ein Zelt aufschlagen, *seine Zelte abbrechen* (woanders hinziehen); **z**elten auch zelteln; das **Zelt**lager

Zelten der, -: (Lebkuchen)

Zement der, Zemente (Baustoff); **z**ementieren (mit Zement ausfüllen, festigen)

Zen das, *Ez.* (fernöstliche philosophische Richtung)

Zenit der, *Ez.*: die Sonne steht im Zenit, er stand im Zenit (Höhepunkt) seines Ruhms

zensieren (prüfen, beurteilen); die **Zens**ierung; der **Zens**or; die **Zens**orin; die **Zens**ur gute Zensuren (Noten) haben, der Film wurde von der Zensur verboten; **z**ensurieren (wegen unerlaubter Inhalte verbieten)

Zentimeter der, -: <cm> (Längenmaß, hundertster Teil eines Meters)

Zentner der, -: (Gewichtsmaß, 100 Kilogramm); die **Zentner**last (sehr schwere Last); **zentner**schwer; **zentner**weise

zentral zentral (in der Stadtmitte) wohnen, das ist die zentrale (wichtigste) Frage; die **Zentral**e (zentrale Stelle); die **Zentral**heizung; **z**entralisieren (auf ein Zentrum hin organisieren); der **Zentral**ismus (Streben nach einheitlicher Gesetzgebung und Verwaltung eines Staates); **z**entralistisch; die **Zentral**matura (zentral vorgegebene, standardisierte Reifeprüfung); **z**entrieren (auf die Mitte einstellen); **z**entrifugal (vom Mittelpunkt weg); die **Zentrifugal**kraft (Fliehkraft); die **Zentrif**uge (Schleudermaschine); das **Zentrum**

Zeppelin der, Zeppeline (Luftfahrzeug)

Zepter auch **Szepter** das, -: (Herrscherstab), *das Zepter schwingen* (das Geschehen bestimmen)

zerbrechen (▶ brechen) einen Stock zerbrechen, er zerbricht an seinem Leid (geht daran zugrunde), *sich den Kopf zerbrechen* (angestrengt nachdenken); **z**erbrechlich

zerbröckeln das Gestein zerbröckelt

zerbröseln Brot zerbröseln

zerdrücken Kartoffeln zerdrücken

zerebral (das Gehirn betreffend)

Zeremonie [tseremoni] die, Zeremonien (feierliche Handlung); **z**eremoniell (feierlich, förmlich); das **Zeremon**iell

zerfahren zerfahren (zerstreut) wirken; die **Zerfahren**heit (Nervosität)

Zerfall der, *Ez.* (Zusammenbruch, Niedergang); **z**erfallen (▶ fallen) das Reich zerfällt

zerfleddern ein zerfleddertes (abgenütztes, zerrissenes) Heft

zerfleischen von einem Löwen zerfleischt werden, sich selbst mit Vorwürfen zerfleischen

zerfließen (▶ fließen) die Butter zerfließt, *vor Selbstmitleid zerfließen* (übertriebenes Selbstmitleid haben)

zerfurchen ein zerfurchtes (runzliges) Gesicht

415

zergehen (▶ gehen) (sich auflösen)
zerkleinern Äpfel zerkleinern
zerklüftet ein zerklüfteter (spaltenreicher) Felsen
zerknirscht eine zerknirschte (reumütige) Sünderin; die **Zerknirschung**
zerknittern ein zerknitterter Anzug
zerknüllen (zusammenballen)
zerkriegen sich (sich zerstreiten)
zerlassen (▶ lassen) Butter in der Pfanne zerlassen (zergehen lassen)
zerlegen eine Uhr in ihre Bestandteile zerlegen; **zerlegbar**
zerlumpt zerlumpte (abgerissene) Kleidung
zermalmen (zerdrücken, zerstören)
zermartern *sich das Gehirn zermartern* (sehr angestrengt nachdenken)
zermürben das lange Warten ist zermürbend (entmutigend)
zernepft (*mundartl. für* zerzaust)
zerpflücken seine Argumente wurden zerpflückt (widerlegt)
zerplatzen die Seifenblase zerplatzt
zerquetschen (heftig zerdrücken)
Zerrbild das, ...bilder (Verzerrung)
zerreißen (▶ reißen) Papier zerreißen, ein Blitz zerriss die Dunkelheit, *sich für jmdn. zerreißen* (*ugs. für* fast Unmögliches für ihn tun); **zerreißfest**; die **Zerreißprobe** (harte Belastungsprobe)
zerren jmdn. aus dem Bett zerren, sich einen Muskel zerren (überdehnen)
zerrinnen (▶ rinnen) das Eis zerrinnt in der Sonne
Zerrissenheit die, -: innere Zerrissenheit
Zerrung die, Zerrungen (Überdehnung)
zerrütten eine zerrüttete Ehe
zerschellen das Schiff zerschellt an den Klippen
zerschlagen (▶ schlagen) er zerschlug eine Tasse, seine Pläne haben sich zerschlagen (sind gescheitert), sich zerschlagen (erschöpft) fühlen
zerschmettern ein Glas zerschmettern
zerschneiden (▶ schneiden) (in Stücke schneiden)
zersetzen die Säure zersetzt das Metall, die zersetzende (zerstörerische, schädigende) Wirkung seiner Reden
zersiedeln die Landschaft wurde zersiedelt (planlos besiedelt und dadurch zerstört)
zersplittern eine zersplitterte Scheibe, *sich zersplittern* (zu vieles gleichzeitig tun)

zerspragein sich: sich für jmdn. zerspragein (*mundartl. für* übertrieben bemühen, aufopfern)
zerstäuben Parfum zerstäuben
zerstören bei dem Erdbeben wurde die Stadt zerstört, eine Ehe zerstören; **zerstörerisch**; die **Zerstörung**; die **Zerstörungswut** (starker Drang zu zerstören)
zerstoßen (▶ stoßen) das Gewürz im Mörser zerstoßen
zerstreuen sie zerstreuten sich in alle Richtungen (gingen auseinander), sich am Abend zerstreuen (ablenken), er zerstreut (beseitigt) alle Zweifel, zerstreut (unkonzentriert) sein; die **Zerstreutheit**; die **Zerstreuung** (Erholung)
Zertifikat das, Zertifikate (Bescheinigung)
zertrümmern er hat die ganze Einrichtung zertrümmert
Zerwürfnis das, Zerwürfnisse (*geh. für* Streit)
zerzausen zerzaustes (wirres) Haar
Zeter *Zeter und Mordio schreien* (übermäßig heftig protestieren); **zetern** laut zetern (*geh. für* laut schimpfen)
Zettel der, -: (Stück Papier), sich etwas auf einem Zettel notieren; die **Zettelwirtschaft** (*ugs. für* ungeordnete Notizen)
Zeug das, Zeuge: sein Zeug (seine Sachen) in Ordnung halten, nasses Zeug (Kleidung) anhaben, er redet wirres Zeug (Unsinn), *sich ins Zeug legen* (sich anstrengen), *jmdm. etwas am Zeug flicken* (etwas an ihm auszusetzen haben), *das Zeug zu etwas haben* (*ugs. für* dafür geeignet sein), *was das Zeug hält* (mit aller Kraft); das **Zeughaus** (Feuerwehrhaus); das **Zeugs** (*ugs. für* Kram)
Zeuge der, Zeugen: er war Zeuge des Unfalls, ein Zeuge der Vergangenheit (etwas aus der Vergangenheit Stammendes)
¹**zeugen** vor Gericht für/gegen jmdn. zeugen (aussagen), ihr Aufsatz zeugt von Fleiß; die **Zeugenaussage**; der **Zeugenstand** in den Zeugenstand treten (als Zeuge aussagen); die **Zeugin**; das **Zeugnis** (Urkunde, Gutachten), ein gutes Zeugnis (Schulzeugnis) haben, Zeugnis ablegen (bezeugen)
²**zeugen** (hervorbringen, erzeugen), ein Kind zeugen; die **Zeugung**; **zeugungsfähig**; **zeugungsunfähig**
zH auch **z.H.** auch **z.Hd.** = zu Handen, zu Händen
Zicke die, -: (weibliche Ziege; *abwertend für* überspannte Frau); **zickig** (zimperlich,

launisch); das **Zicklein** (Junges der Ziege)
Zickzack der, Zickzacke (in Zacken verlaufende Linie), im Zickzack laufen ABER → zickzack laufen; **zickzackförmig**
Ziege die, Ziegen (Haustier); der **Ziegenbock**
Ziegel der, -: (Baustein); die **Ziegelei**; **ziegelrot**
Zieger der, -: (gewürzter Topfen)
ziehen die Pferde ziehen den Wagen, er zog alle Blicke auf sich, sie hat das große Los gezogen, zieh nicht so!, die Waffe ziehen, jmdm. einen Zahn ziehen, Rosen ziehen (züchten), an der Zigarette ziehen, einen Schluss ziehen (folgern), etwas in Erwägung ziehen (berücksichtigen), jmdn. zur Verantwortung ziehen, in Mitleidenschaft gezogen werden, in eine andere Stadt ziehen, der Tee muss ziehen, diese Drohung zieht (wirkt) bei mir nicht, es zieht (ein Luftzug geht), *gegen etwas zu Felde ziehen* (es bekämpfen), *etwas zieht sich in die Länge* (dauert lange), *am selben Strang ziehen* (dieselben Ziele haben); die **Ziehharmonika** (Musikinstrument); die **Ziehung** (beim Lotto)
Ziel das, Ziele: das Ziel der Reise, das war sein Ziel (Absicht), ohne Maß und Ziel, ins Ziel gelangen, *über das Ziel hinausschießen* (zu weit gehen); **zielbewusst** (entschlossen); **zielen**; die **Zielgerade** (letztes gerades Stück vor dem Ziel); **zielgerichtet**; die **Zielgruppe** (Personen, die erreicht werden sollen); **ziellos**; **zielsicher**; **zielstrebig** (unbeirrbar)
ziemen sich: das ziemt sich nicht (*geh. für* ist ungehörig)
ziemlich ein ziemliches (beträchtliches) Vermögen, ich bin ziemlich (sehr) müde, etwas ziemlich (fast) allein machen
Zierde *auch* **Zier** die, Zierden (Verschönerung); **zieren** etwas zieren (schmücken), es ziert (ehrt) ihn, sich zieren (sich scheinbar sträuben); **zierlich** eine zierliche (schlanke, zarte) Figur haben; der **Zierrat** (Verzierung)
Ziffer die, Ziffern (Zahl, Nummer), die Ziffer Null; das **Zifferblatt** *auch* Ziffernblatt
zig zig (sehr viele) Stunden Arbeit; **zigfach** ABER → das **Zigfache**; **zigmal** *Adv.*; **zigtausend(e)** *auch* Zigtausend(e)
Zigarette die, Zigaretten: eine Zigarette rauchen; der/das/die **Zigarillo** (kleine Zigarre); die **Zigarre**
Zigeuner der, -: (*abwertend für* Angehöriger des Volkes der Sinti und Roma); **zigeunerhaft**; die **Zigeunerin**; **zigeunern** (*abwertend*

für umherziehen)
Zikade die, Zikaden (grillenähnliches Insekt)
Zille die, Zillen (flacher Kahn)
Zimbel die, Zimbeln (Musikinstrument)
Zimmer das, -: (Raum), sein Zimmer aufräumen; die **Zimmerei** (Handwerk für Holzbauten); der **Zimmerer** (Handwerker); die **Zimmerflucht** (hintereinanderliegende Zimmer); die **Zimmerleute** (Handwerker); das **Zimmermädchen**; der **Zimmermann** (Zimmerer); **zimmern** einen Schrank zimmern
zimperlich zimperlich (wehleidig) sein
Zimt der, *Ez.* (Gewürz)
Zink das, *Ez.* <Zn> (chemischer Grundstoff, Metall)
Zinke die, Zinken (Zacke, Spitze) *auch* der **Zinken** die Zinken einer Gabel/eines Rechens; **zinken** (heimlich markieren), gezinkte Karten
Zinn das, *Ez.* <Sn> (chemischer Grundstoff, Schwermetall); **zinnern** (aus Zinn); der/die **Zinngießer/-in**; der **Zinnsoldat** (Spielzeug)
Zinne die, Zinnen (gemauerter Aufbau auf Burgmauern)
Zinnkraut das, *Ez.* (Schachtelhalm)
Zinnober der/das, *Ez.* (rotes Mineral, *ugs. für* Unsinn); **zinnoberrot**; das **Zinnoberrot**
¹**Zins** der, Zinse (Mietzins); das **Zinshaus** (Miethaus)
²**Zins** der, Zinsen: hohe Zinsen (eines Kredites), von den Zinsen (Kapitalertrag) leben; die **Zinserhöhung**; der **Zinseszins**; der **Zinsfuß** (Höhe der Zinsen in Prozent); der **Zinssatz** (Zinsfuß)
Zionismus der, *Ez.* (nationale jüdische Bewegung); **zionistisch**
Zipf der, Zipfe; der **Zipfel** der Zipfel der Schürze; **zipf(e)lig**; die **Zipfelmütze**
Zipp der, Zipps (Reißverschluss); der **Zippverschluss**
Zirbe die, Zirben *auch* die **Zirbel**, Zirbeln (Nadelbaum); die **Zirbeldrüse** (Hirndrüse); die **Zirbelkiefer**
zirka *auch* **circa** <ca.> *Adv.*: zirka (ungefähr) hundert Meter
Zirkel der, -: mit dem Zirkel (Zeichengerät) einen Kreis ziehen, ein Zirkel (Gruppe) von Künstlern; die **Zirkulation** [...tsion] (Umlauf, Kreislauf); **zirkulieren** (im Umlauf sein)
Zirkus *auch* **Circus** der, Zirkusse (Wanderzirkus), mach doch keinen solchen Zirkus! (*ugs. für* mach keinen Wirbel)

zirpen Grillen zirpen
Zirruswolke die, ...wolken (Federwolke)
zischen du zischst, heißes Fett zischt in der Pfanne, die Schlange zischt; **zischeln** (tuscheln); der **Zischlaut** (z.B. in „Wasser", „inzwischen")
ziselieren (kunstvoll Ornamente in Metall einritzen); die **Ziselierung**
Zisterne die, Zisternen (Speicher für Regenwasser)
Zitadelle die, Zitadellen (befestigte Anlage, Festung)
Zitat das, Zitate (wörtlich wiedergegebene Äußerung oder Textstelle); **zitieren** aus der Bibel zitieren, zu seinem Vorgesetzten zitiert (befohlen) werden
Zither die, Zithern (Saiteninstrument)
Zitronat das, Zitronate (kandierte Zitronenschale); die **Zitrone** (Südfrucht); der **Zitronenfalter** (Schmetterling); **zitronengelb**; das **Zitronengras** (Gewürz); der **Zitronensaft**; **Zitrusfrucht** (z.B. Orange)
zittern vor Angst zittern, ihr zittern die Hände, um das Leben der Geiseln zittern ABER → *mit Zittern und Zagen* (angstvoll), *wie Espenlaub zittern* (sehr stark zittern); die **Zitterpappel** (Laubbaum); **zittrig** auch **zitterig** eine zittrige Stimme
Zitze die, Zitzen (Saugwarze weiblicher Säugetiere)
zivil [tsiwil] zivile (nicht militärische) Anlagen, im zivilen (bürgerlichen) Leben, zivile (angemessene) Preise; das **Zivil** er geht in Zivil (nicht in Uniform); die **Zivilcourage** [tsiwilkurasch(e)] (Mut, die eigene Meinung auch gegen Widerstand zu vertreten); der **Zivildiener**; der **Zivildienst** (Ersatzdienst für den Militärdienst); die **Zivilisation** [...tsion] (Gesamtheit der Veränderungen der Umwelt durch Wissenschaft und Technik); **zivilisieren**; der/die **Zivilist/-in** (Bürger/-in, Nichtsoldat/-in); das **Zivilrecht** (bürgerliches Recht)
zizerlweis auch **zizerlweise** (*mundartl. für* nach und nach), Informationen zizerlweise weitergeben
Złoty [sloti] der, Zlotys (polnische Währungseinheit)
Zobel der, -: (Marderart; Pelz)
zockeln (schwerfällig gehen)
zocken (*ugs. für* an Glücksspielen teilnehmen); der/die **Zocker/-in** (Glücksspieler/-in)
Zofe die, Zofen (herrschaftliche Kammerfrau, Zimmermädchen)

zögern sie zögerte (zauderte) lange; **zögerlich** (zögernd)
Zögling der, Zöglinge (*veraltet für* Heimkind, Schüler/-in)
Zöliakie die, Zöliakien (Glutenunverträglichkeit)
Zölibat der/das, *Ez.* (verpflichtende Ehelosigkeit für katholische Geistliche)
¹**Zoll** der, -: (altes Längenmaß), fünf Zoll breit, sich keinen Zoll von der Stelle rühren, *Zoll für Zoll* (ganz und gar)
²**Zoll** der, Zölle (Warenzoll, Zollbehörde); das **Zollamt**; der **Zollbeamte**; die **Zollbeamtin**; **zollen** jmdm. Achtung zollen (entgegenbringen); **zollfrei**; der/die **Zöllner/-in**; **zollpflichtig** (abgabepflichtig); die **Zollwache**
Zombie der, Zombies (durch Zauberei zum Leben erweckter Toter)
Zone die, Zonen (genau begrenztes Gebiet)
Zoo der, Zoos (Tierpark); die **Zoohandlung** (Tierhandlung); der **Zoologe** (Tierwissenschaftler); die **Zoologie** (Tierkunde); die **Zoologin**; **zoologisch**
Zoom [tsum, sum] das, Zooms (Fotoobjektiv mit verstellbarer Brennweite)
Zopf der, Zöpfe: das Mädchen hat lange Zöpfe, alte Zöpfe abschneiden (veraltete Einrichtungen abschaffen); das **Zöpfchen**
Zores die, *Mz.* (*ugs. für* Ärger), jmdm. Zores machen
Zorn der, *Ez.:* in Zorn geraten; der **Zornbinkel** (*ugs. für* jmd., der leicht zornig wird); **zornentbrannt**; der **Zorn(es)ausbruch**; die **Zorn(es)röte**; **zornig**
Zote die, Zoten (grob unanständiger Witz); **zotig** eine zotige (unanständige) Bemerkung
Zottelbär der, ...bären; **zottelig** zotteliges (ungepflegtes) Haar; **zotteln** (langsam und schwerfällig gehen); **zottig** ein zottiges (struppiges) Fell
z.T. = **z**um **T**eil
zu *Präp.+Dat.:* zur Schule gehen, zu Bett gehen, zu Haus(e) auch zuhause sein, zu Mittag, zu guter Letzt ABER → zuletzt, von Zeit zu Zeit, zu meiner Zeit ABER → zuzeiten (bisweilen), drei zu drei (3:3), jmdm. zu Leibe rücken, zu Recht (berechtigterweise), zu Unrecht, zu zweit, das Stück zu zehn Cent, zu Brei verrühren, etwas zu Fall bringen, zu Tode erschrecken, zu Schaden kommen, zu Diensten stehen, zu Ende gehen, etwas zu Fleiß (absichtlich) machen, wir gehen zu Fuß, zu Hilfe eilen, zu Wasser und zu Lande; *Adv.:*

ab und zu (manchmal), nur zu!, zu sehr, zu spät, die Tür ist zu (geschlossen); *Konj.:* er bat ihn zu helfen, zu tun haben

zu Hause/ zuhause sein	ABER	das Zuhause
zugrunde gehen	auch	zu Grunde gehen
jmdm. etwas zuleide tun	auch	zu Leide tun
zumute sein	auch	zu Mute sein
zunutze	auch	zu Nutze
jmdm. zurate ziehen	auch	zu Rate ziehen
etwas zustande bringen	auch	zu Stande bringen
etwas zuwege bringen	auch	zu Wege bringen

zuallererst *Adv.;* **zuallerletzt** *Adv.;* **zuallermeist** *Adv.;* **zualleroberst** *Adv.;* **zuäußerst** *Adv.*

Zubau der, Zubauten (Anbau)

Zubehör das, *Ez.* (alles, was zu einer Sache gehört)

zubeißen (▶ beißen) der Hund biss zu

Zuber der, -: (Bottich)

zubereiten das Essen zubereiten (kochen); die **Zubereitung**

Zubettgehen auch Zu-Bett-Gehen das, *Ez.*

zubilligen jmdm. etwas zubilligen (gewähren)

zubinden (▶ binden) sich die Schuhe zubinden

zubringen (▶ bringen) die Ferien im Ausland zubringen, er brachte die Tür nicht zu; der **Zubringer** (Zubringerstraße zur Autobahn)

Zucchini [zukini] die, -: (Gurkengemüse)

Zucht die, Zuchten: es herrscht strenge Zucht (Ordnung), die Zucht von Rosen; **züchten** Pferde züchten; der/die **Züchter/-in**; das **Zuchthaus** (Gefängnis); **züchtig** (anständig); **züchtigen** (hart bestrafen); die **Züchtigung** (Strafe); die **Züchtung**

zuckeln (langsam gehen/fahren)

zucken mit der Hand zucken, ein Blitz zuckt am Himmel, mir zuckt es in den Beinen; die **Zuckung** in den letzten Zuckungen liegen (bald aufhören zu existieren)

zücken das Notizbuch zücken (herausziehen)

Zucker der, -: den Kaffee mit Zucker trinken, Zucker haben (*ugs. für* zuckerkrank sein); der/die **Zuckerbäcker/-in** (Konditor/-in); der **Zuckerguss**; **zuck(e)rig**; **zuckerkrank**; die **Zuckerkrankheit** (Diabetes); das **Zuckerl** (Bonbon); **zuckern**; **zuckersüß**

zudecken sich warm zudecken, ein Loch zudecken

zudem *Konj.* (außerdem)

zudrehen den Wasserhahn zudrehen, sich jmdm. zudrehen (zuwenden)

zudringlich zudringlich (aufdringlich) werden

zudrücken die Tür zudrücken, *ein Auge zudrücken* (nachsichtig sein)

zueinander *Adv.:* nett zueinander sein, zueinander passen auch zueinanderpassen

zuerkennen (▶ kennen) jmdm. den ersten Preis zuerkennen (geben)

zuerst *Adv.:* er kam zuerst (als Erster), zuerst (anfangs) scherzte er nur

Zufahrt die, Zufahrten: die Zufahrt zum Haus; die **Zufahrtsstraße**

Zufall der, Zufälle: es war reiner Zufall, durch Zufall (zufällig); **zufallen** (▶ fallen) die Tür fällt zu, ihm fällt das ganze Erbe zu; **zufällig** eine zufällige Begegnung; **zufälligerweise** *Adv.*

zufliegen (▶ fliegen) auf die Landebahn zufliegen, alle Herzen flogen ihr zu, ihm ist ein Vogel zugeflogen

Zuflucht die, Zufluchten (Obdach, Schutz), Zuflucht nehmen

Zufluss der, Zuflüsse (Zustrom, Verstärkung)

zufolge *Präp.+Dat.:* dem Gesetz zufolge (nach dem Gesetz), der Anordnung zufolge (gemäß der Anordnung)

zufrieden ein zufriedener Mensch, zufrieden sein, jmdn. zufrieden (in Ruhe) lassen; sich **zufriedengeben** (sich begnügen); die **Zufriedenheit**; **zufriedenstellen** jmdn. zufriedenstellen auch zufrieden stellen; **zufriedenstellend** auch zufrieden stellend

zufrieren (▶ frieren) der Teich friert zu

zufügen jmdm. Schaden zufügen

Zufuhr die, Zufuhren: die Zufuhr von Luft; **zuführen** Sauerstoff zuführen, die Straße führt auf das Haus zu

Zug der, Züge: mit dem Zug fahren, der Zug der Vögel in den Süden, einen tiefen Zug (Schluck) aus der Flasche nehmen, ein Erlebnis in groben Zügen (Umrissen) erzählen, im Haus ist ein ständiger Zug (Luftzug), in tiefen Zügen atmen, matt in drei Zügen (beim Schach), ein schöner Zug von ihr (angenehme charakterliche Eigenart), ein Gesicht mit kindlichen Zügen, im Zug(e) von ... (im Verlauf), in einem Zug(e) (ohne Pause),

419

Zugabe → Zukunft

Zug um Zug (ohne Unterbrechung), *etwas in vollen Zügen* (ausgiebig) *genießen, in den letzten Zügen liegen* (bald sterben müssen); **zugig; zügig;** die **Zugluft;** die **Zugmaschine;** das **Zug(s)abteil;** der/die **Zug(s)führer/-in;** das **Zug(s)unglück;** der **Zugvogel;** der **Zugzwang**

Zugabe die, Zugaben (Draufgabe)

Zugang der, Zugänge: der Zugang zum Park ist frei, er findet zu diesem Buch keinen Zugang (versteht es nicht); **zugänglich** sie ist sehr zugänglich (aufgeschlossen)

zugeben (▶ geben) er gibt seine Fehler zu; **zugegebenermaßen** Adv.

zugegen Adv.: zugegen (geh. für anwesend) sein

zugehen (▶ gehen) die Tür geht nicht zu, das Paket geht dir morgen zu (wird geschickt), auf jmdn. zugehen (an ihn herantreten), bei euch geht es ja lustig zu; die **Zugehfrau** (Putzfrau)

zugehörig er ist keiner Partei zugehörig; die **Zugehörigkeit**

zugeknöpft ein zugeknöpftes Hemd, sie ist sehr zugeknöpft (wortkarg)

Zügel der, -: (Teil des Pferdegeschirrs), *die Zügel in der Hand haben* (die Führung innehaben), *die Zügel straff halten* (streng sein), *die Zügel schleifen lassen* (nachlässig sein); **zügellos** (hemmungslos); **zügeln** ein Pferd zügeln, sich zügeln (beherrschen)

zugesellen er hat sich uns zugesellt (angeschlossen)

zugestandenermaßen Adv.; das **Zugeständnis;** **zugestehen** jmdm. ein Recht zugestehen (einräumen)

zugetan sie ist ihm von Herzen zugetan

zugig eine zugige (der Zugluft ausgesetzte) Halle; **zügig** (schnell, flott); die **Zugkraft;** **zugkräftig**

zugleich Adv.: zugleich (gleichzeitig) ankommen

Zugluft die, Ez.: (Luftbewegung); die **Zugmaschine**

zugreifen (▶ greifen) (anpacken), bei Tisch zugreifen (essen); der **Zugriff**

zugrunde auch **zu Grunde** Adv.: zugrunde gehen (sterben, vernichtet werden), etwas zugrunde (als Grundlage) legen, etwas zugrunde richten (vernichten), **zugrunde liegend** auch zugrundeliegend

zugunsten auch **zu Gunsten** Präp.+Gen.: (zum Vorteil von), zugunsten bedürftiger Menschen

zugrunde gehen	auch	zu Grunde gehen
zugrunde liegend	auch	zu Grunde liegend
	auch	zugrundeliegend

zugutehalten (▶ halten) jmdm. etwas zugutehalten (anrechnen); **zugutekommen** (▶ kommen) es kommt ihm zugute (wirkt sich für ihn günstig aus)

Zugvogel der, Zugvögel (Vogelart, die den Winter im Süden verbringt); der **Zugzwang** unter Zugzwang stehen (handeln müssen)

zuhaben (▶ haben) (geschlossen haben)

zuhalten (▶ halten) sich die Nase zuhalten, auf ein Ziel zuhalten (es ansteuern); der/die **Zuhälter/-in** (Person, die vom Gelderwerb Prostituierter lebt)

zuhanden auch **zu Handen,** zu Händen <zH, z.H., z.Hd.> ein Brief zuhanden Frau Müller (ihr persönlich zu übergeben)

zuhauf Adv.: sie kommen zuhauf (geh. für in Scharen)

Zuhause das, Ez.: kein Zuhause haben; **zuhause** wir sind heute nicht zuhause auch zu Haus(e)

| das **Zuhause** | ABER | **zu Hause/ zuhause** sein |

Zuhilfenahme die, Ez.: unter Zuhilfenahme einer Lupe

zuhinterst Adv.: (ganz hinten)

zuhören einem Redner zuhören, nicht zuhören (aufpassen) können; der/die **Zuhörer/-in**

zuinnerst Adv.: (im tiefsten Inneren)

zujubeln die Fans jubelten ihm zu

zuklappen das Buch zuklappen

zukleben den Brief zukleben

zuknöpfen das Hemd zuknöpfen

zukommen (▶ kommen) er kam lachend auf mich zu, jmdm. etwas zukommen lassen (geben), etwas auf sich zukommen lassen (abwarten)

Zukunft die, Ez.: die Zukunft voraussehen, keine Zukunft (Möglichkeiten) haben, in Zukunft (künftig), ein Zeitwort in die Zukunft (Zukunftsform, Futur, z.B. „du wirst lernen") setzen; **zukünftig;** der/die **Zukünftige** (Verlobte/-r); **zukunftsgläubig; Zukunftsmusik** das ist noch Zukunftsmusik (derzeit noch nicht realisierbar); **zukunftsweisend**

zulächeln jmdm. zulächeln
Zulage die, Zulagen (zusätzliche Zahlung), eine Zulage von 200 Euro bekommen
zu Lande *Adv.:* bei uns zu Lande, hier zu Lande *auch* hierzulande
zulassen (▶ lassen) das kann ich nicht zulassen (erlauben), er ließ die Tür zu, das Auto ist (für den Verkehr) zugelassen; **zulässig** (erlaubt); die **Zulassung** (Fahrzeugpapiere)
zulasten *auch* **zu Lasten** *Präp.+Gen.:* zulasten des Käufers
Zulauf der, Zuläufe: das neue Geschäft hat großen Zulauf, der Zulauf des Teiches; **zulaufen** (▶ laufen) ihr ist eine Katze zugelaufen, auf jmdn. zulaufen
zulegen Gewicht zulegen, sich etwas zulegen (*ugs. für* anschaffen)
zuleide *auch* **zu Leide** *Adv.:* jmdm. etwas zuleide tun (ihn verletzen)
zuletzt *Adv.:* zuletzt (am Schluss) kam er, wann hast du zuletzt (das letzte Mal) gelacht?, zuletzt hat er Recht behalten, *nicht zuletzt* (vor allem) ABER → zu guter Letzt
zuliebe *Präp.+Dat.:* ihm zuliebe (seinetwegen) bleibe ich zu Hause
Zulieferer der, -: (Betrieb, der Bauteile liefert)
zum *Präp.+Dat.* (zu dem), zum ersten Mal, zum Beispiel <z.B.>, zum Schluss, zum Glück, es ist zum Lachen, zum Teil <z. T.>, zum Spaß, etwas zum Besten geben, ein Geschenk zum Spielen
zumachen die Tür zumachen (schließen)
zumal *Konj.:* er kocht gern, zumal (besonders) wenn Gäste kommen; ich bleibe, zumal (wenn) ich schon hier bin
zumeist *Adv.:* (geh. für meistens)
zumindest *Adv.:* zumindest (wenigstens) freundlich könntest du sein
zumute *auch* **zu Mute** *Adv.:* mir ist traurig zumute
zumuten jmdm. etwas nicht zumuten (abverlangen) können; die **Zumutung** (Unverschämtheit)
zunächst *Adv.:* das zunächst Liegende *auch* Zunächstliegende, zunächst (als Erstes) einen Plan machen, er kam zunächst (vorläufig) allein
zunähen ein Loch zunähen
Zunahme die, Zunahmen (Anwachsen)
Zuname der, Zunamen (Familienname)
zünden eine Bombe zünden, eine zündende (begeisternde) Idee; **zündeln** (mit dem Feuer spielen); der **Zunder** (leicht brennbarer Stoff), *jmdm. Zunder geben* (*ugs. für* ihn scharf kritisieren); der **Zünder** (Teil eines Sprengkörpers); die **Zünder** (Streichhölzer); die **Zündkerze** (Teil des Automotors); die **Zündung** die Zündung des Autos
zunehmen (▶ nehmen) er hat wieder zugenommen (ist dicker geworden); **zunehmend** es gefällt mir hier zunehmend besser
zuneigen die Sonne neigt sich dem Westen zu, er ist ihr zugeneigt (hat sie gern); die **Zuneigung** (Liebe)
Zunft die, Zünfte (Innung, mittelalterliche Handwerkervereinigung); **zünftig** (ländlich, urig)
Zunge die, Zungen: sich auf die Zunge beißen, *eine lose Zunge haben* (frech sein), *seine Zunge im Zaum halten* (schweigen), *seine Zunge hüten* (nichts Unüberlegtes sagen), *etwas auf der Zunge haben* (nahe daran sein, etwas zu sagen); **züngeln** züngelndes (flackerndes) Feuer, die Schlange züngelt; der **Zungenbrecher** (schwer Auszusprechendes); **zungenfertig** (wortgewandt); das **Zünglein** *das Zünglein an der Waage* (das Ausschlaggebende bei einer Entscheidung)
zunichte etwas zunichte machen (zerstören)
zunutze *auch* **zu Nutze** *Adv.:* sich etwas zunutze machen (es ausnützen)
zuoberst *Adv.:* das Buch liegt zuoberst im Schrank, *das Unterste zuoberst kehren* (große Unordnung anrichten)
zupfen jmdn. am Ärmel zupfen; das **Zupfinstrument** (Saiteninstrument)
zuprosten (zutrinken)
zur *Präp.+Dat.* (zu der), zur Not, zur Folge haben, *jmdm. zur Hand gehen* (ihm helfen)
zurande *auch* **zu Rande** *Adv.:* mit jmdm. gut zurande kommen (auskommen)
zurate *auch* **zu Rate** *Adv.:* jmdn. zurate ziehen
zurechnungsfähig er ist voll zurechnungsfähig (bei klarem Verstand, verantwortlich)
zurechtbiegen (▶ biegen); sich **zurechtfinden** (▶ finden); **zurechtkommen** (▶ kommen) mit etwas zurechtkommen (es schaffen); **zurechtlegen** sich eine Entschuldigung zurechtlegen (vorbereiten); **zurechtmachen**; **zurechtrücken**; **zurechtweisen** (▶ weisen)
zureden (überreden), jmdm. gut zureden ABER → ihr gutes Zureden half
zureichend die Regeln sind zureichend (genügend) bekannt

zurichten → zusammenschlagen

zurichten Bretter zurichten (vorbereiten), schlimm zugerichtet (beschädigt) sein
zürnen jmdm. zürnen (*geh. für* ihm böse sein)
zurück *Adv.*: bald zurück sein, vor und zurück, mit der Arbeit zurück (im Rückstand) sein ABER → es gibt kein **Zurück**; sich **zurückbegeben** (▶ geben); **zurückbehalten** (▶ halten); sich **zurückbilden**; **zurückbleiben** (▶ bleiben) die Erinnerung bleibt zurück, ein zurückgebliebenes (hinter dem altersgemäßen Entwicklungsstand stehendes) Kind, beim Laufen zurückbleiben; sich **zurückerinnern**; **zurückfahren** (▶ fahren); **zurückfallen** (▶ fallen) beim Rennen zurückfallen (langsamer werden), in alte Gewohnheiten zurückfallen; **zurückfinden** (▶ finden); **zurückführen**; **zurückgeben** (▶ geben); **zurückgehen** (▶ gehen) nach Hause zurückgehen, das Essen zurückgehen lassen, das Fieber geht zurück (sinkt), der Umsatz geht zurück (wird geringer), die Erfindung geht auf die Ägypter zurück; **zurückgezogen** (einsam); **zurückgreifen** (▶ greifen); **zurückhalten** (▶ halten) jmdn. von etwas zurückhalten (abhalten), sich beim Essen zurückhalten (beherrschen); **zurückkommen** (▶ kommen); **zurücklassen** (▶ lassen)
zurücklegen etwas zurücklegen (reservieren) lassen, ein Amt zurücklegen (niederlegen), eine Strecke zu Fuß zurücklegen; **zurückliegen** (▶ liegen); **zurückmüssen** (▶ müssen) sie hat zurückgemusst; **zurücknehmen** (▶ nehmen); **zurückprallen**; **zurückrufen** (▶ rufen) jmdn. zurückrufen; **zurückschauen**; **zurückschlagen** (▶ schlagen) (sich rächen); **zurückschrecken**; **zurücksetzen**; **zurückstecken** (*ugs. für* nachgeben); **zurückstehen** (▶ stehen) (nachgeben); **zurücktreten** (▶ treten); sich **zurückversetzen** (erinnern); **zurückweichen** (▶ weichen); **zurückweisen** (▶ weisen); **zurückzahlen**; **zurückziehen** (▶ ziehen)
Zuruf der, Zurufe; **zurufen** (▶ rufen)
zurzeit *Adv.* ‹zz., zzt.› zurzeit (derzeit) ist sie verreist ABER → zur Zeit Goethes
Zusage die, Zusagen (Versprechen); **zusagen** jmdm. etwas zusagen (versprechen), die Wohnung sagt ihm zu (gefällt ihm), *jmdm. etwas auf den Kopf zusagen* (ihn offen anklagen, direkt ansprechen)
zusammen *Adv.*: zusammen sind wir stark,

zusammen sein ABER → das Zusammensein, alles zusammen kostet 500 Euro, wir kommen zusammen (gemeinsam) an; die **Zusammenarbeit**; **zusammenarbeiten** ABER → zusammen (in einem Raum) arbeiten; **zusammenballen** dunkle Wolken ballen sich zusammen; **zusammenbauen**; **zusammenbeißen** (▶ beißen); **zusammenbinden** (▶ binden); **zusammenbleiben** (▶ bleiben); **zusammenbrechen** (▶ brechen); **zusammenbringen** (▶ bringen); der **Zusammenbruch**

zusammen sein	ABER	unser **Zusammensein**
den Schlüssel **zusammen** (gemeinsam) suchen	ABER	alle Sachen **zusammensuchen**
einen Kranz **zusammen** (miteinander) binden	ABER	die Haare **zusammenbinden**

zusammenessen (▶ essen) (aufessen); **zusammenfahren** (▶ fahren) (zusammenstoßen; erschrecken); **zusammenfallen** (▶ fallen); **zusammenfassen**; die **Zusammenfassung**; **zusammenfügen**; **zusammenführen**; **zusammengehören**; der **Zusammenhalt**; **zusammenhalten** (▶ halten); der **Zusammenhang**; **zusammenhängen** (▶ hängen); **zusammenhanglos**; **zusammenkehren**; **zusammenkommen** (▶ kommen) (zusammentreffen; mit etwas fertig werden); die **Zusammenkunft**
zusammenläppern sich (*ugs. für* sich aus Kleinigkeiten anhäufen); **zusammenleben**; **zusammenlegen**; **zusammennehmen** (▶ nehmen) alle Kraft zusammennehmen, sich zusammennehmen (beherrschen, anstrengen); **zusammenpacken**; **zusammenpassen**; der **Zusammenprall**; **zusammenprallen**; **zusammenpressen**; **zusammenraffen**; **zusammenräumen**; sich **zusammenreißen** (▶ reißen) (*ugs. für* anstrengen); **zusammenrichten** (herrichten); **zusammenrotten** sich auf der Straße zusammenrotten
zusammenschlagen (▶ schlagen); **zusammenschließen** (▶ schließen) sich zu einer Gruppe zusammenschließen; der **Zusammenschluss**; **zusammenschreiben** (▶ schreiben); **zusammenschrumpfen**; das

Zusatz → zuverlässig

Zusammensein; zusammensetzen; die Zusammensetzung; zusammenstellen; der Zusammenstoß; zusammenstoßen (▶ stoßen); zusammenstürzen; zusammentragen (▶ tragen) Daten zusammentragen; zusammentreffen (▶ treffen); zusammentrommeln; zusammentun (▶ tun) sich zusammentun (vereinigen); zusammenwachsen (▶ wachsen); zusammenzählen; zusammenziehen (▶ ziehen); zusammenzucken (erschrecken)

Zusatz der, Zusätze: einen Zusatz (Ergänzung) machen

zuschanden auch **zu Schanden** *Adv.:* ein Auto zuschanden (kaputt) fahren

zuschanzen jmdm. einen guten Posten zuschanzen (*ugs. für* verschaffen)

zuschauen bei einem Fußballspiel zuschauen; der/die **Zuschauer/-in**

zuschicken

zuschieben (▶ schieben) jmdm. heimlich Geld zuschieben

Zuschlag der, Zuschläge: einen Zuschlag (Preiserhöhung) verlangen, den Zuschlag (Lieferauftrag) bekommen; **zuschlagen** (▶ schlagen) die Tür zuschlagen, mit den Fäusten zuschlagen, beim Sonderangebot zuschlagen (es nützen)

zuschneiden (▶ schneiden); der **Zuschnitt** (Schnitt, Form)

zuschnüren *es schnürt jmdm. die Kehle zu* (er kann nicht sprechen)

zuschulden auch **zu Schulden** *Adv.:* sich etwas zuschulden kommen lassen (etwas Unrechtes tun)

Zuschuss der, Zuschüsse (finanzielle Unterstützung)

zusehen (▶ sehen) jmdm. bei der Arbeit zusehen, sieh zu! (achte darauf); **zusehends** *Adv.:* es geht ihm zusehends (rasch, merklich) schlechter; der/die **Zuseher/-in**

zusetzen jmdm. zusetzen (ihm zu schaffen machen, ihn bedrängen)

zusichern (fest versprechen); die **Zusicherung**

Zuspeise die, Zuspeisen (Beilage)

zusperren (schließen, abschließen)

zuspitzen die Lage spitzt sich zu

zusprechen (▶ sprechen) jmdm. Mut zusprechen, sie sprach dem Alkohol zu (trank viel), das Erbe wird ihm zugesprochen; der **Zuspruch** (Ermutigung, Anklang)

Zustand der, Zustände: der Zustand des Hauses ist gut, Zustände kriegen (*ugs. für* sich sehr aufregen); **zustande** auch **zu Stande** *Adv.:* zustande kommen (gelingen) ABER → das Zustandekommen, etwas zustande bringen (fertigbringen); **zuständig** für den Verkauf ist sie zuständig (verantwortlich)

zustande kommen	auch	**zu Stande** kommen
	ABER	das **Zustande-kommen**

zustatten *Adv.:* jmdm. zustatten kommen (nützen)

zustehen (▶ stehen) ihm stand ein höherer Lohn zu

zustellen einen Brief zustellen; der/die **Zusteller/-in** (Briefträger/-in)

zusteuern Geld zusteuern, auf ein Ziel zusteuern

zustimmen einem Vorschlag zustimmen; die **Zustimmung**

zustoßen (▶ stoßen) die Tür zustoßen, er stieß mit dem Messer zu, es wird ihnen doch nichts zugestoßen sein!

Zustrom der, *Ez.:* ein reger Zustrom (Andrang) von Zuschauern

zutage auch **zu Tage** *Adv.:* etwas zutage bringen (zum Vorschein bringen), offen zutage liegen (erkennbar sein)

Zutat die, Zutaten: Zutaten für vier Personen

zuteilen jmdm. etwas zuteilen; die **Zuteilung**

zuteilwerden (▶ werden) (gewährt werden)

zutiefst *Adv.:* zutiefst enttäuscht sein

zutragen (▶ tragen) jmdm. etwas heimlich zutragen (weitersagen), sich zutragen (geschehen); der/die **Zuträger/-in** (Spion/-in); **zuträglich** der viele Alkohol ist ihm nicht zuträglich

Zutrauen das, *Ez.:* großes Zutrauen haben; **zutrauen**; **zutraulich** (vertrauensvoll)

zutreffen (▶ treffen) etwas trifft zu (ist wahr), eine zutreffende Antwort

Zutritt der, *Ez.:* sich Zutritt (Einlass) verschaffen

zutun (▶ tun) er tat kein Auge zu (konnte nicht schlafen); das **Zutun** ohne sein Zutun (Mitwirken) siegen

zutzeln auch zuzeln (*ugs. für* lutschen)

zuungunsten auch **zu Ungunsten** *Präp.* + *Gen.* (zum Nachteil)

zuunterst *Adv.* (ganz unten)

zuverlässig (glaubwürdig), zuverlässig

Zuversicht → Zweifel

(gewissenhaft) arbeiten
Zu**ve**rsicht die, *Ez.*: voll Zuversicht sein; **zuversichtlich**
Zuviel das, *Ez.*: ein Zuviel an Höflichkeit ABER → zu viel fragen
zuvor *Adv.* (zuerst); **zuvörderst** *Adv.* (ganz vorn); **zuvorkommen** (▶ kommen) jmdm. zuvorkommen (schneller sein) ABER → zuvor (vorher) kommen; **zuvorkommend** (höflich)
Zu**wachs** der, Zuwächse: ein Zuwachs an Einnahmen, *Zuwachs* (ein Kind) *bekommen;* **zuwachsen** (▶ wachsen)
zuwandern (von auswärts an einen Ort kommen, um dort zu leben); die **Zuwanderung**
zuwege auch **zu Wege** *Adv.*: etwas zuwege bringen (bewältigen)
zuweilen *Adv.* (manchmal)
zuwenden (▶ wenden) sich jmdm. zuwenden, er wandte sich der Gartenarbeit zu (beschäftigte sich damit); die **Zuwendung** eine kleine Zuwendung (Geld) ist immer willkommen, Kinder brauchen viel Zuwendung (Aufmerksamkeit)
zuwider *Adv.*: jmdm. zuwider sein (seine Ablehnung hervorrufen); **zuwiderhandeln** einem Befehl zuwiderhandeln
zuzeiten *Adv.* (manchmal, bisweilen) ABER → zu Zeiten Stifters
zuzeln auch **zutzeln** (*ugs. für* lutschen)
zu**ziehen** (▶ ziehen) die Vorhänge zuziehen, er zog sich eine Erkältung zu, die Familie ist neu zugezogen; der **Zuzug**; **zuzüglich** *Präp.+Gen.*: die Miete zuzüglich (plus) der Nebenkosten
zwa**cken** (*ugs. für* zwicken)
Zwa**ng** der, Zwänge: Zwang (Druck) ausüben, *sich keinen Zwang antun* (sich ungezwungen verhalten); **zwängen** sich in eine Jacke zwängen; **zwanghaft; zwanglos** (unbefangen); die **Zwangsjacke** (Jacke zur Ruhigstellung von Tobsüchtigen); die **Zwangslage** (Notfall); **zwangsläufig** (unvermeidbar); **zwangsweise** (notgedrungen)
zwanzig 20 Euro, die zwanziger Jahre auch 20er Jahre auch Zwanzigerjahre auch 20er-Jahre; **zwanzigjährig** auch 20-jährig; der/die **Zwanzigjährige** auch 20-Jährige; der **Zwanzigeuroschein** (20-Euro-Schein); **zwanzigstel** ein zwanzigstel Gramm; das **Zwanzigstel**

die **zwanziger Jahre**	auch	die **Zwanzigerjahre**
die **20er Jahre**	auch	die **20er-Jahre**
zwanzigjährig	auch	**20-jährig**
der/die **Zwanzigjährige**	auch	**20-Jährige**

zwar *Adv.*: ich wasche Wäsche, und zwar (nämlich) die bunte; das Auto ist zwar nicht neu, aber gut erhalten
Zwe**ck** der, Zwecke (Funktion, Nutzen), keinen Zweck haben (sinnlos sein); **zweckdienlich; zweckentfremdet; zweckgebunden; zwecklos; zweckmäßig; zweckmäßigerweise** *Adv.*; **zwecks** *Präp.+Gen.* (wegen), zwecks Tanken stehen bleiben; der **Zwecksatz** (Finalsatz); **zweckwidrig**
zwei zwei Brüder, er isst für zwei ABER → die Ziffer Zwei; **zweiarmig,** das **Zweibettzimmer; zweideutig** (doppelsinnig, anstößig); **zweidimensional;** die **Zweidrittelmehrheit; zweieiig** zweieiige Zwillinge; **zweieinhalb;** der **Zweier** einen Zweier würfeln, einen Zweier (Note, *bundesdt.* eine Zwei) bekommen; **zweierlei** *mit zweierlei Maß messen* (ungerecht beurteilen); **zweifach** (doppelt) auch 2fach auch 2-fach; das **Zweifache** auch das 2fache auch das 2-Fache; **zweifärbig; zweigleisig; zweihundert; zweijährig** auch 2-jährig; der **Zweikampf** (Duell); **zweimal** auch 2-mal; das **Zweirad; zweischneidig** *ein zweischneidiges Schwert* (Sache, die Vor- und Nachteile hat); **zweiseitig;** der **Zweispänner** (Wagen für zwei Pferde); **zweisprachig; zweispurig; zweistellig; zweistimmig; zweistöckig; zweistündig** (zwei Stunden dauernd); **zweistündlich** (alle zwei Stunden); **zweitbeste(r); zweiteilig; zweitens** *Adv.*; **zweite(r)** etwas aus zweiter Hand (gebraucht) kaufen, das zweite Programm ABER → der Zweite Weltkrieg, jede/-r Zweite, sie wird Zweite; **zweitklassig; zweitrangig** (unbedeutend)
Zwe**ifel** der, -: Zweifel (Bedenken) haben, im Zweifel sein, ohne Zweifel (gewiss), es steht außer Zweifel, dass …, etwas in Zweifel ziehen (etwas bezweifeln), über jeden Zweifel erhaben sein (unbedenklich sein); **zweifelhaft; zweifellos** *Adv.*; **zweifeln;** der **Zweifelsfall; zweifelsfrei; zweifelsohne** *Adv.* (gewiss); der/die **Zweifler/-in**

zwei Kinder	ABER	ein **Zweier** (Note)
das **zweite** Stück	ABER	**Zweiter** werden
zweifach	auch	2fach/2-fach
das **Zweifache**	auch	das 2fache/2-Fache
zweimal	auch	2-mal

Zweig der, Zweige: einen Zweig vom Baum reißen, *auf keinen grünen Zweig kommen* (keinen Erfolg haben)

Zwerchfell das, Zwerchfelle (Scheidewand zwischen Bauch- und Brustraum)

Zwerg der, Zwerge (Kobold, kleiner Mensch); **zwergenhaft**; das **Zwergerl**; die **Zwergin**; **zwergwüchsig**

Zwetschke die, Zwetschken (Pflaume); der **Zwetschkenröster** (Mus aus Zwetschken)

Zwickel der, -: (keilförmiger Einsatz); **zwicken** die enge Hose zwickt; der **Zwicker** (Augenglas); die **Zwickmühle** *in einer Zwickmühle* (ugs. für ausweglosen Situation) *sein*

Zwieback der, Zwiebacke (Gebäck)

Zwiebel die, Zwiebeln (Gemüse); der **Zwiebelturm** (Turm mit zwiebelförmigem Dach)

zwiefach (zweifach); das **Zwiegespräch**; das **Zwielicht** (Dämmerung), *ins Zwielicht geraten* (verdächtig werden); **zwielichtig** eine zwielichtige (verdächtige) Person; der **Zwiespalt** (Konflikt); **zwiespältig** (unsicher); die **Zwiesprache** (Zwiegespräch); die **Zwietracht** *Zwietracht säen* (geh. für Streit verursachen)

Zwilling der, Zwillinge: die Zwillinge gleichen einander aufs Haar

Zwinge die, Zwingen (Werkzeug); **zwingen** er zwingt sie zum Arbeiten, er zwang sich zu etwas (überwand sich), *sich gezwungen sehen etwas zu tun* (etwas tun müssen), ein zwingender Grund; der **Zwinger** (veraltet für Tierkäfig)

zwinkern mit den Augen zwinkern

zwirbeln den Bart zwirbeln

Zwirn der, Zwirne (festes Garn); der **Zwirnsfaden**

zwischen *Präp.+Dat.:* zwischen dem Haus und dem Zaun, zwischen den Feiertagen; *Präp.+Akk.:* er setzte sich zwischen uns; das **Zwischending** (Mittelding); **zwischendrin** *Adv.* (mittendrin); **zwischendurch** *Adv.;* der **Zwischenfall**; der **Zwischenhandel**; **zwischenlanden**; **zwischenmenschlich**; der **Zwischenraum**; die **Zwischenzeit**; **zwischenzeitlich** (unterdessen)

Zwist der, Zwiste (Streit); die **Zwistigkeit**

zwitschern Vögel zwitschern, *einen zwitschern* (ugs. für Alkohol trinken)

Zwitter der, -: (zweigeschlechtliches Wesen); **zwitterhaft**; **zwitt(e)rig**; das **Zwitterwesen**

zwölf (▶ acht) zwölf Uhr nachts, *es ist fünf vor zwölf* (allerhöchste Zeit), die zwölf Apostel ABER → die Zahl **Zwölf**; **zwölffach**; das **Zwölffache**; der **Zwölffingerdarm**; **zwölfjährig**; **zwölfmal**; **zwölft** zu zwölft; **zwölftel**; das **Zwölftel**; **zwölftens** *Adv.*; **zwölfte(r)** der zwölfte Mann; die **Zwölftonmusik** (Kompositionstechnik)

Zwutschkerl das, -/Zwutschkerln *(mundartl. für auffallend kleine Person)*

Zyankali das, *Ez.* (Gift)

Zyklame die, Zyklamen (Blume)

zyklisch (regelmäßig wiederkehrend)

Zyklon der, Zyklone (Wirbelsturm)

Zyklop der, Zyklopen (einäugiger Riese)

Zyklus der, Zyklen (regelmäßige Wiederkehr)

Zylinder der, -: einen Zylinder (röhrenförmigen Herrenhut) tragen, der Umfang eines Zylinders (walzenförmiger Körper); der **Zylinderhut**; **zylindrisch** (walzenförmig)

Zyniker der, -: (beleidigend spöttischer Mensch); die **Zynikerin**; **zynisch** (beißend spöttisch); der **Zynismus**

Zypern (Inselstaat im Mittelmeer); der **Zyprer** auch Zyprier auch Zypriot; die **Zyprerin** auch Zyprierin auch Zypriotin; **zyprisch** auch zypriotisch

Zypresse die, Zypressen (Kiefernart)

zyrillisch auch kyrillisch das zyrillische Alphabet (Alphabet des Russischen und anderer slawischer Sprachen)

Zyste die, Zysten (Geschwulst mit flüssigem Inhalt)

zz., zzt. = **z**ur**z**eit (jetzt)

z.Z.; z.Zt. = **z**ur **Z**eit der Inquisition

Weißt du eigentlich, ob es Melonen und Fliegen in einem Herrenmodengeschäft gibt? Das *SchulWörterBuch* erklärt dir die verschiedenen Bedeutungen von sonderbaren Wörtern. Schlag doch bei „**Melone**" und „**Fliege**" nach!

▶ Mehr von Maus und Katze auf Seite 481!

Anhang
Inhaltsverzeichnis

Die Wortarten 429

    Das Verb 429

    Das Nomen 430

    Der Artikel 432

    Das Adjektiv 432

    Das Pronomen 433

    Das Numerale 433

    Das Adverb 433

    Die Präposition 434

    Die Konjunktion 435

    Die Interjektion 435

Unregelmäßige Verben 436

Wortfamilien 442

    Die Wortfamilie „sprechen" 442

    Verwandte Wörter – ähnliche Schreibung 443

    Leichter Rechtschreiben lernen mit Wortfamilien 443

    Wichtige Wortfamilien 443

Wortfelder 446

    Das Wortfeld „etwas sagen" 446

    Wortfelder helfen dir 447

    Wichtige Wortfelder 447

Die deutsche Rechtschreibung 452

    1. Die Schreibung der lang gesprochenen Vokale 452

    Unterschiedliche Bedeutung – unterschiedliche Schreibung 452

    2. Die Schreibung von Konsonanten nach kurz
gesprochenem Vokal 453

3. s-Laute und ihre Schreibung: s, ß, ss ... 453
„das" oder „dass"? ... 454

4. Getrennt schreiben oder zusammenschreiben? ... 454
Zusammensetzungen mit Verben ... 454
Zusammensetzungen mit Adjektiven und Partizipien ... 456
Zusammensetzungen mit Nomen ... 456
Getrennt schreiben erlaubt, zusammenschreiben erlaubt ... 456

5. Groß- und Kleinschreibung ... 457
Großschreibung am Satzanfang ... 457
Großschreibung von Nomen und nominal gebrauchten Wörtern ... 457
Nominal gebrauchte Wörter, die kleingeschrieben werden ... 458
Die Schreibung von Zeitangaben ... 459
Eigennamen und feste Begriffe ... 460
Groß- und Kleinschreibung in der Anrede ... 461

6. Die Satzzeichen ... 461
Punkt, Fragezeichen, Rufzeichen ... 461
Der Beistrich ... 461
Satzzeichen in der direkten Rede ... 463
Der Doppelpunkt ... 463
Der Gedankenstrich ... 464

7. Tipps für das richtige Schreiben ... 464
Das Einprägen der Wörter ... 465
So vermeidet man Fehler ... 465
Die häufigsten Stolpersteine der österreichischen Schülerinnen und Schüler ... 467

Unterschiede innerhalb des Deutschen ... 468
Das österreichische Deutsch ... 469
Wortschatz ... 469
Schreibweise ... 470
Grammatikalische Unterschiede ... 470
Aussprache und Betonung ... 470

Grundwortschatz für Schülerinnen / Schüler mit nicht deutscher Muttersprache ... 471

Die Wortarten

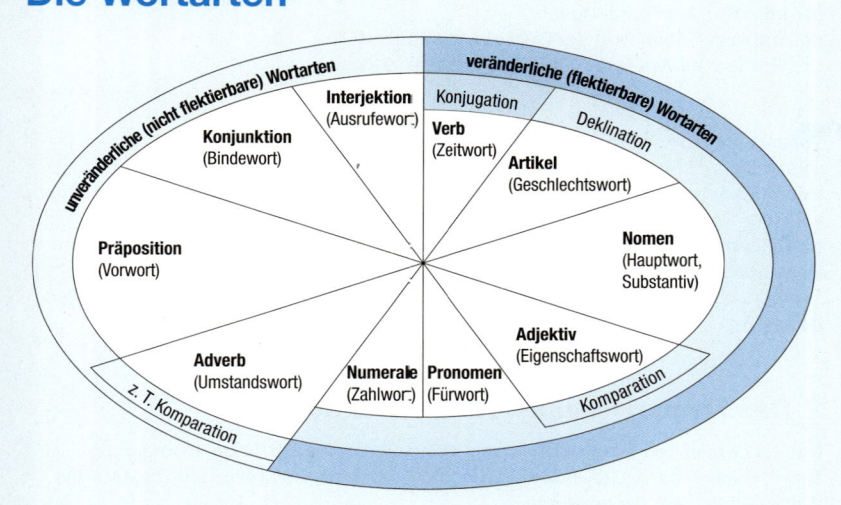

Diagramm: Ellipse mit Wortarten

- **unveränderliche (nicht flektierbare) Wortarten:** Interjektion (Ausrufewort), Konjunktion (Bindewort), Präposition (Vorwort), Adverb (Umstandswort) — z. T. Komparation
- **veränderliche (flektierbare) Wortarten:** Verb (Zeitwort) — Konjugation; Artikel (Geschlechtswort), Nomen (Hauptwort, Substantiv), Adjektiv (Eigenschaftswort), Pronomen (Fürwort), Numerale (Zahlwort) — Deklination, Komparation

Man unterscheidet flektierbare (veränderliche) Wortarten (Verb, Artikel, Nomen, Adjektiv, Pronomen, Numerale) und unflektierbare (unveränderliche) Wortarten (Adverb, Präposition, Konjunktion, Interjektion).

1. Das Verb (Zeitwort, Tätigkeitswort, Tunwort)

Verben bezeichnen Tätigkeiten *(schreiben)*, Vorgänge *(regnen)* oder Zustände *(liegen)*.

Die **finite Form des Verbs** gibt **Person**, **Numerus** (Zahl), **Tempus** (Zeit) und **Modus** (Aussageweise) an, z.B. *Anna lacht* (1. Person, Singular, Präsens, Indikativ).

| finite Form |

In der finiten Form sind Verben konjugierbar. Nach der Art der **Konjugation** (Beugung) unterscheidet man regelmäßige und unregelmäßige Konjugation:

| Konjugation |

Regelmäßige Konjugation (auch: schwache Beugung), z.B. *lieben – liebte – geliebt* (Stammvokal bleibt gleich, Partizip II endet auf -t).

Unregelmäßige Konjugation (auch: starke Beugung), z.B. *singen – sang – gesungen* (Stammvokal verändert, Partizip II endet auf -en).

Es gibt auch Mischformen aus starker und schwacher Beugung, die heute der Einfachheit halber der unregelmäßigen Konjugation zugeordnet werden (z.B. *rennen – rannte – gerannt*).

Eine Übersicht über die Stammformen der wichtigsten unregelmäßigen Verben findest du auf Seite 434 ff.

Wortarten

infinite Form

Die **infiniten Formen der Verbs**, die nicht gebeugt werden, sind
der **Infinitiv** (Nennform): *lachen*
das **Partizip I** (Mittelwort der Gegenwart): *lachend*
das **Partizip II** (Mittelwort der Vergangenheit): *gelacht*

Vollverb
Hilfsverb
Modalverb

Vollverben: Sie können allein das Prädikat bilden (*regnen, lachen, arbeiten, verstehen* ...): *Mutter arbeitet im Garten*.
Hilfsverben (*haben, sein, werden*): Sie können gemeinsam mit Vollverben das Prädikat eines Satzes bilden: *Sabine hat eine neue Armbanduhr bekommen*.
Modalverben (*dürfen, müssen, mögen, sollen, können, wollen*): Sie modifizieren die Bedeutung eines Vollverbs und können Teil eines mehrteiligen Prädikats sein: *Die Lehrerin muss sich an das Schulunterrichtsgesetz halten. Morgen darf ich nach Wien fahren.*

2. Das Nomen (Hauptwort, Substantiv)

Nomen bezeichnen Lebewesen (*Mann, Hund, Tante Frieda*), Dinge (*Blumentopf, Tisch*), Sachverhalte (*Gesundheitszustand*), Gedachtes, Gefühltes und Vorgestelltes (*Liebe, Ärger, Zeit, Langeweile*).

Deklination

Nomen sind **deklinierbar**. Sie weisen **Genus** (Geschlecht: weiblich/feminin, männlich/maskulin, sächlich/neutrum), **Numerus** (Zahl: Singular, Plural) und **Kasus** (4 Fälle) auf:

	Singular (Einzahl)	**Plural (Mehrzahl)**
	maskulin (männlich)	
Nominativ (1. Fall)	der Hund	die Hunde
Genitiv (2. Fall)	des Hundes	der Hunde
Dativ (3. Fall)	dem Hund	den Hunden
Akkusativ (4. Fall)	den Hund	die Hunde
	feminin (weiblich)	
Nominativ (1. Fall)	die Katze	die Katzen
Genitiv (2. Fall)	der Katze	der Katzen
Dativ (3. Fall)	der Katze	den Katzen
Akkusativ (4. Fall)	die Katze	die Katzen
	neutrum (sächlich)	
Nominativ (1. Fall)	das Huhn	die Hühner
Genitiv (2. Fall)	des Huhns	der Hühner
Dativ (3. Fall)	dem Huhn	den Hühnern
Akkusativ (4. Fall)	das Huhn	die Hühner

Wortarten

Genitivendungen von Nomen (Hauptwörtern)

Singular (Einzahl)
Es gibt drei Arten, wie der Genitiv von Nomen gebildet werden kann.

(e)s-Singular (das Haus, des Hauses) trifft auf alle sächlichen Nomen (Neutra) und zahlreiche männliche Nomen (Maskulina) zu.	
Die volle Form -es wird u.a. angehängt bei Nomen auf -s, -ss, -ß, -x und -z; meist bei Nomen auf -sch, -tsch und -st; häufig bei einsilbigen Nomen.	des Bisses, des Fußes, des Juxes, des Zeugnisses
Nur ein -s wird angehängt, wenn z.B. das Nomen auf eine unbetonte Silbe endet (-en, -el, -ling usw.) oder wenn das Nomen auf Vokal (Diphthong) oder Vokal + h endet.	des Autos, des Einkommens, des Frühlings, des Inhabers, des Kissens, des Läufers, des Nomens, des Ozons, des Programms, des Vaters
Bei vielen Wörtern sind beide Formen möglich.	des Dorf(e)s, des Geschäft(e)s, des Rost(e)s, des Schwert(e)s, des Tier(e)s, des Wort(e)s
(e)n-Singular (der Rabe, des Raben)	
Diese Genitivform können nur Maskulina aufweisen, die Lebewesen bezeichnen. Ausnahme: *der Fels, des Felsen(s)*	des Affen, des Bären, des Christen, des Fürsten, des Helden, des Insassen, des Jungen, des Löwen, des Menschen, des Narren, des Prinzen, des Sklaven, des Zeugen
Ohne Kennzeichen (die Sonne, der Sonne)	
Die weiblichen Nomen (Feminina) bilden den Genitiv ohne zusätzliche Endung.	der Ader, der Blume, der Frucht, der Hose, der Laterne, der Rebe

Sonderfälle im Singular (in der Einzahl)
- Bei Wörtern, die im Nominativ auf -e oder -en enden, wird der Genitiv auf -ns gebildet.
  Beispiele: *der Friede(n), des Friedens; der Gedanke(n), des Gedankens; der Wille(n), des Willens*
  ABER: *der Drache, des Drachen* (Fabelwesen) – *der Drachen, des Drachens* (Fluggerät); *der Buchstabe, des Buchstabens* (selten: *des Buchstaben*)
- Bei einigen Wörtern können unterschiedliche Genitivformen vorkommen.
  Beispiele: *der Bauer, des Bauern* (selten: *des Bauers*); *der Nachbar, des Nachbarn* (selten: *des Nachbars*); *der Spatz, des Spatzes/Spatzen*

Plural (Mehrzahl)
Im Plural lautet die Genitivform aller Nomen gleich wie die Nominativform.
Beispiele: *die Brüder, der Brüder; die Raben, der Raben; die Laternen, der Laternen*

Wortarten

3. Der Artikel (Begleiter)

Der Artikel ist der „Begleiter" des Nomens. Der Artikel gibt – so wie die Deklination des Nomens – Hinweise auf Genus, Numerus und Kasus. Man unterscheidet bestimmten und unbestimmten Artikel.

bestimmter Artikel

Bestimmter Artikel: der, die, das; Plural: die

männlich (maskulin): *der Schüler*, *der Löwe*, *der Ofen*, *der Hass*
weiblich (feminin): *die Tochter*, *die Kirche*, *die Treue*
sächlich (neutrum): *das Haus*, *das Mädchen*, *das Leben*

unbestimmter Artikel

Unbestimmter Artikel: ein, eine, ein; Plural: –

ein Knabe, *eine Frau*, *ein Haus*

4. Das Adjektiv (Eigenschaftswort)

Das Adjektiv bezeichnet die Eigenschaft einer Person, einer Sache, eines Sachverhalts oder Vorgangs:
die *schöne* Landschaft, der *heftige* Schneefall, die *grünen* Wiesen

Steigerung

Das Adjektiv kann man **steigern** (Steigerung = Komparation). Die Grundform nennt man **Positiv**, die Steigerungsformen heißen **Komparativ** und **Superlativ**:

Positiv: *klug*
Komparativ: *klüger*
Superlativ: *am klügsten*

Verwendung im Satz

Im Satz wird das Adjektiv **attributiv**, **prädikativ** oder **adverbial** verwendet:

Das ist ein *schnelles* Auto. (attributiv, als Beifügung)
Das Auto fährt *schnell*. (adverbial, zur Bestimmung des Verbs)
Das Auto ist *schnell*. (prädikativ, als Prädikatsteil)

Wortarten

5. Das Pronomen (Fürwort)

Pronomen begleiten oder ersetzen ein Nomen. Sie können nach Geschlecht, Zahl und Fall gebeugt werden.

Man unterscheidet:
Personalpronomen (persönliche Fürwörter): ***ich** lache, fang **mich**!*
Reflexivpronomen (rückbezügliche Fürwörter): *Reiß **dich** zusammen!*
Possessivpronomen (besitzanzeigende Fürwörter): *Gib mir **meinen** Taschenrechner zurück!*
Demonstrativpronomen (hinweisende Fürwörter): ***Dieser** Vorhang gefällt mir besser als **jener**. Sie hat **dasselbe** T-Shirt wie er.*
Interrogativpronomen (Fragefürwörter): ***Wer** war das? **Welches** Beispiel rechnest du zuerst?*
Relativpronomen (bezügliche Fürwörter): *Das Geschäft, **das (welches)** ich meine, hat geschlossen.*
Indefinitpronomen (unbestimmtes Fürwort): *Will **jemand**/**niemand** etwas fragen? Kann **man** Antworten auf **alle**/**sämtliche** Fragen erwarten? Bleibt **nichts** unbeantwortet? Uns kann **keiner** helfen!*

> Einteilung der Pronomen

6. Das Numerale (Zahlwort, Zahladjektiv)

Das Numerale drückt einen bestimmten oder unbestimmten Zahl- oder Mengenbegriff aus.

Bestimmte Zahlwörter:
Grundzahlen (Kardinalzahlen): eins, zwei ...
Ordnungszahlen (Ordinalzahlen): erster, zweiter, der Dritte ...
Vervielfältigungszahlen: einfach, zweifach ...

> bestimmte Zahlwörter

Unbestimmte Zahlwörter:
viel, wenig, zahlreich, gesamt, ganz, verschieden

> unbestimmte Zahlwörter

7. Das Adverb (Umstandswort)

Adverbien bezeichnen die Umstände eines Geschehens oder Sachverhalts. Wir erfahren durch das Adverb, wo, wann, warum oder auf welche Art und Weise etwas stattfindet oder sich befindet. Folglich unterscheiden wir Umstandswörter des Ortes, der Zeit, des Grundes und der Art und Weise:

Umstand des Ortes: da, dahin, dort, dorthin, draußen, drinnen, fort, heim, herein, herunter, hier, hierher, hierhin, hin, hinauf, hinaus, hinein, hinten, irgendwo, links, nirgends, oben, rechts, rückwärts, überall, unten
Umstand der Zeit: allzeit, anfangs, bald, bisher, damals, dann, eben, endlich, früh, gestern, immer, inzwischen, jahrelang, jetzt, morgen, morgens, nachts, nie, nun, oft, stets, stundenlang, täglich, übermorgen, vorher, zuletzt

> Arten des Adverbs

Umstand des Grundes: also, daher, darum, dennoch, deshalb, deswegen, hierfür, hierzu, nämlich, noch, nötigenfalls, somit, trotzdem, vorsichtshalber, warum, weshalb, wozu
Umstand der Art und Weise: anders, beinahe, besonders, dadurch, damit, ebenso, eher, eilends, einigermaßen, fast, ganz, irgendwie, kaum, keineswegs, kopfüber, kurzerhand, noch, nur, sehr, so, teilweise, überaus, umsonst, vergebens, weiterhin

| Verwendung im Satz | Im Satz wird das Adverb meistens als Umstandsangabe eingesetzt, manchmal auch als Teil des Prädikats (prädikativ): |

Deine Bemühungen waren leider *vergebens*. (prädikativ)
Du bemühst dich *vergebens*. (Artangabe)
Der Eingang ist *dort*. (prädikativ)
Dort haben wir einen Eingang gesehen. (Ortsangabe)

8. Die Präposition (Vorwort)

Das Vorwort steht, wie der Name schon sagt, vor einem anderen Wort, und zwar vor einem Nomen oder einem nominal gebrauchten Wort. Präpositionen sind daher immer fest an andere Wörter gebunden.

Sie bestimmen den Fall, in dem das folgende Nomen oder nominal gebrauchte Wort steht: *wegen* deiner Krankheit (Genitiv), *auf* dem Baum (Dativ), *durch* die Menge (Akkusativ).

| häufige Präpositionen | Es gibt sehr viele Präpositionen. Allerdings werden nur ungefähr zwanzig sehr oft gebraucht: |

wegen, während, anstatt (mit Genitiv)
aus, außer, bei, mit, nach, seit, über, von, vor, zu, zwischen (mit Dativ)
bis, durch, für, gegen, ohne, um (mit Akkusativ)

Einige sehr häufige Präpositionen können mit dem **Dativ und** dem **Akkusativ** gebraucht werden – mit dem Dativ auf die Frage „wo?", mit dem Akkusativ auf die Frage „wohin?": an, auf, hinter, in, neben, über, unter, vor, zwischen.

Geht in den Garten! Die Kinder spielen im Garten.
Wir wohnen unter euch. Rasch schiebt sie Herumliegendes unters Bett.

Wortarten

9. Die Konjunktion (Bindewort)

Konjunktionen verbinden Wörter, Satzglieder oder Sätze miteinander.

Nebenordnende Konjunktionen verbinden gleichwertige Wörter, Satzglieder oder Sätze: *Paul* **und** *Karin gehen spazieren. Ich erhole mich jetzt,* **dann** *mache ich erst die Hausübung.*

Man unterscheidet:
Anreihende K.: und, sowie, sowohl – als auch, weder – noch
Ausschließende K.: oder, entweder – oder, beziehungsweise
Einschränkende K.: aber, doch, jedoch, sondern
Begründende K.: denn, nämlich

Unterordnende Konjunktionen (auch „Subjunktionen" genannt) zeigen Abhängigkeiten an, vor allem die des Gliedsatzes vom Hauptsatz:
Obwohl *ich die Rechtschreibregeln kenne, habe ich bei der Getrennt- und Zusammenschreibung Probleme. Wir hatten keine Chance zu gewinnen,* **weil** *zwei unserer besten Spieler krank waren.*

- als, bevor, während, nachdem, seit, sobald – leiten Temporalsätze ein: *Als sie gegessen hatte, ging sie ins Freie.*
- wo, wohin – leiten Lokalsätze ein: *Wo ich aufgewachsen bin, stehen heute nur noch Ruinen.*
- indem, wie – leiten Modalsätze ein: *Indem er rot wurde, verriet er seine Mitschuld.*
- weil, da – leiten Kausalsätze ein: *Weil du meine Freundin bist, helfe ich dir.*
- wenn, falls – leiten Konditionalsätze ein: *Wenn du Hunger hast, findest du im Kühlschrank Käse.*
- obwohl – leitet Konzessivsätze ein: *Obwohl es regnet, gehen wir wandern.*
- damit, dass – leiten Finalsätze ein: *Damit ich dich treffen kann, fahre ich früher weg.*
- dass, sodass/so dass – leiten Konsekutivsätze ein: *Er schlug so heftig zu, dass der Mann umfiel.*

10. Die Interjektion (Ausrufewort)

Die Interjektion drückt Empfindungen und Aufforderungen aus oder ahmt Laute nach: *au!, auweh!, oh!, los!, kreisch!*

Unregelmäßige Verben

In der Tabelle sind die Stammformen wichtiger unregelmäßiger Verben zusammengefasst.

* Verben, bei denen das Partizip II mit einem Stern gekennzeichnet ist, bilden Perfekt, Plusquamperfekt und Futur II mit Formen von „sein": ich bin gelaufen, du bist gesprungen ...

Formen, die in Klammer stehen, gelten als veraltet.

In der 4. Spalte findest du „Besonderheiten": unklare Wortformen, Verwendungsbeispiele ...

Infinitiv	Präteritum 3. Person Singular	Partizip II	Besonderheiten
befehlen	befahl	befohlen	du befiehlst, befiehl!
beginnen	begann	begonnen	
behalten	behielt	behalten	er behält
beißen	biss	gebissen	du beißt
bekommen	bekam	bekommen	
beschließen	beschloss	beschlossen	
besitzen	besaß	besessen	
betrügen	betrog	betrogen	
beweisen	bewies	bewiesen	
bewerben	bewarb	beworben	sie bewirbt sich, bewirb dich!
beziehen	bezog	bezogen	
biegen	bog	gebogen	Er hat die Stange gebogen. Sie ist um die Ecke gebogen.
bieten	bot	geboten	
binden	band	gebunden	
bitten	bat	gebeten	
blasen	blies	geblasen	es bläst
bleiben	blieb	geblieben*	du bist geblieben
braten	briet	gebraten	er brät
brechen	brach	gebrochen	Sie hat sich den Arm gebrochen. Das Eis ist gebrochen.
brennen	brannte	gebrannt	
bringen	brachte	gebracht	
denken	dachte	gedacht	

Unregelmäßige Verben

dürfen	durfte	dürfen, gedurft	Ich habe kommen dürfen. (Modalverb) Natürlich haben wir gedurft! (Vollverb)
empfehlen	empfahl	empfohlen	du empfiehlst
enthalten	enthielt	enthalten	es enthält
entlassen	entließ	entlassen	er entlässt
entscheiden	entschied	entschieden	
entschließen	entschloss	entschlossen	du entschließt dich
entsprechen	entsprach	entsprochen	es entspricht
entstehen	entstand	entstanden	
erfahren	erfuhr	erfahren	du erfährst
erfinden	erfand	erfunden	
erhalten	erhielt	erhalten	er erhält, erhalte!
erkennen	erkannte	erkannt	
erscheinen	erschien	erschienen*	er ist erschienen
erschrecken	erschrak/ erschreckte	erschrocken/ erschreckt	Ich bin fürchterlich erschrocken! **ABER:** Sie hat ihn erschreckt.
erziehen	erzog	erzogen	
essen	aß	gegessen	sie isst, iss!
fahren	fuhr	gefahren*	sie fährt, Wir sind mit dem Auto gefahren. Wer hat das Auto gefahren?
fallen	fiel	gefallen*	du fällst, fall nicht!, sie ist gefallen
fangen	fing	gefangen	er fängt, fang!
fechten	focht	gefochten	sie ficht, fechte!
finden	fand	gefunden	
flechten	flocht	geflochten	sie flicht
fliegen	flog	geflogen*	Der Vogel ist geflogen. Der Pilot hat das Flugzeug nach Paris geflogen.
fliehen	floh	geflohen*	der Gefangene ist geflohen
fließen	floss	geflossen*	Blut ist geflossen
fressen	fraß	gefressen	es frisst, friss!
frieren	fror	gefroren	Ich habe gefroren. Der See ist gefroren.
gebären	gebar	geboren	sie gebiert
geben	gab	gegeben	du gibst, gib!
gedeihen	gedieh	gediehen*	es ist gediehen
gefallen	gefiel	gefallen	es gefällt
gehen	ging	gegangen*	wir sind gegangen
gelingen	gelang	gelungen*	es ist gelungen
gelten	galt	gegolten	es gilt

Unregelmäßige Verben

genießen	genoss	genossen	
geraten	geriet	geraten*	es gerät, es ist geraten
geschehen	geschah	geschehen*	es geschieht, es ist geschehen
gewinnen	gewann	gewonnen	
gießen	goss	gegossen	
gleiten	glitt	geglitten*	es ist geglitten
graben	grub	gegraben	er gräbt, grab(e)!
greifen	griff	gegriffen	
haben	hatte	gehabt	
halten	hielt	gehalten	sie hält
hängen	hing	gehangen/ gehängt	Das Bild ist (hat) an der Wand gehangen (gehängt). **ABER:** Ich habe das Bild an die Wand gehängt.
hauen	haute (hieb)	gehaut/gehauen	
heben	hob	gehoben	
heißen	hieß	geheißen	
helfen	half	geholfen	du hilfst, hilf!
kennen	kannte	gekannt	
klingen	klang	geklungen	
kneifen	kniff	gekniffen	
kommen	kam	gekommen*	wir sind gekommen
können	konnte	können, gekonnt	Warum hast du nicht wegfahren können? (Modalverb) Er hat die Vokabel einwandfrei gekonnt. (Vollverb)
laden	lud	geladen	er lädt
laufen	lief	gelaufen*	du läufst, er ist gelaufen
lassen	ließ	lassen/gelassen	Die Polizei hat ihn wieder laufen lassen. Ich habe mir Zeit gelassen.
leiden	litt	gelitten	
leihen	lieh	geliehen	
lesen	las	gelesen	sie liest, lies das Buch!
liegen	lag	gelegen*	sie ist gelegen
lügen	log	gelogen	
mahlen	mahlte	gemahlen	Der Müller hat das Getreide fein gemahlen.
meiden	mied	gemieden	
melken	melkte (molk)	gemelkt/gemolken	
messen	maß	gemessen	

Unregelmäßige Verben

misslingen	misslang	misslungen*	es ist misslungen
mögen	mochte	mögen/gemocht	Ich hätte noch länger bleiben mögen. Sie hat mich nicht gemocht.
müssen	musste	müssen, gemusst	Du hast vorsingen müssen. (Modalverb) Wir haben nach Hause gemusst. (Vollverb)
nehmen	nahm	genommen	er nimmt, man nehme
nennen	nannte	genannt	
pfeifen	pfiff	gepfiffen	
preisen	pries	gepriesen	
quellen	quoll (quellte)	gequollen (gequellt)*	es quillt, es ist gequollen
raten	riet	geraten	er rät
reiben	rieb	gerieben	
reißen	riss	gerissen	
reiten	ritt	geritten	Wer hat dieses Pferd zuletzt geritten? Sie ist über die Felder geritten.
rennen	rannte	gerannt*	ich bin gerannt
riechen	roch	gerochen	
ringen	rang	gerungen	
rinnen	rann	geronnen*	es ist geronnen
rufen	rief	gerufen	
salzen	salzte	gesalzen (gesalzt)	Die Suppe ist zu stark gesalzen (gesalzt). **ABER:** eine gesalzene Rechnung
saufen	soff	gesoffen	du säufst
saugen	saugte (sog)	gesaugt (gesogen)	
schaffen	schuf/schaffte	geschaffen/geschafft	Michelangelo schuf (hat) bedeutende Kunstwerke (geschaffen). Ich schaffte die Aufgabe kaum (habe ... geschafft).
scheinen	schien	geschienen	
schieben	schob	geschoben	
schießen	schoss	geschossen	
schlafen	schlief	geschlafen	es schläft
schlagen	schlug	geschlagen	du schlägst
schleichen	schlich	geschlichen*	sie ist geschlichen
schleifen	schliff/schleifte	geschliffen/geschleift	Er schliff das Messer. Wir schleiften die Kinder hinter uns her.
schließen	schloss	geschlossen	
schlingen	schlang	geschlungen	

Unregelmäßige Verben

schmeißen	schmiss	geschmissen	
schmelzen	schmolz	geschmolzen*	es schmilzt, es ist geschmolzen
schneiden	schnitt	geschnitten	
schreiben	schrieb	geschrieben	
schreien	schrie	geschrie(e)n	
schreiten	schritt	geschritten*	sie sind geschritten
schweigen	schwieg	geschwiegen	
schwimmen	schwamm	geschwommen*	ich bin geschwommen
schwingen	schwang	geschwungen	
schwören	schwor	geschworen	
sehen	sah	gesehen	sie sieht; fernsehen, ich habe ferngesehen
sein	war	gewesen*	ich bin, du bist, er/sie/es ist ...; es sei; ich bin gewesen
senden	sendete/sandte	gesendet/gesandt	ich sendete/sandte ein E-Mail, du hast ein Paket gesendet/gesandt; **ABER**: das Fernsehen sendete einen alten Film (hat ... gesendet)
setzen	setzte	gesetzt	
singen	sang	gesungen	
sinken	sank	gesunken*	das Schiff ist gesunken
sitzen	saß	gesessen*	wir sind gesessen
spinnen	spann	gesponnen	
sprechen	sprach	gesprochen	er spricht
springen	sprang	gesprungen*	ihr seid gesprungen
stechen	stach	gestochen	sie sticht
stehen	stand	gestanden*	wir sind gestanden
stehlen	stahl	gestohlen	
steigen	stieg	gestiegen*	sie ist gestiegen
sterben	starb	gestorben*	er stirbt, sie ist gestorben
stinken	stank	gestunken	
stoßen	stieß	gestoßen	es stößt
streichen	strich	gestrichen	
streiten	stritt	gestritten	
tragen	trug	getragen	sie trägt
treffen	traf	getroffen	sie trifft
treiben	trieb	getrieben	
treten	trat	getreten	du trittst

Unregelmäßige Verben

trinken	trank	getrunken	
tun	tat	getan	
unterhalten	unterhielt	unterhalten	du unterhältst
unterscheiden	unterschied	unterschieden	
unterschreiben	unterschrieb	unterschrieben	
verbieten	verbot	verboten	
verbinden	verband	verbunden	
verbringen	verbrachte	verbracht	
verderben	verdarb	verdorben	Durch seine Faulheit hat er uns den Erfolg verdorben. Die Lebensmittel sind verdorben.
vergessen	vergaß	vergessen	sie vergisst
vergleichen	verglich	verglichen	
verhalten	verhielt	verhalten	er verhält sich
verlassen	verließ	verlassen	sie verlässt
verlieren	verlor	verloren	
verraten	verriet	verraten	du verrätst
verschreiben	verschrieb	verschrieben	
verschwinden	verschwand	verschwunden*	du bist verschwunden
versprechen	versprach	versprochen	er verspricht
verstehen	verstand	verstanden	
verzeihen	verzieh	verziehen	
wachsen	wuchs	gewachsen*	es wächst, er ist gewachsen
waschen	wusch	gewaschen	du wäsch(s)t
wenden	wendete (wandte)	gewendet (gewandt)	
werben	warb	geworben	er wirbt
werden	wurde	worden/geworden	Sie ist gehört worden. (Hilfsverb) Leider bin ich krank geworden.
werfen	warf	geworfen	du wirfst
wiegen	wog/wiegte	gewogen/gewiegt	Er hat früher wesentlich mehr gewogen. Er wiegte das Kind in den Schlaf.
winken	winkte	gewinkt	
wissen	wusste	gewusst	sie weiß
wollen	wollte	wollen, gewollt	Wir haben eigentlich früher anfangen wollen. (Modalverb) Ich habe das nicht gewollt. (Vollverb)
ziehen	zog	gezogen	
zwingen	zwang	gezwungen	

Wortfamilien

Wortfamilien

Die Mitglieder einer Familie sind untereinander verwandt, sie haben gemeinsame Vorfahren. Oft kann man Verwandte daran erkennen, dass sie einander mehr oder weniger ähnlich sehen.

Wie sich aus den ersten wenigen Menschen bis heute Milliarden von Menschen entwickelt haben, gehen auch die vielen Wörter, die es heute gibt, auf eine recht kleine Zahl an **Urwörtern** zurück.

Stammwort

Wie Menschen sind auch verwandte Wörter einander ähnlich und haben gemeinsame Vorfahren, den so genannten gemeinsamen Stamm, das Stammwort. Das ist in Hinblick auf die Rechtschreibung sehr hilfreich. So haben z.B. die Wörter **fahren**, **Fahrt**, **Fahrer**, **Führer**, **Fähre**, **Fährte**, **Fuhre**, **Furt** einen gemeinsamen Stamm. Aus ihm haben sich alle verwandten Wörter entwickelt.

neue Begriffe

Der Stamm der meisten Wörter ist sehr alt, doch es kommen immer wieder neue dazu. So sind Begriffe aus der Computerwelt und Weltraumfahrt erst vor wenigen Jahrzehnten entstanden.

Die Wortfamilie „sprechen"

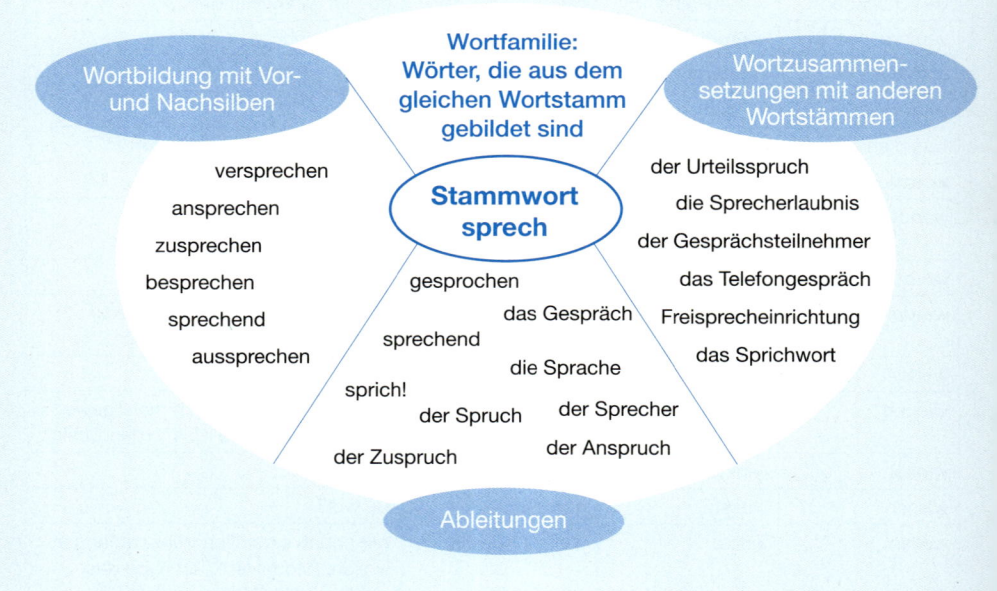

Wortfamilie: Wörter, die aus dem gleichen Wortstamm gebildet sind

Stammwort sprech

Wortbildung mit Vor- und Nachsilben
- versprechen
- ansprechen
- zusprechen
- besprechen
- sprechend
- aussprechen

Wortzusammensetzungen mit anderen Wortstämmen
- der Urteilsspruch
- die Sprecherlaubnis
- der Gesprächsteilnehmer
- das Telefongespräch
- Freisprecheinrichtung
- das Sprichwort

Ableitungen
- gesprochen
- das Gespräch
- sprechend
- die Sprache
- sprich!
- der Spruch
- der Sprecher
- der Zuspruch
- der Anspruch

Wortfamilien

Verwandte Wörter – ähnliche Schreibung

Beispiel:	er las im Buch	lass das bleiben!	nämlich	Bäume	Geschenk
Verwandte:	lesen, Leser	lassen, verlassen	Name	Baum	schenken

Wortfamilien sind eine wichtige Rechtschreibhilfe

Aus einem **Wortstamm** entsteht durch Zusammensetzungen mit der Zeit eine riesige Wortfamilie. Wer das bei der Rechtschreibung bedenkt, weiß, dass er nicht eine unendliche Zahl an Rechtschreibbesonderheiten beherrschen muss, sondern nur die vergleichsweise kleine Gruppe an Wortstämmen. Am folgenden Beispiel wird dies gut sichtbar:

Verwandte aus einer riesigen Wortfamilie

-fahr-
-fähr- -fuhr- -führ-
abfahren, auffahren, anfahren, ausfahren, befahren, durchfahren, einfahren, erfahren, nachfahren, überfahren, umfahren, sich verfahren, vorfahren, fahrbar, fahrlässig, fahre, fahr!, fährt, gefahren, fahrend, fuhr, erfuhr, Abfahrt, Umfahrung, Auffahrt, Ausfahrtsbewilligung, Fahrer, Fahrt, Fahrbahn, Fahrausweis, Fahrtenbuch, Fähre, Fährte, Gefahr, gefährlich, Gefährte, Fuhre, fuhr, führe, führen, Führer, verführen, verführt, Verführung, Führerschein, Führung, Fuhrleute, Fuhrgeschäft, Fuhrmann, Fuhrunternehmen, Fuhrpark, Führungsspitze, Führungsstil, Führungsschwäche, abführen, Fahrzeug, Fahrzeit, Klassenfahrt, Fahrerflucht, Fahrgast, Fahrersitz, Fahrkarte, Fahrpraxis, Fahrpreis, Fahrrad, Fahrschein, Fahrschule, Fahrverbot, Fahrerbewilligung, Fahrverhalten, Fahrwerk, Radfahrweg, Fahrstuhl, Fahrstunde, Fahrtenschreiber, Fahrgemeinschaft, Fahrzeugpapiere, Fahrzeughalter, Fahrzeugpark, Fahrkosten, Fahrlehrer, Fahrplan, Fahrgestell, fahrig, fahrplanmäßig, fahrtüchtig ...

Leichter Rechtschreiben lernen mit Wortfamilien

Natürlich: Wer ein Wort immer wieder falsch schreibt, der sollte es üben. Aber wie? Es ist weder interessant noch hilfreich, wenn man ein Wort wie *fährt* oder *fuhr* dreimal schreibt, um es sich besser einzuprägen.

▶ Viel besser ist es, möglichst viele Verwandte der Wortfamilie aufzuschreiben. Das ist nicht so langweilig und bringt dich schneller ans Ziel!

Tipp!

Wichtige Wortfamilien

-bau-, -bäu-
baute, gebaut, anbauen, verbauen, der Bau, die Bauten, das Gebäude, der Bauer, die Bäuerin, der Anbau, der Umbau, der Hochbau, die Baubehörde ...

-beiß-, -biss-
beißt, biss, gebissen, der Biss, die Bisse, ein bisschen, Gebiss, Beißring, verbissen, abbeißen ...

Wortfamilien

binden
bindet, band, gebunden, das Band, die Bänder, die Bande, der Bandit, die Binde, der Bund, das Bündel, gebündelt, das Gebinde ...

essen
isst, aß, gegessen, das Essen, das Mittagessen, der Mitesser, essbar, der Esstisch ...

fallen
fällt, fiel, gefallen, der Fall, die Fälle, die Falle, der Beifall, das Gefälle, der Fallschirm, der Notfall, der Zufall, zufällig, auffällig, falls ...

fahren
fährt, fuhr, gefahren, der Fahrer, die Fahrt, das Gefährt, die Fuhre, die Fähre, gefährlich, die Fahrbahn ...

fassen
fasst, gefasst, das Fass, die Fässer, die Fassung, der Verfasser, fassbar ...

fliegen
fliegt, flog, geflogen, der Flug, der Flieger, der Flügel, die Fliege ...

-fließ-, -fluss-, -floss-
fließt, geflossen, der Fluss, die Flüsse, das Floß, flüssig, abfließen, zufließen, Fließband, fließend, Flussarm, flussaufwärts, Flüssigkeit, Flusspferd, Flussbett, Flossen, geflossen, Abfluss ...

fühlen
fühlt, gefühlt, das Gefühl, gefühllos, befühlen ...

führen
führt, geführt, der Führer, die Führung, ausführlich, führungslos, die Verführung, die Durchführung ...

hören
hört, gehört, das Gehör, der Hörer, schwerhörig, hörbar, der Hörfehler, die Anhörung, der Hörerkreis ...

lassen
lässt, ließ, gelassen, der Anlasser, die Entlassung, lässig, fahrlässig, verlässlich ...

legen/liegen
liegt, lag, gelegen, legt, legte, gelegt, überlegen, die Lage, der Anleger, die Niederlage, der Verlag, verlegen ...

Wortfamilien

lesen
liest, las, gelesen, das Lesen, das Lesebuch, die Leser, lesbar, unleserlich ...

reißen
reißt, riss, gerissen, der Riss, die Risse, das Reißen, der Ausreißer, zerrissen ...

schießen
schießt, schoss, geschossen, der Schuss, die Schüsse, das Geschoß/Geschoss ...

schlagen
schlägt, schlug, geschlagen, der Schlag, die Schläge, der Schläger, der Schlager, der Vorschlag, das Schlagzeug, schlagfertig ...

schließen
schließt, schloss, geschlossen, der Schluss, die Schlüsse, das Schloss, die Schlösser, der Schlüssel, der Verschluss, entschlossen, schließlich ...

sehen
sieht, sah, gesehen, die Sicht, die Absicht, die Ansichtssache, aus Versehen, absichtlich, vorsichtig ...

setzen
setzt, gesetzt, sitzen, saß, gesessen, der Satz, die Sätze, der Aufsatz, der Sitz, der Sessel, der Sattel, das Gesäß, entsetzlich ...

sprechen
spricht, sprach, gesprochen, die Sprache, der Spruch, die Sprüche, der Klassensprecher, der Lautsprecher, entsprechend ...

stehen
steht, stand, gestanden, stellen, stellte, gestellt, der Stand, der Ständer, der Abstand ...

tragen
trägt, trug, getragen, der Träger, die Trage, der Antrag, die Trachten, erträglich ...

zählen
zählte, gezählt, erzählen, die Zahl, die Zahlung, die Erzählung, der Zähler, zahllos, zahlreich, zahlungsfähig ...

ziehen
zieht, zog, gezogen, züchten, erziehen, der Zug, das Zeug, der Zeuge, der Zügel, die Ziehung, die Züchtung ...

Die Pünktchen am Ende der einzelnen Wortfamilien bedeuten, dass es dazu noch viel mehr Wörter gibt. Hier sind nur einige wichtige aufgeführt.

Wortfelder

Ein Wortfeld ist eine Gruppe von Wörtern, die einem hilft, einen Sachverhalt genau zu beschreiben.
Bei der Wettervorhersage etwa wäre die Information „Morgen wird das Wetter schlecht" nur wenig präzise. Wir erwarten uns Genaueres. Das folgende **Wortfeld** hilft bei der Erstellung einer exakten **Wettervorhersage**:

> warm, heiß, kalt, feucht, kühl, heiter, bewölkt, wolkig, niederschlagsreich, sonnig, trüb, neblig, regnerisch, windig, stürmisch, diesig, klar, gewittrig, wolkenlos, heiter, klar, böig, auffrischend, eisig, freundlich, drückend heiß, tropisch heiß, schwül, sommerlich, frostig, unfreundlich, Niederschläge bis in die Täler, Morgenfrost, Sonnenschein, Kaiserwetter, Nebel, Neigung zu Gewittern, Gewittergefahr, heftige Regenfälle, leichtes Nieseln, Hochdruck, leichte Winde, stürmische Winde, aufkommende Wolken, Regenschauer, Tiefdruckwirbel ...

Das Wortfeld „etwas sagen"

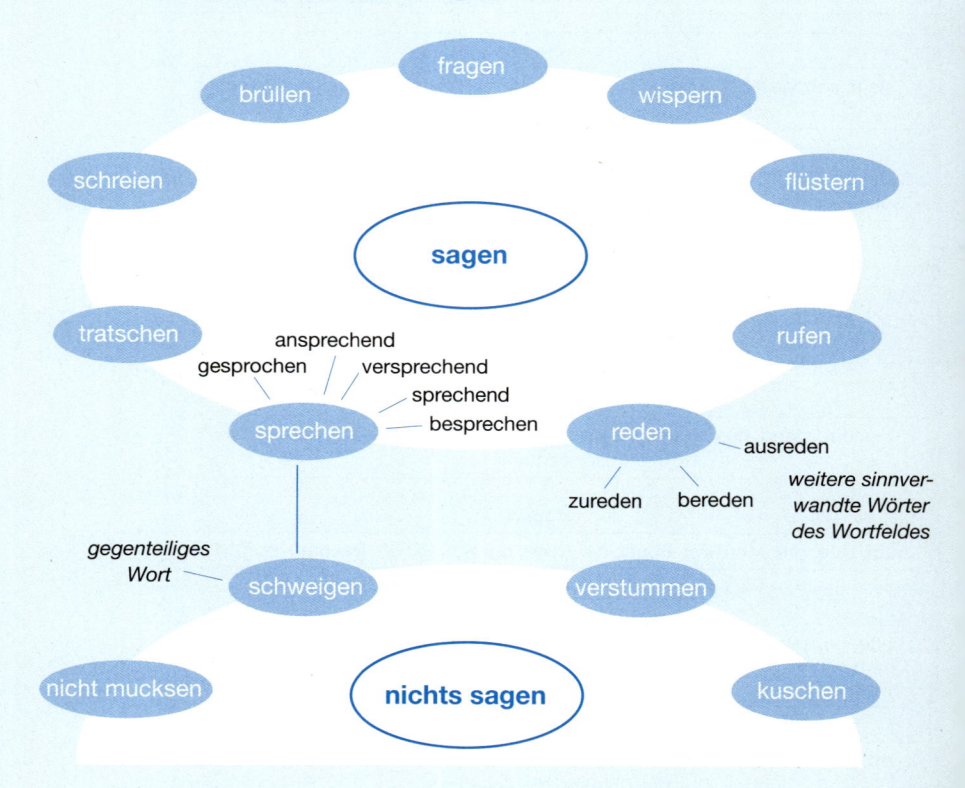

- sagen
  - brüllen
  - fragen
  - wispern
  - schreien
  - flüstern
  - tratschen
  - rufen
  - sprechen
    - ansprechend gesprochen
    - versprechend
    - sprechend
    - besprechen
  - reden
    - ausreden
    - zureden
    - bereden

weitere sinnverwandte Wörter des Wortfeldes

- nichts sagen
  - *gegenteiliges Wort* — schweigen
  - verstummen
  - nicht mucksen
  - kuschen

Wortfelder

Wortfelder helfen dir

Wortfelder helfen dir, etwas genau (treffend) zu beschreiben, und zwar eine Person, eine Sache, einen Gegenstand oder eine Tätigkeit.

Mit Hilfe eines Wortfeldes kannst du in einem längeren Text dasselbe mit wechselnden Ausdrücken benennen. Das wirkt geschickt und ausdruckssicher.

Immer dasselbe Wort zu wiederholen ist langweilig und ermüdend:
Die Katze *hat* ... Das Tier *hat* ... Sie *hat* ... Und es *hat* ... Außerdem *hat* es ...
Er *sagte* ... Dann *sagte* ich ... Drauf *sagte* er ... Zuletzt *sagte* ich ... Meine Mutter *sagte* dazu ...
Mein Freund *ist* ... Mein Freund *sagt* ... Mein Freund *wird* ... Mein Freund *muss* ...

Wortfelder helfen dir, solche eintönigen Wiederholungen zu vermeiden. Oft braucht man in Aufsätzen zum Beispiel das **Wortfeld** *sehen*:

> anblicken, erblicken, anstarren, bemerken, beobachten, besichtigen, betrachten, entdecken, erblicken, erkennen, hinsehen, gewahren, glotzen, gaffen, gucken, schauen, beachten, anschauen, lugen, wahrnehmen, mustern, erspähen, beaufsichtigen, beäugen, spähen, starren, stieren, wegsehen, zuschauen ...

Wichtige Wortfelder

aber
allerdings, dagegen, dennoch, doch, indessen, jedoch, trotzdem ...

ablehnen
verneinen, verschmähen, abstreiten, bestreiten, abschlagen, ausschlagen, untersagen, verweigern, zurückweisen ...

arbeiten
sich beschäftigen, sich anstrengen, sich quälen, schuften, schaffen, sich mühen, handeln, ausüben, betreiben, schaffen ...

dann
da, danach, darauf, daraufhin, hierauf, hinterher, im Anschluss daran, im nächsten Augenblick, jetzt, nachher ...

defekt
angeschlagen, zerbrochen, beschädigt, angeknackst, verfallen, zerfressen, zerfetzt, löchrig, undicht, zerborsten, ruiniert ...

denken
nachdenken, überlegen, sich Gedanken machen, knobeln, rätseln, sich den Kopf zerbrechen ...

dick
beleibt, rund, füllig, aufgebläht, dick, fett, drall, korpulent, kräftig, mollig, pummelig, rundlich, vollschlank ...

Wortfelder

dumm
blöd, dämlich, schwachköpfig, unbedacht, unüberlegt, gedankenlos, dusselig, töricht, unklug, unvernünftig, idiotisch, stumpfsinnig, geistlos, borniert, doof, einfältig ...

dünn
spindeldürr, zart, hager, knochig, mager, dürr, schlank, schmächtig, schmal ...

eigenwillig
dickköpfig, eigensinnig, kapriziös, halsstarrig, rechthaberisch, selbstbewusst, selbstsicher, starrsinnig, störrisch, stur, trotzig, unnachgiebig ...

einfach
unschwer, unbelastet, unkompliziert, simpel, problemlos, schlicht, bescheiden, anspruchslos, bequem, gewöhnlich, kinderleicht ...

essen
frühstücken, probieren, speisen, schlingen, fressen, löffeln, tafeln, sich stärken, hinunterwürgen, hinunterschlingen, knabbern, kauen, vertilgen, dinieren, hineinstopfen, verschlingen, konsumieren, fressen, futtern, kosten, mampfen, schmausen, schnabulieren, sich einverleiben, vertilgen, verzehren ...

fragen
verhören, interviewen, sich erkundigen, sich informieren, konsultieren, ausfragen, mit Fragen überschütten, eine Frage vorbringen ...

Freude
Entzücken, Begeisterung, Behagen, Glücksgefühl, Fröhlichkeit, Frohsinn, Heiterkeit, Spaß, Übermut, Vergnügen, Wonne ...

Furcht
Angst, Ängstlichkeit, Feigheit, Panik, Mutlosigkeit, Furchtsamkeit, Lampenfieber, Scheu ...

geben
aushändigen, übermitteln, vermachen, schenken, bescheren, spenden, liefern ...

gehen
bummeln, eilen, flanieren, fliehen, flitzen, flüchten, hasten, hetzen, hinken, humpeln, hüpfen, latschen, laufen, marschieren, promenieren, rasen, rennen, sausen, schleichen, schlendern, schlurfen, schreiten, spazieren, springen, sprinten, spurten, staksen, stapfen, stiefeln, stolpern, taumeln, tippeln, trödeln, trotten, wandern, waten, wandeln ...

groß
enorm, riesig, ansehnlich, gigantisch, kolossal, voluminös, bedeutend, berühmt, breit, gewaltig, hoch, lang, mächtig, riesig, stark, umfangreich, wuchtig ...

gut
ausgezeichnet, herrlich, hervorragend, ideal, einwandfrei, erstklassig, exzellent, empfehlenswert, schätzenswert, wertvoll ...

Wortfelder

klein
gering, klitzeklein, kümmerlich, schmal, winzig, geringfügig, spärlich, mickrig, zwergartig, zwergenhaft ...

klug
aufgeweckt, findig, gescheit, gewitzt, hell, intelligent, vernünftig, fähig, talentiert, begabt, listig, pfiffig, schlau ...

komisch
eigenartig, eigentümlich, drollig, lächerlich, lachhaft, lustig, merkwürdig, seltsam, sonderbar, ulkig, unerklärlich ...

lachen
jubeln, schmunzeln, grinsen, kichern, auslachen, frohlocken, spaßen, kreischen, schmunzeln, lächeln ...

langsam
bedächtig, gemächlich, sacht, schwerfällig, schleppend, kriechend, lahm, träge, zögernd, nach und nach ...

laut
geräuschvoll, deutlich, schrill, donnernd, ohrenbetäubend, schallend, lärmend, lautstark, gellend, krachend, durchdringend, aus voller Kehle, polternd, dröhnend ...

leicht
federleicht, mühelos, erreichbar, lösbar, wie geschmiert, kinderleicht, einfach, locker, verständlich, deutlich ...

leise
gedämpft, sachte, ruhig, tonlos, lautlos, geräuschlos, still, totenstill, schwach, unhörbar ...

Lüge
Bluff, Geflunker, Schwindel, Ausrede, Vorwand, Jägerlatein, Seemannsgarn ...

lügen
die Unwahrheit sagen, abstreiten, ausschmücken, beschwindeln, betrügen, bluffen, erdichten, erfinden, faseln, flunkern, hereinlegen, hintergehen, irreführen, verkohlen, lügen wie gedruckt, schwindeln, täuschen, übertreiben, verdrehen, leugnen, vorspielen ...

machen
zubereiten, ausüben, beginnen, anfertigen, durchführen, zustande bringen, veranstalten, vollführen, konstruieren, erledigen, vollbringen, produzieren, herstellen ...

Mut
Courage, Draufgängertum, Entschlossenheit, Heldenhaftigkeit, Kühnheit, Waghalsigkeit, Selbstvertrauen, Schneid, Tapferkeit, Tollkühnheit, Verwegenheit ...

Wortfelder

plötzlich
auf einmal, aus heiterem Himmel, da, in diesem Augenblick, jetzt, nun, flugs, unversehens, unvermittelt, überraschend, schlagartig, jäh, unerwartet ...

riechen
abgestanden, ätzend, beißend, brennend, duftend, muffig, stechend, stickig, wohlriechend, dunstig ...

säubern
ausbürsten, reinigen, putzen, waschen, scheuern, abwaschen, fegen, kehren, (aus)spülen, polieren ...

schimpfen
meckern, ausschimpfen, beklagen, keifen, maßregeln, motzen, rügen, schelten, tadeln, verletzen, wettern, zanken, zetern, zurechtweisen, sich Luft machen, rüffeln ...

schlecht
billig, mangelhaft, mies, minderwertig, jämmerlich, schrecklich, miserabel, verlottert, abscheulich, elend ...

schnell
blitzschnell, flink, geschwind, hastig, rasch, schnell, wie im Flug, fieberhaft, eilig, schleunig, rasch, flott, fix ...

schwach
anfällig, erschöpft, gebrechlich, matt, schwächlich, machtlos, lahm, altersschwach, weichlich, zart, zimperlich, verweichlicht ...

schwer
gewichtig, bleiern, gewaltig, drückend, wuchtig, riesig, dick, massig ...

schwierig
störrisch, widerspenstig, bockig, anspruchsvoll, kniffelig, unerträglich, untragbar, mühevoll, problematisch, verzwickt ...

sich freuen
jauchzen, jubeln, juchzen, kichern, kreischen, lächeln, lachen, losplatzen, scherzen, schmunzeln, sich zerkugeln, strahlen, weinen, wiehern ...

sofort
auf der Stelle, augenblicklich, gleich, im Moment, im Nu, kurzerhand, alsbald, flugs, schleunigst, sogleich ...

sprechen
antworten, äußern, brabbeln, befehlen, bemerken, berichten, beschreiben, einwenden, entgegnen, erwähnen, erwidern, erzählen, flüstern, fragen, klagen, klatschen, labern, lispeln, meinen, murren, petzen, plappern, plaudern, prahlen, quasseln, quatschen, reden, rufen, sagen ...

Wortfelder

stark
baumstark, bullig, derb, kräftig, kraftvoll, stämmig, mächtig, vierschrötig, muskulös, rüstig, energisch, kraftstrotzend, kernig, abgehärtet ...

streiten
aneinandergeraten, diskutieren, sich gegenseitig anschießen, sich in die Wolle geraten, sich miteinander anlegen, sich mit jemandem auseinandersetzen, sich trennen, sich überwerfen, sich verfeinden, sich verkrachen, zanken, zürnen, raufen, stänkern, kämpfen ...

Trauer
Betrübnis, Elend, Gram, Kummer, Leid, Pech, Sorge, Unglück, Unheil, Herzweh, Unmut, Trauerfall, Traurigkeit ...

trinken
nippen, saufen, austrinken, zechen, schlucken, bechern, begießen, den Durst löschen, zuprosten ...

verspotten
aufziehen, auslachen, belächeln, über jmdn. spötteln, bloßstellen, foppen, hänseln, herabsetzen, lästern, verächtlich machen, veräppeln, verhöhnen, verlachen, blamieren ...

Verwandte
Vater, Mutter, Bruder, Schwester, Großvater, Großmutter, Cousin, Cousine, Nichte, Neffe, Sohn, Tochter, Schwiegersohn, Schwiegertochter, Schwiegermutter, Schwiegervater, Enkel, Schwager, Schwägerin, Eltern, Großeltern ...

weinen
schluchzen, wimmern, jammern, heulen, Tränen vergießen, sich in Tränen auflösen, quengeln, flennen, zetern, trauern, stöhnen, aufschreien ...

zerstören
kaputt machen/kaputtmachen, zerschmettern, abreißen, zerreißen, vernichten, verwüsten, zerschlagen, demolieren ...

zustimmen
befürworten, bejahen, bekräftigen, einverstanden sein, unterstützen, sich zufriedengeben, annehmen, gutheißen ...

Die deutsche Rechtschreibung

1. Die Schreibung der lang gesprochenen Vokale

Lang gesprochene Vokale können auch „lang" geschrieben werden. Wie schreibt man aber ein langes a, ä, e, i, o, ö, u oder ü? Im deutschen Sprachraum hat man dafür folgende Möglichkeiten gefunden:

verdoppelter Vokal: aa, ee, oo

a) Manchmal wird die Dehnung durch die **Verdoppelung** eines Vokals angezeigt. Das ist aber eher selten der Fall:
Waage, Seele, Schnee, Moos, Zoo

Dehnungs-h

b) Vor l, m, n, und r wird der lang gesprochene Vokal meist durch das **Dehnungs-h** gekennzeichnet:
kahl, sehr, hohl, kühl

Längezeichen „ie"

c) Das lang gesprochene i wird durch **„ie"** kenntlich gemacht:
viel, Liebe, hier, Sieg
In seltenen Fällen findet man auch die Kombination „ieh":
Vieh, ziehen, fliehen, es geschieht

Schwierig, schwierig

▶ Leider ist die Rechtschreibung nicht konsequent. Bei vielen Wörtern, die einen gedehnten Vokal beinhalten, wird er in der Schreibung gar nicht angezeigt:
Schere, Ton, Schale, Kino, Schwur

Was kannst du tun, wenn du bei lang gesprochenen Vokalen Zweifel hast? Da hilft weder vorsprechen noch Varianten ausprobieren, da hilft nur eins: im Wörterbuch nachschlagen!

Unterschiedliche Bedeutung – unterschiedliche Schreibung

Es gibt Wörter, die gleich gesprochen werden, aber Unterschiedliches bedeuten und auch unterschiedlich geschrieben werden:

war – wahr

war – wahr, malen (das Bild) – mahlen (das Mehl), zum ersten Mal – das Mahl, Wal (das Tier) – die Wahl, leeren (das Glas) – lehren; das Meer – mehr, wieder (noch einmal) – wider (gegen), der Bote – die Boote, Urzeit (Frühgeschichte vor der Erfindung der Schrift) – Uhrzeit

Merkhilfe!

▶ Du kannst dir einige Vor- und Nachsilben merken, in denen der lang gesprochene Vokal grundsätzlich nicht verdoppelt wird: -bar, -sal, -sam, -tum, ur-:
wunderbar, Scheusal, seltsam, Altertum, Urlaub.

Die deutsche Rechtschreibung

2. Die Schreibung von Konsonanten nach kurz gesprochenem Vokal

Folgt auf einen kurz gesprochenen Vokal ein Konsonant, dann wird er verdoppelt:

Pudding, krabbeln, Affe, treffen, Bagger, kümmern, Himmel, rennen, kennen, doppelt, Gruppe, irren, Herr, Schloss, Kuss, nass, Gott, matt

Und was ist mit dem „k"? Das verdoppelte „k" wird nur selten als **„kk"** geschrieben, zum Beispiel in: *Akkordeon, Marokko, Mokka, Sakko, Akkusativ.*
Meist wird das verdoppelte „k" durch ein **„ck"** angezeigt: *Glück, schick, packen, bücken, Knackwurst.*

Selten finden wir auch ein **„zz"**: *Pizza, Jazz, Skizze, Razzia.*
Anstelle von „zz" schreibt man meistens **„tz"**: *Katze, hetzen, Sitz, Witz, Netz, kotzen, spritzen, nützen, putzen.*

▶ Wenn auf einen kurz gesprochenen Vokal zwei oder mehr Konsonanten folgen, wird der Konsonant nach dem Vokal nicht verdoppelt!
Herz, Schmerz, Tante, Finte, Halt

Merkhilfe!

▶ Leider ist die Rechtschreibung auch in dieser Hinsicht wieder einmal nicht konsequent. Denn wir schreiben zum Beispiel: kannte, des Gewinns, Erkenntnis. In kurzen Wörtern steht dafür nach kurzem betontem Vokal oft nur ein Konsonant: *ab, es, bis, Bus*.

Schwierig, schwierig

Was tun im Zweifelsfall? Richtig, im Wörterbuch nachschlagen!

3. s-Laute und ihre Schreibung: s, ß, ss

Wir unterscheiden **weich** und **scharf gesprochene s-Laute**. Das Tückische daran ist, ...
• dass man den Unterschied oft nicht (deutlich) hört und
• dass es keine 1:1-Entsprechung zwischen Laut und Schreibung gibt.

weiches (stimmhaftes) s: *Süden, sausen, lesen* ...
scharfes (stimmloses) s: *bis, Fluss, fließen* ...

▶ Ein paar Tipps:
• Steht im Wortstamm ein s, werden alle anderen Formen auch mit s geschrieben:
lesen, **lies**t, **las** ...
• s steht immer in den Nachsilben -nis, -as, -is, -os und -us:
Zeugnis, Atlas, Iltis, Albatros, Globus
(Aber Achtung: In der Mehrzahl ss! Zeugni**ss**e ...)
• ß steht nur nach lang gesprochenen Vokalen und Zwielauten:
fließen, grüßen, heiß, außer, Fuß ...
• ss schreibt man für den scharf gesprochenen s-Laut nach kurzen Vokalen:
Biss, küsst, Fass, essen, wissen, Fluss, dass ...

Tipp!

Die deutsche Rechtschreibung

„das" oder „dass"? (die „welches"-Probe!)

Das Wörtchen „das" kann als Artikel (*das* Haus), als Demonstrativpronomen (*das* ist unser Haus) oder als Relativpronomen (das Haus, *das* ich bewohne) verwendet werden. Das Wort „dass" hingegen ist eine Konjunktion (ein Bindewort). Manche Schülerinnen und Schüler haben beim Schreiben Schwierigkeiten, zwischen „das" und „dass" zu unterscheiden, insbesondere dann, wenn „das" bzw. „dass" einen Gliedsatz einleitet, z.B.:
Das letzte Lebenszeichen, das er uns gegeben hat, haben wir vor drei Tagen erhalten.
Ich glaube nicht, dass du alle Rechtschreibregeln kennst.

Tipp: Ersatzprobe
▶ „Das" im ersten Satz ist ein Relativpronomen. Es könnte durch „welches" ersetzt werden (... *das Lebenszeichen, welches er uns* ...).
„Dass" im zweiten Satz ist eine Konjunktion (ein Bindewort), die in diesem Fall einen Objektsatz einleitet. Sie kann nicht sinnvoll durch „welches" ersetzt werden.

4. Getrennt schreiben oder zusammenschreiben?

Schwierig, schwierig
▶ Folgen zwei Wörter aufeinander, dann werden sie grundsätzlich voneinander getrennt. – Außer dann, wenn sie zusammengeschrieben werden. „Wollen die uns zum Narren halten?", wirst du jetzt fragen. Durchaus nicht! Aber wir befinden uns im wahrscheinlich schwierigsten Bereich der Rechtschreibung. Ohne Geduld und Genauigkeit geht es hier nicht. Und vor allem geht es nicht ohne Kenntnis der Wortarten (vgl. Kapitel 1 des Anhangs zum Wörterbuch, S. 427 ff.)! Denn ob Wörter getrennt werden oder nicht, hängt davon ab, zu welchen Wortarten sie gehören.

Am schwierigsten sind die Zusammensetzungen mit Verben, daher konzentrieren wir uns in erster Linie darauf:

Zusammensetzungen mit Verben

- Verbindungen aus **Verb und Verb** schreibt man getrennt:
spazieren gehen, lesen lernen, klettern können

  ABER: Verbindungen mit *lassen* und *bleiben* können bei übertragener Bedeutung auch zusammengeschrieben werden: *sitzen bleiben/sitzenbleiben (nicht aufsteigen dürfen), stehen lassen/stehenlassen (sich abwenden), liegen bleiben/liegenbleiben (unerledigt bleiben).*
  Dasselbe gilt auch für *kennen lernen/kennenlernen (mit etwas vertraut werden, persönliche Bekanntschaft schließen).*

- Verbindungen mit dem Verb **„sein"** werden immer getrennt geschrieben:
zusammen sein, außerstande sein, fertig sein, dabei sein

- Verbindungen aus **Nomen und Verb** schreibt man getrennt:
Angst haben, Auto fahren, Rad fahren, Klavier spielen, Maß halten, Diät halten, Rat suchen

Die deutsche Rechtschreibung

ABER: Einige Fügungen schreibt man zusammen (im Infinitiv, Partizip I und II sowie im Nebensatz bei Endstellung des Verbs):
eislaufen, heimkehren, kopfstehen, leidtun, preisgeben, stattfinden, teilnehmen

- Verbindungen aus **Adjektiv** und **Verb** werden grundsätzlich getrennt geschrieben: *schnell laufen, scharf sehen, eindeutig erklären*

  ABER: Manchmal kann auch **zusammen- und getrennt** geschrieben werden:
  blankputzen/blank putzen, kleinschneiden/klein schneiden, kaltstellen/kalt stellen, kaputtmachen/kaputt machen, leeressen/leer essen

  ABER: Verbindungen aus **Adjektiv** und **Verb** müssen **zusammengeschrieben** werden, wenn sich eine **neue übertragene Gesamtbedeutung** ergibt:
  krankschreiben (eine Krankheit bescheinigen), freisprechen, festnageln (= auf etwas festlegen), heimlichtun (= geheimnisvoll tun), kürzertreten (= sich einschränken), richtigstellen (= berichtigen), schwerfallen (= Mühe verursachen), heiligsprechen

  In Zweifelsfällen kann getrennt oder zusammengeschrieben werden, z.B. *eine Arbeit fertig stellen/fertigstellen.*

  ▶ **Ein Tipp:** Lege dich auf eine Schreibung fest, die du immer anwendest! Du kannst dich an die blau markierte „Vorzugsvariante" halten, die das Wörterbuch vorschlägt. **Tipp!**

- **Zusammensetzungen** aus **Partikeln** und **Verben** schreibt man (im Infinitiv, Partizip I und II sowie im Nebensatz bei Endstellung des Verbs) zusammen:
  aufwärtsgehen, entgegengehen, zuwiderhandeln, sich auseinandersetzen, rückwärtsfahren, vorauslaufen, zusammenkommen

  Bei Unsicherheit hilft die **Betonungsprobe**: Wenn die Hauptbetonung auf dem ersten Bestandteil liegt, wird zusammengeschrieben, z.B. *ihn wiedersehen – nach der Operation wieder sehen können.*

- **Untrennbare Zusammensetzungen** aus **Nomen**, **Adjektiv** oder **Partikel + Verb** schreibt man stets zusammen:
  brandmarken (sie ist gebrandmarkt, diese Einstellung ist zu brandmarken), handhaben, lobpreisen, maßregeln, nachtwandeln, schlafwandeln, schlussfolgern

- Grundsätzlich gilt: Wenn Zusammensetzungen mit Verben **nominalisiert** sind, schreibt man sie **zusammen**: *das Spazierengehen, das Beisammensein, das Autofahren, das Kaputtmachen.*

Die deutsche Rechtschreibung

Zusammensetzungen mit Adjektiven und Partizipien

- Bei Verbindungen mit Partizip als zweitem Bestandteil gelten im Allgemeinen dieselben Regeln wie bei den entsprechenden Verbindungen mit Verben.

  ABER: Eine Verbindung aus Einzelwort und Partizip kann auch zusammengeschrieben werden, wenn sie adjektivisch gebraucht wird:
  ein Rad fahrender/radfahrender Mann, die Rat suchenden/ratsuchenden Menschen, der allein erziehende/alleinerziehende Vater, selbst gebackene/selbstgebackene Kekse, Erdöl exportierende/erdölexportierende Länder

- Ist der erste Bestandteil erweitert oder gesteigert, wird getrennt geschrieben:
  sehr schwer krank, leichter verdaulich.
  Ist dagegen die gesamte Verbindung gesteigert, wird zusammengeschrieben:
  ein schwerwiegenderer Fehler, eine leichtverdaulichere Speise

- Verbindungen, deren erster Bestandteil eine Wortgruppe vertritt, schreibt man zusammen:
  angsterfüllt (von Angst erfüllt), altersschwach (schwach wegen des Alters), fehlerfrei (frei von Fehlern), butterweich (weich wie Butter), denkfaul (zu faul, um zu denken)

- Adjektive werden mit bedeutungsverstärkendem oder bedeutungsminderndem Bestandteil zusammengeschrieben:
  dunkelblau, gemeingefährlich, urgemütlich, grundehrlich

Zusammensetzungen mit Nomen

- Verbindungen mit Nomen als zweitem Bestandteil schreibt man zusammen:
  Feuerstein, Ichsucht, Dreivierteltakt

  ABER: Bei aus dem Englischen stammenden Verbindungen von Adjektiv und Nomen kann man nur dann zusammenschreiben, wenn die Hauptbetonung auf dem Adjektiv liegen kann:
  Bigband/Big Band, Hotdog/Hot Dog, Softdrink/Soft Drink

  Aber nur: *High Society, Electronic Banking ...*

Getrennt schreiben erlaubt, zusammenschreiben erlaubt

Bei einer Reihe von Wortverbindungen ermöglicht dir das Regelwerk beide Schreibweisen. Das hat allerdings Folgewirkungen für die Groß- und Kleinschreibung. Als **„Vorzugsvariante"** gilt jeweils die **Zusammenschreibung**.

anstelle von (an Stelle von)
aufgrund von (auf Grund von)
aufseiten von (auf Seiten von)
außerstande sein (außer Stande sein)
hierzulande (hier zu Lande)
imstande sein (im Stande sein)
infrage stellen (in Frage stellen)

instand setzen (in Stand setzen)
mithilfe von (mit Hilfe von)
vonseiten (von Seiten)
zugrunde gehen (zu Grunde gehen)
zugunsten von (zu Gunsten von)
zulasten von (zu Lasten von)
zuleide tun (zu Leide tun)
zumute sein (zu Mute sein)
zunutze machen (zu Nutze machen)
zurande kommen (zu Rande kommen)
zurate ziehen (zu Rate ziehen)
zuschulden kommen lassen (zu Schulden kommen lassen)
zustande kommen (zu Stande kommen)
zutage fördern (zu Tage fördern)
zuwege bringen (zu Wege bringen)

5. Groß- und Kleinschreibung

Großschreibung am Satzanfang

Das erste Wort am **Satzanfang** wird großgeschrieben.
Weil ich krank war, versäumte ich die Deutschstunde. Schade!

| Satzanfang |

Nach einem **Doppelpunkt** wird das erste Wort großgeschrieben, wenn es einen grammatikalisch vollständigen Satz einleitet.
Eines ist mir aber schon klar: Ohne regelmäßiges Üben kann ich die Rechtschreibung nicht erlernen.

Das erste Wort in der **direkten Rede** schreibt man groß:
Vater sagte: „Ich freue mich auf das Wochenende."

Auch das erste Wort einer **Überschrift** oder eines Titels schreibt man groß:
Eines meiner liebsten Bilderbücher war „Der Regenbogenfisch".

Großschreibung von Nomen und nominal gebrauchten Wörtern

- **Nomen** werden großgeschrieben.
  der Mensch, die Kuh, das Kind, die Angst, der Wortschatz, das Geständnis

| Nomen |

- Auch **andere Wortarten** werden großgeschrieben, wenn sie nominal gebraucht werden. Den nominalen Gebrauch erkennt man oft am **Begleiter**:
  Artikel (das Rauchen)
  unbestimmtes **Zahlwort** oder **Pronomen** (jede Fünfte, nichts Nennenswertes, etwas Schönes, kein Hindenken, viel Erfreuliches, wenig Schönes, alles Wissenswerte)
  Possessiv- oder Demonstrativpronomen (mein Singen, dieses Kreischen)
  dekliniertes Adjektiv (anstrengendes Trainieren)
  Präposition mit Artikel (beim Spielen, zum Lesen)

| andere Wortarten |

| verschiedene Begleiter |

457

Die deutsche Rechtschreibung

Beispiele für nominal gebrauchte Wörter

*Das **Rauchen** ist verboten* (Verb, Begleiter: Artikel).
*Meine Stärke ist **Schreiben**.* (Verb, hier ohne Artikel nominal verwendet)
*Dein **Lachen** war schon im Stiegenhaus zu hören.* (Verb, Begleiter: Pronomen)
*Die **Neuen** in der Klasse möchten sich vorstellen.* (Adjektiv, Begleiter: Artikel)
*Ich weiß noch nichts **Neues**.* (Adjektiv, Begleiter: Indefinitpronomen)
*Das ist etwas **Besonderes**.* (Adjektiv, Begleiter: Indefinitpronomen)
*Diese Unterstützung erhalten nur **Kranke**.* (Adjektiv, hier ohne Artikel nominal gebraucht)
*Mach du das **Deine**, ich mach das **Meine**.* (Possessivpronomen, Begleiter: Artikel)
*Er sagt, er fürchte sich vor dem **Nichts**.* (Indefinitpronomen, Begleiter: Artikel)
*Jeder **Zehnte** muss leider ausscheiden.* (Numerale, Begleiter: Pronomen)
*Ein **Drittel** meines Einkommens bekommt der Staat.* (Numerale, Bruchzahl, Begleiter: Artikel)
*Dein ewiges **Wenn** und **Aber** geht mir auf die Nerven.* (Konjunktion, Begleiter: Pronomen)
*Dieses **Auf** und **Ab** kostet uns viel Kraft.* (Präposition, Begleiter: Pronomen)
*Mit viel **Ach** und **Weh**.* (Interjektion, Begleiter: Zahlwort)
*Hilf mir bitte beim **Kochen**!* (Verb, Begleiter: Präposition mit Artikel)
*Die Anreise war durch ermüdendes **Warten** geprägt.* (Verb, Begleiter: dekliniertes Adjektiv)
*Ans **Aufhören** denken wir noch lange nicht.* (Verb, Begleiter: Präposition mit Artikel)

- Großschreibung gilt auch für Wörter, die am Anfang einer **Zusammensetzung mit Bindestrich** stehen:
  das In-den-Tag-hinein-Leben, die X-Beine

- **Mit „im" verbundene Ausdrücke** werden großgeschrieben:
  im Allgemeinen und im Besonderen, im Großen und Ganzen, im Wesentlichen, im Einzelnen, im Nachhinein

Nominal gebrauchte Wörter, die kleingeschrieben werden

`Schwierig, schwierig` ▶ Manchmal sind wir sicher, dass wir es mit einem Nomen oder nominal gebrauchten Wort zu tun haben – und trotzdem wird es kleingeschrieben. Es handelt sich um folgende Fälle:

- **Superlative mit „am"** auf die Frage „wie?":
  Michael läuft am schnellsten. Diese Verbindung ist am günstigsten.
  Parallel dazu kann man Wendungen mit „aufs"/„auf das" groß- oder kleinschreiben.
  Sie grüßt aufs herzlichste/Herzlichste.
  ABER: *Es fehlt uns am Nötigsten.* (woran?) *Wir warten auf das Beste.* (worauf?)

- **unbestimmte Zahlwörter:** *die einen, die anderen, das meiste, die wenigen, vieles*
  ABER: Wenn man ausdrücken will, dass das Zahladjektiv nominal gebraucht ist, kann man es auch großschreiben: *Die Meisten denken so wie ich.*

- *so manche, ein jeder, eine jede, ein jedes, die eine, fast alles, die beiden*

Die deutsche Rechtschreibung

- einige **feste Verbindungen** aus Präpositionen und nicht deklinierten Adjektiven ohne Artikel: *schwarz auf weiß, durch dick und dünn, von nah und fern, von ferne, von klein auf*
  ABER: Bei einigen festen Verbindungen aus Präposition und deklinierten Adjektiven ohne Artikel kann groß- oder kleinschreiben: *vor kurzem/Kurzem, von neuem/Neuem, von weitem/Weitem, ohne weiteres/Weiteres, bis auf weiteres/Weiteres, seit langem/Langem*

- nominal gebrauchte **Adjektive**, wenn sie sich auf ein vorangegangenes oder nachfolgendes Nomen beziehen:
  Fünfzig Schülerinnen hatten sich als Läuferinnen gemeldet, aber für den Wettkampf wurden nur die zehn schnellsten [Läuferinnen] ausgesucht.
  Von allen Dorfbewohnern war Fritz der älteste [Dorfbewohner].

▶ Nomen können in manchen Verbindungen die Aufgabe einer anderen Wortart übernehmen und werden dann auch kleingeschrieben. Wörter wie die folgenden werden in Verbindung mit den Verben „sein", „bleiben" und „werden" kleingeschrieben:

> Schwierig, schwierig

*Daran ist Erwin nicht **schuld**.*
*Mir ist das nicht **recht**.*
*Mir wird **angst** (und **bange**).*
*Die Firma ist **pleite**.*
*Das Ergebnis ist **klasse**.*

ABER:
Daran hat Erwin keine Schuld.
Deine Zustände machen mir Angst.
Wir machen bald Pleite.

ACHTUNG: Für Recht/Unrecht gibt es eine weitere Sonderregel: In Verbindung mit Verben wie „bekommen", „behalten", „geben", „haben", „tun" kann man groß- und kleinschreiben:
Ich gebe dir Recht/recht. Tu ihm nicht Unrecht/unrecht.

- **Nomen** können auch wie **Präpositionen** verwendet werden und werden in diesem Fall kleingeschrieben.
  trotz deiner Bemühungen, laut Vorschrift, zeit meines Lebens, dank deiner Vorkehrungen, kraft ihres Amtes, mittels eines Computers, mangels einer Zentralheizung, angesichts unserer Niederlage

Die Schreibung von Zeitangaben

Tageszeiten nach „heute", „gestern", „morgen" etc. schreibt man groß:
heute Morgen, morgen Vormittag, gestern Mittag, morgen Abend, heute Nacht, übermorgen Nachmittag

> Spezialfall Zeitangaben

ABER: *morgens, vormittags, mittags, nachmittags, abends, nachts, montagmorgens, samstagnachts*

Die deutsche Rechtschreibung

Uhrzeiten:
um halb vier, um viertel drei, um drei viertel neun
ABER: *um Viertel vor zwei*

Eigennamen und feste Begriffe

Eigennamen werden großgeschrieben. Das gilt für

- **Personennamen:** *Karl der Große, Karl der Kahle, Katharina die Große, Friedrich der Streitbare, Joseph der Zweite, der Heilige Geist*

- **geografische Namen** (Länder und Regionen, Ortschaften, Straßen, Plätze, Meere, Flüsse): *die Vereinigten Staaten von Amerika, die Dritte Welt, die Hohen Tauern, das Wiener Becken, das Schwarze Meer, der Indische Ozean, der Alte Platz (in Klagenfurt), die Lange Gasse*

- **Ableitungen** von geografischen Namen **auf -er:** *Tiroler Bergwelt, Kärntner Seen (aber: oberösterreichische Seen), Schweizer Käse, Linzer Torte, Wiener Walzer*

    ABER: Ableitungen von Orts-, Länder- und Personennamen auf -sch und -isch werden kleingeschrieben: *die salzburgische Tracht, die schillerschen Dramen (oder so: die Schiller'schen Dramen), die böhmischen Knödel (aber: die Tiroler Knödel)*

- Namen **bestimmter Objekte:** *der Große Bär, der Kleine Wagen, das Heilige Land, das Weiße Haus, das Alte Testament, das Goldene Verdienstzeichen der Stadt Wien*

- Namen von **Organisationen** und **Einrichtungen**: *die Vereinten Nationen, die Pädagogische Hochschule (Akademie), der Oberste Gerichtshof, das Kunsthistorische Museum, die Freiheitliche Partei, die Sozialdemokratische Partei, der Österreichische Gewerkschaftsbund, die Österreichischen Bundesbahnen, die Oberösterreichischen Nachrichten*

Feste Begriffe, die nicht als Eigennamen gelten, werden kleingeschrieben:
der grüne Tee, die allgemein bildende höhere Schule, die schwarze Magie, das olympische Feuer

`Schwierig, schwierig`   ▶ **ABER:** Wenn sich allerdings aus der Verbindung eine neue Gesamtbedeutung ergibt, kann man **auch** großschreiben: *das Schwarze Brett (= Anschlagtafel), der Weiße Tod (= Lawinentod)*. Das gilt auch für besondere Kalendertage und Anlässe, z. B. *das Neue Jahr, die Goldene Hochzeit*. **Groß** schreibt man z. B. bei Titeln (*der Heilige Vater, der Amtsführende Präsident des Landesschulrates, der Erste Präsident des Landtages*), bei Fachbegriffen aus der Biologie (*die Gemeine Stubenfliege, die Rote Johannisbeere*), bei außergewöhnlichen Kalendertagen (*der Erste Mai, der Heilige Abend, das Jüngste Gericht*) und einigen geschichtlichen Ereignissen (*der Erste Weltkrieg, der Zweite Weltkrieg, die Französische Revolution, der Westfälische Friede, der Kalte Krieg*).

Die deutsche Rechtschreibung

Groß- und Kleinschreibung in der Anrede

Die Anrede mit „Sie" (Singular und Plural) wird großgeschrieben: *„Darf ich Sie einladen, Frau Maier?" – „Sie haben Ihr Handy vergessen, Herr Müller."*

Die Anrede mit „du" (Singular und Plural „ihr") wird kleingeschrieben: *„Hast du mich vergessen, Klaus?" – „Gustav, mich stört dein Schnarchen." – „Zeigt uns doch einmal eure Ergebnisse in Mathematik."*

ABER: In Briefen kann die Anrede mit „du" auch großgeschrieben werden:
Liebe Eva! Ich hoffe, es geht dir/Dir und deiner/Deiner Familie gut.

6. Die Satzzeichen

Als Satzzeichen stehen uns Punkt, Fragezeichen, Rufzeichen, Beistrich, Strichpunkt, Doppelpunkt und Gedankenstrich zur Verfügung.

Punkt, Fragezeichen, Rufzeichen

Am Schluss eines Satzes steht ein Punkt, ein Fragezeichen oder ein Rufzeichen:

Bruno besitzt fünf Katzen.
Hast du etwas von Klaus gehört?
Das ist ja eine schöne Bescherung!

Bei Ausrufen kann der Satz auch stark verkürzt sein:

Na, wunderbar!
Vorsicht!
Achtung!
Schau!

Nach der Anrede in Briefen kann ein Rufzeichen oder ein Beistrich stehen:

Sehr geehrter Herr Maier!
Wir danken Ihnen für die Zusendung von ...
Sehr geehrter Herr Maier,
wir danken Ihnen für die Zusendung von ...

Der Beistrich

- Der Beistrich muss zwischen Hauptsatz und Gliedsatz gesetzt werden.

Wenn du mir dein Fahrrad leihst, leihe ich dir meinen Fußball.
Die Schule, die ich im kommenden Jahr besuchen werde, bietet einen sportlichen Schwerpunkt an.
Ich verstehe dich leider nicht, weil es hier so laut ist.

Die deutsche Rechtschreibung

- In umfangreicheren Satzkonstruktionen, in denen mehrere Gliedsätze vorkommen, werden auch diese Gliedsätze durch Beistriche voneinander getrennt.
  Als mein Urgroßvater, der im Jahr 1915 geboren worden war, nach dem Kriegsende nach Hause kam, war der Großteil seines Besitzes zerstört worden.

- Zwischen gleichrangigen Teilsätzen, die mit den Konjunktionen „und", „oder", „beziehungsweise/bzw.", „sowie", „wie", „entweder – oder", „weder – noch", „sowohl – als auch" verbunden werden, kann der Beistrich weggelassen werden:
  Ich bin am Dienstag in Osttirol angekommen (,) und einen Tag später haben wir schon die erste Bergwanderung gemacht.
  Entweder gehst du heute noch Lebensmittel einkaufen (,) oder wir müssen morgen im Gasthaus essen.
  Er hat sich weder telefonisch gemeldet(,) noch hat er ein E-Mail geschrieben.

- Bei Infinitivgruppen muss ein Beistrich gesetzt werden
  - wenn sie durch „um zu", „statt zu", „anstatt zu", „außer zu", „als zu", „ohne zu" eingeleitet sind:
    Ohne zu zögern, sprang sie ins kalte Wasser.
    Du solltest lieber mehr trainieren, statt nur zu jammern.
  - wenn sie durch mindestens ein Wort erweitert und von einem Nomen abhängig sind:
    Mit dem Vorsatz, alle Weihnachtsgeschenke schon im November zu besorgen, bin ich wieder einmal gescheitert.
    Er hatte keine Lust, so früh zu gehen.
  - wenn sie durch mindestens ein Wort erweitert und durch ein hinweisendes Wort angekündigt sind:
    Denk bitte daran, Milch zu kaufen.
    Er mag es gar nicht, zu spät zu kommen.

  In allen anderen Fällen ist die Beistrichsetzung freigestellt:
  Sie plante(,) abzureisen.
  Uns war wichtig(,) keinen Fehler zu machen.
  Er dachte daran(,) aufzuhören.

- Einschübe werden durch einen Beistrich abgetrennt:
  Der Turnlehrer, er gilt als leidenschaftlicher Segelflieger, hat mich zu einem Flug eingeladen.
  Die Schriftstellerin, eine gebürtige Kärntnerin, schrieb einen Roman über ihre Kindheit.

- Teile einer Aufzählung werden voneinander durch einen Beistrich getrennt (außer nach „und" und „oder"). Die Teile der Aufzählung können Einzelwörter, Wortgruppen oder Sätze sein.
  Seine Bilder sind düster, schwermütig, grau. (Wörter)
  Wir brauchen für unseren Garten Sträucher, Blumen und einen Obstbaum. (Wörter)
  Wir bieten Ihnen Seen mit Trinkwasserqualität, gesunde Wälder, schönes Wetter und günstige Preise. (Wortgruppen)
  Fritz ist Maurer, Hans ist Lehrer, Kurt ist Schreiner. (Sätze)

Die deutsche Rechtschreibung

Sind zwei Adjektive nicht gleichrangig, dann handelt es sich nicht um eine Aufzählung. Es wird kein Beistrich gesetzt:
mein neues blaues Auto
die jüngsten alarmierenden Berichte

- Vor Gegensatz-Konjunktionen wie „aber", „doch", „jedoch", „sondern" u.a.m. setzt man einen Beistrich:
  Der Fußballspieler hat zwar viel Einsatz gezeigt, aber wenig Balltechnik.
  Ich entschied mich nicht für das blaue Shirt, sondern für das rote.
  Sie bemühte sich sehr, jedoch konnte sie das Beispiel nicht lösen.

- Anreden und Ausrufe werden durch Beistrich abgetrennt:
  Ich wünsche Ihnen, sehr geehrte Frau Birnstingl, noch viele Jahre in unserem Kreise.
  Das kannst du mit mir nicht machen, mein lieber Freund!
  Ha, habe ich dich ertappt!
  Ach, das hätte ich nicht gedacht.
  Was, das soll alles ein?

- Der Beistrich bei mehrteiligen Wendungen:
  Am Mittwoch, 16. August, um 15 Uhr (,) findet auf der Pfarrwiese eine Großveranstaltung statt.
  Frau Katharina Schuster, Linz, Kleiststraße 4, 1. Stock (,) wird vermisst.

Satzzeichen in der direkten Rede

Meine Eltern sagten: „Heute kannst du uns wirklich einmal im Haushalt helfen."
„Heute kannst du uns wirklich einmal im Haushalt helfen", sagten meine Eltern.
„Heute ist schlechtes Wetter", sagten meine Eltern. „Da kannst du uns im Haushalt helfen."
„Heute ist schlechtes Wetter", sagten meine Eltern. „Hilf uns doch im Haushalt!"
„Hilf uns endlich einmal im Haushalt!", sagten meine Eltern verärgert.
„Kannst du uns heute im Haushalt helfen?", fragten mich meine Eltern.

Der Doppelpunkt

Der Doppelpunkt gibt einen auffälligen Hinweis auf das Nachfolgende.
Sie sagte: „Besuch mich heute Abend!"
Geburtsort: Graz
Nächster Sitzungstermin: 22. Juni, 14 Uhr
Am Anfang möchte ich gleich eines vorwegnehmen: Ich denke nicht daran zurückzutreten.

Folgt nach einem Doppelpunkt ein vollständiger Satz, schreibt man das erste Wort groß!

Der Gedankenstrich

Mit dem Gedankenstrich setzt man ein Wort, eine Wortgruppe oder einen Satz sehr deutlich vom übrigen Text ab.

Der Sänger – man hatte ihn schon lange nicht mehr gehört – trat zu unserer Überraschung wieder auf.
Das ist das Ende dieses Unternehmens – allerdings nur das vorläufige.
Der Wagen stürzte in die Tiefe, ein entsetzlicher Knall! – Stille.

7. Tipps für das richtige Schreiben

Wer Rechtschreibfehler macht, ist nicht dumm. Die Rechtschreibung ist in vielen Fällen sehr kompliziert und bereitet auch so gut wie allen Erwachsenen (einschließlich der DeutschlehrerInnen) Kopfzerbrechen. Manchmal darf man ein Wort zum Beispiel auf zwei verschiedene Weisen schreiben, ein ähnliches Wort aber nur auf eine. Das macht die Sache nicht gerade einfacher. Im Folgenden findest du grundsätzliche Überlegungen für das Lernen der Rechtschreibung.

Vor dem Gedächtnis, in dem alle Informationen langfristig gespeichert werden, befindet sich eine Art Filter. Er dient zum Schutz, damit nicht alles Mögliche auf der „Festplatte" Gedächtnis gespeichert wird. Informationen, die nicht wichtig genug erscheinen, werden durch den Filter ausgesondert und kommen auf die Gedächtnismüllhalde.

Alles, was durch den Filter gelangt, wird in deinem Gedächtnis geordnet gespeichert. Je öfter du Informationen aus deinem Gedächtnis holst, umso schneller findest du sie beim nächsten Mal wieder.

So funktioniert dein Gedächtnis

Damit eine Information in dein Langzeitgedächtnis kommt, sind vor allem drei Bedingungen wichtig:

Zeit: Beschäftige dich mindestens 20 Sekunden mit einem neuen Wort, präge es dir gut ein, vor allem die Umrisse! Ziehe in Gedanken die Buchstaben nach oder – noch besser – schreibe das Wort selbst nach!

Motivation: Du möchtest dich verbessern. Nimm dir also fest vor, in Zukunft das Wort richtig zu schreiben! Gib bei Misserfolgen nicht auf und reagiere nicht beleidigt oder mutlos!

Konzentration: Beschäftige dich im Augenblick des Lernens nur mit diesem einen Thema! Erkläre dir selbst, mit welchen Tricks du dir die Schreibung des Wortes merken wirst!

Du lernst, wenn du
- dir Zeit nimmst
- lernen willst
- ungestört bist

Die deutsche Rechtschreibung

Das Einprägen der Wörter
Sehen – Merken – Kontrollieren – Schreiben – Kontrollieren – Nachziehen

> So lernst du die Schreibung der Wörter richtig

- Schau dir das Wort genau an!
- Schließ die Augen und stell es dir vor!
- Überprüfe deine Vorstellung!
- Schreibe das Wort auf!
- Überprüfe, ob du es richtig geschrieben hast!
- Ziehe die gefährliche Stelle mit Farbe nach!

Nur keine Eile!
Aber auch nicht trödeln! Besonders in der Rechtschreibung ist es wichtig, konzentriert und genau zu arbeiten. Der Zeitbedarf ist bei jeder und jedem Lernenden verschieden. Mit der Zeit werden alle schneller. Wichtig ist: **Die Qualität des Übens geht vor der Quantität!**

Viele kleine Portionen sind besser als eine große!
Du bist schlecht beraten, wenn du versuchst, eine möglichst große Portion neuer Wörter auf einmal zu lernen. Mit dieser Methode stellst du das Gedächtnis vor große Probleme – zum Schluss bringst du alles durcheinander und vergisst das Gelernte wieder schnell. Viel besser ist es, du verteilst dieselbe Menge auf mehrere kürzere Termine und wiederholst das Gelernte. Dann merkst du dir alles länger.

Ähnliche, aber unterschiedliche Fälle nie gleichzeitig üben!
Versuche nicht, dir Wörter wie *wider – wieder, das – dass, Tod – tot, viel – fiel, Laib – Leib* zur gleichen Zeit einzuprägen, weil die Gefahr dann groß ist, dass du genau diese Wörter in Zukunft verwechselst. Wichtig ist: **Ähnliches nicht gleichzeitig, sondern nacheinander üben!**

So vermeidet man Fehler

> 7 Tipps zur Fehlervermeidung!

Weiche gefährlichen Wörtern aus!
Beobachte deine Schwachstellen in der Rechtschreibung und versuche, ihnen aus dem Weg zu gehen. Ersetze das Wort, bei dem du unsicher bist, durch ein anderes (*kaputt* → *zerstört*, *Kapelle* → *kleine Kirche*, „*Mein Hobby ist Lesen*" → „*Mein Hobby ist das Lesen*").

Hole gezielt Informationen über kritische Stellen in Wörtern ein!
Beim Einholen von Information über ein Rechtschreibproblem solltest du nicht fragen: „Wie schreibt man das Wort?", sondern zum Beispiel: „Schreibt man Vaseline mit V oder F?" „Schreibt man Interesse mit Doppel-r oder Doppel-s?" Mit solchen gezielten Fragen lernst du Probleme schneller zu erkennen und zu lösen.

Die deutsche Rechtschreibung

Übe das schnelle Nachschlagen im Wörterbuch!
Wenn du **10 Wörter** in weniger als zehn Minuten findest, ist das gerade ausreichend, unter 8 Minuten wäre schon viel besser, unter 6 Minuten ist sehr gut, unter 5 Minuten ausgezeichnet und bei unter **4 Minuten** hättest du **das bestmögliche Ziel** erreicht.

Ziehe bei Rechtschreibproblemen Entscheidungshilfen heran!
- Varianten eines Wortes **vorschreiben** und miteinander **vergleichen**:
  Hauptsache ~~Haubtsache~~
- die **Verlängerungsprobe** anwenden:
  er *wird/wirt* kommen? – **wird**, weil die Verlängerung *werden* heißt
- die **Verkürzungsprobe** anwenden:
  Bäume/Beume? – **Bäume**, weil die Verkürzung *Baum* heißt
- **Wörter mit ähnlichen Problemstellen** suchen:
  *gieß*en? *gieß*en, weil auch *fließ*en, *schieß*en
  eilig? *eilig*, weil auch *traurig*, *lebendig*
- **verwandte Wörter** suchen:
  er *reist/reißt*? – *reist*, weil es von *reisen* kommt
  ge*fähr*lich: Ge*fahr*, Ge*fähr*te, *fahr*en
- **langsam und deutlich vorsprechen**:
  *Of*en – *off*en, all*e* – All*ee*
- **mehrere Entscheidungshilfen kombinieren**:
  vorschreiben: zahm – ~~zam~~
  zahm? ⟨ Verwandte: **Zäh**mung
  ähnliche Wörter: l**ah**m, R**ah**m

Untersuche deine Fehler nach Schwerpunkten!
Selbst bei Schülerinnen und Schülern, die glauben, große Probleme mit der Rechtschreibung zu haben, kristallisieren sich bei einer genaueren Untersuchung nur wenige Fehlerschwerpunkte heraus. Wer die eigenen Fehlerschwerpunkte kennt, kann sich davor besser in Acht nehmen und gezielter üben.

Häufige Fehler

Häufige Fehler sind:
- Fehler bei der Großschreibung, wie *beim* **L**ernen, *viel* **G**utes – das ist mit 30% aller Fehler die Hauptfehlerquelle
- *dass*: zirka 10 % aller Fehler gehen auf dieses Wort zurück
- fälschliche Kleinschreibungen von Wörtern wie **H**aus, **M**itte, **B**esprechung; allerdings gehen nur 2,4% aller Fehler darauf zurück
- fälschliche Großschreibungen in Fällen wie *zu* **t**rinken, *die* **b**eiden
- Schärfungsfehler wie *Wet***t***er, vergis***s***t, bekamen – bekom***m***en*
- Dehnungsfehler wie *ne***h***men, wäre – wä***h***rend*
- Aussprachefehler wie *Appe**r**at, wahrschein**d**lich*
- Wortbildfehler – anhand der falschen oder fehlenden Ober- oder Unterlänge müsste der Fehler erkannt werden wie bei *ka***b***utt, **f**orsicht, die Rei***ß***e, nä***h***mlich*
- andere Fehler wie Buchstabenverdrehungen *(zielmich)*, Auslassungen *(nich)* oder nicht erkannte Ableitungen *(Beume)*

Die deutsche Rechtschreibung

Sammle deine Fehlerwörter und übe sie!
Als günstig erweist sich das Anlegen einer **Fehlerliste** oder einer **Fehlerkartei**. Diese Fehlersammlung sollte mehrere Jahre geführt werden. Übe die Fehlerwörter von Zeit zu Zeit und verwende das Wortmaterial für Partneransagen!

▶ Die aktuellen Fehler solltest du am besten auf kleinen Zetteln bei deinen Schreibsachen, an der Pinnwand oder auf dem Schreibtisch aufbewahren. Ein origineller Platz dafür wäre auch der Umschlag der Deutschhefte!

Tipp!

Finde Sprichwörter („Eselsbrücken") zu deinen Fehlern!
Beispiele:
„**Gar nicht**" wird gar nicht zusammengeschrieben.
„**Auf einmal**" wird auch nicht auf einmal geschrieben.
Schreibst du „**ehrlich**" ohne h, ist die Note in Gefahr.
„**Endlich**" kommt von En**de**.
In „schlie**ß**lich" und „au**ß**erdem" macht sich das scharfe s bequem.
„**Beim Lernen**" und „**zum Sprechen**" schreibt man groß, hat man's kapiert, geht's ganz famos.
„**Niemand**" und „**niemals**" schreibt man mit ie, doch in „**erwidern**" und „**widersprechen**" tut das weh.

Die häufigsten Stolpersteine der österreichischen Schülerinnen und Schüler

Wenn du sie gut trainierst, wirst du garantiert weniger Fehler machen.

Tipp!

Können **Sie** mir die **Uhr**zeit sagen?
Ich glaube, **dass** ich zu **spät** komme.
Ich möchte **Ihnen** die Aufgabe abgeben.
Ich **weiß** nicht, an **wen** ich mich wenden soll.
Muss ich das Haus **z**eichnen oder **mal**en?
Das **S**chwimmen ist mein **Hobby**.
Ich komme **dann** gleich nach **H**ause.
Außer mir war **niemand** da.
Außerdem kann **man** dort gut einkaufen.
Der **Mann ließ** mich **sofort** laufen.
Zum Laufen brauche ich Sport**schuhe**.
Da bin ich sicher, **denn** ich kenne **ihn** gut.
Ich habe den **Gewinner** hier schon einige **Male** gesehen.
Das war eine **riesige Reparatur**.
Der **Riss** im Gebäude muss **repariert** werden.
Jetzt **heißt** es **wieder** einmal warten.
Du sollst nicht **widersprechen**.
Als ich **weg**ging, brach das Gewitter los.
Mit **ihm** haben wir oft **Spaß im** Kinderzimmer.
An eine**m** schöne**n** Sonntag **fuhren** wir weg.
Das war **einmal** etwas **B**esonderes!

Die deutsche Rechtschreibung

Er **holte H**ilfe, als er die Schreie **hörte**.
Endlich hörte er mit **seinem S**ingen auf.
Da **fiel** ihm der **Tod** der Katze wieder ein.
So **viel** kann ich nicht **essen**.
Er **aß** ein **bisschen** davon, **soviel** er eben konnte.
Der große Hund **saß draußen vor** der Tür.
Derselbe war gestern schon in der **Nähe** gewesen.
Die **Stadt** war **in** weiter **Ferne**, der Bahnhof war **nahe**.
Er **griff** nach den **Sachen, während** ich **schlief**.
Er **wäre** fast zu **spät** gekommen.
Das war **mir nämlich** sehr **unangenehm**.
Sie **hatte** die **Maschine** eingeschaltet.
Er **las** noch einige **Seiten im** Buch.
So **lass** sie noch **etwas** länger **l**esen.
Da ist gerade **etwas G**utes **fertig** geworden.
Ich habe noch **Zeit zum** Spazierengehen.
Dieses **Geschenk** kaufe ich meinem Bruder.
Er war als **E**rster mit der Übung **fertig**.
Sie **holte** ihre **Freundinnen** vom Bad ab.
Wir sahen die **Jugendlichen** vor der Schule.
Die **hübsche** Hose **musste** ich **zurückgeben**.
Er macht die **Vase kaputt**.
Vater **müsste** noch vor dem **Abend Benzin tanken**.
Das habe ich **ihm** schon **dreimal** gesagt.
Sie **grüßte ihn** am **Morgen** sehr **höflich**.
Wir sehen uns **bestimmt morgen wieder**.
Die **Reise** mit dem **Flugzeug** war ein **Abenteuer**.
Plötzlich riss ihm die Geduld.
Das **Fahrrad bekam** ich zum **fünfzehnten Geburtstag**.
Ich **bekomme** eine Karte für den **spannenden** Film.
Der **Riese war** am Schluss der Geschichte **tot**.
Er versuchte es **einige Male**, bis der **Faden eingefädelt** war.
Ohne mich wird er nicht zur **Party** kommen.

Unterschiede innerhalb des Deutschen

Unsere Muttersprache ist Deutsch. Die deutsche **Standardsprache** (auch Hoch- oder Schriftsprache) ist eine in vielen Bereichen genormte Sprache, die grundsätzlich von allen Menschen verstanden wird, die der deutschen Sprache mächtig sind. Bei genauerer Betrachtung ist allerdings nicht zu übersehen (und zu überhören), dass es innerhalb des Deutschen große **Unterschiede** gibt – sogenannte Varietäten. Ein Berliner spricht anders als ein Wiener, eine Züricherin anders als eine Klagenfurterin. Aber auch innerhalb von Österreich gibt es Unterschiede. Ein aus Bregenz stammender

Unterschiede innerhalb des Deutschen

Österreicher spricht anders als einer, der im Burgenland aufgewachsen ist. Und wie ist das innerhalb des Burgenlandes? Spricht dort ein pensionierter Hofrat dasselbe Deutsch wie eine fünfzehnjährige Schülerin? Im Großen und Ganzen ja, aber der Hofrat sagt wahrscheinlich nicht: „Das ist voll cool."

Innerhalb einer Nationalsprache gibt es so genannte Sprachvarietäten. Sie ergeben sich aufgrund **regionaler Besonderheiten** (Dialekte), aber auch aufgrund der **sozialen Gliederung** der Gesellschaft (Soziolekte). Arbeiter sprechen anders als Intellektuelle, die bäuerliche Bevölkerung im Pinzgau spricht anders als die städtische Mittelschicht in der Stadt Salzburg. Aber auch aufgrund von Generations- und Geschlechtsunterschieden und aufgrund der Zugehörigkeit zu einer bestimmten Berufsgruppe ergeben sich Besonderheiten im Sprachgebrauch.

> regionale und soziale Besonderheiten

Eine etwas vereinfachende Systematik der Sprachvarietäten ergibt folgendes Bild:

Deutsche Standardsprachen: das Deutsche in Deutschland, Liechtenstein, Österreich und der Schweiz sowie bei den deutschen Minderheiten in Luxemburg, Ostbelgien und Südtirol (Italien). (Besonderheiten des österreichischen Deutsch siehe unten!)

Dialekt: landschaftlich begrenzte Variante einer Sprache, die hauptsächlich in der mündlichen Kommunikation verwendet wird. Dialekte sind älter als die Gemein- oder Standardsprache. Dialektausdrücke werden nicht in Wörterbücher aufgenommen, außer dann, wenn sie nach und nach in die Gemeinsprache eindringen, zum Beispiel durch häufigen Gebrauch in den Medien.

Soziolekt: schichtenspezifische und gruppenspezifische Sprachvariante (Berufssprachen, Jugendsprache, sprachliche Unterschiede zwischen Männern und Frauen u.a.m.). Mit Soziolekten beschäftigt sich die **Soziolinguistik**.

Ein anderes Forschungsfeld für die Soziolinguistik ist die Jugendsprache. Das Wort „checken" ist in der Jugendsprache der neunziger Jahre entstanden („Checkst du es noch immer nicht?"), ebenso das weit verbreitete Wort „cool". Ein weiteres sprachliches Phänomen unserer Zeit ist die Übernahme zahlreicher englischer Vokabel in die deutsche Sprache (Anglizismen), z.B. downloaden, online (Informationstechnologie), style, piercing (Mode), junkfood (Ernährung), flow (Popmusik). Für solche Anglizismen gibt es meist keine deutschen Wörter.

> Jugendsprache

Das österreichische Deutsch

Unterschiede zwischen der österreichischen, der deutschen und der Schweizer Standardsprache gibt es in folgenden Bereichen: Wortschatz, Wortbedeutung, Schreibweise, Grammatik, Aussprache.

Wortschatz

Unterschiede im Wortschatz findet man unter anderem
- bei der Bezeichnung von Lebensmitteln: dt. „Sahne" – österr. „Obers" bzw. „Rahm"; dt. „Aprikose" – österr. „Marille".

Unterschiede innerhalb des Deutschen

- in der Sprache der Ämter und Behörden: Die oberste Instanz in der Rechtsprechung heißt in der Schweiz „Bundesgericht", in Deutschland „Bundesgerichtshof" und in Österreich „Oberster Gerichtshof". Die österreichische „Matura" heißt auch in der Schweiz „Matura", in Deutschland heißt sie „Abitur".
- bei Berufsbezeichnungen: Das Wort „Greißler" für einen Gemischtwarenhändler gibt es zum Beispiel nur in Österreich.
- bei Grußformeln: „Grüß Gott" sagt man in Österreich und in Süddeutschland, „Tschüss" ist norddeutschen Ursprungs.

Schreibweise

Es gibt zwar in der Schreibweise geringfügige Unterschiede zwischen Deutschland und Österreich. Sie sind aber kaum erwähnenswert, da die Regelung der Rechtschreibung für den gesamten deutschen Sprachraum erfolgt. Ein auffälliger Unterschied betrifft die Schweiz, denn dort gibt es kein „ß". Wo in Deutschland und Österreich „ß" steht, schreibt man in der Schweiz „ss", z.B. *grüßen (grüssen), heiß (heiss)*.

Grammatikalische Unterschiede

Manche Verben bilden in Österreich das Perfekt mit „sein", in Deutschland dagegen mit „haben", z.B. sitzen, liegen, stehen.
Außerdem werden in Österreich häufiger Pluralformen mit Umlaut gebildet, z.B. Wagen - Wägen, Kragen - Krägen.

In Österreich, aber auch in Bayern ist es üblich, Verkleinerungsformen (Diminutive) durch Anhängen von -erl zu bilden (Haserl, Wagerl). Es gibt auch Wörter, die auf -erl enden, ohne dass es ein Hauptwort gäbe, aus dem sie gebildet werden. Zum Beispiel ist das „Wimmerl" nicht die Verkleinerungsform des „Wimm".

In Österreich wird das Fugen-s häufiger eingesetzt als in Deutschland: Aufnahmsprüfung (Aufnahmeprüfung), Fabriksgelände (Fabrikgelände), Schweinsbraten (Schweinebraten).

Aussprache und Betonung

Einige Unterschiede zwischen deutschem und österreichischem Deutsch gibt es auch bei der Aussprache. Meist erkennt man aus Österreich kommende SprecherInnen allein an der Klangfarbe der Stimme. Besonderheiten der Aussprache findet man aber eher in Randbereichen. Zum Beispiel wird in Österreich bei Fremdwörtern, die aus dem Französischen kommen, das Endungs-e nicht gesprochen (z.B. Chance, Branche), und Wörter, die mit ch- beginnen, werden in Österreich meist mit „k" ausgesprochen (z.B. Chemie: österr. „kemie", dt. „chemie" oder „schemie"). Das Wort „Kaffee" wird in Österreich im Unterschied zu Deutschland auf der zweiten Silbe betont.

Grundwortschatz in wichtigen Sprachen

Deutsch	Bosnisch/Kroatisch/Serbisch	Türkisch	Rumänisch
Abend	večer	akşam	seară
acht	osam	sekiz	opt
Adresse	adresa	adres	adresă
allein	sam, sama, samo	yalnız	singur
alles	sve	hepsi ODER herşey	tot
alt, älter	staro, stara, staro	(beim Alter) yaşlı, daha yaşlı (bei Dingen) eski, daha eski	vechi, mai vechi (für Gegenstände), bătrân, mai bătrân (Menschen)
Ampel	semofor	Asma lamba	semafor
anderer	drugi	başka	alt
Angst	strah	korku	frică
Anstrengung	trud	çaba	efort
Apfel	jabuka	elma	măr
Apparat	aparat	alet, cihaz	aparat
April	april	Nisan	aprilie
arbeiten, Arbeit	raditi, rad	çalışmak, iş	a munci, muncă
arg, ärger	strašno, strašnije	fena, daha fena	rău, mai rău
Arm	ruka	kol	sărac
Arzt, Ärztin	ljekar, ljekarka	doktor	doctor, doctoriță
atmen	disati	nefes almak	a respira
au, auweh	joj, joj kuku	Ay! Vay! Ah!	au, aoleu
auch	kao i	dahi	şi
auf	na	üstünde	pe
aufpassen	paziti	dikkat etmek	a fi atent
Aufsatz	sastav	kompozisyon	compunere
Auge	oko	göz	ochi
August	august	Ağustos	august
aus	iz	(fertig) bitti oder tamam, (aus Linz) Linz'den	din, de la
außen	vani	dışarıda	afară
Auto	auto	otomobil, meistens aber araba	maşină
Baby	beba	bebek	bebeluş
backen	peči	pişirmek	a coace
baden	kupati se	banyo yapmak, meistens yıkanmak	a face baie
Bagger	bager	Tarak makinesi	excavator
Bahn	željeznica	demiryolu	drum, cale
bald	uskoro	yakında	curând
Ball	lopta	top	minge
Bank	banka/klupa	banka	bancă
basteln	pravati	el işi yapmak	a meşteri
Bauch	stomak	karın	burtă

Weitere Sprachen findest du unter http://schulwoerterbuch.veritas.at

Grundwortschatz in wichtigen Sprachen

Deutsch	Bosnisch/Kroatisch/Serbisch	Türkisch	Rumänisch
bauen	graditi	(Gebäude) bina ve tesis etmek	a construi
Bauer	seljak	köylü	ţăran
Baum	stablo	ağaç	copac
bedanken	zahvaliti se	teşekkür etmek	a mulţumi
beenden	završiti	bitirmek	a termina
befehlen	narediti	emretmek	a ordona, a porunci
beginnen	početi	başlamak	a începe
beide	oboje	Her iki	amândoi
beim	kod	(beim Essen) yemek yerken, (beim Haus) evin yanında	la
Bein	noga	bacak	picior
Beispiel	primjer	örnek	exemplu
beißen, biss	ujedati, ujeo	ısırmak, ısırdı	a muşca, muşcam
bekommen	dobiti	almak	a primi
bellen	lajati	havlamak	a lătra
bemerken	primjetiti	fark etmek	a observa
Berg	brdo	dağ	munte
Beruf	zanimanje	meslek	profesie
besonders	posebno	hususiyle	deosebit
bestimmen	odrediti	tayin	a hotărî
betreten	koračati u	ayak basmak	a intra
Bett	krevet	yatak	pat
biegen	saviti	bükmek	a îndoi
Bild	slika	resim	imagine
billig	jeftino	ucuz	ieftin
binden, band	vezati, vezao	bağlamak, bağladı	a lega, legam
bist (du bist)	ti si	mit Endung –sin oder –sın, du: sen	eşti
bitten	moliti	rica etmek	a ruga
Blatt	list	yaprak	frunză (vom Baum), foaie (Papier)
blau	plavo	mavi	albastru
bleiben, blieb	ostati, ostao	kalmak, kaldı	a rămâne, rămâneam
Bleistift	olovka	kurşunkalem	creion
Blick	pogled	bakış	privire
blicken, blickte	pogledati, pogledao	bakmak, baktı	a privi, priveam
Blitz	munja	şimşek	fulger
blöd	glup	bunak	prost
blond	plav, plava, plavo	sarı, blont	blond
Blume	cvijet	çicek	floare
Blut	krv	kan	sânge
Boden	pod	(Erdboden) toprak, (Fußboden) taban oder döşeme	pământ (draußen), podea (in einem Gebäude), fund (eines Objektes)

Grundwortschatz in wichtigen Sprachen

Deutsch	Bosnisch/Kroatisch/Serbisch	Türkisch	Rumänisch
Boot	čamac	kayık	vapor
böse	zao	şirret	rău
brauchen	trebati	itiyacı olmak	a avea nevoie
braun	braun	kahverengi, esmer	maro
brav	dobar	namuslu	cuminte
brennen	goriti	yanmak	a arde
Brett	daska	tahta	scândură
Brief	pismo	mektup	scrisoare
bringen, brachte	donijeti, donijeo	götürmek, götürdü	a aduce, aduceam
Brot	hljeb	ekmek	pâine
Brücke	most	köprü	pod
Bruder	brat	erkek kardeş (älterer Bruder) ağabey	frate
Bub	dečko	oğlan	băiat
Buch	knjiga	kitap	carte
bunt	šareno	renkli, karışık renkli	multicolor
Bus	autobus	otobüs	autobuz
Busch	žbunj	çalılık, fundalık	tufiş
da	tamo	burada	aici, acolo
Dach	krov	dam, çatı	acoperiş
damals	tada	O zaman, o vakit	atunci
danken	zahvaliti	teşekkür etmek	a mulţumi
dann	onda	O zaman, o vakit	apoi
darf, dürfen	smijeti, smijeo	darf ich? müsade edermisiziniz dürfen wir spielen oynayabilir miyiz?	a avea voie, am voie
dein	tvoj	senin	al tău, a ta
Dezember	decembar	Aralık	decembrie
dick	debeo	kalın, iri	gras (Mensch), gros (Sache)
Dieb	lopov	hırsız	hoţ
Dienstag	utorak	Salı	marţi
drehen	okretati	çevirmek	a învârti
drei	tri	üç	trei
du, dir, dich	ti, tebi, tebe	sen, sana, seni	tu, ţie, te/pe tine
dünn	tanko	ince	slab
Durst	žeđ	susuzluk	sete
Ecke	čošak	köşe	colţ
Ei	jaje	yumurta	ouă
ein, eines	jedno, jednog	bir, bir tane	un, unui
einmal	jednom	bir defa	odată
Eis	led	buz (Wasser), dondurma (zum Schlecken)	gheaţa (îngheţată = Eiskrem)
Eisen	željezo	demir	fier

Grundwortschatz in wichtigen Sprachen

Deutsch	Bosnisch/Kroatisch/Serbisch	Türkisch	Rumänisch
elf	jedanaest	on bir	unsprezece
Eltern	roditelji	Ebeveyn, anne ve baba	părinţi
Ende	kraj	son	sfârşit
entdecken	otkriti	keşfetmek	a descoperi
entschuldigen	oprostiti	affetmek	a scuza
er, sie, es	on, ona, ono	kendisi	el, ea, .. („es" gibt es nicht)
Erde	zemlja	(Welt) dünya, (Boden) yer oder zemin	pământ
erklären	objasniti	izah	a explica
erlaubt	dozvoljeno	müsaade edilmiş	a permite
Erlebnis	doživljaj	hadise	rezultat
erschrecken	uplašiti se	kormak	a speria
erste, erster	prva, prvi	birinci oder ilk	prima, primul
erzählen	ispričati	anlatmak	a povesti
essen, aß, gegessen	jesti, jeo, pojeo	yemek yemek, yemek yedi, yemek yemişti	a mânca, mâncam, mâncat
Essen, das	jelo	yiyecekler, yemekler	mâncarea
Fahrer	vozač	şoför	şofer
fallen, fiel	padati, pao	düşmek, düştü	a cădea, cădeam/căzusem
Familie	porodica, familija	aile	familie
fangen, fing	uhvatiti, uhvatio	yakalamak, yakaladı	a prinde, prindeam/prinsesem
Farbe	boja	renk	culoare
faul	lijen (Mensch), trulo (Obst)	(Obst) çürümüş, (Mensch) tembel	leneş
Feind	neprijatelj	düşman	duşman
Fenster	prozor	pencere	geam
Ferien	raspust	tatil	vacanţă
fern	daleko	uzak	departe
Fernseher	televizor	Televizyon	televizor
fertig	gotovo	(aus) tamam oder bitti	gata
Feuer	vatra	ateş	foc
finden, fand	nači, našao	bulmak, buldu	a găsi, găseam/găsisem
Finger	prst	parmak	deget
finster	tamno	karanlık	întunecat
Fisch	riba	balık	peşte
Flasche	flaša	şişe	sticlă
Fleisch	meso	et	carne
Fleiß	vrijednost	çalışkanlık	hărnicie, silinţă
fliegen, flog	letiti, letijo	uçmak, uçtu	a zbura, zburam
Flugzeug	avion	uçak	avion
fragen	pitati	sormak	a întreba
Frau	žena	kadın	doamnă
frech	bezobrazno	küstah	obraznic, impertinent

Grundwortschatz in wichtigen Sprachen

Deutsch	Bosnisch/Kroatisch/Serbisch	Türkisch	Rumänisch
fremd	strano	yabancı	străin
fressen, fraß	žderati, žderao	yemek, yedi	a înfuleca, înfulecam
Freude	radost	sevinç	bucurie
freuen	radovati se	sevinmek	a bucura
Freund	prijatelj	dost	prieten
Friede	mir	barış	pace
fünf	pet	beş	cinci
Fuß (Füße)	stopalo, stopala	ayak, ayaklar	picior (picioare)
Gabel	viljuška	çatal	furculiţă
Gasse	uličica	sokak	uliţă, străduţă
Geburtstag	rođendan	doğum günü	ziua naşterii, aniversare
Gefahr	opasnost	tehlike	pericol
gefährlich	opasno	tehlikeli	periculos
gehen, ging	hodati, hodao	gitmek, gitti	a merge, mergeam
gelb	žuto	sarı	galben
Geld	novac	para	bani
gern	rado	isteyerek	cu plăcere
Geschenk	poklon	armağan	cadou
Geschichte	priča	hadise oder hikaye oder masal	poveste
Geschwister	brača i sestre	kardeşler	fraţi şi surori
gestern	juče	dün	ieri
gesund	zdravo	sağlıklı	sănătos
Gewand	roba	elbise	haină
Gewicht	težina	ağırlık	greutate
gewinnen	pobijediti	kazanmak	a câştiga
Glas, Gläser	čaša, čaše	bardak	pahar, pahare
Glocke	zvono	çan	clopot
Glück	sreća	uğur oder şans	fericire
Gras, Gräser	trava, trave	çim oder otlar	Iarbă, ierburi
grau	sivo	gri	gri
Gruppe	grupa	ekip	grupă
Haar	kosa	saç	păr
Hälfte	polovica	Yarı, die Hälfte: yarısı	jumătate
Hals	vrat	ağız	gât
halt	stoj	dur	chiar, la urma urmei
Hammer	čekič	cekiç	ciocan
Hand	ruka	el	mână
Haus	kuča	bina, ev	casă
Heft	sveska	defter	caiet
Heimat	domovina	anavatan	patrie
hell	svijetlo	açık oder aydın	luminos, deschis
Hemd	košulja	gömlek	cămaşă
heraus	napolje, van	dışarıya	afară

Grundwortschatz in wichtigen Sprachen

Deutsch	Bosnisch/Kroatisch/Serbisch	Türkisch	Rumänisch
herein	unutra	içeriye	înăuntru
Herr	gospodin	bay	domn
heute	danas	bugün	astăzi, azi
Hilfe	pomoć	yardım	ajutor
Himmel	nebo	cennet (Paradies), sonst: gök	cer
hinten	pozadi	arkada	în spate
hoch	visoko	yüksek	sus
holen, holte	donijeti, donijeo	alıp getirmek, alıp getirdi	a aduce, aduceam
hören, hörte	čuti, čuo	duymak, duydu	a asculta, ascultam
Hose	pantalone	pantolon	pantalon
Hund	pas	köpek	câine
hundert	stotinu	yüz	sută
Hunger	glad	açlık	foame
ich	ja	ben	eu
ihm, ihn, ihr	njemu, njega, njen	das gehört ihm (onun), ich frage ihn (ona), ich gebe das ihr (ona), es kommt von ihr (ondan)	lui, îl/pe el, ei
im, in	u	içinde	în
immer	uvijek	daima	mereu
irren, irrte	griješiti, griješio	aldanmak,	a rătăci, rătăceam
isst (er isst)	on jede	o yiyor	mănâncă
Jahr	godina	sene	an
jede, jeder	svaka, svaki	hepsi birden, herkes	fiecare
jemand	neko	biri, birisi	cineva
Juli	juli	Temmuz	iulie
Juni	juni	Haziran	iunie
kalt	hladno	soğuk	rece
kaufen	kupiti	satın almak	a cumpăra
kennen, kannte	znati, znao	tanımak, tanıdı	a cunoaşte, cunoşteam
Kilo	kilo	kilo	kilogram
Kind	djete	çocuk	copil
Klasse	razred	sınıf	clasă
klug	pametno	akıllı	deştept
Knie	koljeno	diz	genunchi
Knochen	kost	kemik	os
Knopf	dugme	düğme	buton (zum drücken), nasture (vom Hemd)
kochen	kuhati	yemek pişirmek oder (Wasser) kaynamak	a găti
Körper	tijelo	beden	trup
Kraft	snaga	güç	putere, forţă
krank	bolesno	hasta	bolnav
Kreis	krug	daire	cerc

Grundwortschatz in wichtigen Sprachen

Deutsch	Bosnisch/Kroatisch/Serbisch	Türkisch	Rumänisch
Kreuz	krst	çarmıh	cruce
Küche	kuhinja	mutfak	bucătărie
Kugel	kzgla	bilye	bilă
Kuh	krava	inek	vacă
Kurve	okuka	viraj	curbă
kurz	kratko	kısa	scurt
Kuss, küssen	poljubac, poljubiti	öpücü, öpmek	sărut, a săruta
lachen, lachte	smijati se, smijao	gülmek, güldü	a râde, râdeam
Lampe	lampa	lamba	lampă
Land, Länder	zemlja, zemlje	ülke, ülkeler	ţară, ţări
lang	dugo	uzun	lung
langwierig	dugoročno, dugotrajno	uzun süren	de lungă durată
Lärm	buka	gürültü	zgomot
las (sie las)	ona je čitala	o okudu	citea
lass es	pusti to	bırak artık oder yeter	lasă
laufen, lief	trčati, trčao	koşmak, koştu	a alerga, alergam
laut, läuten	glasno, zvoniti	gürültülü, zili çalmak	tare, a suna
Leben	život	can	viaţă
leben, lebte	živjeti, živio	yaşamak, yaşadı	a trăi, trăiam
leer	prazno	boş	gol
legen, legte	staviti, stavijo	yatırmak, yatırdı	a pune, puneam
leicht	lagano	hafif, (einfach) kolay	uşor
leise	tiho	sessiz	încet
lernen, lernte	učiti, učijo	öğrenmek, öğrendi	a învăţa, învăţam
lesen, las	čitati, čitao	okumak, okudu	a citi, citeam
letzte	zadnji, zadnja, zadnje	son	ultima
Licht	svijetlo	ışık	lumină
lieb, Liebe	drago, ljubav	sevimli, aşk oder sevgi	drăguţ, dragoste
Lied	pijesma	şarkı	cântare
liegen, lag	ležati, ležao	yatmak, yattı	a sta culcat, stăteam culcat
Lineal	linjear	cetvel	riglă
Linie	linija	çizgi	linie
links	lijevo	sol	la stânga
Lippe	usna	dudak	buză
Liter	litar	litre	litru
Loch	rupa	Aralık	gaură
Löffel	kašika	kaşık	lingură
Luft	zrak	hava	aer
lügen, log	lagati, lagao	yalan söylemek, yalan söyledi	a minţi, minţeam
machen, machte	napraviti, napravio	yapmak, yaptı	a face, făceam
Mädchen	djevojčica	kız	fetiţă
Mai	maj	Mayıs	mai

Grundwortschatz in wichtigen Sprachen

Deutsch	Bosnisch/Kroatisch/Serbisch	Türkisch	Rumänisch
man kann	može se	wird nicht wie im Deutschen verwendet	se poate
Mann, Männer	muškarac, muškarci	adam	bărbat, bărbaţi
Mantel, Mäntel	mantil, mantili	palto	palton, paltoane
Markt	pijaca	pazar yeri	piaţă
März	mart	Mart	martie
mehr	više	Daha çok	mai mult
mein/-e/-en	moj, moja, mojim	benim oder bana ait	meu, mea, meu
Mensch	čovijek	insan	om
merken, merkte	pamtiti, pamtio	aklında tutmak, aklında tuttu	a observa, observam
Messer	nož	bıçak	cuţit
Milch	mlijeko	süt	lapte
Minute	minuta	dakika	minut
mir	meni	das gehört mir: benim, gib mir: bana ver	mie
mit	sa	ile	cu
Mittag	podne	öğlen	prânz
Mitte	sredina	ortası	mijloc
Mittwoch	srijeda	Çarşamba	miercuri
Möbel	namještaj	mobilyalar	mobilă
Monat	mjesec	ay	lună
Montag	ponedeljak	Pazartesi	luni
morgen	sutra	yarın	mâine
Motor	motor	motor	motor
müde	umoran, umorna, umorno	yorgun	obosit
Müll	otpadak	çöp	gunoi
Mund	usta	ağız	gură
Münze	novac	jeton	monedă
müssen	morati	mecbur olmak	a trebui
Mutter	majka	anne	mamă
Nachbar	komšija	komşu	vecini
Nachmittag	poslijepodne	oğlededen sonrası	după amiază
Name	ime	ad	nume
Nase	nos	burun	nas
nehmen, nahm	uzeti, uzeo	almak, aldı	a lua, luam
neun	devet	dokuz	nouă
nicht, nichts	ne, ništa	wird z.B. mit der Endung –değil gebildet	nu, nimic
null	nula	sıfır	zero
Nummer	broj	numara	număr
nun	sad	şimdi	acum
oder	ili	veya	sau
Ofen	peč	fırın	cuptor

Grundwortschatz in wichtigen Sprachen

Deutsch	Bosnisch/Kroatisch/Serbisch	Türkisch	Rumänisch
Ohr	uho	kulak	ureche
Oktober	oktobar	Ekim	octombrie
Papier	papir	kağıt	hârtie
Pause	odmor	mola oder paydos	pauză
Pferd	konj	at	cal
Polizei	policija	polis	poliţie
Post	pošta	Posta oder (Brief) mektup	poştă
Preis	cijena	fiyat	preţ
Punkt	tačka	nokta	punct
Rad, Räder	točak, točkovi	teker , tekerler	roată, roţi
rauben, Räuber	krasti, lopovi	çalmak, gaspçı	a fura, hoţi
Raum, Räume	prostor, prostori	oda, odalar	cameră, camere
recht, rechts	pravo, desno	(richtig) doğru, (rechts) sağda	drept, la dreapta
Regen	kiša	yağmur	ploaie
Reise	putovanje	seyahat	călătorie
rennen, rannte	juriti, jurio	koşmak, koştu	a alerga, alergam
Rest	ostatak	artık	rest
Rock	suknja	etek	fustă
rot	crveno	kırmızı	roşu
rufen, rief	zvati, zvao	çağırmak, çağırdı	a striga, strigam
ruhen, Ruhe	mirovati, mir	dinlenmek, sakinlik	a odihni, odihnă
sagen, sagte	reči	söylemek, söyledi	a spune, spuneam
sah (sie sah)	ona je vidjela	o gördü	vedea
Salz	so	tuz	sare
Samstag	subota	Cumartesi	sâmbătă
saßen, wir	mi smo sijedili	biz oturuyorduk	stăteam
satt	sit, sita, sito	tok	sătul
Satz, Sätze	rečenica, rečenice	cümle, cümleler	propoziţie, propoziţii
sauber	čisto	temiz	curat
schenken, schenkte	pokloniti, poklonijo	hediye vermek, hediye verdi	a dărui/a oferi, dăruiam/ofeream
Schere	makaze	makas	foarfecă
Schiff	brod	gemi	vapor
schlafen, schlief	spavati, spavao	uyumak, uyudu	a dormi, dormeam
schlagen, schlug	udarati, udario	vurmak , vurdu	a lovi, loveam
schlecht	loše	kötü	rău
Schluss	kraj	son	sfârşit
Schmutz	prljavština	kir	murdărie
Schnee	snijeg	kar	zăpadă
Schnur	konopac	ip	sfoară
schön	lijepo	güzel	frumos
schreiben, schrieb	pisati, pisao	yazmak, yazdı	a scrie, scriam
Schuh	cipela	ayakkabı	papuc

Grundwortschatz in wichtigen Sprachen

Deutsch	Bosnisch/Kroatisch/Serbisch	Türkisch	Rumänisch
Schule	škola	okul	şcoală
Schüler, Schülerin	učenik, učenica	öğrenci	elev, elevă
Schuss, Schüsse	metak, metci	atış, atışlar	împuşcătură, împuşcături
schwarz	crno	kara	negru, neagră
schweigen, schwieg	čutati, čutao	susmak, sustu	a tace, tăceam
schwer	teško	ağır (Gewicht), zor (nicht einfach)	greu
sechs	šest	altı	şase
See	jezero	göl	mare
sehr	jako, puno	çok	foarte
Seife	sapun	sabun	săpun
Seite	strana	sayfa	parte, pagină (vom Buch)
sieben	sedam	yedi	
Sessel	stolica	sandalye, koltuk	fotoliu
setzen, setzte	sijesti, sijeo	oturmak, oturdu	a aşeza, aşezam
sie, Sie	oni, vi	o, onlar, siz	ea, dumneavoastră
sieben	sedam	yedi	şapte
sitzen, saß	sijediti, sijeo	oturmak, oturdu	a şedea, şedeam
Sonne	sunce	güneş	soare
Spaß, Späße	šala, šale	şaka, şakalar	glumă, glume
Spiel, spielen	igra, igrati se	oyun, oynamak	joc, a juca
Sprache	jezik	dil oder lisan	limbă
sprechen, sprach	govoriti, govorio	konuşmak, konuştu	a vorbi, vorbeam
Stadt	grad	şehir	oraş
starb (es starb)	ono je umrlo	o öldü	murise
stehen, stand	stajati, stajao	durmak, durdu	a sta, stăteam
Stein	kamen	taş	piatră
still, Stille	tiho	sessiz, sessizlik	liniştit/tăcut, linişte/tăcere
Stimme	glas	ses	voce
stoßen, stieß	gurati, gurao	itmek, itti	a da peste, dădusem peste
Strafe	kazna	ceza	pedeapsă
Stück, Stücke	komad, komadi	adet, adetler	bucată, bucăţi
Stunde	čas	ders	oră
süß	slatko	hoş oder tatlı	dulce
Tag, täglich	dan	gün, günlük	zi, zilnic
tausend	hiljadu	bin	mie
Tier	životinja	hayvan	animal
Tisch	sto	masa	masă
Tochter	čerka	kız çocuğu	fiică
tot, töten	ubiti, ubijo	ölmüş, öldürmek	mort, a omorî
trinken, trank	piti, pijo	içmek, içti	a bea, beam
Tür	vrata	kapı	uşă
um 16 Uhr	u četri sata	saat onaltıda	la ora 16

Grundwortschatz in wichtigen Sprachen

Deutsch	Bosnisch/Kroatisch/Serbisch	Türkisch	Rumänisch
und	i	ve	şi
Unterricht	nastava	ders	învăţământ, lecţii
Unterschrift	potpis	imza	semnătură
Vater	otac	baba	tată
Vergangenheit	prošlost	gemiş zaman	trecut
verlieren, verlor	gubiti, gubijo	kaybetmek, kaybetmişti	a pierde, pierdeam
viel, viele	mnogo, mnogi	çok	mult, multe
vielleicht	možda	belki	poate
vier	četri	Dört	patru
Vogel, Vögel	ptica, ptice	kuş	pasăre, păsări
vor, vorne	pred, ispred	önünde, önde	înainte, în faţă
Vorname	ime	ad	prenume
vorsichtig	oprezno	dikkatli	precaut, prudent
Waage	vaga	kantar oder terazi	cântar
Waffe	oružje	silah	armă
wahr (es ist wahr)	istina je	gerçek oder doğru, (ist wahr) doğrudur	adevărat (este adevărat)
Wand	zid	duvar	perete
warm, Wärme	toplo, toplina	sıcak, sıcaklık	cald, căldură
was	šta	ne	ce
Weg	put	cadde	drum
weiße Farbe	bijela boja	beyaz renk	culoare/vopsea albă
weißt (du weißt)	znaš li	biliyor musun	ştii
weit	daleko	geniş (Breite), uzak (fern)	departe
Welt	svijet	dünya	lume
Wetter	vrijeme	hava	vreme
Wind	vijetar	rüzgâr	vânt
wissen, wusste	znati, znao	bilmek, bildi	a şti, ştiam
Wolke	oblak	bulut	nor
wollen, wollte	htijeti, htijeo	istemek, istedi	a vrea, voiam
Wort, antworten	riječ, odgovoriti	kelime, cevap vermek	cuvânt, a răspunde
Wunde	rana	yara	rană
zehn	deset	on	zece
Zentimeter	santimetar	santimetre	centimetru
Zettel	cedulja	kağıt	bilet
Zimmer	soba	oda	cameră
zurück	nazad	geri, geriye	înapoi
zwei	dva	iki	doi

Weitere Sprachen findest du unter
http://schulwoerterbuch.veritas.at

VERITAS
Gemeinsam besser lernen

Gemeinsam besser lernen mit ...

Schulwörterbuch. Trainingsheft

Hans Häuser, Wolfgang Pramper

48 Seiten, A4
ISBN 978-3-7058-8614-8

Eines der wichtigsten Bildungsziele der Schule ist es, die Schülerinnen und Schüler zu befähigen, sich **selbstständig Wissen anzueignen**. Der erste Schritt dorthin ist das Nachschlagen im Wörterbuch.

Durch **regelmäßiges Training** wird die Grundlage für die Suche nach Informationen in verschiedensten Nachschlagewerken geschaffen. Das Trainingsheft zum SchulWörterBuch bietet eine **Fülle von abwechslungsreichen Übungen**, die das Nachschlagen effektiver machen und die Informationsentnahme steigern.

Tipp: Neue Trainingsheft-Seiten (passend zur Neubearbeitung des Schulwörterbuchs) finden Sie im Online-Material auf www.veritas.at!

Erhältlich direkt beim Verlag oder bei Ihrem Buchhändler

Bestellen Sie online, rufen Sie an oder schicken Sie ein Fax oder E-Mail:
Tel.: +43 732 776451-2280 · Fax: +43 732 776451-2239 · E-Mail: kundenberatung@veritas.at

www.veritas.at

Dieses Werk wurde auf Grundlage eines zielorientierten Lehrplans verfasst. Konkretisierung, Gewichtung und Umsetzung der Inhalte erfolgen durch die Lehrerinnen und Lehrer.

Liebe Schülerin, lieber Schüler,

du bekommst dieses Schulbuch von der Republik Österreich für deine Ausbildung. Bücher helfen nicht nur beim Lernen, sondern sind auch Freunde fürs Leben.

Mit Bescheid des Bundesministeriums für Bildung und Frauen, GZ 5.050/0097-B/8/2013, vom 15.4.2014 gemäß den Lehrplänen 2004 als für den Unterrichtsgebrauch an allgemein bildenden höheren Schulen und Neuen Mittelschulen für die 1. bis 4. Klasse im Unterrichtsgegenstand Deutsch geeignet erklärt.

Schulbuchnummer: **170.271**

© VERITAS-VERLAG, Linz
Alle Rechte vorbehalten, insbesondere das Recht der Verbreitung (auch durch Film, Fernsehen, Internet, fotomechanische Wiedergabe, Bild-, Ton- und Datenträger jeder Art) oder der auszugsweise Nachdruck

3. aktualisierte Auflage (2018) – Entspricht der Rechtschreibreform 2006 (unter Berücksichtigung der Änderungen von 2017).

Gedruckt in Österreich auf umweltfreundlich hergestelltem Papier
Lektorat: Barbara Strobl-Kirnbauer; Michaela Tröbinger-Lenzenweger
Herstellung: Irene Demelmair
Bildredaktion: Susanne Suk
Umschlaggestaltung und Layout: Ingrid Zuckerstätter; Irene Demelmair
Illustrationen: Klaus Pitter
Satz: dtp Veritas
Umschlagfoto: VERITAS-VERLAG, Linz: U1/1 (Susanne Suk)
Schulbuchvergütung/Bildrechte: © Bildrecht/Wien
Alle Ausschnitte mit Zustimmung der Bildrecht/Wien

Der Verlag hat sich bemüht, alle Rechtsinhaber ausfindig zu machen. Sollten trotzdem Urheberrechte verletzt worden sein, wird der Verlag nach Anmeldung berechtigter Ansprüche diese entgelten.

ISBN 978-3-7101-0622-4

Dieses Werk ist für den Schul- und Unterrichtsgebrauch bestimmt. Es darf gemäß § 42 (6) des Urheberrechtsgesetzes auch für den eigenen Unterrichtsgebrauch nicht vervielfältigt werden.

Auf einen Blick:
Die häufigsten Fehlerwörter österreichischer Schülerinnen und Schüler

Groß- und Kleinschreibung
abends
alles Gute
am besten
auf Wiedersehen
beim Arbeiten
gehört das Ihnen?
das ist das Richtige
der Abend
der Beste
der eine
die anderen
die beiden
er ist schuld – hat Schuld
es ist das Beste
Geben Sie Acht!
herzlich willkommen
jeder Einzelne
nichts Neues
nur wenige
viel zu lernen
zum Lernen

gleich- und ähnlich klingende Vokale
ähnlich
Bäume
belästigt
entsetzt
fehlte
Fernsehen
geschätzt
Gespräch
getäuscht
heute
läutete
merkte
Nähe
Präsident
Reue
schätzte
schrecklich
Späße
später
Vorgänge
wäre
Zähne

ähnlich klingende Konsonanten
davon
entfernt
entschuldigte
erschrak
fertig
fiel nieder
Grab
Jugendliche
Mutprobe
Publikum
seid brav!
seit gestern
Tod, tödlich
töten
trinken, trank
trotzdem
Vater
Verwandtschaft
viel essen
völlig
vorne
wegnehmen

gedehnte Vokale
ehrlich
gibt
hier
Hilfe
holen, holte
hören
ihm, ihr : im Wald
Bezirk
ihn, ihr : in Wien
Interview
Kaffee
kam, kamen
langsam
leer
lehnte
Maschine
nehmen, nahm
nämlich
niemand
niemals
persönlich
reservieren
Riese
schließlich
spät
spielen
Stuhl

Tränen
verlor
verschieden
vielleicht
wahr sein
während
wahrnehmen
wahrscheinlich
war, wäre
Widerstand
wieder (nochmals)
wir
ziemlich

betonte Konsonanten
aggressiv
alarmierte
alles
beginnt, begann
bekommt, bekam
bis morgen
biss hinein
dann
den Hund
denn (darum)
dritte
ebenfalls
egal
eingesperrt
Familie
Flammen
Freundinnen
greifen, griff
Hobby, Hobbys
holte
immer
kommen, kamen
kämmen (Haare)
kaputt
man nehme
Mann und Frau
Mitte, mitten
Pullover
reiten, ritt
schaffen, schaffst
sinnvoll
treffen, traf
vielleicht
wen : wenn, dann ...
wütend
Zettel
zusammen

s-Laut
außen
außerdem
Ausweis
besser
beißen, beißt
Biss
bisschen
bloß
das Buch : ich hoffe, dass
deshalb
draußen
dreißig
er ließ es
Ereignis
Erlebnis
essen, aß
fast (beinahe)
Fleiß, fleißig
fließen, Fluss
fressen, fraß
Fuß
Gefäß
gießen
Glas
groß, größer
gruselig
Gruß, grüßt
interessant
Kreis
Kuss, küsst
lass es sein!
lästig
lesen, las
lies vor!
Maß, misst (messen)
Mist
müssen, musst
Pass
passieren
reisen, reiste
reißen, riss
Riese, riesig
saß sie da?
schießen, schoss
schließlich
Schluss
Schweiß
Spaß
Speise
Stoß, stößt
stoßen, stieß
Straße
Strauß
Stress
verlassen, verließ
weise, klug
weiße Farbe
wissen, weiß
Zeugnis

Getrennt- und Zusammenschreibung
auf einmal
Auto fahren
bereithalten
bitterböse
daraufhin
derselbe, dasselbe
dorthin
durchlaufen
ebenso
eine Zeit lang/ eine Zeitlang
gar keine
gar nichts
Hilfeschreie
hinfahren
immer wieder
jedes Mal
keineswegs
mäuschenstill
mein Zuhause
mitnehmen
nach Hause/ nachhause
nachdem
nächstes Mal
nicht mehr
Rad fahren
riesig groß
sobald
spazieren gehen
stattfinden
vor allem
widerspricht
wieso
zu Ende
zu Hause/zuhause
zu wenig sein
zurückbekommen